Erbstein, Julius; Erbstein, Albert

Die Ritter vonSchulthess-Rechberg'sche Münz- und Medaillensammlung

Erbstein, Julius; Erbstein, Albert

Die Ritter vonSchulthess-Rechberg'sche Münz- und Medaillensammlung

Inktank publishing, 2018

www.inktank-publishing.com

ISBN/EAN: 9783747764046

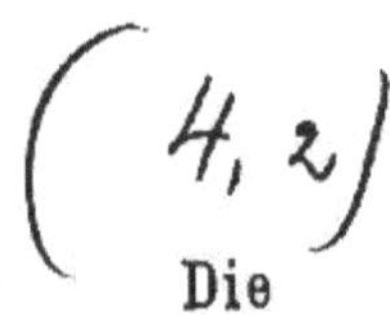

Die

Ritter von Schulthess-Rechberg'sche
Münz- u. Medaillen-Sammlung.

Als

Anhang

zum

„Thaler-Cabinet"

des verstorbenen Herrn K. G. Ritter von Schulthess-Rechberg

bearbeitet

von

Julius und Albert Erbstein,

Doctoren der Rechte, Inhabern der k. k. österreichischen grossen goldenen Medaille für Wissenschaft und Kunst, auswärtigen Mitgliedern des Münzforscher-Vereins zu Hannover.

Zweite Abtheilung.

Altfürstliche Häuser (Hessen bis Württemberg), neufürstliche, gräfliche und freiherrliche Häuser, Italien, Schweiz, Niederlande, Städte, Miscellanea und Medaillen auf Privatpersonen.

Mit fünf Tafeln Abbildungen.

Dresden, 1869.

Im Selbstverlage der Verfasser
und in Commission bei E. Schilling in Dresden.

Druck der U. E. Sebald'schen Officin in Nürnberg.

Vorwort.

Sollte das „Thaler-Cabinet" des verstorbenen Herrn **Ritter von Schulthess-Rechberg** formell zum Abschlusse gebracht werden — die Vollendung eines derartigen Werkes in materieller Hinsicht wird ja nie zu erreichen sein — und sollte dieser gewiss wünschenswerthe Abschluss nicht dem Zufalle überlassen bleiben, so musste die Gelegenheit wahrgenommen und erfasst werden, die hierzu bei Verzeichnung der numismatischen Schätze sich bot, welche der Verewigte zum Zwecke seines literarischen Unternehmens in seltener Fülle vereinigt hatte und die zu einem solchen allerdings auch ein treffliches Fundament boten, ein Fundament, dessen Abbruch ohne vorangegangene sorgfältige Skizzirung eine Impietät gegen den Verstorbenen, ein sehr zu beklagender Verlust für die Wissenschaft gewesen wäre. Geleitet von diesem Gedanken stellten die Unterzeichneten in vorliegender 2. Abtheilung ihres Kataloges der v. Schulthess-Rechberg'schen Münzsammlung eine Fortsetzung des gleichnamigen Thaler-Werkes in Aussicht, ohne die Schwierigkeit sich zu verbergen, die die Durchführung einer derartigen Arbeit in zugemessener Zeit mit sich bringen musste. Diese 2. Abtheilung nunmehr der Oeffentlichkeit übergebend, glauben dieselben hinsichtlich der Anlage ihrer Arbeit und der bei der Ausführung derselben befolgten Grundsätze in der Hauptsache auf ihr Vorwort zur 1. Abtheilung verweisen zu können und dem dort Gesagten nur noch einige Bemerkungen anfügen zu müssen.

Der vorliegende Band, enthaltend die von Herrn von Schulthess noch nicht bearbeitete 2. Hälfte seiner reichhaltigen Sammlung, beginnend also da, wo das Werk des Verstorbenen endet, giebt, abgesehen von wenigen Fällen, wo eine kürzere Fassung angemessen schien, von allen thaler- und guldenförmigen Geprägen der Sammlung ausführliche, sorgfältigst angefertigte Beschreibungen, behandelt in ähnlicher Weise die der Sammlung angehörenden Medaillen und Goldstücke und

*

schickt, wie das v. Schulthess'sche Thaler-Cabinet, den Stücken eines jeden Münzherren dessen kurze Biographie voraus. Bei diesen biographischen Notizen, die, als blosse Beigabe zur Ersparung des oft zeitraubenden Nachschlagens, auf das Nothwendigste zu beschränken waren, wurde namentlich auf die stattgehabten Veränderungen im Länderbesitzstande Rücksicht genommen, um so mehr, als diese in der Regel neben einer Veränderung im Titel auch eine Mehrung, resp. Minderung der Wappen im Gefolge haben, welch' letztere — abweichend von der Fassung der früheren Bände des Thaler-Cabinets und von der v. Madai'schen Arbeit — in den Kreis des zu Beschreibenden gezogen wurden, da eine Veränderung des Wappens oder eine veränderte Darstellung seiner Bilder auf Münzen nicht minder Beachtung verdient, als eine Aenderung in den übrigen Theilen des Gepräges.

War nun aber auch bei den fraglichen historischen Notizen möglichste Kürze geboten, die hin und wieder selbst auf Angaben verzichten liess, die in manchen Fällen vielleicht willkommen erscheinen könnten, so glaubten wir doch auch Ausnahmen machen und ausführlicher sein zu sollen, namentlich da, wo Recherchen über der Vergessenheit fast schon anheimgefallene Persönlichkeiten endlich zu Resultaten geführt hatten. Trotzdem wird uns aber der Vorwurf nicht gemacht werden können, in dieser Richtung übertrieben zu haben. Die Gemahlinnen der einzelnen Münzherren haben wir nur ausnahmsweise, z. B. wenn es der vorkommenden Stücke wegen erforderlich war, aufgeführt, sonst geschieht ihrer Erwähnung, wo sie als Mütter zu nennen waren. So kurz aber auch oft die historischen Beigaben sind, so schwer waren sie mitunter beizubringen. Dass manche derselben bei vielfach sich widersprechenden Quellenangaben der Berichtigung noch bedürfen werden, verkennen wir keineswegs. Je mehr die Archive sich öffnen und Benutzung finden, desto mehr sicherer Boden wird hier gewonnen werden. Wie wäre es aber möglich gewesen, in der uns so kurz zugemessenen Zeit noch umfänglichere Nachforschungen zum Zwecke dieser Nebenaufgabe anzustellen.

Was nächstdem die Beschreibungen der Stücke anlangt, so sollen diese kritisch, genau und erschöpfend sein, also Auskunft geben über den Namen oder Werth der betreffenden Münze, über die oft sehr abgekürzten Um- und Inschriften, über die vorkommenden Wappen und Bilder, über die Stempelschneider und deren Zeichen, über die Zeit der Ausprägung, wofern diese zweifelhaft, über Originalität und was dergleichen mehr ist. Hierbei kann dem nachsuchenden Münzfreunde freilich nicht erspart werden, auf diejenige Nummer zurückzugehen, wo die betreffende Frage zum ersten Male Lösung verlangte, resp. durch das Gepräge selbst schon gefunden hat.

Dass wir bei der Beschreibung in einzelnen Fällen die Kürze der Ausführlichkeit vorgezogen haben, mag uns nicht verargt werden; wir konnten nicht, wo das Material schwach war, den Anlauf zu Spezialarbeiten nehmen. So haben wir in Sachsen und bei der Stadt Nürnberg die Reihen etwas cursorisch behandelt, was nicht Missbilligung finden wird. Im Vergleich zu den Suiten, die in beiden erwähnten Branchen sich aufstellen liessen oder (wie bei Nürnberg durch Imhof) in Spezialwerken schon aufgestellt sind, hätte eine andere, ausführlichere Behandlung nicht gelohnt und das Buch unnöthiger Weise umfangreich gemacht. Letztere Rücksicht liess uns auch mit Beigabe von Citaten möglichst sparsam sein; dieselben hätten in den meisten Fällen oft eingehende Bemerkungen über Stempelabweichungen oder Zuverlässigkeit der citirten Bücher u. s. w. im Gefolge haben müssen. Madai's Thaler-Cabinet und der Cat. impérial wurden durchgehends angezogen, bei augenfälligen Abweichungen wurden die Citate zwischen () gestellt.

Wenn wir hier die Sorgfältigkeit der Münzbeschreibungen noch besonders betonen, so geschieht dies lediglich deshalb, um voreiligen Zweifeln an der Treue der Aufzeichnungen vorzubeugen, wie deren zuweilen von Seiten Solcher vorgebracht werden, die nicht Gelegenheit gehabt haben, durch eigene Anschauung grosser Reihen ziemlich gleichartiger Gepräge von der Menge der mitunter vorkommenden Stempelverschiedenheiten einer Münzsorte sich zu überzeugen, und die dann bei Versuchen von Zusammenstellungen und Besprechungen leichthin über den Werth von Arbeiten urtheilen, deren Glaubwürdigkeit zu prüfen, sie mitunter gar nicht in der Lage sind.

Einige Abänderungen in der Madai'schen Anordnung haben wir vorgenommen; wir hätten deren gern noch weiter gehende eintreten lassen (besonders hinsichtlich der Rubrik „Städte", aus der wir gern Vieles den betreffenden Ländern zugetheilt haben würden, wie wir es bez. der Schweizer Städte gethan) wenn es möglich gewesen wäre, d. h. wenn nicht die Sammlung, in kleine Kisten vertheilt, so hätte katalogisirt werden müssen, wie sie bei der im Juli 1866 sehr schnell erfolgten Verpackung geordnet worden war. Uebrigens ist ja bei einem ausführlichen Index die Reihenfolge ziemlich gleichgültig und so wird dieser Punkt weiter keiner Erörterung bedürfen.

Die Glanzpunkte nun der in diesem Bande behandelten 2. Hälfte der v. Schulthess'schen Sammlung bilden unstreitig die Münzen der kleineren weltlichen Herren (S. 167—358) und diejenigen der Schweiz. Erstere, die Gepräge der neufürstlichen, gräflichen und freiherrlichen Häuser, zumeist selten vorkommend und schon deshalb besonders beliebt, liegen hier in einer Vollständigkeit vor, die von einem Privatsammler, selbst bei Aufbietung grosser Mittel, sich kaum wieder erreichen lassen dürfte, und wurden deshalb mit besonderer Ausführlichkeit behandelt. Es schien dies um so wünschenswerther, als gerade diese Branchen im Zusammenhange einer ähnlichen Bearbeitung noch nicht unterlegen haben, über wenige erst der hierher gehörigen Häuser numismatische Monographieen vorhanden und bezüglich der Münzen der meisten derselben Nachrichten und Zusammenstellungen entweder nur in grossen, wenig verbreiteten Werken zu finden oder in Zeitschriften versteckt oder noch gar nicht geliefert sind. Namentlich dieser Abschnitt dürfte durch die ungetrennte Behandlung der Münzen jeden Hauses und durch die biographischen Beigaben für handlicher, als die Zusammenstellung in von Madai's Thaler-Cabinet gelten können, in welch' letzterem man z. B. die Thaler von Oettingen an nicht weniger denn 8, die von Ostfriesland an 6 verschiedenen Stellen aufgeführt findet, woraus selbstverständlich dem durch Fortsetzungen wiederholt bereicherten Werke kein Vorwurf gemacht werden soll.

Der die Münzen der Schweiz behandelnde Abschnitt übertrifft an Stückzahl die v. Madai'schen Folgen bedeutend und birgt Stücke von höchstem Werthe. Der Gleichmässigkeit mit den übrigen Abschnitten halber war auch hier die alphabetische Anordnung der einzelnen Gebiete zu beobachten. Bei den einzelnen Reihenfolgen versuchten wir (abweichend von Haller, der jedesmal erst die Münzen ohne Jahrzahl, dann die mit Zeitangabe versehenen bespricht), gleichwie in v. Madai's Werke und in den übrigen Abschnitten vorliegender Arbeit geschehen, eine chronologische Aufstellung zu erreichen, die allerdings gerade hier mitunter schwierig ist, der aber gleichwohl allgemeinere Anwendung zu wünschen wäre, da sie lehrreicher, als jene alte, freilich auch noch von Neueren, wie Lohner, beibehaltene Eintheilung ist.

Dass auch die den vorliegenden Band eröffnenden Münzen der noch zu behandeln gewesenen altfürstlichen Häuser schöne und sogar ganz vortreffliche Reihenfolgen aufzuweisen haben, dass ferner die Kapitel „Italien" und „Städte" eine Menge der grössten Seltenheiten enthalten, wird schon ein flüchtiger Einblick in die betr. Bogen erkennen lassen.

Jedenfalls aber ist in den gelieferten Münzbeschreibungen, unter denen viele bisher ganz unbekannter Stücke sich befinden, ein Material dem Studium erhalten worden, dessen man ohne diese Behandlung später nur mit grösserer Mühe wieder hätte habhaft werden können. Der gute Wille, den die Verfasser zur Erreichung dieses Zweckes bethätigt zu haben glauben, wird etwaige Mängel ihrer Arbeit mit Nachsicht beurtheilen lassen. Eine numismatische Spezialität, ein begrenztes Thema, dessen man bereits völlig Herr geworden, in Musse zu behandeln, eine numismatische Monographie zu verfassen, bei der man die Wahl des Stoffes in der Hand hat und bez. der Ausführung an eine bestimmte Zeit sich nicht gebunden sieht, ist eine angenehme, einfache Aufgabe: einen raisonnirenden Katalog über eine Sammlung universeller Art in zugemessener Frist zu liefern, ist ein numismatisches examen rigorosum. Ob und wie dasselbe hier bestanden wurde, wird uns das Urtheil unserer geneigten Leser sagen.

Die nachsichtige Aufnahme, welche den der 1. Abtheilung beigegebenen autographirten Tafeln geworden, hat uns auch den vorliegenden Band mit einigen Zeichnungen begleiten lassen. Es sind nicht künstlerische, aber namentlich in Bezug auf den Styl getreue Wiedergaben ihrer Vorbilder, nur ist zu bemerken, dass beim Ueberdrucke autographirter Bilder hin und wieder eine unbedeutende Vergrösserung eintritt, die allerdings in dem vorliegenden Falle weniger zu sagen hat, da bei Thalern, die vom gewöhnlichen Masse wesentlich abweichen, gelegentlich der Beschreibung in der Regel auch genau die Grösse nach Millimetern angegeben wurde.

Nicht unterlassen dürfen wir, hier dankbarst noch der Liberalität zu gedenken, die bei Benutzung der hiesigen kgl. öffentlichen Bibliothek uns überall entgegen kam. Insbesondere haben wir Herrn Bibliothekar Dr. Lossnitzer für die freundliche Berücksichtigung, die er allen unseren Anliegen zu Theil werden liess, auch hier noch unsern wärmsten Dank zu zollen.

Der U. E. Sebald'schen Buchdruckerei, die seit einer Reihe von Jahren zu unserer vollen Zufriedenheit für uns arbeitet, wollen wir die wohlverdiente Anerkennung ob des diesmal Geleisteten hier nicht vermissen lassen. Die vorliegende Arbeit, reich an typographischen Schwierigkeiten und mit grosser Sorgsamkeit ausgeführt, wird der Officin, die sie lieferte, zur besten Empfehlung gereichen.

Schliesslich wünschen wir, dass von den hier verzeichneten, numismatischen Denkmalen dem Vaterlande möglichst Vieles erhalten bleiben, dass es namentlich Deutschlands öffentlichen Sammlungen, deren mehrere wir aus der 1. Abtheilung der v. Schulthess'schen Sammlung zu unserer lebhaften Freude mancherlei Ankäufe haben machen sehen, vergönnt sein möge, bei der bevorstehenden Auktion, die das Resultat eines fast fünfzigjährigen Sammelns zu ihrer Vervollständigung offen legt, in recht ansehnlichem Masse sich betheiligen zu können. Sollten wir bei dieser Gelegenheit öffentlichen Sammlungen zur Erlangung ihrerseits gewünschter Nummern, oder numismatischen Schriftstellern zum Besitze bei ihren Arbeiten benöthigter Stücke der v. Schulthess'schen Sammlung durch Besorgung von Ankäufen verhelfen oder in sonstiger Weise förderlich werden können, so würde uns das zu besonderer Befriedigung gereichen. Unseren numismatischen Freunden steht selbstverständlich auch diesmal unsere Vermittelung gern zur Verfügung.

Dresden, im März 1869.

J. u. A. Erbstein.

Inhaltsverzeichniss.

(Die Zahlen ohne Zusatz geben die Seiten, die hinter „Nr.“ aufgeführten die Stücknummern an.)

Altfürstliche Häuser.

(Fortsetzung.)

Hessen.

A. Vor der Theilung.

Wilhelm II. (1485—1509),

Sohn des Landgrafen Ludwig II., geb. 1468, erhielt von seinem Bruder Wilhelm I. 1485 einige Städte und Aemter und 1487 die Hälfte des Landes abgetreten; übernahm die Regierung von ganz Niederhessen 1493, erbte nach Wilhelm's III. von Marburg Tode (17. Febr. 1500) Oberhessen, † 11. Juli 1509.

3854. Thaler v. 1502. Av. WILHEMVS (sic) ⁝ D ⁝ G ⁝ LANTGRAVIVS ⁝ HASSIE ✻ Innerhalb einer Bogeneinfassung der Schild mit dem hessischen Löwen. Rev. GLORIA ⁝ REI — PVBLICE ⁝ 1502 * — Vor einer geschlossenen Bogeneinfassung die h. Elisabeth in ganzer Figur, vorwärts gekehrt, mit dem Modell der Marburger Kirche auf dem rechten Arme. Madai 1238. Hoffmeister 199. Vortrefflich erhalten. (Ein g. e. Exemplar wurde in der fürstl. Pless'schen Münzauction mit 18½ Thalern bezahlt.) RRR.

3855. Viertelthaler v. 1502. Av. WILHELMVS ⸰ D ⸰ G ⸰ LANTGRAVIE ⸰ HASSIE ✻ Innerhalb einer Bogeneinfassung der Schild mit dem Löwen. Rev. GLORIA ∗ REI — PVBLICE ∗ 1502 ∗ Vor einer gleichen Einfassung die h. Elisabeth, wie vorher. Zu Hoffm. 206. Gr. 31. ½ Loth. Von bester Erhaltung. RR.

Philipp der Grossmüthige (1509—1567),

Sohn Wilhelm's II., geb. 1504, folgte seinem Vater 1509, Anfangs unter Vormundschaft (bis 1518), † 31. März 1567. Gem. Christine, T. Herzog Georg's von Sachsen, verm. 1523, † 1549.

3856. Münze zu 1½ Thalern, v. 15—38. Av. PHILLIPVS ▾ D ⁝ G ⁝ LAN ⁝ HASS ⁝ — ▾ C ⁝ CACE ⁝ DI ⁝ NID ⁝ *) Innerhalb zweier gerippter Kreise des Landgrafen geharnischtes Brustbild v. l. S., den Kommandostab in der R., die Linke am Schwertgriff. Unten in der Umschrift ein sitzender Raubvogel v. l. S. Rev. SI ▾ DEVS ▾ — NOBIS ▾ — QVIS ▾ CO — NT ▾ NOS ▾ — Innerhalb zweier gerippter Kreise der gekrönte und gestreifte Löwe zwischen 15 — 38 In der Umschrift 4 Wappen, rechts das von Nidda, links das von Ziegenhain, oben das von Diez und unten das von Katzenelnbogen,

*) Statt der ⁝ stehen hier und auf Nr. 3857 zwei über einander gestellte ▾

1

die letzteren beiden mit dem Schildhaupte nach der rechten Seite. Vgl. Madai 5762. Fehlt bei Hoffmeister. $2^{11}/_{12}$ Loth. S. g. e. RR.

3857. Thaler v. 1538. Av. PHILLP₉ (sic) ▾ D ⁝ G ⁝ LΛNDG ⁝ HASS ⁝ — C ⁝ CΛCE ⁝ D ⁝ 3I ⁝ NI ⁝ Sonst wie die Hauptseite des vorigen. Rev. wie die Rückseite des vorigen, mit dem Unterschiede, dass hier das Wappen von Katzenelnbogen oben und das von Diez unten angebracht ist, beide mit dem Schildhaupte nach der linken Seite. Zu Hoffm. 299. (Mad. 1239, Anm.) S. g. e. R.

3858. Schauthaler mit der Jahrzahl 155z. Av. · PHILIP · D · G · LANDG · HASSIE · C · K · D · 3 · N · A · 155z · FIER FE ✿ Geharnischtes Brustbild v. l. S., vorwärts gewandten Hauptes, mit Kommandostab in der R., die Linke am Schwertgriff. Rev. BESS · LAND · V · LVD · V · LORN · ALS · EN FALSCH ⁝ AID · GESCHWORN · ✱ Fünf Schilde (Katzenelnbogen, Nidda, | Hessen, | Ziegenhain und Diez); darum P — SE — D — S Mad. 1240. Geprägtes Exemplar. S. g. e. R.

(Herr Hoffmeister (pag. 109) hält die ihm bekannt gewordenen geprägten sog. Philippsthaler „für solche, welche, wenn auch nicht im J. 1552 selbst, doch jedenfalls bald nachher als Volksmünze geprägt wurden“. Alle uns zu Gesicht gekommenen geprägten Exemplare dieses Thalers (im Allgemeinen übereinstimmend mit der im Cat. imp. pag. 262 gegebenen Abbildung) lassen uns denselben für eine viel spätere Arbeit halten. Die Behandlung der heraldischen Figuren und der Schrift entspricht nicht dem 16. Jahrhundert.)

3859. Thaler v. 1564. Av. PHILIPPVS' D' · G' LΛNDGRΛVIVS' HΛSSIÆ ⁎ (statt der ' je ein Lindenblättchen). Innerhalb eines Perlenkreises der hessische Helm zwischen denen von Katzenelnbogen und Ziegenhain. Oben zu Seiten desselben 64 Rev. WΛS · GOT · BESCHERT · BLEIBET · VNERWERT · Innerhalb eines Perlenkreises ein quadrirter Schild mit den Wappen von Katzenelnbogen, Ziegenhain, Nidda und Diez, sammt dem hessischen Mittelschilde. Zu Hoffm. 398. S. g. e. R.

3860. Desgleichen. Av. PHILIPPVS · SEN · D · G · LΛNDGRΛ · HΛSSIÆ u. HP? (verb. — Hans Perndorffer). Im Uebrigen, wie der vorige. Rev. WΛS : GOT : BESCHERT : BLEIBET : VNERWERT ⸰ Das Wappen, wie auf vorigem; daneben 6 — 4 Madai 3722. Hoffm. 392, wo HR statt HP Gut erh. R.

3861. Desgleichen. Av. PHILIPPVS ⁎ SENIOR ⁎ D ⁎ G ⁎ LΛND ⁎ HASSIÆ ✿ Das Wappen, wie vorher, in welchem jedoch der Mittelschild den einen Stern im Wappen von Nidda fast ganz verdeckt. Rev. WΛS ○ GOT ○ BESCHERT ○ BLEIBET ○ VNERWERT ⸰ Die drei Helme, wie auf der Haupts. des vorigen; darüber 6 — 4 Mad. 3721. Hoffm. 399 u. 400. S. g. e. RR.

B. Nach der Theilung.

a) Linie zu Cassel.

Wilhelm IV., der Weise (1567—1592),

Sohn Philipp's des Grossmüthigen, geb. 1532, erhielt in der väterlichen Theilung das Niederfürstenthum, residirte zu Cassel, † 25. August 1592.

3862. Münzvereinsthaler v. 1572. Av. WILHELM ❁ D ○ G ❁ LANT — GRAVIVS ❁ HASSIA — E ❁ und ein Weinblatt. Das mit den Helmen von Hessen, Katzenelnbogen und Ziegenhain bedeckte quadrirte Wappen sammt Mittelschild. Rev. ○ MONETA ⊕ NO RHEN ♦ ELECT ♦ PRINC ○ CONSOCI ○ ⊕ ○ Geschnitzter Schild mit den Wappen von Mainz, Trier, Cöln und Pfalzbayern; im Schildesfusse der hess. Löwe. Ueber dem Wappen 15 — 7z Zu Seiten desselben Weinranken. Mad. 1242. Hoffm. 540. S. g. e. R.

3863. Sterbethaler v. 1592. Av. WILHELMVS · DEI · GRATIA · LANDGRAV · I᠀ (sic) · HASSIÆ (kleines Kleeblatt). Schlecht geschnittenes geharnischtes Brustbild von vorn, doch linksgewendeten Hauptes, mit der Rechten die Streitaxt schulternd. Rev. (U. b.) OBIIT · ANNO · 15 · 9z · DIE · z5 ·· AVGVSTI · ÆTAT · SVÆ · 61 · Das dreifach behelmte Wappen, wie auf dem Av. des vorigen; zwischen dem hess. Helmkleinode ein Kleeblättchen. Mad. 1243. Hoffm. 569. Gut erh. RR.

Moriz (1592—1627),

Sohn Wilhelm's IV. und dessen Gemahlin Sabine v. Württemberg, geb. 1572, folgte seinem Vater 1592, trat die Regierung seinem Sohne Wilhelm V. ab 1627, † 15. März 1632.

3864. Thaler v. 1593. Av. MAVRITIVS · D · G · LANDGRAVIVS · HASS : (Kleeblatt) Geharnischtes Brustbild v. r. S., die Streitaxt schulternd, davor der offene Helm. Rev. CONSILIO * ET * VIRTVTE * ANNO * DNI * 1593 * Das dreifach behelmte Wappen, wie bisher; zwischen dem hess. Helmkleinode das Kleeblatt. Mad. 1244. (Hoffm. 590.) Z. g. e. R.

3865. Thaler v. 1625. Av. MAUR : D : — G : LAND : — HASS : C : — C : D : Z : E : N : — Der hessische Löwe, darunter TS (verschl.) d. i. Terentius Schmidt. In der Umschr. die kl. Schilde von (oben) Frankenstein, (links) Itter, (unten) Plesse und (rechts) Eppstein. Rev. CONSILIO — ET · VIR : — TUTE · MO(neta) — NOVA · IM(perii) — Zwei gekreuzte Fahnen, darüber ein Bündel Palm- und Lorbeerzweige, darunter ein Glöckchen und eine Sanduhr, zu den Seiten 16 — z5 In der Umschrift die Wappen von Katzenelnbogen, Ziegenhain, Nidda und Diez. (Hoffm. 743, ähnl. Mad. 3724.) S. g. e.

3866. Sterbethaler v. 1632. Av. MAURITI⁹ · LANDGRAVI⁹ · HASSIÆ · DEO ET IMPERIO FIDUS · · TS (verschl.) · Im Felde auf 10 Zeilen NATUS | etc. (wie Hoffm. 773). Rev. MAURITI · MEMENTO · MORI · CONSILIO · ET · VIRTUTE (und zwei Kleeblätter) Die gekreuzten Fahnen, darüber ein Cypressenkranz mit durchgesteckten Palm- und Lorbeerzweigen, darunter das Glöckchen und die Sanduhr. (Vgl. Mad. 1246, 1. Stempel.) S. g. e.

Wilhelm V. (1627—1637),

Sohn des Vorigen und dessen 1. Gemahlin Agnes v. Solms-Laubach, geb. 1602, übernahm die Regierung 1627, † 21. September 1637.

3867. Thaler v. 1627. Av. WILHELM · D · G · LAND · HASS · ADMI · HIRS · C · C · D · Z · E · N · ✿ Brustbild von vorn,

1*

mit langem, links herabhängendem Haarzopfe, im Harnisch mit breitem Spitzenüberschlage. Oben herum * ANNO * * 16z7 * Rev. (O. b.) ꝺNO · VOLENTE · HꝺMILIS · LEVABOR · MO : NO : IM : Das dreifach behelmte quadrirte Wappen sammt Mittelschild. Daneben rechts TS (verschl.) Mad. 3727. Hoffm. 809. S. g. e. R.

3868. Thaler v. 1627. Av. WILHELM⁹ · D : G : LAND : HASS : ADMI : HIRS : C : C : D : Z : E : N : ✿ Brustbild von vorn, ähnlich dem vorigen, aber mit umgelegter Feldbinde. Daneben ✿ 16 — z7 ✿ Rev. (U. b.) ꝺNO · VOLENTE · HꝺMILIS · LEVABOR · ANNO · 16z7 — Dreifach behelmter ausgeschweifter Schild mit dem früheren Wappen. Unten und oben zu Seiten des Wappens zwei Röschen, zwischen dem hess. Kleinod ebenfalls ein Röschen. Unten in der Umschr. TS (verschl.) Mad. 6616. (Hoffm. 820.) S. g. e. R.

3869. Thaler v. 1627. Av. Brustbild v. r. S., mit Harnisch, Feldbinde, Spitzenkragen und umgehangenem Kleinode. Zu den Seiten 16 — z7 ✿ Umschrift wie bei Nr. 3867. Rev. wie die Rückseite der Nr. 3867, aber mit MO · NO · IM und dem verschlungenen TS zwischen den Büffelshörnern, nicht neben dem Wappen. Mad. 3726. Hoffm. 828, wo aber MO : NO : S. g. e. R.

3870. Thaler v. 1627. Av. wie die Hauptseite des vorigen, aber mit C · C · D · Z · N ✿ also ohne E(t) und mit 16 — z7 * Rev. vom Stempel zur Rückseite des vorigen. Aus der Wellenh. Auction Nr. 3834. S. g. e. R.

3871. Thaler v. 1627. Av. WILHELM · u. s. w., wie auf Nr. 3867, aber mit ADM · und ohne Rose. Das bisherige Wappen in ausgeschweiftem Schilde mit den Helmen; zwischen den Büffelshörnern des mittelsten TS (verschl.) Rev. DEO · VOLENTE · HꝺMILIS · LEVABOR · ANNO · 16z7 · ✿ Unter dem strahlenden Namen Jehova ein Weidenbaum, auf den von rechtsher Wind und Wetterstrahlen einstürmen. (Mad. 1249.) S. g. e.

3872. Thaler v. 1628. WILHELM u. s. w., wie auf vorigem. In glattem, mit Schnitzwerk versehenem Schilde das Wappen, wie bisher, darüber die drei Helme; zwischen den hier sehr niedrigen Büffelshörnern wieder TS (verschl.) Das Kleinod von Katzenelnbogen bedeckt fast die Buchstaben E · N · Rev. wie die Rückseite des vorigen, aber mit 16z8 Dem Bilde sind rechts noch Wolken und unten ein begraster Boden zugefügt. (Mad. 1249.) S. g. e.

3873. Thaler v. 1631. Av. Das bisherige Wappen in verziertem, ovalem Schilde, worauf eine offene Krone ruht. Oben herum 16 — 31, links vom Schilde TS (verschl.) Umschr., wie Madai 6619, aber mit Z : ET · N : * Rev. DEO · VOLENTE · HꝺMILIS · LEVABOR ✿ Die Darstellung der vorigen Rückseiten, von veränderter Zeichnung. Im Hintergrunde eine Mauer und vier thurmartige Gebäude. Hoffm. 926. S. g. e.

3874. Thaler v. 1633. Av. WILHELM⁹ · D : G : LANDGRAVI⁹ · HASSIÆ · C : C : D : Z : ET : N : (Kleeblatt) : Geharnischtes Brustbild mit Spitzenkragen und Ueberwurf nebst anhängendem Kleinode. Rev. FATA CONSILIIS POTIORA . ☿. Der gekrönte Wappenschild, wie auf vorigem. Mad. 1250. S. g. e. R.

3875. Breiter Doppelthaler v. 1635. Av. WILHELM9 · D : G : etc. Innere Umschrift FATA CONSILIIS POTIORA ⁎ Im Felde der hess. Löwe, unter welchem L (Kleeblatt) H (Lubert Haussmann, Mzmstr. in Cassel). Rev. IEHOVA VOLENTE HUMILIS LEVABOR ⁎ Unter dem strahlenden Namen Jehova der rechtsher von Regen, Wind und Blitzen bestürmte Weidenbaum auf grasigem Boden. Im Hintergrunde eine Stadt mit sechs Thürmen oder Häusern. Hoffm. 1013. (Mad. 1251.) Gr. 58. $3^{11}/_{16}$ Loth. S. g. e. RR.

3876. Thaler v. 1636. Av. Der hess. Löwe, daneben 16 — 36, darunter L (Kleeblatt) H Die Umschrift endigt mit Z : ET : N : ⁎ Rev. Wahlspruch und Darstellung ähnlich, wie auf vorigem. Im Hintergrunde nur fünf Gebäude. Hoffm. 1045. (Mad. 6623.) G. e.

3877. Thaler v. 1637. Av. Der hess. Löwe, daneben 16 — 37, darunter · G · ⚒ · K · (Kruckenberg, Mzmstr. in Cassel). Umschrift endigt Z : E : N : ⁎ Rev. Wahlspruch und der Weidenbaum u. s. w. vor fünf Thürmen. Hoffm. 1089, nach Verbesserung der Druckfehler. (Mad. 6625.) S. g. e.

3878. Begräbnissthaler v. 1637. Av. WILHELM9 · V · DICT9 · CONSTANS HASSIÆ LANDGRAVIVS ⁎ Auf 10 Zeilen NATVS · etc. Rev. VNO VOLENTE etc. Der Weidenbaum u. s. w., ganz ähnlich, wie auf vorigem. Hoffm. 1112., doch mit MENSES · VI · DIES · IV · auf der 7. Zeile der Av.-Aufschrift und DIES — VII · · G ⚒ K · am Schlusse derselben. (Mad. 6626.) S. g. e.

3879. Desgleichen. Av. Abweichend v. vorig. durch LANDGRAVI· ⁎ und abgekürzte, auch anders abgetheilte Inschrift, die nur 9 Zeilen füllt. Letzte Zeile VII · — D : VII · Darunter · G · ⚒ · K · Rev. Aehnlich dem vorigen, aber mit sieben Thürmen im Hintergrunde. Im Av. wie Hoffm. 1113; im Rev. wie Hoffm. 1126. (Mad. 1253.) S. g. e.

Wilhelm VI. (1637—1663),

Sohn Landgraf Wilhelm's V. u. dessen Gem. Amalie Elisabeth Gr. v. Hanau-Münzenberg, geb. 1629, folgte seinem Vater 1637, Anfangs und bis 1650 unter Vormundschaft seiner Mutter, † 16. Juli 1663.

3880. Thaler auf den Tod seiner Mutter, Amalie Elisabeth, Tochter Graf Philipp Ludwig's II. zu Hanau, geb. 1602, verm. 1619, † 8. Aug. 1651. Av. AMELIA ELISABETHA · etc. Im Felde auf 9 Zeilen NATA · | z9 IAN : I60z | etc. — A I65I G Rev. WIEDER MACHT UND LIST · MEIN FELS GOTT IST · Ein beflügeltes Herz auf einem von beiden Seiten bestürmten, von oben aber durch die Sonne bestrahlten Felsen, aus welchem unten ein Kärrner Erze fördert. Hoffm. 1174 u. Suppl., doch mit CONSTANTIA (Mad. 1254.) S. g. e.

3881. Thaler v. 1655. Av. Das sechsfeldige, mit dem hersfeld. Kreuz und der Schaumburg. Nessel vermehrte Wappen sammt Mittelschild in reichverzierter, gekrönter Cartouche. Zu den Seiten 1 — 6 | 5 — 5 und darunter rechts AG (verschl. Arnold Galle, Mzmstr. zu Cassel).

Umschrift wie bei Hoffm. 4691, aber mit CAT: Rev. VELA VENTIS HIS LEVANTUR * Ein rechtshin segelndes Seeschiff, über welchem drei aus Wolken schauende Engelsköpfe eine Säule, die Bibel und eine Wage halten. Mad. 6631, aber mit ZI — GEN : Von vortrefflicher Erhaltung. R.

3882. Thaler v. 1660. Av. Langgelocktes Brustbild v. r. S., im röm. Harnisch u. Ueberwurf, sammt Umschrift. Rev. * FIDE * ET * IUSTITIA * 1660 * Unter einer offenen Krone das vollständige (vorher angegebene) Wappen, zwischen zwei Palmenzweigen. Unter letzteren I—G—B (Joh. Georg Büttner). Hoffm. 1328. (Mad. 1257.) S. g. e.

3883. Begräbnissthaler v. 1663. Av. WILHELM · VI · etc. Brustbild v. vorn, mit grosser Perrücke, im Harnisch, sammt Spitzenkragen und Feldbinde. Rev. — PIE — TATE · — FIDE — ET — IVS — TI — TIA · Dazwischen die Wappen von (oben) Hessen, dann (von rechts nach links) Hersfeld, Ziegenhain, Katzenelnbogen, Diez, Nidda und Schaumburg. Im Felde auf 9 Zeilen NASCITVR | etc. Darunter zwischen zwei Sternen I G B (zusammengestellt). Hoffm. 1349, aber mit Punkt nach pietate. (Mad. 1258.) S. g. e.

Hedwig Sophia, Landgraf Wilhelm's VI. Wittwe,

Tochter des Kurfürsten Georg Wilhelm v. Brandenburg, geb. 1623, verm. 1649, Vormünderin ihrer Söhne und Regentin v. 1663—1677, † 16. Juni 1683.

3884. Thaler v. 1669. Av. HEDWIG · SOPHIA · V : G : G : L : Z : H : G : A : C : S : D : M : Z : B : WIT : V : V : REGENTIN (d. i. von Gottes Gnaden Landgräfin zu Hessen, geboren aus churfürstl. Stamme der Markgrafen zu Brandenburg, Wittwe, Vormünderin und Regentin) — Mit dem Kurhute bedeckter und mit den Wittwenschnüren umzogener gespaltener Schild mit dem vollständigen Wappen von Hessen und dem von Brandenburg in 23 Feldern. Darüber das strahlende Auge Gottes; zu Seiten des Schildes 1—6 | 6—9 Rev. Eine rechts aus Wolken kommende Hand zerschneidet mit einem Schwert die Schnur, mittels welcher ein zum strahlenden Namen Jehova aufstrebendes, geflügeltes Herz an die Erdkugel befestigt ist. Auf letzterer sieht man die mit VROPA AFRICA TARTAR (verb.) | IA ASIA und HOLAND (verb.) | NOV | A bezeichneten Erdtheile, einen Hirsch, zwei Löwen, einen Affen, ein Pferd, einen Elephanten, sowie Schiffe u. s. w. Links ebenfalls Wolken und oben herum auf einem Bande DISSOLVOR (Hoffm. 4709. Mad. 1259.) S. g. e.

3885. Thaler v. 1669. Av. wie der des vorigen, aber mit W : V : V : REGENTIN und ohne die Jahrzahl. Rev. Darstellung, wie auf der Rückseite des vorigen, doch von abweichender Zeichnung, mit TARTA | RIA und HOLAN · NO, zwei Hirschen, zwei Pferden, zwei Elephanten u. zwei Löwen. Als Umschrift ausserhalb der Wolken links ✿ ANNO ✿ — ✿ 1669 ✿ (Mad. 3738.) Hoffm. 4710. S. g. e.

3886. Thaler von den Stempeln des vorigen. S. g. e.

3887. Sterbethaler v. 1683. Av. HEDWIGIS SOPHIA etc. Das Wappen, wie auf den vorigen, nur ohne die Wittwenschnuren, statt deren längs des Schildes rechts W · VI · H · L · P · H (Hass. Landgravii, Principis Hersfeldensis) und links CONIVNX Unter dem Schilde das Vermählungsjahr 16 — 49 Rev. In 16 Zeilen NASCITVR | BEROLINI · IV · IVLI | Aᵒ · M · DC · XXIII | POST OBITVM CONIVG | etc. wie Hoffm. 1386, aber mit Punkt nach jedem „Aō", mit TVTRIX · Q · und mit AC · FELICITER (Mad. 1260.) S. g. e.

Wilhelm VII. (1663—1670),

Sohn Wilhelm's VI. und der Vorigen, geb. 1651, folgte seinem Vater unter mütterlicher Vormundschaft 1663, starb vor erreichter Volljährigkeit 21. Nov. 1670 zu Paris.

3888. Thaler auf seinen Tod, 1670. Av. WILHELM · VII · etc. Das mit den Helmen von Hessen, Hersfeld, Ziegenhain, Katzenelnbogen und Schaumburg bedeckte vollständige Wappen. Rev. In einem Kranze auf 9 Zeilen · NATVS · | CASSELLIS · etc. Darüber eine Rose, darunter ❀ I B G ❀ Hoffm. 4724. (Mad. 1261.) S. g. e. R.

Karl (1670—1730),

Bruder des Vorigen, geb. 1654, folgte in der Regierung 1670, Anfangs und bis 1677 unter Vormundschaft seiner Mutter Hedwig Sophia, † 23. März 1730.

3889. Thaler v. 1693. Av. CAROLUS · DG · — HASS · LANDG Brustbild v. r. S., mit grosser Perrücke, im Harnisch sammt Ueberwurf. Rev. PR · HERSF · — C · C · D · Z · N & S Das vollständige Wappen in einem verzierten, mit Palmzweigen besteckten ovalen Schilde unter einer Krone. Unten herum · 16 · I V — F(ornenbergk) · 93 · Schräggerippter Rand. Hoffm. 1588. (Mad. 1262.) S. g. e. R.

3890. Desgleichen. Av. vom Stempel d. Hauptseite d. vorigen. Rev. PR ✿ HERSF ✿ C ✿ C ✿ D ✿ Z ✿ N ✿ ET ✿ S ✿ Das fünffach behelmte vollständige Wappen in oben eckigem Schilde mit verziertem ovalen Mittelschilde. Unten herum 16 — 93 Rand wie vorh. Hoffm. 1588 u. 1591. (Mad. 3740.) Mit Stempelglanz. R.

3891. Thaler v. 1711, auf den Tod seiner Gemahlin Maria Amalia, Tochter des Herzogs Jakob von Curland, geb. 1653, verm. 1673, † zu Weilmünster 16. Juni 1711. Av. PIETATE — INSIGNIS · Brustbild v. l. S., mit lockigem, hinten durch eine Perlenschnur zusammengefasstem Haare, in losem Gewande. Rev. In 13 Zeilen SERMA | PRINC · ET · DNA · | DNA · MARIA · AMALIA · | EX · SERMA · DVCALI · STIRPE · | CHVRLAND · ORIVNDA · NATA · | AO · MDCLIII · DIE · XII · IVNII · | NVPTA · SERMO · ET · POTENTISS · | PRINC · AC · DNO · DNO · CAROLO | HASS · LANDG · PR · H · C · C · D · Z · N · ET · S · | DIE · XXI · MAY · A · MDCLXXIII · DENATA · VILLMONAST(erii) · | DIE · XVI · IVNII · | MDCCXI · Zu Hoffm. 1880, Anm. (Mad. 1264.) Nicht im Cat. imp. (2 Loth.) S. g. e. RR.

3892. Desgleichen. Av. PIETATE — INSIGNIS ✿ Brustbild von rechter Seite, mit von Perlenschnuren durchzogenem Haar, in einem durch Agraffen zusammengehaltenem Kleide. Darunter I LE CLERC · Rev. Aufschrift in 13 Zeilen, von der auf vorigem vielfach abweichend;

mit VILMON : Cat. imp. p. 265. (Hoffm. 1881 u. 1894. Mad. 3741.) S. g. e. R.

Friedrich I. (1730—1751),

Sohn des Landgr. Karl u. dessen Gem. Maria Amalia von Curland, geb. 1676, vermählte sich mit Ulrike Eleonore, T. Karl's XI. v. Schweden, 1715, ward König von Schweden 1720, folgte seinem Vater als Landgraf von Hessen, 1730, † 5. April 1751.

3893. Thaler v. 1733. Av. FRIDERICUS D — G · REX SUECIAE Brustbild v. r. S., mit grosser Perrücke, im Harnisch u. Mantel. Unten L · R · (Louis Rollin) Rev. HASSIÆ — LANDGR · Von zwei Löwen gehaltener, gekrönter, ovaler Schild mit dem quadrirten Wappen von Schweden und dem von Hessen im Mittelschilde. Unter dem Schildfusse 1733 | CASS — · (Cassel) Hoffm. 1957. (Mad. 3743.) Mit Stempelglanz.

Wilhelm VIII. (1751—1760),

Bruder des Vorigen, geb. 1682, Statthalter über Hessen seit 1730, reg. Graf von Hanau 1736, reg. Landgraf von Hessen 1751, † 1. Febr. 1760.

3894. Medaillenartiger Thaler v. 1754. Av. WILHELM · VIII D · G · — HASS · LANDG · HAN · COM · Brustbild v. r. S., mit grosser Perrücke, im Harnisch, sammt übergehängtem weissen Adlerorden und umgeworfenem Fürstenmantel. Am Armabschnitte s (Georg Ludwig Schepp). Rev. RECTUS ET IMMOTUS Das gekrönte vollständige (mit den Wappenbildern von Hanau-Münzenberg vermehrte) Wappen, von zwei gekrönten Löwen auf einem Fussgestelle gehalten, worin MDCCLIV | I · C · B · (Joh. Conrad Bandell). Unter dem Fussgestelle $\frac{1}{9}$ I · MARCK — F : SILBER * (Mad. 3744. Hoffm. 2224). $1^{25}/_{32}$ Loth. Mit Stempelglanz. R.

3895. Bieberer Ausbeutethaler v. 1754. Av. wie die Hauptseite des vorigen, nur von flacherem Schnitt. Rev. RECTUS ET IMMOTUS Das von zwei Löwen gehaltene Wappen, wie auf vorigem, doch von anderer Zeichnung. Im Fussgestelle $\frac{1}{9}$ | MARCK | F : SILBER | AUS BIEBER Unten herum 17 · I · C · B · 54 Hoffm. 2225. (Mad. 3745.) $1^{25}/_{32}$ Loth. Mit Stempelglanz. RR.

3896. Desgleichen v. 1754. Av. vom Stempel zur Hauptseite des vorigen. Rev. Wahlspruch und Wappen, wie vorher, letzteres in breiterem Schilde. Im Fussgestelle $\frac{1}{9}$ MARCK | F : SILBER | AUS | BIEBER Unten herum 17 — · I · C · — · B · • — 54 Hoffm. 4925, Cat. imp. p. 266. (Mad. 3745, Anm.) Mit Stempelglanz. RR.

3897. Desgleichen v. 1759. Av. vom Stempel zur Hauptseite des vorigen. Rev. Wahlspruch und das Wappen mit den Schildhaltern, wie vorher. Der ausgeschweifte Schild ist hier reichlich mit Schnitzwerk versehen. Im Fussgestelle $\frac{1}{9}$ MARCK | F · SILB · AUS | BIEBER Unten herum I · C · 1 — 7 — 5 — 9 · B · Hoffm. 4932 (wo dieser Thaler nur in neuem Kupferabschlage). (Mad. 3746.) $1^{25}/_{32}$ Loth. Von schönster Erhaltung. RR.

Friedrich II. (1760—1785),

Sohn Landgraf Wilhelm's VIII. u. dessen Gem. Dorothea Wilhelmine von Sachsen-Merseburg, geb. 1720, folgte seinem Vater 1760, † 31. Oct. 1785.

3898. Conv.-Thaler v. 1766. Av. FRIDERICUS II D · G · HASS · LANDG · HAN · COM · Brustbild v. r. S., mit im Nacken gebundenem Haar, im Harnisch sammt Mantel u. Orden. Unten K(örner). Rev. X · ST : EINE — FEINE MARK · Das vollständige Wappen in ovalem, mit dem Hosenbandorden umgebenem, gekröntem Schilde, von 2 gekrönten Löwen gehalten. Unter dem Fussgestell F · U(lrich) Unten herum 17 · IUSTIRT · 66 Laubrand. Hoffm. 2322. Cat. imp. 266. (Mad. 5464.) Gut erh.

3899. Desgleichen v. 1766. Av. FRIDERICUS II · u. s. w. wie vorher. Kopf v. r. S., mit im Nacken zusammengebundenem Haare. Rev. X · ST : EINE — MARK FEIN Das Wappen wie vorher, darunter · F · U · und dann · 17 · IUSTIRT · 66 · Laubrand. Hoffm. 4946. Cat. imp. 266. (Mad. 5465.)

3900. Sechstel-Thaler v. 1769. Av. Löwe mit Schild, worin des Landgrafen Namenszug. Rev. Werthangabe. Hoffm. 2397. S. g. e.

3901. Viereckige Medaille auf des Landgrafen und seiner 2. Gemahlin, Philippine Auguste Amalie, Prinzessin von Brandenburg-Schwedt, Anwesenheit in der Münze zu Cassel, 21. Juni 1775. Av. In einem Lorbeerkranze auf gekrönter Cartouche zwei Schilde mit dem Löwen und dem Adler. Rev. Innerhalb eines Lorbeerkranzes IN | HOECHSTER | GEGENWART | CASS · D · 21 IUNII | 1775 · Hoffm. 2452. Gr. 35 u. 44. $1^{17}/_{32}$ Loth. S. g. e.

3902. Thaler v. 1778. Av. FRIDERICUS II · D · G · HASS · LANDG · HAN · COM · Kopf v. r. S., mit lockigem Haar. Rev. EIN THALER · Der Stern des 1770 gestifteten hess. Hausordens mit dem hess. Löwen n. der Devise VIRTUTE ET FIDELITATE * Darunter 17—78 · | B · R(einhard) · Laubrand. Hoffm. 2480. S. g. e.

Wilhelm IX. (1785—1821),

Sohn Landgraf Friedrich's II. u. dessen 1. Gem., Maria von England, geb. 1743, Graf von Hanau 1760, Landgraf 1785, Kurfürst 15. Mai 1803, verlor 1806 durch Napoleon seine Lande (die zum gr. Theil 1807 dem K. Westphalen einverleibt wurden) erlangte sie wieder 1813, ertauschte 1815 v. Preussen einen Theil von Fulda, † 27. Februar 1821.

1. Als Landgraf.

3903. Conv.-Thaler v. 1787. Av. WILHELMUS IX · D : G : HASS : LANDG : COM : HAN · Kopf v. r. S., mit im Nacken gebundenem Haar; am Abschnitt H(oltzheimer) Rev. X · EINE FEINE MARCK · | RIEBERER — SILBER · Das vollständige Wappen in ovalem, mit dem Hosenband-, dem Elephanten- und drei anderen Orden umhangenem, mit der Krone bedecktem Schilde, das von zwei Löwen gehalten wird. Unten F — H(eerwagen) | 17 — 87 Laubrand. (Hoffm. 2639.) S. g. e.

3904. Thaler v. 1789. Av. WILHELMUS IX D · G · HASS · LANDG · HAN · COM · Kopf v. r. S., mit Haarschleife. Am Abschnitt K(örner) Rev. EIN THALER · Das vollständige Wappen in einer mit

Guirlanden behangenen und unten mit Lorbeerzweigen besteckten Cartouche. Darunter 1789 · | D · F(ulda) · Laubrand. Hoffm. 2652. Gr. 33. S. g. e.

3905. Conv.-Thaler v. 1794, Ausbeute des Bergwerks zu Bieber. Wie der Thaler v. 1787, nur mit 17 — 94 Hoffm. 2690. Gut erh.

3906. Sechstelthaler v. 1802. Av. Gekrönter verzierter Schild mit dem Löwen; ohne Umschrift. Rev. Werthangabe. Unten herum IUSTIRT · Hoffm. 2742. S. g. e.

2) Als Kurfürst Wilhelm I.

3907. Grosse Medaille auf die Erlangung der Kurwürde, 1803. Av. WILHELMUS IX · HASS · LANDGR · IMPERII PATRIÆ FULTOR ✿ Der Landgraf in Uniform und dreieckigem Federhute, mit aufgehobenem Kommandostab, auf rechtshin sprengendem Rosse. Im Hintergrunde Truppen vor der mit Bomben beworfenen Stadt Frankfurt a. M., links das bei dieser Stadt errichtete Hessen-Denkmal. Rev. QUO LABOR EST POTIOR GLORIA MAIOR ERIT ✿ Dem hess. Löwen, der vor Kriegsgeräthen einen mit *WL* bezeichneten Schild hält, reicht eine v. d. r. S. aus Wolken kommende Hand den Kurhut. Im Abschnitt ELECTOR · DIGNIT · DOMO | HASS · COLL · | MDCCCIII · Hoffm. 2750. Gr. 55. 5⁵/₃₂ Loth. Hübsche Arbeit. S. g. e. R.

3908. Conv.-Thaler v. 1813. Av. WILHELMUS I · D · G · ELECT · LANDG · HASS · Kopf v. r. S., mit im Nacken zusammengebundenem Haare und blosser Brust. Am Abschnitt K (Wilhelm Körner sen.) Rev. ZEHN EINE — FEINE MARK · In einem mit dem Kurhute bedeckten, mit Guirlanden behangenen, unten mit Lorbeerzweigen besteckten ausgeschweiften Schilde das vollständige Wappen, nämlich die Wappen von Hersfeld, Hanau, Fritzlar, Ziegenhain, Nidda, Schaumburg, Katzenelnbogen und Diez, auf denen zwei Mittelschilde ruhen, deren oberes (zur Aufnahme des Zeichens der Kurwürde bestimmtes) leer gelassen und in deren unterem der hess. Löwe angebracht ist. Unten 1813 Glatter Rand. Hoffm. 2794, wo angegeben wird, dass dieser nicht in den Cours gekommene Thaler nur in vier Exemplaren geprägt worden ist. Gr. 37. S. g. e. RRR.

3909. Derselbe Probethaler. In Folge des Justirens nicht ganz scharf. Gut erh. RRR.

3910. Thaler v. 1819. Av. WILHELM I · KURF · SOUV · LANDGR · Z · HESSEN · GR · H · V · FULDA · Das Bildniss des Kurfürsten, wie auf vorigem, nur kleiner und ohne K Rev. In einem Lorbeerkranze EIN | THALER | 1819 Randschrift KUR HESS : LAND MÜNZE ✿ Hoffm. 2820. Gr. 35. S. g. e.

Wilhelm II. (1821—1847),

Sohn des Vorigen und dessen Gem. Wilhelmine v. Dänemark, geb. 1777, Kurfürst 1821, ernannte am 30. Sept. 1831 seinen Sohn Friedrich Wilhelm zum Mitregenten, † 20. Nov. 1847.

3911. Thaler v. 1832. Av. WILH · II · KURF · U · FRIEDR · WILH · KURPR · U · MITREGENT Das mit der Königskrone und dem hess. Hausorden vom gold. Löwen geschmückte vollständige Wappen. Rev. EIN | THALER | 1832 Oben herum KURFÜRSTENTHUM HESSEN Unten herum XIV EINE FEINE MARK Randschrift GOTT BESCHIRME UNS ~~+~~ Hoffm. 2966. S. g. e.

3912. Doppelthaler v. 1840. Av. Das mit der Kette des Hausordens v. gold. Löwen behangene vorige Wappen auf gekröntem Hermelinmantel. Umschrift wie vorher. Rev. 2 | THALER | — | 3½ GULDEN | 1840 Oben herum ✿ KURFÜRSTENTHUM HESSEN ✿ Unten herum VEREINS M · ✿ VII E · F · MARK Randschrift, wie vorher. Hoffm. 3005.

Friedrich Wilhelm I.,

Sohn des Vorigen und dessen 1. Gem. Auguste, k. Prinzessin v. Preussen, geb. 1802, Mitregent 1831, Kurfürst 1847. Vereinigung des Kurfürstenthums Hessen mit dem Königreiche Preussen am 20. Sept. 1866.

3913. Thaler v. 1864. Av. FRIEDR · WILHELM I KURFÜRST V · HESSEN Kopf v. r. S. Rev. EIN VEREINSTHALER — XXX EIN PFUND FEIN Das Wappen, wie vorher. Darunter 18 — 64 Randschrift GOTT MIT UNS mit zwischen die Worte gesetzten Verzierungen. Hoffm. 5171. S. g. e.

b) Linie zu Marburg.

Ludwig III. (1567—1604),

Sohn Landgr. Philipp's des Grossmüthigen, geb. 1537, erhielt in der Erbtheilung 1567 das Fürstenthum an der Lahn mit Marburg und die Grafschaft Nidda, welche Lande er dann zu gleichen Theilen den Linien Cassel und Darmstadt vermachte, † 9. Okt. 1604.

3914. Gladebacher Ausbeutethaler v. 1587. Av. · ICH GETRAWE GOT IN ALLER NOTH ◆ Das mit den Helmen von Hessen, Katzenelnbogen und Ziegenhain bedeckte quadrirte Wappen von Katzenelnbogen, Ziegenhain, Nidda und Diez, sammt hess. Mittelschild. Rev. ◆ ANNO ◆ | M · D · LXXXVII · | E NOVIS IN ARGEN: | :TI FODINA AD GLA: | :DEBACHVM DEO LAR: | :GIENTE REPERTIS | VENIS LVDOVICVS | LANDGRAVIVS | HASSIÆ & | I F ◆ F (Cat. imp. 269, vergl. Hoffm. 454, Anm. u. 4511. Mad. 1266.) S. g. e. R.

3915. Thaler v. 1592. Av. LVDOVICVS · D : G · LANDGR · HASSIÆ · CO · I · CATZE (·?) HR (verbunden, mit durchgestecktem Zainhaken.) Linksgewandtes Brustbild von vorn, im Harnisch, mit Feldbinde und Halskrause. Daneben 15 — 92 Rev. vom Stempel zur Hauptseite des vorigen. (Mad. 6644. Hoffm. 472.) S. g. e. R.

3916. Thaler v. 1594. Av. LVDOVICVS · D : G · LANDGR · HASSIÆ · CO · I · CATZ · ⚒ · Brustbild von vorn, im Wamms mit Halskrause und umgelegter Kette. Rev. · ICH · GETRAWE · — · GOT · I · ALL · NOT Das dreifach behelmte Wappen, wie vorher, mit seiner Spitze die Umschr. theilend. (Mad. 3750. Hoffm. 482.) S. g. e.

3917. Doppelthaler v. 1604. Av. LVDOVICVS · D · G · LANDGR ·

HASSIÆ · COM · IN · CACE ✿ Rechtsgewandtes, geharn. Brustbild von vorn, mit der Rechten den befederten Helm haltend, die Linke an den Schwertgriff gelegt. Unter dem linken Arme ⚒ Zu Seiten des Kopfes 16 — 04 Rev. ✿ ICH · GETRAWE · GOT · IN · ALLER · NOTH Das frühere Wappen im dreifach behelmten, mit Schnitzwerk reich geschmückten, ovalen Schilde. (Mad. 5785. Hoffm. 514.) Aus der v. Wambold'schen Auction. Vortrefflich erh. RR.

3918. Halber Thaler v. 1604. Av. — LVDOVI · D — G · LANDG — — HASSIÆ — CO · IN · CAC Brustbild mit der Jahrzahl wie auf vorigem, nur steht das Zeichen ⚒ über dem linken Elbogen. In der Umschrift die Wappen von (oben) Hessen, (rechts) Katzenelnbogen, (links) Nidda und (unten) Ziegenhain und Diez. Rev. ICH · GETRAWE · GOTT · IN · ALLER · NOTH (und ✿ auf Arabeske) Der hess. Helm zwischen den kleineren von Katzenelnbogen und Ziegenhain. Hoffm. 520. (Mad. 6647.) Von schönster Erhaltung. RR.

c) Linie zu Darmstadt.

Georg I. (1567—1596),

jüngster Sohn Landgraf Philipp's des Grossmüthigen, geb. 1547, erhielt in der Erbtheilung 1567 die Ober-Grafschaft Katzenelnbogen, wählte Darmstadt zu seiner Residenz, † 7. Februar 1596.

3919. Münzvereins-Thaler v. 1572. Av. GEORGIVS ❁ D ○ G ❁ LANTG — RAVIVS ❁ HASSIE ○ Blatt ○ Das dreifach behelmte Wappen, wie bei Nr. 3914. Rev. MONETA ❁ NO RHEN ❁ ELECT ❁ PRINC · CONSOCI · ❁ · In mit Schnitzwerk verziertem Schilde die Wappen von Mainz, Trier, Cöln, der Pfalz und von Hessen. Darüber 15 — 7z Zu Seiten des Schildes Weinranken. Hoffm. 3256. Nicht bei Madai. Theilweise schwach ausgeprägt. G. e. RRR.

Ludwig V. (1596—1626),

Sohn des Vorigen und dessen 1. Gem. Magdalene von der Lippe, geb. 1577, succ. 1596, † 27. Juli 1626.

3920. Thaler v. 1623. Av. · LVDOVICVS : D : G : LANDG : HASSIÆ (: C)OM : I : CA : ✿ Brustbild v. r. S., im Harnisch, mit gekräuseltem Halskragen und Ueberwurf. Unterm Arme · ʜʜ(verb.) · s · Rev. · IN TE : DOMINE : CONFIDO : ANNO 16z3 Das dreifach behelmte Wappen, wie auf vorigem Av. Cat. imp. p. 267. (Hoffm. 3287, Anm.) Gut erh. R.

3921. Thaler v. 1626. Av. LVDOVICVS · D : G · LANDGR · HASSIÆ : COM · IN : C ·✿ Geharnischtes Brustbild v. r. S., mit Halskrause und Feldbinde. Rev. ⁂ IN TE ⁝ DOMINE CONFIDO ⁝ 16z6 * Das bisherige Wappen in dreifach behelmtem, mit Schnitzwerk versehenem Schilde; unten neben demselben I—W (Jakob Wiesener, Mzmstr. zu Nidda), auf letzterem Buchstaben ein Zainhaken. Hoffm. 3301 u. 5254. (Mad. 3753.) S. g. e. R.

3922. Thaler v. 1626. Av. vom Stempel zur Hauptseite des vorigen. Rev. ✿ IN TE ✿ DOMINE : CONFIDO : 626 Das Wappen und

d. Münzmeistersigle, wie vorher. Cat. imp. 267. (Hoffm. 3304. Mad. 3754.) S. g. e. R.

3923. Begräbnissthaler v. 1626. Av. LUDOVICUS • DICTUS • FIDELIS • HASSIÆ • LANDGRAVIUS • ✿ Im Felde NATUS • | XXIV · SEPTEMB (verb.) • | ANNI • M • D · LXXVII • | MORTUUS • XXVII • | IVLII • ANNI · M · D · C • | XXVI • REGNAVIT • | ANNOS · XXX · MENS • | V • DIES • XIX • Darunter eine Verzierung. Rev. PATRI • PATRIÆ • IMMORTALITATE • DONATO • Im Felde VIVIT • | POST • FUNERA : | VIRTUS • Darüber und darunter Arabesken. Cat. imp. p. 267. (Mad. 1270.) S. g. e. R.

Georg II. (1626—1661),

Sohn Landgr. Ludwig's V. und dessen Gem. Magdalene von Brandenburg, geb. 1605, succ. 1626, † 11. Juni 1661.

3924. Thaler v. 1627. Av. D ⁝ G ⁝ GEORGIVS ⁝ HASSLÆ • LANDGRAVIVS ⁝ COM ⁝ IN • C /\ Geharnischtes Brustbild v. r. S., mit Mantel und Spitzenkragen, an der Achsel ein Löwenkopf. Zu den Seiten 16 — 27 Rev. SECVNDVM ⁝ VOLVNTATEM • TVAM ⁝ DOMINE Das bisherige Wappen in dreifach behelmtem, mit Schnitzwerk versehenem Schilde. Zwischen den Helmkleinoden von Hessen und Ziegenhain IW Zu Hoffm. 3346. (Cat. imp. 267.) S. g. e. R.

3925. Sterbethaler v. 1661. Av. DNI · DNI · GEORGII · II · LAND · HAS · PR · HERSF · COM · C · D · Z · N · S · Y(senburgi) · et · B(üdingae) ✠ Im Felde auf 8 Zeilen NASCITVR | XVII · MART · M · DC · | V · OBIIT · XI · IUNII · | M · DC · LXI · VIXIT · AN | NOS etc. Rev. NVM · EXEQUIAL · etc. Ein Baum, vor dessen Stamme ein Band mit ÆTERNITATI · SACRVM Auf dem Baumstamme ist unten ein W eingeschlagen. Im Uebrigen, wie Hoffm. 3402, aber mit BENIFIC · I · ✠ (Cat. imp. 267. Mad. 1272.) Gr. 39. 1$^{31}/_{32}$ Loth. S. g. e. R.

Ludwig VI. (1661—1678),

Sohn des Vorigen und dessen Gem. Sophie Eleonore v. Kursachsen, geb. 1630, succ. 1661, † 24. April 1678.

3926. Sortengulden v. 1674. Av. LVDOVIC · VI · D · G · HASS LANDGRAV · PRINC · HERSF ✿ Brustbild v. r. S., im Harnisch und Mantel, an der Achsel ein Löwenkopf. Rev. FVRSTLICHE HESSIS — CHE LANDMVNTZ ✿ Unter dem Fürstenhute der Schild mit den Wappen von Hersfeld, Ziegenhain, Katzenelnbogen, Diez, Nidda-Isenburg und Schaumburg, nebst dem hess. Löwen im Mittelschilde. Oben 1674 · Zu den Seiten unter Arabesken I—S(artorius) Hoffm. 3434. (Mad. 6653.) S. g. e. RR.

Ernst Ludwig (1678—1739),

Sohn des Vorigen und dessen 2. Gem. Elise Dorothea v. Sachsen-Gotha, geb. 1667, succ. 1678, Anfangs und bis 1688 unter Vormundschaft seiner Mutter, † 12. September 1739.

3927. Thaler v. 1696. Av. ERNEST · LUD · I · D · G · HASS ·

LANDGR · PRINC · HERSF Brustbild v. r. S., mit grosser Perrücke, im Harnisch und Mantel; am Arme *J · C · R*(oth) · Rev. · MONETA · NOVA · ARGENTEA · DARMSTADINA · Das Wappen, wie vorher, in ausgeschweiftem, mit den Helmen von Hessen, Hersfeld, Ziegenhain, Katzenelnbogen und Schaumburg bedecktem Schilde. Unten 16 · *J · A* · — · *R*(ephun) · 96 Die Randschr. IN · TE · DOM · etc. ist verprägt. Cat. imp. 268. (Hoffm. 3488. Mad. 3755.) Gut erh.

3928. Thaler v. 1696. Av. vom Stempel zur Hauptseite des vorigen. Rev. · MONETA · NOVA · ARGENTEA · DARMSTADINA · Das vorige Wappen im gekrönten und mit dem dän. Elephantenorden behangenen ovalen Schilde, von zwei Löwen gehalten, die auf getäfeltem Boden stehen. Unter letzterem I · A · R Zu Seiten der Krone 16 — 96 Randschrift IN TE DOMINE (S)PERAVI (NON) CONFVND · IN · ÆTER ✱ Zu Hoffm. 3486 u. 3487. (Mad. 1273.) Gut erh.

3929. Rother Ausbeutethaler v. 1696. Av. GOTT · BAUE · DAS · HAUS · HESSEN · DARMSTATT · Zwei Bergleute, der eine auf eine Hacke gestützt, der andere mit dem Grubenlichte, stehen zu Seiten einer Palme, an welcher ein ovaler Schild mit dem bish. Wappen hängt. Am Boden rechts IAR (nicht AR) u. links GLC(Le Clerc) · F Im Hintergrunde ein Fluss, Hügel und Schlösser. Im Abschnitt M · DC · XCVI · Rev. SO · BLICKEN · DIE · ERSTLING · DES · SEGENS HERFUR ✿ Im Vordergrunde einer gebirgigen Landschaft, über welche die Sonne sich erhebt, dreht ein Bergmann an einem Göpel. Randschrift SOLCHE ·✱· FRVCHTE · GIBT ·✱· DIE ·✱· ROTHER ·✱· GOTTES ·✱· GAB · und zwei Röschen am Stengel. Hoffm. 5369. (Cat. imp. 268. Mad. 1274.) S. g. e.

3930. Thaler v. 1700. Av. ERNEST · LVD · I · etc., wie bei Nr. 3927. Brustbild v. r. S., mit Perrücke, im Harnisch und Mantel; darunter B Rev. MONETA · NOVA · ARGENTEA · DARMSTADINA Das von Löwen gehaltene Wappen, ganz ähnlich, wie bei Nr. 3928. Neben der Krone 17 — 00 Im Abschnitt ✿ I · A · R ✿ Laubrand. (Cat. imp. 268. Hoffm. 3522.) G. e. R.

3931. Medaillenartiger Thaler v. 1710. Av. ERNEST · LVD · D · G · — HASS · LANDG · PR · HERSF · Brustbild v. r. S., mit Perrücke, in Harnisch und Mantel. Rev. MONETA ○ NOVA ○ ARGENTEA ○ DARMSTADINA Das Wappen, ähnlich wie auf vorigem, von zwei Löwen gehalten, deren jeder hier auf einem ausgeschweiften Postamente steht. Zu Seiten des am Schilde hängenden Elephanten 17 — 10 und unter demselben B · I · R(ethmann, Mzmstr. zu Darmstadt.) Schräg gerippter Rand. Hoffm. 3573. Mad. 1276. Sehr gut erh.

3932. Medaillenartiger Thaler v. 1714, auf die reiche Ausbeute der Kupfergruben in Thalitter. Av. ERNEST : LVD : D : G : — HASS : LANDG : PR : HERSF : Brustbild v. r. S., mit langem Lockenhaar, in Harnisch und Mantel; unter dem Arme B · I · R Rev. Von Bergleuten und Fuhrwerk belebte Gegend an der Itter, über der die Sonne strahlt. Vorn der von zwei Löwen gehaltene, gekrönte

Schild mit dem bisherigen Wappen. Oben herum GOTT HAT SEINEN REICHEN SEEGEN | ITTER IN DICH WOLLEN LEGEN 1714 Schräg gerippter Rand. Hoffm. 3577. Cat. imp. 268. (Mad. 1275.) S. g. o.

3933. Thalerförmige Medaille auf das 2. Jubiläum der evang.-luther. Kirche, 1717. Av. ERNEST ⸰ LVD ⸰ D ⸰ G ○ — HASS ⸰ LANDG ⸰ PR ⸰ HERSF ⸰ Brustbild, fast ganz wie auf vorigem. Unter dem Arme B · I · B Rev. FESTVM · SECVLARE · SECVN — DVM . ECCLESIÆ · EVANG · LVTHER · 31 · OCT · 1717 Vor einem mit V · D | · M · | I · Æ (Verbum Domini manet in aeternum) bezeichneten Altare, auf welchem ein von der Sonne bestrahltes dampfendes Rauchfass steht, knieet eine mit dem Fürstenmantel bekleidete weibl. Gestalt, Gesicht und Arme nach oben gerichtet. Vor ihr auf der unteren Stufe des Altares liegt der Fürstenhut. Im Abschnitt HASSIA · VOTORVM · COMPOS | DEO : GRATA : (Cat. imp. 268. Mad. 3758.) Zu Hoffm. 3590. 2 Loth. S. g. e.

3934. Thaler v. 1721. Av. ERNEST · LVD : D : G : — HASS LANDG · PR · HERSF · Brustbild, ähnlich wie auf den vorigen. Unten herum · NACH ALT · REICHS · SCHROT · U · KORN Rev. MONETA NOVA ARGENTEA DARMSTADINA ⸰ 1721 ⸰ B · I · B ✿ Der hess. Löwe, von den viermal wiederholten, gekrönten Buchstaben ƎL kreuzweise umstellt. Schräg gerippter Rand. (Hoffm. 3610. Mad. 1277, Anm.) 2 Loth. S. g. e.

Ludwig VIII. (1739—1768),

Sohn des Vorigen und dessen Gem. Dorothea Charlotte v. Brandenburg-Ansbach, geb. 1691, succ. 1739, † 17. Oct. 1768.

3935. Medaillenförmiger Gulden v. 1748. Av. Zwei gegeneinander gestellte verschlungene L unter dem Fürstenhute. Rev. PRO — PATRIA Ein aufrechtstehender, nach rechts gewandter, aber linkshin blickender doppeltgeschwänzter Löwe hält mit der linken Vorderpranke das gekrönte vollständige Wappen und mit der rechten ein Schwert. Im Abschnitt MDCCXLVIII Schräg gerippter Rand. Gr. 31. Hoffm. 3742. 1 Loth. S. g. e. R.

3936. Jagdmedaille v. 1751. Av. Ein von 6 Jagdhunden (rechtshin) gehetzter Hirsch. Im Hintergrunde links Buschwerk. Rev. Drei dieser Hatz folgende berittene Jäger im Kostüme jener Zeit sammt dreieckigen Hüten. Der vorderste (dessen Pferd allein ganz sichtbar ist) stösst in's Jagdhorn. An einem Steine rechts am Boden A · S (Anton Schäfer in Mannheim) Randschrift MORTUA +✦+ REVIVISCIT +✦+ VENATIO +✦+ 1751 +✦+ Interessant, weil beide Seiten ein zusammenhängendes Bild geben, in der Art, dass die hintersten Hunde halb auf dem Av., halb auf dem Rev. erscheinen. (Hoffm. 3758. Mad. 6660.) Gr. 43. 2 Loth. S. g. e. R.

3937. Conv.-Thaler v. 1760. Av. LUDOVICUS VIII · D : G · LANDGRAVIUS HASSIÆ Brustbild v. r. S., mit im Nacken gebundenem Haare, im Harnisch und Hermelinmantel (ohne Ordensband). Am Armabschnitte s(chäfer.) Rev. SINCERE ET CONSTANTER Das mit den fünf Helmen geschmückte bisherige

Gesammtwappen, von zwei Löwen gehalten. Unter der Leiste X EINE FEINE MARC | · A · 1760 · K(och) · Laubr. (Hoffm. 3785.) S. g. e. RR.

3938. Medaille v. Schäfer, o. J. Av. SUB UMBRA — ALARUM TUARUM Unter der kais. Krone der Doppeladler mit Schwert und Zepter in der r. und dem Reichsapfel in der l. Klaue. Auf seinem r. Flügel ist eine Cartouche mit FS (Franz Stephan), auf dem linken eine solche mit MT (Maria Theresia) angebracht; unter des Adlers Brust hängt ein Medaillon mit des Landgrafen Brustbild v. r. S. und der Umschrift LUDOVICUS VIII · D : G · LANDGR · HASS · Unter dem Brustb. s Rev. PRO AUSTRIA ET BONA CAUSA Der vom Fürstenhute bedeckte hess. Schild, umgeben von den durch eine Schnur zusammengehaltenen Wappen von Hersfeld, Ziegenhain, Katzenelnbogen, Diez, Nidda, Schaumburg und Isenburg. (Hoffm. 3872.) Gr. 49. 3 Loth. S. g. e. R.

3939. Conv.-Thaler v. 1765. Av. LUDOVICUS VIII · D : G · LANDGR · HASS · Brustbild, wie bei Nr. 3937, aber mit Ordensband und ohne s Rev. Das Gesammtwappen in zierlicher, mit dem Fürstenhute bedeckter, mit Palm- und Lorbeerzweigen besteckter Einfassung. Oben 17 — 65 Unten ✿ X ✿ | EINE FEINE | MARCK · Zu Seiten des Wappens G · — C · F(ehr) · | P — B(ischoff) Laubrand. Zu Hoffm. 3823. S. g. e. R.

3940. Jagdprämie zu einem halben Thaler, o. J. Av. Ein linkshin schreitender, aus einem Busche kommender Hirsch; im Hintergrunde links zwei kämpfende Hirsche, zwei Rehe und ein Jagdschloss. Im Abschnitt über Verzierungen CONFRATERNITAS Rev. Eine ausgespannte Hirschhaut mit der Aufschrift O! WIR ARME | HOERNERTRÆGER | HABEN WIEDER | WILLEN | SCHWÆGER Laubrand. Hoffm. 5562. (Mad. 5790. Cat. imp. Suppl. 16.) Gr. 34. 14/16 Loth. S. g. e. R.

3941. Desgleichen o. J. Av. Ein rechtshin schreitender Eber in steriler Gegend, links ein kahler Baum. Rev. Auf der ausgespannten Haut eines wilden Schweines, hinter der sich eine Flinte, eine Schweinsfeder und Eich- und Lorbeerzweig kreuzen, in vier Zeilen GELD | VERBINDET | SVCHT VND | FINDET Schräg gerippter Rand. Hoffm. 3939. (Mad. 5468. Cat. imp. 269.) Gr. 34. 1 Loth. S. g. e.

Ludwig IX. (1768—1790),

Sohn des Vorigen und dessen Gem. Charlotte, Erbtochter v. Hanau, geb. 1719, ward nach dem Tode seines mütterl. Grossvaters, 1736, Graf v. Hanau-Lichtenberg, 1768 reg. Landgraf, † 6. April 1790.

3942. Conv.-Thaler v. 1770. Av. LUDOVICUS · IX · D : G · LANDGRAVIUS · HASS · Brustbild v. r. S., mit im Nacken gebundenem Haare, im Harnisch sammt Ordensband. Am Armabschnitte K(üchler) Rev. Das mit dem Fürstenhute bedeckte, durch die Felder von Hanau-Lichtenberg vermehrte Wappen vor Kriegsgeräthschaften. Oben 17 — 70 · Zu den Seiten A — K Unten herum X · EINE FEINE MARCK Laubrand. (Mad. 6663. Hoffm. 3961.) Gut erh.

3943. Desgleichen v. 1770. Av. wie vorher, doch ist am Ordensbande unten der Stern des Preuss. schwarzen Adler-Ordens angebracht. Rev. vom Stempel zur Rückseite des vorigen. (Hoffm. 3963.) G. e.

Ludwig X. (1790—1830),

Sohn des Vorigen und dessen Gem. Karoline von Pfalz-Zweibrücken, geb. 1753, reg. Landgraf 1790, Grossherzog 1806, † 6. April 1830.

a) als Landgraf.

3944. Conv.-Thaler v. 1793. Av. LUDOVICUS X · D · G · LANDGRAVIUS HASS · Kopf v. r. S., mit im Nacken gebundenem Haare. Rev. X · EINE FEINE MARK Das Gesammtwappen in einem ovalen, mit dem Fürstenhute bedeckten und von zwei Löwen gehaltenen Schilde. Im Abschnitt 1793 | R · F(ehr) Laubrand. (Hoffm. 4043.) Sehr gut erh.

3945. Conv.-Thaler v. 1793. Av. Brustbild v. r. S., mit frisirtem Haar und Zopf, im Civilrocke; sonst wie voriger. Rev. vom Stempel zur Rückseite des vorigen. (Hoffm. 4041.)

b) als Grossherzog Ludwig I.

3946. Conv.-Thaler v. 1809. Av. LUDEWIG GROSHERZOG VON HESSEN · Kopf v. r. S., mit kurzem Haar; darunter L·(indenschmitt) Rev. ZEHN EINE — FEINE MARK · Der mit einem Schwert bewehrte hess. Löwe in gekröntem Schilde zwischen Lorbeer- und Palmzweig. Unten 1809 Laubrand. Hoffm. 4141.

3947. Kronenthaler v. 1819. Av. Brustbild v. l. S., in Uniform mit Ordensband und Ordensstern. Am Arme H(uhn) Umschrift wie vorher, nur ohne Punkt. Rev. EIN KRON — ENTHALER Auf gekröntem Wappenmantel der behelmte, mit dem Hausordenskreuze behangene Schild, worin der Löwe, wie vorher. Unten H · — R(össler) · | 18 — 19 Randschrift GOTT ** EHRE * VATERLAND * * Hoffm. 4178. G. e.

3948. Kronenthaler v. 1825. Av. Kopf v. r. S., mit kurzem Haar, sonst wie vorher. Rev. EIN KRONENTHALER Das Wappen, wie vorher, darunter H — R | 18 — 25 Randschr. wie vorher. Hoffm. 4190. S. g. e.

Ludwig II. (1830—1848),

Sohn des Vorigen und dessen Gem. Louise von Darmstadt, geb. 1777, Grossherzog 1830, erklärte seinen Sohn Ludwig (III.) zum Mitregenten d. 6. März 1848, † 16. Juni gl. J.

3949. Kronenthaler v. 1833. Av. LUDWIG II GROSHERZOG VON HESSEN Kopf v. l. S. Unten C · VOIGT Rev. Ganz ähnlich dem vorigen, aber mit 18 — 33 Den Schild umgiebt hier das Band des angeknüpften Hausordens. Randschr. wie vorher. S. g. e.

3950. Gulden v. 1837. Av. Kopf und Umschrift, wie auf vorigem, doch ohne Namen des Medailleurs. Rev. In einem unten gebundenen

Eichenkranze 1 | GULDEN | 1837 Auf dem Rande vertiefte Vierecke. Hoffm. 4233. G. e.

3951. Doppelgulden v. 1846. Av. wie der von Nr. 3949. Rev. ZWEY GULDEN Der von zwei Löwen auf einem Untersatze gehaltene gekrönte Schild mit dem bewehrten Löwen. Unten 1846 Rand wie vorher. Hoffm. 4304. S. g. e.

3952. Gulden v. 1847, wie der von 1837, aber mit VOIGT unter dem in der Zeichnung geänderten Kopfe.

Ludwig III.,

Sohn des Grossherzogs Ludwig II. und dessen Gem. Wilhelmine von Baden, geb. 9. Juni 1806, Mitregent d. 6. März 1848, Grossherzog seit d. 16. Juni gl. J.

3953. Guldenförmige Denkmünze v. 1848. Av. LUDWIG ERBGROSH · U · MITREGENT V · HESSEN Kopf v. l. S. Rev. ⁂ | PRESSFREIHEIT | VOLKSBEWAFFNUNG | SCHWURGERICHT | RELIGIONSFREIHEIT | DEUTSCHES PARLAMENT | 6 · MÄRZ 1848 | — . — Glatter Rand. Hoffm. 4329. Mit Stempelglanz. RR.

3954. Gulden v. 1848. Av. LUDWIG III GROSHERZOG VON HESSEN Haupt v. l. S. Rev. In unten gebundenem Eichenkranze 1 | GULDEN | 1848 Rand, wie bei Nr. 3950. Hoffm. 4431. S. g. e.

3955. Doppelgulden v. 1849. Av. wie die Hauptseite des vorigen, unter dem Bildniss aber C · VOIGT Rev. wie die Rückseite der Nr. 3951, aber mit 1849 Rand wie vorher. S. g. e.

3956. Gulden v. 1856, wie Nr. 3954, aber mit VOIGT unter dem in der Zeichnung wenig geänderten Kopfe. Hoffm. 4369. S. g. e.

3957. Vereinsthaler v. 1859. Av. In der Zeichnung abermals veränderter Kopf v. l. S., mit der Umschr. des vorigen, aber ohne Graveurnamen. Rev. EIN VEREINSTHALER ✿ XXX EIN PFUND FEIN Wappen, ähnlich wie bei Nr. 3951, darunter 1859 Randschrift MÜNZVERTRAG VOM 24 JANUAR 1857 ✿ S. g. e.

d) Linie zu Homburg.

Friedrich II. mit dem silbernen Bein (1681—1708),

Sohn Landgraf Friedrich's I. u. dessen Gem. Margaretha Elise v. Leiningen-Westerburg und Enkel Georg's I. v. Darmstadt, geb. 1633, succ. seinem Bruder Wilhelm Christoph 1681, † 24. Januar 1708.

3958. Sortengulden v. 1692. Av. FRIDERICVS · D : G : LANDGRAV · HASS : P : H Brustbild mit grosser Perrücke, im Harnisch, sammt umgehängtem dän. Elephantenorden. Rev. MONETA NOVA ARGENT : HASS : HOMBVRG : 1692 · Das mit dem Fürstenhute bedeckte vollständige Wappen, daneben H — A Ueber und unter jedem dieser Buchstaben eine Rose. Unten (⅔) Hoffm. 5770. Neuer Silberabschlag von den alten, wahrscheinlich nicht zur Verwendung gekommenen Stempeln im homburg. Archive.

Ludwig (1829—1839),

Sohn des Landgrafen Friedrich V. und dessen Gem. Karoline von Darmstadt, geb. 1770, succ. seinem Bruder Friedrich VI. 1829, † 19. Januar 1839 zu Luxemburg.

3959. Gulden v. 1838. Av. LUDWIG SOUV · LANDGRAF ZU HESSEN Brustbild v. l. S., in Uniform mit Ordens-Sternen und Kreuzen. Unten VOIGT Rev. In einem unten gebundenen Eichenkranze 1 | GULDEN | 1838 Auf dem Rande vertiefte Vierecke. Hoffm. 4406. S. g. e.

3960. Halber Gulden v. 1838, wie voriger, aber mit ½ im Rev. Hoffm. 4407. Mit Stempelglanz.

3961. Gulden v. 1839. Wie der von 1838, nur mit veränderter Jahrzahl. Mit Stempelglanz.

Philipp (1839—1846),

Bruder des Vorigen, geb. 1779, succ. 1839, † 15. Dez. 1846.

3962. Gulden v. 1841. Av. PHILIPP SOUV · LANDGRAF ZU HESSEN Kopf v. l. S., am Halsabschnitte zs(tadelmann in Darmstadt) Rev. mit 1841 und Rand wie bei Nr. 3959. Hoffm. 4413. Gut erh.

3963. Desgleichen v. 1843, bis auf die Jahrzahl wie voriger. Hoffm. 4414. G. e.

3964. Desgleichen v. 1844, ebenso. G. e.

3965. Halber Gulden v. 1844, wie der ganze, aber mit ½ im Rev. Hoffm. 4416. G. e.

3966. Gulden v. 1845, wie die von den früheren Jahren. Hoffm. 4417. Mit Stempelglanz.

3967. Doppelgulden v. 1846. Av. wie bisher, aber mit C · VOIGT unter dem Kopfe. Rev. ZWEY GULDEN Das vollständige Wappen auf gekröntem Hermelinmantel. Darunter 1846 Rand, wie bisher. Hoffm. 4418. S. g. e.

3968. Gulden v. 1846, bis auf die Jahrzahl wie der von 1841. Hoffm. 4419. S. g. e.

3969. Halber Gulden v. 1846, wie der v. 1844. Hoffm. 4420. G. e.

Ferdinand (1848—1866),

Bruder des Vorigen, geb. 1783, succ. seinem Bruder Gustav d. 8. Sept. 1848, starb als der letzte Landgraf zu Hessen-Homburg am 24. März 1866, worauf die Landgrafschaft an das Grossherzogthum Hessen fiel, im Frieden von Berlin (3. Sept. 1866) aber an Preussen abgetreten wurde.

3970. Vereinsthaler v. 1858. Av. FERDINAND SOUV · LANDGRAF Z · HESSEN Haupt v. r. S., am Halsabschnitte vertieft C · SCHNITZSPAHN Rev. EIN VEREINSTHALER — XXX EIN PFUND FEIN Das vollständige Wappen auf gekröntem Hermelin-

2*

mantel. Randschrift MÜNZVERTRAG VOM 24 JANUAR 1857 ✿ Hoffm. 5782. S. g. e.

3971. Desgleichen v. 1859, bis auf die Jahrzahl, wie voriger. Hoffm. 5783. S. g. e.

Holstein.

Friedrich I. (1481—1533),

Sohn König Christian's I. von Dänemark, 1. Herzogs v. Holstein (seit 1474) u. dessen Gem. Dorothea v. Brandenburg (Wittwe König Christoph's III. von Dänemark), geb. 1471, Herzog zu Schleswig und Holstein 1481, König in Dänemark und Norwegen 1523, † 3. April 1533.

3972. Mark v. 1514. Av. MO ∘ ANGE ∘ FRE — DERI ∘ DV ∘ HOLT Das vierfeldige Wappen von Norwegen, Schleswig, Holstein und Stormarn sammt dem oldenburgischen im Mittelschilde. Darüber ein gekrönter Helm mit den vereinigten Kleinoden von Schleswig und Holstein. Rev. DILE(statt e)XIT ⸰ DRS (sic! Dominus) ⸰ — ANDREAM 1514 ✠ Der h. Andreas bis halben Leib, von vorn, mit Kreuz und Buch; vor ihm der oldenburg. Schild. (Mad. 1278. Cat. imp. 270.) Gr. 36. 1$^{1}/_{16}$ Loth. Vortreffl. erh. RRR.

I. Königliche Linie.

a) Aeltere Linie Holstein-Dänemark.

Die von dieser Linie geschlagenen Thaler s. unter Dänemark.

b) Jüngere Linie Holstein-Sonderburg.

Johann (1564—1622),

Sohn König Christian's III. von Dänemark und dessen Gem. Dorothea von Lauenburg, geb. 1545, erhielt 1564 in Schleswig das Sonderburgische und in Holstein das Plönsche Fürstenthum, † 9. Okt. 1622.

3973. Thaler v. 1622. Av. IOHANNES · D : G : HÆRES · NORWEGIÆ · DUX · SL(esvici) : ⴲ Geharnischtes Brustbild v. r. S., mit gekräuseltem Kragen und Feldbinde. Rev. ET · HOLS(atiae) : C(omes) : I(n) : — OL(denburg) : E(t) : DE(lmenhorst) : 622 und vT(oder F)R (als Monogramm) Das mit den Helmen von Norwegen, Schleswig und Holstein bedeckte fünffeldige (durch den Reiter von Dithmarschen vermehrte) Wappen mit vierfeld. Mittelschilde (Oldenburg u. Delmenhorst). Gr. 42. S. g. e. RR.

3974. Thaler v. 1622. Av. IOHANNES · D : G : HÆRES : NORWEGIÆ : DVX : SCHL · ⴲ Brustbild, wie vorher, aber mit umgehangener Kette und einem auf der r. Schulter durch eine Rose zusammengehaltenen Ueberwurfe, statt der Feldbinde. Rev. : ET · HOLS : C : I : — : OL · E : DEL : 622 Das dreifach behelmte Wappen, wie vorher. Cat. imp. 274. (Mad. 1287.) Gr. 44. Sehr gut erh. RR.

3975. Doppelthaler auf seinen Tod. Av. · IOHANNES · — · D : G : HÆRE · — · NORWGIE (sic) — · DVX : SCHL : ♁ In der Umschrift die Schildchen von (rechts) Norwegen, (links) Schleswig, (unten) Oldenburg-Delmenhorst (quadr.) Im Felde ein Todtenkopf auf zwei gekreuzten Knochen; oben herum VIVE MEMOR LETHI und unten herum G — G G M — F (Gottes Güte giebt mir Frieden) Rev. : ET : HOLS : — · STOR : ET · — · DIT : C : I : O : — · ET : DELM : ❀ mit den Schildchen von Holstein, Stormarn und Dithmarschen. Im Felde auf 8 Zeilen · NATVS · | · AO : 1545 : DIE · | · 25 : MARTII · | ·OBIIT : AO : 1622 · | · DIE · 9 : OCTOBR : | VIXIT · ANNOS | · 77 · MENSES · | · 6 : DIES · 14 · Gr. 44. Cat. imp. 274. Mad. 1289. S. g. e. R.

3976. Derselbe Doppelthaler. S. g. e. R.

Alexander zu Sonderburg (1622—1627),

Sohn des Vorigen u. dessen 1. Gem. Elisabeth v. Braunschweig, geb. 1573, † 13. März 1627.

3977. Thaler v. 1626. Av. · ALEXANDER · D : G · HÆ : NORWEG : DVX · SCHL · (Doppellilie) Geharnischtes Brustbild v. r. S., mit Halskrause und Spitzenüberwurf. Rev. ET · HOLS : C · I · — OL · E · DEL · 626 · — Das dreifach behelmte Wappen, wie bei Nr. 3973. (Mad. 3763.) S. g. e. R.

3978. Sterbethaler v. 1627. Av. Umschrift wie vorher, aber mit HÆ · NORWEG · Im Felde auf 8 Zeilen · NATVS · | AO · 1573 · DIE · | · 20 FEBRVARI | · OBIIT · AO · 1627 · | · DIE · 13 · MAII · | · VIXIT · ANNOS | · 54 · MENSES · | · 2 · DIES · 23 · Darüber und darunter · ✿ · Rev. vom Stempel zur Rückseite des vorigen. Cat. imp. 274. (Mad. 1290.) S. g. e. R.

Philipp zu Glücksburg (1622—1663),

Bruder Alexander's zu Sonderburg, geb. 15. März 1584, † 27. Sept. 1663.

3979. Thaler v. 1632. Av. · PHILIPPUS · D : G · DUX · SLES · ET · HOLSATIÆ (Doppellilie) Brustbild v. r. S., im Harnisch, mit breitem Spitzenkragen und Feldbinde. Rev. VIRTVTE · EX — PERIAMVR — 632 — Das dreifach behelmte Wappen, wie vorher. Cat. imp. 274. (Mad. 1291.) S. g. e. RR.

Christian zu Glücksburg (1663—1698),

Sohn des Vorigen u. dessen Gem. Sophie Hedwig v. Lauenburg, geb. 1627, † 17. Nov. 1698.

3980. Breiter Begräbnissthaler s. 1. Gem., Sibylla Ursula, T. des Herzogs August zu Braunschweig, verm. 1663, † 12. Dec. 1671. Av. In 14 Zeilen SIBYLLA — URSULA | AUGUSTI · DUC(is) · BRUNS · & LUNÆB · | FILIA · NATU · MAX · MA · | CHRISTIANI · H · N · DUC · SCHL · HOLSAT | CONIUX · SVAVISSIMA · | NAT(a) · IV · DECEMB · A · C · MDCXXIX · | RENAT(a) · IV · MART · MDCXXX | NUP(ta) · XX · SEPT · MDCLXIII · | ET · POSTQ(uam) · IV · ✱ PARTUM · X · DEC(embris) · EDID(erat) | DENAT(a) · XII · DECEMB · MDCLXXI ·

| HUMA(ta) · CU · FILIOL(a) · VI · FE(bruarii) · MDCLXXII | PRINCEPS · PIA · SAPIENS · | DOCTA · BENEFICA · IN : | COMPARABILIS · Darüber Nessel und Rösslein in kl. Schilden unter dem Fürstenhute. Rev. Auswärts gekehrt *Apoc* : 3 : V : 5 · QVI VICERIT SIC VESTIETUR VESTIMENTIS ALBIS ✦ Die auf Wolken stehende Herzogin wird von zwei Engeln gen Himmel geführt. Ein dritter Engel reicht ihr Palmzweig und Lorbeerkranz. Oben in Strahlen der Name Jehova und das Lämmlein mit der Siegesfahne. Unten liegt auf grasigem Boden zwischen Dornen ein Gerippe mit Kreuz und Geissel. Cat. imp. 274. (Mad. 1292.) S. g. e. R.

Joachim Ernst zu Plön (1622—1671),

Sohn Johann's zu Sonderburg u. dessen 2. Gem. Agnes Hedwig v. Anhalt, Wittwe Kurfürst August's v. Sachsen, geb. 1595, † 5. Oct. 1671.

3981. Thaler v. 1625. Av. IOACHIM⁹ ERNEST⁹ D : G : HÆR : NOR : DUX · SL : HOL : S(tormariae) : E : D(itmarsiae) : C : I : O : E : D : ♁ Innerhalb eines zierlichen Perlenkreises das geharnischte Brustbild v. r. S. mit Spitzenkragen und Feldbinde. Rev. SUFFICIT ✦ MIHI ✦ GRATIA · TUA ✦ DOMINE ✦ 1625 ✿ Das dreifach behelmte Wappen wie bei Nr. 3973. Zu Seiten desselben M — A Mad. 3764. Von sehr zierlichem Schnitt. Vortrefflich erhalten. RRR.

Johann Adolf (1671—1704),

Sohn des Vorigen u. dessen Gem. Dorothea Auguste v. Holstein-Gottorp, geb. 1634, † 2. Juli 1704.

3982. Doppelmarkstück v. 1677. Av. (O. beg.) V · G · G · HANS · ADOLF · E(rbe) · Z(u) · N(orwegen) · HERZ(og) · Z(u) · SLES(wig) · V(nd) · HOLST(ein) — Unter dem Fürstenhute das bisherige fünffeldige Wappen mit dem quadrirten Mittelschilde. Zu den Seiten 16 — 77 Unter dem Schilde herum · I · I · MARK · LVB(isch) : Rev. INCLINATA — RESVRGO Ein Palmbaum, auf dessen linken Aesten ein grosser Stein ruht. Zu Seiten des Stammes C — B (Cat. imp. 275. Mad. 3766.) Gr. 40. 1½ Loth. S. g. e. R.

3983. Gulden v. 1690. Av. (U. beg.) IOH : ADOL : D : G : — H : N : D : S : HOLS : ✿ — Geharnischtes Brustbild v. r. S., mit grosser Perrücke, Halstuch und Ueberwurf. Unten vor demselben in einem Oval $\frac{2}{3}$ Rev. (O. beg.) CEDUNT PREMENTI FATA · 1690 — Das bisherige Wappen zwischen Palmzweigen unter offener Krone. Sehr gut erh. R.

3984. Desgleichen. Av. wie voriger, aber mit ADOLP : und HOLS : Statt des Halstuches trägt der Herzog einen schmalen Kragen, der Kürass ist mit Verzierungen versehen. Rev. CEDVNT PREMENTI FATA · 1690 · — Das gekrönte Wappen, ohne die Palmzweige. Schild und Krone von anderer Zeichnung.

3985. Desgleichen. Av. IOH : ADOL : D : G : — H : N : D : S : HOL : — Brustbild, wie vorher, doch mit glattem Kürass und dem an einem Bande über denselben gehängten dän. Elephantenorden an Stelle der Werthangabe. Rev. CEDVNT PRE — MENTI FATA — Das gekrönte Wappen, wie auf vorigem, doch durch eine Kreislinie von der Umschr. getrennt. Zu Seiten des Schildes 16 — 90 und unten in einem Oval $\frac{2}{3}$ (Cat. imp. 275. Mad. 6668.) G. e. R.

3986. Desgleichen. Av. fast ganz wie der des vorigen, nur wenig in der Zeichnung abweichend. Rev. wie voriger, aber mit doppellienigem Schildrand und Punkt nach FATA. S. g. e. R.

August zu Norburg (1671—1699),

jüngerer Bruder des Vorigen, geb. 1635, † 17. Sept. 1699. Gem. Elisabeth Charlotte, T. Friedrich's, Fürsten zu Anhalt-Harzgerode u. Wittwe Wilhelm Ludwig's, Fürsten zu Anhalt-Cöthen, verm. 1666, † 1723.

3987. Thaler v. 1676, auf die Beendigung des oldenburgischen Successions-Processes. Av. (U. beg.) AUGUST9 · D · G · HÆR · NORW · DUX · S · H · S · & D · CÖ · IN OLD · et DELM · — Das dreifach behelmte fünffeldige Wappen mit quadr. Mittelschilde. Unter dem Wappen herum 1 — 6 — C — P(fahler) — 7 — 6 Darunter NORBURG Rev. (U. beg.) DIVINA BENEDICTIONE ET CÆSAREA IUSTITIA ◆ Ein über Stadt und Land schwebender, von der Sonne bestrahlter Adler, der eine Wage in den Klauen hält. (Cat. imp. 275. Mad. 1293.) S. g. e. R.

Friedrich Karl (1722—1761),

Enkel des Vorigen, geb. 4. Aug. 1706 (nach seines Vaters Christian Karl Tode), Herzog zu Norburg 1722 (nach Ableben seines Oheims Joachim Friedrich), tritt Norburg an Dänemark ab gegen Plön 1729, † 18. Oct. 1761. Gem. Christiane Irmgard, Gr. Reventlow, verm. 1730, † 6. Oct. 1779, wornach Plön an Dänemark fiel.

3988. Thaler von 1761. Av. FRIDERICVS CAROLVS D · G · H · N · D · S · H · — S · ET D C · IN O · ET D ◆ Brustbild v. r. S., mit im Nacken gebundenen Haaren, im Küras und Mantel, sammt umgehangenem Elephantenorden und Ordensstern. Am Armabschnitte G(ödicke in Hamburg.) Rev. EIN THALER NACH DEM REICHS FVS — Das gekrönte fünffeld. Wappen sammt quadr. Mittelschild. Zu den Seiten 17 — 61 Unter dem Schilde zwei sich kreuzende Lorbeerzweige, und zwischen diesen G · A · S (Georg Anton Schröder, Mzmstr z. Rethwisch in Plön) Schräg gerippter Rand. (Mad. 3767) S. g. e.

II. Herzogliche Linie (Holstein-Gottorp).

Johann Adolf (1590—1616),

Sohn Adolf's von Holstein-Gottorp u. dessen Gem. Christine von Hessen, Enkel König Friedrich's I. v. Dänemark, geb. 1575, Erzbischof zu Bremen 1585, Bischof zu Lübeck 1586, succ. seinem Bruder Philipp zu Gottorp 18. October 1590, resign. die genannten Stifter 1596 u. 1607, † 31. März 1616. Gem. Auguste, König Friedrich's II. v. Dänemark T., verm. 1596, † 1639.

3989. Thaler v. 1603, auf die mit König Christian IV. v. Dänemark am 30. Oct. d. J. zu Hamburg eingenommene Huldigung. Av. : IOH :

ADOL · D · — · G : EPISCOP : LVBE (censis) : HER : NORW : — Geharnischtes Brustbild v. l. S., mit Schnurrbart und Feldbinde, mit der Rechten einen Streitkolben vor sich haltend, die Linke in die Seite gestemmt. Unter dem Brustbilde: · 30 : OCTO Rev. DVX : SL · HO : S : — : E : DI : CO : O : E : D. — In dreifach behelmtem Schilde die Wappen v. Norwegen, Schleswig, Holstein, Stormarn, Dithmarschen und Oldenburg-Delmenhorst (quadrirt), sammt dem Lübecker Mittelschild. Zu Seiten des norweg. Helmes M—P (uls) Zu Seiten des Schildes 16—03 (Mad. 5794 mit Abbildung.) Aus der v. Dickmann'schen Sammlung. Vortrefflich erhalten. RRR.

3990. Breites Anderthalbthalerstück o. J. Av. (—) VIVIT (—) POST (—) FVNERA (—) — (—) — VIR (—) TVS— Dazwischen die Schildchen v. Norwegen, Schleswig, Holstein, Oldenburg-Delmenhorst, Stormarn und Dithmarschen. Im Felde der geharnischte und behelmte Herzog zu Pferd, in der Rechten den Commandostab, linkshin galoppirend. Am Boden drei Rosen an einem Stocke. Rev. IOHAN · ADOL · D : G · HER · NOR · DVX · SLE · HOL · S · D · C · O · E · D — Das dreifach behelmte fünffeldige Wappen mit quadrirtem Mittelschilde. Gr. 56. 3¹/₁₆ Loth. S. g. e. RR.

3991. Thaler v. 1606. Av. IOH · ADOL · D : G · EPISCOP · LVBECE · HERES · NOR ✿ Geharnischtes Brustbild v. r. S., mit Schnurrbart und umgehangener Feldbinde, die Rechte an die Seite gelegt, mit der Linken den Streitkolben vor sich haltend. Rev. D : S · H · S · E · D · — C · O · E · D · M(oneta) · N(ova) · S(lesvicensis) — Das dreifach behelmte Wappen, wie bei Nr. 3989. Zu Seiten des mittelsten (norw.) Helmes M—P, unter dem M das Zeichen ⚒ und tiefer zwischen den Helmen vertheilt 1—6—0—6 (Mad. 3769.) Von nachlässigem Schnitte, aber guter Erhaltung.

3992. Dicker dreifacher Thaler v. 1609. Av. · IOH · ADOL · D · G · HÆR · NOR · DVX · SCHLES · HOLSAT · STORM · ✿ Brustbild v. r. S., mit Schnurr- und Kinnbart, im Harnisch und breiten glatten Kragen. Rev. £ · DITM · COM · OLDENB · £ · DELMENHOR · 1609 · ✿ — Das dreifach behelmte fünffeldige Wappen mit dem quadrirten Mittelschilde von Oldenburg-Delmenhorst. (Mad. 3776 als einfacher) Gr. 42. 5¹³/₁₆ Loth. Vortrefflich erhalten. RR.

3993. Thaler v. 1611. Av. IOHAN ✿ ADOLPH ✿ D ✿ G ✿ HERES ✿ NORWEGI ✿ DVX : Brustbild v. r. S., mit Ober- und Unterbart, im Wamms mit einem breiten glatten Kragen und Ueberwurf. Rev. SLEIS : HOLS : — : ST : DI : CO : O : E · D — Das dreifach behelmte Wappen, wie vorher; darunter 16—11 (Aehnl. Mad. 1280.) G. e.

(Siehe auch Bisthum Lübeck in der I. Abtheilung, S. 288.)

Friedrich III. (1616—1659),

Sohn des Vorigen, geb. 1597, trat die Regierung zu Gottorp an 1616, erhielt die Souveränität über Schleswig im Rothschilder Frieden 1658, † 10. Aug. 1659. Gem. Marie Elisabeth, Kurfürst Johann Georg's I. zu Sachsen T., verm. 1630, † 24. Juni 1684.

3994. Breites Schaustück o. J., zu 3¹/₂ Thalern. Av. FRIDERI-

CUS · D : G : HERES · NORVEGI : DUX · SLE:S : E : HOL : S : D : C : O : E : D : Der Herzog v. r. S., bis halben Leib, im Harnisch, mit Spitzenkragen und Feldbinde, den auf die Hüfte gestützten Commandostab in der erhobenen Rechten, die Linke in die Seite gestemmt. Vor ihm auf einem behangenen Postamente der Helm. Rev. VIRTUTIS GLO — RIA MERCES — Das dreifach behelmte fünffeldige Wappen mit dem quadrirten Mittelschilde. (Mad. 3777.) Gr. 60. 7 Loth. S. g. e. RR.

3995. Thaler v. 1626. Av. FRIDERICUS : D : G : DVX : SLES : ET : HOLSATI : und sT zusammengestellt (Simon Timpf). Brustbild v. r. S., im Harnisch, mit hinten aufstehendem Spitzenkragen und Feldbinde. Rev. VIRTVTIS. : GL — ORIA · MERCES — Das Wappen, wie vorher, zwischen den drei Helmen 1—6—2—6 (Mad. 1281.) S. g. e.

3996. Desgleichen v. 1626. Av. vom Stempel zur Hauptseite des vorigen. Rev. wie voriger, aber mit VIRTVTIS · und geringen Abweichungen in der Zeichnung G. e.

3997. Thaler v. 1626. Av. · FRIDERICVS · D · G · DVX · SLES · ET · HOLSATI · sT (zusammengesetzt.) Brustbild, wie vorher. Rev. wie die Rückseite des vorigen, mit nur ganz unbedeutenden Abweichungen und wesentlich kleinerem L in Gloria. S. g. e.

3998. Thaler v. 1627. Av. · FRIDERICVS : D : G : DVX : SLES: ET : HOLSAT · und das Monogramm, wie auf den vorigen. Brustbild v. r. S., wie vorher, mit hinten abstehendem Spitzenkragen. Rev. wie der von Nr. 3995, aber mit 1—6—2—7 Der Stempelschneider hatte, wie deutlich ersichtlich ist, erst FRIDERIVS geschrieben. S. g. e.

3999. Thaler v. 1634. Av. FRIDERICUS : D : G : HERES • NORWEGIÆ · DUX · ♁ Brustbild, wie vorher, mit anliegendem Spitzenkragen. Rev. SLES · E : HOL — SATLÆ : 1634 — Das dreifach behelmte bisherige Wappen, wie die Umschrift, von sehr rohem Schnitte. (Mad. 3778.) S. g. e. RR.

4000. Breiter Doppelthaler o. J., aus alchymistischem Silber. Av. (—) FRIDERICVS · (—) D · G · HER · (—) NORW · DVX · (—) SLESW · HOL · (—) STO · E · D · (—) COM · O · ET · D · mit den dazwischen gesetzten Schildchen von Norwegen, Schleswig, Holstein, Stormarn, Dithmarschen und Oldenburg-Delmenhorst (quadr.). Innere Umschrift VIRTVTIS GLORIA MERCES Im Felde ein von den Worten DEO — SIBI ET — PROXIMO umgebenes, auf die Spitze gestelltes Dreieck, in dessen durch Bogen abgeschlossenen Winkeln rechts ein Feuerballen, links das Zeichen des Wassermannes und unten ein Salamander. Zwischen diesen Bildern längs des Dreiecks MIRABILIS — DEVS EST IN — OPERIBVSVIS (sic, für operibus suis) Inmitten des Dreiecks, um einen kleinen, mit den Winkeln durch Linien verbundenen Kreis zunächst das Wort TA — ND — EM — und um dieses, von einem Kranze umschlossen SAPIENTIÆ DIVINÆ MVNIS (sic) Unter dem Dreiecke zwischen drei Bogenlinien POSVT (sic) TIBI PVNCTVM | ET REDVCAM | TE Zu den Seiten des Dreiecks und dessen

Umschrift und dieser parallel, von Strahlen umgeben, links VRTICA ET | RVTA und rechts CONIVNC(tae) : | FLORENT Ueber diesen Worten, den äussern Umschriften parallel SIMPLICITAS ET — RECTVM TVVM Rev. Vierfache Umschrift: Die äusserste GLORIA · IN · EXCELSIS · DEO ET · IN · TERRA · PA · X · HOMINIBVS · BONÆ · VOLVNTATIS ✱ Die zweite TRIA SVNT MIRABILIA : DEVS ET HOMO : MATER ET VIRGO : TRINVS ET VNVS ✱ Die dritte VERBVM CARO — FACTVM EST — Die vierte, innerste ZEPHIRIS — SPERANTIBVS — Inmitten dieser Umschriften ein Dreieck, in welchem über den durch eine Bogenlinie abgeschlossenen Worten IRA PLACATA zwei aus Wolken kommende Arme ein Schwert emporhalten, das von Flammen umspielt wird. Von Strahlen umgeben über der Spitze des Dreiecks IEHOVA, der linken Seite des Dreiecks entlang MESSIAS, der rechten entlang S SPIRITVS und unter dem Dreieck die Gesetztafeln, die Weltkugel und ein Kelch mit der Hostie. Unter dem Strahlenkranze, der diese drei Gegenstände umschliesst, HOMO (Mad. 1282, dessen Beschreibung sich hierdurch ergänzt und berichtigt.) Gr. 65. $3^{13}/_{16}$ Loth. Hat ein kleines Loch; sonst s. g. e. RRR.

(Ein Gegenstück siehe unter Lauenburg, Nr. 4031.)

4001. Sterbethaler v. 1659. Av. FRIDERICVS · D : G : H И : DVX · SLES : ET : HOLSA ✽ Brustbild v. r. S., mit langem Haar, im Harnisch, mit breitem Kragenumschlage und Feldbinde. Rev. In 9 Zeilen · NATVS · | · ANNO MDXCVII | · DƎCƎMR (sic) XXII · | · DƎNATVS · | · ANNO · MDCLIX | · AVGVSTI X · | · RƎGNAVIT · | · ANNOS · XLIII · | · M · ⚒ · M · (Michael Möller, Mzmstr. in Schleswig.) (Cat. imp. 271. Mad. 1283, die beide von dieser Beschreibung sehr abweichen.) S. g. e. R.

Christian Albrecht,

Sohn des Vorigen, geb. 1641, Bischof zu Lübeck 1655—1666, reg. Herzog zu Gottorp 1659, von den Dänen vertrieben 1675, restituirt 1679, abermals vertrieben 1683, völlig restituirt 1689, † 27. Dec. 1694. Gem. Friederike Amalia, König Friedrich's III. v. Dänemark T., verm. 24. Oct. 1667, † 30. Oct. 1704.

4002. Gulden v. 1672. Av. CHRIST : ALB : D : G : H : N : DVX : SLES : & HOL · Der mit einer offenen Krone bedeckte Namenszug CA Rev. PER : ASPERA : AD — ASTRA · 1672 · — Das gekrönte fünffeldige Wappen mit Mittelschild, zwischen Palmzweigen; darunter in einem Oval $\frac{2}{3}$, zu den Seiten C — P(fahler, Mzmstr. in Schleswig.) (Mad. 3779.) S. g. e. R.

4003. Thaler v. 1673. Av. (U. b.) CHRISTIAN : ALBERT : D : G : H : N : DUX · SLES : & · HOLS : — Brustbild v. r. S., mit grosser Perrücke, im Harnisch, mit Halstuch und Ueberwurf. Rev. (O. b.) ✿ PER · ASPERA · AD · ASTRA : · 1673 ✿ — Das bisherige Wappen in einem mit Schnitzwerk und drei Köpfchen geschmückten ovalen Schilde zwischen Palmzweigen unter offener Krone. Oben zu Seiten des Schildes M—F (Mad. 3780.) S. g. e. R.

4004. Medaille o. J. Av. (U. b.) CHRIST : ALB : HER : N · — DVX · S · H · S · D · COM : O · D · — Sehr erhaben gearbeitetes Brustbild v. r. S., mit grosser Perrücke, in reich verziertem Harnisch. Rev. (U. b.) PER ASPERA — AD ASTRA · — Ein bewachsener, an seiner Spitze umwölkter Fels, über welchem eine Krone schwebt, wird von dem mit Schwert und Schild bewaffneten Herzoge erstiegen. Reichel, V. S. 110. Gr. 53. 3²⁹/₃₂ Loth. S. g. e. R.

4005. Thaler v. 1681. Av. (U. b.) CHRIST : ALB : HER · N · DVX · S · H · S · D · — Geharnischtes Brustbild v. r. S., mit grosser Perrücke, Halstuch und Ueberwurf. Rev. (U. b.) · PER ASPERA · — · AD ASTRA · — Das dreifach behelmte Wappen mit dem quadrirten Mittelschilde. Darüber · 16 — 81 · Darunter CI · — · MB (verb.) S. g. e. RR.

4006. Gulden v. 1683. Av. (U. b.) CHRISTIAN · — ALBRECHT · — Geharnischtes Brustbild v. r. S., mit Perrücke und Ueberwurf. Rev. (U. b.) · HÆR : NORW : DVX · S · H · S · D · C · O · D · — Das bisherige Wappen in einem gekrönten, ausgeschweiften Schilde, zu dessen Seiten $\frac{2}{3}$ — CB und unten 16 — 83 (Cat. imp. 271. Mad. 6673.) S. g. e.

4007. Gulden v. 1689. Av. (U. b.) CHRISTIAN · ALBRECHT · D : G : — Geharnischtes Brustbild, wie vorher, aber von anderer Zeichnung und besserem Schnitte. Unten an dem Bilde in einem Oval $\frac{2}{3}$ Rev. (O. b.) HER · N : DVX · S : H : S : D : COM · O : E · D : 1689 · — Gekrönter ausgeschweifter Schild mit dem bisherigen Wappen. S. g. e.

Friedrich IV. (1694 — 1702),

Sohn des Vorigen, geb. 1671, succ. 1694, ging mit König Karl XII. von Schweden nach Polen und fiel in der Schlacht bei Klissow, 19. Juli 1702. Gem. Hedwig Sophia, König Karl's XI. v. Schweden Tochter, verm. 12. Juni 1698, † 22. Dec. 1708.

4008. Thaler v. 1698. Av. FRIDER · H · N · D · — S · H · S · E · D · C · I · O · E · D · — Brustbild v. r. S., mit Perrücke, im Harnisch und Gewand. Rev. CONSTANTIA · ET · LABORE · 16—98 · Unter einer grossen Krone ein verzierter ovaler Schild mit den zwei Löwen von Schleswig, umgeben von 6 auf Lorbeerzweigen liegenden kleinen Schilden mit den Wappen von Norwegen, Holstein, | Stormarn, Dithmarschen, | Oldenburg u. Delmenhorst. (Mad. 1285.) S. g. e. RR.

4009. Thaler v. 1700. Av. FRIDERIC · D · G · DVX · — SVPREMVS · SLES(wicensis) ✱— Brustbild wie vorher, doch von anderer Zeichnung. Rev. CONSTANTIA · ET · LABORE · 1700 · — Gekrönter, mit Schnitzwerk und Palmzweigen gezierter ovaler 6 feld. Schild mit den Wappen von Norwegen, Holstein, Stormarn, Dithmarschen, Oldenburg u. Delmenhorst und den schleswig. Löwen im Mittelschilde. (Mad. 3783). S. g. e. RR.

4010. Anderthalbthalerstück von 1702 auf seinen Tod. Av. FRID · D · G · HÆR · NOR · DVX · — SL · HOL · ST · E · DIT · COM · I · OLD · E DEL — Das Brustbild in gleicher Weise, wie auf den vorigen. Rev. LABORE · ET · CONSTANTIA ✿ Im Felde NATVS | A · C · MDCLXXI · D · 18 · OCT · | OCCVB(uit) · IN · PRÆLIO ·

CONT(ra) · | REGEM · POL(oniae) · AD · CLISSOV · | D · $\frac{8}{19}$ · IVL · A · MDCCII · A(nno) · REG(iminis) : | VIII · ÆT · XXXI · M · 8 · D · XXI · | HEU · PRÆPOSTERA · | FATA! (Cat. imp. 372. Mad. 1286.) Gr. 45. 3 Loth. S. g. e. RR.

Karl Friedrich (1702—1739),

Sohn des Vorigen, geb. 1700, † 18. Juni 1739. Gem. Anna, Tochter Kaiser Peter's I. von Russland, verm. 1. Juni 1725, † 15. Mai 1728.

4011. Vierteldukaten v. 1711. Av. CAROL · FRID · D · G · DVX · SVPR. SLES · — Jugendlicher Kopf v. r. S., mit langem lockigen Haar. Rev. CONSTANTIA · ET · LABORE · 1711 — Das mit der Krone bedeckte Wappen von Schleswig, daneben B – H (Bastian Hille) Soothe 1033. Gr. 14. ¼ Duk. S. g. e. R.

4012. Thaler v. 1711. Av. CAROL · FRIDER · D · G · H · N · DUX · SLES · ET · HOL · — Geharnischtes Brustbild v. r. S., mit Perrücke und Feldbinde. Rev. ✿ CONSTANTIA ET LABORE · 1711 ✿ Das gekrönte 6feldige Wappen mit schlesw. Mittelschilde (vgl. Nr. 4009.) Daneben B – H Schräg gerippter Rand. G. e. R.

Karl Peter Ulrich (1739—1762)

(s. unter Kaiser Peter III. v. Russland, Thal.-Cab. I. S. 190.)

4013. Thaler v. 1753. Av. (U. b.) PETRUS · D : G · MAGNUS DUX TOTIUS RUSSIÆ — Brustbild v. r. S., mit langem Lockenhaar, im Harnisch, sammt umgelegtem Ordensbande und Mantel. Unten S(chäfer in Mannheim) Rev. (O. b.) HÆR : NORW · DUX SLESV : HOLS : ST — & DITM : COM : OLD & DELM · 1753 — Der russische Doppeladler unter der Krone, in ovalen Schilden die Wappen v. Russland und Schleswig-Holstein (wie beim vorigen) auf der Brust, sammt übergehängter St. Andreasordenskette. Unten P Randschrift NACH ✦ DEM ✦ FUS ✦ DER ✦✦ ALBERTUS ✦ THALER ✦ ✦ (Mad. 3784. Cat. imp. 272) S. g. e. R.

Jülich, Cleve und Berg.

Reinald, Herzog von Jülich und Geldern, (1402—1423),

Sohn Wilhelm's VI. v. Jülich und dessen Gem. Maria, Erbin v. Geldern, succ. seinem Bruder Wilhelm 1402 u. † 1423. Nach seinem Tode fiel Jülich an Adolf von Berg, Geldern aber an Arnold von Egmont.

4014. Goldgulden v. Bergheim. St. Petrus über dem Löwenschildchen und der von den Wappen der 4 rheinischen Kurfürsten umgebene Löwenschild. Monn. en or, p. 52. 1. M. e.

Wilhelm, Herzog von Jülich und Berg, (1475—1511),

Sohn Gerhard's v. Jülich u. Berg u. dessen Gem. Sophia v. Sachsen-Lauenburg, succ. seinem Vater 1475 u. † 1511, worauf Jülich, Berg u. Ravensberg an das Haus Cleve kamen.

4015. Rheinischer Goldgulden o. J. Das quadrirte Wappen v.

Jülich und Berg mit dem ravensbergischen im Mittelschilde, auf breitem Blumenkreuze, und die Wappen von Mainz, Trier und Bayern in Kleeblattstellung. (Köhler, D. C. 1966.) S. g. e.

Johann III. (1511—1539),

Sohn Johann's II., Herzogs zu Cleve u. Grafens zu der Mark, u. dessen Gem. Mechtild v. Hessen-Marburg, geb. 1490, vermählte sich mit Maria, der Tochter Wilhelm's v. Jülich, erhielt nach des Letzteren Tode, 1511, Jülich, Berg und Ravensberg, succ. seinem Vater 1521 u. † 1539.

4016. Thaler v. 1513. Av. ✠ IOhS' ◆ SENIOR(is) ◆ FILIV'(s) ◆ D'(ucis) ◆ CLIV'(iae) ◆ DVX ◆ IVL'(iaci) ◆ Z(et) ◆ MO'(ntium) ◆ C'(omes) ◆ M'(arcae) Der Herzog im Harnisch und Waffenrocke, mit befedertem Helme, auf linkshin sprengendem Rosse, schwingt mit der Rechten den Säbel. Unter dem Pferde ◆ 1513 ◆ Rev. ◆ PRVDENT — IA ◆ RERVM ◆ — ◆ EXITVS ⁘ — ◆ METITVR ⁘ — Auf breitem, die Umschrift theilendem Blumenkreuze, in dessen Winkel Verzierungen ragen, liegt der quadrirte Schild von Cleve, Jülich, Berg und d. Mark, sammt dem Wappen von Ravensberg im Mittelschilde. (Mad. 1297.) Cat. imp. 275. Von schönster Erhaltung. RRR.

Wilhelm (1539—1592),

Sohn des Vorigen, geb. 1516, erbt von Karl von Egmont 1538 Geldern, succ. seinem Vater 1539, musste 1543 Geldern an Kaiser Karl V. abtreten, † 1592.

4017. Thaler o. J. Av. (O. b.) GVILE' ○ D' ○ G' ○ DVX ○ IVLIE ○ GELRIE ○ CLIVIE ○ AC ○ MONT ○ CO' (ein Weinblatt) und in zweiter Linie (u. b.) ◆ ◆ MAR' + ZVT' Z' + IN + RAVENS' + D' + A + RAVEN' + — Geharnischtes Brustbild v. l. S., mit Federhut. Rev. ○ IN ○ DEO ⁘ ◆—○ SPES ○ MEA ○ — Das vierfach behelmte Wappen mit den Feldern von Jülich, Geldern, Cleve, Berg, Mark, Zütphen und Ravensberg. (Mad. 1300.) G. e.

4018. Thaler o. J. Av. IN ○ DEO ○ SPES ○ MEA ○ GVILHELMVS ○ D ○ G (Weinblatt) Brustbild, wie auf vorigem. Rev. DVX ○ IVL ○ CLIV ○ ET ○ BERG ○ COM ○ MAR ○ RA (Weinblatt) Fünffeldiger Schild mit den Wappen von Jülich, Cleve, Berg, Mark und Ravensberg. (Mad. 1303) Cat. imp. p. 276. Nach der Abtretung Gelderns geschlagen. G. e.

4019. Thaler v. 1567. Av. GVILI' ∗ D' ∗ G' ∗ IVLIA' ∗ CLIVOR' ∗ Z ∗ MONT' ∗ DVX ∗ & (Granatapfel) Geharnichtes Brustbild v. l. S., mit dem Streitkolben in der Rechten, die Linke am Schwertgriff. Rev. CHRISTVS ∗ SPES ∗ VNA ∗ SALVTIS ∗ 1567 — Das Wappen des vorigen, mit 3 Helmen bedeckt. (Mad. 1304.) S. g. e.

4020. Thaler v. 1570. Av GVILI · D : G · IVLIA · CLIVOR· Z · MONT · DVX · & ✝ Geharnischtes Brustbild v. r. S., den Streitkolben in der Linken. Rev. wie bei vorigem, aber mit 1570 (Mad. 1304.) S. g. e.

4021. Thaler v. 1574. Av. ähnlich dem von Nr. 4019, aber &° Rev. wie vorher, aber mit Punkten statt der Sterne in der Umschrift und 1574 G. e.

Johann Wilhelm (1592—1609),

Sohn des Vorigen u. dessen Gem. Maria v. Oesterreich, geb. 1562, Bischof zu Münster 1574 bis 1586, succ. seinem Vater 1592 und † 25. März 1609, als der Letzte seines Hauses. Nach seinem Tode erhoben Sachsen, Brandenburg und Pfalz Ansprüche auf Succession. Kurfürst Joh. Sigismund v. Brandenburg nahm von den streitigen Ländern Besitz und verglich sich mit dem Pfalzgrafen Wolfgang Wilhelm v. Neuburg, dieselben bis auf Weiteres gemeinschaftlich zu verwalten. Kraft der zu Düsseldorf 1624 getroffenen Vereinbarung bekam dann Kurbrandenburg das Herzgth. Cleve mit den Grafschaften Mark u. Ravensberg, Pfalz-Neuburg aber Jülich, Berg u. Ravenstein, welche Theilung 1630 u. 1666 noch Abänderungen erfuhr.

4022. Doppelthaler-Klippe v. 1598. Av. · IOAN · GVIL · D : G · DVX · IVL · CLI · ET · MON · & + Der Herzog v. r. S., bis halben Leib, im Harnisch sammt gekräuseltem Kragen, mit der Linken den Streitkolben haltend, die Rechte am Schwertgriff. Rev. · DEVS · REFVGIVM · MEVM · 1598 · + — Das dreifach behelmte Wappen, wie auf vorigem. (Mad. 1306. Cat. imp. p. 276.) Gr. 40/54. 3 15/16 Loth. Von schönster Erhaltung. RR.

4023. Thaler v. 1604. Av. IOAN : GVIL · D : G · DVX · IVL · CLI · ET · MONT · (Kleeblatt am Stengel) Brustbild, ähnlich wie auf vorigem, doch kürzer und in der Zeichnung abweichend. Zu Seiten des Kopfes 16 — 04 Rev. COM · MARC · RAVENSB · Z(et) · MOERS(iae) · D(ominus) · IN · RA(venstein) · (Kleeblatt am Stengel). Gekrönter Schild mit den Wappen von Jülich, Cleve, Berg, Mark, Ravensberg und Mörs. Zu Mad. 3790.

4024. Clevischer Thaler v. 1604. Av. IOAN · WILHE · D : G — · DVX — CLIVLÆ · IV · MO ✿ Des Herzogs geharnischtes Bildniss v. r. S., bis zur Achsel und Brust (die in die Umschrift ragt), mit grosser Krause u. Ueberwurf. Rev. · COM · MARC · RAVENSB · Z · MOERS · D · IN · RA · (ein Schnörkel) Das Wappen, wie vorher, unter offener Krone. Zu Seiten des Schildes 16 — 04 (Mad. 1307.) Gut erh.

Die Besitz ergreifenden Fürsten vor der Theilung, 1609—1624.

4025. Münze zu 6 Stüvern, o. J. Av. MO(neta) : — AR(gentea) : POSS(identium) — PRIN(cipum) : IVL[I] — CLI : ET — MONT (Lilie) Das mit offener Krone bedeckte bisherige 6feld. Wappen auf burgundischem Kreuze. Rev. RVDOL · II · D : G : ELEC : RO : IMP : SEM : AVGVS — Der Doppeladler unter der kaiserl. Krone. Gr. 31. 3/8 Loth. Gut erh.

Lauenburg.

Franz II. (1603—1619),

Sohn des H. Franz I. und dessen Gem. Sibylle v. Sachsen, geb. 1547, regierte nach seines Bruders Magnus II. 1603 erfolgtem Tode allein u. † 2. Juli 1619.

4026. Thaler o. J. Av. FRANCIS : II · — D : G : DVX · SAXO

(niae) : ANG(ariae) — : ET : WESTPHALI(ae) : — Der Herzog im Harnisch, Helm und Ueberwurf, den Kommandostab in der Rechten, auf linkshin sprengendem Rosse. Im Hintergrunde eine Stadt, gegen welche ein Trupp Reiter mit zwei Standarten im Anzuge ist. Rev. PROPITIO DEO — SECVRVS AGO · IG (zusammengestellt, d. i.: Jonas Georgens) — Das dreifach behelmte quadrirte Wappen. (1. Sachsen, 2. Westphalen (der pfalzgräfl. Adler), 3. Engern (die Seeblätter v. Breue), 4. Sachsen.) Beide Seiten umgiebt ein viermal gefasster Lorbeerkranz. (Mad. 3795.) Von bester Erhaltung. RR.

4027. Thaler von 1609. Av. : FRANC : II : D : G : DUX : SAXO : ANG : E : WESTPHAL · ♁ Brustbild v. r. S., im Harnisch, der an der Achsel in einen Löwenkopf ausgeht, mit gekräuseltem Kragen und Ueberwurf. Das Bildniss umgiebt ein schmaler Blätterkranz. Rev. : PROPITIO : DEO : — SECURUS · AGO : 609 — Das dreifach behelmte Wappen, wie vorher, nur grösser; links vom linken Helme, zu Anfang der Umschrift IG (zusammengest.) Unter der oben und unten getrennten Umschrift läuft eine Perlenlinie. (Mad. 3796.) G. e. R.

4028. Breiter Doppelthaler v. 1610. Av. : FRANCISCUS : II : D : G : DUX : SAXON : ANGAR : ET : WESTPHA : und ein gekröntes Schildchen mit $\frac{F}{M}$ Der Herzog von r. S., bis halben Leib, im Harnisch, mit krausem Kragen und Feldbinde, schultert den Pusikan und legt die Linke auf den vor ihm stehenden Helm. Rev. ✥ PROPITIO ✥ DEO ✥ SECURUS ✥ AGO : 1610 ✥ — Das Wappen, wie vorher. (Mad. 1310.) Gr. 57. W. 3¹⁹/₃₂ Loth. S. g. e. RR.

4029. Thaler v. 1611. Av. · FRANCIS : II : D : G : DUX : SAXO : ANGA : ET : WESTPH · ♁ Brustbild v. r. S., im Wamms, mit krausem Kragen, Ueberwurf und umgehangener Kette, doch ohne Löwenkopf an der Schulter. Rev. PROPITIO : D — EO : SECURUS · AGO — Das Wappen, wie bisher, darunter 16 — 11 S. g. e. R.

4030. Thaler v. 1613. Av. FRANCIS : II · D : G : DVX · SAXO : ANG : ET : WEST : Kurzes Brustbild v. r. S., im Harnisch, mit krausem Kragen und Ueberwurf. Rev. PROPITIO · DEO — SECVRVS · AGO · IG (zusammengest.) : — Das Wappen, wie auf den vorigen; zwischen den Helmen 1 — 6 — 1 — 3 Cat. imp. p. 331. S. g. e. R.

4031. Breiter fünffacher Schauthaler. Av. ✥ FRANCISCVS · II · D : G : SAXONIÆ · ANGARIÆ · WESTPHALIÆ · E · HADELERIÆ · DVX Innere Umschrift PROPITIO DEO SECVRVS AGO Im Felde wie der breite Doppelthaler Friedrich's von Holstein Nr. 4000., doch mit folgenden Abweichungen: Statt der von Strahlen umgebenen Worte „Vrtica et rvta — conivnc : florent" finden sich hier die umstrahlten Worte (links) RVTA (und rechts) VIRESCET, im Dreieck steht hier OPERIBV : SVIS u. SAPIENTIÆ DIVINÆ — MVNVS —, nach TE der Unterschrift, die ebenfalls mit POSVT (statt posui) beginnt, folgt ein Punkt. Rev. wie der gedachten Holsteiner Thalers, doch nicht vom gleichen Stempel, vielmehr mit folgenden Abweichungen: in der ersten (äusseren) Umschrift DEO · und PAX · und VOLVNTATIS : ✻, in der zweiten TRIA · SVNT · MIRABILIA :

DEVS · ET · HOMO : MATER · ET · VIRGO : TRINVS · ET · VNVS : ✱, in der dritten VERBVM · und FACTVM ·, in der vierten SPIRANTIBVS, rechts vom Dreiecke S : SPIRITVS und im Dreieck IRA · PLACATA (Mad. 1312, dessen Beschreibung hiernach verbessert werden kann.) Gr. 68. 9¾ Loth. Gut erh. RR.

4032. Dasselbe Stück als dreifacher Thaler im Gewichte von 5⅞ Loth. Gr. 67. Vortrefflich erhalten. RR.

4033. Dünner breiter Sterbethaler v. 1619. Av. FRANCISCVS · II · D : G : DVX · SAXON : ANGAR : ET : WESTPHALI : und gekröntes Schildchen mit ⅔ Der Herzog v. r. S., bis halben Leib, geharnischt, mit krausem Kragen und Feldbinde, rechts den Pusikan schulternd. Vor ihm auf einem Tische der geschlossene Helm. Rev. Innerhalb eines von einem Kranze umschlossenen Perlenzirkels EXIIT · ANNO · 1547 · | DIE · 10 · AUGUST : | IN · RATZEBURG : OBIIT · | ANNO · 1619 · DIE · z · IULY · | IN LAVVENBURG : | VIXIT · | ANNOS : 71 · MENSES · | 10 · DIES · XXII · und unter einer Leiste MORS MIHI QVIES · | VITA BELLVM · | · IG(zusammengest.) · (Mad. 3799.) Gr. 55. 2 Loth. Schön und s. g. e. R.

4034. Sterbethaler. Av. vom Stempel der Hauptseite des Thalers v. 1613 (Nr. 4030.) Rev. In einem schmalen Kranze EXIIT | AN : 1547 · DIE · 10 · | AUGUST : IN RAT: | ZEBURG : OBYT · AN : | 1619 · DIE · z · IULY : IN · | LAWENBURG : VIXIT | ANNOS · 71 · MENSES | 10 · DIES · XXII ✱ · und unter einer Leiste MORS MIHI QVIES · ; etc. wie auf vorigem. (Mad. 1311.) Cat. imp. p. 331. S. g. e. R.

August II. (1619—1656),

Sohn des Vorigen u. dessen 1. Gem. Margaretha von Pommern, geb. 1577, succ. 1619 u. † 18. Jan. 1656.

4035. Thaler o. J. Av. AUGUSTUS · D : G : DUX · SAXON : ANGAR : E : WEST (:?) und ein Kreuz mit durchgestecktem Zainhaken. Brustbild v. r. S., im Harnisch, mit breitem Spitzenkragen, Feldbinde u. Ueberwurf. Rev. · FERDINANDUS · II · DG · ROM · IMP : SE · AV — Der Doppeladler unter der kaiserl. Krone, mit 32 im Reichsapfel auf der Brust. (Mad. 3800.) Gut erh. RR.

4036. Thaler v. 1622. Av. wie die Hauptseite des vorigen, mit WEST :· Ein wenig veränderte Zeichnung des Brustbilds. Rev. DURA · PATI · — VIRTUS · 16zz .· — Das dreifach behelmte 4feld. Wappen. (Zu Mad. 1313.) S. g. e. R.

4037. Thaler v. 1624. Av. vom Stempel zur Hauptseite des vorigen. Rev. Unter den in Wolken stehenden Buchstaben A : G : S : I : A : G : (An Gottes Segen ist Alles gelegen) auf 7 Zeilen: FERDINANDUS · | II · D : G : ROMA : IMP : | SEMP : AUGUS : 1624 (aus 3 verbessert) : | EIN · REIS (sic) : DALER · | NACH · REICHES · | SCHROT · UN : | KORN · (Zu Mad. 1314.) S. g. e. RR.

4038. Desgleichen. Av. Brustbild mit Spitzenkragen und Feldbinde (ohne Ueberwurf) und D : G · DUX · SAXON · ANGAR · E · WES : sonst wie voriger. Rev. · A · G · S · I · A · G . (ohne

Wolken) und unter einer Leiste die Inschrift wie auf vorigem, aber mit AUGU : 16z4 · | EIN : und : REICHS · | SCHROT · UND | KORN · (Zu Mad. 1314.) S. g. e. RR.

4039. Thaler v. 1645. Av. · AVGUSTUS · D G · DUX · SAXON · ANG · ET · WESTP · ❁ Brustbild von vorn, im Wamms mit breitem Spitzenkragen. Zu Seiten des Kopfes o 1 o 6 o — 45 o Rev. · DURA · PA — TI · VIRTUS · (mit 2 Zweigen bestecktes Herzchen) — Das dreifach behelmte bisherige 4feld. Wappen. (Mad. 3801.) Von schönster Erhaltung. RR.

4040. Thaler auf den Tod seines und seiner 2. Gemahlin, Katharina von Oldenburg, einzigen Sohnes Johann Adolf, geb. 1626, gest. 1646. Av. IOHAN : ADOLPHVS · DVX · SAXON · A · E · W · P(rinceps) — (das mit 2 Zweigen besteckte Herzchen) — Das dreifach behelmte 4feld. Wappen. Rev. · (Verzierung) · | ⬥ NATVS ⬥ | ⬥ Aō ⬥ 16z6 ⬥ | ⬥ zz ⬥ OCTOB ⬥ | ⬥ DENATVS ⬥ | Aō ⬥ 1646 ✻ | · z3 ⬥ APRIL · | ein Zweig. (Mad. 1315.) Cat. imp. p. 332. Vortrefflich erhalten. RR.

4041. Dicker Doppelthaler auf seinen Tod, 1656. Av. D : G · AUGUSTUS DUX SAXON · ANGAR · et WESTPHAL und zwei gekreuzte Zainhaken mit durchgestecktem Kleeblatt. Innerhalb eines Perlenzirkels das dreifach behelmte 4feld. Wappen. Rev. NAT · | 17 · FEB : A° 1577 · | MILITAV(it) · IN UNGAR(ia) · | A° 1594 · SUCCESS(it) · IN DU· | CATU · A° 1619 · PIE OBYT | 18 · IAN : A° 1656 · VIX(it) · | ANN(os) 78 · et 11 · MENSES | COMPLE· | TOS · (Mad. 1316.) 4¹/₁₆ Loth. Sehr schön. R.

Julius Franz (1666—1689),

Sohn des 1665 gestorbenen Herzogs Julius Heinrich und dessen 3. Gem. Anna Magdalena von Kolowrat, geb. v. Lobkowitz, ward geb. 1641, succ. seinem am 9. Aug. 1666 verstorbenen Bruder Franz Erdmann und † 30. Sept. 1689 ohne männliche Leibeserben; worauf Lauenburg schliesslich in den Besitz des Hauses Braunschweig gelangte.

4042. Thaler v. 1670. Av. IUL ⁑ FRANC ⁑ D ⁑ G ⁑ SAX ⁑ ANG ⁑ WESTP ⁑ DUX ⁑ ⬥ — Langgelocktes Brustbild v. r. S., im Harnisch, mit Ueberwurf und Halstuch. Rev. Der Fürstenhut mit der darunter gesetzten Jahrzahl M · DC · | LXX · innerhalb einer aus den drei Seeblättern gebildeten kleeblattartigen Einfassung, worauf die Worte FRVCT· · VIRORE · — VIRERE · PERENAT · | REVIRESCO ✿ Ueber dieser Einfassung in herzförmigem Rahmen der Adler und unten zu beiden Seiten und parallel derselben die Balken von Ballenstädt mit übergelegter Raute, die in vier Zweigen hinter dem Fürstenhute emporrankt. (Mad. 1317.) Cat. imp. p. 332. Sehr gut erh. R.

4043. Thaler v. 1673. Av. (U. b.) IUL : FRANC : D : G : SAX : ANG : ET · WESTP : DUX · — Langgelocktes Brustbild v. r. S., im Harnisch, mit Halstuch und Feldbinde. Am Armabschnitt CM (Christian Maler der Jüngere in Nürnberg) Rev. (U. b.) · ✻ (das Kreuz des nürnb. Münzm. G. F. Nürnberger) · NACH ALTEN

3

SCHROT U : KORN · — Mit dem Fürstenhute bedeckter Schild mit dem herzogl. sächs. Wappen im 1., dem Adler im 2., den Seeblättern im 3. und den Kurschwertern im 4. Felde. Zu den Seiten 16 — 73 (Mad. 3802.) Zierliches flaches Gepräge von schönster Erhaltung. R.

4044. Thaler v. 1673. Av. IULI⁹ · FRANC : D : G : SAX : ANG : WEST : DUX · — Brustbild ähnlich, wie vorher, am Armabschnitt · CM Rev. (O. b.) ✱ · ALT · SCHROT — U : KORN · 1673 · — Das mit den drei Helmen bedeckte Wappen, wie auf vorigem. (Mad. 3803.) S. g. e. R.

4045. Gulden v. 1678, nach dem Zinnischen Fusse. Av. IVL : FRANC : SAX · — ANG : WESTP : DVX — Langgelocktes Brustbild v. r. S., im Harnisch. Rev. THV · RECHT · SCHEV · NIMANDT · — Das mit dem Fürstenhute bedeckte Wappen, wie bei Nr. 4043; am Schildesfusse ($\frac{2}{3}$), links neben dem Wappen *,* und unten zu Seiten desselben 16 — 78 Weise, G.-C., 1267. S. g. e.

4046. Desgleichen v. 1678, mit DVX · und 16 — 78 und wesentlichen Abweichungen in der Zeichnung. Vor dem Brustbilde ist der fränkische Kreisstempel eingeschlagen. Cat. imp. p. 332. S. g. e.

4047. Desgleichen v. 1678. Av. IVL : FRANC : SAX · ANC (sic) : WESTP · DVX · — Geharnischtes Brustbild v. r. S., mit langem Haar (oben von der Umschrift umschlossen). Rev. · THV · u. s. w. wie bei Nr. 4045, doch von abweichender Zeichnung. Weise 1267, 5. G. e.

4048. Medaillenartiger Thaler v. 1679. Av. IVL : FRANC : SAX : · — ANG : WESTP : DVX · — Langgelocktes Brustbild v. r. S., im Harnisch und Ueberwurf. Rev. Das dreifach behelmte 4 feldige Wappen, wie vorher. Unten herum NACH · ALTEN · SCHROT · VND · KORN · und oben zu Seiten der äusseren Helme 16 — 79 Gr. 45. Schön u. s. g. e.

4049. Thaler v. 1680, ähnlich dem vorigen, mit SAX · und DVX und etwas anders gezeichnetem Brustbilde. (Mad. 1319.) Cat. imp. p. 332, aber mit Punkt nach ALTEN Gr. 46. G. e.

Unter kurbraunschweigischer (hannöverscher) Hoheit (bis 1805).

Georg II., Kurfürst von Braunschweig-Lüneburg und König von England.

4050. Gulden zu 32 Schillingen, v. 1738. Av. (O. b.) ✿ MONETA NOVA LAVENBVRGICA Innerhalb eines Zirkels das über grasigen Boden rechtshin sprengende Ross und unter der Leiste im Abschnitte C · P · S(pangenberg, Münzdirektor in Clausthal) Rev. (O. b.) ✿ NACH DEM LVBSCHEN FVS Innerhalb eines Zirkels ✱ XXXII ✱ | SCHILLING | 1738 | ✿ Gr. 36. 1 5/16 Loth. S. g. e. R.

Im J. 1805 ward Lauenburg vom Kaiser Napoleon in Besitz genommen und anfangs gesondert verwaltet, 1810 aber dem französ. Departement der Elbmündungen einverleibt. 1814 gelangte das Land an Hannover zurück. Von diesem wurde es bis auf einen kleinen Theil 1816 an Preussen und von letzterem sofort wieder an Dänemark abgetreten.

Unter dänischer Hoheit (1816—1864).

Friedrich VI., König von Dänemark.

4051. Gulden v. 1830. Av. (U. b.) FREDERICUS VI — D : G : DAN : V : G : REX · — Kopf v. l. S., am Halsabschnitte F · A · (Friedrich Alsing in Altona) Rev. (U. b.) LAUENBURGISCHE MÜNZE N · D · LEIPZ(iger) : FUSS · — Innerhalb zweier unten verknüpfter Eichenzweige mit grossen Ziffern $\frac{2}{3}$ Unter dem Kranze F · 1830 · F(reund, Mzmstr. in Altona). Gerippter Rand. Gr. 33. $1^{3}/_{16}$ Loth. S. g. e. R.

Durch den Wiener Frieden vom 30. Oct. 1864 kam Lauenburg von Dänemark an die Souveräne von Oesterreich und Preussen, durch den Vertrag von Gastein, 14. Aug. 1865, aber in den alleinigen Besitz der Krone Preussen.

Leuchtenberg.

Georg III. (1531—1555),

Sohn Johann's VI. u. dessen Gem. Margaretha v. Schwarzburg, succ. seinem Vater 1531 u. † 21. Mai 1555.

4052. Thaler v. 1541. Av. MONETA ◆ DOMI(ni) ◆ GEORG ◆ LANDGRA(vii) ◆ IN LEVCHTB ✿ Der völlig geharn. h. Georg, vor dem erlegten Lindwurme stehend, in der Linken die mit dem Kreuze bezeichnete Fahne, legt die Rechte auf den dreieckigen Schild von Leuchtenberg, über welchem, der Umschrift parallel, 1541 Der Kopf des Lindwurms ist abwärts geneigt. Rev. CAROLVS ◆ V (◆) ROMANORV ◆ IMPERA ◆ SEMPR ◆ AVGVS — Unter der mit langem Kreuz gezierten Krone der Doppeladler, ohne Scheine, den gespaltenen Schild von Oesterreich-Burgund auf der Brust. (Mad. 3804. Beierlein, Med. auf her. Bayern, LXVII, 89.) G. e. R.

4053. Thaler v. 1543. Av. MON ⁑ DOMINI ⁑ GEORG ⁑ LANDGR ⁑ IN ⁑ LEVCHTEB ⁑✿ Der Ritter Georg, wie vorher, mit der Rechten den ausgeschweiften Schild von Leuchtenberg, mit der Linken die Fahne haltend. Der Kopf des Lindwurms ist emporgerichtet und schnappt nach des Ritters r. Knie. Rev. ◆ CAROLVS ⁑ V ⁑ ROMA : ⁑ IMP : ⁑ SEMP : ⁑ AVG · ⁑ 1543 ◆ — Der Doppeladler, wie vorher, unter der kaiserl. Krone. S. g. e. R.

4054. Thaler v. 1544. Av. MO ⁑ DNI ⁑ GEORG ⁑ LANDGR ⁑ IN ⁑ LEVCHTE ✿ Sonst wie voriger. Rev. ◆ CAROLVS ⁑ V ⁑ ROMA ⁑ IMP ⁑ SEMP ⁑ A′ ⁑ 1544 ◆ — Der Doppeladler, wie vorher, aber mit Kopfscheinen. S. g. e.

4055. Thaler v. 1544, wie der vorige, aber mit I ⁑ LEVCHTEB ✿ im Av. und SEM ⁑ A′ ⁑ 1544 ◆ im Rev. War gehenkelt. G. e.

4056. Thaler v. 1545. Av. wie der von Nr. 4054, doch nicht vom gleichen Stempel. Rev. wie der des vorigen, aber mit 45 ◆ am Schlusse der Umschr. S. g. e.

3*

4057. Thaler v. 1545. Av. wie der v. Nr. 4055, doch nicht vom selben Stempel. Rev. vom Stempel zur Rückseite des vorigen. S. g. e.

4058. Thaler v. 1547. Av. MONE ⁑ DNI ⁑ GEORG ⁑ LANDGR ⁑ IN LEVCHTEB und ein Weinblatt. Der Heilige u. s. w. wie auf Nr. 4052 (nur ohne die Jahrzahl). Rev. CAROLVS ⁑ V ⁑ ROMA • IMP • SEMPR ⁑ AVG ⁑ I547 — Unter der mit langem Kreuz gezierten Krone der Doppeladler mit Kopfscheinen und dem österr.-burgund. Wappen. S. g. e.

4059. Thaler v. 1547, wie voriger, aber mit IN ◆ LEVCHTEB (Weinblatt) im Av. und V ◆ ROMA ◆ IMP ◆ SEMPR ◆ AVG ◆ 1547 im Rev. S. g. e.

4060. Halber Thaler von 1547. Av. — ◆ M ◆ DNI ◆ GEOR ◆ LANDG ◆ I ◆ LEVCHT(verb.) — (Weinblatt) Der h. Georg, wie auf den letzten beiden Thalern. Rev. CAROLVS ◆ V ◆ ROMA ◆ IMP ◆ SEM ◆ AV ꝛ I547 — Der Doppeladler, wie auf vorigem. S. g. e. RR.

4061. Thaler v. 1547. Av. wie der von Nr. 4054, aber mit I ⁑ LEVCHTE und Weinblatt anstatt des Sternes am Ende der Umschr. Rev. wie der von Nr. 4054, aber mit SEM ⁑ AV ⁑ 47 — Gehenkelt. G. e.

4062. Thaler v. 1547. Av. wie der des vorigen, aber mit LEVCHT (Weinblatt) und wenig veränderter Zeichnung des Heiligen und namentlich des Schildes. Rev. vom Stempel zur Rückseite des vorigen. S. g. e.

4063. Thaler v. 1547. Av. wie der des vorigen, aber mit IN ⁑ LEVCHT (Weinblatt) Rev. wie der von Nr. 4054, aber mit SE ⁑ AV ⁑ I547 • — S. g. e.

4064. Thaler v. 1547. Av. wie der von Nr. 4062, mit wenig veränderter Schildform. Rev. wie voriger, doch nicht vom gleichen Stempel. Leidl. erh.

4065. Thaler v. 1547. Av. wie der von Nr. 4054, aber mit LANDG ⁑ I ⁑ LEVCHTE ⁑ (Weinblatt) Rev. vom Stempel zur Rückseite des vorigen. S. g. e.

4066. Thaler v. 1548. Av. ganz wie der von Nr. 4061, doch nicht von demselben Stempel. Rev. wie der von Nr. 4063, aber mit AV ⁑ I548 •

4067. Halber Thaler v. 1548. Av. — ◆ M ◆ DNI ◆ GEORG ◆ LANDG ◆ I ◆ LEVCH — (Weinblatt) Der Heilige, wie auf Nr. 4054. Rev. wie der des vorangegangenen Thalers, aber mit AV ⁑ 48 • G. e. R.

4068. Thaler v. 1549. Av. wie der von Nr. 4061 mit wenig anders gezeichnetem Schilde. Rev. wie der von Nr. 4063, aber mit ◆ CAROLLVS und AV ⁑ 49 • G. e.

Wilhelm,

Sohn Georg Ludwig's und Urenkel Georg's III., geb. 1586, succ. seinem Vater 1613, erbte 1615 von seinem Schwiegervater die Grafsch. Russy, trat nach dem Tode seiner Gem. Erika von Manderscheid, 1616, in den geistlichen Stand, ward 1621 von der Administration der Landgrafschaft entsetzt und † 1634. Mit seinem Sohne Max. Adam erlosch 1646 das Geschlecht der Leuchtenberg.

4069. Achteckige Medaille v. 1616. Av. GVILHELMVS · D : G LANDGR : IN LEICHTENB : Co · I : HAL(verb.)S ET | RVSSI — Brustbild von vorn, im geblümten Wamms mit Spitzenkragen. Rev. Das Wappen in zierlich geschnitzter, oben und unten mit Köpfen geschmückter Cartouche unter d. Fürstenhute. Darüber VIDE — CVI — FIDAS Unten 16 — 16 Höhe 46. Br. 37. Guter Guss in Blei. Im Königl. Mzk. zu München befindet sich diese äusserst seltene Med. auch in Bleiguss.

Lothringen.

Anton II. (1508—1544),

Sohn von Herzog Renatus II. und Philippine v. Geldern, geb. 1489, führte Anfangs den Titel eines Herzogs von Kalabrien, succ. seinem Vater 1508, übernahm die Regierung 1509 und † 14. Juni 1544.

4070. Thaler o. J. Av. ANTHONIVS ‡ D ‡ G ‡ LOTHO℞ ‡ ET ‡ BARI ‡ DVX und ein Blumenkreuz mit erhöhtem Fuss. Gekröntes u. geharnischtes Bildniss v. l. S., mit langem Haar, das Schwert in der etwas erhobenen Rechten haltend. Rev. Das gekrönte lothr. Wappen, an Stelle der Umschrift umgeben von 8 Schilden mit den Wappen von Ungarn, Neapel, | Jerusalem, Aragonien, | Anjou, Bar, | Vaudemont und Blamont, von denen die oberen sechs gekrönt sind. Soll vom Stempelschneider Simon v. Bar gearbeitet sein (c. 1515—26). Cat. imp. p. 195. Mad. 1322. De Saulcy, Rech., XVI. 2. Sehr g. e. RRR.

4071. Teston v. 1523. Av. ANTHON o D o G o LOTHO℞ o ET o BA℞ o DVX ‡ Gekröntes und geharn. Brustbild v. l. S. Rev. MONETA o NANCEII o CVSA — Gekröntes vollst. Wappen von 4 Hauptfeldern mit Mittelschild. Im Abschn. 15z3 Madai's Katalog, Nr. 3698. Gut erh.

4072. Teston v. 1527. Aehnlich dem vorigen, mit Z o BA℞ DVX ‡ im Av. und der Jahrzahl 15z7 im Abschnitt des Rev. Vergoldet und mit einem Ringe umgeben, sonst sehr gut erh.

4073. Teston v. 1544. Wie vorher, mit Z o BA℞ o D ✱ im Av. und der Jahrzahl 1544 im Abschn. des Rev. War gehenk., gut erh.

Franz I. (1544—1545),

Sohn des Vorigen u. dessen Gem. Renata v. Montpensier, geb. 1517 zu Nancy, succ. seinem Vater 1544 u. † 12. Juni 1545 zu Remiremont.

4074. Teston v. 1545. Av. FRANCISCVS + D + G + LOTHO℞ +

B + Z + GLD ‡ D ✠ Gekröntes und geharn. Brustbild v. l. S. Rev. MONETA + NANCEII + CVSA — Das mit der Krone bedeckte, um 2 Felder von Geldern und Flandern vermehrte Wappen. Im Abschnitt 1545 Saulcy XVII. 8. Gut erh. RRR.

Karl II. (1545—1608),

Sohn des Vorigen u. dessen Gem. Christine von Dänemark, der Wittwe von Franz v. Mailand, geb. 1543, stand v. 1545 bis 1555 unter Vormundschaft seiner Mutter u. seines Oheims Nikolaus u. † 14. Mai 1608 zu Nancy.

4075. Teston o. J. Av. CARO ○ D ○ G ○ CAL ○ LOTAR ○ B ○ GEL ○ DVX + Gekröntes und geharn. Brustbild v. rechter Seite. Rev. MO—NETA ○ NOVA ○ NANCEI ○ CV — SA ‡ Gekrönter Schild von 8 Feldern mit Mittelschild. S. g. e.

4076. Thaler v. 1554. Av. FECIT · POTENTIAM · IN · BRACHIO · SVO · 1554 + Geharnischtes Bildniss v. r. S., bis halben Leib, mit der Rechten das an die Schulter gelehnte Schwert haltend. Rev. C — A — RO · D · G · CAL · LOTH · BAR · GVEL (ein Blatt) D — V — X + Unter der Krone der reich verzierte ovale Schild mit dem 8feldigen Wappen sammt Mittelschild. Cat. imp. 195. Mad. 1326. De Saulcy, XIX. 3. Vorzüglich erh. RRR.

4077. Thaler v. 1557. Av. CAROL9 · D : G : CALA : LOTHO : BAR GVEL : DVX ✠ Jugendl. Brustbild v. r. S., im geblümten Harnisch, mit ganz kleiner Halskrause. Die Umschr. wird durch keinen Kreis vom Felde getrennt. Rev. Das gekr. lothr. Wappen, von 7 gekr. Schilden mit den Wappen von Neapel, Jerusalem, | Ungarn, Aragonien, | Bar, Anjou | und Geldern-Flandern umgeben. Neben dem letzteren 15 — 57 Mad. 1327. Saulcy XIX. 10. Sehr gut erh. RRR.

4078. Thaler v. 1569. Av. CARO + D + G + CAL + LOTHO + BAR + GEL + DVX ‡ Brustbild mit Knebel- u. Backenbart, v. r. S., im Harnisch mit Feldbinde. Rev. Wie der vorige, mit 15 — 69 neben dem geldr.-flandr. Schilde; in der vorletzten Reihe steht der Schild von Anjou rechts und der von Bar links. Cat. imp. 196. 1. Vorzüglich erh. RR.

4079. Ein zweites Exemplar dieses Thalers von 1569. Sehr gut erh. RR.

4080. Teston o. J. Av. ✦ CAROL · D · G · CAL · LOTH · BAR · GEL · DVX · — Bärtiges Brustbild v. r. S., im Harnisch, mit glattem Kragenumschlag. Rev. MONETA · NOVAG NANCEII · CVSA ‡ Gekrönter Schild v. 8 Feldern mit Mittelschild. Sehr gut erh. R.

4081. Teston v. 1587. Av. Wie der vorige. Rev. MONETA · NOVA · NANCEII · CVSA · — Vor der hier unten über dem Abschnitte beginnenden Umschr. das kleine G Gekr. Schild wie vorher, daneben zwei gekrönte Patriarchalkreuze. Im Abschn. · 1587 · S. g. e. R.

4082. Thaler v. 1603. Av. CAROLVS ▲ D ⁝ G ⁝ CAL ▲ LOTHAR ▲ BAR ▲ GEL ▲ DVX ▲ ‡ Bärtiges Brustbild von linker Seite, im Harnisch, mit glattem Halskragen. Unter dem Arme · 1603 ·

Rev. ▴ — MO · NOV — A ▴ —— N — ANC ▴ CVS — ▴ — Der von zwei gekrönten Adlern gehaltene Wappenschild wie früher, worauf der gekr. Helm mit Kleinod und unter der Krone befestigter mantelartiger Decke. Unten am Rande das G Cat. imp. 196. 6. Mad. 1329. Saulcy XXIV. 3. Vorzügl. erh. RR.

Heinrich II. (1608—1624),

Sohn des Vorigen u. dessen Gem. Claudia, T. Heinrich's II. von Frankreich, geb. 1563, erwarb das Marquisat Nomeny und die Grafschaft Saarwerden, † 31. Juli 1624.

4083. Teston o. J. Av. HENRI · D : G · D — VX · LOTH · MARC · D : C · B · G ‡ Brustbild v. r. S., mit Ober- u. Unterbart, im Harnisch, mit glattem Halskragen. Rev. MONETA · NOVA · NANCEII · CVSA ‡ Gekrönter Wappenschild wie früher. Gut erh. R.

Karl III. (IV.) (1624—1669),

Sohn des Grafen Franz II. von Vaudemont und dessen Gem. Christine v. Ober-Salm, Neffe des Vorigen, geb. 1604, heirathete 1621 seines Oheims Heinrich Tochter, Nikolãe, die Erbin des Herzogthums, und regierte mit dieser in Gemeinschaft v. 1624 bis zum 26. Nov. 1625, an welchem Tage die Stände erklärten, dass nicht Nikoläe, sondern Franz II. Erbe des Herzogthums sei. Es geschah dies auf Veranlassung des Letzteren, der dadurch die Krone seinem Sohne allein verschaffen wollte und auch kurz nach seinem scheinbaren Regierungsantritte zu Gunsten desselben abdankte. In Krieg mit Frankreich verwickelt und arg bedrängt dankte Karl III. am 19. Jan. 1634 zu Gunsten seines Bruders Nikolaus Franz ab; allein Lothringen wurde von franz. Truppen besetzt und blieb bis 1661 in franz. Besitz, in welchem Jahre Karl III. in Folge des Vertrags von Vincennes zurückkehrte. 1662 schloss er mit Frankreich den Vertrag von Montmartre ab, wornach Lothringen nach seinem Tode an Frankreich fallen, das Haus Lothringen dagegen zu den franz. Prinzen zählen sollte. Doch schon 1670 wurde er durch Frankreich aus seinem Lande vertrieben und starb am 18. Sept. 1675 zu Allenbach bei Birkenfeld in kaiserl. Kriegsdiensten.

4084. Teston v. 1627. Av. CAROLVS · D · G · DVX · LOTH · MARCH · DVX · C · B · G (‡ ?) Brustbild v. r. S., im Harnisch, mit Feldbinde und glattem Kragen. Rev. MONETA ✿ NOVA ✿ NANCEII ✿ CVSA — Gekr. Wappenschild wie früher. Darüber 16 — 27 Oben am Rande ein Loch, sonst sehr gut erh.

4085. Teston v. 1632. Av. CAROLVS · D : G · DVX · LOTH · MARCH · D : C B G ‡ Brustbild v. r S. Rev. MONETA · NOVA · NANCEII · CVSA · — Gekr. Wappen; darüber I — 6 — 3 — 2 G. e.

4086. Teston v. 1666. Av. CAROLVS · D · G · DVX · LOT · MARC · C · B · G · Brustbild mit langem Haar, v. r. S. Die Umsch. beginnt hinter dem Rücken. Rev. Aehnlich dem vorigen, doch steht die Jahrzahl 1666 hinter CVSA · Leidl. erh.

Leopold (1697—1729),

Sohn Karl's IV. (V.) (eines Neffen des Vorigen) und dessen Gem. Eleonore Marie von Oesterreich, geb. zu Innsbruck 1679, erhielt 1697 beim Ryswicker Frieden das 1670 von Frankreich in Besitz genommene Lothringen wieder, † zu Commercy 27. März 1729.

4087. Thaler v. 1700. Av. LEOP I · D · G · D · LOT · BA ·

REX · IE · — Brustbild v. r. S., mit langem Haar, im Harnisch und Ueberwurf. Rev. IN ✿ TE ✿ DOMINE ✿ SPERAVI ✿ 1700 • ✿ Gekrönter, henkelartig verzierter Schild mit dem Lothringer Wappen. Cat. imp. 196 (nur ähnlich). G. e. R.

4088. Thaler v. 1704. Av. LEOP · I · D · G · D · LOT · BA · REX · IER · — Brustbild v. r. S., mit Perrücke, im Gewand. Rev. IN · TE · DOMINE — SPERAVI · 1704 — Unter der Krone der verzierte, mit Palmzweigen besteckte, gespaltene ovale Schild mit dem Wappen v. Lothringen u. Bar. Erhabene Randschr. SALVVM — ME — FAC — DOMIN — mit dazwischen gelegten Blättern etc. Cat. imp. 197. 1. Mad. 3809. Gut erh. R.

4089. Thaler v. 1710. Av. LEOPOLDVS · I · D · G · D · LOT · BAR · REX · IER — Brustbild, ähnlich d. vorigen. Vor der Brust S · V (Saint Urbain) Rev. IN + TE + DOMINE — S-PERAVI + 1710 — Gekrönter runder mit Palmzweigen besteckter Wappenschild von Lothringen. Randschr. wie vorher, aber DOMINE — Cat. imp. 197. 2. Mad. 3810. S. g. e.

Franz III. (1729—1737),

Sohn Leopold's u. dessen Gem. Elisabeth Charlotte v. Orleans, geb. 1708, tritt 1737 nach dem Wiener Frieden Lothringen an Frankreich ab u. erhält dafür von Kaiser Karl VI. Toskana, das durch den Tod des letzten Grossherzogs Johannes Gasto aus dem Hause Medici erledigt war, vermählt sich 1736 mit Maria Theresia, Tochter Kaiser Karl's VI., wird nach Karl's VII. Tode 1745 unter dem Namen Franz I. römischer Kaiser, † 1765.

4090. Medaillon (v. St. Urbain) auf seinen Regierungsantritt. Av. FRANCISCVS · III · D · G · DVX · LOT · BAR · REX · IER · — Jugendliches Brustbild v. r. S., mit Perrücke, in der Tracht der Ritter des gold. Vliesses. Rev. ALTER — ET IDEM · Landschaft und ein auf einem Felsen horstender Adler, von der Sonne bestrahlt. Im Abschn. VIXIT LEOPOLDVS · FRANCISCVS REGNAT | XXVII · MARTII · MDCCXXIX · Schöne Med. in Bronze. Gr. 60. Vortrefflich erh.

4091. Teston v. 1736. Av. FRANC · III · D · G · DVX · LOT · BAR · REX · IER — Geharn. Brustbild v. r. S. Rev. · IN · TE · DOMINE · SPERAVI · 1736 · — Gekr. Schild mit d. Wappen von Lothringen und Bar, zwischen ‡ — ‡ Der Rand ist gerieft. Saulcy XXXIV. 9. G. e. R.

Elisabeth Charlotte, Mutter des Vorigen, geb. 1676, † 24. Dec. 1744.

4092. Medaille (v. St. Urbain) auf die Huldigung v. Commercy, 1737. Av. ELIS · CAR · AVREL · LEOP · I · LOT · BAR · D · AVG · SVPR · PRINC · COMMARC — Brustbild mit Perlenschnuren im Haar und um den Hals. Unten S · VRB · Rev. GLORIA — COMMARCII Unter der Krone von Wittwenschnuren umgeben 2 Schilde mit dem vollst. Wappen v. Lothringen und dem von Orleans. Im Abschn. ACCEPTO · A · PRINCIPATV | COMMARC · FIDEL · | SACR · 1737 · Gr. 28. 7/16 Loth. G. e.

Mecklenburg.

Heinrich der Friedfertige (geb. 1479, † 6. Febr. 1552) und sein Bruder Albert der Schöne (geb. 1487, † 7. Januar 1547),

Söhne des Herzogs Magnus II. († 1503) u. dessen Gem. Sophie von Pommern.

4093. Halber Thaler m. d. J. 1502. Av. HI'RICI o ET ⸰ ALB'TI o DVC' o MAGNOPO' o Drei in Kleeblattform zusammengestellte Schilde mit dem vorwärts gek. Stierkopfe (unten rechts), dem Greif (unten links) und den 4 Querstreifen (oben). In dem durch die Schilde gebildeten Dreiecke in der Mitte der Arm mit dem Ringe. Die Umschrift beginnt links, unter dem Schilde mit dem Greif. Rev. MONETA · — NOVA ⸰ GV — STROW — ENS · 150z — Auf einem die Umschr. theilenden Kreuze ein Schild mit dem gekrönten Stierkopfe. Cat. imp. p. 277. 1. Mad. 1336 (als Dickthaler), welcher vermuthet, die Jahrzahl müsse 1507 oder 1520 heissen, da die beiden Brüder erst 1503 die Regierung angetreten. Doch wird 1502 nicht das Jahr der Ausprägung, sondern das des Münzfusses sein. Die Münze ist ein Stück zu 32 Witten (10 Schilling. 8 Pf.) Gr. 31. 1 Loth. Vortrefflich erh. RRR.

Heinrich allein.

4094. Grevesmühlenscher Thaler v. 1540. Av. HENRICVS + DEI + GRACIA + DVX + MEGAPOL und ein kl. Vogel v. r. S. Brustbild v. r. S., mit Barett, im Pelzrock, die Arme über einander gelegt. Rev. MONETA + NOVA + GREVESMOLENSIS + XXXX (d. i. 1540) u. der Vogel. Blumenkreuz, in dessen Mitte der getheilte Schild (Schwerin). In den Winkeln die Schilde mit dem Stierkopfe von vorn (1), d. Greif (2), d. Arme (3) u. d. seitwärts gewendeten Stierkopfe (4). [Mecklenburg, Rostock, Stargard, Wenden.] Mad. 1337. Cat. imp. 277. S. g. e. R.

4095. Halber Thaler v. 1540, mit ähnlichen, aber kleineren Vorstellungen. Als Münzzeichen im Av. und Rev. eine Eichel statt des Vogels. In der Umschr. des Rev. steht GREVES + MOLENS ▸ Gr. 36. 1 Loth. Sehr gut erh. RR.

Albert allein.

4096. Thaler v. 1542. Av. ALBERTVS ▾ DEI ▾ GRACIA ▾ DVX ▾ MEGAPOL (O und P verbunden) und ein Blatt. Blumenkreuz, worauf d. getheilte Schild. In den Winkeln die Schilde mit dem Greif (1), den beiden Stierköpfen (2 u. 3) und d. Arme (4). Rev. SALVVM ▾ FAC ▾ POPVLVM ▾ TVVM ▾ DOM(ine) ▾ — Der stehende Heiland mit aufgehobener Rechten, den Reichsapfel in der Linken. Zu den Seiten 15 — 4z Mad. 1338 u. Cat. imp. 277 (ähnlich). S. g. e. R.

4097. Gadebuscher Thaler v. 1543. Av. ALBERTVS + DEI + GRACIA + DVX + MEGAPOLE u. das Blatt. Brustbild mit Vollbart und zugeschnittenen Haaren, von vorn, im faltigen Unterkleid mit doppelter Brustkette u. Pelzrock. Rev. (Blatt) MONET + NOVA +

GADEBVSSENSIS + 1543 + Das Blumenkreuz, in dessen Mitte der getheilte Schild. In den Winkeln die Schilde in ähnlicher Anordnung wie auf Nr. 4094. Mad. 1339 (mit „Moneta"). S.g.e. R.

4098. Thaler v. 1543. Wie der vorhergehende, aber mit MEGAPOL (Blatt) und (Blatt) MONETA + NOVA + GADEBVSSENSIS + 1543 + Cat. imp. 277. 2. Sehr gut erh. R.

Johann Albert (1547—1576),

Sohn Albert's u. dessen Gem. Anna v. Kur-Brandenburg, geb. 22. Dec. 1525, † 12. Febr. 1576.

4099. Thaler v. 1549. Av. IOHAN ALBERTVS ◆ DEI ◆ G ◆ DVX ◆ MEGAPOLE (Blatt) Brustbild von vorn, im Federhütchen, mit geschlossenem Unterkleid, kl. Halskrause, zweifacher Brustkette und besetztem Mantelkleid. Daneben 15 — 49 Rev. MONETA ◆ NOVA ◆ — ◆ (Blatt) DVCIS ◆ MEGAP — Der dreifach behelmte Schild von 4 Feldern mit d. Mittelschilde. (Mad. 3817). Aus der v. Wambold'schen Sammlung. Gut erh. R.

4100. Thaler v. 1549. Av. Wie vorher, mit D ◆ G ◆ und MEGAPOLENSIS (Blatt) Brustbild mit anders verzierter Kleidung, einfacher Brustkette; auch sieht die linke Hand unter dem Mantel hervor. Rev. Mit MEGAPO — Das Blatt unten in der Umschr. fehlt, dagegen steht unter dem Schilde die Jahrzahl 15 ◆ — ◆ 49 zum 2. Male. Mad. 1342. Aus d. v. Wellenheim'schen Sammlung. G. e. R.

4101. Thaler v. 1549. Av. IOHAN ALBER ◆ D — G ◆ DVX ◆ MEGAPO — Das dreifach beh. Wappen; unten 15 ◆ — ◆ 49 Rev. DOMINE ◆ NE ◆ DA ◆ INIMICIS ◆ VERB ◆ TVI ◆ LET(itiam) u. d. Blatt. Brustbild v. r. S., im Wamms mit steifem Kragen und Brustkette, auf dem Haupte ein hoher Hut, um den ein Tuch geschlungen ist. (Mad. 1341). Cat. imp. 278. 1. S. g. e.

4102. Thaler v. 1568. Av. IOHAN ALBER ◆ DEI ◆ GRA ◆ DVX ◆ MEGAPOL und ein Bockskopf. Geharn. Bildniss bis an den Leib, von vorn, mit der Rechten den an den Kommandostab gehängten Wappenschild haltend, die Linke am Schwertgriff. Zu den Seiten des Halses 15 — 68 Rev. MAXIMILIAN + DG R + OM + IMP + SEM + AVG — Unter der Krone der Doppeladler mit Kopfscheinen; auf der Brust ein Reichsapfel, worin $\frac{2-7}{6}$, d. i. 27 Schillinge u. 6 Pfennige. Mad. 1343. Ziemlich gut erh. R.

Ulrich (1547—1603),

Bruder Johann Albert's, geb. 1528, wird Administr. des Hochstifts Schwerin 26. März 1550, † 14. März 1603.

4103. Thaler v. 1556. Av. VDALRICVS × D × — G × DVX × MEGAPO — Das dreifach beh. Wappen, wie früher. Unten 15 × — × 56 Rev. OMNE(s) ○ IN ○ MA(nu) ○ DEI ○ SVM(us) ○ IPSE ○ BEN(e) ○ FAC(iet) ○ NOB u. kl. Vogel v. l. S. Bärtiges Brustbild v. vorn, mit rundem Federhütchen, in geschlitztem Unterkleide nebst gold. Kette und verbrämtem Mantel. (Mad. 1344). Sehr schön erh. R.

4104. Thaler v. 1577. Av. • VLRICH ○ HERTZOG ○ Z ○ ME-

CKELBV * (statt der Ringe Löwenköpfe mit Ringen). Bärtiges Brustbild von vorn, in einem hohen, mit einer Feder geschmückten Hute.. Zu den Seiten I5 — 77 und oben in der Umschr. ein Reichsapfel. Rev. (Eichel am Zweig) HERRE · GOTT · VERLEICH · VNS · GN(ade) 77 — Das Wappen wie früher, von einem Stier u. Greif gehalten. Mad. 1347. Cat. imp. 278. 4. Sehr schön erh. RR.

Christoph

siehe Bisthum Ratzeburg.

Karl, Bruder der Vorigen,

geb. 28. Sept. 1540, wurde 1592 Administrator v. Ratzeburg, † 22. Juli 1610.

4105. Thaler v. 1607. Av. · CAROLUS · DEI · GRACIA · DUX · MEGAPOLENSI (Eichel) Geharn. Bildniss bis an den Leib, v. r. S., mit Halskrause und Feldbinde, die Rechte an die Seite gelegt, mit der Linken den Streitkolben haltend. Zu den Seiten des Halses 16 — 07 Rev. · PRIN · UA(ndalorum) · COM · — · SU(erini) · ROS · — · — · TOC (Rostochii) · E · STAR(gardiae) · D(ominus) · ♁ Das dreifach behelmte Wappen, von Stier und Greif gehalten. Mad. 6684. Sehr gut erh. RR.

4106. Thaler v. 1609. Av. CAROLUS · DEI · GRA · DUX ✓ MEGAPOLENSI 1609 Geharn. Bildniss v. r. S., mit Halskrause, die Rechte in die Seite gestemmt, in der Linken einen Reichsapfel. Rev. PRIN · UA · COM· _ SU · ROS · — · TOC · E · STAR: ♁ Das Wappen mit den Schildhaltern, ähnlich dem vorigen. Mad. 1349. Sehr gut erh. RR.

I. Linie zu Schwerin.

Adolf Friedrich (1592—1658),

ältester Sohn Herzog Johann's V. u. dessen Gem. Sophie v. Holstein-Gottorp, Enkel Joh. Albert's I., geb. 1588, succ. 1592 unter Vormundschaft d. Bischofs Karl v. Ratzeburg, theilte mit seinem Bruder Johann Albrecht II. die väterl. Besitzungen und wurde der Gründer der Linie Schwerin; 1628 erklärte ihn Ferdinand II. in die Reichsacht und seines Landes verlustig. 1631 wieder eingesetzt, starb er 27. Febr. 1658.

4107. Anderthalb-Thalerstück v. 1612. Av. ADOLPHV : FRIDR : V · G : G : HERTZ : Z : MECKL : F : Z : W : G : Z · S · D · L · R · V · S · H ❊ (Fürst zu Wenden, Graf zu Schwerin, der Lande Rostock u. Stargard Herzog). An Stelle des V in „Adolphv" stand früher ein S · Brustbild v. r. S., mit langem Haar, im geblümten Wamms mit glattem, steifem Halskragen und umgehangener Feldbinde. Rev. FORTVNE · IN · FORTVNE · FORTVNE · 161z + ⁄ + (soll heissen: Fortune infortune fort une, d. i. Fortuna, infortunium, forte unum). Die auf einer geflügelten Kugel stehende nackte Fortuna mit aufgeblasenem Segel. Im Hintergrunde eine Landschaft mit Reitern u. Fussvolk. (Mad. 3819). Gr. 41. 3 Loth. S. g. e. RR.

4108. Breiter dreifacher Thaler v. 1613. Av. ADOLPHVS · FRIDRICH · V : G : G : HERT : Z : MEC : F : Z : W : G : Z : S :

D : L : R : V : S : H : / Bildniss v. r. S., bis an den Leib, im Wamms, mit Feldbinde und abstehendem Spitzenkragen. Zu den Seiten zwei zurückgeschlagene Vorhänge. Rev. FORTVNE · IN · FORTVNE · FORT VNE · ANNO · 1613 · Die nackte Fortuna mit dem Segel, auf geflügelter Kugel. Im Hintergrunde zwei Reiter und ein hoher Baum. Mad. 1356. Cat. imp. 280. 1. Gr. 55. 5¹²/₁₆ Loth. Sehr gut erh. RR.

4109. Thaler v. 1618. Av. ADOLPH · FRIDERICH · V · G · G · HERTZ · Z MECKLENB(verb.)VR / Brustbild v. r. S., im Wamms, mit glattem Kragen. Rev. · — · F · Z · — · W · — G · Z · S · D · L · RO : V : ST : HER · 16 — 1 — 8 · — Dreifach behelmtes Wappen mit d. Schildhaltern. (Mad. 1355.) G. e.

4110. Thaler v. 1634. Av. ADOLPH · FRIDR · V · G · G · HER · Z · MECKLENBVRG · Geharn. Brustbild von vorn, mit Spitzenkragen. Rev. · F · Z · W · G · Z · S · D · L · R · V · S · H · 1 · 6 · 3 4 · und ein D· mit daraufstehendem Zainhaken. Das Wappen mit 3 Helmen (ohne Schildhalter). Mad. 3820. S. g. e. R.

4111. Thaler v. 1642. Av. ADOLPH · FRIDR : V : G : G : H : Z : M : F : Z : W : A(dministrator) : D(es) : S(tifts) : · und das mit dem Zainhaken besteckte D · Brustb. von vorn, im Harnisch, mit Spitzenkragen. Rev. U(nd) : G(raf) : Z(u) : S(chwerin) : D : L : R : — U : S : H : AN : 164z · — Dreif. behelmtes Wappen. Mad. 3822 (v. 1647). Gut erh.

Christian Ludwig (1658—1692),

Sohn des Vorigen u. dessen Gem. Anna Maria v. Ostfriesland, geb. 1623, wurde 1663 katholisch und starb in Holland 1692 ohne Kinder, worauf s. Besitzungen an des Bruders Friedrich zu Grabow Söhne fielen.

4112. Thaler v. 1669. Av. CHRISTIANUS LUDOVICUS D : G : DUX MEGAPOLITAN° ∗ Kopf v. r. S., mit langem Haar. Rev. NON EST MOR—TALE QVOD OPT° Auf dem gekr. Wappenmantel der von den französ. Ordensketten des h. Michael und des h. Geistes umgebene Schild. Neben der Krone 16—69 Mad. 1359. Im Av. etwas Doppelschlag, gut erh. R.

4113. Thaler v. 1670. Wie der vorige; mit OPT° — und 16—70 S. g. e. R.

4114. Thaler v. 1670. Av. CHRISTIAN : LVDOVI : D : G : DVX MEGAPOLITAN⁹ (als Ueberschrift) Brustbild v. r. S., mit Perrücke, im röm. Harnisch und Gewand. Rev. Aehnlich dem vorigen, mit OPTO — Mad. 3824. S. g. e. R.

4115. Gulden v. 1676. Av. CHRISTIAN : LVDOV : D : G : DVX · (als Ueberschr.) Brustbild v. r. S., mit Perrücke, im Harnisch. Unten ⅔ im Ovale. Rev. MECKLENBUR—GENSIS · 1676 Gekrönter, von 2 Englein geh. Schild mit den Ordensketten. Zu den Seiten W—E (Werner Eberhard in Dömitz). Weise, 1288. 3. G. e.

4116. Doppelthaler v. 1677. Av. CHRISTIANUS ✿ LUDOVICUS ✿ D : G : DUX ✿ MEGAPOLITANUS ✿ ❀ ✿ Brustbild v. r. S., mit grosser Perrücke, im Harnisch. Rev. NON EST MOR—

TALE QVOD OPTO — Auf gekr. Wappenmantel der Schild mit den Englein und Ordensketten. Neben d. Krone W—E | 16—77 Ist nicht zu verwechseln mit Mad. 3826. 4 Loth. Sehr gut erh. RR.

4117. Thaler v. 1677. Av. CHRISTIAN : LUDOV : D : G : DUX · MEGAPOLITAN9. (als Ueberschr.) Brustb. ähnlich dem vorigen. Rev. Vom Stempel des vorigen. Vorzüglich erh. R.

4118. Gulden v. 1678. Av. CHRISTIAN · LVDO · D · G · DVX · (als Ueberschr.) Geharn. Brustbild v. r. S.; am Arme ⅔ im Oval. Rev. MECKLNBVR — GENSIS · 1678 • — Gekr., von 2 nackten Englein gehaltener Schild mit den Orden. S. g. e.

4119. Desgleichen v. 1678, von veränderter Zeichnung, mit LVDOV· und MECKLEN · BVR — etc. G. e.

4120. Dicker Doppelthaler v. 1681. Av. CHRIST · LVD · D · G · DVX · MEGAP · PRINC · VAND · (als Ueberschr.) Geharn. Brustbild v. r. S., mit Ordensband und gesticktem Halstuche. Rev. ✿ IEHOVA — SORS · MEA ✿ — Gekrönter, von den Ordensketten umgebener Schild. Neben dem Geistordensstern: · 16—81 · Mad. 1360 (einfach). Von sehr gutem Schnitt und treffl. erh. 4 Loth. Gr. 39. RR.

Johann Georg zu Mirow,

Bruder des Vorigen, geb. 1629, † 9. Juli 1675.

4121. Breiter Begräbnissthaler v. 1675. Av. IOHANN · GEORG : D · MEGAPOLITAN · — Vorwärtssehendes Brustbild mit starker Perrücke, im Harnisch und gesticktem Ueberschlag. Rev. Inschrift von 16 Zeilen: NAT · A(nno) · SAL(utis) · | etc. bis ÆT · ANN · XLVI · | M · II · D(ie) IV · | wie im Cat. imp. p. 281, aber mit S · und L · auf der 7. Zeile, mit MATR auf der 10. und mit PATR : und LVG(entem) auf der 13. Zeile. (Mad. 1358). Gr. 53. Von vorzügl. Erh. RR.

Friedrich Wilhelm (1692—1713),

Sohn Friedrich's zu Grabow, geb. 1675, succ. seinem Vater in Grabow 1688, in Schwerin seinem Oheim Christian Ludwig 1692, erbt 1695 Güstrow, † 31. Juli 1713 ohne Kinder, worauf ihm sein Bruder Karl Leopold succedirte.

4122. Dukaten v. 1703. Av. Gekrönter, verschlungener, doppelter Namenszug *F W* Rev. PROVIDE ET — CONSTANTER — Gekröntes Wappen. Am Boden 17—03 Im Abschn. ✤ z · D · K(elpe) ✤ Gerieft. Rand. 1 Duk. S. g. e.

4123. Thaler v. 1705. Av. FRIDER · WILHEL · D · G · DVX · MEGAP · PR · INC · VAND — Kopf v. r. S., mit blosser Brust, in d. Perrücke. Am Abschnitt: H und unten Z D K Rev. Gekr. verzierter Wappenschild mit dem Elephantenorden. Zu den Seiten 1 · 7 — · 0 · 5 · Oben auf einem Bande: PROVIDE · ET · CONSTANTER · Perleneinfassung auf beiden Seiten. Cat. imp. 281. G. e.

4124. Thaler v. 1708. Av. FRIEDE WILHEL D G — DVX MEGAPO PRINC VAND — Brustb. v. r. S., im Harnisch, mit Ueberwurf. Unten Z D K Rev. Gekrönter, mit 2 Greifen gezierter, ovaler Schild.

Neben dem Elephantenorden 17—08 Oben auf einem Bande PROVIDE ET CONSTANTER (Mad. 3828). Schön u. vorzügl. erh. R.

Christian Ludwig II. (1747—1756),

Bruder des Vorigen, geb. 1683, wurde 1728 nach Absetzung seines Bruders Karl Leopold Administrator, succ. diesem 1747, † 30. Mai 1756.

4125. Medaille v. Joh. Pet. Nauuheim in Schwerin, v. 1755. Av. CHRIST · LVDOV · D · G · DVX MECKLENBVRGENSIS — Brustbild v. r. S., im Harnisch und Hermelinmantel. Rev. PER ANGVSTA — AD AVGVSTA — Gekrönter, vom Elephanten- und Andreasorden umgebener Schild. Oben 17—55 2½ Loth. Gr. 42. Gut erh.

4126. Gulden v. 1754. Av. CHRIST · LVDOV · D · G · DVX MECKLENBVRG · — Geh. Brustbild v. r. S., mit Hermelinmantel. Rev. Gekr. Schild mit den 2 Orden. Oben 17—54, unten NACH DEM (⅔) LEIPZ · FUS · Mad. 6689. S. g. e.

Friedrich (1756—1785),

Sohn des Vorigen u. dessen Gem. Gustava Carolina von Strelitz, geb. 1717, † 24. Apr. 1785 ohne Kinder.

4127. Gulden zu 32 Schillingen, v. 1764. Av. ~ FRIEDERICUS D · G · — DUX MECLENB · ~ — Gekr., vom Eleph.-Orden umgebener Schild. Unten 17—64 Rev. ❀ 32 ❀ | SCHILLINGE | COURANT | MECKLENBURG | SCHWERIN : | MUNZE Gerieft. Rand. S. g. e.

Friedrich Franz (1785—1837),

Sohn des 1778 verstorbenen Ludwig u. dessen Gem. Charlotte Sophie v. Sachsen-Saalfeld, der Neffe des Vorigen, geb. 1756, nimmt 28. Juni 1815 den Titel Grossherzog an, † 1. Febr. 1837.

4128. Zweidrittelstück v. 1800. Av. FRIED · FRANZ V · G · G · HERZOG ZU MECKLENB · SCHWERIN ✿ Gekr. Schild. Rev. · 18 : STUCK EINE MARK FEIN · Im Felde ⅔, unten 1800 Gerieft. Rand. G. e.

4129. Desgleichen v. 1813 (sog. Vaterlandsgulden). Av. Wie vorher. Im Wappen ist d. Mittelschild ganz leer. Rev. 18 : STUCK EINE MARK FEIN Im Felde ⅔ und im Abschnitte DEM VATERLANDE | 1813 Gerieft. Rand. S. g. e. R.

4130. Desgleichen v. 1826. Av. FRIEDR · FRANZ V · G · G · GR · HZ · V · MECKLENB · SCHW · (als Ueberschr.) Brustbild v. l. S., in Uniform. Rev. 18 STUCK EINE MARK FEIN Im Felde ⅔, unten 1826 · Gerieft. Rand. S. g. e.

4131. Desgleichen v. 1828. Av. Kopf v. l. S. In der Umschr. GR · HERZOG V · MECKLENBURG SCHW · Rev. 18 STÜCK EINE — MARK FEIN · 1828 Behelmter Schild auf d. Wappenmantel; unten ⅔ Der Rand ist gerieft. S. g. e.

Paul Friedrich (1837—1842),

Sohn Friedrich Ludwig's und dessen 1. Gem. Helene v. Russland und Enkel des Vorigen, geb. 15. Sept. 1800, † 7. März 1842.

4132. Gulden v. 1839. Av. PAUL FRIEDR GROSSHERZOG V

MECKLENBURG SCHWERIN · Haupt v. r. S. Rev. XVIII STUCK EINE — MARK FEIN SILBER — Gekr. Wappen zwischen Lorbeerzweigen. Unten 1839 Der Rand ist gerieft. S. g. e.

4133. Desgleichen v. 1840, mit FRIEDR · und V · im Av. G. e.

Friedrich Franz II.,

Sohn des Vorigen und dessen Gem. Alexandrine v. Preussen, geb. 28. Febr. 1823, regiert seit d. 7. März 1842.

4134. Thaler v. 1848. Av. FRIEDRICH FRANZ GROSSH · V · MECKLENB · SCHW · Haupt v. r. S.; unten A Rev. EIN THALER — XIV EINE F · M · — Gekr. Schild zwischen Lorbeerzweigen. Unten 1848 Auf dem Rande sechs Mal: ~+~ S. g. e.

4135. Vereinsthaler v. 1864. Mit V · G · G · nach dem Namen. Das Haupt mit starkem Bart und wenig Haupthaar. Im Rev. XXX EIN PF · F · statt XIV etc. Vertiefte Randschr. PER ASPERA * AD ASTRA * * * S. g. e.

2. Linie zu Strelitz.

Adolf Friedrich II.,

jüngster Sohn Adolf Friedrich's I. v. Schwerin und dessen 2. Gem. Marie Katharine v. Braunschweig-Danneberg, geb. 19. Oct. 1658 nach seines Vaters Tode, Stifter dieser Linie, verglich sich 1701 mit seinem Neffen über die Erbschaft Gustav Adolf's von Güstrow, † 12. Mai 1708.

4136. Gulden v. 1704. Av. · D · G · ADOLP · FRID · DUX · MECKL · 1704 · — Geharn. Brustbild v. r. S. Rev. · AUXILIO · FOR — TISSIMO · DEI · — Gekröntes Wappen mit den Schildhaltern. Darunter zwischen C — H in einem Ovale $\frac{2}{3}$ Mad. 3830. Sehr gut erh. R.

Adolf Friedrich III. (1708—1752),

Sohn des Vorigen und dessen 1. Gem. Marie v. Güstrow, geb. 7. Juni 1686, † 11. Dec. 1752, ohne Söhne zu hinterlassen.

4137. Thaler auf die 2. Säkularfeier der Reformation, 1717. Av. D · G · ADOLPH : FRID : III · MECKLENB : DUX · — Brustbild v. r. S., im Harnisch und Gewand. Darunter · *J* · *C* · *A* · (Arensburg) Rev. A DEO Das personif. Mecklenburg neben einem mit dem Wappenschild bezeichneten Anker richtet die Blicke nach dem strahlenden h. Geist, der über einem Tempel schwebt. Im Abschn. MEGAPOLIS IUBILANS | ANNO · 1717 · 31 · OCT · | I · H · F · (Johann Hilcken). Der Rand ist gerieft. Mad. 3831. Cat. imp. 281, 1. S. g. e.

4138. Desgleichen v. 1717. Av. Wie vorher. Rev. CONSILIO STAT FIRMA DEI · Ein Tempel auf einem Felsen im Meer. Im Abschnitt die gleiche Inschrift wie auf vorigem; aber OCT : Glatter Rand. Mad. 1362. Cat. imp. 281, 2. S. g. e.

4139. Desgleichen v. 1717. Av. Wie vorher. Rev. NEC INGENS SI CORRUAT ORBIS · Das neue Jerusalem im Glanze, von Felsen und Meer umgeben. Im Abschnitt Inschrift wie auf vorigem. Mad. 3832. S. g. e.

Adolf Friedrich IV. (1752—1794),

Sohn Karl Ludwig Friedrich's zu Mirow und dessen Gem. Elise Albertine v. Hildburghausen, geb. 1738, succ. dem Vatersbruder Adolf Friedrich III. 11. Dec. 1752, † 2. Juni 1794 unvermählt.

4140. Medaille auf die Uebernahme der Regierung, 1753. Av. LVCE CITA MVSIS TERRISQVE AFFVLGET AMOENVS ✿ In einer Landschaft steht das personif. Mecklenburg mit dem Wappenschilde und deutet mit der Linken nach der Sonne, die hinter einem Felsen aufgeht, von dem sich ein Pegasus erhebt. Rev. In 10 Zeilen: ADOLPHVS | FRIDERICVS IV · | D · G · DVX MEGAPOLIS IVRE SVO SVCCEDENS | D · XI · DEC · MDCCLII · | AB · IMPERATORE ÆTATIS | VENIAM ADEPTVS | D · XII · IAN · MDCCLIII · | REGIMINIS FASCES | CAPESSIT | Gr. 40. 1¾ Loth. S. g. e.

4141. Drittelthaler v. 1755. Av. ADOLPHVS FRID · IV · D · G · DVX MEGAP · — Kopf v. r. S. Rev. ✿ VIII ✿ | GVTE | GROSCHEN | 1755 · | H · C · B · (Baumgarten) S. g. e.

4142. Gulden v. 1760. Av. ADOLPH · FRID · IV · D · G · DVX MEG · STR · — Kopf v. r. S. Rev. NACH DEM LEIPZIGER FVSS Gekrönter Wappenschild. Daneben 17 — 60 Am Schildesfusse $\frac{2}{3}$ in einem Kreise und dabei ✿ I F — F ✿ (Funk). Geriefter Rand. G. e.

3. Linie zu Güstrow.

Johann Albert II.,

Sohn Johann's V. und dessen Gem. Sophie von Holstein-Gottorp, geb. 1590, theilte 9. Juli 1611 (resp. 3. März 1621) mit seinem Bruder Adolf Friedrich die väterl. Besitzungen und wird Herzog von Güstrow, † 23. April 1636.

4143. Begräbnissthaler seiner ersten Gemahlin, Margarethe Elisabeth, Tochter Christoph's v. Mecklenburg, 1616. Av. IOHAN : ALBERT : D : G : COAD : EPISC : RATZEB : DVX · MEGAPOL : E : Dreifach behelmter Wappenschild. Rev. Inschrift in 8 Zeilen zwischen Doppellinien: MEMORIÆ | FVNEBRI CONI= | VGIS DVLCISSIMÆ | MARGARETÆ ELISA= | BETH · XVI · NOVEMB= | R · ANNI · MDCXVI · | IN DOMINO | MORTVÆ · | Oben eine Sanduhr und unten ein Todtenkopf, beide zwischen 2 Blumenkreuzchen und 2 Punkten. Mad. 1352. S. g. e. R.

4144. Thaler v. 1618. Av. IOANNES · ALBERTVS · D : G · COAD : EPISC · RATZEBVRG ✿ Brustbild v. r. S., im Harnisch mit Feldbinde und Halskrause. Rev. DVX · MEGAPOLENSIS · NON · EST MORTALE · QUOD : OPTo · ⚒ · Wappenschild mit 3 Helmen; dabei I — 6 | I — 8 Nicht in Madai's T-C. War gehenkelt, sonst gut erh. R.

4145. Thaler v. 1621. Av. HANS · ALBRECHT : V : G : G : HER : ZV · MECHLEN : Geharn. Brustbild v. r. S., mit Feldbinde und Spitzenkragen; daneben 16 — zI Rev. FVRST · ZV · WEN : GRA : ZV · SWE : D : L · R · V · S · HER und ein Einhornskopf Das dreifach behelmte Wappen. Cat. imp. 279 ähnlich. Vorzügl. erh.

4146. Thaler v. 1622. Av. HANS · ALBRECHT · V · G · G · HER · ZV · MECHLN : Geharn. Brustbild v. r. S., mit Feldbinde und Halskrause. Zu den Seiten 16 — zz Rev. FVRST · ZV · WEN · GRA · (halbes Einhorn) · ZV · SWE · D · L · R · V · S · HER · Das Wappen wie vorher. Zu Madai 1350. Sehr schön erh.

4147. Thaler v. 1622. Av. V · G · G · HANS · ALBRECHT · HER · ZV · MECHLN · Brustbild von vorn, im Harnisch, mit Feldbinde und Spitzenkragen. Rev. NON · EST · MORTALE · QVOD : OPTO : (eine Hand) 16zz · Das dreifach beh. Wappen. (Mad. 1351.) Gut erh. R.

4148. Thaler v. 1623. Av. V · G · G · HANS · ALBRECHT · HERT · Z · MECHELN · Brustbild v. r. S., im Wamms, mit Feldbinde und Spitzenkragen. Rev. NON · EST · MORTALE · QVOD : OPTO · (eine Hand) ✿ 16z3 · Wappenschild mit 3 Helmen. G. e. R.

4149. Thaler v. 1633. Av. V : G : G : HANS ALBRECHT · C(oadjutor) : E(piscopatus) : R(atzeburgensis) : H : Z : MECH : F : Z : W : G : Z : S · ✿ Bärtiges Brustbild von vorn, im Harnisch, mit glattem Spitzenkragen und gleicher Feldbinde. Rev. NON EST MORTALE — QUOD OPTO 1633 und HP (verb.) mit aufgestecktem Zainhaken (Hans Puls.) Das dreifach beh. Wappen. Mad. 3833. S. g. e. R.

Gustav Adolf (1636—1695),

Sohn des Vorigen und dessen 3. Gem. Eleonore Marie v. Anhalt-Bernburg, geb. 1633, stand bis zur Volljährigkeit unter Vormundschaft Adolf Friedrich's v. Schwerin, † 5. Nov. 1695. Mit ihm erlosch diese Linie. Ueber die Erbschaft entstand zwischen Friedrich Wilhelm v. Schwerin und Adolf Friedrich v. Strelitz Streit, der jedoch 1701 durch einen Vergleich beigelegt wurde, wornach Ersterer Güstrow, Letzterer Ratzeburg, Stargard, Mirow und Nemerow erhielt.

4150. Thaler v. 1680. Av. DEI GRATIA GVSTAVUS ADOLPHVS DVX MECKLENB : ✿ Brustbild v. r. S., mit grosser Perrücke, im Harnisch und Gewand. Daneben 16 — 80 Rev. QVID · RETRIBUAM · DOMINO · — Das von 2 Greifen gehaltene Wappen unter dem Fürstenhute, worauf 5 Helme stehen. Zu Madai 1353. Sehr gut erh.

4151. Thaler v. 1693. Av. D : G : GUSTAVUS · ADOLPHUS · DUX · MECKLENBURG : — Brustbild v. r. S., im Harnisch mit Ueberwurf. Dabei 16 — 93 Rev. QUID RETRIBUAM DOMINO — Wappen wie vorher, unter den Greifen HI — H (Heinr. Joh. Hille). Gut erh.

4

Nassau.

I. Walram'sche Haupt-Linie.

(Theilung von 1264; Walram † um 1277.)

A. Zu Idstein und Wiesbaden.

(Diese Linie starb 1605 aus; die Besitzungen fielen an Ludwig II. zu Nassau-Weilburg.)

Johann Ludwig I. (1568—1596),

Sohn Balthasar's und dessen Gem., einer Gräfin v. Isenburg-Birstein, geb. 1567, folgte seinem Vater unter Vormundschaft 1568, † 20. Juni 1596.

4152. Dicker Doppelthaler v. 1591. Av. o IOA o LVD ⁝ C o A o NASSAW ⁝ DO o IN o WIS o ET o ITSTEIN o — Behelmter nassauischer Wappenschild. Rev. o RVDOL o Z o ROMAN ⁝ IMP o AVG ⁝ P o F o DE ⁝ — Unter der Krone der Doppeladler mit Kopfscheinen, den Reichsapfel auf der Brust. Ganz oben am Rande neben der Krone die Jahrzahl 9 — I Die Umschriften laufen zwischen Perleneinfassungen und beginnen oben neben den hervorragenden Bildern. Gr. 43. Ein zweites Exemplar dieser Münze ist bis jetzt nicht bekannt. Vorzüglich erh. RRRR.

B. Zu Weilburg und Saarbrück.

Albert (1559—1593),

Sohn Philipp's III. v. Weilburg und dessen 2. Gem. Anna v. Mansfeld, geb. 26. Dec. 1537, succ. seinem Vater 4. Oct. 1559, † 11. Nov. 1593.

4153. Thaler v. 1592. Av. * ALBE(RT⁹ o CO o) A o NASSAW o SAR(brück) ⁝ SARW(erden) o DO(minus) ⁝ I(n) ⁝ L(ahr) o und 2 Zainhaken. — Brustbild von vorn, doch mehr von der rechten Seite, mit kurz geschorenem Haupthaar, einem Ober- und vollen Unterbart, im Wamms mit Halskrause und einem umgenommenen Bande, nebst geblümtem Mantel mit aufstehendem Kragen. Die rechte Hand hält die Handschuhe. Rev. * ALLES o N(ACH o) — oGOTTES o WIL^{LEN} * — Das dreifach behelmte Wappen von 4 Feldern nebst gespaltenem Mittelschild. Zu den Seiten des Schildes 9 — z Mad. 1364. Cat. imp. p. 283. Auf beiden Seiten ist ein kl. Stück der Umschrift, und zwar die hier umklammerten Majuskeln nachgravirt, doch hat der Ciseleur fälschlich Albet o gestochen. Sonst sehr gut erh. Aus der v. Dickmann'schen Auktion. RR.

a. Linie zu Saarbrück.

(Seit 1625; Stifter Wilhelm Ludwig, Sohn Ludwig's II. v. Weilburg u. Saarbrück.)

Zweig-Linie zu Usingen.

(In Folge von Theilung unter Wilhelm Ludwig's Söhnen; Stifter Volrad, der jüngste der Brüder.)

Friedrich August (1803—1816),

Sohn Karl's und dessen Gem. Christiane Wilhelmine v. Eisenach, geb. 1738, succ. 17. Mai 1803 seinem Bruder Karl Wilhelm, nimmt 1806 den Titel Herzog an, † 24. März 1816.

4154. Dukaten v. 1809. Av. HERZOGTHUM NASSAU · Gekrönter, mit Blättergewinden behangener Schild von Nassau. Rev. Auf einer verzierten Tafel 1 | DUCAT · | 1809 Der Rand ist gerieft. Sehr gut erh.

4155. Conv.-Thaler v. 1809. Av. FRIEDRICH AUGUST HERZOG ZU NASSAU · — Haupt v. r. S., am Halsabschnitt L (Lindenschmidt) Rev. ZEHN EINE — FEINE MARK — Gekr. Schild von Nassau über einem Lorbeer- und Palmzweig. Unten 1809 Vertiefte Randschrift — UT — SIT — SUO — PONDERE — TUTUS — (an Stelle der Striche Blattwerk). Treffl. erh.

4156. Conv.-Thaler v. 1813. Aehnlich dem vorigen, ohne Punkt nach NASSAU, die Umschrift des Rev. beginnt neben der Krone, nicht unten, wie vorher. Randschr. wie oben. S. g. e.

4157. Militär-Verdienstmedaille (v. Joh. Lindenschmidt) v. 1815. Av. FRIEDRICH AUGUST HERZOG ZU NASSAU · — Kopf v. r. S., unten I · L · Rev. DEN NASSAUISCHEN STREITERN BEY WATERLOO — Die Viktoria bekränzt einen röm. Krieger. Im Abschnitt DEN 18 JUNI | 1815 Mit Originalhenkel zum Tragen. Gr. 29. 1/2 Loth. S. g. e.

Derselbe gemeinschaftlich mit Fürst Friedrich Wilhelm zu Weilburg (s. unten).

4158. Medaille v. 1810. Av. In 7 Zeilen: EROEFNUNG | DER LAHNSCHIFFAHRT | BIS | WEILBURG | DEN 12 · OCT · | 1810 · Rev. In 8 Zeilen: UNTER | DER REGIERUNG | FRIEDRICH · I · | HERZOGS ZU NASSAU | UND | FRIEDR · WILHELM | FÜRSTEN | ZU NASSAU · Gr. 20. Stark vergoldetes Exemplar in Silber. 1/2 Loth. Sehr gut erh.

b. Linie zu Weilburg.

(Seit 1625; Stifter Ernst Kasimir, Sohn Ludwig's II. v. Weilburg und Saarbrück.)

Karl August (1719—1753),

Sohn des Grafen Johann Ernst und dessen Gem. Marie Polyxene v. Leiningen-Hartenburg, geb. 1685, succ. 1719, nahm 9. Sept. 1737 die reichsfürstliche Würde an, † 9. Nov. 1753.

4159. Zweidrittelstück v. 1750. Av. CARL · AUGUST · D · G · R(omani) · I(mperii) · P(rinceps) · NASS(ovico-) · WEILB(urgensis) · — Unter dem Fürstenhute eine mit einem Lorbeerzweig geschmückte Cartouche, worin das 7feld. Wappen nebst Mittelschild. Zu den Seiten zwei liegende Löwen. Unten 17—50 und dazwischen an der Cartouche · I · C · S · (Johann Christoph Schepp in Dietz) Rev. ASPERA OBLECTANT · Von der Sonne bestrahlte Bergwerksgegend. Im Abschn. FEIN — SILB · | E · — C · (Ernst Kroll, Mzmstr. in Weilburg) | und dazwischen in einem Ovale 2/3 Laubrand. Mad. 3840. Cat. imp. 284, 1. S. g. e. R.

4160. Mehlbachischer Ausbeutethaler v. 1752. Av. CAR · AUG · D : G · — PR · NASS · WEILB · — Brustbild v. r. S., im Harnisch und Hermelinmantel. Am Armabschn. V · D · K · (Van der

4*

Korst). Rev. EX VISCERIBUS · F — ODINÆ MEHLBAC · 1752 Unter dem Fürstenhute das Wappen, wie vorher, in zierlicher Cartouche, auf einem Fussgestell, rechts von einem gekr. Löwen gehalten, während links ein zweiter hervorschaut. Im Abschnitt FEIN · SILBER | F—S (Fr. Schäfer), in Einfassung. Vertiefte Randschr.: UT — SIT — SUO — PONDERE — TUTUS — Mad. 3841. Cat. imp. 284, 2. Trefflich erh. R.

Friedrich Wilhelm (1788—1816),

Sohn Karl Christian's u. dessen Gem. Karoline v. Oranien, geb. 1768, † 9. Januar 1816.

4161. Conv.-Thaler v. 1809. Av. FRIEDRICH WILHELM FÜRST ZU NASSAU · — Haupt v. r. S., mit kurzem Haar. Unten L (Lindenschmidt). Rev. ZEHN EINE — FEINE MARK (unten beginnend) — Gekr. nass. Schild über Lorbeer- und Palmzweig. Unten 1809 Erhabene Randschr. — UT — SIT — etc. S. g. e.

4162. Conv.-Thaler v. 1815. Av. Wie vorher, wenn auch von anderer Zeichnung. Rev. Die Umschr. beginnt oben neben der Krone. Zu Seiten der Jahrzahl: · C · — · T · (Teichmann). Vertiefte Randschr., wie vorher. S. g. e.

Wilhelm (1816—1839),

Sohn Friedrich Wilhelm's und dessen Gem. Louise Isabelle zu Kirchberg und Sayn-Hachenburg, geb. 1792, succ. 9. Januar 1816 dem Vater und 24. März 1816 dem Herzoge Friedrich August von Usingen, und führte nun den Titel Herzog, † 20. Aug. 1839.

4163. Kronenthaler v. 1817. Av. HERZOGTHUM NASSAU Der Nassauer Schild auf dem unter der Krone prangenden Wappenmantel. Unten 1817 Rev. In einem Lorbeerkranze EIN | KRONEN | THALER | C · T · Ganz unten L Vertiefte Randschr. wie früher. G. e.

4164. Kronenthaler v. 1825. Av. WILHELM HERZOG ZU NASSAU · — Haupt v. r. S., unten F · Z · (Ph. Zollmann). Rev. KRONEN — THALER Wappen, wie vorher. Unten C 1825 T Vertiefte Randschr. wie gew. Treffl. erh.

4165. Kronenthaler v. 1832. Av. WILHELM HERZOG ZU NASSAU — Haupt mit Backenbart, v. r. S.; am Halse ZOLLMANN · F Rev. KRONEN THALER Gekrönter, von 2 gekr. Löwen geh. Schild v. Nassau. Unter dem Untersatz: 1832 Auf beiden Seiten Perleneinfassung. Vertiefte Randschr. * ZUR * * SICHERUNG * * DES * * GEWICHTS * Vorzügl. erh.

4166. Gulden v. 1838. Av. Umschr. wie vorher. Haupt v. r. S., am Halse: Z Rev. 1 | GULDEN | 1838 im gebundenen Eichenkranz. Gezahnter Rand. G. e.

4167. Halber Gulden v. 1838. Wie der ganze, aber ohne Z und mit ½ | u. s. w. G. e.

Adolf (1839—1866),

Sohn des Herzogs Wilhelm und dessen 1. Gem. Louise von Sachsen-Altenburg, geb. 1817, succ. 20. Aug. 1839. Die herz. nass. Lande wurden 1866 mit dem Königr. Preussen vereinigt. (Gesetz v. 20. Sept. 1866.)

4168. Gulden v. 1840. Av. ADOLPH HERZOG ZU NASSAU Haupt v. r. S., am Halse z Rev. Wie früher, aber 1840 Leidl. erh.

4169. Halber Gulden v. 1841. Ohne z am Halsabschnitte. G. e.

4170. Doppelthaler v. 1844. Av. Umschr. wie vorher. Am Halse ZOLLMANN · Rev. 3½ GULDEN VII EINE — F · MARK 2 THALER Der gekr. 12feldige Wappenschild mit 4feld. Mittelschild nebst Nassauer Wappen im Herzschild, auf dem mit der Krone geschmückten Wappenmantel. Unten ✿ VEREINS MÜNZE 1844 ✿ Vertiefte Randschr. CONVENTION VOM * 30 IULY * 1838 * G. e.

4171. Doppelgulden v. 1847. Av. Wie vorher; am Halse C · ZOLLMANN · Rev. ZWEY GULDEN Das von zwei auf einem Untersatze stehenden gekrönten Löwen gehaltene Wappen. Unten 1847 Gezahnter Rand. G. e.

4172. Gulden v. 1855. Wie der vom J. 1840. S. g. e.

4173. Desgleichen. Wie vorher, aber das Haupt von linker Seite und der Buchstabe z · am Halse erhaben. S. g. e.

4174. Vereinsthaler v. 1860. Av. Wie der des letzten Gulden. Rev. EIN VEREINSTHALER ✿ XXX EIN PFUND FEIN Gekr. Wappen, von 2 gekr. Löwen gehalten, die auf einem Untersatz stehen. Unten 1860 Vertiefte Randschrift: MÜNZVERTRAG VOM 24 JANUAR 1857 ✿ G. e.

4175. Desgleichen v. 1863, mit verändertem Haupte (v. F · KORN) v. l. S. Sonst wie vorher. G. e.

4176. Gedenkthaler v. 1864. Av. Wie vorher, nur ist das Haupt belorbeert. Rev. ZUR FEIER 25 JAEHRIGER SEGENSREICHER REGIERUNG ✿ In einem Eichenkranze: DEN | 21 AUGUST | 1864 Vertiefte Randschrift: * EIN GEDENKTHALER * * XXX EIN PFUND FEIN * S. g. e.

II. Ottonische Haupt-Linie.

(Theilung v. 1254, Otto † um 1290.)

A. In den Niederlanden. (Nassau-Oranien.)

Wilhelm I.,

Sohn Wilhelm's des Aelteren und dessen 2. Gem. Juliane v. Stolberg, geb. 1533, erbte 1544 die niederländ. Besitzungen des Hauses Nassau sammt Oranien von seinem Vetter Renatus, Prinzen von Oranien, wurde 1579 der Gründer der sog. Utrechter Vereinigung, wodurch die 7 Provinzen sich von Spanien losrissen und eine Republik bildeten. Ermordet 20. Juli 1584.

4177. Medaille (v. C. Bloc) v. 1577. Av. GVILEL · D · G · PR · AVRAICÆ · CO · NASSAVLÆ · 1577 — Geharn. Brustbild v. r.

S., mit Halskrause. Am Armabschnitt vertieft: Æ · T · 44 Unten COEN · BLOC · F · Rev. CHARLOTTE · DE · BOVRBON · PR · DAVRENGE · A · 1577 — Ihr Brustbild v. l. S., im geschlossenen Kleide, mit Halskrause. Beide Seiten umzieht eine Perleneinfassung. v. Loon I. 235. 1. Gr. 43. 1½ Loth. Vorzüglicher Originalguss in Silber, mit starker Vergoldung und Originalhenkel. Sehr schöne Arbeit und sehr gut erh. RR.

4178. Medaillon (v. Pieter van Abeele, Stplschn. in Amsterdam 1640 bis 1677). Av. WILHELMVS D · G · PRINC · AVRAI · COM · NASS · EO — Geharnischtes Brustbild von vorn, mit Halskrause. Unten PVA · F · Rev. BELGICA LIBERTAS VIGVIT VIRTVTE WILHELMI ◆ Der Prinz mit dem Kommandostabe und einem hohen Hute, zwischen zwei Räthen sitzend. v. Loon, I. 203. Gr. 65. Getriebene und ciselirte Arbeit. Original in Silber, von sehr schöner Erhaltung. 4⁵⁄₁₆ Loth. RR.

Moriz I.,

Sohn des Vorigen und dessen 2. Gem. Anna v. Sachsen, geb. 1567, wurde 1587 Statthalter, † 23. April 1625.

4179. Teston v. 1621. Av. MAVRITIVS · I · D · G · P · AVR · COM · NASS — Geharn. Brustbild v. r. S., mit Halskrause. Unten ⁵⁄₀ Rev. SOLI · DEO · HONOR · ET · GLORI · 1621 und das Jagdhorn. Ein Lilienkreuz. Gut erh.

4180. Schaustück v. 1622. Av. MAVRITIVS · D · G · PR · AVR · COM · NAS · CATZ · VIAND · MOERS · Z und ein Granatapfel. Etwas erhabenes Brustbild von vorn, im Harnisch, mit Halskrause u. Feldbinde. Rev. SOLI ✿ DEO ✿ HONOR ✿ ET ✿ GLORIA ✿ ❀ ✿ Das gekr. Wappen von 4 quadrirten Feldern mit Mittelschilden und einem dergleichen auf dem Hauptschild. Ueber der Krone 16 — zz Mad. 3842 (der die Jahrzahl nicht angiebt). Cat. imp. 283. Gr. 46. 2⁷⁄₁₆ Loth. Sehr schön erh. R.

Friedrich Heinrich,

Sohn Wilhelm's I. und dessen 4. Gem. Louise v. Coligny, geb. 1584, succ. 1625, † 14. März 1647.

4181. Goldstück zu 4 Dukaten, ohne Jahr. Av. FRED · HENR · D · G · PRIN · AVR · CO · NA · — Geharn. Brustbild v. r. S., mit Feldbinde und glattem Kragen. Unten ⁵⁄₀ Rev. SOLI · DEO · HONOR · ET · GLORIA ✿ Gekröntes Wappen, wie vorher. Gr. 28. 3¹³⁄₁₆ Dukaten. Sehr gut erh. RRR.

Wilhelm II.,

Sohn des Vorigen u. dessen Gem. Amalie von Solms-Braunfels, geb. 1626, Statthalter von Holland 1647, † 6. Nov. 1650.

4182. Thaler v. 1649. Av. GVILLELMVS · D : G · PRIN · AVR · — Geharn. Brustbild mit langem Haar, v. r. S., mit breitem Kragenumschlag und einem Kleinode an einem Bande. Rev. SOLI · DEO :

HONOR · — · ET · GLORIA · I649 · ✿ Gekrönter Schild mit dem Wappen von Orange (3 Lilien; darüber das Jagdhorn). Unten in der Umschr. die zusammengezogenen Buchstaben ED Mad. 1369. Gut erh. R.

4183. Thaler v. 1650. Av. GVILLELMVS · ✿ · D · G · PRIN · AVR ✿ — Brustb. wie vorher. Rev. SOL — I · DEO · HONOR · — · ET · GLORIA · I—650 ✿ Gekr. Schild, wie oben. Unten die Chiffre. Cat. imp. 283. Gut erh. R.

Wilhelm Heinrich (Wilhelm III.),

Sohn Wilhelm's II. u. dessen Gem. Maria v. Grossbritannien, geb. 1650, wurde erblicher Statthalter von Holland 1672, vermählte sich 1677 mit Marie, der Tochter Jakob's II. von Grossbritannien, und ward nach der Flucht Jakob's 1689 auf den britischen Thron erhoben, † 19. März 1702.

4184. Thaler v. 1652. Av. GVILLELMVS · HENR ✿ D : G · PRIN · AVR ✿ — Brustbild des zweijährigen Prinzen v. r. S., mit einem Bande, woran ein Kleinod. Rev. SOLI · DEO · HONOR — · ET · GLORIA · 1652 ✿ (die 2 steht verkehrt). Gekrönter Schild, worin das von 4 Kleeblättern umgebene Jagdhorn. Unten die Chiffre ÆD (verb.) Mad. 1370. Am Bilde ein wenig nachgravirt, sonst gut erh. RR.

4185. Medaille o. J. Av. WILHELMVS : III : D : G · — PRINC : AVR : C : NAS · — Der geharnischte Prinz mit dem Kommandostabe, zu Pferd, nach rechts reitend. Rev. Das vom Hosenbandorden umgebene gekrönte Wappen von 4 Feldern sammt 3 aufgelegten Schildchen. Gr. 38. 2 Loth. S. g. e. R.

B. In Deutschland. (Nassau-Dillenburg.)

a. Linie zu Siegen.

(Seit 1606; Stifter Johann II., Sohn Johann's I. in Dillenburg.)

Johann Franz, Sohn Johann's III., († 1699),

gemeinschaftlich mit Heinrich zu Dillenburg († 1701), Wilhelm Moriz zu Siegen († 1691), Heinrich Kasimir zu Dietz († 1696) und Franz Alexander zu Hadamar († 1711).

4186. Thaler v. 1681. Av. IOHAN : FRANC · HENRIC · GUIL : MAUR · HENR : CASIM · FRANC : ALEXAND · ✿ Die fünf neben einander stehenden geharn. Fürsten in halber Figur, von vorn. Im Abschnitt 1681 Rev. · D · G · NASSOVIÆ · PRINCIP · COM · CATTIMELIB(oci) · VIAND(ae) · ET · DEC(iae) · DOM(ini) · IN · BEILST(ein) · und unter zwei Zainhaken GOH (Gottfried Otto Heyer, Mmstr. in Herborn, 1681 u. 1682). Das von zwei auf Erdreich stehenden Löwen gehaltene, mit dem Fürstenhute bedeckte Wappen von 4 Feldern. Rechts am Fussboden IDS (Mad. 1365.) Cat. imp. 282. 1. Sehr schön erh. R.

b. Linie zu Dillenburg.
(Seit 1606; Stifter Georg).

Heinrich (1662—1701),

Sohn Georg Ludwig's u. d. Gem. Anna Auguste v. Braunschweig, geb. 1641, succ. seinem Grossvater Ludwig Heinrich 1662, † 18. Apr. 1701.

4187. Thaler von 1683. Av. HENRICUS : D : G : NASSOV : PRINC : — Brustbild v. r. S., mit langem Haar, im röm. Harnisch. Rev. COM · CATTIMEL · VIAND & DEC · DOM · IN · BEILSTEIN ✤ Von den zwei Löwen gehaltenes vierf. Wappen mit Fürstenhut. Unten 16 — 83 (Mad. 1366.) Cat. imp. 282. 3. S. g. e. R.

4188. Gulden v. 1684. Av. HENRICUS ◂ D : G ▸ NASSOV ▸ PRINC (Blume am Stiel) — Brustb. wie vorher. Rev. COM · CATTIMEL · VIAND — & DEC · DOM · IN · BEILSTEI und 2 Zainhaken mit den Buchstaben H C M (Heinrich Christian Müller, Mmstr. in Herborn 1682—1684) Das Wappen wie vorher, unten 16— 84 und in der Umschrift in einem Ovale $\frac{2}{3}$ S. g. e. R.

Nebenlinie zu Schaumburg.

Adolf (1653—1676),

Sohn Ludwig Heinrich's zu Dillenburg, geb. 1629, bekam Holzapfel u. Schaumburg durch seine Gem. Elise Charlotte, Tochter des Grafen Peter von Holzapfel oder des sog. Generals Melander, (verm. 1653) u. † 1676.

4189. Gulden v. 1676. Av. ADOLPH FURST — ZU NASSAW ✿ Brustbild mit langem Haar, v. r. S., im Harnisch, mit Gewand und geknüpftem Halstuch. Unten (60) Rev. MONETA NASS(ovico) : HOLTZAPEL(ensis) — Gekr. vierf. Wappen mit 4 feld. Mittel- und einem Herzschild. Zu den Seiten 16—76 (Mad. 3843). Aus d. v. Wellenh. Sammlung. G. e. R.

(Holzapfel und Schaumburg kamen durch Adolf's Tochter Charlotte an Anhalt-Bernburg.)

c. Linie zu Dietz.
(Seit 1606; Stifter Ernst Kasimir.)

Wilhelm IV. Karl Heinrich Friso,

Sohn Johann Wilh. Friso's u. d. Gem. Marie Louise von Hessen-Cassel, geb. 1711, Prinz von Oranien und Fürst v. Nassau-Dietz, vereinigt durch Erbschaft alle Linien des Ottonischen Stammes, wurde 1748 Statthalter der sieben vereinigten Provinzen, † 22. Oct. 1751.

4190. Medaille v. Holtzhey, 1748. Av. W · C · H · FRISO & ANNA D · G · PRINCEPS ARAVS · &c. — Beider Brustb. v. r. S., der Fürst in Perrücke, mit Brustharnisch und dem Georgsorden, seine Gemahlin, eine geb. Prinz. v. Grossbritannien, im Spitzenkleide, mit Diadem und Hermelinmantel. Unten M · HOLTZHEY FECIT · Rev. CAROLINA D · G · PRINCEPS ARAVS · &c. SPES PATRIAE · — In einem Orangen- und Rosenzweig das Brustbild der 5jährigen Prinzessin, unter welchem 1748 · Unten an den Zweigen ein Bündel

Pfeile und darunter in einer Einfassung ÆT · ANN · V · Gr. 41. 1⁷/₈ Loth. S. g. e.

Wilhelm V.,

Sohn Wilhelm's IV. u. dessen Gem. Anna v. Grossbritannien, geb. 1748, succ. 1751 unter Vormundschaft seiner Mutter bis zu deren Tode (1759), dann unter Vormundschaft Herzog Ludwig's v. Braunschweig, lebte v. 1795—1801 in England, begab sich von da nach seinen deutschen Besitzungen, entsagte 1803 der Statthalterwürde und bekam als Entschädigung Fulda u. s. w., das er seinem Sohne abtrat, † 9. April 1806 zu Braunschweig.

4191. Medaille (v. J. H. Holtzhey) auf seine Ernennung zum Ritter des Georgsordens, 1752. Av. WILH · V · D · G · PR · AR . ET N · — FOED : BELG · LIB · GVB · HÆR — Brustbild des Prinzen v. r. S., mit Federhut, in der Ordenstracht. Rev. EQVES CREATVS DIE V · IVNY · MDCCLII · — Der vom Hosenband umgebene Ritter Georg. Gr. 39. 1³/₁₆ Loth. S. g. e.

Oesterreich.

(Herzöge und Erzherzöge.)

Albrecht II., der Weise (1339—1358),

Herzog von Oesterreich, Sohn Kaiser Albrecht's I., Enkel Rudolf's von Habsburg und Bruder des Gegenkaisers Friedrich von Oesterreich; † 1358. Gem. Johanna, Erbin der Grafsch. Pfirt.

4192. Goldgulden. Av. DVX · AL(verb.)B — ERTVS — Die Florentiner Lilie. Rev. S · IOHA — NNES · B — Johannes der Täufer; zur Rechten seines Hauptes, hinter der Umschrift, der Bindenschild. Mon. en or, p. 130. 1. Köhler D. C. 1996. (Orsini, Storia delle Mon. della Rep. Fiorentina, Tab. I. Nr. XII.) 1 Duk. S. g. e. RR.

(R. Chalon, Recherches sur les monn. des Comtes de Hainaut, Suppl. p. XXXIV. (Pl. 2. XVI), verweist diesen Goldgulden auf Grund einer alten Valvationstabelle (des unter Nr. XV der pièces justificatives abgedruckten Mscr. des Bischofs v. Chartres) an Herzog Albert den Bayern, Grafen von Hennegau (1389—1404). Dieser Zutheilung können wir nicht beistimmen.)

Sigismund (1439—1496),

Erzherzog von Oesterreich, Sohn Friedrich's mit der leeren Tasche und dessen 2. Gem. Anna von Braunschweig, geb. 1427, erhielt Tirol und den Elsass, † 1496.

4193. Halber Thaler v. 1484. Av. ✿ SIGISMVNDVS ✿ ARCHIDVX ✿ AVSTRIE ✿ — Brustbild v. r. S., im Erzherzogshute, Harnisch und Mantel, mit der Rechten den Streitkolben schulternd, die Linke am Schwertgriff. Rev. Der Erzherzog, völlig gewappnet, mit dem österr. Helme und dem österr. Banner, auf linkshin sprengendem Rosse. Unter ihm die Jahrzahl 1484 und unter dieser das alt-österreich. Wappen, an welches sich, den Ritter kreisförmig umgebend, 13 kleine Schilde anschliessen mit den Wappen von Oesterreich, Steiermark, Kärnten, Krain, Tirol, Burgau, Habsburg, Ober-

Elsass, Ober-Oesterreich, Pfirt, Kyburg, Windisch-Mark und Portenau. (Mad. 1372.) S. g. e. R.

4194. Desgleichen. Av. wie der des vorigen, aber mit ·:· vor und : nach der Umschrift. Das Kreuzchen auf dem Erzherzogshute ward vom Stempelschneider erst an falscher Stelle angebracht. Rev. Der Ritter u. s. w. wie vorher, doch von abweichender Zeichnung. Die Fahne, die wie auf vorigem erst vorwärts, dann rückwärts weht, zeigt die österr. Binde nicht; die letzte 4 der Jahrzahl steht höher als die übrigen Ziffern. Cat. imp. 187. S. g. e. R.

4195. Dickthaler v. 1484, von den Stempeln des vorigen. (Mad. 1372.) $2^{5}/_{32}$ Loth. Von schönster Erhaltung. RR.

4196. Halber Thaler v. 1484. Av. vom Stempel zur Hauptseite des vorigen. Rev. Der Ritter mit der Jahrzahl im Wappenkreise wie bisher, doch von veränderter Zeichnung. Das die österreich. Binde tragende Bannertuch weht stracks rückwärts und umschlägt sich dann. Vortrefflich erh. R.

4197. Desgleichen, im Av. gleichen Stempels mit vorigem, in der Zeichnung des Rev. aber unwesentlich von diesem abweichend. Die letzte 4 der Jahrzahl steht noch über dem altösterreichischen Wappen, während sie auf sämmtlichen vorangegangenen Exemplaren über dem Wappen von Steiermark steht. S. g. e. R.

4198. Desgleichen v. 1484. Av. wesentlich abweichend von den beiden bisherigen Hauptseiten. Zu Anfang und Ende der mit ΛV-STRIᗡ (sic) ✿ schliessenden Umschrift finden sich Schnörkel. Der Elbogen des Erzherzogs, der auf früheren Stempeln zwischen die Buchstaben DV in archidux weist, steht hier über dem h, der Streitkolben ist kürzer und berührt den umlaufenden Perlenkreis weder unten, noch oben. Rev. ähnlich der Rückseite von Nr. 4196, doch die Fahne umschlägt sich nicht. Von schönster Erhaltung. RR.

4199. Goldstück v. 1486, in Thalergrösse. Av. · SIGISMVNDVS : ✿ : — ΛRD (sic) hIDVX · ΛVSTRIЄ — Der stehende Erzherzog, im Harnisch und Mantel, mit Erzherzogshut, geschultertem Streitkolben und umgegürtetem Schwerte. Ihm zur Rechten ein sitzender Löwe mit dem Bindenschilde, und zur Linken der österreich. Helm, alles von der Umschrift durch eine Bogeneinfassung getrennt. Rev. Der Erzherzog zu Ross, wie bei Nr. 4193, darunter 1486 und das alt-österr. Wappen, an das sich, als Einfassung des Bildes 15 Schildchen reihen in folgender Ordnung: Steiermark, Kärnten, Krain, Windisch-Mark, Portenau, Hohenberg, Feldkirch, Habsburg, Tirol, Pfirt, Kyburg, Ober-Oesterreich, Ober-Elsass, Burgau und Nellenburg. Gr. 39. $6^{27}/_{32}$ (also nahe sieben) Dukaten. (Mon. en or p. 130.) Im Av. ein klein wenig Doppelschlag. S. g. e. RR.

4200. Thaler v. 1486, mit den Vorstellungen des vorigen, aber von anderen Stempeln. Die Umschrift lautet · SIGISMVNDVS : ✿ :. — ΛRChIDVX · ΛVSTRIЄ · — Am Helme des galoppirenden Erzherzogs flattern Bänder. Mad. 1373. Cat. imp. p. 187. S. g. e.

Maximilian,

später römischer Kaiser († 1519) und dessen 1. Gem. Maria, Tochter und Erbin Herzog Karl's des Kühnen v. Burgund, geb. 1457, verm. 1477, † 1482.

4201. Schauthaler v. 1479. Av. MAXIMILIAN· · MAGNANIM· · ARCHIDVX · AVSTRIE · BVRGVND(iae) ✿ Sein belorbeertes, jugendliches Brustbild v. r. S., mit langem, über die Schulter herabhängendem Haare; zu Seiten des Halses ETA — TIS · 19 · Rev. MARIA · KAROLI · FILIA · HERES · BVRGVND · BRAB(antiae) · CONIVGES ✿ Der schönen Maria jugendliches Brustbild v. r. S., in blossem Haupte und kurzem, die Brust kaum deckendem Mieder, mit hinten zusammengeknüpftem Haupthaar. Zu Seiten des Halses · ETAT — IS · z0 · und unter dem Brustbilde 1479 (Mad. 1371. Cat. imp. 188.) Eben so gesuchtes, als schönes Stück von vorzüglichster Erhaltung. RR.

4202. Goldenes Schaustück von den Stempeln des vorigen, mit einer fünfblättrigen Rose unter TIS · 19 · vor dem Brustbilde Maximilian's. Mon. en or, 130. Cat. imp. 187. 10¹⁵/₁₆ (also fast eilf) Dukaten. Von schönster Erhaltung. RR.

4203. Schauthaler v. 1479. Av. Maximilian's Brustbild wie vorher, doch mit etwas grösserem Kopfe. Zu den Seiten ETA — TIS · 19 und darunter 14 — 79 · Umschrift, wie auf vorigem, aber ohne Punkte nach den ersten beiden Worten und mit ✱ nach BVRGVND Rev. MARIA · u. s. w. wie vorher, am Schlusse aber BRAB : CONIVGES ✱ Ihr Brustbild v. r. S., in eng geschnürtem, oben offenem Aermelkleide, mit Halsschmuck und thurmartiger Haube, von welcher seitwärts ein breiter, mit Juwelen besetzter Flügel, hinten aber ein schmaler Schleier herabhängt. Zu den Seiten ETA — TIS · z0 Mad. 3847. Cat. imp. 187. Stammt aus der v. Dickmann'schen Sammlung. Vortrefflich erh. RRR.

Ferdinand,

Bruder Kaiser Karl's V. und dessen Nachfolger in der Kaiserwürde, † 1564.

4204. Thaler v. 1522. Av. FERDINANDVS · DEI · GRACIA · PRINCEPS · HISPANIARV : ✿ Der Erzherzog, geharnischt, den erzherzogl. Hut auf dem Helme, das österreich. Banner in der Rechten, auf linkshin schreitendem Rosse, dessen Bekleidung mit dem burgund. Kreuze, den Feuereisen des Vliesses und am Saume mit den Buchstaben VERTI — NA (aus: Vt fert divina voluntas) bezeichnet ist. Unten 15zz Rev. ✿ ARCHIDVX · AVSTRIE · DVX · EVRGVNDIE (sic) · ET · CARINT(hiae) ✿ — Mit Erzherzogshut und Vliesskette geschmückter Schild mit den burgundischen und spanischen Wappenbildern, umgeben von den Schilden von Oesterreich, Steiermark, Kärnten, Habsburg, Krain, Oberösterreich, Tirol, Württemberg, Oberelsass und Burgund, deren erster gleichfalls den Erzherzogshut trägt. (Mad. 1374.) Cat. imp. 188. Schulth. 38 der Rev. Sehr gut erh. RR.

4205. Zwitterthaler v. 1522, vom Stempel zur Hauptseite des vorigen und dem zur Hauptseite des Thalers Kaiser Maximilian's v. 1518

(Schulth. 35), mit dessen Brustbilde v. l. S., im Mantel und Barett. (Mad. 3850.) Cat. imp. 92. Aus v. Wambold's Sammlung. War gehenkelt. Gut erh. RR.

4206. Pfundner oder Zwölfer o. J. Av. FERDINANDVS PRINC · ET · INFANS · HISP (+?) Geharn. Brustbild v. l. S., mit dem Erzherzogshute. Rev. ARCHIDVX · AVST · DVX · BVR · COM TIROL ✻ Gekrönter einköpfiger Adler mit dem Bindenschilde auf der Brust. Vergoldet, ein Stückchen ausgebrochen. ³/₈ Loth. G. e.

4207. Desgleichen v. 1524. Av. FERDINAND · PRINC · ET · INFANS · HISPAN · + Brustbild, wie vorher. Rev. ARCHIDVX · AVSTRIE · DVX · BVRGVNDIE · + Quadrirter Schild mit den österreich. und niederländ. Wappenbildern im 1. u. 4. und den zu Spanien gehörenden im 2. und 3. Felde. Darüber I5z4 ³/₈ Loth. Sehr gut erh.

4208. Desgleichen v. 1526. Av. der vorige. Rev. wie vorher, aber mit BVRGVNDIE : + u. I5z6 ³/₈ Loth. S. g. e.

4209. Desgleichen v. 1527, wie vorige, aber mit PRIC (sic) · und HISPANI + im Av. und BVRGVND + und I5z7 im Rev. ³/₈ Loth. S. g. e.

4210. Desgleichen v. 1527. Av. FERDINAND ○ PRINC ○ ET ○ INFAN ○ HISPA ✿ Brustbild, wie bisher. Rev. ARCHIDVX ○ AVST — DVX ○ BVRGVNDIE ✿ Das Wappen wie auf den vorigen, darüber I5z7 und darunter der gespaltene Schild von Ober-Oesterreich. ³/₈ Loth. G. e.

4211. Desgleichen v. 1528. Av. FERDINAD (sic) ○ PRINC ○ ET ○ INFANS ○ HIPA (sic) ⸰ ✿ Brustbild, wie seither. Rev. wie der des vorigen, doch mit BVRGVNDIE ✿ und I5z8 ³/₈ Loth. G. e.

Ferdinand,

Sohn Kaiser Ferdinand's I. und jüngerer Bruder Kaiser Maximilian's II., geb. 1529, erhielt nach seines Vaters Tode, 1564, Tirol, Vorderösterreich und Elsass, † 1595. Gem. 1. Philippine Welser († 1580), 2. Anna Katharina von Mantua († 1620). — Dieser Erzherzog ist der Begründer der berühmten Ambraser Sammlung.

4212. Guldenthaler o. J. Av. FERDINANDVS · D : G : — : ARCHIDV : AVSTR — IE — Mit dem erzherz. Hute bedecktes Bildniss v. r. S., bis halben Leib, im quergestreiften Harnisch, in der Rechten das Zepter, die Linke am Schwertgriff. Unten in einer Einfassung 60 Rev. DVX : BVRGVNDIE : COMES : TIROLIS : (Kleeblatt) Von Arabesken umgebener quadrirter Schild mit den Wappen von Ungarn, Böhmen, Kastilien-Leon und Oesterreich-Burgund, nebst dem Tiroler Adler im Mittelschilde. Gr. 38. S. g. e. R.

4213. Elsässer Doppelthaler o. J. Av. · FERDINAND : D : G : ARCHID : AVSTRIÆ · — Das Bildniss, wie vorher. Rev. DVX · — BVR · LA(ndgravius) · — ALS(atiae) · CO(mes) : — FER(ti) · In einem mit dem Erzherzogshute u. der Vliessordenskette geschmückten Schilde die vorgedachten Wappen, im Mittelschilde aber das von

Ober-Elsass. Zu den Seiten die Wäppchen von Habsburg und Pfirt. Cat. imp. 189. (Mad. 1378.) Gr. 48. S. g. e. R.

4214. Elsässer Thaler o. J. Av. FERDINANDVS ⁑ D ⁑ G ⁑ ARCHI ⁑ D ⁑ AVSTRIÆ ⁑ — Bildniss, wie vorher, aber in abwärts gestreiftem und verziertem Harnische und mit umgehangenem Vliesse. Rev. DVX : B — VR : LAND — ALSA : CO : — PHIRT — Das Wappen u. s. w., wie auf vorigem. S. g. e.

4215. Tiroler Thaler o. J. Av. ⁑ FERDINANDVS ⁑ D ⁑ G ⁑ ARCHI ⁑ DVX ⁑ AVSTRI ⁑ — Bildniss, wie vorher, mit dem Vliesse, aber in geblümtem Harnische. Rev. ▫ DVX : BVRGVNDI ▫ — ▫ COMES : TIROLIS ▫ — Die Wappen von Nr. 2412 in einem mit dem Erzherzogshute bedeckten, mit der Vliessordenskette umhangenen Schilde. S. g. e.

4216. Tiroler Doppelthaler o. J. Av. FERDINANDVS ꝛ D ꝛ G ꝛ ARCHI ꝛ DVX ꝛ AVSTRIÆ ꝛ — Belorbeertes Brustbild v. r. S., im Harnisch und Mantel, mit der Vliessordenskette. Rev. DVX ꝛ BVRGVNDIÆ ꝛ COMES ꝛ TIROL — Der Tiroler Adler mit einer Zackenkrone und dem Ehrenkränzchen über dem Kopfe. (Cat. imp. 188, 2.) Mit wellenförmig geripptem Rande. Gr. 43. S. g. e.

4217. Tiroler Doppelthaler o. J. Av. FERDINANDVS — · D : G : ARCHID : AV — STR — Brustbild v. l. S., mit hoher, durch einen Reiherbusch geschmückter Mütze, im Wamms sammt Spitzenkragen und übergehangenem Vliesse. Unten ein krummes Messer. Rev. DVX ◆ BVRGVNDIAE ◆ COMES ꝛ TIROLIS — Der Adler mit der kaiserl. Krone, dem Kränzchen über dem Kopfe und dem gekrönten Doppeladler im Brustschilde. Cat. imp. 188, 4. (Mad. 1375.) S. g. e.

4218. Desgleichen o. J. Av. (U. b.) FERDINANDVS ꝛ D G ARCHID ꝛ AVSTRI ✿ ✿ — Gekröntes Brustbild v. l. S., im Harnisch und Mantel, mit Spitzenkragen und Vliess. Rev. wie die Rückseite des vorigen, doch nicht vom gl. Stempel, mit ◆ vor DVX Cat. imp. 189, 1. (Mad. 3854.) S. g. e.

4219. Desgleichen o. J. Av. (O. b.) FERDINANDVS ꝛ D ꝛ G ꝛ — ARCHD (verb.) ꝛ AVSTRIÆ : Brustbild v. l. S., entblössten Hauptes, im Harnisch und Mantel, mit Spitzenkragen und Vliess. Rev. wie die Rückseite des vorigen, aber mit ◆ DVX und COM ꝛ TIROLIS ◆ Zu Cat. imp. 188, 3. S. g. e.

Maximilian,

Sohn Kaiser Maximilian's II., geb. 1558, regierender Herr in Tirol und Elsass (1612), Hochmeister des deutschen Ordens, † 2. Nov. 1618.

4220. Tiroler Dukaten o. J. Av. MON : NOVA : AVR : — : COMITA(tus) : TIROLI(s) : Sechsfeldiges Wappen von Ungarn, Böhmen, | Kastilien, Leon, | Oesterreich u. Burgund sammt dem Tir. Adler im Mittelschilde. Zur Rechten und Linken des Wappens ✧ zwischen ⁑ Unten in der Umschrift die auf Thalern dieses Maximilian vorkommende Chiffre Cö (in einander gesetzt). Rev. DIVVS : LE — OPOLDVS : — Dieser Heilige stehend, in der Rechten die alt-österr. Fahne, in der Linken das Modell der Kirche von Klosterneuburg. 1 Duk. S. g. e. R.

Karl,

dritter Sohn Kaiser Ferdinand's I., geb. 1540, bekam 1564 Steiermark, Kärnten und Krain, † 1590.

4221. Steierscher Thaler v. 1579. Av. CAROLVS · D · G · ARCHIDVX · AVSTRIÆ — Geharnischtes, mit dem erzherzogl. Hute bedecktes Bildniss v. r. S., in der Rechten das Zepter, die Linke am Schwertgriff. Rev. DVX · BVRGVNDIÆ · STYRIÆ · Z & 1579 · Das weitläufige Wappen mit dem steierschen Mittelschilde, wie auf dem 1577er Thaler im Cat. imp. p. 191. Zu Mad. 3863. Gr. 41. Gut erh.

4222. Kärtner Thaler v. 1583. Av. CAROLVS · D : G : ARCHIDVX · AVSTRIAE · — Das Bildniss, wie vorher, aber kleiner und zierlicher. Rev. · ET · CA — RINTH - - IAE · ZC : — · 1583 · — Das 10feld. Wappen von Ungarn, Böhmen, Kastilien-Aragonien und Oesterreich-Burgund mit dem Kärntner Mittelschilde, umgeben von den Wappen von Oesterreich, Steiermark, Krain und Görz. (Mad. 1380, Cat. imp. 192 von 1584.) S. g. e. R.

4223. Desgleichen v. 1586. Av. wie die Hauptseite des vorigen. Rev. · ET · CARINTH — IAE · ZC · 1586 · — Das mit dem Erzherzogshute bedeckte, dahinter mit der Vliessordenskette ganz umhangene 7feld. Wappen von Ungarn, Böhmen, | Oesterreich, Burgund, | Steiermark, Krain und Görz mit dem Kärntner Mittelschilde. Zu Mad. 3864. S. g. e. R.

4224. Desgleichen v. 1590. Av. wie der von Nr. 4222, der Erzherzog trägt aber die Vliessordenskette; vor CAROLVS ein Punkt. Rev. wie der des vorigen, aber mit 1590; die Ordenskette schliesst sich nicht über dem Wappen; neben dem erzherzogl. Hute beiderseits je ein Punkt. S. g. e. R.

Ferdinand II.,

des Vorigen Sohn und Nachfolger, seit 1619 röm. Kaiser, † 1637.

4225. Steierscher Thaler v. 1614. Av. + FERDINANDVS + D ‡ G ‡ ARCHIDVX + AVSTRIÆ ~⊕~ Des Erzherzogs Bildniss, dargestellt wie das seines Vaters auf den letzten beiden Thalern, aber mit dem Vliesse. Rev. DVX + BVRGVND — IÆ + STYRIÆ + Z : 16 — 14 · Das Wappen wie auf vorigem, aber mit steierschem Mittelschilde und dem Wappen v. Kärnten an Stelle desjenigen von Steiermark. S. g. e.

Leopold,

jüngerer Sohn Karl's von Steiermark, geb. 1586, Bischof zu Passau u. Strassburg, später auch Administrator zu Murbach und Lüders, ward von seinem Bruder, Kaiser Ferdinand II., 1619 zum Gubernator in Tirol und den vorderösterr. Landen ernannt, erhielt von den durch den Tod Erzh. Ferdinand's in Tirol (1595) und durch das Ableben Erzh. Albrecht's (Bruders K. Rudolf's II.), 1621, an K. Ferdinand II. und seine Brüder Leopold u. Karl heimgefallenen Landen durch brüderlichen Vergleich vom 19. Nov. 1623 zwei Dritttheile zum Eigenthum und den Rest zur Administration auf Lebenszeit, verliess dann 1625 den geistlichen Stand, vermählte sich mit der Prinzessin Klaudia von Medicis, Tochter Ferdinand's I. von Toskana und † 1632.

4226. Tiroler Thaler v. 1620. Av. LEOPOLTVS ⬥ NEC NON ⬥ CÆTERI ⬥ D ⁑ G ⁑ ARCHID(uces) ⁑ AVSTRIÆ ✿ Brustb. v. r. S., im Mozzetta mit breitem Kragenumschlage. Zu Seiten des Kopfes 16 — 20 Rev. DVC(es) ⁑ BVRG ⁑ STYR : CAR : — ET CARN : COM(ites) : TIROL : — Das mit dem Erzherzogshute bedeckte Wappen (von Ungarn, Böhmen, | Oesterreich, Burgund, Habsburg und Görz) mit den 5 Lerchen im Schildfusse und dem Tiroler Adler im Mittelschilde. Darunter die mit Inful u. 2 Krummstäben gezierten Schildchen von Strassburg u. Passau. Mad. 5472. S. g. e. R.

4227. Elsässer Gesammt-Thaler v. 1620. Av. LEOPOLDVS · D : G : ET · ARCHIDVCES · AVST : DVC : BVR ✻ Brustbild, wie vorher, darunter 1620 Rev. ET · STIR · CARIN : — CARN : LAND(gravii) : ALS : — Wappen, wie vorher, aber mit den Bildern von Tirol und Habsburg an 5. und 6. Stelle, den Fischen von Pfirt im Schildfusse und dem Wappen von Ober-Elsass im Mittelschilde. Zu den Seiten die mit Inful u. Pedum geschmückten Schilde von Strassburg u. Passau, unten die von Murbach u. Lüders, mit Inful u. 2 Krummstäben geziert. Zu Mad. 1384. G. e.

4228. Desgleichen, wie voriger, aber mit LEOPOLD : und BVR ✻ im Av. und mit · STIRLÆ · CARINT · — CARN : LAND : ALS · — als Umschrift der Rückseite. S. g. e.

4229. Tiroler Gesammt-Thaler v. 1621. Av. LEOPOLDVS D : G : ARCHID : AVSTRIÆ DVX BVRG : S(acrae) : CÆS(areae) : M(aiesta)TIS : ET RELIQ(uorum) ✻ Brustbild, wie bisher, daneben 16 — 21 Rev. ARCHIDVC(um) : GVBERNATOR PLENARIVS C(o)MES TIROLIS — In henkelartig verziertem Schilde, auf welchem der Erzherzogshut ruht, das Wappen von Nr. 4226. S. g. e.

4230. Desgleichen v. 1624, ganz ähnlich dem vorigen, aber mit · D : G :, dann AISTRLÆ und MTIS ET RELIQ ✻, sowie 16 — 24 im Av. und mit COME : TIR im Rev.

4231. Elsässer Thaler v. 1624. Av. LEOPOLDVS · D · G · ARCHIDVX · AVS · DVX · BVR · ET · SAC · CÆS · M · ET ✿ Brustbild, wie seither, darunter 1624 Rev. RELIQ : ARCHID : GVBERNAT : PLEN : ET · COM : TIR · LAN · ALS : — Unter dem Erzherzogshute in verziertem Schilde das Wappen von Nr. 4227. Mad. 1385.) S. g. e.

4232. Doppelthaler v. 1626. Av. LEOPOLDVS ꝛ D ꝛ G · ARCHIDVX · AVSTRI — Geharnischtes, mit dem erzherzogl. Hute bedecktes Bildniss v. r. S., bis halben Leib, rechts das Zepter schulternd, die Linke am Schwertgriff. Vor demselben abwärts · 1 · 6 · z · 6 · Rev. DVX ꝛ BVRGVNDIÆ ꝛ COMES ꝛ TIROL — Der gekrönte Adler von Tirol, über ihm das Kränzchen. (Mad. 3870.) Cat. imp. 193. Von schönster Erhaltung.

4233. Doppelthaler o. J., auf seine Vermählung. Av. (O. b.) LEOPOLDVS · ARCHID : AVS : ET · CLAVDIA · ARCHIDVCISA · AVS : MEDIC(ea) • Beider Brustbilder, mit Erzherzogshüten und grossen Halskrausen geschmückt, neben einander, v. r. S. Rev. DVX • BVRGVNDIÆ • COMES • TIROLIS ⁑ — Der gekr. Adler, oben das Kränzchen mit flatternden Bändern. (Mad. 1386. Cat. imp. 192, 1.) War gehenkelt. S. g. e.

4234. Zwitterthaler. Av. vom Stempel der Hauptseite des vorigen. Rev. vom Stempel zur Hauptseite des andern Doppelthalers auf die Vermählung (Cat. imp. 192, 2. Mad. 3869), bei welchem die an Abbreviaturen reichere Umschrift unten beginnt und die beiden Brustbilder anders gezeichnet sind. Mit kleinem Loch. Sehr schön erhalten. RR.

4235. Elsässer Thalerklippe (vom Guldenstempel) o. J. Av. LEOPOLDVS · D : G : ARCHIDVX · AVSTRIÆ — Des Erzherzogs Bildniss, wie auf Nr. 4232, aber von rohem Schnitt. Rev. DVX — BVR : LAN : ALS : C : O : (sic) — FER · — Das mit dem erzherzogl. Hute und der Vliessordenskette geschmückte Wappen [von Ungarn, Böhmen, | Kastilien-Leon (quadrirt) und Oesterreich-Burgund (quadr.)] mit dem von Ober-Elsass im Mittelschilde. Zu beiden Seiten die Schildchen von Habsburg und Pfirt. (Mad. 3871.) Cat. imp. 193, die erste. $1^{19}/_{32}$ Loth. G. e. R.

4236. Tiroler Gulden v. 1629. Av. : LEOPOLDVS : D : G : ARCHIDVX : AVSTRI — Bildniss wie bei Nr. 4232, davor abwärts · 1 · 6 · z · 9 Rev. DVX : BVRGVNDIÆ : — : COMES : TIROL — Das Wappen von Nr. 4229, mit der Vliessordenskette behangen. S. g. e.

4237. Tiroler Thaler v. 1632. Av. Bildniss u. s. w., wie auf vorigem, aber mit AVSTRIÆ · und · 1 · 6 · 3 · 2 · Rev. · DVX : BVRGVNDI — COMES : TIROLI · — Sonst wie voriger. S. g. e.

4238. Desgleichen v. 1632, wie voriger, doch mit den Umschriften LEOPOLDVS · D : G : ARCHIDVX · AVSTRIÆ · — und DVX · BVRGVND : — COMES · TIROLIS — (Mad. 1388.) S. g. e.

Ferdinand Karl,

Sohn des Vorigen, geb. 1628, folgte seinem Vater in Tirol 1632, zwar zunächst unter Vormundschaft seiner Mutter Klaudia von Medicis († 1648), u. starb 1662.

4239. Tiroler Doppelthaler o. J. Av. FERDINAND : CAROL : D : G : ARCHIDVX · AVST (Rosette) Langgelocktes Brustbild v. r. S., im Harnisch und Ueberwurf, mit umgehangenem Vliesse. Rev. DVX · BVRGVNDIÆ · COMES · TYROLIS : — Der gekrönte Adler mit dem Kränzchen um den Kopf. Die Bilder beider Seiten umzieht ein schmaler Kranz. (Mad. 3874.) Cat. imp. 193. S. g. e.

4240. Tiroler Thaler v. 1654. Av. Geharnischtes Brustbild v. r. S.; davor abwärts · 1 · 6 · 5 · 4 · Umschrift, wie vorher. Rev. DVX · BVRGVNDIÆ · — COMES · TYROLIS · — Das Wappen, wie auf Nr. 4237. (Mad. 1390.) Cat. imp. 194. S. g. e.

4241. Desgleichen, mit ganz geringen Abweichungen in den Bildern. S. g. e.

4242. Desgleichen v. 1662. Das Brustbild theilt oben die Umschrift und trägt das Vliess an der Kette, die Jahrzahl · 1 · 6 — 6 · 2 · steht über dem Erzherzogshute, der das Wappen bedeckt. Hat AVST : — Sonst wie voriger. (Mad. 3875. Cat. imp. 194.) Mit Loch, g. e.

Sigismund Franz,

des Vorigen Bruder, geb. 1630, ward Bischof zu Augsburg 1646, folgte seinem Bruder 1662, starb, verlobt mit der Pfalzgräfin Maria Hedwig von Sulzbach, 1665, worauf Tirol an Kaiser Leopold I. fiel.

4243. Tiroler Thaler v. 1665. Av. · SIGISMVNDVS · FRANC : D : G : ARCHIDVX · AVST : — Langgelocktes Brustbild v. r. S., im Harnisch und Mantel, mit breitem Spitzenkragen, das Vliess an der Kette. Rev. DVX · BVRGVNDI : — COM : TYROLIS · 16—65 · Sonst wie Nr. 4240, mit Verzierungen längs der Schildseiten. (Mad. 1391.) Cat. imp. 194. S. g. e.

Karl,

3. Sohn Kaiser Leopold's II., geb. 5. Sept. 1771, Generalissimus aller kaiserlichen Truppen und Statthalter in Böhmen, war von 1801—1804 Deutschmeister, † 30. April 1847.

4244. Medaille (v. Baldenbach), auf die Schlacht bei Stockach, 1799. Av. CAROLVS · — ARCHID · AVST · — Behelmtes Haupt v. l. S. Rev. VIRTVTE · — CONSILIO · Die Viktoria auf einem mit Waffenstücken geschmückten Postamente, woran IX | CAL APRIL | MDCCXCIX Gr. 48. $1^{11}/_{32}$ Loth. S. g. e.

Anhang zu Oesterreich.

4245. Goldne Präsentmünze der Stände von Kärnten, v. 1645. Av. DISES ERZHERZOGTVMB KÄRNDTEN REGIERENDT — Unter dem erzh. Hute das Wappen v. Kärnten mit den Schildhaltern. Unten am Schilde I—S Rev. HERR BVRGGRAFF VND HEREN VERORDENTEN 16—45 Das Wappen des Grafen v. Ortenburg, von fünf anderen umgeben. Als Thaler bei Schulth. 319, Mad. 2434. Gr. 38. $3^{7}/_{8}$ Duk. War geh., sonst sehr gut erh. RRR.

Oldenburg.

Anton I. (1531—1573),

Sohn Johann's XIV. u. dessen Gem. Anna von Anhalt, geb. 1505, reg. von 1529 an in Gemeinschaft mit s. älteren Brüdern Johann XV., Georg u. Christoph, welche ihm 1531 die Regierung allein übertrugen. Er † den 22. Januar 1573.

4246. Thaler o. J. Av. ANTONI9 ✿ COME' ✿ IN — OLDENB' ✿ Z ✿ DELM' ⪥ In einem Blätterkranze das bärtige Brustbild des Grafen v. l. S., im Pelzrock mit übergelegter goldner Kette. Unten der oldenb. Schild. Rev. DNS' ✿ PROTECT' ✿ VITE' ✿ MEE ✿ Ꝯ ✿ Q° (quo) ✿ TREPID'(abo) — Behelmter vierf. Schild von Oldenburg und Delmenhorst. Mad. 1830. Cat. imp. p. 400. Merzd., Old. M. 42. Soll während der münsterischen Fehde, 1538, geschlagen sein. Aus v. Madai's Sammlung. Vorz. erh. RR.

Anton Günther (1603—1667),

Sohn Johann's XVI. u. dessen Gem. Elisabeth v. Schwarzburg, geb. 1583, succ. 1603, erbt 1647 Delmenhorst, war der letzte Graf von Oldenburg und Delmenhorst, u. † 19. Juni 1667.

4247. Thalerklippe vom Guldenstempel, o. J. Av. ANT · GVNT · COM · OLD · E · DELM · D · I · IEV · E · KN — Der zweifach behelmte, quadrirte Schild mit dem quadr. oldenb.-delmh. Wappen im 1. und 4. und dem jeverschen Löwen im 2. und 3. Felde. Rev. MATH · I · D : G · ROM · IMPERAT · SEMP · AVGV · (Lilie) · — Unter der Krone der Doppeladler ohne Kopfscheine, mit dem Reichsapfel auf der Brust. Zu Merzd. 55. 2 Loth. Gr. im □ 36, von Eck zu Eck 49. Von trefflicher Erhaltung. RR.

4248. Klippe zu 1½ Thalern, vom Thalerstempel, o. J. Av. ANTHON ⁝ GVNTHER ⁝ COMES ⁝ IN ⁝ OLDENB + Brustbild v. r. S., im Harnisch, mit Ueberwurf und abstehendem Spitzenkragen. Rev. ·ET · DELMENH · DOM · IN · IEVER · ET · KN · — Das vierfeld. Wappen mit 2 Helmen. 2 15/16 Loth. Gr. im □ 45, von Eck zu Eck 62. (Mad. 1832 als Doppelthalerklippe, Merzd. 58.) Sehr schön erh. R.

4249. Thaler o. J., von den Stempeln des vorhergehenden Stücks. Merzd. 57. Sehr gut erh. R.

4250. Thaler auf den Tod seiner Schwester Anna Sophia, 1639. Av. ANNA · SOPHIA · GE(borne) · GR(äfin) · Z(u) · O(ldenburg) · V(nd) · D(elmenhorst) : FR(äulein) · Z(u) · IE(ver) · V(nd) · K(niphausen) — Der dreifach behelmte, vierfeld. Wappenschild. Rev. Achtzeilige Aufschrift: ✿ | + IST · GE | BORN · DEN · XIII | DECEMB · ANNO · | M·D·LXXIX · SALI | G ABGESCHIEDE | DEN · XI · IVNI · | ANNO · M · DC · | XXXIX · Mad. 4318, Cat. imp. p. 400. (Merzd. 312.) Vorzügl. erh. RR.

4251. Thaler zu 48 Groten, von 1659. Av. ANTON · GUNT · CO : OLDEN · ET · DEL · DYN · IEV · ET · KNI ✿ Brustbild von vorn, mit langem Haar, im Wamms, mit Feldbinde und geschlossenem breitem Halskragen. Rev. ✪ AUXILIUM MEUM A DOMINO ✪ — Gekröntes vierf. Wappen mit Mittelschild. Zu den Seiten 2 Blumen und unten · 48 · GROT · zwischen 16 — 59 (Mad. 1833. Merzd. 68.) $1^{9}/_{16}$ Loth. G. e. R.

4252. Dicker Doppelthaler v. 1660. Av. Aehnlich dem vorigen, mit IE · ET · KN und 2 Zainhaken hinter einem Herzen. Rev. AUXILIUM MEUM A DOMINO · 1660 — Dreifach behelmter Schild von 4 Feldern sammt Mittelschild. Erwähnt v. Merzd. bei Nr. 64. 4 Loth. Trefflich erh. RR.

4253. Thaler v. 1666, auf seinen 83. Geburtstag und sein 63. Regierungsjahr. Av. ANTHON GUNTER D : G : CO : IN OLDENB : ET DELMH : D : IN IE : ET KNI : • Brustbild wie vorher, aber von der rechten Seite, nebst der innern Umschrift: ÆTATIS · 83 · — REGIMINIS · 63 · Rev. AUXILIUM MEUM A DOMINO · 1666 · auf einem glatten, oben an den Enden ein wenig gerollten Bande. Das dreifach behelmte, quadrirte Wappen. (Mad. 1834.) Merzd. 67. 2 Loth. Sehr schön erh. R.

4254. Begräbnissthaler von 1667. Av. In 9 Zeilen: ANTH : GUNTH : | DEI GRATIA, COM : | IN OLDENB : (NB verb.) ET DELMEH : | DYN : IN JEVER ET KNIPH : | PRINCEPS PIUS, PRUDENS | ET PACIFICUS, NATUS | 1. NOV : 1583 · OB : 19. JUN : | 1667 · ÆT : ANN : 84 · | REG : 64 · Rev. AUXILIUM MEUM A DOMINO · — Der gekrönte quadr. Wappenschild. Mad. 1836. Merzd. 315. Dieser Thaler wurde von seinen Allodial-Erben in Jever bei der Beisetzung ausgetheilt. Vorzüglich erhalten. RR.

Nach dem Tode dieses Grafen fiel Oldenburg an die königliche Linie des Hauses Holstein. 1773 trat Dänemark Oldenburg und Delmenhorst an den Grossfürsten Paul von Russland ab, der wiederum beide Grafschaften im gl. Jahre der jüngeren Eutinischen Linie des Hauses Holstein-Gottorp (Hzg. Friedrich August) überliess. 1776 wurden diese Lande von K. Joseph II. zum Herzogthum Oldenburg erhoben. (Den Thaler Hz. Friedrich August's s. unter Nr. 2556.)

Peter Friedrich Wilhelm (1785—1823),

Sohn Herzog Friedrich August's, geb. 1754, Herzog 1785, stand seiner Geistesschwäche wegen unter Vormundschaft seines Vetters, Peter Friedrich Ludwig, Fürsten zu Lübeck, † 2. Juli 1823. Der Administrator ward 1817 Fürst v. Birkenfeld, 1818 Herr der Erbherrschaft Jever und 1823 Herzog v. Oldenburg.

4255. Dritteltthaler v. 1816. Av. Der Wappenschild auf gekröntem Hermelinmantel. Rev. OLDENB · COUR · MÜNZE Im Felde in 4 Zeilen: 3 | EINEN | THALER | 1816 | Der Rand ist verziert. Merzd. 251. S. g. e.

Paul Friedrich August (1829—1853),

Sohn des Herzogs Peter Friedrich Ludwig u. dessen Gem. Friederike von Württemberg, geb. 1783, succ. seinem Vater 21. Mai 1829, nimmt die grossherzogliche Würde an 28. Mai 1829, † 27. Febr. 1853.

4256. Thaler v. 1846. Av. PAUL FRIEDR · AUGUST GR : H · V ·

OLDENBURG — Haupt v. l. S.; unten B Rev. EIN THALER — XIV EINE F · M · — Gekrönter vollst. Wappenschild zwischen einem Lorbeer- und Eichenzweige. Unten 1846 Vertiefte Randschr. EIN GOTT ~✿~ EIN RECHT ~✿~ EINE WAHRHEIT ~✿~ Merzd. 268. S. g. e.

(Den Doppelthaler v. 1840 s. unter Birkenfeld, Nr. 3403.)

Nikolaus Friedrich Peter,

Sohn des Grossherzogs Paul Fried. August u. dessen 2. Gem. Ida von Anhalt-Bernburg-Schaumburg, geb. 8. Juli 1827, succ. 1853.

4257. Vereinsthaler v. 1860. Av. NICOLAUS FRIEDR · PETER GR · H · V · OLDENBURG — Haupt v. l. S.; am Halsabschnitt: BREHMER · F · , unten B Rev. EIN VEREINSTHALER — XXX EIN PFUND FEIN — Gekr. Wappen zwischen Zweigen. Unten 1860 Randschr. wie vorher. S. g. e.

Pfalz.

A) Die zur Kur gelangten Linien.

Bayerische oder alte Kur-Linie.

Ruprecht I. (1353—1390),

Sohn Kurf. Rudolf's I., geb. 1309, folgte seinem Bruder Rudolf II. 1353, † 1390.

4258. Goldgulden. Av. + RVPE — RT' · DVX — Die Florentiner Lilie. Rev. · S · IOHA — HHES · B · — Johannes der Täufer; zur Rechten seines Hauptes, hinter der Umschrift, der Doppeladler. Monn. en or, 174. 1 Duk. S. g. e.

Ruprecht II. (1390—1398),

Sohn Kurfürst Adolf's, älteren Bruders Ruprecht's I., geb. 1325, succ. seinem vorgedachten Oheim 1390, † 1398.

4259. Goldgulden. Av. RVPERT DVX ⁝ COMES PALA H ⁝ ✻ Innerhalb eines Perlenkreises in achtbogiger Einfassung das quadrirte Wappen v. Pfalz-Bayern. Rev. · S · IOHA — HHES · B — Johannes der Täufer, zur Rechten seines Hauptes der einköpfige Adler. Monn. en or, 174. Exter, II. p. 273. Nr. 9. 1 Duk. S. g. e.

Ludwig III. (1410—1436),

Sohn Ruprecht's III., des Kaisers, und Enkel des Vorigen, geb. 1376, erhielt aus dem väterlichen Erbe (1410) die Rhein- oder Unterpfalz mit der Kur, † 1436.

4260. Bacharacher Goldgulden. Av. • LVDWIC' • C'(omes) • P(alatinus) — ✿ — R'(heni) • DVX • BA' — Der Kurfürst, stehend, in kurzem Kleide und barettartigem Hute, mit geschultertem Schwert u. erhobener Linken. Rev. MONETA • NOVA • AVREA • BAC' ✻

Im Dreipasse das quadrirte Wappen von Pfalz-Bayern. Exter, II. p. 286. $^{65}/_{66}$ Duk. S. g. e.

Ludwig IV. (1436—1449),

Sohn Ludwig's III. u. dessen 2. Gem. Mathilde v. Piemont, geb. 1424, † 13. Aug. 1449.

4261. Bacharacher Goldgulden. Av. LVDV' — C' • P' • R' — DVX • B — AVAR' — Das Wappen des vorigen auf breitem Kreuze. Rev. MOИETA • ИOVA • AVRЄA • BA' ✠ Die Wappen von Mainz, Trier (Jakob v. Sirk) und Cöln (Dietrich v. Mörs), in's Kleeblatt gestellt, dazwischen ⌄ Exter, II. p. 291. 1 Duk. S. g. e.

Friedrich I. (1449—1476),

Bruder des Vorigen, geb. 1425, übernahm die Vormundschaft über seinen Neffen Philipp, setzte sich dann mit Einwilligung des Letzteren, den er adoptirte, und des Landes in den Besitz der Kur und behauptete sich darin bis zu seinem am 12. Dec. 1476 erfolgten Tode.

4262. Bacharacher Goldgulden. Av. • FRID' • C' PR —' DVX • BAVA' — Christus auf gothischem Throne; unten der gespaltene Schild v. Pfalz-Bayern. Rev. MOИЄ' • ИOVA • AVRЄA • BACh' • ✠ In den Winkeln eines Blumenkreuzes die Wappen von Pfalz-Bayern, Mainz, Trier (Joh. v. Baden) u. Cöln. Exter, II. p. 297. $^{31}/_{32}$ Duk. G. e.

Philipp (1476—1508),

Sohn Ludwig's IV. und dessen Gem. Margaretha v. Savoyen, geb. 1484, folgte Vorigem 1476, † 28 Febr. 1508.

4263. Goldgulden v. 1492. Av. • PhS CO · P R — DVX BAVA' — Sonst wie vorher. Rev. • MO AV • — • RЄИЄ' — • S 1492 • Im Dreipasse, zwischen den Schilden von Mainz, Trier und Cöln, das 4 feld. Wappen v. Pfalz-Bayern mit leerem Mittelschilde. Nicht bei Exter. $^{15}/_{16}$ Duk. G. e. R.

Ludwig V. (1508—1544),

Sohn des Vorigen u. dessen Gem. Margaretha v. Bayern, geb. 1478, ward Kurfürst 1508, † 16. März 1544.

4264. Thaler v. 1525. Av. LV — • D — G • CO • PA · — D (Dux) • B(avariae) • PR(inceps) — E(lector) • 1525 (im Stempel stand früher 1727) ✿ Das Bildniss v. linker Seite, bis an den Leib, im Kurrock und Kurhute, mit der Rechten den Reichsapfel vor sich haltend, mit der Linken das Schwert schulternd. In der Umschrift rechts das Wappen der Pfalz, links das von Bayern, unten der Regalienschild. Rev. ⁘ MOИ(eta) • CAR(oli) • V • CES(aris) • ET • ROM • IMP(eratoris) ⁘ ✿ Der Doppeladler mit Kopfscheinen. Die Umschriften beider Seiten laufen zwischen Perlenkreisen. Mad. 455. Exter, p. 29. XIX. Aus v. Wambold's Sammlg. S. g. e. RRR.

Friedrich II. (1544—1556),

des Vorigen Bruder, geb. 1482, ward Kurfürst 1544, † 26. Febr. 1556 ohne Nachkommen. Ihm folgte sein Neffe Otto Heinrich.

a) Als Pfalzgraf.

4265. Thaler v. 1522, auf die ihm v. K. Karl V. übertragene Reichsstatthalterschaft. Av. FRIDERICVS ○ D ○ G ○ CO ○ PALA ○ RHE ○ BAV ○ DVX ⁑ Brustbild v. l. S., entblössten Hauptes, im Harnisch, mit umgelegter Kette d. gold. Vliesses. Rev. CAES(areae) ⁑ MAI(estatis) ⁑ IN — IMPERIO ⁑ LOCVMTENEN — S ⁑ MCCCCCXXII ⁑ Der Doppeladler mit Kopfscheinen und dem gespaltenen Schilde von Oesterreich und Aragonien auf der Brust. In der Umschrift rechts das Wappen der Pfalz, links das von Bayern. (Mad. 1394. Cat. imp. 284. Exter p. 31. XX.) Von medaillenartigem Schnitte und vortrefflicher Erhaltung. RRR.

4266. Thaler v. 1537. Av. FRIDERICVS · D ○ G · COMES PA · RHE · ET ○ BA ○ DVX · I537 ✤ Bildniss v. l. S., bis an den Schooss, entblössten, vorwärts gewandten Haupts, im Harnisch, mit umgelegter Vliessordenskette, die Rechte am Griffe des abwärts gekehrten Schwertes, die Linke in die Seite stemmend. Rev. NON ○ MICHI ○ DNE (Domine) ○ SED — NOMINI ○ TVO ○ DA ○ GLO ✤ Das mit dem Fürstenhute bedeckte und von der Vliessordenskette umgebene 4feld. Wappen von der Pfalz und von Bayern. Die Bilder beider Seiten umgiebt zunächst ein schwacher Zirkel, dann ein Perlenkreis. Mad. 1395. Exter p. 33. XXIII. Cat. imp. 284. Sehr gut erhalten. RR.

4267. Desgleichen. Av. wie der des vorigen Thalers, aber mit COMES und I537 ✤ und ohne den das Brustbild dort umgebenden Zirkel. Rev. vom Stempel zur Rückseite des vorigen. Gut erh. RR.

b) Als Kurfürst.

4268. Thaler v. 1547. Av. FRIDER ∗ D ∗ G ∗ C ∗ PAL ∗ RI ∗ BAVA ∗ DVX ∗ S(acri) ∗ R(omani) ∗ I(mperii) ∗ PRI ∗ — EL ✿ Brustbild von vorne, im Kurrock und Kurhute, mit umgelegter Vliessordenskette, das Schwert in d. Rechten, den Reichsapfel in d. Linken. Rev. MO ⁑ ARGE ⁑ SVPERIO(ris) ⁑ PALAT(i)NA(tus) ⁑ BAVARI ✿ Unter dem pfälzischen Helme in drei Schilden der Löwe, die Wecken und der Reichsapfel, als Zeichen der Erztruchsessen-Würde. Unten I5 – 47 Zu Mad. 456. S. g. e.

4269. Desgleichen. Av. vom Stempel zur Hauptseite des vorigen. Rev. MONE ⁑ ARGE ⁑ SVPERIO ⁑ PALATI ⁑ BAVARI ✿ Sonst, wie vorher. S. g. e.

4270. Desgleichen. Av. wie die vorigen, aber mit RHE ∗ BA ∗ DVX ∗ S ∗ R ∗ I ∗ P ∗ EL ✿ Rev. dem des vorigen gleich, doch nicht vom selben Stempel. G. e.

Otto Heinrich und Philipp,

Söhne des 1481 geborenen und 1504 in der Acht verstorbenen Pfalzgrafen Ruprecht, älteren Bruders der Vorigen, erhielten aus ihres mütterl. Grossvaters,

Herzog Georg's von Bayern, Erbe, das Herzogthum Neuburg. Otto Heinrich, geb. 1502, ward Kurfürst v. d. Pfalz 1556 und starb 12. Febr. 1559; Philipp, geb. 1503, vertheidigte 1529 Wien gegen die Türken u. starb 4. Juli 1548.

Als Pfalzgrafen zu Neuburg.

4271. Halber Güldengroschen oder halber Thaler v. 1505. Av. OTTO HEINRI' ₮ PHILIP' ✿ COM ✿ PALAT ✿ RENI ✱ Ein sitzender Löwe, welcher seine rechte Vorderpfote einem ihm zur Rechten stehenden Knaben reicht, der, mit einem langen Rocke und einem niedrigen Hütchen bekleidet, seine linke Hand über dem Löwen emporhält. Hinter letzterem, links, ein noch kleinerer, nackender Knabe mit einem Steckenpferde in der linken Hand. Rev. IN ✿ INFERI'(ori) ₮ SVPER'(iori) ✿ BAVA'(ria) ✿ DVCE'(s) ₮ FRAT'(res) ✿ 1505 ✱ Der gekrönte pfälz. Löwe, vorwärts gekehrt, in sitzender Stellung, mit den gegen einander gelehnten Wappenschilden der Pfalz u. von Bayern. Die Bilder beider Seiten umgiebt ein innen mit einer Bogeneinfassung umzogener Perlenkreis. (Mad. 1392.) Exter, II. S. 315. Gr. 33. 1 1/32 Loth. Stammt aus der Dickmann'schen Sammlung. Im Av. wenig Doppelschlag und ziemlich gut, im Rev. sehr gut erhalten. RRRR.

4272. Dukaten v. 1516. Av. OTħ HIИRI ⁑ ЄT ⁑ PħILIPS ⁑ FRAТR ✱ Der quadrirte Schild v. d. Pfalz und Bayern, darüber • 1516 • Rev. AVЄ ⁑ GRAИI(a) ⁑ PLЄ(na) ⁑ DИ9 (Dominus) ⁑ TЄCV'(m) Maria in halber Figur mit dem Christuskindlein auf dem rechten Arme. Beider Häupter von Strahlen umgeben. 1 Duk. S. g. e.

Nach Otto Heinrich's Tode gelangte zur Kurwürde Friedrich III. von der

Linie zu Simmern,

deren Stifter, Stephan, Sohn Ruprecht's III., 1410 Simmern und Zweibrücken erhielt und durch Heirath Veldenz und halb Sponheim erwarb, von welchen Besitzungen nach seinem Tode, 1459, sein älterer Sohn, Friedrich, Simmern und halb Sponheim, der jüngere, Ludwig, Zweibrücken und Veldenz bekam.

Johann der Jüngere (1509—1557).

Sohn Johann's des Aelteren und Enkel obengedachten Friedrich's, geb. 1492, (nicht, wie Andere angeben, schon 1486) † 18. Mai 1557.

4273. Thaler v. 1539. Av. IOHANES ⁑ D ⁑ G ⁑ CO ⁑ PAL ⁑ RE ⁑ D ⁑ BA ⁑ I(n) ⁑ SPA(nheim) ✿ (?) Innerhalb eines mit Bogen verzierten Perlenkreises das Brustbild v. l. S., in faltigem Unterkleid und grossem Pelze, mit Klappmütze. Zu den Seiten des Kopfes ÆT · — · 47 und hinter dem Rücken × Rev. ∘ MONE ⁑ NOVA ⁑ SIMEREN(sis) ⁑ ANNO ⁑ 1539 ∘ — Die drei Wappenschilde von der Pfalz, von Bayern und Sponheim unter dem pfälz. Helme mit rechtsgewandtem Kleinode. (Mad. 1397. Exter, p. 50. XLI.) Im Rev. bei der Stelle „REN" Doppelschlag. Gut erh. RRR.

4274. Thaler v. 1555. Av. IOHANES ⁑ D ⁑ C(sic) ⁑ CO ⁑ PAL ⁑ RE ⁑ D ⁑ BA ⁑ I ⁑ SPA ✿ Brustbild von vorn, in faltigem Unter- und verbrämtem Oberkleide, mit Klappmütze und umgehängter Kette. Rev. MONET ⁑ NOVA ⁑ SIMERNS ⁑ AN ⁑ 15 · 55 — Die drei Wappenschilde unter dem pfälz. Helme mit vorwärtsgewandtem Kleinode. S. g. e. RR.

4275. Thaler v. 1556. Av. vom Stempel zur Hauptseite des vorigen. Rev. wie vorher, aber mit 1556 Zu Mad. 3876. Im Rev. etwas Doppelschlag. Gut erh. RR.

Friedrich III. (1557—1576),

ältester Sohn des Vorigen u. dessen 1. Gem. Beatrix v. Baden, geb. 1515, gelangte 1559 zur Kurwürde und trat deshalb Simmern an seinen jüngern Bruder Georg (geb. 1518, † 1569) ab, ward reformirt 1560, † 26. Oct. 1576.

4276. Kleines Schaustück v. 1567. Av. Der Kurfürst von vorn, bis an den Leib, in geblümtem Harnische, mit der Rechten das Schwert schulternd, in der Linken den Reichsapfel haltend. Oben herum FRIDE · D — G — · CO · PA · RHE Rev. Zwischen dem Löwen- und dem Weckenschilde der Schild mit dem Reichsapfel sammt einem Helme, worauf der pfälz. Löwe, vorwärts gekehrt, ohne die Büffelhörner. Zu seinen Seiten · H N — D W · (Herr nach Deinem Willen) Oben herum · S · R · I · PRIN — · EL · BA · DVX · und unten 15—67 Gr. 28. $^{13}/_{16}$ Loth. (Exter, I. p. 56.) Alter Guss. G. e. RR.

4277. Thaler v. 1567. Av. FRIDE + D + G + CO + PA + RHE + S + R + I + PRIN + EL + BA + — DVX ± Des Kurfürsten Bildniss, wie vorher, mit Schwert und Reichsapfel. Rev. (Weinblatt) HERR ✿ NACH (Weinblatt) DEINEM (Weinblatt) WILLEN — von welcher Umschr. das D gerade unter dem Kurschilde steht. Die drei Wappen, wie vorher, unter dem Helme, worauf der sitzende Löwe von linker Seite. Unten + 1 + 5 + 6 + 7 + (Mad. 457.) S. g. e.

4278. Thaler v. 1567, im Av. nur durch die Stellung der Buchstaben zum Bilde und in den Verzierungen des Harnisches von vorigem abweichend, im Rev., wie vorher, aber mit ⊕ HERR ✿ NACH (Weinblatt) DEINEM (Weinblatt) WILLEN (Weinblatt) —, wovon das I in „Deinem" unter dem Kurschilde steht. Cat. imp. 285. Vortrefflich erh.

4279. Thaler v. 1567. Av. vom Stempel zur Hauptseite des vorigen. Rev. ⁓ HERR ⊕ NACH (Weinblatt) DEINEM (Weinblatt) WILLEN ⊕ —, wovon das erste E aus „Deinem" unter dem Kurschilde steht. Sonst, wie vorher. S. g. e.

4280. Heidelberger Thaler v. 1567. Av. FRIDRIC · D × G · COM × PAL × RHE × S + R + I + ARCHIDAP(ifer) · PRIN · ELEC · D · B(·) Der Kurfürst bis an den Leib, von vorn, im Harnisch, mit umgelegter Halskette, in der Rechten den Reichsapfel, die Linke am Schwertgriff haltend. Rev. + MONETA + NOVA + ARGENTIA (sic) · HEIDELBERGENSIS ✿ — Die Wappenschilde unter dem Helme, worauf der pfälz. Löwe, vorwärts gekehrt, mit rechts aufgeworfenem Schwanze. Zu Seiten des Löwen 15 — 67 Weder bei Madai, noch bei Exter. Vergoldet, war gehenkelt, sonst s. g. e. RRR.

4281. Gulden v. 1568. Av. · FRIDE · D · G · CO · PA · RHE · S · R · I · PRIN · EL · BA · DVX · — Der Kurfürst v. r. S., bis an den Schooss, im Harnisch, mit der Rechten das Schwert schulternd, mit der Linken den Reichsapfel haltend. Rev. HERR + NACH

(Kleeblatt) DEINEM ♣ WILLEN · 1568 — Die 3 Wappen unter dem Helme, worauf der sitzende Löwe v. l. S. S. g. e.

4282. Rhein. Münzvereins-Thaler v. 1572. Av. vom Stempel zur Hauptseite der Nr. 4278. Rev. MONETA + NO × RHEN(ensium) + ELECT(orum) · & (&) · PRINC(ipum) + CONSOCI(atorum) (Weinblatt) Ausgeschweifter fünffeld. Schild mit den Wappen von Mainz, Trier, | Cöln, Pfalz-Bayern | und Hessen. Daneben 15 — 7z Cat. imp. 258. (Mad. 2861.) S. g. e.

Richard zu Simmern (1569—1598),

des Vorigen jüngster Bruder, geb. 1521, folgte in Simmern seinem Bruder Georg 1569, † 13. Januar 1598.

4283. Dickmünze zu 1½ Thalern, v. 1572. Av. RICHARDVS ✿ D ✿ G ✿ CO ✿ PAL ✿ RIE ✿ DVX ✿ BA ✿ 157z ✿ Der Pfalzgraf v. l. S., bis an den Schooss, im Harnisch, die Rechte auf den Streitkolben gestützt, die Linke am Schwertgriff. Rev. MONETA ✿ NOVA ✿ ARGENTEA ✿ SIMERENSIS ☉ (Spitzhut) ☉ Die Schilde von der Pfalz und von Bayern unter dem pfälz. Helme, mit dem zwischen den geweckten Büffelshörnern vorwärts sitzenden Löwen. Cat. imp. 292. (Mad. 1399.) 2³¹/₃₂ Loth. Aus der v. Dickmann'-schen Sammlung. S. g. e. RR.

Johann Kasimir von Lautern, Administrator der Kur, 1583—1592,

jüngerer Sohn Kurfürst Friedrich's III. und dessen 1. Gem. Marie von Brandenburg-Kulmbach, geb. 1543, erhielt Lautern zu seinem Antheile, ward Administrator nach dem Tode seines Bruders Ludwig VI., † 6. Januar 1592.

a) Als Pfalzgraf und reg. Herr von Lautern (1576—1583).

4284. Thaler v. 1578. Av. ✿ IOH ✿ CASIMIRVS ✿ COM ✿ PAL ✿ RHE ✿ DVX ✿ BAV — ✿ — Der Pfalzgraf v. r. S., bis halben Leib, im Harnisch, mit Halskrause und Feldbinde, rechts den Streitkolben schulternd, die Linke am Schwertgriff. Mit Löwenkopf an der Achsel. Rev. CON — STANTER ✿ — ✿ ET ✿ SINCERE ✿ — 1578 ✿ Der mit Lorbeer- und Palmzweig kreuzweis besteckte quadrirte Schild von Pfalz-Bayern vor einem mit seinem spitzen Steine abwärts gewandten, oben zu zwei in einander liegenden Händen sich schliessenden Ringe. Mad. 1398. Vortrefflich erh.

4285. Thaler v. 1578 mit BAV ✿, vom vorigen sonst nur in den Verzierungen der Rüstung und des Ringes abweichend. Mit eingeschlagenem N War gehenkelt. S. g. e.

4286. Thaler v. 1578. Av. ▴ IOH : CASIMIRVS + COM ▴ PAL ▴ RHE ▴ DVX · BAV + — Des Pfalzgrafen Bildniss, wie vorher, doch mit grösserem Kopfe, ohne den Löwenkopf an der Achsel und mit einer schmalen, über die Brust gehenden, auf der rechten Schulter zu einer Schleife geknüpften Binde. Rev. CO — NSTANTER — · ET ▴ SINCERE ▾ — ▴ 1578 + mit der Vorstellung des vorigen. Zu Mad. 3878. S. g. e.

4287. Desgleichen v. 1578, mit ▲ IOH ▲ und DVX ▲ im Av., ohne den Punkt vor ET und mit 1578 ▲ im Rev., sonst wie der vorige. Sehr gut erh.

4288. Thaler v. 1579. Av. wie die Hauptseite von Nr. 4284, nur in den Verzierungen des Harnisches von dieser abweichend. Rev. CON — STANTER ✿ — ET ✿ SINCERE — 1579 ✿ Der Ring mit Wappen u. s. w., wie auf Nr. 4284. Gut erh.

b) Als Administrator der Kur (1583—1592).

4289. Thaler v. 1587. Av. IOHAN : CASI : D : G : COM : PAL : RHEN : EL(ectoris) : P(alatini) : TVTOR : ET : ADMI : D : B ọ Die Wappen von Pfalz und Bayern und der Kurschild, mit Lorbeer- und Palmzweig kreuzweis besteckt, vor dem bei Nr. 4284 beschriebenen Ringe. Oben um denselben herum I — 5 8 — 7 Rev. MONETA : NOVA : ARGENTEA : RENENSIVM : ELECTOR(um) ·✿· In ausgeschweiftem quadrirten Schilde die Wappen von Mainz, Trier, Cöln und Kurpfalz. Mad. 2865. S. g. e. R.

4290. Thaler v. 1587, wie vorher, aber mit IOHAN · CASI · D ⁝ G · COM · PAL · RIEN · EL · P · TVTOR · ET · AD(verb.)MI · D · B ⁝ Stempelsprung in RENENSIVM : S. g. e. R.

4291. Thaler v. 1587. Av. IOHAN : CASI : D : G : COM : PAL : RHEN : EL : P : TVTOR : ET : ADMI : D : B · Von der Umschrift ganz umschlossenes geharnischtes Bildniss mit Halskrause und Feldbinde, rechts den Streitkolben schulternd, die Linke am Schwertgriff. Rev. wie die Rückseite von Nr. 4289, aber mit RENSIVM : statt Rhenensium und mit 8 — 7 zu Seiten des Schildes. Mad. 2866. S. g. e. R.

4292. Thaler v. 1589. Av. IOHAN · CA · D : G · COM · PAL · RHEN · EL · P · TVTOR · ET · AD : D : B ⁝ Bildniss, wie vorher. Rev. MONETA · NO · ARGENTEA · RENENSIVM · ELECTOR ✣ Die Wappen der vier rhein. Kurfürsten in ausgeschweiftem quadr. Schilde, zu dessen Seiten 8 — 9 S. g. e. R.

Friedrich IV. (1583—1610),

Sohn Kurfürst Ludwig's VI. und dessen 1. Gem. Elise von Hessen, geb. 1574, folgte seinem Vater 1583, Anfangs und bis 1592 unter Vormundschaft seines Oheims Johann Kasimir zu Lautern, † 9. Sept. 1610.

4293. Thaler v. 1608. Av. FRID ✱ IV ✱ D ✱ G ✱ C ✱ P ✱ RHE ✱ S ✱ R ✱ I ✱ PRINC ✱ EL ✱ BA ✱ DVX ✱ Der Kurfürst v. r. S., bis an den Leib, im Harnisch, mit breitem, glattem Kragen, rechts das Schwert schulternd, in der Linken den Reichsapfel haltend. Rev. REGIER MICH HER (so) NACH DEINEM WORT ✱ Mit dem Kurhute bedeckter, ausgeschweifter Schild mit den Wappen der Pfalz, von Bayern und dem Reichsapfel. Zu den Seiten 16 — 08 S. g. e. R.

4294. Mannheimer Gulden zu 26 Albus, v. 1608. Av. MONETA NOV ✱ ARGENT ✱ MANHEIMII CVSA ✱ Des Kurfürsten geharnischtes Brustbild v. r. S., mit breitem Spitzenkragen und Ueberwurf. Als innere Umschrift um dasselbe XXVI — ALB(us) : Rev.

CHVRFVRSTLICHER PFALTZ LANDMVNTZ • Zwischen den Wappen der Pfalz und von Bayern der Kurschild mit einem Helme, worauf der sitzende Löwe, vorwärts gekehrt, zu dessen Seiten 16 — 08 Mad. 2867. Cat. imp. 286. 1. War gehenkelt. S. g. e. RR.

4295. Thaler v. 1610. Av. FRID : IV : D : G · — C : P : RHE : S : R : I : PRIN : EL : BA : — DVX ✿ Bildniss, wie auf Nr. 4293, doch bis an den Schooss, mit Löwenkopf an der Achsel und mit einer über derselben zur Schleife geknüpften Binde. Rev. wie der von Nr. 4293, doch mit der Jahrzahl 16 — IO (Mad. 460.) Cat. imp. 285. S. g. e. R.

Johann II. zu Zweibrücken,

Administrator der Kur nach Friedrich's IV. Tode von 1610 bis 1614. (S. bei Nr. 4358.)

4296. Thaler v. 1610. Av. IOHAN · D · G · CO · PAL · RH · TV · ET · ADMI · EL · PAL · D · BA · C(omes) · V(eldentiae) · E(t) · S(ponhemii) ✱ Brustbild v. r. S., im Harnisch, mit breitem Kragen und Feldbinde. Rev. VERBVM · DOMINI · MANET · IN · AETERNVM · A : 1610 ✱ Unter dem Kurhute die an denselben mit Schnuren befestigten Schilde der Pfalz, von Bayern und der Kur. Zu Mad. 461. G. e. R.

(Die von ihm 1612 als Reichsvikar geschlagenen Münzen s. unter den kaiserlichen.)

Friedrich V. (1610—1623),

Sohn Kurfürst Friedrich's IV. u. dessen Gem. Louise Juliane v. Oranien, geb. 1596, folgte seinem Vater in der Kur 1610 und zwar bis 1614 unter Vormundschaft Johann's II. von Zweibrücken, ward König von Böhmen 1619, verlor nach der Schlacht am Weissenberg Böhmen und seine Erblande, ward 1623 der Kur entsetzt, die mit dem Erztruchsessenamte und der Oberpfalz an Herzog Maximilian v. Bayern gelangte, und † als Flüchtling 1632.

4297. Dukaten v. 1612. Av. FRIDERICVS · D · G · C · P · R · ELECTOR ✿ Langgelocktes Brustbild im Harnisch, mit Kragen und Mantel. Rev. MONETA · NOVA · AVREA · ANNO · 1612 ✿ Die drei Schilde unter dem Kurhute, wie vorher. 1 Duk. S. g. e. R.

(Anderes von ihm s. unter Böhmen.)

Ludwig Philipp v. Simmern,

Kurfürst Friedrich's V. Bruder, geb. 1602, bekam Simmern, war dann Vormund Karl Ludwig's, führte die Administration über die durch schwedische Waffen wieder erlangten Theile der Unterpfalz bis zur Nördlinger Schlacht, welche (1634) diese Lande von Neuem in die kaiserl. Gewalt brachte, und † 8. Januar 1655.

4298. Medaille (Nr. 21 der Schäfer'schen Folge) mit des Administrator's Brustbild v. l. S., im Mantel und Hut, sammt Umschrift im Av. und einer Aufschrift im Rev. Gr. 40. 1½ Loth. Mit Stempelglanz.

Karl Ludwig,

Sohn Kurfürst Friedrich's V. und dessen Gem. Elisabeth von England, geb. 1617, succ. unter Vormundschaft seines Oheims Ludwig Philipp, erlangte durch den westfäl. Frieden die Unterpfalz wieder, erhielt zugleich eine neue, die 8. Kurstelle mit dem Erzschatzmeisteramte, während die 5. mit dem Erztruchsessenamte, sowie die oberpfälzischen Lande bei Bayern verbleiben und erst nach Erlöschen des kurbayer. Mannsstammes an Kurpfalz zurückkommen sollten, † 28. Aug. 1680.

(Seinen Vikariatsthaler s. I. Th. Nr. 98.)

4299. Thaler v. 1659. Av. CAROL · LVD · D · G · COM · PAL · RH · S · R · IMP · ARCHITH(esaurarius) · PR · EL · D · BAV · ✿ Langgelocktes Brustbild v. r. S., im Harnisch mit Löwenkopf an der Achsel, sammt Spitzenkragen und Feldbinde. Rev. DOMINVS PROVIDEBIT · 1659 · ✿ Die drei Schilde der Pfalz, von Bayern und der Regalien unter dem rechtshin gekehrten pfälz. Helme. Cat. imp. 286. Vortrefflich erh. R.

4300. Schauthaler o. J. Av. CAR : LUD : D : G : COM : PAL : EL · D · BAV : — Langgelocktes Brustbild v. r. S., im Harnisch, mit Halstuch. Rev. IUVET PRUDENTIA SORTEM — Steuerruder über einer Kugel zwischen zwei mit den Köpfen gegen einander gekehrten Schlangen. Mad. 2868. R.

4301. Thaler v. 1661. Av. vom Stempel zur Hauptseite des vorigen. Rev. Unter dem Kurhute der vom Bande des Hosenbandordens mit der Devise HONI · SOIT · QVI · MAL · Y · PENSE · umgebene dreitheilige Schild, über welchem 1661 · Oben herum DOMINUS — PROVIDEBIT · (Mad. 2869.) Gut erh. R.

4302. Thaler v. 1662. Von den Stempeln der Nr. 4299, mit der in 1662 veränderten Jahrzahl.

Karl (1680—1685),

Sohn des Vorigen und dessen 1. Gem. Charlotte v. Hessen-Cassel, geb. 1651, letzter Kurfürst von der Linie Simmern, † 16. Mai 1685.

4303. Thaler v. 1681. Av. CAROLVS · D · G · COM · PAL · RH · S · R · IMP · ARCHITH · PR · EL · D · B · ✿ Langgelocktes Brustbild v. r. S., im Harnisch, der an der Achsel einen Löwenkopf zeigt, mit Halstuch und Ueberwurf, auch umgehängtem Elephantenorden. Am Armabschnitte I L (Joh. Linck, Stempelschn. in Heidelberg.) Rev. SVSTEN — TANTE DEO — Unter dem auf dem Kurhute stehenden pfälz. Helme hängen die drei Schilde, umgeben vom Bande des Hosenbandordens, das von zwei Löwen gehalten wird. Am grasigen Boden 16 — 81 Mad. 469. Cat. imp. 286. S. g. e. R.

4304. Desgleichen. Av. Grösseres Brustbild, ohne den Löwenkopf an der Achsel, mit D · B ✿, sonst wie vorher. Rev. vom Stempel der Rückseite des vorigen. S. g. e. R.

Ludwig Heinrich Moriz, Pfalzgraf zu Simmern,

Sohn Ludwig Philipp's zu Simmern und dessen Gem. Marie Eleonore v. Kur-Brandenburg, geb. 1640, succ. seinem Vater 1655, zunächst unter Vormundschaft des Kurf. Karl Ludwig, † 3. Januar 1674, ohne Nachkommen zu hinterlassen, worauf Simmern an Kurfürst Karl heimfiel.

4305. Gulden v. 1661. Av. LVD : HEN : D · G · COM : PAL : RHE : DVC (nicht DVX) : BAV · COM · IN SPo ✿ Sehr roh geschnittenes Brustbild v. r. S., im Wamms und Spitzenkragen. Rev. MONETA NOVA — SIMMERENSIS 1661 ❖ Die Schilde von Pfalz, Bayern und Sponheim unter dem rechtsgewandten pfälz. Helme mit dem sitzenden Löwen zwischen den Büffelshörnern. Unten (60), nämlich Kreuzer. War gehenk. Poliert, sonst g. e.

4306. Gulden v. 1662. Av. LUD : HEN : D : G : COM : PAL : RHENI BAV : DUX COM : I : SPON · ✠ Langgelocktes Brustbild v. r. S., im Harnisch, mit Mantel und Halstuch. Darunter G F(frundt in Nürnberg) Rev. FURSTLICHER PFALTZ — SIMERN LANDMUNTZ (drei Disteln oder Eicheln) Die drei Wappen in ausgeschweiften Schilden unter dem Helme, neben welchem 16 — 62 Unten (60) S. g. e.

4307. Gulden v. 1662, im Av. gleichen Stempels mit vorigem, im Rev. nur in der Zeichnung von diesem verschieden; auch ist der Löwe auf dem Helme, der dort Doppelschwanz hat, hier einfach geschwänzt. G. e.

Nach dem Aussterben der Linie Simmern (1685) gelangte zur Kurwürde Philipp Wilhelm von der

Linie zu Neuburg,

ein Nachkomme Ludwig's, des Stifters der (alten) Linie zu Zweibrücken, der nach seines Vaters, Stephan's zu Simmern, Tode, Zweibrücken und Veldenz erhalten hatte, und Stammvater aller folgenden Pfalzgrafen, wie des Bayerischen Königs- und Herzogshauses ist. Von seinen beiden Enkeln erhielt Ludwig II. (geb. 1502, † 1532) Zweibrücken, und Ruprecht (geb. 1504, † 1544) Veldenz.

Wolfgang (1532—1569),

letztgedachten Ludwig's II. und dessen Gem. Elisabeth v. Hessen Sohn, geb. 1526, folgte in Zweibrücken 1532, erhielt von seinem Vetter, dem Kurf. Otto Heinrich, theils geschenkweise, theils für Geldvorschüsse, das Herzogthum Neuburg abgetreten (1559), † 11. Juni 1569.

4308. Thaler o. J. Av. VOLFGA ▾ D ▾ G ▾ C ▴ PAL ▾ RF (sic) ▾ D ▾ BA ▾ CO ▾ VAL[1] D[I] ▾ AN(tiae, d. i. Graf zu Veldenz) ✱ Brustbild v. r. S., entblössten Hauptes, mit langem Haar und ohne Bart, in faltigem Unterkleid und der Schaube, sammt umgelegter Brustkette, innerhalb zweier, oben herum mit acht blattartigen Verzierungen geschmückten Kreise. Rev. DATE ▾ CESARI ▾ QVE ▾ CESARI(s) ▾ ET ▾ DEO ▾ QVE ▾ DE ▾[1] SVT ✱ Zwischen den Wappen der Pfalz und von Bayern der Schild mit dem Löwen von Veldenz unter dem vorwärts gekehrten pfälz. Helme mit dem Löwen zwischen den Büffelshörnern. Gut erhalten. RRR.

4309. Thaler o. J. Av. VOLFGA ✱ D ✱ G ✱ C ✱ PAL ✱ RE ✱ D ✱ BA ✱ CO ✱ VALID[I] ✱ AN ✱ Brustbild, wie vorher, innerhalb dreier, nach innen zu mit kleeblattartigen Verzierungen ringsum besetzter Kreise. Rev. DATE ✱ CESARI ✱ QVE ✱ CESARI ✱ ET ✱ DEO ✱ QVE ✱ DE! (?) SVT ✱ Die 3 Schilde unter dem Helme, wie vorher. (Mad. 3881.) In beiden Umschriften Doppelschlag. Bilder sehr schön ausgeprägt. Von vorzüglicher Erhaltung. RRR.

4310. Doppelthaler-Klippe von den Stempeln zum Thaler v. 1565. Av. WOLFGA ◆ D ◆ G ◆ CO ◆ PA ◆ RE ◆ DVX (sic) ◆ BA ◆ C ◆ VALIDI ✿ Geharnischtes Bildniss v. r. S., bis an den Schooss, mit geschorenem Haupte und starkem Vollbarte, rechts den Streitkolben schulternd, die Linke am Schwertgriffe. Zu Seiten des Halses 15 — 65 Rev. · DATE · CESARI · Q · CESARIS · ET · DEO · Q · DEI · SVNT (sic) — : — Die mit ihren Helmen bedeckten Schilde der Pfalz und von Bayern mit dazwischen gestelltem Schilde von Veldenz. Zu Seiten der Helme V — M — L (Vive memor lethi) Cat. imp. 288. (Exter, II. p. 33.) 3¾ Loth. Von schönster Erh. RR.

Philipp Ludwig zu Neuburg (1569—1614),

des Vorigen u. dessen Gem. Anna v. Hessen ältester Sohn, geb. 1547, erhielt nach seines Vaters Tode, 1569, das Herzogthum Neuburg, † 12. Aug. 1614. Gem. Anna, Tochter Johann Wilhelm's, des (1609 verstorbenen) letzten Herzogs von Jülich, Cleve und Berg, von dessen Landen, als der Kaiser solche, wegen der obwaltenden Erbstreitigkeiten in Sequestration nehmen wollte, Kurbrandenburg und Pfalz-Neuburg in Gemeinschaft Besitz ergriffen. (S. oben S. 30.)

4311. Klippe o. J., vielleicht auf seine Vermählung. Av. In verziertem Schilde das quadrirte Wappen von der Pfalz und Bayern, mit dem Löwen von Veldenz im Mittelschilde. Umher ein Kranz und aussen in den Ecken der Klippe die Zeichen der vier Evangelisten. Rev. Das 5feld. Wappen von Jülich, Cleve, Berg, der Mark und Ravensberg mit gleicher Umgebung. (Mad. 3900.) Exter, I. p. 234. Gr. 31 im □ ½ Loth. S. g. e. R.

Wolfgang Wilhelm zu Neuburg (1614—1653),

des Vorigen ältester Sohn, geb. 1578, folgte seinem Vater 1614, erhielt aus dem mit Kurbrandenburg gemeinschaftlich innegehabten Nachlasse seines mütterlichen Grossvaters durch den 1624 zu Düsseldorf geschlossenen Theilungsvergleich Jülich, Berg u. Ravenstein (welcher Besitzstand durch spätere Vergleiche nur noch kleine Abänderungen erfuhr) und † 20. März 1653.

4312. Thaler v. 1622. Av. · WOLFG : WILH · C : PA : RHE : DVX · BAV : IVL : CLI : MONT ✱ Brustbild v. r. S., im Harnisch, mit grosser Halskrause, umgehangenem Vliesse und einem Ueberwurfe. Oben herum · IN DEO · MEA — · CONSOLATIO · Rev. CO : VEL : SP · MAR(cae) : RA(vensbergae) · ET : MORS(iae) : DOM(inus) : IN : RAV(enstein) : — Mit Fürstenhut bedeckter, unten mit der Vliessordenskette umhangener ovaler 8feld. Schild mit den Wappen von Bayern, Jülich, Cleve, Berg, Veldenz, Mark, Ravensberg und Mörs sammt dem Löwen von d. Pfalz im Mittelschilde. Zu den Seiten 16—22 Cat. imp. 290. S. g. e.

4313. Thaler v. 1623. Av. WOLFG : WIL · D : G : C : PA : RHE : D : BA : IVL · CLI : ET : MO ✿ Brustbild, wie vorher, mit der Ueberschrift IN · DEO · MEA · — CONSOLATIO · Rev. CO : VEL : SP : MAR : RAV — ET : MOR : DOM : I : RAV : — Die vorerwähnten Wappen in einem, mit dem Fürstenhute bedeckten, von der Vliessordenskette ganz umgebenen, oben eckigen Schilde, zu dessen Seiten 16—23 Mad. 6720. (Cat. imp. 290.) S. g. e.

4314. Thaler v. 1623. Av. · WOLF · GVIL · CO PAL · RH · DVX · BAV · IVL · CLIV · ET · MONT · ✤ Brustbild, wie vorher, doch mit dem Vliess an der Kette. In der Krause ein starker Sprung. Oben herum · IN · DEO · MEA · — · CONSOLATIO · Rev. · CÔ · VEL · SPON · MAR · RAV · — · ET · MÖR · DO · IN · RAVE · — Sonst wie vorher, nur ist der Schild ausgeschweift und die Jahrzahl · 16 — · 23 zu Seiten des Fürstenhutes angebracht. (Mad. 1404.) Von rohem Schnitt. S. g. e.

4315. Thaler von 1626. Av. WOLFG : WIL : D : G : CO : PAL : RHE : D : BAV : IVL : CL : I : (sic) ET : MOT ✿ Brustbild v. r. S., im Harnisch und Mantel, mit breitem, glattem Kragen und dem Vliesse auf der Brust. Rev. CO : VELD : SPON : MAR : RA — ET : MORS : D : IN : RA 1626 — Unter dem Fürstenhute der mit der Vliessordenskette ganz umhangene, zierlich ausgeschweifte Schild mit den vorgedachten Wappen. Oben im Schildrande G T P (Mad. 3884.) Guter Schnitt. S. g. e.

4316. Thaler v. 1629. Av. WOLFG · WIL · D · G · CO o PAL o RHE o D o BAV o IVL o CL o I o ET o MON ✿ Brustbild in gleicher Weise, wie vorher. Rev. CO : VELD · SPON : MAR : RA : ET : MORS : D : IN : RA : 16z9 ✿ Ansicht der Stadt Neuburg, über welcher zwei Engel das Stadtwappen und zwei Palmzweige halten. Am Fusse des Thurmes der Jesuitenkirche die Buchstaben C B Ueber der Donaubrücke CHRISTOFBVSET Zwischen den Pfeilern derselben in einzelnen Buchstaben GTHMMICOLM Unten in einem Schildchen NEOBVRG und darunter mit kleinster Schrift M COLM (Mad. 1405. Cat. imp. 290.) S. g. e.

4317. Thaler v. 1632. Av. WOLFG · WILH · D · G · CO · PAL · RHE · DVX · BAV · IVL · CLI · I · MONE · ✿ Brustbild, wie vorher. Rev. CO : VELD : SPON : MAR : RA : — ET · MORS : D : IN : RA : 1632 · ✿ Die bisherigen Wappenbilder in ovalem Schilde mit Henkeln, auf denen zwei kleine Engel sitzen, die den Fürstenhut über und die Vliessordenskette um das Wappen halten. Unten ein verziertes rundes Schildchen mit einem aus ƧT oder GTP (s. Nr. 4315) gebildeten Monogramm. Mad. 3885. Cat. imp. 290. Gut erh.

4318. Gulden v. 1632. Av. wie der des vorigen, aber mit MONT · ✶ ✿ Rev. Das Wappen, wie vorher, mit Fürstenhut, doch ohne die Engel, statt deren zwei Löwenköpfe angebracht sind, die mit ihren Zungen die Ordenskette tragen. Umschrift, wie vorher, nur mit einfachen statt der Doppelpunkte, und 1632 ✿ War gehenk. G. e.

4319. Thalerklippe von runden Stempeln, zu Neujahrsgeschenken, 1632. Av. SERENIS(simus) | WOLFG · WILH | COM · PALA · RHE | DVX · BAV · IVL · CLI | MONT COM · VEL · SP · | MARCH · RAVENSP | ET · MORS · DOMIN · | IN RAVENSTEI · | STRENÆ · LOCO | · M · DC · XXXII · | ✿ Rev. PAX · ET · FIDELITAS · DEOSCVLATÆ o SVNT ✿ Friede und Treue, beide bekränzt, umarmen und küssen sich. (Zu Mad. 3891.) Gr. 35 im □ 1½ Loth. Gut erh. R.

4320. Thaler v. 1633. Av. WOLFG · WIL : DG · C · PA · RHE · D · BA · IVL · CLI · ET · MO ⚭ Brustbild, wie auf Nr. 4315, doch von schlechtem Schnitte. Darüber IN DEO — MEA CONSOLA(tio) Rev. C ✿ VEL ✿ SP ✿ MAR ✿ RA ✿ — ET ✿ MORS ✿ DO ✿ IN · RA /^ — Die bisherigen Wappenbilder in henkelartig verziertem, oben eckigem Schilde mit der Kette des Vliesses behangen und mit Fürstenhut bedeckt. Neben letzterem 1 — 6 und neben dem Schildhaupte 3 — 3 Gut erh.

4321. Doppelthalerklippe von runden Stempeln, zu Neujahrsgeschenken, 1639. Av. ✿ | SERENISS | WOLFG · WILH · | COM · PAL · RHEN · DV^x | BAV · IVL · CLI · ET · MON | TIVM · COM · VELD · SPO | MARCK · RAVENSB · | ET · MOERS · DOM · IN | RAVENSTEIN · STR | ENÆ · LOCO ✿ | · 1639 · Rev. Eine befestigte Stadt mit vielen Thürmen, über welcher ein links aus Wolken kommender Arm ein Schwert emporhält. Oben herum NON · VO — S · DESERAM (Mad. 3894.) Gr. 35 im □ 3¹¹/₁₆ Loth. Aus v. Wambold's Sammlung. Vortrefflich erhalten. R.

4322. Thaler v. 1640, nach Art desjenigen v. 1633, aber von noch schlechterer Arbeit und mit ganz roh ausgeführtem Brustbilde. Umschrift im Av. wie dort, doch mit WIL · D · G · C und MO ✿; im Rev. C : VEL · SP · MAR · RA ✿ — ✿ ET · MORS · DO · INR(verb.)A /^ — Mad. 3886, dessen Exemplar hier vorliegt. Sehr gut erh. R.

4323. Doppelthalerklippe von runden Stempeln, zu Neujahrsgeschenken, 1642. Av. · (kleine Axt) · | SERENISS · | WOLFG · WILH · COM · PAL · RHEN · | D · BAV · IVL · CLI · ET · M | ONTIVM · COM · VELD · | SPO · MARCK · RAVEN | SB · EI (sic) MOERS · DOM | IN · RAVENSTEIN | DONO · DE: | DIT ⌣ | 164z · Rev. Die auf der Fluth schwimmende Arche Noah's, darüber die linksher fliegende Taube mit dem Oelzweige. Oben herum AVSPICIVM · MELIORIS · ÆVI (Mad. 3897.) Gr. 35 im □ 3⁷/₈ Loth. Sehr gut erh. R.

4324. Thaler v. 1642, nach Art desjenigen v. 1633. Im Av. mit IN DEO MEA — CONSOLA dann WIL • u. MO • (ohne nachfolg. ⚭), sowie mit feinen Sternchen statt der Punkte; im Rev. mit C • VEL • SP · MAR · RA — ET · MORS · DO · INR(verb.)A /^ — und die Jahrzahl über dem Schildhaupte herum 1 — 6 — 4 — z (Mad. 3889.) War gehenk. Gut erh.

4325. Neujahrsklippe zu zwei Thalern, von runden Stempeln, v. 1653. Av. · (kleine Axt) · | SERENISS | WOLFG · WIL^H | COM · PAL · RHEN · DV | X · BAV · IVL · CLIV · ET · | MONT · COM · VELDE · | SPONII · MAR · RAVE | NSB · ET · MOERS (kl. Blatt) | DOM · IN · RAVENS | TEIN · STRENÆ · LO | CO : 1653 · Rev. Der knieende Pfalzgraf, v. r. S., geharnischt, mit umgegürtetem Schwerte, hält dem in Wolken erscheinenden Namen Jehova mit beiden Händen ein Herz entgegen. Herum IN · DEO · MEA · — CONSOLATIO · — (Mad. 3899.) Gr. 36 im □ 3⁷/₁₆ Loth. Aus v. Wambold's Sammlung. S. g. e.

Philipp Wilhelm,

Sohn des Vorigen und dessen 1. Gem. Magdalene v. Bayern, geb. 1615, folgte in Neuburg und den übrigen väterlichen Landen 1653 und nach des Kurfürsten Karl's Tode, 1685, in der Kur, † 2. Sept. 1690.

1) Als Pfalzgraf und Herzog von Neuburg, 1653—1685.

4326. Dickmünze zu $1^1/_2$ Thalern v. d. Thalerstempeln v. 1655. Av. PHILIPP · WILH · COM · PAL · R · D · BAV · I · C · ET · MONT ✿ Langgelocktes Brustbild v. r. S., im Harnisch, mit Spitzenkragen und Feldbinde. Rev. TAN ✿ — ✿ DEM — Unter dem Fürstenhute der von der Vliessordenskette umgebene Schild mit den bisherigen 8 Feldern, sammt Mittelschild. Zu Seiten des Fürstenhutes 16 — 55 Schönes Gepräge. (Mad. 5804. Exter, I. p. 242.) Gr. 41. $2^{11}/_{32}$ Loth. Aus v. Wambold's Sammlg. Vortreffl. erh. RR.

4327. Thaler v. 1663. Av. Geharnischtes Brustbild v. r. S., in der Zeichnung von dem des vorigen Thalers wesentlich abweichend, mit glattem Kragen, Feldbinde und dem Vliesse vor der Brust. Umschrift, wie vorher. Rev. TAN — DEM — Das Wappen, wie vorher; zu Seiten des Fürstenhutes 16 — 63 Mad. 3901. Aus der de Traux'schen Sammlung. Sehr gut erh. RR.

4328. Neuburger Gulden v. 1674. Av. PHIL · WIL · D · G · COM · PAL · RHE · D · BAV · IVL · CLE · ET · MON ✿ Geharnischtes Brustbild v. r. S., in grosser Perrücke, mit Feldbinde und umgehangenem Vliesse. Zu den Seiten die Jahrzahl 16 — 74, die der Stempelschneider, wie noch sichtbar, erst hinter die Umschrift stellen wollte. Rev. MONETA · NOVA ARGE — NTEA · PAL · NEOBVRG — Das mit dem Fürstenhute bedeckte, mit der Vliessordenskette umgebene bisherige Wappen. Unten (60) S. g. e. R.

4329. Desgleichen v. 1674. Av. wie der vorige, aber mit PHIL ∗ und MON · und ohne die Jahrzahl. Rev. MONETA · NOVA · ARGE — NT : PAL · NEOBVRG · 16 — 74 · Sonst, wie vorher. Mad. 3903. Gut erh.

2) Als Kurfürst, 1685—1690.

4330. Thaler v. 1688. Av. P(hilippus) · W(ilhelmus) · C · P · R · S · R · I · ARCHIT · & · E · L (sic) · B · I · C · & ∗ Geharnischtes Brustbild v. r. S., in Perrücke, mit Halstuch und Feldbinde. Am Armabschnitte I L (Johann Linck in Heidelberg) Rev. M · D(ux) · C(omes) · V(eldentiae) · S(ponhemii) · M(arcae) · R(avensb.) · & · M(oersiae) · D(ominus) · I(n) · R(avenstein) · 1688 — Runder, an den Seiten mit Füllhörnern geschmückter Schild von 9 Feldern (Pfalz, Bayern, Jülich, Cleve, Berg, Veldenz, Mark, Ravensberg und Mörs) sammt dem leeren Mittelschilde der Kur. Darüber der Fürstenhut und herum die Vliessordenskette. Mad. 470. S. g. e. R.

4331. Ein zweites Exemplar dieses Thalers. Vergoldet. Sehr gut erh. R.

Johann Wilhelm,

Sohn des Vorigen und dessen 2. Gem. Elise Amalie v. Hessen-Darmstadt, geb. 1658, erhielt 1678 von seinem Vater die Regierung über die Herzogthümer

6

Jülich und Berg, folgte demselben als Kurfürst 1690, beanspruchte nach Ableben des letzten Pfalzgr. von Veldenz, Leopold Ludwig (s. S. 89), dessen Lande, gelangte 1708 nach des Kurfürsten Maximilian Emanuel von Bayern Achtserklärung wieder zu der 5. Kurstelle und dem mit dieser verbundenen Erztruchsessen-Amte, das aber durch den Badener Frieden an Bayern zurückfiel und somit vom Kurfürsten von der Pfalz bald wieder mit der Erzschatzmeisterwürde vertauscht werden musste, und starb zu Düsseldorf d. 8. Juni 1716.

I) Als Herzog von Jülich und Berg, seit 1678.

4332. Breites Schaustück zu 3½ Thalern o. J., wahrscheinlich auf seine (erste) Vermählung mit Maria Anna, Kaiser Ferdinand's III. Tochter (1678). Av. (U. h.) D : G : IOAN : WIL : COM : PAL : R : DVX · IVLIÆ * & MAR : ANN : ARCHID : AVSTR : CONIVG : Beider gegen einander gestellte Brustbilder, das seine v. r. S., in grosser Perrücke, mit einem Spitzen-Halstuche, das ihre v. l. S., mit lockigen, auf die entblösste Brust herabwallenden Haaren, durch die sich Perlenschnuren ziehen, und mit einer Perlenkette um den Hals. Unten zwischen der Umschrift N ⚒ L (Nikolaus Longerich in Düsseldorf.) Rev. Zwei aus Wolken kommende Arme (rechts ein männlicher, links ein weiblicher mit einem Armbande) halten einen Lorbeerkranz über einer Landschaft, die ein Gewässer, zwei Städte, Berge und im Vordergrunde links eine Ruine zeigt. In schnörkelreicher Cursivschrift über dem Kranze: *In Signum* | *Gratitudinis* und unter demselben über der Landschaft *Haud par meritis* Gr. 57. 6$^{13}/_{16}$ Loth. Thalergepräge von schönster Erhaltung. RRRR.

4333. Jülicher dicker Doppelthaler v. 1682. Av. IOHAN · WIL · D : G · COM · (P · RH)E · D · BAV · IVL · CL · ET · MONT — Brustbild v. r. S., mit grosser Perrücke, im Harnisch sammt übergeworfenem Gewande. Unten N ⚒ L Rev. DOMINVS · VIRTVTVM · NOBISCVM · (aus Ps. 46, 8) ANNO · 1682 * Das zusammengesetzte Wappen von Nr. 4312 in henkelartig verziertem Schilde, worüber der Fürstenhut. Mad. 3905. Cat. imp. 291. War gehenkelt, in Folge dessen die Buchstaben P · RH verdeckt sind. Gut erh. RR.

4334. Gulden v. 1689. Av. I · W · D · G · C · ET · P(rinceps) · E(lectoralis) · P(alatinatus) · R(heni) · B(avariae) · I · C · ET · M ~ — Brustbild v. r. S., mit Perrücke, im Harnisch, sammt Halstuch, Vliessordenskette und Feldbinde. Rev. DOMINVS · VIRTVTVM · NOBISCVM — Auf offener See linkshin segelnder Zweimaster, an dessen Hintertheile oben ein herald. Adler. Im Abschnitte 16 ($\frac{2}{3}$) 89 Mit nicht zusammengehörigen Stempeln geschlagen. (Mad. 3906.) Cat. imp. 291. Gut erh. R.

4335. Jülicher Gulden v. 1690. Av. Brustbild u. s. w. wie vorher, aber mit D G : in der Umschrift und ⚒ NL hinter derselben. Rev. DVX · CO · V · S · M · R · — M · D · I · N (statt IN) · R · 1690 N ⚒ L — Das Wappen von Nr. 4333 in einem schlichten, mit dem Fürstenhute und der Vliessordenskette geschmückten Schilde. An Stelle des Vliesses ($\frac{2}{3}$) S. g. e. R.

2) Als Kurfürst (1690—1716).

4336. Thaler v. 1700. Av. I · W · D · G · C · P · R · S — R · I · ARCHIT · & · EL · — Brustbild v. r. S., mit Perrücke, im Harnisch und Ueberwurf. Unten · I L · Rev. B · I · C · & · M · D · C · V · S · M · R · & · M · D · I · R * 1700 ✻ In einem runden, mit dem Kurhute bedeckten und von der Vliessordenskette eng umschlossenen Schilde das zusammengesetzte Wappen von Nr. 4330. Randschrift DOMINUS ~*~ VIRTUTUM ~*~ NOBISCUM ~*~ Mad. 2874. Cat. imp. 287. S. g. e.

4337. Thaler v. 1708. Av. vom Stempel zur Hauptseite des vorigen, aber mit ARCHID(apifer). Rev. B · I · C · & M · D · PR(inceps) · M(oersiae) — C · V · S · M · & R · D · I · R — Unter dem Kurhute drei mit Schnuren verknüpfte, mit der Vliessordenskette umhangene Schilde, im rechten die Felder von Bayern, Jülich, Cleve und Berg mit dem pfälz. Mittelschilde, im mittleren der Reichsapfel, im linken die Felder von Mörs, Veldenz, Mark und Ravensberg. Neben dem Kurhute 17 — 08 Randschrift wie vorher, nur undeutlich. Mad. 471. S. g. e.

4338. Thaler v. 1709. Av. D : G · IOH · WILH · C · P · R * — * S · R · I · ARCHID & EL : — Brustbild v. r. S., in kurzen krausen Haaren, mit wenig Brustharnisch und Gewand. Rev. B · I · C & M · D · PR · M · C · V — S · M & R · D · I · R · 1709 : — Unter dem Kurhute die drei Schilde mit den vorbeschriebenen Wappen, dahinter die Ketten des Ordens vom gold. Vliesse und des von Herzog Gerhard v. Jülich und Berg 1444 gestifteten, von Kurf. Joh. Wilhelm 1708 erneuerten St. Hubertus-Ordens. Schräg gerippter Rand. Cat. imp. 287. Exter, p. 355. S. g. e. RR.

4339. Gulden v. 1709. Av. D · G · IOH · WILH · C · P · R · — S · R · I · ARCHID · & · EL · — Brustbild v. r. S., in kurzem Haar, mit wenig Schuppenharnisch und Gewand. Rev. Die drei Wappen mit den beiden Ordensketten, wie vorher, aber in anders gestalteten Schilden. Unter dem Kurhute in einem Ovale $\frac{2}{3}$ Mit C · & · M · D · P · M · und & · R ·, sowie 1709 ·; sonst wie voriger. (Mad. 2878.) G. e.

(Siehe auch Reichsvikariat v. 1711 im I. Th. Nr. 126.)

Karl Philipp (1716—1742),

des Vorigen Bruder, geb. 1661, ward Domherr zu Salzburg 1678, verliess den geistlichen Stand und trat in kaiserl. Kriegsdienste 1688, ward Gubernator der Ober- und Vorder-Oesterreichischen Lande 1706, folgte seinem Bruder als Kurfürst 1716, sah 1733 den Veldenzer Succ.-Streit zum Austrage kommen und † 31. Dec. 1742.

4340. Dukaten o. J. Av. CAR · PHIL · D : G · — ELECT · PALATINUS — Geharnischtes Brustbild v. r. S., mit Perrücke und übergehängtem Vliesse. Rev. Ansicht Mannheim's mit dem Rheine unter der strahlenden Sonne. Oben herum FULGENT SIC LITTORA RHENI Im Abschnitt DVCATUS · AURI | RHENANI (Exter, p. 432.) 1 Duk. S. g. e. R.

(Siehe auch Berg, Nr. 3897 und Reichsvikariat v. 1740.)

6*

Nachdem mit Kurf. Karl Philipp die Linie zu Neuburg ausgestorben, kam die Kur sammt allen ihr zugewachsenen Landen an die von Pfalzgraf Wolfgang Wilhelm's zu Neuburg jüngerem Bruder August († 1632) gestiftete

Linie zu Sulzbach.

Karl Theodor,

Sohn Johann Christian's von Sulzbach und dessen 1. Gem. Marianne, Erbtochter Franz Egon's de la Tour zu Bergen-op-Zoom, geb. 1724, erbte 1728 von seiner Mutter das Marquisat Bergen-op-Zoom, folgte seinem Vater in Sulzbach d. 20. Juli 1733, erlangte durch Kurfürst Karl Philipp 1742 die Huldigung in den Herzogthümern Jülich und Berg, ward dessen Nachfolger d. 1. Jan. 1743, ererbte das Kurfürstenthum Bayern 1777, von wo ab er sich Kurfürst von Pfalz-Bayern schrieb, und starb, ohne direkte Erben, d. 16. Februar 1799. Sein Nachfolger ward Maximilian Joseph von Zweibrücken-Birkenfeld.

(Siehe auch die Münzen der Reichsvikare.)

4341. Thaler v. 1744. Av. CAR · THEODOR — D : G · C · P · R · S · R · I · — Langgelocktes Brustbild v. r. S., im Harnisch, mit dem St. Hubertusorden am Bande auf der Brust. Unten w · s (Wigand Schäffer) Rev. ARCHITHESAVR · — ET · ELECTOR · 1744 · — Das dreifeld. kurfürstl. Wappen in einer mit der Hubertusordenskette behangenen zierlichen Cartouche. Darüber der Kurhut. Laubrand. (Mad. 2881.) S. g. e.

4342. Heidelberger Huldigungsgulden v. 1746. Av. CAR · THEODOR · — D : G · EL · PALATINUS — Brustbild, wie vorher, ohne Orden, mit Gewand über dem Harnische. Unten s Rev. IRRADIAT MONTES CAROLI PRÆSENTIA NOSTROS · ET VELVT EXORIENS PHŒBVS AB AXE VENIT Ansicht von Heidelberg mit den anliegenden Bergen, auf deren einem der Heidelberger Löwe sitzt, den Kopf nach der Sonne gewandt, die oben im Zeichen des Löwen erglänzt. Im Abschn. HOMAG(ium) · HEIDELB(ergense) | D · 30 · AUG Laubrand. Mad. 5658. Exter, p. 519. S. g. e. R.

4343. Jagd-Medaille o. J. Av. D : G · CAR · THEOD · — C · P · R · S · R · I · A · T · & ELECT · — Brustbild v. r. S., im mit Spitzen besetzten Rocke, mit dem Hubertusorden am Bande. Unten s(chäffer.) Rev. Von einer Verzierung herabhängende Jagdgeräthschaften. Oben herum auf einem Bande REGIMINIS — LEVAMEN Gr. 37. 1¾ Loth. Exter, p. 517. S. g. e.

4344. Wildberger Ausbeutegulden v. 1748. Av. D : G · CAR · TH · — C · P · R · S · R · I · A · T · & · EL — Langgelocktes Brustbild, im Harnisch, mit Hermelinmantel und anhängendem Ordenssterne. Unten *AS* (verschl. Anton Schäfer) Rev. EX · VISCERIBUS — FODINÆ · WILDBERG — Mit dem Kurhute und der Hubertusordenskette geschmücktes 10feld. Wappen (Pfalz, Bayern, Jülich, Cleve, Berg, Mörs, Bergen-op-Zoom, Veldenz, Mark und Ravensberg) mit Mittelschild (Kur). Zu den Seiten 17 — 48; neben dem Ordenssterne F — o(ffner), darunter in verziertem Ovale $\frac{2}{3}$ und FEIN — SILB Laubrand. Mad. 2883.

4345. Wildberger Ausbeutethaler v. 1751. Av. wie der vorige, aber mit A T · & · EL · und ohne Ordensstern. Rev. EX VISCERIBUS FODINÆ WILDBERG 1751 — Das vorbeschriebene Wappen in einer mit Kurhut, Hubertusordenskette u. Palmzweig geschmückten Cartouche mit zierlichem Fusse, auf welchem zu Seiten des Wappens zwei gekrönte Löwen, ein schreitender und ein aufgerichteter. Neben dem Ordenssterne A – K(och) Unten FEIN : SILB Laubrand. Mad. 2884. Cat. imp. 287. S. g. e.

4346. Wildberger Ausbeutegulden v. 1754. Av. wie vorher, aber mit A · T · & EL · Rev. Das Wappen u. s. w., wie vorher, mit 1754 Unten neben dem seitwärts liegenden Ordenssterne ein Oval mit $\frac{2}{3}$ und daneben A – S | · FEIN – SILB ·

4347. Wildberger Ausbeutethaler v. 1756. Av. D : G · CAR : THEODOR · C · P · R · S · R · I · A · T · & ELECT : — Kurzes Brustbild v. r. S., mit im Nacken gebundenem Haar und Hermelinmantel. Rev. EX VISCERIBUS FOD — INÆ WILDBERGENSIS — Mit Kurhut und Hubertusordenskette geschmückte Cartouche, worauf, in drei runden Schildchen vertheilt, das kurf. Gesammt-Wappen. Zu Seiten der Cartouche 17 — 56, darunter · A · — · S · und FEIN – SILB : Laubrand. (Mad. 2885.) Mit Stempelglanz.

4348. Wildberger Ausbeutegulden v. 1756. Av. wie vorher, aber mit CAR · und A · T & ELECT · — Rev. wie der des vorigen, aber mit WILDBERG : 1756 in der Umschrift, A – S zu Seiten der Cartouche und $\frac{2}{3}$ FEIN – SILBER unter derselben. G. e.

4349. Conv.-Thaler v. 1761. Av. D · G · CAR · THEODOR · C · P · R · S · R · I · A · T · & · EL · — Kopf v. r. S., mit im Nacken gebundenem Haare. Rev. ✿ AD NORMAM — CONVENTION(is) ✿ — Unter dem Kurhute drei verknüpfte und mit der Hubertusordenskette umhangene Schilde mit den Feldern des kurf. Gesammtwappens. Unten · A · — · S · und 17 — 61 Laubrand. (Mad. 2887.) Cat. imp. 288. S. g. e.

4350. Dukaten v. 1764. Av. CAR · THEODOR · D : G · C · P · R · S · R · I · A · T · & EL · — Brustbild, wie auf Nr. 4347, darunter A S Rev. Ansicht Mannheim's mit dem Rheine, im Vordergrunde Goldwäscher. Oben herum SIC FULGENT LITTORA RHENI Im Abschnitt AD · NORM · CONV | 1764 Laubrand.

4351. Grosse Medaille auf den Tod Maximilian Joseph's, des letzten Kurfürsten von Bayern, 1777. Av. CAR · THEOD · D · G · C · P · R · BOI · DVX · S · R · I · ELECTOR · Kopf v. r. S., mit im Nacken gebundenem Haar, am Halsabschnitte *A · S* Rev. MEMORIAE AETERNAE MAX · III · ANTECESSORIS DILECTISSIMI Weinende weibl. Figur neben einem Sarge, über welchem an einer Spitzsäule das Brustbild Max Joseph's angebracht ist. Vor dem Sarge liegt ein Löwe auf dem pfalz-bayer. Schilde. Im Abschnitte OBIIT DIE XXX DEC | MDCCLXXVII Gr. 79. 16 Loth. Von schönster Erhaltung. R.

(Die Fortsetzung s. S. 391 der 1. Abth.)

B) Die pfalzgräflichen Nebenlinien.

(Jüngere) Linie zu Zweibrücken.

Johann der Aeltere,

Sohn des Pfalzgrafen Wolfgang von (Alt-)Zweibrücken (s. oben Nr. 4308) u. dessen Gemahlin Anna von Hessen, geb. 1550, erhielt 1569 Zweibrücken, † 12. August 1604.

4352. Thaler o. J. Av. MO(neta) + IMP(erialis) + D + G + IOHAN + COM + PALA + RH + DV + BA ⊕ Vorwärts gekehrtes Brustbild, im Harnisch, mit breiter Halskrause. Rev. COM ⁑ VEL ⁑ ET ⁑ S ×× — ×× PON ⁑ BIPON(ti) ⁑ CV(sa) ×× ♣ — Das zweifach behelmte, vierf. Wappen von Pfalz und Bayern mit dem Veldenzer Löwen im Mittelschilde. Die Umschriften trennt ein Kreis vom Felde. Die Kreuzchen zwischen den Worten sind nicht durchgängig deutlich; gut erh. R.

4353. Halber Thaler o. J., ähnlich dem ganzen. Die Umschriften lauten: MO × IMP × D × G × IOHAN × COM × PALA × RH × DV × BA ⊕ und COM + VEL + ET + S — PON + BIPON + CV + (das Mzz., wie vorher) + Im Rev. wird also die Schrift durch die Kleinode nicht getrennt. War geh., sonst gut erh. R.

4354. Thaler o. J. Av. MO ‡ IMP × D ⁑ G ⁑ IOHAN ⁑ COM ⁑ PALA ⁑ RH ⁑ DV BA ⊕ Brustbild wie vorher. Rev. ✿ COM ✿ VEL ✿ ET ✿ S — PON ✿ BIPON : CV ✿ — ✿ (Mzz. der vorigen) ✿ — Das Wappen wie früher. Die Umschriften stehen zwischen Perlenkreisen. Av. wie Cat. imp. 289. 1. (Mad. 3909.) Sehr gut erh. R.

4355. Thaler o. J. Av. Stempel des vorigen. Rev. COM × VEL × ET × S × — × PON ⁑ BIPON × C — × (das Mzz., wie bisher) × Wappen wie früher. Sehr schön erh. R.

4356. Thaler o. J. Av. Aehnlich dem vorigen. Das Brustbild ist etwas kleiner, weshalb zwischen Kopf und Perleneinfassung ein weiterer Abstand (2 Millim.) Rev. Wie Nr. 4354; aber ohne Röschen nach CV, also wie der Rev. von Cat. imp. 289. 1. Vorzügl. erh. R.

4357. Thaler o. J. Av. IOHA ✦ D G : CO : PA ✦ RH ⁑ DV ✦ BA ✦ COM : VEL · E : SPON ✿ Brustbild von linker Seite, im Harnisch, mit Krause. Rev. (U. b.) ILLVMI(na): OCVL(os): ✦ ME(os): — ✦ DOMINE ✦ — Der zweifach behelmte Wappenschild. Unten im Kreis der Umschr. PS ✦ — ✦ CR Mad. 3910. S. g. e. RR.

Johann der Jüngere,

Sohn des Vorigen u. dessen Gem. Magdalena, Tochter Wilhelm's von Jülich-Cleve-Berg, geb. 1584, succ. 1604, war v. 1610—14 Administrator der Kurpfalz, 1612 auch Reichsvikar, † 9. August 1635.

4358. Thaler v. 1623. Av. IOHAИ · D · G · CO · PA · RHE · DVX · BA · IVL · CLI · ET · MOИT · ✿ Brustbild v. r. S., im Harnisch, mit Ueberwurf und glattem Halskragen. Rev. CO · VE ∴

SPO · MAR · ET · RAV · — DO · IN · RAVENS · — 16z3 ✿ Das wegen der Prätension auf Jülich u. s. w. um die 6 Felder von Jülich, Cleve, Berg, Mark, Ravensberg u. Mörs und um 3 Helme vermehrte Wappen. Gut erh.

4359. **Aehnlicher Thaler** v. 1623, mit MOИ ✿ und RAVENST ∴ Zu Mad. 1403. Gut erh.

4360. **Aehnlicher Thaler** v. 1624, mit PAL · und MOИ ✿ im Av. Die Umschrift des Rev. heisst: · CO · — VE · SP · MA · ET · RA · — DO · IN · RAVEN · — 16z4 ✿ und ein einem Schlüssel gleichendes Münzzeichen. Vgl. Cat. imp. 289. Gut erh.

4361. **Thaler** v. 1626. Av. IOHAN ✦ D ⁝ G ✦ COM ⁝ PALA ⁝ RHE ✦ DVX ✦ BA ⁝ IVL ✦ CLI ✦ ET ✦ MONT ✿ Brustbild von vorn, im Harnisch, mit Ueberwurf und Spitzenkragen. Rechts über der Achsel · H · T · (Joh. Heinr. Taglang, Mzmstr. in Zweibrücken). Rev. ○ CO ○ VE ○ SPO ○ MAR ○ ET ○ R — AV ○ DO ○ IN ○ RAVENS — 16z6 ✦ Der fünffach behelmte Wappenschild. Mad. 3911. Sehr schön erh. R.

Linie zu Birkenfeld (später: Zweibrücken-Birkenfeld),

gestiftet v. Wolfgang's zu (Alt-)Zweibrücken jüngstem Sohne Karl (geb. 1560, † 6. Dec. 1600.)

Christian IV.,

Sohn Christian's III. zu Birkenfeld (der, ein Urenkel obgedachten Karl's, 1731 den letzten Pfalzgr. zu (Neu-)Zweibrücken, Gustav Samuel, beerbte) und dessen Gem. Charlotte von Nassau-Saarbrück, geb. 1722, succ. seinem Vater 3. Febr. 1735, zunächst und bis 1740 unter Vormundschaft seiner Mutter, wird katholisch 1758 und starb 4. Nov. 1775 ohne successionsfähige Kinder.

4362. **Seelberger Ausbeutethaler** v. 1754. Av. CHRISTIAN · IV · — D : G · C · P · R · BAV · D · — (als Ueberschr.) Geharnischtes Brustbild v. r. S., mit dem Hubertusorden an einem Bande auf der Brust. Rev. EX · FODINIS · BIPONTINO · SEEL-BERGENSIBUS · 1754 — (als Ueberschr.) Unter einem kronenartigen Fürstenhute, in zierlicher, mit Zweigen besteckter und mit d. Hubertusorden behangener Cartouche das achtfeldige Wappen (gespaltener Schild, rechts das quadr. Wappen von Pfalz u. Bayern, links die Felder von Veldenz, Sponheim, Rappoltstein u. Hoheneck). Neben dem Stern B · H — · F · und darunter FEIN : SILB Mit Laubrand. Mad. 3913. Cat. imp. 289. Da die ganze Ausbeute noch nicht ganz 20 Mark Silber betrug, so wurden nur **sehr wenige** solcher Thaler geschlagen. Vorzügl. erh. RR.

4363. **Ein zweites Exemplar dieses seltenen Thalers.** Vorzüglich erh. RR.

4364. **Conv.-Thaler** v. 1759. Av. CHRISTIAN · IV · — D : G · C · P · R · BAV · DUX · — Kopf v. r. S., mit im Nacken gebundenem Haar. Rev. Gekrönter, von der Ordenskette umgebener, ovaler Wappenschild (mit tingirten Feldern) zwischen Palm- u. Lorbeerzweig. Neben der Krone 17 — 59 Unten herum *J* — *M* (Mellinger) und: 10 · AUF EINE — MARC FEIN · Laubrand. Mad. 3918. G. e.

4365. Conv.-Thaler v. 1775. Av. Aehnlich dem vorigen. In der Umschr. D · G · und unter dem Halse I W (Johann Weichinger, Mzmstr.) Rev. Gekrönter, mit Zweigen besteckter, ovaler Wappenschild (ohne Ordenskette). Unten herum 10 AUF EINE — MARCK FEIN Neben der Krone 17 — 75 Mit Laubrand. Gut erh.

Karl II.,

Sohn Friedrich's, des jüngeren Bruders vorgedachten Christian's IV., geb. 1746, folgte letzterem in Birkenfeld und Zweibrücken 1775, † 1. April 1795. Ihm folgte sein jüngerer Bruder Max. Joseph, nachheriger König v. Bayern.

4366. Dukaten v. 1790. Av. CAROLVS II · D · G · C · PAL · RH · D · BAV · I · C · & · M · — Kopf v. r. S., mit im Nacken gebundenem Haar. Unten W Rev. Das vollständige (12feld.) Wappen in einem mit Fürstenhut, 5 Ordensketten und einem Palmzweige geschmückten runden Schilde, zu dessen Seiten zwei Löwen. Oben 17 — 90 1 Duk. S. g. e. R.

Linie zu Veldenz,

gestiftet von Ruprecht, jüngerem Sohne Alexander's zu Zweibrücken und Enkel Ludwig's, des Stifters der alten Linie zu Zweibrücken.

Georg Johann I.,

Sohn vorgedachten Pfalzgrafen Ruprecht's u. dessen Gem. Ursula, Rheingr. zu Kyrburg, geb. 1543, succ. 1544 in Veldenz und Lautereck, zunächst unter Vormundschaft Herz. Wolfgang's v. (Alt-)Zweibrücken, erhält dann aus der Erbschaft Kurf. Otto Heinrich's die Grafschaft Lützelstein und die halbe Herrschaft Guttenberg, die später ganz an Veldenz kam, u. † 26. März 1592.

4367. Dicker Doppelthaler v. 1582. Av. ✿ GEOR ○ IOHA ○ D ○ G ○ CO ○ PAL ○ RHE ○ DV ○ BA ○ CO ○ VEL ✿ Der Pfalzgraf in halber Figur, im Harnisch, mit Halskrause und umgehängtem Kleinode, die Rechte in die Seite stemmend, die Linke am Schwertgriff. Rev. Innerhalb eines von zwei aus Wolken kommenden Händen gehaltenen, mit seinem spitzen Steine aufwärts gekehrten Ringes das vierfeldige Wappen von Pfalz und Bayern mit dem Löwen von Veldenz im Mittelschilde. Dahinter Lorbeer- u. Palmzweig gekreuzt. Darüber * 158z * | ○ INVIA ○ VIRTVTI ○ | ○ NVLLA ○ — ○ VIA * und darunter ○ VIA ○ | ○ DEO AVSPICE ○ | ✿ E ✿ Unter den ersten 5 Zeilen je eine Linie. (Cat. imp. 292.) War gehenkelt, wodurch die Jahrzahl gelitten; sonst gut erh. R.

4368. Thaler v. 1588. Av. ✿ GEOR · IOHA · D : G · CO — · PAL · RH · DV · BA · CO · VE ✿ E/K (verb.) Brustbild, wie vorher, doch ohne Kleinod, die Umschrift unten theilend. Rev. Das Wappen im Ringe, wie vorher; darüber * 1588 * | · INVIA · VIRTVTI | · NVLLA · — · VIA * und darunter * VIA * | · DEO AVSPICE · | * E * Mit Linien unter den ersten 5 Zeilen. (Mad. 1407.) Gut erh.

Georg Gustav,

Sohn des Vorigen und dessen Gem. Anna Maria von Schweden, geb. 1564, succ. 1592 seinem Vater in Veldenz und Lautereck, † 2. Juli 1634.

4369. Thaler v. 1595. Av. GEOR : GVSTAV : D : G : CO : PAL : RH : DV : BA : CO : VEL : — Geharnischtes Bildniss v. r. S., mit krausem Kragen und Feldbinde, die Rechte auf den Kommandostab gestützt. Rev. + — ALLEIN · ⁑+⁑ · GOTT · ⁑+⁑ · DIE · ⁑+⁑ · EHR · ⁑+⁑ · 1595 (aus 1594 umgeändert) — + — Zwischen den Löwenschilden der Pfalz und von Veldenz der bayer. Weckenschild unter dem vorwärts gekehrten pfälz. Helme mit dem sitzenden Löwen zwischen den geweckten Büffelshörnern. (Mad. 1409.) S. g. e. R.

Leopold Ludwig,

Sohn des Vorigen u. dessen 2. Gem. Marie Elise v. Pfalz-Zweibrücken, geb. 1625, succ. seinem Vater in Veldenz und Lautereck unter Vormundschaft seines Oheims Georg Johann II. 1634, und Letzterem in der Grafschaft Lützelstein u. s. w. 1654, † 29. Sept. 1694. Seine Lande, über die sich ein langer Streit entspann, kamen durch Vergleich v. 1733, mit Ausnahme der an Zweibrücken fallenden Herrschaft Guttenberg und der an Zweibrücken und Sulzbach übergegangenen Grafschaft Lützelstein, an Kurpfalz.

4370. Thaler v. 1671. Av. LEOPOLD⁹ · LVDOVIC⁹ · D : G : C : P : R : D : B : & · COM : VELDENTIÆ · ✿ Brustbild v. r. S., im Harnisch, mit Ueberwurf und Halstuch. Rev. VERBVM ✿ DOMINI ✿ MANET ✿ IN ✿ ÆTERNVM · (kl. Krone.) Das mit den Helmen der Pfalz und von Bayern bedeckte quadr. Wappen mit dem Veldenzer Mittelschilde. Zu Seiten der Helme 16 — 71 S. g. e.

4371. Thaler v. 1673. Av. vom Stempel zur Hauptseite des vorigen. Rev. Wappen u. s. w. wie vorher, am Ende der Umschrift aber ✿, zu Seiten der Helme 16 — 73 und unten neben dem Wappen ɪʙ – ᴍ Cat. imp. 293. Mit Stempelglanz.

4372. Gulden v. 1673. Av. LEOPOLD · LVDOVIC · D : G : C : P : R : D : B : ET · COM · VELDENTIÆ ✿ Brustbild, wie vorher. Rev. VERBVM DOMINI (Blume am Stengel) — ✦ MANET · IN · ÆTERNVM ✦ Das Wappen mit 16 — 73 und ɪʙ – ᴍ wie vorher. Unten (60) d. i. Kreuzer. Die Bilder beider Seiten umzieht ein feiner Kreis. S. g. e.

Pommern.

Johann Friedrich zu Stettin (1560—1600),

Herzog Philipp's I. erster Sohn, geb. 1542, succ. seinem Vater 1560 in Stettin, starb ohne Leibeserben 1600, worauf Stettin zunächst an Herzog Philipp's I. vierten Sohn, Barnim XI. zu Rügenwalde († 1603), und dann an den fünften, Casimir IX. zu Camin, fiel, der aber dasselbe im J. 1603 seinem älteren Bruder, Bogislaw XIII. zu Barth, dem zweiten Sohne Philipp's I., überliess.

4373. Halber Thaler v. 1594. Av. IOHAN ✶ FRID ✶ D ✶ G ✶ DVX ✶ STETIN(i) ✶ POME(raniae) ✿ Der Herzog v. r. S., bis halben Leib, im Harnisch, mit grosser Halskrause, die Rechte in die Seite gestemmt, die Linke am Schwertgriff. Rev. (U. b.) AVXILIVM * MEVM — A * DOMINO * 1594 (Adlerflügel) Das neunfeldige Wappen in henkelartig verziertem Schilde, dessen Umrahmung oben in ein Kreuz ausläuft. Reichel IV, 1375. Von schönster Erh. RRR.

4374. Thaler v. 1595. Av. wie der des vorigen, aber mit POM * D(ux) * C(assubiorum) * W(andalorum) und einer Blume am Stengel; auch trägt hier der Herzog eine Kette mit einem Kleinode um den Hals. Rev. (O. b.) ✿ AVXILIVM * ME VM * A DOMINO ✿ — (Adlerflügel) 1 — 5 — 9 — 5 — Das von zwei wilden Männern gehaltene, dreifach behelmte neunfeldige Wappen. (Mad. 1413.) Cat. imp. 293. S. g. e. RR.

Philipp Julius zu Wolgast (1592—1625),

Sohn Ernst Ludwig's zu Wolgast, des dritten Sohnes Herzog Philipp's I., geb. 1584, succ. seinem Vater 1592, anfangs und bis 1603 unter Vormundschaft seines Oheims Bogislaw's XIII. zu Barth, starb 1625 und hinterliess Wolgast dem 3. Sohne Bogislaw's XIII., Bogislaw XIV., dem Letzten seines Geschlechts.

4375. Thaler v. 1609. Av. PHILIPPUS · IULIUS · D : G · D · STETIN · POM · cE · Brustbild v. r. S., im Harnisch, mit breitem Spitzenkragen und um die Brust gehangener Kette. Zu den Seiten 6 — 09 Rev. FATA · FEREN(da) · FE(rendo) · PARI(t) · PATIEN(tia) · PALMAM · Das neunfeldige Wappen mit einem Helme und zwei behelmten wilden Männern, die ihre Knittel zwischen die Beine gezogen. Ohne Helmdecken. (Mad. 1415. Cat. imp. 294.) Gut erh. R.

4376. Dicker Doppelthaler v. 1610. Av. PHILIPPUS · IULIUS · D : G ✥ D · STETIN · POME · Brustbild v. r. S., im Harnisch und Ueberwurf, mit gekräuseltem Kragen und umgelegter Brustkette. Zu den Seiten 16 — 10 Rev. vom Stempel zur Rückseite des vorigen. 4½ Loth. S. g. e. RR.

4377. Thaler v. 1621. Av PHILIPPUS IULIUS · D : G : DUX · STETIN · POMER : Brustbild v. r. S., im Harnisch, mit gekräuseltem Kragen und übergehängter Feldbinde. Rev. FATA · FEREN · FE · PARI · PATIEN · PAL · MAM (sic) 16 — 21 Das 9feldige Wappen mit einem Helme und den behelmten Schildhaltern, die ihre Keulen neben sich haben. Mit Helmdecken. (Mad. 3925. Cat. imp. 294.) G. e. R.

4378. Breiter Sterbethaler v. 1625. Av. PHILIPPVS · IVLIVS · D : G : DVX · STET : POM : CASSV : ET · VAN ✿ Brustbild v. r. S., im Harnisch und Ueberwurf, sammt breitem Spitzenkragen. Rev. (Eichel) | NVMVS · EX: | TREMÆ · MEMOR(iae) : | PHILIPPI · IVLII · DV(cis) : | S(tetini) : POM : NATI · A : 1584 · | 27 · DEC : DENATI · A : 1625 · | 6 · FEB : A · PATRUELE ✿ ET SVCCESSORE ✿ | BOGISLAO · 14 · DVC(e) : | STE : POM : CON ✿ | SECRATVS · | ~✿~ Unter jeder Zeile läuft eine Linie. Gr. 49. (Mad. 3926. Cat. imp. 294.) S. g. e. R.

4379. Sterbegulden v. 1625. Av. wie der des vorigen, aber mit STE : POM : CAS : E : VAN : Rev. wie voriger, aber mit EX | TREMÆ · MEMOR | dann S : P : NATI · AN · 1584 | 27 · DEC : DENATI · 1625 | 6 · FEB : A · PATRUELE · | ET · SVCCESSORE · und 14 DV : | STE · POM · und ohne die Linien unter den Zeilen. Gr. 40. S. g. e. RR.

Anna Maria,

Tochter Kurfürst Johann Georg's von Brandenburg und dessen 2. Gem. Sabine von Brandenburg-Ansbach, geb. 1567, verm. 1581 mit Herzog Barnim XI. (XII.) zu Rügenwalde, Herzog Philipp's I. viertem Sohne, Wittwe 1603, † 4. November 1618.

4380. Thaler auf ihren Tod. Av. ~✿~ | MEMORIÆ · FVNEB(ri) | ANNÆ MARIÆ | IOH · GEORG · EL · BR · FILIÆ | BARNI(mi) · XI · DVC · POM · VIDVÆ | NATÆ · M · D · LXVII | DENA(tae) · M · DC · XIIX | SEP(ultae) · 17 · XB(ris) · STET(ini) · A(nno) · EOD(em) | FRANCISCVS · I · DVX | STET · POM | ✦ F(ieri) · F(ecit) ✦ Rev. Der auf einem Untersatze stehende gekrönte Greif v. l. S., mit einem Schwerte in der rechten u. einem Schilde, worin ein Todtenkopf, in der linken Klaue. Auf seinen Flügeln sind die zehn pommernschen Wappenschilde angebracht. (Mad. 1424.) Cat. imp. 293. S. g. e. RR.

Philipp II. (1606—1618),

Sohn Bogislaw's XIII. zu Barth (des zweiten Sohnes Herzog Philipp's I.) und dessen Gem. Klara v. Braunschweig-Lüneburg, geb. 1573, übernahm die Regierung des durch den Verzicht Casimir's zu Camin um Stettin vermehrten väterlichen Antheiles 1606, † 3. Febr. 1618.

4381. Dicker Doppelthaler v. 1613. Av. — · V · G · G · — PHI · — LIPS — · H(erzog) · Z(u) · S(tettin) · — POM(mern) · Dazwischen 5 Schilde mit den vier pommernschen Greifen (Stettin-Pommern, Pomerellen, Cassuben, Wenden) und dem Wappen von Rügen. Im kleinen, von einer Kreislinie u. zwei Perlenkreisen umschlossenen Felde des Herzogs Brustbild v. r. S., im Harnisch und Mantel, mit breitem, glattem Kragen. Rev. CHRI · — STO · ET — · REIP(ublicae) · — ANNO — · 1613 · — und dazwischen die Schilde von Usedom, Barth, Gutzkow, Wolgast (oder Bernstein) und der Regalien. Im kleinen, wie auf der Vorderseite begrenzten Felde der stehende gekrönte Greif v. l. S., mit dem Evangelienbuche in der linken und dem zur Vertheidigung desselben erhobenen Schwerte in der rechten Klaue. (Mad. 1416.) Cat. imp. 294. $3^{13}/_{16}$ Loth. S. g. e. RR.

4382. Goldgulden v. 1614. Av. PHILIPPVS · II · DVX · STETI POM ✿ Das Brustbild, wie vorher. Rev. ALLES · ZV SEINER · ZEIT · 1614 ⋮ Schwert und Feder kreuzweise. (Köhler, D.-C. 2074. Soothe 1077 b.) $^{29}/_{31}$ Duk. S. g. e. R.

4383. Thaler o. J. Av. PHILIPPVS · II · D · G · DVX POMERANORVM ✿ Umschlossen von einem innen mit Bogenwerk gezierten Kreise des Herzogs Brustbild v. r. S., im Harnisch, mit gekräuseltem

Kragen und übergelegter Feldbinde. Am Armabschnitte D S Rev. CR — IS — TO — ET — RE — IP — VB — LI — C — Æ — Die zehn pommerschen Wappen in ovalen Schilden, kranzförmig um einen Kreis, in welchem der Greif, wie auf Nr. 4381. (Mad. 1418.) Cat. imp. 294. S. g. e. R.

4384. Thaler v. 1617. Av. vom Stempel zur Hauptseite des vorigen. Rev. * SAPİENTIÂ NON VIOLENTIÂ * ANNO * MDCXVİI (eine Verzierung) Ein linkshin segelndes Schiff mit seinem Steuermanne auf bestürmter Fluth, nahe dem Ufer. (Mad. 1421.) Cat. imp. 294. S. g. e. RR.

4385. Thaler auf den Tod seines jüngeren Bruders Georg, 1717. Av. ✿ | PHİLIPPVS | IĪ DVX · STETTİN | ET · POMERANIAE | GEORGI(i) IİI | FRATR(is) · DESİDERAT(issimi) | MEMORİAE | CVM LACRŸM(is) · F · F · | XXVI MAİİ · | MDCXVİİ · | ✿ Rev. Der wilde Mann, mit dem Schilde von Stettin-Pommern in der Rechten und der Keule in der Linken, steht zur Rechten einer Tafel, die d. Aufschrift trägt: NATVS | · XXX · IAN · | M · D · LXXXİİ | OBİIT | XXVII MART | MDCXVİİ (Mad. 1420. Cat. imp. 295.) War gehenk. Gut erh. RR.

Franz (1618—1620),

des Vorigen Bruder, ward Bischof in Camin i. J. 1600, trat dieses Bisthum, als er 1618 Philipp's II. Nachfolger wurde, seinem jüngsten Bruder Ulrich (geb. 1589, † 1622) ab; starb 1620.

4386. Thaler o. J. Av. D : G · FRANCISCVS · I · DVX · SEDINI · POMERAN · CASSVB · ET · VAN * Brustbild v. r. S., im Harnisch, mit Ueberwurf und Spitzenkragen. Rev. PRINC(eps) · RVGIÆ · COM(es) · GVTZK(oviensis) · TERR · LEOPOL(itanae) · ET · BVTOV(iensis) · DNS (Dominus) + Das Wappen u. s. w., wie auf Nr. 4377, mit unten angefügtem Regalienfelde. (Mad. 3932.) Aus der v. Dickm. Sammlg. S. g. e. RR.

4387. Dreifacher Thaler auf seinen Tod, 1620. Av. vom Stempel zur Hauptseite des vorigen. Rev. ~✤~ | * NVMMVS | NOVISSIMO HONORI | · FRANCISCI · I · | DVCIS · STET · POM · QVI | NATVS · XXIV · MART · Ao · 1577 | MORTVVS · XXVII · NOVĒ | ANNO · 1620 · DICATVS | Á · BOGISLAO · XIV · | FRATRE · ET · SVC | CESSORE * | ~✤~ mit eingesetztem G D? (Mad. 1425 b. Cat. imp. 295.) Gr. 41. 5⅞ Loth. S. g. e. RR.

Bogislaw XIV. (1620—1637),

des Vorigen Bruder, geb. 1580, ward nach seines jüngsten Bruders Ulrich Tode (1622) Bischof zu Camin und nach seines Vetters Philipp Julius zu Wolgast Ableben (1625) Herr von ganz Pommern. Er starb 20. März 1637 ohne Erben. Die Frage über die Nachfolge in seinen damals von den Schweden besetzten Landen, auf die Kur-Brandenburg die nächste Anwartschaft hatte, fand erst im westphäl. Frieden ihre Erledigung. Durch letzteren kam ganz Vorpommern, Rügen und ein ansehnlicher Theil Hinterpommern's an Schweden, das übrige Hinterpommern mit Camin an Kur-Brandenburg.

4388. Thaler v. 1629. Av. BOGISLAVS · XIV · D : G : DVX ·

STET : POM : CAS : ET · VAN ::: Der Herzog v. r. S., bis halben Leib, im Harnisch, mit Feldbinde und Spitzenkragen, die Rechte in die Seite stemmend, die Linke am Schwertgriff. Zu den Seiten 1 · 6 · — 2 · 9 · Rev. PRINCEPS · RVG CO : GVTZK : TERR : LEOB(urgensis) E : B : DN : ✿ Das Wappen mit den Schildhaltern, wie bei Nr. 4386. (Cat. imp. 296.) G. e. R.

(Weitere Thaler dieses Herzogs finden sich unter dem Bisthum Camin (I. Abth. S. 272) aufgeführt.)

4389. Breiter Thaler auf seine (erst am 25. Mai) 1654 stattgehabte Beerdigung. Av. BOGISLAVS · XIV · D · G · DVX · ST · POM · C & · VAND · P · RV · E · P(iscopus) · C(aminensis) · CO : G · T · L · & · B · D * Innerhalb eines schmalen Kranzes das geharn. Brustbild v. r. S., mit Kragen und Feldbinde. Rev. * NOVISSIMIS | HONORIBVS | BOGISLAI · DVC · STET · | POMER · EIVS NOMINIS | * 14 · ET VLTIMI * | NATI · 31 · MART · 1580 · | DENATI · 10 MART · 1637 · | HVMATI · 25 · MAI · 1654 · | CHRISTINA · D : G : SVECORV · | GOTHOR · VANDAL : REGIN(a) | * ET * | FRIDERICVS · WILHEL | D : G · MARC(hio) · & · EL(ector) · BRA · | · DVCES POMER · | F · F * Beide Seiten umzieht ein schmaler Kranz. (Mad. 1431. Cat. imp. 296.) Gr. 50. S. g. e. R.

4390. Medaillenartiger halber Thaler auf dasselbe Ereigniss. Av. (Doppelte Umschrift) * IN MEMORIAM VLTIMI EX GRYPHICA STIRPE DVCIS POMERAN · BOGISLAI · 14 * | NATI · 31 · MART · 1580 · DENATI · 10 · MART · 1637 · HVMATI · 25 · MAI · 1654 * Innerhalb eines schmalen Kranzes das Brustbild, ähnlich wie vorher. Rev. GRYPS TRIBUS ECCE CORONIS ET SCEPTRO CEDIT * Der Greif erhebt sich von einem Baumstumpfe zur Sonne, an dessen frisch getriebenen zwei Zweigen die gekrönten Schilde von Schweden und Kur-Brandenburg hängen und an dessen Fusse ein Todtenkopf liegt. Das Ganze umgiebt ein schmaler Kranz. Mad. 3945. Gr. 35. 1 Loth. Vergoldet, s. g. e. Wurde in der Fürstl. Plessischen Auction mit 13 Thlrn. bezahlt. RR.

4391. Viertelthaler eben darauf. Av. NVMMVS | EXEQVIALIS | OPTIMI PRINCI | PIS * BOGISLAI * | DVCIS STET ET · POME · | EIVS NOMINIS · XIV | ET * VLTIMI * | NATI · 31 · MART · 1580 | DEN · 10 · MAR · 1637 | SEP(ulti) · 25 · MAY · | * 1654 * Rev. DEO DIRIGENTE * Ein von der Sonne bestrahlter Eichstumpf, der zwei frische Zweige treibt. Im Hintergrunde Stettin. Um beide Seiten ein schmaler Kranz. Mad. 3946. Gr. 32. S. g. e. R.

Schwedisch-Pommern.

Christina, Königin von Schweden (—1654).

4392. Thaler v. 1641. Av. CHRISTINA · D : G · SVECO : GOT · VAND : Q · DES(ignata) · REGINA * Die Königin, vorwärts gekehrt, in halber Figur, mit Aermelkleid, stehendem Spitzenkragen, Halskette und kl. Zackenkrone auf dem Haupte. Zu ihrer Rechten ein Tisch mit Krone, Reichsapfel und Zepter. Um das Ganze ein innen mit Bogenwerk gezierter Kreis. Rev. MONETA · NOVA ·

ARGENT · DVCATVS · POMERA · 1641 • Das von zwei wilden Männern gehaltene 10feld. Wappen wie bei Nr. 4386; darüber das Brustbild des segnenden Erlösers mit der Weltkugel. (Mad. 225.) Cat. imp. 180. S. g. e. R.

4393. Thaler v. 1641. Av. vom Stempel zur Hauptseite des vorigen. Rev. wie vorher, aber mit 1641 · und anders stehender Umschrift. Unter dem Regalienfelde befindet sich das N aus argentea, auf vorigem dagegen das D aus ducatus. G. e. R.

4394. Thaler v. 1642. Av. CHRISTINA · D : G · SVE · GOT · VAND · Q · DES · REGIN • Brustbild von vorn, in ausgeschnittenem, reich verziertem Kleide, mit stehendem Spitzenkragen, Halskette, kleiner Zackenkrone auf dem Haupte und einem Kreuzlein vor der Stirn. Rev. MONETA NOVA · ARGENT · DVCATVS · POMER : 164z • Das Wappen mit den Schildhaltern, wie auf Nr. 4386. S. g. e.

4395. Thaler v. 1642. Av. Brustbild u. s. w., wie vorher, aber mit REGINA • Rev. MONETA · NOVA · ARG · DVCATVS · POMERAN · 164z • Sonst wie vorher, nur befindet sich das Regalienfeld nicht im Schildfusse, sondern inmitten der zweiten Felderreihe. (Mad. 2634 und ähnl. Cat. imp. 181.) S. g. e.

Karl Gustav (1654—1660).

4396. Thaler v. 1657. Av. CAROL · GVSTAVUS · D : G · REX · SUE · DVX · STE · POME(R •) Geharnischtes Brustbild v. r. S. Rev. + MONET + NO — UA × ARG × — DVCAT · POMER — + 16 — 57 — Das 10feld. Wappen, wie bei Nr. 4386, mit einer Krone und einem Helme bedeckt, sammt den behelmten Schildhaltern. Zu den Seiten v(lrich) — b(utkau, Mzmstr. in Stettin) Zu Mad. 232. War gehenkelt, sonst g. e. R.

Karl XII. (1697—1718).

4397. Gulden v. 1706. Av. CAROLVS · XII · — D · G · REX · SVEC · — Brustbild v. r. S., im Harnisch und Ueberwurf, mit grosser Perrücke. Darunter *J M* (Johann Memmius, Mzmstr. in Stettin 1705—10) Rev. MON · NOV · POMER · — · CITERIORIS — Wappen u. s. w., wie vorher. Im Schildfusse $\frac{2}{3}$ und zu Seiten desselben 17—06 Zu Mad. 5618. (Cat. imp. 184.) S. g. e. RR.

Adolf Friedrich (1751—1771).

4398. Gulden v. 1763. Av. ADOLPH · FRID · D · G · REX · SV · DVX · P · — Kopf v. r. S., mit im Nacken gebundenem Haar. Rev. *Nach den* (so) *Leipzi — ger Fus von 1690* Das mit Krone und Helm bedeckte 9feld. Wappen mit den behelmten Schildhaltern auf einer Leiste, worunter 17 ($\frac{2}{3}$) 63 | I H — L · (Joh. Heinr. Löwe, Mzmstr. in Stralsund) Gerippter Rand. (Mad. 5251.) War gehenk. Gut erh.

Sachsen.

I. Ernestinische Linie.

Friedrich III. oder der Weise, 1486—1525.

Sohn des Kurfürsten Ernst und dessen Gem. Elisabeth v. Bayern, geb. 1463, Kurfürst 1486, war 1496 während der Reise K. Maximilian's nach Italien Reichsvikar, wurde 1500 zum Vorsitzenden des Reichsregiments zu Nürnberg ernannt und 1507 vom Kaiser abermals zur Besorgung der Reichsgeschäfte zum General-Statthalter des Reichs berufen, trat 1519 wiederum das Reichsvikariat an, schlug die ihm im gl. Jahre angetragene Kaiserkrone aus und † 5. Mai 1525 unvermählt.

a) In Gemeinschaft mit seinem Oheime Albrecht und seinem Bruder Johann. 1486-1500.

4399. Aeltester Güldengroschen oder erster Klappmützenthaler, o. J. Av. · FRIDERICVS — ✿ ALBERTV — S (Blume) IOH — ANNES (Blume) — Brustbild Friedrich's v. r. S., im Kurornat, mit dem Schwerte. Rev. · MONETA · — · ARGENTIN (sic!) — DV-CVM (Blume) — SAXONIE ✿ — Die einander gegenüber gestellten Brustbilder der beiden Herzöge. In den Umschriften je 4 Wappenschilde. Mad. 483. Cat. imp. 298. 1. Aeusserst seltenes Originalgepräge. Aus der v. Wambold'schen Sammlung. War gehenkelt, gut erh. RRR.

4400. Halber Thaler v. 1500. Av. ✿ FRIDE — ALBE — RT ✿ IO — HANE ✿ — Behelmter vierfeldiger Schild, mit den Kurschwertern im Mittelschilde. Zu den Seiten in der Umschrift die Schilde von Landsberg und Pfalzthüringen. Rev. MONE — ARGEN — ✿ — DVCVM — SAXON — Johannes der Täufer, stehend. Neben ihm 15 — 00 Zu den Seiten die Schilde von Brene u. Orlamünde. Mad. 484, Dassdorf, 7., aber beide mit DVCV — Sehr gut erh. RR.

b) In Gemeinschaft mit Georg, Albrecht's Sohn, und Johann.

4401. Thaler o. J. Av. FRIDꞒRI — CVS ⸭ GꞒO — RGIVS ⸭ IO — HANNꞒ — Brustbild des Kurfürsten. Rev. MONꞒT — ARGꞒNT — DVCVM (Blume) — SAXONI Die beiden Brustbilder. In den Umschr. je 4 Schildchen. (Mad. 490.) Fehlt bei Dassdorf. Dieser Thaler ist vor 1507 geschlagen und seltener zu finden, als der nachfolgende. S. g. e.

c) In Gemeinschaft mit Johann und Georg.

4402. Thaler o. J. mit ✻ FRID — ERI ⸭ IO — HAN ⸭ G — EORGI — und ✻ MON — ARGE — DVCV˜ — SAXO — Aehnlich Dassdorf 51. S. g. e.

d) Allein;

bis 1519 mit dem Titel eines General-Statthalters des Reichs (Imperii locum tenens generalis).

4403. Thaler v. 1507. Av. Der Wappenschild auf einem Kreuze, zwischen der Jahrzahl, von doppelter Umschrift umgeben. Rev. Der einköpfige Adler mit öster.-burg. Brustschilde und K. Maximilian's Titel. Mad. 486. Tenzel 1. I. p. 13. Sehr schönes Exemplar. RR.

4404. Halber Thaler o. J., ähnlich dem vorigen. Tenz. 1. II. p. 14. Im Rev. zweimal H eingeschlagen, sehr gut erh. R.

4405. Viertelthaler v. 1507. Av. Unter Laubwerk das geharn. Brustbild mit der Drahthaube. Zu den Seiten zwei Wappenschilde. Rev. Der Adler und Maximilian's Titel. Tenz., 2. VI. (v. 1510). Kleines Loch, sonst sehr gut erh. R.

4406. Thaler o. J. Av. In einer Einfassung von Blattwerk das Brustbild v. r. S., mit der Drahthaube und mit einem Panzerkragen um den Hals. In der Umschrift 4 Schilde. Rev. Der Adler und Maxim. Titel (ohne „semper"). Mad. 2914. Tenz. 3. II., woselbst das fehlerhafte ROMNORVM übersehen ist. S. g. e. R.

4407. Desgleichen, ähnlich dem vorigen. Der Blätterkranz fehlt; im Rev. steht ROMANORVM, doch fehlt ebenfalls SEMPER. (Mad. 488.) Tenz. 3. III. Cat. imp. 298. 4. S. g. e. R.

4408. Breiter Schauthaler o. J. Av. Erhaben gearbeitetes Brustbild v. r. S., mit der Drahthaube, im Harnisch, woran IHS : MARIA Die Umschrift wird durch 4 Wappenschilde getrennt. Rev. Der Adler u. Maxim. Titel. Tenz. 3. I. Cat. imp. 298. 3. Gr. 48. Sehr gut erh.

4409. Schaustück v. 1518. Av. In zierlicher Einfassung das sehr erhabene Brustbild, wie vorher. In IHS steht das s verkehrt. Hinter dem Nacken ist die Jahrzahl 1518 mit einem besonderen Stempel eingeschlagen. Rev. Der Adler u. Maxim. Titel. Die Umschriften laufen auf einem erhöhten Rande. (Mad. 2912, von 1514, Tenz. 2. III. v. 1512, ähnlich.) Gr. 48. Mit einem Henkel versehen. 3 13/16 Loth. S. g. e. R.

4410. Schaustück v. 1522. Av. ⁝ FRD ○ DVX — etc. Brustbild mit Mütze, im Pelzrock. In der Umschr. 4 Schilde. Rev. VERBVM ⁑ DOMINI ⁑ etc. Blumenkreuz mit C — C — N — S und herumgestellter Jahrzahl M — D — XX — II Mad. 2916. Tenz. 4. I. Erhabene Arbeit. Gr. 41. 1 11/16 Loth. S. g. e.

e) In Gemeinschaft mit Johann.

4411. Dickthaler v. 1522, mit den beiden Brustbildern, von doppelten Umschriften umgeben. Tenz. 4. II. Weicht von Madai 492 ab. Cat. imp. 298. War gehenk., sonst s. g. e. R.

Johann der Beständige,

Sohn Kurfürt Ernst's, geb. 1467, regierte die Erblande seit 1486 mit seinem Bruder Friedrich gemeinschaftlich, Kurfürst 1525, † 16. August 1532.

a) In Gemeinschaft mit Georg, 1525—1530.

4412. Thaler o. J. Av. IOAN ⁝ — ELEC ○ & — GEOR ⁝ — FIE ⁝ FE ⁝ — Brustbild des Kurfürsten. Rev. MONE — etc. Brustbild Georg's in der Drahthaube. Mad. 494. S. g. e.

4413. Desgleichen mit IOAN — ELEC ⁝ & ⁝ S. g. e.

4414. Halber Thaler o. J. Av. IOAN — ELEC ○ — ○ ET ⁘ GE ○ — FIE ⁘ FE ⁘ — Behelmter Schild von 4 Feldern mit Mittelschild. Zu den Seiten zwei Schildchen mit den landsberger Pfählen und dem pfalzgr. Adler. Rev. MONE ○ — NOVA — ○ — DVCV' — SAX ○ — St. Johannes. Daneben 2 Schildchen mit dem Wappen v. Brene und dem pleissner Löwen. (Mad. 2925.) War geh., gut erh. R.

b) Allein, 1530—1532.

4415. Halber Thaler o. J. Av. IOANNE — S · ELEC — TOR · FI — ERI · FE : x — mit vier eingelegten Wappenschilden. In einer Blättereinfassung das Brustbild v. r. S., mit Mütze und Pelzrock, sammt dem Schwerte. Rev. MONETA — NOVA · D — VCIS · SA — XONIÆx — mit 4 dazwischen gestellten Schilden. Vierfeldiges Wappen mit Mittelschild. Gut erh. RR.

4416. Thaler o. J., mit dem Brustbilde und d. Wappenschilde. Mad. 493. Dassdorf 87, aber im Rev. NOVA — DVCIS + S — AXON + X — Kommt nicht oft vor. S. g. e.

Johann Friedrich der Grossmüthige,

Sohn Johann's und dessen 1. Gem. Sophia v. Mecklenburg, geb. 1503, Oberhaupt des Schmalkaldischen Bundes, musste 1547 in Folge der verlorenen Schlacht bei Mühlberg der Kur und den dazu gehörigen Landen entsagen und war bis 1552 in kaiserlicher Gefangenschaft, lebte sodann zu Weimar und † 3. März 1554.

Als Kurfürst, 1532—1547.

a) In Gemeinschaft mit Herzog Georg, 1532—1539.

4417. Thaler v. 1535, mit dem Brustbilde des Kurfürsten im Kurrock, nebst Schwert, und dem Brustbilde Georg's (ohne Bart) im Pelzrock. In den Umschriften liegen 4 schräg gestellte Schilde. Dassdorf 114, aber mit ELEC ○ — DVX ○ S — etc. G. e.

4418. Thaler v. 1535. Herzog Georg trägt einen Bart. Die Schildchen stehen aufrecht. Mit FF — ID statt Frid. im Av. Mad. 496. Dassdorf 118. S. g. e.

4419. Thaler v. 1537, mit der Ziffer A. Aehnlich dem vorigen, hier steht fehlerhaft FE — ID · S. g. e.

4420. Desgleichen, mit verbessertem FR — ID · Dassd. 145. G. e.

4421. Thaler v. 1539. Typus wie Tenz. 8. III. Dassd. 155. S. g. e.

b) In Gemeinschaft mit Heinrich dem Frommen, 1539—1541.

4422. Thaler v. 1540, mit dem Brustbilde des Kurfürsten v. r. S. und dem Heinrich's fast von vorn. Im Avers: IOHAN — FRI ○ etc. Mad. 499. Cat. imp. 299, aber FIF am Schluss der Avers-Umschr. Gut erh.

4423. Desgleichen, ähnlich dem vorigen. Mit IOHAN F — RI ○ im Av. G. e.

7

4424. Halber Thaler v. 1541. Wie Mad 2929, aber mit IOHAN FRID ○ ELECTOR ○ DVX ○ SAXO ○ FI ○ FE und HEINRICVS ○ DVX ○ SAXONIE ○ FIERI FE ○ I54I ⁸ G. e. R.

c) In Gemeinschaft mit Heinrich und seinem Stiefbruder Johann Ernst († 1553.)

4425. Thaler v. 1540, mit dem Brustbilde des Kurfürsten im Av. und denen der Herzöge im Rev., woselbst fälschlich DVX statt Dvces. Zu Mad. 498. Cat. imp. 299. S. g. e.

d) In Gemeinschaft mit Moriz und Johann Ernst.

4426. Thaler v. 1541, zu Buchholz geschlagen, mit T zum Münzzeichen. Mad. 500. Dassdorf 185. G. e.

4427. Desgleichen. Von etwas anderer Zeichnung. G. e.

4428. Halber Thaler v. 1541. Av. IOHAN · FRI ELEC · DVX · SAX · BVRGGRAF · MAGDEB · T · Der Helm. Rev. MAVRITI · ET IOHAN · ERNEST · DVC · SAX · FI · FE · I54I T · Vier Wappenschilde. Dassd. 186. Zu Tenzel 100. 1. S. g. e.

e) In Gemeinschaft mit Herzog Moriz, 1542—1547.

4429. Annaberger Thaler v. 1542. Als Münzzeichen das in einem Ringe stehende Kreuz. Im Rev. Moriz geharnischt, mit dem Kränzchen auf dem Haupte, die Linke am Schwertgriffe. Zu Mad. 501. G. e.

4430. Gleicher Thaler v. 1543. Dassd. 212. S. g. e.

4431. Freiberger Thaler v. 1546. Typus wie vorher. Mit MAVRID — DVX ○ SA — X ○ FI ○ IVS ○ I — 546 ○ FR ✱ im Rev. Dassd. 240. G. e.

4432. Buchholzer Thaler v. 1546. Typus wie Cat. imp. 300. 4. In der Umschrift des Av. 5 Wappenschilde. Moriz, geharnischt, v. l. S., mit dem Streithammer. S. g. e.

4433. Freiberger Thaler v. 1547. Moriz im Harnisch, v. r. S., mit dem Kränzchen. Nach FRI ein sechseckiger Stern als Münzzeichen. Nicht im Dassdorf. Vergoldet, g. e.

f) In Gemeinschaft mit Landgraf Philipp von Hessen, 1542—1547.

4434. Erster Schmalkaldischer Bundesthaler v. 1542. Av. Das Brustbild des Kurfürsten mit der inneren Umschrift: : SOLI · — : DEO : — VICTO — RIA : Rev. ▾ PARCER — E ⁏ SVBI — E — CTIS ⁏ *) etc. Bildniss des Landgrafen fast von vorn, im Harnisch, mit dem Kommandostabe. Tenz. 11. II. Mad. 503. 2 Loth. Dieses seltene Stück stammt aus v. Ampach's Sammlg. S. g. e. RR.

4435. Bundesthaler v. 1543. Tenz. 11. III. Mad. 504. S. g. e.

4436. Halber Thaler v. 1543. Av. IOHAN FRI ▾ ELEC ▾ DVX ▾ SAX ▾ BVRG ▾ MAGDE ▾ Der kursächsische Helm. Rev. PHILLP (sic!) ⁏ D ⁏ G ⁏ LANDG ⁏ HASS ⁏ C ⁏ CA ⁏ D ⁏ 3I NI ⁎ Der hessische Helm; über der Krone 1543 Zu Mad. 2935. S. g. e. R.

4437. Doppelthaler v. 1545, auf die Niederlage und Gefangennahme Herzog Heinrich's von Braunschweig. Av. Die drei Alliirten, Johann

---

*) Statt der ⁏ stehen hier und auf Nr. 4436 zwei über einander gestellte ▾

Friedrich, Philipp und Moriz, in ganzer Figur, geharnischt, mit ihren Wappenschilden. · IVSTVS · N · RELINQ · Rev. Inschrift in 15 Zeilen. Aus v. Wambold's Sammlung. Tenzel 12. II. Mad. 2933. 4 Loth. S. g. e. RR.

4438. Thaler v. 1546. Tenz. 11. VI, aber mit FREDER • — und HASIE • — Mad. 5667 (unvollständig). Dassd. 247. S. g. e.

g) Allein.

4439. Grosse Medaille v. 1535. Av. Der Kurfürst von vorn, im Pelzrock, das Schwert und sein Federhütchen haltend. Rev. SPES — MEA — etc. Der dreifach behelmte vollständige Wappenschild. Köhler, M.-B. II., Titelblatt u. p. 422. Tenz. 7. I. Eine vortreffliche Arbeit von Heinr. Rietz, dessen vertieftes Monogramm beim Schwertgriff angebracht ist. Gr. 63. $3^{1}/_{16}$ Loth. Originalguss, der leider gehenkelt war. Im Felde ein wenig poliert. R.

4440. Treffliche Medaille v. H. Rietz, mit der Jahrz. 1536. Av. Adam und Eva unter dem Baume der Erkenntniss, dessen Blätter aufgelöthet sind. Unten auf einem Bande: IOANNS · FRIDERICVS · etc Rev. Die Kreuzigung Christi. Tenz. 8. I. Gr. 67. $4^{1}/_{16}$ Loth. Vergoldet, mit Henkel und Ring. Sehr schön erh. R

4441. Schöne Medaille v. 1537. Av. ♧ IMAGO ♧ IOANNIS ♧ FRIDERICI ♧ etc. Brustbild von vorn, im geblümten Rock, mit umgelegter Kette des goldenen Vliesses. Rev. Sechs Turnierritter. Im Abschnitte: NON ♧ FRVSTRA ♧ GLAD | IVM etc. Tenz. 9. II. Gr. 49. $1^{7}/_{8}$ Loth. War geh., sonst sehr gut erh. R.

4442. Schaustück zu $1^{1}/_{4}$ Thalern v. 1539, auf die Einlösung des Burggrafthums Magdeburg. Av. Das Bildniss des Kurfürsten v. r. S., das Schwert mit beiden Händen haltend. In der Umschrift: ELECT' ET • BVRGGRAF' MAIGD' Rev. Das dreifach behelmte Wappen. Mad. 502. (Tenz. 9. V.) Gr. 48. 3 Loth. G. e. R.

4443. Einseitige Feldklippe v. 1547. Ueber dem Wappenschilde H IF K, unten 15 — 4Δ Dassd. 259. Gr. 25 im □ $^{9}/_{16}$ Loth. S. g. e.

Die Söhne Johann Friedrich's während der Gefangenschaft ihres Vaters.

4444. Thaler v. 1551. Av. MONE · FILIORꝶ · IOAN · FRID · SENIORIS · DV · SAX ⸸ Wappenschild; darüber · 1551 · Rev. · D · G · CAROL · V · ROM · IMP · SEMP · AVGT (sic) · — Des Kaisers gekröntes und geharn. Bildniss v. r. S., mit dem Zepter. Nicht so im Dassdorf. S. g. e. R.

4445. Thaler v. 1551, mit · MONE · FILIORꝶ · IOH · FRID : SENIORIS : DV · SAX · ⸸ und · DE · G · CAROL · V · ROM · IMP · SEMP · AVG · — Cat. imp. 300. S. g. e. R.

4446. Ein zweites Exemplar dieses Thalers. S. g. e. R.

4447. Thaler v. 1551. Av. · MOИE : FILIORꝶ · IOH : FRID : SIИIORIS (sic) : DV : SAX · ⸸ Der Wappenschild, daneben + — + und darüber · I · 5 · 5 · I · Rev. CAROLVS · QVIИTVS · ROMANOR · IMPERA ♁ Das gekr. Bildniss des Kaisers v. r. S., im ungeblümten

7*

Harnisch, mit dem Zepter. Weder im Tenzel u. Madai, noch Dassdorf. Aehnlich Tenz. 14. II. S. g. e. RRR.

Johann Friedrich nach seiner Gefangenschaft, 1552—1554.

Nach wiedererlangter Freiheit führte er den Titel eines „gebornen Kurfürsten".

4448. Thaler v. 1552. Av. IO · FRIDER · SENI — ✿ NATV · ELEC · SAX · ✿ Brustbild v. l. S., mit der Schramme unter dem Auge. Unten 2 Schildchen mit den Kurschwertern und dem sächs. Wappen. Rev. CAROLVS : V : RO : IMP : SEMP : AVGV : I55z — Unter der Krone der Doppeladler mit d. Reichsapfel. Mad. 505. Cat imp. 300. S. g. e. R.

4449. Halber Thaler v. 1552. Aehnlich dem Thaler, mit ▾ IO ▾ FRIDER ▾ SENI ▾ — ▾ — NAT ▴ ELEC ▾ SAXO ▴ und CAROL · V · RO · IMP · SEMP · AVGVSTVS · I55z — Der Reichsapfel ist punktirt. S. g. e. R.

4450. Thaler v. 1553. Wie vorher, aber mit IO : FRIDER : SENI — ✿ — NATV : ELEC : SAX : und CAROLVS · V · RO · IMP · SEMP · AVGV · I553 — Der Reichsapfel gleichfalls punktirt. Sehr gut erhalten. R.

4451. Medaillenartiger halber Thaler o. J. Av. MO · NO · IOAN · FRI · — · — SE · DV · SAX · E · NA · EL : Brustbild u. s. w., wie früher. (Stempel vom Doppel-Schreckenberger). Rev. SIBILLA · D : SAX : IOH : FRI : NAT : ELEC : CONIV · Ziemlich erhabenes Brustbild der Gemahlin, fast von vorn, im Pelzrock, mit Haarhaube und Hütchen. Mad. 2937. Tenz. 15. IV. Vortreffliches Originalgepräge aus der v. Dickmann'schen Sammlung. 1 Loth. Sehr gut erhalten. RR.

Altes Haus Gotha.

Johann Friedrich II.,

Sohn Joh. Friedrich's u. dessen Gem. Sibylle v. Jülich, Cleve, Berg, geb. 1529, führte die Regierung zugleich als Vormund seiner 2 jüngeren Brüder während der Gefangenschaft des Vaters bis 1552, succ. 1554, fiel in Folge der sog. Grumbach'schen Händel 1566 in die Reichsacht, wurde nach der 1567 geschehenen Eroberung von Gotha und Grimmenstein gefangen genommen und blieb bis zu seinem in Steyer am 9. Mai 1595 erfolgten Tode in des Kaisers Gewahrsam. Das Land wurde s. Bruder Joh. Wilhelm zuerkannt.

a) In Gemeinschaft mit seinen Brüdern Johann Wilhelm und Johann Friedrich III.

4452. Thaler o. J., mit dem geharn. Bildniss Johann Friedrich's v. r. S. im Av. und den gegenüber gestellten, gleichfalls geharn. Bildnissen seiner beiden Brüder im Rev. Mad. 1442. Dassd. 1786. Cat. imp. 301. 3. War geh., g. e.

4453. Desgleichen. Wie voriger, aber mit : FRATRV — M : DVC · — SAXO : — statt FRATR — VM : DVC — : SAXO : im Av. Dassd. 1788. S. g. e.

b) In Gemeinschaft mit Johann Wilhelm.

4454. Thaler v. 1566, mit seinem und seines Bruders Bildniss. Mad. 1444, aber im Av. MISNI. Der Av. stimmt mit Cat. imp. 301. 2. S. g. e.

c) Allein.

4455. Breiter Doppelthaler o. J. Av. D ⁑ G ⁑ IOANNES • FRIDERIC• ⁑ SECVND• ⁑ DVX ⁑ SAX ⁑ Bildniss v. r. S., im geblümten Harnisch, die Rechte in die Seite gestemmt, mit der Linken den Kommandostab haltend. Rev. LANDGR • THVRING • ET (*?)MARCH • MISN • — Dreifach behelmter Wappenschild. Gr. 45. $3^{15}/_{16}$ Loth. S. g. e. RRR.

4456. Thaler v. 1560, mit dem geharn. Bildniss und dem dreifach behelmten Wappen, wobei 6—0 Zu Mad. 1443. Hat ein Loch, sonst g. e. R.

4457. Schöne Medaille o. J. Av. Das vorwärtsgekehrte Brustbild des Herzogs in reicher Tracht. Rev. ✿ ALLEIN ✿ EVANGELIVM ✿ — ✿ IST ✿ ONE ✿ VERLVST ✿ (Blatt) — Der Schild mit 3 Helmen. Tenz. 16. I. Sehr erhabenes, treffliches Originalgepräge von schönster Erhaltung. $3^{7}/_{8}$ Loth Silber. R.

4458. Goldne Klippe v. 1567, während der Belagerung von Gotha geschlagen. Auf einem viereckigen Stempel: Der getheilte Wappenschild, darüber H IF G K und zu den beiden Seiten 1 — 5 ¦ 6 — 7 Dassd. 1808. Ist sehr selten. $^{7}/_{8}$ Duk. S. g. e. RR.

4459. Einseitige Thalerklippe v. 1567. Auf einer viereckigen Platte ein ähnlicher Stempel wie vorher. Mad. 5809. Gr. 44 im □. $1^{15}/_{16}$ Loth. War geh., s. g. e. R.

4460. Aehnliche achteckige Klippe. Mit einem zweiten Stempel ist noch unter ersterem ein G (Grimmenstein) eingeschlagen. Mad. 6724. Tenz. 16. VII. Gr. 43 im □ $1^{15}/_{16}$ Loth. S. g. e. R.

Elisabeth,

Gemahlin Herzog Joh. Friedrich's II., Tochter Kurf. Friedrich's III. v. d. Pfalz, geb. 1540, verm. 1558, † 1594.

4461. Medaille v. 1576. Av. ELISABETA DEI GRATIA DVCISSA SAXONIÆ — Brustbild v. l. S., im Zeitkostüm. Unter der Achsel AN : AB Rev. HILF HIMLISCHER HERR HOCHSTER HORT — Der doppelt behelmte, vierf. pfälz. Wappenschild mit sächs. Mittelschild. Unten 1 · 5 · — 76 Tenz. 17. III. (ungenau). War gehenk., vergoldet. Dieses schöne Schaustück ist eine vorzügliche Arbeit Antonio Abondio's. Gr. 44. $1^{13}/_{16}$ Loth. Gut erh. RR.

Johann Kasimir und Johann Ernst, 1572—1633,

Söhne Johann Friedrich's II., erhielten nach dem Reichstag zu Speyer (1570) die väterlichen Besitzungen wieder und standen bis 1586 unter Vormundschaft Kurfürst August's von Sachsen. 1596 nahmen sie eine Landestheilung vor und erhielt Johann Kasimir Koburg, Johann Ernst Eisenach.

4462. Halber Thaler v. 1603. Av. Die Bildnisse mit dem Wahlspruche.

Rev. Der von 13 Schildchen umgebene sächs. Wappenschild, worüber d. Jahrz. G. e.

4463. Thaler v. 1610. Typus wie Mad. 3949. S. g. e.

4464. Thaler v. 1618, mit den beiden Bildnissen, wie früher, und dem von 18 Wappenschilden umgebenen Turnierritter. Aehnlich Mad. 1446. Gut erhalten.

4465. Thaler v. 1624, mit dem geharn. Bildnisse Joh. Kasimir's im Av. und dem Joh. Ernst's im Rev. Mad. 3951. S. g. e.

4466. Halber Thaler v. 1624. Weise 1379. Verg. u. geh., g. e.

Johann Kasimir allein (geb. 1564, † 16. Juli 1633).

4467. Breiter Doppelthaler v. 1624. Av. Das sechsfach behelmte Wappen. Rev. ✿ ELEND • NICHT • SCHAD • — u. s. w. Der Herzog zu Pferde. Tenz. 20. III. Mad. 1448; aber mit IOHA • und • SAXONI • Gr. 59. S. g. e.

4468. Medaillenförmiger Doppelthaler v. 1625. Av. ✿ D : G : IOH : CASI ✿ — ✿ DVX · SAX · IV · CL · ET · M — Geharn. Brustbild v. r. S.; am Arm 1625 Rev. Der sächs. Balkenschild in einem Kranze, mit d. Umschrift LAN · THV · MAR · MIS · COM · MAR · ET · RA · D · IN · R •, von 18 Wappenschildchen umgeben. Beide Seiten umzieht ein Blätterkranz. Tenz. 19. I. Mad. 1449. Stammt aus v. Madai's Smmlg. Gr. 45. 4 Loth. G. e. R.

4469. Breiter Doppelthaler v. 1626, mit dem sechsfach behelmten Wappen und dem Herzoge zu Pferde. Ein Stempel, den Tenzel und Madai nicht kannten. Der Herzog schaut rückwärts und das Koburger Schloss im Hintergrunde, sowie die innere Einfassung fehlen. Dassdorf 1887. Gr. 58. War geh., s. g. e.

4470. Breiter Doppelthaler v. 1627. Der Herzog erscheint ganz von der rechten Seite; das Schloss fehlt ebenfalls. Nicht im Tenzel, Dassdorf u. s. w. Gr. 59. S. g. e.

4471. Doppelter Schauthaler v. 1627. Av. Des Herzogs Brustbild in einem von 2 Englein gehaltenen ovalen Rahmen, von 19 Wappenschilden mit d. Feldern des Gesammtwappens umgeben. Rev. Der Herzog zu Pferde. Tenz. 20. IV. Mad. 1450. Gr. 47. $3^{13}/_{16}$ Loth. Sehr gut erhalten.

4472. Begräbnissthaler v. 1633. Tenz. 22. III. Mad. 1451. Sehr gut erhalten. R.

Johann Ernst allein (geb. 1566, † 23. Oct. 1638).

Nach seines Bruders Tode nahm er Koburg in Besitz und † 1638. Seine Lande fielen an Altenburg und Weimar.

4473. Thaler v. 1636, mit dem vorwärts gekehrten Brustbilde und dem sechsfach behelmten Wappen. Mad. 3955, statt : sind ⁏ zu setzen. Am Ende der Rev.-Umschr. ein Arm mit einer Sichel als Mzzch. Nicht im Tenzel u. Dassd. G. e. R.

4474. Thaler v. 1637. Av. Geharn. Brustb. v. r. S.; vor ihm der befederte Helm. Rev. Sechsfach behelmter Schild mit der Beischrift: GOTT BESSERE DIE ZEIT VND LEVT. Dassdorf 1905. S. g. e.

4475. Thaler v. 1638. Aehnlich dem vorigen. Mad. 1453. Tenz. 24. II. S. g. e.

4476. Ein zweites Exemplar dieses Thalers. S. g. e.

4477. Begräbnissthaler v. 1638, mit dem Bildniss und einer von 19 Wappenschilden umgebenen Auf- u. Umschrift. Tenz. 24. IV. Mad. 1454. S. g. e.

Altes Haus Weimar.

Johann Wilhelm,

zweiter Sohn Kurfürst Joh. Friedrich's, geb. 1530, regierte erst mit seinen Brüdern gemeinschaftlich, von 1567 an aber allein, u. zwar bis 1570 in den gesammten ernestinischen Landen, † 2. März 1573 zu Weimar.

4478. Thaler v. 1570. Av. Der geharn. Herzog bis halben Leib, von vorn, den Helm vor sich haltend. Rev. Das Wappen mit 3 Helmen. Mad. 3976. S. g. e.

Friedrich Wilhelm I. und Johann,

Söhne Joh. Wilhelm's, ersterer 1562, letzterer 1570 geboren, standen bis 1586 unter Vormundschaft Kurf. August's; dann führte Fried. Wilhelm die Regierung bis zu seinem Tode, 7. Juli 1602.

4479. Thaler v. 1575. Beider Brustbilder in Mänteln, einander gegenüber, und das 3fach beh. Wappen. Zu Mad. 3957; mit IOHAN : und THVR : Nicht im Dassdorf. S. g. e.

4480. Aehnlicher Thaler v. 1576. Die N im Rev. stehen verkehrt. Sehr gut erhalten.

4481. Thaler v. 1584, mit dem Bildnisse Friedr. Wilhelm's im Av. und dem Johann's im Rev., in aufgeschlagener Pelzschaube und im Wamms mit Ketten. Genau wie Mad. 3958. S. g. e.

4482. Thaler v. 1592, mit den neben einander gestellten geharnischten Brustbildern und dem dreifach beh. Wappen. In der Umschrift das fehlerhafte ERA · statt FRA · Dassd. 1949. S. g. e.

4483. Thaler v. 1601. Av. Die Brüder in Harnischen, mit Kommandostäben; der ältere von vorn, der jüngere von linker Seite. Rev. Wappenschild mit 3 Helmen. Mad. 6731, aber im Rev. THVRI : ET · — MARCHIO : MISN : Nicht im Dassdorf. S. g. e. R.

4484. Dicker Doppelthaler v. 1602. Die Bildnisse wie vorher, ohne Kommandostäbe. Typus wie Cat. imp. 320. 2. Mad. 3963, aber ET · im Rev. Fehlt im Dassdorf. S. g. e. R.

Friedrich Wilhelm I.,

Vormund der drei Söhne Kurfürst Christian's I. von 1591—1601.

4485. Thaler v. 1592. Av. Geharn. Brustbild v. r. S.; vor ihm der befederte Helm. Im Titel DVX · SAX · ELEC (toratus) · ADMINI-

STRATOR · LAND(gravius): Rev. Dreifach behelmter Wappenschild. Tenz. 27. IV., Mad. 515, aber mit MARCHIO — Gut erh. R.

4486. Begräbnissthaler v. 1602. Tenz. 28. IV. Mad. 1459. War geh., s. g. e.

Sophia,

1. Gemahlin Friedrich Wilhelm's I., Tochter Herz. Christoph's v. Württemberg, geb. 1563, verm. 1583, † 1590.

4487. Begräbnissthaler v. 1590. Av. Ihr Bildniss von vorn, mit zusammengelegten Händen, im Alter von 20 Jahren. Dabei 15—83 In d. Umschr. 4 Schildchen von Sachsen u. Württemberg. (Stempel vom Vermählungsthaler) Rev. 12zeilige Aufschrift. Tenz. 26. V. Mad. 3964. Sehr gut erh. RR.

Haus Altenburg.

Johann Philipp, Friedrich, Johann Wilhelm und Friedrich Wilhelm II., 1603—1625,

Söhne Friedr. Wilhelm's I. u. dessen 2. Gem. Anna Maria v. Pfalz-Neuburg. Sie theilten 1603 mit ihrem Oheim Johann das Land und erhielten den altenburgischen Theil, während jener Weimar bekam.

4488. Thaler v. 1612, mit „Discordia praecursor ruinae" und den Bildnissen der 4 Brüder im Av. Tenz. 29. II. Mad. 1460. G. e.

4489. Desgleichen, 2. Stempel. Die Jahrzahl über dem sächsischen Schilde wird durch eine Verzierung getheilt. Cat. imp. 320. Dassd. 1993. G. e.

4490. Thaler v. 1623. Av. Das Bildniss Joh. Philipp's. Rev. Die Bildnisse der 3 Brüder v. r. S. Mad. 1463. (im Rev. etwas verschieden). S. g. e.

4491. Thaler v. 1623. Sämmtliche Namen stehen in der Avers-Umschrift. Typus wie Cat. imp. 321. 1. Mad. 1465; ebenfalls mit ALDEN — S. g. e.

4492. Halber Thaler v. 1623, zwar mit den Namen der 4 Brüder, aber nur mit dem Brustbilde Johann Philipp's. Im Rev. das 6fach behelmte Wappen. Weise 1394. Vergoldet und mit einem gewundenen Ringe nebst Henkel versehen. 1¼ Loth. G. e.

4493. Thaler v. 1624. Zu Mad. 1465, Cat. imp. 321. 1. Geh., s. g. e.

Friedrich, † 25. Oct. 1625 im Treffen bei Hannover.

4494. Begräbnissthaler v. 1625. Bildniss, bis an die Kniee, und eine 9zeilige Aufschrift nebst Umschrift. Mad. 1469. Tenz. 30. I. Gr. 44. S. g. e.

4495. Desgleichen, etwas kleiner. Das Bildniss bis an die Schenkel, mit flatternder Schärpe. Im Rev. nur 8 Zeilen Aufschrift, indem An: 1599 oder die 4. Zeile fehlt. Av. Tenz. 30. II., Rev. ibid. III. Sehr gut erhalten.

Johann Philipp, Johann Wilhelm († 1632) und Friedrich Wilhelm II., 1625—1632.

4496. Thaler v. 1626, mit dem Bildniss Joh. Philipp's im Av. und den einander gegenüber gestellten Bildnissen der jüngeren Brüder im Rev. Dassd. 2030. Zu Mad. 1466. S. g. e.

Johann Philipp und Friedrich Wilhelm II., 1632—1639.

4497. Thaler v. 1634. Av. Geharn. Bildniss Joh. Philipp's v. r. S.; vor ihm steht der befed. Helm. Rev. Geharn. Bildniss des jüngeren Bruders v. l. S., mit Kommandostab; daneben die Jahrzahl. Mad. 3967. Aus v. Madai's Sammlung. S. g. e. R.

4498. Thaler v. 1637. Vor dem Bildnisse Fried. Wilhelm's (ohne Kommaudostab) steht ebenfalls ein Helm. Die Jahrzahl am Ende der Umschrift, worin das fehlerhafte LINIÆ statt Lineae erscheint. Mad. 5814. S. g. e. R.

Johann Philipp allein, † 1. April 1639.

4499. Thaler v. 1623. Geharn. Brustbild von vorn und das sechsfach behelmte Wappen. NACH DEM — ALTEN SCHROT VND KORN — Mad. 1464. Cat. imp. 320. War geh., gut erh. R.

4500. Begräbnissthaler v. 1639, mit dem von 2 Englein bekränzten Brustbilde und einer 14zeiligen Aufschrift in einem auf die Spitze gestellten Vierecke. Cat. imp. 321. 5. Zu Mad. 1468. Zierlich und sehr gut erhalten.

Elisabeth,

Prinz. von Braunschweig-Wolfenbüttel, Gem. Johann Philipp's, geb. 1593, verm. 1618, Wittwe seit 1639, † 1650.

4501. Begräbnissthaler v. 1650, von ihrem Schwiegersohne, Ernst zu Gotha, geschlagen. Tenz. 29. IX. Mad. 1507. S. g. e.

Friedrich Wilhelm II. allein, 1639—† 22. Apr. 1669.

4502. Thaler v. 1640. Av. Geharn. Brustbild v. r. S.; davor der offene Helm. Rev. Das Wappen mit 6 Helmen. Dassd. 2051. Kommt nicht oft vor. G. e.

4503. Thaler v. 1668, auf den Tod seiner 2. Gemahlin Magdalena Sibylla, Tochter Kurfürst Johann Georg's I. zu Sachsen und Wittwe des Kronprinzen Christian von Dänemark. Av. Altar, worauf die verschlungenen Buchstaben MS. Rev. Pyramide mit Aufschrift. Tenz. 31. II. Mad. 1471. Cat. imp. 322. G. e.

4504. Begräbnissthaler v. 1669. Av. Brustbild von vorn. Rev. Auf- und Umschrift. Tenz. 31. VI. Mad. 1472. Cat. imp. 322. 1. Sehr gut erhalten.

Friedrich Wilhelm III.,

Sohn des Vorigen u. dessen 2. Gem., geb. 1657, stand unter Vormundschaft des Kurfürsten Johann Georg II. und des Herzogs Moriz zu Zeitz, starb aber schon, noch nicht 15 Jahre alt, 1672. Weimar und Gotha theilten sich in seine Besitzungen.

4505. Breiter Thaler v. 1672, mit dem jugendl. Brustbilde v. r. S. und dem von 18 Schildchen umgebenen sächs. Balkenschilde. Tenz. 32. I. Mad. 1473. Cat. imp. 322. Wurde nur in sehr geringer Anzahl geprägt. RR.

4506. Breiter Begräbnissthaler v. 1672, von Herzog Ernst von Gotha geschlagen. Av. Wie vorher. Rev. Auf- u. Umschrift. Tenz. 32. III. Mad. 1474. Cat. imp. 322.

Mittleres Haus Weimar.

Johann,

jüngster Sohn Herzog Johann Wilhelm's von Alt-Weimar, geb. 1570, regierte mit seinem älteren Bruder, Friedrich Wilhelm I., bis zu dessen Tode (1602) gemeinschaftlich, erhielt in der Erbtheilung mit dessen Söhnen 1603 Weimar, † 31. Oct. 1605.

4507. Thaler v. 1604, mit dem geharn. Brustbilde v. r. S. und dem dreifach behelmten Wappen. Mad. 1475, aber 604: G. e. R.

4508. Begräbnissthaler v. 1605, mit Brustbild und einer Auf- und Umschrift. DOMINE · DIRIGE · etc. Tenz. 34. I. Mad. 1476. Cat. imp. 335. G. e.

Johann Ernst († 1626) und seine Brüder Friedrich, Wilhelm, Albrecht, Johann Friedrich, Ernst, Friedrich Wilhelm († 1619) und Bernhard.

Söhne Johann's, standen bis 1615 unter kursächs. Vormundschaft. Darauf trat Johann Ernst (geb. 1594) die Regierung und die Vormundschaft über die 7 jüngeren Brüder an.

4509. Thaler v. 1607, mit 4 Brustbildern auf jeder Seite. Mad. 1477. G. e.

4510. Thaler v. 1612, mit DISCORDIÆ FOMES INIVRIA als Replik auf den altenburg. Thaler mit Discordia praecursor ruinae. Tenz. 35. II. Mad. 1478, der dieses Stück sehr rar nennt. Cat. imp. 335. S. g. e. R.

4511. Thaler v. 1616, mit den 8 Brustbildern im Av. und dem 6fach behelmten Wappen im Rev. Mad. 1479. S. g. e.

4512. Der gleiche Thaler. S. g. e.

4513. Begräbnissthaler der Mutter Dorothea Maria, geb. Prinz. v. Anhalt, 1617. Av. Gekr. herzförmiger Schild mit dem Wappen von Sachsen und Anhalt. Name u. Titel Joh. Ernst's als Umschrift.

Rev. 12zeilige Aufschrift. Tenz. 34. VI. Mad. 1480. Cat. imp. 336. G. e.

Friedrich,

2. Sohn Johann's, † 1622 in der Schlacht bei Fleury.

4514. Begräbnissthaler v. 1622, mit dem Bildnisse des Prinzen v. r. S. und einer Auf- u. Umschrift. IN COELO PATRIAM etc. Tenz. 37. I. Mad. 1483. Cat. imp. 336. S. g. e.

Johann Ernst

und seine Brüder nach dem Tode Friedrich Wilhelm's und Friedrich's, 1622—1626.

4515. Thaler v. 1622, mit der stehenden Pallas und dem sechsfach behelmten Wappen, wobei, verkehrt gestellt, C — F (Caspar Fochtmann). Mad. 3977. S. g. e. R.

4516. Thaler v. 1623. Rechts neben der Pallas ein Kranz. Zu den Seiten des Schildes G — A (Georg Andreae, gen. Gabriel Andresse). Tenz. 35. V. Cat. imp. 336. 3. S. g. e. R.

4517. Begräbnissthaler Johann Ernst's, v. 1626. Av. CANESCET SECLIS INNVMERABILIBVS · · Geharn. Brustbild v. r. S. Rev. Aufschrift in 10 Zeilen. Mad. 1482. Cat. imp. 336. 4. Sehr gut erh. R.

Bernhard,

der jüngste der 8 Brüder, geb. 1604, grosser Kriegsheld, erhielt 1633 von Schweden die Hochstifte Bamberg und Würzburg als „Herzogthum Franken" zu Lehen, verlor sie jedoch 1634 wieder in Folge der Schlacht bei Nördlingen, und starb 8. Juli 1639 zu Neuburg am Rhein.

(Den überaus raren, zu Fürth geschlagenen Thaler von 1634 siehe unter Würzburg, Nr. 2836.)

4518. Breisacher Goldgulden v. 1638, auf die Befreiung der Stadt. Av. · AVREVM · SAX — ON · BRISAC · 1638 · — Unter dem Herzogshute der sächs. Balkenschild, an dessen Fusse das Wappen von Breisach. Rev. Verzierte Tafel mit Inschrift. Tenz. 39. II. Köhler, D. C. 2782. Ist noch weit seltener als der ähnliche Dukaten mit der Umschr. DVCATVS etc.; es berichtet Tenzel, dass er ihn nur im Cab. zu Gotha gesehen. Sehr gut erh. RRR.

4519. Medaille auf die Eroberung von Breisach, 1638. Av. HEROIS HUIUS etc. Erhabenes, vorwärtsgekehrtes Brustbild in zierlicher Einfassung. Rev. Ansicht der Stadt mit vierzeiliger Ueberschrift. Tenz. 39. III. Treffliche Arbeit J. Blum's, v. schönster Erhaltung. Gr. 53. 3⅞ Loth. R.

4520. Medaille von Sebastian Dadler, 1639. Av. Dem reitenden Herzoge setzt eine aus Wolken kommende Hand einen Kranz auf. Rev. BrIsIACo CAPTO, etc. Ansicht von Breisach. Tenz. 39. V. Gr. 59. 3⅝ Loth. G. e. R.

4521. Thaler auf des Herzogs Beisetzung in das fürstl. Begräbniss zu Weimar, 1655. Geharnischtes Brustbild von vorn u. eine Aufschrift.

Mad. 1486. Wurde in v. Wambold's Auktion mit 20 fl. bezahlt. S. g. e. R.

4522. Gleicher Thaler. S. g. e. R.

4523. Halber Thaler auf gleiche Veranlassung. Tenz. 40. V. Cat. imp. 336. War geh., g. e. R.

Im Jahre 1640 nahmen die drei noch lebenden Brüder eine Landestheilung vor, in welcher Wilhelm: Weimar, Albrecht: Eisenach und Ernst: Gotha erhielt.

Albert zu Eisenach,

geb. 1599. Nach seinem am 20. Dec. 1644 erfolgten Tode theilten sich Wilhelm und Ernst in die Besitzungen.

4524. Begräbnissthaler v. 1644. Av. CORONAM VITÆ ACCIPE — Eine Hand aus Wolken krönt das Brustbild. Rev. Unter dem sächs. Schilde eine 8zeilige Aufschrift. Tenz. 37. IV. Mad. 1484. S. g. e. R.

Neues Haus Weimar.

Wilhelm,

Sohn Johann's zu Weimar, und der Dritte der 8 erwähnten Brüder, geb. 1598, erhielt in der Landestheilung 1640 Weimar und † 17. Mai 1662.

4525. Halber Thaler auf das Begräbniss seines Sohnes, des Prinzen Johann Wilhelm, 1639. Av. Auf- u. Umschrift. Rev. Zwei Arme mit einem Rautenkranze. So Nimb nuhn hin mein GOTT zu dir, u. s. w. Tenz. 42. V. Mad. 1487. G. e.

4526. Desgleichen. G. e.

4527. Thaler auf das zu Weimar begangene Dankfest wegen des westphälischen Friedens, 1650, mit Sinnbildern. CEDANT ARMA TOGÆ etc. Tenz. 43. I. Mad. 1488. S. g. e.

4528. Thaler v. 1652, auf den Bau des Schlosses zu Weimar. Av. Das alte Schloss in Flammen. Rev. Das neue Schlossgebäude. Tenz. 43. VIII. Mad. 1489. S. g. e.

4529. Sog. Magister-Thaler v. 1654, auf das vom Prinzen Bernhard übernommene Rektorat der Universität Jena. Tenz. 45. II. Mad. 1491. Cat. imp. 337. 2. S. g. e. R.

4530. Thaler v. 1656, auf den Tod des jüngsten Prinzen Friedrich. Kreuz mit dem Namen, und die untergehende Sonne. Tenz. 45. IV. Mad. 1492. Cat. imp. 337. 3. S. g. e.

4531. Thaler v. 1658, auf die Einweihung der Schlosskirche in der Wilhelmsburg zu Weimar. Brustbild von vorn und Ansicht der Wilhelmsburg. Tenz. 46. I. Mad. 1493. Cat. imp. 337. 4. S. g. e.

4532. Gleicher Thaler S. g. e.

4533. Halber Thaler v. 1661, auf die hennebergische Erbtheilung und Huldigung. Tenz. 46. IX. Cat. imp. 337. 5. War gehenk., sonst s. g. e.

4534. Begräbnissthaler v. 1662. Av. Säule, woran des Herzogs Brustbild. Rev. Vier zusammen gebundene Pfeile. Zu Mad. 1495. Die Umschrift des Av. schliesst mit DYNAST : IN : RAV ·, im Rev. steht CONCORDIA Dassd. 2187. S. g. e.

Eleonora Dorothea,

Tochter Joh. Georg's I. von Dessau, geb. 1602, Gemahlin Wilhelm's 1625, Wittwe 1662, † 1664.

4535. Begräbnissthaler v. 1665. Av. Auf- und Umschrift. Rev. Ein gekr. Herz. Christus ist mein Leben u. s. w. Tenz. 47. VI. Mad. 1496. Cat. imp. 337. S. g. e.

Die 4 hinterlassenen Söhne Wilhelm's: Johann Ernst, Adolf Wilhelm, Johann Georg und Bernhard theilten laut Vertrag von 1662 nur die Einkünfte des Landes und hatten ihre Residenzen zu Weimar, Eisenach, Marksuhl und Jena. Nach dem Tode auch des jüngsten Sohnes Adolf Wilhelm's, Wilhelm August, 1671, bekam Johann Georg Eisenach und es entstanden durch eine 1672 abgeschlossene Erbtheilung drei verschiedene Regierungen zu Weimar, Eisenach und Jena.

a) Sonderlinie zu Weimar.

Johann Ernst (1662—1683),

ältester Sohn Wilhelm's, geb. 1627, führte die Landesregierung auch im Namen der drei anderen brüderlichen Linien von 1662 bis zur Erbtheilung von 1672, und † 25. Mai 1683.

4536. Thaler o. J., mit dem geharn. Brustbilde und dem Sinnbilde der Klugheit und Standhaftigkeit. · PRUDENTER · ET · CONSTANTER · Mad. 3980. Tenz. 48. I. S. g. e. R.

4537. Gulden v. 1676. Av. D + G + IOHAN + ERNEST + D + S + I + C + ET + MONT ✠ Brustbild v. r. S. Rev. PRUDENTER · ET — · CONSTANTER· Gekr. vierfeldiger Schild, dabei 16 — 76 G F — · S · (Georg Friedr. Staude) Unten $\frac{2}{3}$ in einem Ovale. Nicht so im Madai, Weise u. s. w. S. g. e.

4538. Begräbnissthaler v. 1683. Av. Brustbild zwischen Palmzweigen auf einem Postamente. Rev. Ein Grabmal. Tenz. 49. I. Mad. 1498. Cat. imp. 338. 2. S. g. e.

Wilhelm Ernst (1683—1728),

Sohn Johann Ernst's, geb. 1662, regierte mit seinem 1664 geb. Bruder Johann Ernst bis 1707 und sodann mit dessen Sohne, Ernst August, bis zu seinem Tode, 26. August 1728, gemeinschaftlich. Das Münzkabinet und die Bibliothek zu Weimar wurden durch ihn angelegt. Er starb ohne Kinder und Ernst August folgte ihm.

4539. Medaille (v. C. Wermuth) auf die Einweihung der St. Jakobskirche und des Waisenhauses in Weimar, d. 6. Nov. 1713. Brustbild v. r. S. und Ansicht der Kirche. Mit Randschr. Mad. 1499. Gr. 44. $1^{15}/_{16}$ Loth. Sehr schön erh.

4540. Thaler auf die Stiftung für Kirchen- und Schuldiener, zum Geburtstage 1717. Av. Brustbild v. r. S. Rev. NON OMNIS MO-

RIAR · Ansicht des Schlosses u. s. w. Mad. 1500. Cat. imp. 338. S. g. e.

Ernst August (1728 — † 19. Jan. 1748),

Sohn Johann Ernst's, geb. 1688, reg. v. 1707 an mit seinem Oheim Wilhelm Ernst gemeinschaftlich, v. 1728 an allein. Unter seiner Regierung fielen durch den Tod Wilhelm Heinrich's 1741 die Eisenachischen Lande (mit Ausnahme des Sayn-Altenkirchischen Antheils) an Weimar zurück.

4541. Medaille o. J., auf die Streitigkeiten wegen des Amtes Fischberg. Av. Ein Husar mit gezogenem Säbel sprengt über den auf der Erde liegenden Neid hinweg. Oben ein strahlender Stern. Im Abschnitte: E · A · H · Z · S · W Rev. RIEN | SANS | RAISON Darüber ein Stern und unten ein Rosenzweig. Gr. 34. $^3/_4$ Loth. Sehr selten und sehr schön erh. RR.

Ernst August Konstantin,

Sohn Ernst August's, geb. 1737. Wegen der Vormundschaft entstanden Streitigkeiten, die durch kaiserl. Vermittlung dahin entschieden wurden, dass Franz Josias zu Koburg-Saalfeld als 2. Senior des ernestin. Hauses über Weimar, Friedrich III. zu Gotha über Eisenach als Administrator bestellt wurde. Der Prinz wurde 1755 für volljährig erklärt und trat 1756 die Regierung an, starb aber schon am 28. Mai 1758.

4542. Thaler auf seinen Regierungsantritt, 1756. Av. Brustb. v. r. S. Rev. IVSTITIA ET — CLEMENTIA — Das von 19 Schildchen umgebene Hauptwappen. Mit Randschrift. Mad. 3982. Cat. imp. 339. S. g. e.

Anna Amalia,

Tochter Herzog Karl's v. Braunschweig, geb. 1739, verm. 1756 mit Ernst August Konstantin, Wittwe 1758 und noch unmündig, wurde vom Kaiser für volljährig erklärt und führte bis zur Volljährigkeit ihres Sohnes Karl August, 1775, die Regierung, † 10. April 1807.

4543. Reichsthaler v. 1760, mit dem gekr. Namenszuge und dem sächs. Hauptwappen. Mad. 3986. Cat. imp. 339. Laubrand. S. g. e.

4544. Conv.-Thaler v. 1763. Av. Das Brustbild der Herzogin v. l. S., sehr klein geschnitten. Unter dem Arme K (Klinghammer). Rev. Das mit dem Fürstenhute bedeckte vollständige Wappen. Mad. 3988, 3. Stempel. Dassd. 2245. G. e.

4545. Conv.-Gulden v. 1764. Dassd. 2250. Sehr schön erh.

Karl August,

Sohn Ernst August Konstantin's, geb. 3. Sept. 1757, stand bis 1775 unter Vormundschaft seiner Mutter, ward Grossherzog 1815 und † 14. Juni 1828.

a) Als Herzog.

4546. Conv.-Thaler v. 1813. Av. CARL AUGUST · H · Z · S · WEIMAR U · EISENACH · — Der gekr. Balkenschild zwischen einem Palm- und Lorbeerzweig. Darunter L — S (Leonh. Stockmar) Rev. ✣ X ✣ | EINE FEINE | MARK | 1813 | ✣ Laubrand. S. g. e.

4547. Conv.-Gulden v. 1813; wie vorher, mit L · — S ·, ferner mit ◆ XX ◆ und einem Punkt nach der Jahrzahl. S. g. e.

b) Als Grossherzog.

4548. Conv.-Thaler v. 1815. Av. ✿ GROSHERZOGTHUM SACHSEN ✿ — Gekr. herzförmiger Schild mit dem sächs. Wappen. Darunter 10 EINE FEINE MARK Rev. Zwischen Eichenzweigen ✿ | DEM | VATERLANDE | 1815 | ✿ Mit Laubrand. S. g. e.

4549. Medaille (v. Brandt) auf das 50jährige Regierungsjubiläum, 1825. Av. Brustbild des Grossherzogs v. r. S., in einem Lorbeerkranze. Ohne Umschrift. Rev. Vom Thierkreise umgeben der aufsteigende Phöbus mit der Unterschrift: DER FUNFZIGSTEN | WIEDERKEHR | MDCCCXXV | Gr. 41. $2^{15}/_{32}$ Loth. Schön und s. g. e.

4550. Bronzemedaille (v. Brandt) für Göthe zum 7. Nov. 1825. Av. Die neben einander gestellten Brustbilder Karl August's u. Louisens. Rev. Das belorbeerte Brustbild Göthe's. Ohne Umschriften. Auf dem Rande, vertieft: CARL AUGUST UND LUISE • GOETHEN • ZUM VII · NOVBR · MDCCCXXV • Gr. 41. S. g. e.

Louise,

Gemahlin Karl August's, Tochter des Landgrafen Ludwig IX. von Hessen-Darmstadt, geb. 1757, verm. 1775, † 14. Febr. 1830.

4551. Medaille (v. A. Bovy), geprägt aus Dankbarkeit für die nach der Jenaer Schlacht durch sie vom Lande abgewandte Plünderung. Av. LUISEN — GROSHERZOGIN ZU — SACHSEN · Ihr Brustbild v. l. S. Rev In einem von Sternen umgebenen Eichenkranze: DAS | GERETTETE | WEIMAR | MDCCCVI · | Gr. 41. $2^1/_4$ Loth. S. g. e.

Karl Friedrich,

Sohn Karl August's, geb. 1783, Grossherzog 1828, † 8. Juli 1853.

4552. Doppelthaler v. 1840. Av. CARL FRIEDR · GROSSHERZOG ZU SACHSEN WEIM · EIS · — Haupt v. l. S.; darunter A (Berlin) Rev. 2 THALER VII EINE — F · MARK $3^1/_2$ GULDEN — Vom Hausorden der Wachsamkeit (weisser Falke) umgebener vollständiger Wappenschild auf gekröntem Wappenmantel. Unten herum ◆ VEREINS 18 — 40 MÜNZE ◆ Vertiefte Randschr. GOTT ~+~ UND ~+~ RECHT ~+~ S. g. e.

4553. Thaler v. 1841. Av. Wie vorher; aber FRIEDRICH und Z · SACHSEN W · E · Rev. EIN THALER — XIV EINE F · M · Gekrönter, vom Hausorden umgebener Wappenschild. Unten 18 — 41 Randschr. wie früher. S. g. e.

Karl Alexander,

Sohn Karl Friedrich's und dessen Gem. Maria Paulowna v. Russland, geb. 24. Juni 1818, folgt seinem Vater 8. Juli 1853.

4554. Doppelthaler v. 1855. Av. CARL ALEXANDER GROSSHERZOG VON SACHSEN — Haupt v. l. S.; darunter A Rev. und Randschr. wie auf dem Doppelthaler v. 1840. S. g. e.

4555. Vereinsthaler v. 1858. Av. Wie vorher. Rev. EIN VEREINSTHALER — XXX EIN PFUND FEIN Auf dem gekr. Wappenmantel der gekrönte, vom Hausorden umgebene sächs. Balkenschild. Unten 18 — 58 Randschr. wie früher. S. g. e.

b) Sonderlinie zu Eisenach.

Johann Georg I.,

Sohn Wilhelm's zu Weimar, geb. 1634, residirte von 1662—1671 zu Marksuhl, erhielt Eisenach (1671) nach dem Tode des Brudersohnes, Wilhelm August, trat 1672 nach der Erbtheilung die Regierung zu Eisenach an, ward durch Vermählung mit Johannette zu Sayn u. Wittgenstein Erbe des altenkirchenschen Antheils der Grafschaft Sayn und starb 19. Sept. 1686.

4556. Halber Thaler v. 1684, auf den Tod seines Sohnes Friedrich August, der vor Ofen verwundet wurde und zu Pressburg starb. Av. Geharn. Brustbild des Prinzen v. l. S. Rev. Auf- und Umschrift. Tenz. 52. IV. Cat. imp. 324. Mad. 1502 (als Dickthaler). Vorzüglich erh. R.

Johann Georg II. (1686—1698),

zweiter Sohn des Vorigen, geb. 1665, bekam 1691 einen Haupttheil des jenaischen Landes und † 10. Nov. 1698.

4557. Gulden v. 1690. Av. IOH · GEORG · D · G · D · SAX · I · C · M · A · & W · — Geharn. Brustbild v. r. S. Rev. PIETATE & — IVSTITIA — Unter dem Fürstenhute das vollst. Wappen zwischen Palmzweigen. Unten am Schilde $\frac{2}{3}$ in einem Ovale und daneben: (Eichzweig) 16 — 90 Fehlt bei Weise, Dassdorf u. A. G. e. R.

4558. Gulden v. 1691. Weise 1438. 4. Mad. 3989. Cat. imp. 324. Sehr gut erh.

Johann Wilhelm,

Bruder des Vorigen, geb. 1666, erhielt von seinem Bruder 1693 Altstädt und 1696 Jena abgetreten, † 4. Jan. 1729. Sein Sohn Wilhelm Heinrich folgte ihm und starb 1741, worauf das Land an Weimar zurückfiel. Sayn-Altenkirchen aber kam an Brandenburg-Ansbach.

4559. Klippe v. 1708, auf das bei seiner 3. Vermählung mit Magdalene Sibylle, Prinzessin von Sachsen-Weissenfels, gehaltene Vogelschiessen. Av. Unter dem Fürstenhute drei Schilde mit den Namenszügen der Neuvermählten und dem sächs. Wappen. Rev. Ein Schiessstand mit der Vogelstange. Mad. 6742. Dassd. 2274. 1¼ Loth. Sehr gut erh. RR.

c) Sonderlinie zu Jena.

Bernhard,

vierter Sohn Wilhelm's v. Weimar, geb. 1638, bekam 1662, resp. 1672 den Jena'schen Landestheil, † 3. Mai 1678.

4560. Banco-Thaler v. 1673. Av. ✿ · D : G : BERNHART : DUX · SAXON : IUL : CLEV : ET · MONT · Geharn. Brustbild v. r. S., mit Ueberwurf. Rev. · DEO DUCE CO· — MITE FORTUNA · —

Zwischen einem Palm- und einem Lorbeerzweige das gekr. 16feldige Wappen mit Mittelschild. Daneben als innere Umschr. · BANCO — THALER · Ueber der Krone 1 — 6 — 7 — 5 und neben der Krone AB (verb.) — C (Anton Bernh. Koburger in Eisleben). Diesen Thaler (nicht zu verwechseln mit Mad. 1503, Cat. imp. 330) kannte weder Tenzel, noch Madai, ebensowenig ist er im Cat. imp., im Dassdorf u. s. w. zu finden. Sehr gut erh. RRR.

4561. Gulden v. 1674. Av. D G BERNHARD DUX SAXON IUL CLEV ET MONT und ein Anker. Brustbild v. r. S., im röm. Harnisch und Gewand. Rev. DEO DUCE CO — MITE FORTUNA — Gekrönter Balkenschild zwischen Zweigen. Am Schildfuss $\frac{2}{3}$ in einem Ovale. Ueber der Krone 16 — 74 und oben neben dem Schilde AB (verb.) — C Zu Weise 1444. 3. S. g. e. R.

4562. Begräbnissthaler v. 1678, mit dem geharn. Brustbilde und einer Aufschrift in 11 Zeilen. Tenz. 55. II. Mad. 1504. S. g. e. R.

Maria,

Wittwe Bernhard's, eine geb. Prinzessin v. Tremouille, verm. 1662, † 1682.

4563. Begräbnissthaler v. 1682. Av. Belorbeerte Büste, von vorn. Rev. Ein Leichenstein mit einer Aufschrift, von einer Wittwenschnur umgeben. Tenz. 56. I. Mad. 1505. S. g. e.

Johann Wilhelm,

Sohn Bernhard's, geb. 1675, stand unter Weimar'scher, dann Eisenach'scher und schliesslich wieder unter Weimar'scher Vormundschaft und starb noch minderjährig 4. Nov. 1690. Seine Lande fielen an Weimar und Eisenach.

4564. Begräbnissthaler von 1691. Av. Geharn. Brustbild v. r. S. Rev. Ein mit dem Fürstenhute und den akademischen Zeptern bedecktes Epitaphium. Tenz. 57. I. Mad. 1506. S. g. e.

Neues Haus Gotha.

Ernst der Fromme,

Sohn Johann's zu Weimar, geb. 1601, bekam in der Landestheilung von 1640 Gotha, ferner 1645 die Hälfte des Eisenach'schen Landesantheils (Erbschaft Albert's) und 1672 drei Viertheile von Altenburg (Erbschaft Friedrich Wilhelm's III.), † 26. März 1675.

4565. Thaler auf den westphälischen Frieden, 1650. Zweiter Stempel mit nur 4 Zeilen Inschrift auf dem Av. Tenz. 59. I. Cat. imp. 326. 2. S. g. e.

4566. Thaler auf den Tod seines Sohnes, Johann Ernst, 1657. Av. IESVS | MEIN ERWERBER | u. s. w. in einem flammenden Herzen. Rev. Gekrönter Balkenschild, von doppelter Umschrift umgeben. Mad. 1515. Tenz. 59. IV. Cat. imp. 326. 3. S. g. e.

4567. Thaler auf die hennebergische Landestheilung und Huldigung in Wasungen, 1661. Tenz. 59. VI. Mad. 1509. S. g. e.

4568. Der Catechismus- oder Glaubensthaler v. 1668, mit Aufzählung der Eigenschaften Gottes. Tenz. 60. I. Mad. 1512. S. g. e.

8

4569. Hochzeitsthaler v. 1669, auf die Vermählung des Prinzen Friedrich mit Magdalene Sibylle, Herzog August's zu Weissenfels Tochter. Tenz. 60. III. Mad. 1510. Cat. imp. 326. 4. S. g. e.

4570. Taufthaler v. 1670. Tenz. 60. IV. Mad. 1511. Cat. imp. 326. 5. S. g. e.

4571. Der sog. Sterbethaler v. 1671. Tenz. 61. II. Mad. 1513. Cat. imp. 326. 8. S. g. e.

4572. Der Seligkeitsthaler v. 1672, mit der Inschrift: SİEH DEİNE | SEELIGKEİT STEHT | FEST İ · İNS VATERS LİEBE, | u. s. w. Tenz. 62. II. Mad. 1514. Cat. imp. 326. 10. S. g. e.

4573. Begräbnissthaler des Herzogs, 1675. Av. Geharn. Brustbild mit einem breiten Spitzenhalstuch. Rev. Von 19 Wappenschildchen umgebene Aufschrift, nebst der Fortsetzung des Titels als Umschrift. Die letzte Zeile der Inschrift lautet: GOTHA Tenz. 63. I. Mad. 1516. S. g. e.

Friedrich I.,

Sohn Herzog Ernst's und dessen Gem. Elis. Sophie v. Altenburg, geb. 1646, führte seit 1673 in seines Vaters Namen die Regierung, folgte demselben 1675 zugleich in Vertretung seiner unmündigen Brüder, theilte aber mit Letzteren unter'm 24. Februar 1680 und † 2. Aug. 1691.

4574. Thaler v. 1673, auf die ihm übertragene Landesregierung. Av. Das vollst. Wappen. Rev. Ein von einer Hand aus Wolken geleiteter Wandersmann. Tenz. 65. III. Mad. 1517. Cat. imp. 327. S. g. e.

4575. Gulden v. 1679, mit dem Wappen und einem zwischen Palmzweigen stehenden gekrönten F Weise 1452. 4. G. e.

Nach der 1680 vorgenommenen Theilung erscheint nun Friedrich zu Gotha, Albrecht zu Koburg, Bernhard zu Meiningen, Heinrich zu Römhild, Christian zu Eisenberg, Ernst zu Hildburghausen und Johann Ernst zu Saalfeld.

a) Linie zu Gotha.

Friedrich I. (siehe vorher.)

4576. Thaler v. 1680, auf den Bau des Schlosses und der Kirche zu Friedrichswerth. Brustbild und Ansicht des begonnenen Baues. Tenz. 66. IV. Mad. 3997. S. g. e.

4577. Begräbnissthaler seiner ersten Gemahlin Magdalene Sibylle, des Herzogs August v. Sachsen-Weissenfels Tochter, 1681, mit ihrem belorb. Brustbilde v. l. S. und einem Leichensteine. Tenz. 67. I. Mad. 1519. Cat. imp. 328. G. e.

4578. Gulden von feinem Silber, 1682. Av. Geharn. Brustbild v. r. S. Rev. Schwert und Feder, kreuzweis gelegt. UTROQUE OPUS · Mad. 3999. Weise 1461. Cat. imp. 327. S. g. e.

4579. Kleiner Thaler von feinem Silber, 1683. Av. Brustbild. Rev. Die mit Schwert und Wage belegte Bibel auf einem Kissen. PIE-

TATE PRUDENTIA ET IUSTITIA · Nicht bei Tenzel. Mad. 4000. Cat. imp. 328. Gr. 38. 1½ Loth. RR.

4580. Breites Schaustück zu 1½ Thalern, o. J. Av. Brustbild v. r. S. Rev. PIETATE · PRUDENTIA · IUSTITIA · Eine Krone mit freien Bügeln u. e. Zepter auf e. Kissen. Unten I · G · (Zainhaken) W · (Joh. Gottfr. Wichmanshausen, Mzmstr. in Gotha). Cat. imp. 328. 2. Dassdorf 2361. Nicht im Tenzel. Gr. 55. 3 Loth. S. g. e. R.

4581. Breites Schaustück, o. J. Av. Der Herzog schlägt einen Schild mit seinem Namenszuge an eine Eiche, neben welcher Schafe weiden. Unten I G S Rev. *In | Memoriam | Sempiter | nam* Ganz unten I · G (Zainhaken) W Mad. 4003. Abweichend von Tenz. 70. I. Gr. 63. $2^{3}/_{16}$ Loth. S. g. e.

4582. Medaille v. 1687, angeblich aus sog. alchymistischem Silber. FRIDERIC⁹ · D · G · DVX · SAX · I · C · ET · MONT · Belorb. Kopf v. r. S., darunter I · G · ✿ · W · Rev. Zwischen Sonne und Mond die göttliche Klarheit in Wolken. Von selbiger fällt ein starker Strahl auf einen mit dem Fürstenhute bedeckten Phönix, der einen Ring im Schnabel hält mit den Zeichen ☉ ♀ ☿ Am Holzstoss C W (Wermuth) Oben A · NUMINE · LUMEN · Unten SUSCIPIO · Got · 1687 · ET · REDDO · Tenz. 69. IV. Mad. 5820. Gr. 38. 1½ Loth. Selten und s. g. e. R.

4583. Medaille v. 1688 (Gegenstück zur vorigen). Av. MAGD : SIBYL : NATA & CONIVGATA · D · S · I · C · & M ✿ Belorb. Kopf v. l. S.; am Halsabschnitt C W *fe* Rev. Eine Tafel mit 12zeiliger Inschrift: FRIDERICVS | etc. Oben in einer an der Tafel angebrachten Verzierung 16 CF 88 (Christian Fischer, Mzmstr. in Gotha). Tenzel (67. III.) hat die Jahrzahl ganz übersehen. Madai (3998) und der Cat. imp. 328 geben 1689, Dassdorf 1683 an. Gr. 38. 1½ Loth. S. g. e.

4584. Gemeinschaftlicher Thaler v. 1688. Av. Die Brustbilder der 7 Brüder nebst beigesetzten Namen in Medaillons. Umher D — S — I — C — & — M · — Rev. FRATRES LINIÆ (sic) GOTHANÆ • 16 — 88 • Das 6fach behelmte Wappen. Mad. 5821. Aus Madai's Sammlung. S. g. e. R.

4585. Desgleichen. G. e. R.

4586. Thaler v. 1689, auf die Einweihung des Schlosses und der Kirche zu Friedrichswerth. Brustbild und Ansicht des Schlosses. Tenz. 70. II. Mad. 1523. Cat. imp. 327. Im Rev. wenig Doppelschlag, aber vorzügl. erh.

4587. Gemeinschaftlicher Thaler v. 1690. Av. Sieben Medaillons mit den Brustbildern der Brüder; dazwischen Röschen. Umschrift: DVCES — SAXON — IVL · — CLIV · — ET — MONT · — (Mad. 5822.) Rev. FRATRES LINIÆ GOTHANÆ × 16 — 90 × Sechsfach behelmtes Wappen, daneben I — T Aehnlich Cat. imp. 327. Nicht im Tenzel, Madai und Dassdorf. S. g. e. R.

4588. Derselbe Thaler. G. e. R.

4589. Gemeinschaftlicher Thaler v. 1691. Aehnlich dem vorigen.

6*

Das Wappen hat einen ovalen Mittelschild. Mit Laubrand. S. g. e. R.

4590. Desgleichen, mit glattem Rande. Tenz. 64. IV. Mad. 5822. S. g. e. R.

4591. Begräbnissthaler v. 1691, mit dem Brustbilde (ohne Elephanten am Ordensbande) und einer von 20 Wappenschilden umgebenen Aufschr. Tenz. 71. II. Mad. 1524. Cat. imp. 328. 3. Vorzügl. erh.

Friedrich II.,

Sohn Friedrich's I., geb. 1676, succ. 1691 und stand, sowie sein Bruder Joh. Wilhelm († 1707), bis zu seiner Volljährigkeitserklärung, 1693, unter der Vormundschaft Bernhard's zu Meiningen und Heinrich's zu Römhild. 1707 fielen ihm die Lande Christian's zu Eisenberg und 1710 ein Theil der Besitzungen Heinrich's v. Römhild zu, auch kaufte er die reussische Herrschaft Oberkranichfeld. Er † 23. März 1732.

4592. Thaler auf die Huldigung zu Gotha, 1692, mit den Brustbildern der beiden Vormünder und der beiden Prinzen im Av. und dem sechsfach behelmten Wappen im Rev. Randschrift: IN MEMOR : HOMAG : etc. bis GOHTA (sic!) · F · F · ✦ ✦ (Tenz. 73. I. Mad. 1526.) Cat. imp. 328. S. g. e.

4593. Schwerer Thaler zu 32 gl., v. 1692. Av. Brustbild v. r. S. Rev. Der sächs. Balkenschild, umgeben von 5 Schilden, zwischen denen vier doppelte F Mit Randschr. Mad. 1527. 2³/₈ Loth. S. g. e.

4594. Thaler v. 1712, mit dem Brustbilde und dem sechsfach behelmten Wappenschilde. Randschrift ✦ AMOR ET PRUDENTIA REGNAT ✦ ✦ Mad. 6746. Cat. imp. 329. 1. Sehr schön erh.

4595. Thaler v. 1717, auf das 2. evang. Jubelfest. Brustbild und vom Auge Gottes bestrahlter Weinberg. NON DORMIT CVSTOS · Laubrand. Mad. 1530. Cat. imp. 329. 2. S. g. e.

4596. Thaler v. 1719, auf die Grundsteinlegung der Kirche in Rehstädt. Brustbild und Inschrift. Mit Laubr. Mad. 4008. S. g. e. R.

4597. Thaler v. 1723, mit des Herzogs und seiner 7 Söhne Brustbildern. • SEPTENARIVS FRATRVM ET DVCVM SAXONIÆ • Mad. 1532. Cat. imp. 329. Gerippter Rand. Sehr schön erh.

Johann Wilhelm,

Bruder des Vorigen, geb. 1677, stand in kaiserl. Diensten und † vor Toulon 1707.

4598. Begräbnissthaler v. 1707. Av. Sein geharn. Brustbild v. r. S. Rev. Aufschrift in 11 Zeilen, mit der doppelten Umschr.: ✦ S(acrae) · CÆS(areae) · MAI(estatis) · REGIN(ae) · M(agnae) · BRITANN(iae) · E ORDD (ordinum) FOEDERATORVM BELG(ii) : | LOCVM – TENENS GENERALIS ♁ Mit Laubrand. Mad. 1534. Tenz. 84. II. S. g. e. R.

Friedrich III.,

Sohn Friedrich's II., geb. 1699, folgte seinem Vater 1732, war von 1748 bis 1755 Vormund Ernst August Konstantin's wegen Eisenach u. † 10. März 1772.

4599. Thaler auf das Jubiläum des Religionsfriedens, gefeiert zu Eisenach, 1755. Av. Brustbild v. r. S., mit dem Titel ADM · DUC · ISENAC Rev. Eine von 20 Wappen umgebene Aufschrift. Mit Randschrift. Mad. 3992. Dassdorf 2295. Cat. imp. 325. 1. Vorzüglich erh. R.

4600. Thaler auf das gothaische Jubelfest des Religionsfriedens, 1755. Av. Brustbild v. r. S. Rev. PIETATE ET — IVSTITIA An einem mit dem Fürstenhute geschmückten Postamente liegt auf einem Hermelinmantel der Wappenschild, die Bibel und ein Schwert. Im Abschnitt: ANNO IVBIL · II · PAC · | etc. Der Rand ist gerieft. Mad. 4013. Cat. imp. 329. Sehr schön erh.

4601. Conv.-Thaler v. 1765. Av. Kopf des Herzogs. Rev. Das vom Hosenbandorden umgebene Wappen zwischen Zweigen. Mad. 5481. Nicht im Dassdorf. Gut erh.

Ernst II. Ludwig,

des Vorigen und dessen Gem. Louise Dorothea v. Meiningen Sohn, geb. 1745, succ. 1772 und † 20. Apr. 1804.

4602. Conv.-Gulden v. 1774. Av. ERNESTVS D · G · GOTHAN · SAXONVM DVX ~ — Haupt v. r. S.; darunter ein Kranich. Rev. Unter dem Fürstenhute der mit Zweigen gezierte Balkenschild. Oben 17 — 74 Unten XX · EINE FEINE MARK · Mit Laubr. S. g. e.

4603. Conv.-Thaler v. 1776. Aehnl. dem Gulden. Mit DVX · im Av. und 17 — 76 · sowie X · im Rev. S. g. e.

Die Linie zu Gotha erlosch 1825 mit dem Tode Friedrich's IV. (Sohn Ernst's II.), der 1822 seinem Bruder August in der Regierung gefolgt war. Nach der Erbtheilung von 1826 zwischen Meiningen, Hildburghausen und Saalfeld erhielt Herzog Bernhard Erich Freund von Meiningen: Hildburghausen und Saalfeld, während Friedrich von Hildburghausen Herzog von Altenburg und Ernst von Saalfeld Herzog von Koburg-Gotha wurden.

b) Linie zu Koburg.

Albrecht,

Sohn Ernst des Frommen von Gotha, geb. 1648, residierte anfänglich zu Saalfeld, erhielt sodann bei der 1680 im Hause Gotha unter den 7 Brüdern getroffenen Erbtheilung Koburg, Neustadt, Sonneberg, Neuhaus, Mönchröden und Sonnenfeld mit landesfürstl. Hoheit und † 6. Aug. 1699 ohne direkte Erben. Nach einem von 1699—1735 wegen der Erbschaft geführten Streite theilten sich Saalfeld und Meiningen in die Lande, deren Herzöge sich seitdem Herzöge von Sachsen-Koburg-Saalfeld und Herzöge von Koburg-Meiningen nannten.

I. zu Saalfeld.

4604. Gulden v. 1679. Av. Das mit dem Fürstenhute bedeckte Wappen von 4 Feldern mit Mittelschild. Rev. *Point de Couronne Sans peine* Aus ADS gebildete Namenschiffre unter dem Fürstenhute. Mad. 4018. Cat. imp. 323. Weise 1476. S. g. e. R.

2. zu Koburg.

4605. Medaille (von Angerstein) o. J., nach Tenzel i. J. 1684 auf die Ertheilung des Elephantenordens geprägt. Av. D : G · ALBERTUS. III — DUX · SAX · I · C · & · M : — Geharnischtes Brustbild mit dem Ordensbande. Rev. POINT DE — COURONNE SANS PEINE — Eine Hand reicht einem auf einem Rosenstocke sitzenden Adler eine Krone. Tenz. 86. I. Mad. 4017 (nennt das Stück irrthümlich einen halben Thaler). Gr. 40. 1⅝ Loth. S. g. e. R.

4606. Gulden v. 1686. Av. D : G · ALBERTUS DUX · SAX · IU · C · & M : — Geharn. Brustbild v. r. S., mit dem Ordensbande. Rev. POINT DE COURO — NNE SANS PEINE — Gekrönter Wappenschild zwischen Zweigen. Daneben 16 — 86 | P F — C (Paul Fried. Crum, Mzmstr. in Koburg). Unten am Schilde (⅔) G. e. R.

4607. Thaler v. 1687. Brustbild und das vom Elephantenorden umgebene, mit dem Danebrogskreuze belegte, 16feldige Wappen nebst quadr. Mittelschilde, auf dem Hermelinmantel, unter der Krone. Tenz. 86. IV. Mad. 1538. S. g. e. R.

c) Linie zu Meiningen.

Bernhard,

Sohn Ernst des Frommen von Gotha, geb. 1649, bekam in der Erbtheilung von 1680 Meiningen und mehrere henneberg'sche Ortschaften mit landesfürstl. Hoheit, und starb, zweimal vermählt, 27. April 1706.

4608. Begräbnissthaler seiner 1. Gemahlin Maria Hedwig, Prinzessin von Hessen-Darmstadt, 1680. Av. Ihr Brustbild von vorn. Rev. Aufschrift, von 12 Wappen und Umschrift umgeben. Tenz. 87. I. Mad. 1535. Cat. imp. 333. S. g. e.

4609. Gulden von 1687. Av. NIL · NISI · PRU — DENTER · 1687 · — Gekrönter Namenszug, unten ⅔ in einem Ovale. Rev. NON · EST · MORTALE · QUOD · OPTO · ✦ Auf einem Steine sitzende Figur, den Ring der Ewigkeit gen Himmel haltend. Tenz. 89. VIII. Mad. 4021. Weise 1486. G. e.

4610. Gulden v. 1691. Av. D · G · B · D · S · I · C · M · A · & W ✶ 16 — 91 · Brustbild v. r. S. Rev. NON EST etc. Unter dem Fürstenhute das vierfeldige Wappen zwischen Zweigen. Dabei I G — S und unten ⅔ im Ovale. Mad. 5825. Weise 1484. 5. G. e.

4611. Thaler v. 1692, auf die Einweihung der Schlosskirche in der Elisabethenburg zu Meiningen. Brustbild und Ansicht des Schlosses. Tenz. 87. IV. Mad. 1536. Hat Laubrand. S. g. e.

Aus der Erbschaft Albrecht's von Koburg erhielt 1735 Karl Friedrich, ein Enkel vorged. Bernhard's, Sonneberg und Neuhaus. Seitdem nannten sich die Herzöge von Meiningen: „Herzöge von Koburg-Meiningen".

Georg,

Sohn Anton Ulrich's u. dessen 2. Gem. Charlotte Amalie v. Hessen-Philippsthal u. Enkel Bernhard's, geb. 1761, succ. mit seinem ältern Bruder Karl 1763 unter mütterlicher Vormundschaft, wird 1782 alleiniger Herzog, vermählt sich 27. Nov. 1782 mit Louise Eleonore Fürstin von Hohenlohe-Langenburg und † 24. Dec. 1803.

4612. Conv.-Thaler o. J. Av. GEORG HERZOG ZU SACHSEN COBURG MEININGEN ✿ Brustbild v. l. S., in Uniform; darunter X EINE L(öwel) F · MARK Rev. LOUISE ELEONORE HERZ · Z · S · C · MEIN · GEB · FÜRST · Z · HOHENL · ✿ Ihr Brustbild v. l. S., mit Diadem. Hat Laubrand. S. g. e. RR.

Bernhard Erich Freund,

Sohn Herzog Georg's, geb. 17. Dec. 1800, succ. seinem Vater 1803 unter Vormundschaft seiner Mutter Louise († 1837), übernimmt die Regierung 17. Dec. 1821, erhält 1826 durch Vergleich Hildburghausen u. Saalfeld und legt zu Gunsten seines Sohnes Georg II. am 20. Sept. 1866 die Regierung nieder.

4613. Medaillenförmiger Conv.-Gulden v. 1829. Av. BERNHARD ERICH FREUND HERZOG ZU SACHSEN MEININGEN ETC. ✦ Haupt v. l. S. Rev. Inschrift: SEGEN DES | SAALFELDER | BERGBAUES | 1829 Oben herum ZWANZIG EINE FEINE MARK und unten FEIN SILBER Der Rand ist gerieft. Sehr schön erh. R.

4614. Rheinischer Gulden v. 1830. Av. Aehnlich dem vorigen; aber BERNH · und Z · SACHS · Rev. Eine Krone; darüber EIN GULDEN RHEIN · und 1830, darunter L (Löwel) und zwei Eichenzweige. Geriefter Rand. S. g. e.

4615. Desgleichen v. 1835. Av. Wie der vorige. Rev. Eine Krone; darüber EIN GULDEN RHEIN · und darunter 1835, zwei Eichenzweige und K (Krell). Geriefter Rand. G. e.

4616. Desgleichen v. 1838. Av. BERNHARD HERZOG ZU SACHSEN MEININGEN — Haupt v. l. S.; darunter ✦ Rev. In einem Eichenkranze 1 | GULDEN | 1838 | G. e.

4617. Desgleichen v. 1843. Das Haupt ist von veränderter Zeichnung; unter demselben steht: HELFRICHT G. e.

4618. Doppelthaler v. 1854. Av. Vorstellung wie vorher, aber der Herzog trägt einen Kinnbart. Rev. 3½ GULDEN VII EINE F. MARK 2 THALER — Sechsfach behelmter, mit dem Wappenmantel und dem ernest. Hausorden behangener, vollständiger Wappenschild. Unten ✿ VEREINS 18 — 54 MÜNZE ✿ Vertiefte Randschr. CONVENTION ✿ VOM ✿ 30 IULY ✿ 1838 ✿ S. g. e.

4619. Doppelgulden v. 1854. Hauptseite und Wappenschild wie vorher. Ueber letzterem ZWEY GULDEN Neben dem Ordensstern 18 — 54 Gezahnter Rand. S. g. e.

4620. Gulden v. 1854. Av. Wie vorher. Rev. 1 | GULDEN | 1854 im Eichenkranz. S. g. e.

4621. Vereinsthaler v. 1859. Das Haupt ist von etwas veränderter Zeichnung. Am Halsabschnitt steht vertieft: HELFRICHT F. Rev. EIN

VEREINSTHALER — XXX EIN PFUND FEIN — Auf dem gekr. Wappenmantel der Balkenschild mit d. Ordenskette. Unten 18 — 59 Vertiefte Randschr. FIDELITER + ET + CONSTANTER + S. g. e.

d) Linie zu Römhild.

Heinrich,

Sohn Ernst des Frommen von Gotha, geb. 1650, bekam in der Erbtheilung von 1680 Römhild, Königsberg, Themar, Behringen und Milz und residirte zu Römhild. War kaiserl. General-Feldzeugmeister und † 13. Mai 1710. In seine Besitzungen theilten sich Gotha, Meiningen und Saalfeld.

4622. Gulden v. 1690. Av. D · G · H · D · S · I · C · M · A · & · W · 1 · 6 — 90 · Geharn. Brustbild v. r. S. Rev. SI · DEUS · PRO NOBIS · — QUIS · CONTRA · NOS — Unter d. Fürstenhute das vierfeldige Wappen zwischen Zweigen und zwei Röschen. Unten ⅔ im Oval. Die Umschriften werden durch einen Perlenkreis vom Felde getrennt. (Mad. 6748) S. g. e. R.

4623. Gulden v. 1691. Aehnlich dem vorigen, mit 16 — 91 im Av. Mad. 5826. S. g. e. R.

4624. Gulden v. 1691. Av. D · G · H · D · S — I · C · M · A · & · W · — Geharn. Brustbild v. r. S., oben und unten die Umschrift theilend. Vor Anfang und am Ende derselben · 16 — 91 · (also nach aussen gestellt) Rev. SI DEVS PRO NOBIS — QVIS CONTRA NOS Wie vorher; ohne die Röschen neben dem Schilde. Die Umschriften werden durch keinen Kreis vom Felde getrennt. S. g. e. R.

4625. Thaler v. 1692, mit dem geharn. Brustbilde v. r. S. und dem sechsfach behelmten, von Kriegsgeräthschaften umgebenen Wappen. Tenz. 90. II. Mad. 1539. Cat. imp. 333. Sehr gut erh. R.

e) Linie zu Eisenberg.

Christian,

Sohn Ernst des Frommen von Gotha, geb. 1653, erhielt in der gothaischen Theilung v. 1680 Eisenberg, Ronneburg, Roda und Camburg, war zweimal vermählt, starb aber ohne männliche Erben 28. Apr. 1707, worauf die Besitzungen an Gotha fielen.

4626. Begräbnissthaler seiner 1. Gemahlin Christiane, Prinzessin von Sachsen-Merseburg, 1679. Av. Auf- u. Umschrift. Rev. OMNIA VANITAS Ein auf einem Todtenkopfe sitzender Knabe, der sich mit Seifenblasen belustigt. Tenz. 91. I. Mad. 1540. Cat. imp. 325. Sehr gut erh. R.

4627. Gulden v. 1682. Av. Geharn. Brustbild. Rev. Ein Altar, worauf ein Herz und worüber zwei gekreuzte Arme mit einem Schilde und einem durch eine Krone gesteckten Palmzweige. Tenz. 91. VII. Mad. 4022. Cat imp. 325. S. g. e. R.

4628. Thalerförmiger Silberabschlag von den Stempeln eines breiten Zehndukatenstücks v. 1686. Av. CHRISTIANUS · D · G · DUX · SAX · IUL · CLIV · ET · MONTIUM · ⚇ Rev. ✿ IN UTROQUE DEO · ✿ MON · NOVA · AUR · — AD LEGEM · IMP ·

Auf einem bedeckten Tische liegen Fürstenhut, Palmzweig und Schwert. Vorn der vierfeldige Schild mit d. Jahrz. 16 — 86, zwischen Palmzweigen. Ist nicht zu verwechseln mit dem kleinen (Gr. 40) halben Thaler, den Tenz. 92. II. und Mad. 1542 anführen. Weder im Tenzel noch im Madai, Cat. imp., Dassdorf u. A., auch als Goldstück noch unpublicirt. $1\frac{3}{4}$ Loth. Gr. 48. Sehr gut erh. RRRR.

4629. Breiter Thaler v. 1692, mit dem Brustbilde und fünf in's Kreuz gestellten Wappen. DE-O — PAT-RIÆ — PROX-IMO — SAC-RUM — Der Rand ist gerieft. Tenz. 92. III. Mad. 4023. Cat. imp. 325. Gr. 56. S. g. e. R.

f) Linie zu Hildburghausen.

Ernst,

Sohn Herzog Ernst's d. Frommen v. Gotha, geb. 1655, bekam in der Erbtheilung v. 1680 Heldburg, Eisfeld, Hildburghausen, Veilsdorf und Schalkau und 1683 noch Königsberg. Er zeichnete sich bei dem Entsatze v. Wien aus und † 17. Oct. 1715.

4630. Thaler v. 1708. Av. Die neben einander gestellten Brustbilder des Herzogs und seines ältesten Sohnes Ernst Friedrich I. Rev. Ovaler Wappenschild mit 6 Helmen. Tenz. 94. V. Mad. 1545. Cat. imp. 330. S. g. e. R.

Ernst Friedrich Karl,

Sohn Ernst Friedrich's II., geb. 1727, stand v. 1745—1748 unter Vormundschaft seiner Mutter Karoline, geb. Gräfin von Erbach-Fürstenau, und starb 23. Sept. 1780.

4631. $\frac{2}{3}$ Stück v. 1759. Av. Brustbild v. r. S. Rev. PIETATE ET IUSTITIA Ein Ritter sitzt auf Armaturen neben dem sächs. Wappen. Mad. 5827. Weise 1497. S. g. e.

4632. Conv.-Thaler v. 1760. Av. Kopf v. r. S., mit wenig Brustgewand. Rev. Ein Ritter mit dem Wappen sitzt auf Kriegsgeräth neben einem Postamente. Mad. 4025. Cat. imp. 330. S. g. e.

Joseph Friedrich,

als Vormund für Herzog Friedrich, 1780—1784.

Joseph Friedrich, jüngster Sohn Herzog Ernst's von Hildburghausen und Urgrossoheim Friedrich's, geb. 1702, trat 1727 zur römisch-kathol. Kirche über, wurde kais. Feldmarschall und Generalfeldzeugmeister, war Vormund Herzog Friedrich's, des Sohnes Ernst Friedrich Karl's von 1780—1784, worauf dieser ihm noch bis zum Tode, der am 4. Jan. 1787 erfolgte, die Landesregierung überliess.

4633. Conv.-Thaler o. J. Av. V · G · G · IOS · FRIED · H · ZV · SACHSEN · & · & · OBERVORMVND V · LANDESREGENT Brustbild v. r. S., ohne Bekleidung. Am Armabschnitte I · V · F Rev. Ein Ritter stützt sich mit der Rechten auf ein langes Schwert und hält mit der Linken den sächs. Schild. Beim rechten Fusse steht der Helm. Unten in 2 Zeilen: X · EINE FEINE · | MARK Mit Laubrand. Gut erh.

Nach dem Erlöschen der Linie zu Gotha, 1825, und der Erbtheilung von 1826 kam Hildburghausen an den Herzog Bernhard Erich Freund von Meiningen, während Friedrich von Hildburghausen Herzog von

Sachsen-Altenburg

wurde.

Joseph,

Sohn Friedrich's, geb. 1789, succ. seinem Vater 29. Sept. 1834, entsagt der Regierung zu Gunsten seines Bruders Georg (Patent v. 30. Nov. 1848) und nennt sich darauf „Herzog Joseph zu Sachsen".

4634. Thaler v. 1841. Av. IOSEPH HERZOG ZU SACHSEN ALTENBURG — Haupt v. l. S.; darunter G (Grohmann, Mmstr. in Dresden). Rev. EIN THALER — XIV EINE F · M · — Der Balkenschild auf dem gekr. Wappenmantel. Unten ✿ 1841 ✿ Vertiefte Randschr. ∗ GOTT ∗ SEGNE ∗ SACHSEN ∗ und eine Krone zwischen Zweigen. S. g. e.

4635. Doppelthaler v. 1847. Av. Wie vorher. Unter dem Brustbilde F (Fischer, Mmstr. in Dresden). Rev. 2 THALER VII EINE — F. MARK 3½ GULDEN — Das Wappen wie vorher; darunter ✿ VEREINS 1847 MÜNZE ✿ Zwischen den Worten der Randschrift Kronen in Zweigen. S. g. e.

Georg,

Sohn Friedrich's, geb. 24. Juli 1796, succ. seinem Bruder Joseph am 30. Nov. 1848 und starb 3. August 1853. Sein Sohn Ernst folgte ihm in der Regierung.

4636. Doppelthaler v. 1852. Av. GEORG HERZOG ZU SACHSEN ALTENBURG Haupt v. r. S.; darunter F Rev. Wie der v. 1847, aber mit 1852 Randschr. wie vorher. S. g. e.

g) Linie zu Saalfeld.

Johann Ernst,

jüngster Sohn Herzog Ernst's v. Gotha, geb. 1658, bekam in der Theilung v. 1680 Saalfeld, Gräfenthal, Probstzella und Lehsten, residirte zu Saalfeld; erhielt 1714 noch ein Drittel aus der römhildschen Erbschaft und starb 17. Dez. 1729.

4637. Thaler v. 1690, auf seine 2. Vermählung mit Charlotte Johanne, Prinzessin v. Waldeck. Av. Beider Brustbilder v. r. S. Rev. Das in einen Ring eingeschlossene vereinigte Wappen von Sachsen und Waldeck. Tenz. 95. IV. Mad. 1547. Cat. imp. 334. 2. War geh., sonst s. g. e. R.

4638. Ausbeutethaler v. 1715, mit des Herzogs Bildnisse und der Stadt Saalfeld. A SOLE · SAL : Zu Mad. 5828. G. e. R.

4639. Thaler auf das Reformationsjubiläum (1717), mit dem geharn. Bildnisse des Herzogs im Av. und dem Dr. Luther's im Rev. Mad. 1550. S. g. e.

4640. Ausbeutethaler v. 1720. Bildniss und Ansicht der Stadt Saalfeld. Die Brücke befindet sich rechts. A · SOLE · ET · SALE · Mad. 4030, Anmkg. Cat imp. 324. 6. S. g. e.

4641. Begräbnissthaler v. 1729. Av. Brustbild mit Um- u. Unterschrift. Rev. CoeLo reDVX etc. Mit Inschrift versehener Sarg. Mad. 1551. Cat. imp. 324. 10. S. g. e.

4642. Begräbnissgulden. Im Rev. der Namenszug zwischen Palmzweigen. Mad. 4034. Cat. imp. 324. 9. S. g. e.

Christian Ernst,

des Vorigen Sohn erster Ehe, geb. 1683, trat mit seinem Halbbruder Franz Josias 1729 eine gemeinschaftliche Regierung an. Nach Austrag des koburgischen Erbfolgestreits erhielten sie 1735 einen Zuwachs an Ländereien und in Gemeinschaft mit Meiningen die koburgsche Reichsstimme, weshalb sie sich Herzöge von Sachsen-Koburg-Saalfeld nannten. Er starb 4. Sept. 1745.

4643. Medaille auf seinen Tod, 1745. Av. EGO IN IVSTITIA VIDEBO etc. Der Glaube und ein trauerndes Weib neben einem Sarkophage. Rev. Aufschrift in einem Kranze. Mad. 4035. Gr. 32. $^{6}/_{8}$ Loth. S. g. e.

4644. Dergleichen kleinere. Av. IESV DV SOHN DAVID u. s. w. Der vor einem Crucifix knieende Herzog. Rev. Zur Sonne fliegender Adler, dem eine Hand aus Wolken die Krone reicht. Gr. 23. $^{5}/_{16}$ Loth. Sehr gut erhalten.

Franz Josias,

Johann Ernst's Sohn zweiter Ehe, geb. 1697, regierte v. 1729—1745 in Gemeinschaft mit seinem Bruder, von da an aber allein bis zu seinem Tode, 16. Sept. 1764. War v. 1748—1756 Vormund Ernst August Konstantin's wegen Weimar und führte das Recht der Erstgeburt im Hause Koburg-Saalfeld ein.

4645. Conv.-Thaler v. 1764, mit Brustbild und Wappen. Mad. 4036. Hat Laubrand. S. g. e.

Ernst Friedrich,

Sohn des Vorigen und dessen Gemahlin Anna Sophie v. Schwarzburg-Rudolstadt, geb. 1724, succ. 1764 und starb 8. Sept. 1800.

4646. Conv.-Thaler v. 1765. Mad. 4038, aber mit des neuen Münzmeisters Knaust Namensbuchstaben: I · C · — K · unter dem Schilde. Laubrand. S. g. e.

Franz,

Sohn Ernst Friedrich's u. dessen Gem. Sophie Antonie v. Braunschw.-Wolfenbüttel, geb. 1750, succ. 1800 und † 9. Dez. 1806.

4647. Conv.-Thaler v. 1805. Av. FRANZ HERZOG ZU SACHSEN COB · SAALFELD — Unter dem Fürstenhute der mit Blättergewinden behangene, ovale sächs. Balkenschild. Unten ✣ 1805 ✣ Rev. X | EINE FEINE | MARK in einem Kranze aus Lorbeer und Eiche. Ganz unten L (Löwel, Mmstr.) Mit Laubrand. S. g. e.

Ernst,

Sohn des Vorigen u. dessen 2. Gem. Auguste v. Reuss-Ebersdorf, geb. 1784, Herzog v. Sachsen-Koburg-Saalfeld 9. Dez. 1806, erhielt am 9. Sept. 1816 von Preussen die Herrschaft Baumholder (das nachmalige Fürstenthum Lichtenberg), wurde Herzog v. Sachsen-Koburg-Gotha durch den Erbvertrag vom 12. Nov. 1826, † 29. Jan. 1844.

4648. Conv.-Thaler v. 1817. Av. ERNST HERZOG ZU SACHSEN COBURG UND SAALFELD · — Brustbild v. l. S., in Uniform. Unten 1817 Rev. FÜR GOTT UND VATERLAND Gekr. sächs. Balkenschild. Unten herum ~ ZEHN EINE FEINE MARK ~ Vertiefte Randschr. ◆ EIN SPECIES ◆ THALER ◆ ~ ~ S. g. e.

4649. Kronenthaler v. 1825. Av. ERNST HERZOG Z · S · COBURG SAALF · F · Z · LICHTENB · — Brustbild im Harnisch mit Ordenskette u. Hermelinmantel. Rev. Unter der Krone Zepter und Schwert, kreuzweise gelegt, mit darunter gestellter Jahrzahl 1825, zwischen Lorbeerzweigen. Vertiefte Randschr. EIN KRONTHALER ~ G. e.

Als Herzog von Koburg und Gotha.

4650. Conv.-Thaler v. 1829. Av. ERNST HERZOG Z · S · COBURG U · GOTHA F · Z · LICHTENB · — Haupt v. l. S. Rev. ZEHN EINE — MARK FEIN — Gekr. Balkenschild zwischen Lorbeerzweigen. Unten E · 1829 K · (Ernst Kleinsteuber, Mmstr.) S. g. e.

4651. Conv.-Gulden v. 1830, wie vorher; aber ZWANZIG EINE — FEINE MARK Der Rand ist gerieft. S. g. e.

Ernst II.,

Sohn Ernst's I. aus dessen 1. Ehe mit Herzogin Louise von Sachsen-Gotha-Altenburg, geb. 1818, succ. seinem Vater 29. Jan. 1844.

4652. Thaler v. 1848. Av. ERNST HERZOG ZU SACHSEN COBURG — GOTHA — Haupt v. l. S.; darunter F (Fischer, Mmstr. in Dresden) Rev. EIN THALER — XIV EINE F · M · — Vom ernestin. Hausorden umgebener sächs. Balkenschild auf dem gekr. Wappenmantel. Unten 18 — 48 Vertiefte Randschr. NACH DER CONVENTION VOM 30 IULY 1838 * G. e.

4653. Doppelthaler v. 1854. Av. Wie vorher; am Halsabschnitt des etwas bärtigeren Hauptes HELFRICHT Rev. 2 THALER VII EINE — F · MARK 3½ GULDEN — Das vollständige Wappen. Unten herum ✿ VEREINS 18 — 54 MÜNZE ✿ Randschr. wie vorher, am Schluss ~ + ~ S. g. e.

4654. Vereinsthaler v. 1864, mit COBURG U · GOTHA im Av. Das Haupt von etwas veränderter Zeichnung mit stärkerem Ober- und weniger Unterbart. Darunter B (Buschick, Mmstr. in Dresden). Rev. EIN VEREINSTHALER — XXX EIN PFUND FEIN — Der herz. sächs. Balkenschild mit der Ordenskette auf dem Wappenmantel. Unten 18 — 64 Vertiefte Randschr. FIDELITER * ET * CONSTANTER ~ S. g. e.

Henneberg-Ilmenauische

Gemeinschaftsmünzen der sämmtlichen Fürsten des ernestin. Hauses.

4655. Gulden v. 1692. Av. ✿ D · G · DUCUM SAXONIÆ MON : COMMUNIS HENNEBERGENSIS Unter d. Fürstenhute der sächs. Schild, daneben zwischen 4 Röschen 16 — 92 Rev. ✿ FELIX FODINARUM ILME — NAVIENSIUM REPARATIO Die Henne; unten B—A (Altmann) und zwischen Zweigen ᛘ Mit fränkisch. Kreisstempel. G. e.

4656. Desgleichen v. 1692, ähnlich d. vorigen, mit ✦ D · G : DUCUM SAXON :, zwei ✦ unter der Jahrzahl und ✦ im Rev. statt ✿ G. e.

4657. Thaler v. 1694, mit der Henne und den zwei, von Bergleuten gehaltenen, behelmten Wappenschilden von Sachsen und Henneberg. PINGVESCIT DUM ERUIT Tenz. 50. III. Mad. 1554. Cat. imp. 340. 4. S. g. e.

4958. Thaler v. 1696, mit der Henne im Rautenkranze nebst d. Umschr. CRESCIT ET HOC TUTO GAUDET TUTISSIMA SEPTO · Tenz. 51. I. Mad. 1556. Cat. imp. 340. 7. S. g. e.

4659. Thaler v. 1698, mit der Henne über den Bergwerken. TUETUR ET AUGET · Tenz. 51. III, Mad. 1558. Cat. imp. 340. 9. S. g. e.

4660. Thaler v. 1700, mit den von 2 Bergleuten gehaltenen Helmen im Av. und den zwei Wappenschilden unter dem Fürstenhute im Rev. Wird von Madai bei Nr. 4041 erwähnt. Cat. imp. 340. 12. (von 1701). S. g. e.

II. Albertinische Linie.

Albrecht der Beherzte (1485—1500),

zweiter Sohn Kurfürst Friedrich's, geb. 1443, berühmt durch seine Waffenthaten für den Kaiser und das Haus Oesterreich gegen Herzog Karl den Kühnen von Burgund, König Matthias von Ungarn und in den Niederlanden. Der Kaiser Friedrich III. ertheilte ihm 1483 die Anwartschaft auf Jülich und Berg, ernannte ihn 1488 zum Statthalter in den Niederlanden und 1498 zum Erbstatthalter in Friesland. Bis 1485 regierte er mit seinem Bruder Ernst gemeinschaftlich; in der bekannten Hauptheilung erhielt er Meissen, während Ernsten, neben der Kur mit dem Kurkreise, Thüringen zu Theil ward. In Folge seiner Abwesenheit in den Niederlanden setzte er seinen Sohn Georg zum Statthalter in seinen Erblanden ein. Er starb zu Emden 12. Sept. 1500, nachdem er bei Empörung der Friesländer vergeblich Gröningen belagert hatte.

4661. Goldgulden. Av. ✠ ALBERTVS ⁝ D' ∗ G' ∗ DVX ∗ SAXONI ⁝ Reichsapfel im Dreipass. Rev. MO' ∗ AVREA ∗ — LIPCENS ⁝ — Johannes der Täufer; zwischen seinen Füssen der sächs. Schild. Hat einen Riss, gut erh.

Georg der Bärtige (1500—1539),

Sohn Herzog Albrecht's, geb. 1471, succ. seinem Vater 1500, verkaufte 1515 die Statthalterschaft über Friesland, welche Würde ihm sein Bruder Heinrich 1505 gegen Freiberg und Wolkenstein abgetreten hatte, an Kaiser Maximilian, war ein eifriger Gegner der Reformation und † 17. April 1539. Den Beinamen „Der Bärtige" führt er wegen seines Bartes, den er sich aus Trauer um seine 1534 gestorbene Gemahlin Barbara (Tochter König Kasimir's von Polen) stehen liess.

4662. Schaustück v. 1527. Av. Etwas erhabenes Brustbild v. l. S., mit der Drahthaube, im Pelzrock. Doppelte Umschrift: GEORGIVS ⸰ DEI ⸰ GRACIA ⸰ DVX ⸰ SAXONIE ○ & ○ C ✿, innere: ANNO ○ DOMINI ○ M ○ D ○ XXVII ○ ETATIS ○ SVE ○ LVI ○ ✿ Rev. ○ SIT ⸰ NOMEN ⸰ DOMINI ⸰ BENEDICTVM ○ — Dreifach behelmter Wappenschild. Tenz. 1. I. p. 17. Mad. 1432. Gr.

43. $2^3/_4$ Loth. Ist ein treffliches Seitenstück zu dem ähnlichen Schauthaler auf den Tod des Grafen Stephan v. Schlick v. 1526 und zu dem Schaustück auf König Ferdinand von Ungarn, 1529 (Schulth. 2376.) Sehr schön erh. RR.

4663. Gleiches Schaustück; aber von anderen Stempeln, kenntlich an dem Kleeblatt an Stelle des Röschens am Ende der inneren Umschrift. Hat & C o ✿ im Av. Cat. imp. 303. $2^1/_8$ Loth. War gehenkelt, hat gelitten. RR.

4664. Schaustück v. 1527. Av. Stempel vom ersten der beiden vorhergehenden. Rev. Der Wappenschild (ohne Helme) mit der rings herum laufenden, oben beg. Umschrift: SIT ✿ NOMEN ✿ DOMINI ✿ BENEDICTVM ✿ Rev. wie Tenz. 2. I. Mad. 4043. $2^{11}/_{16}$ Loth. Sehr gut erh. RR.

4665. Thaler v. 1530, mit dem Brustbilde und fünf Wappenschilden. NAW o MVNTZ o u. s. w., mit SAXEN am Schluss. Zu Mad. 1433. Dassd. 290. G. e.

4666. Halber Thaler v. 1530. Av. NAW o MVNTZ o HERZ — o o — GEOR o ZV o SAX 1530 — Johannes d. Täufer. Rev. NACH o DEM o ALTEN o SCHROT o VND o KON (sic!) o ET o C o — Unter dem Helme die Wappenschilde von Sachsen und Thüringen. S. g. e. R.

4667. Halber Thaler v. 1533. Wie vorher, mit HER — und I533 im Av. Die Umschrift im Rev. schliesst mit KORN —, vor derselben als Münzzeichen: Stern mit Kreuz. Gut erh. R.

4668. Schaustück v. 1533. Av. GEORGIVS × DEI × GRA × DVX × SAXONIAE × ANNO × SAL × M × D × XXX × (statt der × stehen Blättchen) Brustbild v. l. S., im Pelzrock mit übergelegter Kette des goldenen Vliesses. Rev. SIT ✿ I ✿ NOMEN ✿ 5 ✿ DOMINI ✿ 33 ✿ BENEDICTVM ✿ ñ ✿ Der Wappenschild. Tenz. 2. III. Ist eine schöne Arbeit des trefflichen sächs. Meisters Hieronymus Magdeburger. Gr. 44. $1^7/_{32}$ Loth. Originalgepräge. Sehr schön erh. RRR.

4669. Medaille v. 1537. Av. SEMPER ▲ LAVS ▲ EIVS ▲ IN ▲ ORE ▲ MEO ▲ ANNO ▲ ÆTATIS ▲ — LXV (Zweig mit Blättern). Sehr erhabenes, bärtiges Brustbild v. r. S., im schlichten Rocke. Rev. ✿ GEORGIVS ▲ DEI ▲ GRACIA ▲ DVX ▲ SAXONIE ▲ ANN(verb.)O ▲ M ▲ D ▲ XXXVII — Dreifach behelmter Wappenschild. Tenz. 3. VII. Originalguss nach trefflich geschnittenen Steinreliefs. Gr. 42. $1^{15}/_{16}$ Loth. War gehenk., gut erh. RRR.

Moriz (1541—1553),

Herzog Heinrich's und dessen Gem. Katharina von Mecklenburg Sohn, geb. 1521, succ. 1541, war zur luther. Kirche übergetreten, stand aber im Schmalkaldischen Kriege auf Seiten des Kaisers, was ihm i. J. 1547 die Kurwürde verschaffte. Später trat er für die Sache der Protestanten entschieden ein und ergriff gegen den Kaiser die Waffen. — In einem Kriege mit Albrecht von Brandenburg erhielt er bei Sievershausen eine tödtliche Wunde, an der er 11. Juli 1553 starb.

4670. Leipziger Belagerungsklippe, 1547. Unregelmässig viereckige Silberplatte, worauf ein runder Stempel eingeschlagen, der den sächs. Schild enthält mit der Ueberschrift M H Z S Zu den Seiten des Schildes 15 — 47 und am Schildfusse L(eipzig) in einem Kreise. Tenz. 9. VII. Mad. 4048. 1¼ Loth. War geh., in der Mitte vergoldet. Gut erh. R.

4671. Annaberger Thaler v. 1547. Av. Geharn. Bildniss v. r. S.; daneben 15 — 47 Rev. Dreifach behelmter Wappenschild. Zu Mad. 506. Mit IMPERII ⁸ und ANB (Eichel) Dassd. 315. Der erste Thaler, den Moriz als Kurfürst schlagen liess. S. g. e.

4672. Buchholzer Thaler v. 1549. Bildniss und das Wappen ohne Helme. Ueber letzterem die Jahrz. In den Umschriften liegen je 3 Wappenschilde. Am Ende der Rev.-Umschr. S · B · T · Mad. 2940. S. g. e.

4673. Annaberger Thaler v. 1549. Zu Mad. 507; mit MAVRICIVS : S. g. e.

4674. Buchholzer halber Thaler v. 1550, mit den beiden behelmten Wappenschilden. Wie Mad. 2941 (v. 1553), aber mit dem T nach der Jahrz.; fehlt auch bei Weise und Dassdorf. S. g. e.

4675. Freiberger Thaler v. 1551. Mad. 2938 (v. 1548), aber MAVRICI · — und FRIB ∗ G. e.

August (1553—1586),

Bruder des Vorigen, geb. 1526, succ. seinem Bruder 1553, vereinigte 1556 die verschiedenen Münzstätten des Landes zu einer einzigen in Dresden, erhielt als Kriegskostenentschädigung für die ihm 1567 vom Kaiser aufgetragene Eroberung von Gotha die Aemter Weida, Arnshaugk, Ziegenrück und Sachsenburg, kaufte 1566 von Heinrich VI. v. Reuss, Burggrafen v. Meissen: Voigtsberg, Oelsnitz, Plauen und Pausa, trat 1570 die Sequestration eines Theils von Mansfeld an, erlebte auch 1583 das Anfallen der henneberischen Lande an das gesammte Haus Sachsen und starb 11. Febr. 1586.

4676. Annaberger halber Thaler v. 1554, mit Johannes d. T. und dem Wappenschilde. Als Münzzeichen der hölzerne Schuh Leop. Holzschuher's. Cat. imp. 305. 2. S. g. e.

4677. Thaler v. 1561, aus der Münzstätte zu Dresden, v. Hans Biner. Av. Geharn. Brustbild v. r. S.; darunter 2 Schildchen mit den Kurschwertern und dem sächs. Wappen. Rev. Dreifach behelmter Wappenschild. Mad. 2949 (v. 1566). G. e.

4678. Gleicher Thaler v. 1562. G. e.

4679. Thaler auf die Eroberung von Gotha, 1567. Av. TANDEM ❖ BONA ❖ CAVSA ❖ TRIVMPHAT ❖ Schild mit den Kurschwertern. Rev. Aufschrift in 9 Zeilen. Tenz. 12. II. Mad. 511. S. g. e.

4680. Desgleichen, mit der Jahrzahl auf beiden Seiten. Tenz. 12. III. Cat. imp. 305. 10. Ist seltener als der vorhergehende. G. e.

4681. Thaler v. 1581. Av. Geharn., kurzbärtiges Bildniss v. r. S. Oben in der Umschr. ein Reichsapfel. Rev. Der mit 3 Helmen bedeckte Wappenschild. Mad. 6276 (v. 1576). S. g. e.

4682. Thaler v. 1582, ganz gleich dem vorigen. G. e.

4683. Begräbnissthaler v. 1586, mit Bildniss und Aufschrift. Tenz. 16. V. Mad. 513; aber mit ME : und HO : im Rev. Cat. imp. 305. 12. S. g. e.

4684. Dickthaler vom Guldenstempel, auf den Tod des Kurfürsten. Av. Bildniss mit Schwert und Streitkolben. Rev. Aufschrift in 9 Zeilen. Tenz. 16. VI. Cat. imp. 306. 1. Gr. 35. 2 Loth. S. g. e.

Christian I. (1586—1591),

Sohn August's und dessen Gem. Anna, Prinzessin von Dänemark, geb. 1560, succ. 1586, starb aber schon am 25. September 1591.

4685. Begräbnissthaler v. 1591. Av. Brustbild. Rev. Angabe des Sterbetages und IACTVRAM | OSTENDET | DIES Tenz. 20. VIII. Mad. 2958. Cat. imp. 306. 6. War geh., sonst s. g. e.

4686. Desgleichen, mit dem Wappenschilde und mit der Aufschrift HAVD TIMET | MORTEM etc. unter dem Sterbetage. Tenz. 20. VII. Mad. 2955. Cat. imp. 306. 5. G. e.

Sophia,

Gemahlin Christian's I., Kurfürst Johann Georg's von Brandenburg Tochter, geb. 1568, verm. 1582, Wittwe 1591, starb am 7. Dec. 1622.

4687. Dukaten v. 1616. WOL DEM DER FREVD AN SEIN KINDERN ERLEBT · Tenz. 22. VIII. Köhler, D.-C. 1010. Soothe 592. 1 Duk. G. e.

4688. Ovale Medaille auf ihren Tod, 1622, von Joh. Georg I. geschlagen. Av. Ihr Brustbild v. l. S., im Zeitkostüm. Rev. SEREN · D · D · IOH · GEORG · etc. Unter einem Engelsköpfchen Angaben über Geburt und Tod. Tenz. 22. IX. Dassd. 689. Höhe 39. 1½ Loth. Gutes Originalgepräge. RR.

Christian II., Johann Georg und August,

Söhne Christian's I., von denen die beiden ältesten in der Kur folgten, August aber Administrator des Stifts Naumburg wurde. (Seine Sterbemünzen suche unter Naumburg.) Sie standen bis 1601 unter Vormundschaft Herzog Friedrich Wilhelm's von Alt-Weimar; darauf trat Christian II. (geb. 1583) die Regierung an, in deren Verlauf 1610 die Belehnung mit Jülich, Cleve und Berg durch K. Rudolf II. erfolgte. Er starb 23. Juni 1611.

a) Unter der Vormundschaft, 1591—1601.

(Den raren Administrators-Thaler v. 1592 suche unter Alt-Weimar.)

4689. Thaler v. 1593, mit den 3 Brustbildern und dem dreifach behelmten Wappen. Zu Mad. 517. Dassd. 513. S. g. e.

4690. Thaler v. 1597. Wie der vorhergehende. S. g. e.

b) Christian II. selbstständig, mit seinen Brüdern.

4691. Thaler v. 1603. Av. Bildniss Christian's. Rev. Die Brustbilder der jüng. Brüder von vorn, von 14 Wappenschilden umgeben. Mad. 519. G. e.

4692. Thaler v. 1608. Av. Bildniss Christian's. Rev. Die gegen einander gestellten Bildnisse seiner beiden Brüder. Zu Mad. 2961. War geh., sonst g. e.

4693. Dicker medaillenförmiger Doppelthaler v. 1611, auf die passive Haltung des Kurfürsten im Jülich'schen Successionsstreite. Av. SOLA DVCES VIRTVS · VI DECET IRA TRVCES — Der auf getäfeltem Boden stehende Kurfürst. Am Boden 1611 Rev. PARVA ETIAM VIRTVS, VIM MAGNAM VINCIT ET IRAM ◆ Ein von einem Bären verfolgter Affe rettet sich auf einen Baum. Tenz. 27. VII. Mad. 2963. Gr. 40. Stammt aus der v. Zehmen'schen Auktion (Dresden, 1834), ist vorzüglich erhalten und sehr rar. 4 Loth. RR.

4694. Doppelthaler auf den Tod Christian's II., 1611. Av. Brustbild mit dreifacher Umschrift. Rev. Sechszeilige Inschrift. Mad. 521, aber mit BENE(fici) · im äusseren Kreise und mit AN · M · D · LXXXIII · DENATI · XXIII · IVN — im 2. Kreise. S. g. e.

Johann Georg I.,

zweiter Sohn Christian's I., geb. 1585, succ. seinem Bruder 1611, verwaltete 1612 und 1619 das Reichsvikariat, stand im 30jährigen Kriege zuerst auf Seite des Kaisers, ergriff jedoch 1631 die Partei Schweden's und machte 1635 zu Prag mit Ferdinand II. Frieden, wornach die Lausitz als böhmisches Lehen an Sachsen kam. Er starb 8. Oct. 1656.

(Die Vikariatsmünzen s. im I. Theile.)

a) In Gemeinschaft mit seinem Bruder August († 1615).

4695. Dicker Doppelthaler v. 1614. Av. Bildniss des Kurfürsten. Rev. Das Brustbild August's, von Umschrift und 18 Wappenschilden umgeben. Mad. 524, aber mit SA · — im Av. und (Schwan) ET AVGVST · FR · ET D : S : I : C · E · M im Rev. S. g. e.

b) Allein, 1615—1656.

4696. Thalerklippe v. 1615, auf die Geburt Christian's, nachherigen Administrators zu Merseburg. Av. Bildniss des Kurfürsten u. s. w. In den Ecken SCOPVS — VITÆ — etc. Rev. IN GLADIIS FLORET etc. Die Kurschwerter. Mad. 2971. Dassd. 630. War gehenkelt, sonst gut erh.

4697. Halber Thaler v. 1617, auf das erste evangelische Jubelfest, mit den Bildnissen Johann Georg's und Friedrich's III. Tenz. 36. VII. S. g. e.

4698. Sog. Christfestthaler, Dickthaler, v. 1617, mit HONOREM · HABEBIS · etc. und DITANT VOTA — MATERNA Av. wie Tenz. 37. IV. und Rev. wie Tenz. l. c. V. Mad. 527. Cat. imp. 308. 11. Diese Schaumünzen liess der Kurfürst seiner Mutter zu Ehren als Weihnachtsgeschenk für sie prägen. Gr. 37. S. g. e. R.

4699. Dergleichen halber Thaler, v. 1617, mit VT SALOMON SIC EGO MATREM und MATERNIS PRECIBVS NIHIL FORTIVS Mad. 528. Tenz. 37. III. S. g. e.

9

4700. Halber Schauthaler v. 1620, auf den Anfang des Feldzugs gegen die in die böhmischen Unruhen verwickelten Lausitzer und Schlesier. Av. Der Wappenschild. Rev. Ueber einander gelegte Waffenstücke. ZVM GLVCKLICHEN ANFANG VND GVETEM ENDE ✿ Mad. 2974. Cat. imp. 309. 3. 1 Loth. S. g. e.

4701. Kippermünze zu 40 Groschen, v. 1621. Av. Von einem Engel gehaltener Wappenschild. Rev. Zwei Engel halten drei Wappenschilde. Typus wie Tenz. 40. II. Mad. 530. Münzzeichen der Schwan. S. g. e.

4702. Thaler v. 1624, mit dem Bildnisse und dem sechsfach behelmten Wappenschilde. Dassd. 708. S. g. e.

4703. Thaler v. 1630, auf das Jubelfest der Uebergabe der augsburgischen Confession, mit Johann Georg's I. und Johann des Beständigen Bildnissen v. r. S. Zweite Gattung, worauf Joh. Georg die linke Hand von sich streckt. Dassd. 748. S. g. e.

4704. Medaille (v. S. Dadler) auf gleiche Veranlassung, 1630. Av. VERBVM — DOMINI — etc. Des Kurfürsten Johann Brustbild von vorn, mit dem Schwerte in den Händen. Rev. IOHANNS | CHVRFVRST ZV: | SACHSSEN THVT, BE: | KENNEN FREY AVS HEL: | DENMVTH : u. s. w. Tenz. 46. IV. Gr. 56. 2¾ Loth. Schön und s. g. e.

4705. Thalerklippe v. 1630, auf die Vermählung der Prinzessin Marie Elisabeth mit Herzog Friedrich von Holstein. Bildniss und zwei in einander gelegte Hände zwischen Zweigen. OMNIA AD METAM Tenz. 45. II. Mad. 534. 2 Loth. S. g. e.

4706. Medaille (v. Sebastian Dadler) auf den Leipziger Convent evangelischer Stände, 1631. Av. Ansicht von Leipzig; darüber halten 2 Englein einen grossen Schild und die beiden Wappen. Rev. Der junge Herkules wird von der Tugend dem Apollo und Merkur zugeführt. Unten in einer Einfassung AD UTRUMQ Tenz. 47. II. Gr. 50. 2¼ Loth. Sehr schön erh.

4707. Doppelthaler v. 1652. Av. Der Kurfürst in halber Figur, von vorn, im Kurhabit, das Schwert mit beiden Händen vor sich haltend. Rev. Der mit 8 Helmen bedeckte Wappenschild. Mad. 535 (v. 1653). Cat. imp. 310. 1. Gr. 50. Sehr gut erh. R.

4708. Begräbnissthaler v. 1656. Erster Stempel: die Spitze des Schwertes am mittelsten I in VIII; nach IMPE im Rev. zwei Punkte. Dassd. 815. Cat. imp. 310. 2. Zu Mad. 536. S. g. e.

Magdalena Sibylla,

Gemahlin Johann Georg's I., T. Herzog Albrecht Friedrich's v. Preussen, geb. 1587, verm. 1607, † 22. Febr. 1659.

4709. Begräbnissthaler v. 1659, von ihrem Sohne Johann Georg II. geschlagen. In- und Umschrift auf beiden Seiten. Tenz. 51. VI. Mad. 537. Cat. imp. 310. S. g. e.

Johann Georg I. hatte die Länder unter seine Söhne so getheilt, dass Johann Georg die Kur nebst den dazu gehörigen Landen, August Weissenfels und Querfurt, Christian Merseburg und die Niederlausitz, Moriz Naumburg-Zeitz u. s. w. erhielt, wodurch eine Theilung in der albertinischen Linie entstand. Die Landestheile dieser Nebenlinien fielen in den Jahren 1746, 1738 und 1718 an Kursachsen zurück.

Johann Georg II. (1656—1680),

Johann Georg's I. Sohn, geb. 1613, succ. 1656, war 1657 Reichsvikar und † 22. August 1680. Während seiner Regierungszeit kam die Grafschaft Barby an Sachsen und fand die Theilung von Henneberg statt, wobei die albertinische Linie fünf Zwölftel erhielt.

(Die von ihm als Reichsvikar geschlagenen Thaler s. im I. Theile.)

4710. Breiter doppelter Schauthaler v. 1661, auf die Grundsteinlegung zur Kapelle in Morizburg. Av. Gezierter Obelisk, zu dessen Seiten die aufgeschlagene Bibel und die Kurschwerter. Rev. Inschrift. Tenz. 55. I. Mad. 2988. Cat. imp. 312. 1. Gr. 64. 4 Loth. S. g. e.

4711. Thalerklippe v. 1662, auf das bei der Vermählung der Prinzessin Erdmuthe Sophie mit Markgraf Christian Ernst zu Bayreuth gehaltene Hauptschiessen zu Dresden. Tenz. 55. III. Mad. 2989. Cat. imp. 312. 2. S. g. e.

4712. Dickthaler vom Orts-Stempel, 1667. Brustbild und dreifeldiger Wappenschild. Gr. 31. 2 Loth. Sehr gut erh. R.

4713. Drittel v. 1667, aus der Bautzner Münze. Av. Brustbild v. r. S. Rev. MONETA · SUPERI — ORIS · LUSATIÆ Zwischen den beiden Hauptwappen das der Oberlausitz. Dassd. 877. G. e.

4714. Wechselthaler v. 1670, aber ohne Bezeichnung als solcher. Brustbild und runder Wappenschild unter dem Fürstenhute. Mad. 542. Diese Thaler, insgemein Bautzner genannt, wurden in Dresden für die Lausitz gemünzt. 1$^{29}/_{32}$ Loth. S. g. e.

4715. Thalerklippe v. 1678, auf die Einweihung des neuen Schiesshauses zu Dresden und das am 27. Februar abgehaltene Herkules-Schiessen. Av. Der Kurschild, von vier anderen Wappen umgeben. Rev. Der stehende Herkules. Tenz. 60. IV. Mad. 2993. 1$^{9}/_{16}$ Loth. S. g. e.

4716. Thaler v. 1678, auf den Hosenband-Orden und das am 23. April zu Dresden gehaltene Ordensfest. Av. EN HONNEUR etc. Der Ritter Georg. Rev. In einem Kranze: DU TRÉ HAUT | etc. Mad. 543. Tenz. 61. I. 1$^{9}/_{16}$ Loth. S. g. e.

4717. Thalerklippe v. 1679, auf das bei der Feier des Nimwegen'schen Friedens gehaltene Herkules-Schiessen. Dem auf Wolken stehenden Herkules reicht eine Hand den Kranz dar. Tenz. 61. IV. Mad. 2994. 1$^{9}/_{16}$ Loth. War geh., sonst s. g. e.

4718. Begräbnissthaler v. 1680. Av. Die Fama mit 2 Posaunen hinter den beiden Wappenschilden. Rev. 16 zeilige Aufschrift. Tenz. 62. I. Mad. 544. Cat. imp. 313. 1. War gehenk., gut erh.

9*

Magdalene Sibylle,

Gemahlin Johann Georg's II., Tochter des Markgrafen Christian von Bayreuth, geb. 1612, verm. 1638, Wittwe 1680, † 20. März 1687.

4719. Medaille (v. Omeis) auf ihren Tod, 1687, mit den Brustbildern der Kurfürstin und ihres Gemahles, nebst Angabe der Geburts- und Todesjahre in den Umschriften. Die erhabene Randschrift enthält Beider Wahlsprüche. Tenz. 62. II. Gr. 32. 1¼ Loth. S. g. e.

4720. Begräbnissthaler. Av. In einem Kranze unter einer Krone ein Regenbogen mit der Unterschrift: SOLA · | SPES · MEA · Rev. Aufschrift. Tenz. 62. III. Mad. 545. Cat. imp. 313. 1⅛ Loth. Sehr gut erh.

4721. Dergleichen halber Thaler, mit MANET in einem Rautenkranze. Tenz. 62. V. Mad. 2996. Cat. imp. 313. ⁹⁄₁₆ Loth. Sehr gut erh.

Johann Georg III. (1680—1691),

des Vorigen einziger Sohn, geb. 1647, ein tapfrer Fürst, der 1683 bei der Entsetzung von Wien und 1689 bei der Eroberung von Mainz betheiligt war. Er starb als Ober-Commandant der Reichsarmee im Feldzuge gegen Frankreich am 22. Sept. 1691 zu Tübingen.

4722. Medaille o. J. (v. J. Kittel), auf die Dresdener Huldigung. Av. · IEHOVA VEXILLUM MEUM · — Brustbild des Kurfürsten im röm. Harnisch; daneben IOH · GE · — III · EL · SAX Rev. RUTÆ SUB HONORE VIRESCIT DRESDA Ansicht von Dresden mit der Elbbrücke. Tenz. 64. II. 1⅜ Loth. Leidl. erh.

4723. Thaler v. 1690. Geharn. Bildniss und das 8fach behelmte Wappen von 22 Feldern mit Mittelschild. Hier erscheint zum ersten Male der Titel „von Engern und Westphalen", der nach dem Tode des letzten Herzogs von Sachsen-Lauenburg, Julius Franz, angenommen wurde. (Mad. 546.) S. g. e.

4724. Thaler v. 1691. Wie der vorstehende. S. g. e.

4725. Begräbnissthaler (Courantthaler) v. 1691. Av. Geharnischter Arm mit der Fahne. Rev. Auf- und Umschrift. Tenz. 69. I. Mad. 548. Cat. imp. 313. 1⁹⁄₁₆ Loth. G. e.

4726. Begräbnissthaler mit dem von dreifacher Umschrift umgebenen Brustbilde des Kurfürsten im Av. und einer Inschrift im Rev. Tenz. 69. II. Mad. 547. Cat. imp. 313. 2 Loth. S. g. e.

Johann Georg IV. (1691—1694),

Johann Georg's III. und dessen Gem. Anna Sophia v. Dänemark erster Sohn, geb. 1668, succ. 1691, starb aber schon 27. April 1694.

4727. Thalerklippe v. 1693, auf das beim Empfang des Hosenbandordens gehaltene Büchsenschiessen. Mit dem Ordensband umgebener Namenszug und die Kurschwerter. Tenz. 71. II. Mad. 550. Cat. imp. 314. 1⁹⁄₁₆ Loth. S. g. e.

4728. Thaler v. 1693, mit dem geharn. Brustbilde und dem 10fach behelmten vollst. Wappen von 24 Feldern mit Mittelschild. Zu den

Helmen sind die für Westphalen und Engern gekommen, und ebenso sind in den Schild dafür 2 Felder aufgenommen worden. Mad. 549. Sehr gut erh.

4729. Begräbnissthaler (Couranttbaler) v. 1694, mit den zwei Pyramiden. Tenz. 72. II. Mad. 552. Cat. imp. 314. 1³/₄ Loth. G. e.

Friedrich August I. (1694—1733),

Johann Georg's III. zweiter Sohn, geb. 1670, succ. seinem Bruder 1694, trat am 2. Juni 1697 zur katholischen Kirche über und bestieg im gleichen Jahre als August II. den polnischen Thron. Mit Schweden in Krieg verwickelt, musste er am 24. Sept. 1706 im Altranstädter Frieden der polnischen Krone entsagen; nach der Schlacht von Pultawa (8. Juli 1709) jedoch erlangte er den polnischen Thron wieder. Er starb 1. Febr. 1733 zu Warschau. Im Jahre 1718 fielen die Lande der Linie zu Zeitz an die Kurlinie zurück.

(S. auch im I. Th. S. 16 u. 96.)

4730. Dukaten ohne Jahr. Av. Der geharn. und behelmte Kurfürst zu Pferde, v. r. S. Ohne Umschrift. Rev. Ovaler Schild auf dem mit dem Kurhute geschmückten Wappenmantel. Dabei F · A · — C · Z · — S · Soothe 608. Baumg. 592. (Köhler, D.-C. 1043 und Monn. en or p. 183, v. 1695). 1 Duk. S. g. e. R.

4731. Thaler v. 1695. Av. Der Kurfürst v. r. S., das Schwert vor sich haltend. Rev. Der mit 10 Helmen bedeckte Wappenschild. Mad. 553. War geh., g. e.

4732. Medaille (v. Omeis) auf die Geburt des Kurprinzen Friedrich August, 7. (17.) Oct. 1696. Av. Brustbild der Kurfürstin Christiane Eberhardine. Rev. MEO — SPES — MUNERE SPIRAT · Die Fortuna mit dem Prinzchen, das nach den Kurschwertern greift. Erhabene Randschrift. Tenz. 74. VI. 1¹/₂ Loth. Sehr schön erh.

4733. Courantthaler auf gleiche Veranlassung. Av. FUTURUS ACHILLES SAXONICUS etc. Der kleine Prinz, geharnischt, richtet den Kurschild auf. Rev. Ansicht von Dresden. Tenz. 80. II. Mad. 554. S. g. e.

4734. Thalerklippe auf das Büchsenschiessen, das in der Carnevalszeit 1697 gehalten wurde. Des Kurfürsten Namenszug und der auf Wolken stehende Herkules. Mad. 3000. Cat. imp. 315. 4. 1³/₄ Loth. S. g. e.

4735. Thalerklippe v. 1699, auf das den in Dresden anwesenden poln. Magnaten zu Ehren gehaltene Schiessen. Av. Des Königs gekrönter Namensbuchstabe A zwischen Zweigen. Rev. Der Herkules. Tenz. 78. IX. Mad. 555. Cat. imp. 315. 6. 1³/₄ Loth. S. g. e.

4736. Sehr seltene Medaille von einer gewissen Kaufmann, auf den Abmarsch der Schweden aus Sachsen, 1707. Av. FRID · AUG · D · G · — REX & EL · SAX — Geharn. Brustbild des Königs v. r. S. Am Armabschn. KAVFMANN Rev. ACCEDENS REPELLO Ueber einer Landschaft entladet sich ein Hagelwetter. Im Hintergrunde die aufgehende Sonne. Im Abschnitt: MENS · SEPT · MDCCVI & VII | SVEC · INVAS · & DISCESS · | SAXON · FATALIS Dassd. 1158. Conradi bestreitet p. 26 mit Unrecht den Namen Kaufmann. Gr. 37. 1⁹/₁₆ Loth. Sehr schön erh. RRR.

4737. Thaler v. 1707, mit dem belorb. Brustbilde des Königs und dem von 6 Schildchen umgebenen gekr. poln. Wappen, nebst den Kurschwertern im Mittelschilde. Mad. 3001. S. g. e.

4738. Desgleichen, vom vorstehenden Thaler ganz unbedeutend abweichend. S. g. e.

4739. Sog. Cosel-Gulden v. 1707. Mad. 3002. S. g. e.

4740. Thalerklippe auf das Vogel- und Scheibenschiessen, das der König den zu Dresden versammelten Landständen am 13. Febr. 1708 veranstaltete. Mad. 6285. 1$^{3}/_{4}$ Loth. Gut erh.

4741. Thaler v. 1709. Brustbild v. r. S. und die gekrönten Buchstaben AR mit der Umschrift ✿ MONETA SAXONICA ✿ Mad. 557. Cat. imp. 315. 9. 2 Loth. S. g. e. R.

4742. Gulden v. 1709. Aehnlich dem Thaler. Cat. imp. 315. 8. Weise 582. 2. S. g. e. R.

4743. Begräbnissthaler seiner Mutter Anna Sophia, 1717. Av. Unter der Krone eine Aufschrift in 14 Zeilen. Rev. DEO DUCE In dem Hafen eingelaufenes Schiff. Mad. 560. Cat. imp. 314. 1. 2 Loth. S. g. e.

4744. Dergleichen Gulden. Cat. imp. 314. 2. Weise 587. G. e.

4745. Thaler v. 1719, zur Vermählung des Kurprinzen mit der kaiserlichen Prinzessin Maria Josepha, den der sächs. Abgeordnete, Feldmarschall v. Flemming, bei den Feierlichkeiten in Wien auswerfen liess. Aufschrift und zwei brennende, verkettete Herzen. INDISSOLVBILITER · Mad. 561. Cat. imp. 316. 5. 2 Loth. S. g. e.

4746. Medaille v. 1719, auf gleiche Veranlassung. Av. RUTHE WEISE GLÜCKLICH AN · Schreitender Cupido mit Bergmannsmütze und Leder, die Wünschelruthe in den Händen. Rev. DAS ICH AUS BEÜT MÜNTZEN KAN · Ein vor dem mit 1719 bezeichneten Prägstock sitzender Cupido. Dassd. 1276. Gr. 29. $^{3}/_{4}$ Loth. S. g. e.

4747. Medaille (v. Groskurt) auf das bei dieser Vermählung im plauenschen Grunde bei Dresden gehaltene Saturn-Fest. Av. CONSTELLATIO FELIX Ueber einem künstlichen Wasserfall der strahlende gekr. Namenszug AR, von den sieben Planeten umgeben. Zu den Seiten 2 Pyramiden von Erz, woran die von zwei Bergleuten gehaltenen Wappenschilde von Polen und Sachsen. Rev. Der auf einem Felsenstück sitzende Saturn schreibt auf eine Tafel: MEMORIÆ | SATVRNALIVM | SAXONIÆ | MDCCXIX Dassd. 1268. Gr. 55. 4 Loth. S. g. e. R.

4748. Erste Planeten-Medaille (v. Wif aus Norwegen), auf das bei derselben Vermählung in Dresden am 10. Sept. 1719 auf der Elbe abgebrannte Feuerwerk. Av. MOVET — IGNEUS IGNES ✦ Apollo (als Sonne) mit Feuerwerk auf der Rechten. Rev. Vorstellung des Festes. Köhler, M. B., XX. 25. Nr. 1. Dassd. 1269. Gr. 48. 3 Loth. Vorzüglich erh. RR.

4749. Zweite Planeten-Medaille (v. Wif), auf das am 12. Sept. 1719 auf dem Altmarkte zu Dresden gehaltene Ross- und Fussturnier.

Av. CAMPUM DE — ⟷ SI ⟷ — GNAT HONORIS ◆ Der geharn. Mars mit Lanze und Schild. Rev. Der Altmarkt mit Vorstellung der Lustbarkeit. Köhler a. a. O. Nr. 2. Dassd. 1271. Gr. 48. $3^1/_4$ Loth. Vorzüglich erh. RR.

4750. Dritte Planeten-Medaille (v. Wif), auf das am 15. Sept. 1719 im Zwinger zu Dresden veranstaltete Carroussel. Av. CIRCI CER — ⟷ TA ⟷ — MEN ADORNAT ◆ Der auf Wolken sitzende Jupiter. Rev. Das Zwingergebäude und Darstellung des Rennens. Köhler a. a. O. Nr. 3. Dassd. 1273. Gr. 48. $3^5/_{16}$ Loth. Vorzügl. erh. RR.

4751. Vierte Planeten-Medaille (v. Wif), auf die am 18. Sept. 1719 zwischen Dresden und Blasewitz auf der Elbe gehaltene Wasserjagd. Av. IN MOTUS — CINCTA FERINOS ◆ Diana (als Mond) im aufgeschürzten leichten Kleide, mit Speer und Bogen; neben ihr ein Hund. Rev. Dresden und die Elbbrücke nebst dem abgesteckten Jagdplatze. Köhler a. a. O. Nr. 4. Dassd. 1270. Gr. 48. 3 Loth. Vorzüglich erh. RR.

4752. Fünfte Planeten-Medaille (v. Wif), auf den am 20. Sept. 1719 im Zwinger zu Dresden abgehaltenen National-Wirthschafts-Jahrmarkt. Av. CALLET COMMERCIA MUNDI ◆ Der schwebende Merkur mit beiden Händen ein Juwelenkästchen haltend. Rev. Das Zwingergebäude mit einem Theil des alten Stadtgrabens und der Zwingerbrücke. Köhler a. a. O. Nr. 5. Dassd. 1272. Gr. 48. 3 Loth. Vorzüglich erh. RR.

4753. Siebente Planeten-Medaille (v. Wif), auf das im Weiseritzgrunde nächst Plauen bei Dresden abgehaltene bergmännische Fest, 1719. Av. REDEUNT SATURNIA REGNA Saturn auf einem Berg sitzend, an welchem zwei Bergleute beschäftigt sind. Rev. Der illuminirte Saturn-Tempel mit dem Aufzuge der Bergleute. Köhler XIII. 417. Dassd. 1275. Gr. 48. $3^5/_{16}$ Loth. Vorzüglich erh. RR.

4754. Die gleiche Medaille. 3 Loth. Vorzüglich erh. RR.

Vorstehende sehr rare sog. Planeten-Medaillen sind ungemein schwer zusammenzubringen; die hier allein noch fehlende sechste (mit der Venus) zu erlangen, hat Herr v. Schulthess seit Jahren sich vergeblich bemüht. Die 1., 4. und 6. derselben stammt aus der v. Ampach'schen Auktion (Dresden, 1835).

Friedrich August II. (1733—1763),

des Vorigen einziger Sohn, geb. 1696, wurde am 27. Nov. 1712 zu Bologna katholisch, succ. 1733, wurde, obgleich Stanislaus Lesczinsky am 12. Sept. 1733 als polnischer König ausgerufen worden war, am 5. Oct. 1733 unter den Namen August III. zum König von Polen erwählt und am 17. Januar 1734 gekrönt, führte 1740—1742 und 1745 das Reichsvikariat und starb 5. Oct. 1763. Durch das Absterben der Merseburger und Weissenfelser Linie waren 1746 nun alle Länder der albertin. Nebenlinien wieder mit dem Kurhause vereinigt.

(S. auch im I. Th. S. 20, 21 u. 97).

4755. Doppelter Courantthaler v. 1733, auf den Tod seines Vaters. Av. Geharn. Brustbild Friedrich August's II. Rev. MEMORIÆ · ÆTERNÆ · — OPTIMI · PARENTIS · Eine hohe Ehrensäule, worauf die Statue August's II. erscheint. Mad. 563 b. Cat. imp. 318. 3. $2^{14}/_{16}$ Loth. Gut erh.

4756. Huldigungsmedaille der Stadt Freiberg, 1733 (v. J. W. Höckner). Av. Brustbild des Kurfürsten v. r. S., mit Unter- und Umschrift. Rev. FREYBERG DIE ALTE VND GETREVE u. s. w. Ansicht der Stadt und der Bergwerke. Mad. 5676. Gr. 41. 2 Loth. S. g. e.

4757. Medaille (v. Wermuth) auf die Vermählung der Prinzessin Maria Josepha mit dem Dauphin Ludwig, 10. Januar 1747. Av. Die einander gegenüber gestellten Büsten des Brautpaares. Rev. Achtzeilige Inschrift. Dassd. 1412. Gr. 43. 2 Loth. S. g. e.

4758. Auswurfsgulden zu dieser Vermählung. Av. AMOR MUTUUS · Altar mit den beiden Wappen. Rev. Aufschrift. Mad. 3010. S. g. e.

4759. Dukaten zur Vermählung des Kurprinzen Friedrich Christian mit der bayerischen Prinzessin Maria Antonia, 20. Juni 1747. Av. Schwebender Hymen mit einer von Rautenzweigen umgebenen Hochzeitsfackel. Rev. Aufschrift in 7 Zeilen. Soothe 628. 1 Duk. S. g. e.

4760. Thaler v. 1756, mit dem breiten, von Wermuth geschnittenen Kopfe des Königs im Av. und den zwei Wappenschilden mit beigesteckten Palmzweigen unter der Krone. F · W · ó F · (Friedr. Wilh. ô Feral, Mmstr. in Dresden). Zu Mad. 3012 (v. 1755). S. g. e.

4761. Thaler v. 1757, aus der preussischen Occupationszeit. Zwischen den Schilden die Chiffre *FR* (Fridericus Rex) und I · D · B (Joh. David Billert, preussischer Mmstr. zu Dresden). Mad. 3015. Cat. imp. 317. 12. Dassd. 1468. Mit gekerbtem Rande. Die Platte ist justirt. S. g. e. Kommt nicht häufig vor.

4762. Ein zweites Exemplar von gleicher Erhaltung.

4763. Ausbeutethaler v. 1759. Mad. 3018 (v. 1760). Dassd. 1478. S. g. e.

Friedrich Christian (1763),

Sohn Friedrich August's II., geb. 1722, succ. seinem Vater am 5. October 1763, regierte aber nur zwei Monate und zwölf Tage, indem schon am 17. Dezember 1763 sein Tod erfolgte.

4764. Leipziger Conv.-Thaler v. 1763. Av. Brustbild v. r. S.; am Arme s (Stieler). Rev. Gekrönter Wappenschild, darunter in gerader Linie E · D · C · (Croll). (Mad. 3026.) Dassd. 1519. Laubrand. Gut erh.

4765. Desgleichen mit · I · F · ó F · (Feral, Mmstr. in Leipzig) unter dem Wappen. Mad. 3027. S. g. e.

Xaver
als Vormund Friedrich August's III.

Xaver, Sohn Friedrich August's II. und Bruder Friedrich Christian's, geb. 1730, führte während der Minderjährigkeit seines Brudersohnes v. 1763—1768 die Landesregierung und starb am 21. Juni 1806.

4766. Conv.-Thaler v. 1765, mit D : G : XAVERIVS etc. Mad. 5400, mit der Bemerkung „dergl. Conv.-Thaler, darauf D · G · dem Namen vorgesetzt ist, sind nur in sehr wenigen Stücken geschlagen und folglich überaus rar". Nicht im Dassdorf. Vortrefflich erh. RR.

4767. Prämienthaler für die Akademie zu Freiberg, 1765, mit des Administrators Brustbilde und drei in einer Bergwerksgegend beschäftigten Genien. Mad. 5401. G. e.

4768. Conv.-Thaler v. 1766. Mad. 5267. G. e.

4769. Prämienthaler für Künstler und Fabrikanten, v. 1766, mit dem Brustbilde des Administrators im Av. und dem des jungen Kurfürsten im Rev. Mad. 5402. S. g. e. R.

Friedrich August III.,

Sohn Friedrich Christian's, geb. 1750, ward Kurfürst 1763, stand unter der Vormundschaft des Prinzen Xaver bis 1768, verwaltete 1790 und 1792 das Reichsvikariat, nahm in Folge des Posener Friedens 1806 die königliche Würde an und trat dem Rheinbunde bei, erhielt im Tilsiter Frieden von 1807 einen Theil von Polen als Grossherzogthum Warschau, das aber 1813 an Russland überging, verlor durch die Schlacht bei Leipzig alle seine Staaten, bekam aber Sachsen nach Abtretung eines grossen Theils an Preussen wieder und kehrte 1815 in sein Land zurück. Er starb am 5. Mai 1827.

(S. auch im I. Theile S. 25 u. 98.)

4770. Conv.-Thaler v. 1764, zu Dresden geschlagen. Mad. 3028. Am Halsabschnitte st (Stieler), unter dem Wappen E · D · C · (Croll, seit 1764 Mzmstr. in Dresden). S. g. e.

4771. Freiberger Huldigungsmedaille, 12. Mai 1769 (v. Stockmar). Brustbild und die personificirte Treue. FIDES CIV : FRIBERG : Dassd. 1563. Gr. 43. 2 Loth. S. g. e.

4772. Conv.-Thaler v. 1772. Mad. 6290 (v. 1769). Dieser Thaler zeichnet sich durch das sehr gut getroffene Bildniss aus. S. g. e.

4773. Prämien-Thaler v. 1780. Av. FRID : AUGUST : D : G : DUX SAX : ELECTOR — Kopf des Kurfürsten v. r. S., mit blosser Brust. Rev. ZUR BELOHNUNG — DES FLEISSES — Ein Eichenkranz hängt über den Sinnbildern der Kaufmannschaft, der Gewerbe und der Landwirthschaft. Im Abschnitt: 1780 | X | EINE MARK FEIN Ist selten und sehr gut erh. RR.

4774. Conv.-Thaler v. 1805. Av. FRID · AVGVST · D · G · DVX SAX · ELECTOR — Brustbild v. r. S., im Schuppenharnisch. Rev. Unter dem Kurhute der ovale gespaltene Wappenschild zwischen Palmzweigen. Darunter S· G · H · (Helbig, Mzmstr. in Dresden von 1804—13) Umschrift neben dem Hute beg. X · EINE FEINE MARK · 1805 — Mit Laubrand. G. e.

(Fortsetzung siehe unter Königreich Sachsen, Nr. 1009 flg.)

Nebenlinien der Albertinischen Linie.

a) Sachsen-Weissenfels.

August,

zweiter Sohn des Kurfürsten Johann Georg I., geb. 1614, wurde 1625 Coadjutor von Magdeburg und 1628 zum Erzbischof erwählt, jedoch erst 1635 im

Prager Frieden anerkannt und 1638 inthronisirt. Er resignirte bei seiner Vermählung 1647, ward jedoch vom Domkapitel auf's Neue als „Administrator" gewählt und starb 1680.

4775. Thaler v. 1663, auf die Grundsteinlegung zur Schlosskirche in Weissenfels. Av. 12zeilige Aufschrift. Rev. SANCTA TRINITAS etc. Ein Altar, zwei erhobene Hände und die Bibel. Tenz. 82. I. Mad. 1437. Cat. imp. 341. 3. S. g. e.

4776. Thaler v. 1669, auf den Tod seiner 1. Gemahlin Anna Maria, Prinzessin von Mecklenburg. Av. Auf- und Umschrift. Rev. Der mit dem Engel ringende Jakob. Tenz. 82. IV. Mad. 1440. Cat. imp. 341. S. g. e.

Johann Adolf I. (1680—1697),

Sohn des Vorigen, geb. 1649, succ. 1680 und † 24. Mai 1697.

4777. Thaler v. 1686, auf den Tod seiner ersten Gemahlin Johanna Magdalena v. Sachsen-Altenburg. Av. Auf- und Umschrift. Rev. PROVIDENTIA DOMINI etc. Christus als der gute Hirte, ein Schaf tragend. Tenz. 86. III. Mad. 1439. Cat. imp. 342. 1. S. g. e.

Johann Georg (1697—1712),

Sohn des Vorigen, geb. 1677, stand ein Jahr lang unter der Vormundschaft Kurf. Friedrich August's I. und starb 16. März 1712.

4778. Schiessklippe v. 1701, zum Carneval auf der neuen Augustusburg zu Weissenfels. Av. Unter dem Fürstenhute zwei auf Lorbeer- und Palmzweigen liegende Schilde mit dem sächs. Wappen und dem Namenszuge. Umher: SCHIESEN BEY DEM CARNEVAL AUF DER NEUEN AUGUSTUSB · z · WF · * und in den Ecken M · — D — C · — C I Rev. Der Stern des Elephantenordens, vom Ordensbande umgeben. Weder im Tenzel, noch im Madai; doch ähnlich Madai 4050 (v. 1699). Dassd. 1709. 1¹/₄ Loth. S. g. e.

4779. Klippe v. 1702, auf das Büchsenschiessen bei der Einsegnung des neugebornen Erbprinzen. Der Prinz in der Wiege und die zusammengestellten Buchstaben I G Tenz. 89. III. Mad. 4052. 1⁷/₁₆ Loth. S. g. e.

4780. Klippe v. 1702, auf das bei gleicher Feierlichkeit gehaltene Ringrennen. Namenschiffre und Ritter zu Pferd mit der Lanze. Tenz. 89. III. (Av.) und IV. (Rev.). Mad. 4051. 1¹/₂ Loth. S. g. e.

4781. Klippe v. 1709, auf das am 13. Juli. als an des Herzogs Geburtstage, gehaltene Schnepperschiessen. Av. Die Namenschiffre auf dem Ordenssterne unter dem Fürstenhute, vom Band des Elephantenordens umgeben. Rev. SCHNEPPER — SCHIESEN BEYM HOCH — FURSTLICH : GEBURTHS — TAGE | D 13 IUL — AN · 1709 Der Schiessstand mit der Scheibe. Nicht im Tenzel. Dassd. 1719. 1³/₈ Loth. S. g. e. R.

4782. Klippe v. 1710, auf des Herzogs Geburtstag. Av. Brustbild v. r. S. Rev. Der sächs. und querfurtsche Schild von den Bändern des Ordens de la noble passion und des Elephantenordens umgeben. Tenz. 91. IV. $^{13}/_{32}$ Loth. S. g. e.

4783. Ovale Medaille v. 1711, auf das beim Empfang des kurpfälz. Hubertusordens zu Weissenfels gehaltene Nachtschiessen. Av. NACHT-SCHIESS : GEH : Z : WEISENF : u. s. w. Zwei Schilde mit den Namenschiffren des Kurfürsten Joh. Wilhelm v. d. Pfalz und des Herzogs. Rev. Der h. Hubertus kniet vor dem ihm erscheinenden Hirsche. Ohne Umschr. Dassd. 1724. Höhe 43. $1^7/_8$ Loth. S. g. e. R.

Christian (1712—1736),

Johann Adolf's I. zweiter Sohn, geb. 1682, folgte seinem Bruder 1712 in der Regierung, und starb 28. Juni 1736 zu Sangerhausen. Johann Adolf II., sein Bruder, folgte ihm und starb 16. Mai 1746 ohne Hinterlassung von männlichen Nachkommen, worauf Weissenfels an Kursachsen zurückkam.

4784. Klippe auf das am 25. Juni 1718 zu Weissenfels gehaltene Vogelschiessen. Av. Des Herzogs Namenszug unter dem Fürstenhute, zwischen Zweigen. Rev. Die Vogelstange. Wie Mad. 4054 (v. 1717). Dassd. 1750. $1^1/_2$ Loth. S. g. e.

b) Sachsen-Merseburg.

Moriz Wilhelm,

Sohn Christian's II. v. Merseburg und dessen Gem. Erdmuthe Dorothea von Sachsen-Zeitz, geb. 1688, stand unter kursächs. Vormundschaft, während seine Mutter die Regierung des Landes führte, und starb 21. Apr. 1731.

4785. Medaille (v. Wermuth) auf das Reformationsjubelfest v. 1717. Brustbild v. r. S. und Christus im Schiff. Aehnlich der grösseren Medaille bei Mad. 4055; aber mit D · SAX · I · C · M :· P · ADM · EPISC · MARTISB ✡, sowie mit C · WERM· im Av. Dassd. 1769. Gr. 32. $1^1/_4$ Loth. S. g. e.

Heinrich (1731—1738),

Christian's I. v. Merseburg Sohn und Oheim des Vorigen, residirte zu Spremberg, succ. 1731 im 70. Lebensjahre und † 28. Juli 1738. Mit seinem Tode erlosch diese Linie und Merseburg fiel an Kursachsen zurück.

4786. Medaille (v. Vestner) auf sein und seiner Gemahlin Elisabeth, geb. Prinz. v. Mecklenburg, Absterben, 1738. Av. Beider Brustbilder v. r. S. Rev. Zwei Spitzsäulen mit Aufschriften. Mad. 4056. Gr. 44. $1^{21}/_{32}$ Loth. S. g. e.

c) Sachsen-Zeitz.

Moriz,

Kurfürst Johann Georg's I. vierter Sohn, geb. 1619, erhielt 1653 die Administration über das Stift Naumburg-Zeitz und nach des Vaters Tode noch verschiedene Herrschaften und Aemter nebst dem kursächs. Antheil an der Grafschaft Henneberg. Er starb 4. Dez. 1681.

4787. Thaler v. 1667, auf die Erbauung des Schlosses zu Zeitz, mit dem Brustbilde von vorn und der Morizburg. Tenz. 94. I. Mad. 1438. Cat. imp. 342. Sehr gut erh. R.

Moriz Wilhelm,

Sohn des Vorigen, geb. 1664, succ. 1681 unter kursächs. Vormundschaft, ging 1715 zur kathol. Kirche über, in Folge dessen er mit dem Domkapitel in Streit gerieth und 1717 seine Rechte am Stift dem Kurfürsten von Sachsen gegen eine Jahresrente abtrat. Er starb zu Weida am 14. Nov. 1718, nachdem er zuvor wieder die evang.-luth. Lehre angenommen.

4788. Sehr seltene Medaille auf seinen Tod, 1718. Av. MAVR · WILH · DVX SAXO: -- SCHLEISING · I · C · M · A & W · ✿ · — Brustbild v. r. S. Rev. Ein belorbeerter Todtenkopf über zwei Palmzweigen auf einem Altar. Darüber die hinter Gewölken hervorbrechende Sonne. Ueberschrift: CONDITVS IN TENEBRIS IAM PVRO LVMINE CLARVS · Zu den Seiten des Altars ORTVS — CIZ · 1664 · | D · 12 · — MART · und unter demselben OCCAS · WEID · 1718 · | D · 14 · NOV · Mad. 4057. Dassd. 1778 (unrichtig beschrieben). Gr. 40. 1$^{13}/_{16}$ Loth. Sehr gut erh. RR.

Schlesien.

Herzöge von Liegnitz, Brieg und Wohlau.

Friedrich II. (1488—1547),

Sohn Herzog Friedrich's I. und dessen Gemahlin Ludmilla, Tochter König Georg Podiebrad's von Böhmen, geb. 1480, succ. 1488 zu Liegnitz u. Brieg, kaufte 1524 die später das Fürstenthum Wohlau bildenden Lande und starb d. 17. Sept. 1547.

4789. Thaler v. 1541. Av. FRIDERI · D · G · DVX · SLESI · LEGENIC3 · BRIGEN ✱ Bärtiges Brustbild v. r. S., mit einer Kappe über dem Kopfe, im Pelzrock. Rev. VERBVM · DOMINI · MANET · IN · ETERNVM · I54I · Behelmter Schild mit dem quadr. Wappen v. Schlesien und Liegnitz. (Mad. 1560). S. g. e.

Joachim Friedrich,

Sohn Georg's II. zu Brieg und dessen Gemahlin Barbara von Brandenburg, Enkel des Vorigen, geb. 1550, succ. seinem Vater in Brieg 1586 u. seinem Bruder Joh. Georg 1592 in Wohlau, erbte Liegnitz 1596 nach Friedrich's IV. Tode und † 25. März 1602.

4790. Halber Thaler v. 1602, auf seinen Tod. Av. ✱ MEMOR · IOACH · FRID · DVCIS · SILES · LEGN · BREGENSIS · Geharn. Brustb. v. r. S. Rev. DEO : OPT · MAX · etc. und 7zeilige Inschrift. Mad. 4059. Genau wie Cat. imp. p. 433. S. g. e.

Johann Christian und Georg Rudolf,

Söhne Joachim Friedrich's und dessen Gem. Anna Marie von Anhalt, Ersterer geb. 1591, † 1639, Letzterer geb. 1595, † 1653. Sie münzten v. 1602—1621 gemeinschaftlich, obgleich sie schon 1611 die väterlichen Lande getheilt hatten. In dieser Theilung war Brieg an Johann Christian, Liegnitz aber sammt Wohlau an Georg Rudolf gekommen.

4791. Thaler v. 1607. Av. ⊖ D : G · IOHAN · CHRIT (sic) : ET ·

GEOR · RVD : FRA · Die einander gegenüber gestellten Brustbilder, jedes im Wamms. Im Abschnitt eine Verzierung. Rev. DVC · SIL · LIG · — ET · BREG · 607 · $\frac{I}{C}$ (verb.) · — (Blatt) — Das mit 3 Helmen bedeckte, quad. Wappen. (Mad. 1562). Cat. imp. 433. S. g. e.

4792. Thaler v. 1609. Av. ♁ D : G · IOAN · CHRIST · ET · GEORG · RVD · FRA · Die Bildnisse der Brüder bis zum Schooss, einander gegenüber, mit Feldbinden, Mänteln und umgegürteten Degen. Rev. DVC · SIL · LIG · — · ET · BREG · 609 · — $\frac{I}{C}$ (verb.) — ✦ — Dreifach behelmter Wappenschild. Cat. imp. 433. S. g. e.

Johann Christian allein (1621—1639).

4793. Thaler als Klippe, 1621. Av. ✦ ♁ ✦ D : G ✦ IOHANES ✦ CHRISTIANVS ✦ DVX : Brustbild v. r. S., im Harnisch, mit Feldbinde und Spitzenkragen. Zu den Seiten I6 — 2I Rev. SIL · LIGNI · — · ET · BREGE · — Dreifach beh. Wappen. Daneben M — K und H — B · (Mad. 1563, Cat. imp. 434). Gr. 42 im □. Treffl. erhalten. R.

Georg Rudolf allein (1621—1653).

4794. Thaler v. 1622. Av. ♁ D : G · GEORG · RVDOLPHVS · DVX · SILESIÆ · Geharn. Brustbild v. r. S., mit Spitzenkragen und Feldbinde. Rev. LIGNICEN · ET · (Doppellilie) · BREGEN · 16zz. — Wappen mit 3 Helmen. Mad. 4064. Cat. imp. 434. S. g. e. R.

Georg, Ludwig und Christian,

Söhne Johann Christian's und dessen 1. Gem. Dorothea Sibylla von Brandenburg, succ. 1639, theilten durch's Loos 1653 nach Georg Rudolf's Tode die ihnen nun gehörenden 3 Fürstenthümer, wobei Georg: Brieg, Ludwig: Liegnitz, und Christian: Wohlau erhielt, münzten aber zunächst gemeinschaftlich.

4795. Dukaten v. 1656, mit den drei geharn. Bildnissen und dem dreifach behelmten Wappen. Aehnlich Reichel IV. 3283. 1 Duk. S. g. e.

4796. Thaler v. 1657. Av. ♁ D : G · GEORGIVS · LVDOVICVS · ET · CHRISTIANVS · FRAT : Die geharn. Bildnisse der drei Brüder, von vorn, mit Kommandostäben. Im Abschnitt Laubwerk. Rev. DUCES · SILESIÆ · LIGNICENS · — BREGENSES · ET · WOLA · I657 ✿ Das Wappen mit den 3 Helmen. Zu den Seiten E — W (Elias Weiss). Unten in der Umschr. ein mit 2 Zainhaken und 2 Blumen bestecktes Herz. S. g. e.

4797. Thaler v. 1659. Die Bildnisse in veränderter Stellung, indem der mittelste den Stab mit der Rechten, statt wie vorher mit der Linken hält. Vor ihnen ein mit einem Teppich behangener Tisch. Rev. DUCES · SILESIÆ · LIGNIC · BRE — GENS · ET · WOLAVIENSES · 1659 ✿ Der Schild ist oval, sonst wie vorher. Mad. 1569. Sehr gut erh.

4798. Halber Thaler v. 1659. Av. ♁ D : G · GEORGIUS · LUDOVICUS · ET · CHRISTIANUS · FRAT : Die Bildnisse wie auf dem ersten Thaler. Rev. DUCES · SILESIÆ · LIGN : — BREG · ET · WOLAV : 1659 ✿ Wie der vorhergehende. S. g. e.

4799. Thaler v. 1660. Av. Stempel des Thalers v. J. 1659. Rev.

⊖ SUFFICIT MIHI GRA — TIA TUA DOMINE A : 1660 Der ovale Schild ist zu d. Seiten mit Löwenköpfchen geschmückt. Mad. 1570. War geh., g. e.

Georg zu Brieg, allein.

Er war 1611 geboren und starb 14. Juli 1664. Christian beerbte ihn.

4800. Thaler v. 1660. Av. D : G · GEORGIUS DUX SILESIÆ LIGNIC · ET · BREGEN · — Unter einem kl. Herzogshute das geharn. Brustbild v. r. S., mit Feldbinde und Spitzenkragen. Rev. ⊖ SORS MEA A — DOMINO AN : 1660 Ovaler, dreifach behelmter Schild. Dabei E — W, unten das Herz u. s. w. (Mad. 1571.) S. g. e.

Elisabeth Marie Charlotte,

2. Gemahlin Georg's, Tochter Pfalzgraf Ludwig Philipp's v. Simmern, geb. 1638, verm. 1660, † 1664.

4801. Viertelthaler auf ihren Tod, 1664. Av. Das mit dem Fürstenhute bedeckte Wappen von Pfalz und Bayern, mit dem von Liegnitz im Mittelschild. Rev. Um- u. Aufschrift. (Mad. 4067, als Gulden). Cat. imp. 435. 1. S. g. e. R.

Ludwig zu Liegnitz, allein.

Er war geboren 1616 und starb 24. Nov. 1663.

4802. Thaler v. 1661. Av. D : G : LUDOVICUS · DUX · SILESIÆ · LIGNIC · BREG · ET · GOLDBER : — Unter einem kl. Herzogshute das geharn. Brustbild v. r. S., mit Spitzenkragen u. Feldbinde. Rev. CONSILIUM IEHOVÆ STABIT : AN : 1661 ✿ Dreifach behelmter, ovaler Schild. Dabei E — W Mad. 1572. Cat. imp. 435. Gut erh. R.

Christian zu Wohlau, allein.

Er war geb. 1618, beerbte seine beiden älteren Brüder und starb 28. Febr. 1672.

4803. Thaler v. 1666. Av. CHRISTIANVS + D ⁝ G + DVX + SILESIAE + LIGNICENSIS ⁝ ✿ ⁝ Geharn. Brustbild v. r. S. Am Armabschnitte · G F · H · (Georg Franz Hoffmann in Breslau). Rev. BREGENSIS ⁝ ET + — WOLAVIENSIS ✿ 16 — 66 ✿ Der schlesische Adler unter d. Fürstenhute. Unten in d. Umschr. C B S (Bredtschneider in Brieg) in Einfassung. S. g. e.

4804. Thaler v. 1671, von den Stempeln des vorigen; die Jahrzahl ist in 71 umgeändert. Mad. 4070. Vorzügl. erh.

Georg Wilhelm (1672—1675),

Christian's und dessen Gemahlin Louise von Anhalt-Dessau Sohn, geb. 1660, stand unter Vormundschaft seiner Mutter und starb als der Letzte des Piastischen Hauses am 21. Nov. 1675, worauf Kaiser Leopold die 3 Fürstenthümer als heimgefallnes Lehen in Besitz nahm.

4805. Thaler v. 1675. Av. GEORGIVS ⁝ WILHELM ⁝ D ⁝ G ⁝ DVX ⁝ SILESIAE ✿ Geharn. Brustb. v. r. S., mit Feldbinde und gesticktem Kragen. Rev. LIGNICENSIS ⁑ BREGENSIS ⁑ ET ⁑ WOLAVIENSIS ⁑ — Der Adler unter dem Fürstenhute. Daneben oben 16 — 75 und unten + C — B + Mad. 1575. Cat. imp. 435. Vorzügl. erh. R.

4806. Breiter Begräbnissthaler v. 1675. Av. + GEORG + WILHELM + D ⁑ G + etc. Vorwärtsgekehrtes Brustbild im Harnisch; am Armabschnitt SK Rev. 16zeilige Inschrift : PIASTI · | ETNARCHÆ · POLONIÆ | ULTIMUS · NEPOS · etc. bis DEBEAT Mad. 4072. Cat. imp. 435. Gr. 54. 2⁹/₃₂ Loth. Sehr schön erh.

4807. Guldenförmige Begräbnissmünze. Av. GEORG + WILHELM + D : G + DVX + SILESIÆ + LIGN + BREG · & + WOL ✿ Brustbild v. r. S., im Harnisch mit Ueberwurf; am Armabschnitt: SK Rev. PIASTEÆ | REG · FAM · ULTIM⁹ · | VIRTUTE · PRIMUS · | ANIMAM · | DIE · 29 · SEPTEMB · 1660 · | ACCEPTAM · | DEO · ITA IUBENTI · | D · 21 · NOVEMB · 1675 · | ILLACHRYM(ante) · SILES(ia) · | REDDIDIT · Madai 4073. Sehr gut erh.

Herzöge zu Münsterberg und Oels.

Karl (1587—1617),

Sohn Heinrich's II. von Münsterberg und dessen Gem. Margarethe v. Mecklenburg, geb. 1545, reg. v. 1548 bis 1587 mit seinem älteren Bruder Heinrich III. gemeinschaftlich, beerbte denselben und † 1617. Nach dem durch beide Brüder bewirkten Verkaufe Münsterberg's blieb ihrem Hause (bis 1647) nur Titel und Wappen dieses Fürstenthums.

4808. Thaler v. 1611. Av. ♁ CAROLVS · D : G · DVX · MVNST · ET · OLS · CO : GLA(censis) · Geharn. Brustbild v. r. S., mit Halskrause und Feldbinde. Rev. ✿ — · SVPREM · PER VT(ramque) — ○ SIL(esiam) ○ CAPIT(aneus) · 611 · — ✦ — Dreifach behelmter Schild mit den Wappen von Münsterberg, Oels, Liegnitz und Glatz, nebst dem des Stammhauses Kunstadt im Mittelschilde. (Mad. 1576.) Cat. imp. 436. 1. S. g. e. R.

4809. Halber Thaler v. 1612. Av. ♁ CAROL · D : G · DVX · MVNSTER · ET · OLS : CO : GLA · Brustbild wie vorher. Rev. SVPREMVS · PER VT · — SIL · CAPITANEVS · ✿ Die fünf zusammengestellten Wappenschilde. Daneben 16 — 12 Unten in der Umschrift ein Zainhaken zwischen 3 Sternen. Mad. 4074. S. g. e. R.

4810. Thaler v. 1613. Av. ♁ CAROLVS ○ D ⁚ G ○ DVX ○ MVNST ○ ET ○ OLS ○ CO ⁚ GLA ○ Bärtiges Brustbild v. r. S., im Harnisch, mit breiter Halskrause. Rev. SVPREM ○ PER VT ○ — ○ SIL ○ CAPIT ○ 613 und eine aus VBS / gebildete Chiffre. Der dreifach behelmte Schild. Mad. 4075. S. g. e. R.

4811. Breiter Begräbnissthaler v. 1617. Av. Aeussere Umschr. ✻ MEM · FVN(ebris) · CAR · II · S · IMP · PR · DVC · — SIL · MVNS · OLS : CO : GLA · OP(timi) · MER(iti) · innere: NAT · M · D · XLV · APR · XV · MOR · — XXVIII · IANV · D : C · XVII : ✦ Brustbild v. r. S. Darunter der Wappenschild. Rev. ✻ | FIDVS · | DEO · ET · REGI · | PATRIÆ · GRAT(us) · |

SVIS · DESIDER(abilis) ◆ | (Blume) VIXIT (Blume) | SPE · IMORT (alis) · GLOR(iae) · | NON · TERR(ena) · SED · | CŒL(estia) · COGIT(avit) · | (Arabeske) Mad. 1577. Cat. imp. 436. 2. Sehr gut erh. R.

4812. Halber Begräbnissthaler. Av. ✱ MEM · CAROL · II · DVC · SIL · MONS : OLS · SVP : CAP · SIL · Brustbild. Rev. PAT(ris) · PA(triae) · AD · BEAT(issimum) · IMMORT(alitatem) · TRANSL(ati) · OBIIT · SVM(mo) + Inschrift: SVOR(um) · ET · | PAT(riae) · DESID(erio) · AN · | MDCXVII · M · IAN · | XXVIII · HO · MAT(utina) · | DIMI(dia) · X · ÆT · | LXXII · MIN(us) · | XII · HEBD · | ✱ Mad. 4076. S. g. e. R.

Heinrich Wenzel und Karl Friedrich (1617—1639),

Söhne Karl's und dessen Gem. Magdalene v. Liegnitz, Ersterer, geb. 1592, resid. zu Bernstadt und starb 21. August 1639; Letzterer, geb. 1593, resid. zu Oels, starb 31. Mai 1647.

4813. Thaler v. 1620. Av. D : G ○ HEIN — RICUS ○ — WENCES — LAUS ○ ET ○ — Geharn. Bildniss v. r. S., mit umgegürtetem Schwerte. In der Umschrift liegen rechts und links die beiden Adlerschilde, oben das von Kunstadt, unten die von Liegnitz und Glatz. Zwischen letzteren ein Reichsapfel und B · H Rev. CAR · FRID · — FR ○ DU · SI ○ — MONS · ET · O — LS · CO : GLA · — Aehnliches Bildniss von linker Seite. Daneben 16 — 20 · In der Umschrift die gleichen Schilde und unten ein Reichsapfel. Mad. 1578. S. g. e. R.

4814. Thaler v. 1620. Av. ♁ D : G ◆ HEINRI · WENCES ◆ ET ◆ CAROL · FRIDE · FRAT · Beider geharn. Brustbilder, einander gegenüber. Im Abschnitt: · 1620 · Rev. · — DVC · SIL · MONS · — · ET · OLS · CO : GLA · — · — Dreifach behelmter Schild. Neben den Helmen B — H (Mad. 1579.) S. g. e.

4815. Dukaten v. 1621. Av. MON · AVREA · D : G · HEINRI · WENC : ET · ◆ Brustbild v. r. S. Rev. CAR · FRI · FR · DV · SI · MONS · ET · OLS · CO : GLA · ✪ Brustbild v. l. S.; daneben 16 — 21 und unten · B H · 1 Duk. S. g. e. R.

Elisabeth Maria,

einzige Tochter Karl Friedrich's, letzten Herzogs von Münsterberg-Oels, geb. 11. Mai 1625, vermählte sich 1. Mai 1647 mit Herzog Sylvius Nimrod von Württemberg, dem Sohne Herzog Julius Friedrich's von der Julianisch-Weiltingischen Linie, welcher nach ihres Vaters Tode das Fürstenthum Oels nebst den Herrschaften Sternberg in Mähren und Medzibor in Schlesien erbte. Sie führte nach ihres Gemahls Tode die Vormundschaft über die hinterlassenen Söhne v. 1664—1673, und starb 1686.

4816. Begräbnissthaler v. 1686, von ihrem Sohne Sylvius Friedrich geschlagen. Av. ELISABET MARIA · DUC · WURTEMB · TEC · — In zierlicher Einfassung ihr Brustbild v. l. S., im geblümten Kleide, mit Spitzenschleier. Rev. Aufschrift in 14 Zeilen. Mad. 1580. Binder 322. 56. Sehr gut erh. R.

Im Jahre 1673 theilten die 3 Brüder Sylvius Friedrich, Christian Ulrich und Julius Sigismund das Land und bildeten die 3 Linien Oels, Bernstadt und Juliusburg oder Trebnitz.

Linie zu Oels.

Sylvius Friedrich (1673—1697),

Sohn des Herzogs Sylvius Nimrod und der Herzogin Elise Maria, geb. 21. Febr. 1651, erhielt in der Theilung Oels und starb 3. Juni 1697 kinderlos.

4817. Thaler v. 1674. Av. SYLVIUS · FRIEDERICUS · D · G · DUX · WÜRTEMB : TECK · I · S · OLS — Brustbild v. r. S., in ungemein grosser Perrücke. Rev. CO · MONTB : DOM · I · HE — ID : STERN : & · MEDZ · — Vierf. württ. Wappen mit dem schlesischen Adler im Mittelschilde, bedeckt mit 4 Helmen. Bei diesen 16 — 74 und beim Schildfuss s — p (Sam. Pfahler) Unten in d. Umschrift ein Herz mit einem Kreuz. Mad. 4078. Vorz. erh. R.

4818. Thaler v. 1675. Av. SYLVI9 FRID : D : G : DUX : WIRT : TE : I : S : OLS : — Brustbild v. r. S., im Harnisch und Mantel. Rev. CO : MON : DO · I · H — EID : STER : & · ME : — Das Wappen, wie vorher. Oben 16 — 75, unten s — p und das Herz. Die Umschriften werden nicht durch Kreise vom Felde getrennt. Mad. 1581. Cat. imp. 343. S. g. e.

Linie zu Bernstadt, dann Oels.

Christian Ulrich (1673—1704),

Bruder des Vorigen, geb. 19. April 1652, bekam in der Theilung von 1673 Bernstadt und in der nach Sylvius Friedrich's Tode 1697 zwischen ihm und den Hinterlassenen des 3. Bruders, Julius Sigismund, vorgenommenen neuen Theilung des Oelsischen Fürstenthums die eine Hälfte mit der Residenz Oels. Er war viermal vermählt und starb 5. April 1704.

4819. Thaler v. 1679. Av. CHRISTIAN · ULR : D G · DUX · W · T · I · S : OLS · & B · — (als Ueberschr.) Brustbild v. r. S., im Harnisch und Ueberwurf. Am Arme IN (Neidhardt in Oels) Rev. CO · MONTB · DO · I · HEIDENH · STERNB · & MEDZIBOR — (als Ueberschr.) Vierf. behelmtes Wappen; dabei F C — V · (Franz Karl Uhla) und unten 16 — 79 Mad. 4082. S. g. e. R.

4820. Thaler v. 1702. Av. D · G · CHRIST · ULR DUX — WURT · T · I · S · O · B : — Geharn. Brustbild v. r. S., oben und unten die Umschrift theilend. Rev. COM MONTB · DOM · I · HEID : STERNB(verb.) : & MED : — Das Wappen mit 4 Helmen. Oben 17 — 02, unten C · — V · L · (Christ. v. Loh). Mad. 1584. Cat. imp. 344. S. g. e. R.

Karl Friedrich (1704—1744),

Sohn Christian Ulrich's, geb. 1690, succ. 1704, und zwar bis 1709 unter Vormundschaft, war vom 14. Januar 1739 bis 3. Dezember 1743 Vormund des Herzogs Karl Eugen von Württemberg, übergab 1744 die Regierung zu Oels seinem Neffen Karl Christian Erdmann und † 10. Dez. 1761 in Medzibor.

4821. Thaler v. 1716. Av. D + G + CAROL9 + FRIDR ‡ — DUX + — W + T + I + S + OLS + & B + — Brustbild v. r. S., im Harnisch, mit grosser Perrücke. Rev. COM ‡ MONB ‡ DOM ‡ IN

10

+ HEID ⁑ STERNB + M ⁑ & A(urns) ⁑ — Vierf. Schild mit den Wecken, der Sturmfahne, den Fischen und dem Heidenkopf; im Mittelschilde die Hörner und der schles. Adler. Darauf ruhen 6 Helme, neben welchen 17 — 16 Unter dem Schilde C – V – L Der Rand ist gezahnt. Mad. 1585. S. g. e.

Karl Christian Erdmann (1744—1792),

Sohn Christian Ulrich's II. und Enkel Christian Ulrich's I., geb. 1716, bekam 1744 die Regierung von seinem Oheim, trat, als 1745 die Juliusburger Linie ausstarb, als Erbe ein und vereinigte wieder das ganze Fürstenthum unter sich. Er starb 14. Dez. 1792 ohne männliche Erben zu hinterlassen, und Oels kam als Weiberlehen an Braunschweig.

4822. Reichsthaler v. 1785, zu Breslau geschlagen. Av. (U. beg.) CAROL · CHRIST · ERDM · DUX WURTEMB · OLSN · & BEROLST · — Brustbild v. r. S., mit frisirten Haaren, im Küross und Hermelinmantel. An letzterem K(önig) Rev. EIN REICHS THALER — Vom Elephantenorden und der Devise CUM DEO — ET DIE umgebener Wappenschild auf dem Wappenmantel. Unten 17 B 85 Laubrand. S. g. e.

Linie zu Juliusburg, seit 1697 zu Bernstadt.

Julius Sigismund,

Sohn des Herzogs Sylvius Nimrod von Oels, geb. 18. August 1653, erhielt in der Theilung von 1673 Trebnitz oder Juliusburg und starb am 15. Oct. 1684.

4823. Begräbnissthaler v. 1684. Av. IULIUS · SIGISM : D G : DUX · W · T · I · S · OLS — (als Ueberschr.) Geharn. Brustbild v. r. S. Rev. FELICI TEMPORE EDITO · D · 18 AUG · etc. Ein verdorrter Baum, aus dessen Wurzel ein Sprössling hervorwächst. Dabei rechts ein Fürstenhut auf einem Kissen. Innere Ueberschrift: EXVSTA EST ARBOR etc. Mit mehrzeiliger Beischrift neben dem Baume. Mad. 1582. Cat. imp. 344. Binder 340. 201. S. g. e. R.

Herzöge zu Teschen.

Wenzel Adam (1528—1579),

Sohn Wenzel's III. und dessen Gem. Anna von Brandenburg-Ansbach, geb. 1524 nach seines Vaters Tode, succ. seinem Grossvater Kasimir IV. 1528 u. † 4. Nov. 1579.

4824. Thaler o. J. Av. WENCESLAVS ✦ D ✦ G ✦ DVX ✦ TESSINEN ✦ ET ✦ M(ajoris) ✦ G(logaviae) ✦ Geharn. Bildniss v. r. S., die Linke am Schwertgriff. Rev. BENEDICTIO ✦ DOMINI ✦ DIVITES ✦ FACIT und mehrere Blumenstengel. Der gekrönte Adler von Teschen. Mad. 4083. Cat. imp. 436. S. g. e. RRR.

Adam Wenzel (1579—1618),

Sohn des Vorigen und dessen 2. Gem. Sidonie Katharine von Sachsen-Lauenburg, geb. 1574, succ. 1579, † 1618.

4825. Dicker Doppelthaler v. 1609. Av. (Lilie) ADAMVS ✿ WENCESLAVS ✿ DVX ✿ TESCHIN (Lilie) — Geharn. Bildniss v. r.

S., mit glattem, breitem Halskragen, in der Rechten den Kommandostab, in der Linken den befederten Helm. Rev. SAPIENTE · ✿ · DIFFIDENTIA · ✿ · HT (verbunden) · 1609 ·:· Der gekrönte Adler. Beide Seiten umgiebt ein Blätterkranz. (Mad. 1587 als Thaler.) Wurde in der v. Pless'schen Auktion (Berlin, 1865) mit 21½ Thalern bezahlt. Vorzüglich erh. RR.

Friedrich Wilhelm (1618—1625),

Sohn des Vorigen und dessen Gem. Elisabeth v. Curland, geb. 1601, succ. 1618 und starb 1625 als letzter Herzog von Teschen aus Piastischem Stamm. Bei seinem Absterben wurde Teschen vom Hause Oesterreich als ein an Böhmen heimgefallenes Lehen eingezogen.

4826. Thaler v. 1623. Av. FRID : GVIL · D : G · IN · SIL · TES · ET · MAI · GLOG · DVX ❁ Geharn. Brustbild v. r. S., mit glattem Kragenumschlage. Rev. IN : DEO : MEO : TRANSGREDIAR : MVRVM : HL : 1623 ❁ Der gekr. Adler. Mad. 1588. Cat. imp. 437. 1. Av. gut, Rev. sehr gut erh. RR.

Herzöge von Troppau.

Die von den Fürsten von Liechtenstein als Herzögen von Troppau geschlagenen Münzen suche unter Liechtenstein (Nr. 5233 flg.)

Herzöge von Jägerndorf.

Georg Friedrich,

jüngster Sohn Georg des Frommen, Markgrafen von Brandenburg, und dessen 3. Gem. Emilie von Sachsen, geb. 1539, stand nach seines Vaters 1543 erfolgtem Tode unter Markgraf Albrecht's zu Kulmbach Vormundschaft, verlor in Folge der über Albrecht ausgesprochenen Acht seine sämmtlichen Lande in Franken und Schlesien, erhielt jedoch 1557 den递Haupttheil mit Albrecht's Erbtheil zurück, war seit 1577 Administrator von Preussen und † 26. April 1603. Seine Besitzungen fielen an Kurbrandenburg.

4827. Guldenthaler v. 1567. Av. MO · NO · AR · GEO · F · MAR · — BR · Z · SLE · DVC · — Vorwärts gekehrtes, mit einem hohen Hute bedecktes Bildniss, im Wamms, mit mehrfachen Brustketten und mit umgenommenem Pelzmantel. In der Rechten ruhen die Handschuhe. Unten in der Umschrift ein Schildchen, worin ein Zainhaken. Rev. MAXIMILIA · IMP — AVG · P · F · DECR · 1567 — Unter der Krone der Doppeladler, den Reichsapfel mit 60 auf der Brust. Unten in der Umschr. der Adlerschild. Zu Mad. 3512. G. e. RR.

4828. Guldenthaler v. 1567. Av. ·MO · NO · AR · GEO · F · MAR — BR · Z : SLE · DVC · — Mit einem hohen Hute bedecktes, geharnischtes Bildniss v. r. S., die Rechte an die Hüfte gelegt, in der Linken den Kommandostab. Unten das Schildchen wie vorher. Rev. MAXIMILIAN · IMP · — AVG · P · F · DEC ▾ · 1567 — Sonst wie vorher. Zu Mad. 3513. S. g. e. R.

10*

Johann Georg,

2. Sohn des Kurfürsten Joachim Friedrich v. Brandenburg, geb. 1577, wurde 1592 Bischof von Strassburg, musste 1604 nach langem Kampfe das Bisthum dem Herzoge Karl von Lothringen gegen eine Geldentschädigung abtreten, erhielt 1606 von seinem Vater Jägerndorf, wurde 1616 Herrenmeister des Johanniter-Ordens zu Sonnenburg, gerieth 1623 in die kaiserl. Acht und starb 2. Mai 1624. Jägerndorf wurde 1623 dem Hause Liechtenstein verliehen.

4829. Dicker Doppelthaler o. J. Av. IOHAN · GEORG · D : G · MARCHI · BRANDE ✿ Geharn. Bildniss von vorn, mit nach links gewandtem Kopfe; die erhobene Rechte hält den an den Schenkel gestemmten Kommandostab, die Linke ruht an der Hüfte. Rev. · DVX : CARN — · — · — OVIENSIS · — Dreifach behelmter ovaler Schild von 19 Feldern. Darüber V — C — F Sehr schön erh. RR.

4830. Thaler o. J., von gleichen Stempeln wie vorhergehender. Mad. 4086. Sehr gut erh. R.

4831. Thaler v. 1612. Av. · IOHAN · GEORG · D : G · MARCHI · BRAND · *. Bildniss v. r. S., im Harnisch, mit angegürtetem Degen, die Rechte auf den befederten Helm gelegt, die Linke den Kommandostab haltend. Im Abschnitt · 16Iz · Rev. : DVX · CARN — O · VIENSIS ⚒ — Das Wappen mit 3 Helmen. Der Schild ist oben und unten zweimal eingebogen. Ueber den Helmen · F — V — · C · Zu Mad. 1592. S. g. e. R.

4832. Thaler v. 1612. Av. Stempel vom vorigen. Rev. · DVX o CARNO — VIENSIS ((Lilie)) ⚒ Der Schild ist oben eckig, unten abgerundet, an den Seiten verziert. Oben F — V — C G. e. R.

Fürsten zu Sagan.

Die Münzen Wallenstein's suche unter „Waldstein" Nr. 5777 folg.

Die evangelischen Stände.

4833. Klippe zu sechs Thalern, v. 1621. Auf einem runden Stempel: Der schlesische Adler zwischen 16 — 21 und H — R (Hans Rieger in Breslau) mit der Umschrift MONETA ARGENTEA SILESIÆ · SEX · TALERO(rum) : ✿ In der oberen Ecke ein kleiner runder Stempel mit $\frac{1}{2}$, und in der untern ein gleicher mit einem aus PL oder PTR gebildeten Monogramme. Mad. 1595. Gr. 36 im □ 1$^{11}/_{16}$ Loth. S. g. e. R.

4834. Dukaten v. 1634. Av. · MON · AVR · P · P (principum) · ET — · STAT · EVAN · SIL · ✿ Der Adler; dabei H — R Unten in der Umschr. (w) Rev. · SALVS · ET · VICTORIA · NOSTRA · 1634 · ✿ Der strahlende Name Jehova. Monn. en or, p. 312. 1 Duk. S. g. e.

4835. Thaler v. 1634. Av. MON · ARG · PRINC · ET · STAT · EVANG · SIL · ✿ Der Adler; dabei H — R Rev. SALVS · ET · VICTO — RIA · NOSTRA · 1634 · ✿ · Unter dem strahlenden

„Jehova" der mit dem Fürstenhute bedeckte gespaltene Schild von Liegnitz und Schlesien. Darunter, in der Umschr., ein Schildchen mit w Mad. 1596. Sehr gut erh. RR.

Siebenbürgen.

(Siehe auch Ungarn im I. Theile.)

Ferdinand I., König von Ungarn.

(Hatte Siebenbürgen von 1551—1556 inne.)

4836. Feldklippe v. 1552, zu Hermannstadt geschlagen. Länglich viereckige Silberplatte, worauf der einköpfige Adler mit dem ungar.-österr. Brustschilde, über den Schwertern von Hermannstadt nebst der Jahrzahl 5 — z und unter den Buchstaben · F · R · V · (Ferdinandus Rex Vngariae) eingeschlagen ist. Schulth. 2377. Mad. 2712. Länge 40, Breite 28. $2^7/_8$ Loth. Sehr gut erh. RRR.

(Den Thaler Stephan Bathori's s. im I. Theile unter Nr. 894.)

Sigismund Bathori,

Sohn Christoph Bathori's, geb. 1572, succ. seinem Vater 1581, und zwar Anfangs unter Vormundschaft, trat dem Kaiser Rudolf II. 1597 Siebenbürgen gegen Oppeln und Ratibor ab, setzte sich aber 1598 wieder in den Besitz desselben und übergab es 1599 an seinen Vetter Andreas, der aber im gl. J. erschlagen wurde. Während der folgenden Unruhen ergaben sich die Siebenbürgen auf's Neue dem Fürsten Sigismund, der jedoch 1602 das Fürstenthum dem Kaiser überlassen musste und 1613 zu Prag starb.

4837. Thaler v. 1590. Av. ·:· SIGISMVNDVS · — · BATHORI ·:· — Geharn. Bildniss v. r. S., mit einem Streitkolben. Rev. PRINCEPS · TRANSSYLVANIÆ · 1590 ·:· Unter dem Fürstenhute das von 2 Engeln gehaltene Bathorische Wappen. Mad. 4091. S. g. e.

4838. Thaler v. 1592, ähnlich dem vorigen, mit ·:· SIGISMVNDV — S · — · BATHORI — · — und PRINCEPS · TRANSSILVANIÆ · 159z ·:· Bei TRAN ein Stempelsprung. S. g. e.

4839. Thaler v. 1592. Das Bildniss im geblümten Harnisch und mit zum Theil sichtbaren Schenkelwehren. Die Umschriften stehen zwischen Perlenkreisen und die des Av. beginnt vor der Stirn: SIGISMVNDVS — ✿ BATHORI ✿ — und PRINCEPS ✿ TRANSSYLVANIÆ ✿ I59z ✿ ✿ S. g. e.

4840. Thaler v. 1594. Bildniss wie vorher; der Brustharnisch ist ein sog. Krebs. Vor der Brust ein Kreuz und 3 Punkte. Der Schild ist oval und läuft unten in eine Lilie aus. · SIGISMVNDV — S —·:: BATHORI · — (ebenfalls vor der Stirn beg.) und PRINCEPS ✦ TRANSSYLVANIÆ ✦ I594 (?) Hat ein Loch, sonst s. g. e. Mit Stempelsprung beim S in Princeps.

4841. Thaler v. 1595. Aehnlich dem vorigen. Das Achselstück ist geblümt; vor der Brust ein Kreuz. Der Rev. von sehr rohem Schnitt. Die Umschriften lauten: SIGISMVNDVS ✶ — ✿ · — BA-

THORI — und PRINCEPS TRANSYLVANIÆ (also nicht SS) ✿ ✿ 1595 ✿ (✿?) Der Rev.-Stempel hat die Platte nicht ganz richtig getroffen, in Folge dessen ist u. A. von der letzten Ziffer in der Jahrz. nur der untere Theil sichtbar. Vorzügl. erh.

4842. Aehnlicher Thaler v. 1595. Der Brustharnisch ist geblümt; der Schild steht auffallend schief. SIGISMVNDVS * — * — * BATHORI ✿ Rev.-Umschr. wie vorher, mit ✿ ✿ am Schluss. S. g. e.

4843. Nagybanyer Thaler v. 1597. Av. ✿ SIGISMVNDVS ✿ D ✿ G ✿ TRANSYLVANI ✿ — (vor der Stirn beg.) Geharn. Bildniss; davor ein Kreuz. Rev. MOLDAVI(ae) : WALA(chiae) : TRAN(salpinae) : S(acri) : R(omani) : I(mperii) : PRIN(ceps) : 1 ✿ 5 ✿ 9 ✿ 7 ✿ Gekr. Schild mit dem Bathorischen Wappen auf einem Kreuze. Neben dem Schildfusse N — B (Nagy Banya) Mad. 1601. Genau wie Cat. imp. 438. 4. S. g. e. R.

Stephan Bocskai (1604—1606),

Oheim des Vorigen; er wurde von den aufständischen Siebenbürgen nach dem Rückzuge des kais. Generals Basta zum Fürsten erwählt, brachte hierauf fast ganz Ungarn in seine Gewalt und wurde im Wiener Frieden 1606 vom Kaiser zum Fürsten von Siebenbürgen und Statthalter von Ober-Ungarn erklärt. Er starb Ende Dezember 1606 an Gift.

4844. Thaler v. 1605. Av. STEPHANVS : BOCHKAY : DE KIS : MARIA : PRIN : TRAN : SYLVA : Innerhalb einer Schlange der verzierte Schild mit dem Familienwappen und der darüber gestellten Jahrz. 16 — 05 Rev. PARTIVM REGNI · HVNG · DOMINVS ·. ET · SICVLOR · COMES · — Gekr. Marienbild über dem Halbmonde. Zu den Seiten N — B Mad. 1602. Cat. imp. 438 (wo TRIN : im Av.). S. g. e. RR.

Gabriel Bathori (1608—1613).

Er erhielt nach der Abdankung Sigismund Rakoczi's das Fürstenthum und wurde 1613 zu Grosswardein ermordet.

4845. Thaler v. 1609. Av. GABRIEL : BATHORY : D : G : PRINCEPS : TRANSYLVANIÆ : ✿ : (zwischen Perlkreisen, oben beg.) Geharn. Bildniss v. r. S., mit d. Streitkolben. Rev. : PARTIVM : REGNI : HVNG · DOMINVS · ET · SICVL · COMES : 1609 : — (neben der Krone beg.) Unter der Krone der von einer Schlange umgebene, zwischen N — B stehende Schild von Siebenbürgen mit dem Familienwappen im Mittelschilde. Mad. 1606. Cat. imp. 439. 2. Sehr gut erh. R.

4846. Thaler v. 1609. Av. Wie vorher; aber mit TRAN : und einem zweiten Kreise unterhalb des inneren Perlenkreises. Rev. PARTIVM : REGNI : HVNG : DOMINVS : ET : SICVL · COMOS (sic) : 1609 : Der gekr. Familienschild zwischen zwei Schilden mit den Wappen von Siebenbürgen, von einer Schlange umgeben. Mad. 4094. S. g. e. RR.

4847. Hermannstädter Thaler v. 1611. Einseitig. GABRIEL · D · G · PRIN : TRAN : PAR : REG : HVN : D · ET (: S)IC : COMEs · Von einem Drachen umgeben die drei Schilde unter der Krone, nebst der Unterschrift: 16 · 11 | CIBIN(ium) Mad. 4095. Etwas Doppelschlag, gut erh. RR.

4848. Hermannstädter Thaler v. 1611. Av. GABRIEL · D · G · PRIN : TRAN : PAR : REG : HVN : D · ET · SI : COM : Unter der Krone die 3 Wappenschilde mit der Unterschrift CIBIN, von dem Drachen umgeben. Rev. PRO | PATRIA | ARIS · ET FOCIS · | 16 · 11 · Zu Mad. 1607, Cat. imp. 439. 3. G. e. RR.

Gabriel Bethlen (1613—1629),

Sohn Wolfgang Bethlen's, geb. 1580, wurde 1613 zum Nachfolger des Vorigen ernannt. Während des 30jährigen Krieges bemächtigte er sich Ungarns und wurde auch 1620 zum König erwählt. 1621 legte er in Folge des Vertrags von Nikolsburg (31. Dez.) die ungar. Krone nieder, erhielt dafür Oppeln und Ratibor und den Titel als Reichsfürst. Er starb 1629; ihm folgte seine Gemahlin Katharina von Brandenburg, die aber bereits 1630 die Regierung niederlegen musste.

4849. Ovale Medaille o. J. Av. ✿ GABRIEL · D · G · REGNORVM · HVNGARIÆ · — (als Ueberschrift.) Mit der Mütze bedecktes Brustbild v. r. S. Rev. (O. b.) TRANSYL : PRINCEPS · AC · SICVLORVM · COM · — Gekr. ovaler Schild mit dem vierfeldigen Wappen von Ungarn und Siebenbürgen, nebst dem Familienwappen im Mittelschilde. Höhe 42. 1¾ Loth. Sehr schön erh. RR.

4850. Thaler v. 1627. Av. GAB · D · G · SA · RO · IMP : — · ET · TRAN · PRIN : ✠ : (oben beg.) Grosses, unten die Umschrift theilendes, bärtiges Brustbild v. r. S. Rev. PAR · REG · HVN · DOM · SIC · CO : OP · RAT · DVX · I627 — Gekrönter vierfeld. Schild mit den Wappen von Oppeln, Ratibor und Siebenbürgen, nebst dem Familienwappen in der Mitte. Mad. 4104. Cat. imp. 439. S. g. e.

4851. Thaler v. 1627. Av. ❖ GABR · D : G · SA · R · IMP · ET · — · TRANS · PRINCEPS ❖ Geharn. Bildniss v. r. S., mit dem Streitkolben. Unten ein Schildchen mit einer Doppellilie. Rev. ❖ PAR · RE · HVN · DNS · SI · CO · OP · RATIB · DVX · I627 ❖ — Gekr. Schild von Ungarn und Siebenbürgen; im Mittelschilde d. Familienwappen. Zu den Seiten M — C (Megyes Civitas oder Moneta Cibiniensis). Aehnlich Cat. imp. 440. 1. S. g. e.

4852. Aehnlicher Thaler v. 1627, mit + GABR · D · G · SA · R · IM · ET · — TRANS · PRINCEPS · + — und im Rev. OP RATIB · DVX I627 ❖ — S. g. e.

4853. Thalerklippe (vom Guldenstempel) v. 1628. Typus wie vorher. Neben dem Schilde C — C (Civitas Corona) Die Umschriften lauten: + GABR + D ‡ G + SA + R + IMP + ET + TRANS + PRINCPES (sic) + — und ❖ PAR · RE · HVN · DNS · SI · CO · OP · RATIB · DVX · 1628 ❖ — 2 Loth. Sehr gut erh. RR.

Georg Rakoczi I. (1631—1648),

Sohn Sigismund Rakoczi's, wurde nach der Abdankung Stephan Bethlen's, des Bruder's Gabriel's, zum Fürsten erwählt und † 24. Oct. 1648.

4854. Dukaten v. 1646. Av. GEORG · RAKO · D · G · PRI · TRA — Geharn., mit der Mütze bedecktes Brustb. v. r. S. Rev. PA · RE · HV · DO · ET · SIC · CO · 1646 · ✿ Der Rakoczische Adler, mit dem Säbel in d. Kralle, über den 7 Burgen. Bei ihm A — I (Alba Julia) und AQV — ILA · 1 Duk. S. g. e. RR.

4855. Thaler v. 1646. Av. GEORGIVS · RAKOCI · D : G · PRINCEPS · TRANS · — (ob. beg.) Geharnischtes Brustbild v. r. S., mit der Mütze bedeckt; in der Rechten den einem Zepter ähnlichen Streitkolben. Rev. PAR · REG · HVN · DOM · ET · SIC · COM · 1646 — Gekrönter verzierter Schild, worin oben Sonne, Mond und der siebenb. Adler, in der Mitte das halbe Rad, unten der Rakoczische Adler und die 7 Burgen. Zu den Seiten N — B Sehr gut erh. RR.

4856. Thaler v. 1648. Av. GEORG · RAKo — · D : G · PRI · TRA · — Bildniss, wie vorher, aber oben und unten die Umschrift theilend. Rev. · PAR · REG · HVN · DOM · ET · SIC · COMES · 1648 · — Sonst wie vorher. War gehenk., sonst g. e. RR.

Georg Rakoczi II. (1648—1660),

Sohn des Vorigen, dem er in der Regierung folgte. Er trachtete nach der polnischen Krone und kam deshalb den Schweden zu Hülfe; da jedoch sein Unternehmen unglücklich endigte, so wurde er auf Befehl des Sultans abgesetzt. Die Stände wählten den General Franz Rhedey und nach dessen bald darauf erfolgter Abdankung den Achatius Barcsay. Rakoczi jedoch stellte sich Letzterem mit den Waffen entgegen u. schloss ihn in Hermannstadt ein, kam jedoch, als die Türken dem Achatius zu Hülfe eilten, in der Schlacht um's Leben.

4857. Thaler v. 1652. Av. · GEOR : RAKO · — D : G · PRI · T · — Mit der Mütze bedecktes, geharn. Brustbild v. r. S., den zepterähnlichen Streitkolben i. d. R. Rev. · PAR · REG · HVN · DO : ET · SIC · COM · 165z · — Gekröntes verz. Wappen. Der Schild ist gespalten: rechts die Sonne über dem wachsenden Adler, links der Mond über den Burgen. Obenauf liegt ein Schild mit dem Rakoczischen Adler über dem halben Rade und 3 Bergen. Zu den Seiten N — B Vorzügl. erh.

4858. Thaler v. 1654. Aehnlich dem vorigen, mit · GEOR · im Av. und DOM · im Rev. Der Schild ist henkelartig verziert und es stehen die Buchstaben N — B nicht in der Mitte, sondern mehr neben dem Schildfusse. S. g. e.

4859. Thaler v. 1658, dem vorigen ähnlich; aber mit · GEORGIVS · — RAKO · D : G · P · T · — Ueber und unter N — B je ein Punkt. S. g. e.

4860. Thaler v. 1660. Wie vorher; jedoch · GEOR : — RA · — D : G : P · TR · — Ohne Punkte bei N — B Vorzügl. erh.

Achatius Barksay (1658—1661)

ward, nachdem Franz Rhedey die Regierung niedergelegt hatte, von den Ständen zum Fürsten erwählt, von Georg Rakoczi aber bekriegt u. arg bedrängt.

Kurz nach des Letzteren Tode zur Abdankung genöthigt, wurde Barksay von Johann Kemeny, der ihm auf sehr kurze Zeit in d. Regierung folgte, aus dem Wege geräumt.

4861. Kronstädter Thaler v. 1660. Av. ACHATIVS · BARCSAI · D · G · P · T · P · R.H D · S · C · — Gekrönter, an den Seiten mit Fratzenköpfen verzierter Schild, in dessen 1. Felde die Sonne, im 2. der Mond zwischen zwei Sternen, im 3. der wachsende Adler und im 4. die Burgen. Im getheilten Schildfusse Laubwerk und eine Rose. Im Mittelschilde des Fürsten Familienwappen. Rev. DE · PROFVNDIS · CLAMAMVS · AD · TE · DOMINE — Unter einem Engelsköpfchen in einer Verzierung ⁑ SERVA · NOS · | QVIA PERIMVS Darunter ein gekrönter Baumstamm mit Wurzel, als das Wappenbild von Kronstadt, und daneben 2 Rosen | 16 — 60 | C — B (Civitas Brassoviae oder Corona Barciae). Mad. 4109. Cat. imp. 441. 5. Sehr gut erh. RR.

Michael Apafi (1661—1690),

Sohn des Stadtrichters Georg Apafi zu Hermannstadt, wurde 1661 zum Fürsten erwählt und starb 1690.

4862. Thaler v. 1671. Av. ~ MICHAEL · APAFI · D · G PRIN · TRAN ~ — Geharn. Brustbild v. r. S., in der Mütze, den Streitkolben in der Rechten. Rev. PAR · REG · HVN · DOM · ET · SIC · CO · 1671 — Gekr. u. verzierter runder Schild, mit dem Apafischen Wappen (Helm mit durchgestecktem Schwert, von Reben u. Trauben umgeben) im ovalen Mittelschilde. Zu Mad. 4114. Sehr gut erh. R.

4863. Weissenburger Thaler v. 1677. Av. MIC : APAFI — D : G : P : T : — Geharn. Bildniss wie vorher, aber mit zum Theil sichtbaren Schenkelwehren. Es trennt oben und unten die Umschr. Rev. PAR : REG : HUNG : — D : ET · SI : CO : 1677 — Gekrönter, an den Seiten mit kl. Adlerköpfen verz. Wappenschild. Unten in der Umschr. in einem Schildchen A · I · (Alba Julia) über Bergen. Vorzügl. erh. R.

4864. Desgleichen v. 1681. Av. MICHAEL ✿ APAFI ✿ DEI ✿ GRATIA ✿ PRINC ⁑ TRANS ⁑ — Das Bildniss bis an den Schoss, nur oben die Umschrift theilend. Darunter 3 Röschen. Rev. PAR : REG : HVNGARIÆ — DO : ET · SI : COMES · 1681 — Gekrönter, ovaler, an den Seiten mit Adlern geschmückter Wappenschild. Unten das Schildchen, wie vorher. Cat. imp. 442. 6. Sehr gut erh. R.

Unter österreichischer Hoheit.

Joseph I., 1705—1711.

4865. Dukaten v. 1710. Av. IOSEPHVS D · G · R · I · — S · A · G · H · B · REX · — Der stehende Kaiser im Krönungsornate. Rev. ARCHID · AV · D · — B · M · M · C · TYR · 17 — 10 · Gekr. Doppeladler, auf dessen Brust das gekr., vom Vliessorden umgebene Wappen v. Siebenbürgen. Unten I · F · K · (Joh. Franz Kropff) 1 Duk. G. e. R.

Karl VI., 1711—40.

4866. Halber Thaler v. 1716. Av. CAR : VI : D : G : R : I : S : A :

G — HI : HV : B : REX — Belorb. Brustbild v. r. S. Rev. ARCHI : D : AVST : D : BVR : PRINC : TRANSSYL : 1716 · — Unter d. Krone der Doppeladler mit dem gekr., vom Vliessorden umgebenen Schilde von Kastilien, Ungarn, Böhmen und Burgund, nebst siebenb. Mittelschild. (Mad. 6773) S. g. e. R.

4867. Fünfzehnkreuzerstück v. 1726. Brustbild und Doppeladler mit dem siebenb. Wappen. S. g. e.

4868. Thaler v. 1737. Av. CAROL : VI · D : G : R : I : — S : A : GE : HI : H : B : REX · — (unten beg.) Belorb. Brustbild. Rev. ARCHID : AU : D : BU : PR — INC : TRANSYL : 1737 · Der Doppeladler, wie auf dem halben Thaler. Erhabene Randschr. CONSTANTER ✿ CONTINET ✿ ORBEM ✿ (Mad. 4117) Gut erh.

4869. Dukaten v. 1740, mit dem Brustbilde und dem siebenb. Wappen auf des Adlers Brust. 1 Duk. S. g. e.

Maria Theresia, 1741—1780.

4870. Medaillon (v. Donner und Toda), auf die Verbesserung des Bergwesens in Siebenbürgen, 1747. Av. Brustbild der Kaiserin v. r. S. Rev. LEGES METALLURG : RESTITUTÆ · Die knieende Transsylvania vor der Kaiserin. Schaumünzen, p. 112. Nr. 88. Erdy, XVII. 2. Gr. 70. 7$^{3}/_{16}$ Loth. S. g. e.

4871. Thaler v. 1748. Brustbild v. r. S. und der gekr. Doppeladler mit vielf. Brustschild, in dessen Mitte das Wappen von Siebenbürgen. Genau wie Cat. imp. 157. 4. (v. 1749). S. g. e.

4872. Medaillon (v. Würth) v. 1765, auf die Erhebung Siebenbürgens zu einem Grossfürstenthume. Av. Die Brustbilder von Joseph II. und Maria Theresia, v. r. S. Rev. Die Fama befestigt den siebenb. Wappenschild an einen Palmbaum. Schaumz. p. 249 Nr. 188. Erdy, XVIII. 4. Bronze. Gr. 59. Sehr gut erh.

Ferdinand I., 1835—1848.

4873. Huldigungsmedaille v. 1837, mit dem Brustbilde und dem Wappen v. Siebenbürgen. Erdy, XXIV. 5. Gr. 20. $^{3}/_{8}$ Loth. S. g. e.

Württemberg.

Ulrich (1498—1550),

Sohn des Grafen Heinrich u. dessen 1. Gem. Elisabeth, Prinz. v. Zweibrücken und Bitsch, geb. 1487, folgte unter Vormundschaft von Räthen seinem Oheim Eberhard V., der 1498 die Regierung niedergelegt hatte, ward 1519 vom schwäbischen Bunde vertrieben und hielt sich in Mömpelgart auf, während sein Stammland an Kaiser Karl V. überging, der es dem Erzherzog Ferdinand abtrat. Ulrich verschaffte sich 1534 durch Verpfändung von Mömpelgart Mittel zur Wiedereroberung Württembergs, musste jedoch letzteres durch den Vertrag von Cadan als österreichisches Afterlehen anerkennen. Er trat 1536 zur evangel. Kirche über, war Mitglied des schmalkaldischen Bundes, wurde 1546 von den kaiserl. Truppen vertrieben, konnte aber 1547, zwar unter sehr lästigen Bedingungen, wieder in sein Land zurückkehren. Er starb 6. Nov. 1550.

4874. Dicken oder Drittelguldenthaler, o. J. Av. VLRICVS o DVX — WIRTEMBER' ✿ Brustbild v. l. S., mit krausem Haar, im Pelzrock. Unten der Schild von Teck. Rev. MONETA o NO — VA o STVGARD' — Der stehende h. Ulrich (der Namenspatron des Herzogs). Vor seinen Füssen ein Schildchen mit dem Stammwappen (3 Hirschhörner). Bind. 57. 37. Sehr gut erh. RR.

4875. Goldgulden o. J. Av. VLRICVS ⁘ DV — X — WIRTEMBER — G — (Die Buchstaben E M B und E R sind verbunden) In Bogeneinfassung der geharn. Herzog in ganzer Figur, das Schwert schulternd. Das Bild trennt die Umschr. Rev. ✱ MONE ⁘ NO ⁘ AV-REA ⁘ STVGARDI Vierf. Schild mit den Hirschhörnern, den Wecken, der Reichssturmfahne und den Fischen (v. Mömpelgart), in Bogeneinfassung. S. g. e.

4876. Thaler v. 1507. Av. VLRICVS ⁘ DEI ⁘ GRA ⁘ DVX ⁘ WIRTEM ⁘ ET ⁘ TECK ⁘ : — Der geharn. Herzog zu Pferd, v. l. S., mit langen Federn auf dem Hute. Unten 1507 Umher eine mit Lilien besetzte Bogeneinfassung. Rev. ⁘ DA ⁘ GLORIAM ⁘ DEO ⁘ ET ⁘ EIVS ⁘ GENITRICI ⁘ MARIE ⁘ — Vierf. Wappenschild, worauf der gekr. Helm mit dem Jagdhorne und der tecksche mit dem Brackenkopfe. Bind. 60. 85. (Mad. 1621) S. g. e. RR.

4877. Dukaten v. 1537. Av. D : G · VL · DVX · WIRT · ET : TECK · CO : MO : PEL : Brustbild v. l. S., mit Bart, im Zeitkostüm, mit grossem Barett. Rev. MONE : NO : AVR : WIRTENBER : 1537 ✿ Vierfeld. Wappenschild. Bind. 61. 93. S. g. e. RR.

4878. Medaillenf. Thaler v. 1537. Av. D ⁘ G o VLRICVS o DVX o WIRT ⁘ ET ⁘ TECK o CO ⁘ MO ⁘ BELL ⁘ ⁊ ✿ Etwas erhabenes Brustbild v. l. S., im Harnisch, mit einem von Federn ganz bedeckten Hute. Rev. DA o GLORIAM o DEO o — OMNIPOTENTI o 1537 ✿ Das Wappen mit den 2 Helmen. Bind. 61. 96. Mad. 4120. Aus d. v. Dickmann'schen Smmlg. $2^{5}/_{32}$ Loth. S. g. e. RR.

4879. Thaler v. 1537. Av. D : G · VLRIC : DVX · IN · WIRTEM : ET (: TEC)K · CO : MOBELI ZC ✿ Brustbild v. l. S., mit breitem Hute und doppelter Brustkette. Rev. DA · GLORIAM · DEO · OMNIPOTENTI · M · D · XXX · VI(I ✿) Der vierf. Schild. Mad. 4121. Cat. imp. 345. Bind. Nr. 99. Ist im Rev. mit einem runden Stempel, worauf der kaiserl. Doppeladler, contrasignirt. Av. gut, Rev. s. g. e. RR.

4880. Thaler v. 1537. Av. D : G · VL : DVX · WIRT : ET : TECK · CO : MO : BELL : ⁊ Brustbild v. l. S., mit rundem Hute und einfacher Brustkette. Rev. DA · GLORIAM · DEO · OMNIPOTENTI · ✿ Der Schild; zu den Seiten I · 5 — 3 · 7 Mad. 1622. Bind. Nr. 104. Sehr gut erh. R.

4881. Der gleiche Thaler, contrasignirt mit dem Doppeladler. Bind. Nr. 105. Mad. 4122. Im Av. ist 1 : 6 : — 60. | Georg — Braun | eingravirt. War gehenk. und hat dadurch gelitten, sonst gut erh. R.

4882. Aehnlicher Thaler v. 1537, mit BEL : 7 im Av. Gleichfalls gestempelt. Binder Nr. 120. Gut erh. R.

4883. Halber Thaler v. 1537. Av. D : G · VL : DVX · WIRT : ET : TECK · CO : MO : BEL : Z · (Die T sind wie I gegeben) Brustbild v. l. S., mit dem Federhute. Rev. DA · GLORIAM · DEO · OMNIPOTENTI · I · (5 · 37) ✿ Der Wappenschild. Bind. Nr. 129. Der kaiserl. Stempel verdeckt die Jahrzahl. S. g. e. RR.

Ludwig (1568—1593),

Sohn Herzog Christoph's u. dessen Gem. Anna Marie von Brandenburg-Bayreuth, und Enkel Ulrich's, geb. 1554, succ. seinem Vater 1568 unter Vormundschaft des Pfalzgrafen Wolfgang von Zweibrücken und der Markgrafen Friedrich von Brandenburg und Karl von Baden, trat 1578 die Regierung an, war Vormund seines Vetters, des Grafen Friedrich von Mömpelgart bis 1581 und starb 18. Aug. 1593 ohne Leibeserben.

4884. Guldenthaler v. 1572. Av. :. D : G (:) LVDOVICVS ✱ D ✱ WIRTEM ✱ ET ✱ TECK .: ✿ Der Wappenschild zwischen 1 — 5 7 — 2 | und 2 aufwachsenden Blümchen. Rev. · MAXIMILIANI ✱ IM ✱ AV ✱ P ✱ F ✱ DECRETO · — Unter der Krone der Doppeladler, mit dem Reichsapfel, worin 60, auf der Brust. (Mad. 1624). Die Wertzahl 60 ist beseitigt, um das Stück als Thaler anzubringen; sonst s. g. e. RRR.

4885. Thaler v. 1585. Av. D · G · LVDO — VICVS · DVX · WIRTEMB :· ET TECC : (rechts am Arme beg.) Geharn. Bildniss v. r. S., mit der Rechten den Kommandostab, mit der Linken das Degengefäss haltend. Daneben 15 — 85 Rev. (U. b.) CO : MONTIS · — · PELIGARDI · ✠C : — Zweifach behelmter Schild. Darunter · N · G · W · (Nach Gottes Willen). (Mad. 4123, Bind. 84. 72). Aus der v. Dickmann'schen Smmlg. S. g. e. RR.

Friedrich (1593—1608),

2. Sohn des Grafen Georg von Mömpelgart u. dessen Gem. Barbara von Hessen, oder Ulrich's Brudersohn, geb. 1557, war, da Christoph's Söhne ohne Erben blieben, der Erbe des Stammlandes 1593, förderte sehr die Industrie und den Bergbau, legte auf der Höhe des Schwarzwaldes 1599 Friedrichstadt, das spätere Freudenstadt an und starb 29. Jan. 1608.

4886. Thaler v. 1606. Av. (U. b.) · FRIDERICVS · D · G · DVX · WIRTEMBRG (sic!) · — Das vierfeld. Wappen mit 3 Helmen (der gekr. mittlere mit dem Kleinode von Mömpelgart). Rev. (U. b.) RVDOLPH · II · IMP · AVG · P · F · DECRETO — Der h. Christoph mit dem Kindlein, stützt sich mit d. Rechten auf den Baumstamm und hält mit der Linken einen Schild, worauf der Doppeladler. Unten · 1606 · in Einfassung. (Mad. 4124.) Bind. 94. 51. Sehr gut erh. R.

Johann Friedrich (1608—1628),

ältester Sohn Friedrich's u. dessen Gem. Sibylle von Anhalt, geb. 1582, succ. 1608, gab im brüderlichen Vergleiche v. 28. Mai 1617 seinem Bruder Ludwig

Friedrich Mömpelgart und Julius Friedrich Brenz und Weiltingen, und starb 18. Juli 1628.

4887. Thaler v. 1609. Av. (U. b.) · IOHANN : FRID · D · G · DVX · WIRTEMB & 1609 · — Das dreifach behelmte Wappen. Rev. RVDOLPH · II · IMPERATOR · AVG · P · F · DECRETO und ein lilienartiges Blatt. Der h. Christoph mit dem Schilde, in gebückter Stellung das Christkind auf d. rechten Achsel durch's Wasser tragend. Bind. 107. 35. S. g. e.

4888. Thaler v. 1610. Der h. Christoph trägt das Kind auf der linken Achsel. Mit 1610 · — im Av., und einer verzierten Rose am Ende der Revers-Umschr. Ein wenig pol., gut erh.

4889. Dreifacher Dickthaler v. 1613. Av. IOHANN ⁑ FRID ⁑ D ⁑ G ⁑ DVX + WIRTEMB ⁑ ET × TEC ✿ Brustbild v. r. S., im Harnisch, mit Ueberwurf und glattem Halskragen. Rev. COM ‡ MONT ‡ DOM ‡ IN + HEIDENHEIM + 1613 — Unter einer Krone der vierfeld. verzierte Schild (die gelben Felder im Wappen v. Teck sind verziert). Bind. 110. 69 (nur als Doppelthaler). 6 Loth. Gut erh. RRR.

4890. Dickthaler v. 1623. Av. · IOHANN : FRID : D : G : DVX · WIRTEM — Gekr., verzierter Wappenschild. Rev. ET · TEC · COM : MONT : DOM : IN · HEIDENHE ✿ Der h. Christoph, das Kindlein durch's Wasser tragend. Dabei · 16 — 23 · Bind. 121. 228. Mad. 6778. 1$^{11}/_{16}$ Loth. Gr. 33. S. g. e. RR.

4891. Hirschgulden v. 1623. Av. IOHANN : FRID : D : G : DVX · WIRTEMBE : — Unter der Krone das Wappen in einem verzierten, eckigen, unten abgerundeten Schilde. Rev. Ein sitzender Hirsch hält mit dem rechten Vorderfusse einen Schild, worin 60 Hinter ihm S(tuttgart) Ueberschrift: ✿ LAND — + — MVNZ ✿ Im Abschnitt: ✿ 1623 ✿ Bind. 122. 239. S. g. e.

4892. Aehnlicher Gulden v. 1623. Der Schild ist oval, die Punkte nach „Wirtembe", sowie das S hinter dem Hirsch fehlen. Im Abschnitt: 16 · C · T · 23 · (Christophsthal). Leidl. erh.

4893. Thaler-Klippe v. 1625. Av. IOHANN : FRID : D : G : DVX · WIRTEMBERG : ET · TEC : und ein Satyrskopf. Brustbild v. r. S., im röm. Harnisch und Ueberwurf. In den Ecken Engelsköpfchen. Rev. ' STRENA · EX · ARGYROCOPEO · VALLIS · S · CHRISTOPH · Σ ✿ Θ (Σὺν Θεῷ) Der durch's Wasser watende Christoph stützt sich mit beiden Händen auf den Baumstamm. Im Abschnitt: CIↃIↃCXXV · In den Ecken 4 Schildchen mit den Feldern des Wappens. Ganz unten DS (zusammengezogen), David Stein in Christophsthal. Mad. 1630. Bind. Nr. 296. Aus v. Madai's Sammlung. S. g. e. R.

4894. Klippe v. 1625. Av. In ovaler Einfassung das Brustbild v. r. S. Umher, parallel mit den Seiten IOHANN : FR | ID : D : G : DVX · | WIRTEMB : | & · TEC ✿ 1625 ✿ | Rev. In der Mitte + IHS + in einer Einfassung, an deren Ecken die 4 Wappenschildchen, zwischen denen · E — M — M — A — N — V — E — L · vertheilt ist. Bind. Nr. 308. Weise 1562. Gr. 32 im □ $^{11}/_{32}$ Loth. G. e.

4895. Thaler v. 1625. Av. IOHANN : FRID : D : G : DVX · WIRTEMBER : ET · TEC und ein Satyrskopf. Brustbild v. r. S., im röm. Harnisch. Rev. COM : MONT : DOM : IN · HEIDENHE : 1625 — Gekrönter, ovaler Wappenschild, an den Seiten mit zwei Meerfräulein geschmückt, die in Blattwerk auslaufen. Daneben C — T Bind. S. 127. S. g. e.

4896. Thaler v. 1625. Av. Wie vorher; mit WIRTEMBERG : ET · TEC ♧ Rev. Der Schild ist eckig und oben mit einem Fratzenkopf verziert; die Schwänze der Meerfräulein sind gewunden. In der Umschrift: HEIDENHE + 1625 + — Ohne C — T Bind. 127. 305. Sehr gut erh.

4897. Thaler v. 1626, von den Stempeln des vorigen; die Ziffer 5 ist im Stempel in 6 verändert. Bind. 129. 321. S. g. e.

4898. Thaler v. 1626. Av. IOHANN : FRIDER : D : G : DVX · WIRTENB : ET · TEC (Satyrskopf.) Das Brustbild. Rev. COM : MONT : DOM : IN · HEIDENHEM : 1626 — Gekr. ovaler Schild; die Fräulein haben Flügel und enden in Blattwerk. Dabei C — T Ziemlich gut erh.

4899. Schauthaler v. 1627, Präsent der Stadt Freudenstadt oder der Münzstätte Christophsthal. Av. NVM(mus) : IN · FEL(ix) : A[1] (anni) · A ÑTO (nato) CHRO — M · D · CXXVII · AVSP(icium) : IN · ILLVST[I] (rissimi) — Das Wappen in einem reich gezierten Schilde. Rev. WVRT : DVCIS · IAN : FRID : MONETÆ FICINA · S · CHRISTOPHSTHAL : CVSVS (Lilie) Die regelmässig angelegte Stadt Freudenstadt. Dabei FREVDEN — STAT · Oben das Brustbild des Herzogs in verz. Medaillon. Mad. 1631. Bind. Nr. 330b. S. g. e. RR.

Ludwig Friedrich von Mömpelgart, Administrator (1628—1631),

Bruder Johann Friedrich's, war Vormund über dessen unmündigen Sohn Eberhard von 1628 bis zu seinem am 26. Januar 1631 erfolgten Tode.

4900. Thaler v. 1629. Av. ♧ LVDOVIC : FRID : D : G : DVX · WIRT : & · TEC : COM : MONTP : Brustbild v. r. S., im Harnisch, mit grosser Krause. Rev. DO : IN · HAIDEN : CVRAT : & · ADMINISTRATOR · 1629 — (unten beg.) Das dreifach behelmte Wappen. Mad. 1632. Cat. imp. 346. Bind. 131. 3. S. g. e. R.

Julius Friedrich zu Weiltingen, Administrator (1631—1633),

Bruder Johann Friedrich's, war Vormund über dessen Sohn Eberhard vom 2. Februar 1631 bis 8. März 1633, † 25. April 1635.

4901. Thaler v. 1631. Av. IVLIVS · FRIDERICVS · D : G : DVX · WVRTTEMBERG · Geharn. Bildniss in halber Figur, v. r. S., mit umgelegter Feldbinde, mit der Rechten den Kommandostab an die Hüfte stemmend. Rev. CVRATOR · ET · ADMINISTRATOR · 1631 · — (unten beg.) Das Wappen mit den 3 Helmen. Mad. 1634. Bind. S. 133. S. g. e. R.

Eberhard III. (1633—1674),

Sohn Johann Friedrich's und dessen Gem. Barbara Sophie v. Kur-Brandenburg, geb. 1614, succ. 1628 unter Vormundschaft der beiden Brüder seines Vaters, übernahm 1633 die Regierung, wurde in Folge des 30jährigen Krieges vertrieben und lebte von 1634—38 im Auslande, † 2. Juli 1674.

4902. Thaler v. 1640. Av. ∗ EBERHARD · D : G : DVX · WIRTEMBER : Vorwärts gekehrtes Brustbild, im Harnisch, mit breitem Spitzenkragen. Rev. ET · TEC : COM : MONT : DOM : IN · HEID — Gekr. und verzierter ovaler Wappenschild. Ueber der Krone 16 — 40 Mad. 1635. Bind. 140. 25. Zierlich und s. g. e. R.

4903. Thaler v. 1647. Av. ✠ ◆ EBERHARD · D · G · DVX · WIRTEMBERG ◆ Brustbild von vorn, im Harnisch, mit Spitzenkragen. Rev. Aehnlich dem vorigen, mit HEIDE — Die Jahrzahl 16 — 47 steht innerhalb der Krone. Mad. 4129. Bind. Nr. 43. S. g. e. R.

4904. Thaler v. 1660. Av. EBERH : D G : DUX WIRTEMB : ET TEC & — (als Ueberschrift) Geharnischtes Brustbild v. r. S. Rev. OMNIA — CUM DEO — (rechts beg.) Gekrönter, ovaler und verzierter Wappenschild. Unten 16 — 60 Mit Stempelsprung beim 4. Felde. Mad. 1636. Bind. Nr. 71. S. g. e. R.

4905. Thaler v. 1669. Av. EBERH : D · G · DVX WIRTEMB : ET TEC & — (Ueberschr.) Geharn. Brustbild v. r. S., mit breitem Spitzenhalstuche. Rev. OMNIA 1669 — CVM DEO Der im Wasser stehende grosse Christoph legt die Rechte auf den vor ihm stehenden, mit dem Fürstenhute bedeckten Wappenschild. Mad. 4131 (unrichtig beschr.) Bind. Nr. 80. Der Stempel zur Rückseite ist sehr seicht geschnitten, daher das Gepräge undeutlich. S. g. e. R.

4906. Medaille o. J. (v. Joh. Christoph Müller). Av. EBERH : D · G · DVX · WIRTEMB · ET · TEC · &c — Geharn. Brustbild v. r. S., mit dem Elephantenorden. Am Arme ICM Rev. OMNIA · CVM · DEO · Mit dem Fürstenhute bedeckter, ovaler und verzierter Wappenschild. Bind. Nr. 8. Gr. 43. 2 Loth. S. g. e. R.

Wilhelm Ludwig (1674—1677),

Sohn Eberhard's und dessen 1. Gem. der Rheingr. Anna Katharina zu Kyrburg, geb. 1647, succ. 1674, † 23. Juni 1677.

4907. Medaille o. J. (v. J. C. Müller). Av. WILH · LUD · D · G · DUX · WIRTEMB · ET · TEC · — Geharn. Brustbild v. r. S.; unten ICM Rev. DOMINUS PROTECTOR VITÆ MEÆ — Ein Palmbaum, woran der vom Namen Jehova bestrahlte Wappenschild. Im Hintergrunde ein Zug Reiterei; vorn fliehende Schlangen und Kröten. Mad. 4132. Bind. 147. 3. Gr. 43. 1 $^{11}/_{16}$ Loth. S. g. e. R.

4908. Thaler v. 1677. Av. Aehnlich dem vorigen. Rev. 16 IN · DEO · SPES · MEA · 77 — Das mit dem Fürstenhute bedeckte Wappen in einem Kranze von Lorbeerzweigen. Mad. 4133. Bind. 147. 5. S. g. e. R.

4909. Thaler auf seinen Tod, vom Administrator Friedrich Karl 1680 veranstaltet. Av. Wie vorher, aber von einem anderen Stempel.

Rev. In einem aus Lorbeer- und Cypressenzweigen gebildeten, unten in einem Todtenkopfe sich schliessenden Kranze, um welchen ein Band mit den Worten IN — DEO — SPES — MEA geschlungen ist, die 11zeil. Aufschrift: NATUS · | STUTGARDIÆ · | VII · IAN · M · DC · XLVII · | DENATUS · HIRSAUGIÆ · | XXIII · IUN · MDCLXXVII · | ANNO · | REGIMINIS · III · | ÆTATIS · XXX · | SI · ADDAS · M(enses) · VI · D(ies) · XVI · | CUIUS · MEMORIA · | SIT · IN BENEDICT(ione) Mad. 1637. Bind. 147. 6. S. g. e. R.

Friedrich Karl, Administrator (1677—1693),

Bruder des Vorigen, geb. 1652, regierte als Administrator während der Minderjährigkeit Eberhard Ludwig's v. 1677 bis Anfang 1693, † 20. Dez. 1698. Er hatte von seinem Vater, Eberhard III., das Schloss Winnenthal als Apanage erhalten.

4910. Medaille o. J. (v. J. C. Müller) mit dem Brustbilde v. r. S. und dem Herkules im Kampfe mit der Hydra. DURA — PLACENT FORTIBUS — Bind. 152. 6. Erster Stempel; der Hydra ist noch kein Kopf abgeschlagen. Gr. 46. 2¹/₄ Loth. S. g. e.

4911. Thaler v. 1680. Av. FRID · CAROL · D : G · D · WIRTEMB · ADMINISTR — (als Ueberschr.) Geharn. Brustbild v. r. S., mit gesticktem Halstuch. Unten ICM Rev. Das Wappen mit dem Fürstenhute in einem Kranze von Lorbeerzweigen. Darüber 1 · 6 · D(ura) · P(lacent) · F(ortibus) · 80 · Bind. 152. 16. Cat. imp. 347. S. g. e. R.

4912. Medaille (v. Müller) auf die Vermählung des Herzogs mit der Prinzessin Eleonore Juliane von Brandenburg-Ansbach, 1682. Beider Brustbilder neben einander und zwei zusammengelegte Hände mit einem Palm- und einem Lorbeerzweige. CONIVGATI Bind. 154. 32. Gr. 43. 1¹⁵/₃₂ Loth. S. g. e.

Eberhard Ludwig (1693—1733),

Sohn Wilhelm Ludwig's und dessen Gem. Magdalene Sibylle v. Hessen-Darmstadt, geb. 1676, succ. 1677 unter Vormundschaft, übernimmt die Regierung 1693 und † 31. Oct. 1733. Die Güter der Weiltinger Linie fielen 1705 und Mömpelgart, nach einem mit den illegitimen Kindern des 1723 gestorbenen Herzogs Leopold Eberhard geführten Prozesse, an die Hauptlinie zurück.

4913. Thaler v. 1694. Av. EBERH · LUD · — D · G · DUX WURTEMB · — (hinter dem Rücken beg.) Brustbild v. r. S., im röm. Harnisch und Ueberwurf. Unten I · D · D · (Joh. Dav. Daniel) Rev. Das mit dem Fürstenhute bedeckte, vierfeldige Wappen. Oben herum ◆ CUM DEO ET DIE ◆ Unten herum ∗ 16 — 94 ∗ und I · I · — · W · (Wagner) Ohne Randschrift. Bind. 169. 43. S. g. e.

4914. Thaler v. 1694, von gleichen Stempeln, mit der erhabenen Randschrift: ◆∗◆ ASPICIUNT ◆◆◆ OCULIS ◆◆ (Blattwerk) ◆ SUPERI ◆ MORTALIA ◆ IUSTIS · (Blatt) Mad. 4135. Bind. Nr. 39. S. g. e.

4915. Thaler v. 1694, von denselben Stempeln, mit der Randschrift: + NE + — + IMPIÆ + — + MANUS + — + ME + — + LÆDANT + — ∗ — (an Stelle der — Blattwerk.) Bind. Nr. 40. S. g. e.

4916. Thaler v. 1694, von den Stempeln der vorigen, mit der Randschrift: DES + HÖCHSTEN + HAND + SEZT + ALLE + LAND + IN + SICHREN + STAND (Blatt) Bind. Nr. 41. S. g. e.

4917. Thaler v. 1697. Av. EBERH : LVD : D · — G : DVX WIRTEMB — (am Rücken beg.) Geharn. Brustbild v. r. S., mit gesticktem Halstuche und dem Elephantenorden am Bande. Rev. Das Wappen mit den 3 Helmen. Darüber auf einem Bande CUM DEO ET DIE Neben dem Schilde I·I·— W· und unten herum MDC — XCVII · Randschrift: AN — GERECHTER — MUNTZ — ETC · — 16 — 97 — mit dazwischen gestelltem Laubwerk. Mad. 4136. Bind. Nr. 86. S. g. e.

4918. Thaler v. 1697, von den gleichen Stempeln, mit der Randschr.: FRISCH — GEWAGT — UND — TREU — GEMEINT · — 16 — 97 — (Laubwerk an Stelle der —) Mad. 5842. Bind. Nr. 88. S. g. e.

4919. Thaler v. 1706. Av. EBERH · LUD · D · — G · DUX WURTEMB · — Brustbild v. r. S., im röm. Harnisch mit Ueberwurf. Unten ein Stern (als Mzzch. Ph. H. Müller's). Rev. Der dreifach behelmte Wappenschild. Oben * CUM DEO ET DIE * Unten 17 — 06 und an der Spitze des Schildes zwei Aehren (Mzmstr. Bauer) Mit Laubrand. Bind. 174. 122. S. g. e. R.

4920. Thaler v. 1707. Av. Stempel des vorigen. Rev. Dem Wappen ist das Feld und der Helm von Heidenheim und wegen der Reichssturmfahne ein Helm mit wachsendem Adler zugefügt. (Letzteres geschah wegen des mit Hannover über das Erzamt geführten Streites.) (1. Wecken, 2. Fahne, 3. Fische, 4. Heidenkopf, Mittelschild: Hirschhörner; Helme: in der Mitte der v. Mömpelgart, daneben rechts das württ. Jagdhorn, links der Brackenkopf, und an den Ecken rechts der Adler, links der Heidenkopf). Sonst wie vorher. Laubrand. Mad. 4137. Bind. Nr. 125. S. g. e.

4921. Goldgulden o. J., mit Bezug auf die 1710 dem Herzoge ertheilte Würde eines Reichsgeneral-Feldmarschalls. Av. EBERH · LUD · D · G · DUX — WURT · ET · TEC · — Der Herzog zu Pferde, v. l. S. Am Boden ein Reichsapfel. Rev. Das Wappen mit 5 Helmen. (Im 1. Felde 5 schwarze Wecken.) Bind. 166. 8. Das Material zu diesen Goldgulden lieferte eine einem Juwelier von Schaffhausen wegen Zollumgehung weggenommene Partie Goldwaaren. Sehr gut erh. R.

4922. Ausbeutethaler v. 1728. Av. Stempel des Thalers v. 1706. Rev. Das fünffach behelmte Wappen mit der Ueberschrift: VON GEWACHSENEN SILBER AUS DER FUNDGR · 3 · K · STERN — Oben * CUM DEO ET DIE * und unten * 17 — 28 * Glatter Rand. Mad. 1640. Bind. Nr. 173. Die Grube zum heiligen drei Königstern liegt im Reinerzauerthale, bei Alpirspach. S. g. e.

(NB. Die schwäb. Kreisthaler suche unter Nr. 3833 flg. im I. Theile.)

Karl Alexander (1733—1737),

von der Winnenthaler Nebenlinie, Sohn des Administrators Friedrich Karl, geb. 1684, zeichnete sich in auswärtigen Kriegsdiensten aus und war 1713

11

kaiserl. Kommandant der Festung Landau, die er nach tapferer Vertheidigung an die Franzosen übergeben musste. Er gelangte nach Eberhard Ludwig's Tode 1733 zur Regierung der Stammlande, starb aber schon 12. März 1737.

4923. Halbe Karoline (½ Alexanderd'or). Av. CAROL · ALEX : — D : G · DUX WUR & T — Brustbild v. r. S., mit dem Vliesse, im Hermelinmantel. Unten s Rev. PER ARDUA — VIRTUS Der von der Vliessordenskette umgebene ovale Schild auf dem mit dem Fürstenhute geschmückten Wappenmantel. Unten · 17 — 34 · Laubrand. Bind. 194. 21. 1⅛ Duk. S. g. e.

4924. Halber Gulden v. 1735. Bind. Nr. 43. G. e.

4925. Desgleichen v. 1736. Bind. Nr. 58. G. e.

Karl Rudolf, Administrator (1737—1738),

von der Neuenstadter Linie. Er war der Sohn Herzog Friedrich's, des Bruders Eberhard's III., und dessen Gem. Klara Auguste von Braunschweig-Wolfenbüttel, geb. 1667, wurde nach seiner Brüder Tode Hauptbesitzer der Neuenstadter Apanage und vom 13. März 1737 bis 15. August 1738 Administrator der Stammlande, an welche nach seinem am 17. Nov. 1742 erfolgten Tode die Besitzungen der Neuenstadter Linie zurückfielen.

4926. Thaler v. 1737. Av. (U. b.) · CAR : RUDOL : D : G : D : WURT : & T : C : M : ADMINIS : & TUTOR · — Brustbild v. r. S., im röm. Harnisch, mit dem Elephantenorden. Unten 1737 Rev. Das Wappen mit dem Elephantenorden, auf dem Hermelinmantel. Oben herum SALUTI — PUBLICÆ Unten herum ◆ AD LEGEM IMPERII ◆ Neben dem Elephanten I · F — B · Mit Laubrand. Mad. 1641. Bind. 201. 7. S. g. e.

Karl Friedrich, Administrator (1738—1743),

von der Oelsischen Linie, Sohn Christian Ulrich's v. Oels und dessen 2. Gem. Sibylle Marie, Prinz. von Sachsen-Merseburg, geb. 1690, war von 1738 bis 8. Dez. 1743 Vormund des Herzogs Karl Eugen und Landesadministrator, † 10. Dez. 1761.

4927. Dukaten v. 1739. Av. (U. b.) CAROL · FRID · D · G · DVX · WÜRTEM · TEC · & ÖLS · A · & T · — Brustbild v. r. S., im röm. Harnisch, mit dem Jagdorden am Bande auf der Brust. Rev. Auf dem Wappenmantel der von der Kette des Hubertusordens umgebene, ovale Schild, in dessen gespaltenem Mittelschilde rechts die Hirschhörner, links der ölsische Adler. Oben herum CEV · FERT · DIVINA · VOLVNTAS Unten herum AD LEGEM 17 — 39 IMPERII Monn. en or, 195. Bind. 203. 5. 1 Duk. S. g. e.

4928. Thaler v. 1739. Av. Umschrift wie vorher; sie beginnt hinter dem Rücken und endigt mit ADMI · & TVT · Der Herzog erscheint im verzierten Harnisch, mit dem Hubertusorden und umgelegtem Hermelinmantel, auf den ein Stern gestickt ist. Unten B · (Börer) Rev. Wie vorher. Hat Laubrand. Mad. 1642. Bind. Nr. 7. S. g. e.

4929. Ausbeutethaler v. 1740. Av. CAROL · FRID · DUX WURT · TEC · ET ÖLS · ADMI · ET TVTOR · Brustbild v. r. S., im Harnisch und Hermelinmantel, mit dem Stern des polnischen weissen

Adlerordens an d. r. S. Unten I · T (Thiebaud) Rev. Der grosse Christoph, durch's Wasser schreitend. Vorn am Ufer das Wappen (ohne den schlesischen Adler) und ein Füllhorn, welchem Münzen entfallen. Im Hintergrunde eine Bergwerksgegend und die Kirche von Freudenstadt. Unter dem Schilde 1740 Oben herum R · THALER AVS DEM BERG WERCK · und im Abschnitt: ZV CHRISTOPHS | THAL · Hat Laubrand. Mad. 4138. Bind. Nr. 12. Ist auf französ. Art, d. h. die Rückseite verkehrt zur Hauptseite geschlagen. Sehr gut erh.

Karl Eugen (1744—1793),

Sohn Karl Alexander's und dessen Gem. Marie Auguste von Thurn u. Taxis, geb. 1728, succ. 1737 unter Vormundschaft, übernahm am 7. Januar 1744 die Regierung, errichtete 1761 die Akademie der Künste, die er später mit der Militärakademie verband, welche, 1775 nach Stuttgart verlegt, von K. Joseph II. 1781 zur Universität erhoben wurde und 1782 bei der Einweihung den Namen „Hohe Karls-Schule" erhielt. Er starb am 24. Oct. 1793.

4930. Thaler v. 1744. Av. CAROLVS D · G · — DVX WURT · & · T · — Geharn. Brustbild v. r. S., mit der Vliessordenskette. Am Arme V · S · (Veit Schrempf) Rev. PROVIDE · ET · — CONSTANTER · — Unter dem Fürstenhute der verzierte, von der Jagdordenskette umgebene Wappenschild. Unten S · S · (Simon Schnell) und 17 — 44 Mit Laubrand. Mad. 4139. Binder 223. Nr. 9. Sehr gut erh.

4931. Medaille (v. Börer) auf seine Vermählung mit Elis. Soph. Friederike von Brandenburg-Bayreuth und auf den Bau des Schlosses in Stuttgart, 1748. Köhler, M.-B. XXI. 201. Bind. S. 226. Nr. 51. $1^1/_2$ Loth. S. g. e.

4932. Thaler v. 1748. Av. CAROLVS · D : G : — DVX · WURT : & T : — Brustbild v. r. S., im Harnisch und Hermelinmantel, mit dem Vliessorden. Unten V · S · Rev. PROVIDE · ET · — CONSTANTER · — Auf dem Wappenmantel das mit der Kette des Jagdordens behangene schraffirte Wappen. Unten 17 P · R · 48 Mit Laubrand. Mad. 4140. Bind. Nr. 60. S. g. e.

4933. Thaler v. 1759. Av. CAROLVS D : G : — DVX WURT : & T : — Geharn. Brustbild v. r. S., mit über die rechte Schulter gelegtem Ordensbande, mit dem Vliesse auf der Brust und dem Stern des Jagdordens auf der rechten Seite. Rev. Das fünffach behelmte Wappen. Darüber PROVIDE ET CONSTANTER · Neben dem Schilde 10 — F M | 17 — 59 und unten · R · Mit Laubrand. Mad. 4141. Bind. Nr. 112. G. e.

4934. Thaler v. 1760. Av. Aehnlich dem vorigen; hat jedoch & : T : und das Ordensband ist über die linke Schulter gelegt. Rev. Unter dem Fürstenhute der Wappenschild zwischen einem Palm- und einem Lorbeerzweige. PROVIDE ET CONSTANTER und unten herum 17 ✿ 10 : F : M ✿ 60 Hat Laubrand. Mad. 4142. Bind. Nr. 122. Gut erh.

4935. Thaler v. 1760. Av. Aehnlich dem vorigen; hat aber & T : Rev. Gekrönter, ovaler Wappenschild, von der Kette des Jagdordens

11*

umgeben, zwischen einem Palm- und einem Lorbeerzweige. Daneben oben 17 — 60 und unten P — R Ueberschrift: PROVIDE ET — CONSTANTER Unten herum 10 AUF EINE — FEINE MARC · Hat Laubrand. Mad. 4143. Bind. Nr. 125. S. g. e.

4936. Thaler v. 1761. Aehnlich dem vorigen; das Wappen ist nicht schraffirt, die Buchstaben P — R stehen neben dem Ordenssterne, der Punkt nach MARC fehlt. Bind. Nr. 130. S. g. e.

4937. Thaler v. 1769. Av. Im Ganzen wie vorher. Rev. Gekrönter, verzierter, mit Zweigen besteckter Wappenschild, woran der Jagdordensstern. Oben herum PROVIDE ET — CONSTANTER und unten herum in 2 Zeilen: 17 — 69 | 10 EINE FEINE MARC · Mit Laubrand. Mad. 6781. Bind. Nr. 169. S. g. e.

4938. Thaler v. 1779. Av. CAROLVS D : G : — DVX WURT : & TEC · — Geharn. Brustbild v. r. S., mit den beiden Orden. Am Arme W (Werner) Rev. Gekröntes, ovales, von der Kette des Jagdordens umgebenes Wappen zwischen Palmzweigen. Beim Stern 17 — 79 · und · D · F · H · Oben herum PROVIDE ET — CONSTANTER · und unten herum 10 · EINE FEINE MARC · Laubrand. Bind. Nr. 213. G. e.

4939. Thaler v. 1780. Av. Wie der vorige. Rev. Gekrönter runder Schild zwischen einem Lorbeer- und einem Palmzweige. Neben dem Fürstenhute i7 — 80 und unten · D · F · H · Umschriften, wie vorher, jedoch vor PROVIDE und i0 ein Ringlein. Bind. Nr. 216. G. e.

4940. Thaler v. 1781. Av. Aehnlich den vorigen (ohne W). Rev. Zwischen Zweigen der ovale, vom Bande des Jagdordens umgebene Schild unter dem Fürstenhute, wobei i7 — 8i Neben dem Stern · D — H · Oben herum o PROVIDE ET — CONSTANTER o und unten i0 · u. s. w. Bind. Nr. 217. S. g. e.

4941. Thaler v. 1784. Av. Im Ganzen wie vorher; am Hermelinmantel fehlt der eingestickte Ordensstern. Am Arme · W · Rev. Wie vorher, aber o 17 — 84 o und · 10 EINE u. s. w. Unten neben den Zweigen D · F · H · — I · C · H · Bind. Nr. 226. S. g. e.

4942. Kleine Medaille v. 1786, auf das 1. Jubelfest des Gymnasiums in Stuttgart, mit den Brustbildern Karl Eugen's und Friedrich Karl's, des Gründers, v. r. S., und einer 6zeiligen Aufschrift. Bind. Nr. 240. Gr. 23. 1/4 Loth. S. g. e.

4943. Dukaten v. 1790. Av. Brustbild im Gewande, v. r. S., mit Ueberschrift. Rev. Gekrönter Wappenschild. PROVIDE etc. Bind. Nr. 253. 1 Duk. S. g. e.

Ludwig Eugen (1793—1795),

Bruder Karl Eugen's, geb. 1731, reg. vom Oct. 1793 bis zu seinem am 20. Mai 1795 erfolgten Tode.

4944. Dukaten v. 1794. Av. LUDOV · EUGEN · D · G · DUX WIRTEMB & T · — Brustbild v. r. S., im Rock und Mantel, mit dem Jagdorden. Rev. PRO MAXIMA DEI GLORIA & BONO PUBLICO · — Gekrönter, mit den Ketten des Vliess- und Jagdordens behangener Schild von 6 Feldern mit Mittelschild (1. Teck, 2. Reichssturmfahne, 3. Mömpelgart, 4. quadr. Limpurger Wappen, 5. Heidenheim, 6. Justingen). Unten herum F · H · 17 — 94 · C · H · Bind. 248. 1. 1 Duk. S. g. e. R.

4945. Thaler v. 1794, mit ähnlichen Vorstellungen. Am Brustbild sieht man das goldne Vliess. Unten *B · f ·* Im Rev. ET statt & Erhabene Randschr.: AD ◆×◆× NORMAM ×◆×◆× ×◆×◆× CONVENTIONIS ×◆ Bind. Nr. 2. S. g. e. R.

Friedrich Eugen (1795—1797),

Bruder des Vorigen, geb. 1732, succ. 20. Mai 1795 und starb am 22. Dez. 1797. Mömpelgart fiel 1796 in Folge des mit der franz. Republik geschlossenen Friedens an Frankreich.

4946. Thaler auf die am 21. Juli 1795 eingenommene Huldigung und die an gleichem Tage vor 300 Jahren an Eberhard im Bart ertheilte Herzogswürde. Av. FRID · EVGEN · D · G · DVX WIRTEMB · ET T · — Geharn. Brustbild v. l. S., mit umgelegtem Ordensbande und zwei Sternen auf der Brust. Am Arme vertieft *Betulius* Unten herum A · 1795 — REG · I · Rev. Der Herzogshut im Strahlenkranz über dem Wappen (wie vorher), woran der Jagdorden, der preuss. schwarze Adler- und der russische St. Andreasorden hängen. Zu den Seiten als Umschr. AD NORMAM — CONVENTIONIS — Im Abschn.: TERT(iis). — DUCAT(us). | SECULAR(ibus): Erhabene Randschr. ~ ✿ FIDELITER ~ ✿ ~ ET ✿ ~ ~ ✿ CONSTANTER ✿ ~ Bind. S. 250. Sehr gut erh. R.

Friedrich,

Sohn Friedrich Eugen's u. dessen Gem. Friederike v. Brandenburg-Schwedt, geb. 1754, reg. als Herzog v. 23. Dez. 1797 bis 24. Febr. 1803, als Kurfürst v. 25. Febr. 1803 bis 31. Dez. 1805 und als König vom 1. Januar 1806 bis † 30. Octb. 1816.

a) als Herzog.

4947. Thaler v. 1798. Av. FRIDERICUS · II · D : G · DUX WIRTEMB · & T · — Brustbild v. l. S., im Harnisch, mit Ordensband und Hermelinmantel. Rev. Unter der Krone das Wappen (wie vorher), umgeben von der Kette des Hubertusordens. Oben CUM DEO ET IURE · und unten herum an „jure" sich anschliessend: AD NORMAM — CONVENTION · Neben dem Stern · 17 — 98 · Der Rand ist glatt. Dieser Probethaler von feinem Silber, dessen Stempel in England geschnitten, wurde in nur wenigen Exemplaren in England geprägt. Treffliche Arbeit. Bind. 258. 2. S. g. e. RR.

4948. Derselbe Thaler im Gehalte der Conventionsthaler, in Stuttgart geprägt. Mit Laubrand. Bind. Nr. 3. S. g. e.

4949. Thaler v. 1798; ähnlich den vorigen, aber von schlechtem Schnitt. FRIDERICUS II · D · G · DUX WIRTEMB · & T — Unter dem Brustbilde W · (Wagner) Im Rev. IURE ✿ und CONVENTION: Neben dem Stern C — H (Christian Heugelin) und 17 — 98 Mit Laubrand. Bind. Nr. 4. S. g. e.

b) als Kurfürst.

4950. Medaille (v. Wagner) auf seine Erhebung zum Kurfürsten, 1803. Av. Brustbild v. r. S., ohne Bekleidung. Im Titel D · H · R · R · ERZPANNER Rev. DURCH BEHARRLICHKEIT Württemberg in Gestalt einer sitzenden Frau empfängt den Kurhut. Im Hintergrunde das Stammschloss. Bind. Nr. 22. Gr. 45. 3 Loth. S. g. e.

4951. Thaler v. 1803. Av. FRIDERICUS II · D : G · DUX WURT · S · R · I · AR (chi) · VEX (illarius) · ET ELECTOR · — Brustbild v. l. S., im Schuppenharnisch, mit Ueberwurf und Ordensstern. Rev. Unter dem Kurhute der mit einer Guirlande verzierte ovale Wappenschild (gespalten; rechts: die Reichssturmfahne, links: die 3 Hirschhörner) zwischen Palmzweigen. Oben herum CUM DEO ET IURE Im Abschn. AD NORM · CONV | 1803 Mit Laubrand. Bind. Nr. 26. Die Stempel wurden in England geschnitten. Schön und s. g. e.

4952. Gulden v. 1805. Wie vorher, mit FRID · II · D · G · etc. bis ELECT · Unter d. Brustbilde I · L · W · Im Rev. neben den Zweigen 18 — 05 · und im Abschn. AD NORM · CONV · Laubrand. Bind. Nr. 43. S. g. e.

(Fortsetzung siehe unter den Königreichen.)

Linie zu Mömpelgart.

Ludwig Friedrich (1617—1631),

Bruder des Herzogs Joh. Friedrich von Württemberg, geb. 1586, erhielt im brüderl. Vergleiche v. 1617 Mömpelgart, ward 1628 Vormund über Joh. Friedrich's unmündigen Sohn Eberhard, starb aber während der Vormundschaft am 26. Januar 1631.

4953. Thaler v. 1622. Av. LVD : FRID : D : G : DVX · WIRT : ET : TEC : COM : MONT ❀ Geharn. Brustbild v. r. S., mit Ueberwurf und einem breiten gekräuselten Kragen. Rev. SECVNDVM · VOLVNTATEM · DEI · 1622 — Gekr. Schild mit dem vierf. Stammwappen. Mad. 1628. Bind. 305. 41. S. g. e. R.

4954. Thaler v. 1622. Aehnlich dem vorigen, mit MONTB ❀ Die breite Halskrause steht höher, auch sieht man dieselbe nur von der Seite. Alle Punkte im Av. liegen auf Kreuzchen. Im Rev. nach der Jahrzahl ein Punkt. G. e. R.

Julianisch-Weiltingische Linie.

Julius Friedrich (1617—1635),

6. Sohn Herzog Friedrich's, geb. 1588, durch seine Kriegsthaten berühmt, wohnte 1613 der Eroberung von Ephesus bei, erhielt im brüderl. Vergleiche v. 1617 Brenz u. Weiltingen, folgte dem Herzoge Ludwig Friedrich in der Vormundschaft über Eberhard III. (1631—1633) und starb am 25. April 1635.

4955. Doppelter Hirschgulden v. 1623. Av. · IVLIVS · FRID : D : G : DVX · WIRT : ET · TEC + — Gekrönter Schild mit dem vierfeld. Wappen. Rev. Zwei sitzende Hirsche halten einen verzierten Schild, worin die Werthzahl 120 Am Boden P (Pfeiffer, Goldschm. v. Pforzheim) Oben auf einem Bande CO : — MO : DO : IN · — HEI Im Abschn. · 1 · 6 — 23 · neben einem Schildchen, worin B (Münzst.

Brenz) Mad. 1633. Bind. 310. 6. Der Herzog hatte als apanagirter Prinz keine Münzgerechtigkeit, sondern benutzte die Wirren der Kipper- und Wipperzeit, in Brenz Münzen zu schlagen. Theilweise emaillirt, sehr gut erh. RR.

(Die Oelsische Linie suche in Schlesien.)

Anhang zu Württemberg.

4956. Medaille der Landschaft oder des ehemaligen landständischen Ausschusses in Württemberg, v. 17. Jhdt. Av. GEMEINE ▾ PRÆLATEN ▴ VND LANDTSCHAFFT ▴ IN WURTEMBERG ❖ Unter dem Schilde mit den 3 Hirschhörnern ein liegender Hirsch und eine Hirschkuh. Rev. CONCORDIA ▴ NVTRIX ▴ PATRIÆ ❦ · ❧ Eine neben einem Bienenkorbe sitzende weibl. Figur. Binder S. 588. Nr. 2. Gr. 52. 4 Loth. S. g. e. R.

Neufürstliche, gräfliche und freiherrliche Häuser.

Arenberg.

Margaretha (allein, 1568—1596),

Tochter und Erbin Robert's II., Grafen von der Mark, Herrn von Arenberg und Sedan, und dessen Gem. Walburg, Gräfin v. Egmont, brachte Arenberg an das Haus Ligne durch ihre Vermählung mit Johann v. Ligne, Freiherrn von Barbançon (1547), welcher von K. Maximilian II. 1565 zum gefürst. Grafen erhoben wurde und 1568 in der Schlacht bei Winschoten fiel. Sie starb 1596.

4957. Thaler v. 1576. Av. · MARGARETA · D : G · PRIN(ceps) · COM · AB · ARBVRGH(verb.) — Der behelmte Wappenschild mit den drei Rosen. Rev. PROTECTOR ✧ MEVS ✧ ES ✧ TV ✧ I576 ✻ Das Christuskind mit der Weltkugel, von einer Flammenglorie umgeben. Die 6 in der Jahrzahl scheint aus 3 verbessert zu sein. Vortrefflich erhalten. RR.

4958. Thaler v. 1576. Av. vom Stempel zur Hauptseite des vorigen. Rev. PROTECTOR · MEVS · ES · TV · I576 · (ohne Kreuz.) Das Christuskind wie vorher. (Mad. 1643.) Cat. imp. 350. Mit kleinem Loch, sonst s. g. e. RR.

Karl Eugen (1674—1681),

Sohn Philipp's, Fürsten von Arenberg und Arschot und dessen 3. Gemahlin Maria Cleophe von Hohenzollern-Sigmaringen, geb. 1633, succ. 1674 seinem Bruder Philipp Franz, der 1644 zum Herzoge erhoben worden war, † 26. Juni 1681.

4959. Gulden v. 1676. Av. CAROLVS EVGENIVS D : — G : DVX ARENBERGICVS :⁝: Der von einem Löwen und einem Greif gehaltene Schild vor gekröntem Wappenmantel. Unten in einem Kreise $\frac{g}{3}$ Rev. SVO INTENTA N ⚒ L (Longerich) — SOLI · A° 1676 — Auf einem Felsen stehender, zum Flug fertiger Adler, der nach der links oben angebrachten Sonne schaut. (Mad. 4147.) S. g. e. R.

Ludwig Engelbert (1778—1801),

Sohn Karl Maria Raymund's und dessen Gem. Louise Margaretha, Gr. v. d. Mark, der Erbin v. Schleiden und Saffenburg, geb. 3. August 1750, folgte seinem Vater 17. August 1778 als Herzog von Arenberg, Arschot und Croy, erhielt für seine im Lüneviller Frieden (1801) an Frankreich abgetretenen überrheinischen Lande das Amt Meppen und die Grafschaft Recklinghausen 1802, resignirte im Sept. 1803 zu Gunsten seines ältesten Sohnes Prosper Ludwig, und † 7. März 1820.

4960. Dukaten v. 1783. Av. (U. b.) LVD · ENG · D · G · DVX · ARENBERGAE · S · R · I · P — Kopf v. r. S., mit im Nacken gebundenem Haare. Rev. DVX · ARCHOT · & · CROY · PR · PORC · & · REB · — Der mit der Vliessordenskette behangene Schild auf gekröntem Wappenmantel. Zu Seiten des Fürstenhutes 17 — 83 Gerippter Rand. 1 Duk. S. g. e. R.

4961. Conv.-Thaler v. 1785. Av. Brustbild v. r. S., mit im Nacken gebundenem Haar, nebst der Umschrift des vorangegangenen Dukaten, aber mit P · — am Ende. Rev. Der von Löwe und Greif gehaltene, mit der Vliessordenskette geschmückte ovale Schild vor gekröntem Wappenmantel. Oben 17 — 85 Unten herum X · EINE ✿ MARCK · F · Schräg gerippter Rand. S. g. e. R.

Auersperg.

Heinrich (1713—1783),

Sohn des Fürsten Franz Karl und dessen Gem. Maria Theresia, Gr. v. Rappach, ein Enkel Joh. Weickard's (der 1653 in den Reichsfürstenstand erhoben, 1654 mit dem Fürstenthume Münsterberg in Schlesien belehnt und zum Herzoge von Münsterberg und Frankenstein ernannt, von Erzh. Sigism. Franz 1664 die Reichsgrafschaft Thengen kaufte), geb. 24. Juni 1696, folgte seinem Vater 6. Nov. 1713, war k. k. w. geh. Rath, bis 1765 Oberstallmeister, dann Obristkämmerer, † 9. Febr. 1783.

4962. Thaler v. 1762. Av. (U. b.) HENRICVS S : R : I : PRINCEPS AVRSPERG : DVX MINSTERBER · — Brustbild v. r. S., im Harnisch, mit Hermelinmantel, an einem Bande umhängendem Vliesse und grosser Perrücke. Unten A · WIDEMAN Rev. COM : IN THENG(en) : S : C : M : INTIM(us) : CONS(iliarius) : ET SVPR(emus) : STABVLI PRÆFECT(us) : 1762 — Auf gekröntem Hermelinmantel das mit der Vliessordenskette umhangene vollständige Wappen (1. Münsterberg u. Frankenstein, 2. Thengen, 3.—6. sammt Mittelschild: doppelt vermehrtes Familienwappen). Laubrand. (Mad. 4148.) Cat. imp. 351. G. e. R.

Wilhelm (1800—1822),

Sohn des Fürsten Karl und dessen Gem. Marie Josephe, einer T. des letzten Fürsten v. Trautson, ein Enkel des Vorigen, geb. 9. August 1749, folgte seinem Vater (welcher Münsterberg 1791 an den König von Preussen verkauft, dagegen mit der Erhebung der Grafschaft Gottschee zu einem Herzogthume im gl. J. den Titel eines Herzogs von Gottschee erlangt hatte) 2. Oct. 1800, verkaufte die Grafschaft Thengen 1811 an Baden, unter dessen Souveränität dieselbe bereits 1806 gekommen war, † 16. März 1822.

4963. Thaler v. 1805. Av. (U. b.) WILHELMVS S · R · I · PR · AVERSPERG DVX DE GOTSCHEE · — Kopf v. r. S. Unten I · N · WIRT · F · Rev. (O. b.) COM · IN · THENGEN ET SVP · HAER(editarius) · PROV(inciae) · CARN(iolae) · MARESCH · 1805 · — Das vollständige Wappen in herzförmigem, von der Ordenskette umgebenem Schilde auf gekröntem Wappenmantel. Der Adler v. Münsterberg und der Löwe im Familienwappen erscheinen hier auf goldenem Grunde. Randschr. VIRTVTE ET — PRVDENTIA — zwischen Verzierungen. S. g. e. R.

Barby.

Wolfgang II. (1565—1615),

Sohn Wolfgang's I. und dessen Gem. Agnes, Gr. v. Mansfeld, geb. 16. Sept. 1531, succ. seinem Vater am 24. Jan. 1565, starb, viermal vermählt, den 23. März 1615.

4964. Thaler v. 1615. Av. — ZV · GOTT — ALLEIN — DIE · HOFF — NVNG · MEIN Dazwischen in kleinen Schilden oben und unten der Adler von Mühlingen, rechts und links die Rose von Rosenberg. Im Felde über einer Leiste der Graf v. r. S., bis zum Schoosse, im Harnisch, mit Feldbinde und glattem Kragen, in der gesenkten Rechten den Kommandostab führend, die Linke am Schwertgriffe. Vor ihm der mit Federn geschmückte offene Helm. Unter der Leiste TRAV · SCHAV | · WEHM · Rev. WOLFGANG : COMES · BARBYENSIS · ET · MVLINGENS(is) und eine Rose mit durchgestecktem /* Im Felde das doppelt behelmte, quadrirte Wappen mit dem Adler und der Rose; zu dessen Seiten 1 — 6 | 1 — 5 Zwischen den Helmkleinoden HM (Heinrich Meyer, Mzmstr. in Barby.) Vortrefflich erhalten. RRRR.

4965. Thaler auf seinen Tod, 1615. Av. wie die Rückseite des vorbeschriebenen Thalers mit ganz geringen Abweichungen in der Zeichnung der Helmdecken. Rev. ⊖ | ✿ OBIIT ✿ | ✿ XXIII · MAR ✿ | ✿ A · MDC (diese 3 Ziffern sind verbunden) · X · V C : VM(cum) ✿ | SINCERVS CHRI | STI · ET STRENVVS | PATRIÆ VIXIS | ✿ SET MILES ✿ | ANNOS XXCIII | · M(enses) · III · D(ies) VII · (Mad. 1670.) Von schönster Erhaltung. RRR.

Batenburg.

Wilhelm (1556—1573),

Sohn Hermann's von Bronckhorst zu Stein, welcher die durch seinen Vater aus den Besitzungen Jakob's von Bronckhorst zu Batenburg und Anholt erworbene Herrsch. Anholt nach Entscheid des Obergerichts zu Brüssel an Dietrich v. Bronckhorst hatte abtreten müssen und mit der vom Herzog Karl von Geldern erkauften Herrsch. Batenburg belehnt worden war, folgte seinem Vater 1556, nahm Theil an der niederländischen Erhebung und ward 1573 in der Nähe von Harlem durch die Spanier getödtet.

4966. Thaler o. J. Av. GVIL' • DE • BRONC'(horst) • LIB'(er) — BARO • IN • BATENB[OR] (Granatapfel) Gespaltener Schild mit dem Löwen von Bronckhorst und den vier um ein Andreaskreuz gestellten Scheeren von Batenburg. Darüber der Helm (von Bronckhorst) mit den Tatzen. Rev. CAROL ◆ [V ◆ R]OMANO ◆ IMPE ◆ SEMPER ◆ AVGVSTVS — Der Doppeladler, ohne Kopfscheine, unter der kaiserl. Krone. Zu Mad. 4442. Die eingeklammerten Buchstaben undeutlich, sonst s. g. e. R.

4967. Thaler o. J. Av. GVIL' ◆ D — BRONC' ◆ LIB' — BARO ◆ D ◆ BA — TENBO' (Granatapfel) Geharnischtes Brustbild v. l. S., in der Rechten den Kommandostab haltend, die Linke am Schwertgriffe. In der Umschrift drei kleine Schilde, rechts der von Bronckhorst, links ein solcher mit 7 Wecken (Stein), unten der von Batenburg. Rev. wie die Rückseite des vorigen, aber mit AVGVSTV — (Mad. 1942. Cat. imp. 361.) S. g. e. R.

4968. Thaler v. 1564. Av. DOMINE ◆ CONSERVA ◆ NOS ◆ IN ◆ PACE ◆ Ao ◆ 1564 (Granatapfel) Der aufrechtstehende, gekrönte, doppelschwänzige Löwe v. l. S. Rev. MONETA ◆ NOVA ◆ ARGENTEA ◆ BATENBORGEN — Der Doppeladler, ohne Scheine, unter der Krone; auf seiner Brust ein gespaltener Schild mit dem Löwen und dem Andreaskreuze ohne die Scheeren. G. e. RR.

Hermann Dietrich (1573—1605),

Freiherr zu Batenburg und Stein, Sohn vorgedachten Wilhelm's und dessen 2. Gem. Erica v. Manderscheid, folgte seinem Vater 1573 und starb, ohne Nachkommenschaft, 1605 zu Thorn.

4969. Thaler v. 1577. Av. HERM • THEOD • D • BRO • L • BAR • I • B(atenburg) • Z(et) • STEIN • NB (verb.) ⁑ Geharn. Brustbild v. l. S., mit an die Seite gelegter Linken und dem Kommandostabe in der Rechten. Zu Seiten des Kopfes 15 — 77 Rev. POSVI · DEVM · ADIVTOREM · QV(em) · TIMEBO — Das mit den Helmen von Bronckhorst und Batenburg bedeckte quadrirte Wappen (1. u. 4. Feld gespalten: Bronckhorst und Batenburg, 2. gespalten: Manderscheid und Blankenheim, 3. gespalten: Roucy (Rüttich) und Daun) mit dem Mittelschilde von Stein. Mad. 4446. G. e. RR.

Maximilian (1605—1641),

Graf v. Bronckhorst, Freiherr zu Batenburg und Stein, Sohn Karl's v. Bronckhorst zu Westbarendrecht und Obigt (jüngeren Bruders des obengedachten

Wilhelm) und dessen Gem. Alberta von Flodorp, Erbin der Herrschaft Bicht, succ. Vorigem 1605, † 1641.

4970. **Thaler** v. 1616. Av. MAXIM · CO · D : BRONCK · BAT · LI · BAR · IN · BATENBVRCH · ET · SE ❖ Das mit 3 Helmen bedeckte quadrirte Wappen von Bronckhorst und Batenburg sammt dem geweckten Mittelschilde. Rev. MATTHIAS · I · D · G · ELEC · RO IMP · SEM · AVGVS · 16 ·—· 16 Der Doppeladler ohne Scheine unter der kaiserl. Krone; auf seiner Brust der Reichsapfel. S. g. e. RRR.

4971. **Doppelthaler-Klippe** von den Stempeln eben gedachten Thalers v. 1616. Gr. 47, von Eck zu Eck 64. Sehr gut erh. RRR.

(Den von v. Madai unter Batenburg aufgeführten Thaler der Gertrud zu Vianen und denjenigen des Grafen Dietrich zu Anholt s. Nr. 4994 und 4995.)

Batthyáni.

Karl (1764—1772),

Sohn des Grafen Adam v. Batthyáni und dessen Gem. Eleonora, Gräfin von Strattmann, geb. 28. April 1697, erbte durch seine Mutter und seine 2. Gem. Maria Theresie, Gr. v. Strattmann, die gräfl. Strattmann'schen Majoratsherrschaften Payerbach, Schmieding u. s. w., ward Reichsfürst 3. Januar 1764, † 15. April 1772.

4972. **Thaler** v. 1764. Av. (U. b.) CAROL · S : R : I : PRINC : DE · BATTHYAN · P(erpetuus) : I(n) : N(émet) : U(jvár) : & · S(iklós) : COM(es) : AUR(ei) : U(elleris) : E(ques) : C(omitatus) : C(astri ferrei) : P(erpetuus) : S(imeghiensis) : U(ero) : S(upremus) : C(omes) : — Brustbild v. r. S., mit im Nacken gebundenem Haare, im Harnisch, sammt Hermelinmantel und Vliessordenskette. Am Armabschnitte I · TODA F · Rev. (O. b.) GEN(eralis) : C(ampi) : MAR(eschallus) : U(nius) : L(egionis) : DIM(acharum) : COL(onellus) : U(triusque) : S(acrae) : C(aesareae) : & R(egiae) : A(postolicae) : M(ajestatis) : A(ctualis) : I(ntimus) : CONS(iliarius) : & S(tatus) : CONF(erentiarum) : M(inister) · 1764 · — Vor gekröntem Hermelinmantel das mit 5 Helmen, der Grafenkrone u. der Vliessordenskette geschmückte Wappen, zu dessen Seiten als Schildhalter zwei geflügelte Pferde mit Fahnen, auf deren Tüchern die gekrönten kaiserl. Namensbuchstaben F · I · und M · T · Randschrift: FIDELITATE — ET — FORTITUDINE · — zwischen Verzierungen. (Mad. 4149.) Cat. imp. 351. S. g. e.

4973. **Thaler** v. 1768. Av. (O. b.) CAROL · S : R : I · PRINC · DE · BATTHYAN · P : I : N : U · & S : — COM : AUR · V · ET ORD(inis) · S · STEPH(ani) · R(egis) : A(postolici) · MAGN(ae) : CRUC(is) · EQUES · C : C · P · S · V · S : C : ✿ Brustbild, wie vorher, mit zugefügtem St. Stephansordensstern. Rev. Vor einem mit dem Fürstenhute geschmückten Wappenmantel der von den Ketten des Vliess- und St. Stephansordens umgebene batth. Schild, hinter welchem Fasces und Marschallstab gekreuzt. Um- und Randschrift, wie vorher, in ersterer aber zweimal & · und dann M : 1768 · — (Mad. 6782.) G. e. R.

Ludwig (1787—1806),

Sohn Adam Wenzel's, der ein Neffe und in der fürstl. Würde Nachfolger des Vorigen war, und dessen Gem. Marie Theresie, Gr. v. Illieshazy, geb. 11. Jan. 1753, folgte seinem Vater 25. Oct. 1787, † 15. Juli 1806.

4974. Thaler v. 1788. Av. (U. b.) LVDOVICVS S · R · I · PRINCEPS DE BATTHYAN STRATTMANN · — Brustbild v. r. S., mit langem, lockigem Haar, im Gewande. Unten I · N · WIRT · Rev. (O. b.) PERPETVVS IN NEMET VIVAR S · C · R · A · M · ACT · CAM(erarius) · INC · COM · CAST · PERP · ET SVPR · COM · 1788 · — Das Wappen auf dem Hermelinmantel, wie bei Nr. 4972, doch ohne Vliesskette; unter der Leiste, worauf die Schildhalter stehen, ein Band mit Aufschrift: FIDELITATE ET FORTITVDINE Randschrift, wie bisher, aber ohne Verzierung vor ET S. g. e.

4975. Dukaten v. 1791. Av. wie der des Thalers, aber mit I · N · W · Rev. PERP · u. s. w. wie vorher, mit 1791 Vor dem gekrönten Wappenmantel der mit der Grafenkrone bedeckte ovale Schild, auf dessen Rande der Wahlspruch. 1 Duk. S. g. e.

Bentheim.

a) Zu Tecklenburg-Rheda.

Adolf (1606—1625),

Sohn des Grafen Arnold, des Erben der Grafschaften Bentheim, Tecklenburg und Steinfurt, und dessen Gem. Magdalena, der Tochter u. Erbin Humbert's, Grafen v. Neuenaar, die ihrem Gemahle die Grafschaft Limburg a. d. Lahn, sammt den Herrschaften Alpen, Helfenstein und Lennep, ebenso die cölnische Erbvogtei und andere neuenaarische Anwartschaften zugebracht hatte. Adolf ward geb. 1576, bekam nach seines Vaters Tode (1606) Tecklenburg und Rheda, † 1625.

4976. Thaler o. J. Av. ADOLF · CO · TECLEB(urgensis) · DO(minus) · RHE(dae) · ET · HOLÆ ✿ ✿ Geharnischtes Brustbild v. r. S., mit Feldbinde und glattem Kragen. Rev. MATH ✿ D ✿ G ✿ EL ✿ ROM ✿ IMP ✿ SEMP ✿ AVG ⚒ — Der Doppeladler unter der Krone. Mad. 1671. G. e. RR.

Moriz (1625—1674),

Sohn des Vorigen und dessen Gem. Margaretha v. Nassau-Wiesbaden, geb. 31. Mai 1615, succ. seinem Vater 1625, bekam nach dem Tode seines Oheims Wilhelm Heinrich die halbe Grafschaft Steinfurt, † 25. Febr. (a. St.) 1674.

4977. Thaler v. 1657. Av. + MOR × C × IN × TEC × BEN(theim) × ST(einfurt) × ET × LIM(burg) × D × IN × RHE × — Brustbild v. r. S., im Harnisch und Ueberwurf, durch eine Bogeneinfassung von der Umschrift getrennt. Rev. IN TE × SPE — RO × DOMINE — Das mit den Helmen von Tecklenburg, Bentheim und Steinfurt bedeckte Wappen mit den Feldern von Tecklenburg, Bentheim, Lingen, Steinfurt und Hohen-Limburg im Hauptschilde und denen von Wewelinghofen, Rheda, Hoya, Alpen, Helfenstein und der Erbvoigtei zu Cöln im Mittelschilde. Am Fusse des Wappens 2 Zainhaken, darunter I · L · — G · und zwischen den Helmen 16 — 57 Mad. 1672. Cat. imp. 352. G. e. [1] R.

Johann Adolf (1674—1700),

Sohn des Vorigen und dessen Gem. Johanna Dorothea von Anhalt-Dessau, geb. 1637, succ. seinem Vater 1674, übergab vor seinem i. J. 1700 erfolgten Tode die Regierung seinem Sohne Johann August, der aber 1701 starb und seinen Oheim Friedrich Moriz zum Nachfolger hatte. Im Jahre 1700 nahm Solms, das auf Tecklenburg prädentirte und wegen seines Antheils lange prozessirt hatte, die Grafschaft Tecklenburg in Besitz, so dass dem Grafen Joh. Adolf nur Rheda blieb. 1707 verkaufte Solms seine Rechte und Ansprüche auf Tecklenburg an Preussen.

4978. Gravirtes ovales Schaustück in Gold, v. 1657. Av. IOHANNES ADOLPHVS COMES IN BENTHEIM · A°. 1657 · ❀ Das dreifach behelmte Wappen, wie vorher, doch fehlt im Mittelschilde das Helfensteiner Feld. Rev. SPES CONFISA DEO NVNQVAM CONFVSA RECEDIT • ❀ Auf geblümtem Felde ein Anker, auf dessen Schafte ein umgekehrtes Herz. Höhe 46, Br. 38. $6^{11}/_{16}$ Duk. Jedenfalls Unicum. S. g. e.

4979. Gulden v. 1675. Av. I · ADOLF · C · I · B · TEC S^{t}. ET · L · D · I · R · W(ewelinghofen) · HL(verb.: Helfenstein) · A(lpen) · H(oya) ❀ Der Helm von Tecklenburg. Rev. MONETA NOVA ARGENTEA · 1675 ❀ Im Felde · XXIIII · | MARIEN | GROS · | · ❀ · (Mad. 4178.) S. g. e.

b) Zu Bentheim.

Ernst Wilhelm (1643—1693),

Sohn des Grafen Arnold Jodok, der von seinem Vater, dem obengedachten Grafen Arnold die Grafschaft Bentheim und von seinem jüngeren Bruder Wilhelm Heinrich die halbe Grafschaft Steinfurt geerbt hatte, und mit Anna Amalia von Isenburg vermählt war, geb. 1623, folgte seinem Vater 1643, zugleich als Vormund seines jüngeren Bruders Philipp Konrad, der, mündig geworden, die halbe Grafschaft Steinfurt erhielt. Nach Ernst Wilhelm's am 26. August 1693 erfolgten Tode fiel in Folge Vergleichs v. Jahre 1690 Steinfurt an dessen Sohn Ernst, Bentheim dagegen an Philipp Konrad's Sohn, Arnold Moriz Wilhelm.

4980. Thaler v. 1659. Av. ERN · WIL · BEN · TE · ST · E · LI · CO · RH · WE · HO(yae) · AL(pensis) · E(t) · H(elfenst.) · D(ominus) · P(raefectus) · H(aereditarius) · COL(oniensis) ❀ Das vollst. Wappen wie auf Nr. 4977 mit 4 Helmen (den dort genannten und dem von Hohen-Limburg). Unten links vom Schilde LK (verb.

Kettler.) Rev. MONETA · NOVA · COMITA(tus) · BENTHEIMENSIS · 16 — 59 · Der dreifach gekrönte Doppeladler mit Kopfscheinen, den Schild von Bentheim auf der Brust. Mad. 1673. Cat. imp. 352. S. g. e. RR.

Berg oder s'Heerenberg.

Oswald II. (1511—1546),

Sohn Wilhelm's III., der, aus dem Hause Wassenar stammend, zweiter Reichsgraf von Berg, sowie Herr v. Byland, Homoet, Wisch u. s. w. war und mit Anna v. Egmont die Herrschaften Boxmeer, Haeps, Stevensweerd, halb Sambeek und Spalbeek erheirathet hatte, geb. 1508, folgte seinem Vater 1511, † 10. Mai 1546.

4981. Thaler o. J. Av. — OSWALD' ▲ C — OM' ▲ D(e) ▲ MON — T'(e) ▲ DNS' ▲ D(e) ▲ B(yland)' ▲ — WIS(ch)' ▲ Z' ▲ H(omoet)' Brustbild v. l. S., im Pelz, mit flachem Hütchen. In der Umschrift vier kleine Wappenschilde (Berg, | Mörs-Saarwerden, Egmont, | Cuylenburg). Rev. DNS' ▲ PROTECTOR ▲ VITE ▲ MEE ▲ A ▲ QVO ▲ TREPID — AB° — Das doppelt behelmte vierfeldige Wappen (1. Berg, 2. Egmont, 3. Mörs-Saarwerden, 4. Cuylenburg). (Mad. 1677.) Gut erh. RR.

Wilhelm IV. (1546—1586),

Sohn des Vorigen und dessen Gem. Elisabeth von Dorth, folgte seinem Vater 1546, verm. sich 1556 mit Maria, der Schwester Wilhelm's I. von Oranien, stand, als die Niederländer gegen Spanien sich erhoben, auf deren Seite und brachte auf kurze Zeit die Grafschaft Zütphen u. a. Ortschaften in seine Gewalt, verlor aber, nachdem er 1581 zum Statthalter von Geldern ernannt worden war, das Vertrauen der Niederländer, ward von letzteren 1583 gefangen, bald jedoch wieder in Freiheit gesetzt, worauf er sich offen für den König von Spanien erklärte. Er starb im Nov. 1586.

4982. Thaler o. J. Av. GVIL * CO * D * MON * Z * DNS * DE (in einander gesetzt) * BIL(and) * HE(del) * BOX(meer) * HO (moet) * Z * WI (Granatapfel der Dierener Münze) Brustbild v. l. S., im geblümten Harnisch, die Linke an die Hüfte legend. Rev. DNS * PROTECT * VITE — MEE * A * Qo * TREPIDABo (Granatapfel) Das behelmte Wappen von Berg. Unter dem Helme 24 — SF (Stüber) Mad. 4180. Aus der Madai'schen Sammlung. Sehr gut erh. R.

4983. Thaler o. J. Av. GVIL' * CO' * D * MON' * Z * DNS' * D * BIL' * HE' * BOX' * HO' * Z * WIS ♀ Gekrönter doppelt geschwänzter Löwe v. l. S., in rundem mit 11 Nägeln beschlagenem Rahmen (das Wappen Berg's). Rev. SANCT' * OSWALD * REX * NVMVS * ARGENTEVS ❀ Der geharnischte Heilige v. r. S., bis an den Leib, mit offener Krone auf dem Haupte, das Zepter schulternd, die Linke am Schwertgriffe. Zu den Seiten 30 — S(tüber) Mad. 4182. Aus der Madai'schen Sammlung. S. g. e. RR.

4984. Thaler o. J. Av. Innerhalb eines Perlenkreises ein aufgerichteter, doppelt geschwänzter, ungekrönter Löwe v. l. S., den mit einem Bande versehenen Schild von Berg vor sich haltend. Umschr. wie vorher, nach WIS aber drei verschränkte Zainhaken. Rev. ✿ SANCT' • OSWAL' • REX • NVMVS • ARGEN' • 30 • STV (ferorum)' • ✿ Des Heiligen Bildniss, wie vorher, aber mit geschlossener (Bügel-)Krone. Zu den Seiten 30 — S Zu Mad. 1674. Gut erh.

4985. Halber Thaler o. J. Av. GVIL' • Co • D • MON' • etc. Sonst wie vorher. Rev. SANCT' • OSWALD' • REX • NVMVS • ARGEN' • I5 • STV (der Granatapfel) Bildniss wie auf vorangegangenem Thaler, daneben aber I5 — S Sehr gut erh. RR.

4986. Thaler o. J. Av. GVIL ▲ CO ▲ D ▲ MON ▲ Z ▲ DNS ▲ D ▲ BIL ▲ HE ▲ BOX ▲ HO ▲ Z ▲ WIS ✻ Der Löwe, mit dem Schilde, wie vorher. Rev. SANCT ▲ OSWALD ▲ REX ▲ NVMVS ▲ ARGE ▲ 30 ▲ STVF ✻ Der Heilige u. s. w., wie auf Nr. 4983. Sehr gut erh.

Hermann Friedrich (1586—1611),

ältester Sohn des Vorigen und dessen Gem. Maria von Nassau-Dillenburg, geb. 1558, folgte 1586 seinem Vater als Graf zu Berg, Herr v. Wisch, Homoet, Byland, Spalbeek etc., † 1611. Es folgte ihm seine 1610 geborene Tochter Marie Elisabeth, Markgr. von Bergen-op-Zoom, Gräfin zu Berg und Walhain etc., die sich später mit ihres Oheims Friedrich Sohn, Albert vermählte.

4987. Thaler o. J. Av. HERMAN · FRIDERICVS · COMES · DE · MONTE ✿ Geharnischtes Brustbild v. r. S., mit Spitzenkragen und Feldbinde. Rev. · DNS · PROTECTOR · VITÆ · ME(Æ?) · QVO · TREPIDAB · — · ◆ · — Der behelmte Schild von Berg. Zu Mad. 4183. (Cat. imp. 353.) Gut erh. RR.

Friedrich (1546—1592),

jüngerer Bruder Wilhelm's IV., bekam in der brüderl. Theilung Boxmeer, Haeps, Spalbeek, Stevensweerd und Hedel, starb unvermählt um 1592. Wilhelm's IV. Söhne beerbten ihn.

4988. Thaler v. 1578. Av. FREDERICVS · C · D · MO · BA(ro) · I(n) · HO (verb.) — · BO · HEDL · D · I · W(eerd) ♧ Der Graf bis an den Leib, v. r. S., im Harnisch, mit Halskrause, die Linke an den Schwertgriff, die Rechte auf den vor ihm stehenden Helm gelegt. Zu Seiten des Halses I5 — 78 Rev. (U. b.) QVIS · NISI · DEVS · T — I — ME · EVM · NA (verbunden) · STÆ $\frac{5}{6}$ — Behelmtes vierfeldiges Wappen mit Mittelschild. Mad. 4185. Aus der Madai'schen Sammlung. S. g. e. R.

4989. Thaler v. 1579. Av. FREDERI · C · D · MO · BA · I · H — · BO HEDL · I · W · ♧ Brustbild, wie vorher, mit I5 — 79 Rev. (U. b.) · MONETA · NOVA — A — RGEN · TRI · G(inta) · STV(ferorum) · — Das behelmte Wappen, wie vorher. Gut erh. R.

Diese Thaler wurden bisher fälschlich Wilhelm's IV. jüngerem Sohne Friedrich († 1618) zugetheilt.

Brederode.

Heinrich zu Vianen,

Sohn Reinhold's v. Brederode, geb. 1531, war einer der Anführer der gegen Spanien sich erhebenden Niederländer, † 1568. Er vermachte, da seine Ehe mit Amalie v. Neuenaar kinderlos blieb, die Herrschaft Vianen seiner Nichte Gertrud von Bronckhorst (s. Nr. 4995.)

4990. Thaler o. J. Av. (U. b.) NISI • DO — MINVS • — FRVSTR — A — Der geharn. Freiherr bis halben Leib, von vorn, doch linksgewandten Hauptes, die Rechte in die Seite gestemmt, die Linke auf den vorn stehenden Helm gelegt, neben welchem rechts die gekreuzten Handschuhe. In der Umschrift drei Schildchen mit den Wappen von Brederode (oben), Vianen und Ameiden. Rev. MONE · NO HE(nrici) · DO (mini) — D(e) — BRE(deroda) · L(iberi) · DO (mini) VYA(nae) — Der zweifach behelmte quadrirte Schild mit dem Löwen von Brederode und dem 4feldigen Wappen von Vianen-Ameiden. Darunter zwei flammende Eberköpfe auf Lorbeerästen, gegen einander, als Sinnbild der Devise: „etsi mortuus, urit". (Mad. 4447.) Sehr gut erh. RR.

4991. Thaler o. J. Av. (O. b.) — NISI — DOMI — NVS : FR — VSTRA Geharnischtes Brustbild v. l. S., mit in die Seite gestemmter Rechten. Davor der mit Federn geschmückte Helm. In der Umschrift 4 Schildchen (Brederode, | Mark, Neuenaar, | Schaumburg). Rev. MONF (sic) • NO • HF (sic) • D • — D — BRF (sic) • LI • D • VY — Das zweifach behelmte Wappen und darunter die Eberköpfe, wie vorher. (Zu Mad. 1948. Cat. imp. 354.) Geringhaltig; sehr gut erh. R.

Bretzenheim.

Karl August,

Graf von Haydeck, natürlicher Sohn Karl Theodor's, Kurfürsten von der Pfalz und der von diesem zur Gräfin von Haydeck erhobenen Tänzerin Josephine Seiffert vom Mannheimer Hoftheater, geb. 24. Oct. 1769, wurde von seinem Vater mit der unmittelbaren Reichsherrschaft Bretzenheim und anderen Herrschaften ausgestattet und von Kaiser Joseph II. 1789 in den Reichsfürstenstand erhoben. Durch den Frieden v. Lüneville verlor er seine Besitzungen; der Reichsdeputationsrecess von 1803 entschädigte ihn mit der Reichsstadt Lindau und dem fürstl. Fräuleinstifte daselbst, welche Entschädigungen er im gl. Jahre gegen Güter in Böhmen und Herrschaften in Ungarn an Oesterreich vertauschte. Gem.: Fürstin Walburge v. Oettingen-Spielberg. Er starb 27. Februar 1823.

4992. Conv.-Thaler v. 1790. Av. (U. b.) CAR · AVGVST · D : G · S · R · I · PRINCEPS · DE · BREZENHEIM · — Brustbild v. r. S., mit im Nacken gebundenem Haare und wenig Gewand. Unten A · S(chäfer in Mannheim.) Rev. Das auf dem Malteserkreuze liegende, mit Fürstenhut und Hubertusordenskette geschmückte Wappen sammt Mittelschild, von zwei auf Postamenten stehenden Straussen gehalten. Oben herum AD NORMAM CONVENTIONIS und unten 17 — 90 Laubrand. S. g. e. R.

4993. Conv.-Gulden v. 1790, wie der Thaler, aber mit AVG · und PRINC · S. g. e. R.

Bronckhorst.

Gertrud zu Vianen,

Tochter Jost's von Bronckhorst zu Hunnepel und dessen Gem. Johanna von Brederode, erhielt als Vermächtniss ihres Oheims Heinrich von Brederode († 1568) die Herrschaft Vianen, welche sammt der Herrschaft Ameiden nach Gertrud's Tode, 1590, an Walrav v. Brederode, nach dem Aussterben des Hauses Brederode, 1679, an den Grafen Christian Albrecht von Dohna und durch dessen Tochter Amalie an den Grafen Simon Heinrich zur Lippe kam, dessen Enkel diese Herrschaften 1725 an die Republik Holland verkaufte.

4994. Thaler v. 1577. Av. MO × NO × GERT(rudis) × DE × BRON(ckhorst) × ET × BA(tenburg) × LI(berae) × DO(minae) × VI(anae) × TRIG(inta) S(iuferorum) × Unter einer offenen Krone das 4feldige Wappen mit einem doppelschwänzigen Löwen im 1. (Bronckhorst) und 3. (Falkenburg), einem Löwen unter einem Turnierkragen im 2. (Brederode) und dem wachsenden Löwen über dem geschachten Querbalken (Mark-Lümain) im 4. Felde, sammt Mittelschild, worin die 3 Mühleisen von Vianen. Rev. IN × SPE × ET × SILENTIO × FORTITVDO × MEA × 1577 ⁑ Stehender wilder Mann, der in der Rechten einen abgeästeten Baumstamm, mit der Linken den Schild von Vianen hält. (Mad. 1946.) Vgl. v. d. Chijs, M. der Grafsch. Holland u. Zeeland, Taf. XLII. u. p. 550, wo der Löwe im 3. Felde irrthümlich ebenfalls für den von Bronckhorst angesehen wird. Gut erh. RRR.

Dietrich zu Anholt,

Sohn Jakob's von Bronckhorst zu Anholt und dessen Gem. Gertrud von Müllendonck und Drachenfels, ein Enkel Dietrich's zu Angenrän, welch' Letzterem Hermann v. Bronckhorst zu Stein die Herrsch. Anholt hatte abtreten müssen, ward in den Grafenstand erhoben und † 1637. Seine Tochter Maria Anna brachte Anholt ihrem Gem. Leopold Philipp Fürsten v. Salm.

4995. Thaler v. 1620. Av. · TH(eodoricus) : CO : D(e) : BRONC : L : BAR : D : BAT(enburg) · IN : ANN(holt) : ✱ Das quadrirte Wappen von Bronckhorst und Batenburg sammt gespaltenem Mittelschilde, worin die gekrönte Säule von Anholt und der Schrägbalken der Bannerherrschaft Baar. Ueber dem Schilde 4 Helme mit der Säule von Anholt, einer Bracke mit dem Schrägbalken von Baar, den Tatzen von Bronckhorst und den mit dem batenburger Wappenbilde bezeichnetem Fluge. Rev. FERDINAND : II · D : G : RO : IMP :

12

SEM : AVG — Der Doppeladler ohne Scheine unter der kaiserl. Krone; auf seiner Brust der Reichsapfel; unten herum · 16 — z0 · (Mad. 6887.) S. g. e. RRR.

(Die Münzen der Herren und Grafen v. Bronckhorst zu Batenburg und zu Gronsfeld s. Nr. 4966 u. Nr. 5070.)

Buchheim (Puchheim).

Johann Christoph III.,

Graf von Buchheim, Freiherr von Gellersdorf etc., oberster Erb-Truchsess im Erzherz. Oesterreich, jüngster Sohn Johann Christoph's II. († 1619) u. dessen Gem. Susanna von Hofkirchen, stand in kaiserl. Kriegsdiensten und stieg bis zum Generalfeldmarschall, † 1657.

4996. Sechsfacher Schauthaler v. 1652. Av. IOANNES : CHRISTOPHORVS : COMES : A : PVCHAM : LIB(er) : BARO : IN : GÖLLERSDORF : ET : MVHLBVRG ✿ Brustbild v. r. S., mit langherabhängendem Haar, im Harnisch, mit Ueberwurf und Spitzenkragen. Rev. DOM(inus) : IN · KRVMPACH · KIRCHSCHLAG · ET · SAVBERSDORF · ARC(hiducalis) : AVST(riae) D(omus) : SVPRE(mus) : DAPIFER : HÆREDIT(arius) ✿ ✿ Eine aus Wolken hervorragende rechte Hand schlägt mit einem Hammer auf zwei glühende, Funken speiende Eisenstücke, die auf einem Ambos liegen, woran zwischen MDC — LII das gekrönte Wappen (1. u. 4. drei Garben, 2. u. 3. ein Löwe; im Mittelschilde die öster. Binde). Neben der Hand, von oben nach unten laufend FRANGE — MORAS Um beide Seiten zieht sich ein Blätterkranz. Im Rev. theilweise Doppelschlag, Av. sehr gut erh. Gr. 73. 11⅝ Loth. RRR.

4997. Fünffacher Schauthaler v. 1652, von gleichen Stempeln mit vorhergehendem. Mad. 4338. Köhler, M.-B. VII. 113. Gr. 74. 9¾ Loth. Sehr gut erh. RRR.

Burgmilchling.

Heinrich Hermann (1591—1649),

Sohn Heinrich Hartmann Schutzpar's, genannt Milchling (der von Wolf v. Wilhermsdorf dessen Güter in Franken gekauft, die abgebrannte Feste Wilhermsdorf neu erbaut und solche Burgmilchling genannt hatte, auch 1569 sammt seinen Brüdern und Nachkommen in den Reichsfreiherrnstand erhoben worden war) und dessen Gem. Dorothea v. Thüngen, geb. 1576, succ. seinem Vater 1591, erhielt das Münzrecht, † 1649.

4998. Thaler v. 1608. Av. HENR : HERM : L(iber) : B(aro) : IN BVRGMILCHLING : ET · WILHERMSDORF · ✿ Das quadrirte Wappen mit zwei Helmen, neben denen 16 — 08 Rev. RVDOLPH · II · ROM : IMP : AVGVSTVS · P(ublicari) · F(ecit) · DECRETO : — ✿ · — Der Kaiser bis an den Schooss, von vorn, belorbeerten Hauptes, im Harnisch, mit breiter Halskrause, in der Rechten das

Zepter, in der Linken den Reichsapfel haltend. Zu Mad. 1950. Köhler, M.-B. I. 152. Aus der v. Dickmann'schen Sammlung. Sehr gut erh. RR.

Chimay.

Karl von Croy (1551—1612),

Fürst von Chimay, Sohn Karl's, Fürsten von Chimay, und Enkel Philipp's, Herzog's von Arschot, dessen 1. Gem., Anna, Erbin von Chimay war. Der hier in Rede stehende Fürst Karl succ. seinem Vater in Chimay 1551, verm. sich 1580 mit Marie v. Brimeu, der Besitzerin der Grafsch. Megen, trennte sich von seiner Gemahlin 1584, succ. seinem Oheime Philipp von Arschot 1595 und † 1612 ohne Kinder; seine Schwester brachte Arschot u. Chimay ihrem Gem. Karl Fürsten von Arenberg.

4999. Thaler o. J. Av. CAROLVS · A · CROY · D : C · (sic) — PRIN · D(e) · CHI(maco) · CO(mes) · ME(gensis) · ✠ Rechtsblickender Adler. Unten in der Umschrift ein quergetheiltes Schildchen (Megen). Rev. NON · VIDI · IV — STVM · — DERELICTVM — Behelmtes 4feldiges Wappen mit den Querstreifen von Croy und den drei Aexten von Renty, von zwei wilden Männern gehalten, deren jeder eine Fahne führt. Zu Seiten des Helmes T — S (Triginta Stuferorum). Weder bei Madai, noch im Cat. imp. S. g. e. RRRR.

5000. Thaler o. J. Av. CAROLVS · D · C (sic) · PRIN · D · CHIM · COM · MAG(iensis) ·:· Geharnischtes Brustbild v. r. S., mit an die Seite gelegter Rechten und dem Kommandostabe in der Linken. Rev. · NON · VIDI · VNQVAM · IVSTVM · DERELICTVM · ✠ Blumenkreuz, auf dessen Mitte das vorgedachte 4feldige Wappen und in dessen Winkeln vier Schilde, worin die Querstreifen, das Luxemburger Wappen, ein Adler und ein Löwe. Zu Seiten des untern Kreuzschenkels T — S Mad. 4150. G. e. RRR.

Vorstehende Thaler prägte Fürst Karl als Graf v. Megen in den J. 1580—1584. — Rev. belge, 2. I. 180.

Cobenzl.

Karl,

Sohn Johann Kaspar's, Grafen v. Cobenzl, und dessen 2. Gem. Sophie, Gr. v. Rindsmaul, geb. 21. Juli 1712, war k. k. w. Geh. Rath, bis 1753 Gesandter bei den vorderen deutschen Reichskreisen und sodann bevollm. Minister in den österr. Niederlanden, † 27. Jan. 1770 zu Brüssel.

5001. Guldenförmiger Jeton, von der Stadt Brüssel geprägt 1759, als der Graf zum Ritter des goldenen Vliesses ernannt worden war. Av. (U. b.) CAR · C(omes) · COBENZL AUG(ustae) · — IN BELG · ADMINIST · — Brustbild v. r. S., im Rock und Mantel, mit der Vliessordenskette. Unten R(oettiers). Rev. GRATITUDO — AUGUSTORUM · — Innerhalb der Vliessordenskette ein aufgeschlagenes Buch mit der 3zeiligen Aufschrift STA | TU | TA · — OR | DI · NIS · Im Abschnitt: EX · DECR · S · P · Q · B(ruxellensis) · | 1759 · Schräggerippter Rand. Mad. 6808. Rev. belge, 2. IV. pl. XVIII. Gr. 33. 15/16 Loth. S. g. e.

Croy.

Anna, Herzogin von Croy,

Herzog Bogislaw's XIII. von Pommern Tochter und des letzten Herzogs von Pommern Bogislaw's XIV. Schwester, geb. 3. Oct. 1590, verm. 4. Aug. 1619 mit Ernst Herzog von Croy, Wittwe seit 7. Oct. 1620, † 1660.

5002. Medaille auf ihren Tod, 1660. Av. Zwischen Lorbeerzweigen unter der herzogl. Krone ein herzförmiger, gespaltener Schild mit den Querstreifen von Croy und dem pommernschen Greif. Unten I · H (Joh. Höhn.) Rev. In 8 Zeilen: D · G · | ANNA NATA DUCIS(sa) · | POMER(anorum) : VIDUA CROY(acensis) : | PRINCEPS OPTIMA | STEMMA SUUM UNA | CUM VITA FINIIT | A° MDCLX · ÆT · LXX | REQ(uiescat) · IN PACE · Mad. 4152. Gr. 38. $^{15}/_{16}$ Loth. S. g. e. R.

Ernst Bogislaw,

Herzog von Croy, Sohn Herzog Ernst's u. dessen Gem., der vorgedachten Anna von Pommern, geb. 26. August 1620, letzter Bischof zu Camin 1637—1648, Statthalter des Kurfürsten zu Brandenburg in Preussen und Pommern, † 6. Februar 1684.

5003. Ovale Medaille (v. Joh. Höhn) v. 1668. Av. Brustbild des Herzogs v. r. S., in grosser Perrücke, mit gesticktem Halstuche. Rev. Der wilde Mann, mit einer Keule und dem Croy'schen Wappenschilde, vom Namen Jehova bestrahlt, lehnt sich an ein Postament, welches mit 2 gekreuzten Ankern und den Buchstaben S & S versehen ist. Am Erdboden vor ihm ist ein durch die Worte HUC USQ ET Ō (non) ULTRA gebildeter Halbkreis, ausserhalb dessen eine Kröte, eine Schlange, ein Krokodill und ein Drache in einer Höhle erscheinen. Ohne Umschriften. Erhabene Randschr. ERNEST : BOGISLAO D G · DUC · CROY SAC · ROM · IMP · PRINCIPI · &c · I : HOHN · D · D · D · ANNO 1668 Mit Stempelsprung im Rev. Höhe 39. $1^{3}/_{4}$ Loth. Vorzügl. erh. R.

5004. Die gleiche Medaille. $1^{11}/_{16}$ Loth. Gut erh. R.

Culemburg (Cuylenburg).

Die in der Rev. belge durch Mr. De Coster dem Grafen Florenz v. Culemburg, Freiherrn v. Pallant zugewiesenen Thaler s. Nr. 7309 flg.

Curland.

Jakob aus dem Hause Kettler,

Sohn des am 17. April 1640 verstorbenen Herzogs Wilhelm und dessen Gem. Sophia von Preussen, geb. 28. Oct. 1610, vermählte sich 1645 mit Louise Charlotte, der Tochter Kurf. Georg Wilhelm's von Brandenburg, war sammt seiner Familie von 1658 bis 1660 in schwedischer Gefangenschaft, † 31. December 1682.

5005. Thaler v. 1645. Av. · IACOBI D : G : DVCIS CURLANDIÆ

& SEMGALLIÆ · : (Weinblatt.) Geharnischtes Brustbild v. r. S., mit breitem Spitzenkragen und Feldbinde. Rev. MONETA NOVA ARGENTEA : ANNO : 1645 : . ⚒. Der polnische Adler und der litthauische Reiter in gespaltenem Schilde, an welchem oben eine Fratze (Löwenkopf). (Mad. 1647. Cat. imp. 342.) In der Peyer'-schen Auktion mit 21 fl. 6 kr. bezahlt. G. e. R.

5006. Thaler v. 1645. Av. vom Stempel zur Hauptseite des vorigen. Rev. wie vorher, mit 1645 : ⚒, einem Punkt über und ·.· unter dem Wappen. S. g. e. R.

Peter aus dem Hause Biron (1769—1795),

Sohn Ernst Johann's, Reichsgrafen v. Biron (der nach Ausgang des Kettler'-schen Mannsstammes, 1737, in Folge russ. Einflusses von den Ständen zum Herzog gewählt, durch Testament der Kaiserin Anna zum Regenten Russland's bestellt, noch im J. 1740 aber von der Grossfürstin Anna nach Sibirien verbannt, durch Kaiser Peter III. 1762 von dort zurückgerufen und von der Kais. Elisabeth unterstützt, 1763 in sein Herzogthum wieder eingesetzt worden war), geb. 15. Februar 1724, erhielt die Regierung von seinem Vater abgetreten am 24. Nov. 1769, entsagt derselben 28. März 1795 unter Vorbehalt aller herzogl. Ehrenrechte, worauf Curland russische Provinz wurde, lebte dann im Fürstenth. Sagan, das er 1786 erkauft hatte, u. † 13. Jan. 1800.

5007. Dukaten v. 1780. Av. (U. b.) D · G · PETRUS IN LIV · CURL · ET SEMG · DUX — Kopf v. r. S., mit im Nacken gebundenem Haare. Rev. (O. b.) MON · AUREA DUC · CURL · AD LEGEM IMP · 1780 — Unter einer Krone in ovalen, mit Laubwerk geschmückten Schilden der Adler und der Reiter. 1 Duk. Sehr gut erh.

5008. Thaler v. 1780. Av. Kopf und Umschrift, wie vorher. Rev. MON · NOVA ARG · DUC · CURL · AD NORMAM TAL(erorum) · ALB(erti) · 1780 — Unter der Krone die Wappen, wie vorher, dahinter das burgundische Kreuz. Schräg gerippter Rand. S. g. e.

Dietrichstein.

A. Hauptlinie zu Weichselstädt.

Zweiglinie zu Weichselstädt.

Sigismund Ludwig,

Sohn des Erasmus von Dietrichstein, des Stifters der Zweiglinie zu Weichselstädt, ward vom Kaiser Ferdinand II. 1631 zum Reichsgrafen erhoben, † 1664.

5009. Thaler v. 1638. Av. SIGIS + LVDOVICVS + COMES + A + DIETRICHSTAIN + Brustbild v. r. S., im Wamms, mit breitem Spitzenkragen. Darunter 1638 Rev. + LIBER + BARO + IN + — + HOLLENBVRG ⊕ — Das gräfl. Wappen (die beiden Winzermesser) in einem verzierten, mit offener Krone bedeckten Schilde; darüber der von der kaiserl. Krone beschattete Doppeladler, auf dessen Brust, erhaben, die kaiserl. Namenschiffre F III (Ferdinandus III.) Als innere Umschr. (U. b.) ❀ SVB · ALIS · PROT — EGENTIBVS · TVIS · — Mad. 4187. Cat. imp. 355. S. g. e. R.

5010. Thaler v. 1646. Av. SIGISMVND9 ✦ LVDOVICVS ✦ COMES ✦ A ✦ DIETRICHSTAIN ❀ Brustbild v. r. S., im Harnisch, mit Vliessordenskette, breitem Spitzenkragen und Gewand. Unter der Achsel ✦ 1646 ✦ Rev. ✦ LIBER ✦ BARO ✦ IN ❀ — ❀ HOLLENBVRG ✦ — Der Doppeladler unter der kaiserl. Krone, auf seiner Brust vertieft F | III und unten vor ihm das mit Krone und Vliessordenskette geschmückte Wappen. Darunter ein Band mit der vertieften Aufschrift SVB ALIS — PROTEGENTI — BVS TVIS Zu Mad. 4188. (Cat. imp. 355.) S. g. e. R.

Sigismund Helfried,

des Vorigen und dessen Gem. Anna Maria, Gräfin von Meggau, Sohn, succ. seinem Vater 1664, † zu Wien 2. April 1698 im Alter von 63 Jahren.

5011. Thaler v. 1664. Av. SIGISMVNDVS ✦ HELFRIDVS ✦ COMES ✦ A ✦ DIETRICHSTEIN (Blume am Stengel.) Brustbild v. r. S., mit langen Haaren, im Wamms. Rev. LIBER ✦ BARO ✦ IN ❀ — ❀ HOLLENBVRG (die Blume) Das Wappen in einem ovalen, seitwärts mit Adlerköpfen geschmückten Schilde zwischen Palmenzweigen unter offener Krone. Unten 16 ✦ — ✦ 64 Mad. 1682. Cat. imp. 355. S. g. e. RR.

Karl Ludwig,

Sohn des jüngeren Bruders des Vorigen, des Grafen Franz Adam († 1702) und dessen Gem. Maria Rosina von Trauttmansdorff, geb. 1673, † 8. Mai 1732.

5012. Thaler v. 1726. Av. (U. b.) CAR : LUD : S · R · I · COM : — A DIETRICHSTAIN — Brustbild v. r. S., im Harnisch und Ueberwurf, mit grosser Perrücke. Rev. (O. b.) LIBER BARO IN — HOLLENBURG · 1726 — Das Wappen in ovalem, reich verziertem Schilde unter offener Krone. Laubrand. Mad. 1683. Cat. imp. 356. S. g. e. R.

B. Hauptlinie zu Hollenburg.

1) Zu Hollenburg.

Gundacker,

Sohn des Freiherrn Bartholomäus und dessen Gem. Elisabeth Freiin von Fräncking, und Enkel Sigismund Georg's, des Sifters dieser Linie, geb. 1623, ward in den Reichsgrafen-, dann in den Reichsfürstenstand erhoben, † zu Augsburg 25. Jan. 1690, ohne Kinder.

5013. Gravirter Denkpfennig v. 1667. Av. Der Erzengel Michael mit erhobenen Schwingen hält eine grosse offene Krone über die vor ihm zusammengestellten Schilde von Dietrichstein und Questenberg, zu deren Seiten der h. Franz v. Assisi u. der h. Anton v. Padua stehen, von denen jener ein Kreuz vor sich hält, dieser auf seinem linken

Arme das Christkindlein trägt und in der rechten Hand einen Lilienzweig führt. Oben eine Verzierung zur Trennung der fünfzeiligen Umschrift: CLEMENTE IX · PONT : MAX : LEOPOLDO I · ROM : IMP : ILLVST : *et* EXCELL : DÑS GVNDACCARVS COMES *a* DIETRICHSTEIN | *L · B · in Hollenburg Finckenstein et Talber (g) · S · C · M : int : Consil : et supr : stabuli Præfect⁹ cum Jllustᵐᵃ et Excellᵐᵃ Consorte sua Elisabetha Constantia Comit : a Dietrichstein nata Baronissa a Questenberg ex singul deuot(ione) erga S · Archang : Michaelem, seraph : S · Franciscum, Miracul : S · Antonium Pa⁼ | duanum, in illorum honorem Patrib⁹ Capucinis Conuentu' hunc vna cum Ecclesia à fundamentis proprijs liberalissimisq sumptib⁹ exci | tari iussit Ædificij vero hui⁹ initiu' factum est. A° sal : Hum : 1665 · sedente Alexan : VII Pont Max : Colophonem vero imposuit.* — Unter dem Bilde: *annVs qVo CLeMens nonVs orbI præseDI.* Rev. Innerhalb eines Kranzes in 14 Zeilen: *Jpso summo Angulari | Lapide Christo Jesu supra | fundamenta Archangelum Michaelem | ordinis Seraphici Fundatorem Sanctu' | Franciscum et Antonium Paduanum aedi⁼ | ficatum Monasterium hoc initium sump⁼ | sit Anno ab incarnatione 1665 · cuius pri⁼ | marium lapidem posuit. | Reuerendissim⁹ Dominus Dominus Martin⁹ | Episcopus Lampsacensis, Suffraganeus | Reuerendissimi ac Celsissimi Sac : | Rom : Jmp : Principis Wenceslai Epis | copi Passauiensis et Gurg⁼ | censis Comit : de Thun.* Gr. 69. 2½ Loth. S. g. e.

2) Zu Nikolsburg.

Ferdinand (1655—1698),

Sohn des dem Kardinal Dietrichstein, Bischof zu Olmütz, in der Reichs-Fürstenwürde gefolgten Maximilian von Dietrichstein und dessen Gem. Anna Maria von Liechtenstein, geb. 25. Sept. 1636, succ. seinem Vater 6. Nov. 1655, erkaufte von K. Leopold I. die Herrschaft Tarasp im Unter-Engadin, wurde, nachdem diese Herrschaft für reichsunmittelbar erklärt worden, am 4. Oct. 1686 in den Reichsfürstenrath eingeführt, dem er bis dahin nur als Personalist angehört hatte, und † 28. Nov. 1698.

5014. Thaler v. 1695. Av. (U. b.) FERD ⁑ S ⁑ R ⁑ I ⁑ PRINCEPS + Å DIETRICHSTEIN — Brustbild v. r. S., im Mantel, mit Spitzenhalstuch, dem Toison am Bande und grosser Perrücke. Rev. (O. b.) ⁑ IN NICOLSPURG + ET + — + DOMINUS IN TRASP + — Mit Fürstenhut und Vliessordenskette geschmückter ovaler Schild mit dem Hennenfusse (Hollenburg), dem Kreuze (Talberg-Rotal), dem Sparren (wegen des nach der Fam. Osterwitz erhaltenen Erbmundschenkenamtes in Kärnten) und der Schlange (Finkenstein), sammt den Messern im Mittelschilde. Oben 16—95, unten MM (verb. Matthias Mittermaier v. Waffenberg in Wien.) Cat. imp. 355. (Mad. 1648.) Sehr gut erh. R.

Franz,

Sohn Johann Karl's, Fürsten v. Dietrichstein, Grafen v. Proskau und Leslie zu Nikolsburg und dessen Gem. Marie Christine Josephe Gr. v. Thun, geb.

1767, succ. seinem Vater 25. Mai 1808, † 8. Juli 1854. Titel und Wappen sammt den (1782 an Preussen verkauften) Herrschaften der Grafen v. Proskau hatte nach deren Aussterben (1769) Fürst Karl Maximilian v. Dietrichstein auf Grund Testaments seines mütterl. Grossvaters, des Gr. Georg Christoph v. Proskau, geerbt. Beim Anfall der Herrschaft Neustadt a. d. Metau waren dann (1802) auch Wappen und Titel der Grafen Leslie aufgenommen worden.

5015. Grosse Bronze-Medaille v. 1839. Av. (U. b.) FRANZ FÜRST — DIETRICHSTEIN — Kopf v. l. S., mit blossem Hals und blosser Brust, an deren Abschnitte: I · SCHÖN · 1839 · Unten GEB · MDCCLXVII · Rev. ZUR | ERINNERUNG | ——— Gr. 69. Sehr gut erh.

Moriz,

Graf von Dietrichstein-Proskau-Leslie, Bruder des Vorigen, geb. 19. Februar 1775, succ. seinem Bruder, dem Gr. Karl, 10. März 1852 in den Fid.-Comm.-Herrschaften der älteren Hollenburg. Speziallinie, verzichtete auf den ihm nach dem Tode seines Bruders-Sohnes, des Fürsten Joseph († 1858) gebührenden Fürstentitel und auf die Succession in den fürstl. Fid.-Comm.-Herrschaften, hatte die Oberleitung des k. k. Münz- und Antiken-Kabinets, † als der Letzte seines Hauses 27. Aug. 1864.

5016. Bronze-Medaille v. 1846. Av. MAVRITIVS · COMES · — A · DIETRICHSTEIN — Kopf v. r. S. Unten K · LANGE Rev. Das mit der Krone und den Ketten vom gold. Vliesse und dem Orden des h. Leopold geschmückte einfache Wappen, von zwei Greifen gehalten. Oben herum LITERARVM · ET · ARTIVM | PRÆSIDIVM · AC · DECVS und unten herum MVSEVM · N · A · — VINDOB · D(at) · D(edicat) · | MDCCCXLVI Gr. 49. S. g. e.

Eggenberg.

Johann Ulrich (1623—1634),

Sohn Siegfried's Freiherrn v. Eggenberg und dessen Gem. Benigna Galler v. Gallenstein, geb. 1568, erhielt von K. Ferdinand III. 1622 die Herrschaft Krumau (Krumlow) in Böhmen und 28. Febr. 1623 für sich und seine Nachkommen die Reichsfürstenwürde, sah sich jedoch, da er reichsunmittelbares Gebiet nicht besass, den Eintritt in's reichsfürstl. Collegium versagt, † 18. Oct. 1634 zu Laibach.

5017. Thaler v. 1629. Av. IOAN : VDL (Udalricus) : D : G : PRINC · ET : DNS : — CRVML(ovii) : Ɛ : EKHENBERG : CO(mes) : POST(onii d. i. Adelsberg) — Unter einer offenen Krone in ausgeschweiftem, mit der Vliessordenskette behangenem Schilde die Rosen des Herzogthums Krumau, der Adler der Grafschaft Adelsberg, der Anker von Ehrnhausen, das Rad von Radkersburg und die eggenbergischen, eine Krone haltenden Adler im Mittelfelde. Ueber der Krone 1 — 6 — 2 — 9 Rev. FERDINANDVS ‡ II + D ‡ G ‡ ROMANO ‡ IMPERA + SEMP · AVGVS ‡ E(tc.) — Der Doppeladler mit Kopfscheinen unter der kaiserl. Krone; auf seiner Brust der mit dem Erzherzogshute und der Vliessordenskette geschmückte gespaltene Schild von Oesterreich und Steiermark. Mad. 4154, dessen Exemplar hier vorliegt. Vortrefflich erh. RRR.

5018. Thaler v. 1629. Av. IO : VDAL9 : D : G : D$^{x}_{v}$ — · — CRV : EKEN : PRIN$_{C}^{s}$ · ✠ — Brustbild v. r. S., im Harnisch, mit breiter Halskrause, der Vliessordenskette und Feldbinde. Unten H G (Hans Gebhard) und ein Schnörkel. Rev. COM : POSTON : DNS · — · IN · ERNHAVSN ET(verb.)C 1629 — Das vorbeschriebene Wappen in einem ovalen, mit henkelartigen Verzierungen, gekrönten Adlerköpfen, der Vliesskette und offener Krone geschmücktem Schilde. (Mad. 6786.) Cat. imp. 356. Vortrefflich erhalten. RR.

5019. Thaler v. 1630. Av. IO 8 VDAL ○ D ○ G ○ DV 8 — CRV 8 EKEN 8 PRIN 8 — Brustbild, wie vorher; darunter ein Eberkopf v. r. S. Rev. COM 8 POSTON 8 DNS — IN ○ ERNHAVSN ○ 1630 — Das bisherige Wappen in einem oben eckigen, mit vier Henkeln versehenen und mit der Vliesskette behangenen Schilde unter dem Fürstenhute. Cat. imp. 356. S. g. e. R.

5020. Thaler v. 1631. Av. IO 8 VDAL 8 D G 8 DVX — CRV 8 EKEN 8 PRIN 8 — Brustbild, wie vorher; darunter in einem Ovale ein kleiner Spitzhut. Rev. ganz ähnlich der Rückseite des vorigen, mit I ○ N ERNHAVSN 1631 — (Mad. 1649.) S. g. e. R.

Johann Anton (1634—1649),

Fürst zu Eggenberg, Sohn des Vorigen, und dessen Gem. Sidonie Marie, Freiin v. Thanhausen, geb. 1610, erhielt zur Ermöglichung seines Eintrittes in das reichsf. Collegium von Kaiser Ferdinand III. theils gegen Verzichtleistung auf Forderungen, theils gegen baare Zahlung 1641 die 1647 zur gefürst. Grafschaft erhobene Hauptmannschaft Gradiska mit dem Stadtgebiete von Aquileja, und † 19. Febr. 1649.

5021. Thaler v. 1642. Av. (O. b.) IOAN · ANT · D · G · DUX · CRUMLOV · SA · ROM · ✿ Brustbild v. r. S., im Harnisch, mit breitem Spitzenkragen und Feldbinde. Rev. IMP · PRINC · AB · ECCHENBERG · 1642 — Wappenschild, wie vorher, doch ohne Ordenskette, unter dem Fürstenhute. Zu Mad. 1650. S. g. e. R.

5022. Dicker Doppelthaler v. 1644. Av. (U. b.) IOAN · ANT · D · G · DUX · CRUMLOVII · — Brustbild, wie vorher, aber mit der Vliessordenskette und unten bis an den Rand ragend. Rev. SA · RO · IMP · PRINC · A — B · ECCHENBERG · 1644 — Wappen, wie vorher, mit der Vliessordenskette behangen. 3$^{11}/_{32}$ Loth. S. g. e. RR.

5023. Thaler v. 1645. Av. (O. b.) ✿ IOAN ⁑ ANT ⁑ D ⁑ G ⁑ DVX ⬩ CRVMLOV ⬩ SAC ⁑ ✿ — Brustbild, wie bei Nr. 5021, aber mit der Vliesskette, ohne Feldbinde, und von feinerem Schnitte. Rev. ROM 8 IMP 8 PRINC 8 — AB 8 ECCHENBERG — Das bisher. Wappen im henkelartig verzierten, ovalen Schilde, der mit Fürstenhut und Vliessordenskette geschmückt ist. Oben 16 — 45 (Mad. 4155.) Vortrefflich erhalten. RR.

Johann Christian und Johann Seifried,

des Vorigen Söhne, Ersterer 1641, Letzterer 1644 geboren, succ. ihrem Vater 1649, Anfangs und bis zu ihrer Mündigkeitserklärung (1664) unter Vormundschaft ihrer Mutter Anna Maria von Brandenburg-Bayreuth, geriethen dann über das väterl. Erbe in Streit, der durch Verträge v. 1665 und 1672 dahin geschlichtet wurde, dass Joh. Christian Krumau u. s. w. mit Ehrnhausen, Joh. Seifried aber die in Steiermark und Krain gelegenen Herrsch. Eggenberg, Waldstein, u. s. w. erhielt, während Gradiska als gemeinsames Besitzthum unter Joh. Christian's Administration kam. Dieser starb am 4. Dez. 1710, kinderlos. Gradiska fiel an Joh. Seifried († 5. Oct. 1713) und nachdem mit dessen Enkel, Joh. Christian II., am 23. Febr. 1717 das Haus Eggenberg im Mannsstamme erloschen war, an Oesterreich zurück. Krumau kam nach dem Tode der Wittwe Joh. Christian's, Marie Ernestine v. Schwarzenberg (4. Apr. 1719), da inzwischen die Eggenberge bereits ausgestorben waren, an den Fürsten Adam Franz von Schwarzenberg.

5024. Thaler v. 1653. Av. IOAN : CHRIST : ET : IOAN : SEYF · S : R : IMP : PR : CO : GRADIs(cae) In einer zierlichen Bogeneinfassung über einer Leiste die einander gegenüber gestellten geharnischten Brustbilder, unter dem rechts v unter dem andern s Oben im Felde ✿ 1653 ✿ Unter der Leiste eine Verzierung. Rev. DVC · CRVM · ET · PRINC · AB · EGGENBERG · FRATRES : ❁ : Das 6feldige (um das auf dem Halbmonde stehende Ankerkreuz von Gradiska und den Adler von Aquileja vermehrte) Wappen mit (oben eckigem) Mittelschilde, in runder, mit Lorbeerzweigen besteckter Cartouche unter dem Fürstenhute. (Mad. 4156.) Cat. imp. 356. Sehr gut erh. R.

5025. Thaler v. 1654. Av. IOAN + CHRISTI ⁑ E + IOAN + SEYF + S + R + IMP + PR ⁑ C ⁑ GRADIS ✿ In feiner Bogeneinfassung die einander gegenüber gestellten geharnischten Brustbilder, wieder mit v und s Darunter Verzierungen und 1654 Rev. wie die Rückseite des vorigen, mit + statt der Punkte in der Umschrift, einer Rosette hinter derselben und H – S unter dem Fürstenhute zu Seiten eines den Schild schmückenden Engelsköpfchens. (Mad. 4157.) S. g. e. R.

5026. Thaler v. 1658. Av. wie die Hauptseite des vorigen, aber mit CHRIST + und PR + C ⁑ in der Umschrift und mit VF (verb.) — s und 1658 unter den Brustbildern. Rev. DVC ⁑ CRVM ⁑ ET + PRINC + AB + EGGENBERG + FRATRES · Das Wappen, ähnlich wie vorher, doch ohne H – S neben dem Engelsköpfchen und mit ovalem Mittelschilde. (Mad. 1651.) Cat. imp. 356. S. g. e.

Erbach.

Ludwig, Johann Kasimir und Georg Albrecht,

Söhne des 1605 verstorbenen Grafen Georg; der Erste (geb. 1579) † 1643, der Zweite (geb. 1584) † 1627 und der Dritte (geb. 1597) † 1647.

5027. Gemeinschaftlicher Thaler v. 1624. Av. MONETA ⁑ NOVA ⁑ ARGENTEA · COMITVM ⁑ DE ◆ ERPACH ◆ D(ominorum) ○

I(n) ○ B(reuberg) ✥ Der quadrirte Schild von Erbach und Breuberg unter dem Helme mit den vereinigten Kleinoden, neben welchen 16 — 24 Rev. (:) FERDINANDVS ⁑ II ⁘ D ⁑ G ⁘ ROM ⁘ IMP ⁑ SEMP ⁑ AVGVS : — Der Doppeladler mit doppelten Kopfscheinen unter der kaiserl. Krone, den Reichsapfel auf der Brust. Zu Mad. 1684. S. g. e.

Georg Ludwig,

Sohn des Grafen Georg Albrecht und dessen 3. Gem. Elisabeth, Gräfin von Hohenlohe, geb. 3. Mai 1643, ward der Stifter der Linie zu Erbach, † 30. April 1693.

5028. Gulden v. 1675. Av. GEORG : LVD : COM · IN — ERBACH · ET DN : IN · B ✿ Der quadrirte Schild zwischen Palmenzweigen unter einer offenen Krone, neben welcher 16 — 75 Unten (60) Rev. Innerhalb eines Lorbeerkranzes · ✿ · | HERR | NACH DEI | NEM WIL | · LEN · | ✿ (Mad. 4189.) Ein an Stelle der 60 befindlich gewesenes Loch ist beseitigt. G. e. R.

Esterházy.

Nicolaus (1762—1790),

Sohn des Fürsten Joseph Anton und dessen Gem. Marie Octavie, Rfreiin v. Gilleis, geb. 18. Dez. 1714, succ. als Fürst und Majoratsherr seinem Bruder Paul Anton 18. März 1762, war k. k. w. geh. Rath, General-Feldmarschall u. seit 1764 Capitän der k. ungar. adeligen Leibgarde, † 28. Sept. 1790.

5029. Thaler v. 1770. Av. (U. b.) NICOL · S · R · I · PRINC · ESZTERHAZY DE GALANTHA PERP(etuus) · COM · IN FRAK(no oder Forchtenstein.) — Brustbild v. r. S., im Harnisch, mit Hermelinmantel, Vliessordenskette und dem M.-Theresienorden am Bande. Rev. (U. b.) U(triusque) · S · C · & · R · A(postol.) · M · CONS · INT · GEN(eralis) · C(ampi) · MAR(eschallus) · & · NOB(ilis) · PRÆT(orianae) · H(ungaricae) · TURMÆ CAPIT(aneus) · 1770 · Vor einem mit dem Fürstenhute bedeckten Hermelinmantel das mit der Vliessordenskette und dem Bande des M.-Theresia-Ordens behangene 4feld. Wappen (auf einer Krone stehender, einen Säbel und 3 Blumen haltender Greif im 1. u. 4. und ein wachsender, 3 Blumen haltender Löwe über 3 Rosen im 2. u. 3. Felde) mit gekröntem Mittelschilde, worin L(eop. I.) Randschrift: HONORE ~⊕~ ET ~⊕~ VIRTUTE ~⊕~ Mad. 6788. Mit Stempelglanz. R.

5030. Gulden v. 1770. Av. NICOL · S · R · I · PRINC · — ESZTERHAZY DE GALANTHA — Brustbild, wie vorher. Rev. U · S · C · ET R · A · M · CONS · INT · ET GEN · C · MAR · 1770 ✿ Das Wappen, wie vorher. Laubrand. Mad. 6789. G. e. R.

Friedberg (Burg-Friedberg).

Unter dem Burggrafen Johann Eberhard von Cronenberg, 1577 — † 1617.

5031. Klippe vom Thalerstempel v. 1591. Av. MO · NO : — CAST(ri) · I — MP(erialis) · FR(idbergensis) · — WETT(eraviae) · — Unter der Krone der Doppeladler mit dem öster. Schildchen auf der Brust und einem Kreuz zwischen den Hälsen. Zu den Seiten in der Umschrift rechts der Ritterschild (mit dem stehenden h. Georg), links der (von schwarz und weiss) getheilte Stadtschild. Rev. RVDO : — · Z · IMP · — · AV · P : — · F · DE · — Der geharn. Ritter Georg, mit einer Fahne i. d. R., steht auf dem Drachen. Daneben 15 — 91 und in der Umschrift die Schildchen von Cronenberg und Riedesel (Letzteres das der Gemahlin des Burggrafen). (Mad. 1686 als Doppelthaler; Cat. imp. 358.) Gr. 44 im □ 1½ Loth. War gehenkelt, sehr gut erh. RR.

Unter dem Burggrafen Konrad Löw zu Steinfurt, 1617 bis † 1632.

5032. Dicker Doppelthaler v. 1619. Av. CAST : IMP · — FRIDB · — IN · W — ETTRA — Der auf dem Drachen stehende geharn. Georg mit der Fahne. In der Umschrift die Schildchen von der Burg Friedberg und der Grafschaft Kaichen in der Wetterau. Rev. ✿ MATTHI · D : G · RO — · IMP · S · — AUG · G · H · BOE (das E steht im O) · REX ⚒ — Unter der Krone der Doppeladler, auf der Brust das öster. Wappen mit darüber hervorragendem Kreuze. Neben den Hälsen 16 — 19 Unten in der Umschrift die Wappen des Burggrafen und seiner Gemahlin, einer geb. Brendel von Homburg. Mad. 4190. Cat. imp. 358. Aus der v. Wellenheim'schen Sammlung. Sehr gut erh. RR.

5033. Thaler v. 1622. Aehnlich dem vorigen. Mit · CASTR · IMP : — FRID — TBERGK · I — WE(verb.)TTR — A — und · FERDINAN · D · G · — II · RO — · IMP · SEM · AU · H · BR. Die Jahrzahl 16 — 22 steht neben den Klauen. Mad. 4191. G.e. R.

5034. Thaler v. 1623. Av. ◆ CASTR — ◆ IMP ⁑ FRIDTBERGK ⁑ IN — ⁑ WETTRAW ⁑ — Der geh. Georg, mehr nach rechts gewendet, hält die Fahne mit beiden Händen vor sich und sieht auf den Drachen herab. Zu den Seiten die Wappen, wie vorher. Rev. ✿ FERDINAND ◆ II ◆ D ⁑ G — ROM ⁑ — ◆ IMP ◆ SEMP ◆ AV ◆ H ◆ BR 1623 — Der Doppeladler und die Schildchen, wie vorher. Mad. 1687. Cat. imp. 358. Leidl. erh.

Unter dem Burggrafen Hans Eitel Diede zum Fürstenstein, 1671 — † 1685.

5035. Gulden v. 1674. Av. MONE · NOV · CASTR — · IMP · FRIDB ✿ · — Der geharn. Georg mit der Fahne, auf dem Drachen stehend. Daneben 1 — 6 — 74 und die Schildchen von Friedberg und Kaichen. Rev. · LEOPOLD⁹ · D : G : — · ROM · IMP · S · A A✕L — Unter der Krone der Doppeladler mit dem Reichsapfel. Unten die Schildchen des Burggrafen und seiner Gem., einer geb. v. Buttlar. Dazwischen (60) Mad. 4192. S. g. e.

5036. Gulden v. 1675, mit CAST · — IMP · FRIDB · — und LEOPOLD⁹ · D · G · — · ROM · IMP · S · A · A✕L — Im Rev. zweimal der Schild von Fürstenstein. S. g. e.

5037. Gulden v. 1676. Wie der vorstehende, mit LEOPOLD⁹ D · G — etc. Gut erh.

Unter dem Burggrafen Philipp Adolf Rau zu Holzhausen, 1685 — † 1692.

5038. Thaler v. 1688. Av. MONETA · NOV : — · ARGEN : CASTR : FRIDB · — IN · WETTER · Ein Geharnischter mit dem Säbel an der Seite, auf nach rechtshin springendem Rosse. Am Fussboden im Hintergrunde eine Windmühle und ein Thurm. Im Abschnitt 1688 In der Umschrift auf den Seiten die Schildchen von Friedberg und Kaichen. Rev. LEOPOLDVS · I · D G · RO — M · IMP · — SEMPER · AUGVST ✿ Unter der Krone der Doppeladler mit dem Reichsapfel in den Klauen, wobei C — B, die Wappen des Burggrafen und dessen Gemahlin. Mad. 4193. Aus Madai's Cabinet. S. g. e. RR.

Unter dem Burggrafen Hans Eitel Diede zum Fürstenstein, 1745 — † 1748.

5039. Thaler v. 1747. Av. MONETA CASTRI — IMP · FRIDBERG · — (als Ueberschr.) Der auf dem Drachen stehende geharn. Georg mit der Fahne. Zu seinen Seiten die Schilde von Friedberg u. Kaichen. Rev. FRANCISCVS · — D · G · — ROM — · IMP · S · A · 1747 · — (unt. beg.) Unter der Krone der Doppeladler mit dem Reichsapfel, in den Klauen die Wappenschilde des Burggrafen und dessen Gemahlin Euphrosine Susanne Freiin von Degenfeld. Die innere, unten herum gestellte Umschrift lautet: NACH DEM — REICHS FVS · Zwischen den Schilden C · P · S (Spangenberg, Münzdirektor in Clausthal.) Gerieft. Rand. Mad. 4194. Vorzügl. erh. R.

5040. ⅓ Stück v. 1747; ganz ähnlich dem Thaler. Im Rev. zwischen C · P · — S die Werthzahl ⅓ in ovaler Einfassung. Cat. imp. 359. Sehr gut erh.

Unter dem Burggrafen Franz Heinrich Freiherrn von Dalberg, Kämmerer von Worms, 1755 — † 1776.

5041. Conv.-Thaler v. 1766. Av. MONETA — NOVA CASTRI IMP · — FRIDBERG · IN — WETTER · — (als Ueberschr.) Der Ritter Georg zu Pferde ersticht mit der Lanze den Drachen. Zu den Seiten die Wappen von Friedberg und Kaichen. Am Boden links Œ (Oexlein) Im Abschnitt unter Blattwerk X | EINE FEINE MARK · | S ·

(N) B · (Scholz; Nürnberg; Riedner) Rev. IOSEPHVS II · — D · G · — ROM · — IMP · S · A · 1766 · — (unt. beg.) und als innere Umschrift unten herum AD NORM · — CONVENT · Der gekr. Doppeladler mit dem Reichsapfel, in den Klauen die Schilde des Burggrafen und dessen Gem. Maria Sophia, geb. Gräfin von Eltz. Laubrand. Mad. 5492. Cat. imp. 359. S. g. e.

5042. Conv.-Gulden v. 1766. Av. MONETA CASTRI · — IMP · FRIDBERG · — Der zwischen den beiden Wappen auf dem Drachen stehende Ritter Georg. Rechts am Boden œ Rev. Wie vorher. Die Ueberschrift wird nur durch die Krone vor ROM · getheilt. Unten zwischen den Schilden S · N B · Laubrand. Mad. 5493. Weise 1618. S. g. e. R.

Unter dem Burggrafen Johann Maria Rudolf, Grafen von Waldbott-Bassenheim, 11. Juni 1777 — † 15. Febr. 1805.

5043. Conv.-Thaler v. 1804, zu Frankfurt a. M. geschlagen. Av. MON · NOV · CASTRI · IMP · FRIEDBERG : — (als Ueberschr.) Der Ritter zu Pferd, den Drachen mit der Lanze erstechend. Im Hintergrunde die Burg (Wappenbild) von Friedberg. Rechts am Boden der Schild von Kaichen und darunter R Unter dem Bilde G · B · (F) G · H · (Bunsen und Hille) Rev. FRANC · II · D · G · R · I · S · A · CONSERVATOR CASTRI · 1804 — (unt. beg.) und unten herum * X · E · F · MARCK * Unter der Krone der Doppeladler mit dem gekr. öster.-lothr. Wappen nebst Ordensband auf der Brust, in den Klauen die Schilde des Burggrafen und dessen 2. Gem. Isabella Felicitas Barbara, Gräfin v. Nesselrode-Ehreshofen († 19. Oct. 1824) haltend. Laubrand. S. g. e. R.

5044. Ein zweites Exemplar. S. g. e. R.

(Nachdem schon i. J. 1804 die Burggrafschaft Friedberg von Hessen-Darmstadt vorübergehend in Besitz genommen worden war, wurde dieselbe bei Errichtung des Rheinbundes 1806 der Souveränität des Grossherzogs von Hessen untergeordnet, vom Burggrafen Clemens August Wilhelm von Westphal aber 1817 völlig abgetreten.)

Fürstenberg.

Heiligenberger (oder jüngere Haupt-)Linie.

Hermann Egon (1635—1674),

Sohn Egon's Grafen v. Fürstenberg und dessen Gem. Anna Maria von Hohenzollern, geb. 1627, ward zum Reichsfürsten erhoben 1664 und 1667 in's Fürstencollegium introducirt, † 1674.

5045. Thaler v. 1670. Av. HERMAN · EGON · D · G · LANGRAVE · IN FVRSTENBERG ✿ Brustbild v. r. S., im Harnisch, mit Feldbinde und gebundenem Halstuch. Rev. COMES · IN · HEILIGEN-B(erg) · WERD(enberg) · S · R · I · P · 1670 * Das mit dem

Fürstenhute bedeckte Wappen (auf der Brust des Adlers der quadr. Schild von Werdenberg und Heiligenberg) zwischen blattartigen Verzierungen. Mad. 1653. Cat. imp. 361. G. e. RR.

(Diese Linie starb 1716 aus, worauf ihre Lande sowohl, als die fürstl. Würde an die Linien zu Mösskirch und Stühlingen kamen.)

Linie zu Stühlingen.

(Jüngerer Zweig der älteren Hauptlinie. — Wegen Stühlingen s. Pappenheim.)

Joseph Wilhelm Ernst (1704—1762),

Sohn Prosper Ferdinand's, Grafen von Fürstenberg-Stühlingen und dessen Gem. Anna Sophia v. Königsegg-Rothenfels, geb. 1699, succ. 1704 seinem Vater (während sein jüngerer Bruder Ludwig Aug. Egon die Herrschaft Weitra in Oesterreich erhielt), ward 1716 Reichsfürst, trat 1723 die Regierung an, vermählte sich 1723 mit Maria Anna, Erbin von Waldstein-Lomnitz, vereinigte nach dem Erlöschen der Linie zu Mösskirch 1744 alle Besitzungen seines Hauses in Schwaben und † 29. April 1762.

5046. Ausbeutethaler v. 1729. Av. IOS : WILH : ERN : S · R · I · PRINC : IN FURSTENBERG, LANDGRAV · IN BAAR & STUHLINGEN &c · — (am Arme beg.) Geharn. Brustbild v. r. S., am Armabschnitt v · Rev. Bergwerksgegend im Kinzig-Thal, über welcher die Sonne aufgeht. Ueberschrift in 2 Zeilen: AVSBEVT THALER VON S · IOSEPHS COBOLD: | UND SILBER ZECHE · 1729 · Mad. 1654. Cat. imp. 361. S. g. e.

5047. Eulen-Dukaten v. 1750. Av. (U. b.) D · G · IOSEPHUS · S · R · I · — P · IN · FYRSTENBERG · — Geharn. Brustbild v. r. S. Rev. (O. b.) LANDG · BAR · & STUL · — C · IN · HEILIG · & WERD : Der von der Kette des gold. Vliesses umgebene Schild auf dem Wappenmantel. Unten 17 — 50 und eine sitzende Eule. Monn. en or, 200. S. g. e.

5048. Ausbeutethaler v. 1762. Av. IOSEPH · WILH · ERNEST · S · R · I · PR · DE FURSTENBERG · — (als Ueberschr.) Geharnischtes Brustbild v. r. S., mit dem Vliesse am Bande. Rev. Unter dem Fürstenhute das mit der Vliessordenskette behangene Wappen in zierlicher Cartouche. Oben herum AD LEGEM CONVENTIONIS · Im Abschn. AUSBEUTTHALER | VON S · SOPHIA KOBOLD | UND SILBER ZECHE | BEY WITICHEN | 1762 Laubrand. Mad. 5487. Von F. A. Schega gefertigt und in München geprägt. Wenig pol., gut erhalten.

Joseph Wenzel (1762—1783),

Sohn des Fürsten Joseph Wilhelm Ernst und dessen 1. Gem. Maria Anna Gräfin von Waldstein, geb. 1728, succ. seinem Vater im Fürstenthume in Schwaben 1762 (während sein jüngerer Bruder Karl Egon, Landgraf zu Fürstenberg, die fürstliche böhmische Subsidial-Linie stiftete), und † 2. Juni 1783.

5049. Breiter dreifacher Ausbeutethaler v. 1767. Av. IOSEPHUS WENCESLAUS · S · R · I · PRINCEPS · DE FURSTENBERG · — (als Ueberschr.) Brustbild v. r. S., im Schuppenharnisch, mit Hermelinmantel. Am Armabschn. A · B · W · (Werner) Rev. Im

Vordergrunde der bergigen Gegend des Frohnbaches bei Alt-Wolffach hält der h. Wenzel den fürstenberg. Schild (einfaches Hauswappen). Ueberschr. SYDERA FAVENT INDUSTRIÆ · Im Abschn.: DIE GRUB S · WENCESLAUS ⚬ | BEY WOLFFACH KAME IN AUS | BEUT IM QUARTAL REMI- | NISCERE | o 1767 o Unten eine die 2 letzten Zeilen einfassende Verzierung. Gr. 65. 6 Loth. Sehr gut erh. RRR.

5050. Ausbeutethaler v. 1767. Av. Aehnlich dem vorigen, mit PR · im Titel. Rev. Vorstellung wie vorher. Darüber AD LEGEM CONVENTIONIS Im Abschn. DIE GRUB S · WENCESLAUS | BEY WOLFFACH KAME IN | AUSBEUTH IM QUAR- | TAL REMINISCERE | o 1767 o Mit Laubrand. Mad. 6790. Cat. imp. supl. 19. Sehr gut erh. R.

(Diese Ausbeutemünzen wurden zu Stuttgart geprägt.)

Joseph Maria Benedikt (1783—1796),

Sohn Joseph Wenzel's und dessen Gem. Marie Josephe, Gr. v. Truchsess-Trauchburg-Friedberg, geb. 9. Jan. 1758, succ. seinem Vater 1783, † 24. Juni 1796.

5051. Ausbeutethaler v. 1790. Av. IOS · M · B · FURST ZU FURSTENBERG L · I · D · B · U · Z · ST · H · Z · HAUSEN I · KINZ · THAL — (als Ueberschr.) Brustbild v. l. S., im Schuppenharnisch. Im Abschnitt: X EINE FEINE MARK Der Titel lautet . . . „Landgraf in der Baar und zu Stühlingen, Herr zu Hausen im Kinzigthal" Rev. Bergwerksgegend des Wildschatzbaches. Oben herum MIT GOTT DURCH KUNST U · ARBEIT Im Abschnitt: DIE GRUBE FRIED · CHRIST · GABE | ZUR AUSBEUT IM QUARTAL | CRUCIS · 1790 · Mit Laubrand. S. g. e.

5052. Gegossene Medaille o. J., Preis der Pferdezucht. Av. IOSEP M · BENEDIC · S R · I · PRINC DE FURSTENBERG Brustbild v. r. S. Rev. Stute und Füllen, aus Wolken bestrahlt. Im Abschn. PREIS | DER PFERTN | ZUCH Zu Berst. 313. Geringe Arbeit. Gegossen und ciselirt. Gr. 52. 3¼ Loth (geringh. Silber). Gut erh.

Karl Joachim (1796—1804),

Bruder des Vorigen, geb. 31. März 1771, succ. 1796 seinem Bruder, † 17. Mai 1804 ohne männliche Nachkommen. Es folgte ihm Karl Egon II. von der böhmischen oder Pürglitzer Linie unter Vormundschaft des Landgrafen Joachim Egon von der landgräfl. Weitra'schen Speziallinie, der aber bereits 1806 mediatisirt wurde.

5053. Conv.-Thaler v. 1804. Av. CAROLUS IOACHIM · D · G · PRINC · FURSTENBERG · — Brustbild v. r. S., im Küras. Unten I · L · W · (Joh. Ludw. Wagner) Rev. AD NORMAM — CONVENTIONIS — Mit dem Fürstenhute bedeckter Wappenschild (ohne Mittelschild) auf einer Leiste; darunter 1804 · | C · H · (Christ. Heugelin in Stuttgart) Laubrand. S. g. e. R.

Fugger.

Aeltere oder Raymundus-Linie.

Octavian II. von der Zweiglinie zu Weissenhorn,

Sohn Georg's, des Stifters der Weissenhorner Linie, und dessen Gem. Ursula von Liechtenstein, geb. 17. Jan. 1549, vermählte sich 1579 mit Marie Jakobe Fugger von der Kirchheim'schen Zweiglinie der jüngeren Hauptlinie, war Duumvir zu Augsburg, und † 31. Aug. 1600.

5054. Medaille v. 1582. Av. OCTAVI : SE : FVGGER : BARO : IN : KIRCHPERG : ET : WAISSEN · (als Ueberschr.) Brustbild v. r. S., im geblümten Harnisch, mit Ueberwurf und gekräuseltem Halskragen. Rev. CONSTANTI : VIRTVTE : M : D : LXXXII ✿ Ein Palmzweig und ein Lilienzweig mit 2 Blumen, kreuzweis durch eine Zackenkrone gesteckt. Beide Seiten umgiebt eine Perleneinfassung. Geprägte Originalmedaille von schöner Arbeit. Gr. 38. 1 Loth. Gut erh. RRR.

Jüngere oder Antonius-Linie.

Anton,

Herr von Weissenhorn, Sohn Georg's und dessen Gemahlin Regina, Tochter Peter Imhoff's, geb. 1493, wurde der Stammvater der jüngeren Hauptlinie, Reichsgraf 1530, münzberechtigt seit 1534, † 1560. Die Herrschaft Weissenhorn war zugleich mit der Grafschaft Kirchberg (welche beide Kaiser Maximilian dem Hause Fugger verpfändet hatte) von K. Karl V. den Brüdern Raymund und Anton verliehen worden.

5055. Goldgulden o. J. Av. ANT ▲ FVGGER D ▲ IN WEISSENHORN ✿ Vierfeld. Wappenschild (1. u. 4. Fugger, 2. Kirchberg, 3. Weissenhorn). Rev. CAROL ▲ V ▲ RO ▲ IMP ▲ AVGVS ▲ MVNVS ✿ Doppeladler mit Kopfscheinen. S. g. e. R.

(Die Begräbnissmünzen der Enkelin Anton's, Maria, verm. Gräfin von Palfy, siehe unter Palfy.)

Georg von der Zweiglinie zu Wöllenburg*),

Sohn des Stifters der Wöllenburger Zweiglinie in Babenhausen und Wasserburg Jakob (des jüngsten Sohnes Anton's) und dessen Gem. Maria, Tochter Georg Ilsung's, Landvogts in Schwaben, geb. 2. Sept. 1577, kais. Rath, Landvogt in Schwaben, Hauptmann der Grafschaft Mitterburg und 1615 Ritter des spanischen Ordens von Calatrava, † 5. Juni 1643. Er war seit dem Tode Georg's von der Nordendorfer Zweiglinie Senior des Fugger'schen Hauses Antonianischer Hauptlinie.

5056. Thaler v. 1622. Av. · G — EORG · FVGG · L · B · — · IN

*) Gewöhnlich werden die Fugger'schen Münzen mit dem Namen Georg dem Sohne des Stifters der Nordendorfer Zweiglinie Markus (des ältesten Sohnes Graf Anton's), dem Grafen Georg zugeschrieben, den die numism. Schriftsteller (wahrscheinlich gestützt auf Appel's Rep.) i. J. 1625 sterben lassen. Doch wird dieser Georg, der nach Trient übergesiedelt und kais. Gesandter bei der Republik Venedig war, schon früher gestorben sein, da sein Sohn Nicolaus 1622 bereits münzte. Für unsere Zutheilung spricht besonders einestheils der Titel Dominus in Wasserburg, anderntheils der Umstand, dass eine Kippermünze Georg's bekannt ist, worauf der Bezeichnung Dominus in Wasserburg der Titel Praefectus Sueviae vorausgeschickt ist, der sich nur auf unseren Georg beziehen lässt.

· KIR(chberg) · ET · W(eissenhorn) · D(ominus) · IN · W(asserburg) · — Der völlig geharnischte h. Georg auf rechtshin springendem Pferde stösst mit beiden Armen die Lanze in den Hals des auf dem Rücken liegenden Lindwurms. Links im Felde 1622 und unten ein ovaler Schild mit dem vierfeldigen Wappen von Fugger (1. u. 4.), Kirchberg und Weissenhorn. Rev. · FERDINAN · II · ROM · IMP · SEM · AVGVST · — Unter der Krone der Doppeladler. Mad. 1691. Cat. imp. 360. G. e. R.

Maximilian von der Zweiglinie zu Wöllenburg,

Sohn Jakob's in Babenhausen und Wasserburg und jüngerer Bruder vorgedachten Georg's, geb. 8. Febr. 1587, † 2. März 1629.

(Nachfolgende Thaler werden gewöhnlich dem jungen Grafen Maximilian von der Nordendorfer Linie (dem Sohne Anton's II.) zugeschrieben, der (geb. 1608, † 1669) i. J. 1621 noch minderjährig war. Weil aber in den Umschriften fragl. Thaler der Titel Dominus in Babenhausen erscheint, theilen wir, der bisher geltenden Ansicht entgegen, die nachfolgenden Münzen (wie es auch im Cat. imp. geschieht) dem Grafen Maximilian von der Wöllenburger Zweiglinie zu.)

5037. Thaler v. 1621. Av. ✿ MAX : FVGGERVS ▾ L ▾ B ▾ IN ▾ KIRHB : ET ▾ W ▾ D ▾ IN ▾ BAB(enhausen) Das Wappen in verziertem, oben eckigem, unten abgerundetem Schilde; zu den Seiten 16 — 21 Rev. FERDINANDVS · II · ROM : IMP : SEMPER · AVGVSTVS — Unter der Krone der Doppeladler. Mad. 1689. Cat. imp. 359. War gehenk., sonst gut erh.

5038. Thaler v. 1621. Av. Umschrift, wie vorher. Der Wappenschild ist oval und verziert. Zu den Seiten 16 — 21 Rev. Umschrift wie vorher, doch steht vor und nach derselben ein Punkt. Der gleichsam nach links schreitende Doppeladler hält Schwert und Zepter und führt den Reichsapfel auf der Brust. Auch wird er von einer aus Bogen gebildeten Einfassung umschlossen. Mad. 4195. S. g. e.

5039. Thaler v. 1621. Av. Wie der vorige, doch steht die Rose in der Umschrift zwischen Punkten. Rev. Wie vorher, von einem in der Zeichnung wenig verschiedenem Stempel. S. g. e.

5060. Thaler v. 1623. Av. ✿ MAX ⁝ FVGGERVS ⬩ L ⬩ B ⬩ IN ⬩ KIRHB ⬩ ET ⬩ W ⬩ D ⬩ IN ⬩ BAB Das Wappen in einem ähnlichen Schilde wie vorher. Daneben 16 — 23 Rev. Wie vorher, von einem dritten Stempel. Vorzügl. erh.

5061. Thaler v. 1623. Av. Wie der vorige, aber mit ✿ MAX ⁝ und KIRHB ⁝ Rev. Wie vorher, von einem vierten, in der Zeichnung ganz unbedeutend vom vorigen abweichenden Stempel. S. g. e.

5062. Thaler v. 1624. Av. ✿ MAX : FVG : L : B : IN · — · K : ET : W : D : IN : BAB : — Vier Wappenschilde; die 3 oberen, 1 und 2 gestellten, enthalten die Wappen von Fugger, Kirchberg und Weissenhorn, der vierte, der mittelst eines Bandes am obersten befestigt ist, führt einen Stern zwischen 3 Berghämmern. Neben letzterem 16 — 24 Rev. FERDINANDVS · II · ROM · IMP · SEMPER · AVGVSTVS · — Unter der Krone der einköpfige Adler, Schwert und Zepter haltend. Auf dem Schwanze ruht der Reichsapfel. Mad. 1690. Sehr gut erh. R.

Marquard von der Zweiglinie zu Nordendorf,

Sohn Philipp's (des dritten Sohnes des Stifters der Nordendorfer Linie Markus) und dessen Gem. Barbara von Fugger in Weissenhorn, geb. 1595, † 1655.

5063. Thaler v. 1623. Av. • MARQVARDT · FVGGER · F(rei) : H(err) : V · KIRCHB : V · WEISSEH : H(err) : Z(u) · BIB(erbach) Ovaler, verzierter Schild mit dem vierfeldigen Wappen. Auf dem Schilde 16 — 23 Rev. × FERDINANDVS · II · ROM : IMP : SEMP : AVGVSTVS × — Unter der Krone der Doppeladler, mit Zepter und Schwert in den Klauen. Auf der Brust der Reichsapfel. Mad. 1692. Cat. imp. 360. S. g. e. R.

Franz Ernst von der Kirchheimer Zweiglinie zu Glött,

Sohn Christoph Rudolf's zu Glött und dessen 1. Gem. Anna Walburge von Montfort, geb. 18. Sept. 1648, Statthalter des Herzogthums Neuburg, † 14. März 1711.

5064. Thaler v. 1694. Av. FRANC • ERNEST• FVGGER • COMES • A • KIRCH & W • B(aro) • A • P(ollweil) ✡ Das dreifach behelmte Wappen von 4 Feldern mit Mittelschild. Neben dem Schilde 16 — 94 Rev. ✡ LEOPOLDVS • I • ROM • — IMP • SEMPER AVGVSTVS — Unter der Krone der gleichsam nach links fliegende Doppeladler mit Schwert und Zepter, den Reichsapfel auf der Brust. Unten in Einfassung das augsburger Wappenbild zwischen den beiden Hufeisen. Mad. 1694. Cat. imp. 360. S. g. e.

Beide Hauptlinien in Gemeinschaft.

Cajetan zu Zinnenberg und Karl zu Nordendorf,

Senioren der beiden Hauptlinien (der Raymundus- und Antonius-Linie); Ersterer war der Sohn Maximilian Joseph's von der Adelshofer Zweiglinie und dessen 2. Gem. Juditha Gräfin von Törring-Jettenbach, geb. 9. Aug. 1720, kurbayer. Oberstkämmerer, Staatsminister etc., † 15. Juni 1791; Letzterer, der Sohn des Grafen Marquard Eustach (in Wörth) und dessen Gem. Anna Felicitas von Fugger-Kirchheim, geb. 22. Nov. 1706, † 12. Januar 1784.

5065. Thaler v. 1781. Av. ✿ CAI · & CAR · COM · DE FVGGER · IN ZIN(nenberg) · & NORN(dorf) · SEN(iores) · & ADM(inistratores) · FAM(iliae) · Das zweifach behelmte, vierfeldige Wappen. Neben dem Schilde 17 — 81 · Rev. IOSEPH · II · ROM · IMP · — SEMPER AVGVST · — Unter der Krone der Doppeladler mit Schwert, Zepter und Reichsapfel. Zwischen den Schwanzfedern ganz klein S – T (Straub) Ganz unten der bayerische Weckenschild zwischen Zweigen (als Zeichen der Münzstätte München). Mit Laubrand. Sehr gut erhalten.

(Die von Mad. 5889 unter Furtenbach beschriebene Gedächtnissmünze suche unter den Medaillen auf Privatpersonen.)

Glatz.

Johann der Reiche, Herr von Pernstein auf Helfenstein,

Sohn des 1521 gestorbenen Oberstlandhofmeisters in Böhmen, Wilhelm und dessen Gem. Bohunka von Lipa, wurde 1497 von Wladislav II. zum Ritter geschlagen, 1527 Landeshauptmann und Oberstlandkämmerer in Mähren und nach seines Bruders Albert 1534 erfolgten Tode Oberstlandhofmeister in Böhmen. Seit 1537 war er, nachdem die Grafschaft Glatz durch K. Ferdinand I. von Böhmen vom Grafen Christoph von Hardegg eingelöst worden war, Pfandinhaber von Glatz, und starb am 8. Sept. 1548 zu Gruschbach in Glatz.

5066. Thaler v. 1541. Av. IOHAN * BARO * A * BERNSTEIN * IN * HELF ✠ Die Wappenschilde der Pernstein und von Glatz; dazwischen ein oben und unten in Blattwerk auslaufender Stengel. Rev. MONE * NO * COMITATVS * GLACENS * I54I * Der gekrönte böhmische Löwe. (Mad. 1695.) Aus der v. Wambold'schen Sammlung. Vortrefflich erh. RR.

5067. Thaler v. 1542, wie der vorhergehende, doch von anderen Stempeln, mit I54z * Sehr gut erh. RR.

Ernst, Herzog von Bayern,

Sohn Albrecht's IV. von Bayern und dessen Gem. Kunigunde Erzh. von Oesterreich, geb. 1500, war Bischof von Passau und Erzbischof von Salzburg, dankte ab 1554, nachdem er von den 3 Söhnen Johann's von Pernstein: Jaroslav, Wratislav und Albert, im Jahre 1549 die Grafschaft Glatz an sich gebracht hatte, und starb daselbst 7. Dez. 1560.

5068. Dukaten v. 1549. Av. ERNESTVS · D G · COMES · PALA : RHENI · V · BA' · DVX ✱ Der böhm. Löwe. Rev. MONETA AVREA · COMITATVS · GLACEN' · ✱ Drei Schilde, 2 und 1 gestellt, mit dem pfälz. Löwen, den bayerischen Wecken und dem glatzer Wappen, neben welch' letzterem Laubwerk. Oben I549 Hat einen schwachen Riss, sonst sehr gut erh. 1 Duk. R.

Greyerz (Gruyères).

Michael,

erbte 1539, resp. 1550 die Grafschaft Greyerz, die Freiherrschaften Oron, Aubonne, la Tour de Trème und verschiedene Herrschaften, nannte sich Fürst, ohne dass bekannt ist, wann er es geworden, übte das Münzrecht aus, das schon 1396 dem Grafen Rudolf von Greyerz verliehen worden sein soll, gerieth aber so in Schulden, namentlich auch durch Werbungen für Frankreich, dass er 1554 seine Besitzungen den Gläubigern überlassen musste und in grosser Armuth ausser Landes starb. Die Cantone Bern und Freiburg zahlten die Schulden und theilten die Länder.

5069. Batzen v. 1552. Av. MYCHAEL PRIN(ceps) · ET · CO(mes) : GRVER(ae) · ✿ Der Schild mit dem Kranich; darüber · I552 · Rev. TRANSVOL(at) : NVBILA : VIRTVS ✿ Ein lilienartig ausgehendes Kreuz. Der sehr geringhaltige Goldgulden, den Haller Tab.

I. (Nr. 2342) in Abbildung mittheilt, würde von denselben Stempeln herrühren, wenn das Original statt der 2 Punkte nach Virtus ebenfalls eine Rose, wie hier, zeigen sollte. Gr. 24. Eine Seltenheit erster Grösse. Gut erh. RRRR.

Gronsfeld.

Johann I.,

Sohn Dietrich's II. von Bronckhorst und dessen Gem. Gertrud von Wylich, succ. seinem Vater 1508 und hatte seinen Sohn zweiter Ehe (mit Melchiora von Wittenhorst) Wilhelm zum Nachfolger, der 1575 starb. Das Todesjahr Johann's ist nicht bekannt.

5070. Thaler o. J. Av. IOES * D * BRONCHORST * BARO * IN * GRONSFELDT und ein Granatapfel. Vorwärtsgekehrtes Bildniss bis an den Schooss, im geblümten Harnisch, die Rechte in die Seite gestemmt, die Linke am Schwertgriffe. Das Gesicht wendet sich etwas nach rechts, von woher Sonnenstrahlen hervorbrechen. Rev. MONE * NO * ARGEN * LIBERI * BARONA * GRONSFEL und der Granatapfel. Die behelmten gegen einander gestellten Wappenschilde von Bronckhorst und Gronsfeld. Unten eine Verzierung. (Mad. 4196.) Revue belge 2. I. p. 369. S. g. e. R.

5071. Desgleichen, von anderen Stempeln, mit IOES' * D' * im Av. und mit GRONSFE im Rev. Etwas Doppelschlag, leidl. erh. R.

(Diese Thaler werden von Madai, dem Cat. imp. u. A. irrthümlich dem Grafen Johann II. (1588 — † 1617) zugetheilt, dem Sohne Wilhelm's und jüngeren Bruder Jobst's († 1588), ersten Grafens von Gronsfeld.)

Justus Maximilian (1617—1667),

Sohn Johann's II. Grafen von Gronsfeld und dessen Gem. Sibylle von Eberstein, succ. seinem Vater 1617, zeichnete sich in bayerischen und der kath. Liga Kriegsdiensten aus und † im October 1667.

5072. Thaler o. J. Av. IVSTVS · MAXIMILIANVS · EX · ANTIQVA (links in der Mitte beg.) und oben herum (A · DOMINO · FACTVM · EST · ISTVD) Im Felde unter dem strahlenden Namen Jehova die Aufschrift: ESVRIENTES IMP | LEVIT · BONIS · ET | DIVITES · DIMI- | SIT · INANES Darunter Laubwerk. Rev. Aeussere Umschrift: BRONCKHORSTIANORVM · COMITVM · FAMILIA · COM(es) · IN · GRONSF · ET ✿ Innere: EBERST(ein) · L(iber) · B(aro) · IN · BATTENB(urg) · D(ominus) · IN · ALPEN · ET · HONNOPEL ✿ Unter der Grafenkrone der gespaltene Schild mit dem quadr. Wappen von Bronckhorst und Batenburg nebst dem Gronsfelder im Mittelschilde, auf der rechten Hälfte, und dem quadrirten Wappen von Eberstein auf der linken Hälfte. Mad. 1698. Cat. imp. 362. Rev. belg. l. c. p. 373. S. g. e. R.

5073. Thaler v. 1658. Av. (Links beg.) IVST9 · MAXIMILIAN9 · COM : A · BRON · IN · GRONS · ET A · DOMINO · FACTVM · EST · ISTVD * Sonst wie vorher, doch DIMI | und statt des Laubwerks

• 1658 • Rev. EBERST · L · B · IN · BATTENB · ET · RIMB · D · IN · ALPEN · ET · HONNEPPELL und ein Rosenstengel. Das Wappen wie vorher. Mad. 4197. S. g. e. R.

Johann Franz (1667—1719),

Sohn des Vorigen und dessen Gem. Anna Christine von Hardenrath, geb. 1639, scheint Gronsfeld von seinem älteren Bruder Otto Wilhelm († 26. Juli 1719) abgetreten erhalten zu haben. Er starb am 8. April 1719 als kais. Feldmarschall und Gouverneur von Luxemburg. Als Erbin setzte er seine 2. Gem. Maria Anna Gr. v. Törring-Jettenbach ein, deren Tochter 2. Ehe, Marie Josephe Grf. v. Arberg, die Grafschaft Gronsfeld 1746 ihrem Gem. Maximilian Emanuel Grf. von Törring-Jettenbach zubrachte.

5074. Gulden v. 1693. Av. IOAN · FRAN : COMES · A · BRONCKHORST · IN GRONSFELT · 1693 ✿ Das Wappen wie vorher. Neben der Krone P — (H) Rev. EBERS · L · B · I · BATT · *et* — RIMB · D · I · ALP · *et* HON — Unter einer Krone zwischen Palmzweigen eine aus doppelt verschlungenen Buchstaben gebildete Namenschiffre. Unten $\frac{1}{3}$ in einer ovalen Einfassung. Links ist ein kleiner ovaler Stempel mit einem Namenszuge, der die Buchstaben *CALN* zu enthalten scheint, eingeschlagen. (Mad. 4193 und Cat. imp. Suppl. 19, v. 1692.) Rev. belge l. c. p. 377. Nr. 5. S. g. e. R.

Haag.

Ladislaus (1512—1567),

Sohn Leonhard's Grafen von Haag aus dem altbayerischen Geschlechte der Frauenberger von Frauenberg und dessen Gem. Amalie Landgräfin v. Leuchtenberg, geb. um 1495, succ. um 1512 seinem Vater und zwar Anfangs in Gemeinschaft mit seinem jüngeren Bruder Leonhard, that sich als Kriegsheld hervor, war 1525 mit in der Schlacht bei Pavia, trat aber später auf französische Seite, weshalb ihm der Kaiser die Hälfte der Grafschaft Haag zeitweilig entzog. Auch mit Herzog Albrecht von Bayern gerieth er in Streit, und wurde von diesem 1557 eine Zeit lang in München gefangen gehalten. Er starb als der letzte Graf von Haag im Schlosse Haag in Bayern 1567, worauf die Grafschaft an die Herzöge von Bayern kam.

5075. Thaler v. 1549. Av. MONETA · NOVA · LADISLAI · COMITIS · IN · HAG ✱ Der geharn. Graf mit Federhut, erhobener Rechten und dem Wappenschild am linken Arme, sitzt auf einem nach rechts springendem Pferde, auf dessen Decke die Buchstaben C L — E D(I P) erscheinen. Unter dem Pferde die gekr. Chiffre SL (Sanctus Ladislaus) Rev. CAROLVS · V · ROM · IMP · SEMP · AVGVSTVS · 1549 — Unter der Krone der Doppeladler mit Kopfscheinen. Köhler, M.-B. XV. 41. Mad. 1700. Cat. imp. 363. Sehr gut erhalten. Ward in der fürstl. Plessischen Auktion (1865) mit 25 Thalern bezahlt. RRR.

Haldenstein.

Thomas I. von Schauenstein, Freiherr zu Ehrenfels, (1609—1628),

Doctor beider Rechte und Ritter des h. Marcus, Sohn Kaspar's von Schauenstein und dessen Gemahlin Ursula von Planta, kaufte von den Erben Gregor's von Hohenbalken die Herrschaft Haldenstein und gelangte 1609 auch zum ruhigen Besitze derselben, erhielt von Kaiser Rudolf II. sowohl (1611), als von K. Matthias (1612) die Bestätigung des von seinen Voraltern geführten Freiherrntitels mit den Prädikaten „von Schauenstein, Freiherr v. Ehrenfels, Herr zu Haldenstein und Liechtenstein und zu Hohentruns", bekam von K. Matthias i. J. 1612 für sich und seine ehelichen Nachkommen, welche die Herrschaften Haldenstein, Liechtenstein und Hohentruns besitzen würden, das Recht, goldene und silberne Münzen zu schlagen, führte 1616 in seiner Freiherrschaft die evangelische Lehre ein und starb 28. April 1628.

5076. Thalerförmiges Goldstück zu sieben Dukaten, v. 1617. Av. THOMAS : L(iber) · B(aro) · AB · EHRENFELS · D(ominus) · IN · HALD(enstein) ✿ Der Freiherr von linker Seite, bis an den Schooss, im geblümten, an der Achsel mit einem Löwenkopfe gezierten Harnische, mit der Rechten das Zepter vor sich haltend, die Linke an die Seite legend. Zu Seiten des Halses 16 — 17 Rev. SVB · VMBRA · ALARARVM (sic) · TVARVM · DNE (Domine) : — Der Doppeladler mit Kopfscheinen und mit einem Kreuze zwischen den Hälsen; auf seiner Brust ein ovaler, mit Schnitzwerk gezierter Schild von vier Feldern [1. quergestreift (hoch, tief, hoch), 2. die beiden aufrechtstehenden Steinbockshörner (Liechtenstein), 3. das gekrümmte Horn (Haldenstein), 4. quergestreift (tief, hoch, tief, hoch)] sammt Mittelschild mit den 3 Goldforellen v. Schauenstein. Ueber dem Adler eine kleine Krone. Haller 2355 (II. S. 440 und 538). Mon. en or 199. Gr. 40. 6⁷/₈ Duk. Vortrefflich erhalten. RRR.

5077. Doppeldukaten v. 1617. Av. THOMAS · L · B · AB · ERENFELS · D · I · H : — Das Bildniss wie vorher; der Harnisch ist weniger reich verziert, der Löwenkopf fehlt, die Achselwehre ist gestreift. Vor dem Brustbilde abwärts · 1617 · Rev. SVB ✿ VMBRA ✿ ALARVM ✿ TVARVM ✿ DNE — Der Doppeladler u. s. w., wie vorher; nur ist der Schild nicht oval, sondern viereckig und ausgeschweift, auch die Quertheilung des 1. u. 4. Feldes anders bewirkt (1. tief und hoch, 2. hoch und tief, je zweimal). Haller 2356. (Mon. en or 199.) Gr. 29. 1³¹/₃₂ Duk. Von ganz vortrefflicher Erhaltung. RRR.

5078. Halber Thaler v. 1620. Av. THOMAS : L : B : AB : EHRENFELS : D : I : H — Der Freiherr von rechter Seite, bis an den Schooss, in verziertem Harnische, rechts das Zepter schulternd, die Linke an dem Schwertgriffe. Ueber dem Kopfe 1620 Rev. ARGENT'(um) : RECENS : CAVAT'(um) : INP (Imperatoris) : AVT(oritate) : SIG(natum) Unter der kais. Krone der Doppeladler wie früher; der Schild auf der Brust, der oben eckig, unten abgerundet ist, zeigt im 1. Felde die 2 Bockshörner, im 2. zwei oben mit Kugeln besetzte Querstreifen (Grottenstein), im 3. die Quertheilung des 4. Feldes von Nr. 5076, im 4. das gekrümmte Horn und im Mittelschilde die 3 Forellen. Abweichend von dem bei Haller II. S. 538 (Nr. 2359) beschriebenen. Gut erh. RR.

5079. Thaler v. 1621. Av. Bildniss und Umschrift wie auf vorigem, aber mit H · und 1 · 6 · 2 I Rev. ARGENT' * RECENS * CAVAT' * IMP * AVT * SIG — Darstellung wie auf der Rückseite des vorigen, doch fehlt das Kreuz zwischen den Hälsen des Adlers und zeigt das 3. Wappenfeld ebenfalls (wie das 2.) zwei oben mit Kugeln besetzte Querstreifen. Haller 2360, Mad. 1951. Gut erh. RR.

5080. Thaler v. 1623. Av. THOMAS · L · B · AB · EHRENFELS · D · I · H · 16z3 — Das Bildniss, wie vorher. Rev. wie die Rückseite des vorigen, aber mit SIG * — Haller 2361, Mad. 1951. Gut erh. Auf der fürstl. Plessischen Auktion in Berlin (1865) mit 12 Thlrn. 5 Sgr. bezahlt. RR.

5081. Thaler v. 1623. Av. Bildniss und Umschrift, wie vorher; die Jahrzahl I6z3 ist aus der vorher irrthümlich geschnittenen Zahl I63z umgeändert. Rev. wie die Rückseite von Nr. 5079, doch nicht vom gleichen Stempel. Gut erh. RR.

Julius Otto I. von Schauenstein, Freiherr von Ehrenfels,

Sohn des vorgedachten Freiherrn Thomas und dessen Gem. Regina von Hartmannis, † 1666.

5082. Breiter Doppelthaler v. 1637. Av. IVLIVS · OTTO · L · B · AB · EHR — ENFLES (sic) · D · IN · HALDENS ✿ Der Freiherr v. r. S., bis an den Schooss, im Harnisch, mit Feldbinde und breitem Spitzenkragen, die Rechte auf den unten zwischen der Umschrift stehenden Helm gelegt, die Linke am Schwertgriffe. Hinter dem Helme, rechts, ein kleiner Schild mit einer Lilie. Rev. FERDINAND · III · D · G · ROM · IM · SEM · AV · 1637 — Der Doppeladler mit Kopfscheinen unter der kais. Krone; auf seiner Brust das vollständige Wappen. Letzteres zeigt im 1. Felde zwei Querstreifen zwischen 3 Reihen Kugeln, im 2. die beiden Hörner, im 3. das Horn, im 4. die Querstreifen (3 hohe, 2 tiefe) und im Mittelschilde die 3 Forellen. Haller 2363. Mad. 6888 und auf Seite 1 der dritten Fortsetzung in Abbildung. Gr. 47. 4 Loth. Von gutem Schnitte, aber schlechtem Gehalte. Stammt aus der v. Dickmann'schen Sammlung. Vortrefflich erhalten. RRRR.

Georg Philipp von Schauenstein, Freiherr v. Ehrenfels,

Sohn des Vorigen und dessen Gem. Maria Elisabeth von Pappenheim, starb, unvermählt, 1695, als der Letzte der Haldensteiner oder jüngeren Linie des Hauses Schauenstein-Ehrenfels, worauf Haldenstein an das Haus Salis kam.

5083. Gulden v. 1690. Av. GEORG · PHIL · L · BAR · — · AB · EHRN · F · DO · IN · H ✿ Langgelocktes Brustbild v. r. S. (mit kleinem, schmalem Kopfe), im Harnisch und Gewand, sammt Spitzenhalstuch, das unter dem Kinne einen kleinen Knoten bildet. Das Bild trennt unten die Umschrift und wird oben herum durch einen innen mit Bogen gezierten Perlenkreis von dieser getrennt. Rev. VERBVM ◆ DOMINI — MANET · I(n) · ÆTERN(um) · 1690 ◆ Das vierfeldige Wappen sammt Mittelschild in einem mit Schnitzwerk überladenen kleinen Schilde, von Bogeneinfassung umgeben. Unten in kleiner Cartouche 60 (Kreuzer) und links davon eine Lilie zwischen zwei Blumen. Haller 2374. Mad. 4448 (doch ohne den Stempelsprung). Theilweise schwach ausgeprägt. S. g. e. R.

5084. Gulden v. 1690, sehr schwach ausgeprägt. Av. Das Brustbild, wie vorher, doch mit grossem, breitem Kopfe. Von der Umschrift ist zu lesen GEORG · PHIL · L · BARO — AB · EHRN · Rev. wie die Rückseite des vorigen, aber mit grösserem Schilde und mit (⁶⁰) unter demselben. Leidlich erh. R.

5085. Gulden v. 1690. Av. GEORG · PHIL · L · BA — · ABEHRN · F · DO · IN · H ◆ Das Brustbild mit der Einfassung, wie vorher. Rev. LEOPOLD · I · D · G · ROM — IMP · SEMP · AVG · 1690 ◆ — Der Doppeladler mit Kopfscheinen unter der kaiserl. Krone; auf seiner Brust das vierfeldige Wappen mit Mittelschild. Herum ein mit Bogen besetzter Perlenkreis. Unten (⁶⁰) und rechts davon die Lilie. Nicht im Haller. Mit Stempelglanz. R.

5086. Gulden v. 1691, wie vorher, mit BA ◆ — : ABEHRN · F · im Av. und 1691 ◆ im Rev. Haller 2378. G. e. R.

5087. Gulden v. 1691, wie voriger, mit BA — AB · und I · H ◆ im Av. und 1691 · — im Rev. Dem in der Zeichnung etwas veränderten Brustbilde fehlt die Schleife, die bei den früheren durch das Gewand über der Achsel gebildet wird. Mad. 4449. (Haller 2377.) G. e.

5088. Gulden v. 1692. Av. GEORG · PHIL · L · BA — AB · EHRN · F · D · IN · H ◆ Das Brustbild unter Bogeneinfassung, wie auf vorigem, doch bildet das Spitzenhalstuch unter dem Kinne eine breite 4fache Schleife. Rev. ganz ähnlich der Rückseite des vorigen, mit 1692 · — Nicht bei Haller. Zu Mad. 4449. S. g. e. R.

Gubert von Salis,

Sohn des Johann Lucius von Salis zu Maienfeld, der durch seine Vermählung mit Maria Flandrina, der Tochter und Erbin des 1681 gestorbenen Freiherrn Thomas III. die halbe Herrschaft Haldenstein erlangt hatte, ward geboren 11. September 1699, folgte seinem Vater 1722 oder 1723, erwarb 1729 von den Töchtern der 1716 verstorbenen Regina Maria von Hartmannis, der Schwester und Erbin vorgedachten Georg Philipp's, die andere Hälfte der Herrschaft Haldenstein, verkaufte später diese Hälfte wieder an den Landammann Ulysses von Salis-Marschlins, und † 23. Nov. 1737.

5089. Silberabschlag des Sechs-Dukatenstückes v. 1733. Av. (U. b.) GUB(ertus) : DE SAL(is) : — + — D(ominus) · I(n) · H(aldenstein) · LIE(chtenstein) : ET G(rottenstein) · (kl. Tulpe) — Brustbild v. r. S., mit kurzem Lockenhaare, im Harnisch sammt Feldbinde. Unten T(hiebaud) Rev. Mit Schnitzwerk und Palmzweigen verzierter ovaler quadrirter Schild mit den Wappen von Salis (Weidenbaum über 6, roth mit weiss wechselnden Pfählen) im 1. u. 4., dem Hörnerpaare, der mit 4 Kugeln besetzten Leiste und den 2 Querbalken (übereinandergestellt) im 2. u. 3. Felde und dem Horne von Haldenstein im Mittelschilde. Oben herum PRO DEO ET PATRIA und unten herum (kl. Tulpe) + 17 — 33 + ✱ Schräg gerippter Rand. Haller 2381. Gr. 31. ¹/₄ Loth. S. g. e. RR.

5090. Dukaten v. 1733. Av. G · D · S · D · I · — + — H · LIE · E · C (sic) · (kl. Tulpe) — Brustbild, wie vorher, ohne T Rev. Der Wappenschild, wie vorher. Oben herum ✱ PRO DEO ET PATRIA (kl. Tulpe) und unten herum + 17 — 33 + Haller 2383, wo ein Silberabschlag. Gr. 22. ²¹/₃₂ Duk. Geringhaltig. Vortrefflich erhalten. RR.

Thomas von Salis,

des Vorigen jüngerer Bruder, geb. 16. April 1712, ward mit seinen Nachkommen von Kaiser Franz I. 14. August 1748 in den Reichsfreiherrnstand erhoben, erhielt bei dieser Gelegenheit die Bestätigung des der Familie von Schauenstein-Ehrenfels verliehenen Münzrechtes, kaufte 1770 die von seinem Bruder Gubert veräusserte Hälfte der Herrschaft zurück und † 2. Febr. 1783. Seine Nachkommen verloren durch die Napoleonische Mediation 1803 die herrschaftlichen Rechte.

5091. Halber Batzen v. 1749. Av. Innerhalb eines zierlichen Kranzes ein oben eckiger, unten abgerundeter Schild mit zwei quer über einander liegenden Steinbockshörnern. Ueber dem Schilde H · H (Herrschaft Haldenstein) Rev. Innerhalb eines gleichen Kranzes 2 | KREVT | ZER | 1749 Gr. 18. Mit Stempelglanz. RR.

5092. Albus v. 1752. Av. Die verschlungenen Buchstaben *T D S* (Thomas de Salis.) Darüber eine Verzierung zwischen kleinen Tulpen. Umschrift (o. b.) D · IN · HAL · L(iber) · B(aro) · — Rev. Innerhalb einer zierlichen Einfassung ✱ I ✱ | ALBVS | 1752 Gr. 18. Mit Stempelglanz. RR.

5093. Kreuzer v. 1758. Av. (U. b.) T · D · S · D · — IN · H · L · B · — Kurzes Brustbild v. r. S., im Harnisch, mit Ueberwurf und im Nacken gebundenem Haare. Rev. In zierlicher Umrahmung I | KREVT | ZER | 1758 Gr. 15. Mit Stempelglanz. RR.

5094. Dukaten v. 1767. Av. (U. b.) T · D · S · L · B · IN · — H · L · ET · G (kl. Tulpe) — Brustbild, wie vorher, doch weiter hinabreichend. Rev. (U. b.) IOS · II · D · G · ROM · — IMP · SEMP · AUG · — Der Doppeladler mit Kopfscheinen unter der kaiserl. Krone, auf seiner Brust ein ovaler Schild mit dem quergetheilten Wappen von Salis und dem Bockshorn im Mittelschilde. Unten 17 — 67 Gr. 22. 1 Duk. S. g. e. R.

5095. Silberabschlag eines ganz ähnlichen, doch von vorigem in der Zeichnung beider Seiten wenig abweichenden Dukatens v. 1767. Durch die Buchstaben T · D · läuft ein Stempelsprung. Schräg geriefter Rand. ¹/₄ Loth. S. g. e. R.

Hanau.

Linie zu Münzenberg.

Philipp Ludwig II. (1580—1612),

Sohn Philipp Ludwig's I. und dessen Gem. Magdalene v. Waldeck, geb. 1576, succ. 5. Febr. 1580 und nahm seinen Sitz zu Hanau, während sein jüngerer Bruder Albert den Zweig zu Schwarzenfels gründete; er starb 9. Aug. 1612.

5096. Thaler v. 1609. Av. + PHILIPPVS — · LVDOVICVS — + COMES · ✱ — IN + HANAV + — Brustbild v. r. S., im Harnisch, mit Ueberwurf und gekräuseltem Kragen. In der Umschrift oben ein Schwan (Helmkleinod von Hanau), rechts das Schildchen von Hanau, links das von Rheineck (Rieneck) und unten das von Münzenberg. Rev. · RVDOLPHVS · II · D : G · ROM · IM · SEM · AVG : GER · HV · B · R · 1609 — Unter der Krone der Doppeladler mit dem Reichsapfel auf der Brust. Mad. 6813 als Doppelthaler, und abgebildet in der III. Fortsetzung. War gehenk., in Folge dessen etwas Loth bei der Jahrzahl sitzen geblieben; sonst gut erh. RRR.

5097. Begräbnissthaler v. 1612. Av. Aehnlich dem vorigen. Die Umschr. lautet: ◆ PHILIPPVS ◆ — LVDOVICVS — ◆ COMES ✱ — IN ◆ HANAV ✱ — Rev. ✿ ET ◆ RHINECK ✿ DOMINVS ✿ IN ✿ MVNTZENBERG ◆ Inschrift von 7 Zeilen: NATVS · | A° 1576 ◆ I8 · | NOVEMBER · | OBYT · PIE · ET ◆ | PLACIDE · IN · | DNO · A° 1612 | 9 AVGVS Mad. 1704. Aus v. Wambold's Sammlung. Von vortrefflicher Erhaltung. RR.

Katharina Belgica, Vormünderin,

Tochter Wilhelm's I., Prinzen von Oranien, und dessen Gem. Charlotte von Bourbon-Montpensier, seit 1596 Gemahlin Philipp Ludwig's II., Wittwe 1612 und bis 1630 Vormünderin ihres Sohnes Philipp Moriz, † 1648.

5098. Thaler v. 1623. Av. MON ◆ NOV ⁑ CATH ⁑ BEL(gicae) ⁑ PR(incipis) ◆ VRAN(iae) ◆ TVTRICIS ⁑ HAN ◆ MVNTz ✱ Gekrönter und verzierter Wappenschild (gespalten; rechts das quadrirte Wappen von Hanau-Rheineck mit dem münzenb. im Mittelschilde; links das nassauische Wappen mit den Feldern von Nassau, Katzenelnbogen, Vianden und Dietz, mit ovalem vierf. Mittelschilde von Chalon-Oranien nebst genfer Herzschild). Rev. FERDINANDVS ◆ II ◆ D ⁑ G ⁑ ROM ◆ IMP ⁑ SEMP ◆ AVGVS 16z3 — Gekrönter Doppeladler mit dem Reichsapfel. (Mad. 4202.) S. g. e.

5099. Thaler v. 1625. Av. MONETA ⁑ NOVA ⁑ CATH BEL ◆ P ◆ VRAN ◆ TVTRIS (sic) ◆ HANAV ◆ R(heineck) ◆ M(ünzenberg) ✱ Das Wappen wie vorher. Rev. ⁑ FERDINANDVS ◆ II ◆ D ⁑ G ⁑ ROM ⁑ IMP ◆ SEMP ⁑ AVGVS 16z5 — Sonst wie vorher. (Zu Mad. 1705 und 6815.) S. g. e.

Philipp Moriz (1612—1638),

Sohn Philipp Ludwig's II. und der Katharina, geb. 1605, succ. 1612 und zwar bis 1630 unter Vormundschaft seiner Mutter und † 3. Aug. 1638.

5100. Vormundsch. Vierteltbaler v. 1618. Av. ✽ PHILIPPVS · MAVRICIVS · COM · IN · HANAV · E · RHIN · und innere: ✦ · DOMINVS · IN · MVNTZENBVRG · Jugendliches Brustbild v. r. S., im Wamms, mit Feldbinde. Rev. ✽ MONETA · NOVA · ARG · TVTELÆ · HANOVICÆ · 1618 · (die 8 ist aus 4 umgeändert.) Gekrönter vierf. Schild v. Hanau-Rheineck mit Mittelschild (Münzenberg). Mad. 5849. G. e.

(Als am 12. Nov. 1641 der Zweig Philipp Ludwig's II. mit Philipp Ludwig III. erlosch, brachte des Letzteren Vettor Johann Ernst vom Schwarzenfelser Zweig die Lande der Linie zu Münzenberg wieder zusammen, die dann nach seinem Tode, 1642, an die Linie zu Lichtenberg fielen.)

Linie zu Lichtenberg.

Philipp V. (1570—1599),

Sohn Philipp's IV. und dessen Gem. Eleonore Gräfin von Fürstenberg, geb. 1541, vermählte sich 1560 mit Margar. Ludovika, Erbtochter des letzten Grafen von Zweibrücken, wodurch er i. J. 1570 die 1480 beim Aussterben der Herren von Lichtenberg an das Haus Zweibrücken gekommene Hälfte der Herrschaft Lichtenberg (die andere Hälfte hatte sein Vorfahr, Philipp I. von Hanau, der Stifter der Linie Hanau-Lichtenberg erheirathet), einen Theil der Grafschaft Zweibrücken, die Herrschaft Ochsenstein und die Grafschaft Bitsch erhielt, succ. seinem Vater 1590 (wodurch die beiden Hälften von Lichtenberg wieder vereinigt wurden) und † 1599, dreimal vermählt.

5101. Thaler v. 1587. Av. ○ PHI ○ CO ○ A ○ HANAW ○ D ○ I ○ LICHT ○ E ○ OCHSENS(tein) ○ — Geharn. Bildniss v. r. S., bis an den Schooss, die Rechte in die Seite gestemmt, die Linke am Schwertgriffe. Rev. ⁎ DEVS ⁎ DAT ⁎ — ⁎ CVI ⁎ VVLT ⁎ 87 ⁎ — ○ / ○ — Doppelt behelmter, vierfeld. Schild von Hanau und Lichtenberg mit dem Wappen von Ochsenstein im Mittelschilde. Auf den Helmen rechts der Schwan von Hanau-Lichtenberg, links der Mannesrumpf von Ochsenstein. (Mad. 4203.) G. e. RR.

(Herr v. Berstett theilt die Münzen Philipp's vor 1590 Philipp IV. zu. Es ist dies ein Irrthum, da Philipp IV. nicht Herr von Ochsenstein war.)

5102. Thaler v. 1596. Av. · PHI : G(raf) : Z(u) : HANAW · H(err) : Z(u) : LIECTEB : V : OCHSET : — Ziemlich vorwärts gekehrtes Bildniss bis an den Schooss, im Wamms, mit Halskrause, hoher Mütze, Mantel und gold. Kette, die Rechte am Dolchgriff, in der Linken die Handschuhe. Rev. · DEVS ⁎ DAT ⁎ — CVI · VVLT ⁎ 96 ⚒ — Das Wappen, wie vorher. (Mad. 1701.) Vorzüglich erhalten. RR.

5103. Thaler v. 1598. Av. ✿ PHIL : COM : IN · HANAW : D : IN : LICHT : ET : OCHSENST ✿ — Geharnischtes, vorwärts gekehrtes Bildniss bis an den Schooss, mit Halskrause und einer Bandschleife an der linken Achsel, die Rechte am Dolchgriffe, die Linke an der Hüfte. Rev. ✿ DEVS ✿ DAT ✿ ✿ — ✿ — ✿ — ✿ CVI

✿ WLT ✿ — 15 — 98 — Das Wappen mit den beiden Helmen. (Mad. 4204.) Sehr gut erh. RR.

Johann Reinhard I. (1599—1625),

Sohn Philipp's V. und dessen 1. Gem. Margaretha Ludovika Gräfin v. Zweibrücken und Bitsch, geb. 1568, succ. 1599 und starb 1625.

5104. Thaler v. 1624. Av. IO : REINH : COM : IN · HANAW ET ZWEI(brück) : DNS ✿ Brustbild v. r. S., im Harnisch, mit glattem Kragen und Ueberwurf. Rev. IN · LIECHT : ET · OCHSENST : MAR(eschallus) : ET · ADVO(catus) · ARG(entinensis) ✿ Henkelartig verzierter Schild von 4 Feldern (Zweibrücken, Lichtenberg, Bitsch, Ochsenstein) mit Mittelschild (Hanau). Darüber ✦ 1624 ✦ Cat. imp. 364. Sehr gut erh. R.

5105. Thaler o. J. Av. : IO : REINHART : COM : IN : HANAW : ET : ZVVEIBR : DNS ✿ Brustbild v. r. S., im Harnisch, mit Ueberwurf und Spitzenkragen. Ueberschrift: ✿ FORTVNAM : VINCE : FERENDO ✿ Rev. ✿ IN — LIECHT · — BI(tsch) · ET OCH(senstein) · MAR · — ET ADVO — ARG · Der Wappenschild, wie vorher, auf der linken Seite von einem Löwen gehalten, der die Münzenberger Fahne mit der rechten Tatze und den Helm von Lichtenberg auf dem Haupte trägt. Auf dem Schilde steht der Helm von Zweibrücken und rechts davon der von Hanau. Zu den Seiten des Schildes rechts der Helm von Bitsch, links der von Ochsenstein. (Mad. 1703.) Cat. imp. 364. Stammt aus v. Madai's Cab. Vorzüglich erh. RR.

(Das Erbmarschall-Amt und die Advocatie von Strassburg hatten die Grafen von Hanau gleichfalls von den Herren von Lichtenberg, resp. den Grafen von Zweibrücken geerbt.)

Friedrich Kasimir (1641—1685),

Sohn Philipp Wolfgang's und dessen 1. Gem., Johanna von Oettingen, und Enkel des Vorigen, geb. 1623, succ. am 14. Febr. 1641 seinem Vater und 1642 nach dem Erlöschen der Linie zu Münzenberg in deren Landen, theilte jedoch mit seinen 2 Brüdern, von denen Johann Philipp Bobenhausen und Johann Reinhard II. die lichtenbergischen Lande (mit dem Sitz zu Bischofsheim) bekam, während ihm selbst die alte Grafschaft Hanau und die Regierung über die gesammten Lande blieb. Nachdem durch seine Verhandlungen mit Hessen herbeigeführte Familienstreitigkeiten, die die Besetzung der obern Grafschaft Hanau von Seiten des 2. Bruders und nach dessen Tode von Seiten der Wittwe des 3. Bruders zur Folge hatten, geschlichtet worden waren, trat er 1680 seinem Neffen Philipp Reinhard die Herrschaft Hanau-Lichtenberg ab und † 30. März 1685, worauf ihm Letzterer auch in Münzenberg und Bobenhausen folgte.

5106. Thaler v. 1647. Av. MONETA ⁝ NOVA ⁝ ARGENTEA ⁝ HANOVIENSIS und zwei Röschen am Stiel. Gekrönter, mit 4 Engelsköpfchen gezierter Schild von 6 Feldern (Hanau, Rheineck, Zweibrücken, Münzenberg, Lichtenberg, Ochsenstein) und Mittelschild (Bitsch) Unten M — G Rev. FERDINANDVS ⁝ III ✦ D ⁝ G ✦

ROM ✦ IMP SEMP ✦ AVGVS — Unter der Krone der Doppeladler mit dem Reichsapfel. Mad. 1708. S. g. e. R.

5107. Thaler v. 1664. Av. PAX ET IUSTITIA EXOSCULENTUR SESE : ✦ Brustbild mit langem Haare, v. r. S., im Harnisch, mit Ueberwurf und gesticktem Halstuche. Rev. FRID · CAS · COM · HAN · RH(inecii) · BIP(onti) · DN · M · L · O · MAR · ET ADV · ARG : ✦ Das sechsfeld. Wappen sammt Mittelschild, mit den 4 Helmen von Hanau, Zweibrücken, Münzenberg u. Rheineck. Zu den Seiten des Schildes die Helme von Lichtenberg und Ochsenstein, ferner 16 — 64 und B — M Mad. 1709. Cat. imp. 365. 3. S. g. e. R.

5108. Gulden v. 1675. Av. ✦ FRID : CAS : COM : HAN : RH : ET : BIP : DN : MVNTZENB : Brustbild v. r. S., im Harnisch, mit Löwenkopf an der Achsel, nebst Feldbinde und Halstuch. Rev. ✦ LICH : ET : OCHS — MAR : ET · ADV · ARG : — Gekröntes sechsfeldiges Wappen mit Mittelschild. Zu den Seiten 16 — 75 und unten S — M, sowie im Kreise der Umschrift (60) Weise 1633. 2. S. g. e.

5109. Gulden o. J. Av. FRID : CAS : COM · HAN : RH : BIP : DN : MVNTZENB × Geharn. Brustbild v. r. S. Rev. LICH : OCHS : MAR — ET · ADV ARGEN — Gekröntes Wappen. Unten H — P und in der Umschrift 60 in Einfassung. G. e.

Philipp Reinhard (1685—1712),

Sohn Johann Reinhard's II. und dessen Gem. Anna Magdalena, Pfalzgr. von Birkenfeld, und Neffe des Vorigen, geb. 2. Aug. 1664, beerbte 1666 seinen Vater, erhielt von seinem Oheim 1680 Hanau-Lichtenberg abgetreten, succ. Letzterem 1685, nachdem ihn dieser kurz zuvor adoptirt hatte, ward 1696 in den Reichsfürstenstand erhoben und † 4. Oct. 1712. Er theilte mit seinem jüngeren Bruder Johann Reinhard III. so, dass er die münzenbergischen, dieser die lichtenbergischen Lande erhielt, doch wurden nach seinem Tode die Lande unter Joh. Reinhard III. wieder vereinigt.

5110. Gulden v. 1693. Av. PHIL · REINH · COM · HANOV · RHIN & BIP — (als Ueberschr.) Geharn. Brustbild v. r. S., mit Perrücke. Rev. DOM ✿ MUNTZ ✿ LICH & · — OCHS ✿ M ✿ & ✿ AD ✿ AR — Gekrönter vollst. Wappenschild. In der Krone S — M und neben derselben 16 — 93 Unten in der Umschrift (60) Zu Mad. 6821. Gut erh.

5111. Thaler v. 1694. Av. PHIL · REIN · C · HAN · RH · & · BIP · DN · MVNTZ — (als Ueberschr.) Brustbild mit Perrücke, v. r. S., im geblümten Harnisch mit Ueberwurf. Am Arme · *J* · *L* · Rev. (U. b.) LICH · ET · OCHS · MAR · HER(editarius) · ET · ADV · ARGENT — Gekrönter ovaler Schild mit dem vollst. Wappen. Am Schildfusse S — M und darunter 16 — 94 (Mad. 4208, unvollständig.) Cat. imp. 365. Aus der de Traux'schen Sammlung. Gut erh. R.

5112. Thaler v. 1695. Av. Aehnlich dem vorigen, mit MVNTZ ✦ und ohne *J* · *L* · am Arme. Rev. Ansicht der Stadt Hanau. Oben zwischen Wolken ein Englein mit einem Bande, worauf ✦ — HANAV — ✦ Unten das von zwei Löwen gehaltene, gekrönte Wappen, und daneben 16 — 95 Mad. 1711. Cat. imp. 365. Aus v. Wambold's Sammlung. Von trefflichster Erhaltung. R.

Nach dem am 28. März 1736 erfolgten Tode Johann Reinhard's III., des Bruders Philipp Reinhard's, nahm Hessen-Darmstadt die Lichtenbergischen Lande in Besitz, Hessen-Cassel aber Münzenberg und Hanau.

Maria, Landgräfin von Hessen-Cassel,

Tochter König Georg's II. von Grossbritannien, geb. 1723, erste Gemahlin Landgraf Friedrich's II. von Hessen-Cassel, führte vom 1. Febr. 1760 bis 13. Oct. 1764 nach Anordnung Wilhelm's VIII. die Vormundschaft und Landesadministration der Grafschaft Hanau-Münzenberg über und für ihren Sohn Wilhelm, welcher Erbprinz von Hessen und als regierender Graf von Hanau für unabhängig von seinem Vater erklärt war. Sie starb 14. Jan. 1772.

5113. Conv.-Gulden v. 1763. Av. MARIA D : G : LANDGR : HAS : N(ata) : PR(inceps) : M(agnae) : B(ritanniae) & H(iberniae) : T(utrix) : & · COM(itatus) : HAN(oviae) : ADMINISTR(atrix) ✿ Bekleidetes Brustbild v. r. S., mit Hermelinmantel. Darunter · I · I · E (Joh. Jak. Encke) Rev. Unter dem Fürstenhute die durch eine Schleife verbundenen Wappenschilde von Hessen und Grossbritannien, zwischen einem Palm- und einem Lorbeerzweige. Oben herum 17 — 63 und unten herum XX · E · F · — MARK · Mit Laubrand. Mad. 3748. Hoffmeister 2568. Soll in nur wenigen Stücken geschlagen sein. Gut erh.

5114. Conv.-Thaler v. 1764. Av. Wie vorher, aber mit B : FR(anciae) : & H : T : & COM : HAN : ADMINISTR ✿ Die Landgräfin trägt eine Perlenschnur im Haare. Unten · I · I · E Rev. Die beiden Wappen in verzierten, unten mit ihren Spitzen übereinander gelegten Schilden, zu den Seiten mit Palm- und Lorbeerzweigen eingefasst. Oben 17 — 64 und unten X · E · F · — MARK Zwischen den Schildspitzen D (Damisel, eine Stempelschneiderin.) Mit Laubrand. Mad. 3749. Hoffm. 2575. Von diesem schönen und sehr raren Thaler sollen nur 18 Exemplare geprägt worden sein. RRR.

Wilhelm IX.,

Sohn der Vorigen, geb. 1743, war von 1760—1785 Graf v. Hanau, von 1785 bis 1803 Landgraf und von 1803—1821 Kurfürst von Hessen.

5115. Conv.-Thaler v. 1765. Av. WILHELM· D · G · LANDG · & PR · HER · HASS · COM · HAN · — (als Ueberschr.) Brustbild v. r. S., im Schuppenharnisch, mit umgeworfenem Fürstenmantel und dem Elephantenorden. Am Arme S Rev. Das auf einem Fussgestelle ruhende, von den Löwen gehaltene, gekrönte hessische Wappen mit der Kette des Elephantenordens. Oben herum X · EINE FEINE MARCK, unten 17 I · — E · 65 Mit Laubrand. Mad. 5293. Hoffm. 2589. Ziemlich gut erh.

Hatzfeld.

Sebastian,

einziger Sohn des 1569 gestorbenen Wilhelm von Hatzfeld und dessen Gem. Katharina von Selbach zu Crottorf, der Erbin der Herrschaften Crottorf und Zeppenfeld, war 1630 kurmainzischer Vitzthum auf dem Eichsfelde und starb, viermal vermählt, c. 1631.

5116. Thaler mit d. Jahrz. 1597. Av. Brustbild Sebastian's von vorn, im Wamms, mit glattem Kragen und über die rechte Achsel gelegter Kette. Unten herum SEBAST : A HATzFELDT · NO(bilis) : D(ominus) : 7 WILDENB (N u. B verb.) *et* CROTT(orf) und oben herum : RVDOLPH : II : D : G : R : I : S : A : Rev. Eine halb bekleidete weibliche Figur mit einem Kranze auf dem Haupte und einem Füllhorne im linken Arme stützt sich mit der Rechten auf einen langen Stab und tritt mit dem linken Fusse auf einen Helm. Ihr gegenüber steht ein römischer Krieger mit einer Säule im rechten Arme, ebenfalls auf einen Stab gestützt, und setzt den rechten Fuss auf eine Schildkröte. Beide Personen sind durch eine Kette verbunden, woran der Schild von Hatzfeld. Ueberschrift HONOS — ET — VIRTVS — Unter dem Fussboden 1597 Mad. 1712. Cat. imp. 366. S. g. e. RR.

Melchior (1631—1658),

Sohn Sebastian's und dessen 1. Gem. Lucia von Sickingen, ein Bruder des Bischofs Franz von Bamberg u. Würzburg, geb. 20. Nov. 1593, war kaiserl. General und leistete dem Kaiser im 30jährigen Kriege grosse Dienste, ward vom Kurf. Anselm Kasimir von Mainz 1639 mit einem Theil der Grafschaft Gleichen in Thüringen, der niedern Herrschaft Kranichfeld u. s. w. belehnt und, wie sein Bruder Hermann, vom Kaiser 1641 mit dem Prädikate Graf von Gleichen in den Reichsgrafenstand erhoben, erhielt 1654 von K. Ferdinand III. das Recht, goldene und silberne Münzen zu prägen, kaufte die freie Standesherrschaft Trachenberg in Schlesien, belagerte, als Kaiser Leopold dem Könige Joh. Kasimir von Polen 1657 Hülfe gegen die Schweden schickte, als kais. Kommandant mit Erfolg Krakau, und † 9. Januar 1658.

5117. Thaler o. J. Av. Brustbild des Grafen v. r. S., im Harnisch, mit Ueberwurf u. glattem Kragen. Unten herum MELCH : A · HATzFELDT · COM : 7 · GLEICH : D : 7 · CROT : und oben herum + FERD : II : D : G : ROM : IMP : S : A : Rev. · AVXILIATRIX · SPES · CONSILIORVM · ET · DEXTERÆ · MEÆ · Maria mit dem Kinde, das einen Rosenkranz in den Händen hält, bis an die Kniee über Wolken, worin der Schild von Hatzfeld erscheint. Das Haupt der Maria umgeben 7 Sterne und Strahlen, das des Kindes Strahlen. Mad. 1713. Cat. imp. 366. S. g. e. RR.

Hermann (1631—1677),

Bruder Melchior's, geb. 12. Juli 1603, wurde 1641 Reichsgraf zugleich mit seinem Bruder, war kais. Reichs-Hofrath und Obrist und † im Oct. 1677.

5118. Ausbeutethaler o. J. Av. Geharnischtes Brustbild des Grafen v. r. S., im Harnisch, mit Ueberwurf und Kragenumschlag. Unten herum HERMAN · HATz (Tz über einander gelegt) FELDT · CO : GLEICH : D : CROTTO (die beiden T u. O zusammengestellt) RF · Oben herum: ✻ FERD : III · DG : ROM : I : S : A : Rev. PROTECTRIX · NE (verb.) DESERAS : AFF(lictam) : FAM(iliam) : HATzFELDTICAM (Tz und DT über einander gelegt) · AGE · FODINAS (N u. A verb.) — Wie vorher; doch umgiebt das Bild eine Flammenglorie. (Mad. 1714.) Cat. imp. 366. Die drei vorstehenden sehr seltenen Thaler scheinen von einem und demselben Stempelschneider herzurühren und nach 1654 geschlagen zu sein. Sehr gut erh. RR.

Helfenstein.

Rudolf,

Sohn des Vaters gleichen Namens und dessen Gem. Anna Maria von Stauffen, vermählte sich mit Eleonore Gr. von Fürstenberg und † 1627 als der letzte Graf zu Helfenstein.

5119. 24-Kreuzer, sog. Wiesensteiger Sechsbätzner, aus der Kipperzeit. Av. RVDOLFVS ⁝ COM ⁝ IN ⁝ HELF ⁝ S ✿ Gekrönter und verzierter Schild mit dem quadr. Wappen von Helfenstein und Gundelfingen. Rev. + FERDINAND o II o D o G o RO o IM + — Unter der Krone der Doppeladler, mit 24 im Reichsapfel auf der Brust. Bind. 360. 12. Abgebildet im Patent des schwäb. Kreises d. d. Ulm, 18. Juni 1622. Sehr geringhaltig und durch erwähntes Patent verrufen. Gut erh. RRR.

Hohenlohe.

Gesammthaus.

Wolfgang

von der Neuenstein'schen Hauptlinie (geb. 1546, † 28. März 1610) in Gemeinschaft mit den unmündigen Söhnen des Grafen Georg Friedrich († 22. Oct. 1600) von der Waldenburg'schen Hauptlinie: Ludwig Eberhard, Philipp Heinrich und Georg Friedrich, (1606—1610).

5120. Thaler v. 1609. Av. MO ⁝ NO ⁝ COM(itum) ⁝ DE HOHENLOE + ET + DOM(inorum) ⁝ IN + LANGENB(urg) ✿ Der hohenlohesche und der langenburgische Helm. Darüber 1609 Rev. ♁ RVDOLPHVS + II + D ⁝ G ⁝ — ROM ⁝ IMPERATOR + S ⁝ AVGVS ⁝ — Ein Geharnischter mit einer Fahne und dem hohenl.-langenburg. Schilde, auf rechtshin springendem Rosse. Ueberschrift: QVIS — DEO — RE — SISTAT — Mad. 4211. Cat. imp. 368. Albrecht, Münzgesch. d. H. Hohenlohe, Nr. 54. Gut erh.

5121. Thaler v. 1610, von den Stempeln des vorigen; die Jahrzahl ist in 1610 umgeändert. Albr. Nr. 61. S. g. e.

14

Neuenstein'sche Hauptlinie.

A. Zu Weikersheim.

Georg Friedrich,

Sohn des Grafen Wolfgang, geb. 1569, succ. seinem Vater 1610 und theilte mit seinen 2 Brüdern die väterl. Besitzungen, wodurch die Linien zu Weikersheim, Neuenstein und Langenburg entstanden, zeichnete sich durch seine Kriegsthaten gegen die Türken aus und wurde zum kais. Generalwachtmeister und Obristen befördert. In die böhm. Unruhen verwickelt, kam er in die Reichsacht, während welcher Zeit (1620—1623) seine Brüder seine Herrschaft administrirten. Später von König Gustav Adolf von Schweden zum Generalstatthalter und Ober-Kommandanten im schwäbischen Kreise (zu Augsburg) ernannt (s. Nr. 6782), sah er sich abermals geächtet und seiner Herrschaft Weikersheim für verlustig erklärt und † 1645.

5122. Thaler v. 1624. Av. ⬩ GEORG ⁑ FRID ⁑ C — OM ⬩ — ⬩ DE ⁑ HOENL ⁑ E ⁑ DO ⁑ I ⁑ LAN ⬩ (Blatt) — Der Ritter mit erhobenem Schwerte und langer, vom Helme herabhängender Feder, auf rechtshin galoppirendem Pferde, mit der Ueberschrift: FORTV — NA — BVLLA ~ Unten der gekr. Schild von Hohenlohe und Langenburg zwischen 16 — z4 Rev. · FERDINANDVS : II : D : G : ROM : IMP : SEMPER : AVGVST · — Unter der Krone der Doppeladler mit dem Reichsapfel. Albr. 101. Mit Stempelsprung im Av. Wurde zu Neuenstein geprägt. Sehr gut erh. RR.

(Bei Mad. 4221 und im Cat. imp. 370 wird dieser Thaler irrthümlich dem Grafen Georg Friedrich zu Schillingsfürst von der Waldenburg'schen Hauptlinie zugetheilt.)

B. Zu Neuenstein.

Craft (1610—1641),

Sohn Wolfgang's und dessen Gem. Magdalena Gräfin von Nassau-Dillenburg, geb. 1582, bekam in der Theilung Neuenstein, erbte mit seinem Bruder Philipp Ernst zu Langenburg 1631 den oberen Theil der Grafschaft Gleichen, wurde vom König Gustav Adolf 1632 zum Generalstatthalter und Ober-Kommandanten im fränk. Kreise ernannt, weshalb er zu Würzburg residirte, und † 1641 zu Regensburg.

a) In Gemeinschaft mit seinem Bruder Philipp Ernst zu Langenburg.

5123. Thaler v. 1623. Av. ○ CR(ato) ⸭ PH(ilippus) ⸭ ER(nestus) ⸭ COM ⸭ DE ⸭ HO ⸭ ET ⸭ DO ⸭ IN ⸭ LAN ⸭ 16 ○ 23 ⸭ — Der Ritter mit der Fahne und dem langenburgischen Schilde, v. l. S., auf einem auf bewachsenem Boden sich bäumenden Pferde. Rev. ○ FERDINANDVS ⸭ II ⸭ D ⸭ G ⸭ ROM ⸭ IM ⸭ SEM ⸭ AVGVST ⸭ — Unter der Krone der Doppeladler mit dem Reichsapfel auf der Brust. Mad. 4212. Albr. 106. Sehr gut erh. RR.

(Dieser Thaler wurde während Georg Friedrich's Aechtung zu Weikersheim geschlagen.)

b) In Gemeinschaft mit Georg Friedrich zu Weikersheim.

5124. Thaler v. 1623. Av. · — : MONETA : NOVA : COM : DE : HOHE : ET : D : I : L · — · — Gekrönter und verzierter Schild mit dem vierfeldigen Wappen. Daneben 16 — 23 Rev. ·: FERDINANDVS : II : D : G : ROM : IMP : SEM : AVGVS :· — Unter der Krone der Doppeladler. Mad. 1717. Albr. 108. Wahrscheinlich in der Münzstätte zu Neuenstein geprägt. S. g. e.

c) Allein.

5125. Thaler v. 1623. Av. CRAFT ⁝ COM ⁝ DE • + • — ⁝ + HOHENL • D ⁝ I ⁝ LANG ⁝ E ⁝ CRANCH(feld) • ✿ • — Der Ritter mit erhobenem Schwerte und einer langen, vom Helme herabhängenden Feder, auf rechtshin laufendem Pferde. Als Ueberschrift: ~ DEO — ✿ — + DVCE + ~ Unter dem Pferde der gekrönte, vierfeldige Schild zwischen 16 — 23 Rev. • FERDINANDVS ⁝ II ⁝ D ⁝ G ⁝ ROM ⁝ IMP ⁝ SEMPER ⁝ AVGVSTVˢ • — Der Doppeladler, wie vorher. Mad. 1718. Albr. 107. Sehr gut erh. R.

5126. Thaler v. 1632. Av. ✻ CRATO · COM : DE · HOENL : ET GL — EICH(en) : DO : IN · LANG : E : C : EQU(es) : AUR(atus) : Der vierfeldige Schild mit dem Wappen von Gleichen im Mittelschilde, bedeckt mit den 3 Helmen von Hohenlohe, Gleichen und Langenburg. Rev. Der Ritter mit erhobenem Schwerte und blankem Schilde setzt mit seinem Pferde von links nach rechts über ein Thal hinweg, worin eine Erdkugel liegt, die mit einem Schloss am Meere bezeichnet ist. Neben derselben 16 — 32 und oben herum DEO — DUCE Mad. 1719. Albr. 123. Zu Nürnberg geprägt. Sehr gut erh. R.

Johann Friedrich zu Oehringen (1676—1702),

Sohn Craft's zu Neuenstein und dessen Gem. Sophia Pfalzgr. v. Birkenfeld, geb. 1617, succ. 1641 und zwar in Gemeinschaft mit seinen 3 Brüdern bis 1676, in welchem Jahre eine Theilung stattfand, wornach ihm Oehringen zufiel. Da jedoch die Brüder ohne Nachkommenschaft starben, so vereinigte Johann Friedrich wieder die sämmtlichen Neuenstein-Neuenstein'schen Lande. Er starb 17. Oct. 1702. Durch den westph. Frieden wurde dem Hause Hohenlohe die Herrschaft Weikersheim restituirt.

5127. Thaler v. 1696. Av. IOHANN • FRIDERICH • COMES • DE • HOHENLOHE • ET • GLEICHEN • Der Ritter mit erhobenem Schwerte, v. l. S., zu Pferde, über eine Gebirgsgegend und die mit einer Landschaft bez. Erdkugel hinwegsetzend. Neben letzterer 16 — 96 und über dem Ritter DEO — DUCE • Rev. + DOM • IN LANGENB • & CRANICHF • SEN(ior) & FEVD(orum) • ADMIN(istrator) • ÆT(atis) • S(uae) + 79 + und der augsburger Tannenzapfen mit den beiden Hufeisen. Der dreifach behelmte Wappenschild. Zu Augsburg geschlagen. Mad. 1721. Albr. 125. S. g. e.

5128. Thaler v. 1699. Av. IOHAN • FRIDERIC • COMES • DE · — HOHENLOHE • ET • GLEICHEN + Der Ritter, wie vorher, und 16 — 99 in einer aus Ringlein gebildeten Einfassung. Unten in der Umschrift ½ thr 60 x, welche Werthangabe aber mit feinem Laubwerk zu verdecken gesucht worden ist, da sie für den ganzen Thaler nicht passte. Rev. Aehnlich dem vorigen, doch DOM • und ÆT • S • 83 Zu Augsburg geprägt. Mad. 4213. Cat. imp. 368. Albr. 132. S. g. e.

14*

Wolfgang Julius zu Neuenstein (1676—1698),

Sohn Craft's und jüngerer Bruder Johann Friedrich's, geb. 1622, stand in französ., dann kaiserl. Kriegsdiensten, wurde 1658 kaiserl. Generallieutenant und 1665 Generalfeldmarschall der gegen die Türken verbündeten Armeen, kaufte 1667 die Herrschaft Burgmilchling und † 26. Dez. 1698 ohne Nachkommen.

5129. Thaler v. 1697. Av. W(olfg.) · I(ulius) · G(raf) · V(on) · H(ohenlohe) · V(nd) · G(leichen) · H(err) · Z(u) · — L(angenburg) · V · G(ranichfeld) · G(eneral) · F(eld) · M(arschall) · O(brist) · V(nd) · R(itter) ✪ Geharn. Bildniss v. r. S., mit grosser Perrücke, die Linke auf den dreifeldigen Schild von Hohenlohe, Gleichen und Langenburg gelegt. Unten 1697 · Rev. SO FÄHRT EIN RECHT EDLER SINN · ÜBER ALLES WIEDRIGS HINN · — (unten beg.) Ein Ritter v. r. S., mit gezücktem Degen, setzt über die am Boden liegenden personif. Laster Wollust, Neid und Geiz hinweg. Unten in einer Einfassung G F N(ürnberger) Ist zu Nürnberg geprägt. Mad. 1722. Cat. imp. 369. Albr. 136. Schön und s. g. e.

Karl Ludwig zu Weikersheim (1708—1756),

älterer Sohn Johann Friedrich's zu Oehringen und dessen Gem. Ludovika Amöna von Holstein-Norburg, geb. 1674, reg. von 1702—1708 mit seinem Bruder Johann Friedrich in Gemeinschaft, theilte hierauf mit Letzterem und erhielt Weikersheim, jener aber Neuenstein (Oehringen). Er starb 5. Mai 1756.

5130. Dickthaler v. 1742. Av. CAROL · LUD · COM · DE HOHENLO · & GLEICH · DOM · IN LANGENB · & CRANICHF · Æ · 68 · — (als Ueberschr.) Brustbild v. r. S., im Harnisch und Hermelinmantel. Am Armabschnitte P P W(erner) Rev. Der von der Kette des Elephantenordens umgebene Wappenschild mit 3 Helmen. Oben herum SOLA BONA QUÆ HONESTA · Unten 17 F G — N 42 · Der Rand ist gerieft. Mad. 4214. (Albr. 146.) Cat. imp. 369. Gr. 34. 2 Loth. Sehr gut erh. RR.

5131. Thalerförmige Medaille v. 1752, auf sein 50jähriges Regierungsjubiläum. Av. Aehnliche Vorstellung wie auf vorigem, doch LANGENB (verb.) · & CRANICH · — Der Graf trägt den Elephantenorden; auf dem Mantel ist der Ordensstern gestickt. Rev. In zierlicher Bogeneinfassung: IN | MEMORIAM · IVBI- | LÆI · REGIMINIS · DIE | XXV · SEPTEMBRIS | MDCCLII | CELEBRA- | TI · Ganz unten am äusseren Rande FEIN · — SILB · Zu Mad. 4215. Albr. 150. Gr. 39. 1½ Loth. S. g. e.

Johann Friedrich zu Oehringen (1708—1765),

jüngerer Sohn Johann Friedrich's und Bruder des Vorigen, geb. 1683, erhielt 1708 Oehringen (Neuenstein), wurde 1764 in den Reichsfürstenstand erhoben, † 24. Aug. 1765.

5132. Gedächtnissthaler auf das Jubelfest der Uebergabe der augsburg. Confession, 1730. Av. IOH · FRIDERICVS LINEÆ HOHENLOH — NEVENSTEINENSIS DEDIT ET EREXIT PIIS ✱ Sitzender Löwe mit dem vollständigen Wappenschild, nebst dreifacher Ueberschrift: GOTT SEY

GEDANCKET, DER VNS SIEG GIBT IN CHRISTO · | VND OFFENBAHRET SEINE VVAHRE | ERKANTNVS · 2 · COR · 2 · V · 14 · Am Fussboden · N · (Nürnberg) Rev. FIDEI PIETATI HVIC ET FVTVRO ÆVO SACRVM · * Ueber Wolken ein fliegender Engel, mit der Posaune die Worte A · C (Augustana Confessio) | 1630 | verkündend. Unten herum auf einem breiten Bande: IN ALLE LANDE GIENG | IHR SCHALL, VND IN ALLE VVELT IHRE VVORT · ROM · X · V · 18 · Der Rand ist gerieft. Mad. 1724. Cat. imp. 369. Albr. 155. Schön und s. g. e.

5133. Conv.-Thaler v. 1760. Av. Doppelte Ueberschrift: IOANN : FRID : COM : DE HOHENL : ET GLEICH : DOM : IN LANGENB(verb.) : ET CRANICHF : | SENIOR ET FEUD : ADMINISTRATOR ÆTAT : S : 77 ·· Geharn. Brustbild v. l. S., mit Hermelinmantel und dem Bande vom roth. Adlerorden. Am Armabschnitte P · P · W · (Werner) Unten F(örster) Rev. Die drei Schildchen von Hohenlohe, Langenburg und Gleichen, in gekrönter, vom Ordensbande umgebener Cartouche. Oben herum: RECTE FACIENDO NEMINEM TIMEAS · und unten auf einem Bande: 10 EINE FEINE MARCK | 1760 Mit Laubrand. Mad. 4217. Cat. imp. 369. Albr. 161. G. e.

Ludwig Friedrich Karl zu Oehringen (1765—1805),

Sohn des Vorigen, geb. 1723, succ. 1765 und starb am 27. Juli 1805 als der Letzte seiner Linie. Seine Besitzungen fielen an die Neuenstein-Langenburg'schen Linien.

5134. Conv.-Thaler v. 1770. Av. LVD · FRID · CAROL · D · G · PRINC · AB HOHENL · COM · DE GLEICH · D · IN LANGENB · & · CRANICHFELD ◆ Brustbild v. r. S., im Brustharnisch, mit Hermelinmantel und Ordensband. Am Armabschn. ŒXLEIN Rev. X · EINE FEINE MARCK (als Ueberschr.) Der hohenl., vom Bande des weissen Adlerordens umgebene Schild auf gekr. Wappenmantel. Unten herum zwischen Arabesken 17 S · — N · — R · 70 — (Scholz, Wardoin — Nürnberg — Riedner, Mmstr.) Mit Laubrand. Mad. 6791. Albr. 168. G. e.

5135. Conv.-Thaler v. 1785. Av. Wie vorher; aber ohne D(ominus) und mit ET CRANICHFELD ◆ Brustbild v. r. S., im Kürass, mit Hermelinüberwurf und Ordensband. Am Arme Œ(xlein) Rev. ZEHEN — EINE — FEINE — MARK (als Ueberschr.) Auf gekr. Wappenmantel das von den 2 Löwen gehaltene, fünffach behelmte Wappen nebst Ordensband. Die Schildhalter führen Fahnen und stehen auf einem Bande, worauf EX FLAMMIS ORIOR Unten herum K(noll, Wardein) · 17 N(ürnberg) 85 R(iedner, Mmstr.) · Laubrand. Albr. 172. S. g. e.

5136. Conv.-Thaler v. 1797. Av. LUD : FRID : CAROL : D : G : PRINC : AB HOHENLOHE · COM : DE GLEICH · (als Ueberschrift.) Brustbild v. l. S., im Kürass, mit Ordensband. Rev. DOM : IN LANGENB : ET CRANICHF : SEN : FAM : ET FEUDOR : ADMIN · AE · 74 ·:· Das Wappen wie vorher. Die Löwen wenden die Köpfe, auf dem Bande fehlt die Aufschrift. Unten herum: X EINE F MARK 1797 Verzierter Rand. Sehr gut erh.

C. Zu Langenburg.

Philipp Ernst (1610—1628),

jüngster Sohn Wolfgang's, geb. 1584, wurde der Stifter dieser Linie, zeichnete sich in holländischen Kriegsdiensten aus, erbte von seinem Oheime Philipp die Baronie Lissfeld in den Niederlanden, und † 29. Januar 1628. Von seinen Söhnen residirte Joachim Albrecht zu Kirchberg und Heinrich Friedrich zu Langenburg; Letzterer beerbte 1671 Ersteren.

(Den Gemeinschaftsthaler v. 1623 s. Nr. 5123.)

5137. Thaler v. 1623. Av. PHILIPVS : ERN : COM : DE : HOH : E : DO : I : L : — Gekrönter, vierf. Schild von Hohenlohe und Langenburg, zwischen Blattwerk. Neben der Krone 16 — 23 Rev. ◆ FERDINANDVS : II : D : G : ROM : IMP : SEM : AVGVST ◆ — Unter der Krone der Doppeladler mit Kopfscheinen. Mad. 4218. Cat. imp. 370. Albr. 193. S. g. e. R.

Im Jahre 1701 theilten die 3 Söhne Heinrich Friedrich's das Land, Albert Wolfgang bekam Langenburg, Christ. Craft: Ingelfingen und Friedrich Eberhard: Kirchberg.

Ludwig zu Langenburg (1715—1765),

Sohn Albert Wolfgang's, geb. 1696, succ. seinem Vater 1715, Fürst seit 1764, † 16. Januar 1765.

5138. Gemeinschaftlicher Gedächtnissthaler v. 1751, auf die 1701 erfolgte langenburg. Landestheilung. Av. Aufschrift: ⚜ | LVDoVICVs | ET PHILIPPVs | CHRISTIANVS · ET · CAROLVs | HENRICVs · ATQVE · AVGVsTVs | HIs · EX · FRATRIBVs | NATI · IN · VNIONE · FELICEs | sVNT · CAPITA · LINEÆ · HOHEN | LOICÆ · LANGENBVRGICÆ | Arabeske | und unter einer breiten Leiste SIT · VNIO · HÆC PERENNIS | C · G · L · (Laufer) Rev. Unter dem strahlenden Auge Gottes drei sich umschlingende Frauengestalten mit den Schilden von Hohenlohe, Langenburg und Gleichen. Unter dem Fussboden LANGENB · | INGELFING · | KIRCHB zwischen 2 Linien, und im Abschnitt PATRIMON(ium) · HENR(ici) · FRID(erici) | SORTE DIVISUM | D · 10 IUNII · | P · P W / (Werner) Oben herum ARMAT CONCORDIA FRATRES Geriefter Rand. Mad. 4219. Cat. imp. 370. Albr. 199. Mit Stempelglanz.

Friedrich Ludwig zu Ingelfingen (1796—1806),

Sohn des Fürsten Heinrich August und Enkel Christian Craft's, geb. 1746, succ. seinem Vater den 13. Febr. 1796, trat 1806 seine Besitzungen an seinen Sohn, den Fürsten Friedrich August Karl, ab und † 15. Februar 1818 in Schlesien.

5139. Medaille (von Abramson) auf seinen Regierungsantritt, 1796. Av. FRID · LVDOVICO PRINCIPI HOHENLOHE INGELFING · — Brustbild v. r. S., im Rock, mit Ordensband. Rev. VT SALVVS REGNET BEATVSQVE — VI — VAT — Ein Quaderstein mit Attributen des Handels u. s. w. Im Abschn. INGELFINGEN | MDCCXCVI Gr. 41. $1^{15}/_{16}$ Loth. Albr. 206. S. g. e.

5140. Conv.-Thaler v. 1796. Av. (U. b.) FRIED : LUDWIG FÜRST

ZU · HOHENLOHE INGELFINGEN — Brustbild v. r. S., im Rock, mit umgelegtem Ordensbande. Rev. ✿ X ✿ | EINE | FEINE | MARK | 1796 | Verzierter Rand. Albr. 207. War geh., ziemlich gut erh. Die Stempel waren von Abramson zu Berlin geschnitten. Kommt nicht häufig vor.

Karl August zu Kirchberg (1737—1767),

Sohn Friedrich Eberhard's und dessen 1. Gemahlin Friederike Albertine Gräfin v. Erbach-Fürstenau, geb. 1707, succ. seinem Vater 23. Aug. 1737, war ein grosser Freund der Numismatik und † 17. Mai 1767.

5141. Thaler v. 1737, auf den Tod seines Vaters. Av. CAROL · AUG · COM · HOHENLOH · & GLEICH · DYN · LB : & CR · (als Ueberschr.) Geharn. Brustbild v. r. S., mit dem Ordensbande vom poln. weissen Adler und mit Mantel. Am Arme w Rev. Ein Phönix in Flammen mit der Ueberschrift: EX CINERIBUS ORIOR · Darunter in Einfassung: CINERIBUS DIVI PARENTIS | FRIDERICI EBERHARDI | DEF · D · XXIII · AUG · | MDCCXXXVII · | ANNO ÆT · LXV · | PARENTAT | · N · Der Rand ist gerieft. Mad. 1725. Cat. imp. 370. Albr. 209. Sehr gut erh.

5142. Thaler v. 1738. Av. Vom Stempel des vorigen. Rev. Der dreifach behelmte, vom Ordensbande umgebene Schild von 4 Feldern mit Mittelschild. Oben herum CVM DEO ET DIE · , unten 17 — N 38 Geriefter Rand. Mad. 1726. Cat. imp. 370. Albr. 210. G. e.

Christian Friedrich Karl zu Kirchberg (1767—1806),

Sohn des Vorigen, geb. 1729, succ. seinem Vater 1767, wurde Reichs-Erbmarschall des Königreichs Württemberg u. starb 18. August 1819.

5143. Conv.-Thaler v. 1781. Av. CHRIST · FR · CAR · D · G · S · R · I · PRINC · HOHENL · KIRCHB (als Ueberschr.) Brustbild v. r. S., im Küras, mit dem Bande des weissen Adlerordens und hermelinenem Ueberwurfe. Unten o (ötzinger) Rev. ZEHEN — EINE — FEINE — MARK (als Ueberschr.) Auf dem Wappenmantel das mit 5 Helmen bedeckte, vom Ordensbande umgebene vollständige Wappen mit den Schildhaltern auf einem Bande, worauf EX FLAMMIS ORIOR Daneben w (estphal) — x (ern) und unten 17 s (chwabach) 81 Mit Laubrand. Albr. 213. S. g. e.

5144. Conv.-Gulden v. 1786. Av. Aehnlich dem vorigen, mit einem Punkt nach der Ueberschrift und mit w unter dem Brustbilde. Rev. Ohne Ueberschrift. Das vollständige Wappen, wie vorher. Unten herum ✿ 17 — s (chwabach) — 86 ✿ Verz. Rand. Albr. 215. S. g. e.

Waldenburg'sche Hauptlinie.

Ludwig Eberhard zu Pfedelbach in Gemeinschaft mit seinem Bruder Philipp Heinrich zu Waldenburg,

Söhne Georg Friedrich des Aelteren zu Waldenburg, Ersterer, geb. 1590, stand nach dem am 22. October 1600 erfolgten Tode seines Vaters mit seinen 2 Brüdern (Philipp Heinrich u. Georg Friedrich) unter Vormundschaft, theilte

1615 mit denselben die väterl. Lande, wodurch die Linien Pfedelbach, Waldenburg u. Schillingsfürst entstanden, u. † 1. November 1650. Philipp Heinrich, geb. 1591, † 25. März 1644.

5145. Thaler v. 1623. Av. LVD : EBER : ET : PHIL · HEINR : CO : DE : HO : ET : DO : IN : LA · 1623 Die Helme von Hohenlohe und Langenburg. Rev. · FERDINANDVS · II · ROM · IMP · SEMPER · AVGVSTVS ✿ — Unter der Krone der Doppeladler. Mad. 4220. Albr. 226. Aus der v. Dickmann'schen Smmlg. S. g. e. RR.

Ludwig Gustav zu Schillingsfürst,

jüngerer Sohn Georg Friedrich's zu Schillingsfürst u. dessen Gem. Dorothea Sophia, Gr. v. Solms, geb. 1634, kais. und würzb. Geh. Rath, k. Reichshofrath u. bevollmächtigter Gesandter im Reich, † 16. Febr. 1697.

5146. Gulden v. 1693. Av. L · G · S · R · — · I · C · A · H · (als Ueberschr.) und 16 — 93 unten herum. Geh. Brustbild v. r. S., mit gesticktem Halstuche. Rev. ⅔ zwischen Zweigen. Neuer Abschlag in Silber von den alten, noch vorhandenen Stempeln (1860 oder 1861 in Frankfurt a. M. geprägt).

5147. Thaler v. 1696. Av. ✿ LVD · GVST · S · R · I · COMES AB HOHENLOHE ET DOM · IN LANGENB · Gekrönter vierfeldiger Wappenschild, von den beiden Löwen gehalten, die auf den blattartigen Ausläufern eines Fratzenkopfes stehen. Rev. Der Phönix mit der Ueberschrift: EX FLAMMIS ORIOR · Im Abschnitt MDCXCVI · | G F N · (Nürnberger) Mad. 1720. Cat. imp. 371. Albr. 266. S. g. e. R.

Karl Albrecht zu Schillingsfürst (1750—1793),

Sohn des Fürsten Philipp Ernst († 1759) und dessen 2. Gem. Maria Anna Eleonora, geb. Gräfin von Oettingen-Wallerstein und verw. Gräfin v. Thurn, geb. 1719, erhielt 1750 von seinem Vater die Regierung abgetreten und † 25. Januar 1793.

5148. Conv.-Thaler v. 1757. Av. CAR : ALB : D : G : PR : REG : AB HOHENLOHE WALD : DOM : IN LANG : ET SCHILLINGSFVRST · (als Ueberschrift.) Brustbild v. r. S., im Kürass, mit umgeschlagenem Hermelinmantel, nebst der innern Ueberschrift: DEO PATRIÆ — NON NOBIS · Unten I · L · ŒXLEIN · F · Rev. Der Phönix mit der Ueberschrift: EX FLAMMIS ORIOR Im Abschn. 10 EINE FEINE MARCK | MDCCLVII | M · F (Förster in Nürnberg). Laubrand. Mit starkem Stempelriss im Av. Da der Stempel des Av. zeitig sprang, so wurde der des nachfolgenden Thalers angefertigt. Mad. 5487. Cat. imp. 371. Albr. 290. G. e. R.

5149. Conv.-Thaler v. 1757. Av. CAR : ALB : D : G : PR : REGN : AB HOHENL : ET WALDENB : D : IN LANGENBURG · — und *DEO PATRIÆ — NON NOBIS* (cursiv) als Ueberschriften. Aehnliches Brustbild wie vorher. Unten I · L · ŒXLEIN *f*. Rev. Vom Stempel des vorigen. Laubrand. Albr. 291. S. g. e.

Hohenzollern.

Jost Nicolaus (1536—1558),

Sohn des Grafen Joachim und dessen Gem. Anastasia, Freiin von Rüffeln, und Enkel Eitel Friedrich's V., folgte dem 1536 in der Schlacht vor Marseille gebliebenen jungen Grafen Christoph Friedrich, nachdem sein Vater Joachim auf die Succession verzichtet hatte, ward auch 1538 von K. Karl V. als Hauptmann in der Grafschaft Hohenberg bestätigt, welche Würde ihm 1547 vom Kaiser, doch nur auf kurze Zeit, wieder entzogen wurde, erlebte den Anfall der Grafsch. Sigmaringen und Vehringen und † d. 10. Juni 1558. Er hatte seinen jüngeren Bruder Eitel Friedrich VI. zum Nachfolger.

5150. Thaler v. 1544. Av. M ⁑ N ⁑ IODOCI ⁑ NICOLAI ⁑ CO ⁑ DE ⁑ ZOLLERN und eine blattartige Verzierung. Vierfeldiger Schild mit dem geviertelen Wappen von Zollern im 1. und 4., und den gekreuzten Zeptern der (von Gr. Eitel Friedrich V. erworbenen) Erbkämmerer-Würde im 2. und 3. Felde. Darauf ruhen die gekrönten Helme mit dem Brackenkopfe und dem Zepter. Zu den Seiten des Schildes I5 — 44 Rev. CAROLVS ⁑ V ⁑ ROMA ⁑ IMP ⁑ SEMP ⁑ AVG ⁑ — Unter der Krone der Doppeladler mit Kopfscheinen, auf der Brust den öster.-burgundischen Schild. Köhler, M.-B. XXII. 33. Mad. 4441. Ungemein seltenes Stück von sehr guter Erh. RRRR.

Linie zu Hechingen.

(Die Söhne des Grafen Karl I. von Hohenzollern, Eitel Friedrich VII., Karl II. u. Christoph theilten 1576 nach dem Tode des Vaters die Besitzungen. Hierdurch entstanden die Linien zu Hechingen, Sigmaringen und Haigerloch, von denen die erste 1623 und die zweite 1638 die Reichsfürstenwürde erhielt, die dritte aber 1630 ausstarb und von Sigmaringen beerbt wurde.)

Joseph Wilhelm (1750—1798),

Sohn Hermann Friedrich's und dessen 2. Gem. Josephe Therese v. Oettingen-Wallerstein, geb. 1717, succ. 4. Juni 1750 seinem Vetter Friedrich Ludwig und starb 9. April 1798 ohne ihn überlebende Nachkommenschaft.

5151. Conv.-Thaler v. 1783. Av. IOS : WILH : D : G : PR : DE — HOHENZOLLERN · BVRGG(ravius) : N(orimbergensis) : — (als Ueberschr.) Brustbild mit im Nacken gebundenem Haare, v. r. S., im Staatskleide mit Ordensstern. Am Armabschnitte · A · R · W · (Ad. Rud. Werner, Stempelschn. in Stuttgart.) Rev. AD NORMAM ☙ — CONVENTIONIS · — (als Ueberschr.) Unter dem Fürstenhute der von der Kette des schwarzen Adlerordens umgebene runde Schild von 4 Feldern (1. u. 4. Hohenzollern, 2. Burggr. Nürnberg, 3. Sigmaringen) mit Mittelschild (die Zepter), über zwei Lorbeerzweigen. Unten · D F H (Dan. Fried. Heugelin, Wardein in Stuttgart) — I C H (Joh. Christian Heugelin) und ○ 17 — 83 ○ Mit Laubrand. G. e.

Hermann Friedrich Otto (1798—1810),

Sohn Friedrich Xaver's und Neffe des Vorigen, geb. 1750, succ. 9. April 1798 seinem Oheime, war Reichs-Generalfeldmarschalllieutenant und preussischer Generallieutenant, † 2. Nov. 1810.

5152. Conv.-Thaler v. 1804. Av. HERMAN · FRIDER · OTTO — D · G · PRINC · DE HOHENZOLLERN HECHING · Brustbild

v. l. S., im Staatskleide, mit Hermelinmantel. Unten w (Wagner, Stplschn. in Stuttgart.) Rev. AD NORMAM — CONVENTIONIS — Gekrönter, ovaler Wappenschild über einem Lorbeer- und einem Palmzweige. Im Abschnitte c · 1804 · H · (Christ. Heugelin, Mmstr. in Stuttgart). Laubrand. S. g. e.

Friedrich Wilhelm Konstantin (1838—1849),

Sohn des Fürsten Friedrich Hermann und der Fürstin Pauline von Curland, geb. 1801, succ. seinem Vater am 13. Sept. 1838 und entsagt der Regierung zu Gunsten des Königs von Preussen am 7. Dez. 1849.

5153. Gulden v. 1839. Av. FRIEDRICH W · C · FÜRST ZU HOHENZ · HECH · — (als Ueberschr.) Haupt v. r. S.; darunter VOIGT Rev. Innerhalb zweier unten gebundener Eichenzweige 1 | GULDEN | 1839 Der Rand ist gezahnt. Vorzügl. erh.

5154. Gulden v. 1841, bis auf die Jahrzahl wie vorher. G. e.

5155. Gulden v. 1842. Wie die vorhergehenden. G. e.

5156. Halber Gulden v. 1843, mit ½ | GULDEN | 1843 G. e.

5157. Doppelthaler v. 1844. Av. Vorstellung wie vorher, unten aber C · VOIGT Rev. Auf dem gekr. Wappenmantel der mit dem Ordensbande vom hohenz. Hausorden versehene Schild von Hohenzollern mit dem burggräflichen Wappen im Mittelschilde. Oben herum ✦ 2 THALER ✦ VII EINE — F · MARK ✦ 3½ GULDEN ✦ und unten herum VEREINS 18 — 44 MÜNZE Vertiefte Randschr. CONVENTION ✱ VOM ✱ 30 IULY ✱ 1838 ✱ Sehr gut erh.

5158. Gulden v. 1844, wie die früheren. G. e.

5159. Halber Gulden v. 1844, wie der vom Jahre 1843. G. e.

5160. Halber Gulden v. 1845, wie der vorstehende. S. g. e.

5161. Zwei-Guldenstück v. 1846. Av. Wie beim Doppelthaler. Rev. Das Wappen wie auf Nr. 5157. Oben herum ZWEY GULDEN unten herum 18 — 46 Der Rand ist gezahnt. G. e.

5162. Gulden v. 1846, wie früher. G. e.

5163. Halber Gulden v. 1846, wie früher. G. e.

5164. Zwei-Guldenstück v. 1847. Wie Nr. 5161. S. g. e.

5165. Gulden v. 1847, wie früher. G. e.

5166. Halber Gulden v. 1847, wie früher. G. e.

Linie zu Sigmaringen.

(Theilung von 1576; Stifter Graf Karl II.)

Johann (1606—1638),

Sohn des Grafen Karl II., Stifters dieser Linie, und dessen 1. Gem. Euphrosine von Oettingen-Wallerstein, geb. 1578, succ. seinem Vater 1606, erhielt 1698 die reichsfürstliche Würde und starb 22. März 1638.

5167. Ovale Medaille o. J. Av. · IOAN : D : G : PRIN : ET : C : IN · ZOLLERN · S : R : I : C(amerarius) : H(ereditarius) : — (als Ueberschr.) Brustbild v. r. S., mit krausem Haare, Ober- und

Unterbart, im Harnisch, mit glattem Halskragen. Rev. Mit dem Fürstenhute bedeckter, herzförmiger und verzierter Schild mit dem quadr. Wappen von Hohenzollern und Sigmaringen nebst den Zeptern im Mittelschilde. Ueberschrift: LABORANDO zwischen Zweigen. Höhe 34. ½ Loth. Gute Arbeit. Sehr schöner, ein wenig ciselirter Silberguss von sehr guter Erhaltung. RRR.

Karl (1831—1848),

Sohn des Fürsten Anton und der Fürstin Amalie Zephyrine von Salm-Kyrburg, geb. 1785, succ. 17. Oct. 1831, übergiebt am 27. Aug. 1848 die Regierung seinem Sohne Karl Anton und † 11. März 1853.

5168. Gulden v. 1838. Av. CARL FÜRST ZU HOHENZOLLERN SIGMARINGEN — (als Ueberschr.) Haupt v. l. S.; am Halsabschnitte erhaben: D (Doell) Rev. In einem aus zwei unten gebundenen Eichenzweigen gebildeten Kranze 1 | GULDEN | 1838 Der Rand ist gezahnt. G. e.

5169. Halber Gulden v. 1838. Wie vorher; aber ½ u. s. w. G. e.

5170. Gulden v. 1839. Wie Nr. 5168, aber mit einem Punkte nach der Umschrift und mit DOELL (erhaben) am Halsabschnitte. Vorzüglich erh.

5171. Halber Gulden v. 1839. Wie Nr. 5169. G. e.

5172. Gulden v. 1840. Wie Nr. 5170. G. e.

5173. Halber Gulden v. 1840, wie die früheren. G. e.

5174. Doppelthaler v. 1841. Av. CARL FÜRST ZU HOHENZOLLERN SIGMARINGEN · — (als Ueberschr.) Haupt v. l. S.; unten DOELL F · Rev. 3½ | GULDEN | 2 | THALER | 1841 in einem aus zwei Eichenzweigen gebildeten Kranze. Oben herum VEREINSMÜNZE und unten herum VII EINE F · MARK Vertiefte Randschr. CONVENTION VOM * 30 IULY * 1838 * G. e.

5175. Gulden v. 1841. Wie Nr. 5170. S. g. e.

5176. Halber Gulden v. 1841, wie früher. G. e.

5177. Gulden v. 1842. Wie Nr. 5170, doch ohne Punkt nach SIGMARINGEN G. e.

5178. Gulden v. 1842, mit dem Punkte nach der Umschr., doch ohne DOELL am Halse. G. e.

5179. Halber Gulden v. 1842, wie die früheren. G. e.

5180. Gulden v. 1843. Wie Nr. 5178. G. e.

5181. Doppelthaler v. 1844. Av. Wie Nr. 5174. Rev. Auf gekröntem Hermelinmantel der von zwei auf Palmzweigen stehenden Hunden gehaltene, vom hohenz. Hausorden umgebene und gekrönte Wappenschild von 4 Feldern (Sigmaringen, Burggr. Nürnberg, Vehringen und Haigerloch) mit hohenz. Mittelschilde. Oben herum * 3½ GULDEN VII EINE F · MARK 2 THALER * Unten herum VEREINS 18 — 44 MÜNZE Vertiefte Randschr. CONVENTION ✱ VOM ✱ 30 IULY ✱ 1838 ✱ S. g. e.

5182. Gulden v. 1844. Wie Nr. 5178. G. e.

5183. Zwei-Guldenstück v. 1845. Av. Haupt und Ueberschrift wie vorher, ohne Punkt nach SIGMARINGEN und mit D unter dem Kopfe. Rev. Das gekrönte, von den zwei auf Palmzweigen stehenden Hunden gehaltene Wappen. Oben herum ZWEI GULDEN und unten 1845 Der Rand ist gezahnt. S. g. e.

5184. Gulden v. 1845. Wie Nr. 5178. G. e.

5185. Halber Gulden v. 1845, wie die früheren, doch ohne D am Halse. G. e.

5186. Doppelthaler v. 1846. Wie Nr. 5181. S. g. e.

5187. Zwei-Guldenstück v. 1846. Wie Nr. 5183. G. e.

5188. Gulden v. 1846, wie der vom Jahre 1839. G. e.

5189. Halber Gulden v. 1846. Wie Nr. 5185. G. e.

5190. Zwei-Guldenstück v. 1847. Wie Nr. 5183. G. e.

5191. Gulden v. 1847. Wie Nr. 5188. G. e.

5192. Zwei-Guldenstück v. 1848. Wie Nr. 5183. G. e.

5193. Gulden v. 1848, wie die früheren, doch ohne Punkt nach SIGMARINGEN und ohne D oder DOELL am Halse. G. e.

Karl Anton (1848—1849),

Sohn des Fürsten Karl und dessen 1. Gem. Antoinette Prinzessin Murat, geb. 1811, erhält durch Cession die Regierung von seinem Vater am 27. August 1848 und entsagt derselben mittelst Staatsvertrags vom 7. Dez. 1849 zu Gunsten des Königs von Preussen.

5194. Zwei-Guldenstück v. 1849. Av. CARL ANTON FÜRST ZU HOHENZOLLERN SIGMARINGEN — (als Ueberschr.) Haupt v. l. S.; darunter BALBACH Rev. Wie Nr. 5183, aber 1849 Der Rand ist gezahnt. Sehr gut erh. RR.

5195. Gulden v. 1849. Av. Wie vorher; aber Z · statt ZU Rev. Innerhalb zweier unten gebundener Eichenzweige 1 | GULDEN 1849 | Rand wie vorher. Sehr gut erh. RR.

(Diese Münzen sind in Karlsruhe geschlagen, aber nicht in Umlauf gekommen.)

Unter preussischer Hoheit.

Friedrich Wilhelm IV., König von Preussen,

erhält die Fürstenthümer Hohenzollern-Hechingen und Hohenzollern-Sigmaringen durch Uebereinkunft vom 7. Dez. 1849 und kraft bestehender Erbverträge.

5196. Gulden v. 1852. Av. FRIEDR · WILHELM IV KOENIG V · PREUSSEN Haupt v. r. S.; unten A (Berlin) Rev. 1 | GULDEN | 24½ E(ine) · F(eine) · M(ark) · | 1852 im Eichenkranze. Rand wie früher. Sehr gut erh.

5197. Halber Gulden v. 1852. Av. Wie vorher. Rev. ½ | GULDEN | 49 E · F · M · | 1852 im Eichenkranze. Rand wie früher. G. e.

Hohnstein.

Linie zu Klettenberg.

Ernst V. (1508—1552),

Sohn Ernst's IV. und dessen 1. Gem. Margaretha von Gera, folgte seinem Vater 1508 und † 25. Juni 1552. Unter ihm wurden 1521 die Silbergruben auf dem St. Andreasberge entdeckt, die bald ausserordentlich reiche Ausbeute gaben.

5198. Thaler v. 1543. Av. MON ▾ NOV ▾ AR ▾ ERNESTI ▾ CO ▾ DE HONSTE ▾ — Das doppelt behelmte quadrirte Wappen von Hohnstein und Lauterburg mit dem klettenberger Hirsche im Mittelschilde. Rev. ▾ SANCTVS ☩ — ANDREAS — Dieser Heilige in ganzer Figur, das Kreuz vor sich haltend. Zu seinen Seiten 15 — 43 Sehr gut erh. RR.

Volkmar Wolfgang*) († 1580), Eberwein († 1560) und Ernst VI. († 1562), (1554—1560),

Söhne Ernst's V. und dessen Gem. Anna von Bentheim, folgten ihrem Vater 1552 in Gemeinschaft mit ihrem Bruder Wilhelm, der aber schon 1554 starb.

5199. Thaler v. 1557. Av. VOLCM * VOLF * EWERWEI * E(t) * ERNST — Das Wappen, wie vorher. Rev. MO * NO * COM(itum) ☩ — DE * HONSTEIN — Der heil. Andreas, wie vorher; zu seinen Seiten 5 — 7 (Mad. 4223.) S. g. e. R.

5200. Thaler v. 1558, wie voriger, aber mit WOLF * im Av. und mit * MO * NO ⁑ COM * ☩ — * DE ⁑ HONSTEIN *, sowie 5 — 8 im Rev. S. g. e. R.

Volkmar Wolfgang*) (allein 1562—1580),

der älteste von Ernst's V. Söhnen, war ein sehr gelehrter Herr, wohnte 1551 der Belagerung Magdeburg's unter Kurf. Moriz v. Sachsen bei, begleitete 1566 das kaiserl. Heer nach Ungarn und † d. 5. Febr. 1580.

5201. Thaler v. 1569. Av. VOLCMAR ◆ WOLF ◆ CO ◆ D ◆ HONSTE — Das Wappen, wie früher. Rev. ◆ DO ◆ IN ◆ LORA ◆ ☩ — E(t) ◆ CLETTENBER ◆ — Der heil. Andreas, wie vorher, und 6 — 9 Zu Mad. 4224. S. g. e.

5202. Thaler v. 1578. Av. VOLCMAR · WOLF · CO · D · HONS · — Wappen, wie bisher. Rev. DO · IN · LORA · E · — CLETTENBE ☩ — Der heil. Andreas, das Kreuz vor sich haltend, auf dessen Mitte der Reichsapfel. Neben ihm im Felde unten 7 — 8 Zu Mad. 1730. S. g. e.

Ernst VII. (1580—1593),

Sohn Volkmar Wolfgang's und dessen 1. Gem. Margaretha, Gräfin v. Barby, geb. 1562, folgte seinem Vater 1580, anfangs unter Vormundschaft der Gra-

*) Statt dieses Volkmar Wolfgang erscheinen bei Madai und anderwärts zwei Brüder Volkmar und Wolfgang. Es ist das ein Irrthum, der auf einem Druckfehler in Hübner's Geneal. Tab. (661) beruht.

fen Wilhelm v. Schwarzburg und Albrecht v. Barby, und starb, zweimal vermählt, am 8. Juli 1593, als der Letzte seiner Linie. Ueber den nach seinem Tode stattgehabten langwierigen Successionsstreit, welchem die andere Linie (zu Vierraden und Schwedt), die 1609 ausstarb, ganz fern blieb, wie über die späteren Schicksale der Grafschaft s. Hoche, Vollst. Gesch. der Grafschaft Hohenstein.

5203. Thaler v. 1582. Av. ERNESTVS · COM · D · HONSTEIN — Das Wappen, wie früher. Rev. DO · IN · LORA · E — · CLETTENB · und als Münzz. ein durch einen Winkel gesteckter Zainhaken. — Der h. Andreas mit dem Reichsapfel auf dem Kreuze und 8 — z unten im Felde. S. g. e.

5204. Thaler v. 1587, wie voriger, aber mit HONSTEI · — im Av. und mit E — · — CLETTENBE (Münzz. wie vorher) — sammt 8 — 7 im Rev. Cat. imp. 372. Zu Mad. 1731. S. g. e.

5205. Thaler v. 1589, ebenso, mit 8 — 9, einem Punkt vor Ernestus und vor dem Münzzeichen im Rev., und ohne Punkt nach Honstei — Sehr gut erh.

Horn.

Philipp von Montmorency,

Sohn Joseph's von Montmorency-Nivelle und dessen Gem. Anna von Egmont, welche, Wittwe geworden, sich mit Graf Johann v. Horn, dem Letzten der ältesten Linie dieses Hauses, vermählte, der nachgehends seine Stiefsöhne Philipp und Florenz zu Erben einsetzte. Philipp zeichnete sich in spanischen Kriegsdiensten aus, wurde von König Philipp II. zum Gouverneur v. Geldern und Zütphen, zum Ritter des gold. Vliesses, zum Admiral im niederländ. Meere, zum Staatsrath i. d. Niederlanden und zum Chef der Finanzen ernannt, suchte den Niederländern, gegenüber den drückenden span. Neuerungen, Erleichterung zu verschaffen und bewirkte auch mit dem Pr. v. Oranien und dem Grafen v. Egmont die Abberufung des Kardinals Granvella, fiel aber seinen desfallsigen Bestrebungen zum Opfer, indem er auf Befehl Herzog Alba's, gleichwie sein Freund Egmont, am 5. Juni 1568 zu Brüssel enthauptet wurde.

5206. Thaler o. J. Av. PHILIPPVS ∗ A ∗ MOMMER — EN ∗ CO ∗ D ∗ HORN — Die behelmten Wappenschilde von Montmorency und Horn, gegen einander gestellt, ersteres behangen mit der Kette des goldenen Vliesses. Rev. SANCTVS ∗ MARTINV — PATRONVS ∗ WIERTEN(sis) — Der h. Martin, rechtshin reitend; unter ihm der Bettler und unter diesem das Schildchen mit dem Sparren. (Mad. 4227 u. 4226.) G. e R.

5207. Thaler o. J. Av. PHS' ∗ BAR^{O} ∗ D(e) ∗ MONTM^{O} ∗ C^{O} ∗ AB - HORN ∗ D^{O} ∗ (Dominus) D ∗ WIERT — Die beiden Wappen, wie vorher. Rev. Der Heilige u. s. w. wie vorher, mit MARTIN — und WIERTENS — Mad. 1732. S. g. e. R.

Jever.

Maria (allein, 1536—1575),

Tochter Edo Wiemken's des Jüngeren und dessen 2. Gem. Heilwig, Gr. von Oldenburg, geb. 1500, succ. mit ihrer älteren Schwester Anna ihrem Bruder Christoph am 2. Juni 1517, wurde nach Ersterer Tode, 1536, alleinige Herrin, blieb unvermählt und † am 20. Febr. 1575 als die Letzte aus der Häuptlingsfamilie Papinga. Ihr Nachfolger war der von ihr zum Erben eingesetzte Graf Johann XVI. von Oldenburg.

5208. Viertelthaler v. 1560. Av. MARIA G(eborne) · D(ochter) · V(ud) · F(räulein) · TO · IEVER · RVS(tringen) · OS(tringen) · WA(ngerland) · — Der behelmte Löwenschild, zu dessen Seiten 6 — 0 Rev. DORC • GO • HE — IC • IT • ERHO — Maria, gekrönt, mit Zepter und Christuskind, auf dem Halbmonde stehend, in Flammenglorie. Gr. 29. ¹⁴/₁₆ Loth. Mit Loch. Leidl. erh. RR.

5209. Thaler v. 1561. Av. MARI o GEB o DO o V o FR o T o IEV o RVS o OS o V o W o L — Das Wappen, wie vorher, mit 15 — 61 zu den Seiten. Rev. DORC o GOD o HEBBE o ICK o IDT o ERHOLDE (Röschen am Stengel) Daniel, von vier Löwen umlagert, erhält von dem durch einen Engel in der Luft herbeigeführten Propheten Habakuk Speise und Trank. (Mad. 1734.) Rev. wie Cat. imp. 373, 3. S. g. e. R.

5210. Thaler v. 1567. Av. MARIA ✿ G ✿ D ✿ V ✿ FR ✿ T ✿ IEVER ✿ RV ✿ OS ✿ V ✿ VV (Rose am Stengel) — Das behelmte Wappen mit doppelt geschwänztem Löwen; neben den Pfauenfedern des Helmes 6 — 7 Rev. NACH ✱ DES ✱ H(eiligen) ✱ REICHS ✱ SCRODT (so) ✱ VND ✱ KORN ⁑ Daniel mit 5 Löwen in ummauertem Raume; oben schwebt der Engel mit dem Propheten, der zwei Gefässe bringt. Gut erh. R.

5211. Thaler v. 1567. Av. MARIA ✿ G ✿ D ✿ V ✿ F ✿ T ✿ IEVE ✿ RVS ✿ OST ✿ WA — Wappen, wie vorher. Rev. vom Stempel zur Rückseite des vorigen. Mad. 4230. S. g. e. R.

5212. Thaler v. 1567, im Av. wie voriger, aber mit OST WA —, im Rev. wie die letzten beiden, doch nicht von demselben Stempel. R.

5213. Thaler v. 1567, bez. der Darstellungen, wie bisher, mit MARIA • G • D • V • F • T • IEVER • RVS • OS • V • W — und NACH • D • H • REICHS • SCHROT • VNDE • KORN ⁑ (Zu Mad. 4231.) Beschnitten, wiegt nur 1¹¹/₁₆ Loth. G. e. R.

5214. Thaler v. 1567, von den Stempeln zur Hauptseite der Nr. 5210 und zur Rückseite der Nr. 5213. S. g. e. R.

5215. Thaler v. 1572. Av. MA ✿ GEBO ✿ DO ✿ V ✿ FR ✿ THO ✿ IEV ✿ R ✿ O ✿ V ✿ W — Das behelmte Wappen mit einfach geschwänztem Löwen. Zu Seiten des Schildes 7 — z Rev. DORCH ✿ GODT ✿ HAB ✿ ICS ✿ ERHALTEN (eine Eichel) Der Schild von Jever in Mitten eines Blumenkreuzes, in dessen Winkeln herum zweimal der Löwenschild von Jever und zweimal das quadrirte Wappen von Oldenburg-Delmenhorst. Wesentlich verschieden von Cat. imp. 373, wo die Wappen in umgekehrter Form und deshalb die Löwen alle von rechter Seite gegeben sind. Mad. 1735, dessen Exemplar hier vorliegt. S. g. e. R.

5216. Thaler o. J. Av. MAR ✱ G ✱ D ✱ V ✱ FR ✱ TH ✱ IE ✱ RVS ✱ OST ✱ V ✱ WAN ⁑ Ein aufgerichteter Löwe v. l. S., der den Schild von Jever an einem Bande hält. Rev. SVPERAVI ✱ H — OS(tes) ✱ MEOS ✱ — (eine Lilie) — Der auferstandene Christus mit Siegesfahne und erhobener Linken vor offenem Grabe; unter seinen Füssen der Tod. (Mad. 1736.) Cat. imp. 373. War gehenkelt. S. g. e. R.

5217. Thaler o. J. Av. MA • GEBO ⁑ DOC • V • FR • THO ⁑ IE • R • O ⁑ V • WAN / Der aufgerichtete Löwe v. l. S. Rev. SANCTVS ⁑ IODO — CV — S ⁑ MARTIR — Der geharnischte und behelmte Heilige mit umgegürtetem Schwerte und einer Fahne in der Rechten, deren Tuch mit einem Kreuze bezeichnet ist. (Zu Mad. 1738 u. Merzd. 20, wo RV im Av.) Diese sog. Jodocusthaler sollen die ältesten Thaler des Fräuleins sein. Leidl. erh. RR.

Nach dem Tode Anton Günther's von Oldenburg (1667) fiel in Folge testamentarischer Bestimmung Jever an Johann v. Anhalt-Zerbst, den Sohn der Schwester Anton Günther's.

Karl Wilhelm von Anhalt-Zerbst (1667—1718),

Sohn Johann's von Anhalt-Zerbst und dessen Gem. Sophie Auguste von Holstein-Gottorp, geb. 1652, folgte seinem Vater 1667, † 1718.

5218. Dritteltthaler v. 1671. Av. MONETA PRINCIP(is) · ANHALTIN(i) : DYN(astae) : IEV : E(t) : KNIPH(usii) : ✱ Innerhalb eines Lorbeerkranzes der Löwe von Jever. Rev. IN DOMINO FIDUCIA NOSTRA · 1671 · ✱ Im Felde III | EINEN | REICHS | THALER | G D (Blume am Stengel) z(iegenhorn) Mad. 3486. War gehenkelt. Sehr gut erh. R.

Friederike Auguste Sophie (1793—1807),

Tochter des Fürsten Victor Friedrich zu Anhalt-Bernburg, geb. 1744, verm. 1764 mit Friedrich August, letztem Fürsten zu Anhalt-Zerbst, erhielt nach ihres Gemahls Tode (3. März 1793) von dessen Schwester, der russ. Kaiserin Katharina II., auf Lebenszeit den Niessbrauch des gesammten Zerbster Allodiums und die Einkünfte der Erbherrschaft Jever, wie auch die Administration dieser Herrschaft, u. statt dessen später eine russ. Pension. Sie starb den 12. April 1827.

5219. Thaler v. 1798. Av. SUB · UMBRA · ALARUM · TUARUM · — Dreifach gekrönter russ. Doppeladler mit Zepter und Reichsapfel und einem Bande um den Hals, woran der Schild von Jever hängt. Rev. FRIED · AUG · SOPH · PRINC · ANH · DYN

· IEVER · ADMIN · ✿ Im Felde zwischen unten verknüpften Lorbeerzweigen EIN | REICHS | THALER | 1798 Kettenartiger Rand. Sehr gut erh.

(Jever kam, nachdem es von 1807—1813 erst zu Holland, dann zu Frankreich gehört hatte, 1818 an Oldenburg.)

Isenburg.

Johann Ludwig zu Offenbach,

Sohn des Grafen Wolfgang Heinrich, des Stifters dieses älteren Astes der seit 1664 allein noch blühenden jüngeren Linie zu Birstein, und dessen Gem. Maria Magdalena von Nassau-Wiesbaden, geb. 1622, folgte seinem Vater 27. Febr. 1635, zunächst unter Vormundschaft, † 23. Febr. 1685.

5220. Gulden v. 1676. Av. DOMINVS · PROVIDEBIT · ANNO · 1 · 6 · 76 — Unter einer offenen Krone der Balkenschild zwischen Lorbeerzweigen. Rev. LEOPOLDVS · I · ROM · IMP · SEMP · AVGVSTVS · · : ⁏: — Der Doppeladler mit Kopfscheinen, unter der kaiserl. Krone, auf der Brust den Reichsapfel mit 60 Zur Rechten des Schwanzes · I · R · A Mad. 4234. Cat. imp. 374. S. g. e. R.

(Dieser Gulden wird von Andern unter völliger Uebersehung des älteren Astes den 4 unmündigen Söhnen Johann Ernst's zu Büdingen, Stifters des jüngeren Astes der Linie zu Birstein, zugeschrieben.)

Karl zu Birstein (1803—1815),

Sohn des Fürsten Wolfgang Ernst II. und dessen 1. Gem. Sophie Charl. Ernestine, Prinz. v. Anhalt-Schaumburg, geb. 1766, succ. seinem Vater 3. Febr. 1803, ward 12. Juli 1806 Mitglied des Rheinbundes, 1815 aber mediatisirt und kam, nebst den gräfl. Linien des Hauses, erst unter kais. österreichische, dann (30. Juni 1816) unter grossherzoglich und kurfürstlich hessische Hoheit, † 21. März 1820.

5221. Reichsthaler v. 1811. Av. CARL FÜRST — ZU ISENBURG — Kopf v. l. S.; am Halsabschnitte J · LABOQUE F · Rev. In einem Lorbeerkranze 16 | EINE FEINE | MARK | 1811 Gr. 37. Sehr gut erh. R.

Khevenhüller-Metsch.

Johann Joseph (1742—1776),

Sohn des Gr. Sigism. Friedrich v. Khevenhüller (jüngerer Linie zu Hohen-Osterwitz in Kärnten) und dessen 2. Gem. Ernestine Leopoldine Gr. v. Rosenberg, geb. 1706, succ. seinem Vater 8. Dec. 1742, Obrist-Erb-Land-Stallmeister in Kärnten und (nach dem Aussterben der Fürsten von Trautson, 1775,) Obrist-Erb-Land-Hofmeister in Oesterreich u. d. Enns, k. k. Conferenz-Minister und Oberstkämmerer, ward von K. Franz I. in den Reichsfürstenstand erhoben 30. Dez. 1763, † 18. April 1776. Der Zuname Metsch kommt von seiner Gemahlin Karoline, ält. u. Erb-Tochter des Gr. Joh. Adolf v. Metsch.

5222. Thaler v. 1761. Av. (U. b.) IO · IOS · S · R · I · COM · A · KEVENHVLLER METSCH IN OSTERWIZ — Brustbild v. r. S.,

15

mit grosser Perrücke und Vliessordenskette, im Ordenskleide, an dessen Aermel die Buchstaben S — PRINS — D sichtlich sind. Rev. (U. b.) AVR : VELL · EQV : S · S · CC · RR · MM · (Sacrarum Caesarearum Regiarum Majestatum) ACT(ualis) · INT(imus) · ET · CONFERENT(iarum) · CONSIL(iarius) · ET SVPR(emus) · CAMER(arius) · 1761 — Unter der mit 7 Helmen besetzten Grafenkrone das von zwei behelmten Löwen gehaltene, mit der Vliessordenskette geschmückte Wappen mit dem Reichsadler und den je zweimal erscheinenden Feldern von Frankenburg, Landskrone, Aichelberg, Weispriach und Kellerberg, sammt den Wappen von Aufenstein und Mansdorf im Mittelschilde. Laubrand. Mad. 4235. Cat. imp. 374. Sehr gut erh. R.

5223. Thaler v. 1771. Av. IO · IOS · KEVENHULLER AB AICHELBERG · S · R · I · PR · A · METSCH — Brustbild v. r. S., im Kürass und Hermelinmantel, mit grosser Perrücke, den Ketten des Stephansordens und des Vliesses und Ordensstern. Unten A · w(idemann) · Rev. A(urei) · V(elleris) · & · O(rdinis) · S · STEPH(ani) · R(egis) · A(postolici) · M(agnae) · C(rucis) · EQ(ues) · U(triusque) · S(acrae) · C(aesareae) · R(egiae) — A(postolicae) · M(ajestatis) · A(ctualis) · I(ntimus) · CONS(iliarius) · CONF(erentiarum) · M(inister) · & · S(upremus) · A(ulae) · PRÆF(ectus) · Das vorbeschriebene Wappen, geschmückt mit den Ketten des St. Stephansordens und des Vliesses auf einem mit dem Fürstenhute bedeckten Hermelinmantel. Unten 1771 Randschrift CANDIDE ~+~ SED ~+~ PROVIDE ~+~ Sehr gut erh. R.

Kinsky.

Leopold Ferdinand,

Graf Kinsky von Wchinitz und Tettau, Sohn des Grafen Franz Ferdinand und dessen Gem. Maria Theresia Gräfin von Fünfkirchen, geb. 1713, geh. Rath und Oberstjägermeister im Königr. Böhmen, † 1760.

5224. Guldenförmiger Jeton o. J. Av. Das gräfliche Wappen in zierlicher, mit Palmenzweigen besteckter Cartouche unter einer offenen Krone. Rev. Der Namenszug unter gleicher Krone. Beiderseits ohne Umschrift. Mad. 6825. Beschreibung der böhm. Privatmünzen, Taf. XXIII. 184. Gr. 31. $^{11}/_{32}$ Loth. S. g. e. RR.

Kirchberg.

Georg Friedrich, Burggraf (1686—1749),

Sohn des Burggrafen Georg Ludwig zu Kirchberg und dessen 2. Gem. Magdalena Christine, Gr. v. Manderscheid, Erbin der Herrschaft Hachenburg in der Grafschaft Sayn, geb. 3. März 1683, succ. seinem Vater 5. Juli 1686 unter Vormundschaft seiner Mutter, vermählte sich am 9. Mai 1708 mit Sophia Amalia von Nassau-Ottweiler und † am 14. August 1749.

5225. Begräbniss- und Ausbeutethaler von der Zeche St. Michael, v. 1749, von der Wittwe geprägt. Av. GEORG · FRID · BVRGGR · D · KIRCHBERG · COM(es) · D · SAYN · ET WITG(enstein) · DOM · FARNRODÆ · (als Ueberschr.) Brustbild v. r. S., im Harnisch, mit Hermelinmantel. Im Abschn. NATVS · 3 · MART · 1683 · DESPON | SATVS · 9 · MAI · 1708 · PIE | DENATVS · 14 · AVG · 1749 · | REQVIESCAT IN PACE · Rev. METALLI FODINÆ HACHENBVRGO — — SAYNENSES · AB(verb.) · IPSO · RESTAVRATÆ · (als Ueberschrift.) Von der Sonne bestrahlte Bergwerksgegend, worin eine mit HAMM bezeichnete Ortschaft und mit ST : MICHAEL überschriebene Bergwerke u. s. w. Im Abschn. IN MEMORIAM | OPTIMI SVI MARITI VIDVA | CELSISSIMA EX ARGENTO | FODINÆ S · MICHAELIS | F(ieri) F(ecit) Oben über der Sonne zwei Schildchen (von Kirchberg und Sayn) unter der Krone. Mad. 4236. Sehr schön erh. R.

Königsegg.

Franz Hugo von Königsegg-Rothenfels,

(Sohn des Grafen Albert Eusebius und dessen Gem. Klara Philippine Marie Felicitas von Manderscheid-Blankenheim, geb. 1698, erlangte nach des Vaters Tode 1736 von seinem älteren Bruder Karl Ferdinand durch Vertrag den Besitz der Reichsherrschaften in Schwaben, wurde dadurch Familienoberhaupt und starb 1771) in Gemeinschaft mit seinen Brüdern Karl Ferdinand (geb. 1696, nahm die Titel seiner Gemahlin an und nannte sich Markgraf von Boischott und Graf von Erps, und † 1759), Christian Moriz Eugen (geb. 1705, † 1778) und Maximilian Friedrich (geb. 1708, wurde 1761 Kurfürst von Köln, 1762 Bischof von Münster und † 1784).

5226. Gemeinschaftlicher Thaler v. 1759 (v. Toda in Prag geschnitten). Av. Das gräfliche Wappen (Weckenschild und Helm mit Straussenfedern) und neben und unter demselben eine Inschrift von 22 Zeilen, enthaltend Namen, Geburtsjahre und Titel der 4 Brüder. Rev. Die Brustbilder der Brüder, zwei und zwei gegen einander gestellt, mit dreifacher Ueberschrift: S · R · I · COMITES · A · KÖNIGSEGG · ET · ROTTENFELS · DOMINI · IN · | AULENDORF · & · STAUFFEN · | FRATRES · Im Abschn. UTI · SANGUINE · ITA · ET · | AMICITIA · IUNCTI · | M · D · C · C · L · IX · Erhabene Randschrift: VIGORE · CÆS · PRIVIL · (Laubwerk) DE · XV · OCT · M · D · C · L · XXV · (Laubwerk) als der Tag des von Kaiser Leopold dem Grafen Leopold Wilhelm ertheilten Münzprivilegiums. Mad. 5852. Cat. imp. 375. Bind. 361. 2. Sehr gut erh. R.

15*

Leiningen.

(Die jüngere Linie des alten gräfl. Hauses Leiningen, welche Dachsburg besass, während die Besitzungen der älteren bei deren Aussterben (1467) an das Haus Westerburg gekommen waren, theilte sich nach Emich's IX. Tode, 1541, in die Linien zu Hartenburg und Heidesheim.)

Johann Ludwig (1593—1625),

ältester Sohn Graf Emich's X., des Stifters der Linie zu Heidesheim, und dessen Gem. Ursula Freiin von Fleckenstein, geb. 1579, folgte seinem Vater 1593, nahm seinen Sitz zu Heidesheim (während sein Bruder Philipp Georg zu Dachsburg residirte) und † 19. Juni 1625.

5227. Thaler von 1623. Av. IOH · LVD · COM · IN · LEIN · ET · DAG(sburg) · ✻ · ✻ · Unter flacher offener Krone in einem oben eckigen, unten abgerundeten Schilde das quadrirte Wappen mit den 3 Adlern unter'm Turnierkragen (Leiningen j. L.) im 1. u. 4., dem mit Lilienstäben sternartig belegten Löwen (Dachsburg) im 2. und 3. Felde und dem Kreuze von Aspremont im Mittelschilde. Zu den Seiten 16 — 23 Rev. · FERDINANDVS · II · D · G · ROM · IMP · S · A · — Doppeladler mit Kopfscheinen und Reichsapfel auf der Brust, unter der kaiserl. Krone. Mad. 4238. Aus v. Wambold's Sammlung. Gut erh. RR.

5228. Thaler v. 1624. Av. IOH ⦂ LVD ⦂ COM ⦂ IN — LEIN ⦂ ET ○ DAGSP ⦂ — Das vorbeschriebene Wappen in einem mit Schnitzwerk reich verzierten, ovalen Schilde unter hoher offener Krone, die bis an den Rand der Münze reicht. Zu den Seiten des Schildes 16 — 24 Unten in der Umschr. ein Kreis mit 6strahligem Sterne. Rev. FERDINAND ⦂ II ○ D ⦂ G ⦂ ROM ⦂ IMP ⦂ SEMP ⦂ AVG ⦂ — Der Doppeladler, wie vorher, doch anders gezeichnet. Zu Mad. 4239. Aus der v. Dickmann'schen Sammlung. S. g. e. RR.

5229. Thaler v. 1624. Av. IOH : LVD : COM : IN · LEIN : ET · DAGSP : — Das bisherige Wappen in einem henkelartig verzierten ovalen Schilde, unter hoher offener Krone, die durch die Umschrift ragt. Unter dem Schilde herum • 16 • — • 24 • Rev. · FERDINAND : II · D : G : ROM : IMP : SEM : AVG · — Der Doppeladler mit Kopfscheinen, unter der Krone, auf der Brust den Reichsapfel, in den Klauen Schwert und Zepter haltend. (Mad. 1742.) Cat. imp. 375. Sehr gut erh. RR.

Leiningen-Westerburg.

(Als die ältere Linie des alten Hauses Leiningen mit Landgraf Hesso 1467 im Mannsstamme erloschen war, gelangten Name und Güter derselben durch Hesso's mit Reinhard II. von Westerburg vermählt gewesene Schwester Margaretha an das Haus Westerburg, welches, trotz wiederholter Protestationen der jüngeren Linie des Hauses Leiningen das Erworbene auch behauptete.)

Ludwig (1597—1622),

Sohn d. Grafen Philipp in Leiningen-Westerburg und dessen Gem. Amalie Gr. v. Bitsch u. Zweibrücken, und Enkel Cuno's Grafen zu Leiningen und Westerburg, geb. 1557, erbte von seiner Mutter die Herrsch. Oberbrunn, Rauschenburg u. Forbach, vermählte sich 1572 mit Bernhardine, Gräfin zur Lippe, u. † 21. August 1622.

5230. Goldgulden v. 1617. Av. LV · C(omes) · I(n) · L · E(t) · R(ixingen) · D(ominus) · I(n) · W(esterburg) · S(chaumburg) · E (t) · F(orbach) · S · R · I · S(emper) · LIB(er) · (Drei unten zusammenstossende Zainhaken.) Brustbild v. r. S., im Harnisch, mit glattem Kragen und Feldbinde; darunter · 1617 · Rev. DER · RECHT · GLAVBT · IA · EWIG · LEBT — Ausgeschweifter quadrirter Schild mit den 3 Adlern (ohne Turnierkragen) im 1. u. 4., den von vier Kreuzchen begleiteten Fischen von Salm (wegen Rixingen) im 2., dem mit Kreuzchen umstellten Kreuze v. Westerburg im 3. Felde und einem Kreuze im Mittelschilde (Aspremont). Oben eine kleine offene Krone. Rechts und links vom Schilde ein Punkt. $^{11}/_{16}$ Dukaten. S. g. e. R.

5231. Goldgulden v. 1619. Av. wie voriger, aber mit · LV · und · 1619 · Rev. ebenfalls wie vorher, aber mit · DER · und LEBT · — Ueber dem Schilde eine gefüllte, der kaiserlichen ähnliche Krone. $^{11}/_{16}$ Duk. S. g. e. R.

Georg Wilhelm (1632—1695),

Sohn des Grafen Christoph zu Westerburg und Enkel Georg's, der Graf Cuno's jüngster Sohn war und zuerst Schaumburg und Kleeberg, nach seines ältern Bruders Reinhard Tode aber auch noch Westerburg erhalten hatte. Er war geboren 10. Februar 1619, succ. s. Vater 1632 u. † 22. Nov. 1695.

5232. Gulden v. 1676. Av. GEORG · WILH · G(raf) · Z(u) · L · – H(err) · Z(u) · W · V(nd) · S · D(es) · H(eil.) · R(öm.) · R(eichs) · S(emper) · F(reier) ✿ Langgelockt. Brustb. v. r. S., im Harnisch m. Gewand; darunter im Oval $\frac{2}{3}$ Rev. SOLI DEO GLORIA ✦ 1676 Unter offener Krone zwischen Palmzweigen das vierfeldige Wappen von Leiningen und Westerburg nebst einem mit 4 Kreuzchen umstellten Kreuze im Mittelschilde. Rechts von der Krone, hinter der Umschrift, D ⚒ Z (David Zimmermann). Mad. 5494. S. g. e. R.

Liechtenstein.

Karl'sche Linie.

Karl (1585—1627),

Sohn Hartmann's IV. von Liechtenstein u. dessen Gemahlin Anna Maria Gräfin v. Ortenburg, geb. 1569, succ. s. Vater 5. Oct. 1585, Stifter dieser Linie, wurde 1614, als er v. K. Matthias das Herzogthum Troppau erhalten hatte, in den böhmischen und 1618 in den Reichs-Fürstenstand erhoben, bekam 1623 Jägerndorf u. † 12. Februar 1627.

5233. Dicker Doppelthaler v. 1615. Av. CAROLVS · D : G · DVX · OPPAVIÆ · PRINCEPS ✤ Brustbild v. r. S., im Harnisch, mit Halskrause. Rev. ET · GVBER(nator) · D(omus) · DE · LICHTENSTEIN · 1615 · — Unter dem Fürstenhute ein strahlenförmig getheilter Schild mit den Wappen der verschiedenen Herrschaften, als Auspitz, Priesnitz, Feldsburg u. s. w., auch dem der Familie Czernahor, welcher Karl's Gemahlin entstammte. Im Mittelschilde ein gekrönter Adler (Schlesien), der zwei Schildchen mit den Wappen von Troppau und Liechtenstein auf der Brust trägt. Zu Seiten des Hauptschildes B — H 4 Loth. Sehr gut erh. RRRR.

5234. Thaler v. 1616. Av. Aehnlich dem vorigen. Rev. ET · GVBER · D · DE · LICHTENSTEIN · 616 — Zwei gegen einander gelehnte Schilde mit den Wappen von Liechtenstein und Troppau, unter dem mit dem Fürstenhute bedeckten Helme. Unten zwischen den Schilden BH (verbunden). Mad. 1590. Sehr gut erh. RR.

Gundacker'sche Linie.

(Stifter Gundacker, der 1623 in den Fürstenstand erhoben worden war, † 1641. Sein Enkel Anton Florian succ. 16. Juni 1712 in den Besitzungen des letzten Fürsten der Karl'schen Linie, Johann Adam Andreas. Die unmittelbaren Reichsgrafschaften Vadus und Schellenberg, welche 1708, resp. 1699 von den Grafen Hohenembs erkauft worden waren, wurden 1719 zum Reichsfürstenthum Liechtenstein erhoben.)

Joseph Johann Adam (1721—1732),

Sohn Anton Florian's u. dessen Gemahlin Eleonore Barbara von Thun, geb. 1690, succ. seinem Vater am 11. Oct. 1721 und † 17. Dez. 1732.

5235. Thaler v. 1728. Av. IOS : IO : AD : D : G : S : R : I : P(rinceps) · & GUB : DOM : DE LIECHTENSTEIN — (als Ueberschrift). Geharn. Brustbild v. r. S., mit dem gold. Vliesse. Rev. OPP : & CARN(oviae) : DUX · C(omes) · RITB(ergae) : GRAN(dis) : HISP(aniae) : P(rimae) : CLAS(sis) : S(acrae) · C(aesareae) · M(ajestatis) · INT(imus) · CONS(iliarius) : 1728 ·. Auf dem mit dem Fürstenhute bedeckten Wappenmantel der von der Vliesskette umgebene (theilweise tingirte) Schild mit dem Rietberger Adler, dem Rautenkranze auf Querstreifen (Wappen der von Khüenring), dem Troppauischen Wappen, dem Adler mit gekr. Menschenkopfe (Schellenberg), u. d. für Jägerndorf angenommenen Jagdhorn. Im Mittelschilde das Stammwappen. Mit Laubr. (Mad. 1591). Cat. imp. 376. Schön u. s. g. e.

Joseph Wenzel (1748—1772),

Sohn des Fürsten Philipp Erasmus u. dessen Gem. Christiane Therese von Löwenstein-Wertheim, der Wittwe Albert's v. Sachsen-Weissenfels, geb. 1696, war kais. Gesandter beim franz. Hofe (bis 1740), comm. General im Kgr. Ungarn, succ. 22. Dez. 1748 dem Fürsten Joh. Karl, dem Sohne des Vorigen, wurde General-Feldmarschall u. Artillerie-Director etc. u. † 10. Febr. 1772.

5236. Thaler v. 1758. Av. IOS · WENC · D · G · S · R · I · PR · & GUB · DOM · DE LIECHTENSTEIN · — (als Ueberschr.) Brustbild v. r. S., im Kürass, mit Hermelinmantel und Vliessorden. Rev. OPP · & CARN · DUX COM · RITTB · S · C · M · CONS · INT · & CAMPI MARESCHAL · (unten beg.) Unter dem Fürstenhute der ovale fünffeldige (tingirte) Wappenschild (im 1. Felde der ungekrönte, schlesische Adler) nebst Mittelschild, von der Kette des goldn. Vliesses umgeben, die von zwei, Palmzweige haltenden Englein getragen wird. Neben dem Vliesse 17 — 58 Mit Laubrand. Mad. 5483. Cat. imp. 376. Gut erh.

Franz Joseph (1772—1781),

Sohn Emanuel's (des Bruders des Vorigen) u. dessen Gem. Marie Antonie v. Dietrichstein-Weichselstädt, geb. 1726, folgte seinem Oheime 1772 und starb 18. Aug. 1781 zu Metz.

5237. Thaler v. 1778. Av. FRANC · IOS · D · G · S · R · I · PR · & · GUB · DOM · DE LIECHTENSTEIN · (als Ueberschr.) Brustbild v. r. S., mit frisirtem Haar, im Rock, mit Hermelinmantel und der Kette des goldn. Vliesses. Unter dem Arme F · W. (Würth in Wien) Rev. OPP · & · CARN · DUX · COM · RITTB · S · C · M · CONS · INT · AUR · VELLERIS EQUES · 1778 · — Unter dem Fürstenhute der mit der Kette des goldn. Vliesses behangene Wappenschild. Mit Laubrand. Gut erh.

5238. Aehnlicher Zwanziger v. 1778, mit der Werthzahl 20 unter dem Schilde und mit M · — CONS · im Rev. G. e.

Johann II.

Sohn des Fürsten Aloys Joseph u. dessen Gemahlin Franziska de Paula, geb. Gräfin Kinsky, Urenkel des Vorigen, geb. 5. Oct. 1840, succ. seinem Vater 12. November 1858.

5239. Vereinsthaler v. 1862. Av. JOHANN II · FÜRST ZU LIECHTENSTEIN (als. Ueberschr.) Haupt v. l. S.; darunter A (Wien) Rev. EIN VEREINSTHALER — XXX EIN PFUND FEIN — (unten beg.) Von der Vliessordenskette umgebener, ovaler Wappenschild auf dem mit dem Fürstenhute bedeckten Wappenmantel. Unten 1862 Vertiefte Randschr. KLAR — UND — FEST — zwischen Verzierungen. S. g. e.

Lippe.

Linie zu Detmold.

Simon VII. (1613—1627),

Sohn Simon's VI. und dessen 2. Gem. Elisabeth von Schaumburg-Pinneberg, geb. 1587, folgte 1613 seinem Vater als regierender Herr und ward der Stifter der Linie zu Detmold, während von seinen mit Paragialbesitz ausgestatteten 3 jüngeren Brüdern der älteste, Otto, die Linie zu Brake und der jüngste, Philipp zu Alverdissen, nach Erwerb der halben Grafsch. Schaumburg, die Linie zu Schaumburg stiftete, der mittlere, Hermann, aber 1620 ohne Nachkommen starb und von seinen älteren Brüdern beerbt wurde. Simon VII. † am 26. März 1627.

5240. Thaler v. 1623. Av. SIMON : COMES : ET : NOBILIS : DOMINVS · IN : LIPP(ia) : ✿ Das behelmte vierfeldige Wappen (Lippe und Schwalenberg). Rev. FERDINANDVS (aus Ferdinadvs verbessert) · I · I D G · ROM · IMP · S · AVGVS · 1 · 6 · z 3 — Der Doppeladler, mit dem Reichsapfel auf der Brust, unter der kaiserl. Krone. Die Umschriften laufen zwischen Perlenkreisen. Cat. imp. 377. S. g. e. RR.

5241. Thaler v. 1623. Av. SIMON · COMES · ET · NOBILIS · DOMINVS IN · LIPP : Das Wappen, wie vorher. Rev. : FERDI-

NANDVS : II : D : G : ROM : IMP : S · A · V : (sic) 16z3 — Der Doppeladler, wie vorher, aber mit Kopfscheinen. (Mad. 1743.) Im Rev. vergoldet und leidlich, im Av. s. g. c. RR.

Hermann Adolf (1652—1666),

des Vorigen und dessen 1. Gem., Anna Katharina v. Nassau-Wiesbaden, Sohn, folgte 1652 seinem Bruder Johann Bernhard in der Regierung, welche von 1627—1636 sein ältester Bruder, Simon Ludwig, und dann bis 1650 dessen Sohn Simon Philipp geführt hatte. Hermann Adolf † 18. Oct. 1666. Sein jüngster Bruder Jost Hermann ward Stifter der Nebenlinie zu Biesterfeld.

5242. Thaler v. 1658. Av. HERMAN : ADOLF · GR(af) : V(nd) : E(dler) · HERR : Z(ur) : LIPP(e) · Ao · 1658 · Geharnischtes Brustbild von vorn, innerhalb eines kranzartigen Reifens. Rev. SPES · CONFISA · DEO · NVNQVAM · CONFVSA · RECEDIT ✿ Das vierfeldige Wappen in henkelartig verziertem Schilde unter einer offenen Krone. Mad. 1744. Cat. imp. 377. S. g. e. R.

Simon Heinrich (1666—1697),

Sohn Hermann Adolf's und dessen 1. Gem. Ernestine v. Isenburg, geb. 1648, succ. seinem Vater 1666, bekam durch seine Gem. Amalie, einer Tochter des Grafen Christian Albrecht von Dohna, 1687 die früher brederodischen Herrschaften Vianen und Ameiden (s. Nr. 4994), zu denen auch die Burggrafsch. Utrecht gehörte, und starb den 12. Mai 1697.

5243. Thaler v. 1672. Av. (U. b.) SIMON · HENRICH : C : & · NOB : DOM : IN LIPP ⁚ · ⁎ — Langgelocktes Brustbild v. r. S., im Harnisch, mit Halstuch u. Ueberwurf. Rev. (O. b.) CLEMENTE DEO ET BONA CONSCIENTIA :· — Das behelmte vierfeldige Wappen; zu den Seiten 16 · — 72 · | · I · — · H · (Joh. Hoffmann.) Cat. imp. 377. (Mad. 4242.) S. g. e. R.

5244. Breiter Thaler v. 1681. Av. (U. b.) SIMON HENRIC ◆ C ◆ — ET ◆ NOB ◆ D ◆ IN ◆ LIPPIA — Brustbild von linker Seite, in grosser Perrücke, bekleidet wie vorher. Rev. (O. b.) CLEMENTE DEO BONA CONSCIENTIA ✿ ANNO 1681 ✿ Das vierfeldige Wappen auf kurzem Wappenmantel unter offener Krone. Mad. 1746. Gr. 48. S. g. e. R.

5245. Thaler v. 1685. Av. (U. b.) SIMON HENR · GRAF VND EDLER · H · ZVR LIPP — Brustbild v. r. S., im blossen Hals, mit umgelegtem Gewande. Rev. Das von zwei Löwen gehaltene, gekrönte Wappen über Palmenzweigen. Oben herum NEC TEMERE · NEC TIMIDE Hinter den Löwen I · — II Unten 16 — 85 Mad. 1747. Cat. imp. 377. Von schönem Schnitt. S. g. e. R.

5246. Guldenförmiger Jeton o. J. Av. Das mit dem Fürstenhute bedeckte 4feldige Wappen sammt quadrirtem Mittelschilde (Vianen und Ameiden) von zwei Engeln, deren jeder einen Palmzweig führt, über einem ausgeschweiften Untersatze gehalten, an dessen Simse rechts L und links C, d. i. Le Clerc (Stempelschneider). Unter dem L und unten in der Mitte ein Sternchen. Rev. Auf offenem Meere ein linkshin segelnder Dreimaster, von dessen Hinter- und Vordertheile die mit der lippischen Rose bezeichnete Flagge weht. Oben herum ○ ORA ○ ET ○ LABORA ○ Beide Seiten umgiebt ein Kreis und dann ein aus kurzen Strichen gebildeter Reifen. Gr. 33. $^{13}/_{16}$ Loth. S. g. e. RR.

(Dieser Jeton wird in der Lipp. Geld- und Münzgesch. v. Grote u. Hölzermann (S. 332) nach Althof's Kat. auf den Regierungsantritt des Gr. Simon August im Jahre 1748 bezogen, freilich unter Beisetzung eines Fragezeichens. Der Arbeit nach gehört er — und die bisher übersehene Chiffre L C ist dieser Annahme nicht entgegen — in's Ende des 17. oder in den Anfang des 18. Jahrh. Vielleicht bezieht er sich auf den Anfall von Vianen und Ameiden (vgl. das in d. a. Schrift S. 288 über das Siegel der Gr. Amalie Gesagte) oder auf den Regierungsantritt Friedrich Adolf's.)

Friedrich Adolf (1697—1718),

Sohn des Vorigen und dessen genannter Gemahlin, geb. 1667, succ. seinem Vater 12. Mai 1697 und † 18. Juli 1718.

5247. Geburtstagsmedaille v. 1712. Av. (U. b.) FRID · ADOLP · — COM · ET · NOB · D · LIP · — Brustbild v. r. S., im Harnisch und Ueberwurf, mit grosser Perrücke. Am Armabschnitte T B (Tobias Bernard zu Paris) Rev. Unter einem Fürstenhute in 11 Zeilen · GOD × LAET · | ROSEN × LANGE | BLÖGGEN × DAT × DE | RÖSKEN × SICK × NIG | MÖGGEN × LAET × DEN | LEVEN × LANNES | HEEREN × LANGE | LIEVEN × AHN | BESCHWEE · | ✿ REN ✿ | · 1712 · Mad. 4243. Gr. 43. $2^7/_{16}$ Loth. S. g. e. R.

5248. Geburtstagsmedaille v. 1713. Av. vom Stempel zur Hauptseite der vorigen. Rev. In 12 Zeilen: ❧ HEVT ❧ | · SIND · ES · | · SECHS · VND · | · VIRTZIG · IAHR · DA | DISER · HERR · GEBO : | REN · WAHR · GOTT | LASS · IHN · DOPPELT | SOLCHE · ZAHL · IN · | · SEGEN · LEBEN · | · VBERALL · | · ANNO · 1713 · | D · 12 · SEPT : | ··· (Mad. 4244.) Cat. imp. 378. Gr. 43. $2^7/_{16}$ Loth. Aus der v. Madai'schen Sammlung. S. g. e. R.

5249. Thaler v. 1713. Av. (U. b.) FRIED ○ ADOLPH ○ — COM ○ ET ○ NOB ○ D ○ LIPP ○ — Brustbild, wie vorher, am Armabschnitte — B — Rev. (U. b.) ✿ IVSTVM · ET ✿ — ✿ DECORVM ✿ Das 4feldige Wappen sammt quadrirtem Mittelschilde (Vianen und Ameiden) in einem Ovale, das mit dem Fürstenhute bedeckt und von der Kette des preuss. schwarzen Adlerordens umgeben ist. Unten 1 · 7 · — · 13 | H — L (Hans Lüders) Randschrift: ✱ ✿ GOTT · ERHALTE · DAS · GREFLICHE · LIPPISCHE · HAVS ✿ Mad. 1749, 1. S. g. e.

5250. Gulden v. 1713. Av. (U. b.) FRID · ADOLPH · — COM · ET · NOB · D · LIPP · — Brustbild, wie vorher, ohne B; darunter · H · L · Rev. (O. b.) SVPR(emus) · D(ominus) · VIAN(ae) · ET · A — MEID(ae) · BVRG(gravius) · H(aereditarius) · VLTR(ajecti) · — 1 — 7 — 1 — 3 — Fünffach behelmter ovaler Schild mit dem Wappen, wie vorher. Unten ein Oval mit $\frac{2}{3}$ Gerippter Rand. Mad. 4245. S. g. e.

5251. Thaler v. 1715, auf eine achteckige Silberplatte abgeschlagen. Av. (U. b.) FRIED · ADOLPH · — COM · & · NOB · D · LIPP — Brustbild, wie vorher, aber mit umgehängtem Ordensbande. Unten · B · Rev. Das von zwei Löwen über einem Untersatze gehaltene vollständige Wappen mit dem Fürstenhute. Oben

○ IVSTVM ○ & ○ DECORVM ○ Unten ○ 1 ○ 7 ○ 1 ○ 5 ○ Mad. 5853. Gr. 49. $2^{15}/_{16}$ Loth. Aus der v. Madai'schen Sammlung. Sehr gut erh. R.

Simon Heinrich Adolf (1718—1734),

Sohn des Vorigen und dessen 1. Gem. Johanne Elisabeth v. Nassau-Schaumburg, geb. 1694, folgte seinem Vater d. 18. Juli 1718, wurde 1720 in den Reichsfürstenstand erhoben, verkaufte 1725 die Herrschaften Vianen u. Ameiden an die Republik Holland, resp. deren Geschäftsträger Gr. v. Hompesch, und † d. 12. Oct. 1734.

5252. Thaler v. 1719. Av. (U. b.) SIMON ▲ HENRICH ▲ — ADOLPH ▲ C ▲ & ▲ N ▲ D ▲ LIPP ▲ — Brustbild v. r. S., im Harnisch und Ueberwurf, mit grosser Perrücke. Unten · L · H · L · (Ludolph Heinrich Lüders) Rev. (O. b.) ▲ SVPR ▲ D ▲ VIAN ▲ & ▲ AMEID ▲ BVRG ▲ H ▲ VLTR ▲ — Fünffach behelmter ovaler Schild mit dem vollständigen Wappen. Darunter · 1 · 7 · — · 19 · Randschrift GOTT × ERHALTE × DAS × GRAEFLICHE × LIPPISCHE × HAVS × Cat. imp. 378. (Mad. 1750.) S. g. e. RR.

5253. Achteckige Geburtstagsmedaille v. 1727. Av. SIM · HENR · ADOLP · — COM · & · NOB · DOM · LIPP · (als Ueberschrift) Brustbild, wie vorher. Im Abschnitt: XXXIII : ÆT · ANNO COMPLETO Rev. GOTT ERHALTE DAS HOCHGRAEFLICHE LIPPISCHE HAVS · ✿ Innerhalb eines Kreises in 9 Zeilen ZV DREY | VND DREYSSIG | IAHRN GIB GOTT · | NOCH · VIELE ZV · | DEM HERREN GLVCK | VND HEYL DEM LANDE FRIED VND RVH · | ANNO 1727 · 4 · FEB · | DIE NATALI · (Mad. 4248.) Gr. 33. 1 Loth. S. g. e. R.

Simon August (1734—1782),

Sohn des Vorigen und dessen Gem. Johannette Wilhelmine, Gr. v. Nassau-Idstein, geb. 1727, folgte seinem Vater d. 12. Oct. 1734, zunächst und bis 1748 unter Vormundschaft seiner Mutter, und † 1. Mai 1782. Unter ihm kamen die lange bestandenen Hausstreitigkeiten über das Paragium der 1709 ausgestorbenen Linie zu Brake durch einen von der Gr. Charl. Sophie von Bentinck vermittelten, 1748 zu Stadthagen mit dem Gr. Albr. Wolfgang geschlossenen Vergleich, gegenüber der Linie zu Bückeburg, zum Austrag.

5254. Conv.-Gulden zur Feier des gräfl. Geburtstages, 1765. Av. (U. b.) SIMON AUGUST : COM : & NOB : DOM : LIPP · S : D : DE V : & A : B : H : ULTR : ✿ Kopf v. r. S., mit im Nakken gebundenem Haare. Rev. Das vollständige Wappen in gekrönter, mit Lorbeer- und Palmzweig besteckter Cartouche, in deren unterem Theile $\frac{2}{3}$ Oben herum MITESCENTE COELO REDEUNT (mit Bezug auf die im Wappen befindlichen Schwalben) · 1765 · Unten auf einem Bande AD N(ormam) : — CONV : und darüber B(andel, Mzm.) · — S(tümer, Wardein) · Gerippter Rand. (Mad. 5495.) G. e.

5255. Conv.-Thaler zu seinem 41. Geburtstage, 1767. Av. (U. b.) SIMON AVGVST · COM & NOB · D · LIPP · S · D · V · & A · B · H · VLTR · — Brustbild v. r. S., im Küras und Hermelinmantel, mit im Nacken gebundenem Haare. Am Armabschnitte S M N (eudorf, Graveur zu Oldenburg) Rev. Innerhalb eines Quadrates in 7 Zeilen QUEM | QUADRAGESIES ET | SEMEL PATRIAE | NATUM ESSE | GRATULAMUR | d : XII Jun · | MDCCLXVII Aussen auf jeder Seite die Rose zwischen Verzierungen. Ganz unten B — S Laubrand. (Mad. 5496.) S. g. e. R.

Friedrich Wilhelm Leopold (1782—1802),

Sohn des Vorigen und dessen 2. Gem. Leopoldine von Anhalt-Dessau, geb. 1767, succ. seinem Vater 1782, zunächst und bis 4. Sept. 1789 unter Vormundschaft seines Oheims Ludwig Heinrich Adolf (der unter eigenem Namen münzte), machte Gebrauch von der seinem Grossvater v. Karl VI. verliehenen Reichsfürstenwürde, † d. 4. April 1802.

5256. Prämiengulden für den Flachsbau, 1793. Av. Auf gekröntem Hermelinmantel das neue fünffach behelmte 8feldige Wappen mit dem lipp. Mittelschilde. Oben 17 — 93 Rev. (U. b.) FRIEDERICH WILHELM LEOPOLD FURST ZUR LIPPE — In einem Eichenkranze DEM | GUTEN | LANDWIRTH | B : R : (Balth. Reinhard) Laubrand. Zu Nürnberg geschnitten. Gr. 33. S. g. e.

Paul Alexander Leopold (1802—1851),

Sohn des Vorigen und dessen Gem. Pauline v. Anhalt-Bernburg, geb. 6. Nov. 1796, stand von 1802 bis 1820 unter Vormundschaft seiner Mutter, übernahm die Regierung d. 3. Juli 1820, † 1. Jan. 1851.

5257. Doppelthaler v. 1843. Av. PAUL ALEXANDER LEOPOLD FÜRST ZUR LIPPE — Kopf v. r. S. Darunter A (Berlin) Rev. Das vollständige Wappen, wie vorher, auf einem mit dem Fürstenhute bedeckten Hermelinmantel. Oben herum 2 THALER VII EINE F · MARK 3½ GULDEN Unten herum + VEREINS 1843 MÜNZE + Randschr. CONVENTION VOM 30 IULY 1838 • S. g. e.

Paul Friedrich Emil Leopold,

Sohn des Vorigen und dessen Gem. Emilie, Prinz. v. Schwarzburg-Sondershausen, geb. 1. Sept. 1821, folgt seinem Vater 1. Jan. 1851.

5258. Thaler v. 1860. Av. PAUL FRIEDRICH EMIL LEOPOLD FÜRST Z · LIPPE Kopf v. r. S., am Halsabschnitte C · P · (Carl Pfeuffer.) Unten A Rev. EIN VEREINSTHALER — XXX EIN PFUND FEIN — Das vollständige Wappen (in 9 Feldern) auf gekröntem Hermelinmantel. Unten 1860 Randschrift MÜNZVERTRAG VOM 24 JANUAR 1857 ✱ S. g. e.

Linie zu Schaumburg (Schauenburg), jetzt Schaumburg-Lippe.

Philipp (1640—1681),

jüngster Sohn Gr. Simon's VI. v. d. Lippe und dessen 2. Gemahlin, geb. 1601, bekam nach seines Vaters Tode Alverdissen, Lipperode und Uhlenburg als Paragium, empfing dann nach Otto's, letzten Grafen von Schaumburg, 1640 erfolgtem Tode in Folge Schenkung seiner Schwester Elisabeth, der Mutter und Allodialerbin gedachten Otto's, und in Gemässheit des mit der Landgr.

Amalie v. Hessen-Cassel 1647 geschlossenen Vergleichs die Hälfte der Grafschaft Schaumburg als hess. Lehen, residirte zu Bückeburg, begab sich 1652 gegen 18000 Reichsthaler des Wiedereinlösungsrechtes der von den alten Gr. v. Schaumburg an Lippe verpfändeten Grafsch. Sternberg und † d. 10. April 1681. Von seinen Söhnen stiftete der ihm in der Regierung folgende, Gr. Friedrich Christian, die Linie zu Bückeburg, der andere, Philipp Ernst, die Nebenlinie Alverdissen.

5259. Thaler v. 1660. Av. V · G · G · PHILIP · GRAF · ZU · SCHAUMB(urg) · LIPP(e) · V(nd) · STERNB(erg) ✿ Brustbild von vorn, im Harnisch, mit Spitzenkragen. Rev. DURCH GOTTES SEGEN · 16 — 60 · Das mit den Helmen von Schaumburg, Lippe und Sternberg bedeckte vierfeldige Wappen von Lippe und Schwalenberg, mit der Nessel im Mittelschilde. Unten zu Seiten des Wappens P — L (Peter Löhr.) Köhler, M. B. XVII. 81. Cat. imp. 378. (Mad. 1745.) Von schönster Erhaltung. RRR.

Albert Wolfgang (1728—1748),

Sohn des Gr. Friedrich Christian und dessen Gem. Johanne Sophie v. Hohenlohe-Langenburg, geb. 1699, succ. seinem Vater d. 13. Juni 1728 und † d. 24. Sept. 1748.

5260. Thaler v. 1730, auf seine 2. Vermählung mit Charlotte Friederike Amalie, Prinzessin von Nassau-Siegen, Fürst Leopold's zu Anhalt-Cöthen Wittwe. Av. (U. b.) ALB · WOLFG · D · G · COM · SCHAUMB(urgi) · LIPP(iae) · & · STERNB(ergae) · &C · SECUNDA · VOTA · INIIT · A$\overline{O}$ · MDCCXXX · ✿ Brustbild v. r. S., im Harnisch, mit Perrücke und Ordensband. Rev. Die Namenszüge *AW* und *CF* von der Kette des preuss. Adlerordens umgeben und mittels einer Schnur zusammengefügt, die von zwei aus den Wolken kommenden Händen gehalten wird, über denen das Auge Gottes strahlt. Oben herum auf einem Bande ✿ SIC • VOTA • SIC • PROSPERA • SECUNDA ✿ Unten herum ebenso ✿ DEO • COPULANTE ✿ Schräg gerippter Rand. (Mad. 1751.) Cat. imp. 379. S. g. e. RR.

5261. Medaille v. 1740, auf die Entdeckung des Gesundbrunnens zu Stadthagen und die Wiederherstellung und Verbesserung des die Harlische Quelle zur Stadt führenden Aquaeducts. Av. ✿ | DEO PROVIDENTE | AQVIS MEDICATIS HAGENSIBVS | HVMO ABDITIS ANTE SE IGNORATIS | COELVM | HARLENSI FONTANAE | AQVÆDVCTV VETERI INSTAVRATO | ET AMPLIFICATO | VRBEM Rev. REDDIDIT | ALBERTVS WOLFGANG | D · G · COM · SCHAVMBVRGI COM · | ET NOB · DOM · LIPP · AC STERNB · | OPERIBVS AEVI SVI NVNCIIS | ILLO MDCCXXXIV · HOC MDCCXL · | DE SVO PERFVNCTVS | ✿ (Mad. 1752. Möhsen, S. 209.) Gr. 41. 2 Loth. S. g. e. RR.

5262. Thaler v. 1748. Av. (U. b.) ALB · WOLFG · D · G · S · R · I · COM · IN · SCH · C · & N · D · LIPP · & · ST · 1748 · und ein Blättchen — Brustbild v. l. S., im Harnisch, mit Ordensband, Ueberwurf und grosser Perrücke. Unten T (Jonas Thiebaud) Rev. Das dreifach behelmte, mit der preuss. Adlerordenskette behangene Wappen, wie früher. Unten herum GRATUS ERGA DEUM — VERUS ET SINCERUS · Laubrand. Mad. 4249. Cat. imp. 379. Schöner Thaler, von vorzügl. Erhaltung. RR.

Wilhelm Friedrich Ernst (1748—1777),

Sohn des Vorigen und dessen 1. Gem. Margaretha Gertrud v. Oeynhausen, geb. 1724 zu London, folgte seinem Vater d. 24. Sept. 1748, ward 1757 hannöver. General-Feld-Zeugmeister, führte dann in dem zwischen Portugal und Spanien ausgebrochenen Kriege das Kommando über die verein. portug. und engl. Armee als hann. General-Feld-Marschall und Generalissimus von Portugal und Algarbien, ward in Anerkennung seines reformator. Wirkens in Portugal von dessen König zum Prinzen von Geblüt erhoben mit dem Titel Altezza, erbaute auf der portug. Grenze die Festung Lippe, errichtete im Steinhuder See den Wilhelmstein und † 10. Sept. 1777.

5263. Thaler auf den Regierungsantritt, 24. Sept. 1748. Av. (U. b.) WILHELM · FR · E · D · G · S · R · I · COM · IN · SCH · C · & · N · D · LIPP · & ST · D · 24 · SEPT · 1748 · (Blatt wie auf vorigem) — Brustbild v. l. S., im Harnisch und Gewand, mit im Nacken gebundenem Haare. Unten ✝ Rev. Das Wappen, wie vorher, nur ohne Ordenskette. Unten herum URENDO — CRESCIT · ·Laubrand. Mad. 4250. Schön und s. g. e. R.

5264. Gulden auf dasselbe Ereigniss, im kleinern Massstabe ganz wie der Thaler, nur ohne das Blättchen nach 1748 · und mit & · ST · Sehr gut erh. R.

5265. Kleiner Dickthaler v. 1765. Av. (U. b.) WILHELMUS · I · DEI · GRAT : C : REG(nans) : IN SCHAUMB : ✽ Kopf von l. S., mit kurzem Haar. Rev. (U. b.) NOBILISSIM(us) : DOM(inus) : AC · COM : IN LIPP : & ST : 1765 — Das mit dem Fürstenhute und der preuss. Adlerordens-Kette geschmückte Wappen auf zwei gekreuzten Marschallsstäben. Unter einer Leiste EIN · R(eichs) : THAL : | FEIN · SILB : Gezackter Rand. Mad. 5313. Gr. 29. Sehr gut erh.

Philipp Ernst,

Sohn Friedrich Ernst's zu Alverdissen und Enkel Philipp Ernst's, des Stifters dieser Nebenlinie, geb. 1723, folgte in Alverdissen auf Grund väterl. Resignation 1749, succ. am 10. Sept. 1777 dem Grafen Wilhelm in Bückeburg und † 13. Febr. 1787.

5266. Dukaten v. 1777. Av. D · G · PHIL · ERN · C · R · IN SCH · LIP · & ST · 1777 — Das bisherige Wappen in einem ovalen, mit dem Fürstenhute bedeckten und mit Lorbeer- und Palmzweig besteckten Schilde; darunter W — D · Rev. Auf einer von Verzierungen umgebenen viereckigen Tafel MON · AUR · | SCHAUMB · | LIPP · | AD LEGEM | IMPERII 1 Duk. S. g. e. R.

5267. Medaille v. 1780, auf seine (2.) Vermählung mit Julie, Tochter des Landgr. Wilhelm v. Hessen-Philippsthal, geb. 1761, † 9. Nov. 1799. Av. PHILIPPUS SCHAUMBURGO LIPPIACUS ET IULIA HASSIACA · — (als Ueberschr.) Beider Brustbilder v. r. S., der Graf im Harnisch und Hermelin, mit Ordensband und dem Sterne des hess. Hausordens, die Gräfin im Spitzenkleide, mit Blumen in den hoch auffrisirten Haaren und mit Schleier. Am Armabschnitte des ersteren DOBICHT Rev. Ein röm. Krieger hält die durch ein Band verknüpften Schilde v. Schaumburg-Lippe u. Hessen über einen Altar. Oben herum FAUSTO CONNVBIO IUNCTI · Im Abschnitt D : X · OCT : MDCCLXXX · Gr. 39. $1^{7}/_{16}$ Loth. S. g. e. R.

Georg Wilhelm (1787, bez. 1807—1860),

Sohn des Vorigen und dessen 2. Gem. Julie von Hessen-Philippsthal, geb. 20. Dez. 1784, succ. seinem Vater d. 13. Febr. 1787 unter Vormundschaft seiner Mutter und des Grafen Ludwig v. Wallmoden-Gimborn, übernahm die Regierung nebst fürstlicher Würde 1807, † d. 21. Nov. 1860. Ihm folgte sein ältester Sohn Fürst Adolf Georg (geb. 1. Aug. 1817).

5268. Conv.-Thaler v. 1802. Av. GRÄFL : SCHAUMBURG LIPP : VORMUNDSCHAFTL(iche) : MÜNZE — Das bisherige Schaumburg-Lipp. und das gräflich Wallmoden-Gimborn'sche Wappen (s. unten Nr. 5794), neben einander unter einer Grafenkrone auf einem Postamente. Rev. Eine oben abgerundete, mit Laubwerk behangene, auf den henkelartigen Vorsprüngen rechts und links mit einer Rose besetzte Tafel, worauf X | EINE FEINE | MARK | 1802 | ——— Laubr. Grote, Münzst., I. (1857) p. 53. S. g. e.

5269. Conv.-Gulden v. 1821. Av. GEORG WILH · REG · FÜRST ZU SCHAUMB · LIPPE ETC · Schlecht gearbeiteter Kopf v. r. S., am Halsabschnitte H · Rev. ✿ XX ✿ | EINE MARK | FEIN | ✦ 1821 ✦ | ✦ Laubrand. S. g. e. R.

5270. Doppelthaler zur Feier 50jähriger selbstständ. Regierung, (8. Mai) 1857. Av. (U. b.) GEORG WILHELM FÜRST ZU SCHAUMBURG-LIPPE — Trefflich gearbeitetes Haupt v. r. S.; am Halsabschnitte vertieft BREHMER · F · Unten B(rehmer) Rev. EIN DOPPEL THALER ✿ XV EIN PFUND FEIN (als Ueberschr.) Zwischen zwei unten durch ein Band verknüpften Eichenzweigen NACH | FÜNFZIG- | JÄHRIGER | REGIERUNG | 1857 Randschrift MIT — GOTTES — HÜLFE — Dazwischen Verzierungen. (Dieser in Hannover geprägte schöne Doppelthaler ist die erste nach dem Wiener Münzvertrage vom 24. Januar 1857 geschlagene Münze.) Sehr gut erh. R.

5271. Thaler v. 1860. Av. wie die Hauptseite des vorigen. Rev. Das von zwei Engeln auf einem Untersatze gehaltene Wappen vor gekröntem Hermelinmantel. Umschrift wie bei Nr. 5258. Randschr. WIENER - MÜNZVERTRAG — 24 — JAN · — 1857 — zwischen Verzierungen. Am Rande etwas beschnitten, sonst s. g. e.

Lobkowitz.

Zdenko Adalbert (1584—1628),

Sohn Ladislav's II. von Lobkowitz auf Chlumetz (eines Enkels Johann's des Stifters des Geschlechtes der Popel v. Lobkowitz), der von K. Maximilian II. die reichsunm. Herrschaft Neustadt an der Waldnabe geschenkt erhalten hatte, und dessen Gem. Johanna, Tochter Zdislav's Berka von Dub und Lipa, geb.

15. Aug. 1568, succ. seinem Vater 18. Dez. 1584, wurde 1599 Oberstkanzler des Königr. Böhmen, ward sammt seinen Nachkommen vom Kaiser Ferdinand II. 1623 in den Reichsfürstenstand erhoben, vermählte sich 23. Nov. 1603 mit Polyxena von Pernstein, der Wittwe Wilhelm's von Rosenberg, welche in Folge ihrer 1. Vermählung Besitzerin der Herrschaft Raudnitz wurde, und starb zu Wien d. 16. Juni 1628.

5272. Schaustück o. J., wahrscheinlich auf die Erlangung der Fürstenwürde. Av. ✿ SDENCO ' AD ' D ' G ' S , R ' I ' PRINC ', D ', LOBCO: — Brustbild v. r. S., im Harnisch, mit breiter Halskrause, Ueberwurf und Vliess. Rev. Der mit Fürstenhut und Vliessordenskette geschmückte quadrirte Schild mit den Wappen von Lobkowitz und Zerotin. Mad. 1656. Beschr. d. böhm. Priv.-Münzen, Tab. XXIX. 242. Gr. 37. 2 Loth. S. g. e. RR.

Wenzel Franz Euseb (1628, bez. 1633—1677),

einziger Sohn des Vorigen und dessen Gem. Polyxena, geb. 20. Januar 1609, erhielt von seiner Mutter 1633 die väterlichen, bis dahin von ihr verwalteten, Besitzungen und 1637 auch ihre eigenen Güter abgetreten, erwarb 1646 das Fürstenthum Sagan und damit den Titel Herzog in Schlesien zu Sagan, ward 1653 wegen Sternstein in den Reichsfürstenrath eingeführt, wurde 1665 Obersthofmeister, dann Principalminister und Präsident des geh. Raths und 1671 Oberhauptmann in Schlesien, 1674 aber seiner Aemter entsetzt und auf seine Herrschaft Raudnitz verwiesen, wo er am 22. April 1677 starb. Unter ihm war 1641 die Herrschaft Neustadt an der Waldnabe zur gefürsteten Grafschaft Sternstein erhoben worden.

5273. Guldenförmige Medaille v. 1615. Av. ✱ WENCESLAVS FRANCISCVS EVSEBIVS ✱ Brustbild v. r. S., im Harnisch, mit aufstehendem glattem Kragen und Ueberwurf. Rev. ✿ POPL DE LOBC — OVIC ✿ I6I5 ✿ — Der behelmte quadrirte Schild von Lobkowitz und Zerotin. Appel III. 1715. $^{17}/_{32}$ Loth. S. g. e. RRRR.

Franz Joseph Maximilian (1784—1805),

Sohn des Fürsten Ferdinand Philipp Joseph (eines Enkels des Vorgedachten) und dessen Gem. Gabriele Maria, Tochter Ludwig Victor's v. Savoyen-Carignan, geb. 7. Dez. 1772, folgte seinem Vater d. 11. Januar 1784, anfangs unter Vormundschaft seiner Mutter und des Fürsten August von Lobkowitz, † 15. Dez. 1816. Wegen Uebergang Schlesiens an Preussen wurde das Herzogthum Sagan 1786 aus dem von Wenzel Franz Euseb (1677) errichteten Familienfideicommisse ausgeschieden und an den Herzog von Curland verkauft, wogegen Kaiser Joseph den Herzogstitel auf die zum Fürstenthum erhobene Maj.-Herrschaft Raudnitz übertrug. Nach der Mediatisirung verkaufte der Fürst auch die Grafschaft Sternstein (an Bayern), unter Beibehaltung jedoch des Titels eines gefürsteten Grafen von Sternstein.

5274. Thaler v. 1794. Av. (U. b.) FR · IOS · MAX · PR · DE · LOBK · DVX · RAVD · PR · COM · IN · STERNST · — Jugendliches Brustbild v. r. S., im Gewand. Unten vı · Rev. (O. b.) TVT(ela) · MAR(iae) · GAB(rielae) · PR(incipis) · VID(uae) · DE · LOBK · NAT(ae) · PR · SAB(audiae) · CAR(ignani) · ET · AVG(usti) · PR · DE · LOBK · 1794 · — Vor dem mit einem Fürstenhute bedeckten Wappenmantel die ovalen Schilde von Savoyen-Carignan und Lobkowitz, letzteres 6feldig (Büffelkopf von Pernstein, der Engel für Sagan, die Sterne von Sternstein, der Löwe und die Pfähle als kaiserl. Gnadenzeichen und der schles. Adler wegen Sagan) sammt quadr. Mittelschilde (Lobkowitz-Zerotin). Laubrand. S. g. e.

Löwenstein-Wertheim.

(Kurfürst Philipp v. d. Pfalz stattete den Sohn seines Vorgängers Kurf. Friedrich's des Siegreichen († 1476) und der Klara von Tettingen, Ludwig von Bayern, bei dessen Verheirathung mit Elisabeth von Montfort 1488 mit der Grafschaft Löwenstein aus. Dieser Ludwig erhielt 1494 die Reichsgrafenwürde, sein Enkel gl. N. erheirathete Wertheim etc., wodurch das Münzrecht an Löwenstein kam. Des Letzteren Söhne stifteten die Linien Virneburg und Rochefort.)

A. Löwenstein-Virneburg.

(Christoph Ludwig (1611—1618), Sohn Ludwig's II., erhielt durch seine Gem. Elisabeth Grf. v. Manderscheid die Grafsch. Virneburg und wurde der Stifter dieser Linie.)

Eucharius Kasimir (1681—1698),

Sohn des Grafen Ludwig Ernst und dessen Gem. Elisabeth Gräfin von Sayn, Urenkel Christoph Ludwig's, des Stifters dieser Linie, geb. 1668, succ. seinem Vater am 20. Sept. 1681 und starb 1. Januar 1698.

5275. Thaler v. 1697. Av. EUCH + CASIM · CO · IN LEWENST · WERTH · ROCHEF · VIRNEB · ⊕ In der unteren Hälfte des Feldes steht ein in 2 Stämme sich theilender, aber durch Schienhölzer und eine Grafenkrone zusammengehaltener, fruchttragender Baum, dessen Boden von 2 Arbeitern umgraben und behackt wird. Darüber auf einem Bande: ME CONIUNCTIO SERVAT In der oberen Hälfte steht in entgegengesetzter Richtung ein Baum ohne Früchte, dessen zwei mit Grafenkronen besteckte Stämme von 2 Armen von einander gerissen werden. Darüber auf einem Bande: DUM SCINDITUR FRANGOR (Zielt auf die lange Zeit hindurch geführten Erbstreitigkeiten der beiden Linien.) Rev. GEILDORF & MONT(agu) · S(upremus) · PR(inceps) · IN CHASS(epierre) · D(ominus) · IN SCHAR(feneck) · BR(eubeig) · HERB(imont) & NEUCH(ateau) · ⁎ Neunfeld. Schild (1. Löwenstein, 2. Montagu bei Lüttich, 3. u. 5. Wertheim, 4. Rochefort bei Lüttich, 6. Breuberg im Odenwalde, 7. Virneburg in der Eifel, 8. Scharfeneck in d. Pfalz; Mittelschild: Bayern, wegen der Abstammung von Kurf. Friedrich v. d. Pfalz, Herz. in Bayern) mit 4 Helmen (Bayern, Löwenstein, Werth.-Breuberg, Virneburg). Zu den Seiten des Schildes 16 — 97 | F — S Mad. 1754. Cat. imp. 381. Sehr gut erh.

Johann Ludwig Wolrad (1721—1790),

Sohn des Grafen Heinrich Friedrich und dessen Gem. Amöne Sophie Friederike Grf. v. Limpurg-Sontheim, geb. 1705, succ. 31. März 1721, übernahm 1730 die Regierung und reg. mit seinen Brüdern in Gemeinschaft, wurde der Stifter des Wolrad'schen Spezialastes und führte 1768 für seine Nachkommen das Recht der Erstgeburt ein und † 4. Febr. 1790.

5276. Thaler v. 1767. Av. IOH : LUD : VOLLRATH COM : IN LOEW : WERTHEIM : — (als Ueberschr.) Brustbild v. r. S., im röm. Gewande. Am Arme ST Rev. Das gekr., auf einem Gestelle ruhende Wappen zwischen 2 Löwen. Im Wappen steht im 3. Felde Wertheim und im 5. das quadr. Wappen v. Limpurg (Juliane Dorothea, Gem. Euch. Kasimir's, war Erbin von Limpurg). Im Gestell W · — E · (Weber u. Eberhard) und darunter 17 W · (ertheim) 67 Oben herum X EINE FEINE MARCK : Hat Laubrand. Fehlt auch bei Binder und v. Berstett. S. g. e. R.

5277. Dukaten v. 1768. Av. IOH · LUD · VOLR · S · R · I · COM · IN LŒW · WERTH · — Geharn. Brustbild, mit Hermelinmantel; am Arme ST Rev. Unter der Krone das Wappen in zierl. Cartouche. Oben herum: SUUM (Blatt) — CUIQUE (Blatt) Im Abschn. 1768 Nicht im Binder. S. g. e. R.

5278. Thaler v. 1769. Av. Im Ganzen wie die Darstellung auf dem Dukaten. Rev. In einer mit der Grafenkrone bedeckten Einfassung: SUUM | CUIQUE Im Vordergrunde liegt ein Löwe. Ueberschrift: X · EINE FEINE — MARCK · 1769 · Unten W · W E · Laubrand. (Mad. 6827.) S. g. e.

5279. Medaille v. 1780, auf sein 50jähriges Regierungsjubiläum. Av. I · L · VOLLRATH R · R · GRAF Z · L · WERTH · ÆLTESTER DES HAUSES ✤ Brustbild v. r. S., im Kürass; am Arme C · ST · Rev. IAUCHZT ALLE IAUCHZT IHM ZU DER HIMMEL STIMMET EIN Rauchender Altar. Im Abschn. 50 IÆHRIG · REGIERUNGS | IUBILÆUM D 14 AP : | 1780 Nicht im Binder. Gr. 46. 2¹/₄ Loth. S. g. e. R.

Friedrich Ludwig (1721—1796),

Bruder des Vorigen, geb. 1706, succ. 1721, mitregierender Graf seit 14. März 1731, † 2. Jan. 1796 als Senior des Gesammthauses.

5280. Thaler v. 1768. Av. FRIED · LUD · S · R · I · COM · IN LŒWENST · WERTH · — (Ueberschr.) Brustbild v. r. S., im Harnisch und Hermelinmantel; mit ST · am Arme. Rev. (U. b.) CONCORDIA RES PARVÆ CRESCUNT, DISCORDIA DILABUNTUR (Blättchen) — Unter der Krone auf 3 Palmzweigen die Schilde von Bayern und Limpurg in der Mitte, die von Löwenstein u. Breuberg rechts und die von Wertheim und Virneburg links. Unten herum als innere Beischrift: X · EINE FEINE MARCK · 1768 · Ganz unten W · W · E · Laubrand. (Mad. 6828.) Bind. 370. 18. Sehr gut erh.

5281. Medaille v. 1781, auf sein 50jähriges Regierungsjubiläum. Av. FRIED : LUD : S : R : I : COM : IN LŒWENST : WERTH : & : — Das Brustbild v. r. S., ohne Bekleidung, in einem runden, oben mit 2 herabragenden Zweigen gezierten Rahmen. Rev. VOLLRATUM FRATREM IUBILANTEM EXCIPIT POST XI · MENSES FRIDERICUS — und als innere Ueberschrift: IUBILANS EXEMPLO POSTERIS MEMORANDO · Ein mit den Wappenschilden geschmücktes altes Portal. Rechts ein Löwe, links ein Englein; am Boden ein Stein, woran ST · Im Felde des Portales: ANNI | VERSARIUM | 50 | ANNORUM | REGIM : | D : 14 : MART : | 1781 Im Abschnitt: NAT : D : 14 : MART : | 1706 Nicht im Binder. Berst. 684. Gr. 55. 3³/₃₂ Loth. S. g. e. R.

16

Karl Ludwig (1721—1779),

Bruder der Vorigen, geb. 1712, succ. 1721 in Gemeinschaft mit seinen Brüdern, ward 1737 mitregierender Graf, war der Stifter des Karl'schen Spezialastes und † 26. März 1779.

5282. Thaler v. 1770. Av. CAROL · LUD · S · R · I · COM · IN LŒWENST · WERTH · &c · — (Ueberschr.) Brustbild v. r. S., im Küraß und Hermelinmantel. Unten ein ✿ Rev. Unter der Krone fünf durch ein Band verbundene Wappen; in der Mitte die Wecken, umher die Wappen von Löwenstein, Wertheim, Limpurg u. Virneburg. Unten w · — ɪ · Oben herum ✿ DEUS PROVIDEBIT ✿ Unten herum X · EINE FEINE (W) MARCK · 1770 Laubrand. Mad. 6829. Bind. Nr. 20. S. g. e.

Friedrich Karl (1779—1806),

Sohn Karl Ludwig's und dessen Gem. Anna Freiin Deym von Strzticz, geb. 1743, succ. 1779 seinem Vater, gleichwie dessen jüngerer Sohn Ludwig Friedrich († 1785), als mitreg. Graf, wurde 1806 mediatisirt u. † 3. Aug. 1825.

5283. Dukaten v. 1799. Av. (U. b.) FRIED : CARL REG : GRAF IN LOEW : WERTHEIM · — Brustbild v. r. S., im Kleide, mit Stern und Ordensband. Rev. Gekröntes Wappen von 9 Feldern, mit Ordensband. An den Seiten 17 — 99 Ohne Umschr. Bind. Nr. 22b. 1 Duk. S. g. e. R.

(1803 erhielt die Gesammtlinie als Entschädigung für Virneburg etc. das würzb. Amt Freudenberg u. a. Sie nannte sich seitdem Löwenstein-W.-Freudenberger Linie. 1812 und 1813 wurde sie von Bayern und Württemberg in den Fürstenstand erhoben.)

B. Löwenstein-Rochefort.

Johann Dietrich (1611—1644),

jüngster Sohn Graf Ludwig's II. und dessen Gem. Anna Gräfin von Stolberg und Erbin der Grafschaften Wertheim, Rochefort und Montagu, sowie von Herbimont, Chassepierre, Château-Cugnon und eines Theiles von Breuberg, geb. 1584, war der Stifter der Rochefortter Linie, trat 1620 zur kath. Kirche über und starb 6. März 1644.

5284. Thaler v. 1623. Av. IO · THEOD · COM · IN LEWENSTEIN · WERTH · ROCHEF · 1623 · Geharn. Brustbild v. r. S., mit Spitzenkragen und Feldbinde. Rev. ET · MONTAGV · SV · P(rinceps) · IN CHASPIERRE ET CVGNON ETZ — Vierf. Wappenschild von Löwenstein u. Scharfeneck, mit den Wecken im Mittelschilde. Zwischen den Helmen von Löwenstein und Bayern ein hinter dem Schilde hervorragender Löwe. Mad. 1753. Cat. imp. 380. Sehr gut erb. RR.

5285. Thaler v. 1623. Av. · IO · THEOD · COM · IN LEWENSTEIN · WERTH · ROCHEF ✿ Gekrönter, mit zwei Figuren und zwei Vögeln geschmückter Wappenschild. Rev. · FERDINAND : II · D : G · ROM : IMP : SEMP : AVGVST : 1623 — Unter der Krone der Doppeladler mit dem Reichsapfel. Mad. 4252. Cat. imp. 380. Aus v. Wellenheim's Cab. S. g. e. RR.

5286. Thaler v. 1624. Av. IO · THEOD · COM · IN LEWENSTEIN · WERTH · ROCHEF · 1624 · Geharn. Brustbild v. r. S., mit Spitzenkragen und der Feldbinde. Rev. ET · MONTAGV · SV · P · IN CHASPIERRE ET CVG — NON ⸗ ETZ · — Gekrönter und verzierter Schild (1. Löwenstein, 2. Montagu, 3. u. 5. Wertheim, 4. Rochefort, 6. Breuberg, 7. Scharfeneck; im Mittelschilde die bayer. Wecken). (Mad. 4253, v. 1625.) Fehlt bei Binder und Berstett; nach vorlieg. Exemplare gab Beierlein unter Nr. 118 eine Beschreibung. S. g. e. RRR.

Maximilian Karl (1672—1718),

Sohn des Grafen Ferdinand Karl und dessen Gem. Anna Marie v. Fürstenberg, und Enkel des Vorigen, geb. 1656, succ. seinem Vater 1672, ward 3. April 1711 in den Reichsfürstenstand erhoben, war nach der Vertreibung des Kurfürsten Maximilian Emanuel von Bayern kaiserlicher Administrator von Bayern und Statthalter der Oberpfalz (1705—1712), erwarb in Böhmen, in dessen Fürstenstand er 1712 aufgenommen wurde, bedeutenden Grundbesitz und war von 1716 bis zu seinem Tode (26. Dez. 1718) Gouverneur des Herzogthums Mailand.

5287. Medaille v. Ph. H. Müller. Av. Geharn. Brustbild in grosser Perrücke, v. r. S., mit Ueberschrift. Im Titel ADMIN(istrator) · BAV(ariae) · Rev. Ein Löwe liegt vor dem Eingange eines Tempels, woran der Doppeladler. Im Abschn. VIGILANTIA CVSTOS Histor. Ged. M., S. 421. v. Loon IV. 445. Gr. 57. 5³/₄ Loth. Vergoldet, gut erh. R.

5288. Thaler v. 1711. Av. MAX · CAR · COM · IN — LÖWENSTEIN WERTH — (als Ueberschr.) Geharn. Brustbild v. r. S.; unten der Stern Müller's. Rev. Ein Löwe, welcher in der rechten Vordertatze einen Stein hält, mit der Ueberschrift IN CASVS PERVIGIL OMNES ▴ Im Abschn. + 1711 + Mad. 1756. Cat. imp. 380. Schön und s. g. e. R.

5289. Thaler v. 1712. Av. D ▾ G ▾ MAX ▾ — CAROL · ▾ S ▾ R ▾ IMP ▾ — (Ueberschr.) Geharn. Brustbild des Fürsten v. r. S., mit Gewand. Unten der Stern Müller's. Rev. PRINC ▾ IN LOWENSTEIN WERTH — (Ueberschr.) Unter dem Fürstenhute auf dem Hermelinmantel das Wappen von 8 Feldern mit Mittelschild. In der untern Reihe erscheint zwischen den Feldern von Breuberg und Scharfeneck ein Feld mit dem Balken von d. Mark (wegen der Abstammung von den Grafen v. d. Mark). Unten ⁕ 17 — 12 ⁕ und die zwei Hufeisen Holeisen's. Mit Laubrand. Wie voriger in Augsburg geschlagen. Mad. 1657. Cat. imp. 380. S. g. e. R.

Karl (Thomas) (1735—1789),

Sohn des Fürsten Dominik Marquard und dessen Gem. Christine Franziska Polyxene v. Hessen-Rheinfels, und Enkel des Vorigen, geb. 1714, succ. seinem Vater 23. März 1735, errichtete 1768 das böhmische Fideicommiss der Familie Löwenstein-Wertheim, das er 1788 seinem Neffen Dominik Konstantin abtrat, und † 6. Juni 1789.

5290. Thaler v. 1754. Av. CAROL · D · G · S · R · IMP · PRINC · IN LOWENST · & WERTH · — (Ueberschr.) Brustbild v. r. S.,

16*

im Kürass, mit dem rothen Adlerorden und umgeschlagenem Hermelinmantel. Am Arme *P · P · W ·* (Werner in Nürnberg) Rev. Zwischen 2 Löwen auf verziertem Gestelle das gekr. Wappen (im 7. Felde erscheint der halbe Löwe über dem Balken) mit dem Hubertusorden, wobei 17 — 54 Oben herum: CONSTANTIA ET PRUDENTIA Geriefter Rand. Mad. 4158. Cat. imp. 380. S. g. e.

5291. Gulden v. 1768. Av. CAROL · D · G · S · R · I · PRIN · DE LOEWENST · WERTH · — (als Ueberschr.) Geharn. Brustbild v. r. S.; am Arme ST · Unten ein ✿ Rev. Gekr. Wappen, mit dem Orden, von zwei auf einer Leiste stehenden, doppelt geschwänzten Löwen gehalten. Oben herum XX · EINE FEINE MARCK · Unter der Leiste W · — E · | 17 — 68 | W · Laubrand. Binder Nr. 73. S. g. e.

5292. Thaler v. 1769. Av. Aehnlich dem vorigen, mit & · nach WERTH · und ohne ✿ unter dem Brustbilde. Rev. Das auf einem Gestelle ruhende Wappen zwischen zwei Löwen. Oben X · EINE FEINE MARCK · und unten W · 17 W · 69 · E · Cat. imp. Suppl. 20, doch sieht auf vorl. Stücke der rechte Löwe abwärts. Laubrand. S. g. e.

5293. Thaler v. 1769. Av. CAROL : D : G : S : R : I : PRIN : IN LOEWENST : & WERTH : · — Brustbild v. r. S., mit Brustgewand. Am Armabschn.: ST · Rev. Wie vorher; der rechte Löwe ist aber nur einfach geschwänzt und sieht aufwärts. Unten herum W · 17 W 69 E · Laubrand. Bind. 378. 87. S. g. e.

(Dominik) Konstantin (1789—1806),

Sohn Theodor Alexander's († 1780) und dessen Gem. Kath. Louise Eleon. Grf. v. Leiningen-Dachsburg, geb. 1762, succ. seinem Oheime Karl 6. Juni 1789, wurde mediatisirt 1806 und † 18. April 1814.

5294. Klippe v. 1789, auf seinen Regierungsantritt. Av. Kopf v. r. S. u. s. w. Rev. HUY : | SUB AUSPICIIS | etc. Der löwenst. Schild, an einem Baume, von der Sonne bestrahlt. Dabei schüttet ein Genius ein Füllhorn aus. Im Abschn. EX VOTO CIVIT : | WERTHEIMEN · | AO 1789 Bind. Nr. 105. Gr. 39 v. Eck zu Eck. $^5/_8$ Loth. G. e.

5295. Gulden v. 1789. Av. CONSTANTINUS D : G : S : R : I : PRIN : DE LOEWENST : WERTHEIM · (unten beg.) Kopf v. r. Seite. Rev. Unter dem Fürstenhute das vom Ordensbande umgebene Wappen (1. Löwenstein, 2. Wertheim, 3. Montagu, 4. drei aufgerichtete Balken, 5. Scharfeneck, 6. Rochefort, 7. Mark, 8. Breuberg; Mittelschild, gespalten: Löwe und Wecken). Darunter E · W · ST · Ueberschr. IM ERSTEN REGIERUNGS IAHR D : 6 · IUN : 1789 und unten herum XX EINE FEINE MARK · Laubrand. Bind. Nr. 106. Sehr gut erh.

(1813 nahm die Rochefortor Linie den Namen Löwenstein-Wertheim-Rosenberg an. Die Herrschaft Rosenberg hatte Fürst Dominik Marquard 1730 von den Grafen von Hatzfeld gekauft.)

Mansfeld.

Vorderortische Linie.

(Stifter Albrecht V., ältester Sohn des 1472 gestorbenen Günther III.)

Günther IV.,

(Sohn Albrecht's V. († 1484) und dessen Gem. Susanna Gräfin von Bickenbach, † 5. Juli 1526), in Gemeinschaft mit seinen Brüdern Ernst II. († 1530) und Hoyer VI. († 1540) und den Söhnen Ernst's I. († 1486) von der hinterortischen Linie: Gebhard VII. († 1558) und Albert VII. († 1560), 1486—1526.

5296. Thaler v. 1522. Av. * MONE ⸰ ARGEN ⸰ COM ⸰ DO DE ⸰ MANS ○ — Der behelmte quadr. Schild von Querfurt-Mansfeld. Dabei I5 — zz Rev. SANCTVS ⸰ GE — ORGIVS ⸰ P — A ⸰ DOM ○ DE ⸰ MAN ○ — Der geharn. Heilige, mit Barett und erhobenem Schwerte, auf gerüstetem, nach rechts schreitendem Pferde, an dessen Harnisch ORA — PR — O N(obis) Unten der Drache. (Mad. 1757, Hagen, IV. Typ.) S. g. e. R.

5297. Thaler v. 1522, mit DO ⸰ im Av. und SANCTVS ⸰ G — EORGIVS ⸰ P ○ COM ⸰ DO ⸰ D ⸰ MAN ⸰ — im Rev. S. g. e. R.

5298. Thaler v. 1522, wie der vorige, mit ✿ vor MONE ⸰ und mit SANCTVS ⸰ G — EORGI ⸰ PA ⸰ — COM ⸰ DO ⸰ DE ⸰ MAN — War geh., sonst gut erh. R.

5299. Thaler v. 1523. Av. ähnlich dem vorigen. Die Ziffer 3 ist aus der z gebildet. Rev. Stempel von Nr. 5296. Av. sehr gut erh., Rev. gut erh. R.

5300. Thaler v. 1524. Av. (Eule) ▾ MON ▾ ARG ▾ COM ▾ DO ▾ DE ▾ MAN — Das Wappen; neben dem Kleinode 15 — z4 Rev. S ▾ GEORGI ▾ — PA ▾ COM ▾ DO ▾ DE ▾ MAN ▾ Der Ritter, wie vorher, auf rechtshin springendem Pferde (ohne Inschrift). Darunter der sitzende Drache mit zerbrochener Lanze. War Herrn v. Hagen unbekannt geblieben. S. g. e. RR.

5301. Thaler v. 1525. Av. C * MON ▾ ARG ▾ CO ▴ DO ▾ DE ▾ MANS ▾ 15 — z5 Behelmter Wappenschild. Rev. ▾ SANCT ▾ GEOR ▾ PA ▾ CO ▾ DO — ▾ DE ▾ MAN — Der ganz geharn. Georg mit erhob. Schwerte auf linkshin springendem Rosse mit Zaumzeug. Darunter Drache und Lanze. Mad. 4254. Hagen V. S. g. e. R.

5302. Thaler v. 1526. Av. Wie vorher, mit 15 — z6 Rev. ▾ MONE — ▾ AR ▾ — CO ▾ DO ▾ DE ▾ MANSFELT ▾ Der Ritter mit Barett und geschwungenem Schwerte auf rechtshin springendem, gerüstetem Pferde. Unten der Drache. Hagen VII. S. g. e. R.

Ernst II.,

(des Vorigen Bruder, geb. 1479, † 1530), in Gemeinschaft mit seinem Bruder Hoyer VI. und seinen Vettern Gebhard VII. und Albert VII., 1526 bis 1530.

5303. Thaler o. J. Av. C * ERNES ▾ Ɪ ▾ HOIGE ▾ GEBHAR ▾ Ɪ ▾ ALB — Behelmter Schild. Rev. MONE — AR — COMI ▾

DOMI ▾ DE ▾ MANSF — Sonst wie der Thaler v. J. 1526. Zu Hagen VIII. G. e. R.

5304. Ein zweites Exemplar dieses Thalers. G. e. R.

5305. Halber Thaler v. 1529. Av. C ✦ ERNES ▾ Ɛ ▾ HOI ▾ — ▾ GEBH ▾ Ɛ ▾ ALBE — Behelmter, nach rechts gebeugter Wappenschild; neben dem Kleinode 15 — 29 Rev. MONE ▾ ARGEN ▾ COM ▾ — DOMI ▾ DE — ▾ MANSF ▾ Der h. Georg, entblössten Hauptes, auf linkshin springendem Pferde, mit der Lanze den Drachen durchbohrend. G. e. RRR.

5306. Thaler v. 1531. Av. Wie Nr. 5303, aber mit zweimal Ɛ und 15 — 31 neben dem Kleinode. Mzzch. undeutlich. Rev. Ebenfalls wie Nr. 5303, aber mit AR ▾ und MANS — (Mad. 1760.) G. e. R.

Hoyer VI.,

(Bruder des Vorigen, wurde Senior 1530, † 1540), in Gemeinschaft mit seinen Vettern Gebhard VII. und Albert VII. und seinem Neffen Philipp († 1546), ältestem Sohne seines verstorbenen Bruders Ernst II., 1530—1540.

5307. Thaler v. 1532. Av. C ✦ HOIGER ▾ GEBHAR ▾ ALBER ▾ Ɛ ▾ PHILP — Behelmter Schild; neben dem Kleinode 15 — 32 Rev. MON — ARG — ✦ COMI ✦ DOMI ✦ DE ✦ MANSF ✦ — Der Ritter Georg, wie vorher. Hagen X. Mad. 1759. G. e.

5308. Thaler v. 1533, wie vorher, die Jahrzahl steht beim Schildfusse: 15 — 33 Mit PHILPS und viereckigen Punkten statt der dreieckigen. Im Rev. MONE — AR ▾ — COMI ▾ DOMI ▾ DE ▾ MANSFE — S. g. e.

5309. Thaler v. 1538. Wie Nr. 5307, mit 15 — 38 und — COMI ▾ DOMI ▾ DE ▾ MANSE (sic) — S. g. e.

a) zu Bornstädt.

Bruno II.,

(jüngerer Sohn Philipp's († 1546), des Stifters dieser Linie, und dessen Gem. Emilie Gräfin v. Leissnig, geb. 1545, wurde 1604 nach dem Tode Graf Peter Ernst's zu Friedeborn Senior seines Hauses, † 1615), in Gemeinschaft mit den Geschwisterkindern Wilhelm von Arnstein († 1615) und Johann Georg von Artern († 1615), 1604—1607.

5310. Thaler v. 1606. Av. BRVNO · SENIOR · WILH : HA : GE : P(atrueles) : — Das doppelt behelmte Wappen von 4 Feldern (1. u. 4. quadr., Querfurt-Mansfeld, 2. Arnstein, 3. Heldrungen). Zwischen den Helmen G M (Georg Mainhart), eine Doppellilie und 1606 Rev. ♁ — COMI : E : DOMI : IN · MAN — SFE : NO : D : I : H(eldrungen) : — In einem Blätterkranze der völlig geharnischte Georg auf geharn. und geschmücktem, linkshin springendem Pferde, mit der Lanze den Drachen erstechend. Hag. XII. Mad. 1787. G. e.

Dieselben und Wolrad († 1627), jüngerer Bruder Johann Georg's von Artern, 1605—1615.

5311. Thaler v. 1608. Wie Nr. 5310; aber im Av. SENI : und VOL-

RAHT · PA : nach GE :, und im Rev. MANSFE : NOB : DO : I : H : — Hagen XV. Mad. 4257. Jahrzahl etwas verprägt. S. g. e.

5312. Thaler v. 1609. Wie der vorige; mit VOLRAT · P : — und I : MANSFE : etc. S. g. e.

5313. Thaler v. 1611. Wie der vorige, nur mit VOLRAHT · P : und I6II S. g. e.

5314. Thaler v. 1614. Av. · BRVNO SE · WILH · HA · GEOR · VOLR · P · — Das doppelt behelmte neue Wappen. Neben den Helmen G — M und zwischen denselben eine Doppellilie und 1614 Rev. · ⊖ · ⊥ · COM · ET · DO · I · MANSFE · NO · DOM · IN · HEL · ⊥ Der Ritter, wie vorher, aber im Perlenkreis. S. g. e.

Bruno II.

5315. Begräbnissthaler v. 1615. Av. · BRVNO · SENIOR · COMES · ET · DN · IN · MANSF · NOB · DN · IN · HEL · ⊥ Auf rechtshin springendem, geharn. und geschm. Pferde der Heilige mit den mansf. Kleinodien auf dem geschlossenen Helme und mit einem Schilde, worauf das querf.-mansf. Wappen und 16 — 15 Unten Drache und Lanze. Oben G — M Rev. ○ ANFANG — BEDENCK — ○ DAS ○ — ○ ENDE ○ — Dazwischen 4 Schildchen mit einem Reichsapfel, dem querf.-mansfeld., dem arnsteinischen und heldrung. Wappen. Im Felde: NATVS · AO · | 1545 DIE XVII | NOVEMB · OBIIT | AŌ 1615 · DIE ○ | IV APRIL ○ | VIXIT ANNOS | LXIX · MENS · IV | DIES XVI · Mad. 1790. S. g. e. R.

Wolfgang III. (1615—1638),

(Sohn Bruno's II. und dessen Gem. Christine Gräfin v. Barby, geb. 1575, wurde 1631 Senior, † 1638), in Gemeinschaft mit seinem Bruder Bruno III. († 1644.)

5316. Thaler v. 1620. Av. ⊖ — WOLFGAN : ET · BRVNO : FRAT : COM : ET · DOMI : — Der h. Georg, ähnlich wie auf Nr. 5314. Rev. IN · MANSFELT · NOBILES · DOMI : IN · HEL : — Der doppelt behelmte Schild; darüber ⚒ | H · I | 1620 Mad. 1793. G. e.

Wolfgang III. und Johann Georg II. zu Eisleben († 1647).

Sie münzten von 1632—1638 gemeinschaftlich.

5317. Thaler v. 1635. Av. ⊖ WOLFG : ET · IOHA : GEOR : PAT : COMI : ET · — Der geharn. Heilige auf linkshin springendem, geh. Rosse, den Drachen mit der Lanze erlegend. Rev. DOM : IN · MANSF : NOBI : DO : IN · H : — ♧ — Das doppelt beh. Wappen. Dabei HP(verb.) — K (Koburger) Zwischen den Helmen · 1 · 6 · 35 Cat. imp. 383. 2. S. g. e.

Karl Adam (1638—1662),

Sohn Wolfgang's III. und dessen Gem. Sophia Schenkin v. Tautenberg, geb. 1629, † 1662 ohne Leibeserben.

5318. Thaler v. 1657. Av. · CAROLVS · ADAMVS · COMES · IN · MANSFEL : — Das Wappen; bei den Helmen HP(verb.) – ♁ – K, neben dem Schilde 16 — 57 Rev. ♁ NOB · DOM · IN · HELDRVNGEN · DOM · IN · FRIDEB(urg) : S(chraplau) : E(t) : H(elmsdorf) · ~ Der geh. Heilige, mit grosser Feder am Helme, auf linkshin springendem Rosse, den Drachen mit der Lanze durchbohrend. Mad. 1811. S. g. e.

5319. Thaler v. 1660, mit U statt der V auf beiden Seiten, ferner mit MANSFELT ·, mit Punkten nach des Münzm. Namensbuchstaben und mit ♧ statt ♁, auch fehlt der Punkt vor „Carolus". Im Rev. FRIDEB · S · E · H · S. g. e.

Franz Maximilian und Heinrich Franz, (1644 bis 1692),

Söhne Bruno's III. († 1644) und dessen 2. Gem. Maria Magdalena Gräfin von Törring; Ersterer geb. 1639, † 1692, Letzterer geb. 1641, erhielt das Fürstenthum Fondi im Königr. Neapel und die Reichsfürstenwürde 1696, † 1715.

5320. Gulden v. 1675. Av. FRANZ · MAX · HEINR · FRANZ — COMT · IN · MANSFELT · und ein Anker. Der Ritter Georg, ähnlich wie vorher. An der Decke des Pferdes das gekr. neue Wappen. Unten in der Umschr. ($\frac{2}{3}$) Rev. NOB : DOM : IN · HELDRUNGEN · SEB · E · SR — Das Wappen mit 2 Helmen. Neben dem Schilde A B — K | 16 — 75 Von schlechtem Schnitt. (Mad. 4261.) G. e.

5321. Dukaten v. 1687, mit dem Ritter und dem gekrönten, von der Kette des goldenen Vliesses umgebenen Wappen. Monn. en or, p. 209. Hag. S. 55. Oben und unten ein kl. Loch. 1 Duk.

Heinrich (1717—1780),

Sohn des 1696 zugleich mit Heinrich Franz in den Fürstenstand erhobenen Karl Franz und Enkel Franz Maximilian's, geb. 1712, succ. seinem Vater 1717. Er verkaufte 1751 seine Rechte auf das Fürstenthum Fondi an das neapolitanische Haus Sangro, und starb 15. Febr. 1780. Sein Sohn Wenzel folgte ihm, starb aber schon am 31. März gl. J. als der letzte männl. Erbe seines Hauses.

5322. Thaler v. 1747. Av. ♁ D · G · HENR · S · R · I · & DE FONDI PRINC · COM · & DOM · IN MANNSF · Brustbild v. r. S., im Harnisch, mit Ueberwurf. Rev. NOB · DOM · IN HELD · SEEB(urg) · & SCHRAPL · DOM(inus) · IN DOBRZ ✿ Das mit dem Fürstenhute bedeckte Wappen, worunter 17 · I · I · G · (Gründler) 47 Mad. 1813. S. g. e.

5323. Halber Thaler v. 1747. Wie vorher, aber mit ET DE · FOND · und ET DOM · IN · MANNSF · im Av. und mit IN · HELD · SEEB · ET · SCHRAPL · DOM · IN · DOBRZ ✿ im Rev. Hag. S. 58. S. g. e.

5324. Thaler v. 1774. Av. HENRI : S : R : I : P : C : MANSFELDÆ · N : D : IN · HELD : SEEB : & SCHRAPPLAU · — Der verz. Wappenschild auf dem mit dem Fürstenhute bedeckten Hermelinmantel. Rev. BEY GOTT IST RATH — UND THAT · — Der auf einem nach links gewendeten, geschmückten Pferde sitzende Heilige, im Harnisch, mit Waffenrock, stösst die Lanze in den Rachen des Lindwurms. Im Abschnitt 1774 · Mit Laubrand. Hag. S. 59. Gut erh.

Franz Gundacker, Fürst v. Colloredo, (1780—1806),

Sohn des 1763 in den Reichsfürstenstand erhobenen Grafen Rudolf Joseph v. Colloredo und dessen Gem. Marie Gabriele Grf. v. Starhemberg, geb. 1731, seit 1780 Fürst v. Colloredo-Mansfeld, succ. seinem Vater 1788, wurde mediatisirt 1806 und † 27. Oct. 1807. Er war erstlich (seit 1771) vermählt mit Maria Isabella, Tochter des Fürsten Heinrich v. Mansfeld, Erbin der mansfeld. Herrschaften Dobřiš, Nusle etc. nach dem 1780 erfolgten Tode ihres Bruders Joseph Wenzel, des letzten Fürsten von Mansfeld.

5325. Dukaten v. 1792. Av. FRANC · GVND · S · R · I · P · COLLOREDO · MANNSFELD · C · IN · WALDS(ec) · V(ice) · C(omes) · IN · MELS · M(archio) · IN · S(ancta) · SOPH(ia) · S · R · I · PRO · CANC(ellarius) · — Das von der Vliessordenskette umgebene vierf. Wappen von Querfurt-Mansfeld, Arnstein, Heldrungen, mit dem Wappen von Colloredo im Mittelschilde, auf dem mit dem Fürstenhute bed. Wappenmantel. Rev. BEY GOTT IST RATH — UND THAT — Der geharn. Georg mit langer Feder am Helme, auf geharn. und geschmücktem, linkshin springendem Pferde, den Drachen mit der Lanze erlegend. Im Abschn. 1792 1 Duk. S. g. e.

---

b) zu Eisleben.

Johann Georg I. (1558—1579),

(5. Sohn des Grafen Ernst II. († 1530) und dessen Gem. Dorothea Gräfin v. Solms, geb. 1515, Stifter dieser Linie, war magdeburgischer und darauf kurf. sächsischer Statthalter, wurde 1560 nach Albrecht's VII. Tode Senior des Hauses, musste 1570 nebst seinen Brüdern in die Sequestration Mansfeld's willigen und † 1579 zu Dresden), in Gemeinschaft mit seinem Bruder Peter Ernst I. zu Friedeborn († 1604) und dem Grafen Christoph zu Schraplau († 1591).

5326. Thaler o. J. Av. IOHAN * GE * PETER * ERNS * CHRIST (Blatt) — Der geh. Georg auf gerüstetem, linkshin springendem Pferde, mit dem Schwerte den Drachen bekämpfend. Rev. COMITES * ET * DOMI * I * MANSFE ⁑ — Der mit dem arnstein'schen Helme bedeckte neue vierf. Wappenschild und der mit dem alten Helme bedeckte Schild von Querfurt-Mansfeld. (Mad. 4263.) Sehr gut erh.

5327. Thaler v. 1560. Aehnlich dem vorigen. Das Bild im Av. trennt oben die Umschrift nicht. Unter den Schilden steht 60 Die

Umschrift des Av. lautet: IOHAN • GEOR • PETER • ERNST • CHRISTO (Blatt) Im Rev. steht MANSFEL • — Cat. imp. 384. 1. Sehr gut erh.

Johann Georg I.

in Gemeinschaft mit Christoph zu Schraplau und mit seinem Bruder Johann Ernst zu Heldrungen († 1572).

5328. Thaler v. 1572. Av. IO : GEO : CHR : — IO : ERN : CO : E — DO : I : MANSFE — Der Ritter Georg auf geharnischtem, linkshin springendem Pferde, den Drachen mit dem Schwerte erlegend. In der Umschrift die 3 Schildchen von Querfurt-Mansfeld, Arnstein und Heldrungen. Rev. · MAXIMILIAN · II · ROMA · IMPERATOR · A · P · F · D : (Blatt) Der mit 2 Kronen bedeckte Doppeladler, auf der Brust den Reichsapfel, worin 24 Zwischen den Köpfen 72 Zu Hagen XLIX. G. e.

Johann Georg I.

in Gemeinschaft mit seinem Bruder Johann Albert zu Arnstein († 1586) und mit seines ältesten Bruders Philipp Sohne, Bruno II. zu Bornstätt († 1615), 1573—1575.

5329. Thaler*) v. 1575. Av. IO : GEO : IO : ALBE : E : BRV : CO : E : DO : I · MANSF (Blatt) Ueber dem vermehrten Wappenschilde I575 Rev. ⊖ MAXIMILI : II : D : G · ROM : IMPERAT · PV(blicari) : FE(cit) : D Der geharn. Georg auf geharn., linkshin springendem Pferde, den Drachen mit der Lanze bekämpfend. Mad. 1776. Hag. S. 75. 4. G. e.

Johann Georg I.

in Gemeinschaft mit seinem Bruder Peter Ernst zu Friedeborn († 1604) und seinem Neffen Bruno II. zu Bornstätt († 1615).

5330. Thaler*) v. 1575. Av. · IOHAИ : GEOBG (sic!) · PETER : ERИST · ET · BRVИO : (Blatt) Wie vorher. Rev. ⊖ : MAXIMI : II : ROMA : IMPE : AVG : PVB : FEC : DEC · Der Ritter, wie vorher. Einen gemeinschaftlichen Thaler dieser 3 Grafen führen weder Herr v. Madai und d. Cat. imp., noch v. Hagen, Reichel oder A. an; er scheint bisher noch völlig unbekannt geblieben zu sein. RRR.

Johann Georg I.

in Gemeinschaft mit seinen Brüdern Peter Ernst zu Friedeborn († 1604) und Johann Hoyer zu Artern († 1585), 1573—1579.

5331. Thaler v. 1577. Av. IOH : GEOR · PETE · ERNS · IO · HOI · E : C · (statt C · E :) D · I · MANSF : c /ᐩ o : Der Wappenschild; darüber * I577 *, zu den Seiten * — * Rev. ⊖ RVDOLPHVS : II · D : G · ROM · IMPE : SEM · A : P · F : D : Der Ritter, wie vorher. (Mad. 1772.) Hag. LVII. G. e.

---

*) Diese u. and. Mansf. Münzen aus d. J. 1572—1575 beweisen, dass die Siglen P. F. in den durch Reichsmünzordnungen v. 1551 u. 1559 festgesetzten Umschriften „Caroli (Ferdinandi) Imp. Aug. P. F. Decreto“ schon damals mit „Publicari Fecit“ (auf den Kaiser bezogen, s. Nr. 5331 u. a.) aufgelöst wurden.

Johann Georg I.

in Gemeinschaft mit seinen 4 Brüdern: Peter Ernst zu Friedeborn († 1604), Johann Albert zu Arnstein († 1586) und Johann Hoyer zu Artern († 1585) und mit seinem Neffen Bruno II. zu Bornstätt († 1615), 1579.

5332. Thaler v. 1579. Av. IOH · GEO : PET · ERN · IO · ALB · IO · HO · BRV · FRA · E · PAT · c ⁄ G · Der doppelt behelmte Schild; darüber 79 Rev. ⴱ COMITES · E · DOM · IN · MANS · NOBI · DOM : IN · HELD : Der Ritter wie vorher, aber auf nicht geharnischtem Pferde. Zu Hagen LVIII. G. e. R.

Jobst (1579—1619),

Sohn Johann Georg's I. und dessen Gem. Katharina v. Mansfeld, geb. 1558, erblindete im 3. Lebensjahre und starb 1619.

5333. Thaler v. 1607. Av. IOBST · COM : E : DO : I : MANSF : N : D : I : HEL : — Zweifach beh. Schild. Zwischen den Helmen G M, eine Doppellilie und 1607 Rev. ⴱ — IN · SPE · E : SILENTIO · FORTITVDO · MEA · — Der Ritter, mit Federbusch, auf linkshin springendem Turnierpferde, die Lanze dem Drachen in den Rachen stossend. Hagen S. 84. G. e.

5334. Begräbnissthaler v. 1619. Av. + IVSTVS + CO + ET + DO + IN + MANSF + NOB + DO + IN + HELD ⁑ (Blatt) — Der geharn. Georg mit dem mansfelder Helme und einem ovalen Schilde, worin das querf.-mansf. Wappen und 19 ·, auf rechtshin springendem Turnierpferde, erhebt das Schwert zum Hieb. Unten Drache mit Lanze. Rev. ○ ICH ○ — SCHWEIG ○ — ○ VND ○ — GEDENCK ○ — Dazwischen vier Schildchen mit dem Reichsapfel und den Wappen von Querf.-Mansfeld, Arnstein und Heldrungen. Inschrift: · NATVS · AO · | 1558 · DIE · 14 · | APRILI : OBIIT · ; · AO · 1619 · DIE · 30 | DECEM : VIXIT · | ANNOS · 61 · MEN | SES · 8 · DIES · 17 · | und II ⚒ I zwischen Blättern. Mad. 1791. Hag. LXII. Cat. imp. 385. S. g. e. R.

5335. Aehnlicher Gulden. Mit · IVSTVS · CO · ET · DO : IN · MANSF : NO : DO : IN · HEL · — und ∗ ICH ∗ — SCHWEIG ∗ — VND ∗ — GEDENCK ∗, sowie mit · APRI : Hag. S. 86. Von einem gewundenen Reifen umgeben, doppelt gehenkelt, mit Ring. Gut erh. R.

Johann Georg II. (1619—1647),

Sohn des Grafen Jobst und dessen Gem. Anna von Köniz, geb. 1593, residirte zuerst zu Arnstein, dann in Schraplau, und starb 1647.

5336. Thaler v. 1629. Av. ⴱ IOHAN : GEORG : COM · ET : DOM : IN · MANSF : NO : D : I : HE : — Der Ritter Georg auf gerüstetem Pferde, v. r. S., den Drachen mit der Lanze erlegend. Rev. ✿ ESPOIR ✿ ME ✿ CONFORTE ✿ — ⴱ — Das Wappen; zwischen den Helmen 16z9 Neben dem Schilde A — K (Mad. 1807.) Ziemlich gut erh. R.

5337. Goldgulden v. 1635, mit dem Ritter und den drei, in Kleeblattform zusammen gestellten Wappenschilden. Wie Hagen LXVIII., aber mit IN · MANSFELT · NOBI : DOMI : IN HEL : ♧ und · 1 · 6 · — · 35 · S. g. e.

5338. Begräbnissthaler v. 1647. Av. IOHAN ✿ | GEORG · COM · | ET · DOM : IN · MANSF | NOB : D : I : HELDRVNG | NATVS · 1593 · 10 · MAI · | DENATVS · 1647 · 19 | FEBR · POST DIEM | CONCORDIÆ · Rev. DEN — ☉ NOCH — 1 ✿ 6 ✿ — ✿ 4 ✿ 7 ✿ — (rechts beg.) Der Ritter mit 2 langen Federn am Helme, auf dem Turnierpferde, v. r. S., die Lanze mit beiden Händen haltend. In der Umschr. die Schildchen von Heldrungen, Arnstein und Querf.-Mansfeld. Mad. 1809. S. g. e. R.

5339. Ein zweites Exemplar. S. g. e. R.

Johann Georg III. (1647, bez. 1663—1710),

Sohn des Vorigen und dessen 2. Gem. Barbara Magdalena von Mansfeld, geb. 1640, trat 1663 die Regierung an und starb 1710 ohne Kinder.

5340. Thaler v. 1667. Av. ☉ IOHAN̄ GEOR : COMES · I : MANSF : NOB : DYNASTA · I : H : S : E : S : Der Ritter Georg auf geharn. Ross, v. r. S., den Drachen mit der Lanze erlegend. Rev. FORTITER · ET · CONSTANTER · 1667 · A B K(oburger) · — Das Wappen mit 2 Helmen. Typus, der Herrn v. Hagen unbekannt geblieben. Sehr gut erh. R.

5341. Begräbnissthaler v. 1710, mit dem geharn. Brustbilde v. r. S. (v. Wermuth) und einer 19zeil. Aufschrift. Mad. 1813. Cat. imp. 386. 2. Hag. S. 96. S. g. e. R.

c) zu Friedeborn.

Peter Ernst,

(6. Sohn Ernst's II. († 1530) und der Stifter dieser Linie, geb. 1517, Senior 1579, war ein berühmter Feldherr Karl's V. und Philipp's II., wurde Generalgouverneur und Generalcapitän der Niederlande, welche Würde er bis 1594 bekleidete und darauf an Ernst v. Oesterreich übergab, ward v. Kaiser Rudolf 1594 zum Reichsfürsten ernannt und starb 1604), in Gemeinschaft mit Christoph von Schraplau († 1591) und seinem Bruder Johann Hoyer zu Artern († 1585), 1558—1585.

5342. Thaler o. J. Av. PETRVS ⸰ ERN ⸰ CHRISTOF ◦ IOAN ⸰ HOI — Der Ritter auf linkshin springendem Pferde, mit dem Schwerte nach dem Drachen stossend. Rev. COMIT · ET · DOM · I · MANSFELT — (Blatt) — Die neben einander gestellten, behelmten Schilde mit dem neuen u. dem alten Wappen. Zwischen den Helmen S Zu Mad. 1779 und Hagen S. 100. 3. folg. G. e.

Peter Ernst

mit seinen Brüdern Johann Albert zu Arnstein († 1586) und Johann Hoyer zu Artern († 1585) und seinen Neffen Bruno II. zu Bornstätt († 1615) und Hoyer Christoph zu Eisleben († 1587), 1579—1585.

5343. Thaler v. 1582. Av. PE : ERN : IO : AL : IO · HO : BRV

· HO : CHR : FRA : E : PATR · B (Doppellilie) M · Das Wappen mit den 2 Helmen, zwischen denen 8z Rev. ⦵ COMI : E : DOMI : IN : MAN : NOBI : DOMI : I : HEL : Der geharn. Ritter auf linkshin springendem Rosse, mit der Lanze den Drachen bekämpfend. (Mad. 1777.) G. e.

5344. Thaler v. 1582, wie vorher, aber mit PAT · im Av. G. e.

Peter Ernst

mit seinem Bruder Johann Albert († 1586) und seinen Neffen Bruno II. († 1615), Hoyer Christoph († 1587) und Johann Georg (dem Sohne Johann Hoyer's) zu Artern († 1615), 1585—1586.

5345. Thaler v. 1585, mit · PE · ER : I · AL : BRVNO : HO · C : HA · G : F : E : P — B (Doppellilie) M — und 85 zwischen den Helmen. Sonst wie vorher. Mad. 4274. Hag. S. 106. G. e.

Peter Ernst

in Gemeinschaft mit seinen Neffen Bruno II. († 1615), Hoyer Christoph († 1587), Gebhard VIII. von Arnstein, dem Sohne Johann Albert's, († 1601), und Johann Georg († 1615), 1586—1587.

5346. Thaler v. 1587. Av. PE · ER · BRVNO · HO · CH · G · HA · GE · PAT — B (Doppellilie) M — Das Wappen mit etwas verziertem Schilde. Zwischen den Helmen 87 Rev. Wie vorher. Mad. 4275. Hag. S. 107. G. e.

Peter Ernst

mit seinen Neffen Bruno II. († 1615), Gebhard VIII. († 1601) u. Johann Georg († 1615), 1587—1601.

5347. Thaler v. 1591. Av. PETER · ERN · BRVNO · GE · HA · G · P · — Das Wappen; zwischen den Helmen B (Doppellilie) M | 91 Rev. ⦵ · COMI · E · DOMI · I · MANSFE · NOB · DO · I · HE · — Der Ritter Georg, wie vorher, mit 3 Federn auf dem Helme, welche die Umschr. theilen. Hag. LXXXVII. Wenig pol., gut erh.

5348. Thaler v. 1592, ähnlich vorigem, mit GE · P · — und 9z im Av., und ⦵ · — COMI · sowie D · I · HE — im Rev. War geh., g. e.

5349. Thaler v. 1593, mit · PETER und P — Im Rev. ⦵ .·. und D · I · H · — Sonst wie vorher. S. g. e.

5350. Thaler v. 1595. Av. wie Nr. 5348, aber G (Doppellilie) M | 95 Rev. wie Nr. 5349. Cat. imp. 386. G. e.

5351. Desgleichen, mit DO · IN · H · — S. g. e.

Peter Ernst

mit seinen Neffen Bruno II. († 1615), Wilhelm zu Arnstein (Bruder des 1601 gestorbenen Gebhard VIII., † 1615) und Johann Georg († 1615), 1601 bis 1604.

5352. Thaler v. 1603. Av. PETER · ERN : BRVNO : WILH : HA : GE : P : — Das Wappen. Zwischen den Helmen G M | Doppellilie | 1603 Rev. ⦵ — COMI : E : DOMI : IN · MANSFE : NOB

: DO : I : H : — Der h. Georg wie vorher; das Pferd ist mit grossen Federbüschen geschmückt; der Helm des Ritters zeigt nur eine Feder. (Mad. 4276, Hagen XCI. Cat. imp. 387.) G. e.

d) zu Artern.

Wolrad VI.,

(Graf Johann Hoyer's zu Artern und dessen Gem. Martha v. Mansfeld zweiter Sohn, geb. 1558, wurde 1615 Senior, † 1627), in Gemeinschaft mit seinen Vettern Jobst zu Eisleben († 1619) und Wolfgang zu Bornstätt († 1638), 1615—1617.

5353. Thaler v. 1616. Av. · VOLRAT · IOBST · E · WOLFGA · PATR · — Das Wappen, mit · ♧ | 1616 zwischen den beiden Helmen. Neben dem Schilde A — K (Anton Koburger) Rev. · ♁ · — · COM · ET · DO · IN · MANSF · NO · DO · IN · HEL · — Der Ritter Georg, ähnlich wie vorher. (Mad. 1769. Hag. CII.) G. e.

Dieselben und Bruno III. († 1644), Wolfgang's zu Bornstätt Bruder, 1617—1619.

5354. Thaler v. 1618. Av. ○ VOLRATH ○ IOBST ○ WOLFGA ○ ET ○ BRV ○ P — Das Wappen. Zwischen den Helmen ♧ | ○ | AK und neben dem Schilde 16 — 18 | ○ — ○ Rev. ○ ♁ — · COM · ET · DO · IN · MANSF · NO · D · — · IN · HELTE · ○ — Der Ritter, dem vorigen ähnlich. (Mad. 4277. Hag. CIV. 4.) G. e.

Wolrad VI. und Jobst, 1619.

5355. Thaler v. 1619. Av. ♁ — VOLRATH × ET × IOBST × PATRVELES × — Der Ritter, wie gewöhnlich. Rev. COMITES · ET · DOMI : IN · MANSF : NOB : DO : IN : HEL : — Das Wappen. Zwischen den Helmen ⚒ | H I | 1619 Mad. 4278. Hag. CVII. G. e.

Wolrad VI.

in Gemeinschaft mit Wolfgang († 1638) und Johann Georg II. zu Eisleben († 1647), dem Sohne Jobst's, 1619—1627.

5356. Thaler v. 1621. Av. ♁ — · VOLRAT · WOLF · IOH · G — EORG · PATR · — Der Ritter, im Ganzen wie vorher. Rev. CO : ET · DO : IN : MANSF : NO : DO : IN · HE : — ⚒ — Das Wappen mit den Helmen. Neben dem Schilde 16 — zl | H — I Gut erh.

5357. Thaler v. 1623. Av. ♁ VOLRA · WOLFG · IOHAN : GEORG · PATRVELIS · — Der Ritter, wie vorher. Rev. COM · ET · DOM · I · MANSF · NO · DOM · I · HELDE · — Neben dem henkelartig verzierten Schilde 16 — z3 | H — I und zwischen den Helmen ⚒ Mad. 6834. Hag. CIX. 13. G. e.

5358. Thaler v. 1624, mit ♁ VOLR · WOLFGANG · IOHAN : GEo — RG · PATRVE (Laubwerk) — und COM : ET · DOM : IN ·

MANS : NO : DO : I : H : — ⚒ — Neben dem verzierten Schilde 16 — z4 und H — I Hag. CIX. 20. G. e.

5359. Thaler v. 1626. Av. ⊖ VOLRAT · WOLFG · ET · IOH — : GEORG · PA : — Der Ritter. Rev. COM · ET · DOM · IN · MANSF · NO · D · I · H · — Das Wappen; daneben 16 — z6 | A — K Zwischen den Helmen eine Kleepflanze mit 3 Blättern. War geh., g. e.

Philipp Ernst (1585—1631),

Johann Hoyer's 3. Sohn, geb. 1560, wurde (nach Wolrad VI.) 1627 Senior und starb 1631 als der Letzte seiner Linie. Er prägte von 1617—1626 unter seinem eigenen Namen.

5360. Thaler v. 1624. Av. ⊖ PHILIP · ERNST · COM · ET DO · I · MANSF · NOB · DO · I · HELDR · — Der Ritter, wie gewöhnlich. Rev. ZV · GOTT · ALLEIN · MEIN · HOFFNVNG · — Das Wappen. Oben zwischen den Helmen ⚒ und neben dem Schilde 16 — z4 | H — I (Mad. 1802.) Ziemlich gut erh.

5361. Thaler v. 1625. Av. Stempel des vorigen. Rev. Wie vorher; aber · ZV · u. s. w. Zwischen den Helmen ♧ und neben dem Schilde 16 — z5 | A — K Cat. imp. 388. 3. G. e.

Philipp Ernst

in Gemeinschaft mit Wolfgang von Bornstätt († 1638) und Johann Georg II. zu Eisleben († 1647), 1629.

5362. Thaler v. 1629. Av. ⊖ PHILIP : ERN : SEN : WOL : ET : IO — HA · GEOR : PA : — Der Ritter. Rev. COM : ET · DOM : IN : MANSF : NO : DO · I · H · — Das Wappen, mit A ♧ K zwischen den Helmen und 16 — z9 neben dem Schilde. (Mad. 1803, Cat. imp. 388.) G. e.

Hinterortische Linie.

(Stifter Ernst († 1486), jüngerer Sohn des 1473 gestorbenen Gunther III.)

a) Mittelortische Linie oder zu Schraplau.

Gebhard VII.,

(Ernst's I. ältester Sohn, geb. 1478, trat mit seinem Bruder Albert VII. der evangelischen Lehre bei, † 1558), in Gemeinschaft mit seinem Bruder Albert VII. († 1560) und seinen Vettern Philipp zu Bornstätt († 1546) und Johann Georg I. zu Eisleben († 1579), 1540—1546.

5363. Thaler v. 1541. Av. ☾ • GEBHAR · ALBER · PHILP · E · IOHAN · IOR — Der behelmte Schild von Querfurt-Mansfeld. Neben dem Kleinode 15 — 41 Rev. MON — ARG — COMI • DOMI • DE • MANSF — Der auf rechtshin springendem Turnierpferde sitzende Ritter mit befedertem Hute, das Schwert gegen den unten liegenden Drachen schwingend. (Mad. 4280, Hagen CXXI. 3.) Gut erh.

Gebhard VII. mit Philipp und Johann Georg I., 1546.

5364. Thaler v. 1546, mit (Lilie) GEBHAR * PHILIP * ET * HANS * GEO * — und MO — NA * — CO * ET * DOMI * IN * MANSF — EL * — Wie vorher, mit 4 — 6 neben dem Kleinode im Av. Mad. 4281. Hagen S. 155. S. g. e.

Gebhard VII. und Johann Georg I., 1546—1547.

5365. Thaler v. 1547. Av. (Lilie) GEBHART * ET * HANS * GEORG * — Behelmter Schild. Neben dem Helme 4 — 7 Rev. Stempel vom vorigen. Mad. 4282. Hag. S. 156. S. g. e. RR.

Dieselben und Peter Ernst I. zu Friedeborn († 1604), 1547—1558.

5366. Thaler v. 1547. Av. GEBHART * E * HANS * G * PETER * E * C * D * I * M * — Hinter dem alten Wappenschilde steht der geh. Georg, die Lanze dem Drachen in den Rachen stossend. Rev. (Lilie) MON * NO * ARG * C * E * D * I * MANSF * — Das neue vierf. Wappen mit den beiden Helmen. Zu den Seiten 4 — 7 (Mad. 1766. Hag. CXXVI.) G. e.

5367. Thaler v. 1554. Av. * GEBHART * HANS * G * PETER * E * C * D * I * MAN * H N und ein Zainhaken, zus. verbunden. (Hans Neumann, Mmstr. in Eisleben) Der Ritter Georg auf geharn., linkshin springendem Pferde, an dessen Decke der alte mansf. Schild zu sehen ist, stösst das Schwert nach dem Drachen. Rev. MON * NO * ARG * C * E * D * I * MANSFE * — Die neben einander gestellten behelmten Schilde mit dem alten und neuen Wappen. Unten 1554 (Mad. 4283.) S. g. e.

5368. Thaler v. 1556. Av. GEBHART ⁑ IOAN ⁑ GEORG ⁑ PETR ⁑ ERNS * und das Weinblatt. Der h. Georg, ähnlich wie vorher; auf der Decke des Pferdes Laubwerk. Rev. * COMITES ⁑ AC ⁑ DOMINI ⁑ IN ⁑ MANSFE * — Die beiden behelmten Wappen. Unten 1556 (Mad. 4284.) S. g. e.

5369. Thaler v. 1558, mit GEBHART * E * HANS * GEOR * PETER * ERNS * und Weinblatt, und COMITES * E * DOMINI * IN * MANSFELD — Die beiden Wappen. Unten 58 · Hag. S. 163. 8. Z. g. e.

Christoph II. (1558—1591),

(Sohn Gebhard's VII. und dessen Gem. Margaretha v. Gleichen, geb. 1520, succ. 1558 und † 1591), in Gemeinschaft mit seinen Vettern von der vorderortischen Linie Johann Albert zu Arnstein († 1586) und Bruno II. zu Bornstätt († 1615), 1558—1586.

5370. Thaler o. J. Av. CHRIS ✿ IO ✿ ALBERT ✿ ET ✿ BRVNE — Der geh. Heilige auf linkshin springendem Turnierpferde, mit dem Schwerte nach dem Drachen stossend. Rev. COMIT o ET o DOMI o I o MANSFELT — (Weinblatt) — Die beiden Wappen, doch steht das neue vermehrte Wappen rechts, das alte links.

Zu den Seiten ○ — ○ Zwischen den Helmen S (Mad. 1775. Hag. S. 166. 3.) G. e.

Christoph II., allein.

5371. Thaler v. 1583. Av. · CHRISTOPHORVS · CO · E · D · I · MAN · — Hinter dem behelmten alten Wappen der Ritter Georg zu Pferd, v. l. S., mit der Lanze den Drachen durchbohrend. Rev. R (Doppellilie) M · RVDOLP · II · D · G · RO · IM · SEM · AVG · 83 Unter der Krone der Doppeladler mit 24 im Reichsapfel. Hagen, S. 168. 3. S. g. e.

Heinrich II. und Gotthelf Wilhelm, (1591—1594),

Söhne Christoph's II. und dessen Gem. Amalie Grf. v. Schwarzburg; Ersterer, geb. 1554, † 1602, Letzterer † 1594.

5372. Thaler v. 1594. Av. · HEINRIC · E · GOTHELF · GVILHELM · FR · — Behelmter Schild; darüber die Doppellilie; zu den Seiten B — M (Berth. Mainhart) und 9 — 4 Rev. · COMITES · ET — · DOMIN · IN · — MANSFE · E(tc.) · ♁ — Der h. Georg auf rechtshin springendem Pferde, mit erhobenem Schwerte. Unten der Drache. (Mad. 1782.) Hag. S. 171. 4. S. g. e.

5373. Thaler v. 1594. Av. Wie vorher, ohne Punkt vor HEINRIC · Rev. Vom Stempel des vorigen. G. e.

Heinrich II. allein, 1591—1602.

5374. Thaler v. 1598. Av. · HEINRICVS · COM · E · DOM · IN · MANSFE · Behelmter Schild; oben die Doppellilie; zu den Seiten G — M (Georg Mainhart) und 9 — 8 Rev. COMMISI · DOMINO · ET · IPSE ∴ FACIET · ♁ Der h. Georg, wie vorher. (Mad. 1783.) G. e.

b) Eigentliche hinterortische Linie.

Albert VII.,

(Graf Ernst's I. jüngerer Sohn, geb. 1480 zu Leipzig, führte mit seinem Bruder Gebhard 1535 die Reformation in den mansf. Landen ein, war ein tapferer Kriegsherr, schlug die Wiedertäufer 1525 bei Frankenhausen und den Herzog Erich von Braunschweig bei Drakenburg 1547, verfiel in die Reichsacht, nachdem er mit seinem ganzen Hause sich veruneinigt und in einen Hauskrieg gerathen war. Seine Länder wurden den Grafen Gebhard VII. zu Schraplau und Johann Georg I. zu Eisleben zuerkannt, jedoch 1552 in Folge eines Vergleiches unter den Grafen an ihn zurückgegeben; er starb 1560), in Gemeinschaft mit seinen Vettern Philipp zu Bornstätt († 1546) und Johann Georg I. zu Eisleben († 1579), 1540—1546.

5375. Thaler v. 1542. Av. C ✦ ALBERTVS · PHILP · E · IOHAN · IORG — (an Stelle der Punkte stehen ganz kleine Herzen.) Das Wappen; neben dem Kleinode 15 — 42 Rev. ▲ MON — ARG — COMI ▲ E ▲ DOMI ▲ IN ▲ MANSFE — Der geharn. Georg mit

17

Federhut, auf gerüstetem Pferde, v. l. S.; unten der Drache. (Mad. 1562, Hag. S. 178. 4.) S. g. e.

5376. Thaler v. 1542, mit ☾ * ALBERTVS ▴ PHILP ▴ E ▴ IOHANS ▴ GEORG ▴ und MON — ARG — COMI ▾ DOMI ▴ DE ▴ MANSFEL — (Mad. 4289.) Leidl. erh.

5377. Thaler v. 1543, mit IOHANES ▾ GEORG — und · MON — ARG · — COMI ET · DOMI IN · MANSF · Hag. S. 178. 6., Sehr gut erh.

Albert VII. allein, 1546—1560.

5378. Thaler v. 1546. Av. ALBERTVS COMES DOMI DE (verbunden) MANSFE und ein Halbmond mit Gesicht. Das Wappen mit 15 — 46 neben dem Kleinode. Rev. MONE · ARGE — COMITIS DOM · ALBR · DE (verb.) MAN — Der Ritter, wie vorher. G. e.

5379. Thaler v. 1553. Av. ☾ ALBRECH ☙ GRAF ☙ V ☙ HER ☙ Z ☙ MANS — Das Wappen; oben daneben 15 — 53 Rev. ☙ BEATVS ☙ — QVI ☙ SPERAVI — T ☙ IN ☙ DOMM ☙ Der Ritter, ähnlich wie vorher. Cat. imp. 390. G. e.

Wolrad V.,

(Sohn Albert's VII. und dessen Gem. Anna von Hohnstein, geb. 1520, zeichnete sich in Kriegsdiensten des Kurfürsten Johann Friedrich von Sachsen, im Feldzuge gegen Erich von Braunschweig und im Kampfe für die Hugenotten in Frankreich aus, † 1578), in Gemeinschaft mit seinen Brüdern Johann († 1566) und Karl († 1594), 1560—1566.

5380. Thaler v. 1564. Av. VOLRAT ✿ IOAN ✿ ET ✿ CAR ✿ FRATRES und kl. Menschenkopf — Behelmter Schild; neben dem Kleinode 6 — 4 Rev. COMITES * ET * DOMINI * IN * MANSFELT * und eine Weintraube. In einem Blätterkranze der Ritter auf dem Turnierpferde, v. r. S., mit dem Schwerte nach dem Drachen stossend. S. g. e.

David,

jüngerer Sohn Wolrad's V. und dessen Gem. Barbara von Reuss, geb. 1573, Canonicus zu Strassburg, übernahm 1609 das Directorium der hinterort. Linie, residirte zu Schraplau und † 1628.

5381. Thaler v. 1603. Av. DAVID : CO : E : DO : I : MANSF : NO : D : I : HEL : E : SCHRAP : — Behelmter Schild. Zwischen dem Kleinode ein aus IESV gebildetes Monogramm. Neben dem Helme G — M Rev. BEI · GOT · IST · — RATH · VND · THAT · 16 AS (verschlungen; anno salutis?) 03 — ⍥ — Der Ritter, Georg, mit erhobenem Schwerte, auf rechtshin springendem Turnierpferde, auf dessen Decke der querf.-mansf. Schild. Unten der Drache. Mad. 4294. Hag. CLIII. S. g. e.

5382. Thaler v. 1611. Av. ⍥ DAVID : CO : E · DO : I : MANSF : NOB · D : I : HEL · ET · SCHRAPL : Der geh. Georg mit erhobenem Schwerte, auf einem nur gezäumten, rechtshin springenden Pferde. Unten der auf dem Rücken liegende Drache und die zerbrochene Lanze. Rev. BEI GOT | IST RATH | VND THAT | Darunter der vierf. Wappenschild zwischen 16 — II | G — M Umher ein Blätterkranz. Mad. 1797. Ist einer der berühmten Schussthaler, von denen die mit den ungleichen Jahrzahlen am meisten gesucht und am theuersten bezahlt wurden. S. g. e.

5383. Thaler v. 1617. Av. ⊕ · DAVID : CO · E · DO · IN · MANSF · NO · D · IN · HEL · ET · SCHR · Der Ritter wie vorher; aber von schlechter Zeichnung. Rev. BEY (Blatt) GOT (Blatt) IST (Blatt) RATH (Blatt) VND (Blatt) THAT · ♧ · Gekrönter Schild; daneben A — K, zwei Blätter, 16 — 17 und zwei Punkte. Mad. 4296. Hag. CLVIII. G. e.

5384. Thaler v. 1619. Av. ⊕ DAVID : CO · E (Blatt) D · I · MANSF · NO · DO · I · HEL · E · SCHAB (sic) und ein Blatt. Wie vorher; der Ritter erscheint ganz von linker Seite. Rev. Wie vorher; aber mit längl. Blättern zwischen den Worten, und mit GOTT und RAHT Zu Seiten des Schildes ragen Helmdecken hervor. Neben der Krone 16 — 19 und über derselben · A — K · (Mad. 4296.) G. e.

5385. Thaler v. 1619. Av. ⊕ DAVID · CO : AC : DO : IN · MANS : NOB : DO : IN · HEL : SEB : ET · SCHRA · Der Ritter Georg in ähnlicher Vorstellung wie auf Nr. 5382. Rev. EST ✿ DEVS ✿ AVXILIO ✿ CONSILIOQVE ✿ POTIS ✿ ✿ Gekr. Schild; daneben 16 — 19 | H — I Mad. 1799. Hag. S. 203. G. e.

5386. Aehnlicher Thaler mit 16 — z0, SCHRA : und POTIS ✿ Cat. imp. 391. Z. g. e.

5387. Thaler v. 1622. Av. DAVID : C · E · DO : I · MANSF · NO : DO : I · HEL · SE · E · SC : ⊕ — Der Ritter Georg mit erhobenem Schwerte, v. l. S., oben bis an den Rand reichend. Unter dem Pferde der auf den Vorderfüssen liegende Lindwurm, dem ein Stück der Lanze im Halse steckt. Rev. ‡ BEI ‡ GOTT ‡ IST ‡ RAHT ‡ VNND ‡ THATT ‡ und ein Kleestengel. Der gekr. Schild; dabei + — + | 16 — zz | + — + | A — K Mad. 4296. Hag. S. 198. Nr. 7. Geh.; g. e.

5388. Thaler v. 1622. Av. Stempel vom vorigen. Rev. Wie vorher, aber mit : statt ‡ Der Schild ist herzförmig. Neben der Krone A — K | 16 · — zz Scheint gegossen zu sein. 1¼ Loth.

5389. Thaler v. 1626. Av. DAVID + CO + ET + DO + I + MANSF + N + D + I + H + S + E + S + ⊕ — Aehnliche Vorstellung; das Pferd ist ohne Federschmuck; der Drache wendet sich um und schreitet auf einem Boden, worauf 16z6 Rev. BEI + GOTT + IST + RAHT + VNND + THADT 16 (drei Kleestengel) z6 · Gekrönter Schild, neben welchem A — K Hag. l. c. Nr. 15. G. e.

Ernst VI. (1566—1609),

(Sohn Johann's († 1566), des Bruders Wolrad's V., und dessen 2. Gemahlin Margaretha von Braunschweig, und Enkel Albert's VII., geb. 1561, † 7. April

17*

1609, zweimal vermählt, ohne männliche Erben), in Gemeinschaft mit seinem Bruder Friedrich Christoph zu Hedersleben († 1631), 1579—1609.

5390. Thaler v. 1579. Av. ERNE · E · FRID : CRIS · FR · IVN · CO · E · DO · I · MANS — Behelmter Schild. Zwischen dem Kleinode c / o (Christian Gotter) und neben demselben 15 — 79 Rev. ⊕ · RVDOLPHVS · II · D : G ROMA · IMPE · SEM · A · P · F : D : Der Ritter auf linkshin springendem Turnierpferde, mit der Lanze den Drachen durchbohrend. Cat. imp. 392. Mad. 4300. G. e.

5391. Zwitter-Thaler v. 1609. Av. ERNESTVS · E : FRID : CHRIST : CO : E · D : I : MANS : — ⊖ — Behelmter Schild; über dem Helme 1 — 6 — 0 — 9 (bogenförmig gestellt) Zu den Seiten des Schildes G — M Rev. ✤ NOBILIS · DOMINVS · IN · HELD · SEEBVRG · ET · SCHRAPL : Der Ritter Georg mit geschwungenem Schwerte, über den erlegten Drachen hinwegsprengend. Mad. 6837. Hag. S. 218. Der Rev. gehört zu einem Thaler Friedr. Christoph's. G. e. R.

Dieselben und David zu Schraplau († 1628).
(Sie scheinen nur in den Jahren 1602 und 1603 gemeinschaftlich gemünzt zu haben.)

5392. Thaler v. 1602. Av. ERNESTVS · FRI : CHRIST : E : DAVID · CO : MANSF : — ⊖ — Der mit dem mansf. Helm und Schild ausgestattete Ritter sprengt nach rechts, doch mehr nach vorwärts gekehrt, über den Drachen hinweg. Das Bild steht in einem Kranze. Rev. RVDOLPH : II : RO : — IMPERA : S : AVG : — Der kaiserl. Doppeladler über dem gekr. Wappen, wobei 16 — 0z | G — M Cat. imp. 392. (Mad. 1785.) Jahrz. undeutlich, sonst gut erh. R.

Friedrich Christoph (1609—1631),

jüngerer Sohn Johann's und Bruder Ernst's VI., geb. 1564, residirte zu Hedersleben und starb 1631.

5393. Thaler v. 1620. Av. ⊖ FRID : CHR : CO : IN · MANS : NOB : DO : IN · HEL : SEB : ET · SCHRAP : — Der Ritter mit erhobenem Schwerte sprengt auf gezäumtem Pferde von links nach rechts über den auf dem Rücken liegenden Drachen hinweg. Rev. PATIENTIA ✦ VINCIT ✦ OMNIA — Behelmter Schild; daneben H — I Im Kleinode ⚒ und neben dem Helme 1 — 6 — z — 0 (bogenf. gestellt) Mad. 1792. Cat. imp. 392. S. g. e.

5394. Thaler v. 1622. Av. ⊖ · FRIDERICVS · CHRISTOF · COM · ET · DOMI : IN · — Der Ritter mit geschwungenem Schwerte auf gezäumtem, mit Federn geschmücktem, rechtshin springendem Rosse. Auf dem bewachsenen Boden der Drache und darüber die Lanze. Rev. · MANSF · NOB · DO · IN · HEL · SEB · E · SC · — Behelmter Schild; daneben 16 — zz | A — K Zwischen den Fahnen ♧ Hag. S. 224. G. e.

Friedrich Christoph und David zu Schraplau († 1628).

(Sie münzten in der Kipperzeit und bis 1626 gemeinschaftlich.)

5395. Thaler v. 1626. Av. FRIDERI : CHRIS : ET · DAVD · COM · ET · D : ⊖ — Der rechtshin sprengende Ritter mit erhobenem Schwerte. Unten der auf die Vorderfüsse gesunkene Drache, dem die Lanze im Halse steckt. Rev. IN · MANSFELT · NO · DO · IN · H · S · E · S · — Behelmter Schild, wobei 16 — z6 | A — K Im Kleinode drei Kleestengel als Münzzeichen. Hag. S. 229. Nr. 3. Gut erh.

Friedrich Christoph.

5396. Begräbnissthaler v. 1631. Av. FRI : CHR · CO : ET · DO : IN : MANSF : NO : DO : IN : HEL : SE : ET · SC · ✿ In einem schmalen Blätterkranze: NATVS · | ANNO · 1 · 5 · 64 · DIE · | · 4 · FEBR · ET · POSTQ · | VIXERAT · ANNOS · | · 67 · ET · Z · MENSES · | PIE · DENATVS · | ANNO 1 · 6 · 31 DIE · | · 6 · APRILIS · | Arabeske. Rev. GEDVLDT · IN · VNSCHVLDT · TREW · IST · WILPRET ⊖ — Der Ritter mit erhobenem Schwerte und dem querf.-mansf. Schilde, sprengt von links nach rechts über den Drachen hinweg, der auf die Vorderfüsse gesunken ist. Das Bild umschliesst ein Blätterkranz. Mad. 1805. Cat. imp. 392. Hag. 230. G. e. R.

Ernst Ludwig (1631—1632),

ältester Sohn Friedrich Christoph's und dessen Gem. Agnes Grf. v. Eberstein, geb. 1605, war schwedischer Obristwachtmeister, succ. 6. April 1631, starb aber schon am 8. April 1632.

5397. Begräbnissthaler v. 1632. Av. ERNEST : LVDOV : CO : E : DO : I : MA : NO : DO : I : H : S : E : S : — ⊖ — Der Ritter, wie zuvor; aber auf dem Schilde das behelmte Wappen. Rev. REG(iae) : MAI(estatis) : SUÆC(iae) : SUPR(emus) : EXCVBIARUM · PRÆFECTVS • Inschrift: NATVS · | ANNO · 1 · 6 · 0 · 5 · DI : | 16 · IVNI · OBIIT · 9 · | APRIL · ANNO · 1 · 6 · 32 VIXIT · ANNOS · 27 · | MINVS · 2 · MENS · | ET · 7 · DIER · | ✦~~✦ | Mad. 1806. Hag. S. 232. S. g. e. R.

Christian Friedrich (1632—1666),

jüngster Sohn Friedrich Christoph's, geb. 1615, residirte zu Hedersleben und † 1666 als der Letzte der hinterortischen Linie.

5398. Thaler v. 1651. Av. CHRISTIAN⁹ FRIEDERIC⁹ COMES · AC · DOM : ⊖ — Der Ritter ganz von linker Seite, mit erhob. Schwerte, auf rechtshin springendem Rosse. Unten der Drache mit der zerbroch. Lanze. Rev. IN · MANSFELT · NOB : DN : IN · HELDR : S : E : S : Behelmter Schild. Zwischen dem Kleinode ♧ und daneben HP (verb.) — K | 16 — 5I Mad. 1810. Hag. S. 234. Nr. 14. Gut erh.

5399. Thaler v. 1665, ähnlich dem vorigen, mit einem Punkte vor „Christian“ und ohne Punkte nach DOM Im Rev. fehlen die Punkte nach „Mansfelt“ und IN, das letzte S : ist nicht kleiner. Hag. S. 235. Nr. 21. S. g. e.

Metternich.

Klemens Wenzel Lothar, Fürst,

Sohn des Grafen und nachherigen Fürsten Franz Georg Karl von Metternich und dessen Gem. Maria Beate Aloysia Gräfin von Kagenegg, geb. 15. Mai 1773 in Koblenz, berühmter Staatsmann, 1809 öster. Staatsminister, brachte am 9. Sept. 1813 zu Teplitz die bekannte Quadrupelallianz zu Stande, wurde am Tage der Schlacht bei Leipzig in den erblichen öster. Fürstenstand erhoben, 1821 k. k. Haus-Hof- und Staatsminister und 1826 zum Präsidenten der Ministerial-Conferenz für die inneren Staatsangelegenheiten ernannt, welchen Posten er bis 1848 bekleidete. Er war Ritter des goldn. Vliesses und fast aller europäischen Orden und starb am 11. Juni 1859. Als besonderer Pfleger der Numismatik hinterliess er auch eine treffliche Münzsammlung.

5400. Kleine Medaille v. 1816. Av. CLEM · WENC · LOTH · F · V · METTERNICH · W · (Winneburg) Haupt v. l. Seite. Rev. KRAFT IM RECHT · — Das fürstliche Mittelschild mit der Krone; darunter 1816 · Böhm. Priv.-Mz. Tab. XXXII. Nr. 267. Gr. 12. ³/₆₄ Loth. Sehr gut erh.

Mörs.

Hermann,

Graf von Mörs, Sohn des Grafen Wilhelm von Neuenaar und dessen Gem. Anna Grf. v. Wied und Erbin v. Mörs, geb. 1514, verm. sich am 16. Juli 1538 mit Magdalena, Tochter Wilhelm's I. von Nassau-Dillenburg, succ. seinem Vater nach d. J. 1546 und † 4. Dez. 1578 ohne Kinder.

5401. Thaler v. 1567. Av. ○ HERMAN ○ CO ○ A ○ NV — ENAR ○ ET ○ MORS ○ und ein kronenartiges Münzzeichen. Das doppelt behelmte, quadr. Wappen von Neuenaar und Mörs, mit Mittelschild. Zu den Seiten des Schildes 15 — 67 Rev. ○ IMP ○ CÆS ○ MAXIMILIANVS ○ II ○ PP (pater patriae) ○ AVG ⁰₀ — Unter der zwischen Arabesken stehenden Krone der Doppeladler mit dem Reichsapfel auf der Brust. Mad. 4304. Aus der v. Dickmann'schen Auktion. Sehr gut erh. RRR.

Hermann's Schwester, Emilie Walburg, die zuerst mit Philipp v. Horn, dann mit ihrem Vetter Adolf v. Neuenaar vermählt war, setzte 1600 den Gr. Moris von Oranien zum Erben von Mörs ein, das als eröffnetes Lehen an Cleve hätte fallen sollen. Mörs kam dann 1702 von Nassau-Oranien an Preussen und wurde 1709 vom Kaiser zu einem Fürstenthum erhoben.

Montfort.

Jüngere Linie zu Tettnang (Theilung von 1354).

Wolfgang,

Sohn Hugo's III., Grafen v. Montfort u. Rothenfels, und dessen Gem. Anna, Gräfin von Zweibrücken-Bitsch, ein Urenkelssohn Graf Heinrich's, des Stifters dieser Linie, war ein tapferer Kriegsmann, kais. Rath und Statthalter in Oberösterreich und Tirol. Er vermählte sich mit Eleonore Freiin v. Wolkenstein-Rodenegg und starb 21. März 1540 kinderlos.

5402. Thaler o. J. Av. WOLFGANGI : COMITIS : DE · MONTFORT ZC ✻ Bärtiges Brustbild v. l. S., im Pelzrocke, mit einer Klappmütze bedeckt. Rev. · CAR · V · ROM · IMP · — · SEMP · AVGVSTVS · — Unter der Krone der Doppeladler mit kast.-öster. Brustschilde. Unten ein Schildchen mit der Fahne von Montfort. Die Umschriften stehen zwischen Blätterkränzen. Mad. 1815. Cat. imp. 394 (falsch bestimmt). Binder S. 391. 2b. Bergm. II. S. 146. Sehr gut erh. RRR.

Ulrich IV. (1564—1574),

Sohn Hugo's IV. und dessen Gem. Magdalene von Schwarzenberg, und Neffe des Vorigen, wohnte Anfangs zu Wasserburg am Bodensee, succ. seinem Vater am 21. Nov. 1564, veräusserte 1565, resp. 1566 die Grafschaft Rothenfels, eine alte Besitzung der Grafen von Montfort, an seinen Schwager Joh. Jakob Freih. v. Königsegg zu Aulendorf, behielt sich aber u. a. den Titel davon und das Münzrecht vor, wurde 1570 Landeshauptmann in Vorderösterreich und † 16. April 1574. Mit seinem Tode erlosch die Tettnanger Linie.

5403. Halber Guldenthaler v. 1573. Av. ✿ MO : NO : VDALRI : CO : IN · MONT : ET : ROT(henfels) : und als innere Umschr. (u. b.) ·: SP : DI(vus) : IOHA : — CO(mes) : D(e) : MONT(fort) : CIP(ri) : (Das SP entweder sepultus oder sanctus patronus etc.) Der stehende, geharn. h. Johann v. Montfort stützt sich mit der Rechten auf den Wappenschild und hat die Linke am Schwertgriffe. Rev. MAX : Z · RO : IM : SEMPER · AVGVSTVS ❁ 73 — Unter der Krone der Doppeladler mit 30 im Reichsapfel. Mad. 6840. Bind. S. 393. 16. War geh., sonst sehr gut erh. RRR.

Aeltere Linie zu Bregenz (Theilung von 1354).

Hugo und Johann,

Söhne des Grafen Johann, succ. ihrem Vater 1619 und starben, Ersterer 1662, Letzterer 1625. Ihr Vater war 1576 in Gemeinschaft mit seinen Brüdern mit Tettnang, Argen u. s. w., der Erbschaft Ulrich's IV., vom Kaiser belehnt worden, der nach Ulrich's Tode die Besitzungen desselben eingezogen und bereits seinem Bruder, dem Erzh. Ferdinand, übergeben hatte.

5404. Thaler v. 1620. Av. HVGO : ET • IOAN • COMITES • IN • MONTFORT • Schräggestellter Wappenschild mit der Bischofsmütze auf dem mit dem Wappenmantel behangenen Helme. Rev. FERDINANDVS • II • — D G : ROM • IMP • S • A • 1620 ✻ Ungekr. Doppeladler mit dem Reichsapfel. Mad. 1816. Bind. Nr. 17. S. g. e.

5405. Thaler v. 1621, mit + an Stelle der • in den Umschriften und mit 1621 ✻ Sonst wie vorher. Cat. imp. 395. Bind. Nr. 18. Sehr gut erh.

Diese beiden Thaler wurden von Hans Freiherrn von Bemmelberg auf Erolzheim, dem die Münze in Langenargen auf 3 Jahre verpachtet worden war, geprägt, weshalb den Grafen mit Entziehung des Münzrechts gedroht wurde.

Hugo allein.

5406. Thaler v. 1622. Av. : MO : NO : HVGON : COM : — IN : MONTFORT: Geharn. Bildniss v. r. S., bis an den Schooss, mit glattem Kragen, die Rechte in die Seite gestemmt, die Linke am Schwertgriffe. Daneben 16 — zz Unter der rechten Hand das Wappen in ausgeschweiftem Schilde. Rev. ✿ FERDINAN : II : ROM : IMP : SEMP : AVGVS ✿ — Unter der Krone der Doppeladler. Bind. Nr. 20. G. e. RRR.

5407. Thaler v. 1623. Av. MONETA NOVA HVGONIS — COM IN MONTFORT · ✿ · Vorwärts gekehrtes Bildniss mit Spitzenkragen, sonst wie vorher. Die Rechte ruht auf dem Wappenschilde. Zu den Seiten 16 — z3 Rev. • FERDINANDVS • II • ROM : IMP : SEMP : AVGV : — Unter der Krone der Doppeladler. Weder bei Madai und Binder, noch anderwärts. Von flachem Schnitt, gut erh. RRRR.

5408. Thaler v. 1623. Av. MON · NO · HVGONIS · — COM · IN · MONTFORT ✿ Sonst wie vorher; der Kopf ragt oben etwas in den Kreis der Umschr. Rev. · FERDINANDVS · II · ROM · IMP · SEMP · AVGV · — Der Doppeladler unter der Krone. Mad. 1817. Bind. Nr. 23. G. e. RR.

Johann (1662—1686),

älterer Sohn Graf Hugo's und dessen Gem. Johanne Euphrosine Gräfin von Waldburg-Wolfegg, geb. 1627, succ. 1662, † 12. Sept. 1686.

5409. Gulden v. 1678. Av. IOANNES · COMEs — · DE · MONTFORT ✿ Geharn. Brustbild v. r. S., mit Ueberwurf und Halstuch. Rev. · SPES · NON (Anker) CONFVNDIT · (als Ueberschrift.) Zwischen Zweigen das gekrönte Wappen in verz. Schilde. Unten 16 (60) 78 S. g. e.

5410. Aehnlicher Gulden v. 1679, mit IOANNEs COMEs — DE • MONTFORT ✿ und • SPES • NON (Anker) CONFVNDIT •, sowie mit • 16 (60) 79 • Zu Mad. 4305. S. g. e.

Anton, Administrator (1686—1693),

Bruder Johann's, geb. 1635, war bis 1693 Vormund für dessen hinterlassenen Sohn Anton, bekleidete die Stelle eines kurbayer. Generalfeldm.-Lieutenants und Gouverneurs zu Ingolstadt und † 1706.

5411. Gulden v. 1690. Av. ANTONIVS · COMES · DE · MONTFORT · ADMINIST ✿ Geharn. Brustbild v. r. S., mit gesticktem Halstuche. Rev. ✿ FORTITER · ET · CONSTANT · (als Ueberschrift) Das gekr. Wappen zwischen Zweigen. Unten 16 (60) 90 Im Av. ist der ovale Stempel des fränk. Kreises (*FC* verschlungen; darüber 60 · N) eingeschlagen. S. g. e. NB. Früher verrufene oder zu weit herabgesetzte Sorten erhielten in Folge der steigenden Silberpreise wieder höheren oder vollen Werth, den der Kreis durch den Stempel anerkennen liess.

5412. Zweiter Stempel v. 1690. Der Kopf ist viel breiter, über dem Harnisch liegt ein Ueberwurf. Im Rev. FORTITER · ET ·

CONSTANTER und · F · 16 (60) 90 · G · (Franz Gylly, Mzmstr.) Bind. Nr. 51. S. g. e.

5413. Gulden v. 1691. Aehnlich dem vorigen, mit einem Punkte statt der Rose nach „Administ". Im Rev. steht vor und nach der Ueberschrift eine Rose, und unten F I · 16 (60) 91 G Bind. Nr. 54b. Sehr gut erh.

5414. Zweiter Stempel v. 1691, mit ADMINI · im Av. und · F I · 16 (60) 91 · G Ohne Rosen bei der Ueberschrift. Mad. 4306. S. g. e.

Anton (1686, bez. 1693—1734),

Sohn Johann's und dessen Gem. Marie Katharine von Sulz, geb. 1670, succ. 1686 und zwar anfänglich unter Vormundschaft seines Oheims Anton, † 1734.

5415. Thaler v. 1695. Av. ◆ ANTONIVS ◆ COMES ◆ IN ◆ MONTFORT ◆ 16 — 95 Behelmter, vom Wappenmantel umgebener Wappenschild. Zur Linken des Helmes steckt eine Fahne mit dem Wappenbild. Rev. + LEOPOLDVS ◆ D ◆ G ◆ ROM ◆ IMP ◆ S ◆ AVGV ⁑ (Lilie) + — Unter der Krone der Doppeladler mit dem Reichsapfel auf der Brust. Die Zahl 5 ist aus 4 umgeändert. Mad. 4307. Bind. Nr. 67. S. g. e. R.

5416. Thaler v. 1723. Av. ANTONI° COM : — * IN MONTFORT · * — (als Ueberschr.) Brustbild ohne Bekleidung, mit grosser Perrücke. Unten ein Röschen. Rev. ✽ PRO — DEO — ET — LEGE · ✽ Das Wappen, wie vorher, doch steckt die Fahne rechts. Unten 17 — 23 Erhabene Randschr. FORTITER ◆ E(T) CONSTANTER ◆ Mad. 4308. S. g. e. R.

5417. Thaler v. 1730. Av. Doppelte Umschr. MONETA : NOVA : COMITATVS DE MONTFORT * und die innere, als Ueberschrift IN HONOREM DIV · IOAN · — COM · DE MONT · CYP · PATR · — Der geharn. Heilige, mit Kopfschein, stützt sich mit der Rechten auf den mit dem montforter Wappen bezeichneten Schild und hält mit der Linken eine Fahne mit dem montforter Wappenbild. Rev. DVRCH GOTT, VNTER MARIÆ SCHVTZ WVRDT DIS GETRVCKHT DEM FEINDT ZU TRVTZ · Maria, auf der Erdkugel stehend, das Kind auf dem Arme, welches der zu den Füssen der Mutter sich windenden Schlange mit langem Kreuze den Kopf durchstösst. Ueber Maria ein Strahlenkranz. Der h. Geist und in Wolken der segnende Gott-Vater. Neben der Heiligen 17 — 30 Mad. 1819. Doppelt gehenk. und mit Behänge versehen; sonst s. g. e. R.

Ernst (1734—1758),

Sohn des Vorigen und dessen Gem. Maria Anna Leopoldine Gräfin von Thun, geb. 1700, succ. 1734, war k. k. wirkl. Geh. Rath, Director des schwäb. Grafen-Collegiums und bis 1745 Reichskammerrichter zu Wetzlar, † 17. März 1758.

5418. Medaille v. 1736. Av. ERNESTUS COMES IN MONTFORT · * (als Ueberschr.) Geharn. Brustbild v. r. S. Rev. Das Wappen, wie auf dem Thaler v. 1723. Oben herum PRO DEO — ET LEGE · und unten herum * 17 — 36 * Cat. imp. 396. 1. Weise 1705. Gr. 34. 15/16 Loth. S. g. e. R.

5419. Thaler v. 1749. Av. ERNESTVS · CO — MES · DE · MONTFORT · (als Ueberschr.) Brustbild v. r. S., im röm. Harnisch und Hermelinmantel. Unten I : HAAG · F · Rev. ✿ PRO DEO — ET — LEGE · ✿ — Das nach links schräg gestellte Wappen mit Helm, Wappenmantel und Kleinod, nebst beigesteckter Fahne. Unten 17 — 49 und dicht am Schildfusse · H · Laubrand. Bind. Nr. 164. Gut erh. RR.

Franz Xaver (1758—1780),

Sohn Ernst's und dessen Gem. Maria Antonie Gräfin von Waldburg-Trauchburg, geb. 1722, succ. 1758, war, sowie sein Bruder Anton, durch völlig zerrütteten Haushalt genöthigt, sämmtliche Besitzungen an Oesterreich zu verkaufen (1779) und † 23. März 1780 ohne männliche Nachkommen in den traurigsten Verhältnissen. Mit seines jüng. Bruders Anton Tode († 1787) erlosch das Geschlecht.

5420. Thaler v. 1759. Av. FRANC : XAV : COM : — DE MONTFORT · (als Ueberschr.) Brustbild v. r. S., mit frisirten, im Nacken gebundenen Haaren, im Kürass, nebst Mantel. Unten H Rev. Der nach links schrägliegende Schild mit Helm, Mantel und Fahne, wie vorher. Unten 17 — 59 · Laubrand. Bind. Nr. 179. S. g. e.

Nostitz.

Johann Hartwig von Nostitz-Rieneck,

Sohn Johann's von der Rothenburger Linie und dessen 2. Gem. Sophia von Nostitz aus dem Hause Rothenburg in Neuendorf, einer Schwester des böhmischen Vizekanzlers Otto Freih. v. Nostitz, geb. 1610 zu Kunzendorf, erwarb 1631 die Landmannschaft in Böhmen, wurde im gl. J. in den böhmischen Freiherrnstand, 1646 in den böhm. Grafenstand und 1652 zum Oberstkanzler des Königr. Böhmen erhoben, beerbte seinen mütterl. Oheim Otto, wurde vom Kurf. Lothar Friedrich v. Mainz 1673 mit einem Theile der Grafschaft Rieneck in Franken mit Sitz und Stimme auf der fränk. Grafenbank belehnt und vom Kaiser im gl. Jahre zum Reichsgrafen ernannt; † 27. März 1683 zu Wien.

5421. Medaille (v. Joh. Kittel in Breslau) auf seinen Tod, 1683, von seinem Neffen Graf Chr. Wenzel veranstaltet. Av. Brustbild von vorn, mit doppelter Umschr. Rev. Das Wappen zwischen Blumengewinden. Darunter Inschrift von 15 Zeilen. Böhm. P.-Mz. Tab. XXXV. Nr. 292. Gr. 49. 1¹¹/₁₆ Loth. S. g. e. R.

Anton Johann,

Sohn des Vorigen und dessen 2. Gem. Maria Eleonora Popel von Lobkowitz, Wittwe Heinrich's Birken von der Duba; war wirkl. Geh. Rath und Kämmerer, königl. Statthalter und schliesslich Oberstlandhofmeister des Königreichs Böhmen, † 30. Oct. 1736 ohne männl. Erben.

5422. Thaler v. 1719. Av. ANTONI· IOH · S · R · I · COM · DE NOST : ET RIN · — (Ueberschr.) Geharn. Brustbild v. r. S. Rev. S(acrae) · C(aesareae) · M(ajestatis) · CONS(iliarius) · INT(imus) :

CAM(erarius) : SVPR(emus) · R(egni) · BOH(emiae) · PRÆF(ectus) · BVRGG(ravius) · EGR(ensis oder Egrae) · (als Ueberschr.) Das von 2 Greifen gehaltene Wappen unter einer Krone, worauf der Schwan. Zwischen dem Untersatze G F N(ürnberger) · und ganz unten 17 — 19 · Verzierter Rand. Mad. 1820. S. g. e. R.

Oettingen.

Karl Wolfgang und Ludwig XV. in Oettingen, in Gemeinschaft mit Martin zu Wallerstein, (1522—1547).

Karl Wolfgang und Ludwig XV. waren die Söhne des Grafen Wolfgang des Schönen und dessen Gem. Anna von Waldburg; sie succ. ihrem Vater am 9. Januar 1522. Ersterer, dessen Geburtsjahr vor 1486 fällt, † 1. Oct. 1549, Letzterer, geb. 26. April 1486, wurde lutherisch, trat mit seinem ältesten Sohne Ludwig XVI. dem schmalkaldischen Bunde bei und † 24. März 1547*). — Martin, der Sohn des Grafen Joachim zu Flochberg und dessen Gem. Dorothea v. Anhalt, geb. 11. Nov. 1500, succ. mit seinem jüngeren Bruder Ludwig XIV.**) am 30. Juni 1520 seinem Vater u. † 18. Aug. 1549.

5423. Thaler v. 1541. Av. KARL WOLF ⁑ LVDWIG ⁑ 7 ⁑ MARTIN ⁑ CO ⁑ I ⁑ OTING ❀ Behelmter Wappenschild, zu dessen Seiten 15 — 41 Rev. • KAROLVS ⁑ V ⁑ ROMANORVM ⁑ IMPER : ⁑ SEMP ⁑ A • — Der Doppeladler unter der Krone. Mad. 1823. G. e.

5424. Thaler v. 1542. Wie der vorstehende; aber IN ⁑ im Av. und IMPER • ⁑ im Rev. S. g. e.

5425. Thaler v. 1543, mit CO ⁑ IN ⁑ OTI (drei Kleeblätter am Stengel) und • CAROLVS ⁑ V ⁑ ROMANO ⁑ IMP ⁑ SEMP ⁑ AVGV — Gut erh.

5426. Thaler v. 1544, mit KARL WOLF • LVDWIG • 7 • MARTIN • CO • IN • OT ♧ und • CAROLVS • V • ROMANOR • IMP • SEMP • AVGV • — G. e.

5427. Thaler v. 1544. Av. Wie der vorige, nur OTI ♧ Rev. • CAROLVS ⁑ V ⁑ ROMA ⁑ IMP ⁑ SEMP ⁑ AV • — Der Doppeladler hat Kopfscheine. G. e.

5428. Thaler v. 1545. Wie der vorige, aber mit KARL WOLF ⁑ LVDWIG ⁑ 7 ⁑ MARTIN ⁑ C ⁑ I ⁑ OT ♧ und AV • — G. e.

5429. Desgleichen, in der Zeichnung etwas abweichend. War am Rande durchlöchert, sonst sehr gut erh.

5430. Thaler v. 1546, wie vorher, mit OTI ♧ G. e.

---

*) Die Angabe des Sterbejahres Ludwig's XV. (als welches bisher 1557 galt) verdanken wir nebst einigen der anderen Daten der gefälligen Mittheilung des Herrn Dom.-Kanzleiraths und Archivars Dr. Freiherrn v. Loeffelholz in Wallerstein.

**) Martin's Bruder, Ludwig XIV., der auf Gemeinschaftsmünzen von 1521—25 vorkommt, ist nicht, wie Hübner's geneal. Tafeln angeben, älter, sondern jünger, als jener. Er war geb. am 13. Mai 1502 und † 20. August 1548, unvermählt. Demnach fallen auch die in d. Num. Zeit. 1851 bei Beschreibung derötting. Münzen auf Grund jenes Irrthums aufgestellten Behauptungen in Betreff der Erklärung der auf jenen Gem.-Mz. erscheinenden Namen.

5431. Dickgulden (vom Viertelthalerstempel) v. 1546. Av. KARL WOLF • LVDWIG • 7 • MARTIN • C • I • O ♧ Behelmter Schild; dabei I5 — 46 Rev. CAROLVS • V • ROMA • IMP • SEMP • AV — Unter der Krone der Doppeladler mit Kopfscheinen. Gr. 29. 1 Loth. Vortrefflich erh. RRR.

Linie zu Oettingen.

(Stifter Ludwig XVI., Sohn Ludwig's XV. Sie erlosch am 30. März 1731 mit Fürst Albert Ernst's II. Tode.)

Ludwig Eberhard (1622—1634),

Sohn Gottfried's und dessen 1. Gem. Johanna von Hohenlohe, geb. 1577, succ. 1622, † 24. Juni 1634.

5432. Thaler v. 1623. Av. • LVDWIG • EBERHART • COMES • OTING • — Behelmter Schild. Neben dem Kleinode I6 — 23 Rev. ✿ FERDINANDVS • II • ROM • IMP • SEMP • AVG • — Der Doppeladler mit Scheinen, unter der Krone. Beide Seiten umgiebt eine kettenförmige Einfassung. S. g. e.

5433. Thaler v. 1623. Wie vorher; aber EBERHARD • ferner 16 — 23 und mit ✿ statt • vor und nach der Umschr. Im Rev. SEM • AVG ✿ — S. g. e.

5434. Thaler v. 1624. Av. Wie der vorige; aber 16 — 24 Rev. ✿ FERDINANDVS • II ✿ ROM • IMP • SEM • AVGVS ✿ Unter der Krone der Doppeladler, der rechts Schwert und Zepter, links den Reichsapfel hält. Cat. imp. 397. S. g. e.

5435. Thaler v. 1624. Av. DA PACEM DOMINE IN DIEBVS NOSTRIS ✿ Der auf dem Drachen stehende Erzengel Michael mit Flammenschwert und dem öttinger Schilde. Daneben rechts L · E · G · Z · Ö (Ludwig Eberhard Graf zu Oettingen), links 1624 und zwar beides von unten nach oben gestellt. Rev. Wie vorher; nur II • Mad. 1825. S. g. e. R.

5436. Desgleichen, von anderen Stempeln. Die Spitze des Schwerts steht unter P, während sie vorher unter A steht. Vor und nach dem Namen des Grafen ein Punkt. Hat im Av. etwas gelitten. R.

Albert Ernst I. (1659—1683),

Sohn des Grafen Joachim Ernst und dessen 2. Gemahlin Anna Dorothea von Hohenlohe, geb. 1642, folgte seinem Vater 8. Aug. 1659, ward 14. Oct. 1674 in den Fürstenstand erhoben und † 29. März 1683.

a. Als Graf.

5437. Gulden v. 1674. Av. ALBERTVS ERNESTVS · COMES OTTINGENSIS ✤ Brustbild v. r. S., im röm. Harnisch u. Gewand. Rev. DOMINVS • PRO — VIDEBIT • 1674 und 3 Röschen am Stengel. Gekrönter Wappenschild zwischen Lorbeerzweigen. Unten in der Umschrift 60 (Kreuzer) in Einfassung. Beide Umschriften laufen zwischen Perlenkreisen. G. e.

5438. Gulden v. 1674. Av. Wie vorher; am Schlusse der Umschr. •

Rev. DOMINVS • PRO — VIDEBIT • 1674 — Die Krone trennt die Umschrift. Unten $\frac{2}{(3)}$ Vorzüglich erh.

5439. Gulden v. 1674. Av. ALBERTVS · ERNESTVS · COMES · OTTINGENSIS · ✿ Brustbild v. r. S., im röm. Harnisch und Gewand. Rev. · DOMINVS ✿ — · PROVIDEBIT · — (unten beg.) Gekrönter Wappenschild; darunter 16 (60) 74 Die Umschriften werden nicht durch Kreise vom Felde getrennt. S. g. e.

5440. Gulden v. 1674. Av. Wie vorher; zwischen den Worten ganz kleine Blättchen, am Ende nur eine kl. Rose. Unter dem Arme des Brustbildes K — M oder IC — M Rev. Der gekr. Schild zwischen Lorbeerzweigen. Ueberschrift: DOMINVS · PROVIDEBIT · Unten 16 ($\frac{2}{3}$) 74 Gut erh.

b. Als Fürst.

5441. Gedächtnissthaler v. 1675, auf die erhaltene Fürstenwürde. Av. ALBERTVS · ERNESTVS · FAVENTE · DEI · GRATIA · PRIMVS · OTTING : PRINCEPS (Blättchen) Brustbild v. r. S., im röm. Harnisch, mit Ueberwurf. Rev. · NVMEN · VNICA · IN TERRIS · SALVS · PROVIDEBIT · u. ein verschlungenes Band — Das mit dem Fürstenhute bedeckte Wappen. Mad. 1658. Cat. imp. 398. G. e. R.

5442. Gulden v. 1675. Av. DOMINVS ✿ PROVIDEBIT • — (unten beg.) Unter dem Fürstenhute die zusammengestellten Buchstaben A E O (Albertus Ernestus Oettingensis); daneben 16 — 75 Unten in der Umschrift (60) und rechts daneben 3 Eicheln an einem Zweige. Rev. VIGILANTIA ET FIDELITATE ✿ Der auf bewachsenem Boden nach rechts schreitende öttingensche Hund. Mad. 4159. Cat. imp. 398. S. g. e. R.

5443. Thaler v. 1680. Av. • ALBERT9 · ERNEST9 · D : G : PRINCEPS · OTTINGEN : ✿ Das Brustbild, wie früher. Rev. FVRSTLICH : OTTING : REICHSTHALER — Verzierter Wappenschild unter dem Fürstenhute, über welchem • 16 — 80 • Mad. 1659. Cat. imp. 398. S. g. e. R.

Linie zu Wallerstein.

Friedrich,

(Sohn Ludwig's XV., geb. 1516, succ. am 24. März 1547 und wurde der Stammvater der Wallerstein'schen Linie, während sein älterer Bruder Ludwig XVI. die Oettingen'sche Linie stiftete, † 2. Febr. 1579), in Gemeinschaft mit seinem Neffen Gottfried von Oettingen (Sohn Ludwig's XVI. und Enkel Ludwig's XV., geb. 19. Juni 1554, succ. 1569, † 7. Nov. 1622), 1569—1579.

5444. Guldenthaler v. 1572. Av. FRID ✿ V ✿ GOTFR ✿ GRA ✿ ZV ✿ OTING ✿ GEVET(tern) ✿ — Behelmter Schild. Neben dem Kleinode 7 — z Rev. MAXIMILIAN ⁝ II ⁝ IMP ⁝ — AVG ✿ P ⁝ F ⁝ DECRETO — Unter der Krone der Doppeladler mit 60 im Reichsapfel auf der Brust. (Cat. imp. 397 und daraus Mad. 6842 ähnlich.) Weise 1710. 2. Aus v. Wellenheim's Sammlung. Vorzüglich erhalten. RRR.

a) Nebenlinie zu Spielberg.

(Friedrich's Enkel, Wilhelm, Wolfgang und Ernst bildeten die Linien zu Spielberg, Wallerstein und Katzenstein-Baldern, von denen die erste 1734 und die zweite 1774 in den Fürstenstand erhoben wurde, die dritte aber 1798 erlosch.)

Johann Aloys I. (1737—1780),

Sohn des am 18. Juli 1734 für sich und seine Nachkommen in den Reichsfürstenstand erhobenen Franz Albert und dessen Gem. Maria Johanna Freiin von Schwendi, geb. 1707, ward zugleich mit seinem Vater Fürst, succ. demselben am 6. Febr. 1737, erhielt 1739 vermöge eines vom Reichshofrathe ergangenen Urtheiles und darauf erfolgten Vergleiches ein Drittel der Lande der Linie zu Oettingen, † 1780.

5445. Conv.-Thaler v. 1759. Av. IOAN · ALOYS · I · PRINC · DE ET IN ÖTTINGEN — (als Ueberschr.) Brustbild v. r. S., im Harnisch, mit Ueberwurf. Am Armabschnitte M (Müller in Ansbach.) Rev. Das mit dem Fürstenhute bedeckte, von den beiden Hunden gehaltene Wappen auf einem Untersatze, worunter in Einfassung · X · | EINE FEINE | MARCK und 2 Hufeisen als Zeichen des damaligenötting. Münzmeisters Holeisen. Zu den Seiten der Einfassung 17 — 59 Mit Laubrand. Cat. imp. 398. Mad. 6797. Sehr schön erhalten. R.

5446. Conv.-Gulden v. 1759. Av. Aehnlich dem Revers vom vorigen Thaler. Die Einfassung unter dem Wappen schliesst sich oben mehr zusammen und es steht darin XX · sowie zwischen den beiden Hufeisen ein Stern. Rev. S : SEBAST : PATRONUS RHÆTIÆ · Der an den Baum gebundene h. Sebastian zeigt sich auf einer Wolke. Weise 1594. S. g. e. R.

b) Nebenlinie zu Wallerstein.

Wolfgang der Jüngere (1670—1708),

Sohn Ernst's des Jüngeren († 1670) und Enkel des Stifters dieser Linie, geb. 1629, succ. seinem Vater in Gemeinschaft mit seinen 4 Brüdern 1670 und seinem Bruder Wilhelm 1692, war Reichshofraths-Präsident 1683 und bei den 1699 zu Carlowitz mit den Türken geschlossenen Friedenstraktaten oberster Bevollmächtigter, sowie 1700 kais. Gross-Botschafter bei der Ottoman. Pforte und † 6. Oct. 1708.

5447. Thaler v. 1694, zu Augsburg geschlagen. Av. WOLFGANG ✦ G — ✦ Z ✦ ÖTTINGEN ✦ 16 — 94 ✦ Behelmter, ovaler Schild. Unten, im Kreise der Umschrift, die Werthzahl 90 in Einfassung. Rev. ✱ VIRTVTE — ET LABORE ✱ — Unter der Krone der Doppeladler, auf dessen herzförmig vertiefter Brust L · I (Leopoldus I.) Unten das augsburger Wappenbild zwischen den 2 Hufeisen. Geriefter Rand. Mad. 1826 (welcher hinzufügt: Besage der auf dem Avers befindl. Zahl 90 sollte dies nur ein Courant-Thaler à 24 ggr. sein; es ist aber ein guter zweilöthiger Thaler). Cat. imp. 399. Schön und sehr gut erh. R.

Wolfgang der Jüngere

in Gemeinschaft mit seinem jüngeren Bruder Ignaz und seinem Neffen Karl Anton [Sohn Philipp's († 1680) und dessen Gem. Eberhardine Sophie Juliane Gräfin zu Oettingen, geb. 1679, succ. 1723 mit seinem Vetter Franz Ignaz in dem Antheile des Oheims Ignaz und am 3. Oct. 1728 auch in demjenigen seines eben erwähnten Vetters Franz Ignaz, erbte 1731 vermöge Testaments des Fürsten Albert Ernst II. die Lande der evang. Linie zu Oettingen, die er seinem ältesten Sohne Joh. Friedrich abtrat, und † 20. Jan. 1738 zu Wien], 1692—1708.

5448. Thaler v. 1694, zu Augsburg geschlagen. Av. WOLF • IGNA • CARL — ANT • G • Z • ÖTTING • ✡ Das mit der Grafenkrone bedeckte, von den beiden Hunden gehaltene Wappen. Darunter ein Fratzenkopf als Untersatz, und das augsb. Wappenbild zwischen den beiden Hufeisen. Rev. VIRTVTE CONCOR — DIA ET LABORE • 1694 • Unter der Krone der Doppeladler, auf dessen Brust in einer runden Vertiefung L · I Unten in der Umschrift (90) Mad. 4316. Cat. imp. 399. Aus v. Wambold's Sammlung. Sehr schön erh. R.

Ignaz (1670—1723),

Wolfgang's jüngerer Bruder, geb. 1642, beerbte 1670 gemeinschaftlich mit seinen Brüdern seinen Vater Ernst den Jüngeren, war kais. Kämmerer und † 16. April 1723 unvermählt; seine Neffen Franz Ignaz und Karl Anton beerbten ihn.

5449. Thaler v. 1694, zu Augsburg geschlagen. Av. ✡ IGNATIVS COMES — AB ÖTTINGEN • — Eine Hand aus Wolken begiesst mit einer Giesskanne Blumen in einer Vase, worüber ein Band mit der Aufschrift: A SVPERIORE — PENDET Rev. HINC LABOR — ET OPVS (Arabeske) • 16 — 94 • Behelmter Wappenschild. Unten 90 in Einfassung. Mad. 1827. Cat. imp. 399. Schön und sehr gut erh. R.

Ortenburg.

(Nach dem Aussterben der Grafen von Ortenburg in Kärnten aus dem Hause Salamanca (c. 1640) gelangte die Grafschaft durch Kauf an die reiche Patrizierfamilie Widmann aus Venedig, die selbige später an den Fürsten Johann Ferdinand v. Porcia († 1665) verkaufte.)

Johann Widmann

war lange Zeit hindurch Factor im „deutschen Hause“ zu Venedig und ein zu grossem Reichthume gelangter Kaufherr, der viele Güter in der „Terra firma“ und die Herrschaften Sommeregg (in Kärnten) und Paternion (bei Villach in Illyrien) erwarb. Er kaufte den venetianischen Adel, angeblich für 20 Tausend Doppien.

5450. Schauthaler o. J. Av. HANS WIDMAN — AIGENTVMBS-HERR — DER — (an Stelle der — Arabesken) Etwas erhabenes Brustbild v. r. S, im Wamms, mit glattem Halskragen. Rev. HERSCHAFTEN SOMMERÖGG · VND PATERNIAN — (unten beg.) Das Widmann'sche Wappen (behelmter, ovaler und verzierter Schild, gespalten, rechts Lilie, links Halbmond). Mad. 4324. Köhler, M.-B. IV., Titelbl. Aus der v. Dickmann'schen Sammlung. Vortrefflich erhalten. RRR.

(Diese und die folg. Med. wurden, um sie mit Nr. 5452 im Zusammenhang zu lassen, hier, statt unter den Medaillen auf Privatpersonen, aufgeführt.)

Christoph,

(jüngster) Sohn des Vorigen, trat in den geistlichen Stand und begab sich nach Rom, wo er von Papst Urban VIII. ein Kammer-Clericat und das Amt eines Kammer-Auditors, von Papst Innocenz X. aber am 7. Oct. 1647 die Kardinalswürde erhielt, war auch Besitzer der Grafschaft Ortenburg und † im Sept. 1660 zu St. Martino bei Viterbo, im 43. Jahre seines Alters.

5451. Medaille (v. Cormani) v. 1648. Av. (C. b.) CHRISTOPHORVS — S(anctae) · R(omanae) · E(cclesiae) · CARD(inalis) · VIDMAN · — Brustbild v. r. S., im Mozzetta, mit Barett. Am Abschn. ORVS · CORMANI · Rev. Bei einem zum Wettlaufe aufgesteckten Ziele stehet ein Pferd, als Sieger, und blickt sich nach einem andern, noch im vollen Laufe begriffenen Pferde um. Ueberschrift: ODIT · TAMEN · OTIA · VICTOR · Im Abschnitt: M · DC · XXXXVIII · Mad. 4326. Gr. 35. $1^{3}/_{16}$ Loth. Sehr gut erh. RR.

5452. Thaler v. 1656. Av. CHRISTOPHOR⁹ ♦ S ♦ R ♦ E ♦ CARDINALIS ♦ VIDMAN — Das Brustbild v. r. S., im Mozzetta, mit Barett, in zierlicher Bogeneinfassung. Rev. (Blattwerk) COMES ♦ — AB ♦ ORTENBVRG — und 1656 zwischen Blattwerk — Unter dem Kardinalshute das vierfeld. ortenburgische Wappen mit dem Widmann'schen im Mittelschilde. Oben ragt der Kreuzstab hervor. Unten am Schildfusse II -- S Köhler IV. 105. Mad. 1837. Cat. imp. 401. Vortrefflich erh. RR.

(Das Wappen der Grafen von Ortenburg aus dem Hause Widmann erscheint auch auf der Präsentmünze der Stände von Kärnten v. J. 1645, s. Nr. 4245.)

Ostfriesland.

Edzard I. (1491—1528),

2. Sohn Gr. Ulrich's I. (des Nordener Häuptlings aus der Familie Zirksena von Greetsyhl, der nach seinem älteren Bruder Edzard von den ostfriesischen Ständen zum Regenten erwählt und vom Kaiser, nachdem er diesem 1554 seine Lande zu Lehn aufgetragen hatte, zum Reichsgrafen von Ostfriesland erhoben worden war), geb. 1462, folgte seinem Bruder Gr. Enno I. 1491, begann in seinem Lande die Kirchenreformation, führte in seinem Hause das Recht der Erstgeburt ein und † 15. Febr. 1528.

5453. Goldgulden o. J. Av. • EDZARD' • CO — E — ORIE' (Orientalis) • PRI'(siae) — Johannes der Täufer, stehend, das Lamm auf dem linken Arme tragend. Rev. FRED'RIC' • ROMANORV' • IMP' • (kl. Lilienkreuz) Der Reichsapfel im Dreipass. (Köhler, D.-C. 2410.) $^{23}/_{32}$ Duk. G. e.

5454. Desgleichen, wie voriger, mit geringen Abweichungen in der Zeichnung. $^{3}/_{4}$ Duk. G. e.

Enno II. (1528—1540),

Edzard's I. und dessen Gem. Elisabeth von Rietberg Sohn, geb. 1505, folgte seinem Vater am 15. Febr. 1528, vollendete die von demselben begonnene Einführung der Kirchenreformation und † 24. Sept. 1540.

5455. Goldgulden v. 1529. Av. ENNO ◆ 2ꝰ COËS ◆ ET ◆ DNS ◆ PHRIE ◆ OR (kl. Lilienkreuz) Brustbild v. l. S., im Pelz und grossen, mit einer Feder besteckten Hute. Rev. IN ◆ DEO ◆ SPRA' (speravi) ◆ N(on) ◆ TIEBO (timebo) ◆ Q (quid) ◆ FA (faciat) ◆ M (mihi) H (homo) (kl. Lilienkreuz.) Ausgeschweifter Schild mit dem Wappen von Ostfriesland (der von den vier Sternen der Nordener Häuptlingsfamilie Idsinga umgebenen Harpye der Familie Zirksena). Darüber 15 — 29 (Köhler, D.-C. 2413.) $^{13}/_{16}$ Duk. S. g. e RR.

5456. Vierteltbaler v. 1530. Av. ENNO : CO (: ET :) DNS' : PHRISIE : ORGEN' und kl. Lilienkreuz. Brustbild v. l. S., im Pelz und Federhut. Rev. IN : DEO : SPERA' (:) NO' : TIEBO : Q' : FA : MI' : H' : und kl. Lilienkreuz. Das Wappen, wie vorher, darüber · I · 5 · 3 ° Statt der : stehen in den Umschriften je zwei dreieckige Blättchen. Gr. 31. $^{9}/_{16}$ Loth. Die eingeklammerten Stellen der Umschr. undeutlich. Gut erh. RR.

(Den von Madai und Anderen diesem Grafen beigelegten Doppelthaler s. Nr. 5466.)

Edzard II. (1540—1599),

Sohn des Vorigen und dessen Gem. Anna von Oldenburg, geb. 1532, succ. seinem Vater 1540 und zwar unter Vormundschaft s. Mutter, † 1. März 1599.

a) In Gemeinschaft mit seinen Brüdern Christoph (geb. 1536, † 1566) und Johann (geb. 1538, † 1591), 1540—1566.

5457. Thaler v. 1564. Av. MO(neta) ⸸ EDZ ⸸ CR ⸸ IO ⸸ C(omitum) ⸸ E(t) ⸸ D(ominorum) ⸸ PH ⸸ O ⸸ DA ⸸ PA(cem) ⸸ D(omine) ⸸ I(n) ⸸ DI(ebus) ⸸ N(ostris) ❀ Die Harpye zwischen den vier Sternen. Rev. (Eine vierblättrige Blume am Stengel und ein Zainhaken, kreuzweise) FERDI ✿ ROMA ✿ IMPERA ✿ SEM ✿ AVGVSTV ✿ — Der geharnischte und gekrönte Kaiser bis an den Leib, v. r. S., mit übergehängtem Vliesse, das Zepter schulternd, die Linke am Schwertgriffe. Zu den Seiten 15 — 64 (Mad. 1843.) S. g. e.

5458. Thaler v. 1564. Av. wie die Hauptseite des vorigen, aber mit D ⸸ NO ❀ am Ende der Umschrift. Rev. ✿ ✿ FERDI ✿ ROMA ✿ IMPERA ✿ SE ✿ AVGVSTV ✿ (Blume und Zainhaken, wie vorher.) — Sonst, wie voriger. G. e.

5459. Thaler v. 1564. Av. MO ∗ ED ∗ CR ∗ IO ∗ C ∗ E ∗ D ∗ PH ∗ OR ∗ DA ∗ PA ∗ D ∗ I ∗ DIE ∗ NO ⁑ Die Harpye, wie vorher. Rev. wie die Rückseite des vorigen, aber mit SEM ✿ G. e.

5460. Halber Thaler v. 1564. Av. MO ∗ EDZ ∗ CR ∗ IO ∗ C ∗ E ∗ D ∗ PH ∗ OR ∗ DA ∗ PA ∗ D ∗ I ∗ DI ∗ N ⁑ Rev. ∗ FERDI ∗ ROMA ∗ IMPER ∗ SEM ∗ AVGVSTVS (und die Blume mit dem Zainhaken) — Darstellungen, wie vorher. Gr. 34. Sehr gut erhalten. R.

5461. Thaler o. J. Av. ✿ MO ✿ AR ✿ EDZ ✿ CR ✿ IO ⁑ C ✿

18

E ✿ D ✿ PHRI ✿ ORI (Blume und Zainhaken, gekreuzt) — Ein knieender Ritter v. l. S., mit der erhobenen Rechten den abwärts gekehrten Streitkolben, mit der Linken den Schild mit der Harpye vor sich haltend. Rev. ✿ FERDI ✿ ROMA ✿ IMPERA ✿ SEM ✿ AVGVST ✿ — Der Doppeladler mit Reichsapfel auf der Brust, unter der kaiserl. Krone. Zu Mad. 4330. Ein wenig Doppelschlag. Sehr gut erh.

5462.' Thaler o. J., wie voriger, aber mit C ✿ ET ✿ D ✿ PHR(verb.)I ✿ ORIEN ✿ im Av. und SEMP ✿ AVGVS ✿ — im Rev. S. g. e.

b) Mit seinem Bruder Johann, 1566—1591.

In einer Theilung von 1589 erhielt Johann die Aemter Stickhausen, Leerort und Greetsyhl, die nach seinem Tode (1591) an Edzard II. zurückfielen.

5463. Thaler v. 1571. Av. EDZ * E(t) * IOH * CO * E * — DO * PHRISI * ORI * — Der mit seinem Helme bedeckte Schild von Ostfriesland, zu dessen Seiten I5 — 7I Rev. DA * PACEM * DOMINE * IN * DIEBVS * NOSTRI * (Blume und Zainhaken, kreuzweise) — Der Doppeladler, ohne Kopfscheine, unter der Krone; auf seiner Brust der Reichsapfel. S. g. e.

5464. Thaler v. 1581. Av. ○ — EDZ ○ E ○ IOH ○ CO — E ○ DO ○ PHR ○ O ⚒ — ○ — Der behelmte Schild, wie vorher, daneben 8 — I Rev. * DA * PACE * DOMINE * IN * DIEBVS * NOS (*) — Doppeladler mit Kopfscheinen und dem Reichsapfel, unter der Krone. Zu Mad. 1846. S. g. e.

c) Allein, 1591—1599.

5465. Thaler v. 1592. Av. EDZAR : CO : E · — · DO : PHR : OR · ⚒ — Der behelmte Schild, daneben 9 — z Rev. * DA * PACE * DOMINE * IN * DIEB * NOST * — Sonst, wie der vorige. Ein wenig Doppelschlag. G. e. R.

Enno III. (1599—1625),

Sohn Edzard's II. und dessen Gem. Katharine, einer Tochter Gustav's I., Königs von Schweden, geb. 1563, succ. seinem Vater 1599, † 19. Aug. 1625. Er war in 1. Ehe (seit 1581) vermählt mit Walburg, der 2. Tochter und Erbin des letzten Grafen zu Rietberg, die seit 1576 alleinige Besitzerin der Herrschaften Esens, Stedesdorf und Wittmund war und nach ihrer Schwester Irmgard Tode († 1584) auch die Grafsch. Rietberg erbte (s. Nr. 5557).

5466. Breiter Doppelthaler o. J. Av. — DEO + CONFID(am) — NON + TIMEBO — Q5 + FACIAT — MIHI + HOMO Der Graf, geharnischt und behelmt, das Schwert in der Rechten, auf linkshin sprengendem Rosse. Im Hintergrunde die Stadt Emden. In der Umschrift 4 Schildchen mit der Harpye, dem Löwen der Häuptlinge von Rüstringerland oder der Herrsch. Jever (unten), dem Bären von Esens (rechts) und den gekreuzten Geisseln von Wittmund (links). Rev. DA + PACEM + DOMINE + IN + DIEBUS + NOSTRIS ✠ Eine sitzende Frau (der Friede), vorwärts gekehrt, mit einem Lorbeerkranze auf dem Haupte und mit Palmzweig und Merkurstab in den Händen. Zu ihrer Rechten am Boden Waffenstücke, links Waarenballen und zwei Kaufleute. Im Hintergrunde eine Hafengegend. (Mad. 4327. Köhler, M.-B., XX. 201.) Gr. 53. 4 Loth. S. g. e. R.

Bei v. Madai, Köhler u. A. wird dieser Doppelthaler dem Grafen Enno II. zugetheilt. Die Münze gehört aber der Arbeit, wie den Wappen nach unstreitig dem Gr. Enno III.; sie scheint nach der Zeit geprägt zu sein, als die Grafsch. Rietberg durch Enno's III. älteste Tochter Sabina an deren Oheim und Gemahl Johann gekommen (1601) und als die jüngere, Agnes, wegen der Herrschaft Esens und Wittmund (deren Wappen hier erscheinen) mit Geld bereits abgefunden war.

5467. Thaler o. J. Av. ENNO + COM + ET — DOM + FRISIÆ + ORI (und ein Mzz., ähnlich einem gestürzten Eisenhute.) Geharnischtes Brustbild v. r. S., mit glattem Kragen und Ueberwurf. Darunter die Harpye. Rev. DA + PACEM + DOMINE + IN + DIEBVS + NOS : — Der Doppeladler (ohne Scheine) mit dem Reichsapfel, unter der Krone. Vortrefflich erhalten. R.

5468. Thaler v. 1617. Av. ENNO + COM + ET + DO — FRI + ORIENT + 1617 /* Brustbild mit darunter gestellter Harpye, wie vorher. Rev. wie die Rückseite des vorigen, aber mit NOST — Köhler, M.-B., XVII. 209. Gut erh. R.

5469. Klippe zu 1½ Thalern von Thalerstempeln, 1619. Av. vom Stempel zur Hauptseite des vorigen, auf welchem 1617 in 1619 umgeändert wurde. Rev. wie die Rückseite des vorigen, doch nicht vom gleichen Stempel. Durch „diebus" läuft ein Stempelsprung. Zu Mad. 4335. Gr. 46 und von Eck zu Eck 64. 3⁹/₁₆ Loth. Vortrefflich erhalten. RR.

Johann.

(Den Thaler von 1616 (Mad. 4332) suche unter Rietberg.)

Ulrich II. (1628—1648),

Sohn Enno's III. und dessen 2. Gem. Anna v. Holstein-Gottorp, geb. 1605, succ. seinem älteren Bruder Rudolf Christian d. 17. April 1628, † 1. Nov. 1648.

5470. Thaler v. 1632. Av. VDALRICVS · COM : E : DOM — : FRIS : ORIENT : D : I(n) : E(sens) : S(tedesdorf) : E(t) : W(ittmund) : (Doppellilie) In zierlichem Perlenkreise das vorwärts gekehrte Brustbild mit lockigem, links in einem Zopfe herabhängendem Haare, im gestickten Wamms, mit Spitzenkragen und Feldbinde. Unten der Schild von Ostfriesland. Rev. · FERD · II · D · G · ROM · IMPER · SEMPER · A · V · — Der Doppeladler, ohne Scheine, mit dem Reichsapfel, unter der kaiserl. Krone. Unter demselben herum 1 — 6 — 3 — z (Mad. 4337.) Aus der Madai'schen Sammlung. Vortrefflich erhalten. RR.

Juliane,

des Grafen Ulrich Wittwe, T. Landgr. Ludwig's V. v. Hessen-Darmstadt, geb. 14. April 1606, vermählt 15. März 1631, führte nach ihres Gemahls Tode einige Jahre die Vormundschaft über ihren ältesten Sohn Enno Ludwig und † 15. Januar 1659 auf dem Hause Westerhof.

5471. Thaler auf ihren Tod, 1659. Av. In 12 Zeilen · SERMA (Se-

18*

renissima) · | PRINC · ET · D · D(omina) | ℨVLIANA · LANDGRA(via) | HASS(iae) COM · FRIS · ORIENTA | VIDVA · NATA · DARMBST(adii) | 14 · APRIL · Aō · 1606 · OBIIT | · 15 · ℨANVA · Aō · 1659 · | DESIDERATISSIMÆ · MA | TRIS · MEMORIAM · VENE | RANTES · TRES · FILII | SVPERSTITES · FIERI | · FECERVNT · Darunter eine verschlungene Wittwenschnur. Rev. Mit einer offenen Krone bedeckter und mit der Wittwenschnur behangener Schild von 4 Feldern (Katzenelnbogen, Ziegenhain, Nidda und Dietz) sammt gespaltenem Mittelschilde, worin die Harpye und der hessische Löwe. Unten H S (Henning Schlüter in Zellerfeld.) Mad. 1849. Gr. 47. S. g. e. R.

5472. Kleine Sterbemünze zu 1/16 Thaler. Av. 12zeilige Aufschrift, von der des Thalers nur in der Interpunction abweichend. Rev. wie die Rückseite des Thalers, unter dem Schilde aber 16 —·THL (Hoffmeister, Hess. Münzen, II. S. 266.)

Georg Christian (1660—1665),

Sohn Ulrich's II. und vorgedachter Juliane von Hessen, geb. 1634, succ. seinem vom Kaiser Ferdinand III. 1654 nur für sich und seine Descendenz zum Reichsfürsten erhobenen älteren Bruder, Enno Ludwig, 4. April 1660, erhielt für sich und seine Nachkommen die reichsfürstliche Würde u. † 6. Juni 1665.

5473. Thaler o. J. Av. GEORG · CHRIST · D · G · PR · F · O · D · I · E · S · ET · W und ein von 3 Zainhaken durchstochenes Herz. Langgelocktes Brustbild v. r. S., im Harnisch, mit breitem Spitzenkragen und Ueberwurf. Rev. DA · PACEM · DOMINE · IN · DIEBVS · NO : — Mit den 3 Helmen von Ostfriesland, Esens-Wittmund und Jever bedeckter 6feld. Schild (1. Ostfriesland, 2. der Adler der Häuptlinge von Brokmerland, 3. der mit Rauten belegte Balken (Ledinger Land) zwischen 3 Halbmonden (Manschlacht), 4. Jever, 5. Esens und 6. Wittmund). S. g. e. RR.

5474. Thaler o. J., im Av. wie voriger, aber mit WIT :, im Rev. gleichen Stempels mit vorbeschriebenem. Vorzüglich erh. RR.

5475. Thaler o. J. Av. GEORG ✿ CHRIST ✿ D ✿ G ✿ PR ✿ F ✿ O ✿ DI ✿ ES ✿ ST ✿ E · W und das Münzzeichen, wie vorher. Langgelocktes Brustbild von vorn, im Wamms, mit Halstuch u. Feldbinde. Rev. Dreifach behelmtes Wappen und Umschrift, wie vorher (anderer Stempel). Zu Mad. 1660. S. g. e. R.

5476. Drittelthaler o. J. Av. · GEORG · CHRIS · D · G · P · F · O · D · E · S · E · W · — Das 6feld. Wappen unter offener Krone. Rechts und links vom Schilde eine Rose mit darüber und darunter gestelltem Punkte; unten 3 EIN · RT : Rev. LEOPOL · D ✿ G ✿ ROM ✿ IMPER ✿ SEM ✿ AUGU ⚒ mit aufgelegtem Herz. Der Doppeladler unter der kaiserl. Krone. Zu Mad. 6798. Gr. 38. 25/32 Loth. S. g. e.

5477. Desgleichen, wie vorher, aber mit GEORG · CHRIST · und W — im Av. und mit LEOPOLD · D · G · ROM · IMPER · SEM · AUGUS im Rev., grösserer Krone über dem Adler und 3 · EIN · RT : Gr. 37. 3/4 Loth. G. e.

5478. Desgleichen, wie Nr. 5476, mit GEORG · CHRIST · D · G · PR · und 3 · EIN · RT : im Av. und LEOPOLD ✿ und AUGUS im Rev. $^{25}/_{32}$ Loth. S. g. e.

5479. Desgleichen. Av. wie Nr. 5477, nur ohne die Rosen und Punkte zu Seiten des Wappens. Rev. vom Stempel zur Rückseite der Nr. 5476. (Weise, G.-C. 1595.) $^{3}/_{4}$ Loth. G. e.

Christine Charlotte (1665—1690),

des Fürsten Georg Christian Wittwe, 4. Tochter Herzog Eberhard's III. von Württemberg, geb. 21. Oct. 1645, vermählt 14. Mai 1662, führte nach ihres Gemahls Tode (6. Juni 1665) die Regierung bis zum Jahre 1690, † 16. Mai 1699.

5480. Thaler v. 1685. Av. ✿ CHR * CHA * D * G * PR * ET * TUT(rix) * REG(ens) * FR * OR ✿ — Vorwärts sehendes Brustbild mit lockigen Haaren und einem über die entblösste Brust herabfallenden starken Haarzopfe, nebst einer Perlenschnur um den Hals. Rev. ✿ NAT(a) · D(ucissa) · WURT · E(t) · T(eccae) · DOM(ina) · HEY(denheim) · E · ST · ET · W ✿ — Unter dem Fürstenhute in ovalen, von der Wittwenschnur umgebenen Schilden, das sechsfeld. Wappen von Ostfriesland und das quadr. Wappen von Württemberg. Darunter das mit 3 Zainhaken durchstochene Herz, zu dessen Seiten B — H (Bastian Hille) Innere Umschrift ✦ CHARITATE · ET · CANDORE · ANNO · 1685 ✦ — Cat. imp. 403. (Mad. 1661. Binder, S. 607.) Vortrefflich erhalten. RR.

Christian Eberhard (1690—1708),

des Fürsten Georg Christian und dessen Gem. Christine Charlotte von Württemberg Sohn, geb. 11. Oct. 1665, übernahm die nach dem Tode seines Vaters von seiner Mutter und bis 1668 zugleich von seinem Oheim, dem Gr. Edzard Ferdinand, geführte Regierung 1690, war zweimal vermählt und starb 30. Juni 1708.

5481. Schwerer Gulden v. 1686. Av. (U. b.) CHRIST : EBERH · D : G : PR : FRISIÆ : OR : (statt der Punkte kleine einem ♠ ähnliche Blättchen) — Brustbild v. r. S., mit kurzem, krausem Haare, im röm. Kostüme, mit dem Bande des dän. Elephantenordens. Rev. Der von zwei Löwen gehaltene, mit den Helmen von Ostfriesland, Brokmerland (wachsender Adler, wie auf dem Rietberger Helme) und Esens-Wittmund (wobei die Geisseln fälschlich als mit Kronen bezeichnete Fahnen gegeben sind) bedeckte und mit dem Elephantenordensbande behangene, 6feldige Schild. Ueber der hier ohne die Sterne erscheinenden Harpye im 1. Felde schweben 3 Kronen, wie über dem Adler der Häuptlinge von Brokmerland im 2. Felde. Oben auf einem Bande EX · DVRIS · GLORIA · und dann · I · H · Unten neben dem Elephanten 16 — 86 Schräg gerippter Rand. Gr. 36. $1^{1}/_{16}$ Loth. S. g. e. RR.

(1686 reiste die Fürstin Mutter und Vormünderin in Angelegenheiten ihres Sohnes nach Wien, wo sie bis Nov. 1688 blieb. — Die Existenz vorliegenden Guldens wurde in der Num. Zeitung, 1848, 20, angezweifelt.)

5482. Drittelthaler o. J. Av. (O. b.) CHRIS · EBERH · D · G · P · F · O · D · E · S · E · W — Das Wappen, wie auf Nr.

5476, rechts und links vom Schilde eine Rose mit darüber und darunter gestellter kleinerer Rose, unten 3 EIN · RT : Rev. wie der von Nr. 5477, doch mit LEOPOL · und kleinerer Krone. 3/4 Loth. Sehr gut erh.

5483. Gulden v. 1694. Av. (U. b.) CHR : EBERH · — D · G · PR · & · D · FRIS · ORI · — Brustbild v. r. S., mit grosser Perrücke, im Harnisch und Ueberwurf. Rev. (U. b.) IN DEO · — SPES MEA · Das mit dem Fürstenhute bedeckte Wappen von 6 Feldern (in deren 1. die Harpye, wie richtig, zwischen den Sternen). Unten am Schilde in einem Ovale $\frac{*}{3}$, daneben 16 — 94. Mad. 4164. 1 1/16 Loth. G. e.

5484. Gulden v. 1694. Av. vom Stempel zur Hauptseite des vorigen. Rev. · IN · DEO · — · SPES · MEA · Das Wappen, wie vorher, zu Seiten desselben FB — P Unten im Ovale $\frac{*}{3}$ und daneben 16 — 94 mit grösseren Zahlen, als auf vorigem. 1 1/16 Loth. G. e.

5485. Dukaten v. 1702. Av. (U. b.) CHR : EB : D · G · — PR : ET D · FR : OR : — Brustbild, ähnlich, wie vorher. Rev. (O. b.) DOM ⁰₀ IN · ES ○ STEDESD ○ ET · WITM ○ 1702 · — Das 6feld. Wappen, wie vorher, in ausgeschweiftem, henkelartig und mit Laubwerk verziertem Schilde unter dem Fürstenhute. 1 Duk. Sehr gut erh. R.

Georg Albrecht (1708—1734),

Sohn des Vorigen und dessen 1. Gemahlin Eberhardine Sophia v. Oettingen-Oettingen, geb. 13. Juni 1690, succ. seinem Vater 30. Juni 1708 und starb, zweimal vermählt, 12. Juni 1734. Er war nach Edzard I. (dem Grossen) der bedeutendste Fürst von Ostfriesland.

5486. Dukaten v. 1715. Av. (U. b.) GEORG · ALB · PRIN · ET DOM · FRIS · ORIENT · — Brustbild v. r. S., mit Perrücke, im röm. Harnisch. Unten vor der Brust K · Rev. (U. b.) DOMINVS ESE · — STED · ET WITM — Das 6feldige Wappen in ovalem, an beiden Seiten mit Adlern und unten mit Schnitzwerk verziertem Schilde unter dem Fürstenhute. Ganz unten 17 — 15 1 Duk. Sehr gut erhalten. R.

5487. Gulden v. 1734. Av. (U. b.) GEORG · ALB · — D · G · PR · FRISIÆ OR · (als Ueberschr.) Brustbild in gleicher Weise, wie vorher. Rev. (U. b.) DOMINVS ESENÆ — STEDESD · & WITM · Das mit dem Fürstenhute bedeckte, 6feldige Wappen. Zu Seiten des Schildes I · C · — G · (Joh. Christian Gittermann, Mzmst. in Aurich) und unter demselben 17 $\frac{*}{3}$ 34 Schräg gerippter Rand. Mad. 4166. 1 3/16 Loth. S. g. e. R.

5488. Ein zweites Exemplar dieses Guldens. 1 3/16 Loth. S. g. e.

Karl Edzard (1734—1744),

Sohn des Vorigen und dessen 1. Gem. Christiane Louise von Nassau-Idstein, geb. 18. Jan. 1716, verm. sich 25. Mai 1734 mit Sophie Wilhelmine v. Brandenburg-Bayreuth, succ. seinem Vater 12. Juni gl. J. und † 25. Mai 1744 als der letzte Fürst von Ostfriesland.

5489. Thaler v. 1734. Av. (U. b.) CAROLVS EDZARDVS D · G ·

PR · FRISLÆ OR · — Brustbild v. r. S., im Harnisch, mit Ordensband (vom Elephanten), Ueberwurf und im Nacken gebundenen Haaren. Rev. (Unt. beg.) DOMINVS ESEN · — STEDESD · & WITM · — Das 6feldige Wappen mit tingirten Feldern unter dem (roth schraffirten) Fürstenhute. Neben dem Schilde ɪ · c · — ɢ · und unter demselben (1734) Mad. 4167. Köhler, M.-B., XIX. 417. $1^{49}/_{64}$ Loth. S. g. e. RR.

5490. Dukaten v. 1737. Av. Brustbild v. r. S., im Harnisch, mit Ordensband und im Nacken gebundenem Haare. Ueberschrift, wie vorher, aber mit FRIS · OR · Rev. (O. b.) DOMINVS ES · — ST · ET WITM · — Das 6feld. (nicht tingirte) Wappen in einem ovalen, henkelartig verzierten, mit Fürstenhut u. Elephantenorden geschmückten Schilde, neben welchem ɪ · c — ɢ Unten ✣ 17 — 37 ✣ Soothe 1249. 1 Duk. Aus der v. Peyer'schen Sammlung. S. g. e. R.

5491. Gulden v. 1738. Av. wie der des Thalers v. 1734, aber mit FRIS · OR · — Rev. wie der von Nr. 5487, aber mit der Jahrz. 17 — 38 und geringen Abweichungen in der Zeichnung. Schräg gerippter Rand. Weise, G.-C. 1600. $1^{3}/_{16}$ Loth. Mit Stempelglanz.

5492. Ein zweites Exemplar dieses Guldens. S. g. e.

Nach Karl Edzard's Tode nahm der König von Preussen zu Folge der dem Kurhause Brandenburg vom Kaiser Leopold I. 1694 ertheilten Anwartschaft von Ostfriesland Besitz. Das Fürstenthum blieb bei Preussen bis zur französischen Occupation, kam dann 1806 an Holland und 1810 als Dep. Ostems zu Frankreich. Im Nov. 1813 von Preussen wieder in Besitz genommen, wurde Ostfriesland 1815 an Hannover abgetreten, als dessen Bestandtheil es 1866 mit Preussen vereinigt wurde.

Paar.

Johann Wenzel (1769—1792),

Sohn des Grafen Johann Leopold und dessen Gem. Maria Theresia Gr. von Sternberg, geb. 1719, succ. seinem Vater 25. Juni 1741, war oberster Reichs-Hof- und General-Erb-Land-Postmeister in den kaiserl. Erblanden, ward Fürst 5. Aug. 1769 und † 5. Juli 1792.

5493. Thaler v. 1771. Av. IOH · WEN · S · R · IMP · PRINCEPS A · PAAR · — (als Ueberschr.) Brustbild v. r. S., im Rock, mit umgelegtem Bande des Stephansordens und einem Hermelinmantel, worauf der Ordensstern gestickt ist. Rev. S(upremus) · I(mperialis) · AUL(ae) · REG(norum) · HER(editariorum) · & · P(er) · — GE(rmaniam) · H(ereditarius) · POST(arum) · MAG(ister) · 1771 · — (unten beg.) Der dreifach gekrönte Doppeladler mit dem von der Kette des Stephansordens umgebenen und mit dem Fürstenhute bedeckten Wappen von Paar auf der Brust. Hat Laubrand. S. g. e.

Wenzel (1792—1812),

Sohn des Vorigen und dessen Gem. Antonie Gr. v. Esterházy, geb. 1744, succ. seinem Vater 1792 und † 22. Nov. 1812.

5494. Thaler v. 1794. Av. WENCESLAVS · S · ROM · IMP · PRINCEPS · A · PAAR · — (als Ueberschr.) Brustbild v. r. S., ohne Bekleidung, mit frisirtem Haar. Unten I · N · WIRT · F · Rev. SVP · IMP · AVL · REG · HER · — P · G · HER · POST · MAG · 1794 · — (oben beg.) Dreifach gekrönter Doppeladler, auf dessen Brust das mit dem Fürstenhute bedeckte Wappen. Erhabene Randschrift: PARTA — TVERI — mit dazwischen gestellten Blumen und Verzierungen. Schön und vorzüglich erh.

5495. Halber Thaler v. 1794. Wie der ganze Thaler. S. g. e. RR.

Pálffy.

Maria,

Tochter Markus Fugger's in Nordendorf, von der Antonius-Linie, und dessen Gem. Sibylle von Eberstein, geb. 1566, vermählte sich 1583 mit dem nachmaligen Grafen Nikolaus Pálffy und † 1646.

5496. Thaler auf ihr und ihrer beiden Söhne Begräbniss, 29. Mai 1646. Av. In einem Lorbeerkranze: ~✠~ | · MARIA | · FVGGERIN · | · STEPHANI · ET · | IOANNIS PALFY | ORVM MATER | QVI · SIMVL · SE | PVLTI · POSO | NII · 29 MAY | 1646 Rev. Die nach den Wolken schwebende Diana, zwei auf sie zuspringende Hirsche (aus dem Wappen der Pálffy) an den Geweihen mit sich fortführend. Darüber auf einem Bande · AD · ASTRA · MECVM · Umher ein Lorbeerkranz, wie im Av. Mad. 1693. Cat. imp. 404. Wurde in der Mayer'schen Auktion (Wien 1868) mit 20½ fl. bezahlt. Sehr gut erh. RR.

5497. Aehnlicher Gulden v. 1646. Im Av. steht: · MARIA | FVGGERIN · | STEPHANI ET · | IOANNIS PALFY · | ORVM MATER · | QVI SIMVL SE | PVLTI POSO | NII 29 MAY | 1646 Cat. imp. 404. S. g. e. R.

Pappenheim.

Maximilian (1603—1639),

Sohn Konrad's Marschall's zu Pappenheim (an welchen nach Aussterben der Grafen von Lupfen, 1582, die Landgrafschaft Stühlingen und die Herrschaft Höwen in Folge vom Kaiser 1572 ertheilter Anwartschaft gekommen war) und dessen Gem. Katharina v. Lamberg, geb. 1580, succ. seinem in der Haft gestorbenen Vater 1603, verglich sich wegen der unter kaiserl. Sequestration gerathenen Lupfen'schen Güter und erlangte 1605 die wirkliche Belehnung mit Stühlingen etc., verkaufte 1621 die Herrschaft Gräfenthal an Herz. Joh. Philipp zu Altenburg, und † 1639. Er vermachte Stühlingen und Höwen mit Engen seinem Enkel Franz Maximilian von Fürstenberg, dem Sohne seiner Tochter Maximiliane Marie, die an Rudolf Friedrich v. Fürstenberg verheirathet war.

5498. Goldnes ovales Kleinod o. J. Av. MAXIMILIAN · D(es) · H(eiligen) · R(ömischen) · R(eichs) · ERBMARSCHALCK · LANDGRAVE · ZV · STILINGEN · Brustbild v. l. S., mit krausem

Haare, und Ober- nebst Unterbart, im Harnisch mit einem Löwenkopfe an der Achsel, mit umgelegter, im Rücken flatternder Feldbinde und glattem, mit schmalen Spitzen besetztem Halskragen. Rev. HERR · ZV · BAPPENHEIM · HOEBEN · GREFNTAL VND · WVTTENTHAL · Eine Schildkröte kriecht einen Berg hinan, auf dessen Gipfel ein Brunnen. Darüber in drei Zeilen: TANDEM · ET | SI | TARDE Schöner, ciselirter Originalguss von sehr guter Erhaltung. Das Kleinod ist oben und unten gehenkelt und mit 2 Ringen versehen. Vorliegendes Exemplar beschreibt Beierlein unter Nr. 142. Höhe 41. Wiegt 6¾ Dukaten. RRRR.

Friedrich Ferdinand (1721—1773),

Sohn Graf Christian Ernst's und dessen 2. Gem. Johanne Dorothea Gräfin v. Egg, geb. 1702, succ. 27. Aug. 1721, ward 1731 ältester Reichs-Erbmarschall, übertrug 1773 die Regierung seinem ältesten Sohne und nach dessen 1792 erfolgtem Tode seinem jüngeren Sohne und † 27. Febr. 1793.

5499. Pappenheimer Huldigungsmünze (Dukatenabschlag) v. 1731. Av. FRID : FERD : COM : — PAPPENH · S · R · I · MARE(schallus) : HER(editarius) · — (als Ueberschr.) Brustbild v. r. S., im Harnisch, mit Ueberwurf. Rev. Das gekrönte, von der Kette des württemb. grossen Ordens umgebene Wappen in ovalem Schilde. Oben herum ORE ET — CORDE · Unten in einer Einfassung: HOMAGIUM | PAPPENH : | D : 25 : IUN · 1731 · Monn. en or, 211. Beierlein Nr. 145. Gr. 23. ⅛ Loth. S. g. e.

Puchheim siehe unter Buchheim.

Radziwill.

Louise Karoline,

Tochter des Fürsten Bogislaus Radziwill, Statthalters in Preussen, geb. 1667, vermählte sich 7. Jan. 1681 mit Ludwig Leopold, einem Sohne des Kurfürsten Friedrich Wilhelm von Brandenburg und darauf 1688 mit dem Kurfürsten Karl Philipp von der Pfalz, und † 23. März 1695.

5500. Medaille v. 1675. Av. LUDOVICA · CAROLINA · RADZIVILIA · D · G BIRS(ensis) DUB(icensis) SLUC(ensis) · & KOP(ylensis) · DUX · — Der achtjährigen Prinzessin Brustbild v. r. S., mit geschmücktem Lockenhaare. Darunter ÆT · 8 AN · 1675 D · 27 FEB · Rev. Der Wappenschild an einem Baume, worauf ein junger Adler im Neste, das die Alten, zur Sonne fliegend, verlassen. Im Hintergrunde die Residenz mit der Ueberschr. BIRSE Im Abschn. PATER ME⁹, ET MATER | MEA DERELIQVER(unt) ME | DOM(inus) · A(utem) · ASSUMPSIT | ME · PS · XXVII · V · X Mad. 5847. Raczynski 247. Gr. 43. 1¾ Loth. Sehr gut erh. R.

Rantzau.

Heinrich zu Breitenburg,

Sohn des dänischen Feldmarschalls Johann v. Rantzau und dessen Gem. Anna v. Walsdorf, geb. 1526, war, wie sein 1565 gestorbener Vater, königl. Statthalter in Schleswig und Holstein, baute das Schloss Rantzau neu auf, war ein gelehrter Herr, erhielt den Elephantenorden und † 1598.

5301. Medaille v. 1577. Av. ANNO M · D · LXXVII — ÆTATIS SVÆ LII · — Erhabenes bärtiges Brustbild, etwas vorwärts gekehrt, doch mehr von rechter Seite, im Harnisch, mit Feldbinde und Halskrause. Umher ein Blätterkranz. Rev. Inschrift von 8 Zeilen: HINRICVS | RANTZOVIVS | REGIS DANIÆ VI | CARI9 DNS IN BRE | DEBERCH · AN | NO DOMINI | 1574 ÆT · | 49 | in Perleneinfassung. Originalguss in goldfarbner Bronze. Sehr gut erh. RRR.

Christian (1650—1663),

Sohn Gerhard's und dessen Gem. Dorothea v. Brockdorff, ein Enkel des Vorigen, geb. 1614, Statthalter in Holstein 1648, kaufte 1649 vom Herzoge Friedrich III. v. Holstein-Gottorp die Hälfte der Grafschaft Pinneberg oder das Amt Barmstede, wurde 1650 unter Erhebung des Amts Barmstede zur unmittelbaren Reichsgrafschaft Rantzau Reichsgraf, gelangte bis zur Würde eines Präsidenten im dän. geh. Staatscollegium und † 1663.

5302. Dukaten v. 1656. Av. CHRISTIAN · COM · IN RANTZ · DOM · IN BREITENB(urg) · Brustbild v. r. S., mit langem Haare, im Wamms, mit Feldbinde und glattem Kragenumschlage. Rev. (⚒ mit durchgestecktem ♧) DEO DVCE COMITE FORTVNA • — Das dreifach behelmte Wappen von Rantzau u. d. Burggrafen v. Leissnig in 4 Feldern mit Mittelschild. Zu den Seiten 16 — 56 Monn. en or, 212. 1 Duk. S. g. e. RR.

5303. Thaler v. 1657. Av. CHRISTIAN : COM : IN · RANTZOU · DOM : IN · BREITENB :· ♧ Brustbild, wie vorher. Rev. Wie vorher, aber COMITE · FORTVNA :· 1657 :· — (Mad. 1850.) Sehr gut erh. RR.

5304. Medaille v. 1657. Av. CHRISTIAN : COM : IN : RANTZ : DOM : IN · BREITENB :· — (als Ueberschr.) Brustbild v. l. S., bekleidet wie vorher; unten · ÆTATIS · 44 · Rev. Gekrönter und verzierter ovaler Wappenschild. Oben herum ✿ DEO · DUCE · COMITE · FORTUNA : Neben dem Schilde 16 — 57 und · *J* · — · *R* · Mad. 5499. Gr. 38. 1³/₄ Loth. Aus v. Madai's Cabinet. Sehr schön erhalten. RR.

Detlev (1663—1697),

Sohn des Grafen Christian und dessen Gem. Dorothea zu Rantzau-Panker, geb. 1644, Statthalter in Schleswig und Holstein und Gouverneur zu Rendsburg, schloss am 10. April 1669 mit dem Könige v. Dänemark den Vertrag ab, dass nach Abgang seines männlichen Stammes die Grafschaft Rantzau und die Herrschaft Breitenburg an die Krone fallen sollte, welche Disposition Kaiser Leopold I. am 17. Juli 1671 bestätigte. Er starb 8. Sept. 1697 zu

Hamburg. Mit seinem jüngeren Sohne Wilhelm Adolf, der 1734 zu Aggerhus in Norwegen im Gefängnisse starb, erlosch diese Linie, nachdem der König schon bei dessen Lebzeiten, 1726, die Grafschaft eingezogen, die Herrschaft Breitenburg aber dessen Schwester, Katharina Sophia, verm. Gräfin v. Castell-Rüdenhausen überlassen hatte.

5505. Gulden v. 1689. Av. · DETHLEF · S · R · I · C(omes) · I(n) · R(antzau) ET L(öwenholm) · D(ominus) · I(n) · B(reitenburg) · — (als Ueberschr.) Geharn. Brustbild v. r. S. Unten an der Brust $\frac{2}{3}$ in einem Ovale. Rev. (U. b.) RECTE FACIENDO NEMINEM TIMEAS — Das gekrönte Wappen mit dem Elephantenorden. Unten · 16 — 89 · Mad. 5857. S. g. e. R.

5506. Aehnlicher Gulden v. 1689, mit DETHLEF · S · R · I · C · I · RANZOW · ET L · D · I · B · — und RECTE · FACIENDO · NEMINEM · TIMEAS · — sowie 16 — 89 · Weise, 1727. 2. Im Rev. wie gewöhnlich schwach ausgeprägt; gut erh. R.

Reckheim.

Kaiser Karl V. verlieh am 9. Juni 1545 die nach dem Tode Robert's Grafen von der Mark zu Arenberg an das Reich heimgefallene freie Herrschaft Reckheim an Johann von Henin, Herrn v. Bossu, Ritter des goldn. Vliesses und kaiserl. Obrist-Stallmeister. Von diesem kam Reckheim an die Familie v. Flodorp (Vlodorp, Flodorf), der dann Johann von Quadt-Wykradt (verm. in 2. Ehe mit Anna v. Flodorp) folgte. Von des Letzteren Söhnen Wilhelm und Dietrich, welche zwei Schwestern Flodorp geheirathet hatten u. am 8. Sept. 1582 einen Erbschaftsvergleich errichteten, vertauschte Wilhelm vor oder in d. J. 1590 Reckheim gegen Zoppenbrock in Kurcöln u. a. Güter bei Bacharach an Hermann von Aspremont-Lynden*).

Unter der Familie Flodorp.

(Nachstehende Thaler werden von Köhler, M.-B., und darnach von Anderen irrig dem Johann von Henin zugetheilt. Das auf ihnen erscheinende Wappen ist aber das der Familie Flodorp [Rev. belge, 4. Série T. II. (1864) p. 444]. Da es nun Münzen mit gleichem Wappen von 1555 und 1563 giebt, so kann der Uebergang Reckheim's an die Familie Flodorp nicht nach 1555, der Anfall an das Haus Quadt nicht vor 1563 erfolgt sein.)

5507. Thaler o. J. Av. MO ∗ NO ∗ LIB(eri) ∗ BARONATVS ∗ IMP'(erii) ∗ RECHEIMEN(sis) — Das mit 2 Helmen bedeckte, quadrirte Wappen mit Mittelschild (1. u. 4. fünfmal getheilt (Flodorp); 2. und 3. eine Lilie; Mittelschild: fünfmal getheilt (Flodorp?); Kleinode: Mannesrumpf und Pfauenschweif). Rev. CAROL' ∗ V ∗ ROMANO' ∗ IMPE' ∗ SEMPER ∗ AVGVSTV — Unter der Krone der Doppeladler (ohne Kopfscheine). (Mad. 1953, Cat. imp. 405.) S.g.e. R.

5508. Thaler o. J. Wie vorher, aber mit MO' ∗ NO' ∗ etc. und CAROL ∗ V ∗ ROMANO ∗ IMPE ∗ SEMPER ∗ AVGVST — Theilweise Doppelschlag, gut erh. R.

5509. Thaler o. J. Av. MONETA ∗ NOVA ∗ AR — GEN ∗ RECHEIMENS — Der Apostel Petrus über dem Wappenschilde. Zu den Seiten 30 — S(tüber) Rev. FERDI ∗ I ∗ ROMANO ∗ IMPE

---

*) Die das Haus Quadt betr. Angaben sind Sr. Erlaucht dem regierenden Grafen von Quadt-Isny zu verdanken.

• SEMPER • AVGVSTV — Unter der Krone der Doppeladler mit 30 im Reichsapfel auf der Brust. (Mad. 1955.) Gut erh. R.

5510. Thaler o. J. Av. Wie vorher, doch von anderem Stempel, die Werthzahl 30 steht in gleicher Linie mit dem C in „Recheimens", während sie vorher beim H stand. Rev. Stempel vom vorigen. (Av. wie Cat. imp. 405.) Gut erh. (Wie Nr. 5509 nach 1558 geschlagen.) R.

Hermann von Lynden (1590—1603),

Sohn Dietrich's VI. von Aspremont-Lynden und dessen Gem. Maria v. Eldern, ertauschte um 1590 die reichsunmittelbare Herrschaft Reckheim, stand in kaiserl. und spanischen Kriegsdiensten, wurde vom Kurfürsten Ernst von Cöln 1583 zum Obristen, 1586 zum Oberhofmarschall und 1592 zum Gouverneur der Cölner Diöcese, sowie zum General ernannt, und † 4. Juni 1603.

5511. Thaler o. J. Av. · HERM · DE · LYNDEN · LIB · BAR · IMP · IN · RECHEM — Ausgeschnittener Wappenschild mit dem Kreuze von Lynden; darauf ruht der Helm, auf dessen Krone ein sitzender Windhund (Grafsch. Lynden). Rev. • RVDOLP · II · ROM · IMP · SEMPER · AVG • Unter der Krone der Doppeladler mit Kopfscheinen. Vorzüglich erh. RRR.

Ernst von Lynden (1603—1636),

Sohn des Vorigen und dessen Gem. Marie von Halmale, geb. 1583, succ. seinem Vater 1603, vermählte sich 1609 mit Anna Antoinette Gouiffier v. Bonnivet und Crevecoeur, wurde vom Kurf. Ferdinand v. Cöln 1619 als Abgesandter auf den Reichstag zu Frankfurt gesendet und vom Kaiser Ferdinand II. zum kais. Kämmerer und Obristen ernannt. Letzterer erhob auch am 31. März 1623 die Herrschaft Reckheim zu einer Grafschaft. Ernst † 1636 und hatte seinen Sohn Ferdinand zum Nachfolger.

5512. Thaler v. 1620. Av. (Herz) ERNESTVS · DE · LYNDEN · L · BA · IMP · I · RECIEM — · — Quadrirter Schild von Lynden und Halmale (Löwe auf mit Schindeln besäetem Felde; Wappen der Mutter des Grafen), mit den Helmen von Lynden und Halmale (wachsender Löwe über einem Hute). Rev. FERDINĀDVS · II · D G · ROM · IM · SEM · AV · 1 · 6 · — · z · 0 · Unter der Krone der Doppeladler mit dem Reichsapfel auf der Brust. S. g. e. RRRR.

Franz Gobert und Ferdinand Gobert,

Grafen von Aspremont und Reckheim, Söhne des Grafen Ferdinand († 24. Aug. 1665) und dessen Gem. Elisabeth v. Fürstenberg. Ersterer war Domherr zu Cöln, Salzburg und Strassburg und † 26. Aug. 1703. Letzterer, geb. 1643, war kais. wirkl. Kämmerer, General-Feldmarschall-Lieutenant, erhielt von seinen Verwandten 1676 alle ihre Rechte auf die Grafschaft Aspremont abgetreten und starb, zweimal vermählt, 1. Febr. 1708.

5513. Gulden o. J. Av. FRANC · ET · FERD · FRAT · COM · IN · ASPERM · ET · RECKH · — (unten beg.) Das quadrirte Wappen von Aspremont (Kreuz) und Reckheim (Löwe), mit dem Adler des Hauses Este im Mittelschilde. Darauf ruht eine Krone und die drei Helme von Este, Lynden und Reckheim (aufgerichteter Löwe). Rev. Im Felde XXIIII | MARIEN | GROSCH | ✿ ✿ ✿ Oben herum, ausserhalb eines Halbkreises: GRAFL · RECKHEIM · MVNZ Im Abschnitt LEIPZ · FVES | I · A · L (Joh. Ad. Longerich, Mmstr. in Cöln und Düsseldorf 1700—1708) Der Rand ist gerieft. Sehr gut erhalten. RR.

Regenstein (Reinstein).

Ulrich V. (1529—1551),

jüngster Sohn des Grafen Ulrich IV. († 1479) und dessen Gem. Anna Gräfin von Hohnstein, succ. seinem ältesten Bruder Jobst 1529 als Graf zu Blankenburg und Regenstein und starb, zweimal vermählt, 22. März 1551.

5514. Thaler v. 1546. Av. VLRICVS ⁑ COMES ⁑ IN ⁑ REGENSTEIN Behelmter vierfeldiger Schild (Blankenburg und Regenstein); zu den Seiten 15 — 46 Rev. CAROLVS * V * ROMA * IMP * SEMP * AVG — Unter der Krone der Doppeladler mit halben Kopfscheinen. Sehr gut erh. RRR.

(Mit Ulrich's V. Urenkel, Johann Ernst, erlosch am 4. Juli 1599 das Geschlecht der Grafen von Blankenburg und Regenstein, worauf deren Besitzungen von Herz. Heinrich Julius von Braunschweig in Besitz genommen wurden. Als Erzh. Leopold Wilhelm v. Oesterreich 1641 sich des Bisth. Halberstadt bemächtigte, sah er die Grafschaft Regenstein als ein demselben heimgefallenes Lehen an, da die Grafen v. Regenstein auch einige Güter v. Halberstadt zu Lehen getragen hatten, und belehnte 1643 seinen Hofmarschall Grafen Wilhelm Leopold v. Tattenbach († 1661) mit derselben, der am 24. Mai 1644 „Reichsgraf v. Rheinstein" wurde. 1671, nach der Enthauptung des Grafen Joh. Erasmus v. Rheinstein und Tattenbach, zog Kurbrandenburg die ganze Grafschaft Regenstein als ein verwirktes halberstadt. Lehen ein.) (S. auch Nr. 3463 im I. Theil.)

Reuss.

Gemeinschaftliche Münzen

der von den Söhnen des 1535 verstorbenen Heinrich Reuss, Herrn zu Plauen in Greiz und Kranichfeld, Heinrich dem Aelteren († 22. März 1572) und Heinrich dem Jüngeren († 6. April 1572) abstammenden Linien.

5515. Thaler v. 1619. Av. MO : NO : DD (dominorum) : RVTHEN(orum) : DOMINOR(um) : A : PLAV(en) : DD : IN : G(reiz) : C(ranichfeld) : G(era) : S(chleiz) : ET · LO(benstein) : ⊕ Das vierfeldige Wappen von Reuss (gekr. Löwe) und Kranichfeld (Kranich) in einem mit Schnitzwerk reich verzierten, ovalen Schilde, über welchem die beiden Helme mit dem Brackenkopfe (Reuss) und dem Kranich. Rev. · VIVIT POST FVNERA VIRTVS ✿ 1619 * WA (verb., Wolfg. Albrecht, Mzmstr. in Saalfeld.) · ♁ Zwischen zwei aus Wolken kommenden Händen, von denen die rechts einen Palmzweig, die links ein Schwert hält, erhebt sich auf grasigem Boden eine, mit einem Kranze umgebene Säule, auf welcher ein Phönix verbrennt. Gr. 40. Mad. 1852. Cat. imp. 406. S. g. e.

(Dieser Thaler wird in der Num. Ztg. v. 1850, S. 131. den Brüdern Heinrich IV. zu Ober- und Heinrich V. zu Unter-Greiz zugetheilt. Er ist aber Gemeinschaftsmünze des ganzen Stammes der Reusse, dessen Aeltester damals, und zwar seit 16. Jun. 1616 Heinrich II. (Postumus) von der jüngeren Linie war. Thaler des Letzteren führen denn auch den gleichen Revers (s. Nr. 5539 u. flg.)

5516. Thaler v. 1655. Av. DOMINI RVTHENI, DNN · à PLAVEN, DNN · in GRAITZ, CRA : GERA, SCHL : et LOB : ⚒ Das vorgedachte Wappen in einem oben eckigen, unten abgerundeten Schilde mit den beiden Helmen. Unten zu Seiten des Schildes M — R (Michael Rennesch.) Rev. VIVIT POST FVNERA VIRTVS · Aõ : M · DC · LV · ♁ Vorstellung, wie vorher. Mad. 4341. S. g. e.

(1655 war des ganzen Stammes Aeltester Heinrich II. jüng. Linie Reuss zu Gera (geb. 14. Aug. 1602, † 28. Mai 1670), der älteste Sohn Heinrich's II. (Postumi). Daraus erklärt sich die Aehnlichkeit dieses Thalers mit dem vorangegangenen und mit denen, die Heinrich Postumus unter eigenem Namen prägen liess. Die Num. Ztg. lässt diesen Thaler (S. 194) ohne Grund als Gemeinschaftsmünze unter Heinrich I. zu Ober-Greiz († 1681) ausgegangen sein.)

I. Aeltere Linie.

Oben gedachter, 1535 verstorbener Heinrich hinterliess drei Söhne gleichen Namens, welche eben so viele Linien stifteten, von denen, nach dem Anfalle der Herrschaften Gera und Schleiz, die ältere Unter-Greiz und Burgk, die mittlere Ober-Greiz und Schleiz und die jüngere Gera und Kranichfeld besass, während die Herrschaft Lobenstein an die Vitzthume versetzt war. Die mittlere Linie starb mit ihres Gründers mittelstem Sohne 1616 wieder aus, worauf Ober-Greiz an die ältere und Schleiz an die jüngere Linie kam. Heinrich's des Aelteren († 1572), des Stifters der älteren Linie, Söhne Heinrich II. († 1608) und Heinrich V. († 1604) gründeten die Linien zu Burgk und zu Greiz.

A. Linie zu Burgk.

Heinrich II. (1608—1639),

Sohn vorgedachten Heinrich's II. zu Burgk und dessen 1. Gem. Judith von Oettingen, geb. 30. Dec. 1575, succ. seinem Vater d. 24. Mai 1608, ward des ganzen Stammes Aeltester nach Heinrich's II. (Postumi) Tode, 1635, und † 6. Sept. 1639.

5517. Thaler auf seinen Tod, 1639. Av. HEINRICVS : II · SEN(ior) : RVTH : DN : A : PL · D · I · G · C · G · S · L · BURGK ✿ Bildniss bis an den Schooss, v. r. S., im Harnisch, mit Feldbinde, breitem Spitzenkragen und umgegürtetem Degen, in der Rechten den Kommandostab, mit der Linken den befederten, offenen Helm vor sich haltend. Rev. Das quadrirte Wappen in einem henkelartig verzierten, herzförmigen Schilde unter offener Krone mit der zweizeiligen Umschrift: ✿ NATVS · IN · ARCE GREITZ · xxx DECEM(bris) · ANNO MDLXXV ✿ | OBIIT · IN · ARCE BVRGK · VI · SEPT(embris) · AO : MDCxxx9 ✿ Mad. 4342. S. g. e. R.

B. Linie zu Greiz.

Heinrich IV. oder der Mittlere,

(Sohn Heinrich's V. († 1604) und Enkel des Stifters der älteren Linie, geb. 1597, wurde der Stifter der Speziallinie Ober-Greiz, † 25. Aug. 1629), in Gemeinschaft mit seinem Bruder

Heinrich V.,

(geb. 1602, Stifter der Speziallinie Unter-Greiz, † 7. März 1667), 1604 bis 1629.

5518. Thaler v. 1624. Av. HEIN : MED(ius) : & · HEIN : QVINT(us)

: FR(atres) : RVTH(eni) : D : D : Ⲁ : PLⲀV : D : D : IN · GRⲀIZ : ETC ❁ Innerhalb eines kranzart. Reifens das doppelt behelmte, vierfeldige Wappen. Der oben eckige, unten abgerundete Schild ist an den Seiten mit Drachenköpfen geziert. Rev. × FERD : II · D : G : ROM : I : S : Ⲁ : GER : HVN : BOH : REX : 16z4 ʃ w · A × Unter der kaiserl. Krone innerhalb eines kranzart. Reifens der Doppeladler mit dem Reichsapfel auf der Brust. Mad. 1855. (Cat. imp. 406.) S. g. e. R.

a) Ober-Greiz.

Heinrich I., gen. der Dicke, (1629—1681),

Sohn Heinrich's IV. zu Ober-Greiz und dessen Gem. Juliane Elise, Rheingr. zu Neufville, geb. 1627, succ. seinem Vater 1629 unter Vormundschaft, war kais. Rath, General-Wachtmeister und Obrister, des h. R. R. u. des Johanniter-Ordens Ritter, seit 1671 des ganzen Stammes Aeltester und starb 18. März 1681.

5519. Gulden v. 1679. Av. (U. b.) H(einrich) · D(er) · E(rste) · R(euss) · G(raf) · U(nd) · H(err) · V(on) · P(lauen) · R(ömisch-) · K(aiserlicher) · M(ajestät) · R(ath) · G(eneral-) · W(achtmeister) · U(nd) · O(brister) — Brustbild v. r. S., mit langem Haar, im Harnisch, sammt Feldbinde und Spitzenhalstuch. Rev. (U. b.) OMNIA CUM DEO 1679 — Unter offener Krone das vierfeldige Wappen mit darauf gelegtem Johanniter-Ordenskreuze. Rechts und links vom Schilde eine Blume; unten im Ovale $\frac{2}{3}$ Zu Mad. 5858, wo der Viertelthaler. G. e. R.

5520. Medaille auf seinen Tod, 1681. Av. Des Grafen Brustbild v. r. S., im Mantel, mit Spitzenhalstuch und grosser Perrücke. Oben herum H · D · A(eltere) · R · G · U · H · V · P · Rev. Das mit der Grafenkrone und Helmdecken geschmückte 4 feld. Wappen sammt einem Mittelschilde, worin der Brackenkopf (als das reussische Kleinod). Ueber der Krone *Nihil Sine Deo* Unten 16 — 81 (Mad. 1859.) Gr. 45. 2¼ Loth. S. g. e. R.

Heinrich VI. (1681—1697),

Sohn des Vorigen und dessen Gem. Sibylle Magdalena von Kirchberg, geb. 1649, starb als königl. polnischer u. kurf. sächsischer General-Feld-Marschall und geh. Kriegsrath an einer in der Schlacht bei Zenta in Ungarn d. 1. Sept. 1697 empfangenen Wunde zu Segedin am 21. Oct. gl. J. und ward 1698 zu Greiz beigesetzt.

5521. Begräbnissthaler von 1698. Av. HENRICUS VI · RUTHENUS, COM · AC DN · A · PLAU · DN · IN GR · CR · G · S · E · L · S · R(egiae) · M(aj.) · POLON(iae) | ET S(erenissimi) · EL(ectoris) · SAX · CAMPI MARE: — SCHALL · GENERALIS · ⴲ Brustbild v. r. S., im Harnisch und Mantel, mit grosser Perrücke. Rev. NAT : GRAIZ : VARISC(orum) : D · VII · | AUG : M · DC · XLIX · HOSTIB(us) : IN | CELEBERR(imo) : AD TIBISC(um) : IN | HUNGAR(ia) : PROP(e) : ZENTAM PRÆ: | LIO

D · 1/7 SEPT : M · DC · XCVII · IAM | SUPERAT(is) ACCEPTO VULNERE | MORTIFERO SEQU(ente) · D(ie) · 11/11 OCT : | SEGEDINI VITAM PRO | PATRIA BEATISS(ime) : | ET GLORIOSISS(ime) : | REDDIDIT · Oben Lorbeer- und Palmzweig, gekreuzt, mit der Ueberschrift INVICTUS MORIOR · Unten herum I · L · 16 ✻ 98 · H · / (Holland, Mzmstr. in Dresden.) (Mad. 1860. Cat. imp. 406.) S. g. e.

Heinrich XI. (1723, bez. 1743—1800),

Sohn Heinrich's II. und dessen Gem. Sophie Charlotte Gräfin v. Bothmar, und Enkel des Vorigen, geb. 1722, folgte seinem im 5. Jahre verstorbenen Bruder Heinrich IX. am 17. März 1723 unter Vormundschaft Heinrich's XXIV. zu Köstritz und des Gr. Henckel v. Donnersmarck, trat 1743 die Regierung an, erbte 1768 nach Absterben der Speziallinie zu Unter-Greiz deren Lande, ward 15. Mai 1778 in den Reichsfürstenstand erhoben und 1784 Stammesältester, † 28. Juni 1800.

5522. Ausbeutegulden v. 1754. Av. (U. b.) HENR · XI · SEN(ioris) · L(ineae) · RUTHEN · COM · ET DOM · DE PL · DOM · G · C · G · S · & L · — Brustbild v. r. S., im Kürass und Hermelinmantel, mit im Nacken gebundenem Haare. Darunter in einem Kreise 2/3 Rev. Bergwerksgegend; im Vordergrunde zwei den Haspel treibende Bergleute, hinten auf der Höhe der aufgerichtete, gekrönte, doppelschwänzige Löwe, dem eine links aus Wolken kommende Hand einen Kranz reicht. Oben herum PRÆMIUM FIDUCIÆ NOVÆ · Im Abschnitt: DIE NEVE ZVVERSICHT · | G · 1754 H · | E · (Georg Hier. Eberhard, Mzmstr. in Saalfeld.) Gerippter Rand. (Mad. 4343. Cat. imp. 407.) G. e.

5523. Conv.-Thaler v. 1769. Av. (U. b.) HENRICVS · XI · S · L · RVTH · COM · ET DOM · DE PL · DOM · GR · C · G · S · ET L · — Kopf v. r. S., mit im Nacken gebundenem Haare. Unten ST(ockmar). Rev. Das doppelt behelmte 4feldige Wappen mit dem St. Stephans-Orden am umgehängten Bande. Oben herum X · EINE FEINE MARCK Unten 17 — 69 und dazwischen I · C · — K(naust, Mzmstr. in Saalfeld). Laubrand. (Mad. 6848.)

5524. Ausbeutethaler v. 1775. Av. vom Stempel zur Hauptseite des vorigen. Rev. Das Wappen, wie vorher; neben dem Schilde 17 — 75 und zu Seiten des Ordenssternes I · C · — K · Oben herum BERG SEGEN DER NEUEN HOFNUNG · Unten herum X EINE FEINE MARK · Laubrand. S. g. e. R.

5525. Conv.-Thaler v. 1778. Av. (U. b.) D · G · HENR · XI · S · L · RVTH · S · R · I · PRINC · COM · ET DOM · PLAV · — Kopf, wie vorher; unten ST · Rev. Der mit Ordensband und Stern behangene quadrirte Schild auf einem mit dem Fürstenhute bedeckten Hermelinmantel. Oben herum X · EINE FEINE MARCK Unten herum 17 I · C · K · 78 Laubrand. Mit Stempelglanz.

5526. Ein zweites Exemplar dieses Thalers. S. g. e.

5527. Conv.-Gulden v. 1786. Av. Brustbild v. r. S., ohne Bekleidung, mit im Nacken gebundenem Haare. Die wie vorher lautende

Umschrift beginnt oben, endigt mit PLAV · ✿ und umschliesst das Bild völlig. Rev. Der vierfeldige Schild auf dem Sterne des St. Stephansordens und mit der Kette dieses Ordens behangen, vor dem gekrönten Wappenmantel. Oben herum XX EINE FEINE MARCK · und unten 17 I · C · — K + 86 Laubrand. S. g. e.

5528. Ein zweites Exemplar dieses Guldens. S. g. e.

Heinrich XIII. (1800—1817),

Sohn des Vorigen und dessen 1. Gem. Konradine v. Reuss-Köstritz, geb. 1747, succ. d. 28. Juni 1800, † 29. Januar 1817.

5529. Conv.-Thaler v. 1806. Av. (U. b.) D · G · HENR · XIII · S · L · RVTH · S · R · I · PRINC · COM · E · DOM · PLAV * Brustbild v. r. S., in Uniform, mit Ordensband; am Armabschnitte DOELL · F · Darunter L(öwel, Mzmstr. in Saalfeld.) Rev. Das Wappen, geschmückt wie vorher, auf dem mit dem Fürstenhute bedeckten Wappenmantel. Der Schild ist herzförmig. Oben herum X EINE FEINE MARK und unten 18 — 06 Laubrand. S. g. e. Soll nur in 256 Exemplaren geprägt worden sein. R.

5530. Conv.-Thaler v. 1807. Av. vom Stempel zur Hauptseite des vorigen. Rev. wie die Rückseite des vorigen, mit 1807 und unbedeutenden Abweichungen in der Zeichnung. Laubrand. Nur in sehr wenigen Exemplaren geschlagen und merkwürdig wegen des, trotz bereits erfolgter Auflösung des röm. Reichs, hier noch erscheinenden Titels S. R. I. Princ. S. g. e. RR.

5531. Conv.-Thaler v. 1807. Av. (O. b.) V · G · G · HEINRICH · D · XIII · AELT(erer) · REUSS · G · U · H · V · P · REG(ierender) · F(ürst) · Z · GREIZ ◆ Brustbild, wie vorher, aber mit D · F · am Armabschnitte; darunter L. Rev. vom Stempel zur Rückseite des vorigen. Laubrand. Mit Stempelglanz.

5532. Conv.-Thaler v. 1812, wie voriger, aber mit weniger hoch und minder gut geschnittenem Brustbilde, ohne D · F ·, mit GREIZ * und 18 — 12 S. g. e.

5533. Conv.-Thaler v. 1812. Av. vom Stempel zur Hauptseite des vorigen. Rev. (U. b.) X EINE FEINE MARK CONVENTIONS MÜNZE · In einem Eichenkranze EIN | SPECIES | THALER | 1812 Unter dem Kranze L Laubrand. S. g. e.

5534. Ein zweites Exemplar dieses Thalers. G. e.

Heinrich XX. (1836—1859),

Sohn des Vorigen und dessen Gem. Wilhelmine Louise v. Nassau-Weilburg, geb. 1794, succ. seinem älteren Bruder, Heinrich XIX., d. 31. Oct. 1836, † 8. Nov. 1859. Ihm folgte sein Sohn Fürst Heinrich XXII. (geb. 28. März 1846) zunächst und bis 1866 unter Vormundschaft seiner Mutter, der Fürstin Karoline, geb. Landgr. v. Hessen-Homburg.

5535. Doppelthaler v. 1844. Av. (O. b.) HEINRICH XX · V · G · G · AELT(erer) · LIN(ie) · SOUVERAIN(er) · FÜRST REUSS * Kopf v. l. S., darunter A (Berlin.) Rev. Das 4feldige Wappen in mit Schnitzwerk verziertem Schilde auf gekröntem Hermelinmantel.

19

Oben herum 1 THALER VII EINE — F · MARK 3½ GULDEN und unten herum ✿ VEREINS 1844 MÜNZE ✿ Randschrift OMNIA ~+~ CUM ~+~ DEO ~+~ Mit Stempelglanz.

5536. Vereinsthaler v. 1858. Av. (U. b.) HEINRICH XX V · G · G · AELT · L · SOUV · FÜRST REUSS — Haupt v. l. S. (von neuer Zeichnung); unten A Rev. (U. b.) EIN VEREINSTHALER — XXX EIN PFUND FEIN Das Wappen, wie vorher, auf einem mit dem Fürstenhute bedeckten Hermelinmantel. Unten 1858 Randschrift, wie vorher. G. e.

b) Unter-Greiz.

Heinrich III. (1733—1768),

Sohn Heinrich's XIII. zu Unter-Greiz (der 1715 zu Nürnberg die Genealogie seines Hauses hat erscheinen lassen) und dessen Gem. Sophie Elisabeth von Stolberg-Wernigerode, Urenkel Heinrich's V. zu Unter-Greiz, geb. 1701, folgte seinem Vater 1733, ward 1748 Stammesältester und † 17. März 1768 als der Letzte dieser Linie, deren Lande an Heinrich XI. zu Ober-Greiz fielen.

5537. Viertelthaler v. 1751. Av. (O. b.) HENR · III · SEN(ioris) · LIN(eae) · RUTH(enorum) · TOT(ius) · STEMM(atis) · SEN(ior) · COM · ET DOM · DE PL · D · G · C · G · S · ET L ∗ Das 4feldige Wappen in verziertem Schilde unter offener Krone. Unten 17 — 51 Rev. Ein mit ☽ ♀ ♄ bezeichneter Hügel, auf dessen Spitze ein Göpel. Unten mündet ein Stollen aus. Im Vordergrunde steht ein Bergmann. Oben herum GOTT SEEGNE UNSERN SILBER BERG · Im Abschnitt ¼ SPECIES THAL · | G · H · E · G. e. (Der „Silberberg" liegt bei Klein-Reinsdorf.)

5538. Conv.-Thaler v. 1764. Av. (U. b.) HENRICVS · III · S · L · RVTHENOR · TOTIVS STEMMAT · SENIOR — Brustbild v. r. S., im Kürass und Hermelinmantel, mit im Nacken gebundenem Haare. Unten I · L · OEXLEIN · Rev. (U. b.) COM · ET DOMIN · DE PL · D · DE GREITZ C · G · S · ET LOBENST · — Das doppelt behelmte 4feldige Wappen, zu Seiten des Schildes 17 — 64 Unten auf einem Bande X · EINE FEINE MARCK Laubrand. Mad. 5500. Cat. imp. 407. S. g. e. R.

II. Jüngere Linie.

Heinrich (II.) Postumus (1572—1635),

Sohn Heinrich's des Jüngeren zu Gera, des Stifters dieser Linie, und dessen 2. Gem. Dorothea von Solms-Laubach, geb. 10. Juni 1572, übernahm die nach des Vaters Tode (6. April 1572) von seinem Vormunde, dem Gr. Otto zu Solms-Laubach, geführte Regierung am 6. Juni 1594, verkaufte mit Einwilligung der Agnaten die Herrsch. Ober-Kranichfeld an Sachsen-Weimar und löste dafür die an die Vitzthume verpfändete Herrsch. Lobenstein ein, war dreier Kaiser Rath und † 3. Dez. 1635 als Stammesältester (s. Nr. 5515).

5539. Thaler v. 1620. Av. MO : NO : HENR : IVN(ioris) : ÆT(ate) · SEN(ioris) : RVTH : DN : Λ : PLAV : D : I : G (aus D : IN verbessert) : C : G : S : ET · LO : ✤ Das doppelt behelmte 4feld.

Wappen. Der Schild ist oval und mit Schnitzwerk geziert. Rev. VIVIT POST FVNERA VIRTVS ✿ 16z0 ⁑ WA (verb.) ♁ Darstellung, wie auf Nr. 5515. Gr. 42. Mad. 1853. S. g. e. R.

5540. Thaler v. 1620. Av. vom Stempel zur Hauptseite des vorigen. Rev. Von der Rückseite des vorigen nur in der Zeichnung und in der Stellung der Umschrift zu dieser verschieden; so zeigt die Spitze des von der einen Hand gehaltenen Palmzweiges hier auf z in 16z0, auf vorigem dagegen auf 6 S. g. e. R.

5541. Thaler v. 1622. Av. MO : NO : HEIN : IVN · ÆT · SEN RVTH : DN · A · PLAV : D : I : G : C : G : S : E : LOB : ✿ Das Wappen, wie vorher, doch ist der verzierte Schild herzförmig gestaltet. Rev. FERD : II · ROMAN : IMP : HVNG : ET : BON (für BOH) : REX : 16zz ₰ · E · (S?) · (Ernst Schultes, Mzmstr. in Gera) — Der Doppeladler, mit Kopfscheinen, unter der kaiserl. Krone, auf seiner Brust der Reichsapfel mit z4 Zu Mad. 5859. Sehr gut erh. RR.

5542. Sterbethaler v. 1635. Av. HEINRIC⁹ IUN · et SE · RUTH · DN · ā PLAV · D · IN GR · C · G · S et L ✿ Bärtiges Brustbild v. r. S., mit Feldbinde und breitem Spitzenkragen, sammt der Ueberschrift Jch Baw — auff GOtt Rev. — PIETAS — ✿ AD ✿ — OMNIA — UTILIS Dazwischen oben der Brackenkopf, rechts und links ein Löwenschildchen und unten ein solches mit dem Kranich. Im Felde NATUS | IN · ARCE GERA | NA · I0 · IUNII | ANNO · M · D · LXXII | OBIIT | IBIDEM | 3 · DECEMB · ANNO | M · DC · XXXV (Mad. 1856. Cat. imp. 407.) Im Rev. CE eingravirt, sonst g. e. R.

Von den Söhnen obigen Heinrich's stiftete Heinrich II. die Linie Gera, Heinrich III. die Linie Saalburg (später Schleiz) und Heinrich X. die Linie Lobenstein (die sich wieder in die Häuser Lobenstein u. Ebersdorf theilte). Ihr Bruder Heinrich IX. zu Schleiz † 1666 kinderlos.

a) Gera.

Heinrich XXX. (1748—1802),

Sohn Heinrich's XXV. zu Gera und dessen 2. Gem. Sophie Marie von Birkenfeld-Gelnhausen, und Urenkel des Stifters dieser Linie, geb. 1727, succ. 13. März 1748, † 26. April 1802 als der Letzte dieses Zweiges, worauf seine Besitzungen den 3 damals noch blühenden Aesten der jüngeren Linie zufielen und zwar als gemeinschaftliches Gebiet, von dessen Einkünften Schleiz die eine, Lobenstein und Ebersdorf die andere Hälfte bezogen.

5543. Conv.-Thaler v. 1763, auf den Hubertusburger Frieden. Av. (O. b.) HENR · XXX · I(unioris) · L(ineae) · RVTH · COM · ET · DOM · DE · PL · D · G · C · G · S · ET · L · Das doppelt behelmte 4feld. Wappen. Rev. NEGLECTAE · VIRTVTI · DECVS · (scil. per pacem) RESTIT(utum) Der personificirte Friede, ein Jüngling mit einem Lorbeerkranze im Haare und einem Oelzweige in der Linken, überreicht der zu seiner Rechten stehenden Tugend, einer gekrönten Jungfrau mit strahlender Sonne vor der Brust, das Zepter, das ihr der Krieg entwunden hatte. Im Hintergrunde zwischen beiden Figuren eine Ruine, und hinter dem Frieden Kriegsgeräthe. Am

19*

Boden des Stempelschneiders unleserlicher Name. Im Abschnitt: MDCCLXIII | X · EINE · F · M Laubrand. Zu Mad. 5501 (wo der Gulden). S. g. e. R.

b) Schleiz.

Heinrich I. (1640—1692),

Sohn Heinrich's III. zu Saalburg und dessen Gem. Juliane Elisabeth, Wild- und Rheingräfin zu Neufville, der Wittwe Heinrich's IV. zu Obergreiz, geb. 1639, succ. 12. Juni 1640 seinem Vater, übernahm nach dem Tode Heinrich's IX. zu Schleiz (1666) dessen Antheil und gab dagegen Saalburg zur Vertheilung unter die jüng. Gesammtlinie ab, † 18. März 1692. Sein 2. Sohn Heinrich XXIV., der mit der Pflege Reichenfels paragirt wurde, stiftete die Nebenlinie Köstritz.

5544. Gulden v. 1678. Av. (U. b.) H · D(er) · E(rste) · I(üngerer) · L(inie) · R(euss) · G · U · H · V · P · H · Z · G · C · G · S · U · L · — Brustbild v. r. S., mit langen Haaren, mit Harnisch, sammt Gewand und Halstuch. Unten vor der Brust SD (Simon Dannes, Mzmstr. in Schleiz.) Rev. REDDE CUIQVE SUUM · 1678 · ✿ Eine links aus Wolken kommende Hand hält Wage und Richtscheit. Darunter ein Kreis mit $\frac{2}{3}$ Mad. 5861. War geh. G. e. R.

5545. Gulden auf den am 27. Aug. 1678 zu Regensburg erfolgten Tod seiner 2. Gemahlin Maximiliane, Gräfin v. Hardeck, und deren Söhnleins, Heinrich XIX. Av. In einer mit Engeln und Zweigen gezierten Cartouche in 10 Zeilen: IN MEMOR(iam) : MAXIMILI | ANÆ, RUHT (sic — Ruthenae) : COM : ET DO : | DE PLAVIA, NATÆ | COM · DE HARDEGG, | DENATÆ RATISB(onae) | CUM FILIOLO | UNICO | 1678 · Unten an der Cartouche ein Oval mit $\frac{2}{3}$ und neben diesem S — D Rev. QVIESCIT AD GLORIAM SURRECTURA · ✿ Ueber ein mit Jesus bezeichnetes, an der Seite blutendes Herz halten zwei aus Wolken kommende Hände eine von oben bestrahlte Krone. Mad. 4349. Cat. imp. 408. G. e.

5546. Medaille auf dasselbe Ereigniss. Av. In 10 Zeilen: ILLVSTRISS(ima) : | DOMINA MAXIMI- | LIANA RVTH : COM : ET | DOM : DE PLAVIA NAT : COM : | DE HARDEGG NASCEB(atur) : IN | AVSTRIA MDC-XLIV ET | ULTIMUM DIEM UNA CUM | FILIOLO OBIEBAT RA | TISB : MDCLX | XIIX · Rev. (Doppelte Umschrift) Hocce Duo Exspirant Ictu · Lugete · Relinqvor · | Gnatum Uxorem Habui · Vulnera Præpropera · Innerhalb eines Kreises ein Baum mit anhängender Frucht, den der Tod mit einer Axt fällt; links davon ein kleinerer verdorrter Baum, auf dem ein Vogel sitzt. Ueber diesem Bilde herum PEREUNT SIC FRUCTUS ET ARBOR Die deutschen Anfangsbuchstaben des Distichon enthalten Namen u. Titel Graf Heinrich's I. Mad. 6849. Gr. 38. 1½ Loth. S. g. e. R.

5547. Sog. Dreifaltigkeitsthaler v. 1679. Av. (U. b.) HEIN · D · ERSTE IUNGER LINI REUS · G · U · H · V · P : 1679 · — Das doppelt behelmte 4feldige Wappen. Von jedem Helme flattert ein Band aufwärts. Unten I · A — B(öttcher, Mzmstr. in Schleiz.)

Rev. STMB : TANDEM FIT SVRCVLVS ARBOR · (ein Zweig) Die heilige Dreifaltigkeit in Wolken. Gott der Vater pflanzt ein Reis; der zu seiner Rechten erglänzende Name IESVS und der links in Taubengestalt erscheinende h. Geist entsenden Strahlen auf dasselbe. Im Abschnitt unter Fruchtgewinden dreizeilig, der Umschrift parallel: Was pflantzt | bis heilge chor, | Das bleibt im guthen flor (Mad. 1858. Cat. imp. 407.) S. g. e.

5548. Desgleichen v. 1679. Av. (U. b.) HEIN · D · ERSTE · IUNGER · LINI · REUS : G · U · H · V · P · — Wappen, wie vorher, doch ohne die über den Helmdecken aufflatternden Bänder. Unten zu Seiten des Schildes I A — B | 16 — 79 Rev. STMB : TANDEM FIT SURCULUS ARBOR · Eine links aus Wolken kommende, mit Jehova bezeichnete Hand setzt ein grünendes Reis auf einen niedrigen Baumstamm; der rechts erglänzende Name I H S und der oben als Taube erscheinende h. Geist entsenden Strahlen auf dasselbe. Im Hintergrunde die Stadt Schleiz. Oben herum Was pflantzt biss heilge chor und unten herum Dass wächst und kömbt empor (beides auf Bändern). Mad. 4350. Köhler, M.-B., IX. 129. S. g. e. R.

Heinrich XII. (1744—1784),

Sohn Heinrich's XI. (der 1726 als Stammesältester starb) und dessen 2. Gem. Augusta Dorothea v. Hohenlohe-Langenburg, ein Enkel vorgedachten Heinrich's I., geb. 1716, folgte seinem Bruder, Heinrich I., den 6. Dez. 1744, ward 1782 Stammesältester und † 25. Juni 1784.

5549. Conv.-Thaler v. 1763, auf den Frieden v. Hubertusburg. Av. (U. b.) HEINRICH D · XII · I · REUSS · G · U · H · V · PLAUEN · — Brustbild v. l. S., mit steifem Haarzopfe, im Kürass und Hermelinmantel, sammt angehängtem Sterne des dänischen Ordens de l'union parfaite. Unten ST · Rev. AUF KRIEGES LAST FOLGT RUH UND RAST · — Das doppelt behelmte Wappen; unten herum X · EINE MARCK FEIN · | I · C · 1763 · H · Laubrand. Mad. 4351. S. g. e.

5550. Conv.-Thaler v. 1764. Av. wie vorher, doch ohne Punkt nach „Plauen“ und ohne ST · Das Brustbild trägt ausser dem dän. Orden noch das Kreuz des brandenburg. rothen Adlerordens am Bande und den Stern desselben am Mantel. Rev. Das Wappen, wie vorher, unten zu Seiten des Schildes I · C · — H · Oben herum IN IESV VIVO ET MORIAR · Unten herum X · EINE MARCK FEIN · 1764 Laubrand. Mad. 4352. Cat. imp. 408. G. e.

Heinrich LXII. (1818—1854),

Sohn des 1806 zum Reichsfürsten erhobenen Heinrich XLII. und dessen Gem. Karoline Henriette von Hohenlohe-Kirchberg, ein Enkel vorgedachten Heinrich's XII., geb. 31. Mai 1785, folgte seinem Vater 17. April 1818 und dem Fürsten Heinrich LXXII. zu Ebersdorf am 1. Oct. 1848, wodurch die Lande der jüngeren Linie wieder unter einen Fürsten kamen, und † 19. Juni 1854.

5551. Doppelthaler auf sein Regierungsjubiläum, 1843. Av. (O. b.) HEINRICH LXII IÜNG · LIN · UND STAMM · ÄLTEST · FÜRST REUSS * Haupt v. r. S., darunter A (Berlin) Rev. Vor einem mit einer Krone bedeckten Hermelinmantel halten zwei gekrönte Löwen den 4feld. Schild, der mit drei Helmen (dem von Reuss und Kranichfeld zu Seiten eines mit Fürstenhut und Pfauenwedel geschmückten) besetzt ist. Oben herum ZUR FEIER XXV IAEHRIGER REGIERUNG Unten herum ✿ D · 17 APRIL 1843 ✿ Randschrift ZWEI THALER * VII E · F · M · * DREI EIN HALB GULDEN * Mit Stempelglanz. R.

5552. Doppelthaler v. 1844. Av. vom Stempel zur Hauptseite des vorigen. Rev. Das Wappen auf dem Mantel, wie vorher. Oben herum 2 THALER VII EINE F · MARK $3^1/_2$ GULDEN Unten herum ✿ VEREINS 1844 MÜNZE ✿ Randschrift ICH ~+~ BAU ~+~ AUF ~+~ GOTT ~+~ Mit Stempelglanz.

Heinrich LXVII. (1854—1867),

des Vorigen Bruder, geb. 20. Oct. 1789, succ. 19. Juni 1854, † 11. Juli 1867. Er war verm. (seit 18. April 1820) mit Fürstin Adelheid, des Fürsten Heinrich LI. Reuss zu Ebersdorf Tochter. Ihm folgte sein Sohn Fürst Heinrich XIV. (geb. 28. Mai 1832).

5553. Thaler v. 1862. Av. (U. b.) HEINRICH LXVII V · G · G · REG · FÜRST REUSS I · L · — Haupt v. r. S. Unten A Rev. EIN VEREINSTHALER XXX EIN PFUND FEIN — Zwei Löwen halten auf einem Fussgestelle das 4feldige Wappen, das mit dem Fürstenhute bedeckt und mit einem Bande behangen ist, worauf der Wahlspruch ICH BAU AUF GOTT Unten 1862 Randschrift MÜNZVERTRAG VOM 24 JANUAR 1857 ✱ S. g. e.

c) *Lobenstein.*

Von den Söhnen Heinrich's X., der von seinem Vater, Heinrich Postumus, Lobenstein erbte und 1671 starb, erhielt Heinrich III. († 1710) Lobenstein, Heinrich VIII. Hirschberg und Heinrich X. († 10. Juni 1711) Ebersdorf. Heinrich VIII. † 29. Oct. 1711 kinderlos; sein Antheil fiel an die Häuser Lobenstein und Ebersdorf.

Haus Ebersdorf.

Heinrich XXIV. (1747—1779),

Sohn Heinrich's XXIX. zu Ebersdorf und dessen Gem. Sophie Dorothea Gräfin von Castel-Remlingen und Enkel obgedachten Heinrich's X., geb. 1724, folgte seinem Vater 22. Mai 1747, † 13. Mai 1779.

5554. Conv.-Thaler v. 1765. Av. (U. b.) HEINRICH D · XXIV · I · REUSS · GR · U · H · V · PL · H · Z · G · C · G · S · V L · — Brustbild v. r. S., im Kürass und Hermelinmantel, mit im Nakken gebundenem Haare. Rev. Das doppelt behelmte 4feld. Wappen; zu Seiten des Schildes I · C · — E(berhard) · Oben herum GR(äflich) · REUSS · PL(auen-) · EBERSD(orfer) · CONV · MUNZ · 1765 und unten herum ✿ X · EINE FEINE MARCK ✿ Laubrand. Mad. 5314. Cat. imp. 408. S. g. e.

Heinrich LI. (1779—1822),

Sohn des Vorigen und dessen Gem. Karoline Ernestine v. Erbach-Schönberg, geb. 1761, succ. 1779 unter Vormundschaft, tritt die Regierung an d. 16. Mai 1782, ward Reichsfürst 9. April 1806, † 10. Juli 1822.

5555. Conv.-Thaler v. 1812. Av. (O. b.) HEINRICH D · LI · IÜNG · LINIE FÜRST REUSS VON EBERSDORF · — Das 4feldige Wappen, in herzförmigem Schilde vor einem mit Fürstenhut bedeckten Hermelinmantel. Rev. (O. b.) X EINE FEINE MARK CONVENTIONS MÜNZE ✿ Im Felde EIN | SPECIES | THALER | 1812 | —~— | L(öwel) Laubrand. S. g. e.

Heinrich LXXII. (1822—1848),

Sohn des Vorigen und dessen Gem. Louise Henriette v. Hoym, Erbin von Droyssig, geb. 1797, succ. am 10. Juli 1822 seinem Vater in Ebersdorf und am 7. Mai 1824 dem Fürsten Heinrich LIV. in Lobenstein, resign. 1. Oct. 1848 zu Gunsten der Linie Schleiz (s. bei Nr. 5551), † 17. Febr. 1853 als der letzte Fürst dieses Hauses.

5556. Doppelthaler v. 1840. Av. (U. b.) HEINRICH LXXII JÜNG · LIN · FÜRST REUSS — Haupt v. l. S.; darunter A (Berlin) Rev. wie die Rückseite von Nr. 5552, aber mit 1840; Randschrift, wie dort. S. g. e.

Rietberg.

Irmgard und Walburg (1563—1576),

Töchter des Grafen Johann II. zu Rietberg (der 1535 seinem Vater in Rietberg gefolgt war und 1540 von seiner Mutter Onna die Herrschaften Esens, Stedesdorf und Wittmund oder das sog. Harlingerland geerbt hatte) und dessen Gem. Agnes Gr. von Bentheim. Beide Schwestern succ. 1563 gemeinschaftlich ihrem Vater, theilten aber 1576 die Besitzungen, so dass Erstere die Grafschaft Rietberg, Letztere das Harlingerland erhielt. Irmgard vermählte sich 1) mit Erich Gr. zu Hoya († 1575), 2) (1578) mit Simon VI. Grafen von der Lippe, und starb ohne Kinder am 31. Juli 1584. Walburg war nach ihrer Schwester Tode auch Erbin von Rietberg, und seit 1581 an Graf Enno III. von Ostfriesland († 1625) vermählt. Sie starb 1586 und hinterliess 2 Töchter, Sabine Katharine und Agnes, die sich 1600 wegen der Regierung ebenso, wie ehedem ihre Mutter mit ihrer Schwester, verglichen und von denen Erstere 1601 den Grf. Johann v. Ostfriesland heirathete, Letztere 1604 sich mit dem Grf. Gundacker v. Liechtenstein vermählte und wegen des Harlingerlandes abgefunden wurde.

5557. Thaler v. 1567. Av. MO * NO * ARG * ERME * WOL * RITP(ergae) * ESE(nae) * STE(desdorf) * WIT(tmund) und eine Krone. Gespaltener Wappenschild, rechts der Adler von Rietberg, links das quadr. Wappen von Esens (Bär) und Wittmund (2 gekreuzte Geisseln). Darüber *1567*, zu den Seiten o—o und unten * — * Rev. * MAXIMILIA * II * IMP * AVG * P * F * DECRETO * — Unter der Krone der Doppeladler mit dem Reichsapfel. Mad. 4354. Cat. imp. 408. Aus v. Frank's Auktion. Sehr gut erh. RRR.

Grafen von Rietberg aus dem Hause Ostfriesland.

Johann III.,

Sohn des Grafen Edzard II. von Ostfriesland, geb. 1566, vermählte sich 1601 mit seines älteren Bruders, Enno III., und dessen 1. Gemahlin Walburg von Rietberg ältester Tochter Sabine Katharine (geb. 1582), durch die er die Grafschaft Rietberg erhielt. Als sein Sterbejahr wird von den Einen 1619, von den Andern 1625 angegeben.

5558. Thaler v. 1616. Av. · — IOAN · COM · E · — · DO · FRI · OR · E(t) · R(ietberg) : — Dreifach behelmter, zweimal gespaltener Schild mit der Harpye im Mittel-, dem Adler von Rietberg im rechten und dem quadrirten Wappen von Esens-Wittmund im linken Felde. Rev. · MATTIAS · I · D · G · ROMAN · IMPER : SEM · AUGU : — Der Doppeladler mit Kopfscheinen und Reichsapfel unter der Krone. Zu Seiten der Füsse 16 — 16 Mad. 4332. Vortrefflich erhalten. RR.

Franz Adolf Wilhelm (1687—1690),

Sohn Johann's IV. von Ostfriesland und Rietberg und dessen Gem. Anna Katharina Gr. von Salm-Reifferscheidt, sowie Enkel des Vorigen, geb. 1657, succ. seinem Bruder Ferdinand Maximilian, der gewöhnlich als letzter Graf zu Rietberg bezeichnet wird, 1687, starb aber schon 1690. Des erwähnten Bruders Tochter, Maria Ernestine Franziska, war Erbin der Grafschaft und vermählte sich 1699 mit Graf Maximilian Ulrich von Kaunitz.

5559. Gulden v. 1688. Av. FRAN : ADOL : WILH : COMES · ET · DOMI : FRIS : ORIEN : ET · RITBERG ⁎ Gekrönter und verzierter Schild mit dem Wappen, wie vorher. Rev. MONETA ⁎ NOVA ⁎ ARGENTEA ⁎ ANNO ⁎ 1688 P ♧ N Im Felde $\frac{2}{3}$ Daneben ist ein ovaler Stempel mit einem laufenden Ross eingeschlagen. Mad. 6850. Cat. imp., Suppl. 21. Aus der v. Dickmann'schen Sammlung. Sehr gut erh. RR.

Grafen von Rietberg aus dem Hause der Grafen von Kaunitz.

Maximilian Ulrich (1699—1746),

(Sohn des Grafen Dominik Andreas von Kaunitz († 1705) und dessen Gem. Marie Eleonore Gr. von Sternberg, geb. 1679, kais. Geh. Rath und Landeshauptmann in Mähren, † 10. Sept. 1746), in Gemeinschaft mit seiner Gemahlin

Marie Ernestine Franziska,

(einziger Tochter obenerwähnten Ferdinand Maximilian's und Erbin von Rietberg, geb. 1687, verm. 6. Aug. 1699, † 1. Januar 1758 als Wittwe zu Brünn. — Ihr Sohn Wenzel Adam wurde 1764 in den Reichsfürstenstand erhoben).

5560. Thaler v. 1703. Av. MAXIMIL ⁎ — VLR · & MAR · ERN · FRAN · S(acri) · R(omani) · I(mperii) — (als Ueberschr.) Beider Brustbilder neben einander, v. r. S., der Graf im Harnisch, die Gräfin im ausgeschnittenen Kleide. Rev. ⁎ COM(ites) · Á · CAUN(itz) · RITB(erg) · & F(risia) · O(rientali) · D(omini) · IN · E(sens) · S(tedesdorf) · W(ittmund) · & MELRICH · 1703 — Gekrönter, zweimal gespaltener Schild mit dem Wappen von Rietberg im 1., dem quadrirten von Esens-Wittmund im 2. und dem von Ostfriesland im 3. Felde, nebst dem quadr. Wappen von Kaunitz im Mittelschilde. Zu den Seiten IIL (verb.) — o (Heinrich Lorenz Odendahl, 1703 Mzmstr. in Osnabrück.) Der Revers-Stempel ist in der Mitte quer gesprungen. Der Rand ist gerieft. Mad. 4355. Cat. imp., Suppl. 21. Im Av. etwas abgeschliffen, gut erh. Aus der v. Dickmann'schen Sammlung. RRR.

Salm.

I. Haus Ober-Salm aus dem Hause der Wild- und Rheingrafen.

Der Wild- und Rheingraf Johann V. († 1491) erhielt durch seine Gemahlin Johanna von Ober-Salm in Lothringen, der Erbtochter Simon's, 1459 die halbe Grafschaft Ober-Salm, weshalb sich die Rheingrafen auch Grafen zu Salm nannten. Durch Johann's V. Enkel, Philipp und Johann VII. (den Söhnen Johann's VI. und dessen Gem. Johanna Grf. von Saarwerden und Erbin von Vinstingen, Neufville etc.), entstanden die Linien der Wild- und Rheingrafen zu Dhaun und zu Kyrburg.

A. (Jüngere) Linie zu Kyrburg.

(Starb im Jahre 1688 mit Johann X. aus. Die Lande fielen an die (ältere) Linie zu Dhaun.)

Otto (1594—1607),

Sohn Johann's VIII. in Mörchingen und dessen Gem. Anna Grf. v. Hohenlohe, und Enkel des Stifters dieser Linie, Johann's VII., succ. seinem Vater 1594 und † 7. Juni 1607.

5561. Thalerklippe v. 1594. Av. ○ OTTO ⁝ C(omes) ⁝ SIL(varum) ⁝ — ○ E(t) ○ RHE(ni) ○ C(omes) ○ I(n) ○ S(alm) ○ D(ominus) ○ I(n) ○ — V(instingen) ○ — Der vierfeld. Schild der Wild- und Rheingrafen mit gespaltenem Mittelschilde, worin rechts das Wappen von Kyrburg, links oben das von Salm und unten das der Herrschaft Vinstingen. Der Schild ist bedeckt mit den Helmen der Wild- und Rheingrafschaft, von Vinstingen und von Kyrburg. Neben dem Schildfusse ○ 9 — 4 ○ Rev. ○ RVDOL ○ Z ○ IMPERAT ⁝ AVG ○ P ○ F ○ DEC ○ — Unter der Krone der Doppeladler mit dem Reichsapfel, worin eine Verzierung. Gr. 43 im □ 2 Loth. Sehr gut erhalten. RRRR.

5562. Dicker Doppelthaler v. 1604. Av. ○ OT — TO ○ CO ⁝ SILV ○ — ○ E ⁝ RHE ○ C ⁝ I ○ SA — L ○ — ⁝ — Das dreifach behelmte Wappen, wie vorher; nur erscheinen die Löwen im 2. und 3. Felde ebenfalls ganz von linker Seite. Rev. ○ RVDOL ○ II ○ ROM ○ IMP ○ AVG ○ P ○ F ○ DE ⁝ — Der Doppeladler mit dem Reichsapfel unter der Krone, neben welcher links als Münzzeichen ein durch ein Herz gestochener Zainhaken. Unter dem Adler · 16 — 04 · 4 Loth. Sehr gut erh. RRRR.

B. (Aeltere) Linie zu Dhaun.

(Stifter Philipp († 1621). Seine Enkel Friedrich, Johann Christoph u. Adolf Heinrich stifteten die Speziallinien in Neufville, Grumbach und Dhaun. Von der ersteren stammen die Fürsten von Salm her. Die letzte erlosch 1750.)

a) (Jüngste) Speziallinie zu Dhaun.

Adolf Heinrich zu Dhaun (1561—1606),

jüngerer Sohn des Grafen Philipp Franz († 1561) und dessen Gem. Maria Aegyptiaca Gräfin von Oettingen, sowie Enkel Philipp's, des Stifters der (Haupt)Linie zu Dhaun, geb. 1557, stiftete die Speziallinie zu Dhaun, u. starb 26. Febr. 1606.

5563. Dicker Doppelthaler v. 1601. Av. · AD · HE · CO : SI · — · E · RHE · C · I · SA · — Das dreifach behelmte, vierfeldige Wappen mit Mittelschild, wie vorher. Der Schild ist an den 4 Seiten verziert. Rev. * RVDOLP * II * IMP AVG * P * F * DECRE * 1601 * — Der Doppeladler mit dem Reichsapfel, unter der Krone. 4 Loth. Sehr gut erh. RRRR.

5564. Dicker Doppelthaler v. 1604. Av. * — * AD ⁑ HEIN ⁑ SYL — VES(tris) ⁑ RIENIQ ⁑ CO ⁑ — * — Das Wappen mit den 3 Helmen, wie vorher. Der Schild ist oval und reich verziert. Rev. Vom Stempel des vorigen; die Zahl 1 ist in 4 verändert. Zu Mad. 1938 (v. 1602), dessen Beschreibung nach Cat. imp. 409 zu verbessern sein dürfte. Vorzüglich erh. RRRR.

5565. Dickgulden o. J. Av. · AD · HE · CO SI · — · E · RHE · C I · SA — Das dreifach behelmte Wappen, wie vorher; der Schild ist zu den Seiten ausgeschnitten. Rev. * ECCE * ANGNVS * DEI * QV — I * TOLL(it) * PEC(cata) MV(ndi) * — Das Lamm mit der Fahne, v. l. S., auf bewachsenem Boden stehend. Gr. 28. $^{29}/_{32}$ Loth. Sehr gut erh. RRRR.

Wolfgang Friedrich zu Dhaun (1606—1637), unter Curatel seiner Mutter Juliane und seiner Agnaten.

Wolfgang Friedrich, der Sohn Adolf Heinrich's und dessen Gem. Juliane Gr. von Nassau-Dillenburg, geb. 1589, war bei seines Vaters 1606 erfolgtem Tode noch minderjährig, stand unter Curatel seiner Mutter und seiner Agnaten und starb 1637. Seine Mutter Juliane war die Tochter Johann's I. von Nassau-Dillenburg, geb. 1565, verm. 1588 und † 4. Oct. 1630.

5566. Dicker Doppelthaler o. J. Av. · REINGRAFSCHA — FT · DAVN · CVRATEL — · — Das dreifach behelmte Wappen, wie früher; doch stehen die gekr. rheingr. Löwen im 2. und 3. Felde. Der Schild, oben eckig, unten abgerundet, ist an den Seiten und am Fusse verziert. Rev. ∴ · RVDOLF : II · ROM : IMP : AVGVSTVS · P · F · DEC ∴ Unter der Krone der Doppeladler mit dem Reichsapfel, dessen Feld verziert ist. Mad. 1939. Aus der v. Frank'schen Auktion. 4 Loth. Vorzüglich erh. RRR.

(Irrthümlich werden in manchen Verzeichnissen die Dhaun'schen Curatelmünzen einer Vormundschaft über die Brüder Johann und Adolf zu Grumbach zugeschrieben. Irrig ist es auch anzunehmen, dass die Curatel nur bis 1612 bestanden habe, da noch aus späteren Jahren Curatelmünzen vorhanden sind; so befindet sich in der Erbstein'schen Sammlung ein Groschen von 1615 und ein Viertelthaler von 1617. Auf diesen lauten die Umschriften: Curatel. Daun. Comitum und Curatel. Daunen. Comium.)

Als 1750 die Speziallinie zu Dhaun mit Friedrich Wilhelm erlosch, ergriffen die rheingräflichen Häuser Grumbach und Stein von der einen und die Fürsten von Salm zu Salm und zu Salm-Kyrburg von der anderen Hälfte Besitz und stritten sich um die Erbschaft.

b) (Aeltere) Speziallinie zu Neufville.

Leopold (1634—1663),

Sohn des 1623 in den Reichsfürstenstand erhobenen Philipp Otto († 1634) und Enkel Friedrich's, des Stammvaters der Grafen zu Salm in Neufville, erhielt 1654 Sitz und Stimme in dem Reichsfürstenrathe, war mit Maria Anna, der Tochter und Erbin Dietrich's Grafen von Bronckhorst in Anholt (s. S. 177) vermählt und † 1663.

5567. Eine in Silber geschnittene Nachbildung des zu Badenweiler 1641 geschlagenen seltenen Viertelthalers (Reichel IV. 2471), bei der aber die über der Krone stehende Jahrzahl weggeblieben ist. $^9/_{16}$ Loth. S. g. e.

Als 1738 der ältere fürstliche Zweig dieser Speziallinie mit Ludwig Otto ausstarb, beerbte ihn der jüngere gräfliche Zweig: Salm-Salm und Salm-Kyrburg.

Friedrich III., Fürst von Salm-Kyrburg, (1779—1794),

Sohn des Fürsten Philipp Joseph von Salm-Kyrburg (welcher 1738 nebst seinem älteren Bruder und seinem Vetter v. Salm-Salm in den Landen der älteren fürstlichen Linie gefolgt und 1742 Reichsfürst geworden war) und dessen Gem. Marie Therese Josephe, Erbtochter des Fürsten Maximilian Emanuel von Hornes, geb. 1745, succ. seinem Vater 7. Juni 1779, war zugleich Reichsfürst von Hornes und Overisque in den Niederlanden, † unter der Guillotine 25. Juli 1794 zu Paris.

5568. Conv.-Thaler v. 1782. Av. FRID · III · D · G · PR · A · SALM · KYRB · COM · RH · & · SYLV · (als Ueberschr.) Kopf v. r. S., mit im Nacken gebundenem Haare. Rev. Zwischen Lorbeerzweigen der mit dem Fürstenhute bedeckte und von der Kette des pfälz. Hubertusordens umgebene, ovale Schild mit dem tingirten Wappen von 4 Feldern (Wild- und Rheingrafen) nebst vierfeld. Mittelschilde (1. Kyrburg, 2. Salm, 3. Hornes und 4. Vinstingen). Oben herum AD NORMAM — CONVENTIONIS und unten 1 — 78 — 2 Unter dem Schilde: R -- F Mit Laubrand. G. e. R.

5569. Conv.-Thaler v. 1782, von anderer Zeichnung, der Kopf ist kleiner, im Rev. enden die Zweige in je ein Blatt aus, während sie auf dem vorhergehenden an der Spitze 2 Blätter haben, auch ragen zwischen AD und NORMAM die Blätter in die Umschrift. Sehr gut erhalten. R.

5570. Conv.-Gulden v. 1782; wie der vorstehende Thaler, aber mit SYLV, also ohne Punkt, und mit R · 1782 F · unter den Zweigen. Sehr gut erh. R.

II. Haus Nieder- oder Alt-Salm aus dem Hause der Dynasten von Reifferscheidt.

Karl Joseph, Fürst und Altgraf von Salm-Reifferscheidt,

Sohn des Grafen Anton und dessen Gem. Raphaele Gr. v. Roggendorf, geb. 3. April 1750, succ. seinem Vater 5. April 1769, erbte die mährischen Majoratsherrschaften der am 3. Febr. 1784 mit Graf Karl Joseph erloschenen Linie der Grafen zu Salm-Neuburg, ward 9. Oct. 1790 in den Reichsfürstenstand erhoben, starb am 16. Juni 1838.

5571. Medaille (v. Ignaz Donner in Wien) auf seine am Krönungstage K. Leopold's II. erfolgte Erhebung in den Reichsfürstenstand, 1790. Av. CAR · IOS · D · G · S · R · I · PRINC · ET ANTIQ · COM · A SALM REIFFERSCHEID · — Brustbild v. r. S., mit ungebundenem langem Haare, im Kürass und Hermelinmantel. Am Arme ID Rev. Das mit Fürstenhut und Mantel geschmückte Wappen zwischen zwei Löwen. Oben SERVAT · ET · AVGET · und im Abschnitt: CORONATION · DIE LEOP · II · AVG · | PRINCIP · ADSCRIB · ORDINI FRANCOF · MDCCXC Gr. 40. $1^3/_4$ Loth. Sehr gut erh.

Sayn.

Mittleres Haus der Grafen zu Sayn.

Die Söhne Gottfried's, Grafen zu Sayn aus dem Hause der Grafen von Spanheim, und dessen Gem. Jutta, Erbin der Herrschaft Homburg, Johann und Engelbrecht, nahmen 1294 eine Theilung vor und wurden die Stammväter der mittleren Grafen zu Sayn und der zu Sayn in Homburg und Vallendar. Mit Heinrich starb erstere Linie 1606 aus; die Grafschaft Sayn fiel durch die Erbtochter Anna Elisabeth (Tochter Hermann's, des jüngeren Bruders Heinrich's) an den Grafen Wilhelm von der Linie zu Homburg, die bereits im 14. Jahrhundert die Grafschaft Wittgenstein durch Heirath der Erbtochter von Wittgenstein erlangt hatte. Genannter Graf Wilhelm stiftete die Linie zu Sayn; da jedoch sein Sohn aus 1. Ehe, Ernst, nur 2 Töchter hinterliess, so erbten und theilten diese die Grafschaft Sayn, wodurch der hachenburgische Antheil zuerst an eine Linie der Grafen zu Manderscheid, dann an die Burggrafen von Kirchberg und 1799 an Nassau-Weilburg kam, während der altenkirchensche Theil an Sachsen-Eisenach fiel und dann an Brandenburg-Ansbach, an Nassau und Preussen gelangte.

Heinrich (1587—1606),

zweiter Sohn des Grafen Johann zu Sayn, war Domherr zu Strassburg, entsagte aber, nachdem seine beiden Brüder und zwar der ältere, Adolf, 1568, und der jüngere, Hermann, 1587, gestorben waren, dem geistlichen Stande und † 1606 als der Letzte seiner Linie. Die Grafschaft hatte er bereits 1605 unter Vorbehalt gewisser Einkünfte an Wilhelm von der Linie der Grafen von Sayn in Homburg, Grafen zu Wittgenstein (dem 2. Sohne des Grafen Ludwig des Aelteren und dem Gemahle der Tochter von Heinrich's jüngerem Bruder Hermann) abgetreten, der wiederum in Folge väterlicher Verordnung nach dem Anfalle von Sayn die Grafschaft Wittgenstein nebst Vallendar seinem (Wilhelm's) jüngeren Bruder Ludwig und dessen Nachkommen überlassen musste.

5572. Thaler v. 1590. Av. ∗ — · HENR · C(omes) · SEIN(ensis) · D (mit hinein gestelltem o) (Dominus) · IN · HO(mburg) · MON(clar) · Z · MEN(zenberg) · — ∗ — Das Wappen mit 3 Helmen. Der Schild ist quadrirt und führt im 1. Felde die Burg von Homburg, im 2. den aufrecht stehenden Schlüssel von Maynzberg, im 3. einen mit 3 Eberköpfen belegten Linksschrägbalken (Freisburg oder Freusburg), im 4. einen mit 3 Muscheln belegten Rechtsschrägbalken (Wappen der Familie v. Sirk), im Mittelschilde aber den Löwen von Sayn. Auf dem Schilde steht in der Mitte der Helm von Sayn, gekrönt, mit dem gewundenen Horne (oder der in Gestalt eines Widderhornes gebogenen hohen Mütze), rechts der von Homburg mit der Burg und links der von Maynzberg mit einem Pferdekopfe (an dessen Halse der Schlüssel) als Kleinod. Neben dem Schilde 9 — 0 Rev. · RVDOLP · II · ROM · IMP · SEMP · AVGVST · — Unter der Krone der Doppeladler mit dem Reichsapfel. Mad. 5316 u. 6851. Cat. imp. 409. Aus der v. Dickmann'schen Sammlung. Sehr gut erh. RRRR.

(Die Herrschaften Monklar und Maynzberg kamen durch die Tochter Adolf's, des älteren Bruders Heinrich's, Dorothea Katharina, die mit Karl Ludwig Grafen v. Sulz vermählt war, an das Haus Sulz und mit dessen Gütern an das Haus Schwarzenberg.)

Sayn und Wittgenstein.

Linie zu Berleburg.

Stifter war der Sohn des am 2. Juli 1605 gestorbenen Grafen Ludwig v. Sayn in Homburg und Wittgenstein, Georg, der in der brüderl. Theilung Berleburg, Homburg, Neumagen u. a. erhielt, während seine Brüder Wilhelm und Ludwig die Linien zu Sayn und zu Wittgenstein errichteten. Von Georg's Söhnen nöthigten Ernst und Bernhard ihren älteren Bruder Ludwig Kasimir ihnen Homburg und Neumagen abzutreten, so dass Letzterem Berleburg blieb. Bernhard zu Neumagen † 1675 ohne Kinder, Ludwig Kasimir aber und Ernst stifteten die Speziallinien zu Berleburg und zu Homburg.

Georg Wilhelm (1643—1684),

von der Speziallinie zu Berleburg,

Sohn Ludwig Kasimir's und dessen Gem. Elisabeth Juliane Grf. von Nassau-Saarbrück, succ. seinem Vater 6. Juni 1643 und starb im Mai 1684.

5573. Thaler v. 1678. Av. GEORG WILHELM · G(raf) · Z(u) · S(ayn) · V(nd) · W(ittgenstein) · H(err) · Z(u) · H(omburg) · V(allendar) · N(eumagen) ✿ Brustbild v. r. S., im Harnisch, mit Ueberwurf und gesticktem Halstuche. Rev. VIRTUTE ET LABORE 1678 ✿ Das mit den Helmen von Sayn (dieser gekrönt), Wittgenstein (Straussenfedern auf einem Hute) und Homburg geschmückte Wappen von Wittgenstein (drei Pfähle im 1. und 4. Felde), Homburg und Freisburg, nebst dem von Sayn im Mittelschilde. Unten I · V ⚒ · B · Mad. 4357. Sehr gut erh. RR.

Linie zu Wittgenstein.

Ludwig (1607—1634),

3. Sohn des 1605 gestorbenen Grafen Ludwig des Aelteren von Sayn in Homburg und Wittgenstein, geb. 1571, ward der Stifter dieser Linie, indem er von seinem Bruder Wilhelm nach dem Anfall der Grafschaft Sayn (1605, bez. 1606) kraft väterl. Verordnung von 1593 und brüderl. Vergleichs von 1607 die diesem erst zugetheilte Grafschaft Wittgenstein nebst der Herrschaft Vallendar erhielt, während seine älteren Brüder Georg und Wilhelm die Linien zu Berleburg und zu Sayn gründeten, † 14. Sept. 1634.

5574. Goldgulden o. J. Av. ✿ MON : NO : AVR : CO · IN : WITGN : Verzierter Schild mit dem vierfeldigen Wappen nebst Mittelschild, wie vorher (für Wittgenstein aber im 1. und 4. Felde nur 2 Pfähle). Rev. ✿ FERD : II · D : G : ROM : IMP : SEMP : AVG : Der Reichsapfel in einem Dreipasse. Von geringem Gehalte. Wird in keinem der bekannten neueren Werke über Goldmünzen erwähnt. Sehr gut erh. RRR.

Johann (1634—1657),

Sohn des Vorigen und dessen Gem. Juliane Gr. von Solms in Braunfels, geb. 1601, succ. 1634, war kurbrandenburg. Geh. Rath und Statthalter von Minden und Ravensberg, bekam für sich und seine Leibes-Lehns-Erben 1649 vom Kurfürsten von Brandenburg die Herrschaften Lohra und Klettenberg, welche früher die Grafen von Hohnstein besessen hatten und im westphäl. Frieden an Kurbrandenburg gekommen waren, zu Lehen, worauf er 1651 die Huldigung in Ellrich empfing, und starb 2. April 1657.

5575. Thaler v. 1654. Av. ✿ IOHAN : GRAF : Z : SA : WIT : V(nd) : HO(hnstein) : HERR · Z(u) : H(omburg) : V(allendar) : N(eumagen) : L(ohra) : V(nd) : C(lettenberg) : In zierlicher, aus Kleeblättchen gebildeten Einfassung das geharn. Brustbild von vorn. Rev. : NVLL(um) : SIMULAT(um) : — : DIUTURNUM : — Vierfach behelmtes Wappen. Der Schild besteht aus 6 Feldern und einem Mittelschilde (Sayn). Im 1. Felde der Löwe von Lauterburg, wozu die Balken im 3. Felde gehören, im 2. die Burg von Homburg, im 4. der Hirsch von Klettenberg, im 5. die wittgenst. Pfähle (hier vier) mit darüber gelegtem Balken von Freisburg, im 6. das hohnstein. Wappen. Der rechte Mittelhelm der vier gekrönten Helme führt das Sayner Horn zwischen den Hirschstangen von Hohnstein, der linke die Burg, der äusserste rechte die wittgenst. Straussenfedern, der äusserste linke den lauterburgischen Pfauenschweif. Oben auf einem Bande TANDEM, unten 16 · - 54 Theilweise schwach ausgeprägt, sehr gut erh. RRR.

5576. Thaler v. 1656. Av. o ✿ o IOHAN o GRAF o Z o SA o WIT o V o HO o HER o Z o H o V o N o L o V o C o und ein Herzchen. Geharnischtes Brustbild v. r. S. Rev. o NULL o SIMULAT ✿ DIUTURNUM Das Wappen mit 4 Helmen, wie vorher. Oben zwischen zwei Punkten auf einem Bande TANDEM, und unter dem Schilde 16 · - 56 Mad. 1861. Cat. imp. 410. Sehr schön erhalten. RR.

Ludwig Christian (1657—1681),

Sohn Johann's und dessen Gem. Anna Augusta Gr. v. Waldeck, geb. 1629, succ. 2. April 1657 und † im Juni 1681, ohne Kinder zu hinterlassen.

5577. Thaler v. 1667. Av. LUDWIG · CHRISTIAN · GRAF · ZU · SAYN : WITGEN : V : HOHNST : • Brustbild v. r. S., im römischen Harnisch, mit übergeworfenem Gewande. Rev. • CUM DEO — ET LABORE — (als Ueberschr.) Das Wappen mit 4 Helmen. Zu den Seiten des Schildes 16 — 67 Mad. 1862. Aus der v. Dickmann'schen Auktion. S. g. e. RR.

Gustav (1657—1701),

Bruder des Vorigen, geb. 1633, nahm 1671 seinen Sitz zu Klettenberg, succ. seinem Bruder 1681 in Wittgenstein, Lohra und Klettenberg, gerieth wegen letzterer in Streit mit dem Kurfürsten von Brandenburg, der 1699, da die Unterhandlungen zu keinem Resultate führten, die sog. Grafschaft Hohnstein einfach einzog, den Sohn August aber dafür später entschädigte. Gustav starb 15. Oct. 1701 (nach Anderen 22. Nov. 1700).

5578. Gulden v. 1674. Av. GUSTAV · G · Z · S · W · V · HON · H · Z · H V · N · L · V · CL · (als Ueberschr.) Brustbild v. r. S., im röm. Gewande. Rev. UT PRESSA — PALM9 · 1674 — Gekrönter Schild mit dem Wappen, wie vorher. Daneben rechts IZ/W (Julius Zacharias Wefer, Mmstr.), links ⚒ Unten am Schilde 2/3 in ovaler Einfassung. Mad. 4358. G. e.

5579. Gulden v. 1675. Av. GUSTAV : G · Z · S · W · V · HON : H · Z · H · V · N · L · V · C · (als Ueberschr., die durch einen gerieften Kreis vom Felde getrennt wird.) Brustbild im Gewande, v. r. S. Rev. VERBUM ✿ DOMINI ✿ MANET ✿ IN ✿ AETRNUM (sic) ✿ Im Felde XXIIII | MARIEN ✿ | GROSCHEN | ✿ 1675 ✿ | ✿ Dieser Typus fehlt gänzlich bei Weise u. A. G. e. R.

5580. Gulden v. 1675. Av. Im Ganzen wie Nr. 5578, mit H · V · N · L · V · C · Rev. TANDEM · FORTU — NA · OBSTETRICE — Das gekrönte Wappen und die Werthsangabe wie auf Nr. 5578, aber neben dem Schilde nur 16 — 75 Weise 1761 (v. 1676). S. g. e.

5581. Gulden v. 1676. Im Ganzen wie der vorige, mit GUSTAV : und HON : sowie CL · im Av. Die Punkte zwischen der Umschrift im Rev. fehlen, der Schild ist unten abgerundet und neben ihm steht 16 — 76 S. g. e.

5582. Gulden v. 1676. Av. GUSTAV · G : Z : S : W : V : HON : H : Z · H : V : N : L : V : C L : — Sonst wie vorher. Rev. Wie der vorige, doch TANDEM FORTUNA — OBSTETRICE · 1676 —, also die Jahrz. am Ende der Umschrift. S. g. e.

5583. Gulden v. 1676. Av. ·: G · C · DE · S · W · ET · H · D · AT (sic!) · H · N · L · E · C :· (als Ueberschr.) Brustbild im Gewande, v. r. S.; darunter 60 (Wie Weise 1759) Rev. · MONETA NOVA · ANNO · 1676 · — Das gekrönte Wappen, wie früher, doch fehlen die wittgenst. Pfähle im 5. Felde. Zu den Seiten I — B (Joh. Bostelmann) G. e.

5584. Gulden v. 1676. Av. GUSTAV · G · Z · S · W · V · HON · H · Z · H · V · N · L · V · C · (als Ueberschr. ausserhalb eines Halbkreises.) Brustbild v. r. S., im röm. Harnisch und Gewand. Rev. (U. b.) AD · PALMAM · PRÆS — SA · LÆTI^o RESURGO — Das gekr. Wappen (wie vorher, doch mit den wittgenst. Pfählen) zwischen 16 — 76 und unten $\frac{2}{3}$ im Ovale. G. e.

5585. Gulden v. 1676. Av. In einem aus zwei Eichenzweigen gebildeten Kranze unter einer Krone verschlungene Buchstaben, die den Namen und Titel des Grafen enthalten und sich in *G G Z S W V H H Z H V N L V C* das ist „Gustav Graf zu Sayn, Wittgenstein und Hohnstein, Herr zu Homburg, Vallendar, Neumagen, Lohra und Clettenberg" auflösen lassen. Darunter · 16 · 76 · und 60 in einer ovalen Einfassung. Rev. Vierfeldiger Schild mit 3 Querbalken im 1. u. 4. Felde (aus dem Wappen von Lauterburg oder Lutterberg) und der Burg von Homburg im 2. u. 3., nebst dem Löwen von Sayn im Mittelschilde. Auf dem Schilde ruhen 2 Helme, von denen der rechte einen Federbusch (Lauterburg), der linke die Burg (Homburg) als Kleinod zeigt. Ohne Umschriften. Sehr gut erh. RRR.

Die Erklärung dieses interessanten Stückes ist nicht ohne Schwierigkeit. Wir gehen zu dem Zwecke von dem bei Mad. Nr. 6852 und im Cat. imp. 372 verschieden erklärten Gulden aus, dessen Av. (Namenszug) mit dem unseres Guldens Aehnlichkeit hat. Weise bespricht denselben in seinem Guld.-Cab. Nr. 1745 auf's Neue und theilt ihn dem Gr. Georg Wilhelm zu Berleburg zu, unter Berufung auf Namenschiffre und Wahlspruch. Erstere kann aber nicht entscheidend sein, da sie sich ebensogut auf Gustav, als auf Georg Wilhelm beziehen lässt, je nachdem man das darin vorkommende W nur Wittgenstein oder, zweimal verwendet, Wilhelm und Wittgenstein liest. Der Spruch „Ad instar gruis" aber entscheidet ebensowenig, da er auch auf einem Gulden Gustav's zu finden ist, den Weise selbst zwar unter Nr. 1759 beibringt, bei seiner Schlussfolgerung aber ausser Acht gelassen hat. Dagegen hat Weise übersehen, dass Georg Wilhelm zu Berleburg das auf dem Rev. seiner Nr. 1745 erscheinende Wappen (von Hohnstein-Lauterburg mit dem Klettenberger Mittelschilde) gar nicht führen konnte und auch nie geführt hat, da die Wittgensteiner Nebenlinien von jedem Anspruche auf die Herrsch. Lohra und Klettenberg ausdrücklich ausgeschlossen waren. So kann denn fragl. Gulden nur dem Grafen Gustav zugetheilt werden, welchem auch Madai das Stück zuwies. Wie aber bei dieser Münze, so ist auch für die unsrige vorzüglich das Wappen massgebend, das ebenso auf einem anderen Gulden erscheint, den Weise unter Nr. 1746 aus Hoffmann's Münzschlüssel I. Tab. 42 mittheilt und wegen des (wieder anders gestalteten) Monogrammes gleichfalls für Georg Wilhelm in Anspruch nimmt. In den Querbalken des 1. und 4. Feldes vermögen wir nur die des Lauterburg'schen Wappens zu erkennen und das Kleinod des ersten Helmes scheint nicht hiergegen zu sprechen (wenngleich es an sich bei der mangelhaften Zeichnung auch auf Wittgenstein bezogen werden könnte). Ist aber diese Erklärung richtig, dann kann auch unser Gulden nur vom Grafen Gustav herrühren, der das Wappen der Gr. v. Hohnstein und somit auch die Felder von Lauterburg führte. Denn sollte auch Gr. Johann nach der Bestimmung des Kurf. v. Brandenburg v. J. 1650 des Titels und Wappens der Gr. v. Hohnstein sich enthalten, so erlaubte doch der Kaiser ihm bei nachgesuchter Bestätigung der kurfürstlichen Abtretung (da der Graf in seinem Gesuche die 1650 getroffene Beschränkung verschwiegen hatte) solche zu führen, woraus dann neue Verwicklungen zwischen dem Grafen und dem Kurfürsten erwuchsen, die endlich 1653 damit ihr Ende fanden, dass Letzterer gegen Abfindung Lohra und Klettenberg mit allen Rechten u. s. w. Ersterem überliess. Johann und dessen Descendenten führten nun aber die Felder für Lauterburg nur, weil sie im Wappen der Gr. von Hohnstein gestanden hatten, nicht als Besitzer, denn Lauterburg nebst Scharzfels hatten 1593 nach dem Aussterben der Gr. v. Hohnstein Klettenberger Linie die Herzöge von Braunschweig-Grubenhagen, Wolfgang und Philipp, als eröffnetes Lehen eingezogen.

5586. Gulden v. 1677. Av. Aehnlich dem von Nr. 5584, doch läuft die Ueberschrift, an deren Ende C ✿, zwischen gerieften Kreisen. Rev. TANDEM FORTU — NA OBSTETRICE — (gleichfalls zwischen gerieften Kreisen.) Gekröntes Wappen, wie auf Nr. 5584, in abgerundetem, wenig verziertem Schilde. Zu den Seiten 16 — 77 und unten ♃ im Ovale. Weise 1775. G. e.

5587. Thaler v. 1682. Av. GUSTAV • C • IN • S • W • E • H • D • IN • H • U • N • L • ET • C ⁝ (als Ueberschr.) Brustbild v. r. S., im Harnisch mit Löwenkopf an der Achsel, nebst Ueberwurf und Spitzenhalstuch. Rev. • A • SOLO • IEHOUA • SAPIENTIA • VERA • 1682 • (als Ueberschr.) Das Wappen mit 4 Helmen. Neben letzteren ☿ — ♀ und beim Schildfusse I C — F Die Umschriften werden durch Kreise vom Felde getrennt. Mad. 4360, dessen Exemplar hier vorliegt. S. g. e. RR.

5588. Gulden v. 1691. Av. GVSTA · G · Z · S · W · V · HON · H · Z · H · V · N · L · V · C · (als Ueberschr.) Brustbild v. r. S., im Gewand. Rev. · TANDEM FORTVN — A OBSTETRICE 1691 — (die letzte Ziffer etwas undeutlich.) Das vierfach behelmte Wappen. Unten ♃ in einem Kreise. Unterhalb der Umschriften ziehen sich geriefte Kreise hin. G. e.

Schaumburg (richtiger: Schauenburg).

Gerhard I. Graf zu Holstein und Schaumburg aus dem Hause Sandersleben hatte 2 Söhne. Der ältere, Gerhard II., bekam die Herrschaft Pinneberg und die Grafschaft Schaumburg; der jüngere, Heinrich I., erhielt des Vaters sonstigen Antheil an Holstein, dem 1390 der der sog. wagrischen Linie zuwuchs. Gerhard's II. Nachkommen erwarben Ende des 14. Jahrhunderts die Grafsch. Sternberg. Als 1459 Heinrich's I. inzwischen zum Herzogthum Schleswig gelangte Linie mit Adolf VIII. ausstarb, entsagte Otto III. Gr. zu Schaumburg und Pinneberg seinen Erbansprüchen gegen 43000 Goldgulden zu Gunsten Christian's I. Königs v. Dänemark, Schweden und Norwegen, des Sohnes Dietrich's v. Oldenburg und dessen 2. Gem. Hedwig, der Schwester gedachten Adolf's VIII. (s. bei Nr. 3972.) Otto's III. Sohn Johann erheirathete die Herrschaft Gehmen. Von des Letzteren Enkeln pflanzte Otto V. und Jost II. zu Gehmen den Stamm fort, während 2 ihrer Brüder nach einander den erzbischöflichen Stuhl zu Cöln inne hatten (s. Nr. 1865 fg.)

Adolf XIII. (1576, bez. 1581—1601),

Sohn Otto's V. und dessen 1. Gem. Maria von Pommern, geb. 27. Oct. 1547, übernahm die nach seines Vaters Tode (22. Dez. 1576) von Räthen geführte Regierung 1581 gegen den Willen seines älteren Bruders, des Bischofs Her-

20

mann von Minden, ward nach einem Prozesse mit Letzterem 1582 als reg. Herr bestätigt und starb 2. Juli 1601, nachdem er kurz vorher seinen einzigen Sohn, Julius, durch den Tod verloren hatte.

5589. Breiter Doppelthaler v. 1598. Av. ADOL · D : G : C(omes) · H(olsatiae) · · · SC(hauenburgi) · E(t) · ST(ernbergae) · D(ominus) · I(n) · G(ehmen) — 98 — Das dreifach behelmte Wappen von Sternberg und Gehmen sammt dem Mittelschilde mit der sog. Nessel v. Schaumburg, resp. Holstein*). Rev. HATS ·—· GOTT : VORSEHN(verb.) : SO : WIRTS · — · WOL : GESCHN (geschehen) — Der Graf, geharnischt und behelmt, den Streitkolben in die rechte Seite stemmend, auf linkshin sprengendem, reich geschmücktem Rosse. Am Boden vier Blumen. Mad. 4363. Gr. 56. 4 Loth. Im Rev. ein klein wenig Doppelschlag, sonst s. g. e. RR.

Ernst (1601—1622),

jüngster Sohn Otto's V. und dessen 2. Gem. Elisabeth Ursula von Braunschweig-Lüneburg, geb. 24. Sept. 1569, folgte seinem Bruder Adolf XIII. am 2. Juli 1601, war den Wissenschaften sehr geneigt, errichtete 1610 zu Stadthagen ein Gymnasium, das, 1619 zur Universität erhoben, von ihm 1621 nach Rinteln verlegt wurde, erhielt von K. Ferdinand II. 1619 die Fürstenwürde in Form einer Bestätigung, nannte sich hierauf anfänglich „Fürst und Graf zu Holstein und Schauenburg etc.“, seit 1621 aber, da er wegen dieses Titels mit dem Könige von Dänemark in Conflict gekommen, „Fürst des Reichs, Graf zu Holstein, Schauenburg etc.“ und starb 17. Jan. 1622.

5590. Breiter Doppelthaler v. 1603. Av. · ERNES · D · G · C · H : — · S · E · ST · DO · I · GIE · — 603 — Das dreifach behelmte Wappen, wie vorher. Rev. HATS — GOT : VORSEN : SO : WIR — TS — WOL : GESCHE — N — Der Graf im Harnisch und Waffenrock, mit Feldbinde und dreifach befedertem Helme, den Streitkolben in die rechte Seite stemmend, auf linkshin sprengendem Rosse, dessen reiches Geschirr auf dem Kopfe und hinter dem Reiter mit einem Federbusche und vor der Brust mit einer Quaste geziert ist. Der Boden ist mit Blumen bewachsen. Gr. 58. 4$^{1}/_{32}$ Loth. Sehr gut erh. R.

5591. Anderthalbthalerstück o. J. Av. · ERNESTUS : D : G : HOL : SCA : E : STE : Co (in einander gesetzt) : D : G · — Das dreifach behelmte Wappen wie vorher, doch mit Abweichungen in der Zeichnung. Rev. HATS — GOT : UORSEN : SO : WIRTS — WOL — GESCHEN — Der Graf im Harnisch, ohne Waffenrock, mit Feldbinde und spärlich befedertem Helm, den Kommandostab in der erhobenen Rechten haltend, auf linkshin sprengendem Rosse, das einfaches Riemenzeug und nur auf dem Kopfe einen Federbusch trägt. Der Boden ist mit Gras bewachsen. Gr. 57. (Köhler, M.-B., VII. 281.) 3 Loth. S. g. e. R.

5592. Thaler o. J. Av. ERNESTUS · D : G · HOLSATIÆ · SCHAWENBVRGI · ET · STER *⚒* (und auf den Zainhaken ein

*) Eine neue und gewiss die treffendste Erklärung dieses vielbesprochenen Wappens giebt Fürst Hohenlohe in seiner interessanten Schrift „das heraldische Pelzwerk“ (1867), nach welcher (S. 40) die angebliche Nessel als eine durch einen zackigen Schildrand (des alten dreieckigen Schildes) entstandene Figur aufzufassen ist.

Kreuz.) Brustbild v. r. S., im Harnisch, mit Ueberwurf und aufstehendem Spitzenkragen. Rev. · NEBERGÆ · COMES — · — DOMINUS · GEHMÆ — Dreifach behelmter ausgeschweifter Schild mit den vier Feldern und dreieckigem Mittelschilde. Zu Mad. 1865.

Nach Erlangung der Reichsfürstenwürde (1619).

5593. Breiter Thaler o. J. Av. ERNEST : D : G : PRINC : E : COM : HOLSAT : SCHAWENB : COM : STERNB : DOM : GEH : ♣ Innerhalb eines zierlichen Kreises das dreifach behelmte bisherige Wappen. Der Schild ist oval und mit Schnitzwerk verziert. Rev. HATS ♣ GODT ♣ VERSEHN (sic), ♣ SO · WIRDTS ♣ GESCHEN (Arabeske) :♣: Der Fürst im Harnisch und Waffenrock, mit rückwärts flatternder Feldbinde und stark befedertem Helme, den Kommandostab in der erhobenen Rechten, auf linkshin sprengendem Rosse, das mit reicher Schabracke bekleidet, auf dem Kopfe eine hohe Feder, hinten einen Federbusch und vor dem Sattel eine Pistolenhalfter trägt. Auf dem grasigen Boden liegt ein grosser Stein. Das Bild ragt nicht in die Umschrift, sondern wird durch einen zierlichen Kreis von dieser getrennt. Mad. 4369. Cat. imp. 273. Gr. 59. 2 Loth. S. g. e. RR.

5594. Sterbethaler v. 1622. Av. ERNEST · D : G · S · R · I · PRINC · COM · HOLSAT · SCHAVMB · STERNB · DN · GEH · + Das bisherige Wappen in einem oben eckigen, unten abgerundeten, mit Schnitzwerk verzierten Schilde. Rev. In 9 Zeilen · OBIIT · (zwischen Blättchen) | AN(no) : CHR (verb.) : MDCXXII | DI(e) : XVII · IANUA : INT(er) : | VII · ET · VIII · MATUTIN(am) | CUM · VIXISSET : AN(nos) : LII | MEN(ses) : III · DIE(s) : XXIV · H(oram) : I · | IN REGIMINE · VER(o) : | AN(n)OS : XX · M : VI · | D : XV · H : IV · Oben und unten eine Verzierung, die untere zwischen zwei Punkten. Zu Mad. 1867. S. g. e. R.

5595. Desgleichen. Av. vom Stempel zur Hauptseite des vorigen. Rev. · OBIIT · | AN : CHR(verb.)I : MDCXXII · | DIE : XVII · IANUAR : INT : | VII · ET : VIII : MATUTINAM | CUM · | VIXISSET · ANŌS : LII | MENS : III · DIES · XXIV · H : I | IN · REGIMINE : VERO · | ANNOS · XX · ME : VI · | DIE : XV · HO : IV · Darunter eine Verzierung zwischen zwei Punkten. Sehr gut erhalten. R.

Jost Hermann (1622—1635),

Sohn Heinrich's zu Gehmen und dessen Gem. Mechtild, Gräfin von Limburg-Bronckhorst, und Enkel obengedachten Jost's II. zu Gehmen, geb. 1593, folgte dem Fürsten Ernst 1622, † 5. Nov. 1635.

5596. Thaler v. 1622. Av. IUST · HER · D · G · CO · H · S · E · S · D · G · E · BE^B (Bergen) — Das dreifach behelmte vierfeldige Wappen mit mitten aufliegender Nessel. Rev. FERDINANDUS · II · D · G · RO · IMP : S · AU · 6zz : — Der Doppeladler, ohne Scheine, mit kreuzlosem Reichsapfel auf der Brust und einem Kreuz oben zwischen den Köpfen; darüber die Krone. (Mad. 1868.) S. g. e. R.

20*

Sein Vetter und Nachfolger Otto VI., Georg Hermann's und der Gräfin Elisabeth zur Lippe Sohn, † d. 15. Nov. 1640 als der Letzte seines Hauses. Die Herrschaft Pinneberg wurde von K. Christian IV. v. Dänemark in Besitz genommen, der sie mit Herzog Friedrich III. v. Holstein-Gottorp theilte, während die Gr. Elisabeth eine Geldentschädigung erhielt. Von der Grafsch. Schaumburg kam nach Abzug einiger Aemter, die der Herzog Georg v. Braunschweig-Lüneburg als Lehnsherr einzog, ein Theil an Hessen-Cassel, der andere als hessisches Lehn an Elisabeth's Bruder, den Gr. Philipp zur Lippe (s. Nr. 5259.)

Katharina Sophia,

Wittwe des am 15. Dez. 1634 verstorbenen Grafen Hermann zu Schaumburg-Sachsenhagen (eines jüngeren Bruders Heinrich's zu Gehmen) und Tochter Herzog Otto's zu Braunschweig-Lüneburg in Harburg, geb. 6. Mai 1577, verm. mit Graf Hermann 26. Febr. 1609, † 18. Dez. 1665.

5597. Thaler auf ihren Tod. Av. CATHARINA · SOPHIA · D · G · DUX · BRUNSUICENS : ET LUNÆ — Das vollständige Wappen von Braunschweig-Lüneburg unter einer offenen Krone. Rev. ULTIMA (verb.) · STEMMATIS · HARURG (Harburgensis ohne b) : VIDUA · COM : SCHAUMB(urgici) · IN SAXENH(agen) : * Im Felde · (Mzzch.) · | NATA · VI MAII : | · M · D · LXXVII · | MORTVA · XVIII DEC : | · M : DC · LXV · | · VIXIT · ANNOS · · LXXXVIII · | · MENSES · VII · | · DIES : XII · Das Münzzeichen über dieser Aufschrift gleicht 2 gekreuzten, unten durch 2 Querstriche geschlossenen Zainhaken. (Mad. 1869.) S. g. e. RR.

(Die Münzen von Otto's VI. Nachfolgern aus dem Hause Lippe s. Nr. 5259 flg.)

Schlick.

Stephan,

(geb. 24. Dec. 1487, Gründer der Silberbergstadt St. Joachimsthal und gefallen 1526, wahrscheinlich in der Schlacht bei Mohacz), Burian († 1532), Hieronymus (geb. 1494), Heinrich († 1528) und Lorenz († um 1581), insgesammt Söhne Kaspar Schlick's, Grafen von Passaun und Weisskirchen, Herrn auf Schlackenwerth u. s. w., des Stifters der Schlackenwerther Linie der Schlick, und dessen Gem. Elisabeth, Gräfin von Guttenstein.

5598. Thaler (Joachimsthaler Groschen) o. J. (1519 geprägt.) Av. ○ AR(ma) ⸭ DOMI(norum) ⸭ SLI(conum) ⸭ STE(phani) ⸭ ET ⸭ FRA(trum) ⸭ CO (mit eingesetztem м, Comitum) ⸭ D : B (Bassano) ○ — Der h. Joachim in ganzer Figur, mit einem Stabe in der Linken; zu seinen Füssen rechts das ungeschmückte 4feld. Wappen (von Weisskirchen und Bassano) mit dem der Schlick im Mittelschilde. Zu Seiten des Heiligen S — I(oachimus.) Rev. LVDOVICVS ⸭ PRIM ⸭ D ⸭ GRACIA ⸭ R(ex) ⸭ BO(emiae) ⸭ Der böhmische Löwe. Böhm. Priv.-Münz., CLXI. 1. (S. 492.) Zu Mad. 1870. S. g. e.

5599. Thaler v. 1520. Av. ARMA · DИOR · SLICOMV · STEFAИI · ET · FRATR · COMITV · D · BASAИ (verb.) A · Innere Umschrift (u. b.) SAИCTVS ○ IOACHIM ○ — Der Heilige, wie vorher (ohne S — I). Rev. LVDOVICVS ✠ PRIMVS ✠ DEI ✠

GRACIA ✤ REX ✤ BOEMIE ○ I5z0 Der böhmische Löwe. Böhm. Pr.-M. CLXI. 6. (Mad. 1871.) S. g. e. RR.

5600. Thaler v. 1520. Av. wie vorher, aber mit ARMA · und STEΓAИI und mit SAIICTVS — ○ IOACHVM (sic) ○ — Rev. vom Stempel zur Rückseite des vorigen. Kommt in den Böhm. Priv.-M. nicht vor. S. g. e. RRR.

5601. Schaustück zu 1½ Thalern, auf Stephan's Tod, 1526. Av. Doppelte Umschrift DOMINVS ⸽ STEPHANVS ⸽ SLICK ⸽ COMES ⸽ DE ⸽ PASSAVN ⸽ ET ⸽ ₵ ✱ | ANNO ○ DOMINI ○ M ○ D ○ XXVI ○ ETATIS ○ SVE ○ XXXX (gekrönter Löwenkopf.) Brustbild v. r. S., mit Haarhaube und Hut, in faltigem Unterkleide und Mantel. Rev. (U. b.) PRO ○ PATRIA ○ PVGNANDO ○ CONTRA ○ TVRCAM ○ OPPETIIT ○ — Das dreifach behelmte quadrirte Wappen mit Mittelschild. Böhm. Pr.-M., S. 497. 31. Mad. 1873. Gr. 43. 3 Loth. Gut erh. Ein solches Schaustück ward in der v. Peyer'schen Auktion (Nürnberg) mit 32 fl. rh. bezahlt. RR.

Heinrich,

Sohn des Gr. Georg Ernst (der ein Enkel obgedachten Heinrich's war) und dessen Gem. Sidonia Kolonna von Fels, kaiserl. Feldmarschall, dann Hof-Kriegsraths-Präsident und wirkl. geh. Rath, erhielt von König Philipp IV. von Spanien 1643 den Orden des gold. Vliesses, wurde in den Reichs-Grafenstand erhoben u. † zu Wien 5. Jan. 1650. Er erlangte von K. Ferdinand II. die Erneuerung des den Grafen Schlick 1528 entzogenen Münzrechtes, das dann Seitens K. Ferdinand's III. wiederholt Bestätigung fand, und errichtete seine Münzstätte zu Plan.

5602. Thaler v. 1630. Av. HEINRIC · SCHLICK — COMES · A · PASAN — Die h. Anna, das Jesuskind auf dem linken Arme tragend und mit dem rechten die h. Maria an sich drückend. Zu den Seiten S AN — NA und vor ihr in reich verziertem, ovalem Schilde das vollständ. Wappen. Unten 16 — 30 Rev. FERDINANDVS · II · ROM · IMP · SEMPER · AVGVSTVS I (Henkelkanne) C — Der Doppeladler, ohne Scheine, unter der kaiserl. Krone; auf seiner Brust das mit Erzherzogshut und Vliesskette geschmückte Wappen von Böhmen. Böhm. Priv.-M. S. 504. 77. (Mad. 4373.) S. g. e.

5603. Thaler v. 1630. Av. vom Stempel zur Hauptseite des vorigen. Rev. FERDINANDVS ✿ II ✿ ROM ✿ IMP ✿ SEMPER ✿ AVGVSTVS I (die Kanne) C Sonst wie vorher. G. e.

5604. Thaler v. 1632. Av. HEINRIC ✦ SCHLICK — ✦ COMES ✦ A ✦ PASAN — Darstellung, wie vorher; der Schild ist geschweift; zu den Seiten S ✦ A — NNA und unten 16 — 32 Rev. FERDINANDVS ⁑ III ⁑ ROM — IMP : SEMPER : AVGVSTVS — Doppeladler u. s. w., wie vorher, unter demselben ein Schildchen mit dem Kruge und daneben I — C Böhm. Pr.-M. S. 504. 86. (Mad. 4373.) Gut erh.

5605. Thaler v. 1645. Av. HENRICVS · SCHLI — CK : COMES : A : PASSAN — Die h. Anna mit dem Christuskinde und der h. Maria, wie vorher, vor ihr das Wappen in oben eckigem, unten abgerundetem Schilde, das mit der Vliesskette behangen ist. Zu den

Seiten S AN — NA und unten 16 — 45 Rev. FERDINAND · III · ROM · I — MP · SEMER (sic) · AVGVSTVS — Doppeladler u. s. w., wie vorher, mit hohem Kreuze auf dem Erzherzogshute. Unten ein Schildchen mit einem Greif, daneben C — B Böhm. Pr.-M. S. 507. 103. G. e.

Franz Ernst (1652—1675),

Sohn des vorgedachten Grafen Heinrich und dessen Gem. Anna Maria Elisabeth Gräfin von Salm-Neuburg am Inn, wollte in den Karthäuser-Orden treten, stand aber davon wieder ab und übernahm 5. Oct. 1652 seines Vaters Erbe, † 16. Aug. 1675 zu Regensburg.

5606. Thaler v. 1660. Av. FRA : ERN : SCHLICK · — COM : A · PASSAN · — Das mit offener Krone bedeckte vollständige Wappen, zu dessen Seiten 1 · 6 · — 60 · Oben über Wolken Anna und Maria in halben Figuren, gegeneinander gekehrt, zwischen ihnen das Christuskind. Rev. LEOPOLDVS · ROM : IMPERA — TOR · SEMPER · AVGVSTVS · — Doppeladler u. s. w., wie vorher, unten aber ein verziertes rundes Schildchen mit einem Stern, darüber I — P Böhm. Pr.-M. S. 508. 116. G. e.

Franz Joseph (1675—1740),

Sohn des Vorigen und dessen 1. Gem. Maria Margaretha Ungnad Gräfin von Weissenwolf, geb. 19. Januar 1656, starb nach zweimaliger Vermählung kinderlos am 30. Nov. 1740.

5607. Thaler v. 1716. Av. FRANC · IOS · SCHLICK · COM · A BASSAN & WEISK(irchen) · — Darstellung wie vorher, zu Seiten des Wappens 17 — 16 Rev. CAROL⁹ VI D · G · ROM · IMP · — S · A · GER · HISP · HU · B · REX · — Der Doppeladler, mit Kopfscheinen, unter der kaiserl. Krone, auf seiner Brust das mit offener Krone und Vliesskette geschmückte 4feld. Wappen von Kastilien, Ungarn, Oesterreich und Burgund mit dem böhm. Löwen im gekr. Mittelschilde. Unten in einer Cartouche F · S(charff, Mzmstr. in Prag.) Böhm. Pr.-M. S. 509. 122. (Mad. 1878.) S. g. e.

Franz Heinrich (1740—1766),

Sohn des Grafen Leopold Joseph und dessen 2. Gem. Maria Josephe Gräfin Wratislaw v. Mitrowitz, und Neffe des Vorigen, geb. 1696, folgte seinem Oheime 1740, ward 1741 Obrist-Land-Marschall und 1748 erster Landtags-Commissär im Königr. Böhmen, † 1766.

5608. Thaler v. 1759. Av. FRANC : HEN : SCHLICK : S : R : I : C : DE · PASSANO : & · WEISKIRCHEN · — Darstellung, wie vorher; zu Seiten des reich verzierten Wappens 17 — 59 · Rev. M · THERESIA · D · G · R · — IMP · GE · HU · BO · REG · — Der Doppeladler, mit Kopfscheinen, unter der kaiserl. Krone. Auf seiner Brust das gekrönte 14feld. Wappen mit dem gekr. böhm. Mittelschilde. Unten in kleinem Ovale T · F (Toda fec.) Randschrift IUSTITIA ET CLEMENTIA zwischen Verzierungen. Böhm. Pr.-M. S. 510. 125. Mad. 4376. S. g. e. R.

Leopold Heinrich (1766—1770),

Sohn des Vorigen und dessen Gem. Maria Eleonora Lucia Gräfin v. Trauttmansdorff, geb. 1729, folgte seinem Vater 1766, † 26. Juni 1770.

5609. Thaler v. 1767. Av. LEOPOL : HEN : SCHLIK : S : R : I : C : DE · PASSANN : & · WEISKIRCHEN · — Die frühere Darstellung; zu Seiten des mit Schnitzwerk reich gezierten Schildes 17 — 67 · Rev. M · THERESIA · D : G · R · — IMP · HU · BO · REG · × — Der Doppeladler, wie vorher; auf seiner Brust das mit den Kronen von Ungarn und Böhmen bedeckte quadrirte Wappen mit Mittelschild. Zu Seiten des Adlerschwanzes E v S · (Erdm. v. Schwingenschuh) — A · S · (Anton Stöhr) Randschrift, wie vorher. Böhm. Pr.-M. S. 510. 127. (Mad. 5867.) S. g. e. R.

(Den von Madai unter die Freiherrn eingereihten Schrotl von Schrotenstein suche unter den Privatpersonen.)

Schwarzburg.

Heinrich XXXI. (allein, 1513—1525),

Sohn des 1484 verstorbenen Gr. Günther XXXVIII. v. Schwarzburg-Blankenburg und dessen Gem. Katharine v. Querfurt, geb. 1473, succ. 1493 seinem Oheim Günther XXXVI. (der in diesem Jahre resignirte, sich Rudolstadt vorbehielt und 1503 starb) in Gemeinschaft mit seinem Oheime Günther XXXIX., dem Bremer (geb. 1455, † 1531), theilte mit Letzterem 1513, erhielt hierbei die Unterherrschaft mit seiner bisherigen Residenz Sondershausen, während jener die Oberherrschaft mit Arnstadt bekam, und † 4. Aug. 1526 zu Nordhausen, nachdem er im Jahre zuvor die Regierung seinem ältesten Sohne Günther XL. übertragen hatte.

5610. Halber Thaler v. 1525. Av. (Drei Rosen am Stengel) MO ▾ NO ▾ HE — NRI — ▾ CO(mitis) ▾ DE ▾ SWAR(zburg) — Der behelmte schwarzburgische Schild mit dem gekrönten Löwen, von einem wilden Manne und einem wilden Weibe gehalten, deren jedes eine Fahne führt. Zu Seiten des Helmkleinodes (des mit einem Pfauenschweife gezierten, gekrönten, wachsenden Löwen) 15 — 25 Rev. ▾ SANCTE ▾ MART(ine) ▾ O — R — A ▾ PRO ▾ NOB(is) ▾ — Der h. Martin, mit Barett, im Zeitkostüme, auf linkshin schreitendem Rosse, schneidet mit dem Schwerte ein Stück seines Mantels ab für den unten sitzenden Bettler. Das Pferd ist am Hinterbacken mit der Streugabel bezeichnet. Im D der Avers-Umschr. ein ▴ und im ersten O der Revers-Umschr. ein ▾ (Cat. imp. 413. Mad. 1879, als Thaler, doch falsch bestimmt.) Gr. 41. 1 Loth. Vortrefflich erhalten. RRR.

Günther XL.,

(des Vorigen und dessen 1. Gem. Magdalena von Hohnstein ältester Sohn, geb. 1499, † 10. Nov. 1552), mit seinen Brüdern Heinrich XXXIII. und Heinrich XXXIV., (1525—1528).

[Heinrich XXXIII., geb. 5. Febr. 1504, ward 1517 Domherr zu Cöln u. 1518 Canonicus zu Strassburg, trat aber später in kais. Kriegsdienste, ging in solchen 1527 mit nach Italien, zog 1528 mit H. Heinrich v. Braunschweig nach Frankreich und ertrank beim Uebergang über die Mosel zu Pont à Mousson d. 5. Aug. gl. J. — Heinrich XXXIV., Sohn Heinrich's XXXI. und dessen 2. Gem. Anna v. Nassau-Wiesbaden, geb. 7. Aug. 1507, vermählte sich 1531 mit Margaretha v. Schönberg, res. zu Frankenhausen und † 1537*).]

5611. Thaler v. 1527. Av. ▾ GVNTERVS ▾ HENRICV(s) — ▾ ET — ▾ HENRIC ▾ FRAT ▾ ⁴ Der h. Martin, wie auf der Rückseite des vorigen. Rev. MONE ▾ ARGENT ▾ — COM(itum) — [DO(minorum)] DE ▾ SWARCȜ ▾ — Das Wappen mit den Schildhaltern, wie zuvor, zu Seiten des Kleinodes 15 — 27 Mad. 1880. Cat. imp. 414. Hat in den Umschriften etwas gelitten, sonst gut erh. RR.

Günther LX., der Reiche, (allein 1537—1552),

nahm mit seinem vorgedachten Halbbruder Heinrich XXXIV. 1532 eine Auseinandersetzung vor, beerbte diesen 1537, ward 1538 auch der Erbe Heinrich's XXXII. (des Sohnes Günther's XXXIX.) zu Arnstadt und starb d. 10. November 1552.

5612. Thaler v. 1543. Av. ⁊ GVNTERVS ⁊ CO ⁊ DE ⁊ SCH ⁊ DO ⁊ IN ⁊ ARNS(tadt) ⁊ ⁊ ⁊ SVNDE(rshausen) ⁊ ✻ Der h. Martin, wie vorher, doch trägt er statt des Baretts eine offene Krone. Rev. MONE ⁊ ARGE ⁊ COM — ⁊ DE ⁊ : — SCHWARTZBVRG — Das Wappen mit den Schildhaltern, wie bisher; zu Seiten des Helmkleinodes 15 — 43 (Mad. 1881.) S. g. e. RR.

5613. Kleiner Dickthaler v. 1545, von den Stempeln zum Viertel- oder Ortsthaler. Av. G — VN · CO : DE — ◆ — SCH — ◆ — DO · I · AR · ⁊ — SV — Das Wappen mit den Schildhaltern, wie früher; zu Seiten des Helmkleinodes 1 — 545 Rev. KAROLVS ◆ ROMA ◆ IMP ◆ SEM ◆ AV ◆ (eine Lilie) — Der Doppeladler, ohne Kopfscheine, unter der kais. Krone; auf seiner Brust die aufwärts gekehrte Stallgabel. Mad. 4377. Gr. 30. Fast 2 Loth. Stammt aus v. Madai's Sammlung. Von vortrefflicher Erh. RRRR.

Günther XLI., der Streitbare, und Johann Günther I. (1552—1570),

Söhne vorgedachten Günther's XL. und dessen Gem. Elisabeth v. Isenburg-Kelsterbach. Ersterer, geb. 1529, zeichnete sich als Kriegsheld in den Kämpfen mit Frankreich und den Türken, in den Niederlanden und anderwärts aus und † d. 23. Mai 1583. Letzterer, geb. 1532, ward der Stifter der Linie Arnstadt (jetzt Sondershausen) und † d. 28. Oct. 1586. Im Jahre 1564

*) Andere und auch Behr's Geneal. Tab. geben 1547 (10. Nov.) an. Vgl. aber M. J. G. Lindner's 4. Fortsetzung von Schwarzb. Münzen (Arnstadt, 1776), dessen hier angenommene Ansicht darin Bestätigung zu finden scheint, dass Gr. Günther XL. i. J. 1543 bereits allein münzte.

ereignete sich nach Philipp's v. Schwarzburg-Leutenberg Tode der Anfall von Leutenberg.

5614. Thaler v. 1560. Av. G(ünther) * H(ans) * G(ünther) * C(omites) * IN * SCH * ET * D * I * ARNST * ET * SV(nders) ⁑ H(ausen) ⁑ — Ausgeschweifter Schild mit dem Adler von Arnstadt im 1. und 4., dem Hirschgeweih von Sondershausen im 2. u. 3. Felde und dem schwarzburg. Löwen im Mittelschilde. Darüber die Helme von Schwarzburg, Arnstadt und Sondershausen, zu den Seiten die Schildhalter. Rev. FERDINANDI * IMP * AVG * PF · DECRETO * 60 (Ast mit einem Blatte) — Der Doppeladler, ohne Scheine, unter der Krone; auf seiner Brust der Reichsapfel. Mad. 4378. Sehr gut erh. R.

5615. Thaler o. J. Av. G · H · G · C · IN · SCH · ET · DO · I · ARNST · ET · SVN · H : — Das dreifach behelmte Wappen mit den Schildhaltern, abweichend von dem auf vorigem Thaler in sofern, als auf dem (oben eckigen, unten abgerundeten) Hauptschilde das schräggestreifte Kreuz ruht. Rev. MAXIMIL · II · D · G · ROM · IMP · SEM · AVG Münzzeichen und Doppeladler, wie vorher. Sehr gut erh. RR.

5616. Thaler*) o. J. Av. wie vorher, aber mit ARNST · SVND · H — Unter jedem der Schildhalter etwas Erdreich. Rev. MAXIMILIA(ni) ○ II ○ D ○ G ○ IMP ○ SEM ○ AVG ○ FF (fieri fecerunt) ○ D Münzzeichen und Doppeladler, wie vorher. Also ohne „Romanorum" in der Rev.-Umschrift. Gut erh. RR.

5617. Thaler*) o. J. Av. G · H · G · C · IN : SCH · E · DO · I · ARNS · SVND · ET · LEV(tenberg) — Sonst wie die Hauptseite von Nr. 5615. Rev. MAXIMILIA · II · D : G · IMP : SEM · AVG · FF · DE Im Uebrigen, wie die Rückseite des vorigen Thalers. RR.

(Diese 3 Thaler wurden zwischen 1564 und 1570 geschlagen.)

Günther XLI., der Streitbare, allein (1570—1583).

5618. Thaler v. 1571. Av. GVN — TER ○ QVATR (quatuor) ○ COMIT(um) ○ IMP(erii) ○ CO(mes) ○ I ○ SWA — RZ ⁑ — In verziertem, ovalem Schilde das bisherige Wappen, im Schildfusse die Stallgabel. Darüber die drei Helme, deren mittelster über dem Lö-

---

*) Da die auf diesen Thalern statt der durch die Münzordnungen v. 1551 und 1559 vorgeschriebenen Siglen P. F. erscheinenden Buchstaben F. F., wenn man nicht einen wiederkehrenden Stempelfehler (denn auch Mad. 6864 gehört hierher) annehmen will, nur fieri fecerunt (fecit) gelesen werden können, so dienen sie indirekt mit als Beweis, dass s. Z. die Siglen P. F., dem Begriffe „fieri fecit" entsprechend, durch publicari fecit (fecerunt), wie dies ausserdem Mansfelder Thaler (Nr. 5329 flg.) an die Hand geben, und nicht durch pii felicis erklärt wurden. Das Subject zu P. F ist, da der Name des Kaisers nach Vorschrift der Mz.-Ord. im Genitiv (v. decreto abhängig) zu stehen hat, im Namen des oder der im Av. genannten Münzherrn zu suchen, die darnach also die Münze durch Vergünstigung des Kaisers hätten schlagen und ausgehen lassen. Doch zeigt die sehr häufige Verbindung der Buchstaben P. F. mit dem im Nominativ stehenden Namen und Titel des Kaisers, dass man das „fecit" oft auch auf den Kaiser bezog (s. Anm. auf S. 250). — Bei der Auslegung der Buchstaben P. F. durch „pii felicis" (nach Analogie des „pius, felix" auf antiken Münzen) stützt man sich nur auf eine Reihe von Thalern der Stadt Augsburg (s. Nr. 6774—6787), bei denen allerdings pius felix gelesen werden muss, deren Umschriften aber mit d. erwähnten Mz.-Ordnungen, sonstiger Abweichungen halber, nicht in Beziehung gebracht werden können und überhaupt nicht auf des Kaisers eigener Vorschrift beruhen. (Vergl. auch Madai's „Erklärungen" hinter dem Vorbericht zum I. Bde.)

wen und dem Pfauenschweife noch den Rosskamm trägt. Zu Seiten die Schildhalter und über diesen · R — T · (Reichs-Thaler?) Rev. (Lindenblatt am Ast) MAXIMILIAN ○ II ○ D ○ G ꝏ RO ○ IMP ○ S ○ AVG ꝏ 71 ○ — Doppeladler, mit Scheinen, unter der Krone; auf seiner Brust der Reichsapfel. Zu Mad. 1884. S. g. e. R.

Nach Günther's XLI. Tode kam zwischen dessen Brüdern Johann Günther I. und Albert VII. eine Landestheilung zu Stande. Ersterer bekam unter Andern Arnstadt und Sondershausen und ist der Stammvater des jetzigen fürstl. Hauses Schwarzburg-Sondershausen. Letzterer bekam mit Mehrerem Rudolstadt und Frankenhausen und ward der Stifter des fürstl. Hauses Schwarzburg-Rudolstadt.

Günther XLII. (geb. 1570, † 1643), Anton Heinrich (geb. 1571, † 1638), Johann Günther II. (geb. 1577, † 1631) und Christian Günther I. (geb. 1578, † 1642),

insgesammt Söhne Graf Johann Günther's zu Arnstadt und dessen Gem. Anna v. Oldenburg, succ. ihrem Vater 1586 unter Vormundschaft, prägten dann mit ihrem Oheim Albert VII. und nach dessen am 10. April 1605 erfolgtem Tode in Gemeinschaft mit ihren Vettern

Karl Günther (geb. 1576, † 1630), Ludwig Günther I. (geb. 1581, † 1646) und Albert Günther (geb. 1582, † 1634),

Söhnen Graf Albert's VII. zu Rudolstadt und dessen 1. Gem. Juliane v. Nassau-Dillenburg, (1605—1607).

5619. Thaler v. 1606. Av. GVN · ANTH · HEIN · CAR · — GVN · HA · GVN · CHR (verb.) I · GVN G A (verb.) In einem mit dem schräggestreiften Kreuze belegten Schilde die quadrirten Wappen von Arnstadt-Sondershausen und Hohnstein-Lauterburg sammt dem schwarzburg. Löwen und dem Hirsch v. Klettenberg in ihren Mittelschilden; im Schildfusse Gabel und Rosskamm neben einander. Ueber dem Schilde 3 Helme mit den Kleinoden von Schwarzburg, Arnstadt-Sondershausen und Hohnstein-Lauterburg. Zu den Seiten die Schildhalter. Oben 16 — 06 Rev. LVD · GVN · ALB · GVN · COM · IN · SCHWARTZ · ET · HONST(ein) ♁ Der h. Martin, wie bei Nr. 5612. Mad. 1885, Anm. S. g. e.

5620. Thaler v. 1606. Av. wie die Hauptseite des vorigen, aber mit HEIN · und CHRI · Die Jahrzahl steht nicht neben dem Pfauenschweife des schwarzburg. Helmes, sondern ist zwischen den 3 Helmkleinoden vertheilt: 1 — 6 — 0 — 6 Rev. vom Stempel zur Rückseite des vorigen. Mad. 1885.

Linie zu Arnstadt-Sondershausen.

Günther XLII., Anton Heinrich, Johann Günther II. und Christian Günther I.,

Graf Johann Günther's zu Arnstadt bereits erwähnte Söhne, 1586, bez. 1595 bis 1631.

5621. Thaler v. 1623. Av. × GVNT × ANT × HEIN × HAN — S

× GVNT × ET × CHR × GVNT × — Das Wappen mit den Schildhaltern, wie bei Nr. 5619. Zu Seiten des Löwen auf dem mittelsten Helme: 16 — 23 Rev. COM × IN × SCHWARTZB × ET HONS × LIN(eae) × ARN(stadensis) × ET × SOND(ershusanae) ⌽ Der gekrönte, linkshin reitende h. Martin mit dem Bettler über einer Leiste, unter welcher + HH(verb.) + o + Mad. 1886. (Cat. imp. 414.) Sehr gut erhalten.

Anton Heinrich († 1638),

der 2. der vorgedachten Brüder, wurde mit jenen nach seiner Aeltern Tode bei seinen Vormündern den Gr. v. Oldenburg erzogen, übernahm mit seinem Bruder Günther XLII. i. J. 1595 die Regierung, vollzog nach seines Oheims Wilhelm Tode in bruderl. Vollmacht 1599 die Theilung mit Gr. Albrecht VII. zu Rudolstadt und † 10. August 1638.

5622. Thaler auf seinen Tod, 1638. Av. ANTON · HEINR · Ė IV · S · R · I · COMIT(ibus) · COM · IN · SCHWARTZB · ET · HONST · &c · ⊕ Das dreifach behelmte bisherige Wappen mit den Schildhaltern. Unter dem Schilde herum SPES MEA CHRS · (Christus) Rev. Unter einer Verzierung SONDERSHUSII ⊕ | NATUS A⁰ M · D · LXXI · VII · | IIX BR (Octobris) · HOR(a) · IX · VESP(ertina) · | OBIIT A⁰ M · D · C · XXXIIX · X · | AUGUST · HOR · II · MATUT(ina) | SEPULTUS · DIE · NATALI | ⊕ A⁰ EOD(em) ⊕ ⊕ Darunter ein mit Schnörkeln verziertes Oval, worin I B M (Joachim Blum, Stempelschn.) (Mad. 1890.) Cat. imp. 415. S. g. e. R.

Anna,

der Vorgedachten Schwester, geb. 19. Oct. 1574, † unvermählt 3. Nov. 1640.

5623. Thaler auf ihren Tod, 1640. Av. Zwei Schildchen, das eine mit dem schwarzburg. Löwen, das andere mit dem klettenberg. Hirsche, zwischen 3 Rosetten; darunter: ANNA, — IOH(annis), | GUNTHERI Ė IV · S · R · IMP · | COM, COM, SCHWARTZB · FILIA, NASC(itur) · SONDERSHUSI | XIX IIX BR · HOR · III · MATUT · A⁰ | M · D · LXXIV · MORITUR ⊕ | ARNST(adii) · III · IXBR · HOR · | IX · MATUT ⊕ A⁰ · | ⊕ MDCXL ⊕ | A · V · G · G · W · E · (Alles vergänglich, Gottes Gnade währet ewiglich) | ⊕ Rev. Unter dem strahlenden Namen Gottes: GUNTHERUS, E IV · S : ROM · | IMP · COM · COMES · IN SCHW: : ARTZB : ET HONSTEIN &c IN | HONOR(em) · SORORIS CARISS · FRAT: | ERNI AMOR(is) · ET MEM(oriae) : NUNQUAM | MORITURÆ E(rgo) : — F ⊕ F ⊕ | ⊕ ANNU — ENTE — DEO | · PAU — PERTA — TI :· Darunter halten zwei Hände einen doppelarmigen Leuchter mit zwei Lichtern, von denen das rechts erloschen ist. Unten herum A(nna) · G(räfl.) · F(räulein) · Z(u) · S(chwarzburg) · V(nd) · H(ohnstein) — G(ünther) · G(raf) · Z · S · V · H · Mad. 1891. (Cat. imp. 415.) S. g. e. R.

Christian Günther II. zu Arnstadt (1642, bez. 1651—1666),

Sohn Christian Günther's I., des jüngsten der vorgedachten Brüder, und dessen Gem. Anna Sibylla von Schwarzburg-Rudolstadt, geb. 1616, succ. mit seinen Brüdern Anton Günther I. und Ludwig Günther II. 1642 dem Vater und 1643 dem Oheim Günther XLII., erhielt in der am 13. Mai 1651 vorgenommenen brüderl. Theilung, dem väterl. Testamente entsprechend, Arnstadt und starb 10. Sept. 1666.

5624. Thaler auf seinen Tod, 1666. Av. (U. b.) CHRISTIAN · GÜNTH · E · IV · — S · R · I · — COM · COM · IN SCHWA (verb.)RZB · ET HONS · — Das von den beiden Wilden gehaltene dreifach behelmte Wappen, wie bei Nr. 5619, im Schildfusse aber Gabel und Rosskamm unter einander. Rev. SYMB : PATIENTER — ET CONSTANTER · — Innerhalb eines Lorbeerkranzes NATVS | 1 · APRIL · AN · | 1616 · MORt(uus) · 10 · 7·BR | IS : AN · 1666 · HOR · | XI · MERID(iana) · | * (Mad. 1897.) Cat. imp. 416. S. g. e. R.

Johann Günther IV. zu Arnstadt (1666—1669),

des Vorigen und dessen Gem. Sophia Dorothea Gräfin von Mörsburg und Beffort einziger Sohn, geb. 30. Juni 1654, stand nach seines Vaters Tode unter Vormundschaft seiner Mutter und seines Oheims Ludwig Günther II., bezog 1668 das Collegium illustre zu Tübingen und † daselbst d. 29. Aug. 1669.

5625. Thaler auf seinen Tod, 1669. Av. IOHAN · GUNTH · E · IV · COM · S · R · I · COM · IN — SCHW · ET HONST · DYN(asta) · A(rnstadii) · S(ondershusae) · L(eutenbergae) · L(ohrae) · ET · CL(ettenbergae) — Das dreifach behelmte Wappen mit Schildhaltern, wie vorher. Rev. SYMBOL ◆ PIETATE — ET IUSTITIA — Innerhalb eines Lorbeerkranzes NATUS | ARNST(adii) · 30 · IUN : | 1654 · BEATE · DEFUNCT(us) | TUBING(ae) · IN · ILL(ustri) · COLL(egio) | · 29 · AUGUST · 1669 | HOR(a) · MED(ia) · 2 · MATUT(ina) | ÆTAT(is) · ANN · 15 · | MENS · 2 · DIES | ◆ 2 ◆ Die Altersangabe ist falsch berechnet. (Mad. 1898.) Cat. imp. 416. S. g. e. R.

5626. Viertelthaler auf seinen Tod. Av. Das bisherige Wappen (doch ohne das aufgelegte Kreuz) in henkelartig verziertem Schilde unter dem Fürstenhute. Umschrift, wie vorher, aber mit IN · SCHW · ET · HONST · DYN · A · S · L · L · ET · C ✿ Rev. wie voriger, jedoch mit IN · ILL · | COLL · 29 · AUGUST · | 1669 · HOR · MED · 2 · MATUT · ÆTAT : | ANN · 15 · MENS · | 2 · DIES · 2 und mit einem Punkt nach justitia und natus. Weise, G. C. 1804. Ein klein Stück ausgebrochen, sonst sehr gut erh. R.

Anton Günther I. zu Sondershausen (1642, bez. 1651—1666),

Bruder Christian Günther's II. zu Arnstadt, geb. 1620, regierte mit seinen Brüdern gemeinschaftlich bis 13. Mai 1651, wo eine Erbtheilung vorgenommen wurde, in der er den ihm bereits im väterl. Testamente ausgesetzten

Sondershausen'schen Landestheil erhielt, nahm in kaiserl. Auftrage 1660 zu Goslar und 1661 zu Nordhausen die Huldigung ein, und † 19. Aug. 1666.

5627. Thaler auf seinen Tod, 1666. Av. (U. b.) ANTHON GUNTH · E · IV · COMIT · IMP · — C · DE SCHW · ET H · D · IN A · S · L · L · ET C · — Das 3fach behelmte Wappen mit den Schildhaltern, wie bei Nr. 5624. Rev. SYMB : PRO ARIS — ET FOCIS · ❁ Innerhalb eines Lorbeerkranzes NAT · | EBELEB · 9 · | IAN · 1620 · DENA(verb.)T | SONDERSH · 19 · AU : | GUST · 1666 · HOR · 5 · | VESP · VIXIT ANN(verb.) · | 46 · MENS · 7 · | DIES 10 (Mad. 1896.) Cat. imp. 416. S. g. e. R.

Ludwig Günther II. zu Ebeleben (1642, bez. 1651 bis 1681),

des Vorigen jüngerer Bruder, geb. 1621, residirte anfangs zu Ebeleben, nach Christian Günther's II. Ableben aber zu Arnstadt, † 20. Juli 1681, ohne Söhne zu hinterlassen.

5628. Thaler auf seinen Tod, 1681. Av. (U. b.) SAPIENTER — E — T — FORTITER · — Das 3fach behelmte Wappen mit den Schildhaltern, wie vorher; unten zu Seiten des Schildes H — M (Heinrich Müller, Mzmstr. in Sondershausen) und darunter zwei Zainhaken. Rev. • ❁ • | LUDOVIC9 · | GVNTHERUS · | E · IV · COM : IMP : COM : | DE · SCHW : ET · HONS : DYN : | IN ARNST : SOND : LEUT | LOHR : ET · CLETT : | NATUS EBELEB : II · MARTY | MDCXXI · DENATUS ARNST : | XX · IULY MDCLXXXI | HORA · XI · MERID : | VIXIT ANNOS LX · | MENSES · IV · | DIES XVIII (Mad. 1901. Cat. imp. 416.) Gr. 51. S. g. e. R.

5629. Ein zweites Exemplar dieses Thalers. S. g. e. R.

Christian Wilhelm zu Sondershausen (1666, bez. 1670—1721),

Anton Günther's I. zu Sondershausen und dessen Gem. Maria Magdalena Pfalzgr. von Birkenfeld ältester Sohn, geb. 1647, succ. 1666 dem Vater in Gemeinschaft mit seinem jüngeren Bruder Anton Günther II. unter Vormundschaft, beerbte mit Letzterem seinen Vetter Joh. Günther IV. und später seinen Oheim Ludwig Günther, bekam in der brüderl. Theilung Sondershausen, ward 3. Sept. 1697 nebst seinem Bruder in den Reichsfürstenstand erhoben, erhielt nach seines Bruders Tode, 1716, Arnstadt und † 10. Mai 1721.

5630. Gulden v. 1675. Av. Geharnischtes Brustbild von vorn, mit Feldbinde, Spitzenhalstuch und grosser Perrücke. Oben herum CHRISTIAN9 · WILHELM9 · E · IV · COM : R(omani) · — Rev. (U. beg.) I(mperii) : CO · DE : SCHWARTZ · E · H · — ⁄^ DYN · I(n) : ARN : SON : LEV · L · E · C — Das dreifach behelmte Wappen sammt Schildhaltern, wie bisher, zu Seiten der letzteren H — M Zwischen den Helmkleinoden 1 — 6 — 7 — 5 und unten (60) Weise 1811. S. g. e. RR.

5631. Gulden v. 1675. Av. Geharnischtes Brustbild von linker Seite, mit Halstuch, Feldbinde und kurzer Perrücke. Oben herum CHRISTIAN9 WILHELM9 E · IV · CO · — Rev. (O. b.) COM · DE ·

SCHWAR · E · HON · — DYN · I · ARN · SON · LEV · L · E · C L /‌ Gekrönter Schild mit dem schwarzburg. Löwen, der Gabel und dem Kamme, von den beiden Wilden gehalten. Neben diesen H — M Ueber der Krone 1675 Unten ein Oval mit $\frac{2}{3}$ Um das Bild der Rückseite zieht sich ein gewundener Reif. S. g. e.

5632. Gulden v. 1676. Av. (O. b.) CHRISTIAN : WILH : E · IV · COM · IMP · ✱ Brustbild v. r. S., im Harnisch, mit Spitzenhalstuch, Ueberwurf und langer Perrücke. Rev. (O. b.) COM : DE · SCHWARTZ · — ET HONSTEIN · ⚒ Das Wappen, wie vorher, in gekröntem, ausgeschweiftem Schilde, von den 2 Wilden gehalten. Oben 1676 und unten im Ovale $\frac{2}{3}$ Weise, G. C. 1812. S. g. e.

5633. Gulden v. 1676, in der Zeichnung von vorigem abweichend, mit COM : IMP · ✿ im Av. und COM — DE SCHWARTZ — ET — HONST — EIN ✿ im Rev. G. e.

5634. Thaler v. 1677, den Christian Wilhelm in Gemeinschaft mit seinem Bruder, Anton Günther zu Arnstadt, hat schlagen lassen. Av. (U. b.) · CHRISTIAN : WILHELM · & · ANTHON : GUNTHER · Ein Ross, das hinten mit der schwarzburg. Stallgabel bezeichnet ist, sprengt, vom Sturme angeblasen, einen Felsen hinan, über welchen eine aus Wolken kommende Hand einen Lorbeerkranz hält, worin das Wort TAN | DEM Unten 1677 Rev. · E · IV · COM : IMP : COM : IN ⚒ SCHWARTZB : & HONST : — Das Wappen, wie auf Nr. 5619, mit den 3 Helmen und den Schildhaltern, neben welchen H — M Mad. 1900. S. g. e. R.

5635. Thaler v. 1687. Av. (U. b.) CHRISTIAN : WILH : E · IV · COM : IMP : — Brustbild v. r. S., im Harnisch, mit Ueberwurf und grosser Perrücke. Rev. (U. b.) COM : DE SCHWARTZB : ET HONSTEIN · 1687 · — Das Wappen, wie auf Nr. 5624, dreifach behelmt, mit den Schildhaltern. Unten I · — T · (Joh. Thun) u. darunter zwei Zainhaken. (Mad. 1903.) S. g. e. R.

Anton Günther II. zu Arnstadt (1666, bez. 1675 bis 1716),

des Vorigen jüngerer Bruder, geb. 1653, succ. in Gemeinschaft mit seinem Bruder 1666, bekam in der Theilung Arnstadt, ward 3. Sept. 1697 ebenfalls in den Reichsfürstenstand erhoben, nahm für K. Joseph 1705 zu Goslar und Mühlhausen die Huldigung ein, † 20. Dez. 1716, ohne Kinder zu hinterlassen, worauf Arnstadt an Sondershausen fiel. — Dieser Herr ist der Begründer des berühmten Arnstädter, 1713 nach Gotha gelangten Münzkabinets.

5636. Gulden v. 1676. Av. ANTHON : GUNTHER : E : IV : COM : IMP · ✿ Geharnischtes Brustbild v. r. S., mit grosser Perrücke. Rev. COM · — DE · SCHWA — RTZ · — ET — HONST — EIN · ⚒ Im Uebrigen wie die Rückseite von Nr. 5632. Weise, G. C. 1820.

5637. Thaler v. 1682. Av. (U. b.) ANTHON · GUNTHER · E · IV · COM : IMP : — Brustbild v. r. S., im Harnisch, mit Spitzenhalstuch, Ueberwurf und grosser Perrücke. Rev. (U. b.) COM : DE · SCHWARTZ — B : ET : HONSTEIN ⚒ 1682 — Das dreifach behelmte Wappen, wie auf Nr. 5624, mit sehr kurzen Schildhaltern, unter deren Füssen H – M (Mad. 1902, Anm.) S. g. e. R.

5638. Thaler v. 1711. Av. (U. b.) ANTHON : GVNTHER9 · — D : G : PR : SCHWARTZB : — Brustbild v. r. S., im Harnisch, mit Ueberwurf und grosser Perrücke. Rev. (O. b.) E · IV · COM · IMP · COM · IN · HOHNS · DYN · IN · ARNS · SONDERSH · LEVT · LOH · ET · CL ✿ Das den beiden Fürsten vom Kaiser 1697 verliehene Wappen (der Doppeladler, in dessen Brustschilde ein Fürstenhut) sammt der darüber gesetzten Jahrzahl 1711., umgeben von 10 mit Laubwerk geschmückten ovalen Schildchen, worin die zum Theile tingirten Wappen von Schwarzburg und Klettenberg und je zweimal diejenigen von Arnstadt, Hohnstein, Sondershausen und Lauterburg erscheinen. Schräg gerippter Rand. Mad. 1663. Schön und sehr gut erhalten. R.

Christian Günther III. (1758—1794),

Sohn August's I., des dritten Sohnes obengedachten Grafen und nachmaligen Fürsten Christian Wilhelm, geb. 1736, succ. seinem Oheim, dem 1754 zu Sitz und Stimme im Reichsfürstenrathe gelangten Fürsten Heinrich XXXV., 6. Nov. 1758, † 14. Oct. 1794.

5639. Conv.-Thaler v. 1764. Av. (U. b.) D G · CHRIST · GVNTH · PR · SCHWARZB · SONDERSH · — Brustbild v. r. S., im Kürass, mit umgelegtem pfälz. St. Hubertusordensbande, Hermelinmantel und im Nacken gebundenem Haare. Am Arme F Rev. (O. b.) X · EINE · FEINE · MARCK · NACH DEM · CONVENTION · FVS · 1764 — Das bisherige vollständige Wappen sammt dem neuen Mittelschilde in einer mit dem Fürstenhute bedeckten, mit Schnitzwerk, Lorbeer- und Palmzweig geschmückten Einfassung, in deren Fusse H C A S (Heinrich Christian Andreas Siegel, Mzmstr. in Sondershausen.) Laubrand. (Mad. 4170.) S. g. e.

5640. Ein zweites Exemplar dieses Thalers. S. g. e.

Günther Friedrich Karl II.,

Sohn des Fürsten Günther Friedrich Karl I. und dessen Gem. Karoline von Schwarzburg-Rudolstadt, Enkel des Vorigen, geb. 24. Sept. 1801, übernimmt die Regierung in Folge der Cession seines Vaters am 19. Aug. und nachfolgender schriftl. Bestätigung am 3. Sept. 1835.

5641. Doppelthaler v. 1841. Av. (U. b.) GÜNTH · FRIEDR · CARL FÜRST Z · SCHWARZB · SONDERSH · — Haupt v. l. S., mit Schnurr- und Backenbart. Unten A (Berlin) Rev. Das 6fach behelmte vollständige fürstliche Wappen mit den Schildhaltern über einer Leiste. Von den durch kaiserl. Verleihungen hinzu gekommenen 3 Helmen trägt der eine den gekrönten Doppeladler, der andere ein Kissen mit aufliegendem Fürstenhute, der dritte einen gekrönten wachsenden Ritter. Oben herum 2 THALER — VII EINE F · MARK — 3½ GULDEN und unten herum ✿ VEREINS 1841 MÜNZE ✿ Randschrift GOTT ~+~ MIT ~+~ UNS ~+~ S. g. e.

5642. Vereinsthaler v. 1859. Av. GÜNTHER FR · C · II FÜRST Z · SCHWARZB · SONDERSH · — Haupt v. l. S., mit Schnurr-, doch ohne Backenbart. Unten A Rev. EIN VEREINSTHALER — XXX EIN PFUND FEIN — Unter dem Fürstenhute der mit der kaiserl. Krone und Kopfscheinen gezierte Doppeladler, Zepter und Reichsapfel in den Klauen und ein Schildchen mit dem Fürstenhute auf der Brust führend. Unten 1859 Randschrift, wie vorher. S. g. e.

Linie zu Rudolstadt.

Karl Günther (1605—1630),

Graf Albrecht's VII., des Stifters dieser Linie, ältester Sohn, geb. 1576, succ. 1605 mit seinen Brüdern (s. Nr. 5619), beanspruchte die Administration des Stiftes Walkenried und † 24. Sept. 1630 auf dem Schlosse Kranichfeld. (Die obere Herrschaft Kranichfeld hatte er 1620 von Sachsen-Weimar wiederkäuflich an sich gebracht; Herzog Ernst von Gotha löste sie vom Grafen Albrecht Anton 1663 wieder ein.)

5643. Thaler auf seinen Tod, 1630. Av. CAROL : GVNTH · S · R · I · QVATEMV(ir) · COM · IN SCHVARTZB · E · HONST · DOM · ARNS : S · L · L · E · C · CAP(ituli) · WALK(enriedensis) · ADMIN(istrator) ✠ Geharnischtes Brustbild v. r. S., mit breitem Spitzenkragen und Feldbinde. Rev. In 9 Zeilen I · C · B · — · M · B · G (Jesu Christi Blut, mein bestes Gut) | NATVS 8 NOVEMB · | ANNI 1576 · | BEATISS(ime) EXHALAVIT ANIMAM IN ARCE CRANICHF(eld) · SVPER(iori) | 24 SEPT : ANNO · 1630 | CONDERATVR RVDOL: | PROP(oli) · 1 NOVEMB | ANNI EIVSD(em) : Darüber zwei Schildchen mit dem schwarzburg. Löwen und dem Hirsche von Klettenberg. (Mad. 1887.) Cat. imp. 417. Sehr gut erh. R.

Anna Sophia,

des Vorigen Wittwe, eine Tochter des Fürsten Joachim Ernst zu Anhalt, geb. 1584, verm. 1613, † 9. Juni 1652.

5644. Thaler auf ihren Tod, 1652, geprägt von ihrem Bruder, dem Fürsten August zu Plötzkau, u. den übrigen Anverwandten des fürstl. Hauses Anhalt. Av. MEMOR(iae) · | ILLVSTRISS(imae) PR(incipis) · DN · ANNÆ SOPHIÆ | PR · ANHALT(inae) · COMIT(is) · SCHWARTZB · VIDVÆ SO: | ROR(is) · ET COGNAT(ae) · HONOR(atissimae) · | NATÆ DESSAVIÆ · XV · IVN · | HOR · XII · MDLXXXIV · DE: | NAT(ae) IN ARCE KRANCH | FELT · SVP · IX · IVN · | MDCLII · Rev. MEIN ANFANG VND ENDE STEHT IN GOTTES HENDEN ✿ Das Wappen von Anhalt und der schwarzburg. Löwe in einem herzförmigen, gespaltenen Schilde unter offener Krone. (Mad. 1895.) Cat. imp. 418. S. g. e. R.

Ludwig Günther I. (1605, bez. 1630—1646),

Graf Albrecht's VII. zu Rudolstadt zweiter Sohn, geb. 1581, residirte anfänglich mit seinem jüngeren Bruder Albrecht Günther zu Stadt Ilm, nach dem Tode seines älteren Bruders Karl Günther († 1630) und hiernach vorgenommener Theilung aber zu Rudolstadt und † 4. Nov. 1646.

5645. Thaler auf seinen Tod, 1646. Av. LUDWIG GUNTH · S ·

R · I · QVATEM : COM : IN · SCHWARTZB · E · HON : DOM · A · S · L · L · ET · CL ✿ Brustbild von vorn, im Wamms, mit Feldbinde und breitem Spitzenkragen. Rev. NATUS · I(n) · ARCE · RUDELST · XXVII · IUN · A · M · D · LXXXI · OBIIT · IBID : IV · NOU · A · M · DC · XXXXVI ✿ Das Wappen von Nr. 5624 in einem mit offener Krone bedeckten, henkelartig verzierten, herzförmigen Schilde. (Mad. 1894.) Ein klein wenig Doppelschlag. S. g. e.

Emilie,

des Vorigen Wittwe, eine Tochter des Grafen Anton II. zu Oldenburg-Delmenhorst, geb. 1614, verm. 1638, führte während der Minderjährigkeit ihres Sohnes Albert Anton I. mit Heinrich II. Reuss j. L. die vormundschaftl. Regierung und † 4. Dez. 1670.

5646. Thaler auf ihren Tod, 1670. Av. ÆMILIA · C(omitissa) · S · E · H · NAT(a) · C · OLD(enburgensis) · DELMENH(verb.) · 15 · IVN · 1614 · OB(iit) · LEVTENB(ergae) · 4 XB(ris) · 1670 · Æ(tatis) · 56½ : Unter einer offenen Krone zwei gegen einander gestellte Schilde mit dem vollständ. Wappen von Schwarzburg (wie vorher) und dem quadrirten Wappen von Oldenburg-Delmenhorst und Jever. Darunter in einer Cartouche · SYMB · | AVF DICH HE(verb.)RR | TRAV ICH Rev. Æ(ternae) · MEMOR(iae) · ET GLOR(iae) · DN · MATR(is) · DESIDERATISS(imae) · BN (bene) · MER(itae) · GRAT(itudinis) · C(ausa) · H(oc) · MON(umentum) · F · F · FILIVS ✿ Aus einem mit einem Auge versehenen Herzen ragt zwischen einem Lorbeer- und einem Palmzweige ein Kreuz empor, an welchem ein anderes, mit IESVS bezeichnetes Herz befestigt ist. Längs der beiden Zweige SVB – CRVCE Zu Seiten des untern Herzens rechts ein dürrer Ast, auf dem eine Turteltaube sitzt, über welcher das Auge der göttlichen Vorsehung strahlt und die Worte HOC DVCE angebracht sind. Zur linken Seite des untern Herzens ein blühender, eine Krone tragender Zweig, über welchem die Sonne leuchtet und die Worte NON SINE(verb.) LVCE zu lesen sind. (Mad. 1899. Cat. imp. 418.) Sehr gut erh. R.

Albrecht Günther (1605—1634),

Graf Albrecht's VII. zu Rudolstadt dritter Sohn, geb. 8. August 1582, † 20. Januar 1634 auf der Reise zu Erfurt.

5647. Thaler auf seinen Tod, 1634. Av. ALBRECHT GVNTH : S · R · I · QVATEMV · COM · IN SCHWARTZ : ET HON : D : A · S · L · L · C · ✿ Zierlich gearbeitetes Brustbild von vorn, im Wamms, mit breitem Spitzenkragen. Rev. A · L · — B · C · — E · F · (Allein bei Christo ewige Freude) | NATVS Aō · 1582 · | 8 · AVGVSTI · | PLACIDE IN DOMINO | EXPIRAVIT ERFVR (ti) : 20 · | IAN : Aō · 1634 · CONDEBA · | RVDOLPSTADII : 18 · | MARTII · EIVSD : | ANNI · Darüber, unter einer Verzierung, die beiden Schildchen mit dem Löwen und dem Hirsche. (Mad. 1889.) Aus der v. Madai'schen Sammlung. Vortrefflich erh. RR.

5648. Kleiner Dickgulden auf seinen Tod. Av. ALBRECHT GINTHER · S · R · I · QVAT · COM · SCHWARTZB · E · H · D · A · S · L · L · C ✿ Schlecht gearbeitetes Brustbild von vorn, im Wamms und Spitzenkragen. Rev. Die beiden Schildchen zwischen dem Wahlspruche · AL · — · B · C · — E · F · Darunter NATVS · ANNO · 1582 · | · 8 · AVGVSTI | PLACI(de) · I(n) · DOM(ino) · EXPIR · | ERFVR · 20 · IAN · 1634 | CONDEBA · RVDOLPS | TADI · 18 · MARTI · | EGVSD · (sic) ANNI · | und eine Verzierung. Von rohem Schnitt. Gr. 31. 1 Loth. S. g. e. RRR.

Dieser Gulden fehlt selbst in Lindner's Beschr. der schwarzb. Münzen.

Johann Friedrich, Reichsfürst, (1744—1767),

Sohn des Fürsten Friedrich Anton (der des vom K. Joseph I. am 2. Juni 1710 in den Reichsfürstenstand erhobenen Ludwig Friedrich Sohn und des obgedachten Grafen Ludwig Günther I. Urenkel war) und dessen Gem. Sophia Wilhelmine, Pr. v. Sachsen-Saalfeld, geb. 8. Januar 1721, succ. seinem Vater am 1. Sept. 1744, gelangte 1754 zu Sitz und Stimme im Reichsfürstenrathe und † 10. Juli 1767 ohne männl. Nachkommen.

5649. Conv.-Thaler v. 1765. Av. (U. b.) IOANNES FRIDERICVS · D · G · P · S · RUD · D(omus) · S(chwarzburgicae) · SENIOR · — Brustbild v. r. S., im Harnisch, mit Hermelinmantel, umgelegtem Ordensbande und im Nacken gebundenem Haare. Rev. Das vollständige fürstliche Wappen in einem mit dem Bande des poln. weissen Adlerordens und dem Fürstenhute geschmückten Schilde, sammt den beiden Wilden auf zierlichem Gestelle. Oben herum X · EINE FEINE MARCK u. unten I · C · — E(berhard, Mzmstr. in Saalfeld) · | 17 — 65 · Laubrand. (Mad. 4171.) G. e.

Ludwig Günther IV. (1767—1790),

des Vorigen Oheim, Ludwig Friedrich's und dessen Gem. Anna Sophia von Sachsen-Gotha jüngster Sohn, geb. 22. Oct. 1702, succ. seinem Neffen am 10. Juli 1767, † 29. Aug. 1790.

5650. Conv.-Thaler v. 1768. Av. (U. b.) D · G · LVDOVICVS GVNTHERVS P · SCHWARZB · RVD : — Brustbild v. r. S., im Kürass, mit Hermelinmantel, Ordensband und im Nacken gebundenem Haar. Rev. Das vollständige Wappen in einem mit Schnitzwerk reich verzierten, mit dem Bande des poln. weissen Adlerordens behangenen Schilde unter dem Fürstenhute. Oben herum X · EINE FEINE MARCK · Unten 17 I · C · — K(naust in Saalfeld) · 68 Laubrand. (Mad. 6801.) Mit Stempelglanz.

5651. Conv.-Thaler v. 1780, auf die (zweite) Vermählung des Erbprinzen Friedrich Karl mit Auguste, Tochter des Herzogs Johann August zu Sachsen-Gotha. Av. wie die Hauptseite des vorigen, aber mit PR · SCHWARZBVRG RVD · — und in der Zeichnung wenig verändertem Bildniss, das auf der Brust noch den Ordensstern trägt. Rev. ❁ | IN MEMORIAM | CONNVB(ii) · FELICISS(ime) · INTER | PRINC · HER · FRIDER · CAROL · | ET DVC · SAX | AVGVST · LOVIS · FRIDERIC | RODÆ D · 28 Nov. 1780 | CELEBRATI | — | X · EINE FEINE MARK · | I · C · K · | ❁ Laubrand. Gut erh.

5652. Conv.-Thaler v. 1786. Av. (U. b.) D · G · LVDOVIC · GVNTHERVS · PR · SCHWARZB · RVD · DOM · SCHW · SENIOR · — Brustbild, wie vorher, doch von anderem Schnitte; mit dem Ordenssterne auf der rechten Seite des Kürasses. Rev. Das vollständige Wappen in einem mit dem Bande des weissen Adlerordens und dem Fürstenhute geschmückten, ovalen Schilde sammt den beiden Wilden über einer Leiste, unter welcher I · 17 — 86 · C · | K Oben herum X · EINE FEINE MARCK · Laubrand. S. g. e.

Friedrich Karl (1790—1793),

Sohn des Vorigen und dessen Gem. Sophie Henriette v. Reuss-Unter-Greiz, geb. 7. Juni 1736, succ. seinem Vater 1790, war Ritter des pfälz. St. Hubertus-Ordens und † 13. April 1793.

5653. Conv.-Thaler v. 1791. Av. (U. b.) D · G · FRID · CAROLUS · PR · SCHWARZB · RUD · DOM SCHWARZB · SENIOR ✿ Brustbild v. r. S., im Rock, mit Ordensband und im Nacken gebundenem Haare. Rev. (U. b.) X · EINE · — MARCK · F · Das vollständige Wappen in einem mit dem Fürstenhute und zwei Orden geschmückten ovalen Schilde, das von den beiden Wilden über einem Postamente gehalten wird. Im Abschnitt 17 — 91 | I · C · K · Laubrand. S. g. e.

Friedrich Günther (1807, bez. 1814—1867),

Sohn des Fürsten Ludwig Friedrich II. (eines Sohnes des Vorigen) u. dessen Gem. Karoline von Hessen-Homburg, geb. 6. Nov. 1793, folgte seinem Vater 28. April 1807 unter mütterlicher Vormundschaft, übernahm die Regierung am 6. Nov. 1814, † 28. Juni 1867. Sein Bruder, Fürst Albert, folgte ihm.

5654. Conv.-Thaler v. 1812. Av. FRIEDRICH GÜNTHER FÜRST ZU SCHWARZBURG RUDOLSTADT • Kopf v. r. S., mit kurzem Haare, ohne Bart. Rev. (U. b.) X EINE FEINE MARK CONVENTIONS MÜNZE · — Innerhalb eines Eichenkranzes EIN | SPECIES | THALER | 1812 Unter dem Kranze L (Löwel in Saalfeld.) Laubrand. S. g. e.

5655. Doppelthaler v. 1841. Av. (U. b.) FRIEDR · GÜNTHER FÜRST ZU SCHWARZBURG — Haupt v. r. S., mit kurzem Haar und Backenbart. Unter dem Halse VOIGT und unten A (Berlin) Rev. vom Stempel des unter Nr. 5641 aufgeführten Doppelthalers, Randschrift wie bei jenem. Mit Stempelglanz.

5656. Gulden v. 1841. Av. Kopf u. s. w. wie vorher; doch ohne A Rev. Innerhalb eines Eichenkranzes 1 | GULDEN | 1841 Gezahnter Rand. In München geprägt. G. e.

5657. Doppelgulden v. 1846. Av. wie der des Guldens, aber mit C · VOIGT unter dem Kopfe. Rev. Der wilde Mann und das wilde Weib halten über einem Gestell den mit dem Fürstenhute bedeckten Schild mit dem Doppeladler des bisherigen Hauptmittelschildes und mit Stallgabel und Rosskamm im Schildfusse. Oben herum ZWEY GULDEN und unten 1846 Gezahnter Rand. G. e.

21*

5658. Vereinsthaler v. 1858. Av. Haupt v. r. S., mit Backen- und Schnurrbart; ohne Angabe des Stempelschneiders. Umschrift, wie beim Doppelthaler. Rev. (U. b.) EIN VEREINSTHALER — XXX EIN PFUND FEIN — Der Doppeladler ohne Kopfscheine, mit Zepter und Reichsapfel, unter dem Fürstenhute. Auf seiner Brust in unten abgerundetem Schilde der Fürstenhut. Unten 1858 Randschrift GOTT ~*~ MIT ~*~ UNS ~*~ S. g. e.

5659. Vereinsthaler v. 1862. Im Av. gleichen Stempels mit vorigem. Rev. Der Doppeladler mit Kopfscheinen und unten zugespitztem, oben an den Ecken abgestumpftem Brustschilde. Sonst, wie vorher.

5660. Vereinsthaler auf das 50jährige Regierungsjubiläum, 6. Nov. 1864. Av. vom Stempel zur Hauptseite des vorigen. Rev. ZUR FEIER 50 JÆHRIGER — REGIERUNG D · 6 NOV · 1864 — Der Doppeladler mit Kopfscheinen, Zepter, Reichsapfel und Brustschild führend, unter der alten kaiserl Krone. Zwischen Bild und Umschrift läuft eine Kreislinie. Das Zepter, das auf den vorigen ein Kreuzlein trug, trägt hier eine Krone. Randschrift EIN VEREINSTHALER ✽ XXX EIN PFUND FEIN ✽ Mit Stempelglanz.

Schwarzenberg.

Erkinger von Seinsheim kaufte 1420 von Otto von Westenberg die Herrschaft Schwarzenberg in Franken und vom Hochstifte Würzburg die Herrschaft Hohenlandsberg, wurde 1428 zum Reichsfreiherrn erhoben und nahm den Namen Reichsfreiherr von Schwarzenberg und Hohenlandsberg an. Seine Söhne stifteten die niederländische oder Lütticher und die fränkische Linie, die sich im Laufe der Zeit wieder in Speziallinien theilten, und zwar die erste in die ältere (erlosch 1674) und in die jüngere, die zweite in die bayerische und in die fränkische. Nachdem die fränkische Speziallinie 1588 abgestorben und von der bayerischen beerbt worden war, auch der jüngere Zweig der bayerischen Speziallinie 1618 sich geendigt, starb die ganze fränkische Linie 1646 mit Graf Georg Ludwig vom älteren Zweige der bayerischen Speziallinie aus, der den Grafen Johann Adam von der jüngeren niederländischen (Lütticher) Linie zum Universalerben einsetzte.

Johann Adolf (1646—1683),

Sohn des kurbrandenburg. Staatsministers Adam Grf. v. Schwarzenberg von der jüngeren niederländ. (Lütticher) Linie (der von Kurbrandenburg mit den Herrschaften Gimborn und Neustadt als freier Reichsherrschaft belehnt worden war) und dessen Gem. Margaretha Freiin v. Pallant, Erbin v. Weibelskirchen, geb. 1615, stand in kaiserl. Diensten und stieg bis zum Präsidenten des Reichshofraths (1662), succ. seinem Vater 1641, erbte am 22. Juli 1646 vom Gr. Georg Ludwig vom älteren Zweige der bayerischen Speziallinie der fränkischen Hauptlinie die Grafschaft Schwarzenberg, die Herrschaft Hohenlandsberg, sowie die Herrschaft Murau in Steiermark, nachdem er bereits 1642 auf Veranlassung Georg Ludwig's in den Besitz der fränkischen Besitzungen förmlich eingeführt worden war und von demselben früher schon das Anwartschaftsrecht auf die Seinsheim'schen Fideicommissgüter in Franken abgetreten erhalten hatte, vindicirte auch die letzteren auf

Grund des fideicommiss. Testaments des Freih. Georg Ludwig v. Seinsheim (v. 1589) und der ihm abgetretenen Anwartschaft, und erhielt jene Güter durch einen 1655 zu Straubing mit Friedrich Ludwig Freih. v. Seinsheim abgeschlossenen Vergleich, bekam von Erzherz. Leopold Wilhelm 1658 als Entschädigung für die im westph. Frieden wieder verlorene Grafschaft Hohnstein, die ihm jener im 30jährigen Kriege übergeben hatte, die böhmische Herrschaft Wittingau, kaufte 1661 die Herrschaft Frauenberg in Böhmen u. a., ward am 14. Juli 1670 Reichsfürst unter Erhebung der Grafschaft Schwarzenberg zu einer gefürsteten Grafschaft, wurde auch 1682 unter die westphäl. Kreisstände aufgenommen und † am 26. Mai 1683 zu Laxenburg.

5661. Thaler v. 1682. Av. + IO ⁑ AD ⁑ D ⁑ G ⁑ PRIN ⁑ SCHWARTZENBERG ⁑ — Brustbild v. r. S., mit langem Haar, im Harnisch nebst Ueberwurf und breitem Halstuch, das (1649 von K. Philipp IV. von Spanien erhaltene) Vliess auf der Brust. Rev. B(aro) ⁑ IN • HO(henlandsberg) ⁑ D(ominus) ⁑ IN • GIM(born) ⁑ MVR(au) ⁑ WIT (tingau) ⁑ FRAV(enberg) ⁑ ꝫC. Das mit dem Fürstenhute bedeckte, von der Vliessordenskette umgebene vierfeldige Wappen mit den Seinsheimer Streifen im 1. und 4. und dem Raben auf dem Türkenkopfe (welches Wappenbild der Kaiser dem Freih. Adolf bei dessen Erhebung in den Grafenstand zum Andenken an die von selbigem bewirkte Eroberung von Raab 1599 ertheilt hatte) im 2. u. 3. Felde. Ueber dem Hute 16 — 82 Beide Seiten umgiebt ein Blätterkranz. Mad. 1664. Cat. imp. 419. Vorzüglich erh. R.

Ferdinand Wilhelm Eusebius (1683—1703),

einziger Sohn des Vorigen und dessen Gem. Justina Maria Gräfin von Stahremberg, geb. 1652 zu Brüssel, widmete sich d. kais. Hof- und Staatsdienste und stieg bis zum Obersthofmeister der Kaiserin Eleonore Magdalene (1692), vermählte sich 21. Mai 1674 mit Maria Anna Grf. v. Sulz, Erbin der Landgrafschaft Kleggau und der sämmtlichen gräfl. Sulz'schen Güter, welches Erbtheil er nach dem 1687 erfolgten Tode Johann Ludwig's Grafen von Sulz erhielt, wurde auch, wie die Grafen von Sulz, mit dem Reichserbhofrichteramt zu Rottweil belehnt (1689) und starb 22. Oct. 1703. Kleggau war vom Kaiser 1688 zu einer gefürsteten Landgrafschaft erhoben worden.

5662. Breiter Thaler v. 1696. Av. FERDINAND⁹ — • ET MARIA • ANNA • (als Ueberschr.) Beider Brustbilder, neben einander, v. r. S.; der Fürst trägt einen Schuppenharnisch, Ueberwurf und das (von K. Karl II. von Spanien 1688 erhaltene) goldne Vliess. Rev. D ⁑ G • PRINC • Ā SCHWARZENBERG • HÆRES • LANDGRAVIA • IN SVLZ + (unten beg.) Auf einem mit 2 Fürstenhüten geschmückten Hermelinmantel rechts der von der Kette des goldnen Vliesses umgebene, ovale schwarzenbergische Wappenschild, links ein mit Blumengewinden behangener gleicher Schild mit dem quadr. Wappen von Sulz und Brandis nebst den 3 Garben von Kleggau im Mittelschilde. Zwischen den Schilden ragt eine Lilie herab. Oben 1696, unten · M · I · M · Mad. 1665. Cat. imp. 419. S. g. e.

5663. Desgleichen v. 1696. Av. Wie vorher; aber + ET MARIA + ANNA — Rev. PRINCEPS · Ā · SCHWARZENBERG · HÆRES · LANDGRAVIA · IN SULZ — (oben beg.) Aehnlich dem vorigen. Die Jahrzahl wird durch einen von oben herabhängenden Blumenstrauss getheilt. Zwischen den Schildfüssen eine muschelartige Verzierung, von welcher aus sich Laubwerk verbreitet, während die Blumengewinde am Sulzer Wappen fehlen. Unten · MM · (Matth. Mittermaier) in Einfassung. Cat. imp. 419. Ist etwas seltener als der vorhergehende. S. g. e.

5664. Thaler v. 1696. Av. FERDINAND · D · G · PR · — A SCHWARTZENBERG · (als Ueberschr.) Geharn. Brustbild v. r. S., mit der Ordenskette. Rev. DOM · IN HOHEN LANDSBERG · GIMB · MUR · WIT · ET FRAUENBERG · Das gekr., von der Vliessordenskette umgebene vierfeldige Wappen. Zu den Seiten 16 — 96, unten G F — N(ürnberger) · Der Rand ist mit einer zackigen Verzierung versehen. Mad. 1666. Cat. imp. 419. S. g. e. R.

5665. Thaler v. 1697. Av. FERD · D · G · PR · *a* SCHWARTZENBERG · DOM · I · GIM · MUR · W · F · — (oben beg.) Brustbild, wie vorher. Rev. MON · NOV · ARG — GIMBORNENSIS (als Ueberschr.) Unter dem Fürstenhute, neben welchem * 16 — 97 *, das Wappen, von der Ordenskette umgeben. Unten herum, neben dem Vliesse, * *Reichs* — *Fues* * Zu Seiten des Wappens P — N Auf der Mitte des Randes läuft ein hervortretender Ring. Mad. 1667. Cat. imp. 419 (woselbst P — N fehlt). S. g. e. R.

5666. Desgleichen v. 1697, von in der Zeichnung verschiedenen Stempeln. S. g. e. R.

Adam Franz (1703—1732),

einziger Sohn des Vorigen, geb. 1680, erhielt nach dem am 27. Juni 1698 erfolgten Ableben seiner Mutter die gefürstete Landgrafschaft Kleggau unter väterlicher Administration, succ. seinem Vater 1703, erbte nach dem Tode seiner Tante Marie Ernestine, verw. Fürstin v. Eggenberg († 4. April 1719), in Folge des Testaments deren Gemahls, Joh. Christian, Krumau (s. S. 186), worauf er 1723 vom Kaiser zum Herzog von Krumau erhoben wurde, und verunglückte am 9. Juni 1732 bei der kais. Jagd zu Brandis.

5667. Thaler v. 1721. Av. ADAMUS · FRANCISC : — D : G : S : R : I : PRINCEPS · — Brustbild v. r. S., im römischen Harnisch und Gewand, mit der (1712 erhaltenen) Vliessordenskette. Unten B(ecker) Rev. IN · SCHWARZENBERG · LANDGR : IN · CLEGGOV — Das mit dem Fürstenhute bedeckte und von der Ordenskette umgebene vierfeldige Wappen (Seinsheim, Sulz, Brandis und der Rabe auf dem Türkenkopfe) mit gespaltenem Mittelschilde (der Thurm von Schwarzenberg und die Garben v. Kleggau). Neben der Krone 17 — 21 Mit Laubrand. Mad. 1668. Cat. imp. 419. Sehr gut erhalten. R.

Joseph (1732—1782),

einziger Sohn des Vorigen und dessen Gem. Eleonore Amalia Magdal., geb. Fürstin Lobkowitz, geb. 1722, succ. 1732 unter Vormundschaft seiner Mutter, die die Administration bis zu ihrem am 5. Mai 1741 erfolgten Tode führte, wurde hierauf für grossjährig erklärt, erhielt 1747 vom Kaiser die bisher nur auf den Aeltesten der Familie beschränkte fürstliche Würde auf alle Descendenten des Hauses ausgedehnt und † 17. Febr. 1782.

5668. Medaille (v. Matthias Donner) auf seine Vermählung mit

(Marie) Theresia Fürstin v. Liechtenstein, 22. Aug. 1741. Av. Aufschrift in 9 Zeilen unter dem Fürstenhute. Rev. TAEDIS — FELICIBVS Hymen bei einem Altar, worauf 2 brennende Herzen und woran die Schilde von Seinsheim und Liechtenstein gelehnt sind. App. 3482. Böhm. Pr.-M. LXI. 522. Gr. 26. ⁵/₈ Loth. S. g. e.

5669. Thaler v. 1741. Av. IOSEPH · D · G · S · R · I · PRIN · IN · SCHWARZENBERG (als Ueberschr.) Jugendliches Brustbild v. r. S., im röm. Harnisch, mit Hermelinmantel u. dem gold. Vliesse (das der Fürst bereits 1732 erhalten hatte). Unten B Rev. LANDGR · IN · CLEGGOV · COM · IN · SULZ · DUX · CRUM — Auf dem gekr. Wappenmantel das von der Ordenskette umgebene vierfeldige Wappen sammt Mittelschild. Unter dem Schilde B und neben dem Fürstenhute 17 — 41 Mit Laubrand. Mad. 4172. Cat. imp. 420. Dieser ungemein seltene Thaler ist von trefflicher Erhaltung. RRR.

5670. Conv.-Thaler v. 1766. Av. Ueberschrift wie vorher, nur ohne Punkt nach IN Brustbild v. r. S., mit Brustharnisch, Hermelinmantel und dem Vliesse am Bande. Am Armabschn. ŒXLEIN · Rev. Titel wie vorher; aber als Ueberschrift und mit CRUM · Das Wappen, wie vorher. Im Abschn. X · EINE FEINE MARK · | 17 — 66 | S · — R · (Scholz und Riedner) und dazwischen N(ürnberg) in einer Verzierung. Mit Laubrand. Mad. 5491. Cat. imp. 420. G. e.

Johann (1782—1789),

Sohn des Vorigen und dessen Gem. Maria Theresia Fürstin v. Liechtenstein, geb. 1742, kam 1782 zur Regierung, verkaufte im gleichen Jahre die westphälische Herrschaft Gimborn und Neustadt (siehe Wallmoden-Gimborn bei Nr. 5793) und brachte dagegen u. a. die schwäbische Herrschaft Illeraichheim (Illereichen) käuflich an sich. Er starb am 5. Nov. 1789 zu Frauenberg in Böhmen.

5671. Thaler v. 1783. Av. IOH · D · G · S · R · I · PRINCEPS IN SCHWARZENBERG · (als Ueberschr.) Brustbild v. r. S., im Brustgewande. Unten V · F · Rev. LANDG · IN CLEG · COM · IN SVLZ · DVX · CRVM · 1783 · — Das gekrönte, von der Vliessordenskette umgebene, vierfeldige Wappen mit Mittelschild. Hat Laubrand. S. g. e.

(Die deutschen Besitzungen der Fürsten v. Schwarzenberg wurden bei Auflösung des Reichs mediatisirt. 1812 trat Fürst Joseph Johann die Landgrafschaft Kleggau an Baden ab, während die gefürstete Grafschaft Schwarzenberg, sowie die Herrschaften Illereichen und Kellmünz in Schwaben unter bayerischer Landeshoheit in fürstlichem Besitz blieben.)

Sinzendorf.

Georg Ludwig (1632—1680),

Sohn Pilgram's II. v. Sinzendorf von der jüngeren Linie zu Friedau und Neuburg am Inn (der 1613 zugleich mit seinen Vettern von der älteren Linie zu Ernstbrunn in den Herrenstand erhoben worden war) und dessen Gem. Susanna v. Trauttmansdorff, geb. 1616, stand in kais. Hofdiensten, ward mit seinem älteren Bruder Johann Karl und seinen Vettern in den Grafenstand erhoben und 1653, nachdem er die freie Reichsherrschaft Thannhausen gekauft, in's schwäbische Grafencollegium introducirt, auch 1654 unter Einwilligung des Kurf. v. d. Pfalz mit dem Reichs-Erb-Schatzmeisteramte belehnt, stieg 1657 bis zum Hof-Kammer-Präsidenten, fiel aber schliesslich in kaiserl. Ungnade und starb, kurz darauf, 14. Dezember 1680.

5672. Thaler v. 1676. Av. GE • LVDOVIC • C — OM • A • SINTZENDORF • Brustbild v. r. S., im Harnisch, mit Ueberwurf und Halstuch, sowie mit angelegter Kette des goldn. Vliesses. Das Haupt in langer Perrücke ist mit einem Käppchen bedeckt. Am Armabschnitte ein Röschen. Rev. • S • R • I • THESAVR(arius) — • A(urei) • V(elleris) • E • Q • (eques) 1676 • — Der gekr., von der Vliessordenskette umgebene Wappenschild von 8 Feldern (1. u. 8. Stammwappen der Sinzendorf, 2. u. 4. Neuburg am Inn, 3. u. 6. Grf. v. Corbau, 5. u. 7. Familie v. Lapitz) mit getheiltem Mittelschilde, worin die kais. Krone wegen des Reichs-Erb-Schatzmeisteramts und das Stammwappen. Mad. 1904. Cat. imp. 420. War gehenk., sonst s. g. e. R.

5673. Halber Thaler v. 1676. Av. G — E × LVDOVIC × C — OM × A × SINTZENDORF • Brustbild, wie vorher. Rev. + S + R + I + THESAVR — + A + V + EQ + 1676 + — Sonst wie vorher. Mad. 6866. S. g. e. R.

Philipp Ludwig (1687—1742),

Sohn des Vorigen und dessen 2. Gem. Dorothea Elisabeth zu Holstein-Wiesenburg, geb. 1671, war Domherr von Cöln, verliess aber, da sein älterer Bruder Christian Ludwig 1687 in der Schlacht bei Siklos gefallen war, den geistlichen Stand und widmete sich dem kais. Hof- und Staatsdienste, wurde k. wirkl. Geh. Rath und kais. Obersthof-Kanzler, erhielt 1712 den Orden des goldn. Vliesses und † 8. Febr. 1742.

5674. Dukaten v. 1726, mit dem Haupte v. r. S. und dem gekrönten, von der Vliessordenskette umgebenen, getheilten Wappenschilde (Krone und Stammwappen). Köhler 2443. Soothe 1316. Monn. en or 217. $^{15}/_{16}$ Duk. G. e.

Johann Wilhelm (1742—1766),

Sohn des Vorigen und dessen Gem. Rosine Katharine Isabelle, geb. Gräfin von Waldstein und verwittw. Gräfin v. Löwenstein-Rochefort, geb. 1697, wurde in Folge seiner Vermählung mit Blanca Sforza (verm. 1716, † 1717) Markgraf von Caravaggio im Mailändischen und † 6. Januar 1766 zu Wien. Seine Tochter Blanca Maria war Erbin des Marquisats Caravaggio und vermählte sich 1737 mit Philipp Doria; sein Bruder Octavian aber starb am 19. Juli 1767 als der letzte Graf von Sinzendorf von der Friedau- oder Neuburg'schen Linie.

5675. Dukaten v. 1753. Av. Haupt v. r. S., im Gewande, mit Umschrift. Unten PFW (Werner) Rev. Das gekrönte, von der Kette des goldn. Vliesses umgebene Wappen, wie vorher. Unten C · G · L (Laufer, Mzmstr. in Nürnberg). Monn. en or 217. $^{15}/_{16}$ Duk. S. g. e.

Solms.

I. Hauptlinie zu Braunfels oder Bernhardinische Hauptlinie.

Der Stifter war Bernhard († 1459), der ältere Sohn Otto's († 1409) und dessen Gem. Agnes, Tochter und Erbin Philipp's Grf. v. Falkenstein und Münzenberg. Diese Hauptlinie theilte sich durch drei von Konrad's († 1592) Söhnen in die Linien: Solms-Braunfels, Solms-Greiffenstein und Solms-Hungen. Erstere starb 1693 aus, letztere erlosch 1678, die mittlere aber nahm den Namen Solms-Braunfels an und wurde 1742 in den Reichsfürstenstand erhoben.

Wilhelm zu Greiffenstein und Reinhard zu Hungen,

Söhne des 1592 gestorbenen Konrad zu Braunfels und dessen Gem. Elisabeth von Nassau-Dillenburg. Ersterer, geb. 1570, war unter K. Ferdinand II. Generalcommissar in Ungarn und † nach 1635. Letzterer, geb. 1573, war kurpfälz. Rath, Oberst und Landvogt in der Oberpfalz und † 1630.

5676. Gemeinsch. Ausbeutethaler mit d. Jahrzahlen 1623 u. 1625. Av. MO : NO : EX : PRI(mitiis) : SOL(mensibus) · WILH(elmi) : ET · REINH(ardi) : CO(mitum) : SOL(mensium) : FR(atrum) ✿ Der Helm von Solms zwischen denen von Münzenberg und Sonnewalde. Darunter auf einem Bogen der Name des Bergorts HOINGEN und in dem durch diesen Bogen gebildeten Abschnitte 16 / z5 W Rev. · FERDIN · II · DEI · GR · RO · IMP · SE · AUG · G · H · B · REX · z5 · — Unter der Krone der Doppeladler mit dem Reichsapfel. (Zu Mad. 1906.) Aus der v. Dickmann'schen Sammlung. Sehr gut erh. RRR.

Solms-Greiffenstein, später Solms-Braunfels.

Magdalena Sophia, Landgräfin von Hessen-Homburg,

Gemahlin des Grf. Wilhelm Moriz zu Braunfels-Greiffenstein, Tochter des Landgrafen Wilhelm Christoph von Hessen-Homburg und dessen Gem. Sophia Eleonora v. Hessen-Darmstadt, geb. 1660, verm. 1679, † 22. März 1720. Ihr Gem. Wilhelm Moriz, Sohn des 1660 gestorbenen Wilhelm, war geb. 1651, ward von seines Oheims Gem. Anna Maria Grf. v. Krichingen zum Erben ihres Antheils an d. Grafsch. Krichingen eingesetzt (1684), beerbte 1693 die (ältere) Linie: Solms-Braunfels und nannte sich nun nach dieser, gewann auch den wegen der Grafschaft Tecklenburg geführten Prozess und bekam drei Theile von dieser Grafschaft zugesprochen, verkaufte sie aber 1707 an Preussen (s. S. 173) und † 9. Febr. 1724.

5677. Medaille auf ihren Tod, 1720. Av. ZUM GEDÆCHTNUS ZWEY UND VIERTZIGIÆHRIGER EHE ✿ Im Felde die 10zeilige Aufschrift: • V : G : G • | MAGDALENA | SOPHIA | LANDGR · ZU · HESS : | VERM : GRÆF : ZU SOLM | BRAUNF : GEB : D : 24 : | APR : 1660 · VERM : D : | 23 : IAN : 1679 : GEST · | : D : 22 : MART : | • 1720 • Rev. ✿ ÜBERWUNDEN ✿ UND GEKROENT ✿ (als Ueberschr.) unten B O I O B (Balth. Joh. Bethmann) Ein gekröntes Kreuz auf einem Hügel. Mad. 5871. Hoffm. 4396. Gr. 37. 1 Loth. S. g. e.

II. Hauptlinie zu Lich oder Johannische Hauptlinie.

Der Stifter war Otto's jüngerer Sohn Johann († 1457), der durch seine Gem. Elisabeth Katharina Freiin v. Cronberg Rödelheim bekam. Seine Urenkel, die Söhne Philipp's, der die Herrschaft Sonnewalde in der Nieder-Lausitz von der Familie von Minkwitz 1542 kaufte, Reinhard († 1562) und Otto († 1522), stifteten die Linien zu Lich und zu Laubach. Erstere theilte sich wieder durch Ernst und Hermann Adolf, Söhne des Stifters der Linie, in die Aeste zu Lich (Ast Lich-Lich, der 1718 erlosch) und zu Hohen-Solms, der sich später (nach der Beerbung des Astes Lich-Lich) Solms-Hohensolms-Lich nannte und 1792 die reichsfürstliche Würde erhielt. Von der Linie zu Laubach s. unten.

A. Linie zu Lich (Solms-Lich).

1) Ast Lich-Lich.

Philipp,

(jüngster Sohn des 1590 gestorbenen Ernst I. zu Lich, des Stifters des Astes Lich-Lich, geb. 1569, war 1619 nach dem Tode seines Bruders Ernst II. der letzte der von Ernst I. hinterlassenen drei Söhne und † 1631 als kais. Kriegsrath und Oberst)

in Gemeinschaft mit seinen Neffen

Otto Sebastian und Ludwig Christoph,

(Söhnen seines 1619 verstorbenen älteren Bruders Ernst II. und dessen Gem. Anna von Mansfeld. Ersterer war geb. 1614 und † 1640, Letzterer, geb. 1618, † 1650).

5678. Thaler v. 1623. Av. (U. b.) · MO · ARG · CO · — SOLM : LICH — Der mit den 3 Helmen bedeckte, ovale und verzierte Schild von 4 Feldern (Solms, Münzenberg, Wildenfels und Sonnewalde). Rev. FERDINAN : II : D · G · ROM · IMP · SE · AUG · G · H · B · REX · — Unter der Krone der Doppeladler mit dem Reichsapfel. Neben den Hälsen z — 3 (Mad. 1905.) S. g. e. RRR.

Philipp allein.

(Er war vermählt mit Sabine Popel v. Lobkowitz, der Erbin der Herrschaften Horolez und Humpolez in Böhmen, die durch seines 1670 gestorb. Sohnes Philipp Adam Tochter Josephine an Sigm. Wilh. Grf. v. Königsegg kamen.)

5679. Thaler v. 1624. Av. PHILIPS · COM · — · SOLM · LICH — Das Wappen mit 3 Helmen, wie vorher. Rev. · FERDIN · II · D · G · ROM · IMP · S · AUG · G · H · BO · REX · z4 · — Der Doppeladler mit dem Reichsapfel, unter der Krone. Mad. 4383. Cat. imp. 421. S. g. e. RR.

(Dieser Ast erlosch 1718 mit Hermann Adolf Moriz, dem Sohne obenerwähnten Ludwig Christoph's.)

2) Ast Hohen-Solms.

Philipp Reinhard I. (1613—1636),

Sohn des Stifters dieses Astes, Hermann Adolf († 1613), und dessen Gem. Anna Sophia Gr. v. Mansfeld, geb. 1593, stand anfangs als Oberst in dänischen Diensten und war dänischer Kommandant und Statthalter in Wolfenbüttel (1626—27), trat hernach in schwedische Dienste und ward König Gustav Adolf's Kriegspräsident. Er starb 1636.

5680. Dreifacher Dickthaler v. 1627. Av. ∗ MONET : REGIS · DAN : NORW : VICARII · PHILIP · REINH : COM : S : Gekrönter, henkelartig verzierter Schild (gespalten; rechts das quadr. Wappen von Münzenberg und Solms, links das von Sonnewalde und Wildenfels). Rev. QVID · NON (·?) PRO · RELIGIONE · A(o) 1627 ❀ Die gekrönte Namenschiffre C4 .(Christian 4., König von Dänemark.) Diese überaus rare Dickmünze gehört zu den sog. Hahnrei-Thalern, die der Graf als dänischer Statthalter zu Wolfenbüttel schlagen liess, und weicht von den durch Köhler und Madai bekannt gemachten vier Sorten sehr wesentlich ab. 6 Loth. Im Av. theilweise schwach ausgeprägt, sonst gut erh. RRRR.

5681. Thaler v. 1627, ein zweiter Stempel des sog. Hahnrei-Thalers. Av. ❀ MONET : R : D(aniae) : N(orwegiae) : VIC : PHIL : REINH : C(omitis) : S(olmensis) : Gekrönter, nur an den Seiten verzierter Schild mit dem Wappen wie vorher. Rev. QVID · NON · PRO · RELIGIONE · A° 1627 ❀ Wie vorher. Mad. 4384. Genau wie Cat. imp. 422. Vorzüglich erh. R.

5682. Thaler v. 1627, ein dritter Stempel des sog. Hahnrei-Thalers. Aehnlich dem vorigen; die Krone über dem Schilde trägt in der Mitte kein Kreuz, sondern läuft in spitzes Blattwerk aus. Die obern Ecken des Schildes sind mit lilienartigen Figuren geschmückt. In der Umschrift an zwei Stellen etwas schwach ausgeprägt, sonst sehr gut erh. R.

5683. Thaler v. 1627, ein vierter Stempel des sog. Hahnrei-Thalers. Av. Vom Stempel des vorigen. Rev. Die Krone über dem C ist mit Bogen geziert, die sich über dem Laubwerk erheben. Mad. 4385. In den Umschriften sind die Buchstaben T in „Monet" und E A im Rev. undeutlich, sonst sehr gut erh. R.

5684. Thaler v. 1627, ein fünfter Stempel des sog. Hahnrei-Thalers. Av. Vom Stempel des vorigen. Rev. QVID ❀ NON ❀ PRO ❀ RELIGIONE ❀ Gekröntes und verziertes C mit hineingestellter 4 Zu den Seiten 16 — 27 Mad. 1908. Sehr gut erh. R.

5685. Thaler v. 1627, ein sechster Stempel des sog. Hahnrei-Thalers. Av. ∗ MONET : REGIS · etc. Stempel von Nr. 5680, nur ist neben dem Schilde noch die Jahrzahl 16 — 27 hinzugefügt. Rev. ❀ QVID NON PRO RELIGIONE · Das verzierte C nebst 4, wie vorher, unter einer mit Bogen versehenen Krone. Mad. 4386. Vortrefflich erh. RR.

Ludwig (1668—1707),

jüngster Sohn Philipp Reinhard's II. († 1665) und dessen 2. Gem. Katharina Eleonora Freiin v. Tschernembl, sowie Enkel des Vorigen, geb. 1646, succ. 1668 seinem älteren Bruder Johann Heinrich Christian und † 24. Aug. 1707.

5686. Gulden v. 1676. Av. ✪ LVDWIG • G(raf) • Z(u) • S(olms) • — H(err) ⁝ Z(u) ⁝ M(ünzenberg) ⁝ W(ildenfels) • V(nd) • S(onnewalde) ⁝

Brustbild v. r. S., im Wamms, mit geknüpftem Halstuche und einem Ueberwurfe. Unten in der Umschr. (60) Rev. MONETA • NOVA : ARGENTEA : 1676 ✿ Gekrönter Wappenschild von 8 Feldern, zwischen zwei Palmzweigen. (Mad. 6871.) Gut erh.

5687. Gulden v. 1676. Av. ✿ LVDWIG • G • ZV • S • — H • ZV • M • W • V • S • Brustbild, wie vorher. Unten (60) Rev. MONETA • NOVA • ARGENTEA • 1676 • (✿?) Gekröntes Wappen zwischen Palmzweigen. Im Av. ist ein ovaler Stempel mit verzogenem Namenszuge, der die Buchstaben *C A L N* zu enthalten scheint, eingeschlagen. G. e.

5688. Gulden v. 1676. Av. LODWIG (sic) · G · Z · S · H · Z · M · W · U · S ✿ ⚒ — Gekrönter, 8feldiger Wappenschild. Zu den Seiten 16 — 76 und unten I — A Rev. In einem Lorbeerkranze HERR | NACH | DEHNEM | WILLEN | ·/· | 60 | G. e.

5689. Gulden o. J. Av. LUDωIG · G · ZU · S · H · ZU · M · ω · U · S · (als Ueberschr.) Brustbild v. r. S., im röm. Gewand. Unter der Achsel 60 in einem Kreise. Rev. HERR | NACH | DEINEM | WILLEN im Kranze von Lorbeerzweigen. G. e.

B. Linie zu Laubach (Solms-Laubach).

Von den Urenkeln Otto's, des Stifters der Linie Solms-Laubach, wurden Albert Otto I., Heinrich Wilhelm und Johann Georg II. die Stammväter der Unterlinien zu Laubach (Ast Laubach-Laubach, starb 1676 aus), Sonnewalde (Ast Laubach-Sonnewalde) und zu Baruth (Ast Laubach-Baruth), deren letzte sich wiederum durch Joh. Georg's Söhne Johann August, Joh. Friedrich und Friedrich Sigismund in die Zweige Baruth-Rödelheim mit Assenheim, Baruth-Wildenfels (später mit den Nebenzweigen: Laubach, Utph und Wildenfels) und Baruth-Baruth (später zu Baruth und zu Klitschdorf) spaltete.

1) Ast Laubach-Laubach.

Albert Otto II. (1610—1656),

Sohn Albert Otto's I. zu Laubach-Laubach und dessen Gem. Anna Landgrf. v. Hessen-Darmstadt. geb. 1610, nach des Vaters Tode, erbte 1615 nach dem Tode Friedrich Albert's, des Sohnes seines Grossoheims Otto, Sonnewalde und starb 1656 durch einen Schuss, den er auf der Jagd erhielt. Mit seinem Sohne Karl Otto starb 1676 dieser Ast im Mannsstamme ab.

5690. Vormundschaftlicher Thaler v. 1623. Av. : TVT(ores) — : ALB(erti) : OTT(onis) : COM : IN : SOLMS : D : I : M • W — : E : S : ✿ Gekrönter und verzierter Wappenschild von 8 Feldern (die Löwen von Solms stehen im 1. und 4. Felde der rechten Seite). Rev. ✿ FERDINANDVS : II • D : G : ROM • IMP : SEMP • AVGVST 16z3 — Unter der Krone der Doppeladler mit dem Reichsapfel auf der Brust. Mad. 4382. Cat. imp. 421. S. g. e. R.

2) Ast Laubach-Baruth.

a) Zweig Baruth-Rödelheim.

Johann August zu Rödelheim (1632—1680),

Sohn Johann Georg's (II.) von Laubach-Baruth und dessen Gem. Anna Maria

Gr. v. Erbach, sowie Enkel Joh. Georg's (I.) von Solms-Laubach, geb. 1623, succ. seinem Vater 1632 und † 1680.

5691. Gulden v. 1675. Av. + IOHANN AVGVSTVS G · Z · S · H · Z · M · W · V · S E · A · R · G · V · S · Brustbild v. r. S., im Wamms, mit Gewand und geknüpftem Halstuche. Rev. PER ANGVSTA — AD AVGVSTA — Gekrönter, an den Seiten verzierter Schild mit den 8 Feldern (die Löwen von Solms stehen rechts im 2. und 3. Felde). Unter dem Schilde s 16 — 75 m Unten in der Umschrift (60) S. g. e.

5692. Gulden v. 1676. Av. ✿ IOHANN AVGVSTVS · G · Z · S · H · Z · M · W · V · S · E · A · R · G · V · S Brustbild, ähnlich dem vorigen. Rev. Wie vorher; der Schild hat eine andere Form, er ist zu den Seiten ausgeschnitten und an den obern Ecken aufgerollt. Zu den Seiten s — m | 16 — 76 | I I — F Zu Weise 1837. G. e.

b) Zweig Baruth-Wildenfels.

(Durch Joh. Friedrich's zu Wildenfels Söhne Friedrich Ernst, Karl Otto und Heinrich Wilhelm entstanden die Nebenzweige: Laubach, Utph und Wildenfels.)

Friedrich Magnus (1723—1738),

vom Nebenzweige zu Laubach,

Sohn Friedrich Ernst's und dessen Gem. Friederike Charlotte Gr. von Stolberg-Gedern, sowie Urenkel Johann Georg's (II.) zu Baruth, geb. 1711, succ. seinem Vater am 26. Januar 1723 und † 1738.

5693. Begräbnissmedaille v. 1738, vom Bruder Christ. August geschlagen. Av. Geharn. Brustbild v. r. S.; am Arme s Oben herum ◆ FRID : MAG : C · I · S · & · T(ecklenburg) · D · I · M · W · & · S · ◆ und unten herum N : 21 NOV : 1711 : D : 17 AUG : 1738 : Rev. Der vierfach behelmte achtfeldige Wappenschild (gespalten; rechts das quadr. Wappen von Solms und Münzenberg, links das von Wildenfels und Sonnewalde). Oben herum ◆ ÆTERNÆ MEMORIÆ FRATRIS OPTIMI ◆ und unten herum in zwei Reihen PIUS FRATER | CHRIST : AUG : C · I · S · & · T · Mad. 4389. Cat. imp. 422. Gr. 36. $1^{15}/_{16}$ Loth. War geh., z. g. e. R.

Christian August (1738—1784),

vom Nebenzweige zu Laubach,

Bruder des Vorigen, geb. 1714, succ. demselben 1738 zu Laubach, war 12 Jahre lang Director des Wetterau'schen Grafencollegiums u. † 20. Febr. 1784.

5694. Thaler o. J. Av. CHRISTIAN AVGVST GRAF ZV SOLMS V · T · H · Z · M · W · & S (als Ueberschr.) Geharn. Brustbild v. r. S., mit im Nacken gebundenem Haare. Am Arme A · V · (Vestner) und weiter unten N · (ürnberg) Rev. Ansicht der Stadt Laubach. Im Vordergrunde das von 2 Löwen gehaltene Wappen. Oben in Wolken ein Englein mit einem Bande, worauf LAVBACH Der Rand ist gerieft. Mad. 4390. Cat. imp. 422. Schön und s. g. e.

5695. Thaler auf seine erste Vermählung mit Elisabeth Amalie Friederike, Tochter des Grafen und nachherigen Fürsten Wolfgang Ernst zu Isenburg-Birstein, 27. Dez. 1738. Av. CHRISTIAN AVGVST GRAF ZV SOLMS LAVBACH v. T · H · Z · M · W · & S und unten herum in Einfassung VERMÆHLT MIT Brustbild wie vorher, mit denselben Buchstaben. Rev. ELISABETHA AMALIA FRIDERICA GRÆFIN ZV YSENBVRG Ihr Brustbild v. l. S. Unten in Einfassung DEN 27 DEC · 1738 Der Rand ist gerieft. Mad. 4391. Cat. imp. 422. S. g. e.

5696. Begräbnissthaler seiner ersten Gemahlin, 1748. Av. ELIS · AMAL · FRID · PRINC · IN SOLMS · N(ata) · PR · I · YSENB · Ihr Brustbild wie auf dem Vermählungsthaler. Unten in Einfassung NAT · D · 20 NOV · 1714 · DEN · D · 22 NOV · 1748 Rev. Der Todesgenius mit gesenkter Fackel hält den Fürstenhut über die Wappen von Solms und Isenburg. Im Hintergrunde das Schloss zu Laubach. Ueberschrift: IN MEM · AMABILISS(imae) · CONI(ugis) · F(ieri) · F(ecit) · CHRIST · AVG · COM · IN SOLMS Im Abschn. REL · 2 · FIL · ET | 2 · FILIAS · Geriefter Rand. Mad. 4392. Cat. imp. 422. S. g. e.

5697. Begräbnissthaler seiner dritten Gemahlin Dorothea Wilhelmine, Tochter des Sachsen-Weissenfels. Hof- und Kammerraths Ernst Zachar. Bötticher, früherer Kammerjungfer der 2. Gemahlin des Grafen, und erhobener Reichsgräfin von Löwensee, die 1754 im Kindbett starb. Av. CHRIST · AVG · GR · Z · SOLMS · DOR · WILH · GR · Z · SOLMS · GEB · VON BOETTICHER + (unten, etwas rechts beg.) Eine Hand aus Wolken hält an einem Bande zwei Medaillons mit den Brustbildern des Grafen und der Verstorbenen. Oben herum auf einem Bande ÆCHTER LIEBES BAND STEHT IN GOTTES HAND Unter den Medaillons F · P · Werner · f · und eine Leiste nebst 4zeiliger Unterschrift: GEB · 3 · FEBR · 1725 · | VERM · 28 · OCT · 1753 | GEST · 26 · AVG · 1754 | I · M · F · (Förster in Nürnberg) Rev. Neben einem mit D W (Doroth. Wilh.) bezeichneten Sarge halten 2 Genien die Schilde von Solms und von Bötticher. Darüber ein Band mit der Aufschrift ICH · HABE VBERWVNDEN und zwei eine bestrahlte Krone haltende Hände. Im Abschnitt eine Verzierung. Mit Laubrand. Mad. 4393. Cat. imp. 423. S. g. e. R.

5698. Conv.-Thaler v. 1767. Av. V · G · G · CHRISTIAN AUGUST GRAF ZU SOLMS LAUBACH (als Ueberschr.) Das mit einem Fürstenhute bedeckte Wappen, woran das Kreuz des schwedischen Seraphinen-Ordens, auf einem durchbrochenen Untersatze. Zur Linken ein schreitender Löwe. Darunter W(ertheim) | X EINE FEINE | W · MARK · E · (Weber und Eberhard) Rev. In einem Kranze aus Palm- und Lorbeerzweig in 9 Zeilen: ZUM | GEDAECHTNIS | DES GEFÜHRTEN | ZWOELFIAEHRIGEN | GRAEFLICH WET | TERAUISCHEN | DIRECTORII · ABGE· | GEBEN D · 30 IUN · | 1767 · Erhab. Randschrift: ♦ THUE — RECHT — SCHEUE — NIEMAND zwischen Blumen. Mad. 5874. Cat. imp. 422. S. g. e.

5699. Conv.-Thaler v. 1767, auf die Vermählung des Erbgrafen Georg August Wilhelm mit der Tochter des Fürsten Friedrich Ernst zu Isenburg. Av. Vom Stempel des vorigen. Rev. GEORG · AUG · WILH · GRAF ZU SOLMS • ELIS · CHARL · FERD · LUISE PRINC · ZU YSENBURG • Zwei fliegende Englein halten an Bändern die Wappenschilde von Solms und Isenburg. Darüber CONIUNCTIO FELIX · Unter der Leiste, worauf die Schilde ruhen, D · 2 · NOV · 1767 Mit Laubrand. (Mad. 5875.) G. e.

5700. Conv.-Thaler v. 1768, auf den Bau der Saline Christianswerk zu Trayss im Amte Utph. Av. Vom Stempel des vorigen. Rev. DEM LANDE ZU NUTZ DENEN NEIDERS ZU TRUTZ · 1768 • (unten beg.) Das Salzwerk mit dem Gradierhause. Darüber auf einem Bande: CHRISTIANS WERCK Randschrift wie bei Nr. 5698. Mad. 5876. Cat. imp. 423. S. g. e.

5701. Conv.-Thaler v. 1770, zum Andenken an den Grafen Otto, den Stammvater des Gesammthauses Solms-Laubach. Av. OTTO GRAF ZU SOLMS UND HERR ZU MINCZENBERG ✿ Brustbild des Grafen v. r. S., in der Tracht seiner Zeit, mit rundem Hute und goldner Kette. Rev. Bekränzte, auf vier Kugeln ruhende Pyramide, auf deren Vorderseite PA | TRI | SA | TORIS | LINEÆ | LAUBA | CENSIS | DICATUM | A | C(hristiano) · A(ugusto) · C · S · L · | 1770 und auf deren sichtbaren linken Seite NAT | 1 | MAI | 1469 | DENAT | 14 MAI | 1622 | Im Abschnitt X • EINE FEINE | MARCK • | W • W • R Mit Laubrand. Mad. 6874. Dem Av. hat eine Porträtmedaille Gr. Otto's aus dem 16. Jahrh. zur Vorlage gedient. S. g. e. R.

c) Zweig Baruth-Baruth.

Johann Christian II.,

Graf zu Baruth zweiten Antheils,

Sohn Johann Karl's und dessen Gem. Henriette Louise Wilhelmine Grf. v. d. Lippe-Biesterfeld, sowie Urenkel Friedrich Sigismund's I. v. Baruth-Baruth, geb. 1733, k. k. wirkl. Kämmerer, Ritter des poln. weissen Adlerordens und des Joh.-Ordens, Erbherr der Herrschaften Klitschdorf in Schlesien u. Wehrau in der Ober-Lausitz, die er durch seine 1. Gemahlin erlangt hatte, † 1800.

5702. Medaille o. J. (v. Loos). Av. Brustbild v. r. S., im Brustharnisch, mit dem Ordensbande des weissen Adlerordens. Am Arme L. Doppelte Ueberschrift und kleine Unterschrift. Rev. ZUM ANDENKEN SEINEN ERPROBTEN FREUNDEN ZURÜCKGELASSEN Unter der Krone das von 2 Löwen gehaltene, auf dem Ordenssterne liegende Wappen. Reichel IV. 3056. Gr. 39. 1¼ Loth. Schön und sehr gut erh.

Sprinzenstein.

Franz Ignaz,

Sohn des 1646 in den Reichsgrafenstand erhobenen Wenzel Richard (Urenkels des 1530 zum Freiherrn von Sprinzenstein erhobenen Paul Ritz oder Riccius) und dessen Gem. Johanna Marie Freiin von Haimburg, geb. nach 1632, Erzmünzmeister in Unter- und Ober-Oesterreich, k. Kämmerer und

Rath, vermählte sich mit Anna Rosina, der Tochter Ferdinand's Grf. v. Hohenfeld, war 1697 Verordneter des Herrenstandes in Ober-Oesterreich und hinterliess bei seinem Tode mehrere Kinder.

5703. Thaler v. 1705. Av. FRANC · IGNAT · S · R · I · C & DOM · DE ET IN SPRINZENSTEIN ET NEUHAUS ✻ Geharn. Brustbild v. r. S., mit gebundenem Halstuche. Rev. ARCHI · MONETARIVS HÆREDITARI9 · VTRIVSQ · AVSTRIÆ • 1705 • Das dreifach behelmte vierfeldige Wappen mit Mittelschild, worin das Wappen der Familie Jöchel von Jöchelsthurn in Tirol (Helena Jöchel war mit Hieronymus von Sprinzenstein, dem Sohne Paul's, vermählt). Zu den Seiten des Schildes das augsburger Wappenbild und die 2 Hufeisen. Mad. 4394. Cat. imp. 423. S. g. e. R.

Johann Ehrenreich,

Sohn des Grafen Johann II. und dessen 1. Gem. Anna Elisabeth Schifer, sowie Enkel Rudolf's, des älteren Bruders obenerwähnten Wenzel Richard's. Er war kais. Geh. Rath und starb am 18. Mai 1729 zu Bruck.

5704. Thaler v. 1717. Av. IOAN · ERNRICUS S · R · I · C · & DOM · DE ET IN SPRINZENSTEIN ET NEUHAUS ✻ Geharn. Brustbild v. r. S., doch ist das linke Auge noch sichtbar. Rev. ARCHI · MONETARI9 · HÆREDITARI9 UTRIUSQ' · ARCHIDUCAT · AUSTRIÆ • 1717 • Das Wappen und daneben die Zeichen, wie vorher. Mit Laubrand. Ebenfalls zu Augsburg geprägt. Mad. 1909. S. g. e. R.

Stolberg.

Vor der neuen Theilung.

Botho der Glückselige Graf zu Stolberg und Wernigerode hinterliess bei seinem Tode (1538) fünf Söhne, von denen aber nur der älteste, Wolfgang, und der dritte, Heinrich, männliche Nachkommen hatten. Wolfgang's Linie erlosch bereits mit dessen Enkel, Wolfgang Georg, 1631; Heinrich's Linie aber wurde durch Ludwig Georg und Christoph fortgesetzt. Des Ersteren Sohn, Heinrich Wolrad, verstarb 1641 ohne Söhne; Christoph dagegen wurde durch seine Söhne, welche die ältere und jüngere Hauptlinie stifteten, der Stammvater aller heutigen Grafen von Stolberg.

Wolfgang († 1552), Ludwig († 1574), Heinrich († 1572), Albrecht Georg († 1587) und Christoph († 1581), 1538—1552,

Söhne des 1538 gestorbenen Grafen Botho und dessen Gem. Anna, Tochter Philipp's Grafen zu Königstein und Rochefort. — Wolfgang, geb. 1501, bekam Stolberg, war zweimal vermählt und hinterliess bei seinem am 8. März 1552 erfolgten Tode 4 Söhne. Ludwig, geb. 1505, erhielt die Erbschaft Eberhard's, des letzten Grafen von Königstein, des Bruders seiner Mutter, s. nachher. Heinrich, geb. 1509, war Domherr zu Cöln, wurde lutherisch, vermählte sich 1557 mit Elisabeth Grf. v. Gleichen und setzte das Geschlecht fort. Albrecht Georg blieb unvermählt, wie Christoph, der Administrator des

Klosters Ilsenburg, sowie Dompropst zu Halberstadt wurde und 1575 seinem Bruder Ludwig in der Grafschaft Königstein succedirte.

5705. Thaler v. 1551. Av. WOLFG ▴ LVDOVI ▴ HENRI ▾ ALBER GEORG ▾ & ▾ CHRIST ⊕ Der Hirsch v. l. S. Rev. MONE ▾ COMITVM ▾ IN ▾ STOLBERG ▾ ET ▾ WERNIGRO ⊕ Der behelmte, quadr. Schild von Stolberg und Wernigerode. Zu den Seiten I5 — 5I Zu Mad. 1912. G. e.

5706. Thaler v. 1551, mit WOLF * LVDOVI * HINRI * ALBER * GEOR * ET * CHRIS ⊕ und ▾ MONETA ▾ COMITVM ▾ A STOLBERG ▾ & ▾ WERNIR ▾ ⊕ S. g. e.

Ludwig, Heinrich, Albrecht Georg und Christoph

nach dem Tode Wolfgang's, 1552—1572.

5707. Thaler v. 1557. Av. Doppelte Umschrift; äussere: MON * NO * DOM(inorum) * LVDOWICI * HENRICI * ALBERTI GEORGI ⊕ und innere: ET * CHRISTOPHORI * COMIT * IN * STOLBER * KON ⊕ Das mit den Helmen von Stolberg, Königstein und Rochefort bedeckte Wappen von 6 Feldern (1. Stolberg, 2. Königstein, 3. Rochefort, 4. Wernigerode, 5. Epstein-Münzenberg, 6. Mark u. Aiguemont). Rev. * CAROLVS * V * ROMAN * IMPE * SEM * AVGV * I55 · 7 H /· G ⁑ — Unter der Krone der Doppeladler, den Reichsapfel auf der Brust. Zu Mad. 1913. S. g. e. RR.

5708. Thaler v. 1562. Av. LVDOWI · HENRI · ALBER · GEOR · & · CHRIS · I(n) : STOLB ⊕ Das dreifach behelmte Wappen. Rev. FERDINANDVS · ROMAN · IMPE · SEM · AV · H / G · 6 — z Der Doppeladler, wie vorher. Mad. 5879, der diesen Thaler überaus rar nennt und dessen Exemplar hier vorliegt. S. g. e. RR.

Die Vorigen und Wolfgang Ernst,

Sohn Wolfgang's und dessen 2. Gem. Genovefa Grf. v. Wied, geb. 1546, war bei seines Vaters Tode noch minderjährig und † 1606, unvermählt.

5709. Thaler v. 1572, dem Sterbejahre Heinrich's. Av. LVDO : HENRI : ALBER : GEOR : CRIS : E · WOLF : E — Das dreifach behelmte Wappen; zu den Seiten 7 — z Ueber dem mittelsten Helme ein in die Umschrift ragender Reichsapfel. Rev. COMITES : ET : DOMINI : IN : STOLBER : ET : WE : / Der Hirsch. Zu Mad. 6877 (der im Rev. E · WER : hat). S. g. e. R.

Ludwig, Albrecht Georg, Christoph und Wolfgang Ernst,

nach Heinrich's Tode, 1572—1574.

5710. Thaler v. 1573. Av. LVDO : ALBERT GEORG : CRIS : ET : WOLF : ERN : ♁ Das dreifach behelmte Wappen. Rechts neben dem Mittelhelme und links vom linken Helme 7 — 3 Rev. COMI : ET : DO : IN : STOLBERG : ET : WERNIGE : / Der Hirsch in einem Blätterkranze. Zu Mad. 4396. Im Rev. abweichend von Cat. imp. 424. 1. S. g. e. R.

Ludwig allein.

Ludwig hatte von dem Bruder seiner Mutter, Eberhard, dem letzten Grafen von Königstein, 1535 Königstein und Rochefort geerbt und war als Universalerbe in die Rechte des königsteinschen Hauses eingetreten, das 1504 Erbe der Herren von Weinsberg geworden war, welch' letzteren die Reichsmünzen zu Frankfurt, Nördlingen und Basel verpfändet worden waren. Graf Eberhard von Königstein hatte schon 1509 die kais. Goldmünze von Basel nach Augsburg verlegt und daselbst auch unter eigenem Wappen geprägt. — Ludwig's ältere Tochter Katharina war an den letzten Grafen von Wertheim, Michael, verheirathet; nach Beider Tode fiel die Grafschaft Wertheim in Franken 1556 an Ludwig, dessen jüngere Tochter Anna hierauf Erbin von Wertheim, Rochefort etc. wurde und diese Besitzungen an das Haus Löwenstein brachte, da sie 1567 an Ludwig II. von Löwenstein sich vermählt hatte (s. S. 242). — Ludwig v. Stolberg starb um 24. Aug. 1575, ohne Söhne zu hinterlassen, worauf sein Bruder Christoph in der Grafschaft Königstein succedirte. Nach Christoph's Tode (1581) bemächtigte sich der Kurfürst von Mainz des grössten Theiles dieser Grafschaft.

5711. Augsburger Thaler v. 1547. Av. LVDOVIC ⁑ CO ⁑ I ⁑ STOL ⁑ KONIG ⁑ ⁊ ⁑ RVPEFO(rt) ✤ Blumenkreuz, auf dessen Mitte ein gespaltener Schild mit dem Wappen von Stolberg-Wernigerode und Königstein. In den Winkeln die Schildchen von Epstein-Münzenberg, Rochefort, Aiguemont und Mark ($\frac{1\ 2}{4\ 3}$) Rev. CAROLVS ⁑ V ⁑ RO — MA ⁑ IMP ⁑ AVG ⁑ 47 — Unter der Krone der Doppeladler mit dem öster.-kastil. Brustschilde. Unten in der Umschrift das augsburger Stadtwappen. Mad. 4398. S. g. e.

5712. Augsburger Thaler v. 1555. Av. LVDOVI • CO • I • STOL • KONI • ⁊ • RVPEF ✤ Der Wappenschild von 6, resp. 8 Feldern; darüber ○ 1555 ○ Rev. ○ CAROLI • V • IMP • — AVG • P • F • DECRE ○ — Der gekr. Doppeladler mit dem Reichsapfel, worin 7z Unten das Wappen von Augsburg. Mad. 4399. Gut erh.

5713. Thaler v. 1573. Av. : MONETA · — · NO · ARG — 15 ·:· 73 — Der Schild von 9 Feldern (1. Königstein, 2. Rochefort, 3. Wertheim, 4. Epstein, 5. Stolberg, 6. Aiguemont, 7. Münzenberg, 8. Wernigerode und 9. Mark); darüber eine verzierte Tafel mit der 4zeiligen Aufschrift: LVDOVICVS · | COME (verb.) · IN · STOLB | KVN · RVTSCH : | WERTH · DO · IN · EP Rev. MAXI · II · ROMA · IMP · SEMP · AVG · — Der Doppeladler unter der Krone. Mad. 4402. Stammt aus v. Madai's Cab. G. e. RR.

Albert Georg und Christoph in Gemeinschaft mit ihren Neffen Wolfgang Ernst, Botho († 1577), Johann († 1612) und Heinrich († 1615),

den Söhnen Wolfgang's und dessen 2. Gem. Genovefa Grf. v. Wied, von denen nur Johann Nachkommen hatte, (1574—1577).

5714. Zwitter-Gulden v. 1576. Av. ALB : GEOR : CRIS : WOLF : ER : BOT : IOHA : ET : HE — Verzierter Schild mit den 6, resp. 8 Feldern. Darüber der Reichsapfel. Rev. ALBERT : GE : CRIS (:?) WOLF : ER · BOT : IOHA : ET : HEN : ⁄ Der Helm mit dem stolberg. Federbusche. Zu den Seiten 7 — 9 (die 6 steht verkehrt). Mad. 4404, dessen Exemplar hier vorliegt. G. e. RR.

Albert Georg, Christoph, Wolfgang Ernst, Johann und Heinrich,

nach Botho's Tode, 1577–1581.

5715. Thaler v. 1579. Av. ALBERT GEOR : CRIS WOLF ER : IOHAN : ET : HENRI : — Das dreifach behelmte Wappen mit den Feldern, wie vorher. Zu den Seiten 7 — 9 Oben der Reichsapfel. Rev. CO : ET : DO : IN : STOLBER : KVNIG : RVPEFV : ET : WERN : /* Der Hirsch. Zu Mad. 4405. S. g. e. R.

Johann mit seinem Bruder Heinrich (1606—1612).

5716. Thaler o. J. Av. IOHANNES · ET · HEINRICVS · FRATRES ✿ Der viermal gespaltene Schild (1. getheilt: Stolberg und Wernigerode, 2. getheilt: Königstein, Epstein-Münzenberg, 3. getheilt: Rochefort, Mark, Aiguemont; 4. und 5. quadrirt: Hohnstein und Lauterburg mit dem in die Mitte schräg aufgelegten Schilde von Klettenberg, worauf zwischen den Helmen von Stolberg und Rochefort der von Königstein-Epstein-Hohnstein. Rev. COM · IN · STOLB · KON · RVT(schefort) · WER · HON(stein) · DO · IN LA(uterburg) · E · CLET(tenberg) c/* Der Hirsch; auf dem Boden ein Bäumchen. Mad. 4408. Cat. imp., Suppl. 22. S. g. e. R.

(Die Grafen von Stolberg führten, gleich den Grafen von Schwarzburg, den Titel der Grafen von Hohnstein nach dem Aussterben des Hohnstein'schen Hauses Klettenberger Linie (1593) als Prätendenten auf Grund der 1433 zwischen diesen 3 Häusern errichteten Erbvereinigung und Verbrüderung.)

Wolfgang Georg (1612—1631),

Sohn Johann's, geb. 1582, succ. seinem Vater 1612 und † 1631 als der Letzte von Wolfgang's Linie.

5717. Doppelthaler v. 1619. Av. · — · WOLF · GEORG · COM · IN · STOLBE · KON — · — Das dreifach behelmte Wappen, wie vorher, doch ist der Schild von Klettenberg gerade gestellt. Neben und zwischen den Helmen 1 — 6 — 1 — 9 und zu den Seiten des Schildes c — z (Christoph Ziegenhorn, Mmstr.) Rev. · WERN · ET · HON · DOM · IN · EP(stein) · MIN(zenberg) · B(reuberg) · LOR(a) · ET · CL(ettenberg) · ⊖ Der Hirsch. Mad. 4411, aus dessen Cabinet vorliegendes trefflich erhaltenes Exemplar stammt. Gr. 44. 4 Loth. RR.

5718. Thaler v. 1624. Av. · WOLF · GEORG · COM · IN · STOLB · K · Das dreifach behelmte Wappen. Oben 1 — 6 — z — 4 und zu Seiten des Schildes c — z Rev. · WERNI · ET · HON · DO · IN · EP · MIN · B · LOR · ET · CL · ⊖ Der Hirsch; am Boden ein Bäumchen. Typ. wie Cat. imp. 425. 2. Mad. 1918. War geh., s. g. e.

Christoph und Heinrich Wolrad (1618—1638),

Ersterer der jüngere Sohn des 1572 gestorbenen Heinrich (des Aelteren) u. dessen Gem. Elisabeth Grf. von Gleichen, geb. 1567, † 21. Nov. 1638, Letzterer der Sohn Ludwig Georg's (älteren Sohnes Heinrich's) u. dessen 1. Gem. Sara Grf. v. Mansfeld, geb. 1591, succ. seinem Vater 1618 u. starb, zweimal vermählt, 1641, ohne Söhne zu hinterlassen.

5719. Thaler v. 1632. Av. ○ CHRISTOF ○ ET ○ HEINR ○ UOLR ○ COM ○ — ○ — ○ — Der dreifach behelmte Wappenschild, wie früher. Oben 1 — 6 — 3 — z und zu den Seiten des Schildes c — z Rev. ○ IN ○ STOLBERG ○ KÖN ⸽ RUT ⸽ WERN ⸽ ET ○ HONS ⸽ Der Hirsch; darüber der in die Umschrift ragende Reichsapfel. Mad. 4413. Aus v. Madai's Sammlung. S. g. e. R.

I. (Aeltere) Hauptlinie zu Wernigerode.

Stifter war Christoph's († 1638) älterer Sohn Heinrich Ernst († 1672), durch dessen Söhne Ernst und Ludwig Christian die Nebenlinien zu Ilsenburg und Gedern entstanden. Erstere erlosch, da Ernst's Söhne vor dem Vater starben, 1710 mit ihrem Stifter. Letztere aber theilte sich durch Ludwig Christian's Söhne in die Zweige zu Wernigerode, Gedern und Schwarza. Gedern wurde 1742 in den Fürstenstand erhoben und starb 1804, Schwarza aber 1748 im Mannsstamme aus.

Heinrich Ernst zu Wernigerode (1638—1672),

Sohn Christoph's und dessen Gem. Hedwig, Gr. v. Reinstein und Blankenburg, geb. 1593, succ. mit seinem Bruder Johann Martin, der die Hauptlinie zu Stolberg gründete, 1638 dem Vater, und † 4. April 1672.

5720. Thaler v. 1659. Av. HEINR : ERNST · COM : IN · STOLBERG · KON : RV : WERN : E · HONS · ⚘ Der Hirsch zwischen 2 Bäumchen. Rev. DOM : IN · EPS : MVN : BREVB : LOR : ET · KLETTEN : Das dreifach behelmte Wappen. Oben · 1 — 6 — 5 — 9 · und neben dem Schilde H — B Mad. 4415. Aus v. Madai's Cab. G. e. R.

Ernst zu Ilsenburg und Ludwig Christian zu Gedern (Geudern), 1672—1710,

Söhne des Vorigen und dessen Gem. Anna Elisabeth Gräfin von Stolberg. Ersterer, geb. 1650, † 9. Nov. 1710, Letzterer geb. 1652, † 27. Aug. 1710.

5721. Drittel v. 1672. Av. ERNST · ET · LVDO — VICVS · CHRISTIA — Gekröntes Wappen. Zu den Seiten I — B, neben der Krone 16 — 72 und unten ⅓ in einem Ovale. Rev. CO · IN · S · KON · R · WER · H · D · IN · EP · M · B · E · LOR · E · CLET ✿ Der Hirsch. (Mad. 4416.) S. g. e.

Ernst zu Ilsenburg.

5722. Begräbnissthaler v. 1710 (veranstaltet von seiner Tochter Sophia Elisabeth, verm. Gräfin Reuss ä. L. zu Untergreiz, † 1729). Av. ERNEST· COM · IN STOLB · K · R · WERN · & HOHN ·

DN · IN E · M · B · A(iguemont) · L · & C · ♁ Geharn. Brustbild v. r. S., mit grosser Perrücke. Am Armabschnitt: c · w · (Wermuth.) Rev. NATVS | ILSENBVRGI | XXV · MART · MDCL · | REGIMEN CAPESSIVIT | MDCLXXII · EODEMQ · AÑO | SOPHIAM DOROTHEAM | SCHWARZBVRGICAM | MATRIMONIO SIBI IVNXIT | OBIIT ILSENBVRGI | D · IX · NOV · MDCCX · | PATRI DESIDERATISSIMO | EX TENERRIMO AFFECTV | HOC CONSECRAT | FILIA VNICA | SVPERSTES · | I · I · G · (Joh. Jer. Gründler, Mmstr.) Mad. 1922. Cat. imp. 425. S. g. e.

5723. Desgleichen, von einem anderen Avers-Stempel mit breiterem Brustbild und ERNEST· etc. Sehr schön erh.

5724. Viertelthaler auf gleichen Anlass. Av. Ein vor der zusammenstürzenden Säule fliehender Hirsch, mit der Ueberschr. EX CASU TERROR · Im Abschn. * ✿ * Rev. MEMORIÆ | ERNESTI | COMIT · IN STOLB · | KON · ROCHEF · WERNIG | ET HOHNSTEIN · | NATI ILSENB · | XXV · MARTII 1650 · | DENATI IBID · | D · IX · NOVEM · | MDCCX · | ↘ | I · I · G · Mad. 4417. ¼ Loth. S. g. e.

Ludwig Christian zu Gedern.

5725. Medaille (v. Wermuth) auf seinen Tod, 1710. Av. ✤ LVD : CHRISTIAN: COM · IN STOLB : K · R · W · ET H · D · I · E · M · B · A · L · ET KL · Das Wappen mit 3 Helmen. Neben dem Schildfusse c · — w · Rev. Ein in einen Hafen einlaufendes Schiff mit doppelter Ueberschr. NON NISI PER FLVCTVS OPTATVS TRANSIT AD ORAS | HVIC VITAE CVRSVS PAR LVDOVICE TVVS Erhabene Randschr. NATVS ILSENBVRGI · D · VIII · SEPT · MDCLII · OBIIT GEDERAE · D · XXVII · AVG · A · MDCCX ✤ ✤ ✤ Mad. 4418. Rev. und Randschrift haben etwas gelitten, Av. sehr gut erh. Gr. 44. 2⁷/₁₆ Loth.

Christian Ernst zu Wernigerode (1710—1771),

Sohn Ludwig Christian's zu Gedern und dessen 2. Gem. Christine von Mecklenburg-Güstrow, geb. 1691, succ. 27. Aug. 1710 seinem Vater und im gleichen Jahre seinem Oheime Ernst zu Ilsenburg, nahm 1714 seinen Sitz zu Wernigerode, beerbte 1748 die Linie Schwarza und starb 25. Oct. 1771. Seine Brüder Friedrich Karl und Heinrich August waren die Stifter der Zweige zu Gedern und Schwarza.

5726. Halber Thaler v. 1738. Av. CHRISTIANUS · ERNESTUS · COMES · IN · STOLBERG · K · R · W · ET · H · ♁ Der Hirsch. Rev. ✿ DYNASTA IN EPST · MUNZ BRAIB · — AIGM · LOHRA ET KLETTENB · Der gekrönte, von der Kette des preuss. schwarzen Adlerordens umhangene Wappenschild, zu dessen Seiten İ — 7 | I · I — G · | 3 — 8 · Mad. 4421. S. g. e.

5727. Desgleichen. G. e.

5728. Jubelthaler auf seine 50jährige Regierung, 1760. Av. CHRISTIAN · ERNST · GRAF · ZU · STOLBERG · K · R · W · u · H · HERR · z · E · M · B · A · L · u · C · 1760 · ♁ Geharn. Brustbild v. r. S., in der Perrücke, mit Hermelinmantel und umgelegtem Bande vom schwarzen Adlerorden; auf der rechten Brust hängt der dänische Orden de l'union parfaite. Rev. Ein rauchender Altar; im Hintergrunde Wernigerode. Ueberschrift auf einem Bande: GOTT SEY GEBENEDEYT · FÜR DIESE SELTNE ZEIT · Im Abschnitt: NACH FUNFZIGIÄHRIG · REGIER · | ZU WERNIGERODE · . SEIT DEM 9 : NOV · | 1710 · | I · B · H · (Hecht, Mmstr. in Zellerfeld.) Mad 4422. Cat. imp. 425. Mit Stempelglanz.

II. (Jüngere) Hauptlinie zu Stolberg.

Stifter war Christoph's († 1638) jüngerer Sohn Johann Martin († 1669). Dieser hinterliess 2 Söhne Christoph Ludwig I. zu Ortenburg (bei Büdingen) und Friedrich Wilhelm zu Stolberg. Letzterer starb 1684 kinderlos und wurde von Ersterem beerbt, dessen Söhne Christoph Friedrich und Jobst Christian die Zweige Stolberg und Rossla begründeten.

Johann Martin (1638—1669),

Sohn Christoph's und dessen Gem. Hedwig Gräfin v. Reinstein und Blankenburg, sowie jüngerer Bruder Heinrich Ernst's zu Wernigerode, geb. 1594, succ. seinem Vater 1638 und † 22. Mai 1669.

5729. Thaler v. 1650. Av. IOHAN : MART : COM · IN · STOLBERG · RON (statt KON) : R · WERN : E · HON : ⊖ Der Hirsch vor der gekr. Säule. Rev. · DOM : IN · EP : MVN : BREVB : LOR : ET · CLETTENB : Der dreifach behelmte Wappenschild. Neben und zwischen den Helmen 1 — 6 — 5 — 0 und zu den Seiten des Schildes I — K(rieg) Zu Mad. 1914. War geh., sonst g. e.

Christoph Ludwig I. (1669—1704),

Sohn Johann Martin's und dessen Gem. Agnes Elisabeth Grf. v. Barby, geb. 1634, residirte erst in Ortenburg, beerbte 1684 seinen jüngeren Bruder Friedrich Wilhelm zu Stolberg, nahm darauf seinen Sitz zu Stolberg und starb 7. April 1704.

5730. Ausbeutethaler v. 1700. Av. CHRISTOPH LUDWIG GRAF ZU STOLBERG · K · R · W · U · H · H · Z · E · M · B · A · L · U · C · ANNO · MDCC · ⊖ Das Wappen mit 3 Helmen. Rev. GOTT seegne die Stollbergischen Bergwercke · denn an GOTTES SEGEN ist alles gelegen ✿ Bergwerk mit arbeitenden Bergleuten. Auf der Bergspitze der Hirsch und die Säule, und darüber in Wolken die bestrahlten Zeichen der 7 Planeten. Erhabene Randschr. ✿ ✿ ✿ SILBER BLEY UND GOLDT, IST DEM BERGKMANN HOLDT ✿ I · T · Mad. 1921 und Cat. imp. 426 ähnlich. S. g. e.

Christoph Friedrich und Jobst Christian (1704 bis 1738),

Söhne Christoph Ludwig's I. und dessen Gem. Louise Christine, Landgr. zu Hessen-Darmstadt. Ersterer war geb. 1672, nahm seinen Sitz zu Stolberg und starb 22. Aug. 1738, Letzterer, geb. 1676, residirte zu Rossla u. † 17. Juni 1739.

5731. Ausbeutethaler v. 1715. Av. CHRISTO · FRID · & IOST · CHRISTI · FR · COM · D · STOLB · K · R · W · & H · ✦ Beider geharn. Brustbilder v. r. S., neben einander. Am Armabschn. des ersten C · W · (Wermuth) Rev. Ein Grubengebäude im Durchschnitt; darüber der Hirsch an der Säule neben einem Göpel. Vor ihm liegt ein Anker, hinter ihm ein Füllhorn. Oben herum SPES NESCIA FALLI · Im Abschn. MDCCXV · | I · I · G · Mad. 1925. Cat. imp. 426. S. g. e.

5732. Eintrachtsthaler v. 1719. Av. Vom Stempel des vorigen. Rev. VI VNITA CONCORDIA FRATRVM FORTIOR ♁ Zwei bestrahlte, in einander gelegte Hände, worunter in einem Abschnitte D · VI · IVLII · | I · I · G · Mad. 1927. Cat. imp. 427. S. g. e.

5733. Strassberger Ausbeutethaler v. 1722. Av. CHRISTO · FRID · ET IOST · ♁ CHRISTI · COM · STOLB · ET H * als Ueberschr. und unten herum * CONCORDIA FRATRVM * Der Hirsch an der mit S(tolberg) bezeichneten Säule. Im Abschnitt MDCIIC · (Jahr der Aufnahme des Bergwerks) Rev. Bergwerksgegend mit dem gräfl. Schlosse. Ueberschr. CVNCTANDO RESTITVIT REM Im Abschn. FRVCT· FODINÆ STOLB(ergico) : ⟼ | STRASBERGENSIS · | MDCCXXII · | I · I · G · Mad. 1929. Sehr gut erhalten.

Christoph Ludwig II. zu Stolberg,

(Sohn Christoph Friedrich's und dessen Gem. Henriette Katharina Freiin von Bibra und Modlau, geb. 1703, succ. seinem Vater 1738 und † 20. Aug. 1761) in Gemeinschaft mit seinem Vetter

Friedrich Botho zu Rossla,

(dem Sohne Jobst Christian's und dessen Gem. Emilie Auguste Grf. v. Stolberg-Gedern, geb. 1714, succ. seinem Vater 1739 und † 8. März 1768), 1739—1761.

5734. Zweidrittelstück v. 1745. Av. CHRIST · LUDEWIG · U · FRIED · BOTHO · GR · Z · STOLB · K · R · W · U · H ❁ Gekr. Wappen; dabei 17 — 45 | I · I · — G · (Zainhaken) Unten herum FEIN — SILB : neben der in einem Ovale stehenden Werthzahl ⅔ Rev. GOTT SEEGNE U · ERHALTE UNSERE BERGWERCKE ♁ Der Hirsch an der mit S bezeichneten Säule. Mad. 4430. S. g. e.

Friedrich Botho zu Rossla und Karl Ludwig zu Stolberg, (1762—1768).

Letzterer war der Sohn Christoph Ludwig's II. und dessen Gem. Louise Charlotte Grf. zu Stolberg-Rossla, geb. 1742, trat 4. Juli 1762 die Regierung an und starb 2. Aug. 1815.

5735. Conv.-Thaler v. 1764. Av. FRIEDRICH BOTHO U · CARL LUDWIG · GR · Z · STOLB · K · R · W · U · H * Unter der Krone der mit Blumenranken behangene, verzierte Schild mit dem tingirten Wappen. Im Schildfusse C(laus, Mmstr.) Rev. X · EINE FEINE MARCK NACH DEM CONVENT · FUSS + 1764 · ♁ Der Hirsch und die mit S bezeichnete Säule. Hat Laubrand. Mad. 4433.

Karl Ludwig zu Stolberg in Gemeinschaft mit seinem Vetter Heinrich Christian Friedrich zu Rossla.

Letzterer war der Sohn Friedrich Botho's und dessen Gem. Sophie Henriette Dorothea Grf. Reuss zu Gera, geb. 1747, succ. seinem Vater 1768 und starb 20. Jan. 1810.

5736. Zweidrittelstück v. 1770. Av. CARL · LVDW · V · H · CHRISTI · FRIED · GR · Z · STOLB · K · R · W · V · H ⊕ Gekrönter Schild mit dem tingirten Wappen. Zu den Seiten 17 — 70 | E · F · — R · (Ernst Friedr. Rupstein, Mmstr.) und unten herum FEIN — SILB : neben ⅔ im Ovale. Rev. GOTT SEEGNE V · ERHALTE VNSERE BERGWERCKE ♁ Der Hirsch an der mit s bezeichneten Säule. Wurde aus dem in der weissen Zeche bei Hayn gewonnenen Silber geprägt. S. g. e.

5737. Doppelgulden oder 1⅓ Thalerstück v. 1796. Av. CARL LUDW · U · H · CHRIST · FRIED · GRAF · Z · STOLB · Das dreifach behelmte Wappen. Daneben 17 — 96 | E · H · — A · Z · (Ernst Herm. Agathus Ziegler, Mmstr.) Unten herum FEIN — SILB · neben einem Ovale, worin 1⅓ Rev. GOTT SEEGNE U · ERHALTE UNSERE BERGWERCKE ♁ Der Hirsch an der mit s bezeichneten Säule. Hat Laubrand. S. g. e.

Sulz.

Alwig VII.,

Sohn des 1590 zu Trino in Montferrat verstorbenen Karl Ludwig und dessen Gem. Dorothea Katharina Grf. v. Sayn (der Erbin der Herrschaften Monklar und Mayuzberg, s. Seite 301), war 1620 bayer. Gesandter auf dem Unionstage in Ulm, stand 1621 in öster. Kriegsdiensten, kommandirte in der Schlacht bei Leipzig ein kaiserl. Regiment und wurde 1632 bei Bamberg erschossen. Während des Krieges führte sein jüngerer Bruder Karl Ludwig Ernst die Regierung. Alwig masste sich in der Kipperzeit das Münzrecht des Klosters Rheinau an, sowie dessen Wappen und Schutzheiligen, nachdem schon früher die Grafen von Sulz auf Grund des Besitzes von Kleggau die Schirmvogtei über Rheinau angesprochen hatten, doch protestirten der Abt und die Eidgenossen gegen diesen Eingriff, worauf Graf Alwig 1623 sein Münzen einstellte.

5738. Thaler v. 1622. Av. ALBIG ○ CO ⸬ IN ○ SVLz ○ ○ L(andgravius) ⸬ IN ○ GLEGGA[16] — [22] Brustbild des h. Fintan, Schutzheiligen des Kl. Rheinau, v. r. S., im bischöfl. Ornate, mit Schein, nebst der Ueberschrift: SANCTVS — FINDANVS Unten zwischen der Umschrift der gekrümmte Fisch von Rheinau. Rev. FERDINAND ⸬ II ⸬ D ⸬ G ⸬ ROM ⸬ IMP ⸬ SEM ⸬ AVG ⸬ — Unter der Krone der Doppeladler mit dem Reichsapfel auf der Brust. Neben dem Schwanze M — S (vielleicht Matthäus Schaffer d. Jüngere in Nürnberg.) Mad. 4434. Cat. imp. 427. Bind. 410. 4. S. g. e. RRR.

5739. Thaler o. J. Av. ALBIG ⁘ CO IN ⁘ SVL — Z L ⁘ IN ○ GLEGGAV ⁘ Brustbild mit langem Haar, v. r. S., im Harnisch, mit Ueberwurf und glattem Halskragen. Unten in der Umschrift der Fisch in einer runden Einfassung. Rev. Stempel des vorigen. (Zu Mad. 1930.) Hat im Av. ein wenig gelitten, sonst gut erh. RRRR.

5740. Thaler v. 1623. Av. ALBIG : COM : IN (·?) SVLZ — LAND · G : IN · GLEGGAV ✿ Brustbild, ähnlich dem vorigen. Unten der Fisch zwischen 2 Halbbogen. Rev. : FERDINAND : II : D : G : ROM : IM(P :) SEM : AVG 1623 — Unter der Krone der Doppeladler, den Reichsapfel auf der Brust. Z. g. e. RRRR.

Johann Ludwig (1648—1687),

Sohn Karl Ludwig Ernst's und dessen 2. Gem. Elisabeth von Hohenzollern-Sigmaringen, succ. seinem Vater 16. April 1648 und starb als Reichserbhofrichter (in Rottweil) den 21. Aug. 1687 als der Letzte des alten Grafenhauses. Seine Tochter 1. Ehe (mit Maria Elisabeth Grf. v. Königsegg) und Erbin, Maria Anna, die 1674 mit dem Fürsten von Schwarzenberg vermählt war, brachte mit den väterl. Landen auch den Titel von Sulz und Kleggau an dies Fürstenhaus, welches auch zum Erbhofrichteramte zu Rottweil gelangte.

5741. Gulden v. 1675. Av. IOAN · LVD · COM · DE · SVLZ · LANDG · IN KL ✱ Brustbild v. r. S., im umgeschlagenen Gewande u. mit gebundenem Halstuche. Rev. LABOR ✱ OMNIA ✱ VINCIT (als Ueberschr.) Zwischen Palmzweigen das gekr. vierfeldige Wappen von Sulz und Brandis mit den 3 Garben wegen Kleggau im Mittelschilde. Unten zwischen Sträusschen: 16 (⅔) 75 Geringhaltig. Mad. 6882. Cat. imp. 428. Bind. 14. Zum Theil verwischt, so unter anderm die Jahrzahl nebst Werthangabe; schlecht erh. RR.

Thurn und Taxis.

Anselm Franz (1714—1739),

Sohn des 1686 zum Reichsfürsten erhobenen Reichsgrafen Eugen Alexander und dessen 1. Gem. Anna Adelheid von Fürstenberg, geb. 29. Juni 1679, succ. seinem Vater 21. Febr. 1714, war General-Erb-Postmeister im röm. Reich und in den öster. Niederlanden und † 8. Nov. 1739 zu Brüssel.

5742. Dukaten v. 1734. Av. ANS · FR · S · R · I · P · DE — TVR · & TAX · A(urei) · V(elleris) · E(ques) · P(ostarum) · I(mper.) · G(eneralis) · (als Ueberschr.) Geharn. Brustbild v. r. S., mit der Vliessordenskette. Rev. Auf dem mit dem Fürstenhute geschmückten Wappenmantel das von 2 auf einem Untersatze stehenden Löwen gehaltene, von der Vliessordenskette umgebene vierfeldige Wappen von Thurn und Valsassina, mit dem Dachs für Taxis im Mittelschilde. Oben herum VIRTUS TURRI FORTIOR · und unten 17 — 34 Monn. en or, p. 219. S. g. e. R.

Karl Anselm (1773—1805),

Sohn Alexander Ferdinand's und dessen 1. Gem. Sophie Christine Louise von Brandenburg-Bayreuth, geb. 1733, succ. seinem Vater 17. März 1773, war kais. Prinzipalcommissarius beim Reichstage zu Regensburg (von 1773 bis 1797) und nahm auch daselbst 1791 die Huldigung für K. Leopold II. ein, erwarb 1785 die zur gefürsteten Grafschaft erhobenen Herrschaften Friedberg und Scheer, und starb 13. Nov. 1805.

5743. Medaille (v. Bückle) auf die Huldigung von Friedberg-Scheer, 1786. Av. Brustbild v. r. S., mit Umschr. Rev. POPVLVs | sCHEERENsIs | PRINCIPI | etc. Unten die Schildchen von Friedberg und Scheer, unter einem Lorbeerkranze. Bind. 415. 6. Gr. 35. 1 Loth. Sehr gut erh. R.

Trautson.

Paul Sixt, Graf von Falkenstein, (1615—1621),

jüngster Sohn des ersten Freiherrn zu Sprechenstein Johann II. Trautson († 1589) und dessen Gem. Brigitta v. Madruz, geb. um 1550, war kais. Geh. Rath, 1585 Oberhofmarschall K. Rudolf's II., v. 1582—1594 Präsident des Reichshofraths, und unter K. Matthias und Ferdinand II. Statthalter in Nieder-Oesterreich. Er wurde am 1. Febr. 1598 mit dem Titel eines Grafen v. Falkenstein in den Grafenstand erhoben, erhielt 1615 das Münzrecht, wurde 1620 mit dem Erblandhofmeisteramt in Oesterreich belehnt und starb 30. Juli 1621.

5744. Thaler o. J. Av. PAVLVS SIXTVS — TRAVTHSON · COMES ⊕ Der von der Kette des goldnen Vliesses umgebene Wappenschild mit dem gekr. Doppeladler (nebst R auf der Brust) im 1. Felde (Gnadenzeichen K. Rudolf's II.), dem Falkenstein'schen Falken vor d. Querbalken im 2., dem Sprechenstein'schen Hahn im 3., dem Schrofenstein'schen wachsenden Steinbock im 4. und dem Trautson'schen Hufeisen im Mittelschilde. Rev. · IN FALKENSTEIN — AVREI · VELL : EQVES · — Unter der Kaiserkrone der auf einer Grafenkrone stehende Doppeladler. Unten zwischen der Umschr. das Hufeisen. Fehlt bei Madai, im Cat. imp., in Bergmann's Zusammenstellung (II. 230) u. a. S. g. e. RRRR.

5745. Thaler v. 1617. Av. PAVLVS · SIXTVS · — TRAVTHSON · COMES ⊕ Brustbild v. r. S., mit einer Mütze bedeckt, von welcher ein Tuch lang herabhängt (Sendelbinde), im Mantelkleide, mit der Kette des gold. Vliesses. Unten in der Umschr. das Hufeisen. Rev. IN · FALKENSTEIN · — AVREI · VELL · EQVES — Unter dem gekr. Doppeladler das gekrönte, von der Ordenskette umgebene Wappen. Daneben 16 — 17 Mad. 1931. Cat. imp. 428. Sehr gut erh. R.

5746. Thaler v. 1620. Av. PAVLVS · SIXTVS · TR — AVTHSON · COMES ⊕ Brustbild entblössten Hauptes, v. r. S., im Harnisch, mit Ueberwurf und glattem Halskragen, mit der Kette des gold.

Vliesses. Unten das Hufeisen. Rev. IN · FALKENSTEIN · — AVREI · VELL · EQVES · — Sonst wie vorher, aber I6 — z0 S. g. e.

5747. Thaler v. 1620, ähnlich dem vorigen, mit)⊕(nach der Avers-Umschrift. Mad. 4435. Cat. imp. 428. G. e.

5748. Thaler v. 1620. Wie vorher, mit ·)⊕(· Der Graf trägt ein Mantelkleid mit über die Achseln gelegter Ordenskette und einen Spitzenkragen. S. g. e.

5749. Thaler v. 1620, wie der vorhergehende, aber nur)⊕(Im Rev. fehlen die Punkte nach FALKENSTEIN und EQVES — G. e.

5750. Halber Thaler v. 1620. Av. Wie vorher, der Graf im Mantelkleide u. s. w. Mit COMES ✪ Rev. Wie der vorige, doch mit FALKENSTEIN · — und VEL · L · EQVES — Cat. imp. 428. Gut erh. RR.

Johann Franz (1621—1663),

Sohn des Grafen Paul Sixt und dessen 3. Gem. Susanna Veronika Freiin von Meggau, geb. 1609, war kais. Geh. Rath, Statthalter in Nieder-Oesterreich und Land-Marschall, succ. seinem Vater 1621, † 26. März 1663.

5751. Thaler v. 1634. Av. IO ⁑ FRANC ⁑ TRAVTHSON ⬩ C ⁑ IN ⬩ FALKHENSTAIN }⊕{ Brustbild v. r. S., im Wamms, mit Ueberwurf und breitem Spitzenkragen. Rev. L(iber) : B(aro) : IN : SPRECHEN — ET · SCHROVENST · 1634 — Der Wappenschild von 4 Feldern mit Mittelschild. Darauf 3 Helme mit dem Doppeladler, dem Hahn und dem Falken. Zu den Seiten noch 2 Helme mit dem Trautson'schen Kleinode (Kissen, worauf ein Behälter mit Federn) und dem wachsenden Bocke. (Zu Mad. 4436.) S. g. e. R.

5752. Halber Thaler v. 1634. Av. IO · FRANC · TRAVTHSON · C · IN · FALKHENSTA · Brustbild v. r. S., im Wamms, mit Feldbinde und Spitzenkragen. Rev. · L · B · IN · SPRECHEN · ET · SCHROVENST 1634 — Gekrönter und verzierter Wappenschild. War geh., sonst vorzügl. erh. RR.

5753. Thaler v. 1635. Wie Nr. 5751, aber mit IN FALKHENSTAI)⊕(im Av. und · L · B · IN · SPRECHEN · — · ET · SCHROVENST · 1635 — Sehr gut erh., namentlich sind die R auf der Brust der Adler ganz deutlich. R.

5754. Thaler v. 1636. Av. IO : FRANC : TRAVTHSON : C : IN : FALKHENSTAIN ✵ Brustbild v. r. S., mit Feldbinde u. Spitzenkragen. Rev. · L · B · IN · SPRECHEN · ET · — · SCHROVENST 1636 — Gekrönter Doppeladler auf dem mit der Grafenkrone bedeckten Schilde, nebst der Ueberschrift: SVB : VMBRA :· — · ALARVM · TVARVM — (Mad. 1932.) Monn. en or 220. S. g. e.

5755. Thaler v. 1639. Av. Vom Stempel des vorigen. Rev. Aehnlich dem vorigen, mit L · B · IN · SPRECHEN · ET — · SCHROVENST · 1639 — und SVB)⊕(VMBRA · — · ALARVM · TVARVM — Die Doppeladler tragen ein F auf der Brust. S. g. e.

Franz Euseb (1678—1728),

Sohn des Vorigen und dessen 2. Gem. Christina Elisabeth Gr. von Mansfeld, geb. 1640, kais. Geh. Rath, Oberst-Erb-Land-Hofmeister in Oesterreich unter der Ens und Erb-Land-Marschall in Tirol, succ. 1678 seinem Halbbruder Paul Sixt (dem Sohne des Vorigen und dessen 1. Gem. Walburg, Fürstin v. Hohenzollern-Hechingen) und † 1728.

5756. Thaler v. 1715. Av. • FRANC • EUSEB • TRAVTHSON COM IN FALKHENSTAIN Brustbild v. r. S., mit grosser Perrücke, im Mantelkleide, woran unten H (cursiv) Rev. • L • B • IN SPRECHEN : ET — SCHROVENSTEIN • — Das dreifach behelmte Wappen, mit den Helmen von Trautson und Schrofenstein zu den Seiten. Unten herum 17 — 15 Die Adler führen R auf der Brust. Mit Laubrand. Zu Mad. 1933. Cat. imp. 429, jedoch ist das MM unten am Schildfusse hier wie beseitigt. S. g. e. R.

Johann Leopold, Fürst 1711—1724,

Sohn des Grafen Johann Franz und dessen 3. Gem. Maria Margaretha Freiin von Rappach, geb. 1659, ward 1709 Oberst-Kämmerer K. Joseph's, sodann, am 19. März 1711, unter gleichzeitiger Erhebung in den Reichsfürstenstand, k. Hofmeister und starb 1724.

5757. Thaler v. 1719. Av. IO · LEOP · S · R · I · PRINCEPS — TRAVTSON · COM · IN · FALKENSTEIN (als Ueberschr.) Brustbild v. r. S., im Sammtkleide, mit der Kette des gold. Vliesses. Rev. AVR(ei) · VELL(eris) · EQV(es) · S(acrae) · C(aesareae) · & CAT(holicae) · MAI(estatis) · INTIM(us) · — & CONFERENT(iarum) · CONSILIAR(ius) · 1719 (als Ueberschr.) Vor einem blossen Hermelinmantel der von der Vliessordenskette umgebene Wappenschild, worauf der Fürstenhut und die 5 Helme ruhen. Das Kleinod von Trautson ist fälschlich als ein mit Federn besteckter Thurm gegeben. Mit Laubrand. Mad. 1669. Cat. imp. 429. S. g. e. R.

Waldeck.

Christian und Wolrad IV. (1598—1638),

Söhne des Grafen Josias zu Waldeck und dessen Gem. Maria Gräfin v. Barby. Christian, geb. 25. Dez. 1585, ward der Stifter der Linie zu Eisenberg und † im März 1638, Wolrad IV., geb. 7. Juli 1588, stiftete die Linie zu Wildungen und † 6. Oct. 1640. Diese Brüder prägten nach ihres Vaters am 6. Aug. 1588 erfolgtem Ableben zunächst in Gemeinschaft mit ihren Stammesvettern, deren Letzter, Wilhelm Ernst von der alten Wildunger Linie, i. J. 1598 mit Tode abgieng. Von dem ihnen erbverbrüderten, ohne Leibeserben gebliebenen Grafen Johann Ludwig zu Gleichen erhielten sie noch bei dessen Lebzeiten 1625 die Grafschaft Pyrmont, zu deren ruhigem Besitze aber erst ihre Nachfolger gelangten. Nach Christian's Tode münzte Wolrad IV. mit dessen Söhnen Philipp (geb. 1613, † 24. Febr. 1645) und Johann (s. nachher).

5758. Thaler v. 1622. Av. CHR · ET · WOLR · FR(atres) · COM · ET · DOM · I(n) · WALDEC I — S und zwischen diesen beiden

Buchstaben drei Blumen an einem Stengel. Im Felde der behelmte ovale Wappenschild mit dem Stern von Waldeck. Rev. FERDINAND · II · D : G · RO · IM · SE · AUG · J6zz — Der Doppeladler, mit Kopfscheinen, unter einer kleinen Krone; auf seiner Brust der Reichsapfel mit hohem Kreuz. Gut erhalten. RR.

5759. Thaler v. 1625. Av. : CHRI : ET · WOLR : FR : COM : I : WALDE : G(eorg) — K(ruckenberg) und zwischen diesen Siglen zwei gekreuzte Zainhaken mit darüber gelegtem Pfeile, dessen Spitze aufwärts geht. Im Felde das behelmte Wappen, wie vorher; zu Seiten des Schildes 16 — 25 Rev. * FERD : II · D : G : ROM : IMP : SEMP : AVGVS : * — Der Doppeladler, wie vorher, unter der kaiserl. Krone. (Mad. 4440.) Sehr gut erh. RR.

Georg Friedrich, Johann und (Heinrich) Wolrad (1645—1664).

Georg Friedrich, ein Sohn Graf Wolrad's IV. zu Wildungen und dessen Gem. Anna von Baden-Durlach, der Schwestertochter des letzten Grafen Florenz II. von Culemburg, ward geb. 8. März 1620, beerbte 1640 den Vater in Gemeinschaft mit seinen Brüdern, deren ältester, Philipp Dietrich, auf Grund Testaments seines mütterl. Oheims, des gedachten Gr. Florenz II., 1639 die Grafschaft Culemburg mit den Herrschaften Wittem, Pallant und Werth geerbt hatte, gelangte nach seines Neffen Heinrich Wolrad's Tode 1664 zu gedachter Culemburger Erbschaft, war kaiserl., des Reichs und der vereinigten Niederlande General-Feldmarschall, auch Gouverneur zu Mastricht, ward am 17. Juni 1682 von K. Leopold zum Reichsfürsten erhoben, am 16. Nov. 1686 in das fürstl. Collegium eingeführt, auch am 9. April 1689 zum Herrenmeister des Joh.-Ordens zu Sonnenburg erwählt und † 19. Nov. 1692 zu Arolsen, die Feudal- und Stammgüter sammt Pyrmont seinem nächsten Agnaten, dem Gr. Christian Ludwig, die Allodialgüter, worunter Culemburg, seinen Töchtern hinterlassend. — Johann (zu Landau), jüngerer Sohn Christian's zu Eisenberg und dessen Gem. Elise von Nassau-Siegen, geb. 1622, folgte seinem Vater 1638 in Gemeinschaft mit seinem Bruder Philipp und † 1668. — Heinrich Wolrad, Sohn des Gr. Philipp Dietrich, des Erben von Culemburg u. s. w., und dessen Gem. Marie Magdalena von Nassau-Siegen, geb. 1642, fiel in Ungarn 1664 und hatte seinen Oheim, Georg Friedrich zum Erben.

5760. Thaler v. 1653. Av. ✿ GEORG ✿ FRIDE ✿ IOHAN ✿ WOLRADT ✿ G(rafen) ✿ Z(u) ✿ WALDECK ✿ — Sechsfeldiges Wappen (Pyrmont, Culemburg, Gleichen, Werth, Wittem und Pallant) mit Mittelschild (Waldeck). Darüber die Helme von Waldeck-Pyrmont, Culemburg und Gleichen und zu Seiten des Schildes, rechts der Helm von Werth, links der von Pallant. Rev. — PALMA — SVB — PONDERE — CRESCIT — (An Stelle der Striche: mit Schnörkeln umgebene Röschen.) Ein mit einem grossen Steine belasteter Palmbaum auf grasigem Boden, welch' letzterer des Münzmeisters Urban Felgenhauer aus VFH gebildete Chiffre trägt. Zu Seiten des Baumstammes 16 — 53 (Mad. 1936.) Cat. imp. 430. Aus der von Dickmann'schen Sammlung. Gut erh. RR.

5761. Thaler v. 1654. Av. vom Stempel zur Hauptseite des vorigen. Rev. — · PALMA · — · SVB · — · PONDERE · — · CRESCIT · mit dazwischen gestellten, von Schnörkeln umgebenen Rosen. Die

Palme u. s. w., wie vorher; zu Seiten des Stammes 16 — 54 Köhler, M.-B. V. 105. (Mad. 1936.) Im Rev. ein wenig Doppelschlag. Sehr gut erh. RR.

(Madai u. A. lesen bei diesen Thalern: Georg Friedrich und Johann Wolrad und verstehen unter Letzterem des Ersteren 1667 verstorbenen jüngeren Bruder Wolrad.)

Christian Ludwig (1645, bez. 1692—1706),

ältester Sohn Gr. Philipp's von der Eisenberger Linie und dessen Gem. Anna Katharina Gr. v. Sayn, Enkel Graf Christian's zu Eisenberg, geb. 29. Juni 1635, folgte seinem Vater 1645 unter mütterl. Vormundschaft (während welcher, 1647, die mit Hessen-Cassel stattgehabten Streitigkeiten bez. der Landeshoheit im Waldeck'schen vergleichsweise beigelegt wurden), gewann durch seine 1. Vermählung (2. Juli 1658) mit Anna Elisabeth, des Gr. Georg Friedr. zu Rappoltstein Tochter, Ansprüche auf die Grafschaft Rappoltstein und die Herrschaften Hoheneck und Geroldseck, welche aber, da nach des letzten Grafen v. Rappoltstein, Johann Jakob's, Tode (1673), dessen Schwiegersohn, Pfalzgraf Christian II. in Birkenfeld unter französ. Schutze des ganzen Erbes sich bemächtigte, schliesslich nur eine Vermehrung des Titels und Wappens zur Folge hatten, brachte nach dem Ableben des Fürsten Georg Friedrich alle Waldeck'schen Lande wieder zusammen, führte 1698 das Recht der Erstgeburt ein, war Reichshofrath, kais. General-Feldmarschall etc. und starb 21. Dez. 1706.

5762. Thaler v. 1695. Av. CRIST · LVDW · GRAF · ZV · WALDECK · PYRM(ont) · VD · RAPPOLST(ein) · H(err) : ZV · H(oheneck) · V(und) · G(eroldseck) · A(m) · W(assigen d. i. an den Vogesen) ✿ Brustbild v. r. S., im Harnisch, mit Spitzenhalstuch und grosser Perrücke. Rev. — PALMA — SVB — PONDERE — CRESCIT (statt der Striche: Verzierungen.) Die mit einem Steine beschwerte Palme auf grasigem Boden; über derselben herum RICHS (sic) — FUES und zu Seiten des Stammes 16 — 95 | F — W (Friedrich Wendel in Cöln.) Auf dem Rande verziert. Zu Mad. 1937. Cat. imp. 430. Köhler, M.-B. XVIII. 9. Im Av. ein wenig Doppelschlag. Sehr gut erh. RR.

Karl August Friedrich (1728—1763),

Sohn Friedrich Anton Ulrich's (der, ein Sohn des Vorigen, 6. Jan. 1712 in den Reichsfürstenstand erhoben worden und 1. Jan. 1728 starb) und dessen Gem. Louise, einer T. Pfalzgr. Christian's II. zu Birkenfeld, geb. 24. Sept. 1704, succ. seinem Bruder Christian Philipp 17. Mai 1728, war kais. General-Feldmarschall (seit 1746), residirte zu Arolsen und † 29. Aug. 1763.

5763. Thaler v. 1741. Av. (U. b.) CAROL : AUG : FRID : D : G : PR : WALD(ecciae) : C(omes) : P(yrmontanus) : E(t) : R(appoltsteinensis) : — Brustbild v. r. S., im röm. Harnisch, mit Mantel und im Nacken gebundenem Haare. Rev. In einer mit dem Fürstenhute bedeckten, ovalen Cartouche das achtfeldige Wappen (Pyrmont, Rappoltstein, Hoheneck und Geroldseck, jedes doppelt) sammt Mittelschild (Waldeck). Oben herum ARDUA AD GLORIAM VIA · Unten · 17 — 41 · Kettenartig verzierter Rand. Mad. 4174. Cat. imp. 430. Aus v. Frank's Sammlung. S. g. e. RR.

(Auf Nr. 5763—66 fehlen in den Geroldsecker Feldern die Schindeln.)

5764. Thaler v. 1752. Av. CAROL · D · G · P · WALD · C · P · E · R · (als Ueberschr.) Brustbild v. l. S., im röm. Harnisch, mit kurz verschnittenem Haar. Rev. Das vorgedachte vollständige Wappen in einem mit Schnitzwerk reich verzierten, ausgeschweiften Schilde, worüber der Fürstenhut. Ueberschrift, wie auf vorigem. Unten · J — 7 — 5 — 2 · Schräg gerippter Rand. Cat. imp. 430. Zu Mad. 4175, wo unter dem Brustbilde noch des Graveurs Name angegeben ist. Gut erh. RR.

5765. Gulden v. 1752. Av. Kurzes Brustbild v. l. S., im röm. Harnisch; darunter A · DAS · F · (Anton Dassier.) Umschrift, wie vorher. Rev. (U. b.) ARDUA AD — GLORIAM VIA · Das bisherige Wappen in ausgeschweiftem Schilde unter dem Fürstenhute. Unten ein Oval mit $\frac{1}{3}$ und daneben · J7 — 52 · Schräg gerippter Rand. G. e. R.

5766. Ein zweites Exemplar dieses seltenen Guldens. G. e. R.

Friedrich (1763—1812),

Sohn des Vorigen und dessen Gem. Christiane v. Birkenfeld, geb. 25. Oct. 1743, succ. seinem Vater 1763 unter mütterl. Vormundschaft, trat die Regierung an 21. Juli 1766, war holländ. wirkl. General der Infanterie, † 24. September 1812.

5767. Conv.-Thaler v. 1781. Av. Brustbild v. r. S., unbekleidet; am Halse œ(xlein) · Unten P · S · (Philipp Steinmetz, Mzmstr. in Arolsen.) Oben herum FRIED · D · G · PR · WALD · C · P · E · R · Rev. Das vollständ. Wappen in einem mit der Kette des St. Hubertus-Ordens behangenen ausgeschweiften Schilde vor einem mit dem Fürstenhute bedeckten Hermelinmantel. Oben herum VIRTUTE VIAM — DIMETIAR · 1781 und unten herum 10 · EINE FEINE MARK · Schräg gerippter Rand. S. g. e. R.

5768. Conv.-Thaler v. 1810. Av. (O. b.) FRIDERICUS PR · WALDECCIAE COM · PYR · — Zwischen Lorbeerzweigen der mit dem Fürstenhute bedeckte, herzförmige, gespaltene Schild mit dem Stern von Waldeck und dem Ankerkreuz von Pyrmont. Rev. VIRTUTE VIAM DIMETIAR · Innerhalb eines Perlenkreises ❖ X ❖ | EINE FEINE | MARK · | 1810 · | — | F · W · (Friedr. Welle, Mmstr. in Arolsen.) Kettenartig verzierter Rand. Gr. 42. S. g. e.

5769. Conv.-Thaler v. 1810. Av. vom Stempel zur Hauptseite des vorigen. Rev. nur in der Form der Zahlen und der Stellung der Buchstaben von vorigem abweichend. Kettenrand. Gr. 39. S. g. e.

Georg,

Bruder des Vorigen, geb. 6. Mai 1747, erhielt 1805 die Grafschaft Pyrmont von seinem Bruder abgetreten, succ. Letzterem 24. Sept. 1812 u. † 9. Sept. 1813.

a) Als Prinz zu Waldeck und Fürst zu Pyrmont*).

5770. Conv.-Thaler v. 1811. Av. (U. b.) GEORG PRINZ Z · WALDECK FÜRST Z · PYRMONT — Brustbild v. r. S., unbekleidet; am Halsabschnitte L(indenschmit.) Rev. Der gespaltene Schild von Waldeck und Pyrmont auf gekröntem Wappenmantel. Oben herum ZEHN EINE FEINE MARK 1811 · und unten F · W · Kettenartig verzierter Rand. S. g. e.

*) Auf Groschen v. 1806 nennt er sich G(eorg) · F(ürst) · Z(u) · W(aldeck) · R(egierender) · G(raf) · Z(u) · P(yrmont) ·

b) Als Fürst zu Waldeck und Pyrmont.

5771. Kronenthaler v. 1813. Av. (U. b.) GEORG FURST ZU WALDECK UND PYRMONT &c · — Kopf v. l. S. Rev. Das vollständige Wappen (wie bei Nr. 5763, aber mit dem Löwen von Gleichen im 4. Felde), neunfeldig, auf gekröntem Hermelinmantel. Oben herum CONCORDIA PATRIAE NUTRIX und unten F · 1813 · W · Randschrift ✿ K ✿ R ✿✿ O ✿ N ✿ T ✿ H ✿ A ✿ L ✿ E ✿ R ✿✿ S. g. e. R

Georg Heinrich (1813—1845),

Sohn des Vorigen und dessen Gem. Albertine v. Schwarzburg-Sondershausen geb. 20. Sept. 1789, succ. seinem Vater 9. Sept. 1813 und † 15. Mai 1845.

5772. Kronenthaler v. 1824. Av. (U. b.) GEORG HEINR : FÜRST Z · WALDECK U · PYRMONT · — Unter dem Fürstenhute zwischen zwei Palmenzweigen EIN | KRONEN | THALER | 1824 | F · W · Unter den Zweigen der Waldecker Stern. Rev. PALMA SUB PONDERE CRESCIT · Innerhalb eines Kreises, auf bewachsenem Boden, die mit einem Quadersteine beschwerte Palme, an deren Stamme der Schild von Waldeck-Pyrmont. Kettenartig verzierter Rand. Medaillenartige Arbeit. S. g. e.

5773. Dritttelthaler v. 1824. Av. (U. b.) GEORG HEINRICH FÜRST Z · WALDECK U · PYRMONT · — Der Schild von Waldeck-Pyrmont auf einem mit dem Fürstenhute bedeckten Wappenmantel. Rev. ✤ 3 ✤ | EINEN | THALER | 1824 | F · W Schräg gerippter Rand. S. g. e.

5774. Doppelthaler v. 1842. Av. (U. b.) GEORG HEINRICH FÜRST ZU WALDECK U · PYRMONT — Das vollständige Wappen (wie auf Nr. 5767) auf einem mit dem Fürstenhute bedeckten Hermelinmantel. Unten A (Berlin.) Rev. Innerhalb eines Eichenkranzes 2 | THALER | 3½ | GULDEN | 1842 Oben herum VEREINSMÜNZE und unten VII EINE F · MARK Randschrift: MÜNZCONVENTION VOM 30 IULY 1838 * Mit Stempelglanz.

Emma (1845—1852),

des Vorigen Wittwe, Tochter des Fürsten Victor II. von Anhalt-Bernburg-Schaumburg, geb. 20. Mai 1802, verm. mit dem Fürsten Georg Heinrich 26. Juni 1823, führte nach dessen am 15. Mai 1845 erfolgten Tode die Regentschaft bis zum 17. Aug. 1852, † 1. August 1858.

5775. Doppelthaler v. 1847, mit der Umschrift EMMA FÜRSTIN REGENT · U · VORMÜND(erin) · ZU WALDECK U · P · — im Av. und der Jahrzahl 1847 im Rev.; im Uebrigen wie der vorige. Mit Stempelglanz. R.

Georg Victor,

Sohn des Fürsten Georg Heinrich und der Fürstin Emma, geb. 14. Jan. 1831, folgt seinem Vater 15. Mai 1845 unter Vormundschaft seiner Mutter, verlängert nach erlangter Volljährigkeit, 14. Januar 1852, die Regentschaft auf unbestimmte Zeit, tritt die Regierung definitiv an 17. Aug. 1852.

5776. Doppelthaler v. 1856. Av. GEORG VICTOR FÜRST ZU

WALDECK U · PYRMONT — Haupt v. l. S., mit Vollbart. Unten A Rev. Das Wappen, wie vorher, auf dem mit Fürstenhut bedeckten Hermelinmantel. Oben herum 2 THALER VII EINE F · MARK $3\frac{1}{2}$ GULDEN und unten herum ✤ VEREINS 1856 MÜNZE ✤ Randschr., wie vorher. S. g. e.

(Auf Thalern von 1859 erscheint das Wappen wieder wie auf Nr. 5771.)

Waldstein (Wallenstein).

Albert (Wenzel Euseb),

Sohn Wilhelm's von Waldstein in Arnow, geb. 1583, Graf von Waldstein, Herr zu Friedland, berühmter kais. General, ward 1625 zum Herzoge von Friedland erhoben, 1628 mit dem Fürstenthume Sagan und dann mit dem Herzogthume Mecklenburg belehnt. Letzteres kam 1631 in die Hände der Schweden und 1635 im Prager Frieden wieder an die 1628 in die Acht erklärten beiden Herzöge, Adolf Friedrich zu Schwerin und Johann Albrecht II. zu Güstrow. Albert ward zu Eger ermordet am 25. Febr. 1634.

5777. Thaler v. 1626. Av. ✤ ALBERTVS : D : G · DVX — FRIDLANDIAE ✤ Brustbild, von vorn, im Harnisch und Ueberwurf, mit abstehendem, glattem Kragen. Unten in der Umschrift eine Sonne im Kreise (Zeichen der Münzstätte Gitschin.) Rev. DOMINVS · PROTECTOR · MEVS · 16 .:. 26 · Mit dem Herzogshute bedeckter Schild, worin der friedländ. Adler mit dem waldstein'schen Familienwappen auf der Brust. Neben dem Hauptschilde: ✤ — ✤ Mad. 4088. Böhm. Privatmz. LXIX. 587. Gut erh. RRR.

5778. Thaler v. 1626. Wie der vorhergehende, aber von veränderten Stempeln. Im Av. steht FRIDLANDIAE ·, also ein Punkt statt des zweiten Blätterkreuzes. Gut erh. RRR.

5779. Thaler v. 1627. Av. Wie vorher. (In Folge Doppelschlags sind die Buchstaben S und D verschwunden.) Rev. SAC · ROM · IMPERII PRINCEPS · 16 ✤. 27 · Wappen wie vorher, mit breitem Herzogshute. Zu den Seiten ✿ — ✿ (Mad. 1593.) S. g. e. RR.

5780. Thaler v. 1627. Av. (Doppellilie) ALBERTVS · DEI · GRA · — DVX · FRIDLANDIAE · Brustbild wie vorher, nur grösser und von schlechterem Schnitt. Der Oberkopf trennt den inneren Perlenkreis und ragt fast bis an die Umschrift. Unten die Sonne im Kreise. Rev. SACRI · ROMANI · IMPE · PRINCEPS · 1627 — (die Jahrzahl wird also durch den Fürstenhut nicht getrennt.) Das Wappen wie vorher. Ohne Röschen zu den Seiten. Böhm. Privatmz. LXX. 601. Sehr gut erh. RR.

5781. Thaler v. 1628. Av. ✿ ALBERTVS · D · G · DVX · — FRIDLAN · ET · SAGAN : Das Brustbild von rechter Seite. Darunter 1628 und in der Umschr. die Sonne im Kreise. Rev. · SACRI · ROMANI · IMPERII · PRINCEPS · — Das Wappen wie vorher. Mad. 1594. Böhm. Privatmz. LXXI. 608. S. g. e. RR.

5782. Thaler v. 1628, ähnlich dem vorigen. Mit D : G : und FRIDLAN : im Av., und ohne Punkt vor SACRI · im Rev. S. g. e. RR.

23

5783. Thaler v. 1629. Av. ✿ ALBERTVS · D · G · DVX · — FRIDLAN : ET · SAGA : Das Brustbild von vorn. Unten in der Umschrift die Sonne. Rev. SACRI · ROMANI · IMPERII · PRINCEPS · 1629 — Unter dem Fürstenhute der verzierte Schild mit dem Adler, auf dessen Brust ein gekrönter sechsfeldiger Schild (im 1. Drittel: oben der Engel, unten der Löwe wegen Sagan; in den übrigen 4 Feldern die Löwen des waldstein'schen Wappens.) Mad. 4090. Sehr gut erh. RR.

5784. Thaler v. 1629. Av. ✿ ALBER · D · G · DVX · MEGAP · — FRI · ET · SAG · PRIN · VANDAL Das Brustbild von vorn; darunter 1629 Unten in der Umschr. die Sonne. Rev. ✿ COMES · SVERIN · DOMIN · — ROSTOCH · ET · STARGART · Mit dem Fürstenhute bedeckter und von der Kette des goldnen Vliesses umgebener Schild, in dessen 8 Feldern die Wappen von 1. Mecklenburg, 2. Friedland, 3. Sagan, 4. Wenden, 5. Waldstein (quadr. Mittelfeld), 6. Schwerin, 7. Rostock, 8. Stargard. Mad. 5300. Sehr gut erh. RR.

5785. Thaler v. 1630. Av. ✿ ALBERT · D : G · DVX · ME — GA · FRID · ET · SA · PR · VA · Brustbild von vorn. Unten in der Umschr. die Sonne in Einfassung. Rev. COM · SVER · DO · ROS · — ET · STARGAR · 1630 — Das Wappen wie vorher. Aus dem Fürstenhute, der oben die Umschr. trennt, hängen 2 Bänder herab. Unterhalb der Umschr. des Rev. läuft kein Perlenkreis. Mad. 3838. Genau wie Monn. en or, p. 221. Gut erh. RR.

5786. Halber Thaler als Klippe, v. 1630. Av. ✿ ALBER · D : G · DVX · MEG · FRI · ET · SA · PR · VA · Brustbild von vorn; der Harnisch ist geblümt. Rev. ⚒ COM · SVER · DO — · ROS · ET · STA · 1630 — Unter dem Fürstenhute das Wappen wie vorher. Neben dem Schilde G — E (Gottfried Ehrlich in Sagan). Gr. 34 im □ 1 Loth. Eine gleiche Klippe wurde in der v. Pless'schen Auktion mit 23 Thlr. 5 Slbgr. bezahlt. Sehr gut erh. RRR.

5787. Medaille (v. Ph. Chr. Becker) mit der Jahrzahl 1631. Av. ‹ ALBERTVS · D : G : DVX · MEGA : FRID : ET · SAG : PRIN : VAN : — (als Ueberschr.) Brustbild, vorwärts gekehrt, im Wamms, mit Spitzenkragen und umgelegter Kette des gold. Vliesses. Rev. ‹ COMES · DE · WALDSTEIN · ET · — SVERI : DO : ROSTOCH · ET · STAR : — Unter dem Fürstenhute, woran P · C · B, der von der Kette des gold. Vliesses umgebene, verzierte Schild von 7 Feldern, sammt Mittelschild. Neben dem Fürstenhute 16 — 31 Böhm. Privatmz. LXXII. 625. Gr. 38. 2⅞ Loth. Schön und s. g. e. R.

5788. Zehn-Dukatenstück v. 1631. Av. ALBERT · D · G · DVX · MEGA — FRID · ET · SAG · PR · VAN — Brustbild von vorn, im Harnisch, mit Ueberwurf und Spitzenkragen. Ueber dem die Umschrift trennenden Kopfe ragt Laubwerk hervor. Unten in der Umschrift ein wachsender Löwe in einem Kreise. Rev. COM : SVE : DO : ROS : — ET · STARGAR : 1631 — Das von der Ordenskette umgebene Wappen. Ueber dem Fürstenhute Laubwerk. Monn.

en or, p. 221. Im Av. ist die Werthzahl IO eingestempelt. Gr. 44. 9²⁹/₃₂ Duk. Sehr gut erh. RRR.

5789. Thaler v. 1631. Av. Wie der des Goldstücks, jedoch ist das Brustbild schmäler und trägt der Herzog einen abstehenden glatten Kragen. Rev. Stempel der vorigen Nummer. Sehr gut erh. RR.

5790. Thaler v. 1632. Aehnlich dem vorhergehenden; mit ROS — : ET · STARGAR : 163z — im Rev. Sehr gut erh. RR.

Johann Joseph, Graf von Waldstein,

zweiter Sohn Ernst Joseph's († 28. Juni 1708) von der Linie zu Waldstein und dessen Gem. Maria Anna von Kokorzowa, verw. Gräfin v. Fürstenberg, Urenkel des Reichsgrafen Maximilian, geb. 1684, kais. Geh. Rath 1720, Ober-Land-Marschall, Statthalter und Commerzien-Präsident in Böhmen, † 1731.

5791. Medaillon v. 1716 (v. Antonio di Januario), zum Gedächtniss der Ankunft Johann Heinrich's v. Waldstein mit 24 Söhnen im Lager König Primislav Ottokar's von Böhmen, 1254. Av. Dem im Zelte sitzenden König bietet Waldstein seine 24 streitbaren Söhne, zu Pferd und völlig gerüstet, zum Kreuzzuge nach Preussen an. Im Abschn. HEROICA | FOECUNDITAS · Rev. Aufschrift in 14 Zeilen. Erhabene Randschr. QUORUM MEMORIAM IOAN : IOS : COM : A WALDSTEIN · S : C : ET C : M : CAMER : HOC NUMO RESTITUIT 1716 * * * Köhler, M.-B. VI. 1. Böhm. Privatmz. 639. Gr. 71. 8³/₄ Loth. Treffliches Gepräge in Silber. S. g. e. RR.

Wallachei.

Konstantin Bassaraba Cantacuzen von Brankowan (1689—1714)

wurde 1689 Fürst der Wallachen, fiel 1714 beim Grosssultan in Ungnade, der ihn am 4. April gl. J. seiner Würde entsetzen und am 26. August 1714 zugleich mit seinen beiden Söhnen enthaupten liess.

5792. Medaille v. 1713. Av. ✣ CONSTANTINVS · BASSARABA — DE · BRANKOWAN — Bärtiges Brustbild des Hospodars v. r. S., im geblümten Rock und Hermelinmantel, das Haupt mit einer Pelzmütze bedeckt, die eine Reiherfeder schmückt. Unten · C · H · Rev. ◆ D : G : VOIVODA ◆ ET ◆ PRINCEPS ◆ — ◆ VALACHIÆ ◆ TRANS ◆ ALPINÆ ◆ Unter dem Fürstenhute ein mit Adlerköpfen und Blumengewinden gezierter, ovaler Schild, worin auf einem Hügel der Rabe mit einem Kreuze im Schnabel und mit der Sonne, dem Monde und der Jahrzahl 17 — 23 zu den Seiten. Mad. 4176. Cat. imp. 443. Von ziemlich flachem Gepräge. R.

Wallmoden-Gimborn.

Ludwig,

Sohn der Gemahlin Adam Gottlieb's von Wallmoden, Amalie Soph. Marianne v. Wendt, die von König Georg II. von England zur Gräfin v. Yarmouth erhoben wurde, geb. 1736, erhielt jedoch den Namen v. Wallmoden. 1782 wurden für ihn vom fürstl. Hause Schwarzenberg die Herrschaften Gimborn und Neustadt in Westphalen gekauft, worauf er 1783 die reichsgräfl. Würde mit Sitz und Stimme auf den Reichstagen bekam. Er führte die Vormundschaft über den Grafen Georg Wilhelm von Schaumburg-Lippe von 1787 bis 1807 und † 10. Oct. 1811 zu Hannover.

5793. Dukaten v. 1802. Av. MONETA GIMBORNENSIS — Der gekrönte Namenszug *LW* (cursiv) Rev. ✿ I ✿ | DUCAT | ✿ 1802 ✿ | —— | 1 Duk. Sehr schön erh. R.

5794. Conv.-Gulden v. 1802. Av. LUDOV · S · R · I · COMES A WALLMODEN GIMBORN — Unter einer Grafenkrone der oben mit Festons und unten mit einem Löwenkopfe geschmückte Schild mit dem vierf. Wappen (1. u. 4. Wallmoden, 2. Gimborn, 3. Neustadt) sammt Mittelschild (getheilt: oben eine Krone, unten 2 Eisenhüte aus dem Wappen der v. Wendt). Rev. ✿ XX ✿ | EINE FEINE MARK | 1802 | — | und oben herum MONETA GIMBORNENSIS Mit Laubrand. S. g. e. R.

Wied.

Die Söhne Friedrich des Aelteren Grafen zu Wied aus dem Hause Runkel († 1698), Georg Hermann Reinhard und Friedrich Wilhelm wurden die Stammväter der Linien zu Runkel und zu Neuwied.

Linie zu Runkel.

Christian Ludwig (1762—1791),

Sohn Johann Ludwig Adolf's und dessen 1. Gem. Christine Louise Grf. v. Ostfriesland und Erbin der Grafschaft Kriechingen, geb. 1732, trat 1757 die Regierung in Kriechingen an und succ. seinem Vater 1762 in Wied-Runkel, ward in den Fürstenstand erhoben 1791 und hatte wegen Kriechingen Sitz und Stimme im oberrheinischen Kreise und im wetterauischen Grafencollegium. Er war seit 23. Juni 1762 mit Charlotte Sophie Auguste, Tochter Alexander Ludwig's Grafen v. Wittgenstein vermählt und starb 31. Oct. 1791.

5795. Vermählungs- und Ausbeutethaler aus dem Weyer'schen Bergwerke, 1762. Av. CHRIST : LUD : COM : WED(ae) : ISENB(urgi) & CRICH(ingen) : ✿ CHARL : SOPH : AUG : COM : SAYN(ae) & WITG(enstein) : ✿ (unten beg.) Beider gegen einander gestellte Brustbilder über einer Leiste. Der Graf trägt einen Brustharnisch und Hermelinmantel, die Gräfin auf der Brust den dänisch. Orden de l'union parfaite. Unter den Brustbildern S — F (Scholz und Förster in Nürnberg) Rev. ✿ IN MEMORIAM FELICISSIMI MATRIMONII XXIII IUN · MDCCLXII · (unten beg.) Ansicht der

Stadt Runkel an der Lahn, die mit LAHN FL bezeichnet ist. Im Hintergrunde auf dem Gebirge das mit WEYHER überschriebene Dorf und Bergwerksgebäude. Am diesseitigen Ufer steht RUNCKEL Erhabene Randschrift EX FODINIS — WEYERIENSIBUS — zwischen Verzierungen. Mad. 5884. Mit Stempelglanz. R.

Linie zu Neuwied.

Friedrich Alexander (1737—1791),

Sohn des Grafen Friedrich Wilhelm und dessen Gem. Louise Charlotte von Dohna-Wartenberg, geb. 18. Nov. 1706, succ. seinem Vater 17. Sept. 1737, trat 1738 die Regierung an, ward 13. Juni 1784 in den Fürstenstand erhoben, war Geschlechtsältester und erster Direktor des niederrhein.-westphäl. Grafencollegiums, feierte 1787 sein 50jähriges Regierungsjubiläum und starb 7. Aug. 1791.

5796. Medaille v. J. 1738 (von Marme). Av. FRIED ⁑ *) ALEXAND ⁑ C ⁑ WEDAE ▴ D ⁑ IN ▴ RUNCK ⁑ ET ▴ ISENB ▸ (als Ueberschr.) Brustbild v. r. S., mit Perrücke, im verzierten Harnisch und umgelegtem Hermelinmantel. Am Armabschn. M(arme) Rev. In gekrönter, mit einem Lorbeer- und Palmzweig geschmückter Cartouche OB | EXOPTATISSIMUM | POST | RELATAS PACIFERAS LAUROS | AD SUOS | REDITUM Darunter der Pfau (der Wiedehopf). Unten in Einfassung MDCCXXXVIII | MARME · Gr. 40. 2 Loth. S. g. e. R.

5797. Dukaten v. 1744. Av. Geharn. Brustbild v. r. S., mit Ueberschrift. Rev. BENIGNITATE CŒLI TERRAM SUAM UBERAT ◆ — Ein von dem göttlichen Auge bestrahlter Baum. Im Abschnitt: OB SPEM RENASCENTEM | CIOIOCCXLIV | M(arme) : Köhler, M.-B. XVIII. 225. Monn. en or, 222. Soothe 1335. S. g. e. R.

5798. Medaille (v. Dobicht) auf die Eintracht mit seinem Bruder Franz Karl Ludwig (geb. 1710), v. 1752. Av. FRID · ALEX · ET FRANC · CAR · LVDOV · COM · WEDAE — Beider geharn. Brustbilder v. r. S. Am Armabschn. des ersten DOBICHT Rev. MITISSIMAE FRATRVM CONCORDIAE · Ein bekränzter Obelisk, an dessen Piedestal der Pfau. Daneben wachsen ein Lorbeer- und ein Palmzweig aus der Erde und schlingen sich um die Säule. Im Hintergrunde ein Schloss und am Fussboden rechts: Q · F · (Quirin Fritsch, Mnstr. in Neuwied.) Im Abschn. CIOIOCCLII Mad. 5885. Gr. 40. 1¾ Loth. S. g. e.

5799. Die gleiche Medaille. 1¾ Loth. G. e.

Wild- und Rheingrafen s. unter Salm, S. 297.

Windisch-Grätz.

Leopold Viktorin Johann,

Sohn des ersten Reichsgrafen von Windisch-Grätz, Gottlieb († 1695) von der

*) Statt der ⁑ stehen hier durchgängig zwei über einander gestellte ▴

älteren Ruprecht'schen oder steierm.-österr. Linie und dessen 3. Gem. Maria Theresia Gr. v. Saurau, geb. 1686, Reichshofrath 1717, Gesandter in Holland 1720 und zu Cambray 1722, wirkl. Geh. Rath und Statthalter in Niederösterreich, † 19. Dez. 1746.

5800. Thaler v. 1732. Av. LEOPOLD · VICT · IO · S · R · I · COMES · A · WINDISCHGRATZ · (als Ueberschr.) Brustbild v. r. S., mit Perrücke, im röm. Harnisch und Gewand. Unten B(ecker) Rev. S · C · M(ajestatis) CONS(iliarius) · STATUS · INT(imus) & HÆRED(itarius) · PER · STYR(iam) · SUP(remus) · STAB(uli) · PRÆFECTUS — 17 — 32 — Das von 2 Wölfen gehaltene, mit 3 Helmen bedeckte Wappen auf einem Untersatze, worin B erscheint. Mit Laubrand. Köhler, M.-B. XIII. 169. Mad. 1940. Cat. imp. 431. War geh., sonst sehr gut erh.

Joseph Niklas (1746—1802),

Sohn Leopold Karl's und dessen Gem. M. Antonie v. Khevenhüller, geb. 1744, succ. 1746 seinem Grossvater, erbte 1781 Tachau und andere böhm. Herrschaften d. Grf. Losy und † am 24. Jan. 1802.

5801. Halber Thaler v. 1777. Av. IOS · NIC · S · R · I · IMMEDIATUS COM · AC DOM · A WINDISCHGRÄTZ · (als Ueberschr.) Brustbild v. r. S., im Gewand. Rev. SUP · PER STYR : STAB · PRÆFECTUS HÆREDITARIUS · 1777 · — Das Wappen, wie vorher, auf einer mit Festons geschmückten Leiste. Mit Laubrand. Sehr gut erh.

Italien.

(Weiteres davon s. im I. Theile und unter den Städten.)

Barbian und Belgiojoso.

Anton I. (Fürst 1769—1779),

Sohn des 1715 gestorbenen Grafen Johann von Belgiojoso und dessen 2. Gem. Isabella Grf. v. Wolkenstein, geb. 1693, wurde 1769 vom Kaiser Joseph II. in den Reichsfürstenstand erhoben und † am 26. Oct. 1779. (Madai giebt als Todestag des Fürsten den 17. Januar 1769 an; um diese Zeit (27. Januar) starb aber die Gemahlin Anton's.)

5802. Thaler v. 1769. Av. ANTONIUS I · BARBIANI BELGIOJOSII ET S · R · I · PRINCEPS (als Ueberschr.) Geharn. Brustbild v. r. S., mit umgelegtem Hermelinmantel und dem Vliesse am Ordensbande. Rev. COMES CUNII ET LUGI MARCH(io) · GRUMELLI · 1769 (als Ueberschr.) Vor dem mit dem Fürstenhute bedeckten Wappenmantel halten zwei auf einem Untersatze stehende gekr. Löwen den ovalen, mit Lorbeer- und Palmzweig besteckten, sowie mit der Kette des goldn. Vliesses behangenen Wappenschild. Hinter dem Mantel ragen 2 Fahnen hervor, von denen die rechte die päpstl. Schlüssel unter dem Kirchenpanier zeigt, die linke ein rothes Kreuz, in dessen Winkeln das Lemma „Liberata Italia ab exteris" in altgothischen Schriftzügen. Mit Laubrand. Mad. 6784. Sehr gut erh. R.

Bozzolo s. bei Sabioneta, Nr. 5996.

Castiglione.

Franz Gonzaga (1593—1616),

Fürst zu Castiglione, Sohn des ersten Markgrafen zu Castiglione, Ferdinand, geb. 1577, succ. seinem älteren, ermordeten Bruder Rudolf 1593, erhielt vom Herzoge von Mantua gegen Casteigiffredo tauschweise Medole 1602, u. † 1616.

5803. Quartino d'oro (¼ Doppia). Av. FRAN : D : G : PRINC : CASTIL(lionis) : und eine Krone. Aufgerichteter Löwe (aus d. Wappen der Gonzaga). Rev. MARCH : MEDVLAR(um) : E : C : • Unter einer Krone ein vorwärtsgekehrter Stierkopf mit einem Nasenringe (Wappen d. Gem. Bibiana v. Pernstein). Monn. en or, p. 247. Gr. 14. ¼ Dukaten. Sehr gut erh. RR.

Ferdinand II. Gonzaga (1680—1723),

Sohn des Fürsten Karl Gonzaga zu Solferino und Castiglione (welch' letzteres er von seinem Vetter Ferdinand 1675 geerbt hatte), geb. 1648, succ. seinem Vater 1680, gerieth 1692 mit seinen Unterthanen in Streit und musste sich eine Zeit lang ausser Landes aufhalten, stellte sich im span. Successionskriege auf die Seite Frankreichs und wurde 1707 zu Gaëta von den Kaiserlichen gefangen genommen und seines Landes entsetzt, das zwar im Badener Frieden ihm wieder zuerkannt wurde, zu dem aber weder er, noch seine Nachkommen wieder gelangten. Er starb 13. Febr. 1723 zu Venedig.

5804. Halber Scudo. Av. FERDINANDVS · II · SAC · RO · IMPER * Brustbild v. r. S., mit grosser Perrücke. Rev. ET · CAST · PRIN · MED · MAR · SOL(ferini) · DOM(inus) · EC * Drei Wappenschilde; der oberste ist mit einem Fürstenhute bedeckt und führt einen springenden Hund zwischen 2 Steigbügeln (Castiglione); von den unteren, gegen einander geneigten, enthält der rechte zwei Arme, die eine Sichel und Aehren halten (Medole), der linke eine Sonne (Solferino). Unten zwischen ihnen ein Thurm. Mad. 4621. Cat. imp. 453. 1½ Loth. Sehr schön erhalten. RR.

Correggio.

Camillus und Fabricius.

Camillus Austriacus, Graf von Correggio in Modena, Sohn Manfred's III. von Correggio und der Lucretia von Este, regierte vom 20. März 1546—1598, in welchem Jahre er seine Güter seinem Sohne Syrus abtrat, war venetian. Gouverneur von Corfu, zeichnete sich 1571 in der Schlacht bei Lepanto aus und † 3. Juni 1605. — Fabricius, sein Bruder, war Kardinal und † 1597.

5805. Scudo o. J. Av. ✠ CAMILLVS ET FABRITIVS DNI : (domini) CIV(itatis) : CORRIClæ (unten beg.) Die einander gegenüber gestellten geharnischten Brustbilder. Rev. OR — IGINIS INCLITÆ SIGNVM INSIG — NE ✠ (unten beg.) Ein von vier Seiten mit Blattwerk umgebener Schild mit 4 durch ein Kreuz getheilten Feldern, in deren 1. und 4. ein gekrönter Adler, im 2. und 3. ein

Löwe unter einer kl. Lilie; im Mittelschilde die öster. Binde. Mad. 4602. $2\frac{3}{16}$ Loth. War geb., gut erh. RRR.

5806. Tallero o. J. Av. ORIGINIS · INCLIT · SIGN · INSI · — Gekrönter Wappenschild mit einem Blättergewinde behangen, das die Kette des goldn. Vliesses nachahmen soll. Das Wappen ist durch Wiederholungen der Wappenbilder zu einem sechsfeldigen gestaltet und zwar steht in den Mittelfeldern dreimal der gekr. Adler und in den übrigen Feldern sechsmal der Löwe. Rev. SI · PRO · NOBIS · QVIS · CONTRA · NOS · — (das Wort Deus ist zu ergänzen.) Unter der Krone der kaiserl. Doppeladler mit dem öster. Bindenschilde auf der Brust. Mad. 5913. $1\frac{11}{32}$ Loth. Sehr gut erh. RR.

Syrus Austriacus,

natürl. Sohn des Camillus Austriacus und der schönen Franziska Mellini, geb. 1590, wurde 1591 durch nachgehende Heirath der Eltern legitimirt, succ. seinem Vater 1598, erhielt 1616 den Titel eines Reichsfürsten, verpfändete in Folge einer ihm 1633 wegen groben Missbrauchs des Münzregals (s. Hirsch, Münzarchiv, IV. S. 190) vom Kaiser auferlegten hohen Geldstrafe sein Land an Spanien, von dem es an den Herzog von Modena überging, welchen 1635 der Kaiser damit belehnte. Syrus † in armseligen Verhältnissen 25. Oct. 1645.

5807. Tallero o. J. Av. ⁕ SYRI · AVST · SACR · R · IMP · PRIN ⁕ — · ET · COR · — (unten beg.) Geharn. Brustbild v. l. S. Rev. ⁕ MONET — A · NOV — A · CIVIT — ATI(s) ⁕ COR(regiae) — Zwischen 4 Lilien der gekrönte Wappenschild, in dessen vier, durch ein Kreuz gebildeten Feldern abwechselnd ein Adler und ein springender Löwe und in dessen Mittelschilde die öster. Binde. Mad. 4603, aus dessen Cabinet das vorliegende Exemplar stammt. $1\frac{5}{8}$ Loth. S. g. e. RR.

Dezana.

Peter Berard, Herr von Focaudiere.

Er hatte die Grafschaft von 1517 bis 1529 in Besitz.

5808. Teston o. J. Av. ⁕ P(etrus) ⁕ B(erardus) ⁕ D(ominus) ⁕ F(ocaudierae) ⁕ COMES ⁕ DECANE ⁕ — Adler; darüber eine in der Umschrift stehende Krone. Rev. ⁕ SANCTVS ⁕ MAVRICIVS ⁕ — Der stehende Heilige mit Fahne und Schwert. Promis, Monete della zecca di Dezana, II. Nr. 3. $\frac{21}{32}$ Loth. Sehr gut erh. RR.

Johann Bartholomäus Tizzone (1529—1533),

Sohn des Grafen Ludwig Tizzone, der ihn 1525 zu seinem Nachfolger bestimmte, gelangte aber erst 1529 zum Besitze der Grafschaft und † 1533.

5809. Teston o. J. Av. · IO · BART' · TICIO · DECI(anae) · CO(mes) · VI(carius) · IM(perialis) · — Sonst wie vorher. Rev. · ✠ · SANCTVS · ALEXANDER · — Aehnlich dem vorigen. Promis, III. 6. $\frac{5}{8}$ Loth. Hat etwas gelitten. R.

5810. Teston, wie der vorige, aber mit · IO · BART' · TICIO · CO · DECI · VIC · IMP · — und ·⊕· SANCTVS · ALXANDER (sic) · Hat auch gelitten. 7/16 Loth. R.

Anton Maria Tizzone (1598—1641),

Sohn des Grafen Delphin Tizzone, war bei s. Vaters Tode (1598) erst 3 Jahre alt, stand bis 1616 unter Vormundschaft s. Mutter Camilla Blandrate und † 1641.

5811. Tallero o. J., zum Gedächtniss seines Vaters. Av. ✿ DELPHINVS · PATER · — ANTO(nii) · MAR(iae) · TIT(ionis) · BL(andrati) · COM(itis) · DÆ (Decianae) Brustbild des Vaters, v. r. S., im Harnisch, mit Ueberwurf und Halskrause. Rev. SACRIQVE · ROM · IMPER · VICARIVS · PERPET(uus) — Gekrönter, von einem Blumengewinde umgebener Schild von 4 Hauptfeldern mit einem Adler im Mittelschilde. Das 1. Feld enthält einen Löwen auf mit Kugeln bestreutem Grunde, das 2. die 3 Feuerbrände (tizzi, titiones), das 3. ist quadrirt und zeigt im ersten wiederum den Löwen, im zweiten und dritten senkrechte Streifen, im vierten 5 schräg-liegende Feuerbrände, das 4. ist wiederum quadrirt und führt im ersten einen Adler, im zweiten und dritten einen Reiter mit einer Lanze und im vierten zum dritten Male den Löwen. Promis, V. 1. Ist eine Nachahmung der Thaler Ferdinand's II. von Guastalla. 2 Loth, geringhaltig. G. e. RR.

5812. Tallero o. J. Av. ANT · MAR · TIT · BLAN · COM · DEC · VIC · IMP · P · — Unter einer Krone mit herabhängenden Bändern ein verzierter Schild mit 3 Feldern, im 1. ein Adler, im 2. zwei mit Feuerbränden belegte Querbalken, im 3., unteren, ein grosser Löwe auf mit Kugeln bestreutem Felde. Rev. SANCTVS · VBERTVS · EPISC · PROTECTOR — Sitzender Bischof. Promis VI. 14. Dieses Stück ist eine Nachahmung der Thaler der Salzburger Erzbischöfe Marc Sittich von Hohenembs (1612—1619) oder Paris von Lodron (1619—1653). 1 29/32 Loth. G. e. RR.

Ferrara s. Modena, Nr. 5844 flg.

Florenz.

Cosmus I. von Medici (1537—1574),

Sohn Johann's, geb. 1519, Herzog zu Florenz 1537 nach der Ermordung seines Vetters Alexander, wurde 1569 von Papst Pius V. zum Grossherzog erklärt, welchen Titel auch später K. Maximilian II. den Herzögen ertheilte, † 21. April 1574.

5813. Teston o. J. Av. COSMVS MED · FLOREN · ET SENARVM DVX II · (unten beg.) Brustbild v. r. S., im Schuppenharnisch. Rev. · S · IO — ANNES — BAPTISTA · — Der auf einem Steine sitzende h. Johannes. 7/8 Loth. G. e.

Franz (1574—1587),

Sohn des Vorigen und dessen 1. Gem. Eleonore, Tochter Peter's v. Toledo, Markgrafen zu Villa Franca, geb. 1541, succ. 1574, † 1587.

5814. Scudo von 1575. Av. · FRANC · MED · MAG · DVX ·

ÆTRVÆ (sic) · II · (als Ueberschr.) Geharn. Brustbild v. r. S. Rev. · S · IOANNES · — * — (Lilie) BAPTISTA · — (unten beg.) Der in der Wüste predigende Johannes. Unten I575 S. g. e.

Ferdinand I. (1587—1609),

Bruder des Vorigen, geb. 1549, Kardinal 1563, succedirte dem Bruder 1587, entsagte dem geistlichen Stande, vermählte sich 1589 mit Christina v. Lothringen und † 7. Febr. 1609 (nach Behr's Geneal. Tab.)

5815. Scudo v. 1587. Av. (U. b.) * FERD ▾ M(ediceus) ▾ CAR(dinalis) ▴ MAG ▴ DVX ▴ ETRVRIÆ · III ▴ — ✿ — Brustbild v. r. S., im Mozzetta. Unter dem Arme · 1587 · Rev. ▾ A ▾ D(omi)NO ▾ FACTVM ▾ EST ▴ ISTVD ▴ ✿ — Unter dem Kardinalshute das gekrönte Stephans-Ordenskreuz (geistl. und militärischer Orden, gestiftet von Cosmus I. 1561) mit den 6 herumgestellten mediceischen Kugeln. Mad. 1960. S. g. e.

5816. Scudo v. 1590. Av. · FERDI — NANDVS · MED · MAGN · DVX · ETRVRIÆ · III — * — (unten beg.) Geharn. Brustbild v. r. S. Rev. ▴ FILIVS ▴ MEVS ▴ — ▴ ✱ D — ILECTVS ▴ (als Ueberschr.) Die Taufe Christi. Im Abschn. · I590 · Mad. 1961. G. e.

5817. Pisaner Tallero v. 1595. Av. FERDINANDVS · MED · MAG · ETR · DVX · III — und unten dazwischen · I595 · Gekröntes und geharnischtes Bildniss v. r. S., in der Rechten das Zepter, die Linke an die Brust gelegt. Rev. · PISA · IN · VETVSTAE · MAIESTATIS · MEMORIAM · — Unter der Krone der auf dem Ordenskreuze liegende medic. Wappenschild. Mad. 4457. S. g. e.

Cosmus II. (1609—1621),

Sohn Ferdinand's I. und dessen Gem. Christine, Tochter Herzog Karl's II. v. Lothringen, geb. 1590, succ. 1609, † 28. Febr. 1621.

5818. Pisaner Tallero v. 1621. Av. COSMVS · II · MAG · DVX · ETRV · IIII · (als Ueberschr.) Geharn. Bildniss bis an den Schooss, v. r. S., mit Zackenkrone und Ordensstern, in d. R. das Zepter, die Linke am Schwertgriffe. Unten · I62I · Rev. PISA · IN VETVSTÆ · MAIESTATIS · MEM — Der Schild auf dem Kreuze, unter der Krone. — Unter COSMVS steht im Stempel deutlich FERDIN, weshalb Mad. 4461 COSMVIS gelesen hat. G. e.

Ferdinand II. (1621—1670),

Sohn des Vorigen und dessen Gem. Maria Magdalena, Tochter Erzh. Karl's v. Oesterreich, geb. 1610, succ. 1621, † 23. Mai 1670.

5819. Scudo v. 1623. Av. · FERDIN · II · MAGN · DVX · ETRVRIÆ · (als Ueberschr.) Jugendl. Brustbild v. r. S., im Harnisch. Unten · I623 Rev. · S · IOANNES · — BAPTISTA · — (als Ueberschr.) Der stehende Johannes; unten · 1623 · Zu Mad. 4462. Sehr gut erh.

5820. Scudo v. 1635. Av. · FERD · II · MAGN · DVX · ETRVRIÆ (als Ueberschr.) Brustbild v. r. S., im Harnisch, auf dessen Bruststück das Ordenskreuz, und mit gekräuseltem Halskragen. Rev. ähnlich dem vorigen, mit * S * IOANNES * — * BAPTISTA * und 1635 unter dem Erdreiche. S. g. e.

Cosmus III. (1670—1723),

Sohn Ferdinand's II. und dessen Gem. Victoria v. Rovere, der Tochter des letzten Herzogs v. Urbino, geb. 1642, succ. 1670, erhielt 1699 v. Kaiser und Papst den Titel „Königl. Hoheit", † 31. Oct. 1723.

5821. Scudo v. 1676. Av. COSMVS · III · D · G · MAG · DVX · ETRVRIAE · VI (als Ueberschr.) Brustbild v. r. S., im Harnisch, mit Feldbinde und geknüpftem Halstuche. Unten -◇- 1676 -◇- Rev. Die Taufe Christi mit der Ueberschr. FILIVS MEVS — DILECTVS Mad. 1969. S. g. e.

5822. Halber Scudo v. 1676. Av. Brustbild wie vorher, mit ETRVR · VI in der Ueberschr. Rev. Zacharias ertheilt den Segen dem vor ihm knieenden kleinen Johannes. Oben herum S · IOANNES BAPTIST : FI(lius) : ZACHARIAE Im Abschn. · 1676 · Mad. 1968. Mit kl. Loch, sehr gut erh.

5823. Desgleichen, mit BAPTISTA — FI : ΣACHARIAE und * 1676 * Z. g. e.

5824. Scudo mit d. J. 1680 und 1681. Av. Brustbild wie früher, mit ETRVRI : VI in der Ueberschr. und mit 1680 Rev. Die Taufe Christi, nebst der Ueberschr. FILIVS MEVS — DILEC — TVS Im Wasser 1681 Mad. 4466. Schl. erh.

5825. Scudo v. 1683. Av. COSMVS · III · D · G · MAG · DVX · ETRVRIAE · VI und unten dazwischen · 1683 · Brustbild v. r. S., im röm. Harnisch und Gewand. Rev. Aehnlich Nr. 5821. S. g. e.

5826. Livorneser Tallero v. 1685. Av. Brustbild mit der Zackenkrone, im Gewand. Ueberschr. wie vorher. Unten • 1685 • Rev. (U. b.) ET PATET ET FAVET ◆ Ansicht des Hafens von Livorno. Mad. 1970. $1^{13}/_{16}$ Loth. S. g. e.

5827. Livorneser Pezza della Rosa, v. 1699. Av. COSMVS · III · D · G · — · M · DVX · ETRVRIAE (unten beg.) und unten dazwischen · 1699 · Der gekr. Wappenschild. Rev. Ein Rosenstock mit der Ueberschr. GRATIA OBVIA VLTIO QVAESITA Unten · LIBVRNI · Mad. 1972. $1^{3}/_{4}$ Loth. Vorzüglich erh.

5828. Livorneser Tallero v. 1704, ähnlich Nr. 5826, mit ◆ 1704 ◆ im Av., und ◆ nach PATET im Rev. Vorzüglich erh.

5829. Livorneser Pezza della Rosa v. 1707. Wie Nr. 5827, mit ETRVRIÆ und · 1707 · im Av. S. g. e.

5830. Livorneser Tallero v. 1711. Av. COSMVS · III · D · G · MAG · DVX ETRVRIAE · VI und unten dazwischen · 1711 · Brustbild (ohne Krone) v. r. S., im Gewand. Rev. ET PATET — ET FAVET ◆ (unten beg.) Unter der Krone ein zweithürmiges Castell mit der Unterschrift: · FIDES · Mad. 1974. S. g. e.

Johann Gasto (1723—1737),

jüngerer Sohn des Vorigen und dessen Gem. Margaretha Louise von Orleans, geb. 1671, succ. 1723, † 9. Juli 1737 als der letzte Grossherzog aus dem Hause Medici.

5831. Livorneser Tallero v. 1725. Av. IOAN · GASTO · I · D · G · MAG · DVX · ETRVR · VII (unten beg.) und unten dazwischen · J725 · Geharn. Brustbild v. r. S., mit grosser Perrücke. Rev. Wie der vorige. Mad. 1975. S. g. e.

Franz III. Herzog von Lothringen (1737—1765),

Sohn Leopold's von Lothringen und dessen Gem. Elisabeth Charlotte v. Orleans, geb. 1708, Herzog von Lothringen 1729, verm. sich 1736 mit der späteren Kaiserin Maria Theresia, ward Grossherzog von Toskana 9. Juli 1737, von seiner Gemahlin zum Mitregenten angenommen 1740, römischer Kaiser (unter dem Namen Franz I.) 1745, † 1765.

5832. Pisaner halber Tallero oder 5 Paoli-Stück v. 1738. Av. FRANC · III · D · G · LOTH · BAR · ET · M · ETR · D · REX · HIER (als Ueberschr.) und unten * 1738 * Belorbeertes Brustbild v. r. S., im Schuppenharnisch. Rev. Ueber 2 Lorbeerzweigen der gekrönte, mit dem Hausorden und der Kette des goldnen Vliesses behangene, oben mit einem Löwenkopfe verzierte Schild mit den Feldern von Ungarn, Neapel, Jerusalem, Aragonien, Anjou, Geldern, Jülich und Bar, nebst den Wappen von Lothringen und Medici im gespaltenen Mittelschilde. Oben herum IN · TE · DOMI — NE · SPERAVI · und unten · PISIS — 1738 · Mad. 4469. Cat. imp. 463. $^{11}/_{16}$ Loth. Vorzügl. erh.

Peter Leopold (Leopold II.) (1765—1790),

Sohn des Vorigen, geb. 1747, Grossherzog 1765, ward nach seines Bruders Joseph Tode zum röm. Kaiser erwählt 1790 und † 1792.

5833. Pisaner Tallero oder 10 Paoli-Stück v. 1770. Av. PETRVS LEOPOLDVS D * G * P * R * H * ET * B * A * A * M * D * ETRVR * — (unten beg.) Geharnischtes Brustbild v. r. S., mit dem Ordenskreuze auf der Brust, umgelegtem Ordensbande und der Vliesskette, im Hermelinmantel. Unten zwischen der Umschrift zwei gekreuzte Bergbarden. Rev. DIRIGE DOMINE — GRESSVS MEOS * Das gekrönte, auf dem Stephans-Ordenskreuze liegende, mit dem Bande des Stephans-Ordens u. der Kette des goldn. Vliesses behangene tingirte Wappen mit den Feldern von Ungarn, Böhmen, Burgund und Bar nebst gekr. Mittelschilde von Oesterreich, Lothringen u. Florenz (Medici) Unten herum PISIS — 1770 Der Rand ist verziert. G. e.

5834. Desgleichen v. 1770. Av. Wie vorher, jedoch mit Punkten statt der * zwischen den Buchstaben und mit ETRV · Rev. Wie der vorige. G. e.

5835. Thaler v. 1774. Av. (O. b.) P · LEOP · D · G · P · R · H · ET — B · A · A · M · D · ETR · — Geharn. Brustbild v. r. S., mit Ordensband und Vliessordenskette, nebst Hermelinmantel. Am

Arme L · S · F · (Lud. Series) Rev. (O. b.) IN TE — DOMINE — SPERAVI — 1774 × — Das von den lothringschen Schildhaltern (Adlern) gehaltene Wappen wie vorher; der Schild ist eckig. Erhabene Randschr. IVSTITIA — ET — PAX — zwischen Arabesken. $1^{11}/_{16}$ Loth. G. e.

5836. Pisaner Tallero v. 1781. Av. P · LEOPOLDVS D · G · P · R · H · ET B · A · A · M · D · ETRVR · (als Ueberschr.) Brustbild v. r. S., mit im Nacken gebundenem Haare, im Harnisch, Mantel und enger Halsbinde, auf dem Brustharnische das Stephanskreuz, mit umgelegtem Ordensbande und Vliessorden. Am Arme L S (verschlungen) und unten zwei gekreuzte Bergbarden. Rev. DIRIGE DOMINE — GRESSVS MEOS — (unten beg.) Das gekrönte Wappen auf dem Kreuze mit den beiden Orden wie vorher. Unten herum PISIS — 1781 Verzierter Rand. G. e.

5837. Desgleichen v. 1790. Av. LEOPOLDVS · II · D · G · H · ET · B · REX · A · A · M · D · E · und unten ein Einhorn und die verschl. Buchstaben LS Brustbild v. r. S., im Gewande. Rev. DIRIGE DOMINE — GRESSVS MEOS · und unten herum PISIS — 1790 · Das dreifach gekrönte Wappen mit den Schildhaltern und behangen mit dem goldn. Vliesse, dem toskan. Stephansorden, dem Maria-Theresia-Orden und dem ungar. Stephansorden. Im 3. Felde die Wappen von Galizien und Lodomerien, im 4. das von Burgund. Verz. Rand. S. g. e.

Ferdinand III. (1790—1801 u. 1814—1824),

Sohn Leopold's und dessen Gem. Maria Ludovica, Infantin v. Spanien, geb. 1769, wurde 1790 Grossherzog von Toskana, leistete auf letzteres 1801 Verzicht und erhielt dafür 1803 u. A. das Erzstift Salzburg mit der Würde eines Kurfürsten, 1805 aber für letzteres Würzburg, wovon er 1806 den Titel eines Grossherzogs von Würzburg annahm und bis 1814 im Besitze blieb. 1814 erhielt er Toskana zurück und † 1824.

5838. Pisaner Tallero v. 1800. Av. FERDINANDVS · III · D · G · P · R · H · ET · B A · A · M · D · ETRVR Haupt v. r. S.; unten LS, verschlungen, und ein Einhorn. Rev. Das gekrönte, von der Kette des goldn. Vliesses umgebene Wappen auf dem Ordenskreuze wie bei Nr. 5836. Oben herum LEX TVA — VERITAS ·, unten PISIS · — 1800 Verzierter Rand. G. e.

(Das Königreich Etrurien suche im I. Theile unter Nr. 645 flg.)

Leopold II. (1824—1859),

Sohn Ferdinand's III. und dessen 1. Gem. Louise Marie Amalie, Prinz. von Neapel und Sicilien, geb. 1797, succ. seinem Vater am 18. Juni 1824 u. entsagte dem Throne zu Gunsten seines Sohnes Ferdinand IV. am 21. Juli 1859.

5839. Pisaner Tallero zu 10 Paoli oder 4 Fiorini, v. 1826. Av. (U. b.) · LEOPOLDVS II · D · G · P · I · A · P · R · H · ET B · A · A · MAGN · DVX ETR · Haupt v. r. S.; darunter P · C · und ein Berg mit einem Schrägbalken (Wappenbild). Rev. SVSCEPTOR — NOSTER DEVS — und unten herum PISIS — 1826 · Gekrönter, auf vier Fahnen liegender, mit dem Vliess-, Stephans- und

Josephs-Orden behangener, ovaler Wappenschild (ohne Tinkturen). Erhabene Randschr. DIECI PAOLI · QUATTRO FIORINI ·· S. g. e.

5840. Desgleichen v. 1830. Av. Wie vorher, mit ETRVRIAE Statt des Punktes vor der Ueberschrift ein Wappenschildchen, worin eine Krone und ein mit einem Schrägbalken belegter Berg. Unter dem Halse ganz fein A · FABRIS S · Rev. Ueberschr. wie vorher; unten PISIS — 1830 Der gekrönte, viereckige Schild mit dem tingirten Wappen auf dem Kreuze des Stephansordens, mit den 3 Orden behangen. Randschr. wie vorher. S. g. e.

Genua.

Unter Johann Galeaz Maria Sforza, Herzog von Mailand, 1476—1478, † 1494.

5841. Teston. Av. · IO : G3 : M : SFO : DVX : M : VI(cecomes) : AC : IANVE : D(ominus) und die mail. Schlange. In zierlicher Bogeneinfassung das Stadtthor. Rev. ✱ ; CONRADVS : REX : ROMANOR · II : G : Kreuz in ähnlicher Bogeneinfassung. Gr. 28. 11/16 Loth. Vortrefflich erh. RR.

Unter Ludwig XII., König von Frankreich und Herzog von Mailand, 1499 bis † 1515.

5842. Teston. Av. · LVDOVIC' · XII · REX · FRA' · I..D · und eine Lilie. Gekrönter Lilienschild. Rev. COMVNITAS ✿ IANVE ✿ I ✿ C ✿ und eine Lilie. Ein Kreuz und das Stadtzeichen, neben einander gestellt. Gr. 28. 9/16 Loth. Sehr gut erh. RRR.

Unter den Dogen:

5843. Halber Ducaton v. 1625. Av. DVX ∗ ET ∗ GVB ∗ REIP ∗ GEN — Unter der Krone das Stadtzeichen zwischen 2 Kreuzen; darunter 1625 Rev. ✱ CONRADVS ∗ II ∗ RO ∗ REX Kreuz mit 4 Sternen in den Winkeln. Gr. 34. 1 1/16 Loth. G. e. R.

5844. Ducaton v. 1626, ähnlich dem halben, mit GEN ∗ — und 1626 im Av. Gr. 41. 2 1/2 Loth. S. g. e. R.

Johann Franz Brignole, Doge von 1635—1637.

5845. Dobla (schwerer Doppelthaler) v. 1635. Av. DVX ∗ ET ∗ GVB ∗ REIP ∗ GENVENSIS ∗ 1635 — Unter der Krone das von zwei Greifen gehaltene Stadtzeichen, worunter ein Engelsköpfchen. Rev. ✱ CONRADVS ∗ II ∗ ROMANORVM ∗ REX ∗ In (verb.) ∗ SVS Kreuz mit Verzierungen und Engelsköpfchen in den Winkeln. Gr. 57. 5 1/4 Loth. S. g. e. R.

Franz Gabarrini, Doge von 1669—1671.

5846. Ducaton von 1670. Av. ✱ DVX ∗ ET ∗ GVBERNATORES ∗ REIP ∗ GENV ∗ Kreuz zwischen 4 Engelsköpfchen und Verzierungen. Rev. (U. b.) ✱ ET ∗ REGE — ∗ EOS ∗ — 1670 ∗ I ∗ S ∗ S ∗ ✱ — Maria mit Zepter und dem Kinde, auf Wolken. Darüber ein von zwei fliegenden Englein gehaltener Sternenkranz. Gr. 53. 2¹/₈ Loth. S. g. e. R.

Augustin Spinola, Doge von 1679—1681.

5847. Ducaton v. 1679. Av. ✱ DVX • ET • GVB • REIP • GENV Kreuz mit 4 Sternen in den Winkeln. Rev. • ET • REGE • EOS • 1679 (•?) S · M • — Maria, wie vorher, auf Wolken. Ihr Haupt umgeben 7 Sterne. Gr. 42. 2⁵/₈ Loth. G. e.

Lukas Maria Invrea, Doge von 1681—1683.

5848. Ducaton v. 1682, ähnlich dem vorigen, mit 1682 • S • M • 2⁵/₈ Loth. G. e.

Vincenz Durazzo, Doge von 1709—1711.

5849. Viertel-Scudo v. 1709. Av. · DVX · ET GVBER — · — REIPVB · GENV · — Der gekrönte, von 2 Greifen gehaltene Kreuzschild über einem Lorbeer- und einem Palmzweige. Rev. NON • SVRREXIT • MAIOR • 1709 • F · M · S (als Ueberschr.) Der stehende h. Johannes. Der Rand ist gerieft. Gr. 33. ¹¹/₁₆ Loth. Gut erh.

Hieronymus Durazzo, Doge von 1793—1797.

5850. Scudo zu 8 Lire, v. 1797. Av. DUX · ET · GUB · — REIP · GENU · (als Ueberschr.) Zwei auf einem Sockel stehende Greife halten den Kreuzschild und darüber die Krone. Unten L · 8 Rev. NON · SURREXIT · — MAJOR · 1797 · (als Ueberschr.) Der stehende Johannes, um dessen Kreuzstab sich ein Band windet mit der Aufschr. ECCE — AGNUS — DEI Der Rand ist mit einem zierlich gelegten Bande verziert. 2¹/₄ Loth. G. e.

Genua als ligurische Republik, 1798—1805.

5851. Scudo zu 8 Lire, v. 1798. Av. REPUBBLICA · — LIGURE · ANNO · 1 · (als Ueberschr.) Zwischen einem Lorbeer- und einem Palmzweige der Kreuzschild auf den mit der Freiheitsmütze bedeckten Fasces. Unten L · 8 Rev. Zwei weibl. Figuren, die Freiheit und die Gleichheit, umschlingen sich. Ueberschr.: LIBERTA · — EGUAGLIANZA Im Abschn. 1798 Erhabene Randschr. PESO · GRANI · 728 · — (BONT)A · ONCIE · 10 · 16 · — zwischen Blattwerk. S. g. e.

Genua unter provisorischer Regierung, 1814.

(Präsident: Hieronymus Serra.)

5852. Vier-Soldistück v. 1814, mit dem Wappen, zwischen Füllhörnern, und dem Ritter Georg. Reichel IX. 2202. Billon. G. e.

Guastalla.

Ferdinand II. Gonzaga (1575—1630),

Sohn Cäsar's I. zu Guastalla und dessen Gem. Camilla Borromäa, Grf. von

Arona, geb. 1563, succ. 1575 als Fürst zu Molfetta und Graf zu Guastalla, ward 1621 Herzog v. Guastalla und starb 5. August 1630.

5853. Tallero v. 1619. Av. FERDINANDVS · GONZAGA · CÆSARIS · FIL · — (unten beg.) und unten dazwischen ein aus L und X gebildetes Monogramm (Luca Xell), neben welchem zwei Blumen. Brustbild v. r. S., im geblümten Harnisch, mit Halskrause und goldn. Vliesse. Unten · A · Zu den Seiten des Kopfes 16 — 19 Rev. MELFICTI · PRINCEPS — GVASTALLÆ · COMES — Gekrönter, mit der Kette des goldn. Vliesses behangener Schild mit 4 Hauptfeldern, in deren erstem ein Löwe, im zweiten 3 Querstreifen (Gonzaga), im dritten wiederum vier Felder (1. Einhorn, 2. Krone, 3. ein Schrägstreifen auf Querstreifen, 4. Schrägstreifen, abwechselnd mit Kugeln besetzt) als Wappen der Borromäi, im vierten ebenfalls vier Felder (1. u. 4. ein Stern, 2. u. 3. ein Jagdhorn) wegen seiner Grossmutter, Isabella v. Capua, und im Mittelschilde ein Adler. Mad. 2060. 1$^{15}/_{16}$ Loth. Sehr gut erh. R.

5854. Tallero v. 1619. Av. : FERDINANDVS : GONZ : — CAESARIS : FILIVS ✿ (oben beg.) Brustbild, ähnlich dem vorigen. Zu den Seiten 16 — 19 Unten zwischen der Umschrift in einem Kreise das aus L X gebildete Monogramm, und daneben B · Rev. MELFI : PRINC ✿ : — GVA : COMES : ✿ :· — Wie vorher; aber über der Krone B 1$^{15}/_{16}$ Loth. Sehr gut erh. R.

5855. Fiorino v. 1619. Av. FERD : GON : MELFI : PRINC : GVASTAL · D — Unter der kais. Krone der Doppeladler. Rev. · S : CAROL · — · BOR(romäus) · AR(chiepiscopus) · MED(iolani) · (als Ueberschr.) Brustbild des Heiligen, v. r. S., mit Infel u. Krummstab. Im Abschnitt zwischen · 16 — 19 · das Monogramm L X Gr. 28. $^{9}/_{16}$ Loth. Ist schweizerischen Dicken nachgeahmt. S. g. e. RR.

5856. Tallero v. 1620. Av. ✿ FERDINANDVS · G — ONZA : CAESARIS · FILIVS : Brustbild, ähnlich dem früheren. Zu den Seiten 16 — 20 Unter dem Arme ⬩ und im Kreise der Umschrift zwischen O in „Gonza" und dem Brustgewande das Monogramm L X zwischen Doppelpunkten. Rev. ⬩ MELFICTI · PRINCEPS · GVASTALLA · COM · — Gekrönter Schild mit dem beschriebenen Wappen, jedoch sind im dritten Felde des 3. Hauptfeldes drei Querstreifen und im vierten desselben Feldes 3 Schrägstreifen. Neben dem Schilde zwei kleine Verzierungen. Mad. 4612, aus dessen Sammlung dieses Exemplar stammt. 1$^{15}/_{16}$ Loth. Von seltener Schönheit der Erhaltung. R.

Lavagna.

Ludwig Fiesco, 1517—1532.

5857. Teston o. J. Av. LVDOVIC' ✱ FLISC ✱ LAVANIE ✱ Z ✱ C' ✱ DO ✤ Brustbild v. r. S., im Mantelkleide. Rev. ✱ S ✱ THEONES — T' MARTIRI' ✤ — Der auf einem Sessel sitzende Heilige mit einem Palmzweige in der Linken. Unten in der Umschrift ein Adler. (Mad. 5238.) $^{7}/_{8}$ Loth. Gut erh. R.

Peter Lukas Fiesco, 1532—1572.

5858. Teston o. J. Av. P • LVCAS • FLISCVS • LAVANIE • CO • M(esserani) • D(ominus) • ⊕ Brustb. v. r. S., im Mantelkleide, sehr ähnlich dem vorigen. Rev. • S • TEONES · — • MARTIR • — ⊕ Der Heilige, wie vorher. Unten der Adler. $^{11}/_{32}$ Loth. S. g. e. R.

5859. Teston o. J. Av. PETRVS · LVCAS · FLISCVS · LA · M · C · u. eine Krone. Der Adler. Rev. ✿ · SANCTVS · TEONESTVS · MAR · — Stehender Heiliger, in der Rechten die Fahne, die Linke auf das Schwert gestützt. $^{21}/_{32}$ Loth. Sehr schön erh. R.

Lucca.

5860. Scudo v. 1596. Av. Der h. Martin, zu Pferde, mit erhobenem Schwerte, reicht dem Bettler ein Stück seines Mantels. Ueberschrift SANCTVS — MARTINVS Am Boden ein Wappenschildchen und 1596 Rev. Verzierter Schild mit der schrägen Binde, worauf LIBERTAS Unten LVCA in Einfassung. Ueberschrift CAROLVS ♣ I — MPERATOR Mad. 1979. $1^{29}/_{32}$ Loth. Leidl. erh.

5861. Halber Scudo v. 1603. Av. SANCTVS MARTINVS und vor dieser Ueberschrift ein Wappenschildchen. Der Heilige, zu Pferde, durchschneidet den Mantel mit dem Schwerte. Am Boden 1603 Rev. CAROLVS IMPERATOR (unten beg.) Der Wappenschild, darunter LVCA in Einfassung. $1^{1}/_{32}$ Loth. G. e.

5862. Scudo v. 1607. Av. Vorstellung wie auf Nr. 5860, doch steht das Wappenschildchen, wie auf vorigem Stücke, vor der Ueberschrift SANCTVS — + — MARTINVS Am Boden 1607 Rev. Aehnlich dem des halben Scudo. $2^{3}/_{16}$ Loth. Etwas Doppelschlag im Rev.; gut erh.

5863. Leichter Scudo v. 1741. Av. RESPUBLICA ✿ — ✿ LUCENSIS ✿ — Gekrönter und mit 2 Palmzweigen besteckter, verzierter Wappenschild. Unten 1741 Rev. Der h. Martinus wie vorher, mit der Ueberschrift SANCTUS — MARTINUS ✿ Laubrand. $1^{11}/_{16}$ Loth. G. e.

5864. Desgleichen v. 1744. Wie der vorstehende. Mad. 4475. Cat. imp. 484. S. g. e.

5865. Doppellira v. 1748. Av. RESPUBLICA — LUCENSIS — Gekrönter verz. Schild. Rev. Der gekreuzigte Christus mit der Ueberschrift SANCTUS — VULTUS Unten · 17 — 48 · Geriefter Rand. Gr. 33. $^{5}/_{8}$ Loth. S. g. e.

5866. Leichter Scudo v. 1749. Av. RESPUBLICA · — ✿ LUCENSIS ✿ — Gekrönter, mit Palmzweigen besteckter Wappenschild. Unten 1749 Rev. Wie Nr. 5863. G. e.

5867. Desgleichen v. 1754. Av. RESPUBLICA — LUCENSIS ✿ — Gekröntes Wappen mit den Schildhaltern. Unten · 1754 · Rev. Wie vorher; ohne ✿ am Ende der Ueberschrift. Mad. 4476. Cat. imp. 484 ähnlich. G. e.

Felix Bacciochi und Elise Bonaparte, Fürsten von Lucca.

Elise, Schwester des Kaisers Napoleon I., geb. 1777, verm. sich 1797 mit Felix Bacciochi, erhielt 18. März 1805 von Napoleon das Fürstenthum Piombino und im Juni 1805 Lucca, wurde 3. März 1809 Statthalterin von Toskana, mit dem Titel Grossherzogin, verlor alle ihre Besitzungen 1814 und nannte sich „Gräfin v. Campignano", † 7. Aug. 1820. — Ihr Gem. Felix war geb. 1762 und † 28. April 1841.

5868. Fünffrankenstück v. 1808. Av. FELICE ED ELISA PP · DI LUCCA E PIOMBINO · (unten beg.) Beider Brustbilder v. r. S., das der Fürstin, rechtsstehend, mit Diadem und Brustgewand, das des Fürsten ohne Bekleidung. Rev. PRINCIPATO DI LUCCA E PIOMBINO · — und unten 1808 In einem Lorbeerkranze 5 | FRANCHI Den Rand umzieht ein Lorbeerkranz. G. e.

Karl Ludwig von Bourbon,

Sohn des Königs Ludwig von Hetrurien, geb. 1799, succ. 1803 als König von Hetrurien unter Vormundschaft seiner Mutter Marie Louise von Spanien, die 1807 in seinem Namen auf das Königreich Verzicht leisten musste und 1815 das Fürstenthum Lucca erhielt, übernimmt 1824 die Regierung von Lucca, tritt letzteres 1847 an Toskana ab, succ. nach dem Ableben der Herzogin Marie Louise von Parma († 1847) in Parma, Piacenza und Guastalla, verlässt 1848 Parma und legt 1849 die Regierung zu Gunsten seines Sohnes, Karl III., nieder.

5869. Doppellira v. 1837. Av. CARLO LOD · I(nfante) · D(i) · S(pagna) · DUCA DI LUCCA (als Ueberschr.) Das Haupt v. r. S.; darunter LANDI Rev. Zwischen Zweigen der gekr. Lilienschild, wobei 2 — L Unten 1837 Geriefter Rand. Z. g. e.

Mailand.

Unter den Königen.

Heinrich VII. von Luxemburg, 1308—1313.

5870. Grosso. Av. ✱ hENRICVS : REX : Kreuz mit Kleeblättern in den Winkeln. Rev. MEDIO — LAVVM Der auf einem Sessel sitzende h. Ambrosius, die Rechte zum Segnen erhoben, in der Linken den Krummstab. Gr. 25. 7/16 Loth. S. g. e. R.

Unter den Herzögen aus dem Hause Sforza.

Galeaz Maria (1466—1476),

Sohn des Herzogs Franz Sforza (eines Grafen v. Tricarico und Markgrafen v. Ancona, der 1450 Herzog v. Mailand wurde) und dessen 2. Gem. Blanca Maria, natürlicher Tochter und Erbin Philipp Maria's, des letzten Herzogs von Mailand aus dem Hause Visconti, geb. 1444, succ. seinem Vater 1466, nannte sich auch Graf v. Pavia, Anghiera und Herr v. Genua, wurde ermordet in der St. Stephanskirche zu Mailand 26. Dez. 1476.

5871. Teston. Av. GALEAZ ✶ M ✶ SF ✶ VICECOS ✶ DVX ✶ MLI (Mediolani) ✶ QIT, (quintus) und der Ambrosiuskopf im Nimbus. Geharn. Brustbild v. r. S., mit langem, wellenförmig gelocktem Haupthaar. Hinter dem Kopfe ein starker Punkt. Rev. ❦ PP (Papiae) ❦ ANGLE(riae) ❦ Q3 (que) ❦ — ❦ CO(mes) ❦ AC ❦ IANVE ❦ D(ominus) ❦ — Der behelmte, schräg gestellte Schild mit der mail. Schlange. Zu den Seiten G3 · — · M und die zwei brennenden Aeste mit daran hängenden Feuereimern. Im Av. ist ein viereckiger Stempel mit einem gekrönten L (Ludovicus) eingeschlagen. (Mad. 4507.) Sehr gut erh.

Ludwig Moro,

Bruder des Vorigen, als Vormund seines Neffen Johann Galeaz (des Sohnes des Vorigen und dessen 2. Gem. Bona v. Savoyen, geb. 1469, succ. 1477, † 22. Oct. 1494).

5872. Teston. Av. ❦ LVDOVICVS ❦ PATRVVS ❦ GVB'NANS und der Kopf des Ambrosius. Geharn. Brustbild v. r. S., mit langem Haare. Rev. ❦ IO GZ ❦ M ❦ SF ❦ VICECO ❦ DVX ❦ MLI ❦ SX (sextus) ❦ und der Kopf des Ambrosius. Geharn. Brustbild v. r. S., mit langem, gelocktem Haare. Mad. 4509. S. g. e.

Ludwig Moro (1494—1500),

geb. 1451, ward 1494 Herzog von Mailand, musste 1499 bei der Einnahme Mailand's durch König Ludwig XII. nach Innsbruck flüchten, setzte sich jedoch i. J. 1500 wieder in den Besitz der Stadt, ward aber im gl. J. auf seiner Flucht aus Novara von den Franzosen gefangen genommen und † 27. Mai 1508 im Gefängniss. – Sein ältester Sohn, Maximilian, gelangte 1512 durch Hülfe der Schweizer wieder zum Besitze des Landes, musste es jedoch 1515 den Franzosen wieder überlassen; der jüngere, Franz, dagegen kam 1521 zur Regierung und † 1535 als der letzte Herzog zu Mailand aus dem Hause Sforza.

5873. Teston. Av. LVDOVICVS M(aria) — SF ANGLVS DVX MLI und der Kopf des Ambrosius. Geharn. Brustbild v. r. S. Rev. PP ❦ ANGLE ❦ Q3 ❦ CO ❦ AC ❦ IANVE ❦ D ❦ ꝚO' und der Kopf des Ambrosius. Unter der Krone, von welcher ein Palm- und ein Lorbeerzweig herabhängen, der quadr. Schild mit dem Adler im 1. u. 4. und der Schlange im 2. u. 3. Felde. Zu den Seiten die Feuerbrände mit den Eimern. S. g. e.

Unter französischer Herrschaft.

Ludwig XII.

Er beanspruchte Mailand auf Grund der Vermählung seines Grossvaters Ludwig von Orleans mit Valentine, der Schwester des letzten Herzogs Philipp Maria von Mailand aus dem Hause Visconti, eroberte, nachdem er König von Frankreich geworden, das Land, verlor letzteres aber wieder 1512.

a. Als Herzog von Orleans und Herr von Asti, 1465—1498.

5874. Teston von Asti. Av. LVDOVICVS ❦ DVX ❦ AVRELIANESIS (Lilie) Brustbild v. l. S., mit einer Mütze bedeckt. Rev. MEDIOLANI ❧ AC ❧ AST(ensis) ❧ DN — S (dominus) — ❧ Ꝛ ❧ — Gekrönter vierf. Schild mit dem Wappen von Orleans und der Schlange. Zu den Seiten zwei Lilien. Zu Promis, Moneta della Zecca d'Asti, IV. 5. Vorzüglich erh. RRR.

24*

b. Als König von Frankreich, 1498—1512.

5875. Teston. Av. ✱ — • LVDOVIC' • D • G • FRANCORꝶ • REX — ✱ — Gekr. Lilienschild zwischen zwei Lilien. Rev. • MEDIOLA — N • DVX (Lilie) — Der sitzende Ambrosius, im Ornat, mit Geissel und Krummstab. $^{11}/_{16}$ Loth. Im Rev. wenig Doppelschlag; sehr gut erh. RR.

5876. Teston. Av. ✱ LVDOVIC' • D G • REX • FRANCORVM • Brustbild von rechter Seite, mit einer Mütze bedeckt, die von der Krone umgeben ist. Rev. • ET • MEDIOLANI • DVX • ET • C' • und der Kopf des Ambrosius. Gekrönter Schild mit den Lilien im 1. u. 4. und der Schlange im 2. u. 3. Felde. Zu den Seiten 2 Kronen. Gr. 30. $^{17}/_{32}$ Loth. S. g. e. RR.

Franz I., König von Frankreich.

Er hatte Mailand von 1515 bis 1521 in Besitz.

5877. Teston. Av. • FR • D • G • FR — ANCORꝶ • Rꝶ — • — Der sitzende Ambrosius, im Ornat, mit Geissel und Krummstab. Rev. • MEDIOLANI • DVX • ET • C' • und der Kopf des Heiligen. Gekrönter Schild mit dem quadr. Wappen von Frankreich u. Mailand. Gr. 28. $^{21}/_{32}$ Loth. Vortrefflich erh. RR.

Unter dem Hause Habsburg, dann Habsburg-Lothringen.

Karl V., römischer Kaiser, 1535—1554.

Er betrachtete Mailand nach dem Tode Franz Sforza's als erledigtes Reichs-Lehen, behauptete es gegen Frankreich und gab es 1554 seinem Sohne Philipp II., dem nachherigen Könige von Spanien.

5878. Teston. Av. IMP · CAES · CAROLVS · V · AVG · (als Ueberschr.) Bärtiges Brustbild v. r. S., mit Lorbeerkranz, im röm. Harnisch u. Gewand. Rev. SALVS . AVG — VSTA (als Ueberschr.) Eine stehende weibl. Figur (Salus) opfert dem Aesculap. Im Vordergrunde liegt ein Flussgott, dessen aus der Urne fliessendes Wasser mit PALVS · MLI bezeichnet ist. $^{5}/_{8}$ Loth. Sehr gut erh. R.

5879. Teston, ähnlich dem vorigen, mit · IMP · CAES · CAROLVS · V · AVG — und SALVS AVG — VSTA — und PALVS MLI $^{19}/_{32}$ Loth. G. e. R.

(Siehe auch Sicilien Nr. 1202; die goldne Nothmünze von Pavia suche unter Nr. 7170.)

Philipp II., König von Spanien 1554—1598.

5880. Halber Scudo v. 1582. Av. PHILIPPVS · REX · HISPANIARVM und der Kopf des Heiligen. Geharn. Brustbild v. r. S.; daneben I5 — 82 Rev. DVX · MEDI — OLANI · ETC' · Gekrönter mail. Schild mit dem Adler im 1. u. 4. und der Schlange im 2. u. 3. Felde. Gr. 34. $1^{1}/_{16}$ Loth. S. g. e. R.

5881. Scudo v. 1588. Av. (U. b.) PHILIPPVS · REX · HISPANIARVM — Geharn. Brustbild v. r. S., mit dem Vliesse am Bande. Zu den Seiten I5 — 88 Rev. · DVX · MEDIO — LANI · ETC' · —

Verzierter vierfeldiger Schild, mit der Krone bedeckt, aus welcher ein Palm- u. ein Lorbeerzweig hervorragen. Mad. 2503. 2³/₁₆ Loth. Sehr gut erh.

5882. Scudo v. 1594. Av. PHILIPPVS · REX · HISPANIAR (das R halb verdeckt) als Ueberschr. Brustbild, wie vorher. Unten · 1594 · Rev. · DVX · MEDIO — LANI · ET · C · — Gekrönter und verzierter Wappenschild. 2³/₁₆ Loth. S. g. e.

Philipp III., 1598—1621.

5883. Tallero zu 100 Soldi, v. 1605. Av. · PHILIPPVS · III · REX · HISPA · (als Ueberschr.) Geharn. Brustbild v. r. S., mit Halskrause. Unten · 1605 · Rev. · MEDIOLANI · — · DVX · ET · C · — Gekrönter vielfeldiger Schild mit drei unter einander gestellten Mittelschilden, wovon der mittelste das mail. Wappen enthält. Im Abschn. · 100 · Zu Mad. 2507. Z. g. e.; aus d. v. Dickmann'schen Cab. 1⁷/₈ Loth.

5884. Scudo v. 1608. Av. PHILIPPVS III REX HISPAN · (als Ueberschr.) Brustbild v. r. S., mit der Zackenkrone, im Harnisch, mit dem goldn. Vliesse am Bande auf der Brust. Unten 1608 Rev. · MEDIOLANI · — · DVX · ET · C · Gekrönter mailänder Wappenschild. Mad. 2508. 2³/₁₆ Loth. S. g. e.

Philipp IV., 1621—1665.

5885. Scudo v. 1622. Av. PHILIPPVS · IIII · REX · HISP · (als Ueberschr.) Mit der Zackenkrone bedecktes Brustbild v. r. S., im Harnisch, nebst Halskrause. Unten 1622 Rev. MEDIOLANI · — · — DVX · ET · C · Gekrönter und verz. Schild mit dem mail. Wappen. (Mad. 82.) 2³/₁₆ Loth. G. e.

5886. Scudo v. 1622. Av. · PHILIPPVS · IIII · REX · HISPA (als Ueberschr.) Brustbild, ähnlich dem vorigen. Unten · 1622 · Rev. Aehnlich dem vorigen, mit · DVX · und C · in der Umschrift. 2³/₁₆ Loth. Von seltener Schönheit.

5887. Tallero v. 1657. Av. * PHILIPPVS * IIII * REX * HISPANIARVM * (als Ueberschr.) Brustbild v. r. S., mit langem Haare, im Harnisch, mit dem Vliesse auf der Brust und mit glattem Halskragen. Unten * 1657 * Rev. * MEDIOLANI * — * * — * * — * DVX * ET * C * — Gekrönter vielfeldiger Wappenschild mit den 3 Mittelschildchen. 1⁷/₈ Loth. G. e.

Karl II. unter Vormundschaft seiner Mutter Maria Anna,

der Tochter Kaiser Ferdinand's III., (1665—1677).

5888. Tallero v. 1666. Av. (U. b.) CAROLVS · II · HISP · REX · ET · MARIA · ANNA · TVT(rix) · ET · G(ubernatrix) * Beider Brustbilder v. r. S.; der junge König zur Rechten, im Wamms, mit dem goldn. Vliesse, die Königin Mutter im Schleier. Unten · 1666 · Rev. * MEDIOLANI * — * DVX * ET * C * — Das gekrönte vollständige Wappen, wie vorher. Mad. 87. Cat. imp. 138. 1¹⁵/₁₆ Loth. G. e.

5889. Aehnlicher Tallero v. 1666, mit HISPA · im Av. $1^{13}/_{16}$ Loth. Gut erh.

Karl III., 1707—1740,

seit 1711 als Karl VI. römischer Kaiser.

5890. Tallero v. 1707. Av. (U. b.) · CAROLVS · III · REX · HISPANIAR · Geharn. Brustbild v. r. S., mit grosser Perrücke. Unter dem Arme 1707 Rev. · MEDIOLANI · — · DVX · ET · C · — Das gekrönte vollständige Wappen. ·Mad. 97, dessen Exemplar hier vorliegt. $1^{13}/_{16}$ Loth. Vorzüglich erh.

5891. Ein 60 Soldi-Stück v. 1725. Av. CAROLVS · VI · D · G · IMP · ET · HIS · REX (als Ueberschr.) Belorbeertes und geharn. Brustbild v. r. S., mit dem Vliesse. Unten S · 60 · Rev. MEDIOLANI — · DVX · ET · C · — Unter der Krone der Doppeladler mit Schwert und Zepter, auf der Brust den gekrönten, von der Vliessordenskette umgebenen mail. Schild. Unten 17 — 25 $^{3}/_{4}$ Loth. Die Jahrzahl ist undeutlich, sonst g. e.

Maria Theresia, 1740—1780.

5892. Tallero v. 1741. Av. (U. b.) MARIA · THERESIA · D · G · REG · HUNG · BOH · ARCH · AUST * Brustbild v. r. S., mit lockigem Haare. Rev. · MEDIOLANI * — * DUX · ET · C · — Gekrönter, mit einem Lorbeer- und einem Palmzweige besteckter, vierfeldiger Schild von Ungarn, Böhmen, Burgund und Tirol, mit dem mail. Wappen im Mittelschilde, über welchem noch der gekr. öster. Bindenschild. Unten J74J Mad. 2744 (unter Ungarn), aus dessen Cabinet vorliegendes treffl. erhaltenes Exemplar stammt. $1^{7}/_{8}$ Loth. R.

Joseph II., 1780—1790.

5893. Tallero v. 1786. Av. IOSEPH · II · D · G · R · IMP · S · AUG · G · H · ET B · REX A · A · (als Ueberschr.) Belorbeertes Brustbild v. r. S., ohne Bekleidung, mit im Nacken gebundenem Haare. Rev. MEDIOLANI ET — MANT · DUX 1786 (als Ueberschrift.) Ueber einem Palm- und einem Lorbeerzweige der gekrönte ovale Schild mit dem mail. Wappen nebst öster.-lothr. Mittelschilde. Unten L — B Laubrand mit der erhabenen Randschr. VIRTUTE — ET — EXEMPLO — $1^{5}/_{8}$ Loth. Vorzüglich erh.

Franz II., 1792—1796.

5894. Ein 30 Soldi-Stück v. 1794. Av. FRANC · II · D · G · R · IMP · S · AUG · G · H · ET · B · REX · A · A · (als Ueberschr.) Belorbeertes Haupt v. r. S. Rev. MEDIOLANI — DUX · 1794 (als Ueberschr.) Gekrönter herzförmiger Schild mit dem mail. Wappen nebst öster.-lothr. Mittelschilde. Unten SOLDI · 30 Mit Laubrand. Sehr gut erh.

Cisalpinische Republik, 1797—1802.

Diese von Bonaparte errichtete Republik bestand aus Mailand, Mantua, Modena, Mirandola, Novellara, Massa und Carrara, erweiterte sich dann noch durch Theile des päpstlichen, venetianischen und helvetischen Gebiets, hatte ihren Sitz zu Mailand und wurde 1802 in die italienische Republik umgewandelt, aus welcher 1805 das Königreich Italien entstand.

5895. Scudo zu 6 Lire, v. J. VIII (1800), gel. des Sieges von Marengo geprägt. Av. ALLA NAZ · FRAN ∴ LA REP · CISAL · RICONOSCENTE Frankreich in Gestalt einer sitzenden, gerüsteten weibl. Figur empfängt den Dank der cisalp. Republik. ' Neben letzterer ein Füllhorn und ein Storch. Am Sitze mit vertieften Buchstaben: *Salvirch* Rev. In einem Eichenkranze: SCUDO | DI LIRE SEI | 27 · PRATILE | ANNO VIII Erhabene Randschr. UNIONE' — E — VIRTU' — zwischen Verzierungen. 1¹/₂ Loth. S. g. e.

5896. Ein 30 Soldi-Stück v. J. IX. (1801), auf den Frieden von Lüneville und das Forum Bonaparte's in Mailand. Av. REPVBBLICA — CISALPINA · (als Ueberschr.) Weibl. Brustbild v. r. S., in einem mit Aehren bekränzten Helme. Unten herum SOLDI · 30 · Rev. PACE ' CELEBRATA · | FORO BONAPARTE | FONDATO · | ANNO IX · Laubrand. S. g. e.

5897. Ein zweiter, in der Stellung der Buchstaben zu einander etwas abweichender Stempel. Das N in „fondato" steht unter dem O in „Bonaparte", während es vorher unter dem B stand. S. g. e.

Napoleon Bonaparte als Präsident der italienischen (ehemals cisalpinischen) Republik (vom 26. Januar 1802 — 18. März 1805).

5898. Medaille v. J. X. (v. Luigi Manfredini) auf die der cisalpin. Republik neu ertheilte Constitution. Av. SPEM BONAM CERTAMQVE DOMVM REPORTO · HOR · — Ein Genius überreicht der sitzenden Republik eine Tafel, worauf COS · | ITA | LIC Im Abschnitt: COMIZI · CISALPINI | IN LIONE · A · X Rev. VOTI · PVBBLICI | PER · LA · PROSPERITA | ETERNA · DELLA · REPVBBLICA | ITALICA · ASSICVRATA | COLLA · COSTITVZIONE | AVSPICE · BONAPARTE · Gr. 55. 4 Loth. Silb. S. g. e.

5899. Probe-Scudo zu 5 Lire v. J. II. (1803). Av. AGRICOLTURA E COMMERCIO (als Ueberschr.) Ein Merkurstab zwischen einer Weintraube und einem Sterne. Unten ANNO · II | M(ilano) Rev. REPUBBLICA ITALIANA (als Ueberschr.) In einem Kranze aus Kornähren: SCUDO | DA | LIRE | 5 Unter dem Kranze D · 19 , 275 Der Rand ist verziert. 1⁵/₁₆ Loth. Vorzüglich erh. RRRR.

Mantua.

Franz II. (1484—1519),

4. Markgraf von Mantua, Sohn des Markgrafen Friedrich und dessen Gem. Margarethe von Bayern, geb. 1466, succ. seinem Vater 14. Juli 1484, war

Vicekönig von Neapel für Ludwig XII. von Frankreich und Gonfaloniere des Papstes Julius II., † 29. März 1519.

5900. Teston o. J. Av. · FR · MAR · MANTVE · IIII · (als Ueberschrift.) Brustbild v. l. S., mit langem Haupthaare, im Harnisch. Rev. · D(omine) · PROBASTI · ME · ET · COGN(ovisti) · ME · und eine kleine Monstranz. Ein Schmelztiegel mit Silberstangen im Feuer. ¹¹/₁₆ Loth. Sehr gut erh. R.

5901. Teston o. J. Av. FR · II · MR · MANTVAE · — Sonst ähnlich dem vorigen. Rev. ▲ S(anctae) ▲ R(omanae) ▲ E(cclesiae) ▲ — ▲ CONF(alonierus) ▲ — (unten beg.) Der Wappenschild von Mantua, auf dessen Kreuze das päpstliche Kirchenpanier (Padiglione) über den Schlüsseln (wegen der Würde eines Gonfaloniere der röm. Kirche). Sehr gut erh. R.

Friedrich II. (1519—1540),

Sohn des Vorigen und dessen Gem. Isabella v. Este, Tochter des Herzogs Herkules I. von Ferrara, geb. 1500, succ. 1519, ward 1530 Herzog von Mantua und 1536 Markgraf von Montferrat, welches ihm wegen seiner Gem. Margaretha, Tochter Wilhelm's II. von Montferrat, von K. Karl V. zuerkannt wurde, † 28. Juni 1540.

5902. Teston o. J. Av. (U. b.) FEDERICVS · II · M · MANTVAE · IIIII · — Kopf v. l. S., mit krausem Haare und kurzem Vollbarte. Rev. Der Berg Olymp; darüber FIDES Sehr gut erh. R.

5903. Lira o. J. Av. ▾ FED ▾ DVX ▾ MAN ▾ Ɐ ▾ MAR ▾ MONT(is) ▾ F(errati) ▲ — (unten beg.) Der Schild von Mantua mit vierfeld. Mittelschilde, worin der lombard. Löwe und die Querstreifen des Hauses Gonzaga. Auf dem Schilde ruht der Olymp unter der Krone. Rev. ▾ NICHIL (für nihil) ▾ ISTO — ▾ TRISTE ▾ — RECEPTO — (ob. beg.) Der knieende h. Longinus empfängt vom h. Andreas die h. Monstranz mit den Blutstropfen Christi. Gr. 33. ⁷/₁₆ Loth. G. e. R.

5904. Teston o. J. Av. SANCTA ✱ — BARBARA (als Ueberschrift.) Die stehende Heilige v. l. S., mit einem Thürmchen auf der Rechten und dem Palmzweige in der Linken. Im Abschn. ✱ MAN ✱ Rev. ✱ NIHIL ✱ ISTO ✱ — TRISTE ✱ RECEPTO — (oben beg.) Vorstellung wie vorher. Gr. 30. ⁵/₈ Loth. Die Figuren sind ein klein wenig ciselirt, sonst s. g. e. R.

Margaretha von Montferrat,

des Vorigen Wittwe (verm. 1531, † 28. Dez. 1566), und ihr jüngerer Sohn

Wilhelm, (1550—1566).

5905. Doppellira v. 1563. Av. ✻ MARG · Ɐ · GVL · DVCES · MANT · Ɐ · MAR · MONT · F Beider Brustbilder v. l. S., der Herzog, zur Linken seiner Mutter, geharnischt, die Herzogin in einem Kopftuche. Rev. In einem Kranze: NON ✦ IM | PROVIDIS · · 1563 · | · Mad. 1981. Gr. 32. ¹⁷/₁₆ Loth. G. e. R.

Wilhelm allein, 1566—1587.

Er war geb. 1538, succ. nach dem Tode seines älteren Bruders Franz III. 22. Febr. 1550, ward 1573 Herzog von Montferrat und † 14. Aug. 1587.

5906. Doppellira v. 1573. Av. ✱ GVLIEL + DVX + MANT + III + ·E + MAR + MONT + FER Geharnischtes Brustbild v. l. S. Rev. ⁕ SVVM ⁕ — CVIQVE ⁕ (als Ueberschr.) Die stehende Gerechtigkeit. Im Abschn. neben ihren Füssen I5 ⁕ 73 Cat. imp. 449. 11/32 Loth. War geh., sonst gut erh.

5907. Scudo zu 120 Soldi, o. J. Av. GVL · D : G · DVX · MAN · III · ET · MON · FE · I · (als Ueberschr.) Brustbild v. r. S., mit Ober- und spitzigem Unterbart, im Harnisch, mit Ueberwurf und gekräuseltem Kragen. Rev. OMNIA ⁕ MVNDAN — TV — R ⁕ — IN ⁕ ISTO — Zwei Englein vor der auf einem Altar stehenden Monstranz. Im Abschn. ⁕ 120 ⁕ 23/16 Loth. Sehr gut erh. RRRR.

Vincenz I. (1587—1612),

Sohn des Vorigen und dessen Gem. Eleonora, Tochter Kaiser Ferdinand's I., geb. 1562, succ. 1587, † 9. Febr. 1612.

5908. Tallero v. 1589. Av. ✿ VIN ✿ D G ✿ DVX ✿ MAN ⁕ IIII ✿ ET ✿ MON ✿ FER ⁕ II ✿ und unten dazwischen I5 · 8 · 9 Brustbild v. l. S., mit kurzem Haare und wenig Bart, im geblümten Harnisch (auf dessen Bruststück ein Adler), mit Halskrause und goldnem Vliesse an einem Bande. Rev. ✿ PROTECTOR ✿ NOSTER ✿ ASPICE ✿ Der h. Georg auf linkshin springendem Pferde, den Drachen mit der Lanze erlegend. Im Abschn. (⁘) MANTVA ⁘ Gr. 40. 17/8 Loth. Sehr gut erh. R.

5909. Aehnlicher Scudo v. 1589, mit ✿ VIN ✿ D G ⁕ DVX ✿ MAN ⁕ IIII ⁕ ET ✿ MON ✿ FER ✿ II ✿ und I · 5 · 8 · 9 Das Vliess zeigt sich hier von rechter Seite, während es vorher von linker Seite erschien. Im Rev. sind die ·:· neben „Mantua" deutlich. Mad. 4478. Gr. 43. 25/32 Loth. Oben am Rande ein kl. Loch; gut erh. R.

5910. Casaler Scudo v. 1592. Av. VINC ⁕ D ⁑ G ⁕ DVX ⁕ MANT ⁕ IIII ⁕ ·E ⁕ MON ⁕ FER ⁕ II (als Ueberschr.) Brustbild v. r. S., im Harnisch, mit einem Löwenkopfe an der Achsel, im Gewand, mit dem Vliesse am Bande. Rev. ⁕ PROTECTOR ⁕ NOSTE — RA (statt noster) ⁕ ASPICE ⁕ 1592 ⁕ (als Ueberschr.) Der Ritter Georg zu Pferd, v. r. S., den Drachen erstechend. Im Abschnitt, bogenförmig ⁕ CASAL ⁕ (Zu Mad. 4480.) 23/16 Loth. Gut erh. R.

5911. Casaler Tallero v. 1594. Av. VINC · D : G · DVX · MAN · IIII · ·E · MON · FE · II · (als Ueberschrift.) Brustbild, wie vorher. Rev. ⁕ PROTECTOR ⁕ NOSTER ⁕ ASPICE ⁕ 1594 ⁕ Aehnlich dem vorigen. Unten ⁕ CASAL ⁕ Zu Mad. 1983. 17/8 Loth. Z. g. e. R.

5912. Tallero v. 1595. Av. (Blatt) — VINCENT · D : G · — DVX M : IIII (als Ueberschr.) Geharnischtes Bildniss bis an den Schooss,

v. r. S., in der Rechten den Kommandostab, die Linke auf den vor ihm stehenden befederten Helm gelegt. Rev. ET MONTIS : — : FERRATI : II — Gekrönter, von der Kette des goldn. Vliesses umgebener Schild von Mantua mit neunfeldigem Mittelschilde, über welch' letzterem der gekr. öster. Bindenschild. Zwischen Schild und Krone der Olymp und dabei FI D̲ ES Unten neben dem Vliesse J5 — 95 Mad. 1984. War geh., sonst sehr gut erh. Stammt aus v. Madai's Cab. R.

5913. Casaler Scudo v. 1604. Av. (U. b.) ▲ ⁑ (statt ⁑ zwei über einander gestellte ▲) VINC ▼ D ⁑ (statt ⁑ zwei über einander gestellte ▼) G ▼ DVX ▲ MAN ▲ IIII ▼ E ▼ MON ▲ FER ▼ II — Geharn. Brustbild v. l. S., mit dem Vliesse; unten · I604 · Rev. ✦ PROTECTOR :✦: — NOSTER ✦ ASPICE ✦ (als Ueberschr.) Der Ritter Georg, wie früher. Ueber dem Drachen 1604 Im Abschn. ✦ CASAL ✦ Hat gelitten. R.

Franz IV. (1612),

Sohn des Vorigen und dessen 2. Gem. Eleonora von Florenz, geb. 1586, succ. 1612, † 22. Aug. 1612. Er hinterliess mit seiner Gem. Margaretha von Savoyen eine einzige Tochter, Maria, die mit Herzog Karl II., dem Sohne Karl's I. zu Nevers und nachh. Herzogs zu Mantua, sich vermählte.

5914. Scudo v. 1612. Av. FRAN · IIII · D · G : DVX · MAN · V · E · M · F · III (als Ueberschr.) Geharn. Brustbild v. r. S., mit Halskrause und umgelegter Ordenskette des h. Sakraments oder vom heil. Blute. Unten · 1612 · Rev. PROTECTOR FACTVS EST MIHI (als Ueberschr.) Der h. Franz von Assisi umfasst knieend ein Kreuz. Der Abschnitt ist leer. Mad. 1985. Cat. imp. 449. 2$^{3}/_{16}$ Loth. Sehr gut erh. RR.

Ferdinand (1612—1626),

Bruder des Vorigen, geb. 1587, Kardinal 1607, wurde 1612 Herzog und starb 29. Oct. 1626, zweimal vermählt, ohne Kinder zu hinterlassen.

5915. Tallero zu 120 Soldi, v. 1612. Av. FER ▲ S(anctae) ▲ R(omanae) ▲ E(cclesiae) ▲ D(iaconus) ▲ CAR(dinalis) ▲ D ▲ G ▲ — DVX ▲ MAN ▲ VI ▲ E ▲ M ▲ F ▲ IIII — Unter dem Kardinalshute das gekrönte, vom Orden des h. Blutes umgebene vollst. Wappen wie auf Nr. 5912. In der Krone neben dem Olymp FID — ES Rev. NIHIL — ISTO — TRISTE — RECEPTO (als Ueberschr.) Uebergabe der Monstranz mit den Blutstropfen Christi. An den Stufen, worauf der Heilige steht, G M | I6I2 Im Abschn. · I20 · Der Rev.-Stempel ist von einem Tallero Franz des IV. genommen. Mad. 1986. Geringhaltig, gut erh.

5916. Scudo v. 1613. Av. FERD · CARD · D · G · DVX · MAN · VI · E · M · F · IIII · (als Ueberschr.) Brustbild v. r. S., im Mozzetta, mit umgelegter Ordenskette und aufgesetztem Kardinals-Barett. Unten ✱ G · M · F · I6I3 ✱ Rev. ✦ NON ✦ MVTVATA ✦ LVCE ✦ und unten zwischen Anfang und Ende der Ueberschrift ~B~ Strahlende Sonne. Mad. 6905. 2$^{1}/_{8}$ Loth. S. g. e.

5917. Scudo v. 1614. Av. FERD : CAR : D : G : DVX : MAN : VI : E : M : F : IIII :· (als Ueberschr.) Brustbild, wie vorher. Unten mehrere Punkte und MDCXIIII :· Rev. Wie vorher. Unten zwischen der Umschrift eine Verzierung, neben welcher links B (Mad. 1987. Cat. imp. 450.) 2⅓ Loth. S. g. e.

5918. Halber Scudo o. J. Av. FER ▴ CAR ▴ — D ▴ G ▴ — DVX ▴ M ▴ VI ▴ E ▴ M ▴ F ▴ IIII ▴ (als Ueberschr.) Brustbild, wie vorher. Rev. NON ✦ MVTVATA ✦ LVCE ✦ und unten ✿ — B neben einer Verzierung. Die Sonne. Mad. 5897. Aus v. Madai's Cabinet. 1¹/₁₆ Loth. S. g. e. R.

5919. Scudo v. 1617. Av. ✿ FERD · D G · DVX · MANT · VI · E · MONFER · IV ✿ (als Ueberschr.) Geharn. Brustbild v. r. S., mit Halskrause und dem Orden am Bande. Unten · I6I7 · —· ✿ Rev. ✦ NON ✦ MVTVATA ✦ LVCE ✦ ~ · ✿ · ~ (unten beg.) Strahlende Sonne. Zu Mad. 4484. 2³/₁₆ Loth. S. g. e.

5920. Casaler Scudo v. 1617. Av. FERDIN · D G · DVX · MANT · VI · E · MON · FER · IIII · (als Ueberschr.) Geharn. Brustbild v. r. S., mit Halskrause und dem Orden. Unter demselben 1617 — · G · C · Rev. · PROTECTOR ✶ NOSTER ✶ ASPICE · Der Ritter Georg auf linkshin springendem Rosse, den Drachen mit der Lanze erlegend. Unten · CASALE · Mad. 1990. Leidlich erh.

Vincenz II (1626—1627),

Bruder des Vorigen, geb. 1594, Kardinal 1615, Herzog 1626, † 25. Dez. 1627, ohne Nachkommen. Ihm succedirte sein Vetter Karl I. Herzog zu Nevers und Rethel.

5921. Scudo v. 1627. Av. VINCEN II D G DVX MANT VII E M F V (als Ueberschr.) Brustbild v. rechter Seite, im Harnisch, mit Ueberwurf, Halskrause und Ordenskette. Darunter ·· I · O · F ··· Rev. ✦ FERIS ✦ TANTVM (✦) INFENSVS ✦ und eine Arabeske. Stehender Hund v. l. S., unter welchem im Abschn. MDCXXVII Mad. 1992. Cat. imp. 450. S. g. e. RR.

5922. Scudo v. 1627. Av. · VINCEN · II · D : G · DVX · MANT · VII · E · M · F · V · (als Ueberschr.) Brustbild v. linker Seite, im Harnisch u. s. w.; darunter 1627 (die 1 steht verkehrt.) Rev. FERIS · TANTVM · INFENSVS · und eine Arabeske. Stehender Hund. Mad. 5514. Von seltener Schönheit. R.

5923. Aehnlicher Scudo v. 1627, mit VINCEN : II : D : G : DVX : MANT : VII : E : M : F : V und FERIS ✦ TANTVM ✦ INFENSVS (Verzierung). Cat. imp. 450. Bei der Jahrzahl ein Stempelsprung. S. g. e. R.

5924. Halber Scudo v. 1627. Av. · VINC · II · D · G · DVX · MAN · VII · E · M · F · V · — · · (als Ueberschr.) Brustbild von linker Seite, wie vorher. Darunter MDCXXVII Rev. ✦ FERIS ✦ TANTVM ✦ INFENSVS ✦ und eine Verzierung. Stehender Hund (ohne Fussboden). Mad. 4489. Gut erh. RR.

5925. Halber Scudo o. J. Av. VINCEN · II · D : G · DVX — MANT · VII · E · MON · F · V — Gekrönter, von der Ordenskette des h. Blutes umgebener Schild mit dem Wappen, wie früher. In der Krone der Berg zwischen FID — ES Rev. · B(eatus) : ALOIIS (ius) — GONZ(aga) : PROT(ector) : MAN (als Ueberschr.) Dieser vor dem ihm in Wolken erscheinenden Christus knieende Heilige. Neben ihm Reichsapfel und Krone (letztere im Abschnitt). Im Abschn. · 80 Mad. 4490. Cat. imp. 451. Der Mittelschild undeutlich, sonst s. g. e. R.

Karl I. (1627—1637),

Herzog von Nevers und Rethel, Sohn Ludwig Gonzaga's und dessen Gem. Henriette von Cleve, Tochter und Erbin Franz I. Herzogs zu Nevers, ein Enkel Friedrich's II. von Mantua, geb. 1580, succ. 1601 seiner Mutter in Nevers, erbte nach dem Tode seines Vetters Vincenz II. 1627 die Herzogthümer Mantua und Montferrat, die ihm nach beigelegtem Streite zugesprochen wurden und † 20. Sept. 1637. Seine Gem. war Katharina, Prinz. von Lothringen, Tochter des Herzogs Karl von Mayenne.

(S. auch Nr. 820 im I. Theile.)

5926. Scudo zu 160 Soldi, v. 1629. Av. · MANTVÆ · ANNO · SALVTIS · 1629 · — Gekrönter und verzierter Schild mit dem lomb. Löwen im 1. u. 4. Felde und dem Wappen des Hauses Gonzaga im 2. und 3. Felde. Rev. In einem Lorbeerkranze eine von der Sonne beschienene Sonnenblume. Ganz unten 160 Cat. imp. 540. Vergl. Rivista d. Num. I., wo ein ähnlicher v. 1630 auf Tab. VI. 7 abgebildet und pag. 310 besprochen wird. $2^{1}/_{32}$ Loth. S. g. e. RR.

5927. Tallero o. J. Av. · NIHIL · ISTO — T — RISTE · RECEPTO · (als Ueberschr.) Der h. Andreas mit dem Kreuze und der Monstranz. Im Abschn. · MANTVÆ · Rev. DOMINE ◆ PROBASTI ◆ ME ◆ E ◆ COGNOVISTI ◆ ME und eine kleine Monstranz. Der Schmelztiegel im Feuer. (Mad. 4494.) Abweichend von dem in der Riv. d. Num. I. Tab. V. Nr. 6. abgebildeten. Zur Zeit der Belagerung von Mantua, 1630, geschlagen. $1^{13}/_{16}$ Loth. S. g. e. RR.

5928. Desgleichen, mit T — R — ISTE · und einer Linie unterhalb des Wortes · MANTVÆ · Im Rev. stehen statt der Röschen Punkte. $1^{13}/_{16}$ Loth. S. g. e. RR.

5929. Scudo v. 1631. Av. CAROLVS · I · D · G ∴ DVX · MAN · E · M · F · E · C — (als Ueberschr.) Brustbild v. r. S., im Harnisch, mit Ueberwurf, glattem, abstehendem Halskragen und Ordenskette. Unten ◆ 1631 ◆ Rev. (U. b.) ◆ NEC ◆ RETROGRADIOR ◆ NEC ◆ DEVIO ◆ und eine Verzierung. Die Sonne auf dem Thierkreise, zwischen Sternen, über der Erde, die von Wolken umgeben ist. Mad. 1993. Ein wenig Doppelschlag, s. g. e. $2^{5}/_{16}$ Loth. R.

5930. Halber Scudo zu 80 Soldi, o. J. Av. CAROLVS · I · D · G · MAN · MON — F · NIV(erni) · MAY(ennae) · RET(helii) · DVX · E · C · Gekrönter, von der Kette des Ordens vom h. Blute umgebener Wappenschild. Ueber dem Schilde *ΟΛΥΜΠΟΣ* und über der Krone neben dem hervorragenden Olymp · FID — ES · Rev. Wie von Nr. 5925. Mad. 1994. Hat gelitten. $1^{1}/_{32}$ Loth.

Maria,

(Tochter Franz IV. von Mantua und Wittwe des bereits 1631 verstorbenen Karl (II.), des Sohnes des Vorigen, geb. 1609, verm. 1627, † 1660),

als Vormünderin ihres Sohnes Karl II. (III.), 1637—1647.

5931. Scudo o. J. Av. MARIA · E · CAR · II · D · G · D · MAN · E · MON · F · E · C · (als Ueberschr.) Beider Brustbilder v. l. S.; das der Mutter rechts, mit grosser haubenartiger Kopfbedeckung, das des Prinzen im Harnisch. Rev. MARIA * MATER * GRATIÆ * PROTETRIX (sic!) * NOSTRA * und eine Blume (unt. beg.) Maria bis an den Schooss, mit dem Kinde im linken Arme. Im Abschn. MANTVA × (Mad. 1995.) S. g. e.

Karl II. (III.),

geb. 1629, succ. seinem Grossvater Karl I. 1637 und † 14. Aug. 1665.

5932. Scudo v. 1649. Av. * CAROLVS * II * D * G * DVX * MAN * E * M * F * E * C · (als Ueberschr.) Geharn. Brustbild v. l. S. Rev. ✪ TV ✪ AVTEM ✪ PERMANES ✪ (als Ueberschrift.) Verzierter, ovaler Schild, worin die Sonne über Wolken, aus welchen Regen und Hagel fällt. Unten herum · I6 — 49 · zwischen Blumen. Mad. 1996. Cat. imp. 452. G. e.

5933. Ein 30 Soldi-Stück o. J., mit dem Brustbilde und dem Wappen. Reichel IX. 2722. Gr. 29. Sehr geringhaltig. Leidlich erh., wie gewöhnlich.

Isabella Klara, Erzherzogin von Oesterreich,

(Tochter des Erzherz. Leopold in Tirol und Wittwe Karl's II. (III.), geb. 1629, verm. 1649, † 24. Febr. 1685),

als Vormünderin ihres Sohnes Ferdinand Karl, 1665 bis 1670.

5934. Scudo v. 1666. Av. ISABELLA : CLARA : FERD : CAR : D : G : D : MAN — : — E : M : F : E : C : (unten beg.) Beider Brustbilder v. r. S.; darunter 1666 Rev. : ALTA : A : LONGE : COGNOSCIT · Die über dem Meere aufgehende Sonne. Mad. 1997. S. g. e.

Ferdinand Karl (Karl IV.) allein (1670—1706),

letzter Herzog von Mantua, geb. 1652, succ. 1665 unter Vormundschaft seiner Mutter, stand i. J. 1700 auf Seite der Franzosen und musste 1706 nach Frankreich flüchten, worauf die Kaiserlichen des ganzen Herzogthums Mantua sich bemächtigten, und † 30. Juni 1708 in der Reichsacht, zu Padua.

5935. Ein 80 Soldi-Stück v. 1702. Av. FERD · CAR · D · G · DVX · MANT · M · (als Ueberschr.) Geharn. Brustbild v. r. S. Rev. CONVENIENTIA CVIQVE 1702 (als Ueberschr.) Eine Gruppe von Waffen und Rüstungsstücken. Unten S · — 80 Gr. 28. $^{7}/_{16}$ Loth. S. g. e.

5936. Tallero v. 1706. Av. (U. b.) FERD · CAR · D · G · DVX · MANT · MONT · CAR(olivillae) · GVAS(tallae) · Brustbild v. r. S., im röm. Harnisch und Gewand, mit Perrücke. Rev. Trophäe von Kanonen und Kriegsgeräth, mit der Ueberschrift: CONVENIENTIA CVIQVE Unten 1706 Erhabene Randschr. MAIESTATIS — PRÆSIDIA — zwischen Blumen und Blattwerk. Mad. 1998. S. g. e.

Massa.

Alberich I. Cybo Malaspina (1553—1623),

dritter Markgraf und erster Fürst zu Massa, 2. Sohn des Grafen v. Ferentillo und 1. Markgrafen zu Massa Lorenz Cybo († 1549) und dessen Gem. Richarda Malaspina, Tochter und Erbin Alberich's, Markgrafen zu Massa und Carrara und Wittwe des Graf. Scipio Fiesco, geb. zu Genua 1532, trat nach seiner Mutter Tode, 1553, die Regierung an, fügte nach der Bestimmung des mütterlichen Testamentes seinem Geschlechtsnamen den seiner Mutter bei und nannte sich Cybo Malaspina, ward 1568 von Kaiser Maximilian II. zum Reichsfürsten und Fürsten von Massa erhoben, † 18. Januar 1623.

5937. Doppel-Doppia (Doppia da due) zu 4 Scudi d'oro, v. 1588. Av. * ALBERICVS · CYBO · MALA — * 88 * (unten beg.) Bärtiges Brustbild v. r. S., im Harnisch, mit Halskrause. Rev. S(acri) * R(omani) * I(mperii) * ET * MASSÆ * PRINC * I und unten dazwischen * 4 * (scudi) Unter einer Zackenkrone ein verzierter ovaler Schild mit dem Wappen des Hauses Cybo (Kreuz und geschachter Schrägbalken), das durch die des Hauses Malaspina (ein blühender Dornenzweig) und Medici (sechs Kugeln) vermehrt ist. Viani, Storia e monete di Massa, Tab. I. Nr. 1. (etwas abweichend). Gr. 28. 3³/₄ Dukaten. Sehr gut erh. RRR.

Messerano.

Bessus III. Ferrero-Fiesco (1559—1584),

Sohn Philibert Ferrero's Markgrafen v. Messerano († 1559) u. dessen Gem. Bartholomäa Fiesco, von welcher der Besitz des Marquisats Messerano und der Zuname Fiesco sich herschreibt, erhielt vom Herzoge von Savoyen tauschweise die Markgrafschaft Crevacuore 1576, war zweimal vermählt und hinterliess bei seinem am 6. Oct. 1584 erfolgten Tode einen einzigen Sohn als Nachfolger.

5938. Halber Teston (Mezzo Quarto) v. 1579. Av. BESSVS · (F · F)L(iscus) · MAR(chio) · MES(serani) · E · CREPACO(rdii) Gekröntes vierfeldiges Wappen mit Mittelschild. Rev. ✠ IN ✿ DEO ✿ SPES ✿ MEA ✿ 1579 ✿ S Blätterkreuz, mit Arabesken in den Winkeln. Gr. 25. ⁵/₁₆ Loth. Die Buchstaben F · F im Av. sind undeutlich, sonst sehr gut erh. R.

Franz Philibert Ferrero-Fiesco (1584—1629),

Sohn des Vorigen u. dessen 2. Gem. Claudina v. Savoyen de Raco, geb. 1576, wurde von K. Rudolf II. zum Reichsfürsten erhoben, war savoyischer General und wurde von Herzog Karl Emanuel von Savoyen am 18. März 1608 zum Ritter des Ordens dell' Annunciata erklärt. Da er sich 1616 im 1. Montferratischen

Kriege auf die spanische Seite stellte, bemächtigte sich Savoyen 1617 seiner Lande. Der Fürst flüchtete nach Mailand, wurde aber im gl. J. durch den Frieden v. Pavia wieder eingesetzt. Er war vermählt mit Franziska v. Grillet, einer Tochter Karl Maximilian's Gr. v. St. Trivier, starb 15. Sept. 1629 und hinterliess seinen Sohn Paul als Nachfolger.

5939. Tallero zu 8 Fiorini, v. 1613. Av. FRANC · FIL · FE — RR · FLI · PRINCE · MESSERA · — Geharnischtes Bildniss bis an den Schooss, v. r. S., mit umgenommener Feldbinde, die Rechte an die Seite gelegt, die Linke am Degengriffe. Rev. CAROLI · QVINTI — IMPERATOR(is) · GRA(tia) — Unter der Kaiserkrone der Doppeladler mit dem ovalen gespaltenen Wappenschild (Acciajoli und Fiesco) auf der Brust. Zu den Seiten 16 — 13 Unten in der Umschr. zwischen Einfassung F · VIII Mad. 2001. Cat. imp. 468. 1⅞ Loth; geringhaltig. Sehr gut erh. RR.

5940. Desgleichen, o. J. Av. Wie vorher. Rev. CAROLI ✿ QVINTI ✿ IMPERATOR ✿ GRATIA — Unter der Krone der Doppeladler mit dem Brustschilde. (Mad. 2001.) G. e. RR.

Mirandola.

Alexander Pico (1602—1637),

Sohn Ludwig Pico's, Herrn von Mirandola und ersten Grafen von Concordia, und dessen 2. Gem. Fulvia Gräfin v. Correggio, geb. 1567, succ. seinem Bruder Friedrich Pico 1602, wurde 1617 Herzog von Mirandola u. Markgraf von Concordia und † 2. Dez. 1637.

5941. Tallero o. J. Av. ALEX * DEI * GRA * AC * SACRI * ROM * IMP * DVX * M(irandulae) * I ✿ Brustbild v. r. S., mit krausem Haare, im Harnisch, mit Ueberwurf, nebst Halskrause und goldn. Vliesse am Bande. Rev. · CONCOR(diae) * MAR(chio) III * — * SAN(cti) * MART(ini) * BARO · — Gekrönter, von der Kette des goldn. Vliesses umgebener Schild mit dem quadr. Wappen (1. u. 4. das quadr. Wappen von Mirandola und Concordia nebst dem Familienwappen im Mittelschilde; 2. u. 3. gespalten, rechts eine Binde, links ein Löwe [Correggio]) nebst Mittelschild (gekr. Adler). $1^{15}/_{16}$ Loth. S. g. e. RRR.

5942. Tallero v. 1618. Av. ALEXANDER * DVX * MIRANDVLÆ * I * (unten beg.) und dazwischen ✿ 56 ✿ Brustbild v. linker Seite, im Harnisch, auf dessen Brusttheil ein Fratzenkopf, und mit glattem Kragenumschlage. Daneben I6 — I8 und unten + G · A + R + Rev. CONCORDIÆ — MARCHIO * III — Gekrönter, von der Vliessordenskette umgebener Schild mit dem quadr. Wappen nebst geschachtem Mittelschilde wie im 1. Felde des Wappens auf vorigem Thaler, und einem Schildhaupte, worin der gekr. kais. Doppeladler. Zu Mad. 2003. $1^{13}/_{16}$ Loth. S. g. e. R.

5943. Tallero v. 1622. Av. ALEX * DVX * MIR * I · CON · MAR · III * S · MART · IN SPI(no) · DOM · Brustbild von r. Seite, im Harnisch und Ueberwurf, mit Halskrause und dem goldn. Vliesse. Darunter I6zz Rev. INSIGNIA ANTIQVI — SSIMA ET MA-

TERNA — * · ✿ · * — Gekrönter, von der Kette des goldnen Vliesses umgebener Schild mit dem vereinigten Wappen von Correggio und Mirandola (1. gespalten, rechts Binde, links Adler, 2. Löwe, 3. quadr. Wappen von Mirandola-Concordia nebst geschachtem Herzschilde, 4. quadrirt: a. Binde, b. Löwe, c. Adler, d. drei Querstreifen; Mittelschild: Adler). - Mad. 6916 aus Cat. imp. 469. War gehenk., sonst gut erh. R.

Modena.

Herkules I. (1471—1505),

zweiter Herzog zu Ferrara und Modena, Sohn des Markgrafen Nikolaus III. von Este zu Ferrara und dessen 3. Gem. Ricciarde, Tochter Thomas III. von Saluzzo, geb. 1431, succedirte seinem Bruder Borso, der von Kaiser Friedrich III. 18. Mai 1452 zum Herzoge von Modena und vom Papste Paul II. 14. April 1470 zum Herzoge zu Ferrara erhoben worden war, am 20. Aug. 1471, und † 25. Januar 1505.

5944. Teston für Ferrara. Av. (U. b.) HERCVLES ▾ DVX ▾ FERRARIAE ▾ II ▾ — Kopf v. l. S., mit langem Haupthaare. Rev. Nackte, männliche Figur mit ausgestreckter Rechten, zu Pferd, v. r. S. Gr. 29. 11/16 Loth. Von seltener Schönheit. R.

5945. Halber Teston für Ferrara. Av. ✻ HERCVLES · DVX · FERARIE Geharn. Brustbild v. l. S. Rev. DEVS · FORTITVDO · MEA ✿ ✻ ✿ Der h. Georg auf linkshin springendem Pferde, mit der Lanze den Drachen erlegend. 1/4 Loth. Gr. 25. War gehenk., sonst gut erh.

Alfons I. (1505—1534),

dritter Herzog zu Ferrara und Modena, Sohn des Vorigen und dessen Gem. Eleonora, Tochter Ferdinand's I. von Neapel, geb. 1476, succ. seinem Vater 1505, erhielt 1530 von Kaiser Karl V. das bis dahin dem Hause Pico gehörige Fürstenthum Carpi zuerkannt, und † 31. Oct. 1534.

5946. Scudo d'oro del sole, für Ferrara. Av. ALFONSVS DVX FERRARI · III ✻ Unter einem Kronenreif der Schild mit dem kais. Doppeladler im 1. u. 4. Felde und dem von König Karl VII. von Frankreich dem Markgrafen Nikolaus verliehenen Lilienwappen im 2. u. 3., welche Felder durch ein eingeschobenes Feld mit den (von den Herzögen zu Ferrara als Vasallen und Vikaren der röm. Kirche geführten) päpstl. Schlüsseln getrennt werden, worauf noch der Mittelschild mit dem Adler von Este ruht. Rev. ✻ IN HOC SIGNO VINCES · Das Kreuz Christi zwischen den 2 Lanzen auf dem Calvarienberge. Monn. en or, 239. Gr. 26. 15/16 Dukaten. Sehr gut erh. R.

5947. Teston für Ferrara. Av. (U. b.) ▾ ALFONSVS ▾ DVX ▾ FERRARIAE ▾ III ▾ — Geharn. Brustbild v. l. S., ohne Bart, mit langem Haupthaare. Rev. ▾ DE ▾ FORTI ▾ DVLCEDO ▾ (als Ueberschr.) Ein sitzender Krieger (Simson) hält auf der Rechten einen von Bienen umschwärmten Löwenkopf und deutet mit der

Linken nach einer Schlange, die sich um einen Baumstumpf windet. ¹¹/₃₂ Loth. Sehr gut erh. R.

5948. Lira für Ferrara. Av. ALFONSVS ▾ DVX ▾ FERRARIAE ▾ III ▾ und ein Mzzch. (unten beg.) Bärtiges Brustbild mit krausem Haare, v. l. S., im Harnisch. Rev. FIDES ▾ TVA — ▾ TE ▾ SALVAM ▾ FECIT ▾ Die Heilung des kranken Weibes durch Christus. Gr. 28. ⁷/₁₆ Loth. War gehenk., vergoldet, g. e. R.

Herkules II. (1534—1559),

vierter Herzog zu Ferrara und Modena, Sohn des Vorigen u. dessen 2. Gem. Lucrezia Borgia, der Tochter Papst Alexander's VI., der Wittwe Alfons v. Neapel und Johann Sforza's v. Pisauro, geb. 1508, erhielt 1528 in Folge seiner Vermählung mit Renata, Prinz. v. Frankreich, vom König Franz v. Frankreich die zu einem Herzogthume erhobene Grafschaft Chartres (Carnutum), die nach seiner Gem. Tode an Frankreich zurückfiel, succ. seinem Vater 1534 und starb 3. Oct. 1559.

5949. Teston für Ferrara, v. 1534. Av. HER · II · DVX · FERRARIE · IIII · (als Ueberschr.) Geharn. Brustbild v. l. S. Rev. SI · TOT · PRO · NOBIS QVIS · CONTRA · NOS (unten beg.) Am Ende der Umschr. ein kl. Schild oder die Tiara. Die Jungfrau Maria auf den Knieen, von sechs Heiligen umgeben. Darüber der h. Geist. Im Abschnitte 1534 ¹¹/₁₆ Loth. Von vorzügl. Erh. RR.

Alfons II. (1559—1597),

fünfter Herzog zu Ferrara und Modena, Sohn des Vorigen und dessen Gem. Renata, Tochter Ludwig's XII. von Frankreich, geb. 1533, succ. 1559 und † 27. Oct. 1597, dreimal vermählt, ohne Kinder.

5950. Scudo v. 1596. Av. ALF — · II · FER · MV(tinae) — · REG(ii) · EC · DVX ∗ — (unt. beg.) Geharnischtes, bärtiges Brustbild v. r. S. Rev. ✵ — FIR — MIS — SIMAE ▾ SPEI ▾ Eine nach rechts schreitende, rückwärts blickende weibl. Figur mit fliegendem Schleier, eine Blume in der linken Hand haltend. Vor ihr ein Anker und ein Füllhorn. Im Abschnitte 1596 Mad. 4515. Cat. imp. 445. 2⁵/₁₆ Loth. Sehr gut erh. RRR.

Cäsar (1597—1628),

Sohn des Markgrafen Alfons von Este zu Montecchio und dessen 1. Gem. Julia della Rovere, Tochter Franz Maria's v. Urbino, geb. 1562, ward nach dem Tode seines Vetters Alfons II. 1597 Herzog zu Modena, während das Herzogthum Ferrara vom Papste Clemens VIII. als heimgefallenes päpstl. Lehen eingezogen wurde. Er starb 11. Dez. 1628.

5951. Doppel-Scudo v. 1612. Av. · CAESAR · DVX · MVT · REG · E · C · (als Ueberschr.) Geharn. Brustbild v. r. S., doch ist die Brust mehr nach vorn gewendet, mit dem Vliesse am Bande oder Kettchen. Unten · L · S · (Lodovico Selvatico, Mzmstr. in Modena.) Rev. · — FIRMISSIMAE · SPEI · — Eine nach rechts schreitende weibl. Figur, mit einer Blume in der erhobenen Rechten, wird vom Himmel bestrahlt. Vor ihr ein Füllhorn; hinter ihr ein Anker. Im

25

Abschnitte · I6I2 · (Mad. 2004 und Cat. imp. 445, als Scudo.) Gr. 45. $4^{3}/_{8}$ Loth. Von trefflicher Erhaltung. RRR.

Franz I. (1629—1658),

Sohn von Alfons III. (I.) und dessen Gem. Isabella von Savoyen, ein Enkel Cäsar's, geb. 1610, succ. seinem Vater (der in den geistl. Stand trat und 1644 starb) 1629, wurde von K. Ferdinand II. mit dem Fürstenthume Correggio belehnt 1635 (s. S. 360) und † 14. Oct. 1658.

5952. Doppel-Scudo, o. J. Av. FR · I · MVT · REG · — · E · C · DVX · VIII (als Ueberschr.) mit Lilien anstatt der Punkte. Geharn. Brustbild v. l. S., mit breitem Spitzenkragen. Unter dem Arme G · F · M Rev. ✿ NON ✿ ALIO ✿ SIDERE ✿ (Ueberschr.) Ein Seeschiff mit 3 Masten. Am Himmel 6 Sterne. (Cat. imp. 445, ähnlich.) Gr. 43. $4^{5}/_{16}$ Loth. G. e. RR.

5953. Scudo o. J. Av. FR * I * MV * R * — * E * C * DV * VIII (als Ueberschr.) Brustbild v. l. S., mit langem, wild gelocktem Haare, im Harnisch, mit Löwenkopf an der Achsel, nebst Ueberwurf und kl. Spitzenkragen. Unten vor der Brust G · F · M · Rev. ✿ NON ✿ A — LI — O ✿ SIDERE ✿ (Ueberschr.) Das Seeschiff. Am Himmel drei Sterne. $2^{3}/_{16}$ Loth. Sehr gut erh.

5054. Scudo v. 1633. Av. · FRANCISCVS · I · MVT · REG · E · C · DVX · VIII · (als Ueberschr.) Brustbild v. r. S., mit gescheiteltem Haare, im Harnisch, dessen Achselstück durch einen Fratzenkopf gebildet wird, mit Ueberwurf und Halskrause. Unten · 1633 · Rev. · NON · ALIO · SIDERE · (als Ueberschr.) Das Seeschiff. Oben 6 in Kreuzform gestellte Sterne. Im Abschnitte · I · T · Mad. 2006. Cat. imp. 445, ähnlich. In der Umschr. des Av. theilweise schwach ausgeprägt, aber sehr gut erh.

Franz III. (1737—1780),

Sohn Reinald's (jüngsten Sohnes des Vorigen, der von 1686 bis 21. März 1695 Kardinal war und am 6. Sept. 1694 seinem Vetter Franz II. in der Regierung folgte) und dessen Gem. Charlotte Felicitas, Tochter Joh. Friedrich's von Hannover, geb. 1698, succ. seinem Vater 26. Oct. 1737, verlor im österr. Erbfolgekriege als Bundesgenosse Spanien's seine Lande, ward aber durch den Aachner Frieden 1748 wieder eingesetzt, und † 22. Febr. 1780.

5955. Tallero v. 1739. Av. (U. b.) FRANCISCUS * III * MUT * REG * MIR(andulae) * DUX * — Brustbild v. r. S., mit Perrücke, im röm. Harnisch und Gewand. Unten zwischen der Umschr. 1739 Rev. (U. b.) VETERIS MONU — MENTUM DECORIS — Unter der Krone ein verzierter, mit Blättergewinden behangener Schild mit dem vollständigen Wappen. Am Schilde hängt das Vliess; zwischen Krone und Schild steht der Adler v. Este. Beide Seiten umgiebt eine zierliche Einfassung. Mad. 4519. Cat. imp. 446. $1^{15}/_{16}$ Loth. Sehr gut erh.

(Mirandola war, nachdem der letzte Herzog Franz Maria Pico im spanischen Successionskriege als Bundesgenosse des Hauses Bourbon in die Reichsacht gefallen war, durch Herzog Reinald von Modena als Reichslehen erworben worden.)

Herkules III.,

Sohn des Vorigen und dessen Gem. Charlotte von Orleans, geb. 1727, wurde wegen seiner Gem. Maria Theresia Cybo-Malaspina 1743 Herzog von Massa und Fürst zu Carrara, succ. als Herzog von Modena seinem Vater 1780, wurde 1796 durch die französ. republikanischen Heere vertrieben und starb 14. Oct. 1803 zu Treviso.

5956. Tallero v. 1783. Av. HERCVLES · III · D · G · MVT · REG · MIR · E C · DVX · (als Ueberschr.) Brustbild v. l. S., mit im Nacken gebundenem Haare, im Staatskleide, mit umgehangenem Vliesse, und mit den Sternen des h. Geistordens und des Stephansordens auf der Brust. Am Armabschnitte PSL verschlungen. Rev. PROXIMA — SOLI (Ueberschr.) Unter der Krone der mit den Ketten des goldn. Vliesses, des heil. Geistordens und des ungar. Stephansordens behangene Wappenschild, der gleichsam von einem fliegenden Adler getragen wird. Das Wappen ist mit dem des Hauses Cybo vermehrt, das als geschachter Schrägbalken unten über die päpstl. Schlüssel gelegt ist. Unten neben dem Vliesse 17 — 83 Erhabene Randschr. (Lilie) MENSVRA (Lilie) — (88) — ◆ ET ◆ — ◆ PRETIVM ◆ — zwischen Laubwerk. $1^{7}/_{8}$ Loth. G. e.

5957. Desgleichen v. 1796. Av. Aehnlich dem vorigen. Der Herzog trägt nur das Vliess und den h. Geistorden. Am Arme P · T · Rev. DEXTERA · DOMINI * — * EXALTAVIT · ME : 1796 — Unter der Krone der Wappenschild auf Armaturen. Randschr. wie vorher. $1^{7}/_{8}$ Loth. G. e.

Franz IV. Joseph (1814—1846),

Sohn des Erzherzogs Ferdinand v. Oesterreich und dessen Gem. Maria Beatrix, Erbtochter d. Herzogs Herkules III. von Modena, geb. 6. Oct. 1779, gelangte 1814 durch die von seiner Mutter ihm abgetretenen Rechte zum Besitze der Länder seines mütterlichen Grossvaters und regierte von 1814 bis zum 21. Januar 1846.

5958. Prämien-Medaille (v. J. Lang) o. J. Av. (U. b.) FRANCISCVS · IV · ARCH · AVST · REG · HVNG · ET · BOH · PR · D · G · MVT · REG · MIR · DVX · — Haupt v. l. S. Rev. Die stehende Pallas mit der Ueberschrift BONIS · — ARTIBVS · Gr. 54. $3^{19}/_{32}$ Loth. S. g. e.

Monaco.

Honoratus II. (1604—1662),

Sohn des Herkules Grimaldi, Fürsten zu Monaco, und dessen Gem. Maria aus dem Hause Landi, geb. 1597, succ. seinem Vater 1604 unter Vormundschaft seines Oheims Friedrich Landi, begab sich 1641 unter Frankreichs Schutz, verlor deshalb seine spanischen Lehensgüter im Neapolitanischen, ward vom König Ludwig XIII. von Frankreich zum Herzoge von Valentinois und zum Pair von Frankreich gemacht, musste aber dafür französische Besatzung in Monaco halten; † 19. Januar 1662.

5959. Tallero v. 1652. Av. (U. b.) HONO : II · D : G : PRIN : MONOECI · — Brustbild v. r. S. im Harnisch, mit breitem Kra-

25*

gen, umgehängtem Kreuze vom Orden des h. Geistes u. mit Mantel. Rev. DVX ∴ VALENT : (Valentinensis) PAR — FRANCIÆ · &C ∴ 1652 ✿ Das Wappen unter einer offenen Krone, innerhalb welcher auf einem Bande DEO · IVVANTE · Unten s (Zu Mad. 2008.) 1⅞ Loth. Sehr gut erh.

5960. Tallero v. 1653. Av. wie vorher, doch ohne Punkt hinter MONOECI — Rev. DVX — VALENT : PAR — FRANCIÆ · &C — 1653 ✿ Sonst, wie vorher, aber mit DEO · IVVAN : auf dem Bande in der Krone. (Cat. imp. p. 470.) 1[13]/16 Loth. Gut erh.

Ludwig I. (1662—1701),

Sohn des Herkules II. Grimaldi und dessen Gem. Aurelia aus dem Hause Spinola, geb. 15. Juli 1642, folgte seinem Grossvater Honoratus II. 1662 als souv. Fürst zu Monaco, Herzog zu Valentinois und Pair v. Frankreich, † im Jan. 1701 zu Rom, wohin er 1699 als französ. Gesandter gegangen war.

5961. Tallero (Ecu blanc) v. 1669. Av. (U. b.) · LVD · I · D · G · ✿ · PRIN · MONOECI · — Brustbild v. r. S., im Harnisch, mit Spitzenhalstuch und Ueberwurf. Rev. DVX · — · VALENT · PAR · FRANCIÆ · &c — · 1669 · Das Wappen unter offener Krone, an deren Reife inwendig · DEO · IVVAN · Zu Mad. 6919. 1[13]/16 Loth. Gut erh. R.

5962. Tallero v. 1673. Av. (U. b.) LVD ∗ I ∗ D ∗ G ∗ PRIN ∗ MONOECI ∗ — Brustbild v. r. S., im Harnisch, mit Ueberwurf, ohne Halstuch. Rev. DVX ∗ VALENT ∗ PAR ∗ FRANCIÆ ∗ &c 1673 und eine Pinie als Münzzeichen. Das Wappen mit der Krone, an deren innerem Rande (DEO IVV)ANTE (Mad. 2009.) Gut erh.

5963. Tallero v. 1691. Av. LVD · I · D · G · (Flügel und Stab, kreuzweis) · PRIN · MONOECI · — Brustbild v. r. S., im Harnisch, mit Halstuch, Ueberwurf und Perrücke. Rev. AVXILIVM · MEVM · A · DOMINO · 1691 · (abwärts fliegender Vogel) · Das Wappen unter offener Krone. Mad. 6920. Sehr gut erh. 1[13]/16 Loth. R.

Anton I. (1701—1731),

Sohn des Vorigen und dessen Gem. Charlotte Katharina, Herzog Anton's von Grammont Tochter, geb. 27. Januar 1661, succ. seinem Vater 1701, cedirte 1715 seinem Schwiegersohne Jakob Franz Leonor Goyon de Matignon, Grafen von Torrigny die Pairie und das Herzogthum Valentinois und † 26. Febr. 1731. Ihm folgte auch in Monaco sein Schwiegersohn, der Wappen und Namen der Grimaldi annahm.

5964. Tallero v. 1707. Av. (U. b.) · ANT · I · D · G · PRIN · MONOECI · — Brustbild v. r. S., in jeder Beziehung ganz ähnlich dem auf dem Scudo v. 1691. Rev. wie vorher, aber mit 1707 · · · (also ohne Vogel) zu Ende der Umschrift. (Mad. 4521.) 1⅞ Loth. Sehr gut erh. R.

Honorius V. (1819—1841),

Sohn des Fürsten Honorius IV. und dessen Gem. Louise Felicitas Vict. d'Aumont, geb. 1778, succ. seinem Vater 16. Febr. 1819 und † 2. Oct. 1841.

5965. Thaler zu 5 Francs, v. 1837. Av. HONORÉ V — PRINCE

DE MONACO · — Kopf v. r. S. Unten BORREL · F · Rev. Das auf einem Sockel stehende, mit dem Fürstenhute bedeckte Wappen, zu dessen Seiten zwei Mönche mit gezogenen Schwertern als Schildhalter. Unten 5 FRANCS | (zwei in einander gelegte Hände) 1837 M und zur linken Seite aufwärts E · ROGAT · Randschrift: DEO JUVANTE * * * * S. g. e. R.

Montferrat.

Wilhelm II., Markgraf von 1494—1518,

Sohn des Markgrafen Bonifaz I. (der 1493 Krankheits halber die Regierung seiner Gemahlin und seinem Günstlinge Konstantin Comneno übergab und 31. Januar 1494 starb) und dessen 2. Gem. Maria von Serbien, geb. 10. August 1486, succ. nach dem Tode seines Vaters anfänglich unter Vormundschaft erst seiner Mutter, dann des Comneno und schliesslich eines Regentschaftsrathes, vermählte sich 31. Aug. 1508 mit Anna von Alençon u. † 4. Oct. 1518.

5966. Teston o. J. Av. GVLIELMVS ❀ MAR ❀ MONT ❀ FER ❀ ƷC' (als Ueberschr.) Brustbild v. l. S., mit Barett. Rev. ✠ SA — CRI ❀ RO ❀ IMP ❀ ❀ PRINC ❀ VICA(rius) ❀ — P.P (perpetuus) Schild von 4 Hauptfeldern (1. der kais. Doppeladler, 2. Jerusalem u. Aragonien, 3. Herz. Sachsen und Bar, 4. Stammwappen der Paläologi) mit dem von roth und weiss getheilten Wappen von Montferrat im Mittelschilde. Mad. 4624 (woselbst es ¼ Thaler heissen muss). ¹¹/₃₂ Loth. Promis, Monete dei Paleologi Marchesi di Monferrato (Torino, 1858), T. IV. 6. War geh., sonst sehr gut erh.

Bonifaz II. (1518—1530),

einziger Sohn des Vorigen und dessen Gem. Anna von Alençon, geb. 21. Sept. 1512, succ. seinem Vater 1518 unter Vormundschaft seiner Mutter und † 17. Oct. 1530, ohne Kinder zu hinterlassen.

5967. Teston o. J. Av. BONIFACIVS · MAR · MONTIS · FERRA ✠ Vierfeldiger Schild mit dem Wappen von Montferrat im 1. u. 4., dem Doppeladler im 2. und dem von 4 B umstellten Kreuze der Paläologi im 3. Felde. Rev. PRINC · VICARIVS · PP · SACRI · RO · IMP ✠ Grosses Kreuz in einer aus 4 Bogen gebildeten Einfassung. ⅜ Loth. Promis VI. 4. S. g. e. R.

5968. Aehnlicher Teston, mit MONTISFERA ✠ und durchgehends A im Av., hingegen mit Λ statt der A im Rev. ¹¹/₃₂ Loth. S. g. e. R.

Als das Haus der Paläologi 1533 mit Johann Georg, dem Oheime des Vorigen, ausstarb, zog Kaiser Karl V. die Markgrafschaft ein, erkannte sie jedoch 1536 dem Herzoge Friedrich Gonzaga von Mantua zu, dem Gemahle der Schwester Bonifaz II. von Montferrat, Margaretha, wodurch Montferrat mit Mantua vereinigt wurde. 1573 wurde es von K. Maximilian II. zu einem Herzogthume erhoben, 1703, resp. 1708 kam es an Savoyen.

Orciano.

Thomas Obizzi, Markgraf*).

Ein Marchese Tommaso Obizzi di Padova findet wiederholt Erwähnung in Zanetti's Nuova Raccolta delle Monete e Zecche d'Italia (Tom. III, 1783.)

5969. Medaillenförmiger Tallero v. 1796, auf den Tod seiner

*) Den h. R. R. Marchese-Stand erlangte bereits Ferdinando degli Obizzi, k. Generalfeldzeugmeister etc. Das Diplomskonzept in den Wiener Reichsadels-Akten datirt, laut gef. Mittheilung des Herrn Dir. v. Bergmann, v. 10. Sept. 1690. Ueber obigen Thomas war Näheres nicht zu ermitteln.

Braut Barbara Quirini. Av. THOMAS · ORCIANI · ET · S · R · I · MARCHIO · VN · CR · BO · COM · & (als Ueberschr.) Brustbild v. l. S., im Gewande. Unten die verschlungenen Buchstaben LS Rev. Inschrift von 10 Zeilen: BARBARÆ QVIRINI | SPONSÆ DVLCISSIMÆ | MORIBVS INGENIO | PRÆCLARÆ | INTEMPESTIVA MORTE | PEREMPTÆ DIE XXIII OCT | THOMAS OBICIVS MŒRENS | MEMORIAM PERENNAT | A · S · MDCCXCVI · Der Rand ist verziert. 1⅛ Loth. Sehr gut erh. RR.

Parma.

Octavius Farnese (1547—1586),

Sohn des ersten Herzogs von Parma, Peter Aloys, der 1545 von seinem Vater Alexander Farnese (Papst Paul III.) die Herzogthümer Parma, Piacenza und Castro erhalten hatte; geb. 1524, succ. 1547 seinem ermordeten Vater, konnte aber erst 1560 Parma und 1556 Piacenza in Besitz erlangen und † 18. Sept. 1586.

5970. Halber Scudo v. 1574. Av. OCTAVIVS FAR(nesius) PAR(mae) ET PLA(centiae) DVX · II (als Ueberschr.) Brustbild mit nach rechts gewendetem Haupte, im römischen, mit Fratzenköpfen gezierten Harnische. Rev. DVCIBVS — ISTIS — 1574 — Die drei sich umschlingenden Grazien. Zu ihren Füssen liegt ein Schild, der mit einem Kreuze bezeichnet ist (Wappen der Stadt Parma). Mad. 4522. Cat. imp. 446. Stammt aus v. Madai's Cabinet. Gr. 35. 1³⁄₁₆ Loth. Sehr gut erh. RRR.

5971. Scudo für Piacenza, v. 1584. Av. · OCT · FAR · PLA · ET · PAR · DVX II · (als Ueberschr.) Brustbild, wie vorher. Darunter 1584 Rev. (U. b.) PLACENTIA · ROMANOR · COLONIA · Gekrönter Schild mit dem farnesischen Wappen und einem in die Mitte eingeschobenen Felde, worin die päpstl. Schlüssel unter dem Kirchenpanier (wegen der Würde eines Gross-Gonfaloniere der röm. Kirche). Zu den Seiten zwei Schildchen, im rechten ein Quadrat (Wappen der Stadt Piacenza), im linken die röm. Wölfin. Neben dem Schildfusse P — C Mad. 2011, dessen Exemplar hier vorliegt. 2¹⁄₁₆ Loth. Sehr gut erh. RR.

Alexander Farnese (1586—1592),

Sohn des Vorigen und dessen Gem. Margaretha, natürl. Tochter K. Karl's V. und Wittwe v. Alexander Medici zu Florenz; geb. 1544, berühmter Kriegsheld und 1578 Gouverneur der spanischen Niederlande, succ. 1586 und starb 11. Dezember 1592 zu Arras.

5972. Scudo für Piacenza, v. 1591. Av. ALEX ▾ FAR ▾ — DVX ▾ III ▾ PLA ▾ P(armae) ▾ EC ▾ (als Ueberschr.) Brustbild v. r. S., im röm. Harnisch und Gewand, mit dem goldn. Vliesse am Bande auf der Brust. Rev. PLAC ▾ ROMAN ▾ COLON ▾ (Ueberschr.) Eine behelmte weibliche Figur mit einer herald. Lilie und einem Fruchthorne (Symbol der röm. Colonie) steht neben dem liegenden Eridanus (Po) und der sitzenden Wölfin, die den Schild der Stadt

Placenza hält. Im Abschn. · A · 1591 · C · (Andreas Casalino) Mad. 4526. Cat. imp. 447. 4. $2^{13}/_{16}$ Loth. S. g. e.

5973. Desgleichen v. 1596 (sic). Av. Aehnlich dem vorigen, aber mit PL ▾ P ▴ EC Rev. Wie vorher; aber ohne Wölfin. Im Abschnitte · A · 1596 · P · Ein klein wenig polirt, sonst s. g. e. R.

Rainutius I. Farnese (1592—1622),

Sohn Alexander's und dessen Gem. Maria, Tochter Eduard's, Herzogs v. Guimaranes, des Bruders des Königs Johann III. von Portugal, geb. 1569, succ. als der 4. Herzog zu Parma 1592 und † 1622.

5974. Scudo v. 1615. Av. · RAIN · FARN · PAR · ET · PLAC · DVX · IIII · (als Ueberschr.) Brustbild v. l. S., im reich verzierten Harnisch, mit schmalem Kragenumschlag. Unten drei Punkte. Rev. Q — VESITAM — MERITIS (als Ueberschr.) Mars und Pallas halten eine Krone über drei blühende Lilienstengel. Neben der Krone im Kreise der Ueberschrift rechts 2 Lilien und links eine Lilie zwischen Punkten. Im Abschn. · G · F · 1615 · A · R · (Giov. Ferrari und Agostino Rivarolo, Mmstr.) Mad. 2013. $2^{3}/_{16}$ Loth. S. g. e.

5975. Scudo v. 1621. Av. Brustbild wie vorher, mit der Ueberschrift: RAN · FARN · PAR · E · PLA · DVX · IV · E · C Rev. · ADVERSIS · PROVECTA · NOTIS · (Ueberschr.) Ein Schiff mit vollen Segeln, auf dem Meere. Im Abschn. · 16 · — · zI · neben einem aus zwei L und X gebildeten Monogramme. Mad. 4527. $2^{3}/_{16}$ Loth. Sehr gut erh. RR.

5976. Tallero zu 10 Giulii, o. J. Av. RAN · FARNE · P — AR · ET · P · DVX · IIII — Gekrönter, von der Kette des goldn. Vliesses umgebener Schild mit dem quadrirten Wappen von Farnese und Oesterr.-Burgund, nebst dem eingeschobenen Felde mit den päpstl. Schlüsseln unter dem Padiglione. Unter der Ordenskette · GIV — LI · X · und zu den Seiten des Wappens je ein Röschen zwischen 2 Punkten. Rev. · S · VITALIS · PARME · PRO(E)CTOR · — Geharnischtes Brustbild dieses Heiligen v. r. S., in der Rechten den Streitkolben haltend. Mad. 4528. $1^{15}/_{16}$ Loth. Z. g. e. R.

Eduard Farnese (1622—1646),

Sohn des Vorigen und dessen Gem. Margaretha Aldobrandini, geb. 1612, succ. als fünfter Herzog von Parma seinem Vater 1622, verpfändete im gl. J. das Herzogthum Castro und die Grafschaft Ronciglione dem Monte di Pietà zu Rom, und † 11. Sept. 1646.

5977. Scudo v. 1625. Av. : ODOARDVS : FAR : PAR : ET : PLA : DVX : V : ET : C : (als Ueberschr.) Jugendliches Brustbild von r. S., im Harnisch, mit Ueberwurf und Halskrause. Unten eine Lilie zwischen 2 Punkten. Rev. · MILE · CLYPEI — · PENDENT · (als Ueberschr.) Die sitzende Maria, die an der rechten Brust das Kind stillt (Madonna della Steccata). Darüber halten zwei Englein eine Krone. Im Abschnitte · A · 16z5 · A · (Agostino Agnani) Mad. 4529, aus dessen Cabinet gegenwärtiges Exemplar herrührt. $2^{3}/_{16}$ Loth. S. g. e. RR.

5978. Scudo v. 1626. Av. · ODOARDVS · FAR : PLAC : E · PAR : DVX · V · (als Ueberschr.) Brustbild v. r. S., im verzierten Harnisch, nebst Halskrause. Darunter ✿ L X ✿ Rev. · S : ANTON^{s} — · : MART(yr) : PROT(ector) : PLAC(entiae) : (als Ueberschr.) Der Heilige mit der Fahne von Piacenza, zu Pferde, v. r. S. Im Abschn. : MDCXXVI : Mad. 2015. Vorzüglich erh.

5979. Tallero v. 1629. Av. ODOARDVS · FAR : PL : ET · PAR : DVX · V · (als Ueberschr.) Brustbild, ähnlich dem vorigen. Unter der Achsel 5 Rev. · S : ANTONINVS · — · M : PROT : PLAC : als Ueberschrift, und vor derselben · 5 Der stehende Heilige, als röm. Krieger gekleidet, mit der Fahne. Im Abschn. • L · 1629 · X • Mad. 2016. 1^{7}/$_{8}$ Loth. Sehr gut erh.

5980. Leichter Scudo v. 1629. Av. ODOARDVS · FAR · PAR · ET · PLA · DVX · V · (als Ueberschr.) Brustbild, wie früher. Unter der Achsel A 1629 A Rev. · S · VITALIS · PARME · PROTECTOR · (als Ueberschr.) Geharn. Bildniss des Heiligen v. r. S., mit beiden Händen den Streitkolben haltend. Im Abschn. · SCVDO · Mad. 2014. 1^{19}/$_{32}$ Loth. S. g. e.

5981. Desgleichen o. J. Av. wie vorher, mit E · PLA · DVX — und ohne Jahr u. s. w. unter dem Brustbilde. Rev. Aehnlich dem vorigen, ohne Punkt vor S · und mit · A · SCVDO · A · im Abschn. Mad. 6923. Schlecht erh.

5982. Scudo v. 1633. Av. Brustbild, wie früher, mit der Ueberschr. · ODOARDVS · FAR : PL : E · PAR : DVX · V · — Rev. · S · ANTO — NIN^{s} — · M : P : PL : (Ueberschr.) Der Heilige wie auf Nr. 5978. Im Abschn. • L · 16XXX3 F | • 2^{3}/$_{32}$ Loth. G. e.

5983. Doppel-Doppia (Goldstück zu 4 Scudi d'oro) o. J. Av. ODOARDVS · FAR · PAR · E · PLA · DVX · V (als Ueberschr.) Brustbild, wie vorher. Rev. MILE · CLYPEI · PENDENT : (als Ueberschr.) Die sitzende Maria, dem Kinde die rechte Brust reichend. Darüber die 2 Englein mit der Krone. Im Abschnitte · v · 6 · c · (Vincenzo Caccialupi, Mmstr. in Parma 1637—1639) Gr. 30. 3^{11}/$_{16}$ Dukaten. S. g. e. R.

Rainutius II. Farnese (1646—1694),

Sohn des Vorigen und dessen Gem. Margaretha von Medici, Tochter des Grossherzogs Cosmus II. von Florenz, geb. 1630, succ. als sechster Herzog zu Parma 1646, musste 1661 das verpfändete Herzogthum Castro nebst der Grafschaft Ronciglione dem Papste überlassen und starb 11. Dez. 1694.

5984. Ein 40 Soldi-Stück o. J. Av. RANVT · FAR · PAR · E · PLA · DVX · VI · — Gekrönter Schild mit den 4 Feldern von Farnese und Oester.-Burgund, nebst den dazwischen gestellten Schlüsseln, worauf ein Schildchen mit dem Wappen von Piacenza. Rev. MONSTRA · TE · — · ESSE · MATREM · Maria, mit dem Kinde, wird von 2 Englein gekrönt (die Madonna della Steccata). Im Abschnitte · E · (Elia Tisco, Mmstr. in Parma v. 1644—1652) Gr. 30. ^{19}/$_{32}$ Loth. G. e.

5985. Scudo v. 1676. Av. · RANV · FAR · PLA · ET · PAR · DVX · VI · (als Ueberschr.) Brustbild v. l. S., mit langem Haupthaare, im Harnisch, mit einem Löwenkopfe an der Achsel und mit geknüpftem Halstuche. Unter dem Arme · G · R · Rev. · S · ANTON · — · MART · PROT · PLAC · (als Ueberschr.) Der Heilige zu Pferde, wie früher. Im Abschn. MDCLXXVI Fehlt im Madai. Als Goldstück in Monn. en or 242. $2^3/_{16}$ Loth. G. e. RR.

5986. Doppelteston o. J. Av. RAN · FAR · PAR · E · PLA · DVX · VI (als Ueberschr.) Geharnischtes Brustbild v. r. S., mit Ueberwurf. Unten · S · T · (Salvator Tiseo) Rev. · S · VITALIS · PARMÆ · PROT · (als Ueberschr.) Geharn. Bildniss des Heiligen v. r. S. Mad. 4530. Cat. imp. 448. Gr. 39. $1^5/_{16}$ Loth. S. g. e.

Nach dem 1731 erfolgten Tode des Herzogs Anton erlosch der männliche Stamm des Hauses Farnese; die Lande fielen an Karl von Spanien, den Sohn König Philipp's V. und dessen Gem. Elisabeth von Parma, der sie jedoch 1735 im Wiener Frieden dem Kaiser Karl VI. überlassen musste, von dem er das Königreich beider Sicilien abgetreten erhielt. 1748 ging Parma wieder an obigen Karl's (von Bourbon) jüngeren Bruder Philipp über.

Ferdinand, Infant von Spanien,

Sohn des Infanten Philipp, der 1748 im Aachner Frieden Parma, Piacenza und Guastalla erhalten hatte, und dessen Gem. Louise Elisabeth, Tochter König Ludwig's XV. von Frankreich, geb. 1751, succ., majorenn erklärt, seinem Vater 18. Juli 1765, regierte bis 1797 und starb 9. Oct. 1802.

5987. Tallero (Ducato d'argento) v. 1786. Av. FERDINANDVS I · HISPAN · INFANS und ein Stern (unten beg.) Brustbild v. r. S., ohne Bekleidung, mit im Nacken gebundenem Haare. Am Brustabschnitte SILIPRA · (Siliprandi, Stplschn. in Parma) Rev. D · G · · PARMÆ PLAC · ET VAST · DVX J786 — Gekrönter, mit Lorbeerzweigen besteckter und mit Blättergewinden behangener ovaler Schild mit dem Wappen des Hauses Farnese und dem von Mantua, nebst quadrirtem Mittelschilde von Kastilien und Leon, mit den Lilien des Hauses Bourbon im Herzschilde. Unten S Laubrand. $1^1/_4$ Loth. S. g. e.

5988. Desgleichen v. 1797. Aehnlich dem vorigen, mit J797 am Ende der Revers-Umschrift und D S G unter dem Wappen. Av. leidl., Rev. gut erh.

Ludwig, Ferdinand's Sohn, ward durch den Frieden von Lüneville 1801 König von Hetrurien, musste aber die väterl. Herzogthümer Parma, Piacenza etc. an Frankreich abtreten. Seine Gemahlin Maria Louise, Infantin v. Spanien, musste, als Vormünderin ihres Sohnes Karl Ludwig, 1807 auf das Königreich Verzicht leisten und erhielt 1815 das Fürstenthum Lucca, während Parma etc. der Gemahlin des Kaisers Napoleon, Maria Louise, Erzherz. von Oesterreich, gegeben wurde. Erwähnter Karl Ludwig trat am 5. Oct. 1847 Lucca an Toscana ab, succedirte nach dem am 17. Dez. 1847 erfolgten Ableben der Herzogin Marie Louise von Parma in Parma, Piacenza u. Guastalla, verliess 1848 das Herzogthum und legte 14. März 1849 die Regierung zu Gunsten seines Sohnes Karl III. nieder.

Maria Louise,

Erzherzogin von Oesterreich, Tochter Kaiser Franz II., geb. 1791, vermählte sich 1810 mit dem Kaiser Napoleon I., wurde 1815 Herzogin von Parma, Piacenza und Guastalla und starb am 17. Dez. 1847 als Wittwe Adam's von Neipperg.

5989. Thaler zu 5 Lire, von 1815. Av. (Granatapfel) MARIA LUIGIA PRINC · IMP · ARCID(uchessa) · D'AUSTRIA (Lampe) und unten dazwischen 1815 Brustbild v. l. S., mit Diadem. Rev. PER LA GR · DI DIO DUCH(essa) · DI PARMA PIAC · E GUAST · und unten dazwischen 5 · LIRE Auf dem gekrönten Wappenmantel das von der St. Georgs-Kette umgebene Wappen des Hauses Farnese und von Mantua, mit zweimal gespaltenem Mittelschilde von Habsburg-Oesterreich-Lothringen. Vertiefte Randschr. DIRIGE ME DOMINE ✿ S. g. e.

5990. Desgleichen v. 1821. Ganz wie der vorige. S. g. e.

Robert von Bourbon

unter Vormundschaft seiner Mutter Louise Maria.

Robert, der Sohn des oben erwähnten Herzogs Karl III. von Parma, geb. 1848, succ. seinem Vater am 27. März 1854 unter Vormundschaft seiner Mutter Louise, Tochter des 1820 gestorbenen Prinzen Karl Ferdinand v. Artois, Herzogs von Berry, (geb. 1819, † 1864), wurde in Folge des italienischen Krieges 1859 aus Parma vertrieben, welches durch Decret des Königs Victor Emanuel II. von Sardinien vom 18. März 1860 mit dessen Staaten vereinigt wurde, und lebt jetzt auf Schloss Wartegg im Canton St. Gallen.

5991. Thaler zu 5 Lire, v. 1858. Av. ROBERTO I · D(uca) · DI PAR · PIAC · ECC(etera) · E LUISA M(aria) · DI BORB(one) · REGG(ente) · (als Ueberschr.) Beider Brustbilder v. l. S., die Herzogin rechts, im Hermelinmantel, der Herzog in Uniform mit Ordenssternen. Unter dem Arme D · BENTELLI und unten in der Umschrift 1858 zwischen 2 Schildchen, worin P und eine Doppellilie. Rev. DEUS — ET DIES (als Ueberschr.) Gekrönter, mit den Orden vom Vliesse, vom h. Georg und dem Verdienstorden des h. Ludwig behangener ovaler Schild mit dem vollst. Wappen. Unten 5 LIRE Der Rand ist gerieft. Exemplare dieses Thalers werden schon jetzt mit 20—25 Frcs. bezahlt. Sehr gut erh. R.

Ragusa.

5992. Tallero (Vislino oder 1½ Ducato) v. 1758. Av. RECTOR · REIP(ublicae) — · RHACVSIN(ae) · — Brustbild des Rektors v. l. S., in der Amtstracht, mit grosser Perrücke. Rev. DVCAT(us) · ET · SEM(is) · — · REIP · RAC · 1758 — Gekrönter, mit Zepter und Schwert besteckter Wappenschild. Unten C · B Geringhaltig. $1^{15}/_{16}$ Loth. G. e.

5993. Desgleichen v. 1767. Av. Wie vorher, mit REI · — RHACVSIN · und neben dem Brustbilde unten am Rande ganz klein D — M Rev. Wie vorher, mit 1767 und SEM — REIP ·, sowie D — M unter dem Wappen. S. g. e.

5994. Desgleichen v. 1774. Wie der vorige, der Kopf ist zurückgeworfen und sieht nach aufwärts, unten neben dem Brustbilde steht C — A und unter dem Wappen D — M Hat REI im Av. S. g. e.

5995. Desgleichen v. 1794. Av. RESPVBL · — RHACVS · — Weibliches Brustbild v. r. S. Unten C · A Rev. DVCE · DEO — FIDE · ET · IVST — Ueber zwei Lorbeerzweigen ein gekrönter Schild, worin LI | BER | TAS Unten C 1794 A Mit Laubrand. 1³¹/₃₂ Loth. G. e.

Roccaforte und Ronco s. unter Spinola.

Sabioneta und Bozzolo.

Scipio, Fürst zu Bozzolo, (1609, bez. 1637—1670),

Sohn Ferdinand's, Grafen zu S. Martino aus dem Hause Gonzaga, und dessen Gem. Isabella Gonzaga, der Tochter des Grafen Alfons zu Novellara, geb. 1596, succ. 1605, beerbte 1609 seinen Oheim den Grafen Julius Cäsar zu Bozzolo, beanspruchte 1637 nach dem Tode der Isabella, Tochter und Erbin des Herzogs Vespasian Gonzaga zu Sabioneta und Wittwe Ludwig Caraffa's Fürsten v. Stigliano, das Herzogthum Sabioneta und prozessirte mit deren Erben, den Herzögen von Medina de las Torres und Fürsten von Stigliano, welcher Streit bis zum Erlöschen des Hauses der Fürsten v. Bozzolo währte. Scipio † am 12. Mai 1670.

5996. Scudo v. 1639. Av. × SCIP · D · G · DVX · SABL(onetae) · S · R · I · E(t) · BOZ(zoli) · PRI · E · C · (als Ueberschr.) Brustbild v. l. S., im Harnisch, mit Ueberwurf und Spitzenkragen. Rev. TV ES · PETRVS : — PRÆSIDIVM · NOSTRVM (als Ueberschr.) Christus übergiebt dem vor ihm knieenden Apostel Petrus die Schlüssel. Zwischen ihnen unten ein Stern. Im Abschn. MDCXXXIX Mad. 4620. Cat. imp. 455. 2⁷/₁₆ Loth. S. g. e. RR.

5997. Aehnlicher Scudo v. 1639, mit anderem Avers-Stempel. Er führt die Umschr. SCIP · D G · DVX · SABL · S · R · I · E BOZ · PRI · EC · — Die Haare über der Stirne berühren den inneren Perlenkreis nicht. Sehr gut erh. RR.

Nikolaus (1644—1689),

aus dem spanischen Hause Guzmann, zweiter Herzog von Medina de las Torres, Mondragone und Sabioneta, Fürst von Stigliano, Sohn des Herzogs Philipp Ramirez († 1668) und dessen 2. Gem. Anna Caraffa, Erbin von Stigliano, Sabioneta etc. († 1644), wurde von seiner Mutter zum Erben eingesetzt und succ. unter Vormundschaft seines Vaters und seiner Grossmutter Anna Helene Aldobrandini, lag wegen des Herzogthums Sabioneta mit den Fürsten von Bozzolo in Streit und † 7. Januar 1689.

5998. Scudo v. 1666. Av. · NICOLAVS · D · G · SABLONET — DVX · ET OBSTIL(inni) · PRIN(ceps) · E(t) · C(omes) · — Von der Vliessordenskette umgebener Schild mit dem weitläufigen Wappen in vier durch ein Lilienkreuz gebildeten Hauptfeldern (1. das väterliche, 2. das mütterliche Wappen, 3. das des Hauses Gonzaga, 4. das von Spanien) nebst Mittelschild, worin der Doppeladler und LIBERTAS (das von Kaiser Rudolf II. dem Herzoge Vespasian Gonzaga von Sabioneta verliehene Wappen). Oben ruht auf einem Kissen eine gefütterte Krone. Rev. · * LVNA · SVB · PE — DIBVS · EIVS · * Die auf dem Halbmonde stehende, von Flammenglorie und Sternen umgebene Maria mit dem Kinde. Unten in der Umschr. · 1666 · Mad. 2063. Cat. imp. 455. Köhler, M.-B., XI. 97. Aus der von Wellenheim'schen Sammlung. Sehr gut erh. RR.

Saluzzo.

Ludwig II. (1475—1504),

Sohn Ludwig's I., Markgrafen von Saluzzo und der Isabella von Montferrat, succ. 1475, begab sich auf Veranlassung seiner 1. Gem. Johanna von Montferrat unter franz. Schutz, ward dafür vom Herz. v. Savoyen, seinem Lehnsherrn, 1487 vertrieben, erhielt aber 1490 sein Land wieder, vermählte sich 1491 oder 1493 mit Margarethe v. Foix, wurde v. König Ludwig XII. i. J. 1500 zum Oberbefehlshaber v. Asti ernannt und starb daselbst 1504.

5999. Teston. Av. ✠ LVDOVICVS · MARCHIO · SALVCIAꝜ Geharnischtes, mit einer Mütze bedecktes Brustbild v. l. S., mit lang herabfallendem Haupthaare. Rev. ✠ : SANCTVS · P · F · COSTANCIVS (sic) × In einer kranzartigen Einfassung der behelmte, nach rechts geneigte Wappenschild. Neben dem Kleinode · L · — · M · $^{11}/_{32}$ Loth. Gut erh. RRR.

6000. Halber Teston. Av. ✠ · LVDOVICVS · M · S — ALVTIARVM · Brustbild, ähnlich dem vorigen, doch trennt es unten die Umschrift. Rev. · S — ACT' (sic) · CONSTANTIVS :· ∻ · — Der geharnischte Heilige, entblössten Hauptes, mit einer Fahne, auf linkshin schreitendem Pferde. Gr. 28. $^{7}/_{32}$ Loth. Sehr gut erh. R.

Margaretha von Foix,

zweite Gemahlin Ludwig's II., Tochter Johann's v. Foix aus dem Hause Greilly, Grafen v. Candale, und dessen Gem. Margaretha, Herz. v. Suffolk aus dem Hause Pole, verm. um 1493, Wittwe 1504, Vormünderin ihrer Söhne, † um oder nach 1532 in Frankreich.

6001. Schwerer Scudo ohne Jahrzahl. Av. ✠ MARGARITA ◆ DE FVXO ◆ MA — RCHIONISA ◆ SALVTIAꝜ ◆ T ◆ C' (etc.) In doppelten zierlichen Einfassungen, deren äussere in zwei verschlungene Quasten endet, die unten die Umschrift theilen, das Brustbild der Markgräfin v. l. S., mit lang herabhängendem Kopftuche. Rev. ✠ ◆ DEVS ◆ PROCTECTOR — ET ◆ REFVGIOM ◆ MEOM ◆ In zierlicher Einfassung ein mit dem Wappenschilde von Saluzzo und Foix-Béarn behangener, blätterloser Baum, auf welchem eine Turteltaube sitzt. Weicht ganz wesentlich von dem in Köhler, M.-B. XXII. 89, Mad. 4625, Cat. imp. 471 u. Duby, Tom. II. Pl. LXX. 5. publicirten Thaler von 1516 ab. Gr. 48. $2^{3}/_{8}$ Loth. Vortreffliches Originalgepräge von schönster Erhaltung und grösster Seltenheit. RRRR.

Michael Anton (1504—1528),

Sohn der Vorigen, succ. 1504 unter Vormundschaft seiner Mutter, stand unter König Franz I. in französischen Kriegsdiensten und behielt das Gouvernement von Asti, verlor nach der Schlacht vor Pavia sein Land und musste nach Frankreich flüchten, ward französ. General, ging mit dem Marschall Lautrec 1528 vor Neapel und übernahm nach dessen Tode das Kommando der Armee in Italien, zog sich nach Aversa zurück, wurde aber von den Kaiserlichen zur Uebergabe gezwungen und † an einer zu Aversa erhaltenen Wunde noch i. J. 1528, unvermählt.

6002. Halber Teston (Cornabò) o. J. Av. : MICHAEL : ANT' · — : M : SALVTIARVM : — Behelmter, auf die rechte Seite gelegter Wappenschild. Rev. : S — ANCTVS : CONSTAN — TI — VS : — : — Der Heilige, ähnlich wie auf Nr. 6000. Unter dem Pferde ein Ringel. Gr. 30. $^{11}/_{32}$ Loth. Gut erh. R.

Michael Anton hatte 3 Brüder, Johann Ludwig († 1567), Franz († 1537) u. Gabriel († 1549). Ersterer überliess Saluzzo 1560 an Frankreich; bei diesem blieb es bis 1588, in welchem Jahre Savoyen es an sich riss, das aber 1601 von Frankreich genöthigt wurde, dafür die Grafschaft la Bresse, Bugey, Gex u. a. abzutreten.

Savoyen.

Karl I. (1482—1489),

Sohn des Herzogs Amadeus IX. u. dessen Gem. Jolanthe, Tochter Karl's VII. von Frankreich, geb. 1468, succ. seinem Bruder, Philibert I., 22. April 1482 unter Vormundschaft König Ludwig's XI. von Frankreich, trat nach dessen d. 30. Aug. 1483 erfolgtem Tode die Regierung an, erlangte 1485 die Prätension auf Cypern, indem ihn Charlotte, die Tochter Johann's III. v. Cypern und Wittwe seines Oheims Ludwig, zum Erben einsetzte, nahm nach deren 1487 erfolgten Tode den Titel eines Königs von Cypern an (1488) und starb 13. März 1489.

6003. Teston. Av. ✱ kAROLVS • D • SABAVDIE • MAR' • I' (in) • ITA(lia) • PЦ (princeps) Mit runder Mütze bedecktes Brustbild v. r. S., das Schwert in der Rechten. Rev. ✱ XPS • VINCIT • XPS • REGNAT • XPS • INPER In vierbogiger Einfassung der savoyische Schild, zu dessen Seiten fe — rt (foedere et religione tenemur) und über welchem der Liebesknoten. $^{11}/_{16}$ Loth. S. g. e. R.

Philibert II. (1497—1504),

Sohn Philipp's I. (eines Bruders v. Amadeus IX.) und dessen 1. Gem. Margarethe von Bourbon, geb. 1480, succ. seinem Vater 7. Nov. 1497 und † 10. Sept. 1504, zweimal vermählt, ohne Kinder zu hinterlassen.

6004. Teston. Av. ✱ PHILIB (das B durchstrichen) TVS · DVX · SABAVDIE · VIII Brustbild v. r. S., mit einer Mütze bedeckt. Rev. ✱ IN · TE · DOMINE · CONFIDO · G · G In vierbogiger Einfassung der Wappenschild mit FE — RT zu den Seiten und dem Knoten darüber. $^{11}/_{16}$ Loth. Vorzüglich erh. R.

Karl II. (III.) (1504—1535, bez. 1553),

Halbbruder des Vorigen, Sohn Philipp's I. und dessen 2. Gem. Claudie de la Brosse, Tochter Nikolaus' zu Penthièvre, geb. 1486, succ. 1504, erhielt mit d. Grafsch. Asti 1531 von Kaiser Karl V. die Markgrafschaft Ceva, wurde 1535 von König Franz I. von Frankreich bekriegt, wobei 1536 Genf von Savoyen sich losmachte, Bern im Verein mit Wallis das Land Waadt (nebst Lausanne) und einen Theil von Chablais, Freiburg aber die Grafschaft Romont an sich riss, während die Franzosen das übrige Land besetzt hielten. Karl starb 16. Sept. 1553.

6005. Teston. Av. CAROLVS — • DVX • SAB • II • Das Brustbild v. r. S., in der Mütze. Rev. ✱ NIL DEEST • TIMENTIBVS • DEVM • B • B Der Wappenschild zwischen FE — RT, darüber der Knoten und ein Ringlein. $^{5}/_{8}$ Loth. Sehr gut erh. R.

6006. Desgleichen, von etwas anderen Stempeln. Sehr gut erh. R.

6007. Halber Teston (Cornabò). Av. ✱ CAROLVS • DVX — • SABAVDIE • II Behelmter, auf die rechte Seite gelegter Wappenschild. Rev. ○ SANCTVS • MAVRICIVS — • T • B • B — ○ — (Turin — Bartolomeo Brunasso, Mmstr.) Gr. 30. $^{11}/_{32}$ Loth. G. e.

Emanuel Philibert (1553, bez. 1559—1580),

Sohn des Vorigen und dessen Gem. Beatrix, Tochter Emanuel's von Portugal, geb. 1528, succ. 1553, wurde Statthalter von Mailand, commandirte 1557 in der Schlacht bei St. Quentin und siegte über die Franzosen, weshalb er 1559 durch den Frieden von Château Cambresis alles, was die Letzteren seinem Vater genommen, wieder bekam, erhielt von Bern dessen Antheil an Chablais 1564 zurück und 1567 eingeräumt, erwarb auch Oneglia nebst Tende von Hier. Doria und † 30. Aug. 1580.

6008. Doppellira v. 1562. Av. ✱ EM · FILIB · D · G · DVX · SAB · P(rinceps) · PED(emontium) · 1562 Geharn. Brustbild v. r. Seite. Rev. INSTAR | OMNIVM in einem Eichenkranze, unter welchem P Mad. 4534. Gr. 33. $^{27}/_{32}$ Loth. Gut erh. R.

6009. Tallero v. 1576. Av. EM — PHILIBERTVS · D · G · DVX · SABAVDIAE · — · — Der völlig geharn. Herzog mit erhobenem Schwerte und dem Schilde auf linkshin springendem, geschmücktem Pferde, dessen Decke die Wappenbilder enthält. Darunter im Abschnitte · 1576 · Rev. ✱ CHABIASI (statt Chablasi) & ET & AVG(ustae) & SAC & ROM & IMP & PRINCEPS Das Malteserkreuz, in dessen Mitte ein in Kleeblätter auslaufendes Kreuz und in dessen Winkeln 4 gekr. Wappenschilde. 1$^{19}/_{32}$ Loth. S. g. e. RR.

6010. Tallero v. 1577. Av. Wie vorher; mit SABAVDIAE · ✱ · — und im Abschn. · 15 T(urin) 77 · Rev. Wie der vorige, aber mit Punkten statt der & zwischen den Worten, und mit CHABLASI, doch ist beim L ein Stempelriss. Cat. imp. 457. Sehr gut erh. R.

6011. Tallero v. 1577. Av. EM · PHILIB · D · G · DVX · SAB — AVDIE ✱ · — Der Herzog, wie vorher. Unter dem Pferde · 1577 · | · T · Rev. ✱ CHABIASI · ET · AVG · SAC · ROM · IMP · PRINCEP Die 4 gekr. Schilde in den Winkeln des Malteserkreuzes, auf dessen Mitte ein Kleeblattkreuz und unter dessen unterem Schenkel ein T(urin) Mad. 2026. S. g. e. R.

6012. Tallero v. 1577. Wie der vorige, aber mit SA — BAVDIE ✱ · — und blossem T unter der Jahrzahl. S. g. e. R.

Karl Emanuel I. (1580—1630),

Sohn des Vorigen und dessen Gem. Margaretha, Tochter Franz I. v. Frankreich, geb. 1562, succ. 1580, nahm Saluzzo ein 1588, kam aber wieder aus dessen Besitz, bis er es 1601 im Lyoner Frieden v. Frankreich gegen Entschädigung abgetreten erhielt (s. nach Nr. 6002) und † 26. Juli 1630.

6013. Tallero v. 1581. Av. CAR · EM · D · G · DVX · SABA — VDIE · ET ☙ — Der Herzog zu Pferd, wie vorher. Unten · 1581 · | T Rev. ✠ CHABIASI · ET · AVG · SAC · ROM · IMP · PRINCEP Ein einfaches Kreuz von blumenkelchartigen Verzierungen und 4 gekrönten Wappenschilden umgeben. S. g. e. R.

6014. Tallero v. 1581. Av. CAROLVS ☙ EM ☙ D ☙ G ☙ DVX ☙ SABAVDIE ❀ — Der Herzog, wie vorher. Darunter T und ein Abschnitt, unter welchem 1581 Rev. ✠ CHABLASI · ET · AVG · SAC · ROM · IMP · PRINCEPS Statt des einfachen Kreuzes ein in Kleeblätter auslaufendes Kreuz. Auch ist die Stellung der Wappen verändert. Rechts oben steht der savoyische Schild, darunter der Adlerschild, dann folgen links die beiden Löwenschilde (Mad. 2027; Cat. imp. 458, jedoch ist der Rev. anders). S. g. e.

6015. Tallero v. 1581. Av. CAROLVS ☘ EM ☘ D' ☘ G ☘ DVX ☘ SABAVDIE ☘ — Sonst wie vorher. Rev. ✠ CHABLASI • ET • AVG • SAC • ROM • IMP • PRINCEPS • Das Kleeblattkreuz ist als Andreaskreuz gestellt; es steht in Folge dessen der savoy. Schild oben unter dem Anfange der Umschrift, dann rechts der Adlerschild u. s. w. (Aehnlich der Rückseite v. Cat. imp. 458). S. g. e.

6016. Scudo v. 1588. Av. CAR : EM : D : G : DVX SAB : P : PED : (als Ueberschr.) Brustbild v. r. S., im geblümten, an der Achsel mit einem Löwenkopfe geschmückten Harnisch, nebst Halskrause und dem Orden dell'Annunciata. Unten · T · — · M · Rev. Oben herum OPPORTVNE und unten zwischen den zwei geknüpften Schnuren 1588 Ein Centaur, der einen Pfeil abschiesst. Unter dem erhobenen Vorderfusse schwebt eine verkehrte Krone. Mad. 2029. Zielt auf den mit Frankreich wegen der Markgrafsch. Saluzzo geführten Kampf. (Das französ. Gegenstück v. 1601 auf die Besiegung Karl Emanuels s. Nr. 627). Mad. 2029. Cat. imp. 458. 2. Sehr gut erhalten. R.

6017. Desgleichen; veränderter Revers-Stempel, die Jahrzahl ist kleiner, der Centaur schreitet mit beiden linken Füssen vorwärts, während er auf vorigem die Füsse im Gange des Pferdes setzt. Im Avers etwas Doppelschlag, sonst gut erh. R.

6018. Scudo v. 1590. Av. CAR · EM · D : G · DVX · SABAVD · P · PED · (als Ueberschr.) Geharn. Brustbild v. r. S., mit Halskrause und dem savoy. Orden. Unten 1590 T Rev. ✠ DE VENTRE · MATRIS · DEVS · PROTECTOR · MEVS Gekröntes vierfeld. Wappen mit Mittelschild. Zu den Seiten FE — RT Mad. 5904. 2 $^{1}/_{16}$ Loth. Sehr gut erh. R.

6019. Scudo v. 1595. Wie der vorige, aber mit CAR ▾ EM ▴ D (zwei über einander gestellte ▴) G ▾ DVX ▾ SABAVDIE

▾ XI und · 1605 · · T · im Avers, sowie mit ✠ DE VENTRE ▸ MATRIS ▴ DEVS ▴ PROTECTOR ▴ MEVS ▴ im Rev. Mad., Aukt. Kat. 5470. S. g. e. R.

6020. Doppellira o. J. Av. CAR ▴ EM ▴ D (zwei über einander gestellte ▴) G ▴ DVX ▴ SAB ▴ P ▴ PED (als Ueberschrift.) Geharn. Brustbild v. r. S. Rev. In einem Lorbeerkranze unter einem Kleeblattkreuze IN | VIRTVTE | TVA Unter dem Kranze T(urin) Zu Mad. 4537. 17/32 Loth. S. g. e. R.

6021. Thaler (Spado) o. J. Av. CAROLVS · EM · D : G · — DVX · SAB · P · P · E · C (als Ueberschr.) Brustbild v. r. S., im Harnisch, mit Halskrause, Ueberwurf und dem Orden am Bande. Rev. OMNIA DAT QVI — IVSTA NEGAT (als Ueberschr.) Ein aus Wolken hervorragender geharn. Arm mit einem Schwerte. Unter dem das Bild umschliessenden Perlenkreise ein leerer Abschnitt. (Mad. 2028.) 111/16 Loth. S. g. e. R.

6022. Desgleichen. Av. Wie vorher, aber mit C · Rev. OMNIA · DAT · QVI · — IVSTA · NEGAT · Wie vorher. Statt des Abschnittes eine leere Cartouche. Mad. 2028. Cat. imp. 458. 6. Gut erhalten. R.

6023. Thaler zu 9 Fiorini, v. 1619. Av. CAROLVS ∗ EM ∗ D ⁑ G ∗ DVX ∗ SAB ∗ (als Ueberschr.) Geharn. Brustbild v. r. S., wie gewöhnlich. Darunter ∗ T ∗ 1619 ∗ Rev. BENEDIC HÆREDITATI TVÆ (als Ueberschr.) Der h. Amadeus in ganzer Figur, das Haupt v. l. S., die rechte Hand auf die Brust legend, die Linke auf eine Tafel stützend, deren Inschrift durch Linien angedeutet ist. Im Abschnitte ∗ ff ∗ 9 ∗ Etwas Doppelschlag, s. g. e. 17/16 Loth. RR.

Victor Amadeus I. (1630—1637),

Sohn des Vorigen und dessen Gem. Katharine, Tochter Philipp's II. von Spanien, geb. 1587, succ. seinem Vater 1630 zu einer Zeit, wo die Franzosen ganz Savoyen bis auf Montmeilant besetzt hatten, erhielt 1631 im Frieden von Cherasco die Stadt Trino in Montferrat, wurde später französ. Generalissimus u. starb 7. Oct. 1637.

6024. Scudo v. 1632. Av. V · AMEDEVS D : G DVX SABAVDIÆ (als Ueberschr.) Brustbild v. r. S., mit langem Haupthaar, einem Ober- und spitzigen Unterbart, im Harnisch, mit Ueberwurf und breitem Spitzenkragen, den Orden am Bande auf der Brust. Unten ∗ 1632 ∗ Rev. ET PRINCEPS — PEDEMONTIVM — Gekrönter, mit dem savoy. Ritterorden umgebener Wappenschild. Cat. imp. 459, ähnlich. Zu Mad. 2034. Jahrzahl etwas undeutlich, ein wenig Doppelschlag, sonst gut erh. 27/16 Loth. R.

Christine,

Tochter K. Heinrich's IV. v. Frankreich und Gemahlin des Herzogs Victor Amadeus I., (geb. 1606, verm. 1619, † 1663),

als Vormünderin ihres 2. Sohnes Karl Emanuel II., 1638—1648.

6025. Grosses Goldstück (vierfache Doppia zu 8 Scudi d'oro) o. J. Av. CHR(istina) · FR(anciae) · CAR(olus) · EMAN(uel) · DVCES · SAB · P · P · (principes) PE(demontium) · R · R · (reges) CYPRI ✠ Beider Brustbilder v. r. S., neben einander gestellt. Rev. IVSTVM DEDVXIT PER VIAS RECTAS und ein Engelsköpfchen. In einem Lorbeerkranze Maria, als Brustbild, mit dem Kinde, Beide Zweige in der Hand haltend. In Monn. en or p. 252 ist ein ähnliches Goldstück v. 1641 abgebildet. Im Schrötling war vor der Prägung ein kl. Loch. Gr. 37. 7³/₄ Dukaten. Sehr gut erh. R.

6026. Scudo v. 1641. Av. CHR + FRAN + CAR + EMAN + DVCES + SAB + — (unt. beg.) Beider Brustbilder v. r. S.; darunter zwischen einer die Umschr. theilenden Einfassung • 1641 • Rev. PRINCIPES · PEDEMON · REGES · CYPRI — Gekrönter, verzierter Wappenschild. (Mad. 2036, v. 1642.) 2³/₁₆ Loth. Von trefflicher Erhaltung. R.

Karl Emanuel II., nach erreichter Volljährigkeit, 1648—1675,

geb. 1634, succ. 1638 s. Bruder Franz Hyacinth unter Vormundschaft s. Mutter, wurde am 19. Juni 1648 majorenn erklärt, † 12. Juni 1675.

6027. Tallero (leichter Scudo) v. 1667. Av. CAR · EM · II · D · — G · DVX · SAB · (als Ueberschr.) Brustbild v. r. S., im Gewand, mit grosser Perrücke. Unten ✤ Rev. ✤ PRIN · PEDE — REX · CYPRI ✤ (als Ueberschr.) Der gekrönte, auf einem Medusenhaupte ruhende savoy. Schild, von 2 Löwen gehalten. Unten 1667 Mad. 4538, dessen Exemplar gegenwärtiges ist. 1⁷/₈ Loth. S. g. e. R.

Maria Johanna Baptista von Nemours,

2. Gemahlin Karl Emanuel's II., Tochter des Herzogs Karl Amadeus v. Nemours aus d. Hause Savoyen und dessen Gem. Elise von Vendôme, (geb. 1644, verm. 20. Mai 1665, † 15. März 1724),

als Vormünderin ihres Sohnes Victor Amadeus II., 1675—1680.

6028. Tallero v. 1680. Av. MAR · IO · BAP · VIC · AM · II · D · G · DVC(es) · SAB · (als Ueberschr.) Beider Brustbilder v. r. S. Unten ein leerer Abschnitt. Rev. PRINCI · PEDEM · REGES · CYP · (Ueberschr.) Sonst wie der vorige, aber mit 1680 Mad. 2038. G. e. Stammt aus v. Wambold's Cabinet, gleichwie die 2 zuletzt vorhergegangenen Scudi. R.

Victor Amadeus II., nach angetretener Regierung,

geb. 1666, stand v. 1675—80 unter Vormundschaft, wurde 1713 König von Sicilien, 1720 König v. Sardinien, dankte 1730 zu Gunsten seines Sohnes Karl

Emanuel ab, suchte dann den Thron wieder zu erlangen, gerieth deshalb in seines Sohnes Gefangenschaft und † 31. Oct. 1732 zu Rivoli im Gefängniss.

6029. Tallero v. 1690. Av. VICTOR · AM · II · — D · G · DVX · SAB · (als Ueberschr.) Brustbild v. r. S., im röm. Harnisch und Gewand, mit Perrücke. Rev. PRINC · PEDEM · REX · CYPRI · Sonst wie vorher, nur 1690 Mad. 2039. Cat. imp. 459. War geh., g. e. $1^{7}/_{8}$ Loth.

(Die Fortsetzung suche unter dem Königreiche Sardinien im I. Theile, Nr. 1034 flg).

Spinola.

Augustin, Graf zu Tassarolo,

Sohn des ersten Grafen zu Tassarolo Markus Antonius und dessen Gem. Cornelia de Marini, geb. um 1551, starb um 1616, ohne Nachkommenschaft.

6030. Tallero o. J. Av. AVGVSTINVS · SPINV · COMES · TASS(aroli) — Geharn. Bildniss bis an den Schooss, v. r. S., die Rechte an die Seite, die Linke an den Degengriff gelegt. Rev. SVB · TVVM · — PRESIDIVM — Unter der Kaiserkrone der Doppeladler, der einen Schild mit dem Wappen der Spinola (geschachter Querbalken, worüber ein Stachel, spina) auf der Brust trägt. Unten zwischen der Umschr. C · XV in Einfassung. Vorliegendes Exemplar wird von Olivieri in seinem Prachtwerke: Monete e Medaglie degli Spinola (Genova 1860) auf S. 95 erwähnt. $1^{7}/_{8}$ Loth. G. e. RR.

Philipp, Graf zu Tassarolo,

Sohn des 1628 gestorbenen Maximilian (des Bruders von Augustin) und dessen Gem. Violante Spinola, der Tochter Johann Maria's, geb. 1606, war mit Livia Centurioni-Oltremarini vermählt und † 1688.

6031. Scudo v. 1640. Av. · PHILIPPVS ✿ SPIN ✿ COMES ✿ TASS · (als Ueberschr.) Brustbild v. r. S., im Harnisch, mit Ueberwurf und Spitzenkragen. Unten 2 Röschen. Rev. ✿ SPES ✿ NON — ✿ CONFVNDIT ✿ (als Ueberschr.) Der h. Georg, im Gewand, auf linkshin galoppirendem Pferde, stösst die Lanze nach dem auf dem Rücken liegenden Feind in menschlicher Gestalt. Im Abschn. ✿ 1640 ✿ Mad. 2067. Olivieri, VII. 4. $2^{1}/_{8}$ Loth. G. e. RR.

6032. Aehnlicher Scudo v. 1640, mit einem Sternchen statt der Punkte vor und nach der Ueberschrift im Avers. G. e. RR.

Napoleon, Markgraf von Roccaforte und Graf zu Ronco,

Sohn Stephan Spinola's und dessen 2. Gemahlin Eugenie, der Tochter Karl Spinola's, geb. 1607, wurde v. Kaiser Ferdinand III. um 1644 in den Grafenstand erhoben, war mit Hieronyma Brignole vermählt u. starb um 1672.

6033. Tallero v. 1669. Av. NEAPOLIO : SPIN : MAR : ROCHÆ · FOR(tis) (als Ueberschr.) Brustbild v. r. S., im Harnisch, mit Ueberwurf. Am Armabschnitt *G · H · F ·* (Giov. Hamerano) Rev. ✿ ET ✿ S(acri) : ROM : IMP : COM : RONCHI ✿ D(ominus) : ET ✿

C(aetera) : 1669 ✿ — Unter der kaiserlichen Krone der Doppeladler mit dem gekrönten Wappen der Spinola auf der Brust. Olivieri, X. 3. und p. 127, woselbst vorliegendes Exemplar namhaft gemacht wird. $1^{11}/_{16}$ Loth. Vorzüglich erh. RRRR.

Trivulzio.

Franz, Markgraf zu Vigevano,

Sohn des 1512 gestorbenen Johann Nikolaus Trivulzio und dessen Gem. Paula Gonzaga, Tochter Rudolf's v. Castiglione, succ. am 5. Dez. 1518 seinem Grossvater Johann Jakob (welcher 1481, bez. 1494 von Johann Peter Freiherrn u. Grafen v. Sax das Misocco-Thal gekauft hatte) und † am 14. Juli 1573 zu Mantua. Im Jahre 1549 hatten sich die Einwohner des Misocco-Thales von ihm losgekauft, nachdem bereits 1521 das Schloss Misocco von den Graubündnern zerstört worden war.

6034. Teston o. J. Av. FRANCISC' • TRIVL • MAR(chio) • VIGLE(vani) • 7 • C' ✿ Geharnischtes Brustbild v. l. S., mit langem Haupthaare. Rev. ✦ — S ✦ BLAXIVS • — • EFISCOPVS (sic!) • ✿ — Der sitzende Heilige, im Ornat, die Rechte zum Segnen erhoben, in der Linken den Krummstab haltend. $^{5}/_{8}$ Loth. Sehr gut erhalten. RR.

6035. Halber Teston (Cornabò). Av. • — FRANCISC' • TRIVL • M • VIGLE • 7 C' — Behelmter, auf die rechte Seite gelegter Wappenschild (gestreift; Kleinod: beflügelte Sirene, einen Ring haltend.) Rev. ✦ ✿ SANCTV' — • GE — ORGIV' • — Der Ritter Georg auf linkshin springendem Pferde, mit der Lanze den auf dem Rücken liegenden Drachen durchbohrend. Gr. 31. $^{5}/_{8}$ Loth. Schön und vorzüglich erh. R.

Theodor, Reichsfürst von Misocco und Valle Misolcina,

Sohn des Fürsten Herkules Theodor und dessen Gem. Ursina Sforza, der Tochter Johann Paul's, Markgrafen von Caravaggio, succ. s. Vater 1634 und † 26. Juli 1678, ohne Kinder, als der letzte Fürst aus d. Hause Trivulzio. Er setzte den Sohn seiner Tante (Vaters Schwester), Cajetan Gallio, zum Erben ein, unter der Bedingung, Namen u. Wappen der Trivulzio zu führen.

6036. Doppelter Tallero v. 1676. Av. (Unten beg.) · THEODORVS · TRIVLTIVS · S(acri) · R(omani) · I(mperii) · ET · VAL(lis) · MISOL(cinae) · PRI(nceps) · — und unten dazwischen I676 Brustbild v. r. S., mit langem Haar, im Harnisch, mit Ueberwurf, geknüpftem Halstuche und dem gold. Vliesse. Rev. COMES · MVSOCHI · X · BARO · RET(ennii) • IMPERIA(lis) · XIIII · ET · C ⁂ Mit 2 Karyatiden und Laubwerk geschmückter Schild, worin ein gekrönter Kopf mit 3 Gesichtern (tres vultus, mit Bezug auf den Namen) nebst der Beischrift · VNICA · (rechts) — · MENS · (links) Gr. 48 (unregelmässig runde Silberplatte) $3^{11}/_{16}$ Loth. Sehr gut erh. R.

6037. Doppelter Tallero v. 1676. Av. Vom Stempel des vorigen. Rev. COMES • MVSOCHI • X (• ?) BARO • RET • IMP • XIIII • ET • C ⁂ Sonst wie vorher. (Cat. imp. 472.) $3^{13}/_{16}$ Loth. Sehr gut erh. R.

26*

6038. Tallero v. 1676, mit ähnlichen Vorstellungen, aber mit · THEOD · TRIVL · S · R · I · ET · VAL · MISOL · PRINC · — und CO · MVSO(CH)I · X · BAR · RET · IMP · XIIII · ET · C (· ?) (Mad. 2068.) Gr. 40. 1⅓ Loth. S. g. e.

6039. Desgleichen v. 1676, mit PRIN — CES (sic!) · im Av. und mit einem Sternchen am Ende der Revers-Umschrift. S. g. e.

6040. Desgleichen v. 1676, mit · THEODO · TRIVVL · S · R · I · (also ohne ET) VAL · MISOL · P — RINC · — im Av. und ET · C · im Rev. S. g. e.

6041. Desgleichen v. 1676. Av. THEOD · TRIVL · S · R · I · ET · VAL · MISOL · PRI — NCEP * Brustbild wie vorher, darunter · 1676 · (also nicht unten in der Umschrift.) Rev. CO · MVSOCHI · X · BAR · RET · IMP · XIIII · ET · C ⁂ Sonst wie vorher; doch ohne Punkte vor und nach den Worten im Wappen. Aehnlich Cat. imp. 472. S. g. e.

Anton Cajetan (1678—1707),

2. Sohn des Ptolomäus Gallio, Herzogs v. Alvito, († 1687) u. dessen Gem. Octavia, der Tochter des 1657 gestorbenen Johann Jakob Theodor Trivulzio, wurde in Folge Testaments s. Vetters (Mutter-Bruders-Sohn) Theodor 1678 Fürst v. Trivulzio, war kais. General u. Gouverneur von Pavia und † 28. Juli 1707.

6042. Tallero v. 1686. Av. · ANT · CAIETANVS · TRIVVL · S · R · I · PRIN · ET C (als Ueberschr.) Geharn. Brustbild v. r. S., in der Perrücke, mit geknüpftem Halstuche. Unten · 130 · Rev. COMES · M · XI · BAR · RETENNII · IMPER · XV · ET · C · 1686 * Der mit einem Fürstenhute bedeckte Kopf mit 3 Gesichtern über zwei Schilden, von denen der rechte das Stammwappen des Hauses Trivulzio enthält, der linke aber zweimal getheilt ist und im obern Felde einen gekr. Adler, im mittleren einen zwischen 2 Palmzweigen schreitenden Löwen, im unteren Schrägstreifen zeigt, als Wappen des Hauses Gallio. Unter den Schilden eine Korngarbe (altes Symbol d. Hauses Trivulzio). Mad. 2069. 1⅓ Loth. G. e. R.

6043. Tallero v. 1686. Av. Vom Stempel des vorigen. Rev. Wie vorher, aber von einem anderen Stempel; die Garbe steht über den beiden N in Retennii, während sie vorher über EN stand. Am Schlusse ist deutlich 1686 ⁑ zu sehen. Der zu kleine Schrötling hat die Stempel nicht völlig aufnehmen können, daher fehlen Theile der Umschrift. S. g. e. R.

Anton Ptolomäus (1707—1767),

Sohn des Vorigen und dessen Gem. Lucretia Maria (nach Litta: Laura), Tochter des Grafen Renatus Borromeo von Arona, geb. 1692, succ. 1707, Ritter d. goldn. Vliesses 1731, † 1767 in Mailand.

6044. Thaler v. 1726. Av. ANT : PTOLOM : — TRIVULTIUS · (als Ueberschr.) Brustbild v. r. S., im Harnisch und Gewand. Rev. S · R · I · PRINC · & BARO · RETENY · IMP · 1726 — Auf dem mit dem Fürstenhute bedeckten Hermelinmantel der ovale verz. Wappenschild von Trivulzio. Mit Laubrand. Trefflich erh. R.

(Mit Karl Ptolomäus, 7. Herzoge v. Alvito, dem Vetter des Letztgenannten, starb im J. 1800 das Geschlecht aus).

Urbino.

Guido Ubaldus II. (1538—1574),

Herzog zu Urbino aus dem Hause Rovere, Sohn des Herzogs Franz Maria I. und dessen Gem. Eleonora Hippolyta Gonzaga, der Tochter des Herzogs Franz von Mantua, geb. 1514, succ. seinem Vater 1538 und † 1574.

6045. Medaille o. J., von Bartolomeo Campi in Pesaro. Av. GVIDVS VBALDVS · II · VRBINI · DVX · IIII · (unt. beg.) Bärtiger Kopf v. r. S.; darunter ein aus BC gebildetes Monogramm. Rev. · EXERCI(tus) · — · SANC(tae) · RO(manae) · — · ECCLESI(ae) · — · GENERA(lis) · — Ein Festungsplan mit der Inschrift CVI · NO | VA · SVR | GIT · SE | NOGAL(lia) Originalgepräge in Silber, auf die Befestigung v. Sinigaglia. Gr. 30. $1^{3}/_{8}$ Loth. Sehr gut erh. R.

Franz Maria II. (1574—1631),

Sohn des Vorigen und dessen 2. Gem. Victoria, Tochter des Herzogs Peter Aloys Farnese v. Parma, geb. 1549, succ. 1574, übergab nach dem Tode seines Sohnes 1626 das Herzogthum Urbino dem päpstlichen Stuhle und † 1631, worauf der Papst das Herzogthum einzog, während die Allodialgüter der Enkelin des Herzogs, Victoria, der Gem. Ferdinand's II. v. Florenz zufielen. Obgleich der Grossherzog v. Florenz sein Recht auf das Herzogthum mit den Waffen zu behaupten suchte, so überliess er es doch in dem 1644 geschlossenen Frieden dem päpstlichen Stuhle.

6046. Thaler zu 20 Grossi, o. J. Av. · FRANCISCVS · MARIA · II · VRBINI · DVX · VI · ET · C · — Gekrönter, ausgeschnittener Schild von 4 Hauptfeldern mit einem eingeschobenen Mittelfelde, das die päpstl. Schlüssel unter dem Kirchenpanier enthält (wegen der Würde eines Gonfaloniere der röm. Kirche). Rev. In einer verschlungenen, oben mit 2 Eichenzweigen besteckten Einfassung · GROSSI · · X · X · | · Unten · L · — · X · und ganz am Rande drei Eichenblätter. Mad. 4630. Cat. imp. 465, sehr ähnlich. $1^{3}/_{4}$ Loth. Gut erh. R.

6047. Dergl. halber zu 10 Grossi. Av. · FRANC · MARIA · II · VRB · DVX · VI · ET · C · — Gekrönter Wappenschild, wie vorher. Rev. In gleicher Einfassung GROSSI | · X · Unten · L · — · X · | ✿ Gr. 33. $^{7}/_{8}$ Loth. S. g. e. R.

6048. Scudo v. 1603. Av. · FRANCISCVS · MARIA · II · (als Ueberschr.) Brustbild v. l. S., im Harnisch, mit Ueberwurf und Halskrause. Unten · M · DC · III · Rev. · VRBINI · — DVX · VI · ET · C · — Unter der Krone der oben mit einem Engelsköpfchen und zu den Seiten mit zwei beflügelten, nackten weibl. Figuren geschmückte Wappenschild. Mad. 2071. Cat. imp. 465 (sehr ähnlich). Aus der v. Dickmann'schen Sammlg. $2^{3}/_{16}$ Loth. S. g. e. RR.

Val di Taro.

Friedrich Landi,

vierter Fürst von Val di Taro und Ceno, Markgraf von Bardi, Graf v. Compiano, Herr v. Bedonia, Sohn Claudius Landi's und Enkel Augustin's, des 1. Fürsten v. Val di Taro etc., succ. seinem Vater 1590, war mit Placidia Spinola vermählt und † zwischen 1630 und 1636. Es ist ungewiss, ob Friedrich seiner einzigen Tochter Polyxene Maria († 1679), der er 1626 vom Kaiser die Belehnung mit seinen Gütern verschafft hatte und die an Johann Andreas II. Doria, Fürsten von Melfi († 1644) vermählt war, bereits bei seinen Lebzeiten die Lehen abgetreten oder ob diese sie erst nach seinem Tode erlangte.

6049. Scudo v. 1622. Av. D(ominus) · FED(ericus) · LAN(dus) · S · R · I · AC · VALL(is) · TAR(i) · PRIN(ceps) · IV · E · C(aetera) (als Ueberschr.) Brustbild v. r. S., im Harnisch, mit Ueberwurf, Halskrause und dem goldnen Vliesse am Bande. Unten · I · OZ ·*·· Rev. S · FRANCIS — PROTECT · NOSTER (als Ueberschr.) Der h. Franz v. Assisi auf den Knieen in einem Thale vor dem ihm am Himmel erscheinenden Engel in Strahlen. Im Abschnitte zwischen Linien · MDCXXII · | · * N * G * · Mad. 4628. Erwähnt v. Pignorini, Memorie storico-numismatiche di Borgotaro, Bardi e Compiano (Parma, 1863) auf S. 55. Aus dem v. Wellenheim'schen Cab. $2^1/_4$ Loth. Sehr gut erh. RR.

Vasto.

Cäsar d'Avalos,

Markgraf von Vasto und Pescara, Reichsfürst, jüngerer Sohn des Markgrafen Diego († 1667) und dessen Gem. Franziska Caraffa, succ. nach dem Tode seines älteren Bruders Ferdinand Franz († 1672) und dessen nachgebornen Sohnes Diego Franz († 1687), ergriff im spanischen Successionskriege die Partei des Kaisers und musste, da die Franzosen in Neapel die Oberhand behielten, 1701 mit seiner Gem. Hippolyta, einer Tochter Johann d'Avalos, Fürsten zu Troja, nach Wien flüchten, wurde aber 1726 in s. Güter restituirt und † 1729, ohne Kinder und als der Letzte seines Zweiges, worauf die Linie der Fürsten zu Troja ihn beerbte.

6050. Thaler v. 1706, zu Augsburg geschlagen. Av. CÆS · DAVALOS DE AQVINO DE ARAG(ona) · MAR(chio) · PIS(cariae) ET VASTI D(ei) · G(ratia) · S(acri) · R(omani) · I(mperii) · PR(inceps) · ✿ Brustbild v. r. S., in der Perrücke, im Harnisch, mit d. goldn. Vliesse auf der Brust. Rev. DOMINVS REGIT ME ▾ ANNO ▾ 1706 ▾ (als Ueberschr.) Unter dem Fürstenhute der von Armaturen umgebene, mit der Kette des goldnen Vliesses behangene Wappenschild mit dem kais. Doppeladler im Mittelschilde. Unten neben dem Vliesse das Augsburger Wappenbild und die 2 Hufeisen. Erhabene Randschrift: BEATVS VIR QVI NON ABIIT IN CONSILIO IMPIORVM ✦ (auf vorlieg. Exemplare theilweise nachgravirt.) Mad. 2072. Cat. imp. 474. 2 Loth. Sehr gut erh. RR.

Venedig.

Augustin Barbarigo, 1486—1501.

6051. Lira. Av. Der stehende heilige Markus überreicht dem knieenden Dogen die Fahne. Umschr. S · MARCVS VENET · — · —

AVG · BARBADICO · und längs der Fahne DVX Rev. · TIBI · SOLI · — · GLORIA · — Der Heiland, mit segnender Rechten und der Weltkugel in der Linken, auf einem Postamente stehend, woran · M · — · C · Gr. 34. 7/16 Loth. G. e.

Leonhard Loredano, 1501—1521.

6052. Lira. Mit S · M · VENET · — LEONAR · LAVREDAN' · DVX im Av. und · ST · F · am Postamente im Rev.; sonst wie vorher Gut erh.

Andreas Gritti, 1523—1538.

6053. Lira. Av. S · M · VENET — · — · ANDREA — · GRITI · — | DVX Rev. · TIBI · SOLI * — * GLORIA · — Am Postamente · B(?) · — · C · Im Uebrigen gleich den vorigen. S. g. e.

6054. Lira. Mit · S · M · und ANDREAS im Av., · TIBI · SOLI · — · GLORIA · — und · I · — · D · im Rev., sonst wie vorige. S. g. e.

6055. Lira. Mit VENET — · im Av. und · I · — · M · im Rev., sonst gleich voriger. S. g. e.

Peter Lando, 1538—1545.

6056. Lira. Av. · S · M · VENET * — * — * PETRVS * — * LANDO * — | DVX Rev. · TIBI · SOLI — GLORIA · — Am Postamente IE · V Darstellungen, wie bisher. Gr. 33. 7/16 Loth. S. g. e.

Hieronymus Priuli, 1559—1567.

6057. Osella v. J. 1562. Av. · S · M · VENETVS · — · HIERONIMVS — · PRIOLVS · — | DVX Der auf einem Throne sitzende Heilige überreicht dem knieenden Dogen die Fahne. Unter dem Bilde · * · Rev. SALVT(is) : AN : 1562 · ET · AB · VRBE · CONDITA · 1142 · ✻ Im Felde * | HIERON · | PRIOLI | PRINCIPIS | MVNVS | ANNO | · IIII · Gr. 32. 3/8 Loth. Zu Mad. 6937. S. g. e.

Aloys Mocenigo I., 1570—1577.

6058. Osella v. 1571. Av. S * M * VENETVS — ALOY * MOCEN * ANNO II * Der sitzende Heilige giebt dem knieenden Dogen die Fahne, längs welcher DVX Rev. ✻ | M · D · LXXI | ANNO MAGNÆ | NAVALIS | VICTORIÆ DEI | GRA(tia) · CONTRA | TVRCAS ✻ Gr. 35. 3/8 Loth. Mad. 4556. Cat. imp. 494. S. g. e. R.

6059. Kupferne Denkmünze*) v. 1571. Av. · AN(no) · MAGNÆ · NAVALIS · VI(ctoriae) · DEI · GRA · CON · TVR(cas) ✻ Christus am Kreuze; zu den Seiten M · D · L — XXI und oben Sonne und Mond. Rev. XPE FACTVS EST PRO NOBIS OBED(iens) VSQ(ue) AD MORT(em) · Der Heiland, bis halben Leib, vor dem

*) Die Darstellung und der Spruch auf der Rückseite dieser Denkmünze erinnern an zwei Stücke der Reichel'schen Münzsammlung, die im IX. Theile unter Faenza (Nr. 575) und Guastalla (Nr. 1762) aufgeführt werden.

Kreuze, umgeben von den auf seine Leidenszeit Bezug habenden Gegenständen. Gr. 35. Hat oben ein Loch. S. g. e. R.
(Wie Nr. 6058 auf die Schlacht von Lepanto bezüglich.)

6060. Osella v. 1576. Av. ALOY · MOCENIGO · P(rincipis) · MVN * Der sitzende h. Markus reicht die Fahne dem knieenden Dogen, hinter welchem der Löwe. Im Abschnitte ANNO · VII · Rev. (U. b.) REDEMPTORI — VOTVM * MDLXXVI * Mit Statuen gezierte Kirche, auf deren Kuppel der Markuslöwe. Gr. 34. $^{5}/_{8}$ Loth. Mad. 6940. S. g. e.

Sebastian Venier, 1577—1578.

6061. Osella v. 1577. Av. * SEB · VENERIO — * P * MVNVS ▸ Der sitzende h. Markus mit der Fahne, vor ihm der knieende Doge, dem ein oben schwebender Engel den Herzogshut reicht. Im Abschnitte · ANNO · I * Rev. 1577 · MAGNA DEI MISERICORDIA · SVP(er) · NOS * Ansicht der Stadt, über welcher Gott der Vater in Wolken. Gr. 34. $^{1}/_{8}$ Loth. Mit kl. Loch. G. e. R.

Nikolaus da Ponte, 1578—1585.

6062. Justina zu 160 Soldi oder 8 Lire (Giustina maggiore). Av. S · M · VENET — · NIC · DE PONTE — · DVX · Der sitzende h. Markus überreicht dem knieenden Dogen die Fahne. Im Abschnitte ✿ MA · C ✿ Rev. MEMOR ERO TVI · IVSTINA VIRG(o) * Die stehende heilige Justina mit dem Dolche in der Brust, einem Palmzweige und einem Buche in den Händen; hinter ihr liegt der Markuslöwe. Im Abschnitte ▾ 160 ▴ Gr. 48. $2^{15}/_{32}$ Loth. (Schweitzer, Serie delle Mon. e. Med. d'Aquileja e di Venezia, Nr. 673.) Vortrefflich erh. RRR.

6063. Scudo della Croce zu 140 Soldi oder 7 Lire. Av. NICOLAVS · DE PONTE · DVX · VENET Blumenkreuz. Im Abschnitte · A · M · Rev. ✿ SANCTVS · MARCVS · VENET ✿ Der Markuslöwe im Schilde. Im Abschnitte ✿ 140 ✿ Gr. 42. $2^{1}/_{8}$ Loth. Zu Mad. 2045. (Schweitzer 670.) S. g. e.

Paskal Cicogna 1585—1595.

6064. Scudo della Croce o. J. Av. PASCALIS · CICONIA · DVX · VENE Blumenkreuz. Im Abschnitte ❀ C · B ❀ Rev. ganz ähnlich der Rückseite des vorigen. Mad. 4558. S. g. e.

6065. Justina zu 124 Soldi oder 6 Lire u. 4 Soldi (Giustina minore). Av. ✦ S · M · VENETVS · PASC · CICON — ✦ DVX ✦ Vor dem stehenden Markuslöwen der knieende Doge mit der Fahne. Rev. MEMOR ERO · TVI · IVSTINA · VIRGO Die stehende Heilige. Im Hintergrunde das Meer mit zwei Inseln und zwei Galeeren. Unten ❀ 124 ❀ Gr. 40. $1^{29}/_{32}$ Loth. (Mad. 2046.) S. g. e.

6066. Gedenkthaler auf den Bau der Festung Palma nuova im Friaul, 1593. Av. PASCALE CICONIA DVCE VENETIAR(um)

· ETC · AN(no) · DNI 1593 ❀ Der Markuslöwe mit einem Schwerte in der erhobenen rechten Vordertatze, halb auf dem Meere, halb auf dem Festlande stehend, das ein kleines Kreuz trägt. Rev. FORI IVLII • ITALIÆ • ET • CHRIS(tianae) • FIDEI • PROPVGNACVLVM • ❀ Der den Namen PALMA umschliessende Festungsplan mit aufgerichtetem Kreuze. Darüber herum IN HOC SIGNO TVTA · Gr. 43. $1^{15}/_{16}$ Loth. (Mad. 4559.) S. g. e. RR.

6067. Denkmünze v. 1594, auf die Wiederherstellung der Kirche S. Pietro di Castello oder des sog. Patriarchats. Av. In 10 Zeilen ÆD(em) · SACR(am) · | CASTELLANAM · | IAM · VETVSTATE · COL | LABENTEM · LAVRETII · | PRIVLI · VEN · PATHĒ (Patriarchae) · PIE | TAS · RESTITVIT · SVI · | PATHVS (Patriarchatus) · AN(no) · IIII · | CLEMENTE · VIII · P(ontifice) · M(aximo) · | PASC · CICONIA · D(uce) · | M · D · XCIIII · Rev. TV · ES · PETR(us) · ET · SVP(ra) · HANC · PETR(am) · ÆDIFICABO · ECCL(esiam) · MEAM · — St. Petrus, mit den Schlüsseln in der Rechten, und St. Paulus, mit dem Schwerte in der Linken, auf einem Postamente stehend, halten ein zwischen ihnen emporragendes Patriarchalkreuz. Am Postamente der Wappenschild der Priuli. Gr. 42. $1^{3}/_{16}$ Loth. Gut erh. (Lorenz Priuli wurde Patriarch v. Venedig 1591, Cardinal 1596 und † 26. Jan. 1600.) RR.

Marinus Grimani, 1595—1606.

6068. Justina zu 124 Soldi. Av. ✿ S · M · VENE · MARIN : GRIMAN — ✿ DVX ✿ — Rev. MEMOR · ERO · TVI · IVSTINA · VIRGO · Darstellungen, wie auf Nr. 6065. (Mad. 2047.) Gr. 40. $1^{19}/_{32}$ Loth. S. g. e.

Morosina Morosini, des Vorigen Gemahlin.

6069. Osella auf ihre am 4. Mai 1597 stattgehabte Krönung. Av. (U. b.) MAVROCENA · MAV — ROCENA · — Ihr rechtsgewandtes Brustbild mit der Dogenmütze und auf der Brust hängendem Kreuzchen. Rev. Innerhalb eines Lorbeerkranzes ✿ | MVNVS | MAVROCENÆ | GRIMANÆ | DVCISSÆ | VENETIAR | · 1597 · | ✿ (Mad. 5518.) Köhler, M.-B., XVIII. 129. Gr. 30. $^{11}/_{16}$ Loth. Leidlich erhalten. R.

Leonhard Donato, 1606—1612.

6070. Scudo zu 140 Soldi. Av. LEONAR ▾ DONATO ▾ DVX ▾ VEN ▴ — Das Blumenkreuz. Im Abschnitte ❀ C ▾ Z ❀ Rev. ✦ SANCTVS : MARCVS · VENETVS ✦ — Der Schild mit dem Markuslöwen. Im Abschnitte ✦ 140 ✦ Gr. 41. $2^{5}/_{32}$ Loth. S. g. e.

Markus Antonius Memmo, 1612—1615.

6071. Osella v. 1614. Av. • S · M · VENET · MARC · A · MEM · D · — Der Doge empfängt knieend vom Evangelisten die Fahne. Im Abschnitte • 1614 • | · V · E · Rev. · DOCE · ME · FACERE ·

VOLVNTATEM · TVAM · — Der Heiland, stehend, mit aufgehobener Rechten. Im Abschnitte ANNO · III (Zu Mad. 6945.) Gr. 29. $^{31}/_{32}$ Loth. S. g. e. R.

Anton Priuli, 1618—1623.

6072. Scudo zu 140 Soldi. Av. ANTON ▴ PRIOL ▾ DVX ▴ VEN — Blumenkreuz. Unten ❀ V ▾ C ❀ Rev. ◆ SANCTVS · MARC · VENET ◆ — Schild mit dem Markuslöwen. Unten ◆ 140 ◆ (Mad. 2051.) Gr. 41. $2^{3}/_{32}$ Loth. S. g. e.

6073. Halber Scudo zu 70 Soldi. Av. wie der des ganzen, aber mit ❀ G ▴ R ❀ Rev. ◆ SANCTVS ▴ MARCVS ▴ VENE ◆ Der Markuslöwe im Schilde. Unten ◆ 70 ◆ Gr. 35. $1^{1}/_{16}$ Loth. S. g. e.

6074. Bulle von Silberblech. Av. Der knieende Doge empfängt vom stehenden Heiligen, dessen Haupt mit einer Inful bedeckt ist, die Fahne. Hinter dem Heiligen mit unter einander gesetzten Buchstaben S | M | V | E | N | E | T Hinter dem Dogen ANT · PRIOLO und der Fahne entlang D | V | X Rev. ∗ ❀ ∗ | ANTONIVS ∗ PRIOLO ∗ | DEI GRAT · DVX | VENETIAR · | ∗ ET · C · ∗ | ∗ ❀ ∗ Gr. 32. S. g. e.

Franz Contarini, 1623—1625.

6075. Scudo zu 140 Soldi. Av. FRANC ▾ CONTAR ▾ DVX ▴ VEN — Das Blumenkreuz. Unten ❀ F ▴ M ❀ Rev. ▴ SANCTVS ▴ MARC ▾ VENET ▴ — Der Markuslöwe im Schilde. Unten ✿ 140 ✿ Gr. 43. $2^{1}/_{8}$ Loth. (Zu Mad. 4563. Schweitzer 842.) Sehr gut erh. R.

Johann Cornaro I., 1625—1630.

6076. Scudo zu 140 Soldi. Av. IOAN ▴ CORNEL ▴ DVX ▾ VEN — Blumenkreuz. Unten ❀ D ▾ M ❀ Rev. · SANCTVS · MARC · VENET · — Der Löwe im Schilde. Unten ∗ 140 ∗ Gr. 41. $2^{3}/_{32}$ Loth. S. g. e.

6077. Viertel-Scudo zu 35 Soldi. Av. IOAN · CORNEL · DVX · VEN — Blumenkreuz. Unten ❀ I · A · M ❀ Rev. · SANCTVS · MARC · VEN · — Der Schild mit dem Löwen. Unten ∗ 35 ∗ Gr. 29. $^{1}/_{2}$ Loth. S. g. e. R.

Franz Erizzo, 1631—1646.

6078. Scudo zu 140 Soldi. Av. FRANC ▾ ERIZZO ▴ DVX ▾ VEN — Das Blumenkreuz. Unten ❀ D ▴ B ❀ Rev. · SANCTVS · MARCVS · VENET · — Der Löwe im Schilde. Unten ∗ 140 ∗ Gr. 42. $2^{1}/_{8}$ Loth. S. g. e.

6079. Desgleichen, wie voriger, aber mit VEX statt VEN und mit ❀ B ▾ B ❀ im Av. $2^{1}/_{8}$ Loth. S. g. e.

6080. Osella v. J. VIIII. Av. Der vorwärts gekehrt sitzende Markuslöwe hält einen Schild vor sich mit der Aufschrift FRANCIS(ci) | ERI-

CIO | · V · D(onis) · | MVNVS | ANNO | VIIII Im Abschnitte • Z · L • Rev. × DEDI SVAVIT — ATEM ODORIS × Das Madonnenbild über einem Baume, dem, von beiden Seiten vom Winde bestürmt, Früchte entfallen. Gr. 35. ⁴/₈ Loth. (Zu Mad. 6955.) Sehr gut erh.

Franz Molino, 1646—1654.

6081. Scudo zu 140 Soldi. Av. FRANC · MOLINO · DVX · VENE — Das Blumenkreuz. Unten ❀ F · R ❀ Rev. · SANCTVS · MARCVS · VENET · — Der Löwenschild. Unten • 140 • 2⁵/₃₂ Loth. S. g. e.

6082. Osella zum Gedächtniss der Siege über die Türken. Av. × S · M · VEN · FRANC · MOLINO · D · — Der sitzende Heilige mit dem knieenden Dogen, wie gewöhnlich. Im Abschnitte × I · A · B × Rev. Auf wogender See eine Galeere, von deren Mast ein Feuer leuchtet. Oben herum · FVLGET INTER FLVCTVS · Im Abschn. × ANNO × | · I · (Cat. imp. 498. Mad. 6956.) Gr. 35. ⁴/₈ Loth. Sehr gut erh.

6083. Osella zum Andenken der bei Foschia von Jakob de Riva vernichteten türk. Flotte. Av. ◆ S · M · VENET · FRANC · MOLINO · D — Unten ✿ Z(uan) · A(lois.) · S(alomon) ✿ Sonst, wie vorher. Rev. Ein am Gestade aufgestellter Brennspiegel entzündet mit den aufgefangenen Strahlen der Sonne die türkische Flotte. Oben herum SVPERO · FERVENTE · FOVENTE · Unten ✿ ANNO ✿ | ◆ VI ◆ Dem Bilde des Rev. liegt die bekannte Erzählung vom Archimedes zu Grunde. (Mad. 6957. Cat. imp. 498.) ²¹/₃₂ Loth. War geh., sonst g. e.

Bertuccio Valier, 1656—1658.

6084. Osella. Av. · S · M · VEN · BERTVCCIVS · VALERIO · D — Der sitzende Heilige und der knieende Doge. Unten • B · V • Rev. • RESISTIT · IMPAVIDA (sic) • Adler (mit Bezug auf das Wappen der Valier) und Drache (Anspielung auf die Türken) im Kampfe. Unten ✿ ANNO ✿ | · II · (Weise, G.-C. 2004. 2.) Gr. 35. ⁵/₈ Loth. S. g. e. •

Dominik Contarini, 1659—1674.

6085. Scudo zu 140 Soldi. Av. DOMINIC · CONTAR · DVX · VENET — Unten ❀ D · C ❀ Im Rev. unten • 140 • Im Uebrigen, wie Nr. 6081. 2⁵/₃₂ Loth. S. g. e.

Nikolaus Sagredo, 1674—1676.

6086. Osella. Av. · S · M · V · NICOLA ◆ SAGREDO · D · — Der sitzende Heilige und der knieende Doge. Unten ✿ G(iulio) × D(onà) ✿ Rev. ÆQVA TEMPERAT ARTE ✿ — Die Sternbilder der Jungfrau, der Wage und des Skorpions zwischen 9 Sternen über der Erdkugel. Im Abschnitte ✿ ANNO ✿ | · I · (Mad. 6963. Cat. imp. 500.) Gr. 36. ²¹/₃₂ Loth. S. g. e. R.

6087. Ein zweites Exemplar. ⁵/₈ Loth. Leidlich erh. R.

Aloys Contarini, 1676—1683.

6088. Scudo zu 140 Soldi. Av. ALOYSIVS · CONTARE · DVX · VENET — Das Blumenkreuz. Unten ✿ G · Z ✿ Rev. SANCTVS · MARCVS · VENET — Der Schild mit dem Markuslöwen. Unten ✿ 140 ✿ (Mad. 4574. Cat. imp. 500.) Gr. 44. 2⁸/₃₂ Loth. Sehr gut erhalten.

6089. Osella v. 1679. Av. · ALOYSIVS · CONTARE · D : — Der sitzende Evangelist und der knieende Doge. Unten · G · Z · Rev. SALVT · AN · 1679 · ET · AB · VRBE · CONDITA · I259 ✤ Im Felde • | ALOYSII | CONTARENO | PRINCIPIS | MVNVS ANNO | IIII Gr. 36. ¹¹/₃₂ Loth. S. g. e.

Markus Antonius Giustiniani, 1683—1688.

6090. Osella. Av. · S · M · V · M · ANT · IVSTINIANVS · — Der Heilige mit dem Dogen, wie vorher. Unten · ANNO · I · Rev. DEO — DVCTA DVCE — Ansicht des Markusplatzes. Vorn Schiffe. Oben schwebt ein Engel, mit erhobener Rechten und der Dogenmütze in der Linken. (Mad. 6964. Cat. imp. 500.) Gr. 37. ⁹/₈ Loth. Gut erh.

6091. Osella (v. 1686). Av. ✿ S · M · V · M · ANTON · IVSTINIAN · DV — Unten ANNO · III | • Z · A · B • Sonst, wie vorher. Rev. DONEC ORBATA ORBE Ansicht der Halbinsel Morea; darüber Gott in Wolken, Blitze nach dem türkischen Halbmonde sendend. Unten VICIT · LEO (Mad. 4578. Cat. imp. 500.) Gr. 37. ¹¹/₃₂ Loth. S. g. e.

6092. Grosse ovale Medaille v. 1687, auf die Siege über die Türken. Av. Der Doge auf dem Throne, zu Seiten 3 Würdenträger der Republik, vor ihm zwei knieende Türken. Oben herum in zwei Zeilen PARCERE SUBIECTIS ET DEBELLARE SUPERBOS | SCIT NOBILIS IRA LEONIS • Rev. Der aufgerichtete, rechtshin gewandte Markuslöwe, um dessen linke Vorderpranke ein Kranz hängt, hält mit seiner rechten Vordertatze ein mit Lorbeer umwundenes Schwert, mit der linken einen Delphin. Unter seinen Füssen ein zerbrochener Bogen und ein zerknickter Pfeil. Oben herum EX UTROQUE — VICTOR • Randschrift · + SERENISSIMI LEONIS ALATI SOLO SALOQUE TURCARUM VICTORIS, TRIUMPHALE FLORILEGIUM · 1687 + Höhe 76. Br. 56. 8³/₁₆ Loth. Sehr schöne Arbeit von vortrefflicher Erhaltung. RR.

Franz Morosini, 1688—1694.

6093. Osella. Av. • S · M · V · FRAN · MAVROC · DVX • — Der knieende Doge vor dem sitzenden Evangelisten Im Abschnitte • ANNO · I • Rev. PELOPONNESVS — RESTITVTA — Eine vor einem Palmbaume knieende, entfesselte weibliche Figur (der Peloponnes). Im Abschnitte • A · G • (Mad. 6966. Cat. imp. 501.) Gr. 37. ¹¹/₃₂ Loth. (Auf die Eroberung Morea's.) G. e.

6094. Osella. Av. · S · M · V · FRAN · MAVROCE · D ✿ und unten ✿ P · P ✿ Sonst, wie vorher. Rev. * NON — ALIA FRVI-TVR VICTORIA — LAVDE — Der geweihete Hut und der Degen, welche Stücke dem Dogen vom Papste i. J. 1689 zugesendet worden. Unten * ANNO * | III (Mad. 4582. Cat. imp. l. c.) $^{21}/_{32}$ Loth. Sehr gut erh.

6095. Osella. Av. wie der von Nr. 6093, unten aber ✿ G · M ✿ Rev. · QVEM NON EXERCVIT ARCVM · Ein von der linken Seite kommender geharnischter, rechter Arm, Dolch, Büchse, Streitaxt, Bogen und Pfeil haltend. Unten · ANNO · V · (Mad. 6968. Cat. imp. l. c.) Mit kl. Loch. G. e.

6096. Osella. Av. * S · M · V · FRAN · MAVROCEN · DVX · VE — Die bisherige Darstellung. Im Abschnitte * ANNO · VI * Rev. VIRTVTEM VESTIGAT ET VLTRO AMBIT HONOS Vier Generals- oder Procuratorenhüte unter dem Dogenhute zwischen vier Kommandostäben. Unten * Z(uan) · R(iva) * (Mad. 4584.) $^{21}/_{32}$ Loth. Sehr gut erh.

Silvester Valier, 1694—1700.

6097. Osella. Av. ✿ S * M * V * SILVES ✿ VALERIO ✿ D * — Darstellung, wie vorher. Im Abschnitte * AN ✿ IV * Rev. ✿ EX PIETATE FORTITVDO ✿ — Von links kommender geharnischter rechter Arm, ein Kreuz haltend. Im Abschn. ✿ A(ndrea) * B(affo) ✿ (Mad. 6970. Cat. imp. 502.) $^{5}/_{8}$ Loth. Mit kl. Loch. S. g. e.

6098. Osella. Av. wie der des vorigen, aber mit * S und * VALE-RIO * und * AN * VI * Rev. VICTRIX CAVSA DEO PLA-CVIT * Ueber einer Landschaft schwebende Taube mit Oelzweig im Schnabel. Im Abschnitte * ✿ * (Mad. 6972. Cat. imp. l. c.) $^{5}/_{8}$ Loth. (Auf den Frieden von Karlowitz.) S. g. e.

Aloys Mocenigo II., 1700—1709.

6099. Osella. Av. * S * M * V * ALOY * MOCENI * D * — Das bisherige Bild. Im Abschnitte * AN * I * Rev. DOMINI EST ASSUMP — TIO NOSTRA * — Die von himmelwärts kommenden Strahlen getroffene Fortuna über den Trümmern ihres Rades. (Mad. 4588. Cat. imp. l. c.) $^{5}/_{8}$ Loth. War gehenk. S. g. e.

Johann Cornaro II., 1709—1722.

6100. Ducato d'argento. Av. * S * M * V * IOAN * CORNELIO · D · — Die gewöhnliche Darstellung der Submission des Dogen. Im Abschnitte ✿ A · M ✿ Rev. Der stehende Markuslöwe, seine rechte Vordertatze auf dem offenen Buche, worin PAX | TIB(i) | MA(rce) — EVA(nge) | LIS(te) | ME(us) Vor ihm ein Thurm. Oben herum DVCA-TVS · VENETVS ✿ Im Abschnitte ✿ ❀ ✿ Gr. 38. $1^{13}/_{32}$ Loth. Gut erh.

6101. Osella. Av. Innerhalb eines Lorbeerkranzes IOANNIS | CORNELII | PRINCIPIS | MVNVS | ANNO · XI · | SAL · ANNO | MDCCXIX · Rev. Der mit der Dogenmütze bedeckte, sitzende Markuslöwe von vorn, sammt Evangelienbuch. Oben S · MARCVS — VENETVS · Im Abschn. * A * P * Gr. 35. $^{21}/_{32}$ Loth. S. g. e.

Aloys Mocenigo III., 1722—1732.

6102. Osella. Av. S * M * V * ALOYS : — MOCENI * D * — Die Submission des Dogen. Im Abschnitte * AN * VIII * | * V · V * Rev. Die personificirte Republik Venedig, mit einem Zepter und einem Blumenzweige in den Händen, auf einem Throne sitzend, zu dessen Stufen der Markuslöwe liegt. Vor ihr steht Flora mit einem Füllhorne in der Rechten und einer Aehre sammt Blume in der Linken. Oben herum PLENO TIBI COPIA CORNV · Im Abschn. · 1729 · (Mad. 4595. Cat. imp. 504.) $^{21}/_{32}$ Loth. S. g. e.

Karl Ruzzini, 1732—1735.

6103. Osella. Innerhalb eines mit dem Dogenhute bedeckten Lorbeerkranzes: CAROLI RVZINI | PRINCIPIS | MVNVS | ANNO · III · | MDCCXXXIV Rev. SANCTVS MARCVS VENETVS ✿ Der Markuslöwe v. l. S., mit dem Dogenhute auf dem Haupte u. mit dem Buche. Im Abschnitte ✿ Z * E ✿ (Mad. 6991. Cat. imp. 504.) $^{17}/_{32}$ Loth. Gut erhalten.

Aloys Pisani, 1735—1741.

6104. Ducato d'argento. Av. * S * M * V * ALOYSIVS * PISANI * D · — Die Submission des Dogen. Im Abschnitte ✿ Z(orzi) * F(oscolo) ✿ Rev. wie der von Nr. 6100, mit DVCATVS * VENETVS * (Mad. 6993. Cat. imp. 505.) Gr. 40. 1$^{17}/_{32}$ Loth. S. g. e.

6105. Ducato, wie voriger, doch nicht von den gleichen Stempeln. 1$^{17}/_{32}$ Loth. G. e.

6106. Osella. Av. Innerhalb eines Lorbeerkranzes ALOYSIJ | PISANI | PRINCIPIS | MVNVS | ANNO | ◆ II ◆ Rev. SANCTVS MARCVS VENETVS ◆ Der Markuslöwe, wie auf Nr. 6103. Vor ihm ein Zweig. Im Abschnitte ✿ M ◆ S ✿ | ◆ 1736 ◆ (Zu Mad. 4597.) Gr. 37. $^{21}/_{32}$ Loth. S. g. e.

Peter Grimani, 1741—1752,

6107. Osella. Av. * S * M * V * PETRVS * GRIMANVS · D · — Die Submission des Dogen. Im Abschnitte ✿ P * D ✿ Rev. Innerhalb eines Lorbeerkranzes PETRI | GRIMANI | PRINCIPIS | MVNVS | ANNO | ✿ V ✿ | · 1745 · $^{21}/_{32}$ Loth. Sehr gut erh.

6108. Osella. Av. Zwischen Lorbeerzweigen unter dem Dogenhute die Aufschrift der Rückseite des vorigen, schliessend aber mit AN : VII | ✿ | 1747 | ◆ Rev. ✿ SANCTVS MARCVS VENETVS ✿ — Der mit dem Dogenhute bedeckte Löwe von vorn, sammt dem Buche, worauf P | T — M | B Im Abschnitte ◆ Z(uan) · A(ndre) · P(asqualigo) ◆ *(Mad. 6995.) ²¹/₃₂ Loth. Im Av. Doppelschlag. Mit kl. Loch. G. e.

6109. Osella v. 1751. Av. ✿ S • M • V ✿ — ✿ P • GRIMA • D · — Vor einem Altare, dessen Bild die Verkündigung Mariae zeigt, knieen der Evangelist und der Doge, ersterer zur rechten, letzterer zur linken Seite. Zwischen beiden liegt der Löwe. Im Abschnitte ✿ A(lois.) • B(arbaro) ✿ Rev. Zwischen Lorbeerzweigen unter dem Dogenhute PETRI | GRIMANI | PRINCIPIS | MVNVS · A · XI · MDCCLI Gr. 37. ²¹/₃₂ Loth. S. g. e. R.

Franz Loredano, 1752—1762.

6110. Ducato d'argento. Av. ✿ S • M • V • FRANC • LAVREDANO • D — Die Submission des Dogen. Im Abschnitte ✿ S(tef-fano) • B(arbaro) ✿ Rev. wie die Rückseite von Nr. 6104. (Zu Mad. 6998, wo nach Cat. imp. 505 das Buch des Löwen für eine kl. Kirche angesehen worden.) Gr. 39. 1⁷/₃₂ Loth. G. e.

6111. Tallero v. 1756. Av. ❀ RESPUBLICA VENETA ❀ — Die Republik als weibliches Brustbild v. r. S., mit dem Dogenhute auf dem Haupte und einem Hermelinmantel. Rev. ❀ FRANC : LAUREDANO DUCE J756 ❀ — Der aufgerichtete Markuslöwe v. l. S., mit dem Buche, in zierlichem Schilde. Schräggerippter Rand. Mad. 5520. Cat. imp. 506. 1¹⁵/₁₆ Loth. Gut erh.

6112. Osella v. 1761. Av. In zierlicher Einfassung ✱ ✱ | FRANCIS : | LAUREDANI | PRINCIPIS | MUNUS | A · X · 1761 Rev. BEATI GREG : BARBADICI CARD : COSTA — Prächtiges, mit dem Markuslöwen und zwei die Rippe tragenden Englein geschmücktes Kenotaph, auf welchem Kardinals- und Bischofshut, Patriarchalkreuz und Pedum liegen. Im Abschnitte · Z(uan) · D(olfin) · Gr. 37. ⁷/₈ Loth. Mit kl. Loch. S. g. e.

Markus Foscarini, 1762 (10 Monate).

6113. Osella v. 1762. Av. In einer zierlichen, mit dem Dogenhute bedeckten Cartouche ✿ | MARCI | FOSCARENI | PRINCIPIS | MUNUS | ANNO · I Rev. PICTIS VENETORUM ITINERIBUS AULA EXORNATA — Venetia, mit den Attributen der Künste, sich auf den Erdball stützend. Unten am Postamente MDCCLXII | VET(tor) · M(orosini) · (Cat. imp. 506. Mad. 7004.) Gr. 36. ²¹/₃₂ Loth. Mit Stempelglanz.

Aloys Mocenigo IV., 1762—1779.

6114. Justina zu 124 Soldi. Av. • S · M · V · ALOY : MOCENICO • DVX • — Vor dem Markuslöwen der knieende Doge mit der Fahne. Im Abschnitte • D · G • Rev. MEMOR • ERO • TVI • IVSTINA • VIRGO Die Heilige, wie auf Nr. 6065. Unten ❀ I24 ❀ Mad. 7005 und Cat. imp. 506, beide unter Al. Moc. IV., Schweitzer 1144 unter Al. Moc. III. 1²⁹/₃₂ Loth. S. g. e.

6115. Desgleichen. Av. • S • M • V • ALOY • MOCENICO •

D * — Unten ❀ B * C ❀ Rev. MEMOR · ERO * TVI · IVSTINA · VIR — Sonst wie vorher. $1^{27}/_{32}$ Loth. G. e.

6116. Ducato d'argento. Av. ✿ S * M * V * ALOY : MOCENICO * D · — Die Submission des Dogen. Im Abschnitte ✿ V(alier) · V(aliero) ✿ Rev. wie die Rückseite zu Nr. 6104. Schweitzer Nr. 1261. $1^{17}/_{32}$ Loth. G. e.

6117. Osella v. 1764. Av. In zierlicher, oben durch den Dogenhut geschlossener Cartouche ✦ ✿ ✦ | ALOY · MOCENICO | PRINCIPIS MUNUS | A · II · 1764 Rev. SANTA MARIA — DELLA PACE — Reich geschmückter Altar mit dem wunderthätigen Marienbilde. Im Abschnitte ❀ M · F · ❀ $^{31}/_{32}$ Loth. Mit kl. Loch, sonst gut erh.

6118. Tallero v. 1769. Av. ✿ RESPUBLICA — VENETA ✿ ~ ✿ — Die Republik als weibliches Brustbild v. r. S., mit Hermelinmantel und Diadem. Rev. Der Markuslöwe, sitzend, v. r. S., mit dem Evang.-Buche, auf einem Sockel, an welchem · A · — · S · (Anton Schabel) * 1769 * Oben herum ✿ ALOYSIO MOCENICO DUCE ✿ ~ ✿ Laubrand. $1^{11}/_{16}$ Loth. G. e.

6119. Osella v. 1769. Av. Innerhalb eines Lorbeerkranzes ✦ ✿ ✦ ALOYSIO | MOCENICO | PRINC : VENE : | MUNUS · AN : VII · DOMINI | 1769 Rev. HINC · ROBVR · ET — SECVRITAS · — Venetia mit einem Schilde, neben einem Postamente sitzend. Zu ihren Füssen der Löwe. Im Abschnitte · V : A : B(ragadin, Münzaufseher) · Gr. 33. $^{7}/_{8}$ Loth. Leidlich erh.

6120. Osella v. 1775. Av. Im Lorbeerkranze — ✿ — | ALOYSII | MOCENICI | PRINCIPIS | MUNUS · A : XIII | 1775 Rev. IN OPERE — FULGET * Ein von oben bestrahlter Genius zündet mit einer Fackel einen Haufen Masken, Karten und Würfel an. Im Abschnitte · VV · Gerippter Rand. Gr. 34. $^{31}/_{32}$ Loth. S. g. e.

Paul Renier, 1779—1788.

6121. Ducato d'argento o. J. Av. ✿ S · M · V · PAVL · RAINERIVS · D · — Die Submission des Dogen. Im Abschn. ✿ R(aimondo) · B(embo) ✿ Rev. DVCATVS * VENETVS ✦ Der Löwe u. s. w., wie bei Nr. 6104. $1^{17}/_{32}$ Loth. S. g. e.

6122. Tallero v. 1781, wie der v. 1769, mit ✿ PAULO RAINERIO DUCE ✿ ~ ✿ und * 1781 * im Rev. $1^{15}/_{16}$ Loth. G. e.

6123. Osella v. 1783. Av. In einem Lorbeerkranze PAULI | REINERJ | PRIN(C ·) MUNUS | ANNO V | 1783 · ⊸ · Rev. PIETAS OPTIMI PRINCIPIS — Sitzende weibliche Figur v. l. S., vor ihr ein Altar. Im Abschn. ✿ F(rancesco) ⊸ D(andolo) ✿ Gerippter Rand. Gr. 33. $^{31}/_{32}$ Loth. G. e.

6124. Osella v. 1784. Av. Im Lorbeerkranze · ⊸ · | PAULI | REINERJ | PRINC : MUNUS | ANNO VI | 1784 | · F ✿ D · Rev. SALVS — IMPERII · — Stehende weibl. Figur, mit einer Lanze, sich auf ein Steuerruder lehnend. Hinter ihr ein Kanonen- u. Büchsenlauf, Kugeln und ein Anker. Gr. 32. $^{31}/_{32}$ Loth.

Ludwig Manin, 1788—1797.

6125. Osella v. 1789. Av. Im Lorbeerkranze · -◇- · | LUDOVICI | MANIN | PRINC : MUNUS | ANNO I | 1789 | · Rev. EFFULSIT ERGO EFFULGEAT · — Stehende weibliche Figur (die Freiheit) in der rechten Hand die Dogenmütze, in der linken ein Buch haltend. Im Abschnitte LIBERTAS Gerippter Rand. Gr. 31. $^{21}/_{32}$ Loth. Sehr gut erh.

6126. Osella v. 1791. Av. Im Lorbeerkranze LUDOVICI | MANIN | PRINCIPIS | MUNUS · A · III | 1791 Rev. CONCORDIA CIVIVM FELICITAS REIPVBL · — Sitzende weibl. Figur (Venedig), vorwärts gekehrt; rechts schaut der Löwe vor, links liegt vor einer Fahne und Lorbeerzweigen das Buch. Im Abschnitte M(atteo) · B(adoer) Rand gerippt. Gr. 32. $^{5}/_{8}$ Loth. S. g. e.

6127. Osella v. 1792. Av. wie vorher, mit AN : IV | ✿ 1792 ✿ Rev. ✿ NOSTRA IN HAC FELICITAS -- Auf einem Felsen sitzende weibl. Figur, mit Buch und Palmzweig in der Rechten und brennender Lampe in der Linken. Neben ihr links ein Kranich. Im Abschnitte P · A · B(embo, Münzaufseher.) Rand gerippt. $^{21}/_{32}$ Loth. Gut erh.

6128. Osella v. 1793. Av. wie vorher, mit A : V | ✿ 1793 ✿ | ✿ Rev. NEC NUPER DEFECI — Weibliche Figur, deren Haupt 7 Sterne umgeben, auf einer Wolke über dem Meere stehend. Im Hintergrunde ein Schiff und Gebäude. Unten · Z · A · B(ontini) · $^{21}/_{32}$ Loth. S. g. e.

6129. Osella v. 1795. Av. wie vorher, aber mit LUDOVICI und MUNUS AN · VII | 1795 | · F · Z · Rev. PAX IN VIRTUTE TUA — Innerhalb eines Kreises ein nach einem Thurme zu segelndes Schiff, auf dessen Vordertheil eine Taube mit Oelzweig sitzt. Unten · ✿ · $^{21}/_{32}$ Loth. S. g. e.

6130. Tallero v. 1797, wie der von 1769, mit ✿ LUDOVICO MANIN DUCE ✿ ~ ✿ und ✿ 1797 ✿ im Rev. $1^{15}/_{16}$ Loth. S. g. e.

Venedig zur Zeit der französischen Revolution.

6131. Tallero zu 10 Lire, v. 1797. Av. LIBERTA' ◆ — EGUAGLIANZA — Die stehende Freiheit, mit der Rechten auf die Fasces gestützt, in der Linken einen Speer haltend, worauf die Freiheitsmütze steckt. Hinter ihr Kriegsgeräthschaften. Unten Z ◆ V (Zecca Veneta) Rev. ANNO I · DELLA LIBERTA' ITALIANA — Lorbeerkranz mit der Werthangabe LIRE | DIECI | VENETE Unten 1797 Laubrand. $1^{15}/_{16}$ Loth. G. e.

6132. Desgleichen. Av. wie vorher, aber mit ◆ LIBERTA' ◆ — EGUAGLIANZA · und ZECCA · V : | A · S · am Sockel, worauf die Freiheit steht. Rev. ANNO · I · DELLA LIBERTA' ITALIANA · 1797 ✿ Oben offener Lorbeerkranz, darin ✿ | LIRE | DIECI | VENETE | · ✿ · Laubrand. S. g. e.

27

Venedig unter österreichischer Herrschaft.

Kaiser Franz II.

6133. Münze zu 1½ Lira, v. 1802. Av. FRANC · II · D · G · R · I · S · A · GE · HV · BO · REX · A · A · D · VENET · * · * Im Perlenkreise der gekrönte Doppeladler mit einem gekrönten und mit dem Vliessorden behangenen Brustschilde, worin die Wappen von Oesterreich und Lothringen. Rev. In verziertem Kreise * 1½ * | LI-RA | VENETA | 1802 | A (Wien.) Gr. 31. G. e.

(Fortsetzung s. unter „Lombardisch-venetian. Königreich" Nr. 852 flg.)

Vigevano s. unter Trivulzio.

Schweiz.

(S. auch S. 196 (Greyers), S. 199 (Haldenstein) und die geistl. Herren im I. Theile.)

A. Im Allgemeinen.

Stiftung des Schweizerbundes.

6134. Medaille (der sog. Bundesthaler) v. J. Stampfer. Av. (Doppelte Umschrift:) WILHELM TELL VON VRE · STOVFFACHER VÕ SCHWYTZ · ERNI VO VNDERWALD + | + ANFANG · DESS — PVNTZ · IM IAR · CHRISTI · 1296 · (die 2. Zeile unten beginnend.) Die drei Genannten, stehend und sich die Rechte gebend. Der Mittlere ist geharnischt, mit einem Dolch versehen und hält einen Spiess; der rechts, im Panzerhemd, mit Sturmhaube und Schwert angethan, führt eine Hellebarde; der links, mit Rock und Pelzmütze bekleidet, hat einen Dolch in der Hand. Unten zwischen zwei Rosen mit Ranken I ₒ S [Jakob Stampfer*), Medailleur und Stempelschneider in Zürich, 1531, † 1579.] Rev. Die Wappen der 13 Kantone (zu welchen der Bund bis 1513 angewachsen war) im Kreise herum, nach ihrem Range, wie solcher durch die unter demselben auf einem Bande stehenden arab. Ziffern angezeigt wird. Innerhalb dieses Bandes ein Kreuz von 7 kleineren Schilden mit den Wappen der zugewandten Orte: der Abtei und der Stadt St. Gallen, der 3 Bünde, von Wallis, Rottwyl, Mühlhausen und Biel. In der Mitte das Kreuz. Haller 1. Gr. 45. $^{15}/_{16}$ Loth. Vorzüglich erhaltenes Gepräge.

Der Schwur auf dem Grütli, der hier dargestellt ist, fand statt in der Nacht vom 17. zum 18. Nov. 1307. Die ersten 3 Eidgenossen sind Stauffacher von Steinen (Schwyz), Walter Fürst aus Attinghausen (Uri) und Arnold an der Halden aus Melchthal (Unterwalden.)

6135. Aehnlicher Bundesthaler, wie vorher, aber mit VON SCHWYTZ ERNI VON VNDERWALD + und mit kleinen Abweichungen in den Zeichnungen beider Seiten. Nicht bei Haller. Gr. 43. 2 Loth. Geprägt. S. g. e.

*) Näheres über denselben und eine sehr dankenswerthe Zusammenstellung seiner Arbeiten gab Dr. H. Meyer im 32. Neujahrsblatt z. Besten d. Waisenhauses in Zürich f. 1869.

6136. Medaille v. Hans Jakob Gessner. Av. DER ERSTE EIDGE-NOSISCHE BVNDT · Die ersten 3 Eidgenossen, einander Treue schwörend. Rev. In Bogeneinfassung DA DEMVTH | WEINT | VND HOCHMVTH | LACHT | DA WARD DER | SCHWEIZER | BVNDT | GEMACHT ▴ | 1296 ▴ Haller 7. Gr. 36. 7/8 Loth. Sehr gut erh. R.

6137. Medaille v. H. J. Gessner. Av. QVAM GESTAS VIGILI STVDIO SERVATO CORONAM Stehender Schweizer mit einem Speere in der Rechten, auf welchem der Freiheitshut steckt. Rev. FORTISSI | MVM · | CONCORDIA · | LIBERTATIS · | PROPVGNA | CVLVM · Darüber in einem Halbkreise die Wappen der 13 Kantone und darunter auf einer Leiste die der zugewandten und verbündeten Orte: Stift und Stadt St. Gallen, 3 Bünde, Wallis, Mühlhausen, Biel, Genf und Neuenburg. Im Abschnitte HELVETIA Haller 8. Gr. 39. 1 17/32 Loth. S. g. e. R.

Ehrengabe der Eidgenossenschaft.

6138. Grosse Medaille o. J., die zu Ehren- und Pathen-Geschenken verwendet wurde. Eine von Wolken und Strahlen umgebene rechte Hand hält die Enden eines kreisförmig gelegten, mit Lilien besetzten Riemens, woran die Wappenschilde der 13 Kantone befestigt sind. Auf dem Riemen die Nummern, nach denen diese Wappen sich folgen. Ueber den Schilden unter einander verknüpfte Bänder mit den Namen: o ZVRICH ∴ — ∴ BERN ∴ — o LVCERN ∴ — ∴ VRI ∴ — o SCHWYTZ o — o VNDERWALDEN — ∴ ZVG ∴ — o GLARVS ∴ — ∴ BASEL ∴ — o FRYBVRG ∴ — o SOLOTVRN o — o SCHAFHVSEN o — o APPENZEL o Rev. Zwei Engel halten vor sich ein grosses Kreuz, worauf von oben nach unten (mit unter einander gesetzten Buchstaben) SI DEVS · NOBISCVM und von rechts nach links QVIS CON — TRA NOS Umher in mit Bändern verbundenen Zweigen die Wappen der 7 zugewandten Orte [das quadr. Wappen des Abts von St. Gallen enthält im 2. und 3. Felde den Hahn des Diethelm Blurer v. Wartensee (1530—1564); bei dem 3feld. Wappen von Bünden ist das 1. Feld gespalten]. Ueber den Schilden Bänder, worauf: · H(err) · APT · | Z · S · GALLEN — : S · GALLEN — o D(ie) o 3 o BVNT o — WALLIS · — o ROTWYL o — MVLHVSEN — ∴ BIEL ∴ Die Inschriften sind vertieft. Haller 30. Gr. 76. 6 17/32 Loth. Ciselirter Originalguss. Meyer's angef. Abhandlung Taf. II. Vorzügliche Arbeit Jakob Stampfer's aus d. J. 1547. Vortrefflich erh. RR.

Bund der katholischen Orte mit Spanien, 1587.

6139. Thalerförmige Denkmünze. Av. INDESOLVBILE ▾ NODVS — Das gekrönte vielfeldige spanische Wappen, mit drei über einander gestellten Mittelschildchen, behangen mit einer das Vliess tragenden Kette, auf der die Schilde von Luzern, Uri, Schwyz, Unterwalden, Zug und Freiburg. Rev. FEDVS ▾ CHATOLICE (sic) ▾ REGIE ▾ MAE (Majestatis) ▾ CVM ▾ HELVETIIS ▾ Im Felde AVTORE | POMPEIO DE | CRVCE LEGATO | PH(ilippi) ▾

S(ecundi) ▾ RE(gis) ▾ HISPA | NI ▾ APVD ▾ HEL | VETIOS | 1587 (Haller 44.) Schwach vergoldeter Originalguss in Silber. Gut erhalten. RR.

Bund der Eidgenossenschaft mit Frankreich, 1663.

6140. Prächtige Medaille in Gold. Av. · LVD · XIIII · D · G · — FR · ET · NAV · REX · — Des Königs Brustbild v. r. S., mit Perrücke, im röm. Harnisch, der vor der Brust das Medusenhaupt trägt, und Ueberwurf. Rev. NVLLA DIES SVB ME NATOQVE HÆC FOEDERA RVMPET · Zu Seiten eines vorn mit einem verzierten Kreuze geschmückten Altares, auf welchem ein Crucifix und das Evangelienbuch liegen, stehen links der König, im Krönungsornate, und der kleine, gekrönte Dauphin, rechts die eidgenössischen Gesandten (10 Personen), von denen der Vorderste, wie der König, eine Hand auf den Altar legt. Hinter dem Könige eine Säule und oben ein Vorhang mit Quasten. Im Abschnitte · FOEDERE HELVETICO · | INSTAVRATO · | · MDCLXIII · Haller 76. (Zu Menestrier, Hist. du Roi Louis le Grand, par les médailles etc. p. 10.) Köhler, M.-B., X. 297. Gr. 56. Dreissig (30) Dukaten, weniger $^{5}/_{32}$. Schöne erhabene Arbeit von vortrefflicher Erhaltung. RRR.

6141. Medaille in Silber. Av. vom Stempel zur Hauptseite der vorigen. Rev. Die Gruppe, wie vorher, aber in umgekehrter Anordnung; der König und der Dauphin stehen rechts, die eidgen. Gesandten links. Vorn am Altar statt des Kreuzes die betende Maria, von vier Engeln umgeben. Oben die strahlende h. Geist-Taube. Säule und Vorhang fehlen. Ueber- und Unterschrift, wie vorher, nur ohne Punkt nach RVMPET und mit kleinerer Jahrzahl. Haller 75. Köhler, M.-B. XI., 417. Gr. 56. $5^{7}/_{8}$ Loth. Treffliche Arbeit von schönster Erhaltung. R.

Geburt Ludwig's, Herzogs von Burgund (6. Aug. 1682), der 1712 als Dauphin starb.

6142. Jeton. Av. HOCCE · SIDERE · FIRMANT Die französische Krone zwischen zwei Delphinen unter der strahlenden Sonne. Unten · · ✿ · · Rev. (U. b.) SPARSA · PVBLICE · D · R · GRAVEL · *p. t.* LEG · SOLOD ✿ Im Felde unter einer Verzierung LVD · MAG · | GLOR^{mae} PROLI · | DVCI · BVRG · | · · 1682 · · Darunter eine Leiste. Haller 82, wo irrthümlich D · G · (statt D · R ·) Gr. 31. $^{7}/_{16}$ Loth. S. g. e. RR.

Bund der katholischen Orte mit Spanien, 1705.

6143. Kleine Denkmünze. Av. Das gekrönte vielfeldige spanische Wappen mit dem des Hauses Anjou im Mittelschilde, behangen mit den Ketten des h. Geist-Ordens und des goldn. Vliesses und umgeben von einer Kette, worauf die Schilde von Luzern, Uri, Schwyz, Unterwalden, Zug, Freiburg und Appenzell (Inner-Rh.). Rev. Im Felde unter einer Verzierung LIGUA | ~ DE LOS ~ | CANTONES | CATOLICOS CON | PHELIPE | V · REY DE | ESPAÑA | 1705 und als Umschrift HECHA POR EL MARQ^{ES} BERETTI LANDI EMBAI^{OR} ✱ Haller 91. Gr. 30. $^{5}/_{8}$ Loth. Vorzüglich erhalten. RR.

Erneuerter Bund der katholischen Kantone mit Frankreich, 1715.

6144. Medaille. Av. · LUD · XIIII · D · G · — FR · ET · NAV · REX · — Des Königs jugendliches Brustbild v. r. S., im Harnisch, mit Spitzenhalstuch, Ueberwurf und grosser Perrücke. Rev. Innerhalb eines Lorbeerkranzes FOEDUS | CUM HELVETIIS | CATHOLICIS | RENOVATUM · | 1715 · Haller 104. Gr. 58. 6⁷/₄ Loth. Der Avers stammt aus älterer Zeit. Schön und sehr gut erh.

6145. Medaille. Av. LVDOVICVS · MAGNVS · REX · CHRISTIANISSIMVS · Des Königs gleichzeitiges Bildniss v. r. S., mit blosser Brust, grosser Perrücke und Lorbeerkranz. Rev. vom Stempel zur Rückseite der vorigen. Mit Stempelsprung im Avers. Haller 103. Gr. 57. 7⁹/₃₂ Loth. Schön und sehr gut erh.

Geburt Ludwig Joseph Xaver's, Herzogs von Burgund († vor seines Vaters, des Dauphine, Tode, d. 22. März 1761.)

6146. Medaille v. 1751. Av. GALLIA — FIT PARTU FELIX Frankreich, in Gestalt einer gekrönten weibl. Figur, bietet den Prinzen auf einem Altare dem Himmel dar, von welchem Strahlen herabfallen. Im Abschnitte XIII · SEPTEMBRIS | M · DCC · LI · Rev. FESTA DATA SOLODORI MARCH(ion)E IN PAULMY REGIS AP(ud) · HELVETIOS LEG(ato) · (kl. Lilie) In einem Kranze von 22 Schilden, die die Wappen der 13 Kantone und zugewandten, wie verbündeten Orte enthalten, LÆTAN | TUR | AMICI Haller 105. Gr. 39. 1³/₄ Loth. S. g. e.

6147. Ein zweites Exemplar dieser Medaille. 1³/₄ Loth. G. e.

Bund der Eidgenossenschaft mit Frankreich, 1777.

6148. Grosse Medaille. Av. LUDOVICUS XVI — FRANC ✦ ET NAV ✦ REX — Des Königs Brustbild v. r. S., mit langem Lockenhaare, blosser Brust u. übergeworfenem Mantel. Unten DU VIVIER F · Rev. In einem Lorbeerkranze FŒDUS | CUM HELVETIIS | RESTAURATUM | ET STABILITUM | MDCCLXXVII Haller 107. Gr. 73. 12 Loth. S. g. e. R.

6149. Kleinere Medaille. Av. LUD · XVI · REX — CHRISTIANISS · — Brustbild, wie vorher, aber mit Gewand, statt des Mantels; unten B · DU VIVIER F · Rev. wie die Rückseite der vorigen. Haller 108. Gr. 41. 1¹⁵/₁₆ Loth. S. g. e.

6150. Medaille v. J. Schwendimann. Av. LUDOVICUS XVI REX CHRISTIANISS — Brustbild des Königs v. r. S., mit im Nacken gebundenem Haare, im Harnisch und Mantel, sammt Ordensband. Rev. HELVETIOS NOBIS SOCIOS NOVA FOEDERA IVNGANT Frankreich und die Eidgenossenschaft, in Gestalt zweier weiblicher Figuren, reichen sich vor einem Altare die Hand. Im Hintergrunde links eine die sitzende Minerva tragende Säule, an der ein ovaler Schild mit den Fasces und den Wappen der 13 Kantone und 5 zugewandten Orte lehnt. Im Abschnitte SOLODVRI XXV AVG | MDCCLXXVII | · Haller 109, mit Abbildung. Gr. 53. 4¹/₃₂ Loth. S. g. e. R.

Helvetische Republik.

Die von Frankreich 1798 (12. Apr.) an Stelle des alten Schweizer-Bundes errichtete Eine und untheilbare Helv. Republik bestand seit Mai gl. J. aus den 18 Kantonen: Aargau, Baden, Basel, Bellinzona, Bern, Freiburg, Leman, Linth, Luzern, Lugano, Oberland, Schaffhausen, Sentis, Solothurn, Thurgau, Waldstätten, Wallis und Zürich, zu denen am 21. Apr. 1799 als 19. noch der Kanton Rhätien kam.

6151. Thaler zu 40 Batzen oder 4 Franken, v. 1798. Av. HELVET : — REPUBL : Stehender Schweizer von vorn, in altem Kostüme, mit Federhut und umhängendem Schwerte, mit der Rechten ein über die Schulter gelegtes Banner haltend. Am Fussboden links H · Unten 1798 Rev. In einem aus zwei Eichenzweigen gebundenen Kranze 40 | BATZEN | —·⊷— | S (Solothurn) Laubrand. S. g. e.

6152. Thaler v. 1798, wie voriger, aber mit grösseren und weiter aus einander gesetzten Buchstaben in der Umschrift des Av. und mit Verschiedenheiten in der Zeichnung des Kranzes. Die von der Schleife hängenden Bänder sind über die Enden der Eichenzweige gelegt. S. g. e.

6153. Thaler v. 1799. Av. HELVETISCHE (zwei gekreuzte, abwärts gekehrte Eichenzweige) REPUBLIK Der Schweizer v. l. S., mit niedrigem Federhute und umgegürtetem Schwerte, mit der Rechten das grün-gold-rothe Banner vor sich haltend. Am Sockel, worauf der Schweizer steht, 1799 Vor dem rechten Fusse s Rev. In einem mit Eichenzweigen umwundenen schmalen Ringe 4 | FRANKEN | —·⊷— | B (Bern) Laubrand. Die Thaler dieses Schlages wurden verworfen, weil sie sich nicht gut auf einander schichten liessen. Mit Stempelglanz. R.

6154. Franken zu 10 Batzen, v. 1799. Av. wie der vorgedachten Thalers, aber mit 1799 und ohne s Das Banner ist nicht schraffirt. Rev. wie vorher, aber mit 10 | BATZEN | —·⊷— | B Laubrand. Gr. 29. Mit Stempelglanz.

6155. Thaler v. 1799. Av. vom Stempel zur Hauptseite der Nr. 6153. Rev. wie der von Nr. 6153, doch besteht die Einfassung aus mehreren nebeneinander laufenden Reifen, die mit Eichenzweigen umwunden und mit einem Bande umwickelt sind. Laubrand. S. g. e.

6156. Duplone zu 16 Franken, v. 1800. Av. HELVETISCHE — REPUBLIK Der Schweizer mit der Tricolore, wie vorher, aber vorwärts gekehrt. Im Abschnitte B Rev. wie vorher, aber mit 16 | FRANKEN | — | 1800 Gerippter Rand. S. g. e.

6157. Thaler v. 1801. Av. wie der von Nr. 6153, aber mit 1801 Rev. ähnlich dem von Nr. 6155, aber mit anders gewundenem Bande. Laubrand. S. g. e.

Napoleon's Mediationsakte v. 19. Febr. 1803 gestaltete Helvetien zum Föderativstaate von 19 Kantonen (ausser den alten 13 Kantonen noch St. Gallen, Graubünden, Aargau, Thurgau, Tessin und Waadt). Die vom Wiener Congress bestätigte Bundesakte vom 8. Sept. 1814 errichtete den schweizerischen Staatenbund von 22 Kantonen (ausser den bisherigen noch: Wallis, Neuenburg und Genf), der sich in Folge des Sonderbundskrieges von 1847 in den jetzigen Bundesstaat verwandelte.

6158. Medaille v. 1815 für die nach Napoleon's I. Rückkehr von Elba den Bourbonen treu gebliebenen Schweizergarden. Av. Der dreieckige Schild mit dem Kreuze. Oben herum SCHWEIZERISCHE EIDGENOSSENSCHAFT Unten MDCCCXV · Rev. In einem Lorbeerkranze TREUE | UND | EHRE · Gr. 29. $^{9}/_{16}$ Loth. Mit Orig.-Henkel. S. g. e.

6159. Denkzeichen an die durch die Schweizergarden unternommene Vertheidigung der Tuilerien zum Schutze Ludwig's XVI. Av. TREUE UND EHRE · Der dreieckige Schild mit dem eidgen. Kreuze. Rev. In einem Lorbeerkranze X | AUGUST | MDCCXCII Eiserne Medaille mit starker Silberfassung, Oehse und Ring. Gr. 30. S. g. e.

6160. Medaille auf das zum Gedächtniss der zu Paris am 10. Aug. 1792 gefallenen Schweizer bei Luzern errichtete Denkmal*). Av. In einer Felsenhöhle der liegende Löwe, der von einem Pfeile tödtlich getroffen, seine rechte Vorderpranke schützend über den bourbonischen Schild breitet. Vor ihm steht der eidgenöss. Schild. Am Felsen oben INVICTIS und unten DIE X AUGUSTI | MDCCXCII Am Sockel, worauf der Löwe ruht, rechts THORWALDSEN (der das Denkmal modellirte), links AHORN · SCULP : 1819--1821 Ganz unten I · ABERLI INC · Rev. PER | VITAM FORTES | SUB | INIQUA MORTE | FIDELES Gr. 50. 4 Loth. Sehr schöne Arbeit von bester Erhaltung.

Die Schweiz als Bundesstaat (seit 1848).

6161. Thaler zu 5 Franken, v. 1850. Av. Die sitzende Helvetia, von l. S., belorbeerten Hauptes, deutet mit der ausgestreckten Rechten auf die im Hintergrunde erscheinenden Alpen und stützt sich mit der Linken auf den neben ihr stehenden dreieckigen Schild mit dem eidgenöss. Kreuze. Hinter dem Schilde ragen Pflug und Aehren hervor. Oben herum HELVETIA Im Abschnitt: Hand und Hundskopf (die Zeichen der Münze zu Paris.) Rechts am Rande A · BOVY Rev. In einem Kranze von Eichenlaub und Alpenrosen 5 Fr. | 1850 Unten A Gerippter Rand. Mit Stempelglanz.

6162. Zweifrankenstück v. 1850, wie vorher, mit 2 Fr. S. g. e.

B. Die einzelnen Kantone und deren Städte.

Aargau.

(Vormals ein Theil der Kantone Bern und Zürich, seit 1803 ein eigener, der 16. Kanton der Schweiz.)

6163. Halber Thaler zu 20 Batzen, v. 1809. Av. CANTON ARGAU

*) Näheres über dieses grossartige Denkmal und seine Aufschrift giebt die kleine Schrift: Geschichte des 10. Aug. 1792 in Paris (Luzern, J. Kaiser, 1856).

Das Wappen in herzförmigem Schilde, besteckt mit Lorbeer- u. Palmzweig. Rev. SCHWEIZERISCHE EIDSGENOSSENSCHAFT 1809 — Ein sitzender Schweizer in alter Tracht stützt sich mit dem rechten Arme auf einen mit XIX | CANT : bezeichneten herzförmigen Schild und hält in der rechten Hand eine Hellebarde, in der linken einen Palmzweig. Im Abschn. 20 · BATZ : Laubrand. S. g. e.

6164. Ein zweites Exemplar dieses halben Thalers. S. g. e.

(Auf einem andern, selteneren Stempel steht ZWANZIG statt 20.)

6165. Thaler zu 4 Franken, v. 1812. Av. CANTON — ARGAU Der herzförmige Schild unter einer Bügelkrone. Unten 1812 zwischen zwei Eichenzweigen. Rev. SCHWEIZER : — EIDSGENOSSENS : — Der stehende Schweizer, mit der Rechten den neben ihm stehenden ovalen Schild, mit der Linken eine Hellebarde haltend. In dem Schilde XIX | CAN | TONE Im Abschn. 4 · FRANK : Laubrand. Sehr gut erh.

6166. Medaille v. 1849, zum 14. eidgen. Schützenfeste. Av. 25 JÄHRIGE JUBELFEIER DES EIDG · SCHÜTZENFESTES Zwischen Lorbeer- und Eichenzweig das Wappen des Kantons unter dem über Wolken strahlenden Kreuze der Eidgenossenschaft. Unten ✦ AARAU 1849 ✦ Rev. Eine liegende, halb entblösste, mit Schilf gekrönte weibliche Figur, in der Rechten ein Ruder, in der Linken den Merkurstab haltend, ruht mit dem rechten Arme auf einer mit AAR bezeichneten, Wasser ausströmenden Urne. Im Hintergrunde ein mit der Mauerkrone bedecktes Postament, woran der Adlerschild der Stadt Aarau; zu den Seiten Embleme der Landwirthschaft, des Handels und der Industrie. Oben herum KUNST UND FLEISS, DES FRIEDENS PREIS · Im Abschn. CANTON AARGAU | 1803 | A · BOVY — FECIT Gerippter Rand. F. Seguin in der Rev. belge, 1868. Pl. VI. 5. Gr. 37. 1⅞ Loth. S. g. e.

(Das 1. eidgen. Schützenfest fand 1824 ebenfalls zu Aarau statt.)

Bremgarten.

6167. Schulprämie o. J. Av. CIVITAS BREMGARTENSIS (als Ueberschr.) Mit Blättergewinden behangener, spitzer Wappenschild (aufgerichteter Löwe in rothem Felde) auf einem Untersatze, worunter M Rev. PRÆMIUM DILIGENTIÆ (als Ueberschr.) Auf einem Palmzweige liegt ein zu einem Kranze gebogener Lorbeerzweig. Der Rand ist gerieft. Aus dem Ende des 18. oder dem Anfange des 19. Jhdts. Gr. 34. ¾ Loth. S. g. e.

Brugg.

6168. Schulprämie o. J. (18. Jhdt.) Av. In einem Blumenkranze ein zweithürmiges Stadtthor (Wappenbild der Stadt). Rev. In 5 Zeilen: Gotts : | Forcht und | Fleiß, bringt | Nuß und | Preiß · Mit Laubrand. Haller 898. Gr. 29. 7/16 Loth. S. g. e.

6169. Schulprämie o. J. (18. oder 19. Jhdt.) Av. Mit Blättergewinden behangener, oben mit einem Aufsatze versehener Wappenschild. Rev. Zwischen 2 Lorbeerzweigen: GOTTS- | FORCHT UND | FLEISS,

BRINGT | NUTZ UND | PREIS · Der Rand ist gerieft. Gr. 29. $^{19}/_{32}$ Loth. S. g. e.

Lenzburg.

6170. Schulprämie o. J. (19. Jhd.) Av. Auf einem Palm- und einem Lorbeerzweige liegen die Wappenschilde von Aargau und Lenzburg (blaue Kugel im weissen Felde). Oben hinter den Zweigspitzen brechen Strahlen hervor. Rev. PRÆMIUM | DILIGENTI innerhalb eines unten gebundenen Lorbeerkranzes. Mit Laubrand. Gr. 27. $^{1}/_{2}$ Loth. S. g. e.

Zofingen.

6171. Zwanzigkreuzer oder Fünfbatzenstück v. 1722. Av. MONETA ⁎ CIVITATIS ⁎ ZOFINGEN — Das Stadtwappen (dreifach getheiltes Feld) in einem verzierten, mit Palmzweigen besteckten Schilde. Darüber ein schreitender Bär v. l. S. Rev. DEVS | PROVI ⁑ (statt ⁑ zwei übereinander gestellte ▾) | DEBIT | 1722 ▾ zwischen zwei verbundenen Palmzweigen. Darunter 20 · CR Der Rand ist gerieft. Haller I. S. 301. Die Stadt Zofingen liess zur Behauptung ihres Münzrechts, das ihr von Bern streitig gemacht wurde, 1722 und 1726 Münzen in sehr geringer Anzahl schlagen. S. g. e. RR.

Appenzell.

Appenzell trat 1452 bereits in einen Bund mit 7 Kantonen, ward 1513 als 13. Kanton in die Eidgenossenschaft aufgenommen und theilte sich in Folge von Reformationskämpfen 1597 in die Halbkantone Inner- und Ausser-Rhoden, die, während der helv. Republik zum Kanton Sentis geschlagen, in der Mediationsakte von 1803 ihre Wiederherstellung fanden.

a) Inner-Rhoden.

6172. Dukaten v. 1737. Av. In einer oben mit einem Engelskopfe und Blumengewinden, unten mit Palmzweigen gezierten Einfassung DUCATUS | REIP · | APPENZEL | LENSIS | 1737 | T (Jonas Thiebaud.) Rev. S · MAURITIUS PATRONUS Der stehende Heilige, völlig gerüstet, hält mit der Rechten die mit rothem Kreuze bezeichnete Fahne und mit der Linken den neben ihm stehenden Schild mit dem Bären. Im Abschnitte T Haller 1801. Monn. en or 269. $^{31}/_{32}$ Duk. S. g. e. RR.

6173. Neun-Batzenstück v. 1738. Av. S · MAURIT · PAT · REIP · APPENZELLENSIS · — Der Heilige, wie vorher, aber mit einem Scheine um das behelmte Haupt. Rev. In einer oben mit Engelskopf und Guirlanden geschmückten, unten von zwei Blumen umrankten Einfassung ET FACTUS | EST MIHI IN | SALUT · EM · EX · 15 · · VIIII · | BATZEN | · 1738 · Unten I—T Haller 1802. Gr. 30. $^{5}/_{8}$ Loth. Vortrefflich erh. RRR.

6174. Batzen v. 1738. Av. (U. b.) MONETA REIP · APPENZELLENSIS · Der aufgerichtete Bär v. r. S. im Schilde, zu dessen Seiten 4 — K(reuzer) Unten T Rev. Die verschlungenen Buchstaben ЧAP Oben herum UNICUIQUE SUUM Unten · 1738 · zwischen Verzierungen. Gr. 23. $^1/_8$ Loth. S. g. e. RR.

b) Ausser-Rhoden.

6175. Thaler zu 4 Franken, 1812 (vom Münzm. Füter in Bern geschlagen). Av. In einem herzförmigen, von Lorbeer- und Palmzweig umragten Schilde der stehende Bär v. l. S., zu dessen Seiten V(sser) — R(hoden) Oben herum CANTON APPENZELL 1812 · Unten herum IEDEM DAS SEINIGE · Rev. Stehender Schweizer in alter Tracht, die Linke auf ein Flammenschwert, die Rechte auf einen ovalen Schild gestützt, worin XIX | CAN: | TONE Oben herum SCHWEIZER : — EIDSGENOSST Im Abschnitte 4. FRANKN Laubrand. S. g. e.

6176. Gulden zu 2 Franken, 1812. Av. wie vorher, ohne Punkt nach „Seinige". Rev. wie vorher mit CAN | TONE und EIDSGENOSST Im Abschn. 2. FRANKN Laubrand. S. g. e.

6177. Thaler zu 4 Franken, 1816. Av. Der Bär v. l. S. mit V—R, zwischen zwei unten sich kreuzenden Lorbeerzweigen. Oben herum CANTON APPENZELL Unten 1816 · Rev. Der stehende Schweizer, mit der Rechten auf's Flammenschwert, mit der Linken auf den dreieckigen Schild der Eidgenossenschaft sich stützend. Oben herum IEDEM DAS — SEINIGE · Im Abschnitte 4. FRANKN Laubrand. S. g. e.

Basel.

(Basel, ehemals Reichsstadt, trat 1501 in die Eidgenossenschaft u. ward, da Freiburg und Solothurn ihm den Vorrang liessen, der 9. Ort. Jetzt ist Basel der 11. Kanton u. (seit 1832) in die Halbkantone Baselstadt und Baselland geschieden.

6178. Goldgulden. Av. ∗ MONET' ∗ NO' — BASILIEN' — Die gekrönte h. Maria stehend, das Christuskindlein auf dem linken Arme. Rev. ✱ SIGISMV'D' ∗ RO' ∗ NORVM ∗ REX Der Reichsapfel im Dreipass. Haller 1431. 1 Duk. S. g. e.

6179. Goldgulden. Av. MONET'○ NO — BASILIEN' — Das Marienbild, wie vorher. Rev. ✱ ALBERTVS ○ ROMANOR' ○ REX(sic) Der Reichsapfel im Dreipass. Nicht bei Haller. $^{31}/_{32}$ Duk. S. g. e. R.

6180. Goldgulden. Av. ○ MONET' ○ NO' ○ — BASILIEN' — Maria, wie vorher. Rev. ✱ FRIDRICVS ○ ROMANO' ○ IMPA' Im Dreipass der Reichsapfel mit einem Ringlein in seiner untern Hälfte. Haller 1442. $^{31}/_{32}$ Duk. S. g. e.

6181. Dicken v. 1499. Av. ✱ MONETA ⁑ BASILIENSIS ⁑ 1499 Das Stadtwappen, von zwei Basilisken gehalten, deren Schwänze sich unter dem Schilde kreuzen. Rev. AVE ⁑ MARIA ✿ — GRACIA ⁑

P' — Die gekrönte h. Maria, mit dem Christuskindlein auf dem linken Arme, steht, von Strahlen umgeben, über dem Halbmonde. Haller 1509. (Monn. en or 269.) Mad. 2073. $^1/_2$ Loth. S. g. e. RR.

6182. Dicken v. 1520. Av. ✠ MONETA ⁑ BASILIENSIS ⁑ 1520 Der Baselstab in dreibogiger Einfassung, die in ihren äussern Winkeln mit Kreuzblumen geziert ist. Rev. • AVE ⁑ MARIA — GRACIA ⁑ PL• — Die gekrönte h. Maria, stehend, mit dem Kindlein auf dem Arme. (Haller 1520, Mad. 2074.) $^5/_8$ Loth. Sehr gut erhalten. RR.

6183. Dicken v. 1521. Im Av. wie voriger, aber mit 1521 Im Rev. gleichen Stempels mit der Rückseite des vorigen. Haller 1524. (Mad. 7022.) $^5/_8$ Loth. Vorzüglicher Guss, vom Gepräge kaum zu unterscheiden. S. g. e.

6184. Thaler v. 1552. Av. ✠ MONETA • NOVA • VRBIS • BASILIENSIS Der Baselstab (ein Bischofsstab), zu dessen Seiten 15—52 Rev. ✠ DOMINE • CONSERVA • NOS • IN • PACE Der einköpfige Adler, rechtsblickend. Fehlt bei Haller. (Zu Mad. 2076.) $1^{31}/_{32}$ Loth. G. e. RR.

6185. Guldenthaler v. 1566. Av. ✠ MONETA • NOVA • VRBIS • BASILIENSIS • 1566 Das Wappen in vierbogiger, innen und aussen mit Blattwerk besetzter Einfassung. Rev. ✠ DOMINE + CONSERVA + NOS + IN + PACE Der Doppeladler mit Kopfscheinen, auf seiner Brust der Reichsapfel mit 60 (Haller 1544.) Gr. 38. $1^{11}/_{32}$ Loth. S. g. e. R.

6186. Guldenthaler v. 1570. Av. ✠ MONETA + NOVA + VRBIS + BASILIENSIS 7o Sonst, wie vorher. Rev. wie die Rückseite des vorigen, nur fehlen dem Adler die Kopfscheine. (Haller, 1547.) Sehr gut erhalten. R.

6187. Guldenthaler v. 1571. Av. wie vorher, mit 71 Rev. ✠ DOMINE ‡ CONSERVA ‡ NOS ‡ IN ‡ PACE Der Doppeladler, wie auf Nr. 6185. Haller 1548. Mad. 7025. Jahrzahl nur schwach sichtbar. Sonst gut erh. R.

6188. Halber Thaler v. 1571. Av. SI + DEVS + PRONOBIS + QVIS + CONTRA + NOS ❖ Von zwei Basilisken gehaltener ausgeschweifter Schild mit dem Baselstabe auf damascirtem Grunde. Ueber dem Schilde 1571 Rev. (Doppelte Umschr.) + L(ucio) + MVN(atio) + PLANCO + — RAVR — ACORVM + ILL — VST — | RATOR(i) + — VET — VSTISS(imo)' — Der genannte Römer, im Harnisch, mit umgegürtetem Schwerte, mit der Rechten den in die Seite gestemmten Streitkolben haltend, die Linke auf den Schild gestützt, der auf einem Schrägbalken die Buchstaben SPQR führt. (Haller 1298. Mad. 2079.) Cat. imp. 486. Gr. 35. $^{15}/_{16}$ Loth. Jahrzahl schwach sichtbar, sonst gut erh. RR.

6189. Guldenthaler v. 1575. Av. wie der von Nr. 6186, aber mit 75 Rev. + DOMINE ‡ CONSERVA ‡ NOS ‡ IN ‡ PACE ‡ + (Blattwerk) Der Doppeladler, wie auf Nr. 6185. Haller 1553. $1^{11}/_{16}$ Loth. Von schönster Erhaltung. R.

6190. Guldenthaler v. 1575. Av. ✱ MONETA ‡ NOVA ‡ VRBIS ‡ BASILIENS 1575 Das Wappen im Vierpass, wie bisher. Rev. ✱ DOMINE ‡ CONSERVA ‡ NOS ‡ IN ‡ PACE · Der Doppeladler wie auf Nr. 6186. Nicht bei Haller. $1^{21}/_{32}$ Loth. S. g. e. R.

6191. Guldenthaler v. 1576. Av. wie der von Nr. 6186, aber mit BASILIENSIS + 76 Rev. wie der von Nr. 6185, jedoch mit PACE + Haller 1555. $1^{21}/_{32}$ Loth. Gut erh. R.

6192. Guldenthaler v. 1580. Av. wie vorher, mit 80 Rev. DOMINE + CONSERVA ❦ NOS + IN + PACE (Blattwerk) Der Doppeladler wie auf Nr. 6185. Haller 1560. $1^{21}/_{32}$ Loth. S. g. e. R.

6193. Guldenthaler v. 1584. Av. ✱ MONETA + NOVA VRBIS + BASILIENSIS + 84 Wappen im Vierpass, wie seither. Rev. ✱ DOMINE + CONSERVA + NOS ‡ IN ‡ PACE Der Doppeladler, wie auf Nr. 6185. Dieser Jahrgang fehlt bei Haller. $1^{21}/_{32}$ Loth. Von schönster Erhaltung. RR.

6194. Breiter Guldenthaler v. 1616. Av. ✱ MONETA · NOVA · VRBIS · BASILIENSIS Im innen und aussen mit Blattwerk besetzten Vierpass der Wappenschild, zu dessen Seiten 16 — 16 Rev. ✱ DOMINE · CONSERVA · NOS · IN · PACE Der Doppeladler, wie auf Nr. 6185. Haller 1571. Gr. 42. $1^{21}/_{32}$ Loth. Vortreffl. erh. RR.

6195. Goldgulden v. 1621. Av. MON : — NO : AV(rea) : — CIVIT : — BASIL : — Der Wappenschild auf einem breiten, die Umschrift theilenden Kreuze. Ueber dem Schilde 16 — 21 Rev. DOMINE · CONSERVA · NOS · IN · PA ❁ Der Doppeladler mit Kopfscheinen. Haller 1572. $^{15}/_{16}$ Duk. S. g. e. R.

6196. Thaler v. 1621. Av. MONETA ◆ NOVA ◆ VRBIS ◆ BASILIEN : 16z1 ◆ Der Wappenschild von zwei Basilisken gehalten, deren Schwänze in Schlangenköpfe ausgehen. Rev. DOMINE ◆ CONSERVA ◆ NOS ◆ IN ◆ PACE ◆ Der einköpfige Adler, rechtsblickend. (Haller, 1580.) Cat. imp., Suppl. 24. Mad. 7027. Gr. 42. S. g. e.

6197. Thaler v. 1621. Av. MONETA ◆ NOVA ◆ VRBIS ◆ BASILIENSIS ◆ Der Baselstab, zu dessen Seiten 16 — z1 Rev. wie die Rückseite des vorigen, nur kleiner. Haller 1577. Mad. 4632. Gr. 40. S. g. e.

6198. Dicken v. 1621, als Klippe. Av. MONETA ◆ NOVA ◆ BASILIENSIS ◆ 1621 ❁ Der Wappenschild im mit Blattwerk geschmückten Vierpass. Rev. Doppeladler mit Kopfscheinen; Umschrift wie auf dem Rev. der Nr. 6196. Haller 1582 (rund.) Gr. 30 u. 41. $^{5}/_{8}$ Loth. S. g. e.

6199. Thaler v. 1622, wie Nr. 6196, aber mit ‡ 16zz ◆ im Av. und PACE ‡ ❁ ‡ im Rev. Der Schild ist ausgeschweift; die Schwänze der Basilisken sind anders gewunden und zeigen die Köpfe nicht. Haller 1588. Mad. 4633.

6200. Breiter Doppelthaler o. J. Av. Gross- und Klein-Basel mit dem quer durchfliessenden Rheine, von der Kleinseite (Osten) aus gesehen. Oben auf einem Bande BASILEA Rev. Der Baselstab mit der Umschrift DOMINE · CONSERVA · NOS · IN · PACE * von acht durch Laubwerk von einander getrennten ovalen Schilden umgeben, worin die Wappen der 8 zu Basel gehörigen Vogteien: Farnspurg, Wallenburg, Homburg, Münchenstein, Ramstein, Riehen, Klein-Hüningen u. Liestal. Haller 1476. Mad 7030. Gr. 51. $3^{11}/_{32}$ Loth. Gut erh. R.

(Diese u. flg. Nr. wurden in Anbetracht der Arbeit u. wegen Aehnlichkeit mit Nr. 6208 hier eingereiht. Nach Haller soll Nr. 6201 schon 1611 vertheilt worden sein.)

6201. Desgleichen o. J. Av. MONETA ◆ NOVA ◆ VRBIS ◆ BASILEENSIS (und Laubwerk.) Der Baselstab, umgeben zunächst von einem verzierten Kreise und dann von den Wappen der vorgenannten 8 Vogteien, in ausgeschweiften Schilden, zwischen denen Laubwerk angebracht ist. Rev. DOMINE ◆ CONSERVA ◆ NOS ◆ IN ◆ PACE (Verzierung) Der Doppeladler mit Kopfscheinen in einem verzierten, oben mit Laubwerk belegten Kreise. Haller 1475. Mad. 4637. Gr. 49. $3^{7}/_{8}$ Loth. Aus v. Madai's Sammlg. S. g. e. R.

6202. Medaillenförmiger Thaler o. J. Av. Der Baselstab in einem innen verzierten Perlenkreise, umgeben von den Wappen der 8 Vogteien, wie vorher. Rev. (U. b.) L : MVN : PLANCO : RAVRACORVM · ILLVSTRA : VETVSTISS — Der Genannte, als römischer Kriegsmann, auf grasigem Boden stehend. Er hält in der Rechten den auf die Hüfte gestemmten Feldherrnstab, und stützt sich mit der Linken auf einen verzierten ovalen Schild, der einen mit SPQR bezeichneten Links-Schräg-Balken führt. (Vom Helme nach dem linken Arme zieht sich ein starker Stempelsprung.) Haller 1297. Gr. 41. $1^{1}/_{2}$ Loth. Gut erh. R.

6203. Desgleichen v. 1623. Av. vom Stempel zur Hauptseite des vorigen. Rev. ✿ L : MVN : PLANCO : RAVRACORVM · ILLVSTRA : VETVSTISS ✿ — Der Römer, wie vorher, steht auf unten durch eine Leiste begrenztem Boden. Unter der Leiste + 1623 + Haller 1300. Mad. 4634. Gr. 40. $1^{7}/_{8}$ Loth. S. g. e. R.

6204. Halber Thaler v. 1623. Av. MONETA ◆ NOVA ◆ VRBIS ◆ BASILIENSIS ◆ 1623 ⁑ Der Baselstab in vierbogiger, innen mit 4 Lilien besetzter Einfassung. Rev. wie die Rückseite von Nr. 6199. Haller 1593. S. g. e.

6205. Dicken v. 1635. Av. MONETA · NOVA — · BASILEENSIS ✿ Verzierter Schild in vierbogiger Einfassung. Unten unter einer Leiste · 1635 · Rev. DOMINE · CONSERVA · NOS · IN · PACE (Rose auf einer Ranke) Doppeladler mit Kopfscheinen. Haller 1606. $^{9}/_{16}$ Loth. G. e.

6206. Thaler v. 1639. Av. MONETA · NOVA · VRBIS · BASILEENSIS · 1639 ❀ Rev. DOMINE ✧ CONSERVA ✧ NOS ✧ IN ✧ PACE ❀ Im übrigen, wie Nr. 6204. Haller 1612. (Mad. 2076.) Gut erh.

6207. Halber Thaler v. 1639. Mit 1639 ✿ und PACE ✧ ✿ ✧ Sonst, wie voriger. Haller 1614. S. g. e.

6208. Thaler v. 1640. Av. MONETA ✿ NOVA ✿ VRBIS ✿ BASI-

LEENSIS — Der Baselstab sammt der Jahrzahl 16 — 40 in einem ovalen, oben mit einem Engelskopfe, seitwärts mit henkelartigem Schnitzwerk geschmückten Schilde. Rev. DOMINE ✿ CONSERVA ✿ NOS ✿ IN ✿ PACE (4blättrige Rose auf Laubwerk) Einköpfiger Adler, rechtsblickend. Haller 1624. Mad. 4636. S. g. e.

6209. Ein zweites Exemplar dieses Thalers. G. e.

6210. Thaler v. 1640, in der Zeichnung des Schildes, wie des Adlers, von vorigem abweichend.

6211. Medaille o. J., von Friedrich Fechter, Stempelschneider zu Basel v. 1629—1653. Av. Mit Schnitzwerk verzierter Schild von Basel, von einem links daneben stehenden Engel gehalten. Am grasigen Boden FF Rev. König David knieend, zu seinen Füssen die Harfe. Im Hintergrunde Gebäude u. s. w. Haller 1320. Gr. 28. 11/31 Loth. Sehr gut erh.

6212. Kleine Medaille o. J. (v. Fechter.) Av. Der Basilisk mit dem Schilde. Rev. Das Christuskind mit fliegendem Gewand, die Rechte erhebend, in der Linken den Reichsapfel haltend. Haller 1316. Gr. 17. 1/8 Loth. S. g. e.

6213. Medaille o. J., v. Fechter. Av. Gross- u. Klein-Basel bei aufgehender Sonne, vom Ausflusse des Rheines (Norden) her gesehen. Am rechten Ufer unten FF Rev. Ein aus Flammen sich erhebender Phönix. Oben herum ∗ MORIAR UT VIVAM ∗ Haller 1382, vergl. mit 1339, wo mit einem Av. v. 1633. Gr. 31. 5/8 Loth. S. g. e.

6214. Medaille o. J., v. Fechter. Av. Ansicht beider Stadttheile mit dem quer durchfliessenden Rhein, von der Kleinseite her gesehen. Rechts vorn am Boden FF Oben herum · GOTT · MICH · BEWAHR · und im Abschnitte VOR · ALLER | GEFAHR Rev. ✿ L : M : PLANCVS · RAVRACOR : ILLVST : VETVST : ✿ Sonst wie die Rücks. v. Nr. 6203, Abschnitt aber leer. Haller 1306. Gr. 28. 17/32 Loth. S. g. e.

6215. Ein zweites Exemplar dieser Medaille. 1/2 Loth. S. g. e.

6216. Desgleichen. Av. vom Stempel zur Hauptseite der vorigen. Rev. Zwei Löwen halten den mit Palm- u. Lorbeerzweig besteckten Wappenschild. Im Abschnitte · S · P · Q · B · Haller 1357. 11/32 Loth. Leidlich erh.

6217. Gluckhennenthaler, Medaille o. J., von Fechter. Av. Gross- u. Klein-Basel mit den dahinter liegenden Bergen bei Sonnenaufgang, vom Ausflusse des Rheines her gesehen. Oben ein kleines Gewölk u. ein Flug Vögel. Im verzierten Abschnitte der Schild von Basel vor Palm- und Lorbeerzweig und daneben F — F Rev. Auf einer grasigen Stelle des rechten Rheinufers eine sitzende Henne v. l. S., unter deren Flügeln 3 Küchlein hervorschauen, während ein 4. auf ihrem Rücken steht. Im Vordergrunde 3 weitere Küchlein, von denen eines aus einem Napfe säuft. Im Hintergrunde Gross-Basel. Oben der strahlende Name Gottes. Am Boden, hart am Flusse F · F · Im Abschnitte · ALIT · ET · PRO „ | TEGIT (eine Blume) Haller 1323. Mad. 4639. Gr. 44. 1 15/16 Loth. Aus v. Madai's Sammlg. War gehenk. S. g. e. R.

6218. Aehnliche kleinere Medaille. Av. wie vorher, im Abschnitte Palm- und Lorbeerzweig, gekreuzt, darüber auf dem Rheine der Baselstab. Am linken Ufer vorn F F Rev. Die Henne, wie vorher, am Ufer eines Gewässers, über welchem Hügel mit Häusern sichtbar sind. Oben der strahlende Name Gottes, im Abschnitte * ALIT ET PRO | TEGIT ❁ Vor der Henne sieht man 6 Küchlein. Haller 1329. Gr. 28. $^{1}/_{2}$ Loth. S. g. e. R.

6219. Medaille auf den westfälischen Frieden, 1648. Av. vom Stempel zur Hauptseite der Nr. 6217. Rev. Irene mit einem Palmzweige in der Rechten u. einem zerbrochenen Schwerte in der Linken, auf Waffenstücken stehend, von denen ein Schild zur Rechten die Jahrzahl 1648 trägt. Ganz unten F F Oben herum AVREA PAX VIGEAT, DET DEVS, ARMA CADANT · Haller 67. Mad. 4638. Gr. 44. $1^{11}/_{16}$ Loth. S. g. e.

6220. Desgleichen. Av. Ein oben mit dem Baseler Schild geschmückter Lorbeerkranz mit der Inschrift S P — Q B | GLORIA | IN | EXCELSIS | DEO Ausserhalb des Kranzes oben ❁ M · D C · XLVIII ❁ und als Umschr., links beg., PAX OPTIMA RERVM Rev. vom Stempel zur Rückseite der vorigen. Haller 68. $1^{15}/_{32}$ Loth. S. g. e.

6221. Desgleichen. Av. FRIDTEN · PFENICH (sic) ✿ Innerhalb eines Lorbeerkranzes der Baselstab. Rev. Taube mit Oelzweig über einer wasserreichen Gegend. Im Abschnitte 1648 Haller 74. Gr. 15. $^{3}/_{32}$ Loth. S. g. e.

6222. Grosse Medaille o. J., v. Samuel Hanhardt von Steckborn, Stempelschneider zu Basel 1624—1654. Av. Ansicht der Stadt, wie bei Nr. 6214. Oben Gewölk. Im Abschn. der Baselstab auf Lorbeer- u. Palmzweig, in den Ecken S — H Rev. König Salomon, sein berühmtes Urtheil in der Streitsache der beiden Mütter fällend. Unten S H Haller 1322. Gr. 50. $3^{1}/_{8}$ Loth. S. g. e.

6223. Gluckhennenthaler, Med. o. J., v. Hanhardt. Av. Gross- u. Klein-Basel, vom Ausflusse des Rheines her gesehen. Oben Gewölk. Vor dem Rheine der von 2 Basilisken gehaltene Schild; darunter eine Leiste, worauf S — H Rev. Sitzende Henne v. l. S., die unter ihrem Flügel 3 Küchlein birgt u. ein 4. auf dem Rücken trägt. Vorn 3 weitere Küchlein, eines an einem Napfe. Links unter der Leiste des Abschnittes S H Im Abschnitte * ALIT · ET · PRO * | TEGIT Haller 1327 u. II. 514. Gr. 43. $1^{13}/_{16}$ Loth. S. g. e. R.

6224. Desgleichen, ohne Angabe eines Stempelschneiders. Av. wie vorher, von etwas anderer Zeichnung, ohne Leiste unter dem Wappen u. mit grösseren Basilisken. Rev. wie voriger, aber ohne S H und von schlechterem Schnitte. Haller 1326. Mad. 7031. Gr. 43. $1^{23}/_{32}$ Loth. Ist auf den Mailänder Thaler v. 1666 (oben Nr. 5888) geprägt, dessen Umschriften theilweise noch sichtbar sind. S. g. e. R.

6225. Thaler o. J. Av. Gross- u. Klein-Basel, vom rechten Rheinufer, unterhalb der Brücke, aus gesehen. Oben Gewölk. Rev. DOMINE * CONSERVA * NOS * IN * PACE ❁ Der Baselstab in ovaler, mit Schnitzwerk henkelartig verzierter Einfassung. Wird gegen Mitte des 17. Jhd. geschlagen sein. Haller 1486. Mad. 2078. S. g. e.

6226. Halber Thaler. Av. Ansicht der beiden Stadthälften, ähnlich, wie vorher. Oben der henkelartig verzierte, ovale Schild, von welchem Bänder flattern. Rev. DOMINE · CONSERVA · NOS · IN · PACE ♣ Der Baselstab in verziertem Schilde, der von zwei nach auswärts gewandten Basilisken gehalten wird. Haller 1497. S. g. e.

6227. Thaler o. J. Av. Ansicht Basel's, wie auf den vorigen. Oben auf einem Bande * BASILEA Rev. DOMINE * CONSERVA *NOS * IN * PACE (Laubwerk) * Innerhalb eines Kreises der von 2 nach auswärts gekehrten Basilisken gehaltene Schild. Haller 1483. Mad. 4644. S. g. e.

6228. Halber Thaler o. J., wie voriger, mit * BASILEA * im Av. und DOMINE · CONSERVA · NOS · IN · PACE ⁂ (Laubwerk) ⁂ im Rev. Ohne den Kreis um das Wappen. Haller 1494. S. g. e.

6229. Thaler o. J., von Gabriel Le Clerc, Stempelschneider in Basel um 1685. Av. Gross- u. Klein-Basel vom rechten Rheinufer, oberhalb der Brücke, aus gesehen. Der Riehenthor-Thurm, der bisher mit spitzem Dache dargestellt war, trägt hier und auf den folgenden Abbildungen Zinnen. Im Stadtgraben links von diesem Thurme ·G·L·C· Oben herum * BASILEA * Rev. DOMINE · CONSERVA · NOS · IN PACE ✿ Der von zwei nach aussen gekehrten Basilisken gehaltene verzierte Schild. Haller 1485. (Mad. 7037.) S. g. e.

6230. Thaler o. J., v. G. Le Clerc. Av. Ansicht, wie vorher. Die Siglen des Stempelschneiders, G L C stehen unten in einem der vor Klein-Basel erscheinenden Gärten. Auf der durch diese Gärten führenden Strasse fährt ein Wagen. Oben auf einem Bande · BASILEA Rev. - DOMINE - CONSERVA - NOS - IN - PACE - ✿ Sonst wie vorher. S. g. e.

6231. Thaler v. 1694. Av. In 5 Zeilen MONETA | ✿ NOVA ✿ | ♣ REIPVBLICÆ ♣ | BASILIENS | 16 — 94 Darüber und darunter Verzierungen. Rev. vom Stempel zur Rückseite des vorigen. Haller 1633. Mad. 7035. G. e.

6232. Goldgulden o. J. (circa 1700 geschlagen.) Av. MON · NOVA · AUREA · BASILEENSIS ✿ Der Baselstab in einem ovalen, henkelartig geschnitzten Schilde, der oben und unten mit Jakobsmuscheln geschmückt u. mit Blumengewinden behangen ist. Rev. DOMINE · CONSERVA · NOS · IN · PACE · ✿ Der Reichsapfel in einer aus Laubwerk und Rosetten gebildeten, einer sechsblättrigen Rose ähnlichen Einfassung. Haller 1448 flg. $^{19}/_{24}$ Duk. S. g. e.

6233. Halber Thaler o. J. Av. Ansicht Basel's, wie auf Nr. 6229. doch ohne die Siglen. Oben auf einem Bande BASILEA und unten in ausgeschweiftem Schildchen ⁝ Rev. Der Baselstab in einem mit Bogen gezierten Perlenkreise. Aussen herum die Wappen der 8 Vogteien in verzierten ovalen Schildchen zwischen Laubwerk (ähnlich der Nr. 6200.) Gr. 36. S. g. e.

6234. Halber Thaler o. J., v. Justin de Beyer (geb. 1668, Stempelschn. in Bern, † 1738). Av. Ansicht wie vorher, unten aber ein ovales Schildchen mit ⁘ Rev. Der Baselstab auf damascirtem Grunde, der unten die Buchstaben D — B zeigt, innerhalb eines verzierten Kreises. Aussen herum die acht Wappen, wie vorher. Haller 1491 und Mad. 7038. (wo das D — B übersehen worden.) Gr. 34. Sehr gut erh.

6235. Ein zweites Exemplar dieses Guldens. S. g. e.

6236. Breiter Doppelthaler o. J., von J. de Beyer. Av. DOMINE · CONSERVA · NOS · IN · PACE ✿ Innerhalb eines verzierten Kreises die Ansicht der Stadt, wie vorher, kurz unter den Befestigungen Klein-Basel's endend. Auf dem Rheine 7 kleine Schiffe. Oben BASILEA Rev. Der Basilisk, nach links blickend, den henkelartig verzierten Schild von Basel haltend, unter welchem I D B Aussen herum die Wappen der 8 Vogteien in henkelartig und oben mit Löwenköpfen geschmückten ovalen Schilden, zwischen denen Blumengewinde sich hinziehen, die von Löwenköpfen gehalten werden. Haller 1477. Mad. 7029. Cat. imp. 486. Gr. 53. 3⁷/₈ Loth. Vortreffl. erh.

6237. Desgleichen. Av. ähnlich dem vorigen. Das Bild umgiebt ein Perlenkreis; auf dem Rheine sind nur 3 Schiffchen. „Basilea" mit grösseren Buchstaben. Hinter PACE statt der Rose ein zehnstrahliges Oval. Rev. vom Stempel zur Rücks. des vorigen. Gr. 51. 3¹⁷/₃₂ Loth. Leidl. erh.

6238. Thaler o. J., v. J. de Beyer. Av. Ansicht der Stadt, wie bisher; im Vordergrunde, ausserhalb Klein-Basel's, drei Häuser, auf dem Rheine 3 Schiffchen. Unten D B Oben in einer mit Blumengewinden behangenen Cartouche BASILEA Rev. DOMINE + CONSERVA + NOS + IN + PACE ✿ Der Basilisk, das von den Schilden der 8 Vogteien umgebene Stadtwappen haltend, das in einem ovalen, mit Schnitzwerk versehenen Schilde erscheint. Unter den Wappen D — B Haller 1480. Mad. 4645. S. g. e.

6239. Thaler o. J., vom Stempel zur Hauptseite des vorigen. Rev. Der Basilisk mit den zusammengestellten Wappen, wie vorher, doch von neuer Zeichnung. Der Baselstab befindet sich in einem ovalen Schilde ohne Schnitzwerk. Die Buchstaben D B fehlen. Umschrift wie auf dem Av. v. Nr. 6236. G. e.

6240. Thaler o. J., v. J. de Beyer. Av. Ansicht, wie vorher, von anderem Schnitt. Ausserhalb Klein-Basel's zwei Häuser und Pallisaden. Auf dem Rheine 6 Schiffchen. Ganz im Vordergrunde ein Wanderer und I D B Oben BASILEA in einem Oval über Blumenranken. Rev. DOMINE · CONSERVA · NOS · IN · PACE (Sonnenrose zwischen Ranken) Der Basilisk mit einem henkelartig verzierten, ovalen Schilde, auf dessen damascirtem Grunde der Baselstab. Unter dem Schwanze des Basilisken I D B Haller 1488. S. g. e.

6241. Breiter Doppelthaler v. 1741. Av. Gross- und Klein-Basel vom Einflusse des Rheins her. Oben in einer Cartouche BASILEA und darüber im Bogen die Wappen der 8 Vogteien. Im Abschnitte 1741 über Füllhorn u. Lorbeerzweig. In den Winkeln unter der Leiste I — HM (Joh. Jak. Handmann, 1740—69.) Rev. (U. b.) DOMINE · CONSERVA · NOS · IN · PACE ✿ Der Basilisk, nach rechts blickend, hält den ovalen, mit Schnitzwerk versehenen Schild, worin der Baselstab. Randschrift CONCORDIA — FIRMAT — VI-

28

RES — (mit dazwischen gestellten Verzierungen.) Haller 1638. Mad. 7036. Gr. 47. 3⁹/₁₆ Loth. S. g. e.

6242. Halber Thaler v. 1741. Av. Ansicht, wie vorher. Oben die 8 Wappen im Bogen, darunter (geradlinig) BASILEA Im Abschnitte 1741 über Füllhorn u. Lorbeerzweig, und I — HM (verb.) Rev. wie vorher, doch ist der Schild ausgeschweift und mit Palmzweigen besteckt und der Baselstab tingirt. Laubrand. Haller 1640. Gr. 34. Sehr gut erh.

6243. Thaler v. 1756. Av. Ansicht, wie vorher. Oben herum BASILEA Im Abschnitte zu Seiten einer muschelartigen Verzierung 17 — 56 Links unter der Leiste H Rev. Der auf einem Untersatze stehende Basilisk, linksblickend, hält den an einen Säulenstumpf gelehnten ovalen Schild mit dem schwarzen Baselstabe. Oben herum DOMINE CONSERVA NOS IN PACE · Unten H Randschrift, wie bei Nr. 6241. Haller 1645.

6244. Kl. Medaille auf die 3. Säkularfeier der Universität, 1760. Av. Sitzende Pallas mit dem Schilde v. Basel. Oben herum MVSARVM NVTRIX Im Abschnitte M K (verb., Mörikofer) Rev. SAECVL · ACAD · III CELEBR · PRID · NON · APR · CIƆ IƆCCLX · . Lorbeerkranz, darin S · C Haller 1291. Gr. 22. ³/₁₆ Loth. S. g. e.

6245. Thaler v. 1765. Av. In einem Lorbeerkranze I | THALER | Verzierung | I — H Oben herum MONETA REIPUB · BASILEENSIS Unten 1765 Rev. wie die Rücks. von Nr. 6241, aber mit ausgeschweiftem Schilde. Der Rand ist mit Rosen besetzt. Haller 1648. Gut erh.

6246. Halber Thaler v. 1765. Av. wie vorher, aber mit ½ | THALER | Verzierung | H Rev. wie vorher. Der Rand ist kettenartig verziert. Haller 1650. S. g. e.

6247. Thaler v. 1785. Av. Ansicht der Stadt, vom Einflusse des Rheins her. Oben herum die 8 Vogteiwappen, zum Theil tingirt, dicht neben einander gestellt und rechts u. links mit Laubwerk behangen. Im Abschnitte BASILEA | 1785 Darunter Palm- u. Lorbeerzweig, gekreuzt. Rev. vom Stempel zur Rücks. der Nr. 6243. Randschrift, wie dort. S. g. e.

6248. Halber Thaler v. 1786. Av. wie vorher, mit 1786 und ohne Laub zu Seiten der Wappenreihe. Rev. wie vorher, aber ohne Punkt nach PACE Rand, wie bei Nr. 6246. S. g. e.

6249. Thaler v. 1793. Av. Ansicht Basel's vom Einflusse des Rheins her; von Klein-Basel ist nur der Brückenthurm und dessen nächste Umgebung sichtbar. Im Abschnitte BASILEA | 1793 über zwei gekreuzten Lorbeerzweigen. Rev. vom Stempel zur Rücks. der Nr. 6243. Randschrift, wie dort. S. g. e.

6250. Thaler v. 1793. Av. vom Stempel zur Haupts. des vorigen. Rev. Der Basilisk, ganz von linker Seite, auf schmaler Leiste stehend, hält den an einen Säulenstumpf gelehnten ovalen Schild, worin der Baselstab (untingirt). Oben herum DOMINE CONSERVA NOS IN PACE Randschrift, wie bisher (doch verprägt). G. e.

6251. Duplone v. 1795. Av. (U. b.) RESPVBLICA — BASILIENSIS — Ovaler Wappenschild, mit Lorbeer- u. Palmzweigen behangen und mit einem mit Federn geschmückten Hute bedeckt. Rev. (U. b.) DOMINE CONSERVA NOS IN PACE — Dreifüssige Opferschale, auf welcher ein Oelzweig. Unten 1795 Gerippter Rand. Gr. 24. $2^{3}/_{16}$ Duk. S. g. e. R.

6252. Medaille auf das 1844 zu Basel abgehaltene 12. eidgen. Freischiessen. Av. Ein sterbender Schweizer, das zerbrochene Schwert in der Rechten, das Banner in der erhobenen Linken haltend, liegt über dem zersprungenen, mit den Fasces bezeichneten Schilde vor einer treppenartigen Erhöhung, hinter welcher Flammen emporschlagen (dem Altare des Vaterlands). Oben herum EIDGENÖSSISCHES — FREISCHIESSEN 1844 ZU BASEL — Im Abschnitte ST : IACOB AN DER BIRS | 26 AUGUST 1444 · | A · BOVY · SC· Rev. Innerhalb eines Kreises DER | SCHILD ZERBROCHEN · | DAS SCHWERT ENTZWEI · | DAS BANNER | IN STERBENDER HAND · | TRIUMPH DAS VATERLAND | BLEIBT FREI · | GOTT SEGNE DAS | VATERLAND · Aussen herum in runden Schilden die Wappen von Bern, Luzern, Uri, Schwyz, Unterwalden, Zug, Glarus, Solothurn und Basel (den am Kampfe bei St. Jakob betheiligt gewesenen Cantonen). Revue belge 1868, Pl. V. 3. Gr. 42. $1^{19}/_{32}$ Loth. Schön; s. g. e.

Bern.

Bern trat 1353 in die Eidgenossenschaft, erweiterte sich nach und nach beträchtlich durch Eroberung, namentlich von Theilen des Aargau's (1415) und des Waadtlandes (1536). Waadtland u. Aargau entledigten sich gelegentlich der franz. Revolution der Berner Herrschaft und wurden eigene Kantone. Der Wiener Kongress entschädigte Bern mit Einverleibung des ehem. Bisthums Basel und der Stadt Biel.

6253. Dicken o. J. Av. ✱ MONЄTA ⸪ NO ⸪ BЄRNЄNSIS Der schreitende Bär v. l. S., darüber der rechtshin blickende Adler. Rev. ✱ SANCTVS ✿ VINCENCIVS ✿ Brustbild des Heiligen v. r. S., mit langem Haar und Tonsur, im geistl. Gewande. Hinter dem Halse ein ○ (Haller 959.) Fehlt bei Lohner (Münzen der Republ. Bern, 1846.) Ist im Rev. eine Nachahmung der Dicken des Herzogs Galeaz M. Sf. von Mailand. Gr. 30. $^{21}/_{32}$ Loth. S. g. e. RR.

6254. Dicken v. 1492. Av. ✱ ⁑ MONЄTA ⁑ NO ⁑ BЄRNЄNSIS ○ Der Wappenschild, darüber der rechtshin blickende Adler und zu den Seiten B — Є Rev. · S · VINCЄN — CIVS (sic) 149z — Der stehende Heilige, im Levitenrock, rechtshin, mit dem Buche in der Rechten und der Feder in der Linken. (Haller 993. Lohner 341.) $^{15}/_{32}$ Loth. G. e. RR.

6255. Thaler v. 1493. Av. Der rechtshin schreitende Bär, darüber der Doppeladler mit Kopfscheinen. Oben herum in einem Halbkreise 7 nach auswärts gestellte Schildchen mit den Wappen der Vogteien Thun, Burgdorf, Laupen, Frutigen, Ober-Simmenthal, Nieder-Simmen-

28*

thal und Aeschi. Kranzförmig um das Ganze herum 20 nach auswärts gestellte Schildchen mit den Wappen der übrigen Vogteien Zofingen, Aarau, Brugg, Lenzburg, Aarberg, Nidau, Büren, Wangen, Bipp, Grandson, Orbe, Aarwangen, Erlach, Aarburg, Huttwyl, Murten, Trachselwald, Interlaken, Unterseen und Oberhasli. Rev. ○ SAN-CTVS ✿ VIN — CENCIVS ✿ 1493 — Der stehende Heilige, rechtshin, mit dem aufgeschlagenen Buche in der Rechten und der Feder in der Linken, den innen mit Lilien besetzten Perlenkreis oben und unten durchbrechend. Haller 995. Mad. 2080. Lohner 166. Zur Rechten des Heiligen ist eine kl. Rose eingeschlagen. Aus v. Madai's Sammlung. 2 Loth. Vortrefflich erhalten. RRR.

6256. Thaler v. 1494. Av. wie die Hauptseite des vorigen, nur fehlen dem Adler die Kopfscheine und im Schrägbalken des Wappens von Grandson die 3 Muscheln. Auch erscheint im Wappen von Obersimmenthal statt des wachsenden Bären ein wachsender Steinbock. Rev. ⁰₀ SANCTVS ✿ VIN — CENCIVS ✿ 1494 ○ — Der Heilige u. s. w., wie vorher. Haller 996. Mad. 2080. Lohner 168. 2¹/₃₂ Loth. Ganz vorzüglich erhalten. RR.

6257. Thaler v. 1501. Av. wie der des Thalers v. 1493, nur fehlen dem Doppeladler die Kopfscheine. Rev. ○ SANCTVS ✿ VIN — CENCIVS ✿ 1501 ○ — Der Heilige u. s. w., wie vorher. Haller 998. Mad. 2080. Lohner 171. Cat. imp. 487. Einige der äussern Wäppchen nicht scharf, sonst sehr gut erh. RR.

6258. Thaler v. 1501 in Gold, Fünf-Dukatenstück, von den Stempeln des vorangegangenen, aber mit VIN — CENEIVS (statt VinzenCius) in Folge einer Abänderung des Rev.-Stempels. Fehlt bei Lohner. 4¹¹/₃₂ Duk. Sehr gut erh. RRR.

6259. Dicken v. 1539. Av. ✤ MONETA BERNENSIS · 1539 Der Wappenschild, oben und an den beiden Seiten mit je 3 Blättern besteckt. Rev. BERCHT(oldus) ⁂ DVX ZERING ⁂ FVNDATO(r) ⁂ Der einköpfige Adler, rechtsblickend. Haller 1001. (Lohner 343.) ⁵/₈ Loth. S. g. e. RR.

6260. Thaler v. 1540. Av. + NVM(mus) ⁑ BERNAE HELVET(iorum) ⁑ CVSVS ⁑ 1540 Innerhalb eines, in seinen äussern Winkeln mit Blattwerk, an den innern Spitzen mit Lilien gezierten Dreipasses der gekrönte Schild mit dem Doppeladler über den zwei gegen einander gelehnten Schilden von Bern. Rev. Der einfache Adler, rechtsblickend, in doppeltem Wappenkreise. Der äussere enthält in 20 Schilden die Wappen von Thun, Burgdorf, Laupen, Oberhasli, Ober-Simmenthal, Nieder-Simmenthal, Frutigen, Aeschi, Interlaken, Unterseen, Aarburg, Wangen, Bipp, Aarberg, Nidau, Büren, Lenzburg, Brugg, Aarau und Zofingen; der innere: in 12 Schilden die Wappen von Huttwyl, Trachselwald, Aelen, Landshut, Schwarzenburg, Orbe, Grandson, Castelen, Stift Zofingen, Signau, Erlach und Aarwangen. Haller 1004. Lohner 174. 1⁷/₈ Loth. Vortrefflich erhalten. RRR.

6261. Thaler v. 1540. Av. wie die Hauptseite des vorigen, doch nicht vom gleichen Stempel. Aus jedem Winkel des Dreipasses ragen 3 Blätter. Rev. Der Doppeladler, mit Kopfscheinen innerhalb der vorbemerkten zwei Wappenkreise. Haller 1002. Mad. 2081. Lohner 172. In der Berliner Auktion (1865) mit 20 Thlr. 5 Slbgr. bezahlt. 2⅛ Loth. Von vortrefflicher Erhaltung. RR.

6262. Gedenkthaler o. J., auf die Gründung der Stadt Bern und deren Begabung durch Kaiser Friedrich II. Av. vom Stempel zur Hauptseite des Thalers v. 1501. Rev. In 10 Zeilen ✿ BERN ✿ | · GEBVWEN · | · VON · HERZOG · | · BERCHTOLD · VO · | · ZERINGEN · II9I · | · VND · GEFRYET · | · VON · KEYSER ✿ | · FRIDERICH · | · DEM · II · | · Iz18 · Haller 966. Mad. 5323. Lohner 162. Gr. 42. 2½ Loth. Sehr gut erh. RRR.

6263. Dicken o. J., auf die Gründung der Stadt. Av. · MONETA · NO · BERNENSIS · — Der rechtshin schreitende Bär, darüber der Doppeladler ohne Kopfscheine. Rev. In 7 Zeilen · DVX · | · BERCHT · | · ZERINGE · | CONDITO · | · BERNENS · | ANNO : D · | · II9I · Haller 969. Lohner 290. Gr. 30. $^{11}/_{32}$ Loth. Gehenk. gewesen, sonst sehr gut erh. R.

6264. Desgleichen. Av. vom Stempel zur Hauptseite des vorigen. Rev. · DVX · | · BERCH : | · ZERINGĚ | · CONDITOR | · BERNEN : | · ANNO · D : | · II9I · Haller 971. Zu Lohner 294. $^{11}/_{32}$ Loth. Sehr gut erh. R.

6265. Desgleichen. Av. wie vorher, doch nicht vom gleichen Stempel. Rev. In einer Spirallinie :✿: · · DVX : BERCH · ZERING : CONDIT · BERNEN : · A^N NO : D : II9I · · · · Haller 973. Lohner 300. Gr. 33. $^{11}/_{32}$ Loth. Vortrefflich erhalten. RRR.

6266. Dicken o. J. Av. ✿ MONETA : NO : BERNENSIS Der Bär unter dem Doppeladler, wie vorher. Rev. ✻ · BERCH : D : ZERING : CONDIT : Kreuz, in dessen Winkel Lilien ragen. (Haller 985.) Lohner 324. Gr. 30. $^{11}/_{32}$ Loth. S. g. e.

6267. Dicken o. J. Von den Stempeln des vorigen. S. g. e.

6268. Halber Dicken o. J. Av. ✿ MONE ✻ NO ✻ BERNENSIS Der rechtshin schreitende Bär; über ihm X (Kreuzer) Rev. + BERCH · D · ZERI · CONDIT Doppeladler mit Kopfscheinen. Lohner 414 (Tab. I. Nr. 2.), aber ohne Punkt nach Condit. Gr. 26. $^{5}/_{32}$ Loth. Sehr gut erhalten. R.

6269. Dicken o. J. Av. + · MONETA ✿ NO : BERNENSIS : Der Bär unter dem Doppeladler, wie früher. Rev. + BERCH : D : ZERING : CONDITOR Kreuz mit in die Winkel ragenden Lilien. (Haller 978.) Lohner 315. $^{11}/_{32}$ Loth. S. g. e.

6270. Klippe von den Stempeln eines halben Dicken o. J. Av. + · MONETA ✿ BERNENSI : Der Bär unter dem Doppeladler. Rev. ✿ BERCH : D : ZERIN : CONDI Kreuz u. s. w., wie vorher. Lohner 413, Tab. I. 1 (rund). Gr. 29. ⅓ Loth. S. g. e. R.

6271. Doppeldukaten v. 1600. Av. SIT : NOM : DNI + BENEDICTV — Der damascirte Wappenschild unter dem Doppeladler ohne Kopfscheine. Rev. : S · ‡ VINCEN — TIVS ‡ 16 : 00 : — Der Heilige, ähnlich wie auf Nr. 6254. Haller 1013. Lohner 74. Gr. 27. $1^{11}/_{32}$ Duk. S. g. e. R.

6272. Goldgulden o. J. Av. MONETA · AVR · BERNENSIS — Der ausgeschweifte Wappenschild, darüber der Doppeladler ohne Kopfscheine. Rev. ✠ FRIDERI · I · I · LIBERTA(tis) · AVTHOR Der Reichsapfel, unten und an den beiden Seiten mit einer Lilie geschmückt, im Vierpass, in dessen Winkeln Blattwerk. (Haller 944.) Lohner 7. Die Rev.-Umschrift gemäss der Bestimmung v. 28. Mai 1530. Gr. 24. 15/16 Duk. Geringhaltig. S. g. e. R.

6273. Schulpfennig v. 1623. Av. · MONETA · NOVA ✦ BERNENSIS · — Der rechtshin schreitende Bär auf steinigem Boden; oben der Doppeladler ohne Scheine. (Dicken-Gepräge.) Rev. ✶ ✦ ✶ | PRAEMIVM | DILIGENTIAE | CA(TE)CHE | TICAE | ✶ 1 · 6 · 23 · Haller 816. Lohner 1493. Gr. 30. 17/32 Loth. G. e.

6274. Viertel-Thaler o. J. Av. MONETA NOV — · BERNENSIS : — Der mit Schnitzwerk reich verzierte damascirte Wappenschild. Rev. BERCHTOLD · D · — ZERING · CONDI ✦ Der Doppeladler mit Kopfscheinen, auf seiner Brust ein Oval, worin 30 (Kreuzer) Zwischen 1658 u. 1660 geprägt. Lohner 368. Nicht bei Haller. Gr. 30. 1/2 Loth. S. g. e. R.

6275. Thalerförmiger Schulpfennig o. J. Av. (U. b.) MONVM(entum) · LIBERAL(itatis) ∴ REIP · BERNENSIS — Der damascirte Wappenschild zwischen Palmzweigen unter einer offenen Krone. Rev. Der gekrönte König David, rechtshin auf einem Kissen knieend und die Harfe spielend. Oben herum OMNIS HALITVS · LAVDET IAH (Jehovah) Haller 812. Mad. 7040. Gr. 42. 1½ Loth. S. g. e. R.

6276. Thaler (zu 30 Batzen) v. 1679. Av. MONETA · REIPVBLICÆ · BERNENSIS · ı · In einem mit Schnitzwerk reich verzierten ovalen Schilde der Schrägbalken mit dem aufsteigenden Bär auf roth schraffirtem Grunde. Rev. BENEDICTVS · SIT · IEHOVA · DEVS · 1679 · VB (in einander gesetzt) · Im Felde viermal ꝐB zu einem Kreuz zusammengestellt, in dessen Mitte ein fünfstrahliger Stern. (Mad. 2082.) Haller 1032. Lohner 178. 1 29/32 Loth. S. g. e.

6277. Ein zweites Exemplar dieses Thalers. S. g. e.

6278. Thaler v. 1679. Av. vom Stempel zur Hauptseite des vorigen. Rev. BENEDICTVS · SIT · IEHOVA · DEVS · 1679 Das Kreuz aus viermal wiederholtem ꝐB wie vorher. Mit Stempelsprung durch E und S in Deus. Lohner 179. S. g. e.

6279. Thaler v. 1679. Av. MONETA · REIPVBLICÆ · BERNENSIS (statt der Punkte mit 3 Blättern besteckte Kugeln.) Hinter der Umschrift eine Ranke, eine Rose und P Durch Schnitzwerk und oben mit einer Kugel verzierter ovaler Schild mit dem Wappen, dessen Feld fein punktirt und damascirt ist. Unter dem Schilde P — F Rev. vom Stempel zur Rückseite der Nr. 6276. Haller 1033 b. Lohner 181. Sehr gut erh.

6280. Thaler v. 1679. Av. MONETA ✦ REIPVBLICÆ ✦ BERNENSIS (kl. Flügel) In einem durch laubartiges Schnitzwerk verzierten ovalen Schilde, von einer Kette umzogen, das Wappen mit damascirtem Grunde. Unter dem Schilde ɑ Rev. BENEDICTVS ♦ SIT ♦ IEHOVA ♦ DEVS ♦ 1679 ♦ Das aus vierfachem ꓭB gebildete Kreuz, wie vorher. Haller 1034. Lohner 182. G. e.

6281. Viertelthaler (zu 7½ Batzen) v. 1680. Av. ○ MONETA ○ REIPVBLICÆ ○ BERNENSIS (schildartiges Zeichen) Das Wappen in ovalem, verziertem Schilde, darunter P Rev. ○ BENEDICTVS ○ SIT ○ — ○ IEHOVA ○ DEVS ○ 1680 ○ (gleiches Mzz.) Grosses Kreuz mit Verzierungen in den Winkeln. Unten (¼) Lohner 377. Gut erhalten.

6282. Schulpfennig (Viertelthaler) v. 1697. Av. MONETA · REIPVBLICÆ · BERNENSIS (Weintraube) Das Wappen in ovaler Cartouche. Rev. Zwei halbnackte Weiber halten ein mit einer Guirlande behangenes Tuch, worauf MONETA | NOVA | · 1697 · Lohner 1524. ⁷/₁₆ Loth. S. g. e.

6283. Desgleichen v. 1699. Av. vom Stempel zur Hauptseite des vorigen. Rev. Zwei halbnackte Weiber, ein ausgespanntes Tuch haltend, worauf MONETA | NOVA | 1699 Haller 881a. Lohner 1530. ⁷/₁₆ Loth. S. g. e.

6284. Achtfacher Dukaten o. J. Av. MONETA REIPVBLICÆ BERNENSIS ♦ Der gekrönte, oben mit einem Löwen-, unten mit einem Bärenkopfe geschmückte ovale Schild, von einem Bären und einem Löwen über zierlichem Fussgestell gehalten. Unter dem Schilde D — B (Justin de Beyer.) Rev. Ein Mann und ein Weib reichen sich die Hände über einem Altare, an welchem BENEDIC | TVS · SIT | IEHOVA | DEUS | ⁂ Oben ein Kranz und darüber die Sonne. Lohner, 41, hat ihn als 5fachen Dukaten. Gr. 37. 7²³/₃₂ Duk. Vorzüglich erhalten. R.

6285. Guldenförmiger Schulpfennig o. J. Av. Zierliche Cartouche mit der Aufschrift BENEDICTIO | DEI DITAT Dahinter stehen zwei Bäre, eine Krone emporhaltend. Rev. Eine sitzende Bärin umfasst mit der rechten Tatze ein neben ihr stehendes Junges und säugt zwei andere. Unten auf einem Steine · ꝏ (J. d. Beyer.) Oben herum LACTE · PIETATIS · ET · FORTITUDI : (statt der Punkte kl. Blätter.) Haller 861. Gr. 34. ¹³/₁₆ Loth. S. g. e.

6286. Thalerförmiger Sechzehner-Pfennig v. 1700. Av. SENATUS · ET · SEDECIM · VIRI · REIP · BERNENSIS (kl. Blatt) In 6bogiger Einfassung der rechtshin schreitende Bär auf grasigem Boden, in dessen rechter Ecke B Rev. (U. b.) LIBERTAS — LIBERIS — CURÆ 1700 Zwei aus Wolken kommende Arme, der eine geharnischt, der andere in kurzer Hülle, reichen sich die Hände. Dahinter Schwert und Zepter, kreuzweis und oben von einem Eichenkranze umschlossen. Darüber die Sonne. Haller 772. Cat. imp. 488. Gr. 44. 1¹¹/₁₆ Loth. S. g. e.

6287. Doppeldukaten v. 1703. Av. (U. b.) MONETA AVREA REIPVBLICAE BERNENSIS ✿ — Ueber das gekrönte, tingirte Wappen halten zwei aufgerichtete Löwen, von denen der eine ein Zepter, der andere ein Schwert führt, einen Freiheitshut. Unten D — B Rev. In einem Kranze von Palmzweigen ❀ | BENEDICTUS

SIT | IEHOVA DEUS | ⟝ | 2 · DUCAT : | 1703 Haller 1060. Lohner 79. $1^{31}/_{32}$ Duk. S. g. e.

6288. Sechzehner-Pfennig des Aeusseren Standes v. 1703. Av. Der rücklings auf einem Krebse sitzende Affe mit einem Spiegel und einem Apfel in den Händen, als das Wappen des Aeusseren Standes. Oben herum IMITAMVR — QVOD SPERAMVS Im Abschnitte SENATVS ET XVI · VIRI | STATVS | EXTERIORIS Rev. (U.b.) HOC PROT — ECTORE CRESCIMVS — Zwei links aus Wolken kommende geharnischte Arme, von denen der rechte einen Dolch in der Hand hält und der linke vom Berner Schilde gedeckt wird. Unten M · DCCIII · Haller 792. Gr. 30. $^{17}/_{32}$ Loth. S. g. e.

6289. Grosse Medaille v. 1708, angeblich auf den zu Aarau bezüglich des Fürstenth. Neuenburg geschlossenen Vertrag geschlagen. Av. Das Wappen auf einem Fussgestelle von zwei vorwärtsgekehrten, aufrecht stehenden Bären bewacht, die einen Freiheitshut über dasselbe halten und von denen der rechts eine Hellebarde, der links ein Schwert über seine Schulter legt. Unten herum DE BEY — ER · FEC : Rev. Zwei sich umarmende, stehende, geharnischte und mit Federhüten geschmückte weibliche Gestalten, deren jede einen oben mit einem Vogel gezierten Stab hält. Zu ihren Füssen liegt ein Fuchs hingestreckt. Zur Rechten ein Altar mit einem Feuerbecken, in dessen Flammen die dahinter stehende, eine Säule umklammernde personif. Stärke ein Schwert hält. Zur Linken ein Waffenhaufen, der vom Frieden, einer aufgeschürzten weibl. Figur, die einen Oelzweig führt, in Brand gesteckt wird. Unter dem Altare D · B · F · Im Abschnitte ARCTA FIDES VIRTVS | CONSTANS FVLCIMINA | PACIS · | M · DCC · VIII · Haller 744. Gr. 74. $6^{27}/_{32}$ Loth. Schön und sehr gut erhalten. R.

6290. Medaille auf die Siege bei Bremgarten und Vilmergen, 1712, die in Gold an die Officiere, in Silber an die Unterofficiere der Genfer und Münsterthaler Hülfsvölker vertheilt wurde. Av. INDVLGENTIA SVPREMI NVMINIS Auf einem mit dem Berner Wappen gezierten Sockel eine von Palm- und Lorbeerzweigen umrankte Spitzsäule, an der die zwei eroberten Uri-Hörner hängen. Im Hintergrunde Kriegstrophäen. Vorn zu jeder Seite des Postaments drei Schilde eroberter Orte (Baden, Mellingen, Bremgarten, Rapperschwyl etc.), und am Boden I · D B · F · Im Abschnitte VICTOR · AD BREMOGART · D · XXVI · MAI | AD VILMERG · D · XXV · IVLY · | M · DCC · XII · Rev. Ein aufrecht stehender Bär, von vorn, die Rechte auf ein mit zwei Lorbeerkränzen behangenes Schwert stützend und über der linken Schulter ein Füllhorn tragend, dem Früchte und Münzen entfallen. Oben herum STRENVIS MILITIBVS Im Abschnitte DE BEYER · FEC · Haller 99. Gr. 55. $3^{1}/_{8}$ Loth. S. g. e. R.

6291. Tischli-Vierer. Av. Der verzierte ovale Schild unter offener Krone. Rev. Minerva, einem vor ihr laufenden Knaben den Lorbeerkranz reichend. Haller 802. Gr. 17. $^{1}/_{16}$ Loth. S. g. e.

6292. Desgleichen. Av. Wappen, wie vorher. Rev. Der Freiheitshut auf hoher Stange im freien Felde. Haller 804. Gr. 15. $^{3}/_{64}$ Loth. S. g. e.

6293. Desgleichen in Gold. Av. Aufrecht stehender Bär mit Ober- und Untergewehr. Rev. Der Freiheitshut auf der Stange. Haller 805. Gr. 17. $^{9}/_{32}$ Duk. S. g. e.

(Die Tischli-Vierer wurden bis z. J. 1713 den Kindern am Ostermontage ausgetheilt.)

6294. Dukaten. v. 1718. Av. (U. b.) BENEDICTUS + SIT + IEHOVA + DEUS — Mit Karyatiden und Palmzweigen geschmückter ovaler Wappenschild unter offener Krone. Rev. Ein Mann und ein Weib, halb nackt, halten ein ausgespanntes Tuch, worauf REIPVBLICÆ | BERNENSIS | DVCAT | 1718 Haller 1065. Lohner 98 und Nachtrag. 1 Duk. S. g. e.

6295. Sechzehner-Pfennig (dicker Doppelthaler) v. 1722. Av. (U. beg.) SENATUS · ET · SEDECIM · VIRI · REIPUB : BERNENSIS · (Blatt mit Punkt darüber) Der auf einer schmalen Leiste bewachsenen Bodens rechtshin schreitende Bär. Rev. (U. b.) LIBERTAS — LIBE — RIS — CURÆ (eine Ranke und ein Blatt) Darstellung, wie auf der Rückseite von Nr. 6286, statt der Sonne aber das strahlende Auge Gottes. Randschrift CONCORDIA RES PARVÆ CRESCUNT DISCORDIA MAXIMA DILABUNTUR 1722 Haller 779. Gr. 42. $3\,^{11}/_{32}$ Loth. S. g. e. R.

6296. Gedächtnisspfennig auf die Einweihung des neuerbauten Gesellschaftshauses der Kaufleute, 1722. Av. (U. b.) CONCORDIA FUNDAMENTUM FŒLICITATIS CIVICÆ · Das Brustbild eines Armeniers v. l. S. zwischen zwei Füllhörnern, als das Wappen der Zunft. Rev. Ansicht des Hauses. Oben herum EX RUINA CLARA RESURGO Im Abschnitte REÆDIFICATA | 1722 Haller 753. Gr. 28. $^{1}/_{2}$ Loth. G. e.

6297. Prämien-Medaille o. J. Av. (U. b.) RESPUBLICA — BERNENSIS — Das Wappen in reich geschmücktem Schilde unter offener Krone. Rev. NULLA SINE PRÆMIO VIRTUS · Minerva, zwischen Emblemen des Kriegs und der Künste und Wissenschaften stehend, hält in der Rechten zwei Lorbeerkränze und eine an einem Bande hängende Medaille, im linken Arme ein Füllhorn. Im Abschnitte I · D(assier) · Haller 751. Gr. 53. $3\,^{15}/_{16}$ Loth. Schön und trefflich erh.

6298. Belohnungsmedaille v. 1723, für die an der Unterdrückung des vom Major Jean Daniel Abraham Davel zu Lausanne geleiteten Aufstandes Betheiligten. Av. vom Stempel zur Hauptseite der vorigen. Rev. VMBRAM QUIETÆ TENACI ET CORONAM Eine liegende weibliche Figur v. r. S., die mit dem rechten Arme den Stamm einer Eiche umfasst und mit dem linken einen Ast derselben sich um's Haupt legt. Hinter ihr am Boden steht der Schild von Lausanne. Durch die Zweige des Baumes brechen Sonnenstrahlen. Im Abschnitte LAVSANN : FIDES | M · DCC · XXIII | I · HUG · F Haller 754. Gr. 53. $2\,^{1}/_{8}$ Loth. S. g. e. R.

6299. Doppeldukaten v. 1727. Av. wie die Hauptseite von Nr. 6287, aber mit AUREA REIPUBLICÆ BERNENSIS · und ohne D — B Rev. In einer oben mit einem Engelskopfe, unten mit einer Fratze verzierten und mit Palmzweigen besteckten Einfassung BENE-

DICTUS | SIT IEHOVA | DEUS · und unter einer Leiste 2 · DUCAT : | 1727 Haller 1069. Lohner 82. 1³¹/₃₂ Duk. S. g. e.

6300. Medaille v. J. Dassier, auf das 2. Jubiläum der Reformation, 1728. Av. IU -- BI - — LATE — LI - — BERI · Ein vorwärts eilender Engel, der in die Posaune stösst und in seiner Rechten eine Krone hält. Zu seinen Seiten zwei Knäblein, das links mit Palmzweig und Lorbeerkranz. Im Abschnitte MDCCXXVIII · | BERNÆ · Rev. SANA · NON — VANA · Die sitzende Religion v. l. S., mit der Bibel und einer brennenden Kerze. Im Abschnitte MDXXVIII Am Rande links beiderseits I · D · Randschrift IUBILEUM 2DUM CELEBRATUM 7 · IANUARII · 1728 ✿ + Haller 755. Gr. 37. 1¹/₂ Loth. S. g. e.

6301. Medaille o. J., von J. Dassier. Av. Ansicht der Stadt Bern mit der Aare, vom Süden her. Oben in Wolken halten zwei Englein das von Palmzweigen umschlossene gekrönte Wappen. Im Abschnitte BERNA zwischen zwei Rosetten. Rev. (U. b.) BERCHTOLDUS · V · DUX · ZER · CONDIT · VRBIS · — Der Herzog v. l. S., bis halben Leib, im Harnisch, Mantel und Fürstenhut, das Schwert in der Rechten. Unten I · DASSIER · F· Haller 745. Gr. 42. 2¹/₄ Loth. S. g. e.

6302. Medaille o. J. Av. vom Stempel zur Hauptseite der vorigen. Rev. Der Berner Schild auf verziertem Untersatze vor einem die Krone tragenden Postamente. Zu Seiten des Schildes steht rechts Ceres mit einem Füllhorne im Arme und mit Kronen und Medaillen im Schurze, links die Wohlthätigkeit, die einen Säugling an der Brust trägt und ein Knäblein an der Hand führt. Oben herum RESPUBLICA — BERNENSIS · Haller 747. 1³/₄ Loth. S. g. e.

6303. Schulrathspfennig o. J., von J. Dassier. Av. wie die Rückseite der vorigen, rechts am Rande aber I · D · Rev. Ein mit Cypressen u. s. w. bepflanzter Garten, in dessen Mitte ein Springbrunnen; darüber die Sonne. Oben auf einem Bande INTUITU VEGETAT · Im Abschnitte ACCAD · CURATOR | I · D · Haller 809. 2⁷/₃₂ Loth. Sehr gut erh.

6304. Medaille zu Belohnungen (bereits 1730) verwendet. Av. Vor einer Felsenhöhle sitzt Androclus, dem Löwen den Dorn aus der Vordertatze ziehend. Im Abschn. · I · D · F · Oben herum ET APUD FERAS · Rev. GRATIA GRATIAM PARIT Androclus auf der mit Todten bedeckten Arena des reichbesetzten Amphitheaters, und der ihn wiedererkennende, dankbare Löwe. Im Abschnitte I · DASSIER · F · Haller 749. Gr. 46. 2¹⁵/₃₂ Loth. S. g. e.

6305. Schulpfennig v. 1734. Av. (U. b.) MUND UND HERTZ ZUSAMEN LOBT DESS HERREN NAMEN Der knieende, Harfe spielende König David, v. l. S., ohne Krone. Unten 1734 Rev. In einer Einfassung über Lorbeer- und Palmzweig GOTTSFORCHT | UND FLEISS | BRINGT NUTZ | UND PREISS Haller 860. 1⁷/₃₂ Loth. S. g. e.

6306. Schulpfennig v. 1734, zu 20 Kreuzern. Av. REIPVBLICÆ — BERNENSIS + Das Wappen in einem mit Schnitzwerk, Palme und Lorbeer gezierten ovalen Schilde, zu dessen Fusse D — B(eyer) Unten ✿ CR + 20 · ✿ Rev. Sitzender Bär mit einem Schwerte und einem Blatte, worauf DOMIN· | PRO | VIDEBIT | 1734 Im Abschnitte Palm- und Lorbeerzweig. Haller 838. ³/₄ Loth. S. g. e.

6307. Sechzehner-Pfennig des Aeusseren Standes, v. 1737. Av. HOC SIDERE — GAUDET · — Das Wappen des Aeusseren Standes vor der Himmelskugel. Im Abschnitte SENAT : ET XVI · VIRI · STAT · | EXTER · BERN | 1737 Rev. Ein Dreimaster auf offenem Meere, dem rechts liegenden Hafen zusegelnd. Oben herum auf einem Bande DEXTERÆ GUBERNATIONIS SPES · Im Abschnitte MDCCXXXVII Haller 793. Gr. 34. ³/₄ Loth. S. g. e.

6308. Grosse Medaille, Sechzehner-Pfennig, o. J., v. Dassier. Av. RESPUBLICA BERNENSIS · Der Bär, auf den Berner Schild gestützt, ein Schwert mit aufgestecktem Freiheitshute in der rechten Vorderpranke, über Kriegsgeräthen stehend. Rechts I · D · Rev. FELICITAS — REIPUBLICÆ · Die Religion, mit Schwert und Zepter in der rechten Hand und den Fasces im linken Arme, steht neben einem Altare, worauf ein offenes mit LE — GES | FUND — AMENT · bezeichnetes Buch. Rechts steht ein Storch, links eine Eule, als die Sinnbilder der Sorgfalt und Wachsamkeit. Am Boden links I · DASSIER | F · Im Abschnitte SENATUS ET SEDECIM | VIRI REIPUBLICÆ | BERNENSIS · Haller 789. Gr. 57. 6¹/₄ Loth. S. g. e.

6309. Dukaten v. 1741. Av. (U. b.) · MON · AUR · REIP · — BERNENSIS · 1741 · — Das Wappen in reich verziertem Schilde unter offener Krone. Rev. In zierlicher Einfassung BENE· | DICTUS | SIT IEHOVA | DEUS | 1 | DUC· Haller 1070. Lohner 100. 1 Duk. S. g. e.

6310. Grosse Belohnungsmedaille, v. Hedlinger, aus d. J. 1752. Av. RESPUBLICA BERNENSIS · Sitzende, auf den Berner Schild gestützte Minerva, mit Palm- und Lorbeerzweig in der Rechten und einer Lanze, worauf der Freiheitshut steckt, in der Linken. Zu ihren Füssen liegt rechts der Bär und im Vordergrunde, wie links, allerlei Geräthe, Embleme der Wissenschaften, der Künste, des Handels, des Kriegs u. s. w. Aus einem unter dem Schilde vorragenden Füllhorne fallen Geldstücke, eines mit 1752, ein anderes mit I C H, ein drittes mit dem Berner Wappen und ein viertes mit S D G bezeichnet. Am Sockel unter dem Ganzen (von J. M. Mörikofer's Hand) I · C · HEDLINGER F · Rev. Zwei Lorbeerkränze auf einem mit einer Decke behangenen Quader. Oben herum VIRTUTI ET PRUDENTIÆ · (Den ersten Abschlag dieser Medaille in Gold erhielt, nebst 100 neuen Louisd'or, der berühmte Hedlinger selbst zuerkannt.) Haller 758. Gr. 73. 14¹/₂ Loth. Schön und s. g. e.

6311. Dieselbe Medaille in Zinn geprägt. 10³/₄ Loth. S. g. e.

6312. Schulpfennig o. J. Av. RESPUBLICA — BERNENSIS — Das Wappen in verziertem, mit Palmzweigen bestecktem Schilde unter offener Krone. Rev. CULTURA MITESCIT Knieender Gärtner v. l. S., einen Baumstamm pfropfend; vor ihm ein Korb mit

Gärtnergeräthe. Im Abschnitte PRÆM · DILIG Haller 885. Gr. 30. 7/16 Loth. S. g. e.

6313. Desgleichen. Av. gleichen Stempels mit vorigem. Rev. wie vorher, aber mit PRÆM · und Punkt nach Ueber- und Unterschrift. 7/16 Loth. Gut erh.

6314. Thalerförmiger Studenten-Pfennig o. J. Av. (U. beg.) RESPUBLICA — BERNENSIS — Der gekrönte reichverzierte und mit Palmzweigen besteckte Wappenschild auf einem Untersatze. Rev. PER TEMPLUM VIRTUTIS Vom Sinnbilde der Dreifaltigkeit bestrahlter Tempel auf hohem Fels, den zwei Jünglinge zu erklimmen suchen. Im Abschnitte DILIGENTI Haller 889. Mad. 5324. Gr. 40. 1 7/8 Loth. S. g. e.

6315. Schulpfennig o. J. Av. Das Wappen in einem verzierten und mit Palmzweigen besteckten ovalen Schilde unter offener Krone. Umschr. wie vorher. Rev. Bienenkorb auf einem Gestelle, von Bienen umschwärmt. Oben herum TEMPESTIVE ET INDEFESSE Im Abschnitte PRÆM · DILIG Haller 891. Gr. 34. 15/16 Loth. S. g. e.

6316. Sechzehner-Pfennig des Aeusseren Standes, v. 1765. Av. Der Affe mit Spiegel und Apfel reitet auf dem Krebse dem Tempel der Ehren zu, hinter welchem die Sonne aufgeht. Darüber PAULATIM Im Abschnitte SENAT : ET XVI · VIRI STAT · | EXTER · BERN : | 1765 · Rev. Ein römisch gekleideter junger Redner wird von Merkur mit Lorbeer gekrönt. Vor ihnen fünf Zeugen. Oben herum LUDENS FIT APTIOR Haller 794. Gr. 34. 3/4 Loth. S. g. e.

6317. Guldenförmiger Schulpfennig o. J. Av. Zierliche Cartouche mit der Aufschrift BENE : | DICTUS SIT | IEHOVA | DEUS Rev. LACTE · PIETATIS · ET · FOR · TITUDI : Die Bärin, wie auf Nr. 6285. (Scheint von J. C. Mörikofer geschnitten zu sein.) Gerippter Rand. (Haller 864.) Gr. 34. 13/16 Loth. S. g. e.

6318. Dukaten o. J., v. J. C. Mörikofer (1772 geprägt). Av. (O. b.) MONETA AUR · REIPUB · BERNENS · — Gekrönter, mit Palmzweigen besteckter ovaler Wappenschild. Rev. In zierlicher Einfassung BENE | DICTUS | SIT IEHOVA | DEUS · | Leiste | 1 · DUC · Haller 955. Lohner 88.

6319. Sechzehner-Pfennig des Aeusseren Standes v. 1776. Av. HOC PROTECTORE TUTU — S · Der auf dem Krebse reitende Affe, von dem hinter ihm aufrecht stehenden Bären beschirmt, der mit einem Schilde gedeckt, das Schwert zieht. Im Abschnitte SENAT · ET XVI · VIRI STAT · | EXTER · BERN · | 1776 · Rev. (U. b.) AD UTRUMQUE PARATUS ⁘ Zepter und Schwert, kreuzweis durch einen Lorbeerkranz gesteckt. Haller 795. Gr. 37. 1 3/16 Loth. Sehr gut erh.

6320. Medaille v. 1786, auf das neue Waisenhaus. Av. wie die Rückseite von Nr. 6302. Rev. IUVENTUTEM | ORBAM SINU | BLANDE COMPLEXA | MDCCLVII · | NOVO DEIN ÆDIFICIO | COLLOCAVIT | PATRIA PIETAS | MDCCLXXXVI · Gr. 42. 2 3/32 Loth. S. g. e.

6321. Goldstück zu 10 Franken, o. J. Av. MON · AUR · — REIP · BERN · — Mit Schnitzwerk, Guirlanden und Lorbeerzweigen geschmückter Schild unter einer gefütterten Krone. Rev. BENEDICTUS SIT IEHOVA DEUS Die verschlungenen Buchstaben *RB* (cursiv) unter einer gefütterten Krone. Gerippter Rand. Lohner 160. Gr. 22. $1^{1}/_{8}$ Duk. Nur in kleiner Anzahl geprägt. Sehr gut erhalten. RRR.

6322. Grosse Medaille, Sechzehner-Pfennig, o. J., v. S. Burger. Av. RESPUBLICA BERNENSIS Ueber Emblemen des Kriegs, Handels und Ackerbaues der mit einem Eichenzweige und gefütterter Krone geschmückte Schild, vom Bären gehalten. Am Boden S · BURGER F · Rev. FELICITAS — PUBLICA Minerva, stehend, schirmt mit der Rechten Gesetzbuch, Schwert und Zepter, die auf einem neben ihr erscheinenden Altare liegen, und hält mit ihrer Linken die Fasces, an deren Fusse die Eule sitzt. Im Abschnitte SENATUS ET SEDECIM | VIRI Gr. 58. $6^{9}/_{32}$ Loth. S. g. e. (Wohl erst im 19. Jhdt. geschl.)

6323. Thalerförmige Prämie der Akademie, o. J. Av. (U. b.) RESPUBLICA — BERNENSIS Der mit gefütterter Krone bedeckte ausgeschweifte Schild über sich kreuzenden Lorbeerzweigen. Rev. FELICIBUS INGENIIS APERITUR ITER Ein Greis weist einem Knaben den Weg nach dem links auf einem Felsen erscheinenden Tempel der Ehre, hinter welchem die Sonne hervorleuchtet. Im Abschnitte ACADEMIA | BERNENSIS Laubrand. Gr. 40. $1^{27}/_{32}$ Loth. Sehr gut erh.

6324. Prämie des Gymnasium, o. J. Av. vom Stempel zur Hauptseite des vorigen. Rev. TURGENT IN — PALMITE GEMMÆ Palmbaum, nach dessen Früchten eine zur Linken stehende, mit der Bürgerkrone geschmückte, weibl. Figur mit der Hand emporzeigt. Im Abschnitte GYMNASIUM | BERNENSE · Laubrand. $1^{1}/_{8}$ Loth. Sehr gut erh.

6325. Guldenförmiger Schulpfennig, o. J. Av. wie vorher. Rev. LABOR OMNIBUS IDEM Bienenstock auf einer Bank vor einem Strauche, nebst schwärmenden Bienen. Im Abschnitte PRÆM : DILIG · Laubrand. Mit Ring. Gr. 35. $1^{1}/_{32}$ Loth. S. g. e.

6326. Kleinerer Schulpfennig o. J. Av. wie vorher. Rev. CULTURA MITESCIT Knieender Gärtner v. r. S., ein Reis setzend. Vor ihm ein Korb mit Gärtnergeräthe. Im Abschnitte PRÆM · DILIG · Laubrand. Gr. 30. $^{1}/_{2}$ Loth. S. g. e.

6327. Duplone v. 1793. Av. RESPVBLICA — BERNENSIS · Herzförmiger, mit gefütterter Krone bedeckter Schild. Darunter zwei gekreuzte Lorbeerzweige. Rev. DEVS — PROVIDEBIT Stehender Schweizer in alter Tracht, rechts eine Hellebarde, links die Fasces haltend. Unten 1793 Gerippter Rand. Lohner 146. $2^{3}/_{16}$ Duk. Sehr gut erh.

6328. Dukaten v. 1794. Av. ähnlich dem voriger Nr., der Schild ist dreieckig. Ohne Punkt. Rev. BENEDICTVS SIT IEHOVA DEVS ✠ In einem Lorbeerkranze 1 | DVCAT | 1794 (Lohner 104.) 1 Duk. Sehr gut erh.

6329. Doppelte Duplone v. 1797, wie Nr. 6327, aber mit U statt V und 1797. Ohne Punkt nach der Av.-Umschr. Laubrand. Lohner 137. Gr. 28. 4⅓ Duk. Mit Stempelglanz.

6330. Halber Thaler (zu 20 Batzen) v. 1797. Av. wie vorher, nur ohne die Lorbeerzweige unter dem Schilde. Rev. DOMINUS — PROVIDEBIT Stehender Schweizer im alten Kostüme, die Rechte auf ein Flammenschwert, die Linke in die Hüfte gestützt. Unten 1797 Laubrand. Lohner 253. Mit Stempelglanz.

6331. Thaler (zu 40 Batzen) v. 1798. Av. RESPUBLICA — BERNENSIS In einem vertieften Ovale der herzförmige, mit einer gefütterten und schraffirten Krone bedeckte Schild. Rev. DOMINUS — PROVIDEBIT In vertieftem Ovale der Schweizer, wie vorher und unter ihm 1798 Laubrand. Lohner 193. S. g. e.

6332. Thaler v. 1798, wie vorher, mit neuem Avers-Stempel. Lohner 194. Mit Stempelglanz.

6333. Prämien-Medaille o. J. Av. BERN — A Sitzende weibliche Figur (die Republik Bern) v. l. S., im linken, auf dem Berner Schilde ruhenden Arme die Fasces, in der rechten Hand Palm- und Lorbeerzweig haltend. Unten H · BOLTSCHAUSER · F · Rev. VIRTUTI Degen und Lorbeerkranz auf einem behangenen Quader liegend. Gr. 37. 1 Loth. S. g. e.

6334. Viertelthaler oder Franken v. 1811. Av. CANTON — BERN · Der mit einer Bügelkrone bedeckte ovale Schild, zwischen Palmzweigen; darunter ein Band mit DOMINUS PROVIDEBIT Unten 1811 · Rev. SCHWEIZ : — EIDSGENOSS : Innerhalb eines Ovales der Schweizer, die Rechte auf das Schwert, die Linke auf einen ovalen Schild gestützt, worauf XIX | CAN· | TONE Unter dem Schweizer 1 · FRANK : Laubrand. Lohner 409. S. g. e.

6335. Toulouser Thaler v. 1793, in Folge der Verordnung vom 2. Juli 1816 mit Laubrand und einer schildförmigen Contremarque versehen, deren Avers das Berner Wappen und deren Revers die Werthangabe 40 | BZ · (Batzen) enthält. Lohner, S. 49. S. g. e.

6336. Gedenkthaler v. 1818, auf die Vereinigung des ehemals bischöfl. Basel'schen Juragebietes mit Bern. Av. (U. b.) RESPUBLICA — BERNENSIS — Der herzförmige Schild unter gefütterter Krone. Rev. (U. b.) FIDES UTRIMQUE FALLERE NESCIA · Innerhalb eines Eichenkranzes CIVIB(us) · JURAN(is) · | IN | COMMUNEM PATRIAM | RECEPTIS · | — | HOMAG · PRÆSTIT · | DELEMONTII (Delsperg) | XXIV · JUN · | MDCCCXVIII · Gr. 39. $2^{17}/_{32}$ Loth. S. g. e.

6337. Thaler v. 1823, ähnlich dem von 1789. Das Oval im Av. ist schmaler und der Schild in Folge dessen kleiner. Die Krone ist nicht schraffirt. Der Schweizer ist anders gezeichnet, unter ihm 1823 Lohner 199. S. g. e.

6338. Thaler v. 1826, der sog. Concordats-Thaler. Av. (U. b.) CANTON — BERN 1826 — In einem vertieften Ovale der dreieckige Wappenschild unter gefütterter Krone. Rev. (U. b.) SCHWEIZERISCHE — EIDGENOSSENSCHAFT Breites, auf seinen Schenkeln, wie in seinen Winkeln verziertes Kreuz, auf dessen Mitte in einem Eichenkranze 4 · | FRK^{N}. Laubrand. Lohner 200. Als Muster einer Concordats-Münze geprägter, nicht in Cours gekommener Thaler. Mit Stempelglanz. RR.

(Die 1825 bez. des Münzwesens sich einigenden, „concordierenden" Cantone waren Bern, Luzern, Freiburg, Solothurn, Basel, Aargau und Waadt.)

6339. Ein zweites Exemplar dieses Thalers. Mit Stempelgl. RR.

6340. Schulprämie o. J. (Medaille) mit den Darstellungen und Aufschriften von Nr. 6325, mit Punkt nach BERNENSIS und mit PRÆM · DILIG · Am grasigen Boden unter dem Bienenstocke D(öll?) Gr. 34. 1 Loth. S. g. e.

6341. Medaille (v. Bovy) auf die 3. Säkularfeier der Reformation, 1828. Av. Bern, als weibliche Figur, sitzt, mit der Rechten auf den Schild gestützt, die Linke erhebend, vor einem Altare, auf welchem, gehalten von der zur Linken stehenden Religion, die aufgeschlagene Bibel steht, von welcher ein davonschwebender Genius den Schleier genommen. Rev. Ansicht des Münsters von der Portalseite, mit der Ueberschrift NICHT ERSCHÜTTERT — NUR GEREINIGT · Gr. 55. Bronze. S. g. e.

6342. Medaille auf gleiche Feier. Av. BERCHTOLD HALLER REFORM · — Dessen Brustbild v. l. S. Am Achselabschnitte G : Rev. WIR | HALTEN FEST | WAS | GOTT UNS GAB · | Leiste | III · REFORM · FEIER | IN BERN | 1828 Gr. 31. 1 Loth.

6343. Thaler v. 1835, wie die von 1798, nur mit der Jahrzahl 1835 Lohner 201. S. g. e.

Biel.

(Früher zugewandter Ort der Eidgenossenschaft.)

6344. Schulprämie o. J. (19. Jhdt.) Av. (U. b.) DAS GYMNASIUM VON BIEL ✿ Ausgeschnittener Schild mit dem Stadtwappen (zwei gekreuzte Beile in rothem Felde). Rev. DEM | AUFSTREBENDEN | FLEISSE in einem aus Eichen- und Lorbeerblättern bestehenden Kranze. Mit Laubrand. Gr. 28. ½ Loth. S. g. e.

Burgdorf.

6345. Schulprämie o. J. (18. Jhdt.) Av. Ein Engel, mit einem Palmzweige in der Linken, hält mit der Rechten einen Kranz über den rechts neben ihm stehenden, mit Lorbeerzweigen geschmückten Wappenschild der Stadt (gespalten: schwarz und weiss). Oben herum HALLE — LUIAH Rev. (U. b.) WIR ABER WOLLEN DEN HERREN LOBEN V̄ (von) NVN AN BIS IN EWIGKEIT ✿ Der auf einem Kissen knieende, die Harfe spielende König David v. l. S. Haller 910. Gr. 36. 31/32 Loth. S. g. e.

Thun.

6346. Schulprämie o. J. (18. oder 19. Jhdt.) Av. THUNUM · (als Ueberschrift.) Mit Blättergewinden behangener, mit einem Aufsatze versehener Wappenschild der Stadt (in rothem Felde ein Schrägbalken, worauf ein Stern). Rev. Ein Lehrer, der einen Knaben an der

Hand führt, zeigt mit der Rechten nach einem vor ihnen auf einem Felsen stehenden Tempel. Im Abschnitte ASCENDAMUS Gr. 35. 1 Loth. Sehr gut erh.

Freiburg.

Freiburg im Uechtlande trat in den Bund der Eidgenossen 1481 und ward, indem es dem später eintretenden Basel den Vorrang einräumte, unter den eidgen. Orten der zehnte. Jetzt ist Freiburg der 9. Kanton.

6347. Dicken o. J. Av. : MONETA ⁑ NO ⁑ FRIBVRGI ✱ Das alte Wappenbild, nämlich drei von rechts nach links in der Höhe stufenweis abnehmende Zinnenthürme, über denen der rechtsblickende Adler schwebt. Zu den Seiten ○ — ○ Rev. ✿ SANCTVS ✿ NICOLAVS ✿ ○ Des h. Nikolaus v. Bari (Myra) fast vorwärts und nur wenig nach links gewandtes Brustbild, im Pluviale, mit der Inful bedeckt. Ueber der rechten Schulter ein ○, über der linken ✿ Haller 1656. Mad. 4652. Gr. 29. $^{5}/_{8}$ Loth. Gut erh. RR.

6348. Halber Goldgulden o. J. Av. MO ○ AVREA ○ FRIBVRGENSIS ✱ Das alte Wappenbild. Zu den Seiten F — B Rev. SANCTVS ○ ✱ ○ NICOLAVS ✱ Im Felde ein Blumenkreuz. Haller 1654. Das Recht, goldne Münzen zu schlagen, erhielt Freiburg vom Papst Julius II. 1509; in diesem Jahre oder kurz darauf wird vorliegendes Stück geprägt sein. E und C sind gleich gestaltet. Gr. 18. $^{15}/_{32}$ Duk. Sehr gut erh. RRR.

6349. Thaler o. J. Av. CVDEBAT ⁑ RESPVB ⁑ FRIBVRGI ⁑ HELVECIORVM ❉ Die dreithürmige Burg mit darüber schwebendem Doppeladler, umgeben von 17 einwärts gestellten Schildchen, in denen die Wappen der Vogteien und Herrschaften: Wippingen, Montenach, Altenryff, Orbach, Murten, Plaffeyen, Illingen, Cugy, Thalbach, S. Aubin, Font, Corserey, Grasburg, Grandson, Chinaux, Jaun und Pont. Rev. (Doppelte Umschrift:) ESTO ⁑ NOBIS ⁑ DNE ✦ TVRR(is) ⁑ FORTIT(udinis) ⁑ A ⁑ FACIE ⁑ INIMIC(orum) ❉ | ✦ SANCTVS ❉ — ✦ NICOLAVS — Der stehende Heilige, im bischöfl. Ornate, von vorn, doch links gewandten Hauptes, in der Rechten den Krummstab, in der Linken die drei Brode haltend. Die Wappen und Umschriften stehen zwischen Perlenkreisen, deren innerer im Rev. mit Bogen und Lilien besetzt ist. Haller 1659. Mad. 2088. Vor der Erwerbung der Vogteien Gruyères und Corbières, in der ersten Hälfte des 16. Jahrh. geschlagen. Gr. 43. 2 Loth. Originalgepräge von vortrefflicher Erhaltung. RRR.

(In der Num. Ztg. 1867, S. 18 werden nach der Zeichnung bei Herold, p. 387, die Verzierungen nach der Av.- und äussern Rev.-Umschrift irrig als Tulpen bezeichnet.)

6350. Thaler o. J. Av. wie die Hauptseite des vorigen, aber mit CVDEBAT ❉ RESPVB ❉ FRIBVRGI ❉ HELVECIORVM ❉ Rev. von der Rückseite des vorigen. (Nicht bei Haller.) Cat. imp. 488. Silberguss von so vorzüglicher Ausführung, dass ein geübtes Auge dazu gehört, ihn als Nachbildung zu erkennen. $1^{23}/_{32}$ Loth. Sehr gut erh.

6351. **Goldstück** (zu sechs Dukaten) von den Stempeln des Dickens v. 1556. Av. MONETA ◆ NOVA ◆ FRIBVRGENSIS ✱ Die Burg, darüber der rechtsblickende Adler. Rev. ✿ SANCTVS ✿ NICOLAVS ⁸ I556 ✿ — Des Heiligen Brustbild wie auf Nr. 6347. Rechts im Felde ein kleiner Ring. Haller 1674. Gr. 33. $5^3/_4$ Duk. Vortrefflich erhalten. RR.

6352. **Dicken** v. 1560. Av. MONETA ✿ NOVA ✿ FRIBVRGENSIS ✱ Das alte Wappenbild wie vorher, zu Seiten desselben ○ — ○ Rev. wie die Rückseite des vorigen, aber mit · I560 ✿ Haller 1676. Gr. 32. $^{21}/_{32}$ Loth. Von ganz vorzüglicher Erhaltung. RR.

6353. **Dicken** v. 1608. Av. MO ∗ NO ∗ FRIBVRGENSIS ✿ I608 ✱ Die Burg, darüber der gekrönte rechtsblickende Adler und daneben F — B Rev. ✿ SANCTVS ✿ NICOLAVS ✿ — Brustbild v. r. S., im Pluviale, mit Inful und Nimbus, mit der Rechten den Krummstab schulternd. Haller 1684. Gr. 30. $^{19}/_{32}$ Loth. S. g. e. RR.

6354. **Pistole** v. 1635. Av. MON : AVREA · FRIBVRGENSIS ✿ Die Burg, darüber der rechtsblickende Adler und zu den Seiten F — B Rev. SANCTVS · NICOLAVS · I635 ✿ Ein Krückenkreuz, wie auf den spanischen Pistolen, in vierbogiger Einfassung, die an den inneren Spitzen mit Lilien und aussen in den Winkeln mit Ringen besetzt ist. Haller 1691. $1^{29}/_{32}$ Duk. Vorzüglich erh. RR.

6355. **Thaler** o. J. Av. ∗ CVDEBAT ∗ RESPVB ∗ FRIBVRGI ∗ HELVETIORVM ∗ ✱ Die Burg mit dem darüber schwebenden rechtsblickenden Adler, umgeben von einer Einfassung aus 21, innen mit Lilien besetzten Bogen. Rev. (Doppelte Umschrift:) ESTO + NOBIS + DNE + TVRR + — FORTIT + A + FACIE + INIMI +—+ — | SANCTVS + NI — COLAVS + + — Der stehende Heilige, von vorn, im Pluviale, mit Inful und Nimbus, hält in der Rechten den Krummstab mit anhängendem Sudarium und in der Linken ein geschlossenes Buch, auf dem 3 Brode liegen. Haller 1661. Ist bedeutend neuer, aber noch seltner als der unter Nr. 6349 beschriebene. Gr. 42. $2^3/_{32}$ Loth. Original. Sehr gut erh. RRRR.

(Dieser Thaler wird in der Num. Ztg. a. a. O. irrthümlich als ein 4. Stempel zu Haller Nr. 1659 — unserer Nr. 6349 — betrachtet. Er unterscheidet sich aber von letzterem, abgesehen von der neueren Arbeit, ganz wesentlich dadurch, dass ihm die Vogteiwappen fehlen.)

6356. **Zwanziger** v. 1710. Av. MONETA + NOVA + REIP : FRIBVRGENSI : + Die Burg mit darüber schwebendem Doppeladler in verziertem, ovalem Schilde. Rev. SOLI + DEO + — GLORIA + I7I0 ∗ Vier zu einem Kreuze zusammengestellte ꟻF in deren Mitte ein runder Schild mit dem neuen Wappen. Unten (CR · 20) Gr. 27. $^7/_{16}$ Loth. G. e.

6357. **Desgleichen.** Av. (U. b.) MON : NO : REIP ·. FRIBVRG · HELVE ⁸° — · ⁸ I7I0 · Das alte Wappen in reich verziertem Schilde. Rev. In einer mit Palmzweigen besteckten Einfassung der Doppeladler unter der Krone mit herzförmigem Brustschilde, worin 20 Gr. 27. $^7/_{16}$ Loth. S. g. e.

29

Sarine et Broye.

Im Februar 1798 constituirte sich der französisch redende Theil Freiburg's mit den Distrikten Payerne (Peterlingen) an der Broye, Avenches (Wifflisburg) und Murten (Morat) zum Canton de Sarine et Broye, der aber nur bis zum 30. Mai 1798 bestand, wo er mit Freiburg wieder vereinigt wurde und zur Helv. Republik kam.

6358. Viertelthaler zu 42 Kreuzern (6fache Piecette), v. 1798. Av. (U. b.) CANTON DE — SARINE ET BROYE · Die ein Beil umgebenden Fasces, mit darauf steckendem Freiheitshute. Rev. LIBERTE — EGALITE — In einem Kranze aus Lorbeer- und Eichenzweig VALEUR | DE | 42 CR· Unten 1798 Gerippter Rand. Gr. 29. ½ Loth. R. Blanchet, Mém. sur les monn. des pays voisins du Léman, p. 161, Pl. VI. 5 und Rev. fr. 1855, p. 84. Sehr gut erhalten. RR.

Die Mediationsakte von 1803 gab auch dem Kanton Freiburg seine Selbstständigkeit wieder.

6359. Thaler zu 4 Franken, v. 1813. Av. CANTON — FREYBURG Ovaler Schild mit dem neuen Wappen unter einer Bügelkrone, zwischen zwei Palm- und zwei Lorbeerzweigen. Unten 1813 · Rev. SCHWEIZER^{E} — EIDSGENOSS^{T} Stehender Schweizer in alter Tracht, die Linke auf ein Flammenschwert, die Rechte auf einen verzierten ovalen Schild gestützt, worin XIX | CANT · Im Abschnitte 4 · FRANK^{N} Laubrand. S. g. e.

Murten.

6360. Medaille o. J. (18. Jhdt.), auf den von den Eidgenossen unter der Führung Hansens von Hallwyl und Hans Waldmann's von Zürich am 22. Juni 1476 über Karl den Kühnen von Burgund bei Murten errungenen Sieg. Av. Ansicht der Stadt mit dem See u. den gegenüber liegenden Weinbergen. Oben die Wappen von Bern, Freiburg und Murten. Rev. Ansicht des (am 3. März 1798 von den Franzosen zerstörten) Beinhauses mit vierfacher Ueber- und dreizeiliger Unterschrift. Haller 18. Gr. 36. 1¹/₁₆ Loth. S. g. e.

St. Gallen.

Die Stadt St. Gallen, früher, gleich der Abtei dieses Namens, ein zugewandter Ort der helv. Eidgenossenschaft und dann, während der Helv. Republik, Hauptstadt des Kantons Sentis, bildet mitsammt der ehemaligen Abtei, dem Rheinthale, den Herrschaften Utznach, Gaster, Rapperschwyl, Sargans, Sax u. a. seit 1803 den Kanton St. Gallen, den 14. der Eidgenossenschaft.

a) Abtei. S. I. Theil S. 346.

b) Stadt.

6361. Dicken v. 1511. Av. MONETA ◆ NOVA ◆ SANCTI ◆ GALLI ✱ Der aufrechtstehende Bär v. l. S., mit dem Halsbande. Rev. SANCTVS ◆ OTHMARVS ◆ 1511 : ✱ Der rechtsblickende

Adler. Haller 1873. Gr. 29. $^{31}/_{32}$ Loth. Gehenkelt gewesen, aber vorzüglich erhalten. RR.

6362. Thaler v. 1564. Av. MO ‡ NO ‡ CIVI ‡ SANGALLENSIS ‡ 1564 ✱ (in einem Kreise.) Der Bär, wie vorher. Rev. SOLI ‡ DEO ‡ OPT ‡ MAX ‡ LAVS ‡ ₹ ‡ GLO — Der Doppeladler, ohne Scheine, unter der Krone. Haller 1879. S. g. e. R.

6363. Thaler v. 1566. Av. wie vorher, aber mit 1566 ‡ G ‡ am Ende der Umschr. Rev. SOLI + DEO + OPT + MAX + LAVS + Z (wie ein Hammer gestaltet) + GLO — Doppeladler, wie vorher. Haller 1882. G. e. R.

6364. Schauthaler v. 1566. Av. REI ♦ PVBLICÆ ♦ SANGALLENSIS ♦ INSIGNIA Der gekrönte Schild mit dem Doppeladler über zwei gegen einander gestellten Schilden mit dem stehenden Bären. Darunter G Zu Seiten der Krone rechts ein aus IS | TÆ gebildetes Monogramm und links eine Münzmeister-Marke. Rev. Zwei vorwärts gekehrte, auf der Brust mit einem Kreuze bezeichnete Engel halten eine mit Blattwerk verzierte Tafel, worauf CONCORDIA ♦ PARVÆ ♦ | RES ♦ CRESCVNT ‡ | DISCORDIA ♦ MAXI | MÆ ♦ DILABVNTVR Unter der Tafel 15 — 66 Haller 1849. Mad. 2090. $1^{31}/_{32}$ Loth. Aus v. Madai's Sammlung. Vortrefflich erh. RRR.

6365. Abschlag eines sog. Bärenpfennigs auf starker, runder Silberplatte. Der stehende Bär, mit dem Halsbande, v. l. S., in einem Kreise von 19 Kugeln. Schüsselförmig. Gr. 21. $^{5}/_{32}$ Loth. S. g. e.

6366. Thaler v. 1620. Av. MO ‡ NO ‡ CIVITA ‡ SANGALLENSIS ✿ 1620 ✿ Der stehende Bär v. l. S., mit Halsband. Rev. SOLI ✿ DEO ✿ OPT ‡ MAX ‡ LAVS ✿ ET ✿ GLORIA — Der Doppeladler, mit Kopfscheinen, unter der kaiserl. Krone. Haller 1891. (Mad. 2089.) G. e.

6367. Gulden v. 1620, als Klippe. Av. MO ‡ NO ‡ CIVIT ‡ SANGALLENSIS ♦ 1620 ✿ Rev. SOLI ♦ DEO ♦ OPT ‡ MAX ‡ LAVS ♦ ET ♦ GLORIA — Sonst, wie vorher. Haller 1893. Gr. 36. $^{31}/_{32}$ Loth. S. g. e.

6368. Thaler v. 1621. Av. wie der von Nr. 6366, mit 1621 und kleinerer Rose vor der Jahrzahl. Rev. wie der von Nr. 6366. Die Spitze des Adlerschwanzes zeigt hier zwischen A und X in Max :, während sie dort über X steht. Haller 1896.

6369. Klippe v. 1621, mit runden Stempeln geprägt. Av. MO ‡ NO ‡ CIV ‡ SANGALLENSIS (als Ueberschrift.) Der Bär, wie bisher. Unter einer Leiste ♦ 1621 ♦ Rev. VNI ✿ SOLI ✿ DEO ✿ GLORIA (als Ueberschr.) Der Doppeladler, mit Scheinen. Unter einer Leiste ✿ 3 ✿ Gr. 27. $1^{1}/_{8}$ Loth. RR.

6370. Klippe v. 1621, mit runden Stempeln geprägt. Av. MO ‡ NO ‡ CIVI ‡ SANGALLENSIS ♦ 1621 ✿ Der Bär, wie seither. Rev. Der Doppeladler, mit Kopfscheinen, ohne Umschrift. Haller 1894 (als Doppeldukaten und in Silber). Gr. 27. $^{15}/_{32}$ Loth. Gehenkelt. Gut erh. R.

6371. Thaler v. 1622. Av. wie der von Nr. 6366, mit ✿ 1622 ✿

Rev. wie der von Nr. 6368, aber mit LAVS ⁝ (Haller 1898.) Leidlich erhalten.

6372. Thaler v. 1622. Av. wie voriger, aber mit ⁝ 1622 ✿ Rev. wie der von Nr. 6366. G. e.

6373. Thaler v. 1623, als Klippe. Av. MO ⁝ NO ⁝ CIVIT • SANGALLENSIS ✿ 1623 ✿ Der Bär, wie bisher. Rev. wie der von Nr. 6366, aber mit GLORIA ✿ Gr. 41. 1$^{15}/_{16}$ Loth. Vorzügl. erh.

6374. Halber Gulden v. 1738. Av. (U. b.) MONETA : NOVA : S(T GA)LLENSIS (Pfeilspitze) · — Der Bär, wie früher. Unten ein Oval mit der Schlange des Mzmstrs. Schirmer. Rev. In einer mit Lorbeer- und Palmzweig besteckten Cartouche LIBERTAS | CARIOR | AURO | 1738 | G R(eich) Unten in einem Ovale 30 (Kreuzer.) Haller 1905. G. e.

Genf.

Genf, seit 1536 ein unabhängiger Freistaat, war ein zugewandter Ort der Eidgenossenschaft, bildete dann (vom 15. April 1798 bis 30. Dez. 1813) einen Theil des französischen Reichs (Hauptstadt des Département du Léman) und trat den 19. Sept. 1814 der schweizer. Eidgenossenschaft bei als deren 22. Kanton.

6375. Thaler v. 1562. Av. ✿ GENEVA ✿ CIVITAS ✿ — Im Felde der gekr. halbe Adler und der Schlüssel; darüber der Doppeladler unter der Krone. Rev. POST ✿ TENEBRAS ✿ LVX ✿ P ✿ Innerhalb einer Flammenglorie IHS (Jesus hominum salvator) | I56z Mad. 2092. Haller 1957. S. g. e. RR.

6376. Nothmünze zu 12 Sols, v. 1590, in welchem Jahre Genf durch den Herzog Karl Emanuel I. von Savoyen sich bedrängt sah. Av. Der Wappenschild vor einer Flammenglorie, zwischen deren Strahlen Verzierungen. Rev. · P · XII · | ✿ SOLS ✿ | POVR · LES | SOLDATS · DE | GENEVE | · I590 · Haller 1929. Duby, Rec. gén. des pièces obsid., Pl. 23. 5. Kupfer. Gr. 30. S. g. e.

6377. Nothmünze zu 1 Sol, v. 1590. Av. Das Wappenbild in Flammenglorie. Rev. · P · VN · | ✿ SOLS ✿ u. s. w., wie vorher. Haller 1932. Kupfer. Gr. 21. S. g. e.

6378. Halber Thaler v. 1597. Av. GENEVA · ✿ · CIVITAS • I5 — 97 • Das Wappen in rundem Rahmen; darüber in Flammenglorie IHS Rev. • POST · TENEBRAS · LVX • CL (in einander gestellt) • — Der Doppeladler, ohne Scheine, unter der Krone. (Haller 1972.) S. g. e. RR.

6379. Münze zu 6 Sols, v. 1602. Av. GENEVA · CIVITAS · I602 — Wappenschild, darüber der Doppeladler. Rev. · POST · TENEBRAS · LVX · ✿ Im Felde POVR | · SIX · | SOLS Gr. 23. $^1/_8$ Loth. Sehr gut erh.

6380. Münze zu 6 Sols, v. 1632. Av. GENEVA ✿ CIVITAS · 1632 · Der Wappenschild, darüber VI · S Rev. · POST · TENEBRAS · LVX · PM (verb.) Blumenkreuz. Gr. 26. $^1/_8$ Loth. S. g. e.

6381. Thaler v. 1641. Av. GENEVA ✿ CIVITAS ✿ I6 — 4I ✿ Rev. POST · ✿ · TENEBRAS · ✿ · LVX ✿ DS (in einander gestellt) — AD (in einander gesetzt.) Im Uebrigen, wie Nr. 6378. Haller 2013. S. g. e.

6382. Vierteltbaler zu 24 Sols, v. 1645. Av. · GENEVA ✿ CIVITAS ✿ 1645 · ❀ Im Kreise das Wappen. Rev. POST ✿ TENEBRAS ✿ LVX ✿ B ✿ Im Kreise POVR | XXIIII | SOLS Haller 2024. Gr. 28. ¹⁵/₃₂ Loth. S. g. e.

6383. Münze zu 12 Sols, v. 1654. Av., wie der von Nr. 6379, mit 1654 — Rev. POST · TENEBRAS · LVX · AHB (als Monogramm) · Im Felde POVR | · XII · | SOLS Gr. 22. ⁸/₃₂ Loth. S. g. e.

6384. Thaler v. 1722. Av. (U. b.) RESPUBLICA — GENEVENSIS · — Das Wappen in mit Schnitzwerk versehenem Schilde; darüber der strahlende Name IHS Rev. POST TENEBRAS LUX · Der Doppeladler, ohne Scheine, unter der Krone. Unten herum (Laubwerk) 17 — 22 (Laubwerk) Kettenartig verzierter Rand. Haller 2056. Mad. 4656. Z. g. e.

6385. Thaler v. 1723, ähnlich dem vorigen, mit · 17 — 23 · Ohne Punkt nach der Av.-Umschr. und ohne das Laubwerk zu Seiten der Jahrzahl. Haller 2059. G. e.

6386. Medaille von J. Dassier, 1734. Av. LUD · LE FORT REIP · GENEV · CONSUL · PRIMAR · ANN · J734 · ÆT · 66 · — Dessen Brustbild von vorn, im Staatskleide, mit grosser Perrücke. Rev. Die Stadt als sitzende weibl. Figur, die, auf ihren Schild gestützt, in der Rechten einen Stab mit aufgestecktem Freiheitshute, in der Linken die aufgeschlagene Bibel hält und zum oben strahlenden Auge der Vorsehung emporblickt; vor ihr vier Genien mit Emblemen der Freiheit, der Wissenschaft, der Kunst und des Handels. Oben herum DEI — NUMINE · Im Abschnitte JURA CIVIUM ASSERTA · | ANNO 1734 · Haller 1911. Gr. 54. 6⁹/₃₂ Loth. S. g. e.

6387. Medaille von J. Dassier, auf die 2. Säkularfeier der Reformation, 1735. Av. Ansicht der Stadt, vom See aus. Darüber der strahlende Name IHS Oben herum auf einem Bande POST TENEBRAS LUX · Im Abschnitte CELEBRATA ANNO GENEVÆ | REFORMATÆ BIS CENTESIMO | M · DCC · XXXV · | ✤ Rev. Vor der auf Wolken thronenden, umstrahlten Wahrheit, die Palmzweig und Evangelienbuch führt, steht die personif. Stadt Genf mit ausgebreiteten Armen. Zu ihren Füssen ein Joch und abgeworfene Fesseln, neben ihr der Schild. Oben herum VERITAS LIBERAVIT VOS · Im Abschnitte IUBILEMUS DOMINO · und unter einer Leiste · J · DASSIER · Haller 1912. Gr. 54. 4¹⁷/₃₂ Loth. Schöne Arbeit, s. g. e.

6388. Medaille von J. Dassier, auf die vermeintliche Vereinigung der damals streitenden Parteien v. 18. Febr. 1736. Av. POST TENEBRAS LUX · Die Wahrheit, mit der Bibel, und ein Genius, mit Emblemen der Kunst, stehen zu Seiten des Genfer Wappenschilds, über welchem der strahlende Name IHS Im Abschnitte REIPUB · TU-

TAMINA · Rev. NON ALITER STABILIS · Gerechtigkeit und Freiheit, erstere mit der Waage, letztere mit einer Lanze sammt aufgesteckten Freiheitshute, umarmen sich stehend. Im Hintergrunde das Rathhaus und der vor demselben befindliche Brunnen. Im Abschnitte CONCORDIA GENEVÆ | RESTITUTA · 1738 · Die Chiffre I · D · beiderseits ganz unten und zum 3. Male auf dem Pflaster vor dem Rathhause. Haller 1913. Gr. 54. 4$^{29}/_{32}$ Loth. Schön u. s. g. e. R.

6389. Medaille desselben v. 1738, auf die Beilegung der inneren Streitigkeiten. Av. SALUS — REIPUBLICAE Zwei weibliche Figuren, der Friede, mit einem Oelzweige, und die Gerechtigkeit, mit Schwert und Waage, stehen zu Seiten eines Altars mit brennendem Opferfeuer. Zu ihren Füssen die überwundene Zwietracht, deren seitwärts liegende Fackel noch qualmt. Rechts am Rande I · D · F · Rev. In einem Eichenkranze DISSIDIA | GENEV · COMPOSITA | OFFICIIS ET ARBITRIO | LUDOVICI XV | REGIS CHRISTIANISS · | ET HELVET · CIVITATVM | TIGURIN · ET BERNENS · | M · DCC · XXXVIII · Haller 1915. Gr. 54. 4$^{27}/_{32}$ Loth. G. e.

6390. Dieselbe Medaille in Bronze; die Bilder, die Schrift und der Rand sind im Feuer vergoldet, der Grund ist braun gelassen. Sehr gut erhalten.

6391. Grosse Medaille v. 1739, dem französ. Gesandten bei der Republik, Ritter de la Closure, gewidmet. Av. Ansicht der Stadt mit dem See. Darüber das Wappen mit dem strahlenden IHS und ein Band, worauf POST | TENE — — BRAS — LUX Im Abschnitte RESPUBLICA GENEVENSIS · Darunter zwei gekreuzte Palmzweige und IEAN — DASSIER · F · Rev. In einem Eichenkranze ILLUSTRI VIRO · PETRO DE LA CLOSURE | EQUITI | A REGE CHRISTIANISSIMO | APUD NOS ANNOS XLI | RESIDENTI | DE REPUBLICA ET PERICLITANTE | BENE MERITO | SENATUS GENEVENSIS · | MDCCXXXIX · Haller 1920. Gr. 68. 10$^{3}/_{32}$ Loth. Schön. Sehr gut erhalten.

6392. Medaille der sog. Représentants, v. 21. Nov. 1767. Av. VOUS VOYEZ LEUR DIT — IL LEFFET DE LA CONCORDE Ein Greis mit seinen drei Söhnen, deren einer ein Bund Pfeile vergeblich zu brechen sucht. Unten * J · C(olibert) · F * Rev. DECERNEE PAR LES CITOYENS ET BOURGEOIS REPRESENTANS A LEURS 24 COMMISSAIRES * Im Felde auf 15 Zeilen die Namen der letzteren, Ort und Datum. Haller 1925. Gr. 46. Bronze. S. g. e. R.

Diese Medaille wurde von einer Versammlung von 1000 bis 1200 Genfern der 1. u. 2. Classe (Citoyens u. Bourgeois), die mit der bestehenden Verfassung unzufrieden waren, ihren Vertretern zuerkannt, ward aber bald Gegenstand spottender Verse. Die über die Verfassung Klagenden wurden damals Représentans, deren Gegner, die Anhänger der Rathsfamilien, Négatifs genannt.

6393. Thaler v. 1794. Av. REPUBLIQUE — GENEVOISE Kopf der Republik, v. l. S., mit Mauerkrone. Darunter EGALITE LIBERTE | INDEPENDANCE | T · B · (Theod. Bonneton, Stempelschn. in Genf.) Rev. (U. b.) APRES LES TENEBRES LA LUMIERE Im Felde zwischen zwei Aehren PRIX | DU | TRAVAIL · | — Darunter L'AN III · DE | L'EGALITE | 1794 Mit : ✧ : besetzter Rand. S. g. e.

6394. Thaler v. 1795. Av. Der runde tingirte Wappenschild, von einem Eichenkranze umgeben. Oben herum GENEVE · REPUBLIQUE Unten herum ✿ L'AN · IV · DE · L'EGALITE ✿ Rev. In einer strahlenden Sonne XII · | FLORINS | IX | SOLS · Oben herum POST ✿ TENEBRAS ✿ LUX Unten herum ✿ T J795 B ✿ Rand mit ✧ : ✧ besetzt. S. g. e.

6395. Halber Thaler v. 1795, ebenso, doch steht im Av. GENEVE ✿ REPUBLIQUE und ✿ L'AN ✿ IV ✿ DE ✿ L'EGALITE ✿, im Rev. VI · | FLORINS | IV S VI D | W(ielandy) und ✿ J795 ✿ S. g. e.

6396. Thaler v. 1796. Av. Der runde, nicht tingirte Schild im Eichenkranze. Oben herum GENEVE REPUBLIQUE Unten herum ✿ L'AN V · DE L'EGALITE ✿ Rev. I H S in Strahlenglorie. Oben herum * POST TENEBRAS LUX * Unten herum XII FLORINS J796 · IX SOLS · Rand, wie vorher. S. g. e.

6397. Desgleichen, mit geringen Abweichungen in der Zeichnung beider Seiten. Im Avers, wie im Revers ist ein kleiner Hundskopf eingeschlagen. G. e.

6398. Medaille v. 1814. Av. Der mit Guirlanden behangene, unten mit Palmzweigen besteckte, ausgeschweifte Wappenschild unter dem strahlenden Namen I H S Oben und unten herum ein leeres, gekerbtes Band. Rev. In einem Kranze von Schilf, auf welchem unten über zwei gekreuzten Rudern zwischen zwei Ankern ein Delphin liegt, mit eingravirter Schrift AUX | SUISSES | *le 5 Novembre* | 1814 Gr. 35. Mit Ring. 1 1/16 Loth. S. g. e.

6399. Medaille v. A. Bovy, auf den Eintritt Genf's in die Eidgenossenschaft. Av. HOC ERAT IN VOTIS Der sitzenden Helvetia reicht die vor ihr stehende Geneva die Hand, während hinter der Sitzenden ein kleiner Genius den auf einer mit Fahnen besteckten Tafel verzeichneten Namen der 21 Kantone denjenigen Genf's zufügt. Im Abschnitte GENEVA HELVETIAE ADNEXA | XIX SEPT · MDCCCXIV Rev. TUTELA — PRÆSENS Die von einem Eichenkranze umschlungenen Schilde Genf's und der Eidgenossenschaft, vor einem Felsen lehnend, an dessen linker Seite über einem Lorbeerreis die Namen TELL | WINKELR | SEMPAC(h) | MORGAR(ten) Oben das strahlende Auge Gottes. Im Abschnitte SOC · ARTIB · PROMOV · INST · | EXCUDI · CURAVIT · | M · DCCC · XXIV · Gr. 57. Bronze. (Von der Gesellschaft zur Beförderung u. Ermunterung der Künste veranstaltet.) S. g. e.

6400. Thaler zu 5 Franken, v. 1848. Av. Der ausgeschweifte Schild, darüber in Flammenglorie I H S Unten herum · POST · TENEBRAS · LUX · Rev. (U. b.) REPUBLIQUE ET CANTON DE GENEVE In oben offenem Lorbeerkranze 5 | FRANCS | 1848 Unter dem Kranze ANT · ✿ BOVY Gerippter Rand. S. g. e. R.

Glarus.

Glarus schloss mit den Urkantonen u. Zürich bereits 1352 einen Bund; seine völlige Aufnahme in die Eidgenossenschaft als deren 8. Ort erfolgte 1450. Während der helv. Republik bildete Glarus (seit 3. Mai 1798—1803) den Kern des neu errichteten Kantons Linth. Jetzt ist Glarus der 7. Kanton.

6401. Kleine (runde) Schulprämie o. J., einseitig. In einem Lorbeerkranze · S · P · Q · G(laronensis) · | LEER GIBT | * EER * (Haller 1271.) Gr. 19. ¹/₈ Loth. S. g. e.

6402. Dieselbe als Klippe. In jeder Ecke ist ein Röschen eingeschlagen. Gr. 20. Von Eck zu Eck 27. ³/₁₆ Loth. S. g. e.

6403. 15-Schillingstück v. 1807. Av. Der herzförm. Schild mit dem h. Fridolin, über Lorbeer- und Palmzweig. Oben herum auf einem Bande CANTON GLARUS Im Abschnitte 1807 Rev. In einem Kranze XV | SCHILLING | — | 45 · | RAPPEN Gr. 26. S. g. e.

6404. Thaler zu 4 alten Franken, v. 1847 zum 13. eidgen. Schützenfeste. Av. (U. b.) EIDGENÖSSISCHES FREYSCHIESSEN IN GLARUS Der herzförmige Wappenschild zwischen Eichen- u. Lorbeerzweig; unten 1847 Rev. Das eidgenössische Kreuz vor zwei gekreuzten Büchsen, an denen ein Pulverhorn hängt. Dahinter kreuzweise noch 4 Banner und 2 Fähnlein. Oben zwei in einander gelegte Hände; unten 40 Btz. Das Ganze umgiebt ein Lorbeerkranz. Randschrift EINTRACHT MACHT STARK * Revue belge 1868, Pl. VI. 4. Gr. 39. S. g. e.

Graubünden.

Graubünden war eine aus drei Bünden, dem Grauen oder Obern Bunde (errichtet 1424), dem noch älteren Gotteshaus-Bunde und dem (1436 entstandenen) Zehngerichten-Bunde zusammengesetzte Republik u. zugewandter Ort der Eidgenossenschaft. Nachdem seine (1512 eroberten) Unterthanslande Worms (Bormio), Veltlin u. Cläven (Chiavena) am 22. Oct. 1797 mit der cisalpin. Republik vereinigt worden, trat Graubünden 1799 der helv. Republik als Kanton Rhätien bei, der 1803 in den selbstständigen Kanton Graubünden sich verwandelte, den 15. der Schweiz.

a) Gotteshaus-Bund.

6405. Thaler o. J. Av. ⁑ ○ MONE ⸫ NOVA ○ DOMVS ○ DEI ○ CVRIENSIS ⸫ (Laubwerk) ✱ Innerhalb eines dreifachen Zirkels der auf den Hinterfüssen stehende Steinbock v. l. S. Rev. ✿ DOMINE ✿ CONSERVA ✿ NOS ✿ IN ✿ PACE (Laubwerk) — Der Doppeladler mit Kopfscheinen, innerhalb eines schnurenartigen Kreises, unter der Krone. Haller 1819. Mad. 2086. Ein sehr seltner Thaler, der in einem „gut erh.“ Exemplare auf der fürstl. Pless'schen Auction (Berlin, 1865) mit 70 Thalern bezahlt ward. Das vorliegende Exemplar stammt aus der v. Dickmann'schen Sammlung und ist ganz vortrefflich erhalten. RRR.

(Die Stempel zu diesem Thaler sind, der Arbeit nach, von J. Stampfer in Zürich geschnitten.)

6406. Zehnkreuzer-Stück v. 1568. Av. MONE + NOVA + DOMVS + DEI + CVRIEN + 1 + — 5 Der Doppeladler, ohne Scheine, unter der Krone; auf seiner Brust in einem Kreise IO Rev. DOMINE + CONSERVA + NOS + IN + PACE : + 6 — 8 Der Steinbock, wie vorher; oben, in der Umschrift, eine Krone oder ♧ Gr. 27. 9/32 Loth. S. g. e. RR.

b) Stadt Chur.

6407. Thaler o. J. Av. MONETA · CVRIAE · RETICE — Der h. Lucius, gekrönt und geharnischt, bis halben Leib, v. r. S., mit der Rechten das Zepter schulternd, in der Linken den Reichsapfel. Rev. DOMINI ✿ EST ✿ REGNVM ✿ (eine Ranke) — Der Doppeladler mit Kopfscheinen, unter der Krone. Haller 1823. Mad. 2085. Cat. imp. 492. G. e.

6408. Thaler v. 1633. Av. MONETA : NOVA : CIVITATIS : CVRIENSIS : 1633 ✿ Das Stadtwappen (der springende Bock im dreithürmigen Thore) in einem verzierten, oben und unten mit einer Fratze besetzten, ovalen Schilde. Rev. ✿ FERDINANDVS · II · D : G : ROM : IMP : SEMP : AV ✿ — Doppeladler, wie vorher, unter der Krone. Haller 1836. Mad. 2087. Cat. imp. 492. S. g. e.

c) Freistaat gemeiner drei Bünde in Hohen-Rhätien.

(Errichtet 1471 zu Vazerol.)

6409. Gedenkthaler auf den Bund mit Venedig, 1603. Av. Der halb über dem Meere, halb über dem Lande rechtshin schreitende Markuslöwe, in der erhobenen rechten Vorderpranke ein Schwert führend. Darunter 1603 Um das Ganze ein mit vier Rosen belegter Kranz. Rev. Die Wappen der drei Bünde (der springende Bock, das Kreuz und der wilde Mann) in ovalen Schilden, neben einander, von Schnitzwerk umgeben. Aussen herum ein Blätterkranz. Haller 1805. 1 17/32 Loth. Vortrefflich erh. RR.

6410. Gedenkthaler auf den erneuten Bund mit Venedig v. 1706; mit den Vorstellungen des vorigen und der Jahrzahl 1706 Den Avers umzieht ein Lorbeerkranz, den Revers eine blühende Ranke mit Blättern, denen des Weinstocks ähnlich. Haller, 1815. Mad. 4591. Trefflich erh. RR.

6411. Medaille auf gleiches Ereigniss. Av. RESPUBLICA · TRIUM · RHAETIAE · FOEDERUM · ♧ Die Wappen der drei Bünde in 3 ovalen Schilden, neben einander, zwischen Schnitzwerk. Rev. ✿ · RESTAVRATI | FOEDERIS | PROMOTORI · | MDCCVI (kl. Eisenhut) | ✶ Herum ein Kreis zierlicher Ringe. Haller 1817. Hist. G. M., S. 1060. Gr. 44. 1 17/32 Loth. S. g. e. R.

6412. Desgleichen. Av. vom Stempel zur Hauptseite der vorigen. Rev. Der Rhein, als ein in felsiger Gegend liegender belorbeerter, alter Mann, der in der Linken ein Ruder hält und mit jedem Arme auf eine Urne sich stützt, deren Ausflüsse rechts, zu seinen Füssen sich vereinigen. Oben herum EVROPÆ TANTVM LARGITVR

RHÆTIA MVNVS Im Abschnitte DVO CORNVA | RHENI · | H I G (Hans Jakob Gessner, sen., in Zürich.) Haller 1818. Hist. G.-M., S. 1061. 2⁷/₁₆ Loth. S. g. e. R.

d) Kanton Graubünden.

6413. Franken zu 10 Batzen, v. 1825. Av. KANTON — GRAUBÜNDEN · — Die Wappen der drei Bünde, in ovalen, neben einander gestellten Schilden, um die sich ein Band schlingt, das von drei oben aus Wolken kommenden, in einander liegenden Händen gehalten wird. Unten zwei Palmzweige, kreuzweise. Rev. In einem Kranze von Eichen- und Lorbeerblättern X | SCHWEIZER | BATZEN | 1825 · Gerippter Rand. Gr. 30. ½ Loth. G. e.

6414. Thaler zu 4 Franken, v. 1842 zum 11. eidgen. Schützenfeste. Av. Die 3 Schilde, wie vorher, von drei aus Wolken kommenden, in einander liegenden, strahlenden Händen gehalten. Darunter zwei Eichenzweige, kreuzweise. Oben herum CANTON GRAUBÜNDEN Unten herum ✿ 4 SCHWEIZER FRANKEN ✿ Rev. (U. b.) EIDGENÖSSISCHES FREISCHIESSEN IN CHUR — Das eidgenöss. Kreuz in herzförmigem Schilde, auf welchem ein befedertes Barett ruht und woran ein Hüfthorn hängt. Dahinter zwei Büchsen, vier Fahnen und Eichen- und Lorbeerzweig, kreuzweise. Unten 1842 Randschrift EINTRACHT MACHT STARK ∗ Rev. belge 1868, Pl. V. 2. Sehr gut erh.

Davos.

6415. Medaille zum Tragen, auf das Bundesfest v. 1836. Av. Drei aus Wolken ragende, vereinte Hände. Darunter: BUNDESFEST | + ZU + | DAVOS | 1836 | HB Rev. IN DER EINTRACHT DIE KRAFT (als Ueberschr.) Zwischen einem Lorbeer- u. einem Eichenzweige der Schild mit dem eidgen. Kreuze. Ueber dem Schilde die aufgehende Sonne. Unter dem Schilde HB Beide Seiten umgiebt eine zackige Einfassung. Mit Originalhenkel. Gr. 35. 1 Loth. G. e.

Luzern.

Luzern trat mit den Urkantonen Uri, Schwyz u. Unterwalden 1332 zum Bunde der Vierwaldstätten zusammen u. ist seit 1353 der 3. Stand der Eidgenossenschaft.

6416. Thaler v. 1518. Av. MONETA ✤ NOV' — ✤ — ✤ LVCERNEN' ✤. Der h. Leodegarius von Autun, im bischöflichen Ornate, mit Heiligenschein, sitzt, mit gefalteten Händen, auf einem von seiner rechten Seite dargestellten Thronstuhle und wird von einem (links) auf den Stufen des Thrones stehenden Krieger vermittelst eines Bohrers seines linken Auges beraubt. Vorn an der oberen Stufe 1518 Rev. Ueber den in seiner linken Hälfte schraffirten Schild von Luzern halten zwei Löwen den mit der kaiserlichen Krone bedeckten Schild mit dem Doppeladler. Aussen herum in 15 Schilden die Wappen der Vogteien Willisau, Rothenburg, Ruswyl, Entlebuch, Sursee, Sempach, Münster, Büren und Triengen, Habsburg, Malters, Horb, Kriens, Wäggis, Merischwanden und Ebikon ($_3\frac{1-2}{-\,-}_4$ etc.) Ueber dem Kreuze der zwischen die Schilde v. Willisau und Rothenburg durchragenden Krone erscheint Laubwerk. (Mad. 4658 u. Haller 1117 abweichend). Gr. 45. 2¹/₃₂ Loth. Sehr schön erhalten. RRR.

6417. Thaler v. 1518. Av. vom Stempel zur Hauptseite des vorigen, mit schwachem Sprung von C nach dem Schwerte des Kriegers. Rev. wie vorher; um die wappenhaltenden Löwen herum aber 16 Schilde, indem zwischen die Wappen von Wäggis und Ebikon noch das der Vogtei Twing Rüsegg (Einhorn v. r. S.) eingeschalten ist. Die Schilde von Willisau und Rothenburg stehen so dicht wie die übrigen neben einander; die kreuzlose Krone ragt nur wenig über den Perlenkreis. Cat. imp. 488. 1¹⁵/₁₆ Loth. Ganz vorzüglich erhalten. RRR.

6418. Goldner Thaler v. 1557. Av. ⊕ S ⊕ LEO — DIGARI⁹ ⊕ PATR(onus)' ⊕ LVCERNE' — 1557 Der Heilige im bischöflichen Ornate u. s. w., wie vorher, sitzt auf einem von seiner linken Seite dargestellten Thronstuhle und wird von dem rechts vor ihm auf getäfeltem Boden stehenden Kriegsknechte mittelst eines Bohrers seines rechten Auges beraubt. Rev. vom Stempel zur Hauptseite der Nr. 6416. Haller 1120, wo dieses Gepräge als Doppelthaler und im Gewichte von 10 Duk. (Mad. 2095.) Gr. 41. 4⁷/₃₂ Duk. Vortrefflich erhalten. RRR.

6419. Thaler v. 1557. Av. vom Stempel zur Hauptseite des vorigen. Rev. wie die Rückseite von Nr. 6417, doch nicht vom gleichen Stempel. Der Schild von Luzern ist in seiner rechten Hälfte schraffirt, die Krone ist noch niedriger. 2³/₁₆ Loth. Nach LEO ist ein Röschen eingeschlagen. Erhabenes Gepräge von schönster Erhaltung. RR.

6420. Thaler v. 1557, von den Stempeln des vorigen. Das Bild des Av. ein wenig nachgravirt, Rev. zum Theil schwach ausgeprägt. Sonst sehr gut erh. RR.

6421. Thaler o. J. Av. • MONETA • NOVA • LVCERNENSIS • — Ausgeschweifter, in seiner rechten Hälfte damascirter Schild; zu den Seiten L — V; oben der Doppeladler ohne Kopfscheine. Rev. • SANCT⁹ • — LEODI — GARIVS • — Der auf einem Säulen-Throne vorwärts gekehrt sitzende Heilige, im bischöflichen Ornate, sammt Nimbus, in der Rechten den Bohrer, in der Linken den Krummstab haltend. Haller 1107. S. g. e. R.

6422. Thaler o. J. Av. wie vorher, mit Röschen statt der Sterne und anders damascirtem Schilde. Der Doppeladler hat Kopfscheine. Rev. SANCTVS — ✿ LEODI — GARIVS — Der thronende Heilige, wie vorher. Haller 1108. Zu Mad. 2094. (Cat. imp. 488.) Sehr gut erh. R.

6423. Dicker Doppelthaler v. 1603. Av. Der Doppeladler mit Kopfscheinen in einem mit der kaiserl. Krone bedeckten Schilde über den zwei gegen einander gelehnten Schilden von Luzern. Dahinter auf einer Leiste, zu Seiten der Wappen, zwei Löwen, von denen der rechts Schwert und Reichsapfel, der links das Luzerner Banner führt.

Aussen (von rechts nach links) herum die Wappen der 18 Vogteien: Willisau, Rothenburg, Ruswyl, Sempach, Habsburg, Horb, Twing Rüsegg, Kriens, Ebikon, Knuttweil, Wykon, Wäggis, Büren und Triengen, Merischwanden, Malters, Münster, Sursee und Entlebuch. Rev. ✿ S * LEODIGARI9 ✿ — ✿ PATR :✿ LVC: — ERNENSIS ✿ 1603 ✿ ✱ Darstellung, wie auf dem Av. von Nr. 6418, doch von kleinerer, die Umschrift oben nicht durchbrechender Zeichnung. Der Kriegsknecht, der früher baarhäuptig erschien, trägt hier einen befederten Helm. Haller 1122. Gr. 41. $3^{1}/_{4}$ Loth. Von vortrefflicher Erhaltung. RRRR.

6424. Thalerförmiger Schulpfennig o. J. Av. wie vorher, doch nicht vom gleichen Stempel; auf der Leiste, die dort mit Strichen verziert war, laufen hier Punkte. Rev. Innerhalb einer Flammenglorie der Strahlen abwärts sendende Name ✿ IHS ✿ und ✿ P(raemium) ✿ L(itteratae) ✿ V(irtuti) ✿ | ✿ S(enatus) · P(opulus) · Q(ue) · L(ucernensis) ✿ | ✿ F(ieri) ✿ F(ecit) ✿ Mit flachem Henkel. Haller 1092. Gr. 43. $1^{7}/_{16}$ Loth. Sehr gut erh. R.

6425. Goldabschlag des Dicken v. 1613. Av. ✿ — ◆ MON ◆ NO ◆ LVC — ERNENSIS ◆ — Der Doppeladler, mit Kopfscheinen und einem Kreuze zwischen den Hälsen, über dem in seiner rechten Hälfte schraffirten Schilde von Luzern. Rev. ◆ SANCT9 ◆ LEODIGARI ◆ 1613 ◆ — Brustbild des Heiligen v. r. S., mit Nimbus, im bischöflichen Ornate, mit der Rechten den Bohrer schulternd. (Haller 1127.) Gr. 30. $1^{15}/_{16}$ Duk. Von schönster Erhaltung. RR.

6426. Dicken v. 1620. Av. ✿ MONETA ◆ NOVA — LVCERNENSIS Der Doppeladler, wie vorher. Unter ihm der kleine, rechts gestreifte Schild. Rev. SANCT9 ◆ LEODIGARIVS ◆ 1620 — Des Heiligen Brustbild, wie vorher. Haller 1133. $^{15}/_{32}$ Loth. Sehr gut erhalten. R.

6427. Thaler v. 1622. Av. MONETA + NOVA + LVC — ERNENSIS * 1622 — Der Doppeladler, mit Kopfscheinen, unter der kaiserl. Krone; auf seiner Brust der rechts damascirte Schild. Rev. + — SANCTVS * LEODIGARIVS * P(atronus) * — Der stehende Heilige, vorwärts gekehrt, im bischöflichen Ornate, mit Nimbus, rechts den Bohrer, links den Krummstab haltend. Haller 1137, Mad. 2096. S. g. e. R.

6428. Dicken v. 1623. Av. ✿ MONETA + NOV — LVCERNENS Der Doppeladler, wie bei Nr. 6425, über einer Leiste, unter welcher zwischen 16 — 23 das rechts gestreifte Schildchen. Rev. + SANCTVS + LEODEGARIVS (sic) + — Das Brustbild, wie bei Nr. 6425. Haller 1138. S. g. e. R.

6429. Klippe auf die Grundsteinlegung zur neuen Stifts-Kirche, 1633. Av. Der Doppeladler über dem Schilde von Luzern, zu dessen Seiten 16 — 33 Rev. IN MEMOR(iam) · | BENED(ictio) NIS | ANG(ularis) · LAP(idis) · NO(vae) | ECCL(esiae) · COLL(egiatae) · | SEN(atus) · LVCER : | F · F · ET · D(ono) · D(edit) (Haller 2281.) Gr. 17. $^{5}/_{64}$ Loth. Kl. Loch. G. e.

6430. Thaler v. 1698. Av. MONETA NOVA REIPU ◆ LUCERNS ◆ — Das Wappen in einem ovalen, henkelartig und oben mit einem

Engelskopfe verzierten Schilde. Darüber * 1698 * und darunter ein Stern. Rev. SANCT ⁝ LEODI — GARIUS PATRON ⁝ — Der stehende Heilige im bischöfl. Ornate, mit einem Strahlenkranze um die Inful, hält in der Rechten Bohrer und Buch, in der Linken den Krummstab; im Abschnitte ein Stern (Zeichen des Stempelschneiders Müller in Augsburg). Haller 1143. Mad. 7050. Monn. en or. 271. 1²⁹/₃₂ Loth. S. g. e. R.

6431. Dukaten o. J. Av. In einem henkelartig verzierten, oben mit einem Engelskopfe geschmückten runden Rahmen DVCATVS | REIPVPLICÆ (sic) | LVCER- | NENSIS Rev. ST : LEODEGARIVS ET MAVRITI9 · PATR : — Die beiden Heiligen, einander gegenüber stehend, Leodegar im bischöfl. Ornate mit dem Krummstabe, Moriz, gerüstet, mit Schild und Fahne. Im Abschnitte ∞ * ∞ Haller 1099. Monn. en or. 271. 1 Duk. S. g. e. RRR.

6432. Breiter und dicker vierfacher Schauthaler v. 1699. Av. Ansicht Luzern's mit der Reuss und einem Theile des Sees, von Süden her. Darüber auf Wolken Maria, das Christuskindlein auf dem Schoosse haltend und mit ihrem Zepter auf die Stadt deutend. Vor der Thronenden, links, schwebt ein kleiner Engel, die Linke erhebend und mit der Rechten eine brennende Fackel abwärts haltend. Oben herum LVCERNA PEDIBVS MEIS (nach Psalm 119, 105.) Rev. Der h. Leodegarius, sitzend, mit umstrahlter Inful, erhobener Rechten und dem Krummstabe in der Linken, die auf dem Schilde von Luzern ruht, zu dessen Seiten rechts ein Knäblein sitzt, das Bohrer und Palmzweig hält, und links ein kleiner Genius steht, der sich mit der Rechten auf ein blankes Schwert stützt und in der Linken einen Palmzweig hält. Hinter dieser Gruppe steht, auf den h. Leodegarius herabblickend, der h. Moriz, mit der Fahne in der Linken. Im Hintergrunde links die Stifts-Kirche St. Leodegar. Oben herum INTER SANCTOS — SORS — ILLORUM (aus d. Buche der Weisheit V. 5.) Im Abschnitte 1699 Haller 1086 u. Mad. 7051, bei beiden als Doppelthaler. Cat. imp. 489. Gr. 49. Dicke 6. 7½ Loth. Schöne Arbeit von vortrefflicher Erhaltung. RRR.

6433. Medaille von Hedlinger, von 1714. Av. Das Wappen von Luzern in zierlicher Cartouche vor zwei sitzenden wilden Männern, von denen der rechts ein zu Boden gekehrtes Schwert, der links einen Palmzweig hält. Im Fusse der Cartouche vertieft 1714 Am Untersatze rechts C · H · (Carl Hedlinger) Oben herum DOMINVS ILLVMINA — TIO MEA Rev. wie die Hauptseite von Nr. 6432 mit kleinen Abweichungen und grösserer Schrift. Eine der ersten Arbeiten des berühmten Künstlers, der damals in der Luzerner Münze unter Crauer als Lehrling arbeitete. Gr. 50. 4¹⁷/₃₂ Loth. S. g. e. R.

6434. Thaler v. 1714. Av. In einer zierlichen, unten in Delphinsköpfe auslaufenden Laubumrahmung MONETA | REIPVP · (sic) | LVCERNEN: | SIS · Darunter, zwischen den Köpfen 1714 Rev. SANCTVS — LEODEGARIVS — Der Heilige, sitzend, mit erhobener Rechten und dem Krummstabe in der Linken, die auf dem Luzerner Schilde ruht, zu dessen rechter Seite ein kl. Genius sitzt, Bohrer und Palmzweig haltend. Am untern Theile des Schildes H (edlinger) Haller 1145. Mad. 5521. S. g. e. R.

6435. Gulden v. 1714, zu 14 Batzen. Av. (U. b.) MONETA * NOVA * REIP * L(VCER)NENSIS * 1714 — Das Wappen in einem ausgeschweiften, oben mit einer Jakobsmuschel, unten mit einer Fratze und seitwärts mit Laubgewinden geschmückten Schilde. Rev. In einer Einfassung aus Laubwerk AVXILIO | DEI | PROSPE | RE Haller 1147. G. e.

6436. Vierteltbaler v. 1715. Av. Innerhalb eines Lorbeerkranzes MONETA | REIPVB · | LVCERNEN | SIS | 1715 Rev. (U. b.) SANCTVS — LEODEGARIVS — Der Heilige, sitzend, mit Krummstab und Bohrer; zu seiner Linken steht der Wappenschild. Im Abschnitte * (¼) * Haller 1150. G. e.

6437. Dukaten v. 1725. Av. In einer Einfassung von Schnitzwerk DVCATVS | REIPVBLICÆ | LVCERNEN | ◆ SIS ◆ | 1725 Rev. SANCTVS — LEODEGARIVS — Der Heilige, stehend, mit Bohrer und Krummstab. Haller 1151. 1 Duk. S. g. e.

6438. Dukaten v. 1741. Av. Der tingirte Luzerner Schild, oben mit einer Muschel, unten mit einem Kopfe geziert, auf zierlichem Untersatze. Zwei zu den Seiten stehende Männer, von denen der eine ein gesenktes Schwert, der andere einen Palmzweig führt, halten eine offene Krone über dasselbe. Rev. In einer aus Schnitzwerk und Palmzweigen gebildeten, oben mit einer Guirlande behangenen Einfassung DUCATUS | REIPUBLICÆ | LUCERNEN | SIS · | I · T (Jonas Thiebaud) | · 1741 · Haller 1154. Monn. en or, 271. 1 Duk. S. g. e.

6439. Thalerförmiger Schulpfennig o. J., v. Joh. Ulr. Brupacher Stempelschn. 1714—1746. Av. Der mit einer offenen Krone bedeckte Schild von Luzern, auf zierlichem Untersatze von zwei Löwen gehalten, deren einer ein Schwert und deren anderer die Fahne führt. Darunter UB (verb.) Aussen herum die Wappen der 18 Vogteien, wie bei Nr. 6423. Rev. Innerhalb einer Flammenglorie unter dem strahlenden Namen IHS die Aufschrift * P * L * V * | * S * P * Q * L * | * F ✿ F * (Mad. 7049.) Mit angeprägtem Henkel und Ring. Gr. 42. 1½ Loth. S. g. e.

6440. Medaille v. 1745. Av. Das Wappen von Luzern in ausgeschweiftem Schilde auf einem zierlichen, mit einem Lorbeerzweige besteckten Untersatze. Ein rechts vom Schilde stehender wilder Mann hält eine offene Krone über denselben und führt das gesenkte Schwert in der Rechten; ein zweiter wilder Mann sitzt links vom Schilde mit einem Palmzweige in der Rechten. Unter dem Schilde 1745 und ganz unten · I · B (rupacher) · Ueberschrift, wie bei Nr. 6433, aber ohne Trennung in „Illuminatio". Rev. LVCERNA — PEDIBVS MEIS — Darstellung, wie auf der Hauptseite v. Nr. 6432, doch von weniger gutem Schnitte. Der kl. Engel hält statt der Fackel einen Kranz. Im Abschnitte unter dem Bilde · I · BRUPACHER (Haller 1089.) Gr. 49. 4 Loth. S. g. e.

6441. Guldenförmige Medaille o. J., von Joseph Schwendimann (geb. zu Ebikon bei Luzern 1741, Stempelschn. zu Rom 1772, † 1786.)

Av. Eine stehende weibliche Figur mit der Stadtkrone und dem Luzerner Schilde giesst eine Opferschale aus auf den zu ihrer Rechten stehenden Altar. Oben herum VOTA PVBLICA S · P · Q · LVCERNENSIS · Im Abschnitte I · SCHWENDIMANN | FECIT · Rev. wie die Hauptseite von Nr. 6438. Gr. 31. ³/₄ Loth. G. e.

6442. Guldenförmige Denkmünze auf die Schlacht bei Sempach, von demselben. Av. vom Stempel zur Hauptseite der vorigen. Rev. Linkshin schreitende Victoria, in der Rechten einen Stab mit aufgestecktem Freiheitshute, in der Linken einen Lorbeerkranz haltend. Oben herum LIBERTAS — ASSERTA · Im Abschnitte AD SEMPACVM · | MCCCLXXXVI Schräg gerippter Rand. Gr. 32. ²³/₃₂ Loth. Bei Haller 15 als in Arbeit befindlich erwähnt. S. g. e.

6443. Thalerförmiger Schulpfennig o. J., v. Caspar Brupacher. Av. RESPUBLICA — LUCERNENSIS ◆ Am Fusse einer vierkantigen Spitzsäule, um die sich oben ein Sternenkranz zieht, lehnt der mit Laubwerk behangene Schild von Luzern. Unten am grasigen Boden *Cas : Brupacher* Rev. (U. b.) IUVENTUTI STUDIOSÆ * Minerva führt einen Knaben nach einem links auf einem Berge stehenden Tempel, dessen Giebel mit einer Figur geziert ist, die in ein langes Horn stösst und einen Speer hält. Ganz unten *Caspar Brup :* Gr. 42. 1²¹/₃₂ Loth. S. g. e.

6444. Duplone v. 1794. Av. RESPUBLICA LVCERNENSIS · — Der mit Laubwerk behangene Schild unter einer gefütterten Krone. Rev. Innerhalb eines Lorbeerkranzes 12 | Mz : Gl : (Münz-Gulden) | 1794 · Unter dem Kranze B Laubrand. Gr. 24. 2⁵/₁₆ Duk. Sehr gut erh.

6445. Thaler v. 1796. Av. RESPUBLICA — LUCERNENSI · (als Ueberschr.) Der Wappenschild zwischen zwei Lorbeerzweigen unter einer Bügelkrone. Im Abschnitte 40 · BAZ(en) · Rev. DOMINUS SPEȘ POPULI SUI 1796 Ein Kreuz, dessen jeder Schenkel aus zwei gegen einander gestellten L gebildet ist; in Mitte dieses Kreuzes ein Kranz. Laubrand. 2 Loth. G. e.

6446. Guldenförmiger Schulpfennig o. J. Av. (U. b.) SENATUS POPULUSQUE — LUCERNENSIS — Minerva, den Speer in der auf den Luzerner Schild gestützten Linken, reicht einem vor ihr stehenden Knaben einen Lorbeerkranz. Der Abschnitt ist leer. Rev. Innerhalb eines Lorbeerkranzes HONOR | LITTERARIÆ | INDUSTRIÆ | HABITUS | LUCERNÆ Mit angeprägtem Henkel und Ring. Gr. 35. 1¹³/₃₂ Loth.

6447. Preismedaille o. J., v. Aberli. Av. Der mit einer gefütterten Bügelkrone bedeckte herzförmige Wappenschild. Oben herum SENATUS POPULUSQUE und unten herum LUCERNENSIS Rev. Minerva, behelmt, mit einem Medusenhaupte vor der Brust, hält in jeder Hand einen Kranz von sich. Die hierauf bezügliche Umschrift VIRTUTI UNA — SAPIENTIÆ ALTERA beginnt unten. Im Abschnitte A Mit Henkel. Gr. 42. 2¹/₈ Loth. S. g. e.

Neuenburg (Neuchâtel).

Das Fürstenthum Neuenburg, ehemals ein zugewandter Ort der Eidgenossenschaft, kam nach dem Ausgange des Hauses Longueville, dem es die Erbtochter Rudolf's von Hochberg zugebracht hatte, an den König v. Preussen, ward, nachdem es von 1807—1814 dem franz. Marschall Alexander Berthier (geb. 1753, † 1. Juni 1815) gehört hatte, unter Wiederherstellung der preuss. Oberherrlichkeit ein (der 21.) Kanton der Eidgenossenschaft u. erklärte sich 1847 für unabhängig von Preussen, das seinen Ansprüchen auf Neuenburg am 21. Juni 1857 urkundlich entsagte.

a) *Fürstenthum.*

Heinrich II., Herzog von Longueville, (1595—1663),

Sohn Heinrich's I. von Longueville und dessen Gem. Katharine, Tochter Ludwig Gonzaga's zu Nevers, geb. 27. April 1595, zwei Tage vor dem Tode seines Vaters, succ. unter Vormundschaft seiner Mutter, war Gouverneur der Picardie und dann, seit 1619, Gouverneur der Normandie und † 11. Mai 1663, zweimal vermählt.

6448. Münze zu 10 Kreuzern, o. J. Av. (U. b.) OCVLI · DNI · ET · PAX · SVP(er) · IVSTOS (aus Ps. 34, 16.) — Des Herzogs Brustbild, römisch kostümirt, v. r. S. Rev. (O. b.) HEN · AVR(elius) · DVX · LONGV(evillae) · D : G · PR(inceps) · NOVICASTR(i) · Der gespaltene Schild von Longueville und Neuenburg unter der mit Lilien besetzten offenen Krone. Gr. 21. $^{5}/_{32}$ Loth. S. g. e.

6449. Desgleichen. Av. vom Av.-Stempel der vorigen. Rev. wie vorher, aber mit NOVICASTRI ✱ G. e.

(Die Grafschaft Vallengin — s. Nr. 6453 — kam nach ihres letzten Grafen, Renat, 1566 erfolgtem Tode durch Bern 1579 an Maria v. Bourbon-St. Paul, die Wittwe Leonor's von Longueville und Grossmutter obigen Heinrich's II.)

Maria von Nemours (1694—1707),

älteste Tochter des Vorigen u. dessen 1. Gem. Louise, Tochter Karl's v. Condé zu Soissons, geb. 1625, vermählte sich 1657 mit Heinrich II. von Savoyen-Nemours [dem Sohne Heinrich's I. († 1632) und dessen Gem. Anna, Tochter und Erbin Karl's von Lothringen zu Aumâle, geb. 1625, † 14. Januar 1659], Wittwe 1659, beerbte am 4. Februar 1694 ihren Halbbruder Johann Ludwig und † 16. Juni 1707.

6450. Vierteltbaler zu 10 Batzen, 1694. Av. MARIA · D · G · PR · SVP(rema) · NOVICASTRI · 1694 ✿ Brustbild v. r. S., mit aufwärts frisirtem Haare, im Gewande. Rev. OCVLI · DOMINI · SVPER · IVSTOS — Das vierfeldige Wappen von Longueville und Neuenburg unter gleicher Krone, wie vorher. Haller 2107. Gr. 29. $^{7}/_{16}$ Loth. S. g. e. RR.

6451. 4-Batzenstück v. 1694. Av. MARIA · D · G · PR · NOVICASTRI ✦ 1694 ✿ Um einen Ring, worin 16 (Kreuzer), vier gekrönte M kreuzweis gestellt, mit dazwischen gesetzten Lilien. Rev. wie die Rückseite des vorigen. Gr. 23. $^{1}/_{4}$ Loth. S. g. e. R.

6452. Zwanziger v. 1695. Av. (U. b.) · MARIA · D G · PR · SVP · — · NOVICASTRI · — Brustbild v. r. S., mit hohem Kopfputz und Schleier. Rev. OCULI · DOMINI · SUPER · IUSTOS ·

1695 · Wappen, wie vorher, daneben CR · — 20 · $^{9}/_{16}$ Loth. Gut erhalten.

Nach Mariens Tode erschienen durch Bevollmächtigte vor dem souv. Gerichtshofe der 3 Stände Neuenburg's zahlreiche Bewerber um das Land, unter welchen Friedrich I. König von Preussen. Diesem wurde wegen seiner Verwandtschaft mit dem Hause Chalons von den Ständen am 3. Nov. 1707 das Fürstenthum als unabhängiger, unveräusserlicher und untheilbarer Staat zugesprochen.

Friedrich I., König von Preussen, (1707—1713).

6453. Pistole v. 1713. Av. (U. b.) FRID · D · G · REX · BOR · & EL · S · PR · AR(ausiae) · NEOC(omi) · & · VAL(angini) · — Kopf v. r. S., mit Perrücke und Lorbeerkranz; unten I · P · Rev. (U. b.) SVVM — CVIQVE ♦ Unter der königlichen Krone das tingirte vierfeldige Wappen von Chalons und Neuenburg, sammt dem preuss. Adler im Mittelschilde. Unten 1713 Geriefter Rand. Haller 2108. Gr. 25. $1^{1}/_{4}$ Duk. S. g. e. R.

6454. Thaler v. 1713. Av. (U. b.) FRID · D · G · REX · BOR · ET · EL · S · PR · AR · NEOC · ET · VAL · (Blatt) Brustbild v. r. S., im röm. Harnisch, mit grosser Perrücke und Lorbeerkranz. Unten I · P · Rev. wie die Rückseite der vorigen, aber mit 17 — 13 Schräg geriefter Rand. Haller 2109. Mad. 383. S. g. e. R.

Friedrich Wilhelm II., König von Preussen, (1713 bis 1740).

6455. Thaler v. 1714. Av. (U. b.) FRID · WILH · D · G · REX · BOR · & EL · S · PR · AR · NEOC · & VAL · — Brustbild v. r. S., im Harnisch und Mantel mit aufgeheftetem Adlerordensstern. Unten *L* (cursiv.) Rev. Unter der Krone in ausgeschweiftem Schilde das vorgedachte 4feldige Wappen, mit gekröntem Mittelschilde. Der goldne Schrägbalken von Chalons und das goldne Feld des neuenburg. Wappens sind nicht punktirt. Zu Seiten des Schildes 17 — 14 Beide Seiten umgiebt ein gekerbter Ring. Haller 2112. Mad. 385. Sehr gut erh. R.

Friedrich Wilhelm III. (1797 — 1807 und 1814 bis 1840).

6456. Gulden zu 21 Batzen oder 12fache Piecette, v. 1799. Av. (O. b.) F · W · III · REX BOR · PR · — SUP · NOVIC(astri) & VAL ✿ Brustbild v. l. S., mit Zopf, in Uniform, sammt Ordensstern. Am Armabschnitte · w · (Wielandy in Genf.) Unten 1799 Rev. Das gekrönte bisherige Wappen, zu dessen Seiten zwei wilde Männer mit gesenkten Keulen (die preuss. Schildhalter) stehen. Oben herum SUUM — CUIQUE Im Abschnitte 21 · BZ · Mit □ und ○ besetzter Rand. Gr. 34. $1^{1}/_{16}$ Loth. S. g. e.

b) Canton.

6457. Gedenkthaler zum 21., in Chaux-de-Fonds abgehaltenen, eidgenöss. Schützenfeste, 1863. Av. Die sitzende Helvetia, ähnlich wie

30

auf Nr. 6161, doch kleiner. Am Fusse der Alpen erblickt man rechts Gebäude. Oben herum HELVETIA Links am Rande BOVY Im Abschnitte 5 FRANCS Rev. Unter dem strahlenden Kreuze der Eidgenossenschaft der Schild von Neuchâtel. Hinter demselben, kreuzweise, 2 Fahnen und 2 Büchsen und darunter, gekreuzt, 2 Palm- u. 2 Lorbeerzweige. Darunter SIBER Oben herum TIR FEDERAL A LA CHAUX - DE - FONDS und unten herum JUILLET 1863 Rev. b. 1868. Pl. VIII. 12. S. g. e.

Schaffhausen.

In die Eidgenossenschaft aufgenommen 1501 als 12. Ort.

6458. Kleiner Dickthaler v. 1529, mit den Stempeln zum Dicken. Av. MONETA × NOVA • SCAFVSENSIS • 29 ✿ In einem dreifachen Kreise der springende Widder v. l. S. Rev. O • REX • GLORIE • XPE • VENI • CV(m) • PA(ce) ✿ Innerhalb eines Perlenkreises der Doppeladler mit gekrönten Köpfen. Nicht bei Haller. Gr. 30. Dicke 4. $2^{1}/_{16}$ Loth. Von bester Erhaltung. RRRR.

6459. Kleiner Dickgulden (Doppeldicken) v. 1529, von den Stempeln des vorigen. Gr. 30. $^{61}/_{64}$ Loth. Mit Loch zwischen den Adlerköpfen, sonst sehr gut erh. RRR.

6460. Ganz kleine Dickmünze o. J., von den Kreuzerstempeln. Av. MON · NOVA · SCAFVSENSIS •· Der aus einer Zinnenburg rechtshin springende Widder. Rev. O · REX · GLO : XPE · VE : CVM · PA • Der einköpfige Adler, rechtshin blickend. Beiderseits ein feiner Kreis um das Bild, ein schnurenartiger um die Umschrift. Nicht bei Haller. Gr. 17. Dicke 3. $^{1}/_{2}$ Loth. Sehr zierlich; vortrefflich erhalten. RRR.

6461. Dicken v. 1550. Av. MONETA • NOVA • SCAFVSE ✱ Der aus der Burg rechtshin springende Widder, darüber 1550 Rev. DEVS ⁑ SPES ⁑ NOSTRA ⁑ ES ✱ Der rechtsblickende Adler. Nicht bei Haller. Gr. 30. $^{1}/_{2}$ Loth. S. g. e. RR.

6462. Thaler v. 1551. Av. MONETA ❁ NOVA ❁ SCAFVSENSIS (Weinblatt) Das Stadtzeichen, wie vorher. Ueber des Widders Kopf 1551 Rev. DEVS ❁ SPES ❁ NOSTRA ❁ EST (Weinblatt) Der einköpfige, rechtsblickende Adler. Haller 1769. Mad. 2097. Cat. imp. 489. S. g. e. R.

6463. Doppelter Guldenthaler v. 1573. Av. MONE • NOVA • SCAFVSENSIS • 15 · 73 ✱ Der aus der Burg rechtshin springende Widder. Rev. DEVS • SPES • NOSTRA • EST ✱ Der Doppeladler mit Kopfscheinen, auf seiner Brust der Reichsapfel mit 60 (Haller 1770.) $3^{7}/_{16}$ Loth. Vortrefflich erh. RR.

6464. Klippe vom Groschenstempel v. 1578. Av. MON · NOV · SCAFVSENSIS · 78 (Münzzeichen: 7 und ⌒ auf einander gelegt.) Das Wappenbild, wie vorher. Rev. DEVS — SPES — NOST — RA · ES — Der Doppeladler, ohne Kopfscheine, auf breitem, die Umschrift theilendem Kreuze. Im Reichsapfel auf der Brust des Adlers 3 (Kreuzer) Gr. 22. $^{11}/_{32}$ Loth. S. g. e. R.

6465. Dicken v. 1617, als Klippe. Av. MO ⁑ NO ⁑ SCAFVSENSIS 1617 (gleich einer Ƨ) ⁑ Das Stadtzeichen. Rev. DEVS ⁑ SPES NOSTRA EST ✿ Der Doppeladler mit Kopfscheinen. Haller 1771. Gr. 32. $^{26}/_{32}$ Loth. S. g. e. R.

6466. Thaler v. 1620. Av. + MONETA + NOVA ‡ SCAFVSENSIS + ✿ Das Stadtzeichen, darüber 16z0 Rev. + DEVS ‡ SPES NOSTRA ‡ EST ‡ — Der rechtshin blickende Adler unter der Krone. Haller 1775. G. e.

6467. Thaler v. 1621. Av. MONETA + NOV(A +) SCAFVSENSIS + Das Stadtzeichen, darüber I6zI Rev. wie vorher, mit NOSTRA + EST + Haller 1779. Mad. 4660. G. e.

6468. Halber Thaler v. 1621. Av. MONETA NOVA ‡ SCAFVSENSIS ✿ Das Stadtzeichen, darüber I6zI (aus I6z0 umgeändert.) Rev. ‡ DEVS ‡ SPES NOSTRA EST ‡ ✿ Der Doppeladler mit Kopfscheinen. Haller 1780. S. g. e.

6469. Dukaten v. 1633. Av. MO : NO : AVREA · SCAFVSENSIS · 16 · 33 · Der springende Widder v. l. S., in einem eckigen, unten abgerundeten Schilde, das oben mit einem Engelskopfe und reich mit Schnitzwerk geschmückt ist. Rev. : DEVS * SPES * NOSTRA * EST : ✿ Der Doppeladler mit Kopfscheinen und einem Kreuze zwischen den Hälsen. Haller 1794. $^{15}/_{16}$ Duk. G. e.

6470. Thalerförmiges Schaustück o. J. Av. Die Stadt Schaffhausen mit dem Munoth und dem vorüberfliessenden Rheine. Darüber halten zwei Engel einen ovalen Schild mit dem Widder. Im Abschnitte zwischen Schnitzwerk DIEWEIL GOTT | MEINE HOFNVNG IST SO FORCHT ICH KAINER | FEINDEN LIST Zu Seiten der ersten Zeile F — S (? oder F, Fechter?) Rev. Auf einem von Waffen umgebenen Schilde steht der Friede, eine weibliche, halb entblösste Figur, mit einem Palmzweige in der Rechten und einem Bande in der Linken, worauf DEVS SPES NOSTRA EST Haller 1752. 1$^{9}/_{16}$ Loth. Gut erh. R.

6471. Thaler v. 1656. Av. MONETA * NOVA * SCAFVSENSIS * 16 ❁ (auf Laubw.) 56 * Der aus der Burg springende Widder, wie früher. Rev. ✿ DEVS SPES NOSTRA EST ✿ (beide Rosen auf Laubwerk.) — Der Doppeladler unter einer geschlossenen Krone, an deren innerem Rande H? N? A Haller 1799a. G. e. R.

6472. Dukaten o. J. Av. DVCATVS · NOVVS REIPVB : SCAFVSENSIS * Der Widder in einem mit henkelartigem Schnitzwerk und oben mit einem Engelskopfe verzierten ovalen Schilde. Rev. ❁ (auf Laubw.) DEVS ❁ SPES ❁ NOSTRA ❁ EST ❁ (auf Laubw.) und ein Halbmond mit menschl. Gesicht? Der Doppeladler, ohne Scheine, unter kleiner offener Krone. Haller 1762. 1 Duk. S. g. e.

6473. Schulpfennig v. 1693. Av. ❁ BRABEVM GYMNASII SCAPH : A° 1693 ❁ (der Halbmond mit Menschengesicht?) Unter einer offenen Krone zwei gegen einander gekehrte, reich verzierte ovale Schilde mit dem Widder, zwischen denen oben ein Engelskopf. Rev.

30*

ADSPIRAT FORTVNA LABORI — Ein auf offener See nach rechts segelndes Schiff mit fünf Ruderern. Auf der Flagge des Mastes der springende Schafbock. Links oben ein blasender Kopf. Haller 1758. Gr. 37. 1¹/₃₂ Loth. G. e. R.

6474. Thaler zu 5 Franken, zum 22. eidgen. Schützenfeste v. 1865. Av. (U. b.) EIDGENÖSSISCHES SCHÜTZENFEST IN SCHAFFHAUSEN 1865 Im Vierpasse auf rothschraffirtem Grunde das eidgenöss. Kreuz, auf dessen Mitte der punktirte Schild mit dem Widder. Rev. Eine sitzende weibl. Figur v. r. S. (Schaffhausen), mit Mauerkrone und Eichkranz geschmückt, hält in der auf's Schwert gestützten Rechten zwei Lorbeerkränze und mit der Linken einen Schild zum Schutze eines vor ihr stehenden, mit dem rechten Arme auf ihr Knie sich stützenden Knäbleins, das in seiner Linken einen Pfeil emporhält, woran der Apfel steckt (Sohn Tell's). Am steinernen Sitze der eidgenöss. Schild. Links im Hintergrunde der Munoth und am Rande A · BOVY Gerippter Rand. Rev. belge, 1868, VIII. 13. Sehr gut erh.

Schwyz.

Urkanton; seit 1353 der 5. Stand der Eidgenossenschaft.

(Die von Schwyz mit Uri und Unterwalden gemeinsam geprägten Münzen s. Nr. 6512 flg.)

6475. Thaler o. J. Av. ·: ✿ MOИETA (Ranke mit 3 Blumen) ИOVA (Ranke mit 3 Blumen) SVITEИSIS ✿ : Der damascirte Schild, von zwei wilden Männern über einem Steinblocke gehalten. Beide Männer tragen Kränze auf dem Haupte und eine gesenkte Keule in der Rechten. Der eine ist von der rechten Seite, aber mit vorwärts gewandtem Gesichte, der andere (links) ganz von linker Seite dargestellt. Ueber dem Schilde schwebt der mit einer Krone bedeckte Doppeladler. Rev. ·: ✿ : SAИCTVS (Ranke mit 2 Blumen) MAR-TIИVS (Ranke mit 2 Blumen) EPISCOPVS : ✿ : — In einer Bogeneinfassung der h. Martin, rechtshin reitend, im Begriffe, mit dem Schwerte ein Stück seines Mantels abzuschneiden für den unter ihm stehenden Bettler, der, v. r. S. abgebildet, einen Stelzfuss hat, mit dem rechten Arme auf eine Krücke sich stützt und die linke Hand erhebt. Gr. 36 u. 37. 1⁶⁵/₆₄ Loth. Dieses kostbare Stück, ein vortreffliches Originalgepräge aus dem Ende des 15. oder den ersten Jahren des 16. Jahrhunderts, findet sich nicht bei Haller. Es ist eine der Perlen der v. Schulthess'schen Sammlung und stammt aus dem v. Dickmann'schen Cabinet. Von schönster Erhaltung. RRRR.

6476. Dicken v. 1629. Av. (O. b.) MON : NOVA — SVITENSIS — Der Doppeladler mit Kopfscheinen, unter der kaiserl. Krone. Im Abschnitte zu Seiten des leeren Schildes 16 — 29 Rev. TVRRIS · FORTISS(ima) : NOMEN · DOM(ini) : Der linkshin reitende Heilige, mit Federhut und Nimbus, schneidet mit dem Schwerte ein Stück seines Mantels ab für den unten liegenden Bettler, der in seiner Rechten eine Krücke hält und die Linke erhebt. Haller 1223. Gr. 32. $^{9}/_{16}$ Loth. Vorzüglich erhalten. R.

6477. Dicken v. 1630. Av. wie vorher, aber mit NOV : und 16 — 30 Rev. SANCTVS · MARTINVS · — Der Heilige, rechtsgewandten Hauptes, von vorn, bis an den Leib, mit Inful und Nimbus, hält in der Rechten das Schwert und in der Linken den Krummstab mit anhängendem Sudarium. Haller 1224. Gr. 32. $^{11}/_{32}$ Loth. S. g. e. R.

6478. Dukaten o. J. Av. (U. b.) DVCATVS · NOV — SVITENSIS : · : — Der Heilige, wie auf Nr. 6476, aber nach rechts reitend; hinter ihm der sitzende Bettler. Unten das leere Schildchen. Rev. (U. b.) OMNIA AVXILI — ANTE ♦ MARIA ♦ Die gekrönte h. Maria, auf dem Halbmonde stehend, hält in der Rechten das Zepter und links das Christuskindlein. Haller 1220. Mon. en or, 271. Köhler, D.-C. 2663. Gr. 22. 1 Duk. S. g. e. R.

6479. Thaler v. 1653. Av. ✿ MONETA · NOVA — SVITENSIS · 1653 ✿ Der Doppeladler, mit Scheinen, unter der Bügelkrone. Unten das leere Schildchen. Rev. ✿ TVRRIS · FORTISS : NOME : DOM : ✿ — Der Heilige mit dem Bettler, wie auf Nr. 6476. Ersterer trägt ein Kreuz auf der Brust. Grasiger Boden. Haller 1228. Mad. 2102. Cat. imp. 489. G. e. RR.

6480. Doppeldicken (halber Thaler) v. 1656. Av. MON : NOVA : — : SVITENSIS — Der Doppeladler, mit Kopfscheinen, unter der Krone. Unten, ausserhalb des Perlenkreises 16 — 56 und dazwischen das leere Schildchen. Rev. wie der von Nr. 6476, doch in der Zeichnung und der Form der Buchstaben von diesem abweichend. (Haller 1229, als Dicken.) Gr. 31. $^{11}/_{16}$ Loth. S. g. e. RR.

6481. Medaille J. C. Hedlinger's, v. 1734, auf die Schlacht bei Morgarten, 1315. Av. FVNDAMENTVM LIBERTATIS HELVETICAE · Ein aufgerichteter Löwe mit dem bekränzten Schilde von Schwyz und einem Schwerte, worauf der Freiheitshut steckt, über Waffen stehend. Rev. In 13 Zeilen SVITII | PAGIQ · FOEDERATI | etc. Haller 14, aber mit I · C · HEDLINGER Gr. 52. 4 Loth. S. g. e.

6482. Dukaten o. J. (1779 geprägt.) Av. Der mit Lorbeer- u. Palmzweig geschmückte tingirte Schild, von einem Löwen gehalten, der in der rechten Vorderpranke ein Schwert mit aufgestecktem Freiheitshute führt. Im Abschnitte s(tedelin) Rev. In zierlicher Einfassung DUCATUS | REIPUBLICÆ | SUITENSIS Haller 1221. Gr. 22. 1 Duk. S. g. e.

6483. Dukaten v. 1781. Av. wie die Hauptseite des vorigen, doch von geringerem Schnitte. Rev. In zierlicher Einfassung DUCATUS | REIPUBLICÆ | SUITENSIS | 1781 (im Stempel stand erst „ReipubEicæ") Gr. 22. 1 Duk. S. g. e.

6484. Gulden v. 1785. Av. MONETA REIPUBLICÆ — SUITENSIS Der ovale tingirte Schild auf einem Untersatze, von einem zur Rechten stehenden aufgerichteten Löwen gestützt, der Schwert und Lorbeerkranz über denselben hält. Zur Linken des Schildes schaut ein liegender Löwe hervor. Im Abschnitte 1 · GL · Rev. In einem runden, oben mit einer Schleife, unten mit Palmzweigen gezierten

Rahmen PAX | OPTIMA | RERUM | 1785 | ❁ Unten am Rande *Stedelin* Laubrand. Gr. 33. ¾ Loth. S. g. e. R.

6485. Halber Gulden (Pfund) v. 1797. Av. RESPUBLICA — SUITENSIS ❖ Der ovale, tingirte Wappenschild zwischen Lorbeerzweigen, unter offener Krone. Im Abschnitte 20 · S(chillinge.) Rev. NOMEN DOMINI TURRIS FORTISSIMA Ein Kreuz, um das sich ein S schlingt. Unten ✿ 1797 ✿ Gr. 28. ⅜ Loth. G. e.

Solothurn.

Solothurn trat 1481 zugleich mit Freiburg in die Eidgenossenschaft, ward nach dem Eintritte Basels der 11. Ort und hat jetzt die 10. Stelle.

6486. Thaler v. 1501. Av. Der Schild von Solothurn unter dem Doppeladler, mit Kopfscheinen, sammt der Umschrift MONETA * — * SOLOTOR — Unterhalb dieser Worte eine mit Sternchen besetzte Bogeneinfassung. Aussen herum, zwischen zwei Perlenkreisen, 12 auswärts gestellte Schildchen mit den Wappen der Vogteien: Altreu, Halten, Gilgenberg, Bucheck, Dorneck, Thierstein, Balm, Olten, Gösgen, Rothberg, Falkenstein und Flumenthal. Zwischen den Schilden je eine Lilie. Rev. SANCTVS ꝛ VRSVS — ❁ — MARTIR ꝛ 1501 * — Der stehende geharnischte Ursus, links gewendet, mit Schein um die Sturmhaube und mit einem Kreuze auf der Brust, hält mit der Rechten die mit dem Kreuze bezeichnete Fahne, während die Linke am Griffe des umgegürteten Schwertes ruht. Innerhalb der Umschrift eine, oben und unten durchbrochene, mit Lilien besetzte Bogeneinfassung. Haller 1723. Mad. 2098. (Cat. imp. 489, der Revers.) In der fürstl. Plessischen Auction mit 25 Thlr. 10 Slbgr. bezahlt. Vortrefflich erhalten. RRR.

6487. Thaler o. J. Av. wie vorher, aber mit ○ MONETA ○ — ○ SOLODOR ○ — Die innere Bogeneinfassung ist mit Ringen besetzt. Rev. SANATVS (sic) ✱ VRSVS — MARTIR ✱ — Der Heilige u. s. w. wie vorher, zwischen seinen Füssen aber ein kleiner Thurm, zu dessen Seiten s — o Der auf des Heiligen rechtem Fusse stehende Schaft der Fahne ist hier eine Turnierlanze, auf vorigem ein glatter Stab. Haller 1709. (Cat. imp. 489, der Avers.) Sehr gut erhalten. RRR.

6488. Kleiner Dickthaler o. J. Av. * MONETA * SOLODORENSIS * — Der mit Schnitzwerk verzierte, ausgeschweifte Wappenschild, zu dessen Seiten S — O Darüber der rechtsblickende Adler. Rev. SANCTVS * VR — S — V — S * — MARt * — Der Heilige, dargestellt wie vorher, mit doppellinigem Heiligenscheine. Der Fahnenschaft steht nicht auf dem Fusse, sondern geht durch die Buchstaben S und V Die Bogeneinfassung fehlt. Haller 1713. Mad. 4664. Gr. 35. $1^{31}/_{32}$ Loth. Aus v. Madai's Sammlung. In der unteren Schildhälfte H und ein + eingekritzelt, sonst vortrefflich erh. RRR.

6489. Dicken o. J. Av. · MONETA * SOLODORENS · — Der ausgeschweifte, ungeschmückte Schild, zwischen S — O, unter dem rechtsblickenden Adler. Rev. • SANCTVS ✻ VRSVS ⁑ MAR' — Brustbild des Heiligen v. r. S., im Harnisch, mit einem Kränzlein auf dem Haupte und mit Heiligenschein. Hinter dem Kopfe • (Haller 1717.) Gr. 30. $^{7}/_{8}$ Loth. S. g. e.

6490. Dicken o. J., wie der vorige, aber mit einem kleinen Tannenbaume statt des Kreuzes in der Revers-Umschrift. $^{1}/_{8}$ Loth. S. g. e.

6491. Dünnes, thalerförmiges Schaustück o. J. Av. Der ausgeschweifte Schild unter dem Doppeladler mit Kopfscheinen, zu den Seiten S — O Aussen herum 12 einwärts gestellte Schildchen mit den Wappen der Vogteien, jedoch in völlig anderer Anordnung. Rev. SANCTVS (das Tannenbäumchen) VR — S — V — S — ✿ MARTIR ✿ — Der Heilige, wie auf Nr. 6488. Haller 1709. Gr. 40. $^{11}/_{32}$ Loth. Sehr gut erh. RR.

6492. Thaler v. 1563. Av. ✿ MONETA ✿ SOLO — DORENSIS ✿ 63 ✿ — Mit Schnitzwerk verzierter, ausgeschweifter Schild, zwischen S — O, unter dem Doppeladler mit Scheinen. Rev. wie die Rückseite des vorigen, aber mit ✿ statt des Tannenbäumchens. Den Kopf des Heiligen umzieht nur ein Kreis. Haller 1732. Vortrefflich erhalten.

6493. Thaler o. J. Av. ✿ MONETA ✿ SO — LODORENSI ✿ — Wappen u. s. w., wie vorher. Rev. vom Stempel zur Rückseite des vorigen. Nicht bei Haller. S. g. e.

6494. Thaler o. J. Av. wie vorher, aber mit SO — LODORENSIS ✿ — Der Doppeladler ist grösser, der Obertheil des Schildes anders damascirt. Rev. wie die Rückseite der vorigen beiden, aber mit MARTI ✿ — Haller 1712. S. g. e.

6495. Viertelthaler zu 10 Batzen, v. 1785. Av. Der mit einer offenen Krone bedeckte, ovale, in seiner obern Hälfte roth schraffirte Schild. Oben herum MONETA REIP · SOLODORENSIS · Rev. ✿ CUNCTA ✿ PER ✿ DEUM ✿ Ein grosses O sammt darin stehendem S, mit einem grossen Kreuze verflochten. Unten 1785 Laubrand. Gr. 31. $^{17}/_{32}$ Loth. S. g. e.

Tessin.

Gebildet aus den 7 ehemaligen italienischen Vogteien der Eidgenossen (Bellinzona, Riviera, Val Blegno, Lugano, Locarno, Val Maggia und Mendrisio) und dem bis 1798 Uri gehörig gewesenen Livinerthale (Leventina), ward Tessin 1803 ein selbstständiger, der 18. Kanton der Schweiz.

6496. Halber Thaler zu 2 Franken, v. 1813. Av. CANTONE — TICINO Der herzförmige, gespaltene Schild (roth und blau), über welchen Strahlen emporschiessen, vor einem Lorbeerkranze. Unten 1813 Rev. CONFEDERAZ(ione) : — SVIZZERA · Ein stehender, vorwärtsgekehrter Schweizer in alter Tracht, mit Federhut und umgegürtetem Schwerte, stemmt die Linke in die Seite und legt die Rechte, mit der er die Hellebarde schultert, auf einen Schild, in welchem XIX | CANT · Im Abschnitte 2 · FRANCHI Laubrand. Sehr gut erh.

6497. Thaler v. 1814, wie voriger, aber mit 1814 und 4 · FRANCHI Ohne Punkt nach CANT G. e.

Unterwalden.

Unterwalden, frühzeitig (1150) in Ob- und Nidwalden gesondert, ist der dritte der Urkantone und der 6. Kanton der gesammten Eidgenossenschaft.

a) Obwalden (Ob dem Kern-Walde), Halbkanton.

6498. Medaille o. J. Av. Nikolaus von der Flühe, bis an den Leib, in härenem Gewande, mit Nimbus und vorn über einander gelegten Händen, nach dem rechts oben erscheinenden Gesichte blickend. Rev. Das mit offener Krone und Palmzweig geschmückte Wappen mit dem Schlüssel. Gr. 41. Geringer Orig.-Guss. 1³/₃₂ Loth. S. g. e.

6499. Dukaten v. 1726. Av. In einem mit Verzierungen umsetzten Quadrate DVCATVS | REIPVBL : | SVBSYLV : | SVPERIOR · 1726 · Rev. DILEXIT · DOMINUS · DECOREM · IUSTITIÆ · In einem verzierten, ovalen Schilde der Doppeladler mit ovalem Brustschilde, von Roth und Silber getheilt. Haller 1230. Mon. en or, 272. Gr. 22. ³¹/₃₂ Duk. G. e. R.

6500. Dukaten v. 1726. Av. vom Stempel zur Hauptseite des vorigen. Rev. BEATVS ○ NICOL — AVS VON ○ FLVE — Der Bruder Nikolaus in ganzer Figur, vorwärts gekehrt, mit Einsiedlergewand und Heiligenschein, hält in der Rechten einen Stock und einen Rosenkranz und legt die Linke auf den Schild von Obwalden. Haller 115. Mon. en or, 272. Gr. 23. 1 Duk. S. g. e. R.

6501. Gulden v. 1732. Av. MONETA REIP : SUBSYLVANIÆ SUPER(ioris) : 1732 · ✿ Das in seiner oberen Hälfte damascirte Wappen in einem verzierten und mit Palmzweigen besteckten, ovalen Schilde, auf dessen unterer Spitze ½ (Thaler) Rev. B · NICOLAUS · DE FLUE — HELV(etiae) : CATH(olicae) : PATR(onus) : — Der knieende Bruder Nikolaus v. r. S., im Einsiedlergewande, mit Nimbus, betet, nach den von oben kommenden Strahlen blickend, an einem Rosenkranze. Im Hintergrunde rechts ein Berg, links ein Baum. Im Abschnitte Verzierungen. Gerippter Rand. Haller 129. Gr. 33. ⁷/₁₆ Loth. G. e. R.

6502. Zwanziger v. 1732. Av. MONETA REIP : SVBSYLVANIÆ SVPERIORIS · 1732 — Der verzierte, ovale Schild. Rev. DILEXIT DOMINUS DECOREM IUSTITIÆ ~ · Doppeladler unter der Krone, mit 20 auf der Brust. Gerippter Rand. Gr. 27. ⁹/₃₂ Loth. Gut erhalten.

6503. Dukaten v. 1743. Av. In einer Einfassung von Schnitzwerk und Palmzweigen DUCATUS | REIPUB : | SUBSILVANIÆ | 1743 | I · — H(aag in Tettnang) · Rev. Der betende Bruder, wie auf Nr. 6501, aber ohne Nimbus. Im Hintergrunde beiderseits Felsen. Oben herum auf einem Bande B : NICALAUS (sic) VON — FLUE · * Im Abschnitte I · H Haller 132. Mon. en or, 272. Gr. 21. $^{31}/_{32}$ Duk. S. g. c. R.

6504. Dukaten v. 1774. Av. DUCATUS REIPUB : SUBSILVANIÆ · 1774 · — Mit Lorbeergewinden und Palmzweigen geschmückter, ovaler Wappenschild. Rev. Der knieende Bruder von vorn, mit gefalteten Händen, an denen der Rosenkranz hängt, und mit dem Wanderstabe. Rechts oben seine Vision, ein von Strahlen umgebener gekrönter Kopf. Im Hintergrunde links ein Felsen mit einem Kirchlein. Oben herum auf einem Bande B : NICO — LAUS VON FLUE · Haller 133. Gr. 21. 1 Duk. In Zürich geprägt, aber nur in sehr wenigen Exemplaren. S. g. c. RR.

6505. Dukaten v. 1787. Av. BEAT · NICOL · DE FLUE PAT · HELV · — Der Knieende v. r. S., wie bei Nr. 6503; die Strahlen fallen cylinderförmig auf ihn herunter; der Hintergrund fehlt. Unten am Boden s(tedelin) Rev. NATUS A° 1417 OBIIT A° 1487 XXI MARTY · Zwischen zwei Palmzweigen DUCAT · | REIPUB · | SUBSILV · | SUPER · | 1787 Gr. 22. 1 Duk. S. g. e. R.

6506. Gulden o. J. Av. SANCTUS + — MAURITIUS + M(artyr) + Der Heilige, im Harnisch und befedertem Helm, hält mit der Rechten den neben ihm stehenden ovalen Schild (silb. Kreuz auf rothem Grunde) und mit der Linken ein grosses Banner, dessen Tuch vor ihm über den Schild hängt. Im Abschnitte · B(rupacher) : Rev. B · NICOL · — DE FLUE PAT · HELV · Der knieende, am Rosenkranze betende Nikolaus vor dem rechts oben erscheinenden Gesicht. Am Boden vor ihm liegt sein Wanderstab. Links hinten ein Kirchlein. Im Abschnitte *c B*(verschl.)*r*· Laubrand. Gr. 35. $^{7}/_{8}$ Loth.

6507. Schulprämie o. J. Av. In einer schildartig gelegten Guirlande PRÆMIUM | STU : JUV : | SUBSYLVANIÆ | SUPERI: | ORIS · Ganz unten B · Rev. Dem sitzenden und an eine Säule gebundenen alten Heinrich von Melchthal sticht der rechts vor ihm stehende Knecht Landenberg's die Augen aus. Im Hintergrunde ein Pflug. Oben zwischen Wolken der gekrönte, mit Palm- und Lorbeerzweig besteckte Schild mit dem Schlüssel. An der Säule *Br* Im Abschnitte 1307 Gr. 40. $1^{17}/_{32}$ Loth. Mit Henkel und Ring. S. g. e.

6508. Dergleichen (Probeschlag). Av. vom Stempel der Rückseite der vorigen. Rev. Nikolaus von Flühe spricht auf der Tagsatzung zu Stanz. Oben, mit Guirlanden behangen, die Schilde von Zürich, Bern, Luzern, Uri, Schwyz, Obwalden, Zug und Glarus. Zu Seiten derselben die Wappen der dem Bunde 1481 zugetretenen Kantone Freiburg und Solothurn. Im Abschnitte *Casp* · 1481 · *Brup* · Auf ein ovales Stück Blei abgeschlagen. S. g. c.

b) Nidwalden (Nid dem Kern-Walde), Halbkanton.

6509. Prämien-Medaille o. J., v. Caspar Brupacher. Av. Der mit Guirlanden, Palm- und Lorbeerzweig geschmückte Schild, mit dem Doppelschlüssel, wird von einem links stehenden Löwen gehalten. Ein liegender Löwe schaut rechts hervor. Oben herum VIRTUTI

DEBITUM ♦ Unten des Stempelschn. Name. Rev. VICTIMA VITA SALUS · Winkelried, völlig geharnischt, steht über Waffenstücken, einen mit Lorbeer umwundenen Bund Speere im linken Arme, die Rechte auf die Brust legend. Am grasigen Boden 1386 (das Jahr der Schlacht bei Sempach) · C · B · Im Hintergrunde rechts zwei Zelte, in deren einem 398, links ein kurzer Palmstamm, mit anhängendem Hüfthorn, und darunter 755 Gr. 42. 1⁷/₁₁ Loth. Sehr gut erhalten. R.

6510. Thaler zu 5 Franken, zum 20. eidgenöss. Schützenfeste, 1861. Av. · EIDGENÖSSISCHES SCHÜTZENFEST IN NIDWALDEN · Das strahlende eidgenöss. Kreuz. Unten 1861 Rev. ARNOLD — WINKELRIED Das demselben zu Stanz errichtete Denkmal (Winkelried liegt sterbend, die feindlichen Lanzen in der Brust über einem todten Krieger. Hinter ihm schwingt ein Schweizer den Streitkolben). Am Fussgestelle rechts oben F · SCHLÖTH INV · und unten A · BOVY Gerippter Rand. Rev. belge, 1868, Pl. VII. 11. S. g. e.

6511. Medaille auf dasselbe Schützenfest. Av. EIDGENÖSSISCHES — SCHÜTZEN ⟷ FEST — IN — STANZ — CANTON — UNTERWALDEN · Ansicht des Festbaues. Im Abschnitte der eidgen. Schild zwischen Schnitzwerk. Unten 1861 · Rev. Tell, mit der Rechten auf die Armbrust gestützt, mit der Linken sein neben ihm stehendes Knäblein umarmend, das den durchschossenen Apfel emporhält. Oben herum DAS WAR EIN SCHUSS! DAVON WIRD MAN NOCH REDEN IN DEN SPÄTSTEN ZEITEN · Im Abschnitte SEBALD DRENTWETT Gr. 41. 1¹⁵/₁₆ Loth. Noch neu.

Uri, Schwyz und Unterwalden nid dem Wald

gemeinschaftlich.

Diese 3 Waldstätten besassen gemeinschaftlich die italienischen Landvogteien Bellenz (Bellinzona), Riviera und Bollenz (Val Blegno) von 1500 bis zum 4. April 1798, wo diese Landschaften mit den übrigen ital. Landvogteien und dem Livinerthale zum Kanton Tessin vereinigt wurden. Während der helv. Republik bildeten Uri, Schwyz und beide Unterwalden mit Zug den Kanton Waldstätten.

6512. Thaler o. J. Av. (Rechts unten beginnend:) VRANIE · SVIT · ET · VNDERVALDI · Die drei kleinen, auf ihrer rechten Seite ausgeschweiften Wappenschildchen, neben einander; darüber der mit der Krone bedeckte Doppeladler und über diesem die gekreuzten päpstlichen Schlüssel. Der Schild von Schwyz, der in der Mitte steht, ist leer. Rev. (O. b.) SANCTVS · MARTINVS · EPISCOPVS ✱ Der linkshin reitende Heilige, dessen unbedecktes Haupt ein Schein umgiebt, schneidet mit dem Schwerte ein Stück seines Mantels ab für den neben dem Pferde hinschreitenden Bettler. Um die Bilder und Umschriften beider Seiten ziehen sich zwischen schwachen Kreisen laufende Perlenzirkel. Mad. 4665. Haller 1161. Gr. 38. 2 Loth. S. g. e. RRRR.

6513. Halber Dicken o. J. Av. (Rechts unten beg.:) VRANIE ✿ SVVIT ✿ ET ✿ VNDERVALD ✿ Die drei Wappen unter dem gekr. Doppeladler und den Schlüsseln, wie vorher. Rev. (O. beg.) VICTORIA ✿ ELVETIORVM — ✿ ✱ ✿ — Ein auf einem Harnische sitzender Krieger (Mars), v. r. S., römisch kostümirt und mit befedertem Helme auf dem Haupte, schultert rechts ein Schwert und zeigt mit der Linken nach oben. Zu seinen Füssen liegt ein Helm und vor demselben steckt eine Streitaxt. Haller 21. Gr. 28. $^{5}/_{16}$ Loth. Gut erh. RRR.

6514. Desgleichen o. J. Av. wie die Hauptseite des vorigen, aber mit SVIT ✿ ET ✿ VNDERVALDI ✿ Rev. ✱ VICTORIA ✿ ALAMANORV — M — Mars, wie auf vorigem. Haller 22. Gr. 29. $^{5}/_{16}$ Loth. S. g. e. RRR.

(Bezieht sich, wie voriger, auf die italienischen Züge.)

6515. Silbermünze o. J., ähnlich einem Mailänder Ambrosino. Av. VRANIE ✿ SVVIT ✿ ET ✿ VNDERVALDI ✱ Zierliches Blumenkreuz. Rev. ✿ S ✿ — MARTINVS ✿ EPISCOPVS ✿ ✱ Der Heilige, im bischöflichen Ornate, von vorn, bis halben Leib, mit Nimbus, erhebt segnend die Rechte und hält in der Linken den Krummstab. Einfassungen der Umschriften wie bei Nr. 6512. Gr. 24. $^{1}/_{8}$ Loth. Vortrefflich erhalten. RR.

(Eine Nachahmung Mailänder Münze und wahrscheinlich zu Bellinzona geschlagen, wo auch die vorangegangenen und die folgenden beiden Stücke geprägt sein dürften.)

6516. Dicken (Teston) o. J. Av. · VRANIE · SVIT · ET · VNDERVALD · — Die drei kleinen, eckigen, unten abgerundeten Schilde, neben einander; darüber der Doppeladler und über diesem, den Perlenkreis durchragend, die Krone. Rev. · S · MARTINVS · EPISCOPVS · — Der stehende Heilige, von vorn, im Harnisch u. Mantel, mit einem Scheine um das blosse Haupt, hält in der Rechten die mit einem Kreuze bezeichnete Fahne und stützt sich mit der Linken auf das mit dem Gehänge umwundene Schwert. Haller 1174. Gr. 29. $^{3}/_{8}$ Loth. S. g. e. RR.

6517. Dicken o. J. Av. wie vorher, doch anderen Stempels; die Krone steht ausserhalb des Perlenkreises, zwischen Ende und Anfang der Umschrift. Rev. ganz ähnlich dem vorigen, zwischen dem Fahnentuche und dem Kopfe des Heiligen aber noch ein Punkt. G. e. RR.

(Der Revers dieser Dicken ist gleichzeitigen Testons (c. 1520) von Montferrat (Promis, VI. 7.), Dezana (s. oben Nr. 6508.) etc. nachgeahmt.)

6518. Thaler v. 1548. Av. (O. b.) VRANIE × SVIT × VNDERVALDE × 1548 ✱ Die drei zierlich ausgeschnitzten Schilde, mit ihren Spitzen in Form eines Kleeblattes (♣) gegen einander gestellt. Rev. SANCTVS × MARTINVS ○ (worin ein mit seinem Fusse nach auswärts gestelltes Herz) EPISCOPVS ✱ Der rechtshin reitende Heilige, dessen mit einem Hute bedecktes Haupt ein Schein umgiebt, schneidet mit dem Schwerte ein Stück seines Mantels ab für den unter dem Pferde kauernden, mit der Rechten auf ein Bänkchen sich stützenden Bettler. (Statt der × in den Umschriften kleine Blumen-Schrägkreuze.) Mad. 4666. Haller 1177. Sehr gut erh. RRR.

6519. Halber Thaler v. 1548. Av. VRANIE ◆ SVIT ◆ VNDER-

VALDE • 1548 ✱ Die schlicht ausgeschweiften Schilde, zusammengestellt, wie vorher. Rev. SANCTVS • MARTINVS ○ (worin das Herz) EPISCOPVS ✱ Der stehende Heilige, von vorn, bekleidet wie vorher, schneidet ein Stück seines Mantels ab, nach welchem der zur Linken kauernde, wie auf Nr. 6518 dargestellte Bettler die Hand ausstreckt. Haller 1178. Sehr gut erh. RRR.

6520. Thaler o. J. Av. (Rechts in der Mitte beginnend:) — VRA — NIE ✿ — SVIT ✿ VN — DERVA ✿ Der Doppeladler, mit Kopfscheinen, unter der Krone. In der Umschrift rechts das Wappen von Uri, links der leere Schild von Schwyz, unten das Wappen von Unterwalden nid dem Walde. Rev. (O. b.) · SANCTVS — ✿ MART — INVS ✿ EP' — Der Heilige sitzt, vorwärts gekehrt, auf einem Säulenthrone, in der Rechten ein geschlossenes Buch, in der Linken den Kreuzstab haltend (eine Darstellung, gleich der des h. Leodegarius auf den Thalern v. Luzern o. J., Nr. 6421 u. 6422.) Nicht bei Haller. Gut erh. RR.

6521. Thaler o. J. Av. vom Stempel zur Hauptseite des vorigen. Rev. wie vorher, aber mit EPI und ohne Punkt vor Sanctus. Haller 1158a. Gut erh. RR.

6522. Thaler o. J. Av. wie der von Nr. 6520, aber mit VN — DERVAL ✿ Rev. vom Stempel der Rückseite zu Nr. 6520. Haller 1158. Im Rev. etwas Doppelschlag, in Folge dessen der Kopf des Heiligen zweimal erscheint. Im Av. sehr gut erh. RR.

6523. Thaler o. J. Av. wie der des vorigen, mit geringen Abweichungen in der Zeichnung. Rev. vom Stempel der Rückseite zu Nr. 6521. Haller 1157. Cat. imp. 490. Gut erh. RR.

6524. Dicken o. J. Av. (Rechts unten beginnend:) VRANIE · — · SVIT ✿ VNDERVAL ✱ Die 3 Wappenschilde, mit ihren Füssen in Form eines Kleeblattes (♧) gegen einander gestellt; darüber, die Umschrift theilend, der rechtshin blickende Adler. Der Schild von Schwyz ist mit Laubwerk gefüllt. Rev. SANCT9 ✿ MARTIN9 ✿ EP — I — Des Heiligen Brustbild v. r. S., mit Inful und Nimbus, mit der Rechten den Krummstab schulternd. Auf dem das Pluvial vor der Brust zusammenhaltenden Bande zwei Röschen. Haller 1172. Gr. 30. ⁵/₈ Loth. Vorzüglich erhalten. RR.

6525. Dicken o. J. Av. wie vorher, aber mit VNDERW ✱ Der Schild von Schwyz ist mit Arabesken ausgefüllt (damascirt). Rev. wie vorher, auf der Binde vor des Heiligen Brust aber nur ein Röschen. Nicht bei Haller. Gr. 30. ⁵/₈ Loth. Vorzüglich erh. RR.

6526. Thaler v. 1561. Av. (O. b.) VRANIE + SVIT + VNDERVALDE + 1561 + Die 3 ausgeschweiften Schilde, mit ihren Spitzen gegen einander gestellt (♧). Dazwischen drei in der Mitte zusammenstossende Lilienstäbe. Der Schild von Schwyz ist damascirt. Rev. · SANCTVS — ✿ MART — INVS ✿ EPI · — Der Heilige, wie auf Nr. 6520. Mad. 4667. Haller 1182. In „Uranie" und „Sanctus" wenig verprägt. Sehr gut erh. RR.

6527. Thaler v. 1561. Av. VRANIE ✿ SVIT ✿ VNDERVALDE ✿ 1561 + Die 3 Wappen (♧) zwischen Lilienstäben, die aber in der

Mitte nicht zusammenstossen. Die Schilde sind unten rund, oben herzförmig ausgeschnitten. Rev. DOMINE ✿ SERVA ✿ NOS ✿ IN ✿ PACE ✻ — Der Doppeladler, mit Kopfscheinen, unter der Krone. Mad. 2101. Haller 1181. Vortrefflich erhalten. RR.

6528. Thaler v. 1561. Av. VRANIE + SVIT + VNDERVALDE + I56I ✿ Die 3 Wappen zwischen Lilienstäben, wie vorher. Rev. DOMINE ✿ SERVA ✿ NOS ✿ IN ✿ PACE ✿ I56I — Der Doppeladler, wie vorher. Haller 1185. Sehr gut erh. RR.

6529. Thaler mit den Jahrzahlen 1561 und 1562. Av. VRANIE ✿ SVIT ✿ VNDERVALDE ✿ I56z + Die 3 Wappen, wie vorher. Rev. vom Stempel zur Rückseite des vorigen. Haller 1187. Vortrefflich erhalten. RRR.

6530. Batzen v. 1569. Av. VRANIE ✻ SVIT ✻ VNDERVAL ✻ Die 3 Wappen, ähnlich wie bei Nr. 6526. Der Schild von Schwyz aber ist leer. Rev. SOLI ✿ DEO ✿ GLORIA ✿ 69 ✻ Kreuz, mit in die Winkel ragenden Lilien. Gr. 28. $^{11}/_{64}$ Loth. S. g. e. R.

6531. Prämienmedaille des Collegiums zu Bellenz. Av. (U.b.) VIGET ARTIBUS PARTA ARMIS LIBERTAS · ✿ Die ovalen Schilde von Uri, Schwyz und Nidwalden an einer mit dem Freiheitshute besteckten Stange, inmitten zweier, mit Emblemen der Kunst, des Handels und des Krieges behangener, oben durch einen Bogen verbundener Säulen. Rev. * DILIGENTIAE INCITAMENTUM & PROEMIUM · * — In einem von zwei aus Wolken kommenden Händen gehaltenen Lorbeerkranze OPTIME | MERITO Unten das kleine, mit einem Engelskopfe gezierte Wappen des Klosters Einsiedeln (2 Raben). Haller (I. 499.) bemerkt, dass D. A. Stedelin damals an Schulprämien für Bellenz arbeitete und theilt dann (II. S. 506) eine ähnliche mit. Gr. 37. $^{39}/_{32}$ Loth. War geh. G. e. R.

(Das Stift Einsiedeln hatte, laut gef. Mittheilung des Herrn Stiftsrektors P. G. Morel in Einsiedeln, hier gedachtes Collegium (Gymnasium) um 1675 auf Betreiben der Nuntiatur und der Regierungen der Urkantone übernommen und besass dasselbe bis Anfang der fünfziger Jahre dieses Jahrhunderts.)

Uri.

Uri, die erste und seit dem Zutritte Luzern's die zweite der Waldstätten, hat unter den Kantonen der Eidgenossenschaft den 4. Platz.

6532. Pistole o. J. (vom Anfange des 17. Jahrh.) Av. ✿ MO : N : AV : REIPVP (sic) — LICAE : VRANIE : Im Felde ein grosses Lilienkreuz, unten in der Umschrift das Schildchen mit dem Stierkopfe. Rev. · S : MARTIN9 — PATRON9 : NO(ster) : — Der Heilige, rechtshin reitend, im Zeitkostüme, mit Federhut, schneidet mit dem Schwerte ein Stück seines Mantels ab für den hinter ihm stehenden, auf eine Krücke gestützten Bettler. (Haller 1194. Mon. en or, 272.) Gr. 26. $1^{17}/_{32}$ Duk. Sehr gut erh. RR.

6533. Dicken von 1614. Av. MONETA · · NO · VRANIENSIS (· 1)614 — Der Doppeladler, ohne Scheine, mit langem Kreuze zwischen den Hälsen. Rev. ◆ SANCT⁹ · MA — RTIN⁹ · EPIS — Brustbild des Heiligen, v. r. S., im Pluviale, mit Inful und Nimbus, in der Rechten den Krummstab, in der Linken ein blankes Schwert haltend. Unten in der Umschr. das Schildchen von Uri. Nicht bei Haller. Gr. 31. $^{19}/_{32}$ Loth. Gut erh. R.

6534. Dicken v. 1615. Av. MONETA · NO · V — RANIENSIS 1615 — Doppeladler, wie vorher; unten in der Umschrift das Wappenschildchen. Rev. SANCT⁹ · MARTIN⁹ · EPIS : — Brustbild des Heiligen, wie vorher. Nicht bei Haller. Gr. 31. $^{19}/_{32}$ Loth. Sehr gut erhalten. RR.

6535. Dicken v. 1616. Av. MONETA + NO + V — RANIENSIS · 1616 — (die Sylbe NI gleich zwei verbundenen N) Der Doppeladler, wie vorher, aber mit Heiligenscheinen; unten das Schildchen. Rev. SANCT⁹ + MARTIN⁹ + EPIS ‡ — Das Brustbild, wie vorher. Nicht bei Haller. Gr. 30. $^{19}/_{32}$ Loth. Vortrefflich erh. RR.

6536. Thalerförmige Denkmünze auf den zwischen Wallis und den kathol. Kantonen i. J. 1696 zu Uri erneuerten Bund. Av. Unter dem mit Kardinalshut, Inful, Krummstab und Schwert geschmückten, ovalen Schilde Adrian's V. von Riedmatten, Bischofs zu Sitten, und umgeben von den ovalen Wappenschilden des Sittener Domkapitels und der 7 Zehnten des oberen Wallis, die Aufschrift: VALESIA | RENOV · FŒDVS | CVM CANT(onibus) : CAT(holicis) : | VRANIAE | 16 · 96 Aussen herum auf einem Bande (o. b.:) QVOS FIDES ADVNAT — HOS FIDES CONSERVAT — Rev. Aussen herum auf einem Bande (o. b.:) * PRO DEO FIDE ET LIBERTATE CVNCTA FACERE ET FERRE * — Der Stierkopf von Uri mit der Ueberschrift * PA — RA — TI · Darüber die vom h. Geiste bestrahlte, sitzende kath. Kirche, die in der Rechten das Kreuz u. in der Linken die Tiara hält. An ihren Armen befestigte Ketten halten die um den Stierkopf herum gestellten ovalen Wappenschilde von Luzern, Uri, Schwyz, Unterwalden, Zug, Freiburg und Solothurn. Zwischen den Schilden auf beiden Seiten Laubwerk. Mad. 2103. Haller 86. Gr. 41. $1^{19}/_{32}$ Loth. Sehr gut erh. RR.

6537. Denkmünze auf gleiches Ereigniss. Av. (Doppelte Umschrift:) PRO DEO FIDE ET LIERTATE (sic) CVNCTA * (Rosette zwischen Blättern) | * ET FACERE ET FERRE PARATI · (Laubwerk.) In der Mitte der Stierkopf mit der Ueberschrift S — · P Q · — V(raniensis) · Rev. In einer zierlichen Einfassung RENOVATIO | FOEDERIS | REIPVBLICAE | VALESIAE | CVM CANT : CAT : | VRANIAE | 1696 Haller 88. Gr. 29. $^{5}/_{16}$ Loth. Sehr gut erh. RR.

6538. Denkmünze auf gleichen Anlass. Av. PRO DEO FIDE ET LIBERTATE CVNCTA FACERE ET FERRE PARATI ◆ In einem mit Schnitzwerk reich verzierten, ovalen Schilde der Stierkopf mit der Ueberschrift S · — P Q · — V · Rev. RENOVATIO FOEDERIS REIPVB : VALESIAE CVM CANT : CAT : ◆ Innerhalb eines Lorbeerkranzes VRANIAE (bogenförmig) | ◆ | 1696 Haller 89. Gr. 28. $^{5}/_{16}$ Loth. Sehr gut erh. RR.

6539. Dukaten v. 1704. Av. DVCATVS | NOV : REI | PVB : VRA | NIENSIS in einer aus Ranken und Palmenzweigen gebildeten Einfassung, die oben die Jahrzahl 1704 (aus 1701 verändert) und unten den ovalen Schild von Uri enthält. Rev. SANCTVS — MARTINVS · Der stehende Heilige im bischöfl. Ornate, von vorn, hält in der Linken den Krummstab und spendet mit der Rechten dem am Boden sitzenden Bettler ein Geldstück. (Haller 1212.) Gr. 25. 1 Duk. Sehr gut erh. R.

6540. Dukaten v. 1736. Av. DUCATUS REIPVBLICÆ VRANIÆ Reich verzierter, ovaler Schild mit dem Stierkopfe auf punktirtem Grunde. Unten * 17 — 36 * (aus 1720 umgeändert.) Rev. SANCTUS — MARTINUS Der Heilige, rechtshin reitend, schneidet für den links am Boden sitzenden Bettler ein Stück seines Mantels ab. Haller 1214. Gr. 22. 1 Duk. S. g. e. R.

6541. Medaille o. J., zu Geschenken und in Altdorf zu Schulprämien verwendet. Av. SALVE — URANIA — FILIA MARTIS · Der mit einer offenen Krone bedeckte Schild, auf grasigem Boden. Rechts von demselben steht der h. Martin, im bischöfl. Ornate, mit der Rechten den Krummstab, mit der Linken den Griff eines hinter dem Wappen emporragenden Schwertes haltend, zur Linken ein in's Horn stossender Krieger. Rev. Tell, in Gegenwart des Landvogts und zahlreicher Zeugen den Apfel von seines Kindes Haupte schiessend. Im Hintergrunde ein Theil vom Urnersee mit dem aus dem Schiffe entspringenden Tell. Unten am Boden ein leeres Oval. Haller 12. Gr. 37. $1^{11}/_{32}$ Loth. S. g. e. R.

6542. 4-Batzenstück v. 1811. Av. CANTON URI Der unten zugespitzte Schild über Lorbeerzweigen. Rev. UNITAS VERITAS ET RELIGIO (Verzierung) In einem Eichenkranze 4 | BATZ : | 1811 · Gerippter Rand. Gr. 24. S. g. e.

6543. Medaille v. 1845, für die Kämpfer gegen den 2. Freischaarenzug. Av. SEINEN | TAPFEREN | SŒHNEN | DAS DANKBARE | VATERLAND Rev. In einem, unten mit dem Schilde von Uri belegten Eichenkranze AM | 1 · APRIL | 1845 (dem Tage des Gefechts bei Malters.) Gr. 30. Bronze. S. g. e.

Waadt.

Das 1536 durch Bern eroberte Waadtland machte sich 1798 von diesem los, constituirte sich zur lemanischen Republik, gehörte dann als Kanton Leman der helv. Republik an und bildet mit den Vogteien Orbe, Echallens und Grandson seit 1803 einen selbstständigen, den 19. Kanton der Eidgenossenschaft.

6544. Medaille (v. Andrieu) auf die erste Zusammenkunft des grossen Rathes, 1803. Av. LA SUISSE PACIFIEE — ET REORGANISEE — Umstrahlter schwebender Adler mit einem offenen Buche, worauf ACTE | DE | MEDIA- | TION Rev. PREMIERE ASSEMBLEE DU GRAND CONSEIL DU CANTON DE VAUD Das Sitzungsgebäude. Im Abschnitte: XIV AVRIL · | M · DCCCIII · Gr. 45. Bronze. S. g. e.

6545. Vierteltbaler (Frank) zu 10 Batzen, v. 1804. Av. CANTON DE VAUD Der herzförmige Schild, in dessen oberer Hälfte LIBERTÉ ET | PATRIE Unten, unter einer Leiste 1804 Rev. Innerhalb eines Eichenkranzes 10 | *Batz* | —— Verzierter Rand. Blanchet l. c., Pl. VI. 7. Gr. 29. ¼ Loth. G. e.

6546. Halber Thaler v. 1811. Av. CANTON — DE VAUD Der Schild, wie vorher, oben mit einem Eichenkranze durchzogen, zwischen zwei gekreuzten, mit Aehren besteckten Weinranken. Im Abschnitte 1811 · Rev. CONFEDERATION — SUISSE Stehender Schweizer, im alten Kostüme, mit dem rechten Arme auf einen mit XIX | CANT : bezeichneten herzförmigen Schild gestützt, links die Hellebarde haltend. Im Abschnitte 20 · BATZ Laubrand. Gr. 32. Sehr gut erh.

6547. Thaler v. 1812, wie voriger, aber mit 1812 im Av., CONFÉDÉRATION und 40 · BATZ im Rev. Gr. 39. S. g. e.

6548. Zu Limoges geprägter Thaler Ludwig's XV. v. 172?, mit dem Laubrande der vorigen Thaler und einem Contrestempel versehen, dessen Avers der herzförmige Schild und dessen Revers ein Oval mit der Werthangabe 39 | BZ bildet. Der Schild, wie vorher, aber mit LIBERTE S. g. e. R.

6549. Vierteltbaler (Frank) v. 1823. Av. wie der von Nr. 6546, mit 1823 · Rev. ähnlich dem von Nr. 6547, der Schweizer anders gestellt, im Schilde XXII | CANT und im Abschnitte 10 · BATZ Gerippter Rand. S. g. e.

6550. Frank (Schiesspreis) v. 1845. Av. CANTON — DE VAUD Der herzförmige Schild zwischen Lorbeer- und Eichenzweig, oben mit einem Eichenkranze besteckt. Unten herum 10 AOÛT 1845 Am Rande rechts (S)IBER und links SIBER Rev. CONFEDERATION — SUISSE Der Schweizer, ähnlich wie vorher; im Schilde XXII | CANT · Im Abschnitte 1 FRANC Blanchet, Pl. VI. 8. Gr. 27. S. g. e.

Vevey oder Vivis.

6551. Schulprämie. Av. VIRTUS INNEXA VERO ·:· Das Stadtwappen in einem Lorbeerkranze. Rev. AUT PUER AUT NUNQUAM Die sitzende Minerva v. l. S. reicht einem vor ihr stehenden Knaben den Lorbeerkranz. Neben ihr der Medusenschild. Im Abschnitte QUAERAS HABEBIS Gerippter Rand. Haller 922. Gr. 31. ⁴/₅ Loth. S. g. e.

Zürich.

Zürich trat 1351 in die Eidgenossenschaft und ist deren 1. Kanton.

6552. Goldgulden (15. Jhdt.). Av. + MON' ✦ NOVA ✦ AV'(rea) ✦ THVRICENSIS Der rechtshin blickende Adler mit dem Schilde von Zürich auf der Brust. Rev. CIVITATIS ✦ IMPERIAL'(is) — Der thronende Kaiser Karl der Grosse von vorn, mit Heiligenschein und quer über den Schooss gelegtem Schwerte (Nachbildung des steinernen Bildes am westlichen Thurme des Gross-Münsters in Zürich.) $^{15}/_{16}$ Duk. Von schönster Erhaltung. RR.

6553. Plappert. Av. ✠ MONETA • NO' • THVRICENSIS In verziertem Vierpasse der rechtshin blickende Adler über dem Schilde von Zürich. Rev. SANTVS — KARLVS — Der thronende Kaiser mit quer über den Schooss gelegtem Schwerte und Heiligenschein. Gr. 26. $^{1}/_{8}$ Loth. Leidlich erh. R.

6554. Dicken v. 1504. Av. ✠ S — S S VELIX o — o — oo — S o REGVLA o — S Die stehenden beiden Heiligen, rechts die h. Regula, links der h. Felix, ihre abgeschlagenen Häupter vor sich tragend, mit Heiligenscheinen über den Hälsen. Unten zwischen ihnen der Schild von Zürich. Rev. ✠ MONETA ⊕ NOVA ⊕ THVRICENSIS S I504 Der rechtshin blickende einköpfige Adler. Haller 417. $^{21}/_{32}$ Loth. Vortrefflich erhalten. RR.

6555. Dicken v. 1504, von den Stempeln des vorigen. Im Rev. sind die Buchstaben C H eingeschlagen; sonst s. g. e. RR.

6556. Dicken v. 1505. Av. vom Stempel zur Hauptseite der vorigen. Rev. ✠ MONETA ⊕ NOVA ⊕ THVRICENSIS ⊕ I505 Der Adler, wie vorher. Haller 418. $^{21}/_{32}$ Loth. Von bester Erhaltung. RRR.

6557. Thaler v. 1512. Av. MON' o NOV' o THVRICENSIS' o CIVIT' o IMPERIALIS ✿ In Bogeneinfassung die enthaupteten drei Schutzheiligen, stehend, mit umstrahlten Hälsen, ihre Köpfe vor der Brust tragend, und zwar in der Mitte die h. Regula von vorn, rechts der h. Felix von rechter und links der h. Exuperantius von linker Seite. Unter den Heiligen I512 Rev. Gekrönter Schild mit dem Doppeladler, von zwei Löwen über zwei gegen einander gestellte Schilde gehalten, in denen sich das Wappen von Zürich wiederholt. Herum in 16 Schildchen die Wappen der damaligen Züricher Vogteien: Andelfingen, Grüningen, Regenstorf, Eglisau, Maschwanden, Winterthur, Stein, Greifensee, Kyburg, Knonau, Stäfa, Elgg, Hedingen, Regensberg, Neu-Amt und Stammheim. Oben Laubwerk mit zwei herabhängenden Rosen. Haller 419. Mad. 2104. Cat. imp. 491. $2^{1}/_{32}$ Loth. S. g. e. RR.

6558. Thaler v. 1512. Av. vom Stempel zur Hauptseite des vorigen. Rev. wie vorher, mit geringen Abweichungen in der Zeichnung. $2^{1}/_{32}$ Loth. S. g. e. RR.

6559. Thaler v. 1512. Av. MON' o NOV' o THVRICENSIS o CIVITA : o IMPERIALIS ✿ Die 3 Heiligen u. s. w., wie vorher. Rev. Die 3 Schilde im Wappenkreise, wie auf den vorigen; statt der Rosen unter dem Laubwerke aber zwei Punkte. Haller 420. Sehr gut erhalten. RRR.

6560. Thaler v. 1526, angeblich aus Kirchengeräth und deshalb Kelchthaler genannt. Av. ✿ MON' o NO' o THVRICENSIS o CIVIT' o IMPERIALIS o I526 ✿ — Der gekrönte Schild mit dem Doppeladler, von zwei Löwen über die gegen einander gelehnten beiden Schilde von Zürich gehalten. Rev. Innerhalb zweier Wappenkreise der Schild von Zürich. Der äussere Kreis enthält in 18 Schilden die Wappen der bei dem Thaler von 1512 erwähnten Vogteien und die-

31

jenigen der Vogteien Rümlang und Sellenbüren; der innere Kreis zeigt in 9 Schilden die Wappen der Vogteien Meilen, Küssnacht, Zollikon, Horgen, Thalwyl, Kilchberg, Fluntern, Männedorf und Stäfa. (Mad. 2105. Haller 423, wo es aber beim Rev. noch heisst „und zu unterst der doppelt zürcherische Wappenschild“, was auf Irrthum beruhen wird.) $2^{9}/_{11}$ Loth. Vortrefflich erhalten. RRR.

6561. Thaler v. 1558. Av. MON' : NO' · TVRICENSIS · CIVIT' · IMPERI' · 58 ⚒ (unten durch eine Linie geschlossen) als des Münzmeisters Gutenson Zeichen. Stehender Löwe v. l. S., mit der linken Vordertatze den Zürichschild und auf der rechten den Reichsapfel haltend. Rev. DOMINE : CONSERVA : NOS : IN : PACE · — Der Doppeladler, mit Kopfscheinen, unter der Bügelkrone. Haller 434, wo mit „imperia“. S. g. e. R.

6562. Thaler v. 1558. Av. MONE' · NO' · TVRICENSIS : CIVIT' · IMPER' ⚒ (unten durch eine Linie geschlossen.) Rev. DOMINE · SERVA · NOS · IN · PACE · 58 — Vorstellungen, wie auf dem vorigen Thaler. Haller 435. Z. g. e. R.

6563. Thaler v. 1558. Av. MON · NO · THVRICENSIS CIVITATIS IMPERIALIS : — Ueber die beiden Zürichschilde halten zwei Löwen den gekrönten Schild mit dem Doppeladler. Unten 1558 · Rev. Der Zürichschild mit der Umschrift DNE SERVA NOS IN PACE ♧ Ausserhalb dieser Umschrift im Kreise herum (oben beginnend und von da linkshin herumlaufend) 9 Schilde mit den Wappen der Vogteien Kyburg, Grüningen, Regensberg, Eglisau, Greifensee, Andelfingen, Knonau, Wädenschwyl und Laufen, mit dazwischen ragenden Kleeblättern und Verzierungen. Im Wappen von Andelfingen schreitet der obere Löwe rechtshin, der untere linkshin. Haller 433. Mad. 2106. War gehenkelt. S. g. e. R.

(Der Schild von Knonau zeigt auf den Thalern v. 1558 u. 1559 die Mütze der Meyer v. Knonau, früher (1512 u. 26) und später (1714) das Wappenbild derer von Schnabelburg.)

6564. Klippe zu drei Thalern, von den Thalerstempeln v. 1559. Av. MON · NO · THVRICENSIS · CIVITATIS · IMPERIALIS · — Die beiden Löwen mit den drei Wappenschilden wie vorher. Unten · 1559 · Rev. wie der von Nr. 6563, doch schreiten im Wappen der Vogtei Andelfingen beide Löwen rechtshin und findet sich vor dem untern dieser Löwen ein Stern. Die Umschrift lautet DNE SERVA NOS IN PACE (in einander gestellt) ⁑ Die Ecken sind glatt. Gr. 47. $5^{7}/_{8}$ Loth. Haller 437. Mad. 5522. Vorliegendes Exemplar stammt aus v. Madai's Sammlung, bei deren Versteigerung es mit 15 Mark B̤co bezahlt wurde. S. g. e. RR.

6565. Dicker Doppelthaler von den Stempeln der vorerwähnten Klippe. Rund. Haller 438. $3^{29}/_{32}$ Loth. Vortrefflich erh. R.

6566. Thaler v. 1559, wie vorher, aber mit : 1559 · im Av., PACE (in einander gestellt) ⁑ im Rev. und kleinen Abweichungen in der Zeichnung beider Seiten. Haller 439. (Cat. imp. 491, sehr ähnlich.) S. g. e.

6567. Klippe zu $1^{1}/_{2}$ Thaler, von den Stempeln des vorigen. Die Ecken sind beiderseits, ebenfalls durch Prägung, mit zahlreichen kleinen Kleeblättern übersäet, zwischen denen in der rechten Oberecke der Hauptseite ein grosses E mit Punkten erscheint. Um das Bild der Rückseite läuft innerhalb dieser Kleeblätter noch ein theilweise unterbrochener Kreis von kleinen Rosen. Mit derartiger Eckenverzierung, die auf walzenförmigen Stempel schliessen lässt, findet dieser Thaler sich nicht bei Haller. Gr. 45. $2^{3}/_{4}$ Loth. Vortrefflich erhalten. RRR.

6568. Thaler v. 1559. Av. wie vorher, aber mit ♧ 1559 ♧ Rev. wie die Rückseite von Nr. 6563, die den Zürichschild sammt den Wahlspruch umgebenden Vogteiwappen folgen sich aber also: Kyburg, Grüningen, Regensberg, Eglisau, Greifensee, Knonau, Andelfingen, Wädenschwyl, Laufen. (Haller 440.) S. g. e. R.

6569. Thaler v. 1559. Av. wie die Hauptseite von Nr. 6563, aber mit ♦ 1559 ♦ und mit geringen Abweichungen in der Zeichnung; so steht das Ohr des rechten Löwen hier unter dem zweiten I in Imperialis, während es auf jenem unter dem R steht. Aussen am Rande herum sind Kleeblätter und Punkte (vergl. Nr. 6567) und rechts oben der untere Theil eines D (?) zu sehen. Rev. DOMINE ✿ CONSERVA ✿ NOS ✿ IN ✿ PACE (Ranken mit Lindenblättern, dazwischen zwei Rosen.) Der Doppeladler, mit Kopfscheinen, ohne Krone. Haller 442. Gr. 45. Vortrefflich erhalten. R.

6570. Thaler o. J. Av. MON ○ NO ○ THVRICENSIS ○ CIVITATIS ○ IMPERIALIS — Der Zürichschild zwischen zwei auf einer Leiste stehenden Löwen, die über denselben den Reichsapfel und die Bügelkrone halten. Rev. wie die Rückseite des vorigen, hinter der Umschrift aber Ranken mit Wein- oder Kleeblättern, links in eine Rose auslaufend. Haller 404. Mad. 4669. S. g. e.

(Die unter Nr. 6563—6570 aufgeführten Thaler sind augenscheinlich Arbeiten Jakob Stampfer's.)

6571. Schauthaler o. J., der Arbeit nach von Jakob Stampfer. Av. SAVLVS · SPIRANS · MINAS · ET · CÆDEM · ADVERSVS · DISCIPVLOS · IESV · IBAT · DAMASCV · ✿ Saul zu Pferde, linkshin reitend. Ein Bannerträger reitet zu seiner Linken, zwei andere Reiter folgen ihm. Dem Zuge voraus, rechts und links, eilen zwei Landsknechte und vor dem Landsknechte zur Rechten läuft ein Windhund. Rev. PROPE · VRBEM · PROSTRATVS · AVDIVIT · VOCEM : SAVL · SAVL · QVID · ME · PERSEQVERIS? ✿ Die Stadt Zürich, mit der durchfliessenden Limmat, von der Abendseite. Im Vordergrunde ist die Bekehrung Saul's dargestellt: ein zurücksinkender Reiter auf stürzendem Rosse und dahinter ein gestürztes Ross, das seinen Reiter (Saul) abgeworfen hat. Ueber der Stadt in Wolken die Erscheinung Christi. Haller 342. Meyer's angef. Schrift, Taf. II. 7. Gr. 45. $^{31}/_{32}$ Loth. Von schönster Erhaltung. RR.

6572. Goldkrone o. J., um 1561 geprägt und augenscheinlich von Jakob Stampfer. Av. RESPVBLCA (sic) ○ TIGVRINA o o — Der Doppeladler, mit Kopfscheinen, unter der Bügelkrone; auf seiner Brust der ausgeschweifte Zürichschild. Rev. DOMINE SERVA NOS IN PACE ✿ Lilienkreuz mit schraffirten Schenkeln. Zu Haller 398. Gr. 24. $^{15}/_{16}$ Duk. Von schönster Erhaltung. R.

6573. **Breites Schaustück** auf die Vereinigung der vier evangelischen Städte: Zürich, Bern, Basel und Schaffhausen, o. J. Av. Innerhalb eines aus Lorbeerästen gebildeten Vierpasses um das in einem Kranze erscheinende Kreuz die ausgeschweiften Schilde von Zürich (oben), Bern (rechts), Basel (links) und Schaffhausen (unten). Rev. Der Römer Curtius zu Ross, mit erhobenem Schwerte, dem rechts erscheinenden flammenden Abgrunde entgegen sprengend. Oben herum · PATRIÆ · ET — · AMICIS Haller 36. Der Avers hat grosse Aehnlichkeit mit den Arbeiten Stampfer's, zum Revers scheint eine italienische Arbeit benutzt zu sein. Vergoldeter Originalguss in Silber, mit 2 Henkeln. Gr. 59. $2^{31}/_{32}$ Loth. Sehr gut erh. RR.

6574. **Halbe Goldkrone** o. J., wie Nr. 6572, aber mit · RESPVBLICA · TIGVRINA · — Die Schenkel des Lilienkreuzes sind mit Punkten besetzt. Haller 400. Gr. 21. $^{7}/_{16}$ Duk. Gut erh.

6575. **Halbe Goldkrone** o. J. Av. · RESPVBLICA · TIGVRINA · ✿ — Doppeladler u. s. w., wie vorher. Rev. · DOMINE · SERVA · NOS · IN · PACE ✿ Lilienkreuz, wie vorher, aus jedem Winkel ragt ein Lindenblatt. Gr. 20. $^{15}/_{32}$ Duk. Sehr gut erh.

6576. **Halbe Goldkrone** o. J. Av. RESPVBLICA · TIGVRINA · ✿ ~ — Sonst, wie vorher. Rev. vom Stempel zur Rückseite der vorigen. Gr. 19. $^{16}/_{32}$ Duk. S. g. e.

6577. **Klippe** auf den Bund Zürich's und Bern's mit Strassburg, 1588. Av. In einem mit 4 Lilien besetzten gewundenen Kreise die ausgeschweiften Schilde von Zürich, Bern und Strassburg in Kleeblattform zwischen einem dreischenkeligen Blumenkreuze. Rev. DIE BV̊NT NVS IST | VON GOT | ERWELT / | DO MAN | 15 · 88 ZELT Haller 50. Gr. im □ 23. $^{5}/_{32}$ Loth. S. g. e.

6578. Eine andere derartige **Klippe**, mit geringen Abweichungen in der Zeichnung und mit BV̊NT : Gr. 23. $^{3}/_{16}$ Loth. S. g. e.

(Siehe auch unter Stadt Strassburg Nr. 7230.)

6579. **Schulprämie** v. 1600. Av. Das Wappen von Zürich und darüber der gekrönte Schild mit dem Doppeladler, von zwei Löwen gehalten. Rev. In einem Lorbeerkranze · S · P · Q · T · | LEER GIBT | EER | 1600 Haller 366. Gr. 25. $^{1}/_{4}$ Loth. War geh., g. e.

6580. **Dukaten** o. J. (um 1607 geschlagen.) Av. · — SANCTVS — CAROLVS — · — Der thronende Kaiser mit quer über den Schooss gelegtem Schwerte und dem Reichsapfel in der Linken. Rev. (U. b.) S FELIX — ✱ — S REGVLA — Die beiden Heiligen, rechts Felix, links Regula, dargestellt wie auf Nr. 6554 (doch ohne den Schild). Haller (392) nennt dieses Stück den seltensten der Züricher Dukaten. Gr. 22. 1 Duk. Vorzüglich erh. RR.

6581. **Dukaten** o. J. Av. In einem Lorbeerkranze · S · P · Q · | THVRICEN | SIS · Rev. DOMINE SERVA NOS IN PACE — Der sitzende Kaiser Karl, mit querüber gelegtem Schwerte und dem Reichsapfel, in einem innen mit Bogen besetzten Vierpasse. Haller 391. Mon. en or, 273. Gr. 24. $^{31}/_{32}$ Duk.

6582. Dukaten o. J. (zur Zeit K. Ferdinand's II. geschlagen.) Av. MONETA : NO : — THVRICENSIS — Der linkshin blickende Adler unter kleiner Krone; auf seiner Brust das Wappen. Rev. CIVITATIS — IMPERIALIS — Stehender gekrönter Kaiser (Karl der Grosse) v. r. S., im Harnisch und Mantel, Schwert und Reichsapfel haltend. Haller 393. Mon. en or, 273. Gr. 22. 1 Duk. Sehr gut erh. R.

6583. Halber Dukaten o. J., von den Stempeln des vorigen, aber in halber Stärke. Gr. 22. $^{16}/_{32}$ Duk. S. g. e. RR.

6584. Goldabschlag eines Angsters o. J., brakteatenartig. Innerhalb eines Perlenkreises der Schild von Zürich mit darüber gesetztem Z(ürich) Zu Seiten des Schildes ✿ — ✿ Gr. 15. $^1/_4$ Duk. S. g. e.

6585. Schaumünze o. J. Av. MONE : NOVA · THVRICENSIS — Der oben eckige, unten runde Schild, darüber der einköpfige Adler (Batzenstempel). Rev. (U. b.) VESPASIANVS ROM : IMP : AVG : — Dieses Kaisers belorbeerte Büste v. r. S., mit wenig Gewand. Bisher unbekanntes Gepräge. Gr. 26. $^3/_4$ Loth. Vergoldet, sehr gut erhalten. RRR.

6586. Halber Thaler v. 1620. Av. ✿ — MONETA · NOVA · THVRICENSI — S — Der Schild, von einem hinter demselben stehenden Löwen gehalten, der Schwert und Reichsapfel führt. Rev. CIVITATIS IMPERIALIS · I6 · 20 · Der Doppeladler mit Kopfscheinen. Haller 452. Geringhaltig. Gut erh. R.

6587. Thaler v. 1622. Av. MO ⁝ NO ⁝ THVRIC ⁝ CIVITA ⁝ IMPERIALIS ✿ I622 Der aufgerichtete Löwe v. l. S., auf getäfeltem Boden stehend, hält Schild, Schwert u. Reichsapfel. Rev. DOMINE ✿ CONSERVA ✿ NOS ✿ IN ✿ PACE — Der Doppeladler, mit Kopfscheinen, unter der Krone. Haller 457. Mad. 2107. Cat. imp. 491. S. g. e.

6588. Halber Thaler v. 1622. Av. MONETA ✿ NOVA ✿ THVRICENSIS ✿ I622 Der Löwe mit Schild, Schwert und Reichsapfel, wie vorher. Rev. CIVITATIS ✿ · IMPERIALIS (Laubwerk) Der Doppeladler, mit Scheinen. Haller 458. Doppelschlag, s. g. e.

6589. Guldenförmiger Pathenpfennig v. 1622. Av. wie der von Nr. 6588, aber mit I622 ✿ Rev. In einem, mit 4 Rosen belegten Kranze ✿ LASSEND | DIE KINDLIN | ZV MIR KOM ⁝ | DAÑ IHREN | IST DAS RYCH | GOTTES • Haller 354. Gr. 34. $^{13}/_{16}$ Loth. G. e.

6590. Ein anderer derartiger Pathenpfennig, im Av. nur in der Damascirung des Schildes verschieden, im Rev. gleichen Stempels mit vorigem. $^7/_8$ Loth. S. g. e.

6591. Dicker Doppelthaler v. 1624. Av. MO ✿✿ NO ✿✿ THVRIC ✿✿ CIVITA ✿✿ IMPERIALIS ✿✿ I624 ✿✿ Der Löwe, wie vorher, mit verziertem Schilde, sammt Schwert und Reichsapfel, auf getäfeltem und geblümtem Boden. Rev. ✿ DOMINE ✿ CONSERVA ✿ NOS

✿ IN ✿ PACE ✿ — Der Doppeladler, wie auf Nr. 6587. Haller 460. Monn. en or, 273. Gr. 42. $3^{27}/_{32}$ Loth. S. g. e. R.

6592. Ein zweites Exemplar dieses Doppelthalers. $3^{29}/_{32}$ Loth. Wenig Doppelschlag. S. g. e.

6593. Schaustück v. Friedr. Fechter, 1638. Av. Die grosse und die kleine Stadt, mit ihren Befestigungswerken, vom linken Sihl-Ufer aus gesehen. Darüber in strahlenden Wolken ein Engel mit Lorbeerkranz, Palmzweig und Stadtwappen. Oben herum auf einem Bande DOMINE CONSERVA NOS IN PACE Am rechten Zipfel des Bandes zwei Buchstaben, am linken 1638 Rev. Fortuna auf einer in einer Muschel liegenden Kugel stehend, inmitten des Sees; im Hintergrunde rechts ein Schiff mit der Züricher Flagge, links ein Theil der Stadt. Oben herum + IN VNN: — GLICK VERZAG NID + Unten herum (Blume) F + (C · H) + F (Blume) Haller 347. Monn. en or, 273. Gr. 44. $^{21}/_{32}$ Loth. Vergoldet. S. g. e.

6594. Viertel-Dukaten v. 1639. Av. ✿ DNS PRO — · — TECTOR · — ✿ — Stehender Krieger von vorn, mit der erhobenen Rechten den in die Seite gestemmten Kommandostab, mit der Linken den Schild von Zürich haltend. Rev. In einem Lorbeerkranze · S · P · Q · | THVRI | CENS | 1639 (Vgl. Haller 467.) Gr. 15. ¼ Duk. S. g. e. R.

6595. Thaler v. 1640. Av. MONETA ✿ NOVA ✿ REIPVBLICAE ✿ THVRICENSIS (✿?) Zwei auf einer Leiste stehende Löwen halten den verzierten ovalen Wappenschild und über denselben einen Lorbeerkranz. Unter der Leiste 16 — 40 Rev. vom Stempel zur Rückseite der Nr. 6591. Haller 468. Cat. imp., Suppl. 24. G. e.

6596. Ovale Medaille. Av. · GRATITVD · SYMBOL · S · P · Q · TIGVRINI · (Kleeblatt.) Der aufrechtstehende, Schild und Reichsapfel haltende Löwe v. r. S. Rev. Der h. Georg auf linkshin sprengendem, gerüstetem Rosse, im Kampfe mit dem Lindwurme. Haller 327. Könnte im Wädenschwyler Aufstande 1646 einigen treu Gebliebenen ausgetheilt worden sein. Höhe 39. Br. 33. 1¼ Loth. Originalguss. S. g. e.

6597. Thaler v. 1646. Av. MONETA ✿ NOVA ✿ REIPUBLICÆ ✿ TIGURINÆ — ‡ ✿ ‡ Die zwei auf einem Untersatze gegen einander gelehnten Züricher Schilde, durch zwei Löwen gehalten, von denen der eine ein Schwert, der andere einen Palmzweig führt. Rev. In einem Lorbeerkranze unter einer Verzierung DOMINE | CONSERVA | NOS IN | PACE | 1646 Haller 479. Mad. 2108. Gut erh.

6598. Thaler v. 1647. Av. MONETA ✿ NOVA ✿ REIPVBLICÆ ✿ TIGVRINÆ · ✿ · Zwei Löwen halten auf einem Untersatze die zwei neben einander stehenden Schilde, über dieselben aber einen Lorbeerkranz. Rev. In einem oben mit einem Engelskopfe besetzten, henkelartig verzierten, runden Rahmen DOMİNE | CONSERVA | NOS İN PACE | • 1647 • | • Haller 482. Mad. 4670. Mon. en or, 273. S. g. e.

6599. Dukaten v. 1651. Av. DOMINE · CONSERVA · NOS · IN · PACE · 16 ✿ 51 · Der verzierte ovale Schild. Rev. In zierlicher, oben mit einer Lilie besetzter Cartouche DVCATVS | NOVVS | REIPVBL | TIGVRI Haller 488. Mon. en or, 273. Gr. 21. 1 Duk. S. g. e.

6600. Dicker Doppelthaler v. 1651. Av. MONETA * NOVA * REIPVBLICÆ *TIGVRINÆ * — Der aufgerichtete Löwe v. l. S., Reichsapfel und Schwert über den ausgeschweiften Schild haltend. Am Boden eine blühende Tulpe. Rev. Die Stadt, vom See aus gesehen. Oben herum · DOMINE · CONSERM · NOS · IN PACE · Im Abschnitte ✿ MDCLI ✿ (aus MCDLI verbessert) Darunter eine Verzierung. Haller 491. Gr. 39. 3 29/32 Loth. Von seltener Schönheit. RR.

6601. Thaler v. 1651. Av. : MONETA ✿ NOVA ✿ REIPVBLICAE ✿ TIGVRINAE · ✿ · — Der Löwe, wie vorher, aber auf getäfeltem Boden. Rev. vom Stempel zur Rückseite des vorigen. Haller 492. Mad. 4671. S. g. e.

6602. Halber Thaler v. 1652. Av. MONETA × NOVA × REIPVBLICAE TIGVRI — NÆ × Der mit Schnitzwerk gezierte Schild, auf grasigem Boden, von zwei Löwen gehalten, die Schwert u. Reichsapfel führen. Rev. In einer oben mit einem Engelskopfe besetzten Einfassung DOMIZE | COZSER | ✿ VA · ИOS ✿ | IИ · PACE · 16 — 52 Haller 494a. Gr. 35. 31/32 Loth. S. g. e.

6603. Ein zweites Exemplar dieses halben Thalers. 31/32 Loth. S. g. e.

6604. Vierteltbaler (halber Gulden) v. 1652, mit den Stempeln zu vorigem geprägt. Haller 495. Gr. 33. 17/32 Loth. S. g. e.

6605. Halber Dukaten v. 1654. Av. DOMINE · CONSERVA · NOS · IN · PACE ✿ Henkelartig verzierter ovaler Schild. Rev. In einem Lorbeerkranze ~✿~ | ANNO | DOMINI | 1654 Gr. 18. ½ Duk. S. g. e.

6606. Thaler v. 1660, der sog. Waser- (oder Hochmuths-)Thaler. Av. MONETA NOVA REIPVBLICÆ TIGVRINÆ ✿ Der mit einer offenen Krone bedeckte, unten abgerundete Schild zwischen Lorbeerzweigen. Rev. Auf einem rund herum gelegten Bande (u. b.) DOMINE CONSERVA NOS IN PACE In der Mitte MDC | LX und darunter eine herald. Lilie, von der man damals meinte, es habe sie der Bürgermeister Waser mit Beziehung auf die von ihm gewünschte, von Anderen bekämpfte Erneuerung des Bundes mit Frankreich auf diesen Thaler setzen lassen. Als missliebig wurden diese Thaler wieder aufgewechselt. Der Name Hochmuthsthaler beruht auf der irrigen Annahme, der Seckelmeister Schneeberger (der aber schon 1658 gestorben war) habe mit der Lilie sein Wappen auf den Thaler gebracht. Haller 499. Mad. 7056. Gr. 40. S. g. e. R.

6607. Doppeldukaten v. 1673. Av. DOMINE ✿ CONSERVA ✿ NOS ✿ IN ✿ PACE ✿ Der emporgerichtete Löwe v. l. S., mit Schild und Schwert, auf gedieltem Boden. Rev. Unter einem Engelskopfe und zwischen Verzierungen JÜSTİCİA (im Stempel stand früher IİSTİCİA) | · ET · | CONCORDİA | i6 — 73 Haller 522. 1 31/32 Duk. S. g. e.

6608. Viertelthaler v. 1674. Av. MONETA · NOVA · REI — PVBLICÆ · TIGVRINÆ · Der Löwe, wie vorher, auf einer Leiste. Unten ein Oval mit $^1/_4$ Rev. Unter einem Engelskopfe zwischen Laubwerk DOMİNE | CONSERVA | NOS IN PACE | 16 : 74 (Haller 527.) S. g. e.

6609. Halber Dukaten v. 1677. Av. DOMINE etc. Der Löwe, wie vorher, mit Schild und Palmzweig. Rev. In einem Lorbeerkranze ANNO | DOMİNI | 1677 Haller 529. Gr. 17. $^1/_2$ Duk. Doppelschlag. S. g. e.

6610. Halber Gulden o. J. Av. MONETA * NOVA * REIPVBLICÆ * TIGVRINÆ * Verzierter ovaler Schild. Rev. In einer Einfassung DOMINE | CONSERVA | NOS IN | PACE Unten (20) d. i. Schillinge. Haller 409. Gr. 30. $^9/_{16}$ Loth. S. g. e.

6611. Halber Gulden o. J. Av. MONETA NOVA REIPVBLICÆ TIGVRINÆ · Verzierter ovaler Schild, mit Palmzweigen besteckt. Rev. wie vorher, aber mit NOS · İN Oben eine Fratze, unten ein Oval mit 20 S. g. e.

6612. Schulprämie o. J. Av. Zwei aufgerichtete Löwen halten den ovalen Schild und darüber einen Lorbeerkranz, worin S · P · Q · T · Am gedielten Boden H I B (Hans Jak. Bullinger, Stplschn. u. Mzmstr. in Zürich 1660—1700) Rev. In einem Lorbeerkranze LEHR | GIBT · EHR Haller 373. Gr. 25. $^{11}/_{32}$ Loth. Gehenk. S. g. e.

6613. Prämie o. J., für Knaben, die ihr militär. Exercitium beendet. Av. PRO ARIS — ET o FOCIS o Der aufgerichtete Löwe v. l. S., mit ovalem Schilde und mit dem Schwerte. Am gedielten Boden H I B Rev. In einem Lorbeerkranze GLORIA | IN | EXCELSIS | DEO Haller 357. Gr. 30. $^7/_{16}$ Loth. S. g. e.

6614. Thaler v. 1694. Av. MONETA * NOVA * REIPVBLICÆ * TIGVRINÆ * Der Löwe, wie auf Nr. 6607. Rev. Unter einem Engelskopfe DOMINE | CONSERVA | NOS IN PACE | 1694 Zu den Seiten Laubwerk mit Früchten, unten zwei gekreuzte Palmzweige. Haller 541. G. e.

6615. Dicker Doppelthaler v. 1695. Av. wie vorher, der Löwe aber auf getäfeltem Boden. Rev. Unter einer in Blattwerk auslaufenden Fratze * | IUSTITIA | ET | CONCORDIA | 1695 Unten zwei gekreuzte Palmzweige mit Bandschleife. Haller 542. Gr. 41. $3^{27}/_{32}$ Loth. Vorzüglich erh. R.

6616. Thalerförmiges Schaustück o. J., zu Geschenken verwendet. Av. AMICITIÆ ❁ ET ❁ HONORIS ❁ MONUMENTVM (Ranke) Der aufgerichtete Löwe mit Schwert und Schild, den ein Palmzweig ziert. Am grasigen Boden H I B Rev. Die Stadt, vom See aus gesehen. Oben herum auf einem Bande DOMINE CONSERVA NOS IN PACE Haller 328a. Gr. 43. $1^3/_4$ Loth. G. e.

6617. Thalerförmige Medaille auf das Rathhaus zu Zürich, 1698. Av. Die Stadt mit ihren Befestigungswerken, vom linken Sihlufer aus gesehen. Darüber in Wolken ein Engel mit einem Palmzweige und dem Wappen. Oben herum auf einem Bande DOMINE etc., wie bei Nr. 6616. Ganz unten I B Rev. Das Rathhaus. Oben, zu Seiten des mit Palmzweigen besteckten Schildes, DEO ET — PATRIÆ Im Abschnitte CURIA — NOVA TIG(urina) · | DEDIC(ata) · IX CAL · IUL · | MDCXCVIII | H I B Haller 319. Gr. 42. 1$^{9}/_{32}$ Loth. Sehr gut erh.

6618. Breites Schaustück o. J., von Thalergepräge. Av. AMICITIÆ ⊕ ET — HONORIS — MONUMENTVM — — (statt der Striche Laubwerk.) Der aufgerichtete Löwe mit Schwert und ausgeschweiftem Wappenschilde. Am getäfelten Boden H I B Die Stadt, wie vorher. Darüber das Wappen. Oben herum auf einem Bande DOMINE CONSERVA NOS IN PACE Ganz unten H I B (Haller 328.) Gr. 56. 5$^{1}/_{4}$ Loth. Diente als Pathenpfennig und zu Geschenken an Gesandte u. s. w. Vorzüglich erhalten. R.

6619. Halber Thaler zu 36 Schillingen v. 1705. Av. MONETA ✿ NOVA ✿ REI — PVBLICÆ ✿ TIGVRINÆ ✿ Der aufgerichtete Löwe v. l. S., mit Schwert und verziertem, ovalem Schilde, auf gedieltem Boden. Unten in einem gewundenen Kreise ½ Rev. Unter Schnitzwerk DOMINE | CONSERVA | NOS IN | PACE | 17 (36) 05 Darunter Lorbeer- und Palmzweig gekreuzt. Haller 548. Gr. 34. S. g. e.

6620. Medaille o. J., zu Ehrengeschenken bestimmt. Av. AMICITIÆ ✿ ET ✿ HONORIS ✿ MONUMENTVM ✿ Der Löwe wie vorher, aber mit vorwärts gewandtem Kopfe und auf grasigem Boden. Rev. ähnlich dem von Nr. 6616; der Wahlspruch steht nicht auf einem Bande. Haller 328b. Gr. 46. 3$^{1}/_{4}$ Loth. S. g. e.

6621. Medaille o. J., von Hans Jakob Gessner, sen., Stempelschn. und Münzmstr. zu Zürich, 1706—1736. Av. Beide Stadtseiten sammt ihren Befestigungswerken, aus der Vogelperspektive. Ueber dem Plane auf einem Bande TIGVRVM Rev. PIETAS AD OMNIA VTILIS EST Die Gottesfurcht, in Gestalt einer weibl. Figur, hält ein flammendes Herz über einen Altar, auf welchem ein Feuer brennt. In ihrem linken Arme hält sie ein Füllhorn, den Merkurstab und einen Oelzweig. Am Boden H G (Hans Jakob Gessner, sen.) Randschrift ET PAX ET VIRTVS ET PLENO COPIA CORNV A DOMINO NOBIS EX PIETATE FLVVNT • Haller 355. In Thalergrösse. S. g. e.

6622. Grosse Medaille o. J. Av. RESPUBLICA — TIGURINA ♣ Der verzierte ovale Wappenschild von zwei auf Postamenten stehenden Löwen gehalten, von denen der eine das Schwert, der andere den Palmzweig führt. Rev. IUSTITIA ET CONCORDIA Die Gerechtigkeit, mit Waage und Schwert, und Minerva, mit den Fasces, neben einander stehend. Am grasigen Boden H I G Abschnitt leer. Haller 320. Gr. 66. 5$^{7}/_{16}$ Loth. Stempelsprung im Av. S. g. e.

6623. Goldene Medaille auf den Bund zwischen Venedig, Zürich und Bern, 1706. Av. QVOS TRINVS IVNXIT FOEDERE Der sitzende Markuslöwe, mit Schwert und Evangelienbuch, zwischen zwei aufgerichteten, mit Schwertern bewehrten Löwen, von denen der rechts den Schild von Zürich, der links den von Bern hält. Im Abschnitte ✿ FIRMAT ✿ | AMOR Rev. SER · REIP · | VENETÆ | CVM ILL ·

REB · PP · | TIGVR · ET · BERN | RENOV · FOEDERIS | MONVMENTVM | 1706 Haller 92. Gr. 26. $1^{11}/_{32}$ Duk. S. g. e.

6624. Belohnungs-Medaille v. 1707. Av. AMICITIÆ ET HONORIS MONUMENTUM · Wappen mit den beiden Löwen, ähnlich wie auf Nr. 6622. Auf dem getäfelten Boden unter dem Schilde H G Rev. Die Stadt mit ihren Befestigungen, von der Gegend des Uetliberges aus gesehen. Unten H G Oben in einer Cartouche TIGURUM Randschrift DoMInE ✿ ConsERVA ✿ NOS ✿ IN ✿ PACE ✿ Haller 331. Gr. 49. $2^{23}/_{32}$ Loth. S. g. e.

6625. Dieselbe Medaille ohne Randschrift. $3^{4}/_{32}$ Loth. Vorzüglich erhalten.

6626. Medaille auf den Bund Zürich's mit den 3 Bünden in Rhätien, 1707. Av. IUNGIT FOEDERA PACTA FIDES • Zwei behelmte, römisch kostümirte Frauen mit den Schilden von Zürich und dem der 3 Bünde reichen sich die Hände über einen Altar, worauf der Bundesbrief liegt. Rev. MONUMENTUM | ILLUSTR · REIP · | TIGURINAE | CUM ILLUSTR · REP · | TRIUM FOEDERUM | RHAETORUM | CONFOEDERATIONIS · | CELEBRATAE · | TIGURI D · V · MAII | MDCCVII · Haller 93. Gr. 39. $1^{1}/_{8}$ Loth. S. g. e.

6627. Thaler v. 1707. Av. MONETA NOVA REIPUBLICÆ TIGURINAE · ✿ — Der Löwe, wie auf Nr. 6619, aber auf getäfeltem Boden. Rev. In einem aus Lorbeer- und Palmzweig gebildeten Kranze DOMINE | CONSERVA | NOS IN | PACE · | 1707 · Gezackter Rand. (Haller 549, wo REIPUBLICAE). S. g. e.

6628. Thaler o. J. Av. MONETA REIPVBLICAE TIGVRINAE • — Der Löwe, wie vorher, aber auf grasigem Boden. Der ovale Schild ist mit Perlen besetzt. Rev. Ansicht der Stadt, wie auf Nr. 6624. Oben herum DOMINE CONSERVA NOS IN PACE Gezackter Rand. Haller 408. S. g. e.

6629. Medaille v. 1712, auf den Toggenburger Krieg. Av. HOC — DVCE — PVGNAMVS ○ Der aufgerichtete Löwe, mit Schwert und dem Züricher Schilde, und der aufgerichtete Bär, mit dem Schwerte und dem Schilde von Bern, einander gegenüber gestellt. Oben die strahlende Sonne. Am Boden H I G Rev. VNITI CRESCVNT SPLENDORE LEONES ET VRSI Ein mit den Fahnen der 7 eroberten Städte und Landschaften (Wyl, Baden, Bremgarten, Rapperschwyl, Mellingen etc.) besteckter Harnisch über Kriegsgeräthen. Der Helm rechts, links eine Trommel. Im Abschnitte M · DCC · XII · Haller 96. Gr. 49. $3^{1}/_{32}$ Loth. S. g. e.

6630. Desgleichen. Av. vom Stempel zur Hauptseite der vorigen. Rev. wie die Rückseite der vorigen, aber von anderer Zeichnung; die Trommel fehlt, der Helm liegt links vom Harnisch. Im Abschnitte MDCCXII Haller 95. Gr. 50. $3^{1}/_{16}$ Loth. Mit Stempelsprung durch die Jahrzahl. S. g. e.

6631. Halber Thaler v. 1712, auf gleiche Veranlassung. Wie die vorangegangene Medaille, aber mit 1712 und kleinen Aenderungen in den unter dem Harnische liegenden Waffen. Haller 98. Mad. 7058. Cat. imp. 491. Gr. 34. 1 Loth. S. g. e.

6632. Medaille, sog. Wappenthaler, v. 1714. Av. RESPVBLICA — TIGVRINA Die beiden Löwen mit dem Wappen, ähnlich wie auf Nr. 6622. Am Fussgestelle rechts H G In einer Cartouche unter dem Schilde vertieft 1714 Rev. Innerhalb zweier Wappenkreise, von denen der innere die Schilde der 18 inneren und der äussere die Schilde der 25 äusseren Vogteien enthält, die vierzeilige Aufschrift NUMINE | PROPITIO | PATRIA | FLORET Haller 333. Gr. 51. 3³/₃₂ Loth. S. g. e.

6633. Thaler v. 1715. Av. (Links u. b.:) MONETA • REIPUBLICÆ — TIGURINÆ • Der aufgerichtete Löwe v. l. S., mit Schwert und verziertem, ovalem Schilde, auf grasigem Boden. Rev. In einem aus Lorbeer- und Palmzweig gebildeten Kranze IUSTITIA | ET | CONCORDIA | 1715 Randschr. DOMINE ✿✿✿ CONSERVA ✿✿✿ ✿✿✿ NOS ✿✿✿ IN ✿✿✿ PACE ✿✿✿✿✿ Haller 566. S. g. e.

6634. Medaille v. 1718, auf den Toggenburger Krieg, den Frieden von Aarau und den von Baden. Av. Eine sitzende behelmte weibl. Figur mit Oel- und Palmzweig. Zu ihren Füssen Waffenstücke. Oben herum die Wappen der mit einander im Kriege gewesenen 7 Kantone: Zürich, Bern, Luzern, Uri, Schwyz, Unterwalden u. Zug. Im Abschnitte PAC · AROV · HELV · CONCL | ET · SIGN · DD · 18 · IUL | 9 · ET · 11 · AVG · | 1712 · Rev. Die neben einander gestellten Schilde von Zürich, Bern und dem Abte von St. Gallen, von 2 aus Wolken kommenden Händen an Bändern gehalten. Im Abschn. PAC · BAD · CONCL · ET · SIGN | TIG · ET · BERN · CVM · ABB | S · GALLI · D · 15 · IVN | 1718 · Haller 100. Gr. 37. 1¹⁶/₃₂ Loth. S. g. e.

6635. Medaille von H. J. Gessner, auf die 2. Säkularfeier der Reformation, 1719. Av. MAGISTER HVLDRICVS ZVINGLI · Brustbild v. l. S., mit Klappmütze. Im Abschnitte ÆT · 48 AN · 1531 Rev. In 10 Zeilen LUCE | EVANGELII | etc. Haller 308. Gr. 35. 1 Loth. Gut erhalten.

6636. Thaler v. 1723. Av. MONETA REIPUBLICÆ TIGURINÆ Der verzierte ovale Schild, vor zierlichem Untersatze von zwei Löwen gehalten, von denen der eine das Schwert, der andere den Palmzweig führt. Rev. Die Stadt von der Seeseite. Am Berge hinter der kleinen Stadt H I G Oben herum DOMINE CONSERVA NOS IN PACE Unten in kleiner Cartouche vertieft 1723 Gezackter Rand. Haller 588. S. g. e.

6637. Halber Thaler v. 1723. Av. MONETA REIPUBLICÆ TIGURINAE ✿ Der Löwe, wie auf Nr. 6633. Am Boden in kleinem Ovale ½ und rechts H I G Rev. Ansicht der Stadt u. s. w., wie vorher; anstatt der Ueberschrift aber auf kleinem Bande TIGURUM Gezackter Rand. Haller 590. S. g. e.

6638. Medaille auf das neuerbaute Zunfthaus der Kaufleute oder zur Safran, 1724. Av. AVGVSTIOR ET COMMODIOR · Das neue Gebäude, vom Rathhausplatze aus gesehen, mit flachem Dache und Pyramiden und Vasen um dasselbe. Im Abschnitte TRIB · MERC · REST · | MDCCXXIV · Rev. SPECIMEN ALLICIT (Eisenhütchen) Am Ufer eines Sees steht ein Kaufmann, auf einen mit Früchten belegten

Altar gestützt, an welchem das Wappen der Zunft (zwei gekreuzte Lilienstäbe) und unten ELIGO Im Abschnitte MONUMENTUM | GRATITUDINIS | H I G Haller 321. Gr. 49. 3$^1/_{32}$ Loth. S. g. e.

6639. Thaler v. 1732. Av. wie der von Nr. 6637, aber mit einem Punkte statt des Röschens und ohne (½) Rev. Unter Schnitzwerk IUSTITIA | ET | CONCORDIA | 1732 Unten Lorbeer- und Palmzweig, gekreuzt. Gezackter Rand. Haller 625. Cat. imp. 492. Sehr gut erh.

6640. Thaler v. 1734. Av. wie der von Nr. 6633, mit grösseren Sternen in der Umschrift und getäfeltem Fussboden. Rev. wie die Rückseite von Nr. 6636, doch ohne H I G und mit Abweichungen in der Zeichnung. Die Fraumünster-Kirche hat hier (statt der abgebrannten zwei Thürme nur) einen Thurm. Jahrzahl in unverziertem Ovale. Gezackter Rand. Haller 632. S. g. e.

6641. Medaille v. 1736, auf das 400jährige Bestehen der Zünfte zu Zürich. Av. RUDOL · BRUN MILES PRIMUS MAGISTER CIVIUM Dessen Brustbild v. r. S. Unter der Schulter H I G · Unten · 1736 · Rev. FUNDAMENTUM REIPUB · TIGURINÆ Ein mit dem Züricher Wappen geschmückter Altar, worauf der beschworene Brief. Darunter MCCCXXXVI Aussen herum die Schilde der 13 Zünfte: zum Rüden oder Konstafel, zur Safran (Krämer), zur Meise (Weinleute), zur Schmieden, zum Weggen (Pfister oder Bäcker), die Gerber, zum Widder (Metzger), die Schuhmacher, zu den Zimmerleuten (zum rothen Adler), die Schneider, zu den Schiffleuten, Grempler (zum Kameel) und zur Waag (Weber). (Probestück Hans Jakob Gessner's, des Jüngeren.) Haller 151. Gr. 49. 3 Loth. S. g. e.

6642. Thaler v. 1741. Av. MONETA REIPUBLICAE TIGURI · Der verzierte ovale Schild, vor einem Untersatze, von auswärts blikkenden Löwen gehalten, von denen der eine das Schwert, der andere den Palmzweig führt. Rev. und Rand wie bei Nr. 6640. Sehr gut erhalten.

6643. Medaille v. 1744, auf das sog. Venedigli, eine jetzt mit dem Lande verbundene Insel im Zürichsee, die von 14 jungen Züricher Kaufleuten aus den Geschlechtern Orell, v. Muralt, Pestalozzi, Schulthess u. s. w. erworben wurde, unter der Bestimmung, dass der Ueberlebende sie erben solle. Jetzt gehört das Gut Herrn Hôtelbesitzer Baur. Av. Der Markuslöwe mit offenem Buche, worin S(ocietà) · D(i) · — S(an) · M(arco) Am Untersatze ANT · DASSIER · FILS · F · und MDCCXLIV · Rev. Eine links aus Wolken kommende Hand mit einem Bunde Pfeile. Darunter auf einem Bande DIC ET FAC · Haller 325. Gr. 28. ½ Loth. Nur 14mal in Gold und 14mal in Silber geprägt. S. g. e. RRR.

6644. Halber Thaler v. 1745. Av. MONETA REIPUBLICÆ TIGURINÆ — · — Der Löwe wie auf Nr. 6633; am Boden ein Oval mit ½ Rev. Ansicht der Stadt, vom See aus (Nr. 6640); am Berge hinter der kleinen Stadt H I G Oben TIGURUM Unten in einer Cartouche vertieft 1745 Gezackter Rand. Haller 662. G. e.

6645. Thaler v. 1748. Av. MONETA REIPUBLICÆ TIGURINÆ — Der Löwe, wie bei Nr. 6633, auf bewachsenem Boden. Rev. wie der von Nr. 6640, aber mit 1748 unten im Ovale. Gezackter Rand. Haller 669. G. e.

6646. Halber Gulden v. 1753. Av. MONETA REIPUBLICAE TIGURINAE ✿ Mit Schnitzwerk reich verzierter ovaler Schild. Rev. DOMINE | CONSERVA | NOS IN | PACE | 1753 in einer mit Lorbeer- und Palmzweig besteckten Cartouche, in deren Fusse 20 (Schillinge) Haller 683. $^{17}/_{32}$ Loth. Gr. 31. S. g. e.

6647. Achteckige Schulprämie von runden Stempeln, 1765. Av. MONETA REIPUB · TIGURINÆ · — Der Löwe, wie auf Nr. 6640. Rev. S · P · Q · T · | LEHR · GIBT | EHR | 1765 Oben Schnitzwerk, unten Lorbeer- und Palmzweig kreuzweis. Haller 389. Gr. 28. $^{3}/_{8}$ Loth. S. g. e.

6648. Thaler v. 1773. Av. MONETA REIPUBLICÆ TURICENSIS · — Der aufgerichtete Löwe v. l. S., aber vorwärts blickend, hält mit der rechten Tatze, um die ein Blumenkranz hängt, den ovalen, an der linken Seite mit einem Palmzweige geschmückten Schild, u. mit der linken das Schwert. Rev. (U.b.) IUSTITIA ET CONCORDIA — Schwert, Palm- und Lorbeerzweig, von einem Blumenkranze umschlungen, auf zierlichem Untersatze, an dessen Oberfläche rechts v (oster in Diessenhofen.) Unten ∗ 1773 ∗ Gezackter Rand. Vom berühmten Salomon Gessner entworfener, nur in etwa 36 Exemplaren geprägter Thaler. Haller 713. Mad. 7061. Von schönster Erhaltung. RRR.

6649. Halber Thaler v. 1773, wie der vorige, aber mit A' (klein) unter der Leiste, worauf der Löwe steht, und mit ✿ 1773 ✿, doch ohne v im Rev. Haller 715. Mit Stempelsprung im Rev. Nur in sehr wenigen Exemplaren geprägt. Vortrefflich erhalten. RRRR.

6650. Thaler v. 1773. Av. vom Stempel zur Hauptseite von Nr. 6648. Rev. In einer mit Blumengewinden geschmückten Einfassung von Schnitzwerk IUSTITIA | ET | CONCORDIA | 1773 Gezackter Rand. Haller 714. S. g. e.

6651. Grosse Medaille o. J., zu Ehrengeschenken und Auszeichnungen bestimmt. Av. RES — PUBLICA TURICENSIS · Zu Seiten einer mit dem Wappen und Guirlanden geschmückten kurzen Säule, auf welcher Schwert, Palmzweig und Freiheitshut liegen, ruht ein Löwe, vorwärts gekehrt, ein Füllhorn hütend, dem Früchte entrollen. Am Abschnitte rechts I · C · MK (verb.) · F ·, (d. i. Joh. Casp. Mörikofer, geb. 1733, † 1790.) Rev. BENE MERENTI · Minerva, sitzend, v. l. S., bietet mit ihrer Rechten einen Lorbeerkranz dar, während sie den linken Arm auf einer Lorbeerkränze enthaltenden Vase ruhen lässt. Ganz unten herum I · C · MORIKOFER F Haller 332. Gr. 73. 11 (eilf) $^{23}/_{32}$ Loth. S. g. e.

6652. Dergleichen kleinere Medaille, wie die vorige, aber mit RESP — UBLICA auch steht beiderseits I · C · MK (verb.) · F ·, und zwar im Av. unten am Rande, im Rev. links am Abschnitte. Gr. 60. $6^{3}/_{32}$ Loth. S. g. e.

6653. Medaille der Zunft zur Safran, 1774. Av. Das Zunfthaus, wie es noch dermalen ist, vom Rathhause aus gesehen. Im Abschnitte MDCCLXXIV · | I · C · MK(verb.) · F · Rev. FIDELITATI ET INDUSTRIÆ · Merkur, an einem mit dem Zunftwappen gezierten Altare lehnend. Am Boden Waage und Füllhorn. Im Abschnitte links MK(verb.) · F · Haller 322. Gr. 50. $3^{11}/_{32}$ Loth. S. g. e. R.

6654. Dukaten v. 1775. Av. DUCATUS REIPUBLICÆ TURICENSIS ✱ Der mit Palmzweigen geschmückte ovale Schild, von dem das Schwert führenden Löwen gehalten. Rev. In einer unten durch zwei gekreuzte Füllhörner geschlossenen, mit Blumengewinden behangenen Einfassung IUSTITIA | ET | CONCORDIA | 1775 · Nur in wenigen Exemplaren geprägt. Haller 721. Gr. 21. 1 Duk. Sehr gut erhalten. R.

6655. Doppeldukaten v. 1776. Av. MONETA REIPUBLICÆ TURICENSIS — Der ovale Schild, von zwei auf einer Leiste stehenden, Schwert und Palmzweig führenden Löwen gehalten. Rev. wie vorher, aber mit 1776 · Geperlter Rand. Haller 722. Gr. 25. $1^{31}/_{32}$ Duk. S. g. e.

6656. Halber Dukaten v. 1776. Av. MONETA REIPUB · TURICENSIS ✱ Sonst wie Nr. 6654, unter der ausgebogenen Leiste aber ½ Rev. wie vorher. Haller 723. Gr. 17. ½ Duk. S. g. e.

6657. Thaler v. 1776. Av. (U. b.) MONETA REIPUBLICÆ TURICENSIS · — Löwe und Wappen, wie auf Nr. 6654. Rev. wie der von Nr. 6655. Gezackter Rand. Haller 724. S. g. e.

6658. Halber Gulden v. 1776. Av. MONETA REIPUBLICÆ TURICENSIS Der mit Schnitzwerk und Laubgewinden gezierte ovale Schild. Im Abschnitte 20 · SCHIL · Rev. In einer mit Guirlanden behangenen Einfassung von Schnitzwerk die Aufschrift der vorigen. Gezackter Rand. Haller 726. S. g. e.

6659. Militärische Prämie für Knaben, o. J., 1776 geprägt. Av. PRO ARIS ET FOCIS Der Löwe mit Schild und Schwert, wie bei Nr. 6654. Rev. GLORIA | IN | EXCELSIS | DEO in einer Umrahmung von Schnitzwerk, die unten durch Waffen geschlossen wird, auf denen der Zürichschild und ein Helm liegen. Gezackter Rand. Haller 363. Gr. 31. $^{7}/_{16}$ Loth. S. g. e.

6660. Halber Thaler v. 1780. Av. Der ovale, oben mit dem Freiheitshute, unten mit gekreuzten Füllhörnern geschmückte Schild, von zwei auf einem Untersatze stehenden Löwen gehalten. Ueberschrift, wie bei Nr. 6657. Rev. In einem oben mit Schleife versehenen Lorbeerkranze IUSTITIA | ET | CONCORDIA | 1780 · Laubrand. Sehr gut erh.

6661. Halber Gulden v. 1780. Av. wie der von Nr. 6658. Rev. Die Aufschrift des vorigen in einer oben aus Schnitzwerk, unten aus zwei gekreuzten Füllhörnern bestehenden Einfassung. Laubrand. Haller 729 a. S. g. e.

6662. Schulprämie (Medaille) o. J. Av. MERENTI SCHOLA TVRICENSIS Sitzende weibliche Figur v. r. S., mit Lorbeerkranz und Diplom in den Händen. Unten neben ihr eine Leier und vor ihr ein Bienenstock. Im Abschnitte H · BOLTSCHAVS(er) · (geb. 1754, † 1812.) Rev. Lorbeerkranz. Feld leer. Gr. 35. 1 Loth. S. g. e.

6663. Thaler v. 1783. Av. MONETA REIPUBLICÆ TURICENSIS · (als Ueberschr.) Der mit einer Guirlande behangene, mit Palm- und Lorbeerzweig nebst Freiheitshut belegte ovale Schild vor zwei liegenden, nach aussen schauenden Löwen auf verziertem Untersatze. Rev. In einem oben gebundenen Lorbeerkranze **XI** | AUF **I** · FEINE | MARK · | 1783 · Laubrand. S. g. e.

6664. Halber Gulden v. 1783. Av. Der mit Laubwerk behangene, unten mit Lorbeer- und Palmzweig besteckte ovale Schild auf Untersatz. Ueberschrift wie bei Nr. 6658. Rev. In gleichem Kranze, wie vorher, **XX** | SCHIL: | LING | 1783 Laubrand. S. g. e.

6665. Halber Thaler v. 1786. Av. wie der von Nr. 6663, aber mit V statt U und ohne Punkt hinter der Umschrift. Rev. In oben gebundenem Lorbeerkranze XXII | AVF I FEINE | MARK | 1786 Laubrand. S. g. e.

6666. Thaler v. 1790. Av. vom Stempel zur Hauptseite von Nr. 6663. Rev. Ansicht der Stadt, vom See aus. Oben herum DOMINE CONSERVA NOS IN PACE Unten auf einem verzierten Vierecke 1790 · Laubrand. (*J T* und *F H* eingravirt.) G. e.

6667. Halber Thaler v. 1798. Av. wie der von Nr. 6665, aber mit U statt V Rev. In einem Kranze, wie dort, XXII | AUF I FEINE | MARK | 1798 · Laubrand. S. g. e.

6668. Belohnungsmedaille v. 1804. Av. DER CANTON ZÜRICH DEN BESCHÜTZEREN DES VATERLANDES · * Eichenkranz mit Schleife. Feld leer. Rev. KENNT BRÜDER EURE MACHT SIE LIEGT IN UNSERER TREU Die Eintracht, eine stehende weibl. Figur, mit der Rechten auf ein Bündel Stäbe gestützt, hält eine Schlange in ein Opferfeuer. Im Abschnitte MDCCCIIII An der Leiste I ABERLI F · Gr. 35. $1\frac{1}{16}$ Loth. S. g. e.

(„Kennt, Brüder! Eure Macht, sie liegt in Eurer Treu, O würde sie noch jetzt bei jedem Leser neu!" schloss die von Albrecht von Haller verfasste Inschrift am Beinhause zu Murten, s. Nr. 6360.)

6669. Acht-Batzenstück v. 1810. Av. Der herzförmige Schild, zwischen Lorbeer- und Palmzweig, die von einem kleinen Schildchen zusammengehalten werden, worin ein vertieftes B Oben herum CANTON ZURICH Rev. 8 | BATZEN | 1810 zwischen zwei, unten durch eine Schleife verbundenen Lorbeerzweigen. Auf dem Knoten der Schleife vertieft B Gerippter Rand. Gr. 29. ½ Loth. Sehr gut erh.

6670. Thaler zu 40 Batzen, v. 1813. Av. Der herzförmige Schild, auf zweistufiger Leiste stehend. Eine über dem Schilde einen Kranz bildende Guirlande von Eichenlaub hängt beiderseits herab bis auf den Untersatz. Auf dem obersten, dem Wappen zugewandten Blatte des rechten Guirlanden-Endes B Oben herum CANTON — ZÜRICH Unten 40 · BATZ : Rev. Zwischen zwei zu einem Kranze verbundenen Lorbeerzweigen DOMINE | CONSERVA | NOS IN | PACE | 1813 Unten, zwischen den herabhängenden Bändern der Schleife B Laubrand. S. g. e.

6671. Thaler v. 1813. Av. wie vorher, aber mit ZURICH und geringen Abweichungen in der Zeichnung. Rev. wie vorher, das B aber erscheint nicht unter dem Kranze, sondern vertieft in den beiden der Schleife zunächst stehenden Beeren, und zwar rechts unter, links über dem Zweige (B – B). S. g. e.

6672. Thaler v. 1813. Im Allgemeinen wie Nr. 6670. Das B erscheint im Av. auf dem zweitobersten dem Wappen zugewandten Blatte des linken Guirlanden-Endes und im Rev. auf dem linken Schleifenbande. S. g. e.

6673. Thaler v. 1813. Av. im Allgemeinen wie vorher, das B aber erscheint vertieft an der rechten Ecke der oberen Stufe des Gesimses. Rev. vom Stempel zur Rückseite der Nr. 6670. S. g. e.

6674. Halber Thaler v. 1813. Im Allgemeinen wie die Thaler, aber mit 20 · BATZ : Das B steht im Av. auf dem untersten Blatte des rechten Guirlanden-Endes, im Rev. vertieft in den beiden untersten nach aussen sich wendenden Beeren (B – B). S. g. e.

6675. Halber Thaler v. 1813. Av. vom Av.-Stempel des vorigen. Rev. Wahlspruch und Jahrzahl, wie bisher, zwischen zwei zu einem Kranze verbundenen Lorbeerzweigen. Rechts unten am Bande · B · Sehr gut erh.

6676. Acht-Batzenstück v. 1814, wie das von 1810. S. g. e.

6677. Kleine Medaille v. 1819. Av. ULRICH — ZWINGLI Dessen Brustbild v. r. S., mit Klappmütze. Punktirter Grund. Rev. · III · | FEYER | DER REFOR | MATION | JAN · 1819 Gr. 14. $^{3}/_{32}$ Loth. S. g. e.

6678. Medaille v. F. Aberli, zu Ehren Ludwig Negrelli's, des Erbauers der Oberen oder der Münster-Brücke zu Zürich, 1838. Av. Eine sitzende weibliche Figur v. l. S., mit der Mauerkrone bedeckt, hält mit der Rechten einen Lorbeerkranz empor, während ihr linker Arm auf dem Züricher Schilde ruht. Vor ihr in offener Kiste der Merkurstab. Im Hintergrunde die neue, über die Limmat führende Brücke. Im Abschnitte MDCCCXXXVIII Rev. DEM ERBAUER DER | MÜNSTERBRÜCKE | LUDWIG NEGRELLI | DIE | STADT ZÜRICH (Die erste und letzte Zeile bogenförmig gestellt.) Gr. 51. Bronze. S. g. e.

6679. Die kleine Medaille für das städtische Knabenschiessen, zu 1 fr. 50 c., für den Schuss in das Weisse. Av. KNABENSCHIESSEN DER STADT ZÜRICH · Der herzförmige Schild unter der Mauerkrone. Rev. ÜB' AUG' UND HAND — FÜR'S VATERLAND Der rechtshin laufende Knabe Tell, mit der Rechten den durchschossenen Apfel emporhaltend. Gr. 25. Mit Oehr und Ring. $^{1}/_{8}$ Loth. S. g. e.

6680. Medaille auf die 4. Säkularfeier der Gesellschaft der Böcke oder der Schildner zum Schneggen in Zürich, 1844. Av. Ein Ritter sitzt, nach links gewendet, auf einem Quader, woran auf goldenem Grunde die drei Hirschhörner Württemberg's und an dessen Fusse eine Schnecke kriegt (Anspielung auf das den Böcken gehörige Haus zum Schneggen.) Des Ritters rechter Arm ruht auf dem Schwerte und auf dem zur Seite stehenden Schilde der Gesellschaft, das auf dem Züricher Wappen einen vorwärts gekehrten Bockskopf zeigt.

Im Hintergrunde die Bergschlösser Hohentwiel und Hohenkrähen, welch' letzteres die Gesellschaft kaufte und bezog, als sie von dem zwischen Zürich und den Eidgenossen 1446 zu Konstanz verabredeten Frieden ausgeschlossen worden war. Oben herum TURICO A° MCDXLIV SERVATO PER LUSTRUM EXUL | PATRIÆ MEMOR Unten F · ABERLI Rev. Das St. Jakobs-Denkmal in Basel, eine gothisch gezierte Säule mit der Aufschrift Den | bei S · Jakob | im Jahr 1444 | gefal · Schweitzer(n) | Die | Bürger v · Basel | 1824 Unten lehnen die Schilde der Eidgenossenschaft, Basels und der Böcke. Zu den Seiten rechts und links stehen Fasces. Oben herum SALVA JUNCTIS — VIRIBUS PATRIA Im Abschnitte MDCCCXLIV Gr. 52. $5\frac{1}{16}$ Loth. Schöne Arbeit von bester Erhaltung.

6681. Medaille auf die 5. Säkularfeier des Zutritts zur Eidgenossenschaft, 1851. Av. Der Schild von Zürich inmitten eines Eichenkranzes, auf welchem die Schilde von Luzern (oben), Uri (rechts), Schwyz und Unterwalden ruhen. Links unter dem Kranze A(berli) Rev. In einem Lorbeerkranze DER | STADT ZÜRICH | EWIGER BUND | MIT DEN | EIDGENOSSEN · | I · MAI MCCCLI | * * * * * IUBELFEIER | MDCCCLI Gr. 40. $2\frac{5}{8}$ Loth. S. g. e.

6682. Thaler zu 5 Franken, zum 19. eidgen. Schützenfeste, 1859. Av. Zwei Löwen halten über die gegen einander gelehnten Zürichschilde den Schild der Eidgenossenschaft. Oben herum ZÜRICH · Im Abschnitte 5 FRANKEN Rev. EIDGENÖSSISCHES — FREISCHIESSEN Ein Schütze, in Waffenrock und Hut, mit Seitengewehr und Tasche, steht vorwärts gekehrt, den Stutzen bei Fuss, auf felsigem Grunde, woran links KORN Im Abschnitte 1859 Gerippter Rand. Rev. belge, 1868, Pl. VII. 10.

6683. Medaille v. 1865. Av. BOGEN ~ SCHÜTZEN DER STADT ZÜRICH ◆ Der Schild von Zürich vor einem Schnepper, einem Köcher und einer Winde. Rev. Ein Schütze in alter Tracht steht, die Linke am Schwertgriffe, die Rechte auf den Schnepper stützend, auf einem Felsen, an welchem F · ABERLI Im Hintergrunde die Limmat und jenseits derselben der Lindenhof. Im Abschnitte MDCCCLXV · Gr. 54. Zinn. Schön und s. g. e.

Zug *).

Zug, der 8. Kanton der Schweiz, ward 1352 in die Eidgenossenschaft aufgenommen und war ursprünglich deren 6. Ort.

6684. Thaler v. 1564. Av. + MONETA · NO :: CANTONIS · TVGIENSIS + I · 5 · 64 Ueber zwei gegen einander gestellte Schilde mit der Binde von Zug halten zwei Löwen den mit der kaiserlichen Krone bedeckten Schild mit dem Doppeladler. Rev. ✿ CVM ✿ HIS · QVI · ODERT̃ (oderant) · PACE(m) · ERAM · PACIFICVS Der stehende geharnischte Erzengel Michael, in seiner Rechten ein zum Streich fertiges Schwert und in seiner Linken eine Waage haltend,

*) Lüthert's Münzgeschichte der 5 Orte konnten wir leider nicht einsehen.

32

in deren rechter, tiefer hängender Schaale ein betendes Kind, während in der anderen der Teufel mit einer Weltkugel. Am Boden Blumen. Haller 1232. Mad. 2111. Gr. 40. $1^{13}/_{16}$ Loth. S. g. e. RRR.

6685. Thaler v. 1565. Av. ✿ MONETA ✿ NO : ✿ CANTONIS ✿ TVGIENSIS : 65 Die Löwen mit den 3 Schilden, ähnlich wie vorher. Unter den Zuger Schilden eine Leiste. Rev. ✿ CVM + HIS + QVI + ODERT̃ + PACE + ERAM + PACIFICVS Der Engel, wie vorher. Am Boden zwischen den Füssen des Engels kriecht eine Schnecke, rechts steht ein kahler Strauch. Von rechts oben fallen Strahlen herab. Haller 1235. Mad. 2111, Anm. Cat. imp. 490. Gr. 42. $1^{15}/_{16}$ Loth. Vortrefflich erh. R.

6686. Thaler v. 1565. Av. Zwei stehende, gegen einander gekehrte Engel halten zwischen sich den Schild von Zug und über denselben den Reichsapfel. Umschrift wie auf dem Av. des vorigen. Rev. CVM + HIS + QVI + ODERT̃ + PACE + ERAM + PACIFICV^{S}.. — Der Doppeladler, mit Kopfscheinen, unter der kaiserl. Krone. Haller 1233. Mad. 2112. $1^{31}/_{32}$ Loth. Vortrefflich erh. R.

(Die Stempel zu den Nr. 6685 und 6686 sind, der Arbeit nach, von Jak. Stampfer in Zürich geschnitten.)

6687. Zwölf-Kreuzerstück o. J. Av. · MON · CANTONI — · TVGI · SANC(tus) · OSW(aldus) — Der geharnischte und gekrönte Heilige v. r. S., bis an den Leib, mit der Rechten das Zepter schulternd, in der Linken einen Pokal haltend, worauf ein Rabe sitzt, der einen Ring im Schnabel trägt. Unten das Wappen. Rev. ✿ CVM · HIS · QVI · ODE — PAC · ERAM · PACI Der Doppeladler mit Kopfscheinen und einem Kreuze zwischen den Hälsen. Unten der Reichsapfel mit ız Gr. 30. $^{5}/_{16}$ Loth. G. e. R.

6688. Dicken (Viertelthaler) o. J. Av. MON ▾ CANTON — TVGI ▾ SANC ▾ OSW — Bildniss des Heiligen u. s. w., wie vorher. Rev. ✿ CVM ▾ HIS ▾ QVI ▾ OD ▾ PACE ▾ ERAM ▾ PACI Doppeladler, wie vorher. Nicht bei Haller. Gr. 30. $^{19}/_{32}$ Loth. Sehr gut erh. RR.

6689. Dicken v. 1609, mit MON ▾ NO ▾ TVGI — SAN ▾ OSW ▾ 1609 — im Av., sonst wie voriger. Haller 1238. S. g. e. R.

6690. Dicken v. 1612. Av. · MON · NO · TVGI — SAN · OSW · 1 · 6 · I · z · — Rev. ✿ · CVM · HIS · QVI · OD · PACE · ERAM · PACI · Sonst wie vorher. Haller 1240. S. g. e. R.

6691. Halber Thaler v. 1620. Av. ✿ · MON · NO · CANTO — NIS · TVGIENSIS · 16 · 20 Der knieende Erzengel Michael (ohne Heiligenschein), rechtsblickend, den Reichsapfel in der ausgestreckten Rechten und den Schild vor sich haltend. Rev. ✿ CVM · HIS · QVI · OD · PACE · ERAM · PACI · Der Doppeladler mit Kopfscheinen und einem Kreuze zwischen den Hälsen. Haller 1249. Sehr gut erh.

6692. Halber Thaler v. 1620, mit ✿ MON · NO · CANT — ONIS · TVGIENSIS 1620 im Av. und ohne Punkt nach PACI Sonst wie vorher, nur in der Stellung der Schrift abweichend; so steht unter dem Schwanze des Adlers hier das D von OD ·, auf dem vorigen dagegen das A von PACE · S. g. e.

6693. Halber Thaler v. 1621. Av. ✿ MON · NO · CANTO — NIS · TVGIEENSIS · (sic) 16 · 2I · Der Erzengel mit dem Schilde, wie vorher, aber mit Heiligenschein. Rev. wie die Rückseite des vorigen, doch neuen Stempels; unter des Adlers Schwanze steht der Punkt nach OD · (Haller 1253. Mad. 2113.) S. g. e.

6694. Dicken v. 1621. Av. · MON · NO · TVGI — SAN OSW 162I — Das Bildniss des Heiligen und darunter das Wappen, wie auf Nr. 6688. Rev. wie die Rückseite von Nr. 6690, ohne Punkt vor CVM und nach PACI Im Rev. ist der Bär von Bern eingestempelt. Haller 1255. $^{15}/_{16}$ Loth. G. e.

6695. Dicken v. 1621. Av. wie vorher, mit SAN · OSW · 162I · — Rev. ✿ CVM HIS QVI OD PACE ERAM PACI Doppeladler, mit Kopfscheinen und Kreuz. $^{15}/_{16}$ Loth. S. g. e.

6696. Thaler v. 1622. Av. ✿ MONETA · NO · CANTONIS · TVGIENSIS Der knieende Erzengel mit dem Schilde, wie auf Nr. 6693. Zu seinen Seiten 16 — 22 Rev. · CVM · HIS · QVI · OD · ERAT · (sic) PACE · ERAM · PA · — Der Doppeladler, mit Scheinen, unter der kaiserl. Krone. Unter dem CVM liest man noch deutlich MON(eta) durch. Zu Haller 1256. S. g. e.

6697. Thaler v. 1623. Av. · MONETA · NOVA · TVGIENSI · 1623 ✿ Der Erzengel mit dem Wappen, wie vorher. Rev. vom Stempel zur Rückseite des vorigen. Haller 1261. Mad. 4680. Sehr gut erhalten.

6698. Halber Thaler v. 1692. Av. (· MO)NETA : NOVA : TVGIENSIS · 1692 · — Der Doppeladler, mit Scheinen, unter der kaiserl. Krone. Rev. S · MICH : PAT(rone) : TE · — TVENTE (SECVR)I — Der stehende geharnischte und behelmte Erzengel, mit Heiligenschein, legt die Rechte auf den neben ihm stehenden Zuger Schild und hält in der Linken eine Waage. Haller 1268. Theile der Umschrift undeutlich, sonst gut erh. R.

6699. Guldenförmige Schulprämie o. J. Av. Vor dem rechts oben erscheinenden Sinnbilde der Dreieinigkeit kniet über Wolken der geharnischte und gekrönte h. Oswald, die Rechte auf die Brust gelegt, in der Linken ein langes Kreuz und einen Palmzweig haltend. Vor ihm auf Wolken ein kleiner Engel, den ovalen Schild mit den 3 Leoparden von England u. den Pokal mit dem darauf sitzenden Raben haltend. Oben herum SUM — MERENTIS · Unten I · s(chwendimann) · Rev. Der Zuger Schild, darüber zwischen Lorbeerzweigen S · P · Q · T(ugiensis) · und herum die Wappen der der Stadt zugehörenden 6 Vogteien: Cham, Hünenberg, Risch, Steinhausen, Walchwyl und Rüti, sämmtlich tingirt. Haller 1230a. (Nachtr.) Mit angeprägtem Henkel. Gr. 34. $^{13}/_{16}$ Loth. S. g. e.

6700. Thalerförmige Schulprämie o. J. Av. Der herzförmige Schild von Zug, über welchen ein zur Linken stehender, sich umblickender Löwe einen Lorbeerkranz hält, während ein anderer liegender Löwe rechts vom Schilde hervorschauet. Unten am Piedestale

32*

Br(upacher). Rev. (U. b.) DILIGENTIÆ ET VIRTUTIS PREMIUM · Eine weibliche Gestalt, mit einem Palmzweige in der Rechten, auf einem Hügel stehend, der im Hintergrunde einen Tempel trägt, reicht einem zu ihr herauf steigenden Knaben einen Lorbeerkranz. Ueber dem Tempel das strahlende Dreieck. Mit gezacktem Rande und angeprägtem Henkel. Gr. 39. 1⁹/₃₂ Loth. S. g. e.

6701. Schützenthaler der Zuger Schützengesellschaft. Av. Ansicht der Stadt Zug mit dem dahinter liegenden See. Oben herum über leichtem Gewölke TUGIUM Im Vordergrunde an einem Quaderstein *Br* Rev. (Unt. beg.) SCHÜTZENGESELLSCH : — DER STADT ZUG · — Zwei weibliche Figuren, die Gerechtigkeit, mit der Waage, und die Freiheit, behelmt, mit den Fasces sammt aufgestecktem Hute und mit einem Schilde zu ihrer Seite, reichen sich sitzend die Hand vor einem mit Fahnen besteckten, eine Victoria tragenden Postamente, an welchem die Schilde von Zug, Zürich, Luzern, Uri, Schwyz und Unterwalden angebracht sind. Am Sitze der Justitia c B (Caspar Brupacher.) Gr. 41. 1¹⁵/₁₆ Loth. Schön und s. g. e.

Niederlande.

Das Haus Burgund.

Karl der Kühne (1467—1477),

Sohn Philipp's III., des Guten, Herzogs von Burgund, u. dessen 3. Gemahlin Isabella, Tochter Johann's I. von Portugal, geb. 1433, succ. seinem Vater 15. Juni 1467 und fiel am 5. Januar 1477 in der Schlacht bei Nancy.

6702. Brabanter Goldgulden (Andreas-Gulden). Av. KAROL — DX ⁘ BG — BRAB — Z ⁘ LI' und die Antwerpner Hand — Der Wappenschild auf einem die Umschrift theilenden Kreuze. Rev. SAИCTVS — AИDRHAS — Der stehende Heilige mit dem Kreuze, den Kopf nach rechts gewendet. Van der Chijs, Munten d. H. Braband en Limburg, Pl. XVI. Nr. 1. S. g. e.

(Maria, Erbtochter Karl's, und ihren Gemahl Maximilian, Erzh. v. Oesterreich, suche unter den österreichischen Erzherzögen, Nr. 4201 flg.)

Spanisch-Oesterreichische Niederlande.

Karl (als Kaiser V.), 1506—1555,

folgte 1506 seinem Vater Philipp (dem 1494 von K. Maximilian die Regierung der Niederlande übergeben worden war), stand bis 1515 unter Vormundschaft seiner Mutter Johanna, und † 1558. Er erkaufte 1515 vom Herzoge Georg von Sachsen die Statthalterschaft über Friesland, erwarb noch Utrecht, Overyssel, Geldern, Zütphen und Gröningen und vereinigte 1548 alle seine niederländischen Provinzen unter dem Namen des burgundischen Kreises mit dem Reiche.

(Siehe auch unter den römischen Kaisern Nr. 25 und Nr. 27, sowie unter Spanien.)

6703. Schwerer Gulden (Karolus-Gulden) o. J. Av. CAROLVS · D : G · ROM · IMP · HISP · REX · — Gekröntes und geharn.

Brustbild v. r. S., mit glattem Kragenumschlage. Rev. DA · MIHI ⁝ VIRTVTE · CON ⁝ HOSTES ⁝ TVOS und die Antwerpner Hand. Auf einem Blumenkreuze der Wappenschild. Van der Chijs, XXV. 10 (ähnlich). Zu Mad. 15. Gr. 34. 1⁹/₁₆ Loth. S. g. e. RR.

6704. Desgleichen. Av. · CAROLVS : D : G : ROM : IMP : HISP : REX · DVX · BVRG : Z und die Antwerpner Hand — Gekröntes Brustbild v. r. S., im Harnisch, mit einem Löwenkopfe an der Achsel und dem Doppeladler auf der Brust, und mit dem Vliesse am Bande. Rev. DA · MIHI — VIRTVTE — CO · HOST — ES · TVOS — Der gekrönte Wappenschild auf einem die Umschrift theilenden Blumenkreuze. Verschieden von Mad. 15, Cat. imp. 92 und v. d. Chijs XXIV. 8. Gr. 38. 1⁹/₁₆ Loth. Sehr gut erh. RR.

Philipp II. (1555—1598),

erhielt 1555 von seinem Vater, Karl V., die Niederlande abgetreten, von denen sich im Laufe seiner Regierungszeit die nördlichen Provinzen losrissen. Er † 13. Sept. 1598.

6705. Utrechter Schaumünze, zum Andenken an den Sieg über die Türken bei Lepanto, 1571. Av. DIVO : PHILIP — TRIVMPH : ✿ — HISP : REGI ·:· —D : TRAIECT — Der König, geharnischt, v. l. S., auf geschmücktem Pferde. Vor und hinter ihm das burg. Kreuz mit dem Feuereisen. Im Hintergrunde erscheint die Stadt Utrecht, an deren Stadtmauer CVI. und eine kl. Eichel angebracht ist. In der Umschrift oben das spanische Wappen, rechts der gekr. Schild von Brabant, links der gekr. Schild von Flandern und unten der Schild von Holland, zu dessen linker Seite ein kleinerer Schild mit dem Wappen der Stadt Utrecht. Rev. OTHOMANICA ✿ CLASSE ✿ DELETA ✿ 1571 ✿ Der geharn. König, mit dem Kreuze in der Rechten, reitet auf einem Delphine im Meere, unweit der Küste. Kleinere Delphine und Türkenköpfe schwimmen um ihn herum. v. Loon I. 140. Mad. 2497. Cat. imp. 136. 2. Gr. 48. 1¹¹/₁₆ Loth. Feiner Guss in Silber.

a. für Brabant.

6706. Schwerer Thaler v. 1558, zu Mastricht geschlagen. Av. · PHS · D · G · HISP · ANG(liae) · Z · REX · DVX · BRAB · (als Ueberschr.) Brustbild v. l. S.; unten 1558 Rev. : DOMINVS : MICHI : ADIVTOR · ✱ · (der fünfstrahlige Stern von Mastricht.) Gekrönter vielfeldiger Wappenschild auf den beiden gekreuzten Aesten. Zu den Seiten zwei Feuerstähle und unten d. Juwel vom Orden des goldn. Vliesses. V. d. Chijs, XXVIII. 14. Im Avers ist ein ovaler Stempel mit dem Löwenschildchen eingeschlagen. 2¹/₈ Loth. Leidlich erhalten.

6707. Desgleichen v. 1573, zu Mastricht geschlagen. Av. · PHS · D : G · HISP · Z · REX · DVX · BRA · (als Ueberschr.) Brustbild v. l. S.; unten zwischen der Ueberschrift neben dem Sterne von Mastricht 15 — 73 Rev. · DOMINVS · MIHI · ADIVTOR · — Unter der Krone der Wappenschild, wie vorher, auf den Aesten, zwischen den Feuerstählen und dem Vliesse. V. d. Chijs, XXVIII. 17 (v. 1574). Gr. 44. $2^{5}/_{16}$ Loth. Kommt wenig vor. S. g. e. R.

b. für Flandern.

6708. Fünftel-Philippsthaler v. 1567. Av. · PHS · D : G · HISP · Z · (Lilie — Zeichen der Münzstätte Brügge) · REX · COMES : FLAN · und unten 1567 Brustbild v. r. S. Rev. Im Ganzen wie vorher. Gr. 29. $^{15}/_{32}$ Loth. G. e.

6709. Philippsthaler v. 1575. Av. · PHS · D : G · HISP · Z · REX · COMES : FLAN · und unten 1575 Brustbild v. r. S. Rev. · DOMINVS ·:· MI — HI ·:· ADIVTOR · — Sonst wie vorher. $2^{3}/_{8}$ Loth. Sehr gut erh.

6710. Leichter Thaler v. 1578, zu Brügge geschlagen. Av. · PHS : D : G · HISP: REX : COMES : FLA · und unten 15 (Lilie) 78 Gekröntes und geharnischtes Bildniss v. l. S., in der Rechten das Zepter, die Linke an die Seite gelegt. Rev. · PACE · × ET — IVSTITIA · — Gekrönter, von der Kette des goldn. Vliesses umgebener Schild von 4 Feldern mit Mittelschild. Gr. 39. $1^{3}/_{4}$ Loth. G. e.

c. für die Grafschaft Artois.

6711. Halber Philippsthaler v. 1592. Av. · PHS · D : G · HISP · Z · REX · CO · AR · und unten zwischen 9 — 2 eine Maus (Zeichen der Münzstätte Arras.) Brustbild v. r. S. Rev. · DOMINVS · MIHI · ADIVTOR · — Gekrönter, vielfeld. Wappenschild, mit dem goldn. Vliesse, auf den beiden Aesten. Zu den Seiten zwei Feuerstähle. $1^{5}/_{32}$ Loth. Zu Mad. 2502 und Cat. imp. 132. Gut erhalten. RR.

Albert und Elisabeth (1599—1621).

Albert, Erzherzog von Oesterreich, jüngerer Sohn Kaiser Maximilian's II., geb. 1559, ward 1595 von König Philipp II. zum Gouverneur der Niederlande ernannt, vermählte sich 1599 mit Elisabeth (Isabella), Tochter König Philipp's II. von Spanien, (geb. 1566, † 1633), der bereits 1598 die Niederlande als Heirathsgut übergeben worden waren, und † 12. Juli 1621 zu Brüssel, ohne Kinder.

6712. Thaler v. 1600, zu Mastricht geschlagen. Av. · ALBERTVS · ET · ELISABET ·:· DEI · GRATIA · und der Stern. Beider einander gegenüber gestellte Brustbilder. Rev. ARCHID · AVST · DVCES — BVRG · ET · BRAB z und der Stern. Gekrönter, von der Kette des goldn. Vliesses umgebener, vielfeld. Wappenschild. Neben der Krone 16 — 00 Mad. 3859. Aehnlich Cat. imp. 191. 2. $1^{7}/_{8}$ Loth. Sehr gut erh. R.

6713. Desgleichen v. 1604. Av. ALBERTVS · ET · ELISABET · DEI · GRATI und der Stern. Beider Brustbilder, wie vorher; unter denselben 1604 Rev. ARCHID · AVST · DVC — ES · BVRG · ET · BRAB (Stern) Gekröntes, von der Ordenskette umgebenes Wappen. G. e. R.

6714. Silberner Jeton v. 1613. Av. · ALBERTVS · ET ·:· ISABELLA · D : G · — Das Wappen, wie gewöhnlich. Rev. * TAN-

DEM • RESVRGET • und die Antwerpner Hand. Ein Altar mit einer Flamme, die vom Winde seitwärts getrieben wird. Im Abschnitte · I6I3 · V. Loon, II. 90. Gr. 27. $^{11}/_{32}$ Loth. G. e.

6715. Huldigungsmedaille der österreichischen Stände nach dem Tode des Kaisers Matthias, v. 1619. Av. ALBERTO ET ISABEL · ARCHID · AVST · STAT(us) · AVST(riaci) · HOMAG(ium) · PRÆST(iterunt) · 10 SEPT ❁ Beider Brustbilder, neben einander, v. r. S. Am Armabschnitte des Erzherzogs G ~ H Rev. PREMOR · NON · OPPRIMOR · MDCXIX und eine Verzierung. Ein vom Wetter bestürmter und von der Sonne bestrahlter, gekrönter Adler schwebt über Schwert und Zepter und blickt nach der dabei liegenden kaiserlichen Krone. Mad. 3862. Cat. imp. 191. 6. Gr. 34. 1 Loth. Aus der Götzischen Sammlung in Dresden. Gut erh. R.

6716. Doppelter Ducaton v. 1620. Av. ALBERTVS · ET · ELISABET · DEI · GRATIA · 16 (Kopf — Zeichen der Münzstätte Brüssel) 20 · Beider Brustbilder v. r. S., neben einander. Rev. · ARCHID · AVST · DVC — ES · BVRG · BRAB · Z° — Gekrönter, von zwei Löwen gehaltener Wappenschild, woran das goldn. Vliess mit einem Theile der Kette. Gr. 45. $4^{15}/_{32}$ Loth. Vorzüglich erhalten. R.

Philipp IV., König von Spanien, 1621—1665.

6717. Kreuzthaler v. 1631, zu Antwerpen geschlagen. Av. · PHIL · IIII · D · G · HISP · ET · INDIAR · REX · (Hand) Unter der Krone die burg. Aeste, durch ein Feuereisen gesteckt, woran das goldn. Vliess. Zu den Seiten I6 — 3I Rev. · ARCHID · AVST · DVX · BVRG · BRAB · Z° — Gekrönter vielfeld. Wappenschild, von der Ordenskette umgeben. Zu Mad. 83. $1^{29}/_{32}$ Loth. S. g. e.

6718. Ducaton v. 1633, zu Brüssel geschlagen. Av. PHIL · IIII · D · G · HISP · ET · INDIAR · REX · 16 (Kopf) 33 · Brustbild v. r. S., im Harnisch und Gewand, mit Halskrause und dem goldn. Vliesse. Rev. · ARCHID · AVST · DV — X · BVRG · BRAB · Z° — Zwei Löwen halten die Krone und den Wappenschild, woran das goldn. Vliess. $2^{3}/_{16}$ Loth. S. g. e.

6719. Doppelter Ducaton v. 1660, auf den Pyrenäischen Frieden. Av. PHIL · IV · D · G · R — EX · HIS · DVX · BR · Z° (als Ueberschr.) Gekröntes Bildniss v. r. S., im Harnisch, in der Rechten das Schwert, in der Linken den Reichsapfel haltend. Rev. Unter der mit dem spanischen und dem französischen Zepter besteckten, und vom h. Geiste bestrahlten Krone zwei aus Wolken kommende, in einander gelegte Hände, die zugleich den h. Geistorden und die Kette des goldn. Vliesses halten. Neben letzterer 16 — 60 Unten herum ausserhalb eines Kreises DE CÆLO SPI — RITVS VNIT Mad. 86. $4^{15}/_{32}$ Loth. Vorzüglich erhalten. R.

Johann Dominik de Haro, Graf von Monterey, Gouverneur der Niederlande (1670—1675).

Er war der Sohn des 1661 gestorbenen Ludwig de Haro, Markgrafen del Carpio, Herzogs von Montoro und Olivarez, des Premier-Ministers König

Philipp's IV. von Spanien, und dessen Gem. Katharina de Cordova u. Aragona, vermählte sich mit Agnes Franziska Gräfin von Monterey, wurde 1670 zum Gouverneur der spanischen Niederlande ernannt, 1675 aber abberufen, war dann Vicekönig in Catalonien und † 1716 im geistl. Stande.

6720. Medaillon (v. Roettiers) v. 1675, auf die wieder gangbar gemachten Schleusen zu Ostende. Av. IOANNES · DOMINICVS · COMES · MONTEREGIVS · ETC : BELGII · ET · BVRGVNDIÆ · GVBERNATOR · 1675 · (als Ueberschr.) Brustbild v. r. S., mit grosser Perrücke, im röm. Harnisch und Gewand. Unten Roett · Rev. Eine sitzende Jungfrau (Flandern), zu deren Füssen ein Löwe mit dem flandr. Wappenschilde liegt, stützt sich mit dem Arme auf einen mit dem Wappen des Grafen gezierten Würfel und wendet sich zu dem hinter ihr stehenden Merkur, der mit seinem Stabe nach den neuen Festungswerken bei den Schleusen deutet. Im Hintergrunde Ostende und viele Schiffe. Ueber die Gegend schwingt sich der Genius des Ruhmes und stösst in zwei mit dem spanischen Wappen bezeichnete Posaunen. Oben herum in 2 Zeilen: CEDE · MARI · — NEPTVNE · VAGIS · MONS : REGIVS · VNDIS · | IMPERAT · ET — DOMITAS · FLANDRIA · LÆTA · STVPET · Köhler, M.-B. XII. 297. Gr. 73. 10³/₈ Loth. Schöne Arbeit, sehr gut erh. R.

Philipp, Herzog von Anjou, als König v. Spanien der V., (1700—1713),

war vom König Karl II. testamentarisch zum Erben der ganzen spanischen Monarchie ernannt, wurde aber durch Erzherzog Karl von Oesterreich, den späteren Kaiser Karl VI., bekämpft. Im Frieden von Utrecht, 1713, musste Philipp die österreichischen Niederlande an Karl VI. abtreten.

6721. Ducaton v. 1703, zu Antwerpen geschlagen. Av. PHILIPPUS V · D · G · HISPANIARUM ET INDIARUM REX (als Ueberschr.) Erhabenes Brustbild v. r. S., im verzierten Harnisch, mit umgelegter Vliessordenskette. Unten die Hand von Antwerpen. Rev. ARCHID · AVST · — DVX · BVRG · — BRABAN · Z° 17 — 03 · Das von den beiden Löwen gehaltene, gekrönte, vollständige spanische Wappen, wie es die früheren Könige geführt, aber mit dem Wappen von Anjou im Mittelschilde, umgeben von den Ordensketten vom h. Geist und vom goldn. Vliess. Der Rand ist gerieft. Merkwürdig wegen des Titels eines Erzherzogs von Oesterreich. Mad. 100. Cat. imp. 140. 3. 2¼ Loth. G. e.

6722. Kreuzthaler v. 1705, zu Antwerpen geschlagen. Av. PHILIPPUS V · D · G · HISPANIARUM ET INDIARUM REX (Hand) Unter der Krone die durch das Feuereisen (von welchem der Ordensstern vom h. Geist und das goldne Vliess herabhängen) gesteckten burg. Aeste, zu deren Seiten die gekrönte Namenschiffre PV Rev. BURGUND · DUX — BRABANT · Z° 17 — 05 · Das gekrönte, von der französischen und der spanischen Ordenskette umgebene Wappen. Geriefter Rand. Mad. 101. Cat. imp. 140. 4. S. g. e.

Karl III., Erzherz. v. Oesterreich, Gegenkönig v. Spanien,

seit 1711 römischer Kaiser unter dem Namen Karl VI., † 1740.

6723. Kreuzthaler v. 1710, zu Antwerpen geschlagen. Av. CAROLVS

III · D · G · HISP · ET INDIARVM REX (Hand) Das gekr. burg. Kreuz mit dem goldn. Vliesse zwischen den gekrönten, aus 3 C gebildeten, doppelten Namenschiffren. Rev. ARCHID · AVST · DVX — BVRG · BRABANT · Z° I7 — I0 · Gekrönter, von der Vliessordenskette umgebener Schild mit dem vollst. spanischen Wappen. Geriefter Rand. Zu Mad. 98 und Cat. imp. 139. S. g. e. R.

Maximilian Emanuel, Kurfürst von Bayern, Statthalter.

Wurde 1691 von König Karl II. von Spanien zum beständigen General-Statthalter der spanischen Niederlande mit unumschränkter Gewalt ernannt, erklärte sich im spanischen Erbfolgekriege für Frankreich und erhielt, nachdem er vom Kaiser nach der Schlacht bei Hochstädt (1704) seines Landes verlustig erklärt worden war, von König Philipp V. das Herzogthum Luxemburg und die Grafschaft Namur mit voller Souverainität abgetreten, bis er wieder in den Besitz seiner Lande gelangen würde. 1712 liess er sich in den abgetretenen Provinzen huldigen und münzte dort als Landesherr, bis er durch den Frieden von Baden (1714) wieder in seine Lande eingesetzt wurde.

(Den Vikariatsthaler v. 1712, den er als eine Art von Protestation gegen Karl's Kaiserwahl schlug, siehe unter Nr. 181, woselbst *TB* (Th. Bernard) statt *JCB* zu setzen ist.)

6724. Thaler v. 1712. Av. I7I2 · MAX · EMANVEL — V(triusque) · B(avariae) · S(uperioris) · P(alatinatus) · B(rabantiae) · L(imburgi) · L(ucenburgi) · & · G(eldriae) · DVX und ein kl. aufgerichteter Löwe (von Namur). Brustbild v. r. S., mit im Nacken gebundenem Haare, im röm. Brustharnisch, von dem nur der obere Rand sichtbar. Unten TB verbunden (Thomas Bernard, Stempelschn. in Paris.) Rev. COM(es) · P(alatinus) · R(heni) · S · R · I · AR(chidapifer) · & · ELE(ctor) · L(andgravius) · L(euchtenbergae) · — COM(es) · F(landriae) · H(anoniae) · & · N(amurci) · MAR(chio) · S(acri) · R(omani) · I(mperii) · D(ominus) · M(echlinii) · — Gekrönter, von der Kette des goldn. Vliesses umgebener, runder Schild mit dem Wappen wie auf dem Vikariatsthaler (Schulth. 425). Der Rand ist glatt. 1 15/16 Loth. Dieser hauptrare Thaler, den v. Madai u. A. nicht kannten und den auch Chalon (Recherches sur les monnaies des comtes de Namur) nicht anführt, ist von schönem Gepräge und von vorzüglicher Erhaltung. RRR.

6725. Thaler v. 1713. Av. MAX · EMANUEL · D · G — U · B · S · P · B · L · L · & · G · DUX · und der Löwe. Brustbild v. r. S., mit frei herabfallender Perrücke, im röm. Harnisch u. Gewand. Unten 1713 Rev. Wie vorher, wenn auch von einem sich bei Vergleichung unterscheidenden Stempel. Der Rand ist mit erhabenen, an einander hängenden Wecken oder Rauten verziert. Mad. 2902. Köhler, M.-B. XVII. 425. Vortrefflich erhaltenes Exemplar dieses sehr seltenen Thalers. RR.

Franz I., römischer Kaiser.

6726. Brüsseler Kronenthaler v. 1760. Av. FRANCIS · D · GRATIA — ROMAN · JMPERAT · S · A · (Kopf) — Unter der Krone und von der Kette des goldn. Vliesses umgeben der Doppeladler mit Schwert und Zepter, auf der Brust das gekrönte, vom St. Stephansorden umgebene Wappen. Rev. GERM · JERO · REX LOTH · BAR · MAG · HET · DUX 1760 Das burg. Kreuz mit dem Feuereisen und daran hängendem goldn. Vliesse. Oben die kais. Krone und zu den Seiten zwei Königskronen. Erhabene Randschr. JN TE DOMINE ~ SPERAVI · ~ Sehr gut erh.

Albert, Prinz von Sachsen und Herzog zu Teschen, General-Gouverneur der österr. Niederlande (1781—1793), in Gemeinschaft mit seiner Gem. Marie Christine, Erzherzogin von Oesterreich.

(Albert war der Sohn des Kurfürsten Friedrich August II. von Sachsen und dessen Gem. Maria Josephe, Erzh. v. Oesterreich, geb. 1738, erhielt 1766 durch seine Verheirathung das Herzogthum Teschen, war auch öster. General-Feldmarschall und † 10. Febr. 1822. — Maria Christine, Tochter Kaiser Franz I. und der Kaiserin Maria Theresia, war geb. 1742 und starb 24. Juni 1798.)

6727. Achteckige Medaille v. 1790. Av. MAR · CHR · AVST · ALB · CAS · SAX · DVX · BELG · PRAEF · (als Ueberschr.) Beider Brustbilder, gegen einander gestellt. Rev. AVGVSTI · | PROVIDENTIA · | FELICITAS · BELGIS · | RESTITVTA · | MDCCXC · Oben ein Blättergewinde, unten zwei Füllhörner. Gr. 34. $1^1/_8$ Loth. Sehr gut erhalten.

Die Revolution von 1789 und 1790.

(An der Spitze der Aufständischen stand Heinrich van der Noot.)

6728. Ducaton v. 1790. Av. DOMINI EST REGNVM · (als Ueberschrift.) Der aufgerichtete belgische Löwe mit dem Schwerte und dem mit LI | BER | TAS bezeichneten Schilde. Im Abschnitte 1790 · Rev. ET IPSE DOMINABITVR GENTIVM (der Kopf) Die Wappenschilde der 11 conföderirten Provinzen im Kreise um die strahlende Sonne. Erhabene Randschrift: QVID ~◆~ FORTIVS ~◆~ LEONE ~◆~ $2^1/_4$ Loth. S. g. e.

Franz II., römischer Kaiser.

6729. Medaille der Stände von Namur, 1792. Av. FRANC · REX · APOST · ARCH · AVST · COM · NAM · FELIC · INAVG · (als Ueberschr.) Belorbeertes Haupt v. r. S. Rev. Gekröntes Wappen von Namur. Oben herum: MONVMENTVM FOEDERIS · und unten herum, unter einem Abschnitte, in 3 Zeilen: VOVEBANT ORDINES | NAMVRCENSES | III · IDVS IVNII · MDCCXCII · Der Rand ist gerieft. Gr. 33. $^7/_8$ Loth. Sehr schön erh. R.

Die vereinigten Niederlande.

In Folge der sog. Utrechter Vereinigung (1579), deren Gründer Prinz Wilhelm I. von Oranien war, rissen sich die sieben Provinzen Geldern, Holland, Seeland, Utrecht, Friesland, Overyssel und Gröningen von der spanischen Herrschaft los und bildeten einen eigenen Staat als Republik, doch wurden sie erst 1648 im westphälischen Frieden als unabhängig anerkannt.

6730. Thalerförmige Medaille v. 1571, auf den Anfang der Unruhen. Av. ❀ MENNICH ✿ BENYT ✿ DAT ✿ EEN ✿ ANDER ✿ GHENIET und ein mit einem Blümchen gekreuzter Zainhaken. Ein Mann, im Pelzrock und Barett, wird von einem spanischen Soldaten mit dem Schwerte bedroht. Rev. ALS : HY : MEDE : GENIET : SO : IST : HEM : GEEN : VERDRIET Zwei neben einander stehende Männer, im Zeitkostüm, halten ihre Baretts in den Händen. Ueber ihnen · I57I · Cat. imp. 479. Mad. 2115, der beifügt, dass für dieses hauptrare Stück 4 bis 5 Dukaten bezahlt worden wären. Gr. 43. 3 Loth. Sehr gut erh. RR.

6731. Ovale Medaille der Conföderirten auf die Einnahme der Stadt Briel durch die sog. Meergeusen und die Verweigerung des 10. Pfennigs, 1572. Av. EN · TOVT · FIDELLES · AV · ROY · I · 5 · — · 7 · 2 · Ein aufgerichtetes Schwert, dessen Spitze ein Geldstück bedeckt; neun andere Pfennige sind links vom Schwerte aufgezählt, während rechts von demselben eine Flöte, eine Brille und zu beiden Seiten der Spitze ein menschliches Ohr. Neben dem Griffe zwei Ringel. Rev. · — IVSQVES · A · PORTER · LA · BESASE · (Ueberschrift.) Zwei Edelleute, mit Bettelsäcken auf den Rücken, geben sich den Handschlag. Beide Seiten umgiebt eine Einfassung. v. Loon I. p. 145. Gr. 38. 1½ Loth. Geprägtes Original von trefflicher Erhaltung. RR.

6732. Jeton in Kupfer, v. 1575, auf die Untersagung des katholischen Kultus in Holland. Av. SERMO · DEI · IGNIS · INEXTINGVIBILIS + Ein mit sieben Siegeln versehenes offenes Buch im Feuer. Rev. TVA · MANVS · FECIT · HOC · DNE · I5 ✿ 75 · Zehn brennende Herzen. v. Loon, I. 205. 1. Altes Gepräge, sehr gut erh.

6733. Schaumünze v. 1588, auf die unglückliche Expedition der unüberwindlichen Flotte. Av. ❀ × DVRVM × EST × CONTRA × STIMVLOS × CALCITRARE × Der Papst, ein Kardinal, Bischof und geistliche Herren sitzen auf stacheligem Fussboden dem Könige von Spanien, dem Kaiser und weltl. Fürsten gegenüber. Allen sind die Augen verbunden. Ueberschrift in zwei Zeilen O · COECAS · HOMINVM · MENTES | O · PECTORA · COECA Rev. ❀ × TV × DEVS × MAGNVS × ET × MAGNA × FACIS × TV × SOLVS × DEVS × Zwei Schiffe der zerstreuten Flotte scheitern an einem Felsen. Darüber · VENI · VIDE · VIVE · | · I588 · Mad. 7067. Gr. 51. 3³/₁₆ Loth. Sehr schön erh.

6734. Schaumünze v. 1600, auf die Eroberung der Festung St. André und den Sieg des Prinzen Moriz bei Nieuport. Av. COMPVLSO AD DEDIT(ionem) : PRÆSID(io) : ANDREÆ : CÆSO FVGATOQ³ A(d) · NEOP(ortum) : ALB(erto) : AVST(riaco) ✿ Plan der belagerten Festung. Rev. CAPTIS CXXX MILIT(aribus) : SIGNIS · ORD(inum) : AVSP(iciis) : PRINCEPS MAVR : VICTOR REDIIT ✿ Der siegreiche Prinz zu Pferde, mit erhobenem Degen, im Schritt über das Schlachtfeld reitend. Im Hintergrunde Schlachtscene und Schiffe. Ueber dem Prinzen schwebt ein Lorbeerkranz und strahlt der Name Jehova. Rechts, über dem Meere I600 Mad. 4683. Gr. 55. 3⁵/₈ Loth. Sehr schön erh.

6735. Schaumünze v. 1619, zum Andenken an die Resultate der Synode zu Dordrecht, die Unterdrückung der Arminianer und die vom Prinzen Moriz der Kirche und dem Staate überhaupt geleisteten Dienste. Av. ∴ RELIGIONE · ET · IVSTICIA · RESTITVTIS · — Unter dem strahlenden Namen Jehova der holländische Löwe mit dem Schwerte und dem Bündel von 7 Pfeilen. Rev. RESPVBLICA ♦ DEMVM ♦ FLOREBIT ♦ ❀ — c (Lilie) w (Cornel. Wyntjes) Unten zwischen letzteren Buchstaben und der Rose VNANIMITAS · Das gekrönte, mit Zweigen besteckte Wappen des Prinzen von Oranien, vom Hosenbande umgeben. Oben herum IE · MAIN · TIENDRAY Zu den Seiten Zweige und unten zwei in einander gelegte Hände. Neben der Krone 16 — 19 Mad. 4686. Gr. 58. $3^{15}/_{16}$ Loth. Sehr gut erhalten.

6736. Desgleichen. Av. Stempel des vorigen. Rev. Wie vorher, jedoch steht c — w neben dem Ordensbande, die Lilie aber am gleichen Platze, wie vorher, nur zwischen Punkten. Mit FLOREBIT ❀ und ohne Punkt nach VNANIMITAS $3^{15}/_{16}$ Loth. Vorzügl. erh.

6737. Medaille auf den Entsatz der von den Spaniern vergeblich belagerten Stadt Bergen op Zoom, 3. Oct. 1622. Av. FAVSTO · NVMINE · BERGA · VICTRIX ∴ Der von zwei wilden Männern gehaltene Wappenschild von Bergen. Rev. AVXILIIS · PROTECTA · TVIS · 3 · OCTOB · 1622 ∴ Der holländische Löwe mit dem Schwerte und dem Pfeilbündel. Gr. 44. $2^{1}/_{8}$ Loth. Erhabene Arbeit, Originalguss in Silber. Sehr gut erh. RR.

6738. Medaille (v. M. Holtzhey) v. 1748, zur Jubelfeier der im westphälischen Frieden (1648) erfolgten Anerkennung des Freistaats der vereinigten Niederlande. Av. SIC BATAVVM ORTA ANTE — SECVLVM RESPVBLICA — Eine vom Himmel bestrahlte, mit Fahnen und Waffen geschmückte Spitzsäule, woran unter den 7 Pfeilen in einer aus einer Schlange gebildeten Umrahmung die Brustbilder der 3 Oranier Wilhelm, Moriz und Friedrich Heinrich mit Umschrift erscheinen, und eine Inschrift sich befindet, die den auf dem Gesimse liegenden Köpfen der Grafen Egmond und Horn gilt. Oben auf der Säule liegt die vom Freiheitshute bedeckte Bibel. Im Vordergrunde schreitet ein entfesselter Löwe über Waffen und Attribute der Inquisition. Rev. SIC STET — IN FVTVRA — Auf einem mit Wappen geschmückten und mit der Inschrift MNEMOSYNON | ANNI LIBERTA | TIS IVBILAEI · versehenen Friedensmonumente opfert der neue Statthalter in antiker Tracht. Im Hintergrunde das betende Volk. Im Abschnitte MDCCXLVIII · Köhler, M.-B. XX, Titelkupfer. Gr. 61. $5^{1}/_{4}$ Loth. Silb. Sehr schön erh.

6739. Medaille v. 1749, auf gleiche Veranlassung und auf den 1748 geschlossenen Aachner Frieden. Av. E SVPERIS ASTRÆA — REDVX BONA SÆCVLA REDDENS — Eine weibliche Figur opfert an einem Altare, neben welchem der Löwe liegt. In Wolken erscheint die Asträa. Im Abschnitte PAX AQVISGRANI SANCITA | ANNO LIB · IVBILÆO | MDCCXLVIII · Rev. IN BATAVISQVE SIMVL SPES TEMPORIS ALMA FELICIS · Die personificirte Hoffnung glücklicher Zeiten. Unten herum, im Abschnitte MDCCXLIX · Gr. 43. 1¹⁵/₁₆ Loth. Sehr schön erhalten.

(Die Statthalter s. unter Nassau, S. 53 flg.)

Die Provinzen.

Friesland (Westfriesland).

6740. Thaler v. 1593. Av. MONE + NO + ARG + DO — MI(norum) + WESTFRISIÆ ❀ Behelmter Wappenschild. Rev. DEVS + FORTITVDO + ET + SPE — S + NOSTR — A × 1593 × Geharnischtes Bildniss (des Prinzen Wilhelm von Oranien) v. r. S., mit einem Schwerte in der Rechten. Mad. 2121. S. g. e.

6741. Thaler v. 1620. Av. MO · ARG · PRO(vinciae) · — CONFOE(derati) · BELG(ii) · WESTF — RI(siae) ❀ Geharnischtes und belorbeertes Bildniss v. r. S., in der Rechten das Schwert, mit der Linken den Wappenschild haltend. Rev. CONCORDIA · RES · PARVÆ · CRESCVNT ✠ Das gekrönte Wappen der Republik Holland. Zu den Seiten 16 — 20 Zu Mad. 7087. Cat. imp. 480. 1. S. g. e.

Geldern.

6742. Thaler v. 1586. Av. MO · ORD(inum) · PROVIN(ciarum) · FOED · BELG · AD · LEG(em) · IMP(erii) · Schild von 6 Feldern mit den Wappen der Provinzen. Darüber 1586 Rev. CONCORDIA ⚔ RES · PARVÆ · CRESCV₉ — GEL(driae) ✠ Geharn. und belorbeertes Brustbild v. r. S., mit dem Schwerte und den 7 Pfeilen. Mad. 2130. S. g. e.

6743. Thaler v. 1662. Av. MO · NO · ARG · PRO · CON — FOE · BELG · D(ucatus) · GEL · C(omitatus) · Z(utphaniae) — · — Stehender Ritter mit dem Schwerte, vor sich den mit dem Herzogshute bedeckten Schild von Geldern haltend. Zu den Seiten 16 — 62 Rev. CONCORDIA · RES · PARVÆ · CRESCVNT · (?) Gekrönter Wappenschild der Union. 1⁷/₈ Loth. G. e.

Gröningen und Ommeland.

6744. Nothklippe zu 50 Stübern, v. 1672, aus der Zeit des Krieges mit dem Bischofe von Münster, Christoph Bernhard von Galen. · IVRE · — · ET · TEMPORE — · 1672 · — Gekrönter Schild mit dem quadr. Wappen von Gröningen und Ommeland. Zu den Seiten 50 — ST Einseitig, das Gepräge ist mit einem runden Stempel auf die viereckige Platte eingeschlagen. Mad. 4709. Gr. 35 im □ 2 Loth. Sehr gut erh. R.

6745. Schaumünze (Doppelthaler) v. 1672, Belohnung der Studenten, die während der Belagerung der Stadt Gröningen die Waffen ergriffen und bei der Vertheidigung sich tapfer bewiesen hatten. Av. CVRATORES · ACADEMIÆ · GRONINGÆ · ET · OMMELANDIÆ ✿ Ein Krieger mit einem abgeschlagenen Haupte in der Rechten, zwischen Kriegsgeräth auf einem Piedestal, das mit dem Wappen der Universität, nämlich einem aufgeschlagenen Buche, worauf der quadr.

Schild von Gröningen u. Ommeland, geschmückt ist. Daneben rechts von unten nach oben gestellt VNITA und links VIRTVS Rev. CVM · DEO · AD · VTRVMQVE · PARATI · ANNO · 1672 · ✿ · In der Mitte in 9 Zeilen: IN | MEMORIAM | OBSIDIONIS · ET | LIBERATIONIS | GRONINGÆ · CIVIBVS | ACADEMIÆ · AB | ORDINIBVS · OB | BENEMERITA | D(ono) D(atum) Von thalerförmigem Gepräge. Mad. 5922. Gr. 47. $3^1/_8$ Loth. S. g. e. R.

6746. Ducaton v. 1682. Av. MO : NO : — ARG : — ORD : GRON : — ET · O — MLAN ·: ✿ Gekrönter, von 2 gekr. Löwen gehaltener quadr. Wappenschild von Gröningen und Ommeland, auf einem verzierten Untersatze, worin 1682 Rev. CONCORDIA · RES · PARVÆ · — CRESCVNT ·:· — Ein Geharnischter mit erhobenem Schwerte, auf linkshin springendem Pferde. $2^1/_4$ Loth. Vorzüglich erhalten. RR.

Holland.

6747. Klippe zu 2 Ducatons, v. 1673, zu Amsterdam geschlagen. Av. MON : NOV : ARG : CONF — BELG : PROV · HOLL · ✿ Ein Ritter mit erhobenem Schwerte, zu Pferde, nach links galoppirend. Unten ein gekr. Schild mit dem holländischen Löwen. Rev. CONCORDIA — · RES : PARVÆ · — · CRESCUNT · 1673 : Das gekrönte, von zwei gekr. Löwen gehaltene Unionswappen. Darunter zwischen Laubwerk das Wappenschildchen von Amsterdam. Mad. 4721 (als Ducaton). Gr. 48 im □ $4^1/_2$ Loth. RRR.

Overyssel.

6748. Breiter Doppelthaler o. J. Av. Vier durch Bänder verbundene Schilde mit den Wappen von Overyssel, Deventer, Kampen und Zwoll, von der Umschrift: ORDINVM ✿ TRANSISSVLANIÆ ✿ INSIGNIA — und 17 Wappenschildchen der Stände der Provinz umgeben. Rev. LIBERTATEM × NEMO × BONVS × NISI × CVM × ANIMA × SIMVL × AMISIT ✻ Ein geharnischter Reiter auf geschmücktem Rosse, im Galopp, v. r. S., mit erhobenem Schwerte. Im Hintergrunde eine Stadt mit einer Brücke. Mad. 2138. Cat. imp. 480. Gr. 55. $3^3/_4$ Loth. Sehr gut erh. R.

6749. Medaille o. J. Av. TRANSISSULANOS · ET · DEUS · ET · LABOR · PROMOVET · ✿ In einem schmalen Kranze die vier durch Bänder verbundenen Wappenschilde, wie vorher. Rev. Der Reiter v. r. S., mit der Umschr. IN — TRE — PIDOS · TY — RANNIS · —, von 17 Wappenschilden der Stände umgeben. Mad. 7105. Cat. imp. 480. Gr. 45. $2^3/_8$ Loth. S. g. e.

Utrecht.

6750. Thaler v. 1598. Av. (Schildchen der Stadt Utrecht) MO × NO × ARG × ORDINVM × TRAI — Behelmter Schild mit dem Löwen. Rev. VIGILATE · DEO · CONF — IDENTE — S · 1598 · Geharnischtes Bildniss v. r. S., mit dem Schwerte in der Rechten. Mad. 2143. Gut erh.

6751. Ducaton v. 1668. Av. MO · NO · ARG · PRO : CON — FŒ · BELG · TRAJ · (Utrechter Schildchen) · — Ein völlig Geharnischter mit erhobenem Schwerte, zu Pferde, im Galopp, v. r. S. Darunter der quadr. Schild der Provinz mit dem Kreuze im 1. und 4. und dem Löwen im 2. und 3. Felde. Rev. CONCORDIA — RES · PARVÆ — CRESCVNT · J668 · Das gekrönte, von den beiden Löwen gehaltene Unionswappen. Zu Mad. 7113. 2¹/₄ Loth. G. e.

6752. Zehnfacher Stüber v. 1682. Av. MO · NO · ARGENT · ORDIN · TRAI — I — 6 — 8 — 2 — Der gekr. vierfeldige Schild, neben welchem I0 — ST Rev. HAC NITIMVR — HANC TVEMVR — Eine behelmte weibl. Figur, auf deren Lanze der Freiheitshut, stützt sich auf ein Buch, das auf einem verzierten Säulenfusse steht. (Die personificirte holl. Republik.) Sehr gut erh.

6753. Dreiguldenstück v. 1714. Av. MO · ARG · ORD · FÆD · BELG · TRAI · — Gekröntes Unionswappen zwischen 3 — G^L. Rev. HAC NITIMVR — HANC TVEMVR — Sinnbild, wie vorher. Neben dem Freiheitshute das Schildchen von Utrecht; unter der Figur 1714 · Zu Mad. 4745. 2⁹/₃₂ Loth. G. e.

6754. Ducaton v. 1792. Av. MO : NO : ARG : CON — FŒ : BELG : PRO : TRAI · — Der Ritter zu Pferde, v. r. S.; unten der gekrönte vierf. Schild der Provinz mit dem Wappen der Stadt im Mittelschilde. Rev. CONCORDIA — RES PARVÆ — CRESCUNT · und das Schildchen von Utrecht. Das gekr. Wappen der Union, mit den Schildhaltern, auf einem durchbrochenen Untersatze, worin 1792 Der Rand ist gerieft. 2¹/₄ Loth. Vorzüglich erh.

6755. Thaler v. 1816. Av. MO · NO · ARG · PRO · CONFŒ · BELG · TRAI · — Der stehende Ritter, mit dem Schwerte, hält an einem Bande das neben ihm stehende gekr. Wappen. Rev. CONCORDIA RES PARVÆ CRESCUNT · und das Utrechter Schildchen. Das gekr. Unionswappen zwischen 18 — 16 Der Rand ist gerieft. 1¹⁵/₁₆ Loth. Gut erh. R.

(Ist ein nach Errichtung des Königreichs der Niederlande nach altem Muster zu Utrecht geschlagener Thaler.)

Zeeland.

6756. Doppel-Ducaton v. 1661. Av. MO : NO : ARG : PRO : CON — FŒ : BELG : COM(itatus) : ZEL(andiae) · (Thurm) • — Der Ritter mit erhobenem Schwerte, zu Pferde, v. r. S. Unten der Schild von Zeeland. Rev. CONCORDIA — · — RES : PARVÆ — · — CRESCUNT · I66I · Gekröntes, von den Löwen gehaltenes Unionswappen über Laubwerk. 4¹/₂ Loth. Sehr gut erh. R.

6757. Ducaton v. 1664. Aehnlich dem vorigen, mit I664 · Zu Mad. 2141. 2¹/₄ Loth. Gut erh.

6758. Thaler v. 1775. Av. (Thurm) MON : NOV : ARG : PRO : CONFŒD : BELG : COM : ZEL · — Stehender Ritter, mit der Rechten das Schwert, mit der Linken an einem Bande den vor ihm stehenden, gekrönten Schild von Zeeland haltend. Rev. CONCORDIA RES PARVÆ CRESCUNT · — Gekröntes Unionswappen zwischen 17 — 75 Ueber der Krone zwei Sterne. Der Rand ist gerieft. Gut erhalten.

(Mehrere der von Herrn v. Madai unter den „Holländischen Thalern" eingereihten Stücke suche unter den Städten.)

Städte.

Aachen.

6759. Thaler v. 1568. Av. MO' ⁎ REGIÆ ⁎ SEDIS ⁎— VRBIS ⁎ AQVISGRANI ⊕ Der sitzende Kaiser Karl der Grosse, im Ornat, mit Krone, Zepter und Reichsapfel. Zu seinen Füssen das Stadtwappen. Im Felde 15 — 68 Rev. MAXIMI' ⁎ II' ⁎ ROMA' ⁎ CÆSAR ⁎ SEMP' ⁎ AVG' ⁎ — Unter der Krone der Doppeladler (ohne Kopfscheine), mit dem Reichsapfel auf der Brust. (Mad. 2148 und 4746.) Ist der älteste Thaler von Aachen. S. g. e.

6760. Thaler v. 1570, ähnlich dem vorigen, mit SEDIS — und AVGV' — S. g. e.

6761. Thaler v. 1573. Av. MO REGIÆ SEDIS — VRBIS AQVISGRANI — Der sitzende Kaiser, das Haupt mehr nach rechts gewendet, im römischen Kostüme, mit Krone und Zepter, die Linke auf den neben ihm liegenden Reichsapfel gelegt. Zu den Seiten 15 — 73 und unten das Stadtwappen. Rev. MAXIMIL · II · ROMAN · CÆSAR · AVGVS · — Der Doppeladler mit Kopfscheinen und dem Reichsapfel, unter der Krone. Typus wie Cat. imp. 508. 2. Gut erhalten.

6762. Dicker Zwitter-Doppelthaler von 1585 und 1587. Av. · MO · REGIÆ · SED : — : LIB · VRB · AQVIS : — Wie vorher; aber zu den Seiten 8 — 5 Rev. · RVDOL · II · ROMAN · CÆSAR · AVGVS · 87 : — Unter der Krone der Doppeladler (ohne Kopfscheine), mit dem Reichsapfel auf der Brust. 4 Loth. Vorzüglich erhalten. RR.

6763. Thaler o. J. Av. VRBS · AQVENSIS · VRBS · REGALIS · REGNI · SEDES · PRINCIPALIS · PRIMA · REGVM · CVRIA · (Anfang des Hymnus, der bei der Messe am Feste Karls des Grossen abgesungen wurde.) Ein sitzender wilder Mann mit dem Stadtwappen und zwei Fahnen, deren Tücher den Adler zeigen. Auf dem Kopfe trägt er einen geschlossenen, gekrönten Helm mit grossen Helmdecken und einem auf der Krone sitzenden Adler. Rev. FERDINANDVS · III · D : G · ROM · IMP · SEM · AVG — Der Doppeladler, wie vorher. Mad. 2149. Sehr gut erh. R.

6764. Thaler v. 1644. Av. MON · NOVA · REGNE (statt regiae) · — VRBIS · AQVISGRANI ✿ Der sitzende Kaiser im Krönungsornate, Zepter und Reichsapfel haltend. Zu den Seiten 16 — 44

Unten das Stadtwappen. Rev. FERDINANDVS · III · D : G : ROM · IMP · SEM · AVG — Der Doppeladler, wie vorher. Mad. 4748. Sehr gut erh. RR.

6765. 32-Markstück o. J. Av. ✲ URBS · AQUENSIS · URBS · REGALIS · REGNI · SEDES : und als innere Umschr. ∗ PRINCIPALIS · PRIMA · REGUM · CURIA · Der Adler, auf dessen Brust in einem ovalen Schilde 32 Rev. LOCVS · CORONATIONIS · CÆSAREÆ · Die Krönungsinsignien auf einem Altare. Erhabene Randschrift: ∗ CONSILIA ∗ MIHI ∗ A ∗ DEO ∗ SINT ∗ SANCTA ∗ Ist in der Mitte des 18. Jahrhunderts geschlagen. $^{3}/_{4}$ Loth. Sehr gut erh.

Aire in der Grafschaft Artois.

6766. Einseitige Nothklippe zu 50 Sols, v. 1710, die der franz. Kommandant, Marquis de Guebriant, während der Belagerung der Stadt durch die Alliirten unter dem Kommando des Fürsten Leopold von Anhalt-Dessau, aus seinem Silbergeschirre prägen liess. Runder Stempel: PRO · REGE · ET · PATRIA · ARIA · — OB^{S} (obsessa) und ein Herzchen. Gekrönter runder Schild mit dem Wappen des Kommandanten. Darüber 50, zu den Seiten 17 — 10 Mad. 5931. Cat. imp. 508. Duby, Pl. XIX. 2. Achteckig. 1 Loth. S. g. e. R.

Amsterdam.

6767. Einseitige Nothklippe zu 40 Stübern, während der Belagerung durch die Holländer, 1578, aus Kirchensilber geschlagen. In der Mitte ist das gekrönte Stadtwappen eingeschlagen, unten ein Stempel mit 1578 | XL und oben das burgund. Kreuz mit dem Feuereisen. v. Loon, I. 249. Mad. 5526. Wurde aus dem Silbergeschirre der Lieb-Frauenkirche geprägt. Gr. 40 im □ $1^{7}/_{8}$ Loth. S. g. e. RR.

6768. Medaillon (v. Sebastian Dadler) auf den von Wilhelm II. von Oranien beabsichtigten Ueberfall der Stadt und auf dessen Tod, 1650. Av. CRIMINE AB UNO DISCE OMNEIS · MDCL · XXX IULII · und das von 2 Löwen gehaltene Wappen von Amsterdam. Ein Pferd im vollen Laufe. Im Hintergrunde Amsterdam. Im Abschnitte QUIA BELLA VETABAT Rev. MAGNIS EXCIDIT AUSIS · MDCL · VI NOVEMBRIS · und ein Wappenschild (stehender Storch v. l. S. mit einer Schlange im Schnabel.) Zeus wirft mit dem Blitzstrahl den Phaëthon aus dem Sonnenwagen. Unten der aus dem Haag nach Delft sich begebende Leichenzug des Prinzen. v. Loon, II. 341. Gr. 70. $5^{3}/_{8}$ Loth. Schön und trefflich erhalten. R.

Ansbach.

6769. Medaille (G. Loos d., L. Held f.) zur Säkularfeier des dasigen Karl-Alexander-Gymnasium, 12. Juni 1837. Av. Die Brustbilder der Markgrafen Karl Wilhelm Friedrich und Alexander, v. r. S. Rev. Ansicht des Schulgebäudes. $^{11}/_{16}$ Loth. S. g. e.

Augsburg.

6770. Guldenthaler v. 1561. Av. AVGVSTA · VINDELICORVM · M · D · LXI · Das Augsburger Wappenbild. Rev. · FERDINANDI · IMP · AVG · P · F · DECRETO · — Der gekrönte Doppeladler mit Kopfscheinen u. 60 im Reichsapfel. (Mad. 4749, v. 1562) Sehr gut erh. RR.

6771. Guldenthaler v. 1574. Av. AVGVSTA ⁝ VINDELICORVM ❁ M ⁝ D ⁝ LXXIIII ❁ Das Stadtwappen im verzierten Schilde. Rev. MAXIMILIAN ⁝ II ⁝ IMP ⁝ AVG ⁝ P ⁝ F ⁝ DECRETO : — Der Doppeladler, wie vorher. Mad. 4750. S. g. e. R.

6772. Guldenthaler v. 1575, mit AVGVSTA ❁ VINDELICORVM ⁝ M ⁝ D ⁝ LXXV ❁ Sonst wie vorher; doch stehen nach DECRETO im Rev. ebenfalls zwei viereckige Punkte. Cat. imp. 509. Vorzügl. erh. R.

6773. Medaille (v. Valentin Maler), 1600. Av. DEVS NOST(rum) : REFVGIVM ET VIRTVS · Ansicht der Stadt; über welcher ein Engel schwebt. Unten 4 Flussgötter neben dem Augsburger Stadtzeichen, u. s. w. Rev. Sieben zusammengefügte, sechseckige Schilde mit den Wappen der 7 ältesten Rathsherren: Octavian II. Fugger, Quirin Rehlinger, Joh. Jak. Rembold, Karl Langmantel, Joh. Ant. Lauinger, Octavian Imhof und Markus Welser. Gr. 39. 1½ Loth. S. g. e. R.

6774. Thaler v. 1624. Av. ✿ · AVGVSTA · VI - N — D - ELICORVM · Auf einem Postamente sitzen zwei Knaben mit Palmzweigen zu Seiten des Stadtzeichens. Am Postamente MDCXXIV und drei herabhängende Kornähren. Rev. IMP(erator) : CÆS(ar) : FERD : II · P(ius) · F(elix) — · — · GER(maniae) : HVN(gariae) : BOH(emiae) : REX · — Das belorb. und geharn. Brustbild des Kaisers, fast von vorn, über einem Adler, der auf dem Reichsapfel sitzt und zugleich Schwert und Zepter hält. Mad. 2150. Cat. imp. 509 (v. 1623). S. g. e. R.

6775. Thaler v. 1624. Av. ✿ AVGVSTA ◆ VIND — ELICORVM ✿ (als Ueberschr.) Die sitzende Pallas mit dem Tannenzapfen und der Lanze, auf einem zierlichen Untersatze, worin MDCXXIV und ein Hufeisen. Rev. ◆ IMP ⁝ CAS (sic) ⁝ FERD ⁝ II ◆ PF ◆ GER ⁝ HVN ⁝ BOH ⁝ REX · ✿ Der einköpfige linksblickende Adler, mit Kopfschein, hält in der rechten Klaue das Zepter, in der linken den Reichsapfel. Mad. 2154. S. g. e. R.

6776. Thaler v. 1625. Av. + SANCT ⁝ VDALRICVS — EPIS ⁝ AVGVSTANVS — Der h. Ulrich hinter dem verzierten Stadtwappen, worin unten das Hufeisen. Zu den Seiten 16 — 25 Rev. ◆ IMP ⁝ CÆS ⁝ FERD ⁝ II ◆ P ◆ F ◆ GER ⁝ HVN ⁝ BOH ⁝ REX ◆ — Unter der Krone der Doppeladler mit dem Reichsapfel. Mad. 2151. Cat. imp. 509. S. g. e. R.

6777. Dreifacher Thaler v. 1625. Av. · AVGVSTA · VIN — DELICORVM · ❁ Ueber der Stadt halten zwei Engel das Stadtzeichen u. zugleich der eine einen Lorbeerkranz, der andere einen Palmzweig. Unten in einer zierlichen Cartouche MDCXXV und die 3 Kornähren.

Rev. IMP : CAES : FERD : II · P · F · GER : HVN : BOH : REX — Unter der Krone in feiner Bogeneinfassung der einköpfige Adler (mit Kopfschein), Zepter und Schwert haltend. Auf den Schwanzfedern liegt der Reichsapfel. War geh., sonst sehr gut erhalten. 6 Loth. RR.

6778. Thaler v. 1626. Av. ✦ AVGVSTA ✦ VIN — DELICORVM ✦ ✿ Ansicht der Stadt; darüber zwei Englein mit dem Stadtzeichen, einem Palmzweige, Lorbeerkranz und Blumengewinde. Unten auf einer verz. Tafel MDCXXVI sowie die drei Kornähren. Rev. ✦ IMP ⁝ CÆS ⁝ FERD ⁝ II ✦ P ✦ F ✦ GER ⁝ HVN ⁝ BOH ⁝ REX — Unter der Krone der einköpf. Adler mit dem Zepter u. Schwert und mit dem Reichsapfel zwischen den Schwanzfedern. (Mad. 2152.) S. g. e.

6779. Thaler v. 1626. Av. ✦ AVGVSTA ✦ VIN — DELICORVM ✦ — Verzierter Schild mit dem Stadtwappen. Darüber 16 — 26, unten das Hufeisen. Rev. ✦ IMP ⁝ CÆS ⁝ FERD ⁝ II ✦ — P ✦ F ✦ GER ⁝ HVN ⁝ BOH ⁝ REX ✦ — Unter der Krone der linksblickende Adler, in der rechten Klaue Schwert und Zepter, in der linken den Reichsapfel haltend. Mad. 4752. S. g. e.

6780. Thaler v. 1627. Av. ✿ AVGVSTA · VIN — DELICORVM ✿ — Verzierter Schild mit dem Stadtwappen; darüber MDC · XXVII, unten das Hufeisen. Rev. ✦ IMP ⁝ CÆS ⁝ FERD ⁝ II ✦ P ✦ F ✦ GER ⁝ HVN ⁝ BOH ⁝ REX ✦ Unter der Krone der Doppeladler, Schwert und Zepter haltend, mit dem Reichsapfel auf der Brust. G. e.

6781. Halber Thaler v. 1627. Av. · AVGVSTA · VIN — DELICORVM · — Verzierter Schild mit dem Stadtwappen. In den Verzierungen oben MDCXXVII, unten das Hufeisen. Rev. · IMP : CÆS : FERD : II · P · — · F · GER : HVN : BOH : REX · — Der gekr. einköpfige Adler hält in der rechten Klaue Schwert und Zepter, in der linken den Reichsapfel. Auf der Brust trägt er ein Schildchen mit $\frac{2}{3}$ Cat. imp. 510. 3. G. e.

6782. Medaillon v. 1632, auf den nach der Einnahme der Stadt durch die Schweden verbesserten Zustand Augsburgs. Av. Das mit 14 Wappen (v. Stenglin, Rehm, Langmantel, v. Stetten, Rehlinger, Lauinger, Buroner, Heinhofer, Buroner, Wagner, Weiss, Thenn und ? ?), dem strahlenden Namen Gottes und der Jahrz. 1632 versehene Stadtzeichen, hinter welchem ein glattes Band mit der Aufschrift *Crescit et* — ✱ — *florefcit*, während ein gebrochenes Band mit den Worten POST — NV — BI — LA — PHOE — BVS sich oben herum legt. Zu den Seiten zwei gleiche Monogramme, die die Buchstaben GA einmal recht und einmal verkehrt gestellt enthalten (Gustava Augusta). Am Capital ganz klein B — A — S (Balth. Schmidt in Augsburg) Rev. Plan der neuen Festungswerke der Stadt. Oben das gekrönte schwedische Wappen zwischen den gekrönten gleichen Monogrammen wie im Av. und mit einem Bande, worauf GVSTAVA · ET · AVG — VSTA · CAPVT — RELIGIONIS — ET · REGIONIS In der Mitte vier gekrönte Schilde mit den Wappen des Gubernators Benedikt Oxenstierna, des Statthalters Georg Friedrich Gr. v. Hohenlohe, des Kom-

33*

mandanten H. G. aus d. Winckel und des Gen.-Quartiermeisters und Ingenieurs Franz de Traytorrens. Köhler, M.-B. X. 41. Gr. 75. 7⁹/₁₆ Loth. In Silber sehr selten. RR.

6783. Thaler v. 1635. Av. AVGVSTA · VIN — DELICORVM — Eine Hand aus Wolken hält einen Palm- u. Lorbeerzweig, die sich kranzförmig um das vom Himmel bestrahlte Stadtzeichen legen und mit ihren Spitzen auch das unten stehende Hufeisen umgeben. Rev. IMP : CÆS : FERD : II · P · F · GER : HVN : BOH : REX 16 — 35 Unter der Krone der Doppeladler mit dem Reichsapfel auf der Brust, Schwert u. Zepter haltend. Mad. 2153. S. g. e. R.

6784. Thaler v. 1639. Av. AVGVSTA ⬥ VIN — DELICORVM — Unter einem Engelsköpfchen die Stadt Augsburg, vor welcher das Stadtzeichen auf einem Fratzenkopfe, dessen Ausläufer oben 16 — 39 und unten 3 Hufeisen umschliessen. Rev. IMP ⁑ CÆS ⁑ FERD ⁑ III ⬥ P ⬥ F ⬥ GER ⁑ HVN ⁑ BOH ⁑ REX ✿ (Die Zahl III ist durch einen Stempelriss zu VII geworden) Belorbeertes Brustbild des Kaisers von vorn, im Harnisch, mit Spitzenkragen und d. gold. Vliess an der Schnur. Mad. 2155. Cat. imp. 510. 7. S. g. e.

6785. Thaler v. 1640. Av. ähnlich dem vorigen, mit 16 — 40 Rev. ✿ IMP ⁑ etc. wie vorher, aber REX · — Belorbeertes Brustbild des Kaisers von rechter Seite, im Harnisch, mit Ueberwurf, glattem Kragen und der Kette des gold. Vliesses. Typus wie Cat. imp. 510. 8. S. g. e.

6786. Halber Thaler v. 1641. Aehnlich dem vorigen Thaler, mit einem Punkte nach der Avers-Umschrift, mit 16 — 41, ferner mit · IMP : etc. bis REX · — Cat. imp. 510. 9 (v. 1643). S. g. e.

6787. Thaler v. 1643, wie der vom Jahre 1640, nur stehen statt der viereckigen Punkte kleine runde. Vorzügl. erh.

6788. Breiter Schauthaler v. 1672. Av. Ansicht der Stadt, darüber halten 2 Englein an Schnuren die Wappen der 7 ältesten Rathsherrn (Stetten, Langmantel v. R, Rehlinger, Amman, Ulstatt, Rehm und Fugger). Vorn das Stadtzeichen und im Abschnitte zwischen 16 — 72 wiederum 4 Wappenschilde (Imhof, Stetten, Ilsung u. Hamman — der 4 Baumeister). Rev. ✿ LEOPOLDVS ⬥ AVG — ✿ IMP ⬥ CAESAR ✿ Belorbeertes und geharnischtes Brustbild v. r. S., mit Ueberwurf, geknüpftem Halstuche und der Kette des gold. Vliesses. Mad. 4754. Cat. imp. 510. 10. Gr. 50. 2¹/₄ Loth. S. g. e. R.

6789. Medaille v. 1704, auf den Abzug der mit den Franzosen verbündeten Bayern aus der Stadt. Av. Ansicht der Stadt mit der Ueberschrift AVGVSTA VINDELICORVM Im Abschnitte UI OCCUPATA | D · 16 DECEMB · 1703 | MIRACULO LIBERATA | D · 16 · AUGUSTI | 1704 · | ✿ Rev. BONÆ SPEI ✿ Die Taube mit dem Oelzweige fliegt der Arche zu, die auf einem Felsen steht, an dessen Fusse das Augsburger Stadtzeichen liegt. Gr. 29. ³/₄ Loth. Sehr gut erh.

6790. Medaille v. 1711 (v. Ph. H. Müller). Av. AVGVSTA — VINDELICORVM ⬥ (als Ueberschr.) Ueber der Stadt schweben auf

Wolken neben dem Stadtzeichen der h. Ulrich und die h. Afra. Unten im Vordergrunde hält ein stehender Genius die Wappenschilde der Familien Imhof und Amman. Rev. (U. b.) • MEMORIÆ ANNI CHRISTIANI • MDCCXI (2 Blätter) • — Ein fliegender Genius hält an einem Bande 5 Wappenschilde Augsburger Rathsherrn (Stetten, Langmantel von R, Rembold, Zech und Welser). Unten liegen hinter d. 4 Wappenschilden der Baumeister Imhof, Ilsung, Amman und Bayer die Flussgötter der Wertach und des Lech. Gr. 43. $2^{5}/_{16}$ Loth. Sehr schön erh. R.

6791. Thaler v. 1725. Av. AVGVSTA — VIN — DELI — CORVM • (als Ueberschr.) Der gekrönte Doppeladler mit Zepter und Schwert in d. Klauen und mit dem Reichsapfel auf der Brust, über den zwei, neben dem Stadtzeichen sitzenden Flussgöttern. Im Abschnitte ✽ 17 (zwei Hufeisen) 25 ✽ | ✽ Rev. CAROL · VI · D · G · R · — I · S · A · G · H · H · B · REX · (als Ueberschr.) Belorbeertes Brustbild des Kaisers v. r. S., im Harnisch, mit d. gold. Vliesse. Unten ✽ Hat Laubrand. Mad. 4759. Cat. imp. 511. 5. S. g. e.

6792. Doppelthaler v. 1740. Av. LIB(era) : S(acri) : R(omani) : I(mperii) : CIVIT(as) : AUGUSTA VINDEL : (als Ueberschr.) Ein mit Lorbeer- und Palmzweigen besteckter, mit der Mauerkrone geschmückter langer Schild, worin in ovalem Rahmen das Stadtwappen. Im Fusse des Schildes erscheinen die drei Hufeisen. Im Hintergrunde liegen ein Flussgott und zwei Flussgöttinnen mit Wasserkrügen. Rev. D : G : CAROLUS VI : — ROM : IMP : S : AUGUSTUS • — Der schwebende Doppeladler, unter der Krone, hält den Reichsapfel mit der rechten Klaue und Schwert nebst Zepter in der linken. Unten in einer zierlichen Einfassung · 1740 · | IT (Jonas Thiebaud) Mad. 2157. Cat. imp. 511. 7. 4 Loth. Schöne Arbeit und trefflich erhalten. R.

6793. Thaler v. 1744. Av. AUGUSTA VINDELICORUM (als Ueberschrift.) Die vom Auge Gottes bestrahlte Stadt. Am Fussboden T und im Abschnitte ✿ MDCC · XLIV · ✿ | (2 Hufeisen) Rev. CAROLUS VII · D · — G · ROM · IMP · S · A · ✿ (als Ueberschr.) Belorb. und geh. Brustbild v. r. S., mit der Kette des goldn. Vliesses. Unten IT in ovaler Einfassung und ein Blatt. Mit Laubrand. Mad. 4762. Cat. imp. 511. 10. S. g. e.

6794. Thaler v. 1745. Av. Sitzende weibliche Figur mit einer Stadtkrone; sie hält in der Rechten das Stadtzeichen, mit der Linken einen langen Stab. Zu ihren Seiten steht rechts von unten nach oben AUGUSTA und links von oben nach unten VINDELIC · Im Abschn. zwei Hufeisen. Rev. FRANCISCUS · I · D · — G · ROM · IMP · SEMP · AUG · (als Ueberschr.) Belorb. Brustbild des Kaisers, v. r. S., im Brustgewand. Unten IT und ein Schildchen mit 1745 Mit Laubrand. Mad. 4763. Cat. imp. 511. 11. S. g. e.

6795. Halber Thaler v. 1745. Av. Unter der Stadtkrone in mit Lorbeer besteckter Einfassung das Stadtzeichen mit der Beischrift AUGUSTA — VINDEL · Unten 17 — 45 und ganz am Rande die 2 Hufeisen. Rev. FRANCISCUS I · D · G · ROM · — IMP · SEMP

· AUGUSTUS · — Unter der Kaiserkrone der Doppeladler mit Zepter, Schwert und dem Reichsapfel, sowie mit dem gekrönten, von der Kette des gold. Vliesses umgebenen lothr.-toskan. Wappen auf der Brust. Ganz unten T Mit Laubrand. Mad. 4764. Cat. imp. 511. 12. Sehr schön erh.

6796. Conv.-Thaler v. 1764. Av. AUGUSTA VINDELICOR : — AD NORM : CONVENTIO : (als Ueberschr.) Unter der Krone der Doppeladler mit Zepter, Schwert und Reichsapfel in den Klauen, und mit dem mit einer Stadtkrone bedeckten Stadtwappen auf der Brust. Unten A in einem Schildchen, neben welchem 17 — 64 · | F · — H · (Hohleisen, Mzmstr.) und rechts ein liegendes T Rev. FRANCISCUS I · D · — G · ROM · IMP · SEMP · AUG · (als Ueberschr.) Belorbeertes Brustbild v. r. S., im Schuppenharnisch und Ueberwurf, mit dem gold. Vliess. Der Rand ist gerieft. Mad. 5528. S. g. e.

6797. Conv.-Thaler v. 1765. Av. ✦ AUGUSTA VINDELICOR · AD NORM · CONVENT · 1765 ✦ — und unten herum X · EINE FEINE MARCK Das mit der Mauerkrone bedeckte, mit einem Lorbeer- und einem Palmzweige besteckte Stadtwappen. Darunter A und F · — H · Rev. FRANCISCUS I · D · G · ROM · IMP · SEM · AUG · (als Ueberschr.) Belorbeertes Haupt v. r. S. Unten I · ✿ T · Mit Laubrand. Mad. 5529. S. g. e.

6798. Desgleichen, von anderen Stempeln; das Röschen nach der Jahrzahl fehlt. Cat. imp. 512. 4. S. g. e.

Bamberg.

6799. Goldne Medaille der Stadt, auf die Vereinigung des Bisthums mit Bayern, 1802. Av. ConCorDIa haeC — prospera fIrMat — Unter einem Palmbaume zwei weibliche Gestalten mit dem pfalzbayr. und dem bamberger Landeswappen. Im Abschnitte NOVA SPES FRAN : CONUM Rev. In einem Kranze: SENATUS etc. Heller 573. 1 Duk. Sehr gut erhalten.

Bisanz (Besançon).

6800. Doppelthaler o. J. Av. DEO ⁘ ET ⁘ CESARI ⁘ FIDELIS ⁘ PERPETVO ⁘ ✤ Das Stadtwappen. Rev. CAROLVS ⁘ V ⁘ — IMPERATOR (als Ueberschr.) Erhabenes Brustbild v. r. S., mit der Krone bedeckt, im Harnisch, der an den Achseln mit Löwenköpfen verziert ist. Mad. 5933. Cat. imp. 512. Gr. 46. 4⁷/₁₆ Loth. Trefflich erh. RRR.

6801. Thaler v. 1660. Av. MONETA · CIVIT · IMPERI · BISVNTINÆ · — Der gekr. Doppeladler mit dem Stadtwappen auf der Brust. Rev. CAROLVS · QVINT — ⁎ — ROM · IMPERATOR — Der geharnischte und gekrönte Kaiser, stehend, mit Zepter u. Reichsapfel, nebst umgegürtetem Degen. Zu den Seiten 16 — 60 Mad. 2160. S. g. e.

Bommeln in Geldern.

6802. Noththaler zu 30 Stüvern, o. J., zur Zeit der spanischen Belagerung 1599 geprägt. Av. ✿ MONE · NO — VA · FACTA · BO — EME(liae) · S(tuferorum) · TRI(ginta) ✿ — Zwei Löwen halten ein Schwert und das Stadtwappen. Rev. DVRÆ & NECESSITATIS & OPVS und ein Granatapfel. Dreithürmiges Kastell, in dessen Thore eine Kanone steht. Mad. 2161. Ein Thaler von Bommeln wurde in der Plessischen Auktion mit 17 Thalern bezahlt. Sehr gut erhalten. RR.

6803. Noththaler o. J. Av. MONE & NO — VA & FACTA & B — OEME & S & 30 ✻ Zwei Löwen halten einen Ring und das Stadtwappen. Rev. Wie vorher. Sehr gut erh. RRR.

Braunau.

6804. Goldne Nothklippe zu 2 Dukaten, v. 1743, die der bayer. General Prinz Ludwig Friedrich von Sachsen-Hildburghausen in der von den Oesterreichern belagerten Stadt schlagen liess. Der achteckige Stempel zeigt folgendes Gepräge: Unter dem Fürstenhute das sächsische Hauptwappen über Palmzweigen. Neben der Krone 17 — 43 Umher, parallel mit den Seiten: rechts AVXILIVM links A NOBIS · oben BRAV — NAV · und unten IM ($^{9.}_{MAY}$) VF Dazwischen L · — F · — H — Z · — S · — (Ludwig Friedrich Herzog zu Sachsen) und zwar unten beginnend, so dass das H oben im Worte Braunau steht. (Der 9. Mai deutet auf den Anfang der Belagerung.) Einseitig und achteckig. Monn. en or, Suppl. 83. Gr. 25 im ◻ 2 Duk. Sehr gut erhalten. RRR.

6805. Silberne Nothklippe, vom Stempel der vorigen. Mad. 4769. $^{7}/_{16}$ Loth. Sehr gut erh. RR.

Braunschweig.

6806. Thaler v. 1546 (sog. Schmalkaldischer Bundes- oder Triumphthaler.) Av. MONETA * NOVA * BRVNSVICENSIS * ✿ * Der braunschweigische Löwe. Rev. * — VERBVM * — DO * MA * IN * Æ — Der aus dem Grabe auferstehende Christus, die Rechte zum Segnen erhebend, in der Linken die Siegesfahne. Unten liegt der Tod. Neben dem Heilande I5 — 46 Mad. 2165. S. g. e. R.

6807. Desgleichen. Av. Aehnlich dem vorigen; das Ende des Schweifes biegt sich nach unten, während es vorher nach oben stand. Rev. VERBVM * DO * — * MA * IN * Æ — * — Christus steht vor dem Grabe auf dem Tode, hält in der Rechten die Fahne und erhebt die Linke. Zu den Seiten I5 — 46 Mad. 2164. Cat. imp. 515. Z. g. e. R.

6808. Halber Thaler v. 1551. Av. MONETA * NOVA * BRVNSWICGEN * Der Löwe in einer Einfassung von Blättern. Rev. * MARIA * MAT — ER * DEI * I55I * — Die auf dem Halbmonde stehende gekr. Maria in Flammenglorie, mit Zepter und dem Kindlein. Mad. 4770. Gr. 38. S. g. e. R.

6809. Thaler v. 1628. Av. * ⚒ * MON : NOV : REIP — · BRUNSVICENSIs — Das behelmte Stadtwappen. Rev. FERDINAND ⁑

II ⁑ D ⁑ G ⁑ ROM ⁑ IMP ⁑ SEM ⁑ AUG ⁑ 16 — 28 Unter der Krone der Doppeladler, mit 24 im Reichsapfel auf der Brust. S. g. e.

6810. Thaler v. 1648. Av. · MONE · NOVA · REIP · — · BRVNS-VICENSIS ⚒ · — Das behelmte Stadtwappen. Rev. FERDINAND · III · D G · ROM · IMP · SEM · AUG · 1 · 6 · — · 48 Sonst ähnlich dem vorigen. Zu Mad. 7124. S. g. e.

6811. Thaler v. 1670. Av. · MON · NOVA · REIP · — BRUNSUI-CENS · ⚒ · — Das behelmte Stadtwappen. Rev. LEOPOLD · I · D · G · ROM · IMP · SEMP · AUGUS * 16 — 70 * Unter der Krone der Doppeladler, auf der Brust den Reichsapfel mit 24 tragend. Mad. 4778. Cat. imp. 516. Vortrefflich erh.

Breda.

6812. Schaumünze v. 1590, auf die Eroberung der Stadt durch die Holländer. Av. Der holländische Löwe mit erhobenem Schwerte und den zusammen gebundenen Pfeilen steht neben dem gekr. Wappen von Nassau-Oranien. Darunter in 5 Zeilen: BREDA · A · SERVI-TVTE | HISPANA · VINDICATA | DVCTV · PRINCIPIS | MAV-RITII · A · NASS : | · A° CIↃ · IↃ · XC · Rev. Oben herum: · PARATI · VINCERE · AVT · MORI · 4 · MARTII · und unten herum: ✿ · INVICTI · ANIMI · PR(aemium) : ✿ Das am Stadtwalle zu Breda gelandete Kohlenschiff, aus welchem die versteckten Soldaten hervorkriechen und den Wall übersteigen. Mad. 4682. Gr. 40. 1¼ Loth. Gut erh.

6813. Gleiche Schaumünze, aber gegossen. 1⅟₃₂ Loth. G. e.

6814. Nothklippe zu 60 Sols, v. 1625, vom Gouverneur Justin von Nassau während der spanischen Belagerung geschlagen. In der Mitte ist ein runder Stempel eingeschlagen, worin der holländische Löwe v. l. S., nebst der Umschrift · BR(E)DA · OBSESSA · 1625 * · (etwas Doppelschlag.) Die Ecken enthalten 4 kleine Stempel, oben einen ovalen mit der Werthzahl 60, rechts ein Schildchen mit dem oranischen Jagdhorn, links ein gleiches mit dem Stadtwappen und unten einen runden Stempel mit einem Röschen. Einseitig. Mad. 4779. Gr. 35 im □ 1⅟₁₆ Loth. S. g. e. R.

6815. Kupferne Nothklippe zu 2 Sols, v. 1625. Auf dem runden Stempel: · II · | BREDA | OBSESSA | 16 (Stadtwappen) 25 Einseitig. Gr. 18 im □ S. g. e.

Breisach.

6816. Guldenthaler v. 1568. Av. MONETA + NO + CIVITATIS + BRISACENSIS 68 ✻ Das Stadtwappen in einer aus sechs verzierten Bogen gebildeten Einfassung. Rev. FERD + D + G + RO + IMP + S + AVG + GER + HVNG + BO + REX ✻ Gekröntes und geharnischtes Bildniss des Kaisers v. r. S., bis an den Schooss, mit umgegürtetem Schwerte, in der Rechten das Zepter, auf der Linken den Reichsapfel, worin 60, haltend. Gut erh. R.

6817. Guldenthaler v. 1571. Wie der vorstehende, mit 71 ✻ (Cat. imp. 515. 4) S. g. e. R.

6818. Guldenthaler v. 1572. Aehnlich den vorigen, mit 72 ✱ und REX + Mad. 4800. Gut erh. R.

6819. Nothklippe zu 48 Kreuzern, v. 1633, aus der Zeit der Belagerung durch Rheingraf Otto und Markgraf Friedrich von Baden. Av. Die Schilde von Oesterreich, Elsass und Breisach, 2 und 1 gestellt. In der Mitte ein Röschen. Oben · 16 · 33 · und neben dem untern Schilde XL — VIII Rev. ❁ | MO : NO : | VAST(atae) : ALS(atiae) : ❁ ET ❁ | BRISIACAE | INDEX | ⟝ ✿ ⟞ Mad. 4802. Gr. 32 im □ 1¹/₈ Loth. S. g. e.

6820. Desgleichen, von anderen Stempeln. Zwischen den Schilden ein Punkt und ein Blättchen am Stiel. Mit · VAST : und BRISIACAE · | · INDEX · | ⟝ ❀ ⟞ im Rev. Cat. imp. 515. 3. 1⁷/₃₂ Loth. Gut erhalten.

6821. Nothklippe zu 24 Kreuzern, v. 1633. Av. Die 3 Wappen; dazwischen ein Blättchen und ein Punkt. Oben · 16 · 33 · und unten neben dem Schilde von Breisach XX — IIII Rev. · ✿ · | MO : NO : | VAST : ALS : | ❁ ET ❁ | BRISIACAE · | · INDEX · | ⟝ ✿ ⟞ Gr. 26 im □ ⁹/₁₆ Loth. S. g. e. R.

6822. Nothklippe zu 6 Kreuzern, v. 1633. Av. Die 3 Wappenschilde, oben · K ·, zu den Seiten V — I und unten neben dem Schilde von Breisach 2 Röschen. Rev. ∗ | ∗ ✿ ∗ | · MO : NO : | · VAST : ALS : | ❁ ∗ ET ∗ ❁ | ∗ BRISIACAE ∗ | ∗ INDEX ∗ | ∗ 16 · 33 ∗ | ∗ Die Stempel sind nicht rund, sondern viereckig. Gr. 20 im □ ⁵/₃₂ Loth. S. g. e. RR.

6823. Klippe v. 1633, auf den Entsatz der Stadt durch den spanischen General Herzog von Feria. Av. BRISAC(um) : OBSESS(um) : DVCT(oribus) : REINGR(avio) : OT(tone) : ET · MARCH(ione) : FRID(erico) : DVR(lacensi) · ✱ Die 3 Wappen mit der dazwischen und daneben gestellten Inschrift: · DIE · VII | IVLII | ET | ∗ | III · AVGVSTI · | ANNO — D̄NI | · 16 — 33 Rev. AB · VTRISQVE · TVRPI · FVGA · DESERT : DIE : XVI · OCTOB : ✱ Ein vor einem hellstrahlenden Sterne fliehender Wolf. Im Sterne steht F (Feria) und im Felde in 3 Zeilen: HOC ORI: | ENTE · FV: | GIT · Abweichend von Madai 4803 u. 7138. Gr. 38 im □ 1¹⁵/₁₆ Loth. Vorzüglich erh. R.

(Den nach der Einnahme der Stadt durch Herzog Bernhard von Weimar, 1638, geschlagenen ungemein raren Goldgulden und zwei auf dieses Ereigniss erschienene Medaillen s. unter Nr. 4518—4520.)

Bremen.

6824. Thaler v. 1546. Av. MONETA ∗ NOVA ∗ REIPVB ∗ BREMENSI ❀ Schild mit dem Stadtwappen, darüber 15 — 46 Rev. ∗ CAROLVS ∗ V ∗ ROMA ∗ IMP ∗ SEM ∗ AVG ∗ — Unter der Krone der Doppeladler. Mad. 2169. S. g. e. RR.

6825. Thalerklippe vom Stempel des Markstückes, von 1617. Av. MONE · NOVA · REIPVB · BREMEN ÷ 16 — 17 ÷ Gekrönter und verzierter Schild, worin 2 Löwen einen ovalen Schild mit dem Stadtwappen halten. Rev. MATTH · D · G · RO · IMPER · SEMP

· AUG (Lilie) — Unter der Krone der Doppeladler (ohne Kopfscheine) mit dem Reichsapfel. Unten herum 32 — GR — OT Gr. 43 im ◻ 2 Loth. Sehr gut erh. RR.

6826. Thaler v. 1622. Av. · ✿ · MONE · NOVA · — RE — IP — VB · BREMENSIS — Der behelmte, von zwei Löwen gehaltene Schild. Rev. FERDI · II · D · G · ROMA · IMPER · SEMPER · AU · 16zz — Der Doppeladler (ohne Scheine) mit dem Reichsapfel, unter der Krone. Mad. 5530. Gut erh. R.

6827. Thaler v. 1634. Av. MON · NOVA · ARG · REIPVB · BREMENSIS · ❀ : ❀ · Das von zwei auf bewachsenem Boden stehenden Löwen gehaltene Stadtwappen. Darüber · 1634 · und darunter im Abschnitte · T ❀ I · (Thomas Isenbein, Mmstr. in Bremen, 1634—1664.) Rev. ·· ✿ FERDIN : II · D · G ✿ ∴ ✿ ROM : IM : S · AVGVS ✿ ·· — Unter der Krone der Doppeladler mit Kopfscheinen und mit dem Reichsapfel. Mad. 4786. G. e. R.

6828. Thaler v. 1641. Av. · ❀ · MONE · NOVA · ARG · REIPVB · BREMENSIS : und ein Blumenzweig. Das von 2 Löwen gehaltene Stadtwappen. Darüber · 1641 · und unten im Abschnitte · T · — · I · Rev. : FERDIN : III · D · G · ROM · IMP · SE · AUGUS : — Der Doppeladler mit dem Reichsapfel, unter der Krone. Mad. 4787. Sehr gut erh. R.

6829. Halber Thaler v. 1643. Av. ❀ MONE · NOVA · ARG · REIPVB · BREMENSIS : Das Stadtwappen, von 2 Löwen gehalten. Oben · 16 — 43 ·, im Abschnitte · T · I · Rev. : FERDIN · III · D · G · ROM · IMP ∵ SE · AVGVS : — Der Doppeladler mit Krone und Reichsapfel. S. g. e. R.

6830. Thaler v. 1657. Av. ❀ MONET ◆ NOVA ◆ ARGENT ◆ REIPUB ◆ BREMENSIS ◆ Gekrönter und von den 2 Löwen gehaltener, ovaler Schild mit dem Stadtwappen. Darunter im Abschnitte 16 ◆ 57 | T I Rev. · FERDIN : III : D : G : ROM : IMP : SEM : AUGUS : — Unter zweigartig verzierter, breiter Krone der Doppeladler mit dem Reichsapfel. Zu Mad. 4788. Vortrefflich erh. R.

6831. Denkmünze v. 1684, auf das 1. Jubelfest des Gymnasiums zu Bremen. Av. QUAM DEUS HOC SECLO SERVASTI SUMME PALÆSTRAM etc. Die von der Sonne bestrahlten Gebäude. Rev. Aufschrift in 17 Zeilen. Mad. 2170. Köhler, M.-B. XV. 1. Cat. imp. 514. Gr. 46. $2^7/_8$ Loth. Sehr schön erh. R.

6832. Thaler v. 1723. Av. MONETA NOVA REIPUB : BREMENSIS ❀ Gekrönter, verzierter Wappenschild, von 2 Löwen gehalten, die auf einem glatten Untersatze stehen. Darunter MDCCXXIII Rev. CAROL · VI · D · G · ROM · IMP · SEMP · AUG · HISP · HUNG · & BOH · REX — Unter der Krone der einen grossen Reichsapfel auf der Brust tragende Doppeladler. Mad. 4792. Vorzüglich erhalten. R.

6833. Thaler v. 1743. Av. ❀ MONETA · NOVA · REIPUBL : BREMENSIS · Das gekrönte Stadtwappen, von 2 auf einem zierlichen Untersatze stehenden Löwen gehalten. Darunter klein MF (Martin Fischer, Stempelschn. und Mmstr. in Bremen, 1743—1747.)

Rev. CAROL : VII · D · G · ROM : IMP : SEMP · AUG : 1743 · — Der Doppeladler mit dem Reichsapfel, unter der Krone. Der Rand ist gerieft. Mad. 2171. Cat. imp. 514. Sehr gut erh. R.

6834. Thaler v. 1744. Av. Die zwei auf Erdreich stehenden Löwen halten das gekrönte Wappen. Darüber auf einem Bande: MON ▲ LIB ▲ REIP ▲ BREMENS ▲ Im Abschnitte 1744 zwischen einer Verzierung und darunter MF (klein) Rev. Unter der Krone der Doppeladler, der in der rechten Klaue Zepter und Schwert, in der linken den Reichsapfel hält. Oben herum auf einem Bande: CAROLUS ▲ VII ▲ — D ▲ G ▲ ROM ▲ IMP ▲ S ▲ A ▲ Der Rand ist gerieft. Mad. 4793. Der Stempel sprang nach dem Abprägen weniger Stücke. Sehr gut erh. RR.

Brescia.

6835. Medaillon in Bronze (v. Joseph Salwirch in Mailand), auf den beim Anzuge des französischen Heeres erfolgten Abfall von Venedig, 18. März 1797. Av. PRESA DEL PALAZZO DI BROLETTO (unt. beg. und durch eine Arabeske getheilt.) Die Erstürmung des genannten Palastes, des Sitzes des Gouvernements, durch das Volk. Rev. EPOCA DELLA LIBERTA BRESCIANA (Arabeske wie im Av.) In einem Lorbeerkranze die Freiheitsmütze und ein Dolch nebst der Unterschrift 18 MARZO | 1797 Hist. métallique de Napoléon 381. Gr. 63. Sehr gut erh. R.

Bresello (Bersello) im ehem. Herzogthume Reggio.

Die Stadt Brescello mit ihrem Gebiete kam 1479 an Herkules I., Herzog zu Ferrara und Modena aus dem Hause Este, und blieb fortan bei Modena (bis 1859). Die Herzöge zu Ferrara hatten daselbst eine Münzstätte. Von Alphons II. kennt man Münzen, worauf der Titel mit Dominus Terrae (DM T) Brixilii schliesst. Vgl. Rivista I. p. 67.

6836. Thaler o. J. Av. ✱ OMNIS : NOBILITAS : A : DEO : EST · Ein Lilienkreuz, auf dessen Mitte ein Schildchen mit dem Adler des Hauses Este und in dessen Winkeln vier Wappenschilde, wovon der erste einen Löwen mit darübergezogenen Schrägstreifen, der zweite einen Schrägbalken zwischen 2 Rosen, der dritte ein dreithürmiges Kastell, der vierte ein schräg gestreiftes Feld zeigt. Rev. · SANCTVS · GENESIVS · EPS · BRIXELLI · — Der sitzende Heilige, im Ornate, die Rechte auf ein Buch gelegt, in der Linken den Krummstab. Mad. 5240, mit Abbildung auf dem II. Titelblatte. Cat. imp. 561. Die Rückseite erinnert an Thaler Michael's von Khuenburg, Erzb. von Salzburg. Sehr gut erh. RRR.

Breslau.

6837. Thaler v. 1544. Av. MONETA ✿ ARGENTEA ✿ WRATISLAVIENSIS ✱ Das vierfeldige Wappen mit rundem Mittelschilde. Darüber 1544 Rev. ECCE ✿ VICIT ✿ LEO ✿ DE ✿ TRIBV ✿ IVDA ❀ Der böhmische Löwe v. l. S. Mad. 2172. Cat. imp. 514. Trefflich erhalten.

6838. Thaler v. 1545. Wie der vorige, mit 1545 über dem Schilde. Gut erhalten.

6839. Prämienthaler v. 1713. Av. ✠ PRÆMIUM DILIGENTIÆ PRO GYMNASIIS S • P • Q • WRATISLAVIEN • Der behelmte Wappenschild, zu dessen Seiten die Jahrzahl 17 — 13 eingeschlagen ist. Rev. CAROLUS VI • D • G • R • I • S • A • GER • HISP • HUN • BO • REX • A • A • D • SIL • — Belorb. Brustbild v. r. S., im Harnisch, mit Ueberwurf und dem gold. Vliesse. Am Armabschnitte I · G · K · (Kittel.) Der Rand ist gerieft. Mad. 4797. Trefflich erhalten.

6840. Prämienmedaille o. J. Av. ✠ PRÆMIVM DILIGENTIÆ PRO GYMNASIIS SENATVS WRATISLAVIEN Behelmter Schild. Rev. FRIDERICVS BORVSSORVM REX · SVPREM⁹ SILESIÆ DVX (als Ueberschr.) Brustbild des Königs v. r. S., im Kürass, mit Hermelinmantel. Mad. 4799 (ähnlich). Gr. 40. 1⁷/₃₂ Loth. Sehr gut erhalten. R.

Brüssel.

6841. Thalerklippe v. 1580, aus der Zeit der spanischen Blockade vom Magistrate der Stadt aus dem Silbergeschirre der Kirchen geschlagen. Runder Stempel: PERFER · ET · OBDVRA ✿ BRVXELLA ✿ Der Wappenschild (der h. Michael den Teufel erlegend); darüber · 36 · ST(über) · und zu den Seiten 15 — 80 Mad. 2176. Cat. imp. 516. Duby, VIII. 2. Gr. 33 im □ 1¹¹/₁₆ Loth. Treffl. erh. Original. RR.

Cambray.

6842. Dreieckige Medaille v. 1581, die der Herzog Franz von Alençon, nachdem er die Stadt entsetzt hatte, auswerfen liess. Av. Der gekrönte französische Lilienschild. Umher, parallel den Seiten: DEO · ET · FRAN — CISCO · LIBE — RATORIBVS · — Der Schild von Cambray zwischen 15 — 81 Umher, wiederum parallel den Seiten: CAMERICI · — A — · PERFIDIS — OBSESSI · — Zu Mad. 7139. Duby, Monn. des Barons de France I. Pl. XXVIII. Robert, Numismatique de Cambrai (Paris, 1861), XXXVI. 2. Schöner Guss. Höhe 30. 1³/₃₂ Loth. S. g. e. R.

Campen.

6843. Rosenoble o. J. Av. MON — · NO : AV · CIVI · CAMPEN · VALO : TRAN — ISVLAN · Geharnischte und gekrönte Figur mit Schwert und Schild (quadrirt: 1. u. 4. Löwe, 2. u. 3. getheilt). Am Schiffe eine Rose zwischen 4 Löwen und auf dem Fahnentuche ☽ Rev. ·:· CONCORDIA ·:· RES ·:· PARVÆ ·:· CRESCVNT ·:· (Thurm) Eine Rose auf 16strahligem Stern in der Mitte eines Blumenkreuzes, in dessen Winkeln je ein gekrönter Löwe. Das Ganze umgiebt eine 8bogige Einfassung. Köhler, D.-C. 2792. Aehnlich Monn. en or, Suppl. 83. 2³/₁₆ Duk. S. g. e.

6844. Thaler o. J. Av. ❀ MONE × NO × CIVITATIS × IMPE ×

CAMPENSIS × Dreithürmige Stadtmauer, in dessen Thore ein auf die Seite gelegtes Schildchen mit dem getheilten Wappen. Rev. RV-DOL + II + D + G + ELEC + RO + IMP + SEM + AVGVS + — Gekr. Doppeladler (ohne Kopfscheine) mit dem Reichsapfel. Zu Mad. 4809. Gut erh.

6845. Doppelducaton v. 1664. Av. MO · NO · ARG · CIVIT · — · CAMPENSIS · (Mohrenkopf) · — Ein Geharnischter mit erhobenem Schwerte, zu Pferde, v. r. S. Unten das Stadtwappen. Rev. CONCORDIA — RES · PARVÆ — · CRESCVNT · 1664 : Das von zwei Löwen gehaltene, gekrönte Unionswappen. Gr. 45. 4⅓ Loth. S. g. e. R.

(Die gemeinschaftlich mit Deventer und Zwoll geschlagenen Thaler suche unter Deventer.)

Casale.

6846. Nothmünze zu 20 Fiorini, v. 1630, während der spanischen Belagerung vom französischen Kommandanten Marschall von Toiras geschlagen. Av. INSTAR · HORVM — FLORESCAM — Der gekr. französische Lilienschild, zwischen F — XX Im Abschnitte CASALE · Rev. HIS · DVCIB — VS · OMNIA · DOMANTVR unt. beg. und unten dazwischen ✿ 1630 ✿ Die personificirte Gerechtigkeit und Stärke. Darunter im Abschnitte TOIRACE CLI | · PEO · Köhler, M.-B. XXI. 409. Duby, Pièces obsid. XII. 1. Kupfer. Gr. 39. Sehr gut erhalten. R.

Cattaro in Dalmatien.

6847. Nothmünze zu 10 Francs, v. 1813, vom französ. General Gauttier in der von den Montenegrinern (zum Vortheile der Russen) und den Engländern belagerten Festung gegossen. Av. · DIEU PROTEGE LA FRANCE · u. unten dazwischen 2 · O(nces) Das gekr. N (apoléon), daneben 10 — F · | : ⁝ : — : ⁝ : Rev. CATTARO EN ETAT DE SIEGE und unten dazwischen 1813 Zwischen zwei Lorbeerzweigen ein Gewehr, ein Degen und ein Kanonenlauf, über einander gelegt. Alles vertieft. Originalguss mit 3 Stempeln auf dem Rande, von denen der eine ein · P ·, der andere PM und der dritte N zeigt. Gr. 47. 4⅗₁ Loth. S. g. e. RR.

Cöln.

6848. Doppelthaler o. J. Av. IASPAR — MELChI — OR ET + BA — LTASAR — Die drei Könige, mit Kronen, Zeptern und goldnen Gefässen, stehen neben dem Stadtwappen. In der Umschrift die Wappenschilde der Könige, oben der mit den 7 Sternen, rechts der mit der menschlichen Figur und links der mit dem Sterne und Halbmonde. Im Abschnitte: + O + FELI + COl + (O felix Colonia) Rev. * — SANGVI'E — hI * ROSEO * REGNA * VICERE * — SVPE'NA (superna) — * — In einem mit den engl. Leoparden und Rosen an der Seite, sowie mit Hermelinschwänzchen der Bretagne am Vorder- und Hintertheile geschmücktem Schiffe steht die h. Ursula zwischen ihrem Vater, dem Könige Deonot von Cornwallis, und dem Papste Cyriak, von einigen ihrer elftausend Gefährtinnen begleitet. Neben dem Masten erheben sich Flaggen mit den Wappen von England und der Bretagne. (Köhler, M.-B. I. 257. Mad. 2188, Anmkg. und ähnlich Cat. imp. 518.) 3⁷/₈ Loth. Sehr gut erh. RR.

6849. Thaler o. J. Av. Vom Stempel des vorigen; im Abschnitte ganz unten am Rande steht noch * Rev. Wenig vom vorigen verschieden. Mit * Ь?I * in der Umschrift. Sehr gut erh. RR.

6850. Thaler v. 1571. Av. * MO * NO A — RG * — * CI — V — * COLON ○ Behelmtes, von einem Greife und einem Löwen gehaltenes Stadtwappen. Neben dem Kleinode · I5 — 7I Rev. * MAXIMILI * 2 — * IMP * — * AVG * P * F * DECRETO — Unter der Krone der Doppeladler (ohne Kopfscheine) mit dem Reichsapfel. Zu Mad. 2190. S. g. e.

6851. Klippe zu drei Thalern, v. 1609. Av. MO · NO · ARGEN · CIVI · COLONIE · 1609 — Behelmtes Stadtwappen mit den Schildhaltern. Rev. · RVDOLP · II · ROM · IMP · SEMP · AVGVST · — Der Doppeladler, ähnlich dem vorigen. Zu Mad. 4817. Gr. 42 im □ 6 Loth. Vorzüglich erh. RR.

6852. Thaler v. 1622. Av. · MO · NO · ARGEN · CIVI · COLONIEN · I6zz — Behelmtes Wappen mit den Schildhaltern. Rev. FERDINANDVS · II · D G · RO · IMP · SEMP · AVGV : — Der Doppeladler, wie vorher. Zu Mad. 4818. S. g. e.

6853. Thaler v. 1645. Av. ✽ MO · NO — ARG · CIVI · COL — 1645 ✽ — Behelmtes Wappen mit den Schildhaltern. Rev. FERDINANDVS · III · D : G · ROM · IMP · SEMP · AVG — Unter der Krone der Doppeladler (mit Scheinen), den Reichsapfel auf der Brust. S. g. e.

6854. Thaler v. 1699. Av. Oben herum: MON · NOVA ARG · CIVITATIS COLONIENSIS · Das behelmte Wappen (ohne Helmdecken) mit den Schildhaltern. Darunter BVRG · ($\frac{31}{16}$) FVES · Rev. LEOPOLDVS I · D · G · ROM · IM — PERATOR SEMP · AVGVSTVS · — Gekrönter Doppeladler (ohne Scheine) mit dem Reichsapfel. Unten daneben 16 — 99 · | N L · — ⚒ · (Nik. Longerich, Mmstr.) Der Rand ist gerieft. Mad. 2192. G. e.

6855. Thaler v. 1700. Av. Wie vorher, mit MON · NOVA · ARG · CIVITATIS · COLONIENSIS — und BVRG — FVES Rev. LEOPOLDVS · D : G · ROM · IN (sic!) · - PERATOR · SEMP · AVGVSTVS — Der Adler, wie vorher. Dabei I7 — 00 und bogenförmig gestellt N L — ⚒ Geriefter Rand. S. g. e.

6856. Thaler v. 1742. Av. · MONETA NOVA LIB · — ET IMPER · CIVIT · COLON · unten beg. und unten dazwischen 1742 Unter gemeinschaftlichem Helme zwei gegen einander gelegte ovale Schilde mit dem alten und dem neuen Stadtwappen, von dem Greife und dem Löwen gehalten. Unter einem mit Quasten behangenen, zierlichen Fussgestelle G — H (Gerhard Hüls) Rev. CAROLVS VII · D · — G · ROM · IMP · SEMP · AVG · — Belorb. Brustbild v. r. S., im Harnisch, mit Ueberwurf. Am Armabschnitte *Wyon* Geriefter Rand. Mad. 4824. Cat. imp. 519. 6. Trefflich erh. R.

Colmar.

6857. Thaler v. 1545. Av. MONETA • NOVA • COLMARIENSIS ✱ Schild mit dem Stadtwappen (einem Streitkolben). Darüber 1545 Rev. DOMINE • CONSERVA • NOS • IN • PACE ✱ Der einfache rechtshin blickende Adler. Mad. 2184. Z. g. e. RR.

6858. Halber Guldenthaler v. 1569. Av. MONETA ✿ NOVA ✿ COLMARIENSIS ✱ Der Wappenschild und darüber 1569 Rev. FERDINANDI + IMP + AVG + PF + DECRETO — (letzterer Buchstabe wird halb durch die Krone verdeckt) Der gekrönte Doppeladler mit der Werthzahl 30 im Reichsapfel. Mad. 5935, dessen Exemplar hier vorliegt. Vorzüglich erh. RR.

6859. Gulden o. J. (17. Jhdt.) Av. ✿ · MONETA : NOVA : CIVITATIS : IMPERIAL : COLMAR · Das Stadtwappen im ovalen, verzierten Schilde, woran unten in runder Einfassung 60 Rev. : DOMINE · CONSERVA · NOS · IN · PACE : — Der Doppeladler unter der Krone. Weise, G.-C. 2210. Sehr gut erh. RR.

Constanz.

6860. Dicken v. 15. Jhdt. Av. o S' CORAD9 — o S' o PALAI9 (als Ueberschr.) Der h. Konrad, im Ornate, mit der Inful bedeckt, Kreuz und Krummstab haltend, und der h. Pelagius im Zeitkostüme, mit einem Palmzweige in der Rechten, stehen auf verziertem Boden halb hinter dem Wappenschilde von Constanz. Rev. ⸗ MONETA o CIVITATIS o CONSTANCIE ⸗ ✿ Der einköpfige rechtshin blikkende Adler. Das Wappen der Stadt erscheint hier ohne rothes Schildhaupt. Haller 2306. Gr. 31. $^{21}/_{32}$ Loth. Von schönster Erhaltung. RRR.

6861. Thaler v. 1537. Av. • DER • STAT • COSTANTZ (Blume) MVINTZ (Blatt) I537 (Blume) — Ein knieender, völlig geharnischter Mann v. l. S., hält in der Rechten einen umgekehrten Streitkolben, mit der Linken den Wappenschild der Stadt. Rev. GOT • IST • VNSER • ALLER • HAIL • VND • HOFNVNG • Der Adler, mit Heiligenschein und erhobenen Flügeln, v. l. S., sitzt auf dem Reichsapfel, hinter welchem Schwert und Zepter hervorragen. Mad. 2194. S. g. e. R.

6862. Thaler v. 1539. Wie vorher, mit ✿ DER ✿ STAT ✿ COSTANTZ ✿ MVINTZ (Blume) I539 — im Av. Im Rev. am Ende der Umschrift eine Blume. S. g. e. R.

6863. Thaler v. 1541. Wie vorher, mit DER ✿ STAT ✿ COSTANTZ ✿ MVINTZ ✿ I54I — und GOT ✿ IST ✿ VNSER ✿ ALLER ✿ HAIL ✿ V ✿ HOFN ✿ Vorzügl. erh. R.

6864. Dickthaler o. J. Av. S : CONRADVS — S : PELAGIVS (als Ueberschr.) Hinter dem Stadtwappen stehen die beiden Heiligen; ersterer im völligen Ornate, mit Kelch und Krummstab, letzterer in mittelalterlicher Tracht, in der Rechten einen Palmzweig, die Linke auf ein Schwert stützend. Rev. FERD : II : D : G : ROM :

IMPER : SEMPER : AVG ~ · — Unter der Krone der Doppeladler. Mad. 4825. Gr. 35. $1^{15}/_{16}$ Loth. Sehr gut erh. R.

6865. Gulden o. J. Av. Vom Stempel des vorigen Stückes. Rev. Wie vorher, aber AVG : -- (Haller 2334.) Trefflich erh. R.

6866. Gulden o. J. Wie der vorhergehende, nur in der Zeichnung des Rev. etwas abweichend. Ist oben und unten gehenkelt und mit Ring, sowie mit einem Gehänge versehen. Theilweise schwach ausgeprägt, sehr gut erh. R.

6867. Fünfzehnkreuzer o. J. Av. Die beiden Heiligen hinter dem Stadtwappen, mit der Ueberschr. S : CONR(verb.)AD : — S : PELAGIVS Rev. FERD : II : D : G : ROM : IMP : SEMP : AVG :· — Gekrönter Doppeladler mit 15 in einem Kreise auf der Brust. Trefflich erhalten.

6868. Klippe zu $1^1/_2$ Thaler, v. 1623. Av. Ansicht der Stadt von der Seeseite. Darüber der gekr. öster. Bindenschild mit dem Vliesse am Bande und zweimal das Stadtwappen. Im Abschnitte CONSTANTIA ~ | · 16 · z3 · Rev. Im Felde 5 verzierte Wappenschilde und zwar vom Stadthauptmann Wilhelm Schenk v. Stauffenberg, vom Stadtverwalter Marx Schultheiss, vom Bürgermeister Kaspar Schmid, vom Stadtvogt Ch. Labhardt und vom Stadtammann Precht von Hohenwart. Umher 21 Wappenschildchen der Rathsherren: 1) Jak. Harder, 2) Seb. Kalt, 3) Kasp. Herter v. Hertler, 4) Jak. Brendlin, 5) Nik. Tritt v. Wilderen, 6) Christoph v. Schwarzach, 7) Mich. Labhardt, 8) Ulr. Schreiber, 9) Bernardin Schenk, 10) Erh. Ruösch, 11) Georg Leiner, 12) Joach. Bez v. Arenenberg, 13) Georg Sättelin, 14) Erich Ficker, 15) Lud. Momprat v. Spiegelberg, 16) Thom. Pramberger, 17) Georg Precht v. Hohenwart, 18) Marx Herter v. Hertler, 19) Ph. Hainzel, 20) Konr. Guldinast· und 21) unbekannt. Beide Seiten umzieht ein Blätterkranz. Cat. imp. 519. Haller 2316. Gr. 42 im □ $3^3/_{16}$ Loth. Sehr schön erh. RR.

6869. Dicker Doppelthaler v. 1623, von den Stempeln des vorhergehenden Stückes. Gr. 42. $3^7/_8$ Loth. Trefflich erh. RR.

6870. Thaler v. 1624. Av. MON : NO : CIVITAT : CONSTANTIENSIS ✿ Das Stadtwappen; daneben 16 — z4 Rev. FERD : II : D : G : ROM : IMPER : SEMP : AVG — Gekr. Doppeladler. Mad. 2196. Haller 2320. S. g. e.

6871. Thaler v. 1625. Av. Wie vorher, am Schlusse der Umschrift vor der Rose noch etwas Laubwerk. Rev. Vom Stempel des vorigen. Gut erh.

6872. Thaler v. 1628. Av. MON · NO : CIVITAT : CONSTANTIENSIS (✿) Das Wappen zwischen 16 — z8, von Zweigen umgeben. Rev. FERD : II : D : G : ROM : IMPER : SEMPER AV — Gekrönter Doppeladler. Cat. imp. 519. Haller 2326. Sehr gut erhalten.

6873. Thaler v. 1629. Av. Ansicht der Stadt mit dem Hafen. Darüber der gekr. öster. Bindenschild und zweimal das Stadtwappen, sowie 16 — 29 Im Abschnitte · CONSTANTIA · Rev. Fünf Wappenschilde (Stauffenberg, Schultheiss, Schmid, Erh. Ruösch und ?), von 22 Schildchen umgeben, worunter die Wappen von Harder, Herter v. Hertler, Tritt v. Wilderen, Labhardt, Schreiber, Schenk, Bez v. Areneuberg, Sättelin, Momprat v. Spiegelberg, Thomas Pramberger, Georg Precht v. Hohenwart, Moriz Herter v. Hertler, Ph. Hainzel, Konr. Guldinast, Georg Schultheiss, Jak. Lanz, Ph. Gasser, Jak. Spengler. Mad. 2195. Haller 2329. Von seltener Schönheit. R.

6874. Thaler v. 1724. Av. Die Stadt mit dem Hafen und den Festungswerken. Darüber an Bändern die Schildchen von Oesterreich und Constanz. Unten im Abschnitte CONSTANTIA Rev. In der Mitte das über Palmzweigen stehende Schildchen der Stadt, von 4 gekrönten Schilden umgeben, zu deren Seiten 17 — 24 Umher 20 Wappenschilde. Der Rath, dessen Wappen hier vorgestellt sind, bestand aus dem Kommandanten und Stadthauptmann Freih. v. Aurach, dem Stadtverwalter Karl Freih. v. Landsee, dem Bürgermeister Anton Küne von und zu Neuhaus, dem Stadtvogt Jak. Welz und den Rathsherrn Jos. Glatthaar, Ulr. Merhart, Ph. Zingerling, Konr. Wech v. Schrofen, Joach. v. Eichenlaub, Kasp. Leo, Ant. Bechlin, Ant. Bezenring, Chrysostomus Rolle, Jak. Leiner, Simon Schopfer, Ant. Mezger, Kasp. Labhardt, Jak. Bütner, Franz Berr v. Blaichten, Ant. Jäger, Ant. Spengler und Georg Braxel. Haller (Nr. 2339) kennt dieses Stück nur als Doppelthaler. 2 Loth. Trefflich erh. RR.

Danzig.

6875. Noththaler v. 1577, aus der Zeit der Belagerung der Stadt durch Stephan Bathori. Av. MONETA · NOVA · CIVITATIS · GEDANENSIS · ✻ · Das von zwei Löwen gehaltene Stadtwappen mit der darüber gestellten Jahrzahl 1577 in einer mit Kleeblättchen verzierten Bogeneinfassung. Rev. ✿ DEFENDE · NOS · CHRISTE · SALVATOR ✿ — Das Bildniss des Heilands, v. r. S., bis an den Schooss, segnend, mit der Weltkugel in der Linken. Umher eine getrennte Bogeneinfassung mit 14 Kleeblättchen. Mad. 2198. Cat. imp. 520 (mit 16 Kleeblättern im Rev.) Sehr gut erh. R.

6876. Thaler v. 1640. Av. MONETA ARGENTEA CIVITATIS GEDANENSIS — Von den 2 Löwen gehaltener, ovaler Schild mit dem Stadtwappen. Darüber zwei Palmzweige und ein Lorbeerzweig, von einem Kranze umschlossen. Im durchbrochenen Untersatze, worauf die Löwen stehen, die Jahrzahl 1640 und zwischen den Füssen der Löwen G — R (Gerh. Rogge, Mmstr.) Rev. VLAD ⁝ IIII D ⁝ G ⁝ REX POL ⁝ ET SVE ⁝ M ⁝ D ⁝ LIT ⁝ RVS ⁝ PR ⁝ — Gekröntes Brustbild v. r. S., im Harnisch, mit breitem Spitzenkragen, Feldbinde und der Kette des gold. Vliesses. Mad. 7153. Cat. imp. 520. Sehr gut erhalten.

6877. Thaler v. 1649. Av. Aehnlich dem vorigen. Rev. IOAN CASIM : D : G · REX POL · ET SUEC : M : D : L : RUS : PR : — Gekröntes Brustbild v. r. S., im Harnisch, mit Feldbinde, der Kette des gold. Vliesses und Spitzenkragen. Mad. 4829. Cat. imp. 520. Gut erh.

6878. Dukaten v. 1657. Av. MON : AUREA CIVITAT · GEDA-

NEN · 1657 Das von den beiden Löwen gehaltene Stadtwappen. Oben ein Lorbeerzweig in einem Rosenkranze. Unten neben einem verzierten Fussgestelle D — L (Daniel Lesse, Mmstr.) Rev. IOAN CAS · D · G · R · POL · & SUEC · M · D · L · R · — Gekr. Brustbild v. r. S., im Harnisch und Ueberwurf, mit dem Vliesse und glattem Halskragen. Oben ein Stückchen ausgebrochen, sonst sehr gut erhalten.

6879. Medaillon v. 1660, auf den Frieden von Oliva. Av. PACIS ♦ OLIVENSIS ♦ ANNO ♦ MIↃCLX ♦ III ♦ MAII ♦ AD ♦ GEDANUM ♦ IN ♦ PRUSSIA ♦ CONCLUSÆ ♦ MONUMENTUM ♦ (Blume) Ansicht des Klosters Oliva mit seiner Umgebung. Darüber halten zwei in Wolken schwebende Engel, mit Lorbeer- und Palmzweigen, vier an ein Band gereihte Herzen, über denen die Taube mit dem Oelzweige. Rev. ✿ PECTORA QUO REGUM, COEUNT QUO VULNERA SECLI, EN FELIX OLEUM PACIS OLIVA DEDIT ♦ Eine knieende weibliche Figur betet unter einem Olivenbaume. Im Hintergrunde Danzig. Oben der strahlende Name Jehovah zwischen Sonne und Mond. Köhler, XVI. 265. Reichel 1572. Raczinski, 147. Gr. 84. 6¾ Loth. Silber. Von trefflicher Erhaltung. R.

6880. Thaler v. 1685. Av. MONETA ARGENTEA CIVITATIS GEDANENSIS — Das von den Löwen gehaltene Stadtwappen. Oben die drei, von einem Kranze umschlossenen Zweige. Unten D — L und ein verzierter Untersatz, worin 1685 und ein Löwe in einem ovalen Schildchen. Rev. IOAN · III D · G · REX POLON · M · D · L · RUS · PRUS · MAS · — Gekröntes Brustbild v. r. S., im geblümten Harnisch, mit Ueberwurf. Mad. 4831. Vorzüglich erhalten. RR.

Deventer.

6881. Thaler o. J. Av. ∗ MONE ∗ NO ∗ CI ∗ — ∗ IMPE ∗ DAVEN ♧ — Behelmtes Stadtwappen und darunter im Kreise der Umschrift ein Schildchen mit dem getheilten Wappen. Rev. FERDINAND · II · ROM · IMP · SEM · AVG · Der gekr. Doppeladler (ohne Scheine) mit dem Reichsapfel. Zu Mad. 4838. Sehr gut erhalten.

6882. Nothklippe zu 1 Thaler, v. 1672, während der Belagerung durch den Bischof von Münster, Bernhard v. Galen, von der Stadt geschlagen. Auf die Silberplatte sind zwei Stempel eingeschlagen, der obere, runde, zeigt den gekr. Adler von Deventer, der untere, länglich viereckige: A^{o} 1672 · Duby, Pl. XVII. 1. v. Loon, III. p. 58. 1. Gr. 47 im □ 1$^{13}/_{16}$ Loth. Sehr gut erh. RR.

6883. Thaler v. 1698. Av. MO · NO · ARG · PRO · CON — FŒ · BELG · CIV · DAVEN — Stehender Ritter, das Schwert in der Rechten und mit der Linken an einem Bande das vor ihm stehende gekrönte Stadtwappen haltend. Rev. CONCORDIA · RES · PARVÆ · CRESCVNT · und ein sitzender Hund. — Das gekr. Unionswappen zwischen I6 — 98 G. e.

Deventer, Campen und Zwoll.

6884. Thaler o. J. Av. MO' · NO' · TRIVM · CIVITATVM · IMPERIALIVM · (statt der Punkte Blätter.) Gekröntes und geharn. Brustbild Karl's V., fast von vorn, mit Schwert, Reichsapfel und umgelegter Vliessordenskette, nebst der Ueberschr. × CA — RO' × RO — MA' × IMPER Rev. DAVENTRIE ✱ CAMPENSIS ✱ 3WOLLENSIS ✱ Die drei in Kleeblattform zusammen gestellten und mit den Schildfesseln verbundenen Wappen der 3 Städte. Mad. 2177. Sehr gut erh. R.

6885. Thaler o. J. Av. MO' ♧ NO' ♧ TRIVM ♧ CIVITATVM ♧ IMPERIALIVM (Blatt) Gekröntes u. geharnischtes Brustbild Karl's V. von rechter Seite, mit Schwert und Reichsapfel, auf der Brust das Vliess am Bande. Rev. Wie vorher. Mad. 4804. Cat. imp. 521. 1. Sehr gut erh.

6886. Thaler v. 1555. Av. • MONETA ⁑ NO' ⁑ TRIVM ⁑ CIVITATVM ⁑ IMPERIALIV—' — Bildniss Karl's V. v. r. S., bis an den Schooss, geharnischt und gekrönt, mit Schwert und Reichsapfel. Zu den Seiten I5 — 55 Rev. DAVENTRIENSIS ⁑ CAMPENSIS ⁑ ZWOLLENSIS ⁑ Die drei Wappen, wie vorher. Mad. 4805. S. g. e.

6887. Thaler v. 1568. Av. TRIVM • CIVI' • IMPE' • DAVEN' • CAMPE' • 3WOLL' — Die behelmten, neben einander gestellten und verbundenen Wappen der drei Städte. Unten I5 — 68 Rev. MAXIMI' • II • IMPE' • AVGVS' • P' • F' • DECRETO Unter der Krone der Doppeladler (ohne Kopfscheine) mit dem Reichsapfel auf der Brust. Mad. 4833. S. g. e.

Donauwörth.

6888. Thaler v. 1543. Av. MON ⁑ NO ⁑ ARGE ⁑ CIVI(tatis) ⁑ SVE(vicae) ⁑ WERDA(e) ⁑ 43 — Gekrönter Doppeladler mit einem Brustschilde, worin W Rev. CAROLVS • V • ROMA ⁑ IMP ⁑ SEMP ⁑ AVGVS ❖ Gekröntes und geharn. Bildniss, bis an den Schooss, v. r. S., in der Rechten das Zepter, die Linke am Schwertgriffe. (Mad. 2201.) S. g. e.

6889. Thaler v. 1543, mit ähnlichen Vorstellungen. Vor und nach der Umschrift im Av. ein Röschen. Die Umschrift des Rev. lautet: CAROLVS ⁑ V ⁑ ROMA ⁑ IMP ⁑ SEMP ⁑ AVGVST ✿ Von seltener Schönheit der Erhaltung.

6890. Thaler v. 1544, wie vorher. Die Umschriften lauten: MO ⁑ NO ⁑ ARGE ⁑ CIVI ⁑ SVE ⁑ WERDA ⁑ 44 — und CAROLVS ⁑ V ⁑ ROMA ⁑ IMP ⁑ SEMP ⁑ AVGVS (Blatt) — Z. g. e.

6891. Thaler v. 1544, wie früher, aber mit MO • NO • ARGE • CIVI • SVE • WERDA • I544 — und CAROLVS ⁑ V ⁑ ROMA ⁑ IMP ⁑ SEMP ⁑ AVG • (Verzierung) — S. g. e.

6892. Thaler v. 1545, wie gewöhnlich, jedoch mit MO ⁑ NO ⁑ ARGE ⁑ CIVI ⁑ SVE ⁑ WERD ⁑ I545 — und CAROLVS ⁑ V ⁑ ROMA ⁑ IMP ⁑ SEMP ⁑ AVGV (Blatt) — S. g. e.

6893. Thaler v. 1546, gleich den vorigen, mit · MO ⁑ NO ⁑ ARGE ⁑ CIVI ⁑ SVE ⁑ WERDA ⁑ 46 · — und CAROLVS ⁑ V ⁑ ROMA ⁑ IMP ⁑ SEMP ⁑ AVG (Blatt) — S. g. e.

Dornik suche unter Tournay.

Dortmund.

6894. Thaler v. 1635. Av. · MONE · NOV · CIVI · IMPER · TREMONIENSIS ❀ Der Adler von Dortmund. Rev. ○ FERDI ○ II ○ D ⁰₀ G ○ ROM ○ IMPERAT ○ SEMP ○ AVG ⚒ ○ — Gekröntes Bildniss bis an den Leib, v. r. S., im Harnisch, mit grosser Halskrause und dem goldn. Vliesse, in der Rechten das Zepter, die Linke am Schwertgriffe. Vor ihm im Felde 1635 Mad. 2205 und Cat. imp. 522. 2. ähnlich. S. g. e. RR.

6895. Thaler v. 1646. Av. Aeussere Umschrift: MONETA · NOV · CIVIT · IMPER · TREMONIENSIS ❀ innere: DA · PACEM · DOMINE ❀ Der Adler, neben dessen Schwanze 16 — 46 Rev. FERDINAND · III · D : G · ROM · IMP · SEMP · AVGVSTVS ❀ Brustbild v. r. S., im Harnisch, mit Ueberwurf und Spitzenkragen. Zu Mad. 7158 (v. 1638). G. e. R.

6896. Thalerklippe v. 1683. Av. Der Adler, neben dessen Halse 16 — 83, mit der doppelten Umschrift: MONETA · NOVA · CIVIT · IMPER · TREMONIENSIS ✿ und DOMINE · CONSERVA · NOS · IN · PACE Rev. LEOPOLDVS · D : G · ROMAN · IMPER · SEMP · AVGVST ✿ Belorbeertes Brustbild v. r. S., im Harnisch, mit Ueberwurf, geknüpftem Halstuche und der Kette des goldn. Vliesses. Reichel IV. 2530. Gr. 44 im □ 1[15]/[16] Loth. Sehr schön erhalten. RR.

6897. Thaler v. 1688, ähnlich dem vorangehenden Stücke, doch in der Zeichnung, namentlich des Brustbildes, wesentlich abweichend. Der Adler hat einen Kopfschein, neben dem Halse steht 16 — 88 und zwischen Anfang und Ende der inneren Umschrift: N ⚒ L (Nik. Longerich, Mmstr.) Von zierlichem Schnitt. Trefflich erh. R.

6898. Huldigungsthaler v. 1742. Av. Der Stadtadler zwischen G · — H · (Gerh. Hüls in Köln), mit der Ueberschrift: MON · HOMAG · CIVIT · I · TREMON · ❀ Im Abschnitte in 2 Zeilen: DOM · CONS · NOS · IN · | · 17 · PACE · 42 · Rev. CAR · VII · D · G · — ROM · IMP · S · A · B(ohemiae) · R(ex) · (als Ueberschr.) Belorbeertes Brustbild v. r. S., im Harnisch, mit Ueberwurf und der Kette des goldnen Vliesses. Der Rand ist gerieft. Mad. 4848. Aus der Wambold'schen Sammlung. Vorzüglich erh. R.

Ehrenbreitstein.

Hierher gehören nach einer in Neumann's Kupf.-Kab. übergegangenen Notiz des Geh. Rechn.-Raths Schlickeysen die im I. Theile unter Nr. 2275 und 2276 aufgeführten trierischen Zeichen, welche die Kommandanten der Festung als Einlasszeichen ausgaben. Die auf ihnen erscheinenden Buchstaben F — V — S — O und Γ (P) A — V S bedeuten Friedrich v. Scharfenstein, Obrist, und Philipp Anton v. Stein, Kommandanten der Festung.

Eimbeck.

6899. Thaler v. 1625. Av. MONETA · NOVA · EIMBECENSIS · 1625 und ein schräg getheiltes Schildchen. Unter einer Krone der verzierte Buchstabe 𝔈 auf einem Blumenkreuze, von dem 3 Schenkel sichtbar sind. Rev. · FERDINANDVS · II · D : G : ROM : IMP : SEM : AV : — Unter der Krone der Doppeladler mit dem Reichsapfel. Mad. 2207. Aus der v. Dickmann'schen Sammlung. Sehr schön erh. RR.

6900. Thaler v. 1659. Av. MONETA (Arabeske) NOVA * — * EIMBECENSIS ✿ — Behelmter Wappenschild, worin ein Stadtthor mit 2 Thürmen und über dem Thore ein Löwe. Auf dem Helme steht der gekrönte Buchstabe 𝔈 Zu Seiten des Schildes V — F (Urban Felgenhauer, Mmstr.) Rev. LEOPOLDVS ✿ I ✿ D ✿ G ✿ ROM ✿ IMP ✿ SEM ✿ AVGVSTVS · I · 6 · — · 5 · 9 Unter der Krone der Doppeladler (ohne Kopfscheine) mit 24 im Reichsapfel auf der Brust. Mad. 2208. Von trefflicher Erhaltung. RR.

Eisleben.

6901. Anderthalb-Thalerstück v. 1661. Av. Mart : Luther · der · H : Schrifft D : weiland pred : u : prof : z : wittenb : ♧ Brustbild Luther's von vorn; darunter in durchbrochener Einfassung · 1661 · Rev. Gottes wort · u · Luthers Lehr Vergeht nun u : nimmermehr · Isslebie : Ansicht von Eisleben; darüber Wolken und 3 Vögel. Im Abschnitte das gekrönte gräfl. mansfeld. Wappen, von Verzierungen umgeben. Mad. 5165. Cat. imp. 533. Gr. 45. 3 Loth. Vorzüglich erhalten. R.

Elbing.

6902. Klippe zu 1½ Thalern, v. 1628. Av. ✦ MONETA ⁑ NOVA ⁑ CI — VIT ⁑ ELBINGENSIS ✦ · 16 · — · 28 · Reich verzierter, ovaler Schild mit dem Stadtwappen. Ganz unten ein Herzchen mit einem Zainhaken. Rev. GVSTAVUS ⁑ ADOLPHVS ⁑ D ⁑ G ⁑ SVEC ⁑ GOTH ⁑ VAN ⁑ REX • M(agnus) ⁑ D(ux) ⁑ F(inlandiae) ✦ Das gekrönte schwedische Wappen, von den beiden Löwen gehalten, die auf einem zierlichen Fussgestelle stehen. Unter dem Schilde sehr klein nochmals die Jahrzahl · 16 — 28 · Mad. 2209. Cat. imp. 522 (als Thaler). Gr. 42 im □ 3 Loth. Der ähnliche halbe Thaler wurde in der Berliner Auktion von 1865 mit 61 Thalern bezahlt. Vorzüglich erhalten. RRR.

6903. Thaler v. 1636, zugleich auf den zwischen Polen und Schweden am 12. September 1635 zu Stumsdorf geschlossenen Waffenstillstand. Av. ELBINGA * INTER — ARMA * SERVATA * 1635 * Innerhalb zweier zum Kranz verbundener Lorbeerzweige der verzierte, ovale Wappenschild, neben welchem I — I (Jacob Jacobson, Mmstr.) und 3 — 6 Rev. VLADISL · IV (: D) G : REX : P : M : D : L : RUS : PR : MA : SA : LI : N · N : SUEC : GO : VA · H : REX (Rose) Vorwärts gekehrtes Brustbild des Königs, im Harnisch, mit Ueberwurf, Spitzenkragen und der Kette des gold. Vliesses.

Umher ein schmaler Blätterkranz. Mad. 2210. Ein gut erhaltenes Exemplar wurde 1865 in Berlin mit 17 Thalern 5 Slbgr. bezahlt. Sehr gut erhalten. RR.

Emden.

6904. Thaler o. J. Av. MONETA + NOVA † CIVITATIS + EMBDEN — Gekröntes Stadtwappen. Rev. FERDINANDI · II · D · G · ROM · IMP · SEM · AVG — Unter der Krone der Doppeladler (ohne Scheine) mit dem Reichsapfel. Zu Mad. 4853. $1^{15}/_{16}$ Loth. G. e.

6905. Gulden v. 1688. Av. MONETA : NOVA — CIVIT : EMBD : 16 — 88 Gekr. Wappen über zwei Palmzweigen, unter welchen ⅔ Rev. LEOPOLD : I : D : G : ROM : IMP : SEM : AVGV : — Der Doppeladler (ohne Scheine) mit dem Reichsapfel, unter der Krone. Mad. 7159 und Cat. imp. 529 ähnlich. G. e.

6906. Gulden v. 1689, ähnlich dem vorigen, mit I · D · G : und SEMP : im Rev. S. g. e.

6907. Medaille des Collegiums der Vierziger, o. J. Av. · NVMM9 · COLL · XL · VIRR · CIVITATIS · EMBDENSİS · Gekrönter, an den Seiten henkelartig verzierter Wappenschild. Rev. CONCORDIA · RES PARVÆ · CRESCVNT · (u. 2 Blätter.) Unter einer Krone halten über Palmzweigen zwei aus Wolken kommende Hände ein Bündel von sieben Pfeilen. Mad. 4858. Gr. 45. $3^{7}/_{16}$ Loth. S. g. e. R.

Erfurt.

6908. Schiessthaler v. 1603. Av. MON ⚘ REIPVBLICAE ⚘ CIVITATIS ⚘ ERFFORDI ✿ Das behelmte Wappen mit dem Rade, von einem wilden Manne und einer wilden Frau gehalten. Rev. Zwei schwebende Engel, mit einer Armbrust und einer Büchse, halten einen Kranz, worin 1603 Darunter: AVF · IEDES · SCHIS : : : EN · MEINR · DIS · IAR | · ZV · VORN · I00 · 60 · 40 | · GEBEN · WAR · ✿ · | 29 AVG : A · 5 · SEPT · | ✿ — ✿ Zwischen dieser Inschrift und den Engeln steht ein Schildchen, worin 60, und herum halb auf dem umschliessenden Blätterkranze vier zum Erfurter Wappen gehörende Schildchen (von Capellendorf u. den Grafschaften Visselbach, Vippach u. Vargula). Neben dem oberen · F — G · (Florian Gruber, Mmstr. in Erfurt v. 1599—1606.) Mad. 2218. Cat. imp. 523. Das Schildchen mit der Zahl 60 ist undeutlich, sonst gut erh. R.

6909. Thaler v. 1621. Av. MON : ARGENTEA · CIVITAT : ERFFORDENSIS : ❈ Behelmtes Wappen mit den beiden Schildhaltern. Rev. DATE × CÆSARIS CÆSARI × ET × QVÆ DEI × DEo ❈ Verzierter Schild von 4 Feldern mit Mittelschild. Darüber × 16 + 21 + × (die letzte 1 ist aus 0 umgeändert) und unter dem Schilde A W (Asmus Wagner, Mmstr. in Erfurt v. 1617—1624.) Mad. 4861. S. g. e.

6910. Kipperthaler zu 24 Groschen, v. 1622. Av. ERFFORDTISCHE × SONDERE × STADT SORTT × I6zz ⁑ Verzierter ovaler Schild mit dem Rade. Rev. · GOTT × BESSERE × DIE — LEVFTE ×

VND × ZEITEN · (×?) Verzierter Schild mit dem vierfeld. Wappen nebst Mittelschild. Unten (24 *gl*) Mad. 2220. Dieser Thaler von sehr geringem Gehalte wurde 1622 vom niedersächsischen Kreise auf 4 gl. 5 pf. devalvirt. Gegenwärtiges Exemplar stammt aus v. Madai's Cabinet. Gr. 42. ³/₄ Loth. Gut erh. RR.

6911. Gedächtnissthaler auf die Leipziger Schlacht, der 1632 auf Befehl Herzog Wilhelm's von Sachsen-Weimar, des damaligen Kommandanten von Erfurt, geschlagen und bei dem begangenen Dankfeste ausgetheilt wurde. Av. A DOMINO MISSUS VIVAT — GUSTAVUS ADOLPHUS (Arabeske) Unter dem strahlenden Namen Jehova in 3 Zeilen: DEXTERA TUA | DOMINE, PERCUSSIT | INIMICUM · und darunter zwischen Laubwerk in ovaler Einfassung ☿ als Zeichen des Münzm. Weissmantel. Rev. DIES PURIM EVANGELICOR̄ · A° MDCXXXII · VII · SEPT · ERFFURTI CELEBRATI · (Arabeske) Inschrift: DEO TER OPT(imo) · | MAX(imo) · GLORIA ET | LAUS, QVI GUSTAVO | ADOLPHO SVECORUM | GOTHORUM, WAND : QVE | REGI, CONTRA CÆSARE · | ANUM AC · LIGISTICU EX · | ERCITUM, VICTORIAM | TRIBUIT AD LIPSIAM | DIE VII · SEPT · ANNO | M · D · C · XXXI · Oben und unten eine Verzierung. Mad. 2370. Tenz. L. E. 41. VIII. Trefflich erhalten.

(Joh. Schneider, genannt Weissmantel, Mmstr. in Erfurt v. 1624—1636 behielt die von seinem Vorgänger Wagner gebrauchten ohem. Zeichen des Schwefels und Quecksilbers als Münzzeichen bei.)

6912. Thaler v. 1633. Av. MON × REIPVBLICAE × CIVITATIS × ERFFORDI ❁ Behelmter Schild mit den Schildhaltern. Neben dem Kleinode 16 — 33 Rev. Ansicht der Stadt Erfurt. Darüber schweben zwei Engel, die den strahlenden Namen Jehova halten. Am Rande, den ein Blätterkranz umzieht, stehen die 4 Schildchen und über dem untersten am bewachsenen Erdboden ☿ Mad. 2221. (Cat. imp. 523 ähnlich.) Vorzüglich erhalten. R.

6913. Halber Thaler v. 1650, auf die nach dem westphälischen Frieden in Erfurt wieder hergestellte Ruhe. Av. DEO | OPT · MAX · | PRO INSTAURATA | TUM GERMANIÆ | TUM SUÆ CIVITATIS | PACE S · P · Q · ERFURTĒ | SIS SOLENNE GRATIA · | RUM MONIMENT (sic!) | FIERI FECIT A° | 1650 | 8 · SEPT · Rev. Unter dem strahlenden Namen Jehova hält eine Hand aus Wolken das Erfurter Rad über einen Oel- und Palmzweig. Darüber auf glattem Bande SUPER HIS SERVATA QVIESCO · Mad. 4862. Gr. 32. 1 Loth. S. g. e. R.

Erlangen.

6914. Denkmünze zu 20 Kreuzern, v. 1786, zur Jubelfeier der vor 100 Jahren angefangenen Erbauung der Stadt Neu- oder Christian-Erlangen. Av. Ansicht der Stadt mit Unterschrift. Rev. Inschrift. S. g. e.

Esslingen.

6915. Medaille v. 1705, auf die beim Regierungsantritte Kaiser Joseph I. in Esslingen durch den kais. Commissar v. Königseck eingenommene Huldigung. Inschrift und Vorstellung der beiden Träume Joseph's. Binder, S. 434. Nr. 3. Gr. 34. 13/16 Loth. S. g. e.

6916. Jubelmünze (v. Müller in Augsburg) auf das zweite evangel. Jubelfest, 31. Oct. 1717. Av. MEMOR · IVBILÆI · II · CELEBRATI IN S · R · I · CIVITATE · ESSLINGA · D · 31 · OCT · 1717 · Ansicht der Stadt mit der Neckarbrücke; darüber Strahlen der Sonne und CONSERVET DOMINUS LUMEN IN URBE SUA Rev. PAUL DE BURGERMEISTERO · IEREM · SPINDLERO · IEREM · GODELMANNO P · T · COSS : Vorwärts sehendes Brustbild Luther's mit der Ueberschrift: MARTINVS LVTHERVS THEOLOGIÆ DOCT Unter dem Brustbilde ✕ Mit Laubrand. Mad. 4863. Bind. Nr. 4. Gr. 32. 7/8 Loth. S. g. e. R.

Frankenthal.

6917. Nothklippe zu 4 Gulden, v. 1623, aus der Zeit der Belagerung durch Tilly und Verdugo. Im runden Stempel: DEVS · PETRA · NOSTRA · ANGVLARIS ✦ Ein dreieckiger Stein (Wappenbild der Stadt); daneben 16 — 23 und unten F Unter diesem runden Stempel ist die Werthzahl 4 eingeschlagen. Einseitig. Mad. 4864. Exter, I. p. 101. 1. Gr. 30 im □ 1 11/16 Loth. Trefflich erh. RRR.

6918. Nothklippe zu 2 Gulden, v. 1623. Im runden Stempel: GOTT ○ IST ○ VNSER ○ ECKSTEIN ✦ Der Stein zwischen 16 — 23, unten F Einseitig. Ohne eingest. Werthzahl. Mad. 4866. Exter, I. p. 102. 3. Gr. 24 im □ 11/16 Loth. Trefflich erh. RRR.

Frankfurt am Main.

6919. Goldgulden v. 1494. Av. MAXIMILIANVS ○ ROMA ○ REX ✱ Der Reichsapfel im Dreipass. Rev. (Blatt) MO' ○ NO' ○ FR — ANCF' ○ 1494 — St. Johannes, zwischen seinen Füssen der Schild Philipp's Herrn von Weinsberg, als des Pfandinhabers der Reichs-Goldmünze zu Frankfurt. S. g. e.

6920. Schiessthaler v. 1582. Av. × RESPVBLICA ~×~ FRANCOFVRTENSIS ~ — Der gekrönte Stadtadler in einem schmalen Blätterkranze. Rev. ✿ 158z ✿ | MIT STAHL | VND BVCHSEN ZWEIERLEY ✿ FREI | SCHIESSEN ALHIE | SINT GEWEST ' WARN DIESSER | HVNDERT EIN | DAS BEST ✿ Beide Seiten umzieht ein mit 4 Röschen belegter Blätterkranz. Mad. 2224. Cat. imp. 524. 1 11/16 Loth. Von vorzüglicher Erhaltung. R.

6921. Denkmünze v. 1617, zum 1. evangel. Jubelfeste. Av. VERBVM ○ DOMINI ○ etc. Fliegender Engel mit dem Evangelienbuche. Rev. Inschrift. Appel IV. 1014. 1/2 Loth. War geh., sonst g. e.

6922. Thaler v. 1625. Av. In einem Lorbeerkranze der Frankfurter Adler, neben dessen Schwanze 16 — 25 (Ohne Umschr.) Rev. Ansicht der Stadt mit der Brücke sammt Sachsenhausen, von letzterem aus gesehen. Darüber FRANCFORDIA und auf einem Bande: PROTECTORE DEO Rechts im Wasser LS (Lorenz Schilling, Stempelschn. in Frankfurt, 1611—1630.) Mad. 2226. Sehr gut erh. R.

6923. Dickthaler v. 1626. Av. FRANCOFVRTI AD MOENVM CIVITATIS IMP ET EMPORII TOTIVS EVROPÆ CELEBERR o TTP ✿ Ansicht der Stadt, wie vorher. Darüber halten zwei Engel das Stadtwappen. Rev. GAVDE O RELLIGIO (sic) GAVDE : O ASTRÆA BENIGNA 1626 ✿ Die Frömmigkeit und Gerechtigkeit, als zwei nackte weibliche Figuren, halten einen Kranz um die Spitze einer Pyramide, worauf ein Pelikan, der sich die Brust öffnet. Am Abschnitte des getäfelten Fussbodens steht: LORENTZ SCHILLING und darunter F(ecit) Mad. 4871, dessen Exemplar hier vorliegt. Gr. 33. 1²⁹/₃₂ Loth. Vorzüglich erhalten. R.

6924. Halber Thaler v. 1650, auf den Friedens-Executionsrecess. Av. S • P • Q • | FRANCOFURTENSIS | ANNO PACIFICO | M • DC • L • Rev. Die auf einem von zwei Tauben über Wolken gezogenen Muschelwagen sitzende Friedensgöttin mit einem Oelzweige in der Linken. Mad. 4874. Gr. 38. ¹⁵/₁₆ Loth. S. g. e. R.

6925. Schulprämie (Gulden) v. 1652. Av. Ein knieender Knabe biegt einen jungen Baum. Darüber der Frankfurter Schild zwischen 16 — 52 Rev. + IVNNG + | + RECHT + GEBOGEN + | + ALT WOL + GEZO : | + GENN + | Darunter 3 Eicheln zwischen B — B Mad. 4875. Gr. 37. 1 Loth. War geh., sonst s. g. e. Ist v. Madai's Exemplar. R.

6926. Halber Thaler v. 1658, auf die Krönung K. Leopold's I. Av. ❁ LEOPOLDVS • ROM • IMP • EL • 18 • IVL • COR • I • AVG • A° 1658 — Belorbeertes Brustbild v. r. S., im Harnisch, mit Spitzenkragen und dem Vliesse. Rev. ❁ VIVAT • SEROS • CÆSAR ❁ LEOPOLDVS • IN • ANNOS Der gekr. Doppeladler, mit Schwert und Zepter in der rechten Klaue und mit dem Reichsapfel in der linken, trägt auf der Brust ein herzförmiges Schildchen, worin F(rancofurtum.) Mad. 5938. Cat. imp. 99. Stammt aus v. Madai's Cab. und ist vorzüglich erh. R.

6927. Thaler v. 1696. Av. ✱ MONETA · NOVA · REIPVB · FRANCOFVRTENSIS · Frankfurt und Sachsenhausen, vom Ausflusse des Main aus gesehen. Darüber schwebt die Fama mit der Posaune (auf deren Tuche der Stadtadler) und einem Palm- sowie einem Lorbeerzweige. Rev. LEOPOLDVS o D o G o ROM o IMP o SEMP o AVGVS o 1696 ✦ — Der gekr. Doppeladler hält rechts Schwert u. Zepter, links den Reichsapfel. Neben dem Schwanze · I · I · — · F · (Joh. Jerem. Freitag, Mmstr. in Frankfurt, 1690—1730.) Geriefter Rand. Mad. 2227. Cat. imp. 525. 2. S. g. e.

6928. Schiessthaler v. 1716. Av. MONETA NOVA REIPUBLICÆ FRANCOFURTENSIS ✱ Der Adler, zu dessen Seiten I · I · — · F Rev. ✿ | IM | ✿ 1716 ✿ | DES THEUREN ERZHERZOGS | VON OESTERREICH · U · PRIN | ZENS VON ASTURIEN | LEOPOLDI GEBURTHSIAHR | DIESER FUNFFZIG UND EIN | BEYM HIESIGEN STUCK· | SCHIESSEN DAS BESTE | WAR Darunter zwei Palmzweige. Mad. 4878. S. g. e. R.

6929. Dukaten v. 1742, auf die Krönung K. Karl's VII. Av. NO-

MEN DOMINI etc. Der Frankfurter Adler. Rev. Unter der Kaiserkrone eine Inschrift. Monn. en or, p. 67. 1 Duk. S. g. e.

6930. Conv.-Thaler v. 1762. Av. AD NORMAM CONVENTIONIS X · E · F · MARK · ✿ Der Adler; darunter I · O · T · (Joh. Otto Trümmer, Mmstr. 1762—1764.) Rev. NOMEN DOMINI TURRIS FORTISSIMA 1762 ✿ Verziertes Kreuz zwischen Laubwerk und Blumen. Geriefter Rand. Mad. 4880. Cat. imp. 525. G. e.

6931. Conv.-Thaler v. 1764. Wie vorher, doch steht der Adler, unter welchem IOT, in schildförmiger Einfassung. Mit · 1764 · ✿ im Rev. Hat Laubrand. Mad. 4881. S. g. e.

6932. Conv.-Thaler v. 1772. Av. MONETA REIPVBL · FRANCOFVRT · AD LEGEM CONVENTIONIS (als Ueberschr.) Ovaler, verzierter, mit Lorbeer- urd Palmzweig geschmückter Schild mit dem tingirten Stadtwappen. Im Abschnitte X · ST · EINE F · M · | MDCCLXXII · | und zwischen einer Verzierung P · C · B · (Ph. Christian Bunsen, Mmstr. 1764—90.) Rev. NOMEN DOMINI TVRRIS FORTISSIMA (als Ueberschr.) Ansicht der Stadt, vom Main aus gesehen. Vorn der Merkurstab, zwischen zwei Füllhörnern, und œ (Oexlein) Oben das strahlende Dreieck (dessen Strahlen bis zu N und F reichen). Laubrand. S. g. e.

6933. Conv.-Thaler v. 1776. Av. A DEO ET — CÆSARE · (als Ueberschr.) Unter dem strahlenden Dreiecke steht die personificirte Stadt, auf den Frankfurter Schild gelehnt. Zu ihren Füssen ein Himmelsglobus und zwei Flussgötter. Im Abschnitte FRANCFURT · Rev. Oben herum X · EINE FEINE MARCK · und unten herum · B ✿ 1776 ✿ N · (Bunsen und Neumeister.) In einem mit der Mauerkrone bedeckten Kranze AD | NORMAM | CONVEN | TIONIS | ~~ Hat Laubrand. S. g. e. R.

6934. Conv.-Thaler v. 1793. Av. Der Adler. Oben herum STADT FRANCKFVRT, unten herum H · G · B · H (Heinr. Hille, Wardein, und Georg Bunsen, Mmstr.) Rev. Zwischen Lorbeerzweigen: X | EINE FEINE | MARK | 1793 Hat Laubrand. S. g. e.

6935. Conv.-Thaler v. 1796. Av. ✦ AUS DEN GEFÆSEN DER KIRCHEN UND BURGER Im Felde ✦ X ✦ | EINE FEINE MARK | 1796 · Rev. Der Adler. DER STADT FRANCKFURT oben herum u. unten H · G · B · H zwisch. Verzierungen. Laubrand. Während der franz. Occupation (16. Jul. — 7. Sept.) geschlagen. S. g. e.

6936. Huldigungsmedaille v. 1807. Av. CARL V(on) · G(ottes) · G(naden) · F(ürst) · P(rimas) · D(es) · R(hein) · B(undes) · E(rzbischof) · Z(u) · R(egensburg) · S(ouverainer) · F(ürst) · Z(u) · A(schaffenburg) · R(egensburg) · F(rankfurt) · W(etzlar) · & — Brustbild v. l. S. Rev. FRANCKFURTS FREUND Die vom Auge Gottes bestrahlte Stadt. Im Abschnitte GEHULDIGET | D · II · IANUAR | 1807 · Gr. 41. $1^3/_4$ Loth. S. g. e. R.

6937. Medaille zur dritten Jubelfeier der Reformation, 1817, mit In- und Umschriften auf beiden Seiten. Gr. 39. $1^1/_2$ Loth. S. g. e.

6938. Doppelthaler v. 1841. Av. Ansicht der Stadt mit der Ueberschrift: FREIE STADT FRANKFURT Im Abschnitte ein Merkurstab zwischen zwei Füllhörnern und rechts ZOLLMANN · Rev. $3^1/_2$ GULDEN | 2 | THALER | 1841 in einem Eichenkranze. Oben herum VEREINSMÜNZE und unten herum VII EINE F · MARK Vertiefte Randschr. CONVENTION VOM * 30 IULY * 1838 * S. g. e.

6939. Doppelthaler v. 1842. Av. Der Adler; darüber FREIE STADT, zu den Seiten Arabesken und unten FRANKFURT Rev. und Randschr. wie vorher; nur 1842 S. g. e.

6940. Doppelgulden v. 1846. Av. Der Adler mit der Ueberschrift: FREIE STADT FRANKFURT Unten Arabesken. Rev. In einem Eichenkranze 2 | GULDEN | 1846 Gezahnter Rand. S. g. e.

6941. Doppelgulden v. 1848. Av. BERATHUNG Ü · GRÜNDUNG E · DEUTSCHEN PARLAMENTS 31 MÄRZ 1848 * Der Adler. Rev. CONSTITUIRENDE VERSAMMLUNG I · D · F · STADT FRANKFURT 18 · MAI 1848 * Der Doppeladler (ohne Krone und Scheine). Vertiefte Randschr. ZWEY * ✱ * GULDEN * ✱ * Sehr gut erhalten.

6942. Doppelgulden v. 1848. Av. Stempel des Rev. vom vorigen. Rev. Inschrift: ERZHERZOG | JOHANN | VON | OESTERREICH (Lorbeer- und Palmzweig.) Umschrift unt. beg. ERWÄHLT ZUM REICHSVERWESER ÜBER DEUTSCHLAND D · 29 IUNI 1848 * Randschr. wie vorher. S. g. e.

6943. Doppelgulden v. 1849. Av. Wie Nr. 6940. Rev. In einem Lorbeerkranze: ZU | GÖTHE'S | HUNDERTJÄHRIGER | GEBURTSFEIER | AM 28 AUGUST | 1849 Randschr. wie vorher. G. e.

6944. Doppelgulden v. 1855. Av. Wie vorher. Rev. In einem Lorbeerkranze: ZUR | DRITTEN | SÄCULARFEIER | DES | RELIGIONS | FRIEDENS | VOM 25 SEPT · | 1555 / 1855 An den Abschnitten der Lorbeerzweige C — Z Randschr. wie früher. S. g. e.

6945. Vereinsthaler v. 1858. Av. FREIE STADT — FRANKFURT · (als Ueberschr.) Weibl. Brustbild mit einem Eichenkranze im Haar, v. r. S., in einem mit dem Frankfurter Adler geschmückten Kleide und geblümten Mantel. Am Armabschnitte A · V · NORDHEIM · Hinter ihr erscheinen der Eschenheimer Thorthurm u. die Spitze der St. Bartholomäikirche. Rev. EIN VEREINSTHALER ⊕ XXX EIN PFUND FEIN und unten dazwischen ⊕ 1858 ⊕ Der Adler. Vertiefte Randschr. STARK ~ IM ~ RECHT ~*~ S. g. e.

6946. Gedenkthaler v. 1859. Av. Der Adler, oben herum FREIE STADT und unten FRANKFURT Rev. Oben herum: EIN GEDENKTHALER und in zweiter Reihe 5 Sterne. Inschrift: ZU | SCHILLER'S | HUNDERTJÄHRIGER | GEBURTSFEIER Unten herum 4 Sterne und AM 10 · NOV · 1859 Randschr. wie vorher. S. g. e.

6947. Doppelthaler v. 1861. Av. Das weibliche Brustbild mit des Stempelschneiders Namen, wie auf Nr. 6945, (ohne die Gebäude), nebst der Ueberschrift: FREIE STADT — FRANKFURT Rev. ZWEI VEREINSTHALER · XV EIN PFUND FEIN und unten dazwischen ⊕ 1861 ⊕ Der Adler. Vertiefte Randschr. STARK ~*~ IM ~*~ RECHT ~*~ S. g. e.

6948. Gedenkthaler v. 1862. Av. Wie bei Nr. 6946. Rev. EIN GEDENKTHALER — ZUM DEUTSCHEN SCHÜTZENFESTE (unten beg.) Die stehende Germania, v. l. S., hält in der ausgestreckten Rechten einen Kranz und stützt sich mit dem linken Arme auf einen mit dem Doppeladler nebst darüber schwebendem Bande geschmückten Schild und das Schwert. Im Felde JULI — 1862 Am Sockel des Standbildes A · V · NORDHEIM Randschr. wie bei Nr. 6945. S. g. e.

6949. Gedenkthaler v. 1863. Av. Oben herum: FREIE STADT FRANKFURT und unten herum ❁ EIN GEDENKTHALER ❁ Im Felde der Adler. Rev. FÜRSTENTAG ZU FRANKFURT AM MAIN IM AUGUST 1863 ❁ (unten beg.) Ansicht des Römer's zu Frankfurt, mit der vorüberfahrenden Equipage des Kaisers v. Oesterreich, aufgestellter Wache und grüssendem Volke. Randschr. wie vorher. Sehr gut erh.

Freiburg im Breisgau.

6950. Guldenthaler v. 1567. Av. ✻ MON + NO + CIVITATIS + FRIBVRGENSIS + BRIS + Der Adlerkopf zwischen I5 — 67 Rev. ✻ FERD · D · G · RO · IMP · S · AVG — GER · HVNG · BOH · REX Gekröntes und geharn. Bildniss K. Ferdinand's I., v. r. S., bis an den Schooss, mit Zepter und Reichsapfel, worin 60 Unten in der Umschrift ein Zainhaken. Zu Mad. 4885. (K. Ferdinand I. war bereits 1564 verstorben.) S. g. e. R.

6951. Guldenthaler v. 1568. Av. ✻ MON' + NO' + CIVITATIS + FRIBVRGENS' + BRIS' Adlerkopf und 15 — 68 Rev. ✻ FERD + D + G + RO + IMP + S + AVG + GER + HVNG + BO + REX Bildniss des Kaisers wie vorher. Aus v. Wellenheim's Cabinet. Ein wenig Doppelschlag, sonst s. g. e. R.

6952. Guldenthaler v. 1574. Av. MON : NO ◆ CIVITATIS ◆ FRIBVRGENS : BRIS ◆ Adlerkopf und 15 — 74 Rev. · FERDINANDVS : D · — · G : ARCHID : AVST : — Des Erzherzogs Ferdinand von Tirol Bildniss v. r. S., bis an den Schooss, im Harnisch, mit dem Erzherzogshute, in der Rechten das Zepter, die Linke am Schwertgriffe. Unten in der Umschrift ein Schildchen, worin 60 Mad. 2230 und Cat. imp. 526 ähnlich. S. g. e. RR.

6953. Thaler v. 1620. Av. ✻ MON · NOVA · CIVIT · FRIBVRGEN · BRIS : Adlerkopf zwischen I6 — z0 Rev. ✻ DOMINE · CONSERVA (·) NOS · IN · PACE ⁖ Einfacher Adler. Mad. 2231. Sehr gut erh. R.

6954. Thaler v. 1723. Av. MON ❧ NO ❧ FRIBVRG — EN ❧ BRISGOIAE 1723 ❧ — (das A steht halb auf dem E) In einer unten mit zwei Palmzweigen besteckten Einfassung der ovale Schild mit dem Adlerkopfe. Rev. ❁ DA ❧ PACEM ❧ DOMINE — IN ❧ DIEB ❧ NOSTRIS ❧ Der einfache Adler. Mad. 4888. Aus v. Madai's Cab. und trefflich erh. R.

6955. Medaille v. 1739. Av. Ansicht der Stadt mit doppelter Ueberschrift: LAMBERTI ALEXANDRIQUE ✦ | (Blatt) AVXILIO FLOREBIT (Blatt) Im Abschnitte ✻ FRIBVRGVM ✻ | (Blatt) BRIS-

GOIAE (Blatt) und zwei Palmzweige. Rev. · S · LAMBERTVS · — 1739 — · S · ALEXANDER (als Ueberschr.) Rechts der stehende Lambertus im bischöflichen Ornate, die Rechte auf den öster. Bindenschild legend, in der Linken den Krummstab. Links steht der geharn. Alexander, der in der Rechten Palmzweig und Schwert hält und die Linke auf den Kreuzschild legt. Im Abschnitte ✻ PROTECTORES ✻ | CIVIT : FRIBVRG | BRISG Mad. 4890. Gr. 42. 1⁹/₃₂ Loth. S. g. e. R.

Goslar.

6956. Dickmünze von den Stempeln der Bauerngroschen, 15. Jahrhundert. Av. MONETA ✿ N — OVA ✿ GOSLARI — Behelmter, auf die rechte Seite gelegter Schild mit dem Stadtwappen. Rev. ✿ SXMATV — S — IVMON ✿ ET ✿ IVD' · Die stehenden beiden Apostel. Mad. 4891. Schulth. 5180 (unter dem freien Reichsstift St. Simon und St. Judas). Gr. 28. 2 Loth. Wurde auf der v. Dickmann'schen Auction erworben und ist vorzüglich erh. RRRR.

6957. Thaler v. 1544. Av. MONETA ∗ CIVITA ∗ IMPERIALIS ∗ GOSLARIEN ∗ Der Adler von Goslar. Rev. ∗ MARIA ∗ MATER ∗ — DOMINI ∗ I544 ∗ — Auf dem Halbmonde stehende gekr. Maria mit dem Zepter und dem Kindlein, in Flammenglorie. Mad. 2232. Cat. imp. 527. S. g. e. R.

6958. Thaler v. 1629. Av. MONETA ✿ NO : ARGEN ✿ — ✿ GOSLARIENSIS — Ueber dem Stadtwappen das Marienbild in Flammenglorie. Rev. ✿ · FERDINAN · Z : D : G : — · ROM : IMP : SEMP · AU · ✿ — Der gekr. Doppeladler mit Reichsapfel, worin z4 Neben den Schwanzfedern G — K und unten in der Umschrift I6 ✿ z9 S. g. e.

6959. Thaler v. 1659. Av. MONETA · NOVA · ARGENT · — CIVIT : GOSLARIENSIS — Das von Flammen umgebene Marienbild über dem Stadtwappen. Rev. · LEOPOLDVS · D : G · ROM · IMPE — RATOR · SEMP : AVGVSTVS · — Der gekr. Doppeladler mit dem Reichsapfel, worin 24 Neben den Klauen 16 — 59 Mad. 4895. Cat. imp. 527. S. g. e.

6960. Thaler v. 1705. Av. SPES NOSTRA IESUS — DEI ET MARIÆ FILIUS — Das Marienbild, von Flammenglorie umgeben, über dem Stadtwappen und vor einem glatten Bande, worauf RESP : — GOSL · Neben dem Adler im Schilde steht: I — A B ✿ (Bär, Mmstr.) Rev. IOSEPHUS · I · D · G · ROM · IMPERATOR · SEMP · AUGUSTUS · — Unter der Krone der Doppeladler mit einem grossen Reichsapfel auf der Brust. Neben den Klauen 17 — 05 Mad. 2234. S. g. e.

Gratz in Steiermark.

6961. Breiter Thaler v. 1673. Av. In verziertem, rautenförmigem Schilde der gekr. Panther. Oben herum + G + — + P + — + B + — + M + (Gratzer-Purkfried-Bereitungs-Marke.) Rev. Auf einer verzierten Tafel: LANDTS FIR | STLICHEN · H | AVBT · STATT · | GRAZ ·

PVRKH | FRIDTS · BERE | ITTVNG · 1673 Mad. 4898. Cat. imp. 528. 2. Gr. 49. War geh., sonst vorzüglich erh. RR.

Groningen.

6962. Nothklippe v. 1577. Der runde Stempel enthält den Doppeladler mit dem Bindenschilde, über dessen Köpfen G, und die Umschrift: NECESSITATE ✿ 4 ✿ FEB ✿ 1577 ✱ Duby, Pièces obsid. Pl. VI. 7. Gr. 30 im □ 1¼ Loth. Nach Uebergang der Stadt zu d. Staaten von Holland zur Zahlung rückständigen Soldes der Garnison geschlagen. Sehr gut erh. RRR.

6963. Thaler v. 1601. Av. MONE : NOVA : ARG — GRONINGENSIS : 1601 — Der stehende Johannes der Täufer, die Rechte erhoben und mit der Linken das auf einem Buche liegende Lamm, sowie eine Schnur haltend, woran der unten stehende Bindenschild. Rev. RVDOL ○ II ○ ROMANO ⸰ IMPE ○ SEMPER ○ AVGV — Der Doppeladler mit dem Bindenschilde. Darüber schwebt der Reichsapfel und die Krone. Mad. 4899. Sehr gut erh. R.

Hagenau.

6964. Dreifacher Guldenthaler als Klippe, v. 1620. Av. · NUMMUS ✿ ARGENTE ✿ HAGENOIENSIS · (3 Zainhaken.) Reich verzierter Schild mit der Rose von Hagenau. Rev. : FERDINAND ⁝ II ⁝ ROM ⁝ IMP ⁝ SEM ⁝ AUG ⁝ D ⁝ G : — Unter der Krone der Doppeladler mit dem Reichsapfel, worin 60, auf der Brust. Neben den Schwanzfedern 16—20 Gr. im □ 40. 5¼ Loth. Schwach vergoldetes, trefflich erhaltenes Originalgepräge, nach welchem Herr v. Berstett im Nachtrage zum Versuche einer Münzgesch. des Elsasses I. Nr. 81 eine nicht ganz treue Abbildung gab. RRRR.

6965. Viertelthaler o. J. Av. HAGENOIA · IMPERII · CAMERA ✿ Das Stadtwappen. Rev. IVSTITIA · MANET · IN · AETERNVM — Unter d. Krone der Doppeladler mit d. Reichsapfel. ⁹⁄₁₆ Loth. S. g. e. R.

6966. Desgleichen, ähnlich dem vorigen, aber mit ✿ IVSTITIA ✿ MANET ✿ IN ✿ AETER ✿ — G. e. R.

6967. Thaler v. 1665. Av. ✿ NVMMVS : ARGENTE : IMPE(rialis) : CAME(rae) : AC : CIVIT(atis) : HAGEN(oensis) · Das Stadtwappen im verzierten Schilde. Darüber 16 — 65 Rev. • LEOPOLDVS : I : D : G : ROMAN : IMP : SEMP : AVGVST • — Der Doppeladler mit dem Reichsapfel, unter der Krone. Neben den Klauen G H — P Mad. 4902. Sehr gut erh. RRR.

6968. Gulden v. 1669. Av. ✿ NVM : ARG : IMP : CAME : AC : CIVIT : HAGENO : Verziertes Stadtwappen; darüber · LX · K · und zu den Seiten, parallel mit den Seiten des Schildes, rechts 16, links 69 Rev. • LEOPOLD ⁝ I ⁝ D G ⁝ ROMAN ⁝ IMP ⁝ SEM ⁝ AVG • — Unter der Krone der Doppeladler mit dem Reichsapfel. Cat. imp. 528. S. g. e. RR.

6969. Zwölfkreuzer v. 1669. Av. • · MON : ARGENT : CIUIT : HAGENOEINSIS · Das Stadtwappen und darüber 1669 Rev. LEOPOLD : I : D : G · ROM · IMP · SE : AVG · (XII) Der Doppeladler (ohne Krone und Scheine) mit dem Reichsapfel. S. g. e.

Halberstadt siehe unter Nr. 2528 im I. Theile.

Hall am Kocher (Schwäbisch Hall).

6970. Thaler v. 1545. Av. ✻ MONE ⁑ NOVA ⁑ REIPVB ⁑ HALE ⁑ SVEVICE Die zwei neben einander gestellten, oben mit Laubwerk verzierten Schilde mit Kreuz und Hand. Darüber ∗ 1545 ∗ und unten ∗ H ∗ Rev. CAROLVS ∗ V ∗ ROMA ∗ IMPE ∗ SEM ∗ AVGV — Unter der Krone der Doppeladler mit dem althallischen quergetheilten Wappenschilde auf der Brust. Mad. 2239. Binder S. 451. 15. S. g. e.

6971. Thaler v. 1705. Av. MONETA NOVA REIPUBLICÆ HALÆ SUEVICÆ ▲ 1705 ▲ Drei, 2 und 1 gestellte, Wappenschilde; in den oberen rechts der Doppeladler, links das althallische Wappen, in dem untern, getheilten, Kreuz und Hand. Neben letzterem G F — N(ürnberger) · Rev. IOSEPHVS I ▲ D ▲ G ▲ ROMANORUM IMPERATOR SEMPER AVG ▲ Belorbeertes Brustbild v. r. S., im Harnisch und Mantel, mit der Kette des gold. Vliesses. Mad. 4906. Binder Nr. 35. Trefflich erh. R.

6972. Thaler v. 1712. Av. MONETA NOVA REIPUBLICÆ HALÆ SUEVICÆ ▲ (Blättchen) unten beg. Die drei durch Bänder mit einander verbundenen Schilde, 1 und 2 gestellt. Der obere mit dem Doppeladler ist durch Lorbeerzweige geschmückt; zwischen den unteren steht G · F · N · Rev. CAROLVS VI · D · G · — ROM · IMP · SEMP · AVG · (als Ueberschr.) Geharnischtes und belorbeertes Brustbild v. r. S., mit Ueberwurf und der Ordenskette. Am Armabschnitte 1712 · Erhabene Randschr. CANDOR INEST HALLIS · DVBITAS EN DEXTRA FIDESQVE: * ✽ * Mad. 2240. Bind. 39. Z. g. e.

6973. Medaille (v. M. Brunner) auf den 1716 neu hergestellten Salzbrunnen. Av. IstIs LAETA etc. Der neue Salzbrunnen. Rev. HALEnsIs FVMAnt etc. Die Stadtkirche St. Michael mit der zu ihr führenden breiten Treppe. Cat. imp. 529. Mad. 7178. Bind. 48. Gr. 36. 1 Loth. S. g. e.

6974. Thaler v. 1742. Av. MONETA NOVA REIPUBLICÆ HALÆ SUEVICÆ unten beg. und dazwischen eine Arabeske. Die 3 Wappen wie auf Nr. 6972, dazwischen P G N (Paul Gottl. Nürnberger.) Rev. CAROLVS VII · D · G · ROM · IMP · SEMP · AVG · 1742 · (als Ueberschr.) Belorbeertes Brustbild v. r. S., im Harnisch und Mantel. Am Arme I L Œ (Oexlein) Erhabene Randschrift wie auf Nr. 6972. Binder Nr. 58. Vorzüglich erh. R.

6975. Thaler v. 1746. Av. MONETA NOVA REIPUBLICÆ HALÆ SUEVICÆ — (unten beg.) Die drei Wappen, wie vorher. Dazwischen C G L (Carl Gottl. Laufer) u. unten eine Verzierung über 1 — 7 — 4 — 6 Rev. FRANCISCVS D · — G · ROM · IMP · SEMP · AVG · (als Ueberschr.) Belorbeertes Brustbild v. r. S., im Harnisch und geblümten Hermelinmantel, mit dem Orden des gold. Vliesses. Unten F · P · WERNER · Mit Laubrand. Mad. 4908. Bind. Nr. 65. Vorzüglich erhalten. R.

6976. Halber Thaler v. 1746, ähnlich dem ganzen, aber mit 17 — 46 und D · G · — ROM · Der Rand ist gekerbt. S. g. e.

6977. Thaler v. 1777. Av. Ueberschrift und die 3 Wappen, wie vorher. Unter letzteren K · — R · (Riederer) und ganz unten N(ürnberg) in einer Einfassung zwischen 17 — 77 Rev. IOSEPHVS II · D · G · — ROM · IMP · SEMP · AVG · Belorbeertes Brustbild v. r. S., im Harnisch und Hermeliumantel, mit dem Orden des Vliesses am Bande auf der Brust. Unten ŒXLEIN · F · Gekerbter Rand. Bind. Nr. 82. S. g. e.

Hamburg.

6978. Dukaten mit d. Jahrz. 1497. Av. ○ MONETA · N — O : hAMBVRG' ○ — Maria mit dem Kinde über dem Stadtwappen, in gespitzt parabolischer Einfassung (Mandorla). Rev. ○ AVE · PLENA' : — GRACIA · 1497 ○ — Maria mit dem Kinde, auf dem Halbmonde stehend, in gleicher Einfassung. Hamb. Mz. u. Med. v. Gädechens, II. Th. S. 222. Nr. 87. 1 Duk. S. g. e.

Diese Dukaten, die sich von den im Jahre 1497 selbst geschlagenen namentlich dadurch unterscheiden, dass ihnen auf dem Rev. das Schildchen mit der sog. Nessel fehlt, wurden erst am Ende des 16. Jahrhdts. geschlagen. Das alte Gepräge behielt man bei, um diesen Dukaten besseren Cours zu verschaffen.

6979. Dickthaler (1⅓ Markstück) v. 1505. Av. ✠ MONETA ꞉ NOVA ꞉ hAMBVRGENSIS ꞉ 15 ○ 5 Auf einem Kreuze der Wappenschild mit den drei Thürmen, in deren Thore der schräg gestellte Nesselschild*). Rev. * SPES ✿ NOSTR * — * VIRGO ✿ MAR' * — Das auf dem Halbmonde stehende Marienbild in Strahlen. Mad. 2241. Die Herausgeber der Hamb. Mz. kennen ein derartiges Stück nur aus Langermann's Werke. Gr. 37. 2 Loth. Stammt aus der Götzischen Sammlung in Dresden und ist vortreffl. erh. RRRR.

6980. Halber Thaler (Zweidrittel-Markstück) v. 1505, ähnlich dem vorigen, aber mit hAMBVRGENS' ꞉ 1505 im Av. Von diesem Gepräge wird in d. Hamb. Mz. S. 276 nur ein Abschlag in Gold aufgeführt. Gr. 36. 1 Loth. Aus gleicher Sammlung. Sehr schön erhalten. RR.

(Die Jahrzahl bezieht sich auf Hamb. Münzen bis zum Jahre 1572 nicht auf das Jahr der Ausprägung, sondern deutet das Jahr an, in welchem der Münzfuss der betreffenden Münze bestimmt wurde.)

6981. Thaler mit der Jahrz. 1553. Av. MONETA ◆ NOVA ◆ CIVITATIS ◆ HAMBVRGEN und ein Blatt (Zeichen des Münzmeisters Johann van Collen). Die dreithürmige Stadtmauer mit dem Fallgitter im Thore. Rev. FIAT ◆ MIHI ◆ SECV — NDVM ◆ VERBV ◆ TVV — Maria mit dem Kinde, über dem Nesselschilde. Neben letzterem, im Kreise der Umschrift: 15 ◆ — ◆ 53 Zu Mad. 2243. Hamb. Mz. Nr. 298. S. g. e.

6982. Desgleichen, wie vorher, mit HAMBVRGE (Blatt) und FIAT · MIHI · SECV — · NDVM · VERB · TVV — sowie mit 15 — 53 Dieser Stempel wird in d. Hamb. Mz. nicht aufgeführt. G. e.

*) Ueber das sog. Nesselblatt, das Wappen der Grafen von Holstein, das die ursprünglich holsteinische Stadt Hamburg als Wappen der Landesherrn neben dem Stadtwappen, der Burg, führte, vergl. das auf S. 306 in der Anmerkung Gesagte.

6983. Desgleichen. Wie Nr. 6981, aber mit SECV — VERBVM ⬥ TVVM ⬥ — und I5 — 53 im Rev. Mad. 2243. Hamb. Mz. 303. Sehr gut erhalten.

(Die Thaler mit der Jahrz. 1553 wurden bis 1566 fortgemünzt; diejenigen, die den Rost des Münzm. Metzner statt des Blattes führen, wurden in den Jahren 1562—66 geschlagen.)

6984. Halber Thaler v. 1566. Av. MONETA ⬥ NOVA ⬥ CIVITATIS ⬥ HAMBVRG und ein Rost (Zeichen des Mzm. Andr. Metzner). Sonst wie vorher. Rev. DEVM ⬥ SVPER — OMNIA ⬥ TIME — Wie vorher, doch hat Maria einen Heiligenschein. Unten I5 — 66 Mad. 4913. Hamb. Mz. 535. 1 Loth. S. g. e. R.

6985. Thaler v. 1608. Av. MON : NOVA · CIVITATIS · HAMBVRGENSIS und ein Mohrenkopf (Zeichen des Mzmstrs. Matthias Moors oder Mörsch, 1606—20). Die Burg. Rev. RVDOL · II · D : G · RO · IM · SE · AVGVS · P · F · D 608 — Unter der Krone der Doppeladler mit dem Reichsapfel, worin 3Z (Schillinge) Dieser Stempel fehlt in d. Hamb. Mz. Gut erh.

6986. Thaler v. 1610. Av. MON · NOV CIVITATIS · HAMBVRGENSIS :: und der Kopf. Die Burg, neben deren Thürmen I — 6 — I — 0 Rev. · RVDOL · II · D : G · RO · IM · SE · AVGVSTI · P · F · D : — Sonst wie vorher. Hamb. Mz. 369, nur D · statt D : am Schlusse der Revers-Umschrift. S. g. e.

6987. Prämie der St. Johannisschule (halber Thaler) v. 1614. Av. BRABEON | SCHOLÆ | HAMBURG Oben und unten ein Engelsköpfchen und zu den Seiten Laubwerk. Rev. BELLI PACISQUE MINISTRÆ und unten dazwischen Laubwerk und 2 Röschen über der sehr fein geschnittenen, nur schwach angedeuteten Jahrzahl I — 6 — I — 4 Ein Arm, aus Wolken, mit einem angehangenen Buche, hält Schwert und Oelzweig. Langerm. XLVII. Nr. 2. Mad. 4940, aus dessen Cab. vorliegendes Stück stammt. Gr. 36. 1 Loth. S. g. e.

6988. Thaler v. 1616. Av. MONETA · NOVA · CIVITATIS · HAMBVRGENS : und der Kopf. Die Burg (deren hintere Mauer von jetzt an wegfällt) und 1 — 6 — 1 — 6 Rev. · MATTH : D : G : ROMA : IMP : SEM : AVGVST : P : F : D : — Sonst wie bei Nr. 6985. Hamb. Mz. 378. G. e.

6989. Thaler v. 1620. Av. Wie vorher, mit HAMBURGENS (Kopf) und d. Jahrz. 1 — 6 — z — 0 Rev. FERDINANDUS · II · D : G : ROM : IMP : SE : AU : — Aehnlich den früheren. Hamb. Mz. 392 (mit HAMBURGENSIS). S. g. e.

6990. Thaler v. 1623. Av. MONET : NOVA : CIVITA · HAMBURGENSIS · 1623 und eine Hand mit einem Zainhaken (Chr. Feustel oder Füssel, Mzmstr. 1620—34.) Die Burg. Rev. FERDINANDUS · II · D · G · ROMA · IMP · S · AU · — Unter der Krone der Doppeladler (ohne Scheine) mit 3Z im Reichsapfel. Hamb. Mz. 422, wo mit einem Punkte nach MONET · G. e.

6991. Thaler v. 1630. Av. · MONETA · NOVA · CIVI : HAMBURGENSIS · 1630 · und die Hand mit /ˀ Die Burg. Rev. Wie vorher, aber D : G : ROMA : und der Adler mit Kopfscheinen. Zu Nr. 445 der Hamb. Mz. S. g. e.

35

6992. Thaler v. 1632. Av. MONETA · NOVA · CIVIT : HAMBURGENSIS · 163Z und die Hand mit ⁄ Die Burg. Rev. · FERDINANDUS · II · D : G : ROMA : IM : SE : A : — Der gekrönte Doppeladler (ohne Scheine) mit dem Reichsapfel, worin fälschlich Z3 statt 3Z (Hamb. Mz. 456.) S. g. e. R.

6993. Thaler v. 1645. Av. MONET : NOVA : CIVIT : HAMBURGENSIS · 16 ⚒ u. ♧ (gekreuzt) 45 · (Das Zeichen ist das des Mzm. Matthias Freude d. Aelt., 1637—1668.) Die Burg. Rev. · FERDINANDUS ·· III · D : G : ROM : I : S : A : — Der gekrönte Doppeladler mit dem Reichsapfel, worin 3Z Zu Mad. 4915. Hamb. Mz. 506. S. g. e.

6994. Breiter Thaler v. 1673. Av. MONET : NOVA · CIVIT : HAMBURGENSIS · 1673 M ♧ F (Matthias Freude d. Jüngere, 1668 bis 1673.) Die Burg. Rev. · LEOPOLDUS · D : G : ROMA : IMP : SEM : AUG : — Unter der Krone der Doppeladler mit dem Reichsapfel, worin 32 Mad. 4918. Hamb. Mz. 515. Im Felde des Av. ein klein wenig geschabt, sonst sehr gut erh. Gr. 46.

6995. Thaler v. 1673. Wie der vorige, aber kleiner. Cat. imp. 530. 8. Gr. 42. S. g. e.

6996. Dicker Doppelthaler v. 1680. Av. DA PACEM DOMINE IN DIEBUS NOSTRIS (als Ueberschr.) Eine weibliche Figur (der Friede) mit dem Wappenschilde und einem Palmzweige auf einem Postamente, woran H — L (Herm. Lüders) Rev. LEOPOLDUS · D : G : ROMA : IMP : SEM : AUG : — Gekrönter Doppeladler mit Zepter und Schwert und dem Reichsapfel, worin 48 Neben den Schwanzfedern 16 — 80 Mad. 2247a. Hamb. Mz. 520. Gr. 43. 4 Loth. Von seltener Schönheit der Erhaltung. R.

6997. Sog. Stockfisch-Medaille (v. 1708). Av. NON, NISI CONTUSUS · Auf einem Blocke liegt ein Stockfisch, der von 5 Händen mit Schlägeln bearbeitet wird. Rev. ALIUS ET IDEM · Auf einem Tisch steht eine Schüssel, worauf der Stockfisch in 5 Stücken. Langermann, Hamb. Mz. und Med.-Vergnügen, XXVI. 4. u. p. 203. Gr. 34. 1 Loth. S. g. e. R.

6998. Klippe v. 1708, auf die kaiserl. Commission. Av. Ansicht der Stadt; darüber das Auge Gottes. Rev. ACH HAMBURG | DENCK DARAN u. s. w. und im Felde 13zeilige Inschr. A. · | 1708 | DEN · 13 · MAY · | DER HAMERBAU | EINGENOMMEN · | u. s. w. Langermann, XX. 3. Gr. 34 im □ 1½ Loth. S. g. e.

6999. Thaler v. 1717, zum 2. Reformations-Jubiläum. Av. SUB UMBRA ALARUM TUARUM (als Ueberschrift.) Unter dem strahlenden Namen Jehova die Stadt Hamburg. Im Abschnitte HAMBURG in einer Einfassung. Rev. IN | MEMORIAM | IUBILÆI EVANGE | LICI SECUNDI | CELEBRATI | ANNO SECULARI | MDCCXVII · Darunter das Stadtwappen zwischen I — R (Retecke) Mad. 4923. Gut erhalten.

7000. Thaler v. 1730, zur 2. Jubelfeier der Augsburger Confession. Av. MONET · NOV · CIVITAT · HAMBVRG · ANNO IVBIL · II · 1730 · — Behelmter Wappenschild; daneben I · H · — L · (Löwe,

Mmstr.) Rev. CAROLVS · VI · D · G · ROM · — IMP · SEMP · AVGVST · — Unter der Krone der Zepter und Schwert haltende Doppeladler mit dem Reichsapfel. Der Rand ist gerieft. Mad. 2247 b. Cat. imp. 530. Hamb. Mz. 524. Sehr schön erh.

7001. Thaler v. 1735. Av. MONETA · NOVA · CIVITATIS · HAMBVRGENSIS · — Das behelmte Wappen. Neben dem Schildfusse I · H · — L · Rev. CAROLVS · VI · D · G · ROM · IMP · SEMP · AVGVST ∴ Unter der Krone der Doppeladler mit Zepter, Schwert und Reichsapfel. Neben der Schwanzspitze I7 — 35 · Geriefter Rand. Mad. 4925. Hamb. Mz. 525. S. g. e.

7002. Thaler v. 1748, zum Jubelfeste des westphäl. Friedens. Av. SAECVLO A PACE WESTPHALICA EXACTO · — Behelmtes, von zwei Löwen gehaltenes Stadtwappen auf einem Untersatze, woran 1748 Rev. FRANCISCVS D · G · ROM · IMP · SEMP · AVGVST · ✿ Unter der Krone der Doppeladler mit Zepter, Schwert und Reichsapfel. Unten I · H · — L · Der Rand ist gerieft. Mad. 4926. Hamb. Mz. 526. S. g. e.

7003. Species-Thaler v. 1761. Av. MONETA NOVA — HAMBVRGENSIS — Das behelmte Stadtwappen mit den Schildhaltern; darunter in einer Cartouche 48 | SCHILL(inge) · SPEC(ies) | O · H · K · (Otto Heinrich Knorre, Mmstr.) Rev. FRANCISCVS D · G · ROM · IMP · SEMP · AVGVSTVS ✿ Wie vorher, aber neben dem Schwanze 17 — 61 · Geriefter Rand. Mad. 5946. Hamb. Mz. I. S. 155. Sehr gut erhalten.

Hameln.

7004. Thaler v. 1544. Av. MONETA ○ NOVA ○ CIVITATIS ○ Q(uern) ○ HAME — LEN ○ — Der Schild mit d. Mühleisen vor zweithürmigem Kirchengebäude (der Münsterkirche), worüber 1544 Rev. ○ SANCTVS ○ BONIF — ACIVS ○ EPISCOPVS ○ — Der stehende h. Bonifaz, im bischöfl. Ornate, mit Buch und Kreuzstab. Zu Mad. 4942. Cat. imp. 530. Aus der J. v. Peyer'schen Auktion. Sehr gut erhalten. RR.

7005. Thaler v. 1558. Av. (Herz mit schräg übergelegtem Zainhaken) MONETA • NOVA • CIVITATIS • Q • H • — AME — Sonst ähnlich dem vorigen, mit 1558 Rev. • D • G • CAROL • V • RO • IMPE • S • AVGVST • (d. Herz mit Zainhaken) — Der gekr. Doppeladler mit Reichsapfel, worin z4 Mad. 2248. S. g. e. R.

7006. Thalerklippe v. 1614. Av. · MONETA · NOVA · CIVITATIS Q · HAMELE · (Herz mit aufgesetztem Kreuze und schräg übergelegtem Zainhaken.) Die Kirche, woran das Wappenbild. Rev. MATH · I · D · G · ROM · — IM · SEM · AVGVS · 16 — 14 Gekrönter Doppeladler (ohne Scheine) mit dem Reichsapfel. Mad. 4944. Gr. 45 im □ 2¹/₁₆ Loth. War in v. Madai's Besitz. Vorzüglich erhalten. RR.

Hannover.

7007. Thaler v. 1624. Av. · MONETA · NOVA · TB (verbunden —

85*

Tonnies Bremer, Mzmstr.) · HANNOVER · — 16z4 — Zweithürmiges Stadtthor; im Portale die dreiblättrige Rose, zwischen den Thürmen der Löwe. Rev. · — · FERDINAND · II · D : G·· RO · IM · SEM · AV — · — Der Doppeladler mit dem Reichsapfel, unter der Krone. S. g. e.

7008. Thaler v. 1624. Av. Stempel des vorigen. Rev. · FERDINAND · II · D : G · RO · IM · SE · A · — Sonst wie vorher. Mad. 4951. S. g. e.

7009. Thaler v. 1625. Av. MONETA · NOVA · CI ⁑ — ⁑ VITA · HANNOVER — 16 : ✿ : z5 — Aehnlich den vorigen. Zu den Seiten des Gebäudes je ein Röschen und 2 Punkte. Unten in der Umschr. TB verbunden, also hier richtig in entgegengesetzter Stellung zur Umschrift angebracht. Rev. : FERDINAN · II · D · G · ROMA · IMPE · SEMPE · AVG : — Der gekr. Doppeladler (ohne Kopfscheine) mit dem Reichsapfel. S. g. e.

7010. Dukaten v. 1666. Av. DUCAT · NOV · CIV · HANNOVER · — 1666 — Das zweithürmige Stadtthor mit dem Blatte und dem Löwen. Rev. ◆ LEOPOLD · I · D · G · RO · IM · S · AU · ◆ — Der gekr. Doppeladler mit dem Reichsapfel. Monn. en or, p. 300. 1 Duk. S. g. e. R.

7011. Thaler v. 1670. Av. ✿❀✿ HANNOVER ✿❀✿ ANNO ✿❀✿ — 1670 — Wie vorher; neben den Thürmen A — S (Andr. Scheile oder Schele, Mmstr.) Rev. LEOPOLD · I · D · G · ROM · IMP · SEMP · AUGUST · — Der Adler, wie auf dem vorigen Stücke. Zu Mad. 4953. S. g. e.

Heidelberg.

7012. Schauthaler v. 1686, auf das 3. Jubelfest der Universität. Av. VNIVERSITATIS · HEIDELBERG · FESTVM SECVLARE · III (zwei übereinander gestellte ▲) Das Siegelbild der Universität. Rev. 13zeilige Aufschrift. Mad. 2372. Cat. imp. 531. Gr. 42. 2 Loth. S. g. e. R.

7013. Denkmünze v. 1821, auf die evangel.-protest. Kirchenvereinigung in Baden. Aufschrift und eine Eiche. v. Berstett Nr. 345. Gr. 28. ³/₈ Loth. Sehr gut erh.

Heilbronn.

7014. Medaille v. 1717, auf das 2. evangel. Jubelfest. Av. HIC QVOQVE etc. Die stehende Religion. Rev. HAC SALVATORIS etc. Der Siebenrohr-Brunnen, von Felsstücken umgeben, worauf Christus, dessen Blut in den Brunnen strömt. Mad., Cat. Nr. 6171. Bind. S. 462. Nr. 7. Gr. 43. 2 Loth. S. g. e.

Hervorden.

7015. Thaler v. 1638. Av. ✿ MONETA NOVA · IMP : CIVITA · HERVORD · ⁄ Verzierter Schild mit dem Stadtwappen. Daneben 1 — 6 | 3 — 8 Rev. FERDINAND : III · D : G : ROMAN : IMP

: S · AV : — Unter der Krone der Doppeladler, mit dem Reichsapfel (ohne Kreuz) auf der Brust. Zu Mad. 4956. Aus der v. Dickmann'schen Sammlung. Vortrefflich erh. RRRR.

(Andere von Madai nach der Stadt Hervorden gelegte Thaler s. unter der Abtei.)

Herzogenbusch.

7016. Medaille (v. Theod. van Berckel) v. 1776, zum 25jährigen Jubiläum dasigen Gouverneurs, des Herzogs Ludwig Ernst von Braunschweig, des früheren Vormunds und Repräsentanten des unmündigen Erbstatthalters, der vereinigten Niederlande. Av. LAETITIA SILVADUCENSIUM · Die personif. Stadt beglückwünscht den Herzog. Im Abschnitte GUBERNAT · V LUSTR · | DUCIS BRUNSV · | MDCCLXXVI Rev. DECUS ET — SECURITAS · Ansicht der Stadt, darüber ein Engel mit dem braunschw. Schilde. Unten auf einem Bande: GUBERNET DIU · und im Abschnitte S · C · Gr. 33. $^{19}/_{32}$ Loth. S. g. e.

Heusden in Holland.

7017. Medaille v. 1787, auf die Entsetzung der Stadt durch die preussischen Truppen. Av. Ansicht von Heusden mit dem Damme, worauf preussische Soldaten. Rechts am Boden I E · Im Abschnitte ONTZET VAN HEUSDEN | OP DEN 21 SEPT : | 1787 Rev. Unter 2 Palmzweigen: GEDENK - PENNING | GESLAGEN TER | GEDACHTENISSE VAN | HET ONTZET DER | VERDRUKTE BURGERY | BINNEN HEUSDEN | VOORGEVALLEN OP | DEN 21 SEPTEMBER | 1787 Darunter eine Draperie. Gr. 38. $^{15}/_{16}$ Loth. S. g. e.

Hildesheim.

7018. Anderthalb-Thalerstück o. J. Av. ⁑ DA * PACEM * DOMINE * IN * DIEBUS * NOSTRIS * HILDESHEIM ✿ — Unter der Krone und einem kleinen Reichsapfel der Doppeladler mit einem verzierten, ovalen Brustschilde, worin das Stadtwappen. Rev. RU — DOL ✿ II ✿ RO ✿ IMP ✿ VIC(tor) (Blumenzweig) — ✿ — AC ✿ TRIU(mphator) ✿ SE(mper) — A(ugustus) ✿ Der belorbeerte Kaiser, im Harnisch, mit Halskrause, in der Rechten den in die Seite gestemmten Streitkolben haltend, auf einem linkshin springenden, geschmückten Pferde. Unter dem Pferde ein Rosenstock. Mad. 2253. Cat. imp. 533. 3. Gr. 58. 3 Loth. Sehr schön erh. R.

7019. Thaler v. 1605, zum Gedächtnisse der Wappenverleihung durch Karl V. Av. INSIG(nia) · A · CAR · V · RO · IMP ✿ — ✿ HILD · AO · 1528 · COLLATA — Behelmter, reich verzierter Wappenschild. Neben dem Kleinode: 16 — 05 Rev. CAROLVS · V · ROM · IMP · Q(uondam) · FELICISS · ET · TRIVMP · AVGV ✿ Bildniss des Kaisers bis an den Schooss, mit sichtbaren Händen, den mit einem Hute bedeckten Kopf nach links gewendet, in einer bebrämten Schaube und mit dem gold. Vliesse auf der Brust. Mad. 4958. Ist v. Madai's Exemplar und vorzüglich erh. R.

7020. Thaler v. 1624. Av. ✿ MONETA * NOUA * REI ✿ * — * ✿ PVBLI * HILDESHEI ✿ — Behelmtes Stadtwappen. Rev. FERDINAN · II · D · G · ROM · IMPE · SEMP · AVG /* 16 — z4 Der gekr. Doppeladler (o. S.) mit d. Reichsapfel. Zu Mad. 4959. S. g. e.

7021. Thaler v. 1624. Av. Wie vorher, aber mit NOVA * und HILDESHEIM * — Rev. FERDI · II · D · G · RO ✿ — · ✿ IMP : SEMP · AVG /* 16 — z4 Der Doppeladler, ähnlich dem vorigen, doch trennen die Schwanzfedern die Umschrift. S. g. e.

7022. Thaler v. 1628. Av. Aehnlich dem vorigen, mit HE in „Hildesheim". Rev. FERDINAN · II · D · G · ROMA · IMPE · SEMPE · AVG 16 — z8 Der gekr. Doppeladler (ohne Scheine) mit dem Reichsapfel. Neben den Schwanzfedern ✿ — /* Gut erh.

7023. Thaler v. 1736. Av. Der behelmte Schild mit der Ueberschrift: (Blatt) MONETA NOVA — HILDESIENSIS (Blatt) Rev. CAROLVS · VI · D · G · ROM · IMP · S · A · G · H · H · ET · B · REX — Der gekr. Doppeladler mit dem Reichsapfel. Neben den Klauen 17 — 36 und unten herum U · A — · W · (Ulrich Andreas Willerding, Mmstr.) S. g. e.

Ingolstadt.

7024. Klippe v. 1633. Av. Die auf einem Drachen stehende gekr. Maria mit dem Kindlein, das ein langes Kreuz hält, und mit einem Palmzweige. Zu den Seiten · 16 — 33 · Umher, parallel den Seiten: SANCTA · | MARIA · DE · | VICTORIA · | INGOLSTA ✿ | Rev. Ansicht der Stadt, über welcher ein Band (mit Schrift?) Unten TS (verschlungen) als Zeichen des Stempelschneiders (vgl. Nr. 4317.). Umher: VRBIS · | TVTELA · | CIVIVM · | PATRONA ✿ | Gr. 24 im □ 1/4 Loth. War geh., g. e. RR.

Die bürgerliche Congregation Mariä vom Sieg zu Ingolstadt, die 1633 durch die Pest 150 Mitglieder verlor, war 1612 zur Erinnerung der Seeschlacht bei Lepanto (1571) errichtet worden. 1633 hatte der Stadt Verrath von Seiten ihres Kommandanten gedroht.

Isny.

7025. Thaler v. 1538. Av. Der gekrönte rechtssehende Adler mit dem Brustschilde, worin das Hufeisen. Innere Umschrift: · MO : CIVITATIS * — * ISNENSIS : 1538 · — und äussere: SVB * VMBRA * ALARV ⁑ TVARV ⁑ ABSC(onde) ⁑ ME und als Münzzeichen ein mit einem Zainhaken bestecktes A Rev. Gekröntes und geharn. Bildniss K. Karl's V. v. r. S., bis an den Schooss, in der Rechten das Zepter, die Linke am Schwertgriffe. Innere Umschrift: KAROLVS * V * — RO : IM * — AV * — und äussere: REDDITE * QVAE * SVN ⁑ CAE(saris) ⁑ CAE(sari) ⁑ E ⁑ Q ⁑ DE(i) : DE(o) ✱ Bind. S. 469. 40. Zu Mad. 2256. Cat. imp. 534 (wenig abweichend). Aus der v. Wambold'schen Auktion. S. g. e. RR.

7026. Thaler v. 1554. Av. MON * NOVA * CIVITATS (sic) * ISNENSIS * 1554 und ⚒ mit durchgestecktem, aufwärts gerichtetem Pfeile. Der gekr. Adler mit dem Hufeisen im Schilde auf der Brust. Rev. CAROLI ⁑ V ⁑ IMP * AVG * P * F * DECRET ⁑ — Unter der Krone der Doppeladler mit 7z im Reichsapfel auf der Brust.

Zu Mad. 4962 (Cat. imp. 337) und Bind. Nr. 47, die diesen Stempel mit CIVITATS nicht kennen. S. g. e. RRR.

Jülich.

7027. Nothmünze v. 1621, durch den Kommandanten der Stadt, Friedrich Pythaan, während der Belagerung durch den Grafen Heinrich von Berg, in Cours gesetzt. Auf einer breit geschlagenen Silbermünze der Stadt Strassburg ist ein schildförmiger Stempel eingeschlagen, der die Namenschiffre des Kommandanten $\frac{F}{P}$ und daneben ·:· I6 — zI ·:· | · IN — GVL | BE — LE: | G enthält. Tellerförmig. Vgl. Duby, S. 70. Gr. 34. $^{9}/_{16}$ Loth. S. g. e. RR.

Kaufbeuern.

7028. Thaler v. 1541. Av. MON ⁝ NO ⁝ CIVITATIS ⁝ KAVFBEIRENSIS und ein Granatapfel. Verzierter länglicher Schild mit dem Stadtwappen. Zu den Seiten I5 — 4I Rev. KAROLVS • V • ROMA ⁝ IMP ⁝ SEM ⁝ AVGVS ❁ Gekr. und geharn. Bildniss des Kaisers v. r. S., bis an den Schooss, mit der Kette des gold. Vliesses, in der Rechten das Zepter, die Linke am Schwertgriffe. Etwas Doppelschlag, aber sehr gut erh.

7029. Thaler v. 1542. Av. MONETA ⁝ NOVA ⁝ CIVITATIS ⁝ KAVFBVRNENSI und der Granatapfel. Verzierter Schild mit dem Stadtwappen; darüber • I542 • Rev. CAROLVS ⁝ V ⁝ ROMA ⁝ IMP ⁝ SEMP ⁝ AVGVST (Blatt) Bildniss wie vorher; das Vliess hängt an einer Schnur. Sehr gut erh. R.

7030. Thaler v. 1543. Av. Umschr. wie vorher, aber KAVFBVRENS (Granatapfel) Länglicher, etwas verzierter Schild; daneben I5 — 43 Rev. Wie vorher; aber AVGVS ⁝ (Blatt) Zu Mad. 4963. S. g. e.

7031. Thaler v. 1543. Av. Aehnlich dem vom Jahre 1541, mit I5 — 43 neben dem Schilde. Rev. CAROLVS • V • ROMA • IMP • SEMP • AVGVS ❖ Bildniss, ähnlich den früheren. S. g. e.

7032. Thaler v. 1544. Av. Wie von Nr. 7030, mit I5 — 44 Rev. Stempel des Rev. von Nr. 7029. Vorzüglich erh.

7033. Thaler v. 1547. Av. Aeussere Umschrift: SVB · VMBRA · ALARVM · TVAR : ABSCO : ME : (Granatapfel) und innere: MO : NO : CIVITATIS · KAVFBEIRENSIS · I547 · Der Wappenschild. Rev. Aeussere Umschrift: REDDITE · QV · SV · CÆSARIS · CÆ · ET · Q · DE · DEO ❁ und innere: CAROLVS · V · — RO · IMP · SE · — Bildniss des Kaisers, wie früher. Mad. 4964. Einen ganz ähnlichen Thaler schlug Isny im Jahre 1538. Aus v. Wambold's Sammlung. Von vorzüglicher Erhaltung. RR.

7034. Thaler v. 1547. Av. MO ⁝ NO ⁝ CIVITATIS ⁝ KAVFBVRENNSIS (Granatapfel) Das Wappen wie auf Nr. 7030, daneben I5 — 47 Rev. CAROLVS • V • ROMA • IMP • SEMP • AVGV (Blatt) Bildniss, wie früher. S. g. e.

7035. Thaler v. 1548. Av. MO ✿ NO ✿ CIVITATIS ✿ KAVFBV-RENSIS (Granatapfel) Das Wappen, wie vorher; daneben I5 — 48 Rev. CAROLVS ✿ V ✿ ROMA ✿ IMP ✿ SEMP ✿ AGV (Blatt) Bildniss, wie früher. S. g. e.

7036. Thaler v. 1552. Av. MON ⁑ NO ⁑ CIVITATIS ⁑ KAVFBEI-RENSIS ⁑ (Granatapfel) ⁑ Das Wappen, wie auf Nr. 7028, daneben I5 — 5Z Rev. CAROLI ⁑ V ⁑ IMP ⁑ AVG ⁑ P ⁑ F ⁑ DE-CRETO ⁑ — Unter der Krone der Doppeladler mit dem Reichsapfel, worin 7z Cat. imp. 534. S. g. e. R.

Kempten.

7037. Thaler v. 1537. Av. ✿ MONETA ✿ NOVA ✿ CIVITATIS ✿ CAMPIDONEN : Gekr. Schild mit dem kais. Doppeladler, umgeben von 3 Schildchen mit den Wappen von Oesterreich, Burgund und Tirol, zwischen vier flammenden Feuereisen aus der Kette des gold. Vliesses. Rev. CAROLVS ✿ ROMA ✿ IMPE ✿ SEMPER ✿ AV-GVSTVS ✻ Brustbild des Kaisers v. r. S., im Barett und Mantelkleide, mit dem Zepter in der Rechten, über einem Postamente, woran I537 Neben dem Bildnisse rechts die Säulen des Herkules, links die Kaiserkrone. Mad. 2259. Vorzüglich erh. RR.

7038. Thaler v. 1538. Av. DER • STAT • KEMPTEN (Blätter) MVINTZ • I538 (Granatapfel) Wie vorher. Rev. CAROLVS · V · ROMA : IMP : SEMP : AV ✻ Gekröntes Brustbild v. r. S., im Harnisch, mit der Kette des Vliesses. Der Avers ist wie Cat. imp. 535. 1. oder Mad. 2260. Fehlt bei Madai und Anderen. Sehr gut erhalten. RRR.

7039. Thaler v. 1541. Av. MON ⁑ NO ⁑ CIVITATIS • CAMPID ⁑ I54I (Blatt am Stiel) Wie vorher. Rev. KAROLVS • V • RO-MA ⁑ IMP ⁑ SEMP ⁑ AVG ✿ Gekröntes und geharnischtes Bildniss v. r. S., bis an den Schooss, mit dem Vliesse an der Schnur, in der Rechten das Zepter, die Linke am Schwertgriffe. Zu Mad. 4969. Sehr gut erh.

7040. Halber Thaler v. 1543. Av. MON ⁑ NO ⁑ CIVITATIS ⁑ CAMPIDO ⁑ 43 und ein mit /^ bestecktes A als Mzzchen. Wie vorher. Rev. CAROLVS ⁑ V ⁑ ROMA ⁑ IP ⁑ SEM ⁑ AVGVS ✿ Bildniss, wie auf dem vorhergehenden Stücke. Gr. 35. G. e.

7041. Thaler v. 1546. Av. Aehnlich dem vorigen, nur mit 1546 statt 43 Der untere Schild reicht in die Umschrift zwischen I und S in „civitatis“ hinein. Rev. Aehnlich dem vorigen Stücke, mit IMP ⁑ SEMP ⁑ AVGVST ✿ S. g. e.

7042. Thaler v. 1547. Av. MONET • NOVA • CIVITATIS ⁑ CAM-PIDO ⁑ I547 und das aus /^ und A gebildete Mzzchen. Die 4 Wappen zwischen den Feuerstählen. Rev. CAROLVS ⁑ VON ⁑ ROMA • IMP • SEMPER • AVGVST ✿ Bildniss, ähnlich den früheren. Mad. 4970, dessen Exemplar hier vorliegt. Ist wegen der fehlerhaften Umschrift im Rev. merkwürdig. Vortrefflich erh. R.

7043. Thaler v. 1552. Av. MONETA • NOVA • CIVITATIS • CAMPIDEN und das Münzzeichen. Die 4 Wappenschilde; neben dem Hauptschilde die 2 Feuereisen und neben dem Wappen von Tirol I5 — 5z Rev. CAROLI * V * IMP * — AVG * P * F * DECRET * — Unter der Krone der Doppeladler mit 7z im Reichsapfel. Unten in der Umschrift ein Schildchen, worin K(empten) Zu Mad. 4971. Aus v. Wambold's Cab. S. g. e. R.

7044. Thaler v. 1622. Av. ‡ MONETA ✣ NOVA ✣ CIVIT ✦ CAMPIDONENSIS ✦ 1622 ❁ Die 4 Wappen zwischen 4 Feuereisen. Der Schild von Burgund steht rechts. Rev. ⁑ FERDINANDVS ✦ II ✦ D ✦ G ✦ ROM ⁑ IMP ⁑ SEMP ⁑ AVG ❁ Vorwärts gekehrtes Bildniss des Kaisers, im Harnisch, mit Halskrause, der Vliessordenskette und angegürtetem Schwerte, Zepter und Reichsapfel haltend. Mad. 2261, aus dessen Cab. er stammt. Sehr schön erh. R.

7045. Thaler v. 1623. Av. MONETA ✦ NOVA ✦ CIVITA ✦ CAMPIDONENSIS ✦ 1623 ❁ Unter der Krone die 4 Wappen zwischen den Feuereisen. Die 3 kleineren Schilde sind oval, der von Burgund steht wieder links. Rev. FERDINANDVS ✦ II ✦ D ✦ G ⁑ ROM ⁑ IMP ⁑ SEMP ⁑ AVGVSTVS ❁ Belorbeertes Brustbild v. r. S., im Harnisch, mit Feldbinde, grosser Halskrause und der Kette des gold. Vliesses. Mad. 4972. Aehnlich Cat. imp. 535. 6. Sehr gut erh. R.

Landau.

7046. Nothmünze zu 4 Livres 4 Sous, die während der Belagerung durch die Kaiserlichen unter Markgraf Ludwig Wilhelm von Baden 1702 der französische Kommandant Mélac aus Silbergeschirr schlagen liess. Auf dem runden Ausschnitte eines silbernen Tellers, dessen Rand noch vorhanden, befindet sich in einem runden Stempel das behelmte Wappen des Kommandanten über drei Lilien, sodann in einem länglich viereckigen Stempel 4 · LİVRE · 4 S | LANDAV · 1702 | × Der Rand der Platte ist ringsum und zwar mit 10 Lilien gestempelt. Einseitig. Mad. 4973. Duby, pièces obsidion., Pl. XVIII. Gr. 56 zu 47. 1¾ Loth. S. g. e. R.

7047. Achteckige Nothklippe zu 2 Gulden 8 Kreuzern, die Herzog Karl Alexander von Württemberg als kaiserlicher Kommandant der Festung Landau während der Belagerung durch die Franzosen 1713 aus Silbergeschirr prägen liess. In der Mitte ein runder Stempel mit dem gekrönten fünffeldigen württemb. Wappen, das von der Jagdordenskette umgeben ist; oben herum C · — A · — H · — Z · W ·, zu den Seiten IC — V und unten herum 17 — 13 · Darüber ist ein länglich viereckiger Stempel mit den Worten PRO | CÆS : & IMP : eingeschlagen, unten ein gleicher mit BEL : LANDAU · | 2 FL : 8 X und in jeder der 4 Ecken ein aus C und A bestehender Namenszug. Mad. 4974. Duby, Pl. XIX. Bind. S. 348. 1½ Loth. S. g. e.

Leyden.

7048. Nothklippe zu 20 Stübern, während der spanischen Belagerung 1574 geschlagen. Av. Das Wappen der Stadt Leyden in verziertem Schilde, von doppelter Umschrift umgeben. Aeussere: GODT + ✿ × BEHOEDE × ✿ · LEYDEN × und eine Verzierung; innere: + N(ummus) — × O(bsessae) + V(rbis) + L(ugduni) × S(ub) — G(ubernatione) × I(llustrissimi) + P(rincipis) + A(rausiaci) × — C(usus) + — Rev. ✿ HÆC ✿ LIBERTATIS ✿ ERGO ✱ — Ein aufgerichteter Löwe mit einer Lanze, worauf der Freiheitshut. Oben eine Krone und zu den Seiten 15 — 74 Mad. 7101, aber hier ohne Gegenstempel. Cat. imp. 536. Gr. 37 im □ $1^{15}/_{16}$ Loth. Sehr gut erh. R.

Lindau.

7049. Medaille (v. P. P. Werner) v. 1730. Av. Der gekr. Doppeladler mit Zepter und Schwert, von der Umschr. PATR · NOBIL · CAROL · TVTAM · GAVD · QVINT · EAM · RENOV · SEXT · UBIQ · TEG · und 14 Wappenschilden umgeben. Von letzteren enthält der oberste das Stadtwappen und die übrigen die Wappen der Familien Bensberg, Hayder von Gitzenweiler, Funk von Senftenau, Frey, von Pfister, Curtenblatt, Huenlin, von Scheidlin, von Seutter, Mitler, von Eberz, Rader und von Welz. Rev. In einem aus einem Palm- und einem Lorbeerzweige gebildeten Kranze: DIEM · | QUEM · DEO · GLORIOSUM · | DEVOTO · PLAUSU · COLIT · | IUBILANS · PATRIA · | SUB · EIUSDEM · PRAESIDIO · | SPECIALI · VENERATIONE · | CELEBRAT · | SOCIETAS · PATRICIA · | LINDAVIENSIS · | VII · CAL · IULII · | MDCCXXX · Unten ein verzierter Schild, worin ein Röhrbrunnen. Num. Zeit. 1863. S. 101. Gr. 46. $1^{13}/_{16}$ Loth. S. g. e. R.

Löwenberg.

7050. Schiessthaler v. 1615. Av. ✱ | KLEINOT · | DES GROSSEN SCHISSEN · ZV (Blume) | (Blume) LEWENBERG (Blume) (Blume) Z3 · AVGVSTI (Blume) | 16 — 15 Darunter der Wappenschild der Stadt. Rev. Der gekrönte Doppeladler mit dem gekrönten 10feldigen Wappen auf der Brust. Darüber in 2 Zeilen MAT — THI : | ROM : — IMP : Unten neben der mittelsten Schwanzfeder H — R (Hans Rieger in Breslau.) Beide Seiten umzieht ein Blätterkranz. Mad. 2262. S. g. e.

Lübeck.

7051. Halber Thaler (Zweidrittel-Markstück oder ein sog. doppelter Pfennig zu 32 Witten) v. 1502. Av. ✠ MONETA ⁝ NOVA ⁝ LVBICENSIS 1502 Der Doppeladler. Rev. o SANCT' o IOHAN o — o NES ⁝ BAPTIST' o — Der stehende Heilige mit dem Lämmlein auf dem Buche im linken Arme und dem Lübecker (von weiss und roth) getheilten Schilde zu den Füssen in einer gespitzt parabolischen Einfassung, von mit Ringlein verzierten Bogen umgeben. Zu Mad. 2263. Gr. 36. 1 Loth. S. g. e. RR.

In Folge des Münzvertrages von 1502, der zwischen den 4 Städten Lübeck, Hamburg, Wismar und Lüneburg verabredet wurde und auf welchem die Ausmünzung obiger Münze beruht, gab Lübeck die Goldwährung auf und ging zur Silberwährung über. Ausser Lübeck und Lüneburg hat auch Mecklenburg dorartige Münzen geschlagen (s. oben Nr. 4093.)

7052. Dickor Doppelthaler von den Stempeln des sog. ersten Bremsenthalers, v. 1537. Av. (Blättchen) MONETA · CESAREÆ · CIVI-

TATIS (die Bremse als das Wappenbild des Bürgermeisters Nikolaus v. Brömbsen) LVBECÆ (Blättchen) 15 — 37 — (das Blättchen ist das Zeichen des Münzmeisters Jürgen Bockholt) Ein knieender geharnischter Mann, v. l. S., hält in der Rechten das Schwert, mit der Linken den Schild, worin der Doppeladler. Rev. ✱ IMP : CAROLVS · V : CESARVS : NVLLI · SECVDVS · Brustbild Karl's V. v. r. S., im Barett und Mantelkleide, mit dem Vliesse an der Schnur auf der Brust. Mad. 2265. Cat. imp. 537. 1. 4 Loth. Sehr gut erhalten. RRR.

7053. Thaler v. 1544. Av. Unten beg. (d. Blättchen Bockholt's) MONETA · CESAREÆ · CIVITATIS (Dreiberg des Bürgermeisters Gotth. v. Hövelen) LVBECÆ — Johannes, mit dem Lamme auf dem Buche im linken Arme, über dem Schilde mit dem Doppeladler. Neben dem Wappen 15 — 44 Rev. ✱ IMP : CAROLVS · V : CESARVS · NVLLI · SECVDV Brustbild des Kaisers von vorn, mit sichtbaren Händen, im geblümten Mantelkleide, mit der Kette des gold. Vliesses. (Mad. 2267.) S. g. e. R.

7054. Halber Thaler v. 1546. Av. MONETA • NOVA • LVBICENSIS • 1546 • und eine Eichel als das Zeichen des Münzmeisters Mich. Eckhoff. Der Doppeladler. Rev. CIVITATIS — • IMPERIALIS (Eichel) Johannes mit dem Lamm; vor ihm der Wappenschild der Stadt. Unten zur Linken des Schildes eine Rose unter einem Dreiberg (?) als das Abzeichen des Bürgermeisters Gotth. von Hövelen. Aehnlich dem Thaler in Mad. 2268 und Cat. imp. 537. 2. Sehr gut erh.

7055. Thaler v. 1549. Av. MONETA ❁ NOVA ❁ LVBICENSIS ❁ 1549 und ein Hunds- oder Bärenkopf als Zeichen des Mzm. Joachim Tiele. Der Doppeladler. Rev. CIVITATIS ✿ — ✿ IMPERIALIS (Hundskopf) Johannes, mit dem Lamme, über dem getheilten Wappenschilde, neben welchem unten eine Schnalle und eine Rübe als Zeichen der Bürgermeister Anton v. Stitten und Nik. Bardewick. Zu Mad. 4979. G. e.

7056. Markstück v. 1549. Av. MONETA o NOVA o LVBICENSIS o 1549 und der Thierkopf. Der Doppeladler. Rev. o STATVS o — o MARCE o — o LVBICE o — In einer durchbrochenen Bogeneinfassung die in's Kleeblatt gestellten Schilde von Hamburg (unten), Lüneburg (oben rechts) und Wismar (oben links). In der Mitte das getheilte Schildchen von Lübeck. Gr. 36. 1⁵/₁₆ Loth. Sehr gut erhalten.

7057. Desgleichen v. 1549. Wie das vorige, aber durchgehends V. im Av. Zu Mad. 4982. 1⁹/₃₂ Loth. S. g. e.

7058. Halbe Mark v. 1549. Av. STATVS o MARCE o LVBICN o 1549 (Thierkopf) Die um das Lübecker Schildchen in's Kleeblatt gestellten Schilde von Hamburg (oben links), Lüneburg (unten) und Wismar (oben rechts). Rev. o SANCT' o IOH' o — o NES o BAPTIS o — Johannes, zu dessen Füssen das Lübecker Schildchen, in ovaler Umrahmung. Mad. 7189. Gr. 31. ²¹/₃₂ Loth. G. e.

7059. Thaler v. 1559. Av. MONETA × NOVA × LVBECENSIS × 1559 und ein kl. Vogel v. r. S. als das Zeichen des Mzmstrs. Joachim Dalemann. Der Doppeladler. Rev. CIVITATIS ⁑ — ✿ — ✿ — ⁑ IMPERIALIS und der Vogel. Johannes, mit dem Lamme auf dem Buche, über dem Lübecker Schilde. Unten im Kreise der Umschrift rechts und links neben dem Schilde das Zeichen des Bürgermeisters Anton v. Stitten. Mad. 4984. G. e.

7060. Ein zweites Exemplar dieses Thalers. G. e.

7061. Thaler v. 1568. Av. MONETA · NOVA · — ✿ — ✿ — · LVBECENS · 1568 und der Vogel. Wie vorher; unten rechts und links das Zeichen des Bürgermeisters Ambros. Meyer, ein gekröntes Herz. Rev. MAXIMILIAN · II · D · G · IMP · SE · AVGV · — Gekrönter Doppeladler mit dem Reichsapfel, worin 276 (27 Schillinge und 6 Pfennige) Mad. 2271. S. g. e.

7062. Thaler v. 1576. Av. MONETA · NOVA — ✿ — ✿ — LVBECENS · 1576 und der Vogel. Wie vorher; unten rechts und links ein Getreidemaass, Scheffel (v. Madai nennt den Gegenstand einen etwas undeutlich abgebildeten Thurm) als Zeichen des Bürgermeisters Hier. v. Lüneburg. Rev. MAXIMILIAN · II · D · G · IMP · SE · AVGV · — Unter der Krone der Doppeladler mit dem Reichsapfel, worin 32 · (Schillinge) Mad. 4986. Cat. imp. 537. 8. G. e.

7063. Thaler v. 1588. Av. MONETA · NOVA · — LVBECENS · 1588 und eine Blume am Stiele, als Zeichen des Mzmstrs. Claes Roethusen. Wie vorher; unten C* — *Ɔ als Abzeichen des Bürgermeisters Hermann v. Dorne. Rev. RVDOLPHVS · II · D · G · IMP · SE · AVGVS · — Sonst wie vorher. Mad. 4989. G. e.

7064. Thaler v. 1594 (der sog. 4. Bremsenthaler). Av. MONETA * NOVA — LVBECENS * 94 und Roethusen's Blume. Wie vorher; unten neben dem Schilde zwei Bremsen als Abzeichen des Bürgermeisters Dietr. v. Brömbsen. Rev. RVDOLPHVS ○ II ○ D ○ G ○ IMP ○ SE ○ AVGVS — Unter der Krone der Doppeladler (ohne Scheine) mit 3Z im Reichsapfel. Mad. 4990. G. e.

7065. Thaler v. 1595 (der sog. 5. Bremsenthaler). Av. MONETA · NOVA — · — · LVBECENS ○ 1595 und die Blume. Wie vorher; der Heilige wendet den Kopf etwas nach der linken Seite, der Schild ist herzförmig. Links neben demselben eine Bremse. Rev. * RVDOLPHVS * II * D ⁑ G * IMP * SE * AVGVS ⁑ * — Der gekrönte Doppeladler mit dem Reichsapfel, worin 3Z Zu Mad. 4991. Cat. imp. 537. 11. G. e.

7066. Thaler v. 1596 (der sog. 6. Bremsenthaler). Av. MONETA · NOVA · × — LVBECENS 1596 und die Blume. Aehnlich dem vorigen. Rechts unten neben dem Schilde die Bremse. Rev. * RVDOLPHVS · II · D : G · IMP · SE · AVGVS * — Wie vorher. Mad. 4992. G. e.

7067. Thaler v. 1608. Av. * MONETA · NOVA · — · LVBECENS · (Doppellilie als das Zeichen des Münzmeisters Statius Wessel) * — Johannes ganz von vorn, sonst wie vorher. Der Schild ist oben weniger ausgeschnitten, daneben steht unten 60 — 8 und rechts der

Wappenschild des Bürgermeisters Gotthard v. Hövelen. Rev. RVDOLPHVS · II · D : G · IMP · SE · AVGVS * — Der gekrönte Doppeladler mit 32 im Reichsapfel. Mad. 5540. Ist einer der ersten Thaler, worauf der Wappenschild des Bürgermeisters erscheint. Der älteste dieser Art ist v. 1602. Siehe Schnobel, Lübeck. Mz. S. 111. Sehr gut erh.

7068. Breiter Thaler o. J. Av. · ADVERSVS · HOSTES · NVLLA — PRÆTEREVNDA · E' · (est) OCCASI(o) : — Unter der Krone der Doppeladler mit dem Lübecker Schilde, hinter welchem ein Kreuz hervorragt. Unten in der Umschr. das Schildchen des Bürgermeisters Alexander von Lüneburg (drei Thürme, 2 und 1 gestellt). Rev. * MEDIOCRITAS · IN · OM — NI · RE · EST · OPTIMA · und eine Sonne als Zeichen des Mzmstrs. Heinr. von der Klähren. Der auf bewachsenem Boden stehende Johannes, mit dem Lämmlein auf dem Buche im linken Arme, das Haupt etwas nach rechts gewendet. Im Hintergrunde links ein Baum. Mad. 2272. Gr. 55. 2 Loth. Ist circa 1620 geschlagen (1619—1627). Stammt aus dem von Wellenheim'schen Cab. Vorzüglich erh. R.

7069. Thaler v. 1620. Av. MONE · NOVA · — LVBECENS · (die Sonne) : — Johannes, wie vorher, aber nur in halber Figur, über dem getheilten Wappenschilde, neben welchem unten 16 · — · 20 und zu beiden Seiten ein Thurm als Zeichen des Bürgermeisters Alex. v. Lüneburg. Rev. FERDINAND : II · D : G : RO : IM · SE · AVG · — Gekrönter Doppeladler mit dem Reichsapfel, worin 32 (Mad. 4996.) S. g. e.

7070. Thaler v. 1620, wie der vorige, aber mit IM : SE · AV · — Gut erhalten.

7071. Thaler v. 1622, wie vorher, mit LVBECENS : (Sonne) · — und G · RO · IMP : SE · A : — Der Kopf des Heiligen erscheint ganz von vorn, neben dem Schilde steht · 16 — 22 und im Reichsapfel 32 S. g. e.

7072. Halber Thaler v. 1625. Av. MONE : NO : — · LVBECEN · (die Sonne) — Der Heilige über dem Schilde; unten die beiden Thürme und 16 — 25 Rev. · FERDINAND · II · D : G : RO : IMP : SE : AV — Wie vorher; im Reichsapfel 16 Z. g. e.

7073. Thaler v. 1628. Av. MONE · NOVA · — LVBECENS (Sonne) — Johannes über dem Schilde. Unten zwischen 16 — 28 rechts ein Zweig mit 3 Eicheln aus dem Wappen des Bürgermeisters Heinrich Köhler und links ein halbes Kammrad aus dem Wappen des Bürgermeisters Lorenz Möller. Rev. FERDINAND · II · D : G · RO · IMP · SEMP · AV — Der gekr. Doppeladler mit dem Reichsapfel, worin 32 Zu Mad. 4997. G. e.

7074. Thaler v. 1630. Av. Wie der vorige, mit einem Punkte vor und nach der Umschrift, und mit 16 — 30 Rev. FERDINAND : II · D : G · RO : IMP : SEMP : AV : — Aehnlich dem vorigen. Sehr gut erh.

7075. Thaler v. 1630. Av. wie vorher, doch fehlt der Punkt nach der Sonne; der Schild ist an den Seiten ausgeschnitten. Rev. · FER-

DINAND : II · D : G · ROM : I : M : SEMP : AV : — Unter der Krone der Doppeladler (ohne Scheine) mit dem Reichsapfel, worin 32 S: g. e.

7076. Thaler v. 1631. Av. · MONE · NOVA — LVBECEN (Sonne) · — Wie vorher; der Schild ist an den Seiten ausgeschnitten. Mit 16 — 31 Rev. Wie Nr. 7074; aber mit ROM : und A : — S. g. e.

7077. Thaler v. 1632, ähnlich dem vorstehenden; mit MONE : NOVA — LVBECENs (Sonne) — ferner 16 — 32 und D : G : ROM · IMP · SEMP : AV · — G. e.

7078. Thaler v. 1640. Av. MONE : NOVA — LVBECENS (Sonne) — Johannes über dem Wappenschilde, wobei rechts der ovale Schild des Bürgermeisters H. Köhler, links 1640 Rev. FERDINAND · III · D : G : RO : IMP : SEMP : AV : — Unter der Krone der Doppeladler (ohne Scheine) mit dem Reichsapfel, worin fälschlich 23 statt 32 2 Loth. S. g. e. R.

7079. Thaler v. 1640. Av. Wie vorher, mit MONE · und LVBECNS (Sonne) — Die Jahrzahl 16 — 40 steht zu den Seiten der beiden Wappen. Rev. FERDINAND : III · D : G · RO : IMP : SEMP · AV — Der Doppeladler, wie vorher; aber mit 32 Zu Mad. 4998. Sehr gut erh.

7080. Thaler v. 1647. Av. ✱ (als Zeichen des Mzmstrs. Hanns Wilms) MONE ⁝ NOVA · — LVBECENS ⁝ 1647 — Der Heilige wie gewöhnlich, in einem schmalen Blätterkranze. Unten das Stadtwappen und links davon der ovale Schild des Bürgermeisters Christoph Gerde (getheilt, oben 3 Kleeblätter, unten 3 Herzen). Rev. FERDINAND · III · D : G : RO : IMP · SEMP : AVG : — Aehnlich dem vorigen. Zu Mad. 4999. War geh., sonst s. g. e.

7081. Thaler v. 1650. Aehnlich dem vorigen; das Schildchen des Bürgermeisters steht zur Rechten des Stadtwappens. Die Umschriften lauten: ✱ MONE : NOVA : — LVBECE 1650 — und · FERDINAND · III · D G : RO : IMP : SEMP : AVG · — S. g. e.

7082. Thaler v. 1730, auf das Jubelfest der Augsb. Confession. Av. IMPERIAL · CIVIT · — LUBECENSIS · 1730 · Unter der Krone der Doppeladler (ohne Scheine) mit dem Stadtwappen. Darunter der ovale Schild des Bürgermeisters Heinrich Balemann. Rev. CONFESS(ionis) · EVANG(elicae) · IN · COMIT(iis) · AUG · EXHIBITAE · Die evangel. Religion in Gestalt einer weibl. Figur, die ein Kreuz u. ein Buch hält, worin V(erbum) — D(omini) | M(anet) — I(n) Æ(ternum) Neben der Figur in 3 Zeilen SACRA — SÆCU: | LARIA — SECUNDA | XXV — IUN · Unten *J · J · J ·* ⚒ · (Joh. Justus Jaster, Mzmstr.) Der Rand ist gerieft. Mad. 5008. S. g. e.

7083. Thaler v. 1742. Av. MON ◆ NOVA ◆ IMPER ◆ — CIVIT ◆ LUBECÆ ◆ — Der auf bewachsenem Boden stehende h. Johannes, wie gewöhnlich. Im Abschnitte ✱ *J · J · J ·* ⚒✱ Rev. CAROLUS ◆ VII ◆ D ◆ G ◆ — ROM ◆ IMP ◆ S ◆ AUG ◆ 1742 ◆ — Unter der Krone der Doppeladler mit Kopfscheinen und mit dem Stadtwappen. Unten der ovale Wappenschild Balemann's. Erhabene Randschrift: ORNAT ◆ ET ◆ TUETUR ◆◆◆ Mad. 5010. Vorzüglich erh. R.

7084. Dreimarkstück (Courantthaler) v. 1752. Av. MON • NOVA • IMP • — CIVITAT • LUBECÆ • — Unter der Krone der Doppeladler (ohne Scheine) mit 48 im Kreise auf der Brust. Unten der ovale Wappenschild des Bürgermeisters Heinr. Rust. Rev. 48 • SCHILLING • COURANT — • GELDT • ANNO • 1752 • Das verzierte, mit Zweigen besteckte Stadtwappen. Unten im Kreise der Umschrift: J · J · J · ⚒ · Der Rand ist kettenartig verziert. Mad. 5013. Cat. imp. 538. 7. S. g. e. R.

7085. Thaler v. 1776. Av. MONETA · NOVA — LUBECENSIS · 1776 · — Der h. Johannes, wie früher, über dem ovalen Wappenschilde des Bürgermeisters Daniel Haeck. Rev. IOSEPHUS · II · — ROM · IMP · S · AUG · — Unter der Krone der Doppeladler (ohne Scheine) mit dem Stadtwappen. Unten H · D · F · (Heinr. Daniel Friederichsen, Mmstr.) Der Rand ist verziert. Schnobel, S. 125. Sehr schön erhalten.

7086. Zweimarkstück v. 1797. Av. MON · NOVA · IMPER · CIVIT · LVBECAE · — Der Adler mit dem Wappen, wie vorher. Darunter H · D · F Rev. ❁ 32 ❁ | SCHILLINGE | LÜBISCH | COURANT GELD | 17 — 97 und zwischen der Jahrzahl der Wappenschild des Bürgermeisters Dr. jur. Herm. Georg Bünekau. Der Rand ist gerieft. S. g. e.

Lüneburg.

7087. Halber Thaler v. 1546. Av. MONETA • NOVA • CIVITATIS • LVNEBVR und der Schwan als Münzzeichen. Die dreithürmige Burg mit dem auf die rechte Seite gelegten Löwenschilde im Portale. Rev. VISITAVIT • NOS • ORIENS • EX • ALTO • 1546 und eine Rose am Stiele (rechts in d. Mitte beg.) Zunehmender Mond mit menschlichem Gesicht bis zum Ohre. Mad. 2274 (als ganzer). S. g. e.

7088. Thaler v. 1547. Av. • MONETA • NOVA • CIVITATIS • LVNEBVRG • und der Schwan. Das Wappenbild, wie vorher. Rev. VISITAVIT • NOS • ORIENS • EX • ALTO • I547 ❁ (links unten beg.) Abnehmender Mond mit menschlichem Gesichte (ohne Ohr). Cat. imp. 538. S. g. e.

7089. Thaler v. 1548, dem vorigen gleich, aber mit I548 ❁ Mad. 5955. S. g. e.

7090. Thaler v. 1548. Wie der vorangehende, aber ohne • nach „Lvnebvrg“ und mit dem Ohre. Mad. 2274. S. g. e.

7091. Thaler v. 1561. Av. MONETA × NOVA × CIVITATIS × LVNENBVRG und eine Doppellilie als Mzzch. Wie vorher; der Löwenschild im Portale ist auf die linke Seite gelegt. Rev. VISITAVIT × NOS × ORIENS × EX ALTO × I56I ❁ (links in der Mitte beg.) Abnehmender Mond mit dem Gesichte (ohne Ohr). S. g. e.

7092. Breiter Thaler o. J. Av. VISITAVIT · NOS · ORIENS · EX · ALTO · (rechts in der Mitte beg.) Zunehmender Mond mit dem Gesichte. Rev. · ECCE · AGNVS · DEI · QVI — T — OL-

LIT · PECATA · MVNDI · — (V u. N in „mundi" sind auch verbunden.) Der stehende Johannes der Täufer mit dem Lämmlein auf dem Buche im linken Arme. Gr. 49. 2 Loth. S. g. e. R.

7093. Breiter Doppelthaler o. J. Av. Aeussere Umschr. · DA PACEM DOMINE IN — DIEBVS NOSTRIS · ⚒ (hinter einem Kreuze steckend) · — u. innere: · SI DEVS PRO NOBIS — QVS (sic) CONTRA NOS · — Das behelmte Stadtwappen. Neben dem Kleinode der halbe Mond (v. l. S.) und der Löwe. Rev. ECCE · AGNVS · DEI · QVI · TOLLIT · — PECCATA · MVNDI (Lilie) VISITAVIT ·. NOS — und links als innere Umschr. · ORIENS · EX · ALTO · — Der auf bewachsenem Boden stehende Johannes in gewöhnlicher Darstellung. Rechts neben ihm der abnehmende Mond mit menschlichem Gesichte. Zu Mad. 2276. Aus v. Wellenheim's Cab. Gr. 51. 4 Loth. S. g. e.

7094. Breiter Thaler o. J. Av. Vom Stempel des vorigen, doch ward in denselben im Worte QVS das fehlende I nachgravirt. Rev. Aehnlich dem vorigen, wenn auch von anderer Zeichnung. Johannes steht nicht auf einem Fussboden. Die Umschrift lautet: ECCE · AGNUS · DEI · QUI · TOLLIT — PECCATA · MVNDI (Blatt) VISITAVIT · NOS · — | · ORIENS · EX · ALTO · — (Mad. 2276.) Gr. 51. 2 Loth. S. g. e.

7095. Thaler v. 1610. Av. : MONETA : NOUA : CIUITATIS : LUNEBURGENSIS : und das Münzzeichen wie vorher. Dreithürmige Stadtmauer; im Thore der auf die rechte Seite gelegte Löwenschild. Neben den Thürmen 1 — 6 — 1 — 0 Rev. : RUDOL : II : D : G : ROMA · — · IMPER : SEM : AUG : P · F : D · — Unter der Krone der Doppeladler mit einem Reichsapfel auf der Brust. Mad. 5019 (v. 1611). S. g. e.

7096. Thaler v. 1612. Av. · MONETA · NOVA · CIVITATIS · LVNEBVRGENSIS · und das Münzzeichen wie vorher. Sonst dem vorigen gleich, nur 1 — 6 — 1 — z Rev. Wie zuvor; doch steht im Reichsapfel die Werthzahl z8 S. g. e.

7097. Thaler v. 1617. Av. MONETA · NOVA · CIVITATIS · LVNEBVRGENS : und ein kl. Reiter mit erhobenem Schwerte, v. l. S., als Münzzeichen. Die dreithürmige Stadtmauer, in deren Portale der Löwe (nicht im Schilde). Zu Seiten der Thürme 16 — 17 Rev. MATTHIAS · I · D : G : ROMA : IMP : SEM : AVG : P : F : D : — Der gekr. Doppeladler mit einem Reichsapfel. S. g. e.

7098. Thaler v. 1619. Av. Wie vorher; aber mit LUNÆBURGENSIS (Reiter) und dem auf die rechte Seite gelegten Löwenschilde im Portale. Zu Seiten der Thürme 16 — 19 Rev. MATTHIAS · D : G : ROMA : IMP : SEM : AUG : P · F · D · — Unter grosser Krone der Doppeladler mit 3Z im Reichsapfel. Mad. 5020. S. g. e.

7099. Sog. Jagdthaler o. J. Av. VISITAVIT ⁎ NOS ⁎ — ORIENS ⁎ EX ⁎ ALTO ⁎ — Der zunehmende Mond mit dem menschlichen Gesichte. Umher eine zu den Seiten mit Karyatiden geschmückte zierliche Einfassung, in welcher oben und unten ein ovales Medaillon liegt, worin ein Jäger mit seinem Hunde und ein Fischer mit einem Fische vor dem Nachen. Von der rechten Seite der Einfassung springt ein Hirsch hervor. Rev. DA PACEM DOMINE IN DIEBUS NOSTRIS · und der Reiter als Mzzch. Der in einer Landschaft stehende h. Johannes mit dem Lämmlein auf dem Buche im linken Arme, gleichsam predigend. Mad. 2277 (ungenau). Gr. 49. 2 Loth. Vorzüglich erh. RR.

7100. Breiter Doppelthaler o. J. Av. UISITAUIT ✦ NOS ✦ ORIENS ✦ EX ✦ ALTO ✦ Zunehmender Mond mit menschlichem Gesichte. Rev. ECCE : AGNUS : DEI : QUI — : TOLLIT : PECCAT : MUN : — Der h. Johannes, wie gewöhnlich, in ganzer Figur. Zwischen den Füssen der Löwenschild. Gr. 49. 3 15/16 Loth. Aus v. Wellenheim's Cab. S. g. e. R.

7101. Zweidrittelstück v. 1702. Av. DA PAC : DOM : — IN DIEB· NOST : (als Ueberschr.) Behelmtes Stadtwappen. Neben dem Kleinode Halbmond und Löwe. Rev. Oben herum MON · CIVIT · LUNEBURG und unten herum * N · D · LEIPZ · FUES · 1702 * Im Felde $\frac{2}{3}$ zwischen · J · — J · J · (Jobst Jakob Jenisch, Mzmstr. in Celle.) Mad. 5022. S. g. e. R.

Luxemburg.

7102. Noththaler zu 72 Asses, v. 1795, während der französischen Belagerung geschlagen. Av. AD | USUM | LUXEMBURG(I) | CC (circum) VALLAT(I) | ✻ 1795 ✻ | (Blättchen) Rev. (Blatt) LXXII (Blatt) | (Blatt) ASSES (Blatt) | 13 in einem aus zwei Zweigen gebildeten Kranze. 2 Loth. Sehr gut erh.

7103. Ein gleicher Thaler. S. g. e.

Magdeburg.

7104. Thaler v. 1587. Av. ✿ MON — ○ NOVA ✿ CIVITAT ✿ MAGDEBVR ✿ — Die Jungfrau über dem mit zwei Thürmen bewehrten Stadtthore (als Wappenbild). Rev. RVDOL · II · D : G · RO — · IM · SEM · AV u. der Hundskopf zwischen 2 Zainhaken — Unter der Krone der Doppeladler mit dem Reichsapfel, worin z4 Neben den Hälsen 8 — 7 Mad. 5025. Stammt aus Madai's Cab. Sehr gut erh. R.

7105. Schauthaler o. J. Av. · SIT · PAX · INTRA · MVROS — E · PROSPE(ritas) · I(n) · PALATY(s) · TVIS · — Der gekrönte Doppeladler mit dem quadrirten Stadtwappen (1. u. 4. die Jungfrau über der Stadtmauer, 2. und 3. die Rose). Rev. · OTTO · I · — IM · AV · MA — GD · CIVIT · — FVNDA(tor) · ✦ Der gekr. Kaiser mit dem Zepter, im Harnisch, zu Pferde, v. r. S. Unten der dem Kaiser zugeschriebene Wappenschild mit zwei Löwen oder Leoparden, rechts in der Umschrift der burgundische Schild und links ein Schild mit dem (sächsischen) Ross. Beide Seiten umgiebt ein Blätterkranz. Mad. 5026. Monn. en or, 302. Scheint gefasst gewesen zu sein und ist ein wenig polirt, was ihn etwas verdächtig macht. Gr. 47. 1 11/32 Loth. Ist dasselbe Exemplar, das v. Madai besass. R.

7106. Halber Thaler v. 1617, auf das Reformationsjubelfest. Av. · MO · NO · REIP · MAGDBVR G · — · DE · IVBILÆO · ANNO · 1617 — Unter der Krone der Doppeladler (o. S.) mit d. einfachen Stadtwappen. Rev. Die Bildnisse von Huss und Luther. Aeussere Umschrift (Weissagung des Huss): CENT(um) · ANN(is) · REV(olut(is) · DEO · ET · MIHI · RESP(ondebitis) · VAT(icinatur) · IOAN · HVSSY AO · 1415 · COMBVS(tus) · — und innere: HIS · LAP(sis) · D · M · LVTHER · AD · REP(arationem) · DOCT(rinae) · Cœ(lestis) (oder ad repurgandam doctrinam coelestem) A · DEO · EXCIT(atus) · ANN(verb.)O — und über den Bildnissen · 1617 · sowie eine die Umschriften theilende Blume. (Mad. 2279, als ganzer.) S. g. e.

7107. Doppelter Schauthaler v. 1622. Av. OTTO * I * IMP ⁑ AV ⁑ MA — GDEB ⁑ CIVIT ⁑ FVNDAT ✿ Der gekr. Kaiser mit dem Zepter, im röm. Harnisch, auf einem linkshin springendem Pferde. Der Boden ist mit Blumen bewachsen. Im Abschnitte die 3 Wappen mit den beiden Löwen, den burgund. Streifen und dem Pferde, das aber hier zu einem Hunde geworden ist. Daneben 16 — H — S — zz Rev. Auf einem von 2 Tauben und 2 Schwänen gezogenen vierrädrigen Wagen steht die Venus mit den 3 Grazien, völlig entblösst, mit aufgelösten Haaren. Die Venus trägt einen Myrthenkranz, hält in der Rechten drei und in der Linken einen Apfel und hat in der rechten Brust eine Fackel, in der linken einen Pfeil stecken. Im Hintergrunde eine befestigte Stadt. Im Abschnitte eine zierlich eingefasste Tafel mit der Inschrift: Venus die heydnisch göttin gar · | so bloß hier angebettet wardt · | Nun ist gott lob das göttlich wort | Hegegen geriltanig an dis : ort Unten am Schnitzwerke H — S und neben der Tafel 16 — zz Beide Seiten umgiebt ein Blätterkranz. Mad. 5028. Köhler, M.-B. XXII. 57. (Cat. imp., Suppl. S. 26.) Gr. 54. 4 Loth. Vorzüglich erhaltenes Exemplar. RR.

7108. Thaler v. 1622. Av. Ansicht der Stadt; darüber das Wappen und ein Band mit der Aufschrift MAGDA — BVRG · Neben dem Schilde · M · DC · — XXII · Im Abschnitte auf einer von 2 Englein gehaltenen verzierten Tafel: WO DER HER NIT | DIE STAD BEHVT SO | WACHT DER W(ächter umsonst) | · — · PS · — 127 — · Rev. OTTO MAG : CÆS : ĀŌ : 936 MAGD : PRIVI(legiis) : ORNAT · AO : 939 EPISCO : FVN(dat) : ET · MO(ritur) : ĀŌ : 973 (als Ueberschrift.) Der Kaiser Otto und seine Gemahlin Edith sitzen im kaiserlichen Schmucke auf zwei Thronen neben einander; ersterer hält Zepter und Reichsapfel, letztere einen Kranz. Ueber ihnen schwebt der Schild mit dem Doppeladler. Im Abschnitte · EDITTA VXOR OTTON : PRIM : | · ÆDIFICATIONE MAGDE : | · INTERVDIT · ANNO · | · 938 · Mad. 5029. Die Jahrzahl im Av. ist entfernt; sonst ist dies überaus rare Stück sehr gut erh. RRR.

7109. Nothmünze zu 12 Groschen, v. 1629, aus der Zeit der Belagerung der Stadt durch die Kaiserlichen. Av. MO : NO — MAGDEBURGENSIS ꕥ — Die Jungfrau über dem zweithürmigen Stadtthore. Rev. NECESSITAS · LEGEM · NON · HABET (Lilie) Im Felde: · XII · | GROSCHEN | MAGDEBVR | STAT GELT | · 1 · 6 · z 9 · | (Mad. 5032.) Geringhaltig. S. g. e. RR.

7110. Thaler v. 1638, auf den Neubau der Stadt. Av. MAGDEBURGUM RESTAURATUR ANNO MDCXXXVIII * — Das behelmte quadrirte Wappen. Unten daneben ⚒ — PS (Peter Schrader.) Rev.

Inschrift, in deren Mitte in einem Kreise der gekr. Doppeladler mit dem Bilde des Kaisers Ferdinand III. auf der Brust. Die Inschrift lautet: ✿ | DEI GRA : | DIVI FERDINAN: | DI III ROM IMP IN- VI: | CTISSI — MI SEM | PER AV — GUSTI | GERM — ANIÆ | HUN — GARLÆ | BOHE — MLÆ | REGIS — ARCHI: | DUCIS AUSTRIÆ AU | SPICIIS IMPERI· | ALIBUS Mad. 2280. Cat. imp. 539. S. g. e.

7111. Thaler v. 1638, auf gleichen Anlass. Av. MAGDEBURGUM RESTAURATUR ANNO MDCXXXVIII — unten beg. und unten dazwischen in Einfassung P ⚒ S Die Jungfrau über der Stadtmauer. Rev. DEI GRA · FERDIN : III · ROM : IMP : SEMP : A · G · H · B · R · Æ · A · AUSPICIIS · — Unter der Krone der Doppeladler (ohne Scheine) mit dem einen Reichsapfel haltenden, belorbeerten Bilde des Kaisers v. r. S. in ovalem Rahmen auf der Brust. Mad. 5033. Cat. imp. 539. S. g. e.

7112. Gulden v. 1675. Av. MONETA · NOV · CIV · MAGDEBURG 16 ✿ 75 Verzierter runder Wappenschild. Rev. · * · | (Blatt) VERB (Blatt) | DOMINI | MANET · IN | ÆTERN | · C — P · und ein Oval, worin ⅔ Umher ein Perlenkreis und ein aus einem Lorbeer- und einem Palmzweige gebildeter Kranz, worin oben ✿ Mad. 7196. Sehr gut erhalten.

7113. Medaille v. 1675. Av. Die Stadt mit der Elbbrücke; darüber das Auge der Vorsehung in Wolken. Rechts am Boden 1675 Rev. Die von der Sonne bestrahlte und von einer Hand aus Wolken beschützte magdeburg. Jungfrau, mit dem Kranze im ausgestreckten rechten Arme, im Vordergrunde eines Schlachtfeldes und einer bombardirten und theilweise brennenden Stadt. Ohne Umschriften, aber mit der erhabenen Randschr. VIELE DRÜCKET KRIEG MORD UND BRAND · MICH BEDECKET GOTTES HAND + Mad. 5034. Gr. 54. 4⁹/₁₆ Loth. War früher im Madai'schen Cab. und ist trefflich erhalten. RR.

(Die Medaillen auf die den Kurfürsten von Brandenburg geleisteten Huldigungen s. Nr. 3469 und 3475 flg.)

Mainz.

7114. Zweidrittelstück, vom französ. Kommandanten Marquis d'Uxelles 1689 in der Stadt geschlagen. Av. Ein gekr. und verzierter ovaler Schild mit vier kreuzweis verschlungenen *L* (Ludwig XIV. von Frankreich.) Neben der Krone 16 — 89 Rev. ✿ GLORIA ✦ IN ✦ EXCELSIS ✦ DEO ⁑ In der Mitte $\frac{2}{3}$ Cat. imp. 540. Duby, XXV. 2. S. g. e. R.

Mastricht.

7115. Noththaler v. 1794, geprägt während der französischen Belagerung. Runde einseitige Silberplatte, worauf in der Mitte der Stern von Mastricht eingestempelt ist. Darüber zeigt ein länglich viereckiger Stempel 1794 und unten ein gleicher 100 · *St*(über) Unter letzterem befindet sich noch ein kleiner Stempel, worin *Lo* £ (Wardeins-Marke.) S. g. e.

Mautern, Stadt in Nieder-Oesterreich.

7116. Belohnungsmedaille mit der Jahrz. 1803. Av. FÜR | DIE FLEISSIGSTEN | SCHÜLER | IN | MAUTERN Rev. VON | IOHANN UND ANNA | OSWALD | GESTIFTET | 1803 · Appel IV. 2130. Gr. 37. 1³/₁₆ Loth. S. g. e.

7117. Dergleichen kleinere. Gr. 31. ¹⁹/₃₂ Loth. S. g. e.

Memmingen.

7118. Thalerförmiges Schaustück (sog. Regimentsthaler) v. 1623. Av. Ueber der Stadt schwebt ein gekr. Adler, der Schwert, Stadtwappen und Zepter hält. Oben herum ME — M — IN — GÆ : Unten auf einer verzierten Tafel: DOMINE HVMI · | LIA RESPICE · Rev. Fünf Wappenschilde, zwischen deren untersten A° 1623 Umher 14 ovale Wappenschilde der Rathsherren. Mad. 2284. Cat. imp. 540. Gr. 44. 1⁷/₁₆ Loth. War gehenkelt, sonst gut erh. R.

7119. Thaler o. J. Av. MUNUS REIPUBLICÆ MEMMINGENSIS ✿ Der halbe Adler und das Kreuz. Rev. CAROL · VI · D · G · R · — I · S · A · G · H · H · B · REX · (als Ueberschr.) Belorbeertes und geharnischtes Brustbild v. r. S., mit Ueberwurf und der Kette des gold. Vliesses. Unter dem Arme ✿ Mit Laubrand. Mad. 5035. Cat. imp. 540. Vorzüglich erh. RRR.

Metz.

7120. Thaler v. 1629. Av. MONETA ○ NOVA ○ METENSIS ○ 1629 ✱ Doppeladler mit dem Stadtwappen auf der Brust. Rev. S ○ STEPHANVS ✿ — ✿ PROTHOMART ○ — Der stehende Heilige v. l. S., mit dem Buche und dem Palmzweige, in ovaler Einfassung. Mad. 2285. S. g. e.

7121. Thaler v. 1632. Wie der vorige, mit 1632 ✱ S. g. e.

Middelburg.

7122. Noththalerklippe v. 1572, geschlagen, als die Stadt, die noch auf Seite des Herzogs v. Alba stand, von den Zeeländern belagert wurde. Auf dem runden Stempel steht ✱ | · D · R · P · | F · MIDD (die letzten beiden Buchstaben in einander geschoben) | · I · 5 · 7 · Z (d. i. Deo, Regi, Patriae, Fideles Middelburgenses) Zu den Seiten dieses Stempels sind die Wappenschilde von Zeeland und Middelburg und unten nochmals der Schild von Zeeland eingeschlagen. Einseitig. Mad. 5037. Cat. imp. 541. Gr. 36 im □ 2 Loth. Vorzüglich erhalten. R.

Minden.

7123. Nothklippe zu 8 Groschen, geprägt bei der Belagerung durch Herzog Georg von Braunschweig-Lüneburg, 1634. Av. · ✿ · | MIN-

DA | OBSESSA | · 1 · 6 · 3 · 4 · Rev. · 8 · | · GROS · | · CHEN · | · ✿ · Die Werthzahl ist durch einen eingeschlagenen Stempel, der, schildförmig, das Stadtwappen (die gekreuzten Schlüssel) enthält, verdeckt. Gr. 19 im □ Silber. G. e.

Mühlhausen im Elsass.

7124. Thaler v. 1623. Av. ✿ MONETA ✿ NOVA ✿ MILHVSINA ✿ 16 ✿ 23 — Ein auf getäfeltem Boden stehender Löwe hält mit der linken Tatze den Wappenschild (worin ein Mühlrad), in der rechten aber den Reichsapfel. Rev. ✿ EX ✿ VNO ✿ OMNIS ✿ NOSTRA ✿ SAL9 ✿ — Unter der Krone der Doppeladler. Mad. 7063. Haller 2076. Hat Laubrand und ist einer der wenigen im vorigen Jahrhunderte von den Originalstempeln hergestellten Abschläge. Stammt aus der v. Dickmann'schen Sammlung. Sehr gut erh. RR.

7125. Thaler v. 1623. Av. MONETA ✿ NOVA ✿ MILHVSINA ✿ 1623 ✿ Verzierter Wappenschild. Rev. Vom Stempel des vorigen. Mad. 7062. Haller 2077. Hat Laubrand; es gilt hier das gleiche, wie vorher; stammt aus dem nämlichen Cabinete. S. g. e. RR.

Mühlhausen in Thüringen.

7126. Gulden v. 1676. Av. MONETA NOVA — ARGENTEA — Das behelmte Stadtwappen. Daneben ZW — ⚒ (Julius Zacharias Wefer, Mmstr.) Rev. CIVIT : IMPERIALIS MOLHUSINÆ ✿ Im Felde zwischen Zweigen $\frac{2}{3}$, darüber in Wolken 1676 Weise Nr. 2354. S. g. e. R.

7127. Thaler v. 1767. Av. CIVIT · IMPERIALIS MULHUSINÆ · 1767 — Behelmtes Stadtwappen. Unten herum X · EINE FEINE MARCK · Rev. IOSEPH · II · D · G · R · I · S · A · — COR · & HER · R · H · B · &C · — Belorbeertes Brustbild v. r. S., im römischen Harnisch und Gewand, mit dem gold. Vliesse auf der Brust. Hat Laubrand. Mad. 7198. Sehr schön erh. R.

München.

7128. Stadtmedaille v. 1785. Av. In einem Blätterkranze das Stadtwappen. Oben herum DER MAGISTRAT · unten 1785 · Rev. Ein pyramidenartiges Denkmal mit der Aufschrift: DEM | GUTEN | BÜRGER Daneben eine Trauerweide und rechts im Hintergrunde München. Am Fussboden B · F · Gr. 45. 5⁷/₁₂ Loth. Silber. Sehr schön erh.

Münster.

7129. Doppelthaler v. 1534 (sog. Wiedertäufer-Thaler). Av. Im Felde: * | * DAT * WOR ○ | T * IS * FLEISCH | GE ○ WORDEN * | * VN * WANET * | * IN * VNS * | *.* Umschrift: WE ○ NICHT ○ GEBORE ○ IS ○ VTH ○ DE ○ WAT ○ VN ○ GEIS' ○ MAC ○ NICH * Rev. (Fortsetzung der abgebrochenen Umschrift des Av.) ○ IN ○ GAEN ○ INT ○ RIKE ○ GADES ○ EIN o KONINCK o VPREG o OV' A^L (zwei gekreuzte Schwerter) und die innere Umschr. EIN o GODT o EIN o GELOVE o EIN o DOEPE * Im Felde unter 1534 ein Schild, worin THO | MVNS | TER Mad. 2361. 3²⁹/₃₂ Loth. Der Fabrik nach ist dieses Stück in Sachsen oder Böhmen (Joachimsthal) geprägt worden. S. g. e. R.

7130. Breiter Schauthaler o. J. Av. IAN · VAN · LEYDEN · KONICK · DE · WEDERDOPER · TO · MVNSTER ✿ Brustbild Johann's von Leiden v. r. S., mit einer verbrämten Mütze, in faltigem Kleide, nebst goldner Kette und mit einem Reichsapfel (ohne durchgesteckten Schwert) auf der Brust. Die innere Ueberschrift lautet: · ZYN · — OUDERDOM · XXV · IAR · — Rev. Inschrift in 11 Zeilen: · IM · IAER · | MCCCCCXXXIV · | OP · DEN · ERST · DAGH | MARCY · IS · DE · STAT · | MVNSTER · IN · WESTFA · | LEN · BELEGERT · EN · DOR | GODS · HOLP · OP · DEN · XXIV | DAGH · MONAT IVNY · | IM · IAER · XXXV · ER · | OVERT · WOR · | · DEN · Mad. 2363. Cat. imp. 542, 1. Gr. 49. 2 Loth. Scharfes Gepräge von tadelloser Erhaltung. RR.

7131. Thaler v. 1647. Av. S · PAVLVS — · — · PATRON : — MONASTERI : — Ueber der Stadt das Brustbild des Apostels Paul, mit Schwert und Buch, in Wolken. Unten EK (Engelb. Kettler, Mmstr. in Münster v. 1638—56) und 1647 „Rev. Vnd das Wort Ist Fleisch Worden Joh : am 1 — Die Geburt Christi. Oben ein Englein in Wolken. Mad. 5041. S. g. e.

7132. Thaler v. 1648, zum Gedächtniss des Friedensschlusses zu Münster. Av. MONAS — TERIVM — WESTPHALIÆ — (rechts in der Mitte beg.) Die von der Sonne bestrahlte Stadt, über welche eine Hand aus Wolken einen Palm- und einen Oelzweig hält. Rechts unten E K Rev. PAX · OPTIMA · RERVM · Ao DNI · MDCXLVIII · 24 · oct · Drei Tauben mit Oelzweigen über einem Kissen, worauf Zepter und Krone liegt. Mad. 5042. S. g. e.

7133. Nothklippe zu 1 Thaler, v. 1660, aus der Zeit der Belagerung der Stadt durch Christoph Bernhard v. Galen, Bischof von Münster. Runder Stempel: MONAST : WESTPH : OBSESSVM · 1660 — Verzierter Schild mit dem Stadtwappen. Darauf ruht ein Schirmbrett mit wiederholtem Wappenbilde. Mad. 2290. Aus der v. Ampach'schen Auktion. Gr. 34 im □ 1¹¹/₃₂ Loth. S. g. e.

Neuss.

7134. Thaler v. 1556. Av. HVSSIA ♣ SAH(ctae) ♣ ECCL(esiae) ♣ COLO(niensis) ♥ FIDELIS ♥ FILIA — Unter der Krone der Doppeladler (ohne Scheine). Rev. S ♥ QVIRIHVS ♥ PATROHVS ♥ HOST ♥ 1556 — : ♣ · — Der geharn. Heilige, mit Barett und einer mit dem Neusser Wappenbilde bezeichneten Fahne, steht zwischen den Schilden von Köln und Neuss. Mad. 2291. Aus d. Dickmann'schen Cab. S. g. e. R.

Nimwegen.

7135. Thaler o. J. Av. INSIGNIA * VRBIS * IMPERIALIS * NO-

VIMAGEN — Unter der Krone der Doppeladler (o. S.) mit dem (geldrischen) Löwenschilde auf der Brust (Wappenbild der Stadt). Rev. CAROLV' • V' • ROMANO' • IMPE' • SEMPER • AVGV-STVS (Blatt) Gekröntes und geharnischtes Bildniss des Kaisers bis an den Schooss, v. r. S., in der Rechten das Zepter, die Linke am Schwertgriffe. Auf der Brust das Vliess an der Schnur. S. g. e.

7136. Thaler o. J. Av. Wie vorher. Rev. • CAROLVS • V • ROMANO • IMPE • SEMPER • AVGVSTVS • (Blatt) Bildniss, wie vorher. Gut erh.

7137. Thaler o. J. Av. Wie vorher. Rev. CAROLVS • V' • ROMANO' • IMPE' • SEMPER • AVGVS' • (Blatt) — Bildniss, wie vorher. Zu Mad. 5047. Z. g. e.

Nordhausen.

7138. Thaler v. 1556. Av. MO : N ; NORTHVSEN : CIVITATIS · IMPERV (statt imperii) und eine kl. Tulpe. Behelmtes Stadtwappen. Rev. D · G · CARLVS · V · ROM · IMP · SEM · AVGVSTVS (Blatt) Gekröntes und geharnischtes Bildniss bis an den Schooss, fast von vorn, mit angegürtetem Schwerte, Zepter und Reichsapfel haltend. Zu den Seiten 5 — 6 Mad. 2297. Aus dem v. Dickmann'-schen Cab. Sehr gut erh. RR.

7139. Thaler v. 1660. Av. • MO : N · LIB · IMPER · CIVITATIS · NORTHVSÆ • — • — Behelmter Wappenschild. Neben dem Helme 1 — 6 — 6 — 0 und neben dem Schildfusse I — K Rev. LEOPOLDVS · D · G · ROM · IMP · S · AVG · E(t) · REX · GERMAN · — Der gekr. Doppeladler mit dem Reichsapfel. Mad. 2298. Aus v. Wambold's Cab. Vortrefflich erh. R.

7140. Zweidrittelstück v. 1685. Av. MO : N · LIB · IMPER CIVITATIS · NORTHUSÆ — Behelmter Wappenschild; daneben oben 16 — 85 und unten A — D (And. Detmar, Mmstr.) Rev. INCLINATA RURSUS — IN DEO ERIGAR : ✿ Eine vom Winde bestürmte, sich neigende Säule wird vom strahlenden Namen Jehova aufrecht erhalten. Unten $\frac{2}{3}$ in ovaler Umrahmung. Weise 2363. 3. Sehr gut erhalten. R.

7141. Gulden v. 1685. Av. MONETA · NOVA · ARGENTEA · ✿ Im Felde: ✿ 16 ✿ | GUTE | GROSCHN | · 1685 · | ✿ Rev. ✿ CIVITATIS ✿ — ✿ NORTHUSÆ ✿ — (gleichsam auf einem Bande) Behelmter, eiförmiger Wappenschild. Fehlt bei Weise und A. Sehr gut erhalten. R.

Nordheim.

7142. Thaler v. 1671. Av. ✿ MON : NOVA · CIVIT : NORTHEIMENS : ✿ — Das Wappenbild der Stadt: ein mit 5 Thürmen bewehrtes Thor, worin ein Löwe. Zu den Seiten HH (verb.) — ⚒ (Johann Heinr. Hoffmann, Mmstr.) Rev. LEOPOLD · I · D · G · ROM · IMP · SEMP · AUGUS · — Unter der Krone, wobei ✿ 16 — 71 ✿, der Doppeladler mit dem Reichsapfel, worin 24 Sehr gut erh. RR.

Nürnberg.

7143. Thaler v. 1528. Av. Unter der Aufschrift: * RES * PV * | * NVRENBERG * | * F * F * die beiden Wappenschilde auf einem Piedestale, woran M * D * XXVIII Rev. * CAROLVS * V * ROM * — IMPE * CAES * AVGV * — Unter der Krone der Doppeladler. Mad. 2300. Cat. imp. 544. Trefflich erh. R.

7144. Doppelter Guldenthaler v. 1571. Av. Die beiden Wappenschilde, darüber ◆ RESPVB ◆ | ◆ NVRENBERG ◆ | ◆ F ◆ F ◆ und darunter ◆ M ◆ D ◆ LXXI ◆ Rev. ◆ MAXIMILIAN ◆ IMP — ◆ AVG ◆ PF ◆ DECRETO ◆ — Der Doppeladler mit 60 im Reichsapfel, unter der Krone. 3¹/₈ Loth. S. g. e. RR.

7145. Guldenthaler v. 1573. Av. Wie vorher; mit ◆ M ◆ D ◆ LXXIII ◆ Rev. Vom Stempel des vorigen. Zu Mad. 5053. S. g. e.

7146. Thaler o. J. Av. MONETA * ARGENTEA * REIPVB * NORENBERG * Drei Wappenschilde, im obern der einköpfige Reichsadler, in den untern die beiden Wappen von Nürnberg. Rev. * RVDOLPH * II * ROM * IMPE * AVGVSTVS * Unter der Krone der Doppeladler. Mad. 5054, aus dessen Cab. das Stück stammt. Sehr gut erh.

7147. Guldenthaler v. M * D * CXI mit den beiden Wappen und dem Doppeladler nebst Rudolf's II. Titel. Zu Mad. 5055. G. e.

7148. Guldenthaler v. 1615. Zu Mad. 2303. S. g. e.

7149. Breiter Doppelthaler von ·M·DC·XXVII· Kaiser Ferdinand II. zu Pferde und ein die beiden Wappen haltender Engel, dem ein Band von der rechten Schulter herabhängt. Imhof, 172. 5. Mad. 5957. S. g. e. R.

7150. Guldenthaler v. 1627. Av. Fliegender Engel mit den beiden Wappen und der Doppeladler mit Ferdinand's II. Titel. Zu Mad. 5059. Z. g. e.

7151. Thaler v. 1628, mit drei Wappenschilden und dem Doppeladler. Zu Mad. 5058. S. g. e.

7152. Thaler v. 1631, mit VIVIDA PAX CHRISTI | etc. Ansicht der Stadt und der Doppeladler mit Ferdinand's II. Brustbilde auf der Brust. Mad. 5062. G. e.

7153. Guldenthaler v. 1637, mit dem h. Sebald und dem Doppeladler, nebst Ferdinand's II. Titel. Mad. 5065, dessen Exemplar hier vorliegt. S. g. e.

7154. Guldenthaler v. 1640. Wie vorher; mit Ferdinand's III. Titel. Mad. 5068. Oben am Rande ein kl. Loch, sonst s. g. e.

7155. Medaillenförmiger sog. Rathhausthaler mit verschlossenen Thüren, o. J., von D · S · D (Daniel Sigmund Dockler.) Imh. 226. 126. Mad. 2313. 2 Loth. Schön und s. g. e.

7156. Der Rathhausthaler mit offenen Thüren, ohne Jahrz., von P · H · M (Phil. Heinr. Müller). Imh. 224. 122. Mad. 2313. 2 Loth. Sehr gut erh.

7157. Thaler v. 1694, mit den drei Wappenschilden und der Ansicht der Stadt, SVB VMBRA etc. Mad. 5072. S. g. e.

7158. Thaler v. 1696. Av. Prospect der Stadt. Rev. eXpeCtata reDI paX! etc. Friedensgöttin mit den beiden Wappen. Mad. 2312. S. g. e.

7159. Thaler v. 1698, auf den Frieden von Ryswik. Av. Die vom Namen Jehova bestrahlte Stadt. Rev. eXoptata dIV paX etc. Die Friedensgöttin auf einem Postamente; zu ihren Füssen zwei Knaben mit den Wappen. Mad. 5073. S. g. e.

7160. Thaler auf das 1733 gehaltene Stückschiessen. Av. Das Stadtwappen in einem mit den Wappenschilden der Familien Imhof, Geuder, Volkamer, Ebner, Holzschuher und Pfinzing belegten Kranze. Rev. Der Schiessplatz vor Fürth. Erhab. Randschrift. Imh. 233. 137. Mad. 2315. S. g. e. R.

7161. Der erste Conventionsthaler, v. 1754, mit Ansicht der Stadt und dem Brustbilde des Kaisers Franz. Mad. 5081. G. e.

7162. Conv.-Thaler v. 1758. Av. Schwebender Adler mit den beiden Wappen. Rev. Des Kaisers belorb. Brustbild v. r. S.; am Arme LOOS Mad. 5082. G. e.

7163. Conv.-Gulden v. 1760. Av. Liegender Flussgott (Pegnitz) mit dem Wappenschilde. Rev. Der Doppeladler mit gekr. Brustschilde und dem Titel des Kaisers Franz. Mad. 5083. G. e.

7164. Conv.-Thaler v. 1761. Av. Die Noris sitzt, auf das Wappen gelehnt, vor einem Quadersteine, worauf ein Oelzweig. DA PACEM etc. Rev. Doppeladler u. s. w. Mad. 5084. S. g. e.

7165. Conv.-Thaler v. 1763, auf den Frieden von Hubertusburg. Av. Opfernde Noris mit der Ueberschr. BENEDICTVS DOMINVS etc. Rev. Der Doppeladler. Mad. 5085. S. g. e.

7166. Conv.-Thaler v. 1765, mit der opfernden Noris und dem Doppeladler. DOMINE CONSERVA NOS IN PACE Mad. 5086. G. e.

7167. Conv.-Thaler v. 1765. Ansicht der Stadt und Doppeladler mit Reichsapfel nebst Joseph's II. Titel. Erhabene Randschrift. G. e.

7168. Conv.-Thaler v. 1767. Av. Das mit der Mauerkrone bedeckte Stadtwappen. Rev. Wie vorher. Mad. 5958. G. e.

7169. Conv.-Thaler v. 1795. Av. In einer mit Blättergewinden behangenen ovalen Einfassung: X | EINE FEINE | MARK · Oben eine Urne, neben welcher 17 — 95 · und unten das Stadtwappen, wobei K · — R · (Knoll, Wardein, und Riedner, Mmstr.) Rev. FRANZ DER ZWEITE DEÜTSCHER KAISER · (als Ueberschr.) Brustbild v. r. S., in Uniform. Am Arme I · P · W · (Jeremias Paul Werner.) Verzierter Rand. G. e.

Pavia.

7170. Goldne Nothmünze, 1524 vom kais. General Anton Leva in der von König Franz von Frankreich belagerten Stadt geschlagen. Av. 1524 | CES | ▲ $\overset{\Omega}{PP}$ ▲ OB ▲ (Caesareis Papiae Obsessis) Rev. glatt.

Ein silbernes Exemplar s. in Köhler's M.-B. XI. 321., Mad. 6915, in Luckii Sylloge num. eleg. p. 54, in Duby, Pl. I. 1. Gr. 18. $^7/_8$ Dukaten. Sehr gut erh. RRRR.

Philippsburg.

7171. Medaille v. 1676, auf die Eroberung der Festung durch die kaiserlichen und Reichs-Truppen. Av. Festungsplan mit der Umgebung. Rev. VON DER | RÖM : KAÏ : MAÏT : | u. s. w. Zu Mad. 7203. Gr. 51. $1^1/_8$ Loth. Guss in Silber. G. e.

Prag.

7172. Halber Thaler v. 1611, auf die Gründung der protestantischen Kirche zum Salvator. Av. TEMPLVM | SALVATORIS | G(ratia) · D(ei) ET CÆS(aris) · RVD · II | SVB BOHE(miae) · REGE · MA | THIÆ (sic!) II · FVNDA-RV̄T | GERMAI EVANGELI · | CI PRAGÆ IN VRBE | VETERI DIE CA | ROLI · A · 1611 Rev. AB HOC SOLO SEMPITERNA SALVS ∗ Das Brustbild des Heilands mit zum Segnen erhobener Rechten und mit der Weltkugel. Mad. 5088. Gr. 36. 1 Loth. S. g. e. R.

(Siehe auch im I. Theile die Nr. 361, 380 und 387.)

Ravensburg.

7173. Schaumünze (sog. Regimentsthaler) v. 1624. Av. Abbildung der Stadt von der Seite des Frauenthores. Darüber zwei Schildchen, mit dem Doppeladler und dem Stadtwappen, unter der mit einem Palm- und einem Lorbeerzweige verzierten kaiserl. Krone. Unter den Wappen MDCXXIV in einer Einfassung. Am Erdboden vor der Stadt eine verzierte Tafel, worauf RAVENSPVRG und in einer oben an derselben angebrachten Rundung DS (Daniel Sailer, Goldschmied und Stempelschneider in Augsburg.) Rev. Fünf um eine Rose herum gestellte behelmte Wappenschilde des Bürgermeisters Joachim von Besserer, des Bürgermeisters P. von Roth, der Familien Deuring von Mittelweyerburg, von Huntpis und des Stadtammanns Johann Ludwig Volland von Vollandsegg. Umher 10 kleinere Schilde mit den Wappen der damaligen Rathsglieder, deren Namen unbekannt sind. Innerhalb der die kleinen Schilde umgebenden Einfassung ist die Jahrzahl 1 — 6 — 2 — 4 und D : S vertheilt. Mad. 5089. Köhler, M.-B. III. 337. Bind. 484. 14. Von diesem trefflichen Schaustücke wurden nur 187 Stück in Thalergehalt auf der Augsburger Münze geprägt. Gr. 49. $1^7/_8$ Loth. Ist das gleiche Exemplar, das v. Madai besass. War geh., sonst sehr gut erh. RR.

7174. Kleine Medaille v. 1717, auf das zweite evangelische Jubelfest. Stadtwappen und ein offenes Buch in einem Kranze. Bind. Nr. 23. Gr. 21. $^7/_{32}$ Loth. S. g. e.

7175. Medaille v. 1730, zum Jubelfeste der Augsburger Confession. Av. VIM VIRTVS VINCENDO VIRESCIT · Ein vom Blitz und Hagel bestürmter Baum. Im Abschn. SIC IVBILAT etc. Rev. VICIT · Io! etc. Der Kaiser auf dem Throne empfängt von einem Genius ein mit c(onfessio) A(ugustana) bezeichnetes Buch. Appel, IV. 2726. Bind. Nr. 25. Gr. 26. ⅛ Loth. S. g. e.

Regensburg.

7176. Thaler v. 1538. Av. MONETA · REIPVBLICE ✦ RATISBONENSIS ✿ Verzierter Schild mit dem Stadtwappen; daneben 15 — 38 Rev. ✦ CAROLVS ✦ V ✦ ROMA ✦ — ✦ IMPE ✦ SEMP ✦ AVGVS ✦ — Unter der Krone der Doppeladler (ohne Scheine) mit dem öster.-burg. Wappen auf der Brust. Mad. 2318. S. g. e. R.

7177. Thaler v. 1548, ähnlich dem vorigen, mit SEM im Rev. Die Interpunction ist nicht zu geben, da das Stück etwas gelitten hat.

7178. Guldenthaler v. 1586, für das Stahlschiessen. Av. Zwei verbundene Wappenschilde; im rechten der gekr. Doppeladler mit dem öster.-burg. Wappen auf der Brust, im linken die Regensburger Schlüssel. Oben herum · MO : — REIP : und unten, aber verkehrt : RA — TIS :, dazwischen ein Reichsapfel mit 60 Rev. I · 5 · 8 6 · | IM · STAHEL · | SCHIESEN · DIESES · IAR · | AIN HVNDERT · STVCKH · | DAS · PESTE · WAR · | 80 · 60 · VND · 50 · DIE · | VORTAIL · DREI · | EIN · ERBAR · RATH · | AVCH GABEN FREI · | Arabeske. Beide Seiten umgiebt ein Blätterkranz. Mad. 2319. Cat. imp. 549. 2. Trefflich erhaltenes Exemplar aus dem v. Wambold'schen Cab.

7179. Guldenthaler v. 1586. Av. FORTV — NA ✦ — PA — RIT ✦ — GAV — DIVM — Ein Knabe steht zwischen zwei Glückshäfen oder Urnen und hält in jeder Hand ein denselben entnommenes Röllchen. Unten das Stadtwappen. Rev. I ✦ 5 ✦ 86 ✦ | ✦ EIN ✦ ERBAR ✦ RATH ✦ | ✦ NACH ✦ DEM ✦ STAHL ✦ | (Verzierung) ✦ SCHIESSN (Verzierung) | ✦ INN ✦ GLVCKHS ✦ HAFN ✦ | ✦ MICH ✦ MVNTZEN ✦ | ✦ LIESSN ✦ | Oben und unten zierliches Laubwerk. Beide Seiten umgiebt ein Blätterkranz. Mad. 2319, Anmkg. Cat. imp. 549. 1. Sehr schönes Exemplar aus v. Wambold's Cab.

7180. Medaille v. 1601, auf das Colloquium, das auf Veranlassung des Pfalzgrafen Philipp Ludwig zu Neuburg und des Herzogs Maximilian von Bayern von 4 Theologen gehalten wurde. Av. Aeussere Umschr.: (Lilie) SEHET EVCH FVR VOR DEN FALSCHEN PROPHETEN, DIE IN SCHAFS KLEI· und innere: DERN ZV EVCH KOMEN IN, WENDIG ABER SEIND SIE REI(ssende) : W(ölfe) · (Lilie) Eine Hand aus Wolken hält aufrecht über der Bibel ein strahlendes Schwert, das von einer mit Flügeln versehenen Jesuitenmütze und einer Fledermaus umschwärmt wird. Unten eine zweite Jesuitenmütze, die schon die Flügel verloren hat. Ueberschrift: COLOQVIVM · XVIII · NOVEM : — RATISB · A · S · CIƆ · IƆCI · Rev. Aeussere Umschrift: (Lilie) VND ICH SAHE DAS WEIB TRVNCKEN VON DEM BLVT DER HEILIGEN und innere: VND VON DEM BLVT DER ZEVGEN IHESV, APOCA : XVII ✿ und eine Lilie. Im Felde ein auf einem siebenköpfigen Drachen reitendes Weib mit einem Pokale in der Rechten; darunter im Abschn. DIE GROSSE · H · | BABILON · Junker, p. 361. Gr. 33. ¾ Loth. Scheint eine Maler'sche Arbeit zu sein. Sehr gut erh. RR.

7181. Grosse Denkmünze auf die Grundsteinlegung der h. Dreifaltigkeitskirche, 1627. Av. Die Kirche, zu deren Seiten zwei Engel. Oben die h. Dreifaltigkeit. Am Boden ganz klein IOAN : CARL INGEN : A · NORIN : Im Abschnitt: * IN NOM : SS TRIN * FVND * | POSVIT S · P · Q · R · IVL * | MDCXXVII * Rev. Inschrift von 7 Zeilen EST — TVA, | SACTA * TRIAS, | etc., von Umschrift und den 16 Wappen der damaligen Bürgermeister und Rathsherren mit darüber gesetzten Namensbuchstaben umgeben. Oben das Stadtwappen und unten in einer Einfassung ein Buch mit den Worten V D M I Æ (verbum Domini manet in aeternum) und ganz unten am Rande H C — BR Mad. 5093. Gr. 55. $2^5/_8$ Loth. Originalgepräge. Sehr gut erh. R.

(Johann Carl, Ingenieur und Baumeister von Nürnberg und später dasiger Zeugmeister, der Erbauer hier gedachter Kirche, die am 5. Dez. 1631 vollendet ward, war 1587 geboren und starb am 14. Juni 1665.)

7182. Denkmünze auf gleiche Veranlassung. Aehnlich der vorigen; doch kleiner. Unter anderem fehlt im Rev. die Umschrift. Gehenkelt und mit einem Ring versehen. Ist geprägt. Gr. 41. $1^3/_8$ Loth. Ziemlich gut erh.

7183. Thaler auf die Eroberung der Stadt durch Herzog Bernhard von Weimar, 4. Nov. 1633. Av. Ansicht der Stadt, von Stadtamhof aus. Oben zwei Englein mit dem Stadtwappen. Im Abschnitte eine Verzierung. Rev. * BERN: | HARDVS SAX * | DVX VICTOR RATISPONAM | INGREDITVR | IV * NOV * | 1633 Umher eine mit Blättern besetzte Bogeneinfassung. Mad. 2320. Cat. imp. 549. 5. Sehr gut erh. R.

7184. Denkmünze v. 1641, auf den Reichstag. Av. FERDINANDVS · — · III · D · G · ROM : IMP : (als Ueberschr.) Unter der kais. Krone das belorbeerte Brustbild v. r. S. in einer mit Fruchthörnern und einem Engelsköpfchen geschmückten Einfassung, woran unten das Stadtwappen. Ganz am Rande H C — BR Rev. In einem Kranze: REICHS | * TAG * | ZV REGEN | SPVRG | 1641 Darüber der Reichsadler und umher die Wappen der 7 Kurfürsten. Den Rev. umgiebt eine mit Blättern geschmückte Bogeneinfassung und beide Seiten ein Blätterkranz. Mad. 7206. Cat. imp., Suppl. p. 27. Lochner, 1744. S. 25. Gr. 43. $1^5/_{16}$ Loth. Geprägt. G. e. Der Verfertiger dieser Med., der sich wie auf den Med. v. 1627 (Nr. 7181 u. 7182) H C — BR schreibt, ist noch unbekannt. Madai las irrig H G S B ·

7185. Thaler v. 1652. Av. (Rose am Zweig) MONE * REIPVBLI * RAT — ISPONENSIS * 1652 (Rose am Zweig) — Mit Schnitzwerk versehener, ovaler Wappenschild, woran zwei Adlerköpfe und oben ein Engelsköpfchen. Unten in der Umschr. ein Flügel in einem Ovale als das Zeichen des Stempelschn. Hier. Federer. Rev. * FERDINANDVS * III * D * G * ROMAN * IMPE * SEMP * AVGVST * — Unter der Krone der Doppeladler, auf dessen Brust in herzförmiger Umrahmung das belorbeerte Brustbild K. Ferdinand's III. v. r. S. Zwischen den Hälsen ruht der Reichsapfel. Mad. 5096. Cat. imp. 549. 7. Trefflich erhaltenes Exemplar, das in von Madai's Cabinet war.

7186. Thaler v. 1694. Av. MONETA • REIPVBLICÆ • RATISBONENSIS • 16 • 94 • Das Stadtwappen in einem verzierten, oben mit einem Engelsköpfchen versehenen Schilde. Unten zwischen den Verzierungen M — F (Michael Federer, Mmstr.) Rev. LEOPOLDVS • D • G • — ROM • IMP • SEMP • AVG • — Der gekr. Doppeladler mit dem gekr. herzförmigen Schilde von Oesterreich und Burgund auf der Brust. Zu Mad. 5098. S. g. e.

7187. Doppelthaler o. J. Av. • MONETA • REIPVBLICÆ • RATISBONENSIS • — Das Stadtwappen in einem mit Engelsgestalten und Fratzenköpfen geschmückten Schilde. Darunter zwei kleine Flügel als Zeichen des Mzm. Federer. Rev. • IOSEPHVS • D • G • — ROM • IMP • SEMP • AVG • — Unter der Krone der Schwert und Zepter haltende Doppeladler, auf dessen Brust ein gekrönter, von der Kette des gold. Vliesses umgebener, herzförmiger Schild mit den Wappen von Oesterreich und Burgund. Zwischen den Hälsen steht der Reichsapfel. Gr. 74. 4 Loth. Fehlt bei Mad. u. And. Vorzüglich erh. RR.

7188. Medaille (v. C. D. Oexlein, Stempelschn. in Regensburg) v. 1737. Av. PER CAROLVM POPVLO REDIENS PAX IVRA TVETVR (als Ueberschrift.) Abbildung des Rathhauses. Im Abschnitte Ö — F und CVRIA RATISB Rev. CAROLVS VI · D · — G · ROM · IMP · SEMP · AVG · (als Ueberschr.) Belorbeertes Brustbild v. r. S., im Harnisch, mit Ueberwurf und der Vliessordenskette. Am Arme C D Ö Mad. 2321. Gr. 43. 2 Loth. S. g. e.

7189. Medaillenförmiger Thalerabschlag auf den 1745 von Frankfurt wieder nach Regensburg verlegten Reichstag. Av. Der Saal der Reichstags-Versammlung auf dem Rathhause, mit der Ueberschrift SPLENDORE COMITIORUM REDDITO · Unten das Stadtwappen und C · D · ŒXL · Im Abschn. RATIS — PONÆ · | D · 29 — NOV · | 17 · 45 · Rev. FRANCISCUS I · D · G · ROM · IMP · SEMP · AUG · (als Ueberschr.) Belorbeertes Brustbild v. r. S., im Harnisch, mit der Vliessordenskette und Ueberwurf. Unter dem Arme C · D · ŒXL · Mad. 5103. Gr. 43. 2 Loth. S. g. e.

7190. Halber Thaler o. J. Av. Abbildung der Stadt mit der Donau und den Brücken. Darüber der strahlende Name Gottes und MON · REIP — RATISBON · Im Abschnitte das Stadtwappen zwischen Zweigen. Rev. FRANCISCUS D · G · — ROM · IMP · SEMP · AVG · (als Ueberschr.) Belorbeertes Brustbild v. r. S., im röm. Harnisch, mit Ueberwurf und der Kette des gold. Vliesses. Unter dem Arme I — L — Œ(xlein) Mit Laubrand. 1 Loth. S. g. e.

7191. Conv.-Thaler v. 1754. Av. Abbildung der Stadt, von Stadtamhof aus. Oben herum MONETA REIP · RATISPON · Am Boden links Œ und im Abschn. X · ST · EINE F(eine) · C(ölnische) · M(ark) · | 1754 | I · C · B (Joh. Christoph Busch, Mmstr.) Rev. Brustbild, wie vorher, mit der Ueberschrift FRANCISCUS D : G : ROM : IMP : SEMP : AVG · Unten I L · ŒXLEIN / · Mit Laubrand. Mad. 5104. G. e.

7192. Conv.-Thaler v. 1759. Av. Das Stadtwappen in mit Zweigen

u. s. w. geschmückter Cartouche. Dabei I · C · — B · Oben herum MONETA REIP · RATISPON · und im Abschnitte X · ST · EINE F · C · M · | 1759 | C · D · ŒXL · Rev. Aehnlich dem vorigen; unten G · F · LOOS · / Hat Laubrand. Mad.. 5106. S. g. e.

7193. Thalerförmige Medaille v. 1763, welche die Bogenschützengesellschaft auf den Frieden von Hubertusburg und auf die 100jährige (doch zweimal kurz unterbrochene) Anwesenheit der Reichsversammlung schlagen liess. Av. VOTIS | PRO PACE | ET | SALVTE IMPERII | SOLVTIS | SAGITTARII | RATISBON · | F · C · Rev. FELICITAS — TEMPORVM (als Ueberschr.) Die Göttin des Friedens hält über eine mit SAEC | COM · | IMP · bezeichnete Säule einen Lorbeerkranz und in der Linken einen Oelweig. Am Boden I · C · B · und I · N · K · (Körnlein) Im Abschn. MDCCLXIII · Auf dem Laubrande sind die Buchstaben I — C — B wiederholt. Mad. 5107. Sehr schön erh.

7194. Conv.-Thaler v. 1775. Av. DOMINE CONSERVA NOS IN PACE (als Ueberschr.) Die Schlüssel zwischen Lorbeerzweigen. Unten G · C · — B · (Busch, Mnstr.) und im Abschnitte MON · REIP · RATISP · X · EINE F · MARK | 1775 Rev. IOSEPHVS II · D · G · ROM · IMP · SEMP · AVG · (als Ueberschr.) Belorbeertes Brustbild v. r. S., im Harnisch, mit Ueberwurf und der Vliessordenskette. Am Arme KÖRNLEIN · Mit Laubrand. G. e.

7195. Conv.-Thaler v. 1780. Av. Abbildung der Stadt mit der Ueberschr. MONETA REIP · RATISPON · Im Abschn. X · ST · EINE F · C · M | 1780 Rev. IOSEPHVS II · D · G · ROM · IMP · SEMP · AVG (als Ueberschr.) Belorbeertes Brustbild v. r. S., im röm. Harnisch, mit dem Vliesse am Bande. Am Arme B · F · Mit Laubrand. S. g. e.

7196. Medaille v. 1788. Av. Eine bekränzte Pyramide, wobei eine Palme und ein Rosenstock. Vorn liegt eine Armbrust nebst zwei Pfeilen. Im Abschn. 1788 · Rev. ZVM | ANDENKEN | DES FREI: | VND FREVDEN | SCHIESSENS | IN | REGENSBVRG | (Verzierung). Mit Laubrand. Gr. 31. 19/16 Loth. S. g. e.

7197. Bogenschützen-Thaler v. 1788, zugleich zur Erinnerung an das Schützenfest v. 1586. Av. REDEVNT ANTIQVI GAVDIA MORIS · (als Ueberschr.) Ein mit der Reichs- und der Stadtfahne, sowie mit 2 Armbrüsten bestecktes, mit Blumengewinden behangenes Postament, worauf eine Vase mit einer Blattpflanze. Am Boden B — K Rev. SOLEMNIVM | A · MDLXXXVI · | PERACTORVM | MEMORIAM | PATRVM PATRIAE | INDVLGENTIA | CELEBRANT | SAGITTARII RATISB · | A · MDCCLXXXVIII · | (Verzierung) Mit Laubrand. Vorzüglich erh.

7198. Conv.-Thaler v. 1791. Av. Abbildung der Stadt, von Stadtamhof aus. Oben herum MONETA REIP · RATISPON · Im Abschn. X · ST · EINE F · C · M · | 1791 · Rev. (U. b.) LEOPOLDVS II · D · G · ROM · IMP · SEMP · AVG · Belorb. Brustbild v. r. S., ohne Bekleidung. Darunter KÖRNLEIN Mit Laubrand. Sehr gut erhalten. R.

7199. Conv.-Thaler v. 1791. Av. Die Schlüssel in einem gebundenen Eichenkranze. Oben herum MONETA REIP · RATISBONENSIS · Unten unterhalb einer Leiste: X EINE FEINE MARK · | 1791 · | G · C · B · Rev. Stempel des vorigen. Mit Stempelglanz. R.

7200. Conv.-Thaler v. 1792. Av. MON · REIP · RATISP · (als Ueberschr.) Ansicht der Stadt und der Brücke, vom Einflusse der Donau her. Im Abschn. X · EINE F · MARK · | 1792 · Rev. (Unt. beg.) FRANCISCVS II · D · G · ROM · IMP · SEMP · AVG · Belorb. Haupt v. r. S., bis an die Brust, ohne Bekleidung. Darunter KÖRNLEIN Mit Laubrand. Sehr schön erh.

7201. Conv.-Thaler v. 1793. Av. MONETA REIP · RATISPON (als Ueberschr.) Abbildung der Stadt, von Stadtamhof aus gesehen. Im Abschn. X ST · EINE F · C · M · | 1793 · | G C B Rev. Stempel des vorigen. S. g. e.

7202. Conv.-Thaler mit d. Jahrz. 1801 und 1802. Av. LARGIENTE — NVMINE · (als Ueberschr.) Der gekrönte Doppeladler mit Schwert, Zepter und Reichsapfel über dem mit einem Lorbeer- und einem Palmzweige besteckten Stadtwappen. Am Boden 1801 und 1802 Ganz unten am Rande Z · Rev. Stempel von vorher. Hat Laubrand. Mit Stempelglanz. R.

Reval.

7203. Thaler v. 1652. Av. NVMMVS · ARGENT : CIVITATIS · REVALIENSis · — Gekrönter ovaler Schild mit dem Stadtwappen. Zu den Seiten 16 — 52 und unten G — P Rev. ✠ CHRISTINA · D : G : SVEC : GOTH · VAND · Q : REGINA · Der Königin Brustbild v. r. S., mit einer kleinen Krone auf dem Haupte. (Mad. 230.) Im Rev. etwas Doppelschlag. Sehr gut erh. RRR.

7204. Vier-Markstück v. 1664. Av. ✠ MONETA · NOVA · ARG : CIVITATIS · REVALIENS : Behelmter Schild mit dem Stadtwappen. Neben dem Kleinode (gekr. Jungfrau) 4 — M : Unten, bogenförmig neben dem Schilde . 9 . I — ⅌ . 9 . (d. i. 1664) Rev. ✠ CAROLVS · D : G : SVE : GOTH : WAN : Q : REX · ET · PR(inceps) : HÆ(reditarius) : Belorbeertes Brustbild des jugendlichen Königs v. l. S., mit langem Haupthaar, im gestickten Ueberwurf. (Mad. 5364, Cat. imp. 550.) Im Avers ein kl. wenig Doppelschlag, sehr gut erh. RR.

Riga.

7205. Halbe Mark v. 1565. Av. * MONETA * NOVA * ARGENTEA * 65 ♁ Verzierter Schild, worin der Schlüssel unter dem Kreuze. Rev. CIVITAT — IS * RIGENS * — Zwischen zwei aufrecht stehenden Löwen das zweithürmige Stadtthor, in dessen Portale ein hervorschauender Löwe, und über welchem die Schlüssel unter dem Kreuze. Reichel II. 583. S. g. e.

7206. Thaler zu 18 Ferdingen, v. 1573. Av. DENARIVS · ARGENTEVS · XVIII · FERD · R (Lilie) Der Schild mit dem (kleinen) Stadtwappen. Daneben 7 — 3 Rev. · — CIVITATIS · — RIGEN-

SIS · — · — Das grosse Stadtwappen (zweithürmiges Portal, worin der Löwenkopf; darüber die Schlüssel und das Kreuz). Unten im Kreise der Umschrift: ~ I8 · F · ~ Reichel, 604. S. g. e. RR.

7207. Desgleichen, v. 1574. Av. DENARIVS ○ NOVVS (○) ARGENTEVS ○ (Lilie) Wie vorher; aber 7 — 4 Rev. · — CIVITATIS — ~ I8 F ~ — RIGENSIS — · — Sonst wie vorher. Die Zahl 4 in der Jahrz. ist im Stempel über die frühere 3 gestellt. (Mad. 2324, ähnlich.) Gut erhaltenes, aus der v. Dickmann'schen Sammlung herrührendes Exemplar. RR.

7208. Thaler v. 1644. Av. MON : NOVA : ARGENT : CIVIT : RIGENSIS : und ein Blatt am Stiel. Das grosse Stadtwappen, von zwei Löwen gehalten. Im durchbrochenen Untersatze 1644 und zwischen den Hinterfüssen der Löwen H — W (Herm. Winkelmann, Wardein in Riga v. 1625—1650, oder Heinr. Wulf, Mmstr. in Riga v. 1633—1646). Rev. CHRISTINA D : G : SUE : GOT : VAN : Q : DE(signata) : REG : und ein Blättchen. Der Königin Brustbild, ziemlich von vorn, doch mehr von linker Seite, in reicher Tracht, mit breitem Spitzenkragen und mit der Zackenkrone im Haare. Weder Madai, noch Reichel haben diesen Stempel. Sehr schön erh. RR.

7209. Thaler v. 1660, auf die tapfere Vertheidigung der Stadt gegen die Russen und auf die Vermehrung des Stadtwappens. Av. CAROLUS ⬧ D ⬧ G ⬧ SVECO ⁝ GOTHO ⁝ VANDALO ⁝ REX ⬧ und eine Blume am Stiel. Brustbild des Königs v. r. S., mit langem Haar, im Harnisch, mit Ueberwurf und glattem Halskragen. Rev. CIVITATIS ⬧ SVÆ ⬧ RIGENSIS ⬧ FIDEM ⬧ CORONAVIT ⁝ ⬧ und eine Blume am Stiel. Das zweithürmige Stadtthor, worin der gekrönte Löwenkopf. Oben die Schlüssel unter dem Kreuze, worüber eine Hand aus Wolken die königl. Krone hält. Zu den Seiten der Thürme 16 — 60 | I — M (Joachim Meinecke, Wardein.) Mad. 235. Cat. imp. 551. 6. S. g. e. R.

Ryswik.

7210. Medaille (v. Georg Hautsch) auf den Frieden v. 1697. Av. Ansicht des Schlosses u. s. w. Rev. CONCORDI PACE LIGABO · Die auf getäfeltem Boden stehende Friedensgöttin mit einem Oelzweige und einem mit den Wappenschilden der am Friedensschlusse betheiligten Mächte belegten Kranze. Die Buchstaben des Medailleurs stehen rechts unten. Ohne Randschrift. 1¹/₃₂ Loth. S. g. e.

Rostock.

7211. Thaler v. 1610. Av. ✥ MONETA · NOVA · ROSTOCHIENS 6I0 Der Greif. Rev. RVDOL · II · D : G · RO · IM · SEM · AVGVS · P · F · D — Unter der Krone der Doppeladler (o. S.) mit dem Reichsapfel, worin 32 (Schillinge) (Mad. 5112.) Sehr gut erhalten. R.

7212. Thaler v. 1612. Av. ✿ : MON : NO : ROST : IN : PVB(licam) : LÆTIT(iam) : 2 : FEB : I6I2 : Behelmtes Stadtwappen. Rev. RVDOL : II : D : G : ROM : IM : SEM : AVGVS : P : F :

D — Unter der Krone der Doppeladler, auf der Brust der Reichsapfel mit 32 Fehlt bei Madai und And. Bezieht sich vielleicht auf die Taufe des Prinzen Johann Christoph, ältesten Sohnes Joh. Albert's II. v. Mecklenburg-Güstrow. Vorzügl. erh. RRR.

7213. Breiter Thaler v. 1616, auf die Geburt und Taufe des Prinzen Karl Heinrich v. Mecklenburg (2. Sohnes Joh. Albert's II. von Güstrow.) Av. MON • NOV • ROSTOCH • AD • LEG • IMP • IN • PVBL • PROV(inciae) • LÆTIT — Behelmtes Stadtwappen. Rev. In einem Blätterkranze: Q(uod) · F(elix) — F(austum) · Q(ue) · | SIT · | CAR : HENR : MEGAP(olitanus) | DVX · NASCITVR | XXX · MAII · ET SACR(o) | FONT(e) · RENASC(itur) : | XXVIII IVL : | ANNO · | M DC · XVI | VIVAT Cat. imp. 551. Mad. 5114, aus dessen Sammlung das sehr gut erhaltene Exemplar stammt. Gr. 54. RR.

7214. Thaler v. 1627. Av. · MONETA ✤ NOVA ✤ ROSTOCHIENSIS ✤ HD (verb. — Hans Detleff, Mmstr.) Der Greif. Rev. FERDINANDVS · II · D : G : ROM : I : S : AVG : D(ecreto) : P(ublicavit) · 16z7 — Unter der Krone der Doppeladler (o. S.) mit dem Reichsapfel (ohne Kreuz), worin 3Z Cat. imp. 551. S. g. e. R.

7215. Thaler v. 1629. Av. + MONETA · NOVA + ROSTOCHIENSIS ✤ HD (verb.) Der Greif. Rev. · FERDINANDVS · II · D : G · ROM · S · AVG · D · P · 1629 · — Wie vorher, mit 32 in dem mit dem Kreuze versehenen Reichsapfel. S. g. e. R.

7216. Thaler v. 1637. Av. MONETA · NOVA · CIVITA : ROSTOCHIENSIS · 1637 und ein aus s und T gebildetes Monogramm des Mzmstrs. Samuel Timpke. Der Greif. Rev. FERDINANDUS · III · D : G : ROMA : IMP : SE : A : — Unter der Krone der Doppeladler mit dem Reichsapfel, worin 3Z (Mad. 5116.) Dieses gut erhaltene Exemplar war in v. Wambold's Cab. R.

Rottweil.

7217. Thaler v. 1623. Av. ✿ MONETA ✿ NOVA ✿ ROTVVILENSIS ✿ 1623 Der rechtssehende Stadtadler. Rev. · FERDINANDVS · II · ROM : IMP : SEMPER · AVGVSTVS · — Der Doppeladler unter der Krone. Haller 2118. Bind. 495. Nr. 16. S. g. e. RR.

7218. Thaler v. 1623, nur in der Stellung der Adler zu einzelnen Buchstaben der Umschriften vom vorigen abweichend. Bind. Nr. 18. Sehr gut erh. RR.

Speier.

7219. Denkmünze v. 1717, auf das 2. Jubelfest der Reformation. Av. Das Wappenbild der Stadt, von doppelter Umschrift umgeben. Rev. DA GOTTES · WORT · u. s. w. Tisch, worauf eine brennende Kerze und das Evangelienbuch. Gr. 36. $^{11}/_{16}$ Loth. S. g. e. R.

Stade.

7220. Thaler v. 1621. Av. MONETA · NOVA · CIVITATIS · STADENSIS · 16z1 · HB (verb.) Das von zwei Greifen gehaltene Stadt-

37

wappen. Rev. FERDINANDVS · II · D : G : ROMA : IMP : SE : AVG — Unter der Krone der Doppeladler (mit Scheinen) sammt dem Reichsapfel, worin 3Z Mad. 2329. Cat. imp. 553. Vorzüglich erhaltenes Exemplar, das in der v. Wambold'schen Auktion erworben wurde. RR.

Stralsund.

7221. Thaler v. 1611. Av. MONETA NOVA · STRALSVNDENSIS ~ ✿ ~ Das Wappenbild, darunter ein Kreuz. Zu den Seiten 16 — 11 Rev. RVDOLPHVS · II · D : G · ROMAN · IMPER : SE · AVGV — Unter der Krone der Doppeladler (o. S.) mit dem Reichsapfel, worin 3Z Mad. 5122. Cat. imp. 553. S. g. e. R.

7222. Breiter Doppelthaler v. 1628, auf die Befreiung der Stadt von der Belagerung des kaiserl. Generals Wallenstein. Av. ✿ DEO : OPTIM : MAXIM : IMPER(io) : ROMANO : FOEDERI : POSTERISQ; In einem Lorbeerkranze das Wappenbild. Rev. Inschrift in 14 Zeilen: MEMORIÆ · | VRBIS · STRAL : | SVNDÆ · AO : M · DC · | XXVIII · DIE · XII · MAI · | A · MILITE · CÆSARIA : | NO · CINCTÆ · ALIQVO | TIES · OPPVGNATÆ · SED · DEI · GRATIA · ET · OPE · IN | CLYTOR · REGVM · SE : PTENTRIONAL : DIE · | XXIII · IVLI OBSIDI | ONE · LIBERATÆ · | S : P : Q; : S : | : F : F : Mad. 2330. (Einen ganz abweichenden Stempel s. Cat. imp. 553.) Gr. 57. 3$^{11}/_{16}$ Loth. Sehr gut erhalten. R.

7223. Thaler v. 1639. Av. · MON : NOVA · CIVITA : STRALSUNDENSIS · 1639 · ♁ Ovaler, mit 2 Engelsfiguren gezierter Schild mit dem Stadtwappen. Daneben C — S (Caspar Sieversen, Mmstr.) Rev. FERDINANDUS · III · D : G : ROMA : IMP : SE : A : — Der gekr. Doppeladler mit dem Reichsapfel, worin 3Z S. g. e. R.

7224. Thaler v. 1640. Av. Dreifache Umschrift, äussere: MONETA · NOVA · CIVITATIS · STRALSVN : 1640 C S·, mittlere: · PRÆSIDIUM · PORTÆ · NOSTRÆ · ET · PAX : und innere: CHRISTUS · — · IESUS · · ✱ In der Mitte das Wappenbild. Rev. Aehnlich dem vorigen; mit ROM : IMP : S : A : Der Adler hat hier keine Kopfscheine. Mad. 2332. Vorzüglich erh. R.

7225. Thaler v. 1662. Av. MONETA · NOVA · CIVITATIS · STRALSVNDEN · 1662 ♁ Das Stadtwappen in einem mit 2 Engelsfiguren gezierten ovalen Schilde. Zu den Seiten HIH (verb.) — ⁄ (Heinrich Johann Hille, Mzmstr.) Rev. ∗ LEOPOLDVS ∗ D ⁏ G ∗ ROMANORVM ∗ IMPE ∗ SEM ∗ A ∗ — Unter der Krone der Doppeladler, mit 32 im Reichsapfel. Mad. 5566. Vorzüglich erh. R.

7226. Gulden v. 1681. Av. MONETA NOVA STRALSUNDENSIS ✿ Das Wappenbild; darunter $\frac{2}{3}$ Rev. IN NOMINE TUO SALVA NOS DEUS 1681 ✿ Ein breites Kreuz; darunter HIH (verb.) Gut erh.

7227. Gulden v. 1707. Av. MONETA NOVA STRALSUNDENSIS · 1707 ✿ Verzierter, ovaler Schild, worin das Stadtwappen und $\frac{2}{3}$

Rev. (U. b.) IN NOMINE TUO — SALVA NOS DEUS ✿ In vierbogiger Einfassung ein an den Enden mit Kleeblättern geziertes Kreuz. Oben in der Umschrift in Einfassung I C H (Johann Christian Hille, Mzmstr.) S. g. e. R.

Strassburg.

7228. Thaler o. J. Av. NVMMVS ✿ REIP ✿ ARGENTORATENSIS ⁑ ✱ Zwei Löwen halten den Wappenschild und darüber zugleich eine Lilie. Rev. ⊕ SOLIVS ✿ VIRTVTIS ✿ FLOS ✿ PERPETVVS : Die Lilie. Mad. 5130. S. g. e.

7229. Thaler o. J. Av. Aehnlich dem vorigen, die Zainhaken am Ende der Umschrift sind nicht gekreuzt, sondern stossen mit den Spitzen an einander. Rev. Vom Stempel des vorigen. S. g. e.

7230. Thaler v. 1588, auf das mit Zürich und Bern geschlossene Bündniss. Av. Ein Löwe hält den Wappenschild der Stadt Strassburg. Darüber als Ueberschrift auf einem glatten Bande: MAIORVM LIBERTATI TVENDÆ Rev. ⬥ FOEDER(is) ⬥ | ✿ CVM ✿ | TIGVRI(nis) ⬥ ET BER | NAT(ibus) ⬥ INITI HOC | MNHMOΣINON | ⬥ S P Q A ⬥ (Senatus Populusque Argentoratensis) FF ⬥ (fieri fecit) ⬥ 1 ⬥ 5 ⬥ 88 ⬥ Mad. 2335. Cat. imp. 554. 2. Haller Nr. 48. 2 Loth. Sehr gut erh. R.

7231. Thaler v. 1590, auf das Stückschiessen. Av. Eine nach links gerichtete Kanone mit den dazu gehörigen Materialien. Im Hintergrunde ein Zelt. Oben zwischen 15 — 90 das Stadtwappen. Rev. ❁ SOLIVS VIRTVTIS FLOS PERPETVVS Die Lilie. Beide Seiten umzieht ein Blätterkranz. Mad. 2336. Cat. imp. 554. 4. Sehr gut erhalten. R.

7232. Thalerklippe v. 1617, zum 1. evang. Jubelfeste. Av. Aeussere Umschr. ✱ OMNIS ✿ TERRA ✿ ADORET ✿.DEVM ✿ ET ✿ PSALLAT ✿ EI : und innere ❁ LVX ✿ POST ✿ TENEBRAS ✿ MDXVII : Das Stadtwappen. Rev. In 10 Zeilen: PRO | RELIGIONIS · | CENTVM · ANTE · | ANNOS · DIVINITVS | RESTITVTÆ · MEMO | RIA · NOVIQVE · SECV · | LI · FELICI · AVSPICIO | S · P · Q · ARGENTOR · | F · F · A^{O} MDCXVII · | CAL · NOVEMB · (M und B verbunden) | Oben und unten Arabesken. Mad. 2337. Cat. imp. 554. 6. Gr. im □ 46. Ist doppelt gehenk. und mit einem Gehänge versehen. 2$^{1}/_{16}$ Loth. Sehr gut erh.

7233. Medaille (v. Joh. Georg Lutz), 1627. Av. Das von zwei Löwen gehaltene, behelmte Stadtwappen. Aeussere Umschrift: Regir ô Herr Die gantze Statt Darzu Einen Wohlweisen Rath innere: Das sie dieselb zu Deiner Ehr Richten vnd Vnssern feinden und über dem Kleinode: Wern Rev. Abbildung der Stadt. Darüber Stras — burg und zwei die Lilie haltende Englein mit einem Kranze und einem Palmzweige. Im Abschnitte: IO: GEORG — LVTZ : FEC: Im Abschnitte in einer Cartouche: O WIE WOL IST · | DER SELBEN STAT · | DIE · AVF GOT IHR VER | THRAV — EN HAT Zu den Seiten im Schnitzwerk 16 — 27 Doppelt geh. und schwach vergoldet. Gr. 43. 1$^{3}/_{4}$ Loth. Originalguss in Silber, gut erh.

67*

7234. Medaille (v. Friedrich Fechter in Basel), 1629. Av. Wües Gott Gefüegt — Es Mich Benüegt Ein Herr und eine Dame, im Zeitkostüme, stehen auf mit Blumen bewachsenem Boden und reichen sich die Hand. Darüber ein Englein mit Kranz und Palmzweig. Im Abschnitte der Strassburger Schild mit darüber gestellter Lilie zwischen Verzierungen, wobei 1 — 6 — 2 — 9 Rev. Gottes ✿ Segen ✿ Erfrewet ✿ Alle ✿ Hertzen ✿ Eine strahlende Hand aus Wolken segnet ein auf bewachsenem Boden stehendes Herz, worin eine Garbe und ein Weinstock, sowie unter denselben FF (verb.) zwischen 16 — 29 Gr. 37. $^{19}/_{32}$ Loth. Mit Loch zum Tragen, vergoldet, sehr gut erh.

7235. Thaler v. 1679, auf den Frieden von Nimwegen. Av. In 11 Zeilen: PACE · | INTER · LEOPOLD(um) · I · | ROM · IMP · ET · LVDOV · XIV · | GALL · REG · NEOMAGI · FACTA | S(enatus) · P(opulus) · Q(ue) · ARGENTORATENSIS · | SERVATÆ · DIVINITVS · REIP · | MIRACVLVM · ÆTERNÆ · | POSTERITATIS · MEMORIÆ · | IN · HOC · MONVMENTO · | CONSECRAVIT · | VII · KAL · FEBR · M · DC · LXXIX · | und unter einer Leiste das Stadtwappen zwischen Blattwerk und I C — M(üller) Rev. AVREA PAX POTIVS TIBI O ARGENTINA TVIsqVE MVNVs DIVINO sVBVoLAT AVXILIo und die Lilie. Die Arche Noah's auf dem Wasser. Darüber die Taube mit dem Oelzweige. Mad. 2338. Cat. imp. 554. 8. Vorzüglich erh. R.

7236. Gulden o. J. Av. ✿ MONETA ✿ NOVA ✿ REIP ✿ ARGENTINENSIS : Das Stadtwappen; darüber * LX — K(reuzer) * Rev. GLORIA ✿ IN ✿ EXCELSIS ✿ DEO und ein Blumenstengel mit 2 Blüthen. Im Felde die Lilie. Mad. 5131. Cat. imp. 554. 5. Sehr gut erh.

7237. Dreissig-Sousstück v. 1682. Av. MONETA · NOVA · ARGENTINENSIS und eine Blume am Stengel. Die Lilie. Rev. GLORIA · IN · EXCELSIS · DEO ✿ Im Felde: · XXX · | · SOLS · · 1682 · Zu Mad. 7214. S. g. e.

7238. Halber Thaler v. 1694. Av. MONETA NOVA ▾ ARGENTINENSIS und eine Blume. Die Lilie. Rev. SIT · NOMEN · DOMINI — BENEDICTVM · 1694 und eine Sonne. Das gekrönte französische Lilienwappen über Palmzweigen. Darunter BB (verb.) als Zeichen der Strassburger Münzstätte. Zu Mad. 7215. 1 Loth. Ziemlich gut erhalten.

7239. Dreissig-Sousstück v. 1705. Av. MONETA + NOVA ✱ ARGENTINENSIS Zwischen den 3 Lilien die mit dem Schwert sich kreuzende Main de Justice unter der Krone. Rev. SIT · NOMEN · DOMINI — BENEDICTVM ✱ 1705 — Gekr. runder Schild mit den 3 Lilien, über einem Palm- und einem Lorbeerzweige. Unten BB (verb.) als Münzzeichen. (Mad. 7216.) Gr. 33. $^{5}/_{8}$ Loth. Sehr gut erhalten.

7240. Achteckige Medaille v. 1781, zur 100jährigen Feier der Einverleibung Strassburgs in Frankreich. Av. VOTIS SECULARIBUS · XXX · SEPTEMBRIS · MDCCLXXXI · (unt. beg.) Im Felde LUD · XVI ·

OPTIMO | PRINCIPI Rev. ARGENTORATUM FELIX (als Ueberschr.) und unten eine Rose zwischen Zweigen. Im Felde die Lilie. Die Ecken sind schraffirt. Gr. 38. 15/32 Loth. S. g. e. R.

Stuttgart.

7241. Die sog. Stadtmedaille, o. J., deren Stempel von Ph. H. Müller geschnitten wurden und die im Anfange des 18. Jhdts. zum ersten Male geprägt wurde. Av. TVTA SVB HOC CLYPEO · Ein geharnischter Arm aus Wolken hält einen Schild über die Stadt. Im Abschn. STUTGARDIA DUCATUS | WURTEMBERGICI | METROPOLIS · | • Rev. • GNATORUM SEDULA NUTRIX • Eine mit den Vorderfüssen sich erhebende Stute mit dem saugenden Füllen. Bind. S. 499. Nr. 5. Gr. 60. 4 9/16 Loth. Sehr gut erh.

7242. Klippe o. J., die vom Mzmstr. Peter Rast unter der Regierung Herzog Karl Eugen's für eigene Rechnung verfertigt und als Pathengeschenk verkauft wurde. Av. Ansicht von Stuttgart. Rev. WOHL — GERATHENE IC — GEND MACHT FREU — DE · Stute mit dem Füllen. Im Abschn. PR (Peter Rast, Mmstr. 1746—62.) Bind. Nr. 15. Gr. im □ 20. 7/32 Loth. S. g. e.

Thann.

7243. Thaler v. 1548. Av. ✱ MONETA • NOVA • TANNENSIS • 1548 Das Stadtwappen. Rev. ✱ DOMINE • CONSERVA • NOS • IN • PACE Einköpfiger, nach rechts gewendeter Adler. Mad. 2342. Vortrefflich erh. RR.

Thorn.

7244. Thaler v. 1629, zum Andenken der tapfern Vertheidigung der Thorner gegen die Schweden unter General Wrangel. Av. FIDES ✿ ET ✿ CONSTANTIA ✿ PER ✿ IGNEM ✿ PROBATA ✿ Dreithürmiges Stadtthor (Wappenbild der Stadt), rings von Flammen umgeben. Rev. In einem Lorbeerkranze unter dem strahlenden Namen Gottes und zwei Blumen die Aufschrift: CIVIT(as) · THORVN · HOSTILITER OP | PVGNATA · ET · A · CI | VIB· FORTITER DEFENSA · XVI | FEBR : AN : | · M · D · C · X · X · I · X · | H · L (Hans Lippe, Mmstr.) zwischen Blumen | Mad. 2344. Raczinski, Nr. 81. Sehr gut erh. RRR.

7245. Gedächtnissthaler v. 1629, auf gleichen Anlass. Av. FIDES ✿ ET • CONSTANTIA ✿ PER ✿ IGNEM ✿ PROBATA ✱ Die brennende Stadt mit der Weichselbrücke, vom gegenüber liegenden Ufer aus gesehen, von der Sonne bestrahlt. Unten am Erdboden ein, wie es scheint, aus SHH gebildetes Monogramm des Stempelschneiders. Rev. Ein von Wolken umgebener Engel hält das Stadtwappen, darunter in 7 Zeilen: · THORVNIA · | HOSTILITER · OPPVGNATA | · ET · DEI · O(ptimi) · AVXILIO · | FORT(ite)R · A · CIVIB · DEFENSA | · XVI^A · FEBR · | ANNO | · MDC · XXIX | und eine Arabeske. Mad. 2343. Racz. Nr. 79. Sehr gut erh. R.

7246. Thaler v. 1633. Av. · MONETA · NOVA · ARGENT · CI-

VIT · THORVNENSIS · — Das von einem Engel gehaltene Stadtwappen. Zu den Seiten 16 — 33 | I — I (Jacob Jacobson, Mmstr.) Rev. VLADIS · IIII · D : G · REX · POL · ET · SVEC · M · D · LIT · RVS · P · — Gekröntes Bildniss v. r. S., bis an den Schooss, im Harnisch, mit Feldbinde, Spitzenkragen und dem goldn. Vliesse, in der Rechten das Schwert, in der Linken den Reichsapfel. Zu Mad. 5135. S. g. e.

Tournay (Dornik).

7247. Nothklippe zu 20 Sous, v. 1581, aus der Zeit der Belagerung durch den Herzog Alex. v. Parma. Runder Stempel: TORN(aco) · OBSESSO · 5 · OCT ✻ Der Thurm (das Stadtwappen) zwischen 15 — 81 Ueber diesem Stempel ist mit einem besonderen Stempel ein gekrönter, das Wappen des Gouverneurs Prinzen d'Espinoy enthaltender Schild eingeschlagen. Einseitig und geringhaltig. Mad. 5535. Duby, p. 109. Gr. im □ 30. 1 Loth. Sehr gut erh. R.

Ulm.

7248. Thaler v. 1546. Av. MO ⁑ NO ⁑ ARGEN ⁑ REIPVB ⁑ VLMENSIS (Blatt) Schild mit dem Stadtwappen; daneben I5 — 46 Rev. ⁎ CAROLVS ⁑ V ⁑ ROMA ⁑ IMPER ⁑ AVG ⁎ — Unter der Krone der Doppeladler. Bind. 527. Nr. 31. Gut erh.

7249. Thaler v. 1547, wie vorher, mit I5 — 47 und AVG ⁑ — Das Röschen vor „Carolvs" fehlt. S. g. e.

7250. Thaler v. 1547, wie der vorige, aber mit ⁎ CAROLVS ⁑ und AVGV — Mad. 2347. S. g. e.

7251. Guldenthaler v. 1572. Av. MONETA ⁑ NOVA ⁑ REIP ⁑ VLMENSIVM ⁑ I572 ❁ Der Wappenschild. Zu den Seiten blattartige Verzierungen. Rev. MAXIMILIAN ⁑ II ⁑ IMP ⁑ AVG ❁ P ⁑ F ⁑ DECRETO — Der gekr. Doppeladler mit dem Reichsapfel, worin 60 Mad. 5137. Bind. Nr. 43. Ist in Augsburg geschlagen. Vorzüglich erhaltenes Exemplar, das aus v. Madai's Cab. herrührt. RR.

7252. Thaler v. 1620. Av. MONETA ▴ NOVA ▴ REIPVB ▴ VLMENSIS ▴ 1620 ✿ Der Wappenschild. Rev. FERDINANDVS · II · ROM : IMP : SEMPER · AVGVSTVS — Gekrönter Doppeladler. Mad. 5138. Cat. imp. 556. Bind. Nr. 54. S. g. e.

7253. Sog. Regimentsthaler v. 1622. Av. Abbildung der Stadt von der Nordseite. Darüber VLMA in Einfassung. Im Abschnitte in einer mit den Schildchen des Hans von Schad und des Sigm. Schleicher (Rathsmitgliedern und Deputirten zum Münzwesen) belegten Einfassung: DIVINI | NVMINIS | PRÆSIDIO | TVTISSIMA | Ausserhalb derselben D — S | 16 — 22 (Daniel Sailer in Augsburg.) Rev. PRO ⁎ PATRIA ⁎ CVNCTA ⁎ ET ⁎ FACERE ⁎ ET ⁎ FERRE ⁎ PARATI ⁎ 1622 ✿ Ein bis an den Schooss sichtbarer Engel hält an Bändern acht Wappenschilde der damaligen Geheimen-Raths-Mitglieder und zwar von Albr. Baldinger (in der Mitte rechts), von Konr. Krafft (daselbst links) und sodann von Hans Schad, Hans Krafft, Leo Roth, Eitel Eberhard Besserer, Franz Ritter, Leonh. Erasmus Schorer (um erstere herumgestellt und links beginnend.) Mad. 2348. Cat. imp. 556. Bind. Nr. 69. 1¼ Loth. S. g. e.

7254. Thaler v. 1623, ähnlich Nr. 7252, doch mit viereckigen Punkten statt der Dreiecke zwischen den Worten im Av. Mad. 7218. Bind. Nr. 78. S. g. e.

7255. Thaler v. 1635. Av. MONETA • NOVA • REIPVB • VLMENSIS 1635 • Das Wappen in einem Schilde, der oben mit einem Engelskopfe und an den Seiten mit Blumengehängen verziert ist. Unten im Schnitzwerke M (Max, Vorname des Mzmstrs. Kienlen.) Rev. • FERDINAND⁹ • II • ROM • IMP • SEMP • AVG • — Der gekrönte Doppeladler. Bind. Nr. 92. S. g. e.

7256. Thaler v. 1636. Av. • MONETA • NOVA • REIPVB • VLMENSIS • 1636 • — Ovaler, verzierter Wappenschild; oben daran ein Köpfchen, zu den Seiten Blumengehänge und unten ein Fratzenkopf, wobei HL (verb.) — K (Hans Ludwig Kienlen, Mmstr.) Rev. Aehnlich dem vorigen. Bind. Nr. 106. S. g. e.

7257. Thaler v. 1639. Av. MONETA • NOVA • REIPVB • VLMENSIS • 1639 ✪ Ovaler, mit Schnitzwerk versehener Wappenschild, woran oben ein Engelsköpfchen, und zu den Seiten zwei Füllhörner. Unten · M · (Max, nämlich Kienlen.) Rev. FERDINAND⁹ • III • ROM • IMP • SEMP • AVG • — Der gekr. Doppeladler. Sehr gut erh.

7258. Guldenklippe v. 1704, die zur Bestreitung eines vom französ. Kommandanten Blainville verlangten sog. Anlehens aus dem Silbergeräthe der Einwohner geprägt wurde. Die viereckige Platte ist mit runden Stempeln versehen: Av. ✪ MONETA × ARGENT ⁑ REIP ⁑ VLMENSIS Verzierter Wappenschild. Rev. DA × PACEM × NOBIS × DOMINE × 1704 — Unter der Krone der Doppeladler, mit einem Reichsapfel auf der Brust. Mad. 5142. Duby, 18. 5. Cat. imp., Suppl. 27. Gr. 27 im □ S. g. e.

Ulm, Ueberlingen und Ravensburg.

7259. Dicken oder Drittelguldenthaler v. 1502. Av. M : NOVA · TRIVM : CIVITAT' · SWEVIE ✱ Der Ritter St. Georg, zu Pferd, v. l. S., mit einem Schilde, worauf ein Kreuz, und mit dem gegen den unten liegenden Drachen erhobenen Schwerte. (Der schwäbische Bund führte das alte St. Georgs-Panner von Schwaben zur Hauptfahne und als Feldzeichen ein rothes Kreuz im weissen Felde.) Rev. VLM : VBERLING' · RAVENSPVRG : In vierbogiger Einfassung oben 150z, in der Mitte der Schild mit dem einfachen Adler, rechts der von Ulm, links der von Ueberlingen und unten der von Ravensburg. Ausserhalb der Bogen 4 Röschen. Mad. 5968. Bind. 252. Gr. 29. ½ Loth. Sehr gut erh. RRR.

Weissenburg am Rhein.

7260. Doppelthaler o. J. Av. ✪ MON • NOV • IMP • CIVIT • WEISSENBVRG • AM • RHEI • zwischen zwei mit je 4 Röschen belegten Blätterkränzen. Verzierter Schild mit dem Stadtwappen.

Rev. FERDINANDVS • II • D • G • ROM • IMP • SEM • AVG • — zwischen gleichen Blätterkränzen. Unter der Krone der Doppeladler mit einem Reichsapfel auf der Brust. Abweichend von Berstett (Mz. des Elsasses) Nr. 269. Gr. 47. 4 Loth. Stammt aus dem v. Dickmann'schen Cab. Vorzüglich erh. RRRR.

7261. Thaler o. J. Av. ⊕ MON • NOV • IMP • CIVIT • WEISSENBVRG • A • RII : Das zweithürmige Stadtthor (als das Wappenbild der Stadt), von einem schmalen Blätterkranze umgeben. Rechts im Felde die erhabenen Umrisse einer Schiessscharte. Rev. FERDINAND • II • D • G • ROM • IMP • SEM • AVG : — zwischen Perlenkreisen. Der gekr. Doppeladler mit dem Reichsapfel. Zu Berstett, Nachtrag, 204. S. g. e. RRR.

Wien.

7262. Goldne Klippe v. 1529, auf die Belagerung der Stadt durch die Türken. Av. Gekröntes Brustbild Ferdinand's, daneben 15 — z9 und unten in 3 Zeilen: TVRK · BLE | GERT · WI | : EN : In den Ecken Blättchen. Rev. Kreuz zwischen den Wappenschildchen von Ungarn, Böhmen, Oesterreich und Kastilien. Ueber denselben, sowie über den Kreuzschenkeln je ein Blättchen. (Monn. en or, p. 57.) Gr. im □ 16. ⅞ Duk. G. e.

7263. Klippe v. 1529, auf gleichen Anlass. Av. Zwischen 4 Blättchen: TVRK | BELEGR | WIEN | 15z9 Rev. Kreuz mit den 4 Wappen. Gr. im □ 20. ⁷⁄₃₂ Loth. S. g. e.

7264. Salvator-Thaler o. J., der beim Wechsel des Stadtmagistrats an die Rathsherren u. s. w. gegeben wurde. Av. Innerhalb eines Lorbeerkranzes zwei mit Schnitzwerk verzierte ovale Schilde; im rechten der gekr. Doppeladler mit dem Wiener Kreuzschilde auf der Brust, im linken das Kreuz allein. Ueber den Schilden ⊕ · MVN(us) : RP (Reipublicae) ⊕ unter einer Arabeske, und unten ⊕ VIENN ⊕ | Arabeske. Rev. In gleichem Kranze das Brustbild des Erlösers v. l. S., mit der Ueberschrift: SALVATOR — MVNDI 1¹⁵⁄₁₆ Loth. Sehr gut erh.

7265. Salvator-Thaler o. J. Av. Wie vorher, aber über den Schilden · MVN : RP · (bogenförmig gestellt) und unter denselben · VIENN · (ebenfalls bogenförmig gestellt.) Rev. Wie der vorige, aber von anderer Zeichnung, das Haupt des Erlösers umgeben 9 Strahlen, während es vorher nur 7 waren. Cat. imp. 556. 1. 1¹⁵⁄₁₆ Loth. Sehr gut erh.

7266. Medaille v. 1683, auf den Entsatz der Stadt. Av. ✪ DU ADLER SITZ GOTT IST DEIN SCHUTZ, DEM MAHOMET ZU SPOTT UND TRUTZ Ansicht der Stadt, des Lagers und der Flucht des Feindes. Oben der Doppeladler. Rev. Aufschrift in 14 Zeilen: ANNO — 1683 | u. s. w. Zwischen den 3 oberen Zeilen das Brustbild des Kaisers Leopold. Gr. 48. 3 Loth. G. e.

7267. Medaille v. 1683, auf gleichen Anlass. Av. • *OppVgnata bona est non eXpVgnata VIenna! NaM CoeLô perDens HostIbVs HostIs erat* · Plan der Festung mit Umgebung und Aufriss des Lagers.

Rev. HOC ORIENTE FUGIT · Flucht der Türken vor der Stadt. Am Himmel weicht der Halbmond der aufgehenden Sonne. Erhab. Randschr.: CASUS etc. Gr. 44. 2⁵/₈ Loth. S. g. e.

(Siehe auch Nr. 108—111 im 1. Theile.)

7268. Stadtmedaille o. J. Av. Abbildung der Stadt; darüber der gekr. einköpfige Adler und die Ueberschrift: SUB UMBRA — ALARU TU-ARU · Im Abschn. in zierlicher Cartouche MUNUS | · R P · | VIENNENS · Zu den Seiten unter zwei Füllhörnern die Schilde von Oesterreich und der Stadt. Rev. Brustbild des Erlösers von rechter Seite, mit der Ueberschr. SALVATOR — MUNDI · Unten *H · Fuchs* · (Stempelschn. 1716—20.) Gr. 43. 1³/₄ Loth. S. g. e.

Wismar.

7269. Markstück v. 1550. Av. MONETA ✿ NOVA ✿ WISMARIENSIS und ein kl. Vogel (Taube) als Mzzch. Joach. Dalemann's. In Bogeneinfassung der auf einem Kreuze liegende Wappenschild von Wismar. Rev. STATVS ✿ MARCE ✿ LVBICENSIS ✿ 1550 und das Vögelchen. In Bogeneinfassung die in's Dreieck gestellten Schilde von Hamburg, Lübeck und Lüneburg. In der Mitte das gestreifte Schildchen von Wismar. Mad. 5143. 1¹/₄ Loth. Z. g. e.

7270. Thaler v. 1552. Av. MONETA o NOVA o — WISMARIEN — Der stehende h. Lorenz mit Palmzweig und Rost: Zu seinen Füssen der Schild mit dem einfachen Stadtwappen. Rev. (Taube) SPES — NOSTRA — IN DEO · — 155z · — Das vollständige Stadtwappen auf einem die Umschrift theilenden Kreuze. Mad. 2352. Sehr gut erh. R.

7271. Thaler o. J. Av. · MONET NOVA ✱ — ✱ WISMARIEN · — Der stehende Lorenz mit Rost und Palmzweig. Unten der gespaltene Wappenschild. Rev. · RVDOLPHVS · II · — · D : G · I · MP · SE · A · G · S · (sic!) — Unter der Krone der Doppeladler mit dem Reichsapfel, worin 32 (Schillinge) Vorzüglich erh. R.

7272. Thaler v. 1622. Av. · MONETA · NOVA · — · WISMARIENSIS · — Der Heilige mit Palmzweig und Rost. Unten neben ihm 16 — 22 und zu seinen Füssen der Wappenschild. Ueber seiner rechten Achsel M mit darauf gestelltem Zainhaken (Mich. Martens, Mmstr.) Rev. · FERDINAND · II · D · G · RO : IMP · SEMP : AV : Unter der Krone der Doppeladler (ohne Scheine) mit dem Reichsapfel, worin 3Z (Mad. 5971, sehr ähnlich.) S. g. e. R.

7273. Thaler v. 1624. Av. · MONETA · NOVA · — : WISMARIENSI · und D mit darauf gestelltem Zainhaken (Dase, Mmstr.) · — Der Heilige in einem mit Pelz ausgeschlagenen Rocke, einen Palmzweig und den Rost haltend. Zu seinen Seiten 16 — 24 und unten der Wappenschild. Rev. FERDINANDUS · II · D : G : ROMA (:) IM : S : A : 16z4 Der gekrönte Doppeladler mit dem Reichsapfel, worin 3Z War geh., sonst s. g. e.

7274. 16-Schillingstück v. 1672. Av. (Arm mit Schwert als Münzzeichen) WIS — MARS · — STADT — GELT · — Der Wappenschild auf einem Kreuze. Rev. 16 · SCHILLI — NG · 1672 Der stehende Heilige. Gehenkelt und mit einem Ringe versehen; sonst sehr gut erh.

Worms.

7275. Dicker Doppelthaler v. 1614. Av. ✿ MON · NOV · LIB · — IMP · — CIVIT · VORM — ATIEN · — Das von zwei Drachen gehaltene Stadtwappen. Darüber · 1614 · Rev. SUB · UMBRA · ALARUM · TUARUM · PROTE : NOS — Unter der Krone der Doppeladler mit einem Reichsapfel auf der Brust. Gr. 42. 4 Loth. Sehr gut erhalten. RRR.

7276. Breiter Doppelthaler o. J. Av. ✿ : VORMATIA · METROPOLIS · VANGIONVM · S · IMPERII · CIVITAS · LIBERA : Abbildung der Stadt mit Umgebung. Oben halten die beiden Drachen den ovalen Wappenschild. Rev. ✿ · INSIGNIA ◆ TREDECEMVIRORVM (sic!) ◆ INCLYTÆ ◆ REIPVBL ◆ WORMATIENSIS ◆ In der Mitte der gekrönte Doppeladler mit dem Reichsapfel, von einem Blätterkranze umgeben, um welchen die Wappen der 13 Rathsherren mit darüber befindl. Namensbuchstaben gestellt sind. Die Namen lauten, beim Schilde oben in der Mitte beginnend und links herumlaufend: I(ohann) · R(ühle) — · — I(oh.) · I(oachim) · O(ermann) — · — M(ichael) · S(tromer) — · — I(oh.) · P(hilipp) · B(ixenstein) — · — A(brah.) · C(apeller) — · — B(ernh.) · B(ender) — · — I(oh.) · W(ilh.) · K(rapf) — · — I(oh.) · I(akob) · S(eidenbäner) — · — G(eorg) · M(örsel) — · — P(hilipp) · C(hristoph) · Z(orn) — · — I(oh.) · I(ulius) · S(eidenbäner) — · — N(ikol.) · C(onrad) · P(ultz) — · — I(oh.) · C(asp.) · W(eber) · V(on) · W(orms) — · — Cat. imp. 558. 1. Gr. 61. 4 Loth. S. g. e. RRR.

7277. Anderthalb-Thalerstück o. J., von den Stempeln des vorigen. Mad. 5154, dessen Exemplar hier vorliegt. $2^{15}/_{16}$ Loth. Von seltener Schönheit. RRR.

7278. Schauthaler v. 1709, auf das neuerbaute Rathhaus. Av. · LIBERA · WORMATIA · SACRI · ROMANI · IMPERII · FIDELIS · FILIA · (2 Blättchen) Abbildung der Stadt; darüber das von den beiden Drachen gehaltene Stadtwappen. Rev. SO SETZT MICH GOTT NUN AN DEN ORT WO LUTHER EH BEKANNT SEIN WORT und ein Röschen zwischen zwei Blättchen (rechts in der Mitte beg.). Das vom göttlichen Dreiecke bestrahlte neuerbaute Rathhaus; darunter in 3 Zeilen: SEIT GETROST ICH | DER HERR BIN | MIT EVCH | · I · L · Mad. 5155. $1^{15}/_{32}$ Loth. Vorzüglich erhaltenes Exemplar aus dem v. Wambold'schen Cabinet. R.

Zamosc.

7279. Belagerungsmünze zu 2 poln. Gulden, v. 1813. Av. BOŻE DOPOMOŻ WIERNYM OYCZYŹNIE Im Felde zwischen einem Palm- und einem Lorbeerzweige 2 | ZLOTE | 1813 Rev. In 3 Zeilen MONETA | W OBLEZENIU | ZAMOSCIA | und darunter eine brennende Bombe. Reichel, 2436. Gr. 28. G. e.

Zara.

7280. Noththaler zu 4 Francs 60 Centimes, v. 1813, während der öster. Belagerung geprägt. Im Av. ist ein auf die Spitze gestelltes Viereck eingeschlagen, worin der auf dem Donnerkeile sitzende napoleonische Adler. Zu den Seiten rechts von unten nach oben ZARA, links von oben nach unten 1813 Im Rev. befindet sich ein viereckiger Stempel, der ein in zwei Hälften getheiltes Viereck enthält, in dessen oberer Hälfte 1 · O · (d. i. 1 venetianische Oncia) und in dessen unterer 4ᶠ 60ᶜ Auf dem Rande 3 Stempel mit ME, SP und SB Gr. 40. 2 Loth. Sehr gut erh. R.

Zierikzee.

7281. Einseitige Klippe v. 1576, auf die Ergebung der Stadt an die Spanier. Der runde Stempel enthält folgende Aufschrift: · ✱ · | REGLÆ | MA T (majestati) RECON | CILIATA · ZI | RIZEA · ZA · (secunda, sc. die) | IVLY · AO | · 1576 · Mad. 4730. (Cat. imp. 558.) Gr. im □ 35. 1¹⁵/₁₆ Loth. Sehr gut erh. R.

Zütphen.

7282. Ducaton oder Dreiguldenstück, v. 1677. Av. MO · NO · ARG · CIV · ZVTPHANIÆ — Gekröntes Stadtwappen, zu dessen Seiten · 3 — G Ueber der Krone 1 — 6 — 7 — 7 Rev. HAC NITIMVR — HANC TVEM(UR) Behelmte weibl. Figur, mit dem Freiheitshute auf der Lanze, stützt sich mit dem linken Arme auf ein Buch, das auf einer Säule steht. Neben letzterer im Kreise der Umschrift zwei kreuzweise über einander gelegte Zweige (als Münzzeich.) Mad. 5973. Die 3. Ziffer der Jahrz. undeutlich, sonst sehr gut erh. 2³/₁₆ Loth. R.

7283. Gulden zu 28 Stübern, v. 1690. Av. FLOR(enus) · ARG(enteus) · CIV(itatis) — ZVTPHANIÆ — Das gekrönte quadrirte Stadtwappen. Ueber der Krone 16 — 90 Unten eine leere Cartouche. Rev. · IN · DEO · SPES · NOSTRA · (ein Mzzch.) · — Unter der Krone der Doppeladler (o. S.) mit dem Reichsapfel, worin 28 Eingeschlagen ist ein mit HOL(land) bezeichneter viereckiger Stempel. Mad. 5157. G. e.

Zwoll.

7284. Thaler v. 1655. Av · MONETA · ARG · CIVITATVS (sic!) · ZWOL · und das Zwoller Schildchen mit dem Kreuze. Gekrönter Löwenschild; daneben 16 — 55 Rev. FERDINA III · — · D G · RO · IMP · SEM · AVG ✱ Ein belorbeertes und geharn. Bildniss v. r. S., bis an den Schooss, rechts das Schwert, links an einem Bande das Stadtwappen (Erzengel mit Kreuzschild, den Drachen erlegend) haltend. (Mad. 5161.) Aus v. Wambold's Cab. G. e.

7285. Thaler v. 1660. Av. MONETA · ARG · — CIVIT · ZWOL ✱ — Ein stehender geharnischter Ritter hält in der Rechten das Schwert und mit der Linken an einem Bande den Schild mit dem

Stadtwappen. Zu den Seiten 16 — 60 Rev. · DA · PAC · DOMINE · IN · DIEB · NOSTRIS · — Der gekrönte Löwenschild. Mad. 2358. $1^{29}/_{32}$ Loth. G. e.

7286. Thaler v. 1660. Av. Wie vorher. Rev. ✱ CONCORDIA · RES · PARVÆ · CRESCVNT · Gekrönter Schild mit dem holländischen (Pfeilbündel und Schwert haltenden) Löwen. Mad. 5163. $1^{7}/_{8}$ Loth. Vorzüglich erhalten.

Miscellanea.

(Biblische, moralische, satyrische u. a. Medaillen.)

7287. Der sog. Interimsthaler, o. J. Av. DIT • IS • MIN + LEVE • SON • DEN • S(ollt) • GI (Ihr) • HO(eren) ✿ Die Taufe Christi. Rev. PACKE • DI • SATHAN • DV • INTERIM • ✿ • Christus vor einem aufgerichteten Ungeheuer, das an 3 Hälsen einen Engelskopf, einen mit der Tiara bedeckten Kopf und einen Judenkopf trägt und unter dem Schwanze eine Larve hat, die giftige Winde aushaucht. Mad. 2360. Gr. 41. $1^{31}/_{32}$ Loth. S. g. e.

7288. Thalerförmiges Schaustück v. 1528. Av. Doppelte Umschrift: DER + HER + SPRAC + ƷV + MOSE + MAC + DIR + EIN + ERNE + SLANG + VND + RICT + SI + ƷVM + ƷEI — | GEN + AVF + WER + GEPISN + IST + VND + SICT + SI + AN + DER + SOL + LEBEN + — Zwischen beiden Umschriften oben ♁ Die um das Kreuz geschlungene Schlange. Zu den Seiten knieen je 6 Personen, vorn liegen vier Todte. Neben dem Kreuze 15 — Z8 NVM — RI + ZI + Rev. Doppelte Umschrift: GLEIC ▾ + WI + DI + SLANG + SO + MVS + DES + — + MENSEN + SON + ERHOET + WERDN + AVF — | DAS + AL — DI + AN + IN + GLAVBEN — HABEN + DAS + EWIC + — LEBEN + und wiederum ♁ Christus am Kreuze, worüber der Zettel mit I N R I Zu den Seiten + IOAN — NES + 3 + und unten je 6 knieende und betende Personen. Mad. 2369. War gehenk., sonst s. g. e. Gr. 47. $1^{31}/_{32}$ Loth.

7289. Thalerförmiges Schaustück o. J. Av. Doppelte Umschrift: RO + 6 + CRISTVS + IST + AVFERWECT + VON + DEN + TOTN + DVRC + DI + HERLIKET + DES + VATRS + — | ALSO + SOLN + AVC + WIR + IN + EIM + NEVEN + LEBN + WANDELN + I + COR + 15 + TOT + und zwischen beiden Umschriften oben ♁ Der erstandene Christus mit der Siegesfahne über der Weltkugel, dem Teufel und dem Tode. Rev. Doppelte Umschrift: + MAT + 12 + DISE EBRECIS (ehebrecherische) + ART + SVCT + EIN + ƷEGN + ES + WIRT + IR + KAINS + GEBN + DAN + DAS + + | ƷEIGN + DES + PROVETN + IONAS + ION + I + LVC + II + WI + ION + EIN + ƷEGEN + WAR + und wiederum ♁ Christus mit einem seiner Jünger vor einigen Pharisäern und Schriftgelehrten. Vorn der den Jonas auswerfende Wallfisch. Mad. 2365. Gr. 40. 2 Loth. Sehr gut erhalten.

7290. Dickthaler o. J. Av. WIE : D(er) : HIRS(ch) : N(ach) : FRIS(chem) : WAS(ser) : SCHREI(t) : S(o) : SCH(reit) : M(eine) : SE(ele) : Z(u) : D(ir) : CHS (Christus) ✿ Ein nach rechts schreitender Hirsch. Rev. VND VMB VNSER GERECHTIKEIT WILLEN WIDER AVFERWECKT ✿ Der aus dem Grabe auferstehende Heiland tritt auf den Tod und erlegt mit der Siegesfahne den Teufel. Zu den Seiten zwei schlafende Wächter. Mad. 5982. In der Reichel'schen Münzsammlung (IV. 2475) wird dieses Stück den Grafen von Sayn beigelegt. Gr. 35. 2 Loth. Vorzüglich erh. RR.

7291. Schaustück o. J. Av. SASON · IRRVEN · DNI · IN · EV · SPV · SEVIEN · LEONE · DISCERPSIT · IVDI · CA · 14 : (Samson, irruente Domini in eum spiritu, saevientem leonem discerpsit) Simson, dem Löwen den Rachen aufreissend. Rev. XPS · SERPETIS · SVO · INSIDIATIS · CALCANEO · CAPVT · COMMINVIT · GE · 3 : Christus mit der Siegesfahne, rings von Strahlen umgeben, tritt der Schlange auf den Kopf. Dabei liegen die mosaischen Gesetztafeln. Mad. 5983. Schöne Arbeit im Rev., erhabenes Gepräge. Gr. 41. 2 Loth. Sehr schön erh.

7292. Breiter Schauthaler o. J. Av. SIMSON LEON : RUGENT : INSTAR HOEDI DISCERPSIT · IUDICUM · 14 und ein kl. Reiter mit erhobenem Schwerte, als Mzzch. Simson knieet auf dem nach rechts schreitenden Löwen und reisst ihm den Rachen auf. Rev. CHRIST : IUXTA VATIC(inium) : OSE(ae) : 13 · MORT(uus) : ET DIAB(olum) : DRACON(em) : INFENSIS(simum) : VICIT · und der kl. Reiter. Christus, mit dem Kreuze, steht auf einem von 3 Lämmern gezogenen Triumphwagen, den Tod und den Teufel an Stricken nach sich ziehend. Mad. 5213. Ist ungefähr 1620 und, wie das Münzzeichen an die Hand giebt, zu Lüneburg geschlagen. Gr. 55. $1^{15}/_{16}$ Loth. Sehr gut erh. R.

7293. Halber Schauthaler o. J. Av. DIE ROTE HVR DE · DRACH : REIT · DE KELC : DS GIF(ts) : U : GREWELS · TREIT (trägt) · ⁄ Die auf dem siebenköpfigen Drachen über eine befestigte Stadtmauer reitende babylonische Hure, mit dem Kelche in der erhobenen Linken. Am Boden eine Heuschrecke und vorn ein auf die Seite springendes Schaf. Rev. HATS · GODT · VO — RSEHN · SO · WI — RTS · GESCHEN : und ein undeutliches Münzzeichen (ein Helm?) Ein auf einem geschmückten Pferde linkshin sprengender geharnischter Fürst mit dem Kommandostabe in der Rechten. Umher ein Blätterkranz. Mad. 5222. Die Vorstellung des Rev. ist den Doppelthalern Graf Ernst's zu Schaumburg entlehnt. Gr. 44. $^{31}/_{32}$ Loth. Aus der v. Soothen'schen Sammlung. Sehr gut erh. R.

7294. Schaustück zu $1^1/_2$ Thalern, v. 1639. Av. AD DVO LVSTRA DVOS BIS ANNOS SANCTVS IACOB 1639 Vorstellung des Traumes Jakob's. Rev. SERVIVIT SIBI DVM RACHEL AMICA DATA EST GENESIS XXIX ✿ Die Brustbilder Jakob's und der Rahel neben einander, v. r. S. Mad. 7230. Gr. 44. $2^{15}/_{16}$ Loth. G. e.

7295. Medaille v. A. Guillemard, o. J. Av. Brustbild Christi mit der Ueberschrift: SALVATOR MUNDI · Rev. S · ANTONIO DI PADOVA Der Heilige mit dem Kinde. Gr. 40. 1¹/₈ Loth. S. g. e.

7296. Medaille von sehr erhabener Arbeit aus dem 16. Jahrh. Av. ZALEVCVS · A · M · 3300 LEGES LOCRENS DEDIT (als Ueberschrift.) Bärtiger Kopf des Zaleucus, dem das rechte Auge ausgestochen ist und dem die Augenhöhle blutet. Er erscheint von vorn, doch mehr von rechter Seite und trägt ein einfaches Gewand. Rev. LEX DATA INVALIDA REMANEAT ▲ (als Ueberschrift.) Vorwärtsgekehrtes, doch etwas mehr von der linken Seite erscheinendes, Brustbild des Sohnes des Zaleucus, im Gewande. Das linke Auge ist ihm ausgestochen und aus der Augenhöhle laufen Blutstropfen. Die Umschriften stehen auf etwas tiefer liegendem Rande. Ciselirter Originalguss in Silber eines italienischen oder Augsburger Meisters. Gr. 55. 6³/₈ Loth. S. g. e. RR.

7297. Medaille aus dem 16. Jhdte. Av. Ein König (Kambyses) mit Zackenkrone, umgegürtetem Schwerte und umgelegter Vliessordenskette hält in der Rechten das Zepter und zeigt mit der Linken nach einem in einer Nische des getäfelten Saales stehenden, mit einer kopflosen Menschenhaut (der Haut des ungerechten Richters Sisiamnes) überzogenen Stuhle, während er sich an den ihm sich nähernden, erschrocken die Hände erhebenden Mann (den Sohn und Nachfolger des Sisiamnes) wendet, der entblössten Hauptes und im Kostüme des 16. Jahrh. erscheint, auch ein Schwert an der Seite trägt. Im Hintergrunde drei mit hohen Hüten bedeckte männliche Gestalten. (Darstellung d. bek. Erzählung vom Kambyses.) Rev. In einer Säulenhalle sitzt der gekrönte Zaleucus auf einem Thronstuhle mit gebundenen Händen, dem ein mit langem Mantel bekleideter Henker das linke Auge aussticht. Zur Seite sitzt, mit den Händen an eine Säule gebunden, des Zaleucus Sohn, dem ein anderer Henker im Kostüme des 16. Jhdts. das rechte Auge blendet. Umher ein Blätterkranz. In der Sammlung des Herrn Staatskassiers Hirzel in Zürich befindet sich der Abguss einer gleichen Medaille mit den Umschriften: Poenae invstorvm ante ocvlos positae docent ivstitiam ✤ im Av. und Zalevcvs lege lata advlteris ocvlos ervi jvssit ✦ im Rev. Ciselirter und schwach vergoldeter Originalguss. Gute deutsche Arbeit. Gr. 51. 2⁷/₁₆ Loth. S. g. e. RR.

7298. Medaille v. 1565. Av. ✿ NVLLIS CEDO MALIS, ET FORTITER OMNIA VINCO · 1565 : Die Tapferkeit in Gestalt einer nackten, nur mit einem übergeworfenen Tuche etwas bedeckten weibl. Figur steht in einer Halle auf getäfeltem Fussboden und stützt sich mit der Linken auf den unteren Theil einer gebrochenen Säule, deren Obertheil nebenbei liegt. Hinter der Gestalt schreitet ein Löwe. Rev. ✿ : SVSTINEO QVEMVIS PATIENTI CORDE DO(LO)REM · (Arabeske) Eine weibliche Gestalt (die Geduld) legt die Hand auf den Kopf eines an ihr heranspringenden Lammes. (An Stelle der Buchstaben LO ist ein Herz eingeschnitten.) Gr. 41. ¹¹/₁₆ Loth. Silber. S. g. e. R.

Ist eine Arbeit von Jakob Stampfer, Stempelschneider in Zürich. (Meyer's angef. Abhandl. Anmkg. 20.)

7299. Kleinod zum Tragen, aus dem Ende des 16. Jahrh. oder dem Anfange des 17. Jhdts. Ovale Medaille: Av. SI DEVS — PRO NOBIS QVIS CONTRA NOS (als Ueberschr.) Der Ritter Georg auf nach linkshin springendem Rosse stösst mit beiden Händen die Lanze in den Rachen des Lindwurms. Rev. IVSTITIA — CONCORDIA — PAX (als Ueberschr.) Die Gerechtigkeit mit einem Schwerte und die Friedensgöttin mit einem Palmzweige halten einen Kranz über die sie umschlungen haltende Eintracht. Unter dem Piedestale Waffen. Diese Medaille ist von einer zierlichen, durchbrochenen Einfassung umgeben und mit drei Kettchen nebst Ring versehen. Schwach vergoldeter Originalsilberguss. 1⁵/₈ Loth. G. e.

7300. Medaille (v. Hans von Putt), 1624. Av. A DEO — PRO — IMPERIO Vor einem Leuchter mit strahlendem Lichte ein geharnischter rechter Arm mit einem Schwerte. Av. AVSPICIIS | REGVM REGIS | SESE ARDVA VIRTVs | PRO PATRIÆ IMPERIO | ACCINGIT : DEVS | ARBITER ORBIS LVCE | BEAT MENTEM; ET | DEXTRAM FELICI- | BVS ARMIS | · H · V · P · | · 1624 · Wird mit Braunschweig in Beziehung gebracht. (Junker, p. 348, der die Jahrzahl übersehen und deshalb zu falschen Schlüssen gekommen ist.) Gr. 48. 3²³/₃₂ Loth. S. g. e. RR.

7301. Klippe v. 1707. Av. KEHR MICH UMB | SO WIRSTU SEHEN | WAS IN SCHLESIEN | GESCHEHEN | 17 — 07 In den Ecken Verzierungen. Rev. In einem weiten Kreise knieender Kinder predigt ein Knabe. Darunter AUS DEN MUNDE DER | JUNGEN KINDER UND | SÆUGLINGE HASTU | DIR EINE MACHT | ZUGE | RICH | TET Gr. im □ 33. 1 Loth. S. g. e.

Näheres über die schlesischen Kindergebete s. in d. Hist. Ged.-Mz. p. 702.

7302. Spottmedaille o. J. (16. Jhdt.) Av. ECCLESIA PERVERSA TENET FACIEM DIABOLI — Doppelkopf (Papst und Teufel.) Rev. STVLTI ALIQVANDO SAPIENTES — Doppelkopf (Narr u. Kardinal) Hausch. 2798. Vgl. Juncker p. 330. Gr. 35. 1⁷/₃₂ Loth. Guss in Silber.

7303. Goldne Freimaurermedaille der Braunschweiger Loge, o. J. (1745), der sog. Freimaurerdukaten. Av. FAVETE — LINGVIS · Herkules stützt sich mit dem rechten Arme auf einen mit der Löwenhaut bedeckten Stamm, drückt den Zeigefinger auf den Mund (als Harpocrates) und hält im linken Arme ein Füllhorn, dem freim. Geräthschaften entfallen. Im Abschn. ÆQVITAS CONCOR DIA ET VIRTVS Rev. ÆQVA LEGE SORTITVR INSIGNES ET IMOS · Eine aus Wolken kommende Hand hält eine Bleiwage über mehrere auf der Erde liegende Bausteine. Hausch. 2544. Merzdorf, Denkmz. d. Freimaurerbrüderschaften, Nr. 21. Gr. 22. 1 Duk. Sehr gut erhalten.

7304. Kleine Medaille o. J. (18. Jhdt.) Av. DU SOLST NICHT GESCHENCK NEHMEN und unten herum + IM · 2 · B · MOS · 23 · 8·

Eine Hand hält einen französ. Thaler (Kopf v. r. S. mit der Umschr. LVD XI — D G R) Dabei ein Band mit der Aufschr. KOMSTU MIR ALSO Rev. DENN GESCHENKE MACHEN DIE SEHENDEN BLIND ✿ Ein Gesicht sieht durch die Finger. Dabei ein Band, worauf so KOM IC — H DIR SO Am Arme T (Thiebaud, Stempelschneider in der Schweiz.) Gr. 23. ¼ Loth. S. g. e.

7305. Herzförmiger gravirter Anhängepfennig v. 1653. Av. Absalon am Baume. Unten: *Wer wider Gott im | Sattel Reit, | Erfehrt, den aus· | gang mit der | Zeit·* Rev. *Gottfried von Nürnberg · | Georg von Greffentall · | Hanns Ullerich von Nürnberg · | Hanns Andreas von Nürnberg · | Andreas von Kietzigen · | Thomas von Stuckart · | Allexfander von Sultz · |* Unten ein Sattel zwischen zwei Pistolenhalftern und 16 · 53 Höhe 63. 1 Loth. S. g. e.

7306. Medaille o. J. (17. Jhdt.) Av. Behelmter Wappenschild (3 Löwen auf einem Schrägbalken, das obere Feld ist zackenförmig getheilt; Kleinod: wachsender Löwe mit einer Hellebarde) auf geblümtem Grunde innerhalb eines schmalen Blätterkranzes. Rev. Graviert: In einem Kranze von Lorbeer- und Palmzweigen die Aufschrift: FLOREAT | ANGLIA IN | VERA RELIGIONE | PROTESTANTE Ciselirter Originalguss von bester Erhaltung. Gr. 58. 6⅛ Loth. Silber.

7307. Gravirter Pathenpfennig v. 1734. Av. *Antonius | Ludovicus natus | et Baptizatus eſt | die 8 Marty 1734 | P : J : B : G :* Rev. *durch die Tauff ſo | du Empfangen | Kanſt auch neye Gnad Erlangen | wan du Frum und Recht | wirſt leben | wird er dir den Himel | Geben* Mit Ring zum Tragen. Gr. 59. 2⅞ Loth. Silber und vergoldet. S. g. e.

Unbekannt.

7308. Thaler v. 1595. Av. ✦ IHR ⁑ GV (✦ W)V ⁑ — ✦ VVD ⁑ MMGB ⁑ — Behelmter Wappenschild (getheilt, oben ein wachsendes Einhorn mit 2 Kleeblättern im Maule, unten damascirt; Kleinod: wachsendes Einhorn wie im Schilde.) Rev. GOTT ꕥ ALLEIN ꕥ DIE ꕥ EHR ꕥ 1595 ꕥ Ein auf bewachsenem Boden stehender Engel, mit einem Kreuzchen auf dem Haupte, hält zwei Wappenschilde (der rechte enthält einen Zweig mit 3 Granatäpfeln; der linke enthält ein auf einem Dreiberg stehendes Gefäss, worin zwei Hände mit einer Stampfe arbeiten, oder aus welchem 2 Hände ein Tuch oder dergl. ziehen. $1^{15}/_{32}$ Loth. Mit Ausnahme einer im Av. etwas undeutlichen Stelle der Umschrift sehr gut erh. RRRR.

Nachtrag.

Zu Seite 180.

Culemburg.

Florenz I., Freiherr von Pallant,

Sohn Johann's von Pallant, Drosten zu Falkenburg, und dessen Gem. Anna, Tochter und Erbin Kaspar's von Culemburg, ward von König Philipp II. von

Spanien 1555 zum Grafen von Culemburg erhoben, wurde dann einer der Mitbegründer des Geusenbundes, in der Folge vom Herzog v. Alba in die Acht erklärt und † 9. Sept. 1598. Sein Sohn Florenz II. († 1639) setzte seiner Schwester Sohn, den Grafen Philipp Dietrich v. Waldeck (s. vor Nr. 5760) zum Erben seiner Güter ein.

7309. Thaler o. J. (16. Jhdt.) Av. ·:· SANCTVS : CAROLVS : MAGNVS : Gekröntes und geharnischtes Brustbild, in der Rechten das Zepter, die Linke am Schwertgriffe. Rev. .·. MONETA : NOVA : ARGENT : D(omini) : I(n) : P(allant) Ein aufgerichteter, doppeltgeschwänzter Löwe v. l. S. Mad. 1949. Reichel VI. 391. 1³/₄ Loth. Z. g. e. R.

7310. Thaler o. J. Wie vorher, aber mit CAROLVS · MAGNVS (· S)ANCTVS : und mit .·. MONETA · NOVA · ARGENT · D · I · P 1⁵/₈ Loth. Z. g. e. R.

Madai reihte diese Thaler, als fraglich, unter Brederode ein, Reichel und die Num. Ztg. 1849, p. 179 besprechen sie unter den Münzen der Grafen von Batenburg und Bronckhorst, L. de Coster weist sie in der Rev. belge, 2. III. p. 332, und wohl mit allem Recht, obigem Florens v. Culemburg zu.

Zu Seite 511.

Zeeland.

7311. Einseitige Klippe v. 1574, geschlagen nach der Befreiung der Provinz. In der Mitte der viereckigen Platte ist ein grosser runder Stempel eingeschlagen, der zwischen Laubwerk folgende Inschrift enthält: · I · 5 · 7 · 4 · | · LIBERT(ate) : REST(ituta) : | · S(enatus) · P(opulus) · Q(ue) · ZEL(andiae) : | · SOLI · DEO · | · HONOR · In der oberen Ecke ist der Schild von Zeeland mit einem besonderen Stempel aufgeprägt. Mad. 4729. Cat. imp. 483. 1. Gr. im □ 37. 2 Loth. Sehr gut erh. R.

7312. Thaler o. J. (17. Jhdt.), mit absichtlich verstümmelten Umschriften, von einem Unberechtigten geschlagen. Av. × SROARG × IENCV — EOX + BIG × TNAL × — Vor einem stehenden geharn. Ritter ein Löwenschild. Rev. CONADENSRVIBOGNON × MOVETXLR ×✪× Ein aufgerichteter Löwe v. l. S. Geringhaltig. Ist holländischen Thalern nachgeprägt. 1¹⁹/₃₂ Loth. G. e.

Medaillen auf Privatpersonen.

7313. **Altaemps** oder Hohen Ems, Jakob Hannibal Graf v., berühmter General, geb. 1527, † 1587. Medaille v. 1575. Av. IACOBVS HANIBAL COMES IN ÆLTÆMPS (als Ueberschr.) Brustbild v. r. S., im Harnisch, mit gekräuseltem Halskragen. Am Armabschn. 1575 (vertieft.) Rev. Ein segelndes Schiff auf dem Meere. Oben herum SALVA DOMINE VIGILANTES Beide Seiten umzieht eine Perleneinfassung. Gr. 26. ¹¹/₁₆ Loth. Originalguss in Silber, von schöner Erhaltung. RR.

7314. **Amboise,** Georg v., Kardinal, Erzbischof von Rouen und erster Minister Ludwig's XII. von Frankreich, geb. 1460, † 1510. Me-

38

daille v. 1503. Av. GEORGIVS · DAMBOISE · S · Æ · R · CARD — Brustbild v. l. S., im geistl. Barett. Rev. · TVLIT · ALTER · HONORES · Die Tiara zwischen den Schlüsseln auf einem Postamente. Unten I503 Neuer Abschlag. Gr. 54. $4^{11}/_{16}$ Loth. Silber. Sehr gut erb.

Ayta s. Zwichem.

7315. **Bailly**, J. Silvain, Präsident der franzôs. Nationalversammlung und erster Maire von Paris, auch astronom. Schriftsteller, geb. 1736 zu Paris, enthauptet im November 1793. Av. Brustbild v. l. S., mit Ueber- und Unterschrift. Rev. Zehnzeilige Aufschrift: PREMIER PRESIDENT DE | L'ASSEMBLÉE NAT.LE | etc. Henin Nr. 553. Gr. 32. 1 Loth. Silb. S. g. e.

7316. **Bassompierre**, François de, General der franz. Schweizergarden und Marschall von Frankreich, geb. 1579, † 1646. Bronzemedaille v. 1633. Av. · FR : A · BASSOMPIERRE · FRANC : POLEM : GLIS · HELV : PRÆF (als Ueberschr.) Erhaben gearbeitetes Brustbild v. r. S., mit langem, etwas gelocktem Haar, einem Ober- und spitzen Unterbart, im Harnisch, mit Ueberwurf, Spitzenkragen und dem h. Geistorden am Bande. Rev. QVOD NEQVEVNT TOT SIDERA PRESTAT (als Ueberschr.) Ein Leuchtthurm, in von Schiffen befahrenem Meere. Am Himmel Sterne. Im Abschnitte · 1633 · Scheint eine Arbeit Dupré's zu sein. Gr. 53. Schöner Guss in hellfarbener Bronze, mit Henkel. S. g. e.

7317. **Berg**, Gabriel Taddin, kais. Feldzeugmeister. Bronzemedaille v. 1538. Av. GABRIEL · TADDIN · BERG · EQ · HIER · CÆS · TORMEN · PRÆF · GEN · (als Ueberschr.) Bärtiges Brustbild v. l. S., mit kurzgeschnittenem Haar, im Pelzrock. Rev. Vier aufgefahrene Geschütze. Oben herum VBI · — RATIO · IBI · FORTVNA · PFVGA und im Abschnitte M C · C · C · C · C · XXXVIII Gr. 38. Gut erh. Original in gelber Bronze.

7318. **Blücher**, Gebhard Lebrecht v., Fürst von Wahlstadt, königl. preuss. Feldmarschall etc., geb. 1742 zu Rostock, † 12. Sept. 1819 in Schlesien. Medaille v. G. Mills, 1814. Av. G · L · VON BLUCHER — PRINCE DE WAGSTADT (sic!) Das Haupt v. r. S., unten AGED 71 Rev. In einem Lorbeerkranze: LE | SOUTIEN DE SON | ROI LE | LIBERATEUR DE SA | PATRIE | ET | L'ADMIRATION | DE | L'EUROPE MDCCCXIV Gr. 40. $1^{11}/_{16}$ Loth. Silber. S. g. e.

7319. — —. Medaillon (Schinkel inv., König fec.), das die Bürger Berlins 1816 dem Fürsten widmeten. Guter Originalguss in Eisen.

7320. **Bodmer**, Joh. Jakob, Dichter, Schriftsteller und Prof. der Geschichte zu Zürich, geb. 1698 zu Greifenberg bei Zürich, † 1783 zu Zürich. Medaille v. 1783. Av. Brustbild v. r. S., ohne Bekleidung. Darunter BOLTSCHAVS · F · Rev. In einem Lorbeerkranze: BODMERO PATRI | IUVENT · ACADEM · | TVRICENSIS | MDCCLXXXIII · Gr. 40. Bronze. S. g. e.

Brun, Rudolf, Bürgermeister von Zürich, s. Nr. 6641.

7321. **Chassé**, David Heinr. Freih. v., niederländ. General der Infanterie, Oberbefehlshaber der Citadelle v. Antwerpen, † 1849. Medaille (v. Van der Kellen) auf das unter seinem Befehle erfolgte Bombardement der Stadt Antwerpen, 27. Oct. 1830. Av. Brustbild in Uniform, von vorn. Rev. In- und Umschrift. Gr. 46. 2⁵/₁₆ Loth. Sehr gut erhalten.

Closure, Peter de la, s. Nr. 6891.

7322. **Colbert,** J. Baptist, Finanzminister Ludwig's XIV., geboren zu Rheims 1619, † 1683. Kleine Medaille von J. Dassier, mit dem Brustbilde v. r. S. und der vor einem Grabmonumente trauernden Pallas. Gr. 28. ½ Loth. Silber. S. g. e.

7323. **Concini,** C., Marquis d'Ancre, seit 1614 franzôs. Marschall, erschossen am 24. April 1617 im Louvre zu Paris. Jeton v. 1614. Av. C · CONCINI · MARQ · DANCRE · MAR^AL DE FRANC^E ✿ Gekr. vierfeldiger Wappenschild. Rev. ✿ TVTA · SORTE · FIDELITAS ✿ (als Ueberschr.) Auf einem von Epheu umrankten Anker ruht eine beflügelte Kugel. Im Abschnitte: · 1614 · Gr. 27. ¼ Loth. Silber. S. g. e.

7324. **Croy,** Karl, Herzog v. Arschot, † 1612 (s. S. 179). Jeton o. J. (zwischen 1595 u. 1612 geschlagen). Av. + CHARLES · SIRE · DE · CROY · DVC · DARSCOT · &c (unt. beg.) Geharn. Brustbild v. r. S., mit Halskrause. Rev. IECT · DE · LA · CHAMBRE · DES · COMPT · DV · DVC + (unt. beg.) Eine von 4 kl. Vögeln angegriffene Eule über einem mit SEVL bezeichneten Bande. Appel III. 900. Gr. 30. ¹¹/₃₂ Loth. Silber. S. g. e.

7325. **Dickmann,** Joh. Nepom., Ritter von Secherau (geb. 1740, † 1809), und Johanna Nep. von Schwerenfeld, Münzsammlerin (geb. 1768, † 1835). Medaille, die der Hofrath Welzl v. Wellenheim zum Jahrestage ihrer Vermählung prägen liess. Av. Zwei durch einen Kranz gesteckte, gekreuzte Fackeln. Mit Umschr. Rev. Die beiden behelmten Wappenschilde; darunter der Tag der Vermählung, 25. Juli 1786. Bergmann, Tf. 23 u. Durand, Méd. et Jetons des Numismates, p. 52. 1. Gr. 28. ⅞ Loth. Silber. S. g. e. Sehr selten.

7326. — —. Medaille (v. J. Bernsee), zu ihrem Andenken von ihrer Tochter, Baronin v. Henickstein, veranstaltet. Av. Beider Brustbilder v. r. S., mit Umschr. Rev. Inschr. in 7 Zeilen. Bergm. Tf. 23 Nr. 122 u. Durand a. a. O. 2. Gr. 32. ²⁹/₃₂ Loth. Silb. S. g. e.

7327. **Escher,** Heinrich, geb. 1626, wurde 1678 Bürgermeister von Zürich und † 1710. Medaille (v. H. J. Gessner) v. 1706. Av. Brustbild v. r. S., mit Ueberschrift. Rev. NON EST MORTALE QUOD OPTO · Die sitzende Hoffnung, mit einem Zweige in der Rechten, stösst mit dem Fusse die Fasces und eine Erdkugel von sich und wird vom Himmel bestrahlt. Im Abschn. · M · DCC · VI · Erhabene Randschr. Haller Nr. 185. Gr. 44. 2⁵/₈ Loth. Silber. Sehr gut erhalten.

7328. — —. Aehnliche Medaille v. 1710, auf seinen Tod. Im Abschnitte ✿ MDCCX ✿ · | M(ortuus) Erhabene Randschr. Haller Nr. 187. Gr. 44. 2⁵/₈ Loth. Silber. S. g. e.

7329. **Evertsen,** Cornelius, holländischer Admiral, aus Zeeland gebürtig, † im Kampfe gegen die Engländer, am 14. Juli 1666. Medaillon (v. Müller) v. 1666. Av. Sehr erhabenes Brustbild, fast von vorn, vor Kriegsgeräthe. Rev. Darstellung der Seeschlacht, in welcher Evertsen seinen Tod fand. Die Umschriften sind vertieft. V. Loon, II. 529. Gr. 80. Ciselirter Guss in gelber Bronze. Treffliche Arbeit. Am Rande ein kl. Loch, sonst vorzüglich erhalten. R.

7330. **Flüh**, Nikolaus von der, geb. 1417 im Canton Unterwalden, ward 1466 ein Einsiedler und † 1487. Im Jahre 1669 ward er unter die Seligen erhoben. Medaille v. 1672. Av. · B(eatus) · NICOLAVS DE FLVE · Vorwärtsgekehrtes Brustbild mit einem Scheine um das Haupt. Rev. ODOAR · CYBO ARCH(iepiscopus) · SELEVC(ensis) · NVNT(ius) · APS (Apostolicus) · AD HELVET · 167z · Unter dem Kardinalshute der mit dem Kreuzstabe besteckte Wappenschild. Zu Haller 113. Ciselirter Guss in Silber von untergeordneter Arbeit. Gr. 37. 1$^{13}/_{32}$ Loth. S. g. e. R.

7331. — —. Medaille, v. Joh. Carl Hedlinger 1727 verfertigt. Av. Brustbild v. r. S., mit Ueberschrift. Rev. × VISIO × BEATI × Des Seligen Wundergesicht über Wolken. Köhler, M.-B. II. 281. Haller 118. Gr. 44. 2$^{21}/_{32}$ Loth. S. g. e.

7332. — —. Medaille (v. Hedlinger) auf die 1732 erfolgte feierliche Erhebung der Gebeine des Seligen. Av. Wie vorher. Rev. Zwischen Zweigen die 8zeilige Inschrift: EXPOSITVS | A | IOANNE BAPTISTA | DE BARNIS | etc. Haller 124. Gr. 44. 3$^{1}/_{32}$ Loth. S. g. e.

7333. — —. Ein zweites Exemplar dieser Medaille. Gr. 44. 3$^{1}/_{32}$ Loth. S. g. e.

(S. auch Unterwalden, S. 473 flg.)

Fort, Louis le, s. Nr. 6886.

7334. **Furtenbach**, Wilh. Aug. v. Denkmünze v. 1700, auf die nach Beilegung der mit dem Rathe der Stadt Nürnberg gehabten Streitigkeiten wieder erlangte Gerichtsbarkeit über die Bewohner des Furtenbach'schen Stammgutes Reichenschwand bei Nürnberg. Av. Unter dem gekr. Familienwappen eine Aufschrift. Rev. Fortsetzung der Aufschrift in 15 Zeilen. Mad. 5888. Imh. II. 565. Gr. 43. 1 Loth. S. g. e.

7335. **Gellert**, Christian Fürchtegott, bekannter Dichter u. ausserord. Professor der Philosophie in Leipzig, geb. 1715 zu Haynichen bei Freiberg in Sachsen, † 13. Dez. 1769 zu Leipzig. Medaille (v. Stieler) auf seinen Tod. Av. Brustbild v. l. S., mit Ueberschrift. Rev. PIETATI Die Leier des Apoll und ein Kranz auf einem Altare. Hauschild, Nr. 313. Gr. 38. 2 Loth. Silber. S. g. e.

7336. — —. Medaille v. J. H. Meil. Av. Kopf v. r. S. (nach der Todtenmaske) mit Ueberschrift. Rev. HAEREDIBUS PILEUM RELINQUENS Eine Muse hält einen Hut und ist von 4 Knaben umgeben. (Geht auf die Fabel von dem Hut.) Hausch. 315. Gr. 38. 2 Loth. Silber. S. g. e.

Göthe, s. Nr. 4650.

7337. **Götz**, Christian Jakob, Lederhändler und ein namentlich um sächsische Münzkunde verdienter Forscher, geb. zu Dresden 22. Dez. 1756, † daselbst d. 10. Dez. 1837. Medaille (v. Höckner) v. 1821. Av. CHRISTIAN IACOB GÖTZ (als Ueberschr.) Brustbild v. r. S., im Rock. Unten herum A : LX · I : MDCCCXVI · Rev. DIE | MÜNZENKUNDE | VERDANKT IHM VIEL | ER | ALLES SICH SELBST · | —— | 1821 · | A · T (Ad. Thomas) Gr. 42. 1¹¹/₁₆ Loth. Silber. S. g. e.

7338. **Greiffenfeld**, Peter Graf v., hiess vorher Schumacher, Prem.-Minister und Reichskanzler (1674) in Dänemark, geb. 1637 zu Kopenhagen, † 1699. Medaillon v. 1674. Av. AUGUSTISS : TRIONUM REGIS CHRISTIANI V · INTIMO Bildniss v. r. S., mit Perrücke, im Staatskleide, mit umgelegtem Elephanten- und Danebrog-Orden. Rev. Das dreifach behelmte Wappen auf dem Wappenmantel, zwischen Diana und Apollo, von Ueber- und Unterschriften umgeben. Köhler, M.-B. I. 105. Schönes, in Silber geprägtes Medaillon von trefflicher Erhaltung. Gr. 59. 4¹¹/₁₆ Loth.

7339. **Haller**, Albert v., Anatom, Botaniker und Dichter, geb. 1708 zu Bern, † 1777. Medaille (v. J. M. Mörikofer) o. J. (1754 geprägt.) Av. Brustbild v. r. S., mit Ueberschr. Rev. PATRIÆ NOVA SERTA PARAVIT Auf einer Wolke ruht ein geöffnetes Buch und eine Leier, beide von einem Lorbeerkranze umgeben. Unten im Hintergrunde die Alpen. Im Abschn. FAMAM EXPRESSIT | IN AERE | MÖRIKOFERUS · Haller Nr. 217. Gr. 53. 4⁵/₁₆ Loth. Silber. S. g. e.

Haller, Berchtold, Reformator, s. Nr. 6342.

7340. **Hedlinger**, Joh. Karl, berühmter Medailleur, geb. 1691, † 1771. Medaille o. J., von ihm selbst gearbeitet. Av. Kopf v. l. S., ohne Umschr. Rev. ΛΑΓΟΜ (das schwedische Wort „lagom" — schlecht und recht.) Eine mit den Waffen der Pallas ausgerüstete Eule. Köhler, M.-B. VIII. 425. Haller Nr. 224. Gr. 34. 1³/₈ Loth. Sehr gut erhalten. R.

7341. **Horb**, Joh. Heinr., Pastor zu St. Nikolaus in Hamburg, geb. 1645, † 1695. Medaille (v. P. H. Müller) auf seinen Tod. Av. Brustbild von vorn, mit grosser Halskrause. Rev. EVOLAT AD COELOS etc. Ein von Blitzen bedrohtes Schiff neben einem Felsen, worauf ein Geretteter von einer Hand aus Wolken gekrönt wird. Erhabene Randschr. Köhler, M.-B. XVII. 361. Hausch. 394. Gr. 44. 2 Loth. S. g. e.

7342. **Humieres**, Ludwig IV. v. Crevant, Herzog v., wurde 1668 Marschall von Frankreich, 1685 Grandmaître und General-Capitän der Artillerie und 1690 Herzog v. Humieres, † zu Versailles 1694 im 66. Jahre. Jeton v. 1694. Av. LE MARECHAL DVC DE HVMIERES Gekröntes Wappen über zwei Geschützen. Rev. FLAMMIFERO VOMIT ORE MORTEM Ein abgebranntes Geschütz. Im Abschnitte ARTILLERIE · | 1694 · Gr. 27. ⁷/₁₆ Loth. Silber. S. g. e.

7343. **Huss**, Joh., geb. 1369, wurde 1415 zu Konstanz verbrannt. Thalerförmige Medaille aus dem Anfange des 18. Jhdts., sog. Husstbaler. Zu Mad. 2359. Böhm. Privatmünzen Nr. 160. Originalgepräge. Nachahmung des trefflichen thalerförm. Schaustückes, das Hier. Magdeburger im Anfange des 16. Jahrh. prägte und das dessen Monogramm Ħ trägt. Gr. 43. 1¹⁵/₁₆ Loth. S. g. e.

7344. **Kopal**, Karl v., österr. Oberst, geb. 3. Febr. 1788, † 17. Juni

1848. Medaillon in Bronze, auf die Enthüllung des ihm bei Znaim errichteten Denkmals, 16. Oct. 1853. Brustbild von vorn und Abbildung des Denkmals, worunter das Stadtwappen von Znaim. Gr. 65. Sehr gut erh.

7345. **Lappenberg,** Dr. Joh. Martin, Archivar in Hamburg, Geschichtsforscher und Numismatiker, † 1866. Medaille in Bronze (v. H. Lorenz), vom Verein für hamburg. Geschichte ihm als dessen ersten Vorsteher am 9. April 1864 gewidmet. Brustbild v. l. S. und Inschrift in Einfassung. Gr. 43. S. g. e.

7346. **Laudon,** Gideon Freiherr v., österr. Feldmarschall, geb. 1716 zu Tootzen in Liefland, † 14. Juli 1790 zu Neutitschein in Mähren. Medaille (von Donner) auf die Einnahme von Belgrad, 1789. Av. GED · LAVDONVS EXERCITT · AVSTR · SVMMVS IMP · Brustbild v. r. S. Rev. TAVRVNVM EXPVGNATVM Ansicht des Bombardements der Stadt. Im Abschnitte VIII · ID · OCTOBR · | M · DCC · LXXXIX · Gr. 46. 2¾ Loth. Silber. S. g. e.

7347. **Leuchtenberg,** Eugen Herzog v., Sohn des Marquis Alexander de Beauharnois und dessen Gem. Josephine, der späteren Gemahlin des Kaisers Napoleon I., geb. 1781, war Vice-König von Italien, wurde zum Herzog von Leuchtenberg ernannt und † 21. Febr. 1824 zu München. Bronzemedaille v. Losch, auf seinen Tod, mit seinem Brustbilde und einem Kranze mit In- und Umschrift. S. g. e.

7348. **Lock,** Franz Georg, Bischof von Antigone in Macedonien, Dekan des Domstiftes St. Petri zu Budissin, geb. 3. Oct. 1751, † 7. Sept. 1831. Medaille v. C. R. Krüger, auf sein 50jähriges Priesterjubiläum, vom Domkapitel veranstaltet. Av. Brustbild v. l. S., mit doppelter Ueberschrift. Rev. SACERDOS CONSECRATUS etc. Ein Altar, worüber zwei Engel mit Krummstab und Inful schweben. Im Abschnitt: VOTA COLLEGII | QUINQUAGES · Gr. 37. 1¼ Loth. Silb. Sehr gut erhalten.

7349. **Mac Donald,** George William. Preismedaille (v. Pingo) der Society institutional zu London (v. 1754), 1786 ihm zuerkannt. Av. ARTS · AND · COMMERCE · PROMOTED · Pallas und Merkur vor der sitzenden Britannia. Im Abschn. SOCIETY INST · LONDON MDCCLIIII Rev. TO MAST$^{R.}$ GEO$^{E.}$ WILL$^{M.}$ M^{C} DONALD AGED 12 YEARS + (eingeschnitten) In einem Lorbeerkranze: WRITING AND | CONVERSING | IN LATIN | MDCCLXXXVI (vertieft) und unter dem Kranze: N · CH · Gr. 43. 2⁷/₁₁ Loth. Silb. S. g. e.

7350. **Madai,** David Samuel v., Arzt und bekannter Numismatiker, geb. 4. Jan. 1709 zu Schemnitz, † 2. Juli 1780 zu Halle. Medaille (v. F. W. Wermuth) v. 1773, die der kurf. sächs. Geh. Kriegsrath J. A. v. Ponikau zu Dresden seinem Freunde zu Ehren prägen liess. Av. DAV · SAM · A MADAI HVNG · CONSIL · AVL · & ARCHIAT · PRINC · ANHALT · C · (als Ueberschr.) Brustbild v. r. S.; unten F · W · WERMVTH Rev. VIRO | ARTE MEDICA | CANDORE IN AMICOS | MERITIS IN REM NVMARIAM | EXCELLENTI | HOC AMICITIÆ MONIMENTVM | DICAT | I(oh.): A(ug.)

: A P(onikau) : | MDCCLXXIII Madai's Cat. 6815 und abgeb. daselbst auf dem Titel. Hausch. 516. Gr. 42. 2 Loth. S. g. e. R.

7351. **Magliabechi,** Anton, Bibliothekar zu Florenz, einer der berühmtesten Gelehrten seiner Zeit, geb. 1633 zu Florenz, † 1714. Medaillon in Bronzeguss (v. Girolamo Ticciati). Av. Brustbild v. r. S., im Pelzrocke. Rev. VIVVNT ▴ QVIA ▴ VIVO ▴ In einem Büchersaale ein Tisch mit aufgeschlagenen Büchern. Hausch. 522. Gr. 80. S. g. e.

7352. **Marlborough,** John Churchill, Herzog v., englischer Feldherr und Staatsmann, geb. 1650, † 1722. Medaille (v. Hautsch) auf seinen Sieg bei Hochstädt. Av. Geharn. Brustbild v. r. S., mit Ueberschrift. Rev. MIRATVR TELIS AEMVLA TELA SVIS · Der sitzende, einem Kampfe zusehende Mars. Im Abschnitte OB GALLOS ET BAVAROS | DEVICTOS · etc. Erhab. Randschr. Gr. 37. 1 7/16 Loth. S. g. e.

7353. **Mazarin,** Julius, Kardinal und franz. Premier-Minister, geb. 1602, † 1661. Kleine Medaille von J. Dassier, mit dem Brustbilde v. l. S. und der trauernden Pallas bei einem Grabmonumente. Gr. 28. 1/2 Loth. Silber.

7354. **Molan,** Gerhard Walter, Abt des Klosters Loccum u. s. w., Numismatiker, geb. 1633 zu Hameln, † 1722 zu Hannover. Medaille (v. E. Hannibal) auf seinen Tod. Av. Brustbild v. r. S., mit Ueberschrift. Rev. Das mit der Inful bedeckte quadr. Wappen unter dreifacher Ueberschrift (Fortsetzung des Titels). Unter dem Schilde BEATI PACIFICI in einer Cartouche, und im Abschnitte Geburts- und Todesangabe. Köhler, M.-B. IX. 49. Durand, p. 133. Gr. 54. 5 Loth. Silber. Z. g. e.

7355. **Molière,** Jean Baptiste Pocquelin de, berühmter französ. Lustspieldichter, geb. 1622, † 1673. Kleine Medaille v. J. Dassier, mit dem Brustbilde v. r. S. und einem Denkmale, wobei die ruhende Fama. Gr. 28. 1/2 Loth. Silber. S. g. e.

7356. **Monico,** Jakob, Patriarch von Venedig und Kardinal. Medaille (v. L. Ferrari) v. 1833. Av. Brustbild v. l. S., mit Ueberschr. Rev. ANTISTITI EGREGIO | VRBIS KLERVS | AN · MDCCCXXXIII (die erste und dritte Zeile bogenförmig gestellt.) Gr. 47. 2 7/16 Loth. Silber. S. g. e.

Monterey, Joh. Dom. de Haro, Graf v., s. Nr. 6790.
Negrelli, Ludwig, s. Nr. 6676.

7357. **Ponikau,** Johann Aug. v., kurf. sächs. Geh. Kriegsrath, Numismatiker, geb. 2. Sept. 1718 zu Dresden, † 26. Febr. 1802 daselbst. Medaille (v. Höckner) v. J. 1795. Av. Brustbild v. r. S., mit Umschrift. Rev. VIRO | HISTORIAE PATRIAE | ET | REI NVMARIAE SCIENTIA | RELIGIONE | IN AMICOS CANDORE | FIDE MVNIFICENTIA | OCVLORVM COECITATIS | TOLERANTIA | PERQVAM ADMIRABILI | SACRVM | MDCCXCV · Hausch. 707. Durand, Pl. X. 11. Gr. 42. 1 3/4 Loth. Silber. S. g. e.

7358. **Quinault,** Philipp, franz. Dichter, geb. zu Paris 1635, † 1688. Kleine Medaille v. J. Dassier, mit dem Brustbilde v. l. S. und der bei einem Denkmale trauernden Pallas. Gr. 28. 9/16 Loth. Sehr gut erhalten.

7359. **Reisach,** Karl August Graf v., Kardinal, war früher Bischof von Eichstädt und dann Erzbischof v. München-Freising, geb. 6. Juli 1800 zu Roth bei Monheim. Medaille (v. Sebald) als Huldigung des Klerus der genannten 3 Stifter (1855). Gr. 40. 1 13/16 Loth. Silb. Sehr gut erhalten.

7360. **Richelieu,** Armand Jean du Plessis, Herzog von, Kardinal und französischer Staatsminister, geb. 1585, † 1642. Kleine Medaille v. J. Dassier, mit dem Brustbilde v. l. S. und der vor einem Grabmonumente trauernden Pallas. Gr. 28. 9/16 Loth. Silb. S. g. e.

7361. **Ross,** Joh. Kath. Gräfin v., geb. v. Schubert, geb. 10. Dez. 1772, † 25. April 1814. Medaille (v. Loos) auf ihren Tod. Av. Brustbild v. l. S., dem ein Blitz in die Brust fährt. Rev. Inschrift: HET VADERLAND | u. s. w. und Embleme. Loos'sche Med. p. 81. Nr. 38. Gr. 37. 7/8 Loth. Silber. S. g. e.

7362. **Savoyen,** Eugen Franz Prinz v., Generalfeldmarschall in kaiserl. Diensten, geb. 1663, † 1736. Medaille v. 1702, auf die Einnahme von Cremona und die Gefangennahme des franz. Marschalls Villeroy. Av. PATIENS VOCARI — CÆSARIS VLTOR · Das Brustbild in einem Kranze; darunter die Fama und ein Adler, der Hühner überfällt. Rev. Die sitzende Austria mit einer Victoria auf der Linken. FLANTIBVS AVSTRIS Erhabene Randschr. Hist. Ged.-Mz. p. 148. Gr. 40. 1 3/4 Loth. S. g. e.

7363. — —. Medaille v. 1704, auf den Sieg bei Hochstädt. Av. Geharn. Brustbild v. r. S., mit Ueberschr. Rev. GENII — VIRTVTE BONI · Ein Würgengel, Verheerung in einem Lager anrichtend. Erhabene Randschr. Gr. 37. 1 5/8 Loth. Silber. S. g. e.

7364. **Schöner von Straubenhart,** Wilhelm, und dessen Gemahlin Amalie v. Hamberg. Goldnes Kleinod v. 1569. Av. WILHELM · SHENER · V · STRAVBEHART — AMELEI · Vo · HAMBERG + (unten beg.) Beider gegen einander gestellte, sehr erhabene Brustbilder im Zeitkostüme. Er trägt kurzes Haupthaar und langen Bart, Wamms, goldne Kette und kleine Halskrause. An seinem Armabschnitte steht erhaben 43 (als Altersangabe.) Sie ist im geschlossenen Kleide und trägt eine Haarhaube nebst Barett, eine kleine Halskrause und goldne Brustkette. Am Arme 32 Oben, die Umschrift theilend, zwei Schilde mit den Familienwappen. Rev. Christus am Kreuze, von den Seinigen umgeben. Im Felde 1 · 5 — 6 · 9 Treffliche erhabene Arbeit. Fein ciselirter Originalguss in Gold mit umgelegter gewundener Einfassung nebst Henkel zum Tragen. Gr. 34 und mit Einfassung 38. 12 5/16 Dukaten. Sehr schön erh. RRRR.

7365. **Schönlein,** Joh. Lukas, Dr. med. und k. preuss. geh. Medicinalrath, Numismatiker, geb. 30. Nov. 1793 zu Bamberg, † zu Bamberg 23. Januar 1864. Medaille (v. A. Bovy), ihm bei seinem Weggang von Zürich von den Bürgern der Stadt gewidmet. Av. JOANNES LVCAS — SCHOENLEIN Haupt v. l. Seite. Unten A BOVY · F ·

Rev. JO · LVCÆ | SCHOENLEIN | MEDICO | IN MEMORIAM | VIRTVTIS | ATQUE HONORIS | CIVES | TVRICENSES | MDCCC-XXXIX · | —— Beierlein, Nr. 178. Durand, Taf. XX. 5. Gr. 41. 2½ Loth. Silber. S. g. e.

7366. **Schrötl von Schrotenstein,** Georg, kaiserl. Rath und niederösterr. Kammerbuchhalter. Thalerförmige Medaille o. J. Av. GEORG SCHRÖTL · V · SCHROTENSTAIN (als Ueberschr.) Bärtiges Brustbild v. r. S., im Wamms, mit glattem Kragenumschlage. Rev. RÖM : KAI : AVCH DER ZV HVNG : VND BÖ : KÖ : MATᵉ (Majestät) RATH • Der zweifach behelmte Wappenschild. Mad. 5891. Gr. 42. 1¹⁵/₁₆ Loth. Sehr gut erh. RR.

7367. — —. Viereckiges Schaustück v. 1582. Av. GEORG · SCHRÖTL · AVCH · EVA · SEIN · ELICH · — ·: GEMACHL : · (rechts unten beg.) Beider Brustbilder, einander gegenüber gestellt. In den Ecken der Klippe Laubwerk und in denen zur Seite noch I5 — 8Z Rev. ✿ RÖM : KHAI : MAT : RAT : VND : NIDER : OSTEREICH : CAM : PVECHHALTER ✿ — (unt. beg.) Einfach behelmter Wappenschild. In den Ecken Laubwerk. Gr. im □ 38. 1³/₄ Loth. Silber, vergoldet, ein kl. wenig poliert, sehr gut erh. RR.

7368. — —. Viereckiges Schaustück v. 1583. Av. Das Brustbild Georg Schrötl's v. r. S., mit der den Seiten parallel gestellten Umschrift: ~ · GOTT · ~ | ~ · GIBT · ~ | ~ · ALLES · ~ | ~ · I583 · ~ | Rev. ✿ — · GEORG · SC | HRÖTL · RO : KAI : MT | · RAT · VND · N : O : C : | BVECHHAL · | (parallel den Seiten.) Das behelmte Wappen, wie vorher. Auf beiden Seiten umzieht eine Blättereinfassung die Ränder der Klippe. Gr. im □ 33. 1¹/₈ Loth. Silber. War geh., sonst s. g. e. R.

7369. **Speyk,** Johann Karl Joseph van. Medaille (v. D. van der Kellen) v. 1831. Av. In einem aus Eichenzweigen gebildeten Kranze: ✱ | J · C · J · VAN SPEYK | AD TUENDUM | BATAVI NOMINIS | ET | APLUSTRIS DECUS | ULTRO | INCENSA NAVE MORTEM OPPETENS Rev. DE VINDICE — CELSIOR IGNE · (als Ueberschr.) Ein über dem Meere schwebender Engel, mit der holländ. Flagge, weist mit der linken Hand auf das brennende Schiff. Im Abschn. AD ANTVERPIAM | V FEBR · MDCCCXXXI und der Name des Medailleurs. Gr. 46. 3³/₈ Loth. Silber. S. g. e.

7370. **Spork,** Franz Anton Graf v., geb. 1662, ward 1691 königl. Statthalter in Böhmen und 1692 wirkl. geh. Rath, war ein grosser Beförderer der Wissenschaften und Künste, † 1738. Medaille von 1697, die bei Gelegenheit der Einweihung der am Berge Vysoká in der Herrschaft Maleĵov erbauten Kapelle St. Johann des Täufers (mit 3 Einsiedeleien) vertheilt wurde. Av. Die Kapelle auf dem Hügel, mit Anlagen, zu welcher von drei Seiten drei Pilger heraufsteigen. Ueberschr. ✱ TRES SANCTAM TRIADEM ✱ Rev. Die Taufe Christi mit der Ueberschr. VENERENTVR MORE IOANNIS Erhabene Randschr. FVNDAVIT FRANC : ANTO : S · R · I · COMES DE SPORK · A · 1697 · ✿ In Augsburg geschlagen. Böhm. Privatmünzen Nr. 535. Gr. 31. ³/₄ Loth. G. e.

7371. **Spork.** Medaille auf gleichen Anlass. Wie vorher, doch in der Zeichnung im Av. verschieden. Böhm. Pr.-Mz. Nr. 534. 7/8 Loth. Silber. Gehenk., Randschr. undeutlich, sonst gut erh.

7372. — —. Medaille auf die von Kaiser Karl VI. geruhte Annahme des vom Grafen gestifteten St. Hubertus-Jagdordens und dessen eigenh. Unterzeichnung in's Ordens-Matrikelbuch, 3. Nov. 1723. Av. Der h. Hubertus, knieend vor dem ihm erscheinenden Hirsch mit dem Crucifixe. Rev. An einem Ringe hängt das Jagdhorn und die Hubertus-Medaille. Oben herum CAESARE SUBSCRIBENTE Unten DIE III · NOV · | MDCCXXIII · Böhm. Pr.-Mz. Nr. 539. Gr. 27. 9/32 Loth. S. g. e.

7373. **Starhemberg,** Ernst Rüdiger Graf v., kais. Generalfeldmarschall, Stadtobrister zu Wien, geb. 1638, † 4. Juni 1701. Kleine Medaille auf seine ruhmvolle Vertheidigung Wiens gegen die Türken, 1683. Av. Geharnischtes Brustbild v. r. S., mit Ueberschrift. Rev. Achtzeilige Inschrift: 1683 | HAT DIESER | KAIS · GENERAL · WIEN VOM 14 IULI | BIS 12 SEP · WIDER | DIE TÜRKEN TAPFER BE- | SCHÜTZT · Erhabene Randschr. DES HELDEN PROB BRINGT EWIG LOB Gr. 23. 7/16 Loth. G. e.

7374. —, Gundacker Thomas Graf v., kais. w. Geh. Rath, Conferenz- und oberster Finanzminister, geb. 1663, † 1745. Medaille (v. M. Donner). Av. Brustbild v. r. S., das gold. Vliess auf der Brust, mit Ueberschr. Rev. PIETATE ET CONSILIO Zwei weibl. Figuren reichen sich über einen mit dem starhembergischen Wappen verzierten Altar die Hände. Gr. 47. 2 3/8 Loth. S. g. e.

7375. **Tauentzien,** B. F. v., königl. preussischer General v. d. Infanterie, geb. 18. April 1710, † 1791. Medaille v. 1789. Av. Brustbild v. r. S., in Uniform, mit Ueberschr. Unten H · Rev. DURCH SCHUTZ | UND TRUTZ | 1789 in einer kranzartigen Einfassung von Reisern. Amp. 10025. Gr. 31. 11/32 Loth. S. g. e.

7376. **Usteri,** Leonh., Professor und Erziehungsrath in Zürich. Medaille (v. Boltschauser), 1789. Av. AUCTORITAS IUNCTA COMITATI Brustbild v. r. S, ohne Bekleidung. Rev. In einem Lorbeerkranze: USTERIO | DESIDERATISS · | PIETAS | IUV · ACAD · TURIC · | MDCCLXXXIX Bronze. Gr. 42. Z. g. e.

7377. **Valette,** Johann Ludwig v., Herzog von Espernon, General der französ. Infanterie, Pair v. Frankreich etc., geb. 1554, † 1642. Medaille (v. G. Dupré), 1607. Av. I • L • A • LAVALETA • D(ux) • ESPERN(onii) • P(ar) • ET • TOT(ius) • GAL(liae) • PEDIT(atus) • PRÆF(ectus) (als Ueberschr.) Erhabenes Brustbild v. r. S., im Harnisch, mit Ueberwurf und glattem Halskragen. Auf dem Bruststücke des Harnisches ein Fratzenkopf. Unter dem Anfange der Ueberschr. in zweiter Linie: G DVPRE F 1607 Rev. Ein sich nach einer Furie umsehender Löwe in sitzender Stellung. Rechts tritt ein Reh aus einem Walde. Ueberschrift: INTACTVS • VTRINQVE Beide Seiten mit Perleneinfassung. Köhler XIX. 145. Originalmedaille in Bronzeguss, von trefflicher Arbeit. Oben am Rande ein kl. Loch, sonst vorzüglich erh. Gr. 54. RR.

7378. **Vincent,** Nikolaus Karl Freiherr v., aus altadelig lothring. Familie, geb. 1757 zu Florenz, kais. General der Cavallerie, war 1814 provis. Militär-Gouverneur in Belgien, dann bis 1826 öster. Gesandter in Paris, worauf er sich in's Privatleben zurückzog. Medaille, die er 1814 als Militär-Gouverneur der Niederlande in wenigen Exemplaren prägen liess. Av. NIC · CAR · EX · — BAR · A · VINCENT · Gekrönter, mit dem Maria-Theresien-Orden umgebener Wappenschild. Auf der Krone ruht ein kl. Helm, worauf ein mit einem Segeltuche versehener Anker. Unten 18 — 14 Rev. BELG · PRAEFECT · CAES · AUST · GEN · LOC · TEN · (unten beg.) In der Mitte zwei zu einem Kranze vereinte Eichenzweige. Appel, T. 5. Nr. 4175, abgebildet vor der Widmung im 1. Bande. Durand, Tf. XVI. 1. Gr. 41. 2⁷/₁₆ Loth. S. g. e. RRR.

7379. **Wrbna,** Rudolf Graf v., k. k. Oberstkämmerer u. s. w., geb. 23. Juli 1761, † 30. Jan. 1823. Medaille (v. Lang) auf seinen Tod. Av. Kopf v. r. S., mit Umschr. Rev. MVLTIS ILLE BONIS FLEBILIS OCCIDIT · Trauernde weibliche Figur bei einem Grabmale. Böhm. Priv.-Mz. Nr. 654. Gr. 46. 2³/₈ Loth. Silber. Sehr gut erhalten.

7380. **Zwichem,** Viglius Ayta von, geb. zu Barthusen in Friesland 1507, Doctor jur., Rath Herzog Wilhelm's IV. von Bayern und Professor der Rechte zu Ingolstadt 1537—1542, dann Senator des hohen Raths zu Mecheln und darauf niederländ. Geh.-Raths-Präsident zu Brüssel, † 1577. Medaille v. 1571. Av. VIGLIVS AYTA A ZVICHEM · V · I · DOC (als Ueberschr.) Bärtiges Brustbild v. r. S., im Pelzrocke. Am Armabschnitte 1571 (vertieft.) Rev. · VITA MORTALIVM · VIGILIA (als Ueberschr.) Auf einem Tische eine Sanduhr, ein Leuchter mit brennendem Lichte und ein aufgeschlagenes Buch. Unten eine verzierte Tafel ohne Inhalt. Mit Perleneinfassung auf beiden Seiten. Im Avers von vorzüglicher Arbeit, wie es scheint von Valentin Maler in Nürnberg. Schöner Originalguss in Silber. Gr. 29. ¹¹/₁₆ Loth. Sehr gut erh. RR.

Zusätze und Berichtigungen.

S. 103 lies bei Nr. 4478: Mad. 3056 statt 3976.

S. 112, Z. 20 v. u. lies 4558 statt 4458.

S. 115 bei Nr. 4583 streiche den Satz „Tenzel — übersehen"; denn es giebt eine ähnliche Medaille ohne Jahr, der Tenzel's Abbildung ziemlich entspricht.

Zu S. 122. Herzog Joseph zu Sachsen † am 25. November 1868.

S. 125, Z. 11 v. u. lies: an Kaiser Maximilian's Enkel, Erzherzog Karl (V.).

Zu S. 170. Das Sterbejahr Hermann Dietrich's, 1605, beruht auf Angaben in der Revue belge; Hübner, van Spaen u. A. gaben 1612 an.

S. 175, Nr. 4988, Z. 6 lies: Behelmtes vierfeldiges Wappen (von Homoet, Boxmeer, Hedel, Stevensweerd) mit Mittelschild (Berg).

Zu S. 196. Michael von Greyerz † 1570 ohne Nachkommenschaft. Vgl. auch Blanchet, Mém. sur les monn. des pays voisins du Léman, p. 135 und Pl. V. 13.

S. 238, Nr. 5270, Z. 4 lies: B(rüel, Münzmeister).

In der Anmerkung auf S. 313 waren noch zu erwähnen Nürnberger und Rostocker (s. Nr. 7214 u. 7215) Thaler mit den Umschriften „Ferdinandvs II d. g. Rom. imp. s. avg. D. P.", welch' letztere Buchstaben durch decreto publicavit oder decrevit publicari aufzulösen sind, sowie eine grosse Reihe Nürnberger Münzen, die als Umschrift „Ferdinandi etc. D(ecreto) P(ublicata)", auf „Moneta" im Avers bezogen, führen. Dagegen sprechen die Nürnberger Guldenthaler, welche neben P. F. Decreto noch FF auf der anderen Seite zeigen, für Pii, Felicis, wofern nicht die Wappenseite mit FF blosse Copie der Thaler von 1527 flg. ist.

S. 576. Ryswik sollte auf S. 577 stehen.

I.

III.

IV.

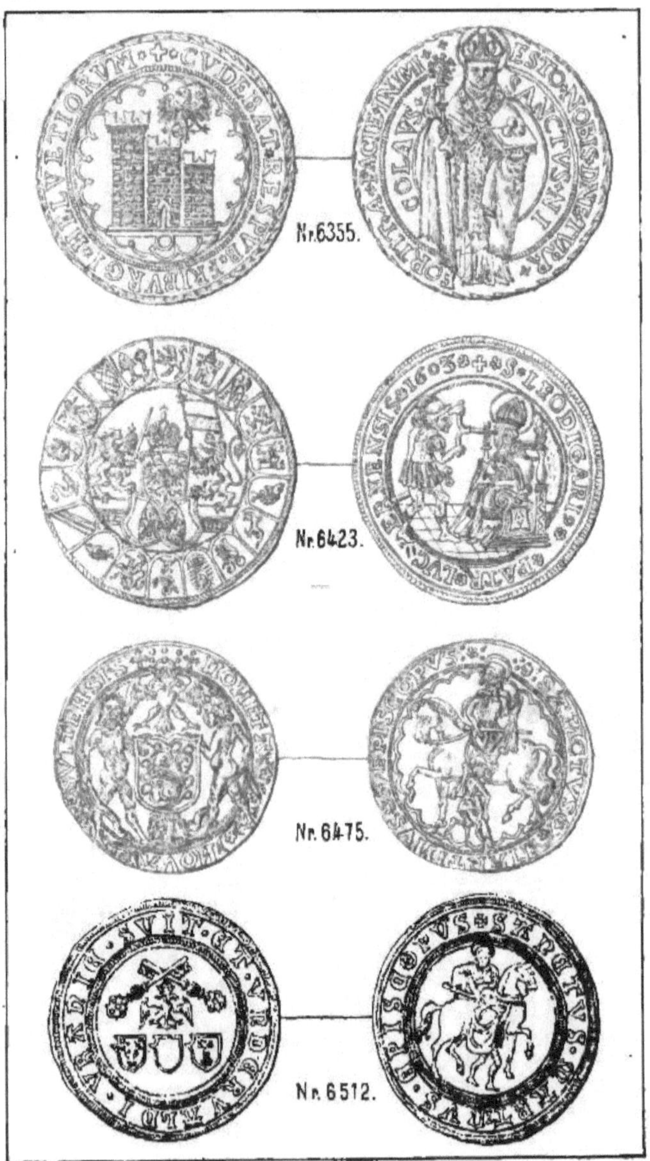

V.

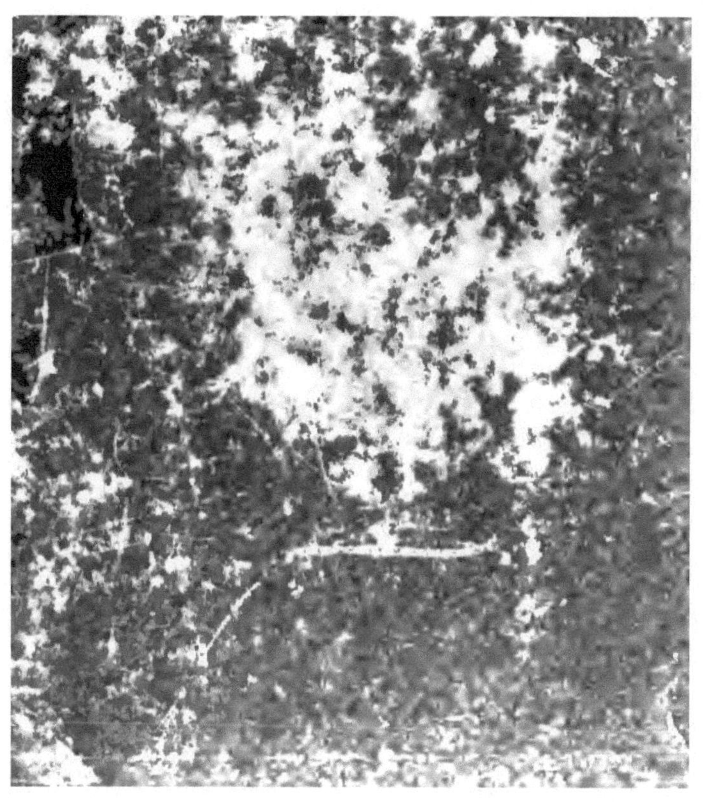

Zeitfracht Medien GmbH
Ferdinand-Jühlke-Straße 7
99095 Erfurt, Deutschland
produktsicherheit@kolibri360.de